人力资源和社会保障政策法规解读

Interpretation of the Human Resources and Social Security Policies and Regulations

人力资源和社会保障政策研究组 编

吴学斌 郭 剑 姜 斌 主 编

成文斌 李慧群 副主编

中国民主法制出版社

图书在版编目（CIP）数据

人力资源和社会保障政策法规解读. 2012 / 吴学斌，郭剑，姜斌主编. —北京：中国民主法制出版社，2012.9

ISBN 978-7-5162-0147-3

Ⅰ.①人… Ⅱ.①吴… ②郭… ③姜… Ⅲ.①人力资源管理－劳动政策－中国－2012 ②人力资源管理－劳动法－中国－2012 ③社会保障－福利政策－中国－2012 ④社会保障－法规－中国－2012 Ⅳ.① F249.20 ② D922.509

中国版本图书馆CIP数据核字（2012）第213365号

图书出品人：肖启明
全 案 统 筹：刘海涛
责 任 编 辑：逯卫光

书名 / 人力资源和社会保障政策法规解读
主编 / 吴学斌　郭 剑　姜 斌

出版·发行 / 中国民主法制出版社
地址 / 北京市丰台区玉林里7号（100069）
电话 / 63055259（总编室）　63057714（发行部）
传真 / 63056975　63056983
http://www.npc.gov.cn
E-mail：MZFZ@263.com
经销 / 新华书店
开本 / 16开　787毫米×1092毫米
印张 / 68　　字数 / 1286千字
印次 / 2015年7月印刷
印刷 / 北京通州皇家印刷厂

书号 / ISBN 978-7-5162-0147-3
定价 / 360.00元

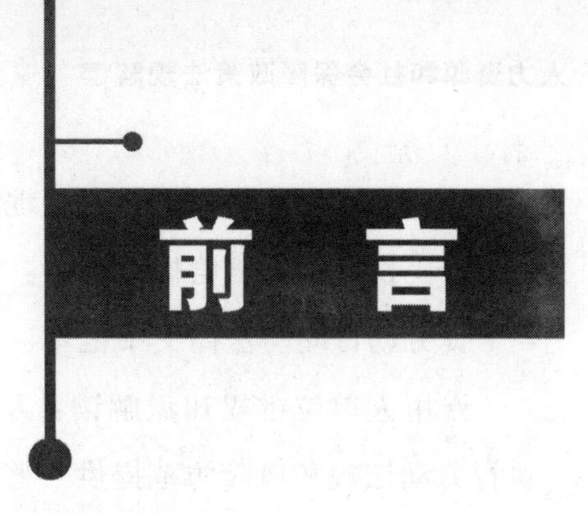

前言

近几年来，用工单位与员工个人之间的矛盾日益的增多，人们对民生改善和社会和谐的政策诉求也日益凸显，政府因此在劳动管理方面加大了立法的力度，制定了一系列法律法规：《中华人民共和国劳动法》、《中华人民共和国劳动合同法》、《中华人民共和国劳动争议调解仲裁法》、《中华人民共和国就业促进法》、《职工带薪年休假条例》、《中华人民共和国劳动合同法实施条例》、《中华人民共和国社会保险法》、《女职工劳动保护特别规定》等，构成了较为健全的劳动法律体系格局，内容结构更为充分，程序保障更为规范。

作为法律框架调整下的用人单位和劳动者而言，劳动立法更为强调保障劳动者的合法权益和正当程序，这也意味着：

第一，用人单位在新劳动法律背景下需要承担更多的法律责任。这种责任不仅体现在实体法上的严格的加强责任制度，而且还体现在程序法上的举证义务分担上的倒置处理。所以说，《中华人民共和国劳动合同法》等法律法规的出台对传统劳动关系规制原则的变革是空前巨大的，尤其对企业而言，《中华人民共和国劳动合同法》等法律法规更是给包括人力资源管理在内的企业经营带来了非常重大的挑战。

第二，劳动者有了维权的法律依据。

然而，用人单位和劳动者对这一系列的法律法规并没有全面的认识，所以在风险防范和维权方面显得无所适从。所以，为了更好地宣传劳动保护法律法规，指导用人单位正确地执行国家法律规定，增强劳动者的法律意识，维护劳动关系双方的合法权益，我们组织了一些法律方面的专家、学者编写了《人力资源和社会保障政策法规解读》一书。

本书分为九大部分来阐述：

☆热点解读：就目前劳动关系管理方面的热点问题进行分析和探讨。

☆国家政策法规解读：对国家出台的一些劳动法律法规进行比较细致的解读。

☆地方法规集锦：列举一些地方性法规供参考。

☆工伤认定与赔偿标准参考：对人们比较关注的工伤认定和赔偿标准进行阐述。

☆劳动合同与法律文书范本：提供一些劳动合同和法律文书供用人单位参考。

☆用人单位维权知识解读：从用人单位的角度来对劳动法规来解释，为用人单位执行劳动法规和风险防范提供一些具体的参考意见。

☆劳动者维权知识解读：从劳动者的角度来对劳动法规来解释，为劳动者提供一些具体的参考意见。

☆维权案例分析：收集、整理当前经常发生的一些维权案例进行分析，为用人单位和劳动者维权作出一些案例方面的指导。

☆术语解析：对劳动关系方面经常提到的一些术语进行简单的描述。

本书集权威性、专业性、可读性、指导性、资料性为一体，是各级人力资源社会保障部门（基层劳动保障服务机构）工作人员、党政领导、工会干部、企事业单位人力资源管理工作者之必备手册，也是广大劳动者学习劳动保障法律法规，维护劳动关系主体双方合法权益的良师益友。

本书由深圳大学法学院教授、兼职清华大学法学院法律硕士生导师、深圳市仲裁委员会仲裁员吴学斌，广东深金牛律师事务所合伙人、高级律师郭剑，深圳市人力资源和社会保障局农民工就业服务中心姜斌，深圳市人民检察院检察员成文斌，广东省高级人民法院审判员李慧群等合作完成。同时，参考了一些国内权威机构对法律法规解读的书籍，也参考了国家和各个省份人力资源和社会保障网站的一些资料，尤其是各网站的案例，在此一并表示感谢。

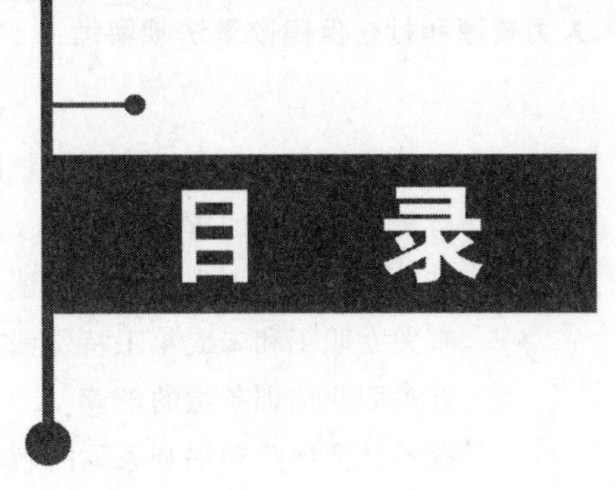

目录

第一部分　热点解读

第二部分　国家政策法规解读

第四部分　工伤认定与赔偿标准参考

第五部分 劳动合同与法律文书范本

第六部分　用人单位维权知识解读

第七部分 劳动者维权知识解读

第八部分 维权案例分析

第九部分 术语解析

第一部分

热点解读

第一章　用人单位关注的热点

招工难，用工荒

2015年的春节刚过去，全国各地务工人员招聘会就已经开始启动。但是，很多地方的招聘现场却有个怪现象，招聘的人比应聘的人还多。有媒体报道，“招工难”与“用工荒”已经从沿海蔓延到内地。事实确实如此，无论是经济较发达的沿海地区，还是经济欠发达的内陆地区，都不同程度地遇到了招工难问题，由南向北、由东向西很快地蔓延开来，已成为全国性的问题。

一、招工难的因素

1．招工难的经济因素

导致企业“招工难”最直接的原因是一些企业工资低、待遇差和国家惠农政策增加了农民收入。农民工在城市里用以维持基本生活的费用不断增长，这就加大了他们进城务工的成本，制约着进城务工的积极性。

2．招工难的企业因素

招工难最主要的原因是企业自身的问题。从企业用工的实际情况看，科技含量高的、知名度高的、有名牌产品的、自主研发能力强的、经济效益好的、劳动工资和福利待遇高的企业根本不存在招工难问题。而竞争强度高的、劳动强度大的、技术含量低的、以手工操作为主的、工资待遇差的企业，几乎都存在招工难现象。有的企业工作环境恶劣，劳动保护条件差，甚至危及职工的人身安全和健康；有的只考虑企业的经济利益，忽视职工的生命安全，存在多种安全隐患，人身伤亡事故时有发生；有的企业缺乏社会责任意识，劳动者人格得不到尊重，合法权益得不到保障，不签订劳动合同，不依法缴纳保险，故意拖欠或克扣工资，职工的休息休假权益得不到保障。

另外，企业招用农民工的管理难度和管理成本也在不断增加。

企业招用农民工在管理上应注意的几个问题

序号	管理问题	说明
1	**衣食住行必须先行**	招收农民工，必须解决吃住行问题，需增派专职的宿舍管理人员。逢年过节时，企业要解决员工返乡的探亲问题。

续表

序号	管理问题	说明
2	需要同工同酬	在分配改革的基础上，打破城市工与农民工的界限，实行同岗同酬制度。若有的企业还存有工龄工资、房屋补贴等遗留的补贴事项，就会产生同工不同酬的错觉，极易产生分配上的矛盾。
3	工作的稳定性差	农民工极易受到家庭成员生老病死、婚丧嫁娶、年节假日的影响，工作不安心。尤其是到农忙时节，为缓解家庭劳动力的缺乏，农民工普遍出现缺勤、集体请假或不辞而别的现象。
4	工作的流动性大	那些外出打工多年的农民工，已融入城市生活，社会经验丰富，各种网络关系已经建立，积极寻找更适合自己理想的或收入更高的职业，在同一个城市与几个城市之间“跳槽”已成为常事。
5	安全问题突出	在价值观多元化和社会一些不良风气的影响下，一些年轻农民工由于社会经验不足，辨别是非能力和抵制丑陋现象的能力低，极易上当受骗，甚至个别人还可能走上违法犯罪的道路。有的处理婚姻恋爱关系欠妥，工作专心度不够，安全意识淡薄，比较容易造成人身伤害。

二、企业解决招工难的对策

1．企业要树立以人为本的经营理念，改善用工环境和条件

企业要树立正确的用人观，依法同员工签订劳动合同，依法缴纳各项保险费，依法保证员工的休息休假权利，改善员工的工作与生活条件，提高员工的工资和福利待遇标准。建立以行政、工会和农民工三位一体的监督检查网络，定期审查工资分配、奖励扣罚的合理性，并建立相应机制，努力化解影响企业安定和谐的矛盾纠纷。政府主管部门应根据社会经济发展水平和劳动力市场供求关系的变化，定期公布企业最低工资标准与不同工种日工资的最低参考价格，并加强劳动报表和实际运行状况的监督检查。

2．建立稳固的劳务合作机制

企业应依靠当地劳动部门的支持与帮助，并与之建立良好的协作关系，明确双方的权利和义务，使企业招工工作从开始到日后的管理都能建立在可靠的组织保证基础上。

3．开展业余文化学习和技能培训

依据农民工的实际状况和工作需要，加大资金投入，开展业余文化学习和技能培训，大力提高他们的科技文化水平和操作技能，营造留人的学习和工作环境。

4．注重人文关怀，视员工为家庭成员

企业应关心农民工的生活、学习、工作、家庭、思想、员工之间关系，遇有困难应及

时给予帮助。鼓励年轻的农民工积极参加企业组织的体育、科技、文化、劳动竞赛、技能比武等活动。关心农民工业余文化生活，组织文艺演出，收看广播和电视节目，让他们关心国家大事，了解党的各项方针政策。实行企业公务公开，开展多种形式的国情教育和厂情教育，使其关心企业，树立同企业共存亡的信念。企业应经常分析农民工的思想状态和心理状态，对工作和生活的诉求要尽最大努力给予改进。加强健康和安全教育，增强安全保护意识，提高自我防护能力。尽力帮助有困难的农民工解决问题，使其充分感受到社会主义和谐企业大家庭的温暖，进一步调动农民工的积极性。

劳务输出（派遣）——不养人而用人

一、劳务派遣的特点

实行劳务派遣制，用人单位在工人使用上“不求所有、但求所用”。用人单位只需与劳务派遣机构签订一份劳务派遣协议，然后由劳务派遣机构把合适人员派到用人单位工作。用人单位只负责对工人的使用，不与工人本人发生任何隶属关系。

二、劳务派遣的优势

1．支出成本降低

企业在核算被派遣人才的总支出时，一是考虑岗位效益；二是以市场价格制定工资标准；三是不需要为被派遣人才额外支付其他计划外的费用。

2．人事成本下降

使用劳务输出，保证了企业的招聘效率，减少了招聘、选拔、录用、培训、离退休、人事管理等环节的费用支出，以岗租人，有效控制员工人数，精简管理机构，人力资源使用率提高。

3．人事管理便捷

开展劳务输出服务，目的是为了改善用人单位的劳动人事管理，企业“用人而不管人”人才管理外包，专业化的外包劳务输出服务更适合企业转型发展。人才包退包换，轻松省事找到最理想人才。用人单位不需专门人员、机构对派遣人员进行管理，这些人员的人事工作由劳务输出机构负责完成。用人单位在使用这些人员时，只是做出相关管理规定，按工作任务进行管理，考核，合同到期是否续签合同，主要在用人单位，用人十分灵活。

4．用人机动灵活

市场经济条件下，企业业务变化很大，采用劳务输出可以在业务发展时增加人员，在公司的雇用需求下降时，也可以减员。

5．可避免人才流失

被聘用人员的人事档案由人才市场集中管理，在合同期内，人才市场对被聘用人员制定了具有法律效力的制约制度，用人单位不会担心“跳槽”。人尽其才，增强人才危机感和紧迫感，让人才由“为我所有”发展到“为我所用”，为人才竞争和人才经营开辟了一条新路，省去了长期固定聘用和留用人才的高额薪资，减轻了用人单位的负担；便于用人单位在事业发展变化中增减人员。

6．可减少人事（劳动）纠纷

在我国相关法律、法规和有关政策规定下，用人单位和劳务输出服务机构签订劳务输出协议，劳务输出服务机构与被聘用人员签订劳动合同，这样，用人单位可避免直接与劳务人员产生人事（劳动）关系上的纠纷，因为争议的主体是劳务公司与个人。

7．可转移企业风险

用人单位与劳务输出服务机构签订劳务输出协议，明确人才标准、人数、待遇等，通过劳务输出服务机构招聘、筛选、测评，将候选人名单交给用人单位，用人单位确定人选。劳务输出服务机构与派遣人员签订劳动合同并办理有关手续，派遣人员到用人单位就职后根据用人单位提供的派遣人员的工作表现，劳务输出服务机构发放薪酬，派遣期满，劳务输出服务机构与用人单位协议续签或终止合同，对企业来讲手续简，见效快，风险少，也更规范。

三、适用单位

劳务派遣特别适合于那些非公有制企业、国企改制企业和那些经营发展变化比较快、不同发展阶段或不同发展时期对人才需求又不尽相同的单位。

企业规章制度的制定与公示

一、企业规章制度生效的三个要件

根据《中华人民共和国劳动合同法》第四条的规定，规章制度生效要满足三大要件：内容合法、经民主程序制定、向劳动者公示或者告知劳动者。

1．内容合法

应经民主程序制定，并向劳动者公示有关劳动报酬、工作时间、休息休假、劳动安全卫生、保险福利、职工培训、劳动纪律以及劳动定额管理等规章制度或者重大事项。

2．制定规章制度的民主程序

企业管理部门起草草案→职工代表大会或者全体职工讨论草案并提出修改方案和意见→用人单位与工会或者职工代表平等协商确定→用人单位决定是否实施并组织实施。

3．规章制度的公示或告知

人手一册签收、学习培训签到、作为劳动合同附件、公告栏公示或单位网站公示一段时间后让员工签名确认等方式。

作为用人单位应积极组建工会和建立职工代表大会制度，依法完善、制定、公示规章制度，规章制度应内容合法（不得与法律规定相抵触），经民主程序制定（听取职工意见，与工会或职工代表平等协商确定），向员工公示或告知员工（方式不限，只要能让员工知道即可）。

二、约定企业规章制度作为劳动合同的附件

根据劳动合同法第十七条第二款的规定，可以约定规章制度作为劳动合同的附件。

三、规章制度与劳动合同、集体合同的规定或约定发生冲突时如何处理

《最高人民法院关于审理劳动争议案件适用法律若干问题的解释（二）》第十六条规定，规章制度与劳动合同、集体合同的规定或约定发生冲突时，遵从劳动者的选择， 优先适用有利于劳动者的规定或者约定。

四、员工手册的主要内容、制定原则、撰写技巧和注意事项

员工手册，既是企业规章制度的汇编，又是企业员工培训的教材，反映的是企业形象、企业文化，是企业所有员工的行为准则。

1．员工手册的内容

员工手册没有固定的格式，也没有法定的内容，通常是根据每个企业的实际情况以及管理需求而定，但一般包括三大部分：总则、劳动人事管理制度、附则。

员工手册的内容说明

序号	部分	内容
1	总则部分	包括编制员工手册的目的、规章制度的适用范围、某些用语的定义、企业简介、企业组织结构、经营宗旨、经营目标、企业精神等。
2	劳动人事管理制度部分	包括招聘制度；劳动合同制度；工资支付制度；保险福利制度；工时休假制度；劳动安全卫生制度；考勤制度；劳动纪律制度；奖惩制度；绩效考核制度；教育培训制度；保密与竞业限制制度；后勤管理制度；申诉对话制度等。
3	附则	包括员工手册和规章制度的制定程序、公示程序、修订与解释权、员工查询权及修改建议权、施行时间等内容。

2．制定原则

制定时要遵循以下几大原则：

（1）合法原则（内容合法、程序合法）。

（2）合理原则（有时合理比合法更重要）。

（3）实用原则（必须具有可操作性）。

3．撰写技巧

要紧密联系本企业的管理现状、发展目标以及本企业自身特点，要把员工手册制定成一部适合本企业发展的人事管理工具书。

4．注意事项

员工手册通常是规章制度的汇编而不是具体规章制度的名称，员工手册中各项制度的制定和公示，必须符合法律的要求。

五、工资支付制度的主要内容、制定原则、撰写技巧和注意事项

1．工资支付制度的主要内容

工资支付制度包括如下事项：

（1）工资的分配形式、项目、标准及其确定、调整办法。

（2）工资支付的周期和日期。

（3）加班、延长工作时间和特殊情况下的工资及支付办法。

（4）工资的代扣、代缴及扣除事项。

（5）其他有关事项。

工资的分配形式包括固定工资、计时工资、计件工资、提成工资、绩效工资、奖金等形式；工资项目包括基本工资、岗位工资、工龄工资、各种津贴和补贴、奖金、加班工资等。

劳动者有权向用人单位查询有关工资支付制度的内容。

2．制定原则

制定工资支付制度时应遵循合法合理原则、奖勤罚懒原则、及时足额原则、货币支付原则。

3．撰写技巧和注意事项

紧密结合本企业的实际情况，固定工资标准不宜定得太高，尽量设立绩效工资，建立切实可行的工资调整办法，明确工资增减的条件和时间。

六、奖惩制度的主要内容、制定原则、撰写技巧和注意事项

企业目标的顺利实现，离不开全体员工的努力与合作，对兢兢业业努力做好本职工作

且业绩突出的员工，企业应给予一定的物质和精神奖励，促使员工不断进步。同时，为预防和纠正员工的不良行为，对违纪失职、表现不佳者可以予以一定的惩罚。

1．奖惩制度的内容

奖惩制度一般包括如下框架和内容：

（1）总则（目的、原则和适用范围等）。

（2）奖励种类（表扬、记功、升职加薪、发放奖金等）、条件和程序。

（3）处罚种类（警告、记过、罚款、降职降薪、辞退等）、情形和程序。

（4）附则（制度的制定、修改、公示、解释和施行时间等内容）。

2．制定原则

制定奖惩制度时要遵循合法原则、公平原则、奖勤罚懒原则、切实可行原则。

3．撰写技巧和注意事项

要紧密结合本企业的实际情况制定，除合法外，也要公平合理，并具有可操作性。在内容上要避免奖惩制度与其他有奖惩内容的规章制度产生矛盾。

七、考勤制度的主要内容、制定原则、撰写技巧和注意事项

考勤是记录员工出勤情况，计算员工工资的重要依据。在有关工资支付、休息休假等劳动争议处理中，考勤记录是属于用人单位掌握管理的证据之一，如果用人单位不提供考勤记录，将承担不利后果。考勤制度是企业劳动规章制度中最为重要的制度之一。

1．考勤制度的内容

考勤制度一般包括如下框架和内容：

（1）总则（目的、适用范围等内容）。

（2）工作时间和休息休假（工作时间及休息休假安排）。

（3）考勤管理（包括打卡规范及违规处理等内容）。

（4）加班管理（加班原则、加班申请与审批等内容）。

（5）请假制度（请假手续、批假权限等内容）。

（6）附则（制度的制定、修改、公示、解释和施行时间等内容）。

2．制定原则

制定考勤制度时应遵循合法合理原则、劳逸结合原则。

3．撰写技巧和注意事项

要紧密结合本企业的实际情况制定，尽量做到无论是管理人员还是普通员工都要记录考勤，并且每月考勤都要员工签名确认。

八、如何有效运用企业规章制度对员工加强管理

企业对问题员工、高层员工、关键岗位员工进行管理，最有效的办法是运用规章制度对其进行管理。依法制定的企业规章制度是企业管理的有效依据，也是企业员工的行为规范。运用企业规章制度对问题员工、高层员工、关键岗位员工进行管理，应注意如下问题：

（1）依法制定、完善企业规章制度（规章制度符合“三性”。即内容的合法性；程序上的民主性；形式上的公示性。）。

（2）运用规章制度实施管理，应当遵循“合情、合理、合法、公正”和“教育为主，惩罚为辅”的原则。

（3）在运用规章制度实施管理时，务必注意对违纪违规事实和证据的固定和保全方式、方法，特别是对“大错不犯，小错不断”的员工违纪违规事实和证据的固定和保全。

（4）适时、适度运用规章制度对违纪违规的员工作出警告、罚款、降职、降薪和辞退等决定。

集体合同制度

集体合同制度，是当今国际上普遍采用的调整的一项重要法律制度。《中华人民共和国劳动法》、《中华人民共和国工会法》、劳动合同法、《集体合同规定》等对集体合同都有规定。

集体合同是指工会或职工代表代表全体职工与用人单位或其团体（即集体协商双方当事人）之间根据法律、法规的规定，就劳动报酬、工作时间、休息休假、劳动安全卫生、保险福利等事项，在平等协商一致的基础上签订的书面协议。

一、平等协商机制

平等协商，是用人单位（包括企业、雇主或雇主团体，或以进行平等协商为目的的小企业联合组织）和相应的工会组织（未建立工会的企业由职工民主推举代表），在法律地位完全平等的基础上，就劳动标准、劳动条件以及其他与劳动关系相关的问题，依据国家法律法规而进行沟通、协商的行为。

各类企业都应该建立平等协商机制，保障职工的合法权益。对涉及职工切身利益的重大问题，企业都应当与工会代表或职工代表进行平等协商。要规范和完善协商程序，积极开展工资集体协商，把工资集体协商作为推进平等协商工作的重点，由职工代表与企业代表就企业的内部工资分配制度、工资分配形式、工资收入水平、工资支付办法等事项进行平等协商，使平等协商在协调劳动关系方面发挥重要作用。

二、签订集体合同的类型

（1）对暂不具备条件签订综合性集体合同的企业，可以就工资分配问题签订单项集体合同或协议。

（2）在签订集体合同的同时，还要签订女职工权益保护专项集体合同。

（3）在高风险行业和企业中签订保护专项集体合同。

（4）对外商投资企业、私营企业、乡镇企业尤其是小企业相对集中的地区，由工会组织代表职工与相应的企业组织代表或企业进行平等协商，签订集体合同。

要处理好集体合同和劳动合同的关系，劳动合同中劳动条件和劳动报酬等标准不得低于集体合同的规定。

三、集体合同应包含的主要内容

集体协商双方可以就下列多项或某项内容进行集体协商，签订集体合同或专项集体合同：

（1）劳动报酬。包括用人单位工资水平、工资分配制度、工资标准和工资分配形式；工资支付办法；加班、加点工资及津贴、补贴标准和奖金分配办法；工资调整办法；试用期及病、事假等期间的工资待遇；特殊情况下职工工资（生活费）支付办法；其他劳动报酬分配办法。

（2）工作时间。即劳动者根据法律和法规的规定，在企业、事业、机关、团体等单位中，用于完成本职工作的时间，包括工时制度、加班加点办法、特殊工种的工作时间、劳动定额标准。

（3）休息休假。包括日休息时间、周休息日安排、年休假办法；不能实行标准工时职工的休息休假；其他假期。

（4）劳动安全与卫生。包括劳动安全卫生责任制；劳动条件和安全技术措施；安全操作规程；劳保用品发放标准；定期健康检查和职业健康体检。

（5）补充保险和福利。包括补充保险的种类、范围；基本福利制度和福利设施；医疗期延长及其待遇；职工亲属福利制度。

（6）女职工和未成年工特殊保护。包括女职工和未成年工禁忌从事的劳动，女职工的经期、孕期、产期和哺乳期的劳动保护，女职工、未成年工定期健康检查，未成年工的使用和登记制度。

（7）职业技能培训。包括职业技能培训项目规划及年度计划，职业技能培训费用的提取和使用；保障和改善职业技能培训的措施。

（8）劳动合同管理。包括劳动合同签订时间，确定的条件；劳动合同变更、解除、续订的一般原则及无固定期限劳动合同的终止条件；试用期的条件和期限。

（9）奖惩。包括劳动纪律、考核奖惩制度、奖惩程序。

(10) 裁员。包括裁员的方案、裁员的程序、裁员的实施办法和补偿标准。

(11) 集体合同期限。

(12) 变更、解除集体合同的程序。

(13) 履行集体合同发生争议时的协商处理办法。

(14) 违反集体合同的责任。

(15) 双方认为应当协商的其他内容。

四、平等协商签订集体合同的基本程序

平等协商签订集体合同的基本程序如下表所述：

平等协商签订集体合同的基本程序

序号	步骤	程序内容
1	产生协商代表	(1) 参加集体协商的双方代表人数应当相等，每方至少3人，并各自确定1名首席代表。 (2) 用人单位工会主席和用人单位法定代表人分别担任职工一方与企业方的首席代表；因故不能担任的，应当书面委托一名代表担任。 (3) 职工一方的代表应当由职工代表大会或者职工大会选举产生。建立女职工委员会或者女职工占有一定比例的用人单位，职工一方代表中至少应当有一名女职工代表。 (4) 用人单位一方的代表由用人单位确定。尚未建立工会组织的用人单位，职工一方代表，由所在地的地方工会或者行业工会指导企业职工，民主推举，并获全体职工半数以上同意后产生；首席代表由全体代表推举。 (5) 代表因故不能履行职责半年以上的，应当视为自动放弃代表资格，有关一方应当推举新的代表，并通知另一方。
2	提出要约并作出回应	一方提出签订集体合同要求的，另一方应当在20日内以书面形式给以回应，进而商定协商的时间、地点、内容及有关事宜。
3	集体协商	(1) 就集体合同的内容，双方协商代表有义务向对方提供有关情况和资料，并进行集体协商。涉及保密规定或者商业秘密的，按照有关法律、法规的规定执行。 (2) 协商期限最长不得超过60日。 (3) 集体协商未达成一致或者出现事先未预料的情况时，经双方协商代表同意，可以中止协商。中止期限及下次协商时间、地点、内容由双方商定。

续表

序号	步骤	程序内容
4	职代会或职工大会审议通过	（1）经双方协商代表协商一致的集体合同草案或专项集体合同草案应当提交职工代表大会或者全体职工讨论。 （2）职工代表大会或者全体职工讨论集体合同草案或专项集体合同草案，应当有三分之二以上职工代表或者职工出席，且须经全体职工代表半数以上或者全体职工半数以上同意，集体合同草案或专项集体合同草案方获通过。
5	签字	由双方首席代表在协议上签字。
6	上报劳动行政部门审查	（1）用人单位应当在集体合同签订后10日内，将合同正式文本一式三份及说明材料报送有管辖权的劳动和社会保障行政主管部门进行审查，用人单位工会应当同时将合同正式文本报送上一级地方工会。 （2）劳动和社会保障行政主管部门应当对报送的集体合同或专项合同的下列内容进行合法性审查。 ①签约双方主体资格是否符合法律、法规的规定。 ②集体协商程序是否违反法律、法规及规章规定。 ③集体合同或专项合同内容是否与国家法律法规相抵触。
7	正式生效，公布于众	（1）劳动和社会保障行政主管部门应当自收到集体合同文本之日起15日内，将集体合同审核意见书书面通知签约双方；15日内未提出书面异议的，集体合同即行生效；提出书面异议的，签约双方应当进行协商、修改或者作出说明，经职工代表大会或者职工大会讨论通过后重新报送。地方工会或行业工会对集体合同有异议的，应当通过同级劳动和社会保障行政部门向企业提出书面意见。 （2）用人单位应当自集体合同生效之日起10日内向全体职工公布集体合同文本。

五、区域性、行业性平等协商签订集体合同

在小企业比较多而集中的乡镇、街道办、行业，要参照上述规定的内容、程序、方法，建立平等协商签订区域性行业性集体合同制度。区域性、行业性平等协商集体合同可以采取以下几种形式进行：

（1）由乡镇、街道、行业工会联合会同本级用人单位管理组织或用人单位授权委托的代表组织进行协商签订。

（2）没有区域经济管理组织的，由区域工会联合会按照集体商定的合同文本，同逐个用人单位经营者或用人单位授权委托的代表进行协商签订。

（3）由乡镇、街道、行业工会联合会分别同私营企业代表组织、乡镇街道集体企业

主管组织进行协商签订。

（4）区域工会联合会所覆盖的企业如果行业较多，可以根据行业的特点制定合同，由区域工会联合会同行业代表组织协商签订。

六、集体合同履约兑现监督

依法订立的集体合同对企业和企业全体职工具有法律约束力，双方都要严格遵守执行。企业组织代表要指导企业建立集体合同履约责任制和监督检查制度，把履约责任制同岗位目标责任制结合起来，纳入到企业管理中。集体合同的履行要接受工会和职工群众的监督。各级劳动保障部门要依法加强对集体合同制度履行情况的行政监察工作，把劳动保障监察同工会劳动法律监督紧密结合起来，对无正当理由拒绝平等协商、违反集体合同的企业，要责令其限期改正，依法处理。要积极探索建立平等协商或签订集体合同争议的行政调解制度，及时引导争议双方通过法律途径调解处理。

竞业限制

竞业限制是指单位在劳动合同、知识产权归属协议或技术保密等协议中，对与本单位技术权益和经济利益有重要影响的有关行政管理人员、科技人员和其他相关人员协商，约定劳动者在职期间和离开单位后一定时期内，不得在生产同类产品或经营同类业务且有竞争关系的单位内任职，或者自己生产、经营与原单位有竞争关系的同类产品或业务。凡有这种约定的，单位应向受竞业限制的离职人员支付一定数额的补偿费。限制时间由当事人事先约定，但不得超过二年。

一、与竞业限制有关的法规规定

我国《劳动法》第二十二条规定，“劳动合同当事人可以在劳动合同中约定保守用人单位商业秘密的有关事项”。这可以看作对竞业限制的原则性法律规定，它赋予用人单位和劳动者以平等协商的方式在劳动合同中约定保密条款或竞业限制条款。

劳动合同法对竞业限制问题也进行了规定。该法第二十三条规定，用人单位与劳动者可以在劳动合同中约定保守用人单位的商业秘密和与知识产权相关的保密事项。对负有保密义务的劳动者，用人单位可以在劳动合同或者保密协议中与劳动者约定竞业限制条款，并约定在解除或者终止劳动合同后，在竞业限制期限内按月给予劳动者经济补偿。劳动者违反竞业限制约定的，应当按照约定向用人单位支付违约金。

第二十四条规定，竞业限制的人员限于用人单位的高级管理人员、高级技术人员和其他负有保密义务的人员。竞业限制的范围、地域、期限由用人单位与劳动者约定，竞业限制的约定不得违反法律、法规的规定。

在解除或者终止劳动合同后，前款规定的人员到与本单位生产或者经营同类产品、从事同类业务的有竞争关系的其他用人单位，或者自己开业生产或者经营同类产品、从事同类业务的竞业限制期限，不得超过二年。

第九十条规定，劳动者违反本法规定解除劳动合同，或者违反劳动合同中约定的保密义务或者竞业限制，给用人单位造成损失的，应当承担赔偿责任。

二、竞业限制适用人群

并不是用人单位的所有人员都是竞业限制的人员。

根据劳动合同法第二十四条的规定，用人单位的高级管理人员、高级技术人员和其他负有保密义务的人员，应该根据用人单位的要求，约定竞业限制条款。

根据我国公司法第六十一条规定，董事、经理有法律强制性竞业禁止的义务，但由于董事、经理是用人单位的高级管理人员，因此也可以同时适用约定竞业限制。

根据我国合伙企业法第三十条规定，合伙人有法律强制性竞业禁止义务，因此也可以同时使用约定竞业限制。

用人单位的高级管理人员、高级技术人员和其他负有保密义务的人员，与用人单位签订竞业限制条款，是由双方约定的。因此不得违背法律、法规的规定。

三、适用竞业限制追究劳动者违约责任的条件

适用竞业限制追究劳动者的违约责任，必须满足下列条件：

1．支付劳动者保密费或竞业限制补偿费

只约定竞业限制而不支付相应经济补偿，对于在劳动合同关系中处于弱势的劳动者来说无疑是显失公平的。

为此，劳动合同法以及广州、深圳、上海等地方法规作出了竞业限制补偿标准的规定。

2．限定竞业限制的主体

竞业限制协议一般应限制在有机会接触到商业秘密的决策人员、高级研究和技术人员、销售人员等范围内。劳动合同法对竞业限制主体范围规定为：竞业限制的人员限于用人单位的高级管理人员、高级技术人员和其他负有保密义务的人员。

这里需要明确的是，劳动合同法将用人单位高级管理人员、高级技术人员和其他知悉用人单位商业秘密的人员是并列的，这可以理解为，对于高级管理人员、高级技术人员，用人单位可以在劳动合同中要求其承担竞业限制业务，不管其是否知悉用人单位商业秘密；而对于这些人员以外的其他人员，则必须因职务上便利接触和了解用人单位商业秘密的人员，才能在合同中要求其承担竞业限制义务。

如果将竞业限制扩大到全体员工，则不仅威胁到广大无关员工的生存权，而且也会极大地损失企业因竞业限制而过多支付员工的补偿费用，造成两败俱伤。

3．限定竞业限制的内容

竞业限制的相关商业及技术秘密必须是企业采取了必要的保护措施，建立了相应的保护制度，不为一般员工或社会公众所知悉的。未进行保护的或者与竞业限制内容相关的技术秘密、商业秘密已为公众所知悉，或者不能为本单位带来经济利益或竞争优势，不具有实用性的，即不具有或丧失其秘密性，就不能成为竞业限制的内容。

4．竞业限制期限最长不能超过2年

即劳动者竞业限制义务条款自劳动合同终止或解除后2年自动解除。对劳动者不再具有约束力。

5．竞业限制的范围、地域

竞业限制的范围、地域限于与用人单位构成竞争关系的产品或业务领域及地域。超出这个范围即无效。

凡竞业限制条款不能满足上述条件之一的，竞业限制条款应自行终止。凡违反竞业限制约定构成违约的，应当向用人单位支付违约金。

四、如何约定竞业限制的条款

从用人单位的角度来看，在同劳动者约定竞业限制条款时，在保证条款内容符合法律法规的规定的同时，还要把握双方合意的原则。如果仅从自身的利益考虑单方面约定竞业限制内容，有可能导致竞业限制无效。

五、用人单位在竞业限制方面管理的注意事项

（1）竞业限制可以有效避免高级和核心人才的流失，但是劳动合同法规定的竞业限制适用范围缩小，成本增高，代价高昂，企业应谨慎运用，不要轻易与员工约定竞业限制义务，对没有保密义务的普通员工也签订竞业限制协议。

（2）约定竞业限制的，企业应按规定在劳动关系结束后、在竞业限制期限内按月支付。如果企业没有尽到这一义务，就无法要求员工履行“竞业限制”的义务。在此情况下，劳动者有权解除竞业限制协议。

（3）为避免出现纠纷，在签订竞业限制协议时，最好明确本单位的经营范围和业务范围（可以列出竞争单位名单）。

（4）签订竞业限制协议一定要记得约定违约金。只有约定了违约金，一旦劳动者违约，即使企业没有损失，也可以依据违约责任要求劳动者支付违约金，如果劳动者给企业造成的损失超过违约金的话，企业还可以要求支付赔偿金。反之，如果事先不约定违约金，当劳动者违约而没有给企业造成损失的话，企业是无法主张赔偿的，即便造成损害，也要证明损失的存在才可以要求赔偿。

非全日制用工形式

非全日制用工是在传统的全日制用工就业形式之外，为适应用人单位灵活用工和劳动者自主择业的需要，而发展起来的一种新形式的用工形式。早在2003年，原劳动和社会保障部根据《中共中央国务院关于进一步做好下岗失业人员再就业工作的通知》精神，发布了《关于非全日制用工若干问题的意见》。

一、非全日制用工的特点

非全日制用工劳动关系有以下特点，如下表所示：

非全日制用工的特点

序号	特点表现	说明
1	在工作时间上是以小时工为主要形式，劳动者不提供全日制劳动。	非全日制用工是指以小时计酬、劳动者在同一用人单位平均工作时间不超过5小时，累计每周工作时间不超过30小时的用工形式。
2	允许兼职	从事非全日制工作的劳动者，可以与一个或者一个以上用人单位订立劳动合同，但是后订立的劳动合同不得影响先订立的劳动合同的履行。
3	非全日制劳动合同的形式	可以书面，也可以口头。
4	试用期	不得约定。
5	合同终止	随时都可以。但双方另有约定的除外。
6	工资支付	非全日制用工实行以小时计酬的方式，并且劳动报酬结算周期最长不得超过15日。
7	社会保险	劳动者个人缴纳，用人单位没有缴纳义务。

二、如何签订非全日制用工合同

对于非全日制用工的劳动合同签订的形式，劳动合同法第六十九条明确规定：非全日制用工双方当事人可以订立口头协议。但是为了避免混淆全日制用工和非全日制的用工的区别，为了保存证据，防止纠纷的发生，对非全日制用工最好还是签订书面合同，并严格按照劳动合同法的规定，协商确定好合同条款为妥，以更好地保护用人单位和劳动者的权利和义务。

无固定期限劳动合同

2008年的劳动合同法颁布实施以后，越来越多的劳动者进入可以签订无固定期限劳动合同条件阶段，劳动者认为签订了无固定期限劳动合同似乎就是“铁饭碗”了，用人单位对这种“铁饭碗”的担忧开始转化为实际问题。其实，无固定期限劳动合同不是劳动者的“铁饭碗”，用人单位要积极应对，不要回避。

一、无固定期限劳动合同的签订条件

劳动合同法第十四条中明确规定，无固定期限劳动合同，是指用人单位与劳动者约定无确定终止时间的劳动合同，当用人单位与劳动者协商一致，可以订立无固定期限劳动合同。另外，如果劳动者提出或者同意续订劳动合同，在客观条件允许的情况下，用人单位必须与劳动者签订无固定期限合同。

除劳动者提出订立固定期限合同外，用人单位需要注意以下几种情况，必须告知劳动者签订无固定期限合同：

（1）劳动者在该用人单位连续工作满十年的；

（2）用人单位初次实行劳动合同制度或者国有企业改制重新订立劳动合同时，劳动者在该用人单位连续工作满十年且距法定退休年龄不足十年的；

（3）连续订立二次固定期限劳动合同，且劳动者没有本法第三十九条和第四十条第一项、第二项规定的情形，且需要续订劳动合同。

以上三种情况满足其一，如果用人单位自用工之日起满一年不与劳动者订立书面劳动合同的，视为用人单位与劳动者已订立无固定期限合同。与此同时，如果用人单位告知了劳动者，劳动者不愿意签订无固定期限合同，双方协商一致后，可以不签订，但前提是，用人单位必须告知劳动者以上三种情况。

二、解除无固定期限劳动合同的条件

根据《中华人民共和国劳动合同法实施条例》第十九条规定，有下列情形之一的，依照劳动合同法规定的条件、程序，用人单位可以与劳动者解除固定期限劳动合同、无固定期限劳动合同或者以完成一定工作任务为期限的劳动合同：

（1）用人单位与劳动者协商一致的。

（2）劳动者在试用期间被证明不符合录用条件的。

（3）劳动者严重违反用人单位的规章制度的。

（4）劳动者严重失职、营私舞弊，给用人单位造成重大损害的。

（5）劳动者同时与其他用人单位建立劳动关系，对完成本单位的工作任务造成严重影响，或者经用人单位提出，拒不改正的。

（6）劳动者以欺诈、胁迫的手段或者乘人之危，使用人单位在违背真实意思的情况

下订立或者变更劳动合同的。

(7) 劳动者被依法追究刑事责任的。

(8) 劳动者患病或者非因工负伤，在规定的医疗期满后不能从事原工作，也不能从事由用人单位另行安排的工作的。

(9) 劳动者不能胜任工作，经过培训或者调整工作岗位，仍不能胜任工作的。

(10) 劳动合同订立时所依据的客观情况发生重大变化，致使劳动合同无法履行，经用人单位与劳动者协商，未能就变更劳动合同内容达成协议的。

(11) 用人单位依照企业破产法规定进行重整的。

(12) 用人单位生产经营发生严重困难的。

(13) 企业转产、重大技术革新或者经营方式调整，经变更劳动合同后，仍需裁减人员的。

(14) 其他因劳动合同订立时所依据的客观经济情况发生重大变化，致使劳动合同无法履行的。

以上十四条，触犯了其中一条，用人单位都有权利与劳动者解除无固定期限劳动合同。可见，无固定期限劳动合同并不是劳动者的“铁饭碗”。

三、在无固定期限劳动合同下的一些措施

很多用人单位对无固定期限劳动合同认识上存在着误区，总是担心如果与劳动者签订了合同，以后就难以解除。为规避与劳动者订立无固定期限劳动合同的法律义务，有的用人单位甚至采取了一些不恰当的做法，因此导致此类投诉案件接连发生。其实，只要用人单位依法用工、规范用工，以诚信为本，就不会有类似的问题出现，当然，用人单位也可以采取以下一些措施来应对这方面的风险：

(1) 建立无固定期限劳动合同签订的评估机制，对是否签订、怎样签订无固定期限劳动合同进行评估。

(2) 合理确定第一次订立劳动合同的期限，由于第二次签订固定期限劳动合同，再次续订时劳动者会要求用人单位签订无固定期限劳动合同，用人单位可以在第一份劳动合同签订时选择较长期的固定期限劳动合同。

(3) 以完成一定工作任务为期限的劳动合同不存在连续签订两次变为无固定期限的情形，可以根据岗位采取这种合同形式。

(4) 由于连续两次订立固定期限劳动合同强调的是劳动合同的签订和续订，并不包括劳动合同的变更，因此用人单位可以在固定期限劳动合同有效期内通过变更劳动合同期限的方式延长固定期限劳动合同，当然期限的变更应当与劳动者协商确定。

(5) 依法适当使用劳务派遣。用人单位可以在一些临时性、辅助性、替代性的岗位上有选择的使用劳务派遣工。

职场性骚扰的预防和制止

2005年12月1日，修改后的妇女权益保障法增加了“禁止对妇女实施性骚扰；受害妇女有权向单位和有关机关投诉”的条款，这是中国法律首次明确反对性骚扰。

2012年4月由国务院颁布实施的《女职工劳动保护特别规定》提出，在劳动场所，用人单位应当预防和制止对女职工的性骚扰，这标志着我国女性的人身权利得到进一步保障。

性骚扰不仅严重侵犯了被骚扰员工的人格尊严和荣誉权，其实质也侵犯了员工的工作权和就业权，性骚扰对员工的伤害直接影响到劳动关系的和谐稳定。

对于工作场所的性骚扰，企业应着重从以下几个方面进行防范和处理，积极应对。

一、加强道德教育

防范性骚扰首先要加强对员工的思想道德教育。企业要通过各种方式教育员工树立正确的世界观、人生观和价值观，在思想上构筑防范性骚扰的防线。要让员工通过教育认识到性骚扰这种不道德行为在一定情况下会转化为侵权行为，因为它本身就是一种对人身权利的侵犯，所以，有可能被提起诉讼、惹来官司。企业内部上下级之间、同事之间要倡导相互尊重人格，恪守礼仪，建立起正常的工作关系和人际交往关系。

二、制定行为规范，纳入劳动规章

企业对于性骚扰问题一直采取回避态度，总认为这事提不到桌面上来，加之取证难、处理难，对员工这方面的言行缺少应有的规范。因此，企业在加强员工思想道德教育的同时，要把防范性骚扰作为品行纪律，纳入劳动规章，制定出相关的行为规范对员工言行予以约束。比如，规定在工作场所禁止进行性评论，不得谈论或传播带有性内容的故事和笑话，不得在工作场所展示带有性引诱、性侵犯性质的图片、日历、卡通画、扑克牌，不得使用企业的电脑进入、储存或者散布性暴露、性侵犯的内容，不允许员工之间有非工作、非礼节性的身体接触等。同时，针对性骚扰的不同情节、不同行为表现，规定不同的处罚措施。

三、建立监督机制

监督机制可分为员工自我监督和相互监督两个方面：员工自我监督的方法一般是建立员工自我检查制度，要求员工按品行纪律规范的要求，定期对自己的言行进行检查，自我控制和自觉纠正违反品行纪律的不良思想苗头和行为。相互监督是指，一方面，员工之间要相互监督品行纪律，对语言举止不文明的行为敢于开展批评，使性骚扰行为在企业日常工作中没有市场；另一方面，在企业建立性骚扰投诉制度，制定投诉方式和程序，被骚扰的员工或发现有性骚扰问题的员工，都可以按照企业规定的方式和程序进行投诉。除此之外，企业还可以采取其他多种措施，对性骚扰问题进行监督。

四、及时果断处理

防范性骚扰，不能因其取证难等因素久拖不管，而要按照规定的具体的惩罚措施进行严肃处理。由于性骚扰对企业员工的思想道德和行为品行具有很大的腐蚀性，会造成一定的精神损害和心理疾病，也严重干扰企业正常的生产和工作秩序，处理时一要及时，二要果断。企业一旦发现有性骚扰问题，或者员工投诉后，应当针对性骚扰的不同表现形式，对员工和企业的影响程度，立即进行调查。经核实，分不同情况及时处理。对于实施性骚扰的员工，情节严重，符合解雇条件的，应依照劳动法和企业劳动规章的规定，立即解除劳动合同。对于被骚扰的员工要做好安抚工作，教育其增强心理承受能力，正确对待此类问题，不要背上思想包袱影响工作，并在尽可能的范围内对其保密，以减少不良影响，稳定劳动关系。

第二章　劳动者关注的热点

大学生就业难

一方面是很多企业想了很多办法，用了很多奖励手段招收新职工、留住老职工，可是新职工还是找不到，老职工还是留不住。另方面各级政府和有关部门用了很多鼓励奖励措施，仍然还是有许多应届大学生毕业生找不到工作。

一、大学生就业难的原因

现在大学生就业难已经成为社会问题，造成这方面的因素有很多很多，以下从主观和客观两方面来进行分析。

大学生就业难的原因

序号	原因类别		说明
1	主观原因	大学扩招	随着大学的扩招，大学毕业生的就业率一天天降低，这已经成为一个不争辩的事实，100多个大学生争夺一个就业岗位的新闻对人们来说已经屡见不鲜。近几年来甚至有“大学生不如民工”，“大学生就业率低成为社会的隐患”等方面的报道；有些地方甚至还出现了“读书无用论”；大学扩招造成的社会现状给就业带来的压力，这不是大学生该去思考的问题，这属于政府相关机构该去思考和研究的事项，而大学生该做的是如何从这个社会现状中，寻找出属于自己的道路。

续表

序号	原因类别		说明
1	主观原因	定位不对	许多大学生对自己的定位仍然是上个世纪六七十年代的大学生定位；因为他们在父母那里就是天之骄子，在父辈的眼里大学生至少是国家稀缺的人才。接受了父辈们的定位再加上社会实践经验比较少，对现在社会形势没有一个清晰的认知，大学生开始出现对自己的错误定位，不明白自己究竟能干什么，究竟适合干什么，对自己没有一个正确的定位。
		眼高手低缺乏经验	现在许多企业招聘员工时，第一条就是看有没有工作经验，因为企业不是社会慈善机构，它不再想出资为社会培养人才，它需要的是能为企业创造效益的人。而大学生偏偏缺少的就是经验，刚从学校出来的大学生太长时间待在学校，总是按照书本上或者是老师家长教的眼光来看待这个世界，认为工作是件太容易的事，这样就多少与这个社会脱节了。抱着非好工作和好单位不去的态度，眼高手低，这也是导致大学生找不到工作的直接原因。
		对职业有了更高的标准和要求	大学生在经历了经济的重负和一定程度的“镀金”之后，对职业有了更高的标准和要求，进大企业和知名企业就成了理所当然顺理成章的事情。所以，大多毕业生期望到待遇高的大城市和大公司工作，而不愿到中小城市去和从基层做起。
2	客观原因	大学培养与社会人才需求脱节	现在大学培养的人才远远不是社会企业所需的人才，现在企业大量需要的是技能型人才，而大学培养的往往是理论型人才，社会实践能力、动手能力、职业素养都非常缺乏。
		社会多元化矛盾的出现	我国现在正处在多元化社会的一个发展阶段，有许多矛盾都亟待解决，社会竞争机制的不公平，社会体制跟不上经济增长的步伐，导致许多社会矛盾日趋尖锐化，不同社会阶层人员的流动减少，这样也不同程度影响到大学生的就业和生活。

二、大学生怎样找到自己满意的工作

（1）在校大学生应多多参与社会实践，实现就业意识与社会的接轨。

（2）正确客观地看待自己，认识自己，看待工作不要眼高手低，先积累一定的工作经验后再寻找自己喜欢的、适合自己的工作，也就是人们常说的“骑驴找马”工作法则。

（3）参加相关技能培训，弥补技能的不足。

带薪年休假

当“带薪休假”早已是大多数经济发达国家以及部分发展中国家国民生活中不可或缺

的一部分时，带薪休假制度也撩起神秘的面纱，步入了中国寻常劳动者的生活，成为我国劳动者受法律保护的权利之一。2007年12月国务院第198次常务会议通过并从2008年1月1日起正式施行的《职工带薪年休假条例》，使带薪年休假制度终于在万众期待中尘埃落定。为了保障和增强条例实施的可操作性，人力资源和社会保障部于2008年9月18日以第1号令的形式发布了《企业职工带薪年休假实施办法》。这些法规为劳动者如何享受带薪年假提供了坚实的依据。

一、带薪年假是每一位劳动者均拥有的权利

《职工带薪年休假条例》第二条规定："机关、团体、企业、事业单位、民办非企业单位、有雇工的个体工商户等单位的职工连续工作1年以上的，享受带薪年休假（以下简称年休假）。单位应当保证职工享受年休假。职工在年休假期间享受与正常工作期间相同的工资收入。"

根据该条规定，带薪年假的适用范围包含了机关、团体、企业、事业单位、民办非企业单位、有雇工的个体工商户等单位的职工。

简单地说，就是每一位当前有工作的人，无论是企业的正式职工还是受雇于小吃店的服务员，只要连续工作1年以上，都应该享受带薪年假。

二、享受带薪年假的工作年限计算

享受带薪年假前必须有连续工作1年以上的工作时间，但是该工作时间不要求必须是在当前单位的工作时间。

《企业职工带薪年休假实施办法》第三条规定："职工连续工作满12个月以上的，享受带薪年休假。"第五条第一款规定："职工新进用人单位且符合本办法第三条规定的，当年年休假天数，按照在本单位剩余日历天数折算确定， 折算后不足1整天的部分不享受年休假。"

根据这两个条款的规定，尽管一个职工可能是刚由其他单位进入当前工作单位，但是只要他连续工作满1年以上，就有享受带薪年假的资格。至于他所能享受的带薪年假的长短，则要根据他在当前单位本年度的工作时间来确定。

以下通过一个案例做进一步说明：

假设刘女士自2014年7月份毕业时开始在甲公司上班，后于2015年9月1日跳槽到乙公司。问：刘女士应当从什么时候起开始在乙公司享受带薪年假？

根据《实施办法》第五条的规定，刘女士进入乙公司时，已连续工作一年以上，就应当具备开始享受带薪年假的资格。同时，根据该条第二款的规定："前款规定的折算方法为：（当年度在本单位剩余日历天数÷365天）×职工本人全年应当享受的年休假天数。"据此就可以计算出2015年刘女士在乙公司所能享受的带薪年假的天数。当年剩余的

日历天数为122天，刘女士2015年的年休假天数应为（122÷365）×5天≈1.67天。由于0.67天不足1整天，因此刘女士在今年的年休假天数是1天。

在此需要特别注意的是，按照《实施办法》第五条规定的计算方式，累计工作时间不满10年的跳槽职工在新单位当年休带薪假的临界点为73天，也就是说在新单位得干满73天以上方可休带薪年假，即每年10月20日之后跳槽而还未休年假者，当年的年假基本就泡汤了。

三、用人单位有保障每位劳动者休带薪年假的义务

用人单位应当保障每位劳动者休带薪年假，除由职工本人作出书面放弃休假权利的承诺外，用人单位对职工未休年假的天数都应给予法定的报酬，且应当在应休年假年度内支付。

《企业职工带薪年休假实施办法》第十条规定："用人单位经职工同意不安排年休假或者安排职工年休假天数少于应休年休假天数，应当在本年度内对职工应休未休年休假天数，按照其日工资收入的300%支付未休年休假工资报酬，其中包含用人单位支付职工正常工作期间的工资收入。用人单位安排职工休年休假，但是职工因本人原因且书面提出不休年休假的，用人单位可以只支付其正常工作期间的工资收入。"

该条规定明确了休年休假是每位劳动者的法定权利，除劳动者本人放弃外，任何单位和个人都不能剥夺。用人单位如果不能安排职工休假或者安排职工休假的天数不够法定天数的，应当在本年度内对职工未休年假的天数，按照其日工资收入的300%支付工资报酬。

这里要注意的是，用人单位应当在当年度内支付职工应休年假的报酬。这也意味着：用人单位如果未能在应休年假年度内将职工未休年休假的报酬支付给职工的话，就构成拖欠职工的工资。对于用人单位拖欠职工工资的行为，根据劳动合同法的相关规定，劳动者有权随时通知用人单位解除劳动合同并可以要求支付经济补偿金。

四、劳动者离职时未享受的年假可折算为工资

劳动者离职时，可以就其应当享受而未享受的年休假天数要求用人单位支付300%的工资报酬。其应享受的年休假天数按职工当年已工作时间折算，不足1整天的部分不支付未休年休假工资报酬。职工在离职前已休年休假的，多于折算应休年休假的天数不再扣回。

五、带薪年休假的标准

《职工带薪年休假条例》中所确立的带薪年休假标准是法定的最低标准，任何用人单位安排劳动者休假都不能低于法定的5天或10天或15天，但可以高于该标准。

六、职工不享有带薪年休假的情况

职工有下列情形之一的，不享有带薪年休假：

（1）职工依法享受寒暑假，其休假天数多于年休假天数的。

（2）职工请事假累计20天以上且单位按照规定不扣工资的。

（3）累计工作满1年不满10年的职工，请病假累计2个月以上的。

（4）累计工作满10年不满20年的职工，请病假累计3个月以上的。

（5）累计工作满20年以上的职工，请病假累计4个月以上的。”

同工同酬

一、同工同酬的概念

同工同酬又叫均等待遇，是相对于差别待遇而言的，是劳动基准法的内容，具体是指用人单位对于从事相同工作岗位、付出相同劳动、取得相同工作业绩的劳动者，支付大体相同的劳动报酬。简而言之就是工作相同、效率相同，给付的劳动报酬应当相同。

二、同工同酬的几个表现

1．男女同工同酬

男女同工同酬是指在劳动报酬分配上的不应该存在性别歧视。

2．不同种族、民族、身份的人同工同酬

直至今天，某些国家和地区也还存在这种分配歧视。我国自解放以来，基本消除了这种歧视现象。

3．地区、行业、部门间的同工同酬

由于各地的经济水平与生活水平差异很大，各个行业、部门的特点也都有所不同，因此，存在着地区、行业、部门间“同工不同酬”的现象。

4．企业内部的同工同酬

这是同工同酬中最重要的内容。在同一企业中从事相同工作，付出等量劳动且取得相同劳动业绩的劳动者，应当有权利获得同等的劳动报酬。

5．在管制中的犯罪分子的同工同酬

我国刑法第三十九条规定，对于被判处管制的犯罪分子，在劳动中应当享受同工同酬。

三、同工同酬请求权的法律基础

同工同酬请求权的法律基础如下表所示：

同工同酬请求权的法律基础

序号	类别	法律法规与条款	
1	国内法律	《宪法》	《宪法》第四十八条规定：国家保护妇女的权利和利益，实行男女同工同酬，培养和选拔妇女干部
		《劳动法》	《劳动法》第四十六条规定：工资分配应当遵循按劳分配原则，实行同工同酬
		《劳动合同法》	《劳动合同法》第十一条规定：用人单位未在用工的同时订立书面劳动合同，与劳动者约定的劳动报酬不明确的，新招用的劳动者的劳动报酬按照集体合同规定的标准执行；没有集体合同或者集体合同未规定的，实行同工同酬。 第十八条规定：劳动合同对劳动报酬和劳动条件等标准约定不明确，引发争议的，用人单位与劳动者可以重新协商；协商不成的，适用集体合同规定；没有集体合同或者集体合同未规定劳动报酬的，实行同工同酬。 第六十三条规定：被派遣劳动者享有与用工单位的劳动者同工同酬的权利。
		《教师法》	《教师法》第三十一条规定：各级人民政府应当采取措施，改善国家补助、集体支付工资的中小学教师的待遇，逐步做到在工资收入上与国家支付工资的教师同工同酬，具体办法由地方各级人民政府根据本地区的实际情况规定。
		《妇女权益保障法》	《妇女权益保障法》第二十四条规定：实行男女同工同酬。妇女在享受福利待遇方面享有与男子平等的权利。
2	国内配套文件规定	《外商投资企业工资收入管理暂行办法》	《外商投资企业工资收入管理暂行办法》第三条规定：外商投资企业应当遵循按劳分配、同工同酬的原则，根据本企业的实际情况，依据本办法，自主确定企业内部工资分配制度。 第八条规定：中方高级管理人员名义工资由企业董事会根据同工同酬的原则，比照外方高级管理人员工资收入水平予以确定。
3	国际公约	《世界人权宣言》	1948年12月10日，第三届联合国大会通过的《世界人权宣言》第二十三条规定：人人有同工同酬的权利，不受任何歧视。
		《经济、社会和文化权利公约》	我国2001年2月28日人大批准的《经济、社会和文化权利公约》第七条关于劳动报酬权规定：缔约各国承认人人有权享受公正和良好的工作条件，特别要保证最低限度给予所有人公平的工资和同值工作同酬而没有任何歧视，保证休息、闲暇和工作时间的合理限制，定期给薪休假以及公共假日报酬。

人才流动时注意竞业限制

许多用人单位为防止劳动者离职后成为竞争对手，往往不让劳动者到竞争对手处兼职或任职，也不让劳动者自己生产、经营同类产品或从事同类业务，即爱拿竞业限制说事。因此，各类人才了解一些关于商业秘密和竞业限制的知识尤为重要。

一、竞业限制的对象

竞业限制的人员仅限于用人单位的高级管理人员、高级技术人员和其他负有保密义务的人员，不能针对企业所有的员工。

二、竞业限制的范围

竞业限制的范围由企业与劳动者协商确定，但竞业限制的约定不得违反法律、法规的规定。

竞业禁止的地域范围，原则上应以能够与用人单位形成实际竞争关系的地域为限；竞业限制的就业范围限于与原企业有竞争关系的企业，劳动合同法对此已明确界定，即“与本单位生产或者经营同类产品，业务有竞争关系的其他用人单位，或者自己开业生产或者经营与本单位有竞争关系的同类产品、业务。”

必须注意，劳动合同法只是规定了限制去有竞争关系的单位，而不是业务、产品或者职能。

三、竞业限制的期限

竞业限制的期限不得超过两年。也就是说，只可以约定了解商业秘密的人员离职后，在两年内不得自己经营或者到其他单位从事与商业秘密相同或类似的工作。

四、用人单位的义务

约定竞业限制的，企业应在竞业限制期限内按月给予劳动者经济补偿。劳动合同法没有对经济补偿的数额作出具体规定，可以由企业和劳动者双方进行协商。但是，企业不能约定竞业限制的经济补偿已包含在劳动者现有的工资报酬中。如果用人单位未履行经济补偿的责任，那竞业限制协议自动失效。

五、劳动者违反竞业限制约定的后果

1. 用人单位停止按月支付竞业限制经济补偿

劳动者竞业限制义务与用人单位支付竞业限制经济补偿的义务是相对应的，劳动者不履行义务，用人单位可以此为由拒绝履行支付竞业限制经济补偿的义务。

2．劳动者须支付用人单位违约金

劳动合同法第二十三条第二款规定，劳动者违反竞业限制约定的，应当按照约定向用人单位支付违约金。

关于劳动者违反竞业限制约定，根据劳动合同法第二十四条第一款的规定，竞业限制的范围、地域、期限由用人单位与劳动者约定。劳动者是否违反竞业限制约定，应当根据用人单位与劳动者之间的约定判断。首先判断是否属于竞业限制的范围，其次判断是否在竞业限制地域内，再者判断劳动者的行为是否在竞业限制期限内，到生产与本单位同类产品、经营同类业务的有竞争关系的其他用人单位工作，或者自己开业生产、经营与用人单位有竞争关系的同类产品、业务。

劳动者支付违约金，必须此前有约定。劳动合同法原则上禁止用人单位与劳动者约定由劳动者承担违约金，服务期和竞业限制属于例外。如果用人单位与劳动者有违约金约定，则按照双方的约定执行，由劳动者支付违约金；如果没有约定，则劳动者无需支付违约金。

需要说明的是，由于劳动者侵犯了用人单位的商业秘密，即使不承担违约金责任，如果经认定确实侵犯了用人单位的商业秘密，也应当按照《反不正当竞争法》的有关规定承担相应的责任。

女职工可享受98天产假

2012年4月18日，国务院颁布的《女职工劳动保护特别规定》中规定，用人单位不得因女职工怀孕、生育、哺乳降低其工资、予以辞退、与其解除劳动或者聘用合同。女职工生育享受98天产假，其中产前可以休假15天；难产的，增加产假15天；生育多胞胎的，每多生育1个婴儿，增加产假15天。女职工怀孕未满4个月流产的，享受15天产假；怀孕满4个月流产的，享受42天产假。

女职工可享受98天产假，对于怀孕的女职工来说，自然是件好事，然而，据调查，原来的90天产假，除了在行政机关和事业单位执行到位外，其他行业的女职工并没有享受到这一政策。

要保障每个女职工都能平等享受法定产假时，法律的监督是第一要务，没有司法体系的介入，保障就无从谈起。另外，广大女职工也要学会拿起法律的武器，保护自己的合法权益。在受到不公平待遇时，要有法律意识，先找工会协商，再找妇联和劳动保障局沟通，还可以诉诸法律，请求法院维护自己的合法权益。

试用期工资不能随便给

以前，用人单位通常将员工的试用期当作“廉价期”甚至“白干期”，而现在，用人单位对于劳动者在试用期内的工资如果还是随便给的话就是违法的，劳动者可以依据法律规定进行维权。具体来看，劳动合同法对试用期间劳动报酬的法律控制手段有四点：

一、从总体上进行法律控制

《中华人民共和国劳动合同法》第十九条规定：劳动合同期限3个月以上不满1年的，试用期不得超过1个月；劳动合同期限1年以上不满3年的，试用期不得超过2个月；3年以上固定期限和无固定期限劳动合同，试用期最长不超过6个月。同一用人单位与同一劳动者只能约定一次试用期。以完成一定工作任务为期限的劳动合同或者劳动合同期限不满3个月的，不得约定试用期。

二、从数量上进行法律控制

劳动合同规定试用期的，试用期的工资不得低于本单位相同岗位最低档工资或者劳动合同约定工资的80%。

三、通过对试用期无效的法律控制

劳动合同法第八十三条规定，违法约定的试用期已经履行的，由用人单位以劳动者试用期满月工资为标准，按已经履行的超过法定试用期的期间向劳动者支付赔偿金。

四、对最低额进行法律控制

劳动合同法对最低额进行法律控制，规定试用期间的工资不得低于用人单位所在地的最低工资标准。

自我保护贯穿整个劳动过程

劳动者如何保护自己的合法权益，成为当前社会的焦点问题之一，国内频频出现拖欠工资、强迫劳动、不提供应有的劳动条件等各类劳动纠纷，而劳动者几乎绝对处于劣势地位。劳动者在入职、任职、离职过程中都要注意学会保护自己的利益：

一、入职时应注意的问题

许多劳动者没有保护自己的意识，在选择就业时，对企业的性质、用工的制度、合同签订，都不太关心，以朴素的心态认为，只要是有一份工作，能按月开支，就心满意足了，其他的都可以忽略，这种心态，也为日后发生纠纷没有证据导致身陷被动埋下伏笔。

对于入职的劳动者，应该着重注意以下几个问题：

1．全面了解企业的品质

可以通过走访劳动保障局等相关单位，掌握企业近年来的投诉记录，通过这一信息，可以直观地反映出自己选择企业在原来职工心目中的印象，评定出该企业在自己心目中的等级，优、良、好、差，进而决定选择还是放弃该企业。

2．依法签订劳动合同

按照《劳动法》的规定，企业与职工必须签订劳动合同，这对于保障劳动者权益至关重要。同时，劳动者应该依据法律的规定，对劳动合同进行内容审查，即审查劳动合同中有无合同期限、工作内容、劳动保护和劳动条件、劳动纪律、劳动合同终止的条件、违反劳动合同的责任等内容。存留合同防范风险。劳动合同都是一式两份，单位一份，劳动者一份，单位盖章后交给劳动者的合同，劳动者必须保存好，虽然相关法律规章中明确规定事实劳动关系存在，劳动争议仲裁委员会受理并依法裁决，但从证据效力上，劳动合同的证明力更强。

3．试用期不得突破法定上限

（1）劳动合同期限＜3个月，试用期=0。

（2）3个月≤劳动合同期限＜1年，试用期≤1个月。

（3）一年≤劳动合同期限＜3年，试用期≤2个月。

（4）劳动合同期限≤3年，试用期≤6个月。

（5）劳动合同期限为无固定期限，试用期≤6个月。

二、在职时应注意的问题

劳动者签订合同后，顺理成章地成为企业的职工，劳动者入职后享受劳动权利，履行劳动义务。但劳动者在劳动中应当注意以下几个问题：

1．遵守企业的规章制度

劳动规章制度，被视为企业内部法，企业以此约束职工的行为，提高管理效率。但企业的规章制度生效的前提条件，是经过职工大会或者职工代表大会讨论通过，并且公示的。最高人民法院出台了关于审理劳动案件适用法律问题的解释中，也明确将此类规章制度作为审理案件的依据，所以，劳动者在违反规章制度时，仲裁诉讼时败诉的可能性较大。

2．加班要请求给付加班费

法律明确规定，除了工资之外，如果企业必须给付加班费。安排劳动者延长工作时间，支付不低于工资的150%的工资报酬，休息日安排劳动者工作又不能安排补休的，支付不低于工资的200%的工资报酬，法定休假日安排劳动者工作的，支付不低于工资的300%的工资报酬。对于以上三点的理解显得至关重要，对于休息日安排工作不能安排补休的，方支付200%的报酬，如果安排补休劳动者则不享受此待遇，而延长工作时间和法定休假日安排劳动的，安排不安排补休都必须支付相应的报酬。

3．要明白自己具体的工作时间

法律规定，日不过8小时，周不过44小时，生产经营需要延长的，经与工会和劳动者协商方可延长，但日不超过1小时，特殊原因延长工作时间的，保障身体健康条件下日不过3小时，月不过36小时。

作为劳动者，应详细了解掌握自己的工作时间，最大限度地做到自我保护。

三、职工离职时应注意的问题

职工离职的原因有多种，除试用期内劳动者可以随时解除劳动合同无法律风险外，其他不同的原因，不同的行为，将导致不同的结果。

1．职工提出辞职时防范的风险

（1）劳动者与单位协商，主动提出解除合同的，按照相关规定，此类情况企业不予支付经济补偿金。

（2）劳动者违反劳动合同约定解除合同时，劳动者应当赔偿公司的损失，包括公司出资招录的招录费用、培训费用（双方另有约定的除外），以及给公司造成的直接经济损失等。

（3）劳动者自动离职，属于违法终止合同，赔偿方式同第二点。

2．主动索要企业的离职证明书

一旦与企业发生劳动争议，离职证明书将是强有力的证据，如果离职企业不出具离职证明书，而劳动者本人又不主动索要的，当企业与劳动者反目为仇时，可能会提出劳动者自己离职，进而要求承担赔偿责任，此时，因为证据的原因，作为劳动者百口难辩，将会处于极其被动的地位。另一方面，离职证明对于到新企业后工龄的延续，险金的续缴都有着重要的意义。

3．与企业发生争议时应留存证据

与企业发生争议的原因有多种，而企业作为劳动合同强势一方，往往利用自身优势，将相关证据或隐瞒或毁灭，责任推脱得一干二净。此时，劳动者需要在离职前收集认为企业违法违规的相关证据，如企业的规章制度、与单位领导谈话记录（录）、企业劳动的现场条件（拍）等。为下一步自己仲裁诉讼程序增加胜诉筹码。

劳动争议仲裁风险防范

现在，劳动者对劳动法律法规的认识越来越深刻，维权意识也越来越强烈。然而，许多劳动者因不了解劳动争议仲裁中存在的法律风险，因而未能采取相应的应对措施，从而造成本不应该产生的时间和经济成本，甚至因此而未能实现其应有的权利。以下将劳动者在仲裁阶段的法律风险、防范应对措施进行一些分析，供广大劳动者在维权时参考。

一、案件进入诉讼程序的风险

在2008年5月1日《中华人民共和国劳动争议调解仲裁法》（以下简称劳动调解仲裁法）实施之前，我国劳动争议处理机制是一裁两审。也就是说，对于劳动争议，先进行仲裁，对仲裁不服双方均无条件可以起诉，对一审法院的判决不服，可上诉到二审法院。这样一场劳动争议纠纷结案，最快一年半，最长可拖三四年。这样，用人单位可以通过漫长的仲裁、诉讼程序来拖延，迫使劳动者出于时间和经济成本的考虑，而接受一些不平等的调解协议。

在劳动争议调解仲裁法实施后，我国劳动争议处理机制还是一裁两审。但对用人单位不服仲裁裁决的起诉条件进行了限制，即部分案件一裁终局，用人单位不得起诉。劳动争议调解仲裁法第四十七条规定："下列劳动争议，除本法另有规定的外，仲裁裁决为终局裁决，裁决书自作出之日起发生法律效力：一、追索劳动报酬、工伤医疗费、经济补偿或者赔偿金，不超过当地月最低工资标准十二个月金额的争议；二、因执行国家的劳动标准在工作时间、休息休假、社会保险等方面发生的争议。"

综上所述，劳动者可以充分利用《劳动争议调解仲裁法》第四十七条的规定，在追索劳动报酬、工伤医疗费、经济补偿或者赔偿金时，一些不属于劳动争议的项目，如误工费、精神损害赔偿费等，就不要在请求中提出来。提出追索金额时，尽量依法提出，不提一些没有法律依据或者胜诉把握不大的项目、金额，尽量把请求的金额控制在当地最低工资标准的十二个月金额以内，这样就能很好的避免用人单位借不服仲裁裁决，提起诉讼，通过一审和二审来拖延。

当然，有时候，不管怎样避免，请求的金额还是会高于当地最低工资标准的12个月金额，这只能靠通过达成调解协议来避免了。在适当让步的情况下，调解结案也不失为一种好的避免诉讼风险的选择。

在双方调解不成的情况下，劳动者可以一边到新单位去工作，一边应诉。不要在整个仲裁、诉讼期间停止工作，专门处理劳动争议，这样代价和成本太高。因为误工费、精神损失费等不会被支持。

二、仲裁请求不当、不全或者超过时效的风险

仲裁请求不当、不全或者超过时效的风险如下表所述：

仲裁请求不当、不全或者超过时效的风险

序号	风险类别	说明
1	仲裁请求不完全，会导致未提出请求的部分视为放弃权利而得不到审理	如有的劳动者，仅请求支付克扣、拖欠的工资、加班费，而未能一并请求支付25%的赔偿金（或经济补偿金），等到拿到仲裁裁决书后才想起来，要求重新立案，但一般不会被劳动争议仲裁机关再次受理。
2	仲裁请求不当，将得不到支持，反而给人一种胡搅蛮缠的感觉	如有的劳动者，仲裁请求支付误工费、精神损害赔偿金、营养费等，这些请求项目本身就不属于劳动争议仲裁的范围。一般不会得到支持。
3	有些仲裁请求是以劳动（合同）关系存在或者解除、终止为前提	在提出这些请求之前，必须先请求确认劳动（合同）关系存在或者解除、终止。 如：在解除劳动（合同）关系的纠纷中，劳动者如果请求用人单位支付违法解除劳动（合同）关系的双倍赔偿金和未提前通知的工资补偿金。那劳动者首先要确认用人单位解除或者终止劳动（合同）关系的决定，然后才是解除或终止的理由是否合法的问题。如果劳动者还在继续上班，则不存在经济补偿金和赔偿金的问题。如果劳动者请求确认劳动关系，继续履行合同，不确认劳动关系已经解除，请求赔偿金、经济补偿金等将不会获得支持。劳动者只能主张因违法解除期间的工资损失赔偿。 又如：在工伤赔偿纠纷中，关于工伤医疗补助金和工伤伤残就业补助金也是以解除（终止）了劳动关系（合同）为前提，如劳动者未请求解除（终止）劳动关系（合同）的，对于工伤医疗补助金和工伤伤残就业补助金劳动争议仲裁机关不会支持。
4	未在法定仲裁申请时效期限内申请仲裁，从而导致相关权利无法实现	在《劳动争议调解仲裁法》实施之前，仲裁申请时效是60天．在《劳动争议调解仲裁法》实施之后，仲裁申请时效是1年。从知道或者应当知道权利被侵害之日起计算。劳动者超过法律规定的仲裁申请时效，去向劳动争议仲裁机关申请仲裁，劳动争议仲裁机关一般不予受理。根据我们国家关于劳动争议仲裁前置的规定，未经仲裁处理，法院也不会受理。因此，相应的权利实际上已经无法实现。
5	变更、增加仲裁请求，要在举证期限内提出	超过举证期限的，劳动争议仲裁机关不会受理，也会导致被视为放弃权利的风险。一般而言，举证期限是在劳动者签收《受理通知书》后的10天内。劳动者在提出仲裁申请后，发现有新的请求要增加，或者要变更原来的仲裁请求，要切记在签收《受理通知书》后的10天内书面提出才有效，不要等到开庭时才当庭提出，那样劳动争议仲裁机关不会受理。

三、不能充分举证的风险

劳动者千万不要认为，劳动争议是举证责任倒置，由用人单位举证，自己就可以高枕无忧了。对于一切争议或者纠纷，当事人都有积极举证的义务，对于自己提出的主张和所据的事实及反驳对方的事实及理由，都有举证的义务。而劳动者只有积极配合劳动争议仲裁机关举证，才能更加有利于仲裁人员查清案情，处理纠纷。

1．由用人单位举证的情况

根据相关法律规定，只在特定的几种情况由用人单位举证，主要如下：

（1）劳动者无法提供的，由用人单位掌握管理的与仲裁请求有关的证据。

（2）用人单位作出的开除、除名、辞退、解除劳动合同，减少劳动报酬，调整劳动者工种、工作岗位、职务等决定及计算劳动者工作年限等情形的证据。

（3）用人单位不认为劳动者受伤是工伤的证据。

2．由劳动者负举证责任的情形

除以上法律明文规定由用人单位举证的证据外，其他证据均须由劳动者提供，否则会承担不利甚至败诉的后果。具体来讲，由劳动者负举证责任的情形包括以下几个方面：

（1）证明劳动合同（或劳动关系）成立并生效的证据。

否认劳动关系的存在，是用人单位常用的手段。有些用人单位在员工一离开单位，就马上否认招用过此人。因此，对于证明劳动关系存在的证据，如工作证、厂牌、劳动合同、在厂方工作期间办理的暂住证等官方证件，劳动者平时一定要复印并保存好，在仲裁时复印提交。

（2）劳动合同（或劳动关系）履行的证据。

劳动合同（或劳动关系）履行的证据如工资条（清单）、公司的奖惩任免的决定、培训考核纪录等，平时也要复印并保存好。一旦用人单位否认劳动合同曾经履行过，根据法律规定，也是由劳动者来举证证明，如果不能举证，将承担败诉的结果。

（3）劳动者主张劳动合同变更、解除、终止、撤销的，必须对劳动合同应予变动的事实承担举证责任。

有些用人单位明明是自己把工人开除或辞退，当劳动者申请仲裁时，却反咬一口，说是劳动关系尚未解除或者劳动者旷工、自离，故意拖劳动者。因此关于劳动关系终止或者解除的证据劳动者也要保存并提交。如处罚决定书、通知书、工作交接的证明、门禁放行的证明。一旦出现劳动者主张劳动关系已经解除（或者终止），而用人单位否认。将由劳动者负举证责任。劳动者不能举证，则劳动争议仲裁机关一般会支持维持劳动关系，等劳动者去上班时，单位又通过其他方式为难劳动者，从而故意拖延，造成维权时间和成本的增加。

四、不在法定期限内申请证人出庭作证、证人不出庭作证或者参加了旁听的法律风险

（1）申请证人出庭应当在举证期限内书面提出申请或者是在仲裁申请时一并提出。否则，劳动争议仲裁机关将不予受理。相关证人将不能出庭作证，从而不利于维权（对劳动者而言，举证期限一般是指签收《受理通知书》后的10天内）。

（2）证人不出庭作证的风险。根据仲裁办案规则，证人须亲自出庭作证。证人不出庭的，其证人证言将不予采信，从而对劳动者维权不利。

（3）证人在出庭作证之前，不得参加旁听。否则，根据仲裁办案规则，将取消其出庭作证资格。因此，劳动者在仲裁开庭前，要对书记员或者仲裁员说明，将有几名证人出庭，由仲裁庭安排证人在证人休息区等候出庭通知。

（4）愿意为劳动者出庭作证的证人，一般都是在原单位一起工作的同事。因此，要注意保护好证人的安全，消除其作证的疑虑。但明显与原单位有过纠纷或者矛盾的人，最好不要让其作证，因其可采信程度不大。

五、超时提供证据的风险

一般而言，不存在此类风险，因为现在的劳动争议仲裁机关在受理劳动者的仲裁申请时，就会要求劳动者提供证据。但也有一些劳动者，在劳动争议仲裁机关立案后，才发现有证据未提交。这时切记要在举证期限内提交。超过举证期限的，该证据不得在仲裁庭上出示和质证（经仲裁庭同意或者对方当事人同意的例外），不能作为定案的证据。超过举证期限的，举证方应承担主张事实不能成立的风险，甚至是败诉的后果。所谓举证期限，一般而言，是在劳动者签收《受理通知书》后的10天内。如果仲裁对举证期限有特别要求，会书面说明。

因此，对于有些用人单位未能在法定期限内举证的，劳动者要在仲裁庭上以举证期限已满才提交为理由，拒绝进行质证。这样就会争取到对自己有利的结果。用人单位的举证期限，一般是在用人单位签收《应诉通知书》后的10天内。

六、不能提供原始证据的风险

（1）提供证据，应当提交原件或者原物。否则该证据不会被采信。

有些地方对此要求不严，在立案时只须提交复印件（复制品），在开庭时提交原件原物供核对即可。有些地方要求严格一些，必须提交原件原物。因此，劳动者要多复印或者复制几份证据，自己要保存备用。不要求交原件原物的，尽量不交，但在开庭时一定要携带供仲裁庭核对和对方质证。这样，就能很好的防止劳动争议仲裁机关“不慎”将原件原物丢失，而在随后的一审和二审中，对自己不利。

（2）如果证据是在域外（含港澳台地区）形成的，还要履行相应的证明手续，如公证、认证等。否则该证据不会被采信。

七、超时起诉的风险

1．对于仲裁裁决书不服的，在有效时期内劳动者一方享有无限制的起诉权

只要劳动者对仲裁裁决书不服，就可以在收到裁决书之日起15日内向人民法院起诉。如果超过这一期限而没有起诉，在法律上视为劳动者对仲裁裁决没有不服，人民法院不会受理逾期的诉求。

2．劳动争议在一审启动阶段没有反诉制度，广大劳动者要切记在法定时效内起诉

有些劳动者对法律不熟悉，认为对方已经起诉了，我到时直接到法院去提起反诉即可。从而错过了起诉时效，其诉讼请求不会被法院审理。劳动争议在一审启动阶段没有反诉制度，人民法院只会对起诉一方的诉求进行审理。

八、一方无财产可供执行的风险

用人单位一方无财产可供执行，将会导致财产保全、先予执行的决定或者生效仲裁裁决书所确定的权利无法实现。执行难的风险自始至终都是存在的。

九、不按时出庭的风险

对于不按时出庭的当事人，对于申诉人一方按撤诉处理，对于被诉人一方将作缺席裁决，对于劳动者作为申诉人一方而言，不按时出庭就意味着撤诉处理。

十、申请劳动争议仲裁机关调查取证的风险

劳动者确因客观原因不能自行取证的证据材料，又不属于在劳动争议中举证责任倒置的范围的，可以申请劳动争议仲裁机关调查取证。但一定要在举证期限内书面向劳动争议仲裁机关申请调查取证，超过此期限的，劳动争议仲裁机关不受理调查取证的申请。劳动者将可能承担不利甚至是败诉的后果。

十一、申请鉴定的风险

申请鉴定的各方当事人，如果在规定的举证期限内不按照举证通知书的要求，提出申请、不预交鉴定费用、不提供相关资料、不履行相关协助义务，将承担不利甚至败诉的后果。

十二、不缴纳相关费用的风险

现在国家规定仲裁费用由国家财政承担，劳动者不承担，但是，没有明文规定鉴定费用、调查取证的费用等是否也由国家财政承担。如果劳动争议仲裁机关要求劳动者承担

的，劳动者也有义务积极协助，缴纳相关费用，否则将承担不利甚至败诉的后果。劳动者所缴纳的这些费用均是预交，结案时将由败诉的一方承担。

十三、逾期申请执行的风险

对于已经发生法律效力的劳动争议仲裁裁决书、仲裁调解书，用人单位不履行的，劳动者要在二年以内向人民法院申请执行。现在人民法院一般都不预收执行费，所以劳动者不用担心成本而不敢申请执行。逾期申请执行，人民法院不予受理，将导致权利不能实现。

第二部分

国家政策法规解读

第一章　劳动法解读

制定劳动法的重要意义

（1）制定劳动法是保护劳动者的合法权益的需要。近些年来，由于缺少比较完备的对劳动者合法权益加以保护的法律，在一些地方和企业，特别是在有些非公有制企业中，随意延长工时、克扣工资、拒绝提供必要的劳动保护，甚至侮辱和体罚工人的现象时有发生。

（2）制定劳动法是发展社会主义市场经济的需要。

（3）制定劳动法是贯彻宪法原则的需要。宪法是国家的根本法。我国1982年的宪法对劳动者的权利、义务以及对劳动者权益的保护都作出了原则规定。比如，宪法第四十二条中规定："中华人民共和国公民有劳动的权利和义务。""国家通过各种途径，创造劳动就业条件，加强劳动保护，改善劳动条件，并在发展生产的基础上，提高劳动报酬和福利待遇。""国家对就业前的公民进行必要的劳动就业训练。"第四十三条规定："中华人民共和国劳动者有休息的权利。国家发展劳动者休息和休养的设施，规定职工的工作时间和休假制度。"第四十四条规定："国家依照法律规定实行企业事业组织的职工和国家机关工作人员的退休制度。退休人员的生活受到国家和社会的保障。"第四十五条中规定："中华人民共和国公民在年老、疾病或者丧失劳动能力的情况下，有从国家和社会获得物质帮助的权利。国家发展为公民享受这些权利所需要的社会保险、社会救济和医疗卫生事业。"

（4）制定劳动法是统一我国劳动管理基本标准和规范的需要。

（5）制定劳动法是促进我国经济发展与国际惯例接轨的需要。

有关总则条款的解读

一、立法目的

本法第一条说明了《中华人民共和国劳动法》的立法目的：为了保护劳动者的合法权益，调整劳动关系，建立和维护适应社会主义市场经济的劳动制度，促进经济发展和社会进步。

与本条相关联的法规有：劳动合同法第一条、《劳动部关于〈中华人民共和国劳动法〉若干条文的说明》第1条。

二、劳动法的调整范围

本法第二条确立了劳动法的适用范围。

1．劳动法调整两种劳动关系

我国劳动法调整的两种劳动关系是：

（1）企业、个体经济组织和劳动者形成的劳动关系。

（2）以国家机关、事业组织、社会团体和劳动者之间通过订立劳动合同而形成的劳动关系。

2．适用本条的注意事项

适用本条时有以下方面需要注意：

（1）只要劳动者和企业、个体经济组织之间存在事实上的劳动关系，不论是否订立了劳动合同，都可以适用本法。

（2）只有实行劳动合同制度的国家机关、事业组织、社会团体以及按照规定应当实行劳动合同制度的工勤人员和建立劳动合同关系的非工勤人员才适用本法。

（3）公务员和比照实行公务员制度的事业单位，如教师和社会团体的工作人员、农村劳动者、现役军人、家庭保姆和享有外交特权与豁免权的外国人，不适用本法。

3．与本条有关联的法规

在应用本条时要注意与本条有关联的法规，具体包括：

（1）劳动合同法第二条、第九十六条。

（2）《劳动合同法实施条例》第三条。

（3）《劳动部关于〈中华人民共和国劳动法〉若干条文的说明》第二条。

（4）《劳动部关于贯彻执行〈中华人民共和国劳动法〉若干问题的意见》第一条至第五条。

（5）《最高人民法院关于审理劳动争议案件适用法律若干问题的解释》第五条。

三、劳动者的权利和义务

本法第三条对劳动者的权利和义务作出了规定。

1．劳动者的权利

在劳动法律关系中，职工的劳动权利主要包括：

（1）参加劳动。

（2）获取劳动报酬、休息。

（3）获得劳动安全卫生保护。

（4）享受社会保险、社会福利。

（5）接受职业培训。

（6）参加工会和职工民主管理。

（7）决定劳动法律关系的存续。

（8）保护合法权益不受侵犯等。

2．劳动者的义务

职工的劳动义务主要包括：

（1）承担劳动任务的义务。

（2）忠实的义务。

（3）因违反前两项义务所需承担的义务，如违纪处分、赔偿单位损失、违反劳动合同的违约责任等。

3．与劳动者的权利和义务相关的文件

劳动者的权利和义务散见在不同层次的规范性文件和合同文本中，其效力等级从高到低依次为：规范性文件→集体合同→内部劳动规则→劳动合同。

较高等级文件的内容可以成为较低等级文件的补充，即较高等级文件已有规定的，较低等级文件不必重复规定。较低等级文件不得与较高等级文件相抵触，但若不同等级文件就同一事项作出相异规定时，则以对劳动者更有利的那个等级文件为准，即“更有利原则”。

另外，与本条相关联的法规有《劳动部关于〈中华人民共和国劳动法〉若干条文的说明》第三条。

四、用人单位义务

本法第四条规定了用人单位的义务：应当依法建立和完善规章制度，保障劳动者享有劳动权利和履行劳动义务。

1．什么是规章制度

用人单位的规章制度是用人单位制定的组织劳动过程和进行劳动管理的规则和制度的总和。也称为内部劳动规则，是企业内部的“法律”。规章制度内容广泛，包括了用人单位经营管理的各个方面。

2．应制定哪些规章制度

根据1997年11月劳动部颁发的《劳动部关于对新开办用人单位实行劳动规章制度备案制度的通知》，规章制度主要包括：

（1）劳动合同管理。

（2）工资管理。

（3）社会保险福利待遇。

（4）工时休假。

（5）职工奖惩。

（6）其他劳动管理规定。

3．用人单位制定规章制度的要求

（1）用人单位制定规章制度，要严格执行国家法律、法规的规定，保障劳动者的劳动权利，督促劳动者履行劳动义务。

（2）制定规章制度应当体现权利与义务一致、奖励与惩罚结合，不得违反法律、法规的规定。否则，就会受到法律的制裁。劳动合同法第八十条规定："用人单位的直接涉及劳动者切身利益的规章制度违反法律、法规规定的，由劳动行政部门责令改正，给予警告；给劳动者造成损害的，应当承担赔偿责任。"

4．与本条有关的关联法规

在应用本条时，还要注意与本条相的关联的法规，具体包括：

（1）劳动合同法第四条、第八条、第九条、第六十条、第六十二条。

（2）《劳动合同法实施条例》第十八条。

（3）《劳动部关于〈中华人民共和国劳动法〉若干条文的说明》第四条。

（4）《最高人民法院关于审理劳动争议案件适用法律若干问题的解释》第十九条。

五、国家措施

本法第五条就为了促进劳动就业应采取的一些国家相应措施。

1．应采取的国家措施

本条规定：国家应采取各种措施如发展职业教育，来促进劳动就业，同时要制定劳动标准，调节社会收入，完善社会保险，协调劳动关系，逐步提高劳动者的生活水平。

（1）发展职业教育。

职业教育：指国家和用人单位为提高劳动者的就业能力和职业技能而采取的训练与教育措施大多采取职业培训的方式。这方面比较重要的法律法规有《职业教育法》、《企业职工培训规定》等。

（2）制定劳动标准。

劳动标准是指对劳动领域内的重复性事物、概念和行为进行规范，以定性形式（如文字描述）或者以定量形式（如数据、图表）所作出的统一规定。

劳动标准涉及工作时间、劳动报酬、劳动合同、集体合同、集体谈判、劳动安全卫生、劳动争议处理、劳动效率、女工和未成年工保护等许多方面。

（3）调节社会收入。

调节社会收入：指国家通过宏观调控手段调节全社会收入总量以及不同地区、不同社会阶层之间的收入关系，从而使全社会个人收入总量在国民收入中保持合理的比重。

国家采取主要措施是通过税收对全社会的工资总额进行调控，将得到的税金用于国家重点建设项目和社会公益事业的投资，为形成社会的基本公平创造条件，提高劳动者的生活水平。

（4）完善社会保险。

我国已经建立社会保险制度——《中华人民共和国社会保险法》，并先后颁布了关于养老、失业、医疗、工伤、生育等项保险标准，其水平也随着经济发展逐步提高。

（5）协调劳动关系，逐步提高劳动者的生活水平。

2．与本条有关的关联法规

与本条有关的关联法规有劳动合同法第四条、《劳动合同法实施条例》第二条、《劳动部关于〈中华人民共和国劳动法〉若干条文的说明》第五条，在运用时要留意。

六、国家倡导和鼓励

本法第六条是有关国家倡导和鼓励方面的规定：国家提倡劳动者参加社会义务劳动，开展劳动竞赛和合理化建议活动，鼓励和保护劳动者进行科学研究、技术革新和发明创造，表彰和奖励劳动模范和先进工作者。

与本条相关联的法规有劳动合同法第四条、《劳动合同法实施条例》第二条、《劳动部关于〈中华人民共和国劳动法〉若干条文的说明》第五条。

七、参加和组织工会

本法第七条是关于劳动者参加和组织工会的规定。

1．工会的适用范围

本条规定中所指的工会只能存在于中国境内的企业、事业单位、机关中。这里所讲的中国境内，不包括台湾省、香港特别行政区和澳门特别行政区。上述三类地区的公民及外国人、无国籍人在中国境内长期居住，并在企业、事业单位、机关中长期任职且以工资收入为主要生活来源的，根据国民待遇原则，应允许这部分人加入中国工会。

2．工会的主要职责

（1）对涉及职工切身利益的法律、法规、政策、措施的起草和修改提出意见。

（2）参加用人单位有关工资、福利、劳动安全卫生、社会保险等涉及职工利益的会议。

（3）代表职工与用人单位协商、交涉。

3．劳动者参加工会的权利

按照劳动法和《工会法》的规定，劳动者参加和组织工会的权利是平等的，但必须符合法律规定的身份，即“以工资收入为主要生活来源的体力劳动者和脑力劳动者”。对于股票或其他投资收益超过其工资收入的职工，仍可以单位职工身份申请加入基层工会。

在运用本条时是要注意与之有关联的法规，如劳动合同法第六条、第六十四条、《劳动部关于〈中华人民共和国劳动法〉若干条文的说明》第七条。

八、参与民主管理或协商

本法第八条是关于劳动者参与民主管理或协商的规定：劳动者依照法律规定，通过职工大会、职工代表大会或者其他形式，参与民主管理或者就保护劳动者合法权益与用人单位进行平等协商。

对本条充分的理解要参考相关联的法规，如劳动合同法第五条、《劳动部关于〈中华人民共和国劳动法〉若干条文的说明》第八条。

九、劳动工作管理部门

本法第九条规定了劳动工作的管理部门及职责：

（1）国务院劳动行政部门：主管全国劳动工作。

（2）县级以上地方人民政府劳动行政部门：主管本行政区域内的劳动工作。

与本条有关联的法规有劳动合同法第五条、《劳动部关于〈中华人民共和国劳动法〉若干条文的说明》第九条。

有关促进就业条款的解读

一、国家扶持就业

本法第十条对国家扶持就业作出了规定。

（1）国家通过促进经济和社会发展，创造就业条件，扩大就业机会。

（2）国家鼓励企业、事业组织、社会团体在法律、行政法规规定的范围内兴办产业或者拓展经营，增加就业。

（3）国家支持劳动者自愿组织起来就业和从事个体经营实现就业。

与本条有关联的法规包括《就业促进法》，劳动合同法第六十六、第六十七条，《劳动部关于〈中华人民共和国劳动法〉若干条文的说明》第十条。

二、发展职介机构

本法第十一条就发展职介机构的发展作出了规定。

1．职业介绍机构的类型

《劳动力市场管理规定》第十五条规定，职业介绍机构分为非营利性职业介绍机构和营利性职业介绍机构。其中，非营利性职业介绍机构包括公共职业介绍机构和其他非营利性职业介绍机构。

(1) 公共职业介绍机构，是指各级劳动保障行政部门举办，承担公共就业服务职能的公益性服务机构。公共职业介绍机构使用全国统一标识。

(2) 其他非营利性职业介绍机构，是指由劳动保障行政部门以外的其他政府部门、企事业单位、社会团体和其他社会力量举办，从事非营利性职业介绍活动的服务机构。

(3) 营利性职业介绍机构，是指由法人、其他组织和公民个人举办，从事营利性职业介绍活动的服务机构。

2．公共职业介绍机构免费提供哪些服务

《劳动力市场管理规定》第二十八条规定，公共职业介绍机构应当免费提供以下服务：

(1) 向求职者和用人单位提供劳动保障政策法规咨询服务。

(2) 向失业人员和特殊服务对象提供职业指导和职业介绍。

(3) 推荐需要培训的失业人员和特殊服务对象参加免费或部分免费的培训。

(4) 在服务场所公开发布当地岗位空缺信息、职业供求分析信息、劳动力市场工资指导价位信息和职业培训信息。

(5) 办理失业登记，就业登记，录用和终止、解除劳动关系备案等项事务。

(6) 劳动保障行政部门指定的其他有关服务。

另外，《劳动部关于〈中华人民共和国劳动法〉若干条文的说明》第十一条也对此有规定。

三、平等就业

平等就业是指劳动者享有平等的就业权利和就业机会。即：一是劳动者享有平等的就业权利；二是劳动者享有平等的就业机会。本法第十二条就平等就业作出了规定：劳动者就业，不因民族、种族、性别、宗教信仰不同而受歧视。

四、男女平等就业

本法第十三条对男女平等就业问题作出了规定。

本条所规定的妇女在就业方面享有与男子同等的权利，是有前提条件的，即在照顾到妇女生理特点的基础上，确保妇女的平等就业权利得到实现。

依据本条的规定，用人单位在录用职工时，除国家规定的不适合妇女的工种或者岗位外，不得以性别为由拒绝录用妇女或者提高对妇女的录用标准。

1．不适合妇女的工种或者工作岗位

不适合妇女的工种或者工作岗位，主要是指《女职工职业特别保护规定》中附件规定。

2．不得以性别为由拒绝录用

用人单位在其他工种和岗位的招工中，不得以性别为由拒绝录用妇女，也不得提高对妇女的录用标准和条件。否则，将构成对妇女的歧视，依法应当承担相应的法律责任。

五、特殊人员的就业

本法第十四条对一些特殊人员如残疾人、少数民族人员、退出现役的军人的就业，作出了规定。

1．残疾人

国家对残疾人就业的特殊规定主要体现在《残疾人保障法》，具体内容包括：

（1）国家和社会举办残疾人福利企业、工疗机构、按摩医疗机构和其他福利性企业事业组织，集中安排残疾人就业。

（2）机关、团体、企业事业组织、城乡集体经济组织，应当按一定比例安排残疾人就业，并为其选择适当的工种和岗位。政府有关部门鼓励、帮助残疾人自愿组织起来从业或者个体开业。

（3）政府有关部门下达职工招用、聘用指标时，应当确定一定数额用于残疾人。在职工的招用、聘用、转正、晋级、职称评定、劳动报酬、生活福利、劳动保险等方面，不得歧视残疾人。残疾职工所在单位，应当为残疾职工提供适应其特点的劳动条件和劳动保护。

2．少数民族人员

对少数民族人员就业有哪些特殊规定?有关少数民族人员就业的特殊规定主要体现在《民族区域自治法》中，该法规定：

（1）民族自治地方的企业、事业单位在招收人员的时候，要优先招收少数民族人员，并且可以从农村和牧区少数民族人口中招收。

（2）上级国家机关隶属的在民族自治地方的企业事业单位，在招收人员的时候，应当优先招收当地少数民族人员。

3．退役军人

退役军人就业的特殊规定体现在《兵役法》、《退伍义务兵安置条例》以及《军人抚恤优待条例》中。按照《兵役法》的规定，义务兵退出现役后，按照“从哪里来、回哪里去”的原则，由原征集的县、自治县、市、市辖区的人民政府接收安置：

（1）家居农村的义务兵退出现役后，由乡、民族乡、镇的人民政府妥善安排他们的生产和生活。机关、团体、企业事业单位在农村招收员工时，在同等条件下，应当优先录用退伍军人。

（2）家居城镇的义务兵退出现役后，由县、自治县、市、市辖区的人民政府安排工作，也可以由上一级或者省、自治区、直辖市的人民政府在本地区内统筹安排。入伍前是机关、团体、企业事业单位职工的，允许复工、复职。

六、禁招未成年人和特殊行业相关规定

本法第十五条对于禁招未成年人和特殊行业的用人作出了规定。

按照2002年10月1日国务院重新颁布的《禁止使用童工规定》，国家机关、社会团体、企业事业单位、民办非企业单位或者个体工商户均不得招用不满16周岁的未成年人，禁止任何单位或者个人为不满16周岁的未成年人介绍就业，禁止不满16周岁的未成年人开业从事个体经营活动。

适用本条第二款的例外规定时应注意，文艺、体育和特种工艺单位在招用未满16周岁的未成年人时，应当依照国家有关规定，履行审批手续，并保障其接受义务教育的权利。这里的有关规定主要指《禁止使用童工规定》和《未成年人保护法》。

有关劳动合同和集体合同条款的解读

一、劳动合同

本法第十六条是关于签订劳动合同、建立劳动关系的规定。

1．受劳动法调整的劳动关系

用人单位招用劳动者但未签订书面劳动合同，若同时具备以下情形，则应认定双方劳动关系成立，受劳动法调整：

（1）用人单位和劳动者符合法律法规规定的主体资格。

（2）用人单位依法制定了劳动规章制度，劳动者受用人单位的管理，从事用人单位安排的有报酬的劳动。

（3）劳动者提供的劳动是用人单位业务的一部分。

2．如何确定事实劳动关系

对事实劳动关系的确定可参考以下凭证：

（1）工资支付凭证（工资发放花名册）、社会保险费缴纳记录。

（2）用人单位发放的工作证、服务证等劳动者身份证明。

（3）劳动者应聘时填写的登记表、报名表等招用记录。

（4）考勤记录。

（5）其他劳动者证言等。上述第（1）、（3）、（4）项由用人单位负责举证。

二、劳动合同的订立和变更及其效力

本法第十七条就劳动合同的订立和变更及其效力作出了规定。

本条所指的“法律、行政法规”，既包括现行的法律、行政法规，也包括以后颁布实施的法律、行政法规；既包括劳动法律、法规，也包括民事、经济方面的法律、法规。劳动合同的订立不得违反法律、行政法规的规定，主要是指订立劳动合同的主体和劳动合同的内容都必须合法。

依法订立的劳动合同，如果在订立时某一条款依据的法律、法规在此后国家新颁布的法律、法规中作了修改，导致该部分内容与新出台的新法律、法规不一致时，该条款的内容并不违法，但是，要根据新的法律、法规作出相应的变更。

与此条款相关联的法规有劳动合同法第三条、第二十九条、第三十三条至第三十五条，《劳动部关于〈中华人民共和国劳动法〉若干条文的说明》第十七条，《劳动部关于贯彻执行〈中华人民共和国劳动法〉若干问题的意见》第六条至第五十条，可以参考。

三、无效劳动合同

本法第十八条对无效劳动合同作出了规定。

1．哪些情形下属于无效劳动合同

本条中因违反法律、行政法规而导致劳动合同无效的情形，包括：

（1）劳动合同的主体不符合法律、法规的规定，如用人单位不具有法人资格或劳动者不满16周岁等。

（2）劳动合同内容违反法律、法规的规定，如工作时间超过国家规定，劳动报酬低于当地最低工资标准等。

除了本条规定中提到的欺诈、威胁之外，采取其他如恐吓、威逼等手段，使另一方当事人违背真实意思而签订的劳动合同也是无效合同。

依据本条第二款，对合同条款进行修改删除时需掌握一项基本原则：劳动合同的必备条款无效的，必须依法进行修改，不得删除；如果是次要条款，可以修改，也可以在双方当事人协商一致的情况下，对之进行删除。

2．劳动合同无效的认定机构

与我国的劳动争议处理体制类似，劳动合同的无效，经劳动争议仲裁委员会仲裁裁决而未提起诉讼的，由劳动争议仲裁委员会认定；如果经劳动争议仲裁委员会仲裁后，当事人不服又提起诉讼的，由人民法院认定。即劳动争议仲裁委员会的裁决是当事人提起诉讼的前置程序。

四、劳动合同形式和条款

本法第十九条对劳动合同的形式和条款进行了规定。

1．劳动合同的形式

劳动合同必须以书面形式签订。

2．劳动合同的条款

劳动合同一般同时具备必备条款和约定条款。

（1）劳动合同的必备条款。

本条中所列举的七项是劳动合同的必备条款：

①劳动合同期限。

②工作内容。

③劳动保护和劳动条件。

④劳动报酬。

⑤劳动纪律。

⑥劳动合同终止的条件。

⑦违反劳动合同的责任。

其中的劳动报酬不仅仅是指工资，还应当包括奖金和津贴等。双方签订的劳动合同的条款，必须遵守法律、法规的规定，如劳动报酬不得低于当地规定的最低工资标准，必须以货币形式定期支付。劳动者依法享有的医疗、工伤、生育等保险待遇，也应当在劳动合同中的劳动报酬部分作出明确具体的规定。

（2）当事人可以协商约定的其他内容。

当事人可以协商约定的其他内容一般包括哪些？当事人双方可以通过约定条款约定的其他内容包括：劳动者的工作时间和休息、休假情况，劳动者除工资之外的其他劳动报酬，劳动合同解除后的处理措施，劳动合同发生纠纷的处理，社会保险待遇的规定及保守商业秘密等。

五、劳动合同的种类和期限

本法第二十条对劳动合同的种类和期限作出了规定。

1．劳动合同的分类

劳动合同的期限分为有固定期限、无固定期限和以完成一定的工作为期限。

劳动合同的分类

序号	分类	说明
1	有固定期限的劳动合同	指当事人双方约定的合同生效期间有一个时间段，在这个时间段内，劳动合同的条款具有法律约束力，超出这个时间段，劳动合同效力终止。有固定期限的劳动合同是劳动关系当事人订立劳动合同的主要方式。

续表

序号	分类	说明
2	无固定期限的劳动合同	指不约定终止日期的劳动合同。用人单位和劳动者只要达成一致，无论初次就业的，还是由固定工转制的，都可以签订无固定期限的劳动合同，其效力可以一直延续到劳动者退休或者因意外事故丧失劳动能力时为止。需要注意的是，无固定期限的劳动合同不得将劳动合同的法定解除条件约定为终止条件，以规避解除劳动合同时用人单位应当承担的支付给劳动者经济补偿的义务。
3	以完成一定工作为期限的劳动合同	指当事人双方就完成某项工作达成协议，一旦这项工作完成，劳动合同即自行失效。这种合同一般都是短期合同。

2．无固定期限的劳动合同订立的条件

本条第二款规定的“十年以上”是指劳动者与同一用人单位签订的劳动合同的期限不间断达到10年。

（1）在两个或者三个用人单位工作满10年以上，劳动者无权要求订立无固定期限的劳动合同。

（2）劳动者患病或非因工负伤，依法享有医疗期，在计算“同一用人单位连续工作时间”时，应把劳动者依法享有的医疗期时间计算在内。

在同时满足本条第二款所规定的两个条件的情况下，只要劳动者提出签订无固定期限劳动合同的，用人单位应当与其签订无固定期限的劳动合同。

与本条相关联的法规有劳动合同法第十二条至十五条、第五十八条，《劳动合同法实施条例》第九条至第十一条，《劳动部关于〈中华人民共和国劳动法〉若干条文的说明》第二十条，《劳动部关于贯彻执行〈中华人民共和国劳动法〉若干问题的意见》第二十条至二十二条，最高人民法院关于审理劳动争议案件适用法律若干问题的解释》第一十六条。

六、试用期约定

本法第二十一条是对试用期约定作出规定。

1．适用范围

本条中规定的“试用期”适用于初次就业和再次就业时改变劳动岗位或工种的劳动者。

2．试用期期限

本条规定的6个月是试用期的上限，即不论什么工作岗位的试用期都不得超过6个月。

不同行业、工种可以根据自身工作性质在此范围内对试用期作具体规定。根据《劳动部关于实行劳动合同制度若干问题的通知》的规定：

（1）劳动合同期限在6个月以下的，试用期不得超过15日。

（2）劳动合同期限在6个月以上1年以下的，试用期不得超过30日。

（3）劳动合同期限在1年以上2年以下的，试用期不得超过60日。

3．对试用期的规定

（1）试用期应包括在劳动合同期限内。

（2）用人单位对工作岗位没有发生变化的同一劳动者只能试用一次试用期。

（3）试用期结束后，对符合要求、适应生产经营需要的，应当转为正式职工，享受正式职工的待遇；对试用期内不符合录用条件的劳动者，企业可以解除劳动合同，若超过试用期，则企业不能以试用期内不符合录用条件为由解除劳动合同。

4．与本条相关的法规

与本条相关联的法规有如下几种，在约定试用期的时候要注意：

（1）劳动合同法第十九条至第二十一条、第七十条、第八十三条。

（2）《劳动合同法实施条例》第十五条。

（3）《劳动部关于〈中华人民共和国劳动法〉若干条文的说明》第二十一条。

（4）《劳动部关于贯彻执行〈中华人民共和国劳动法〉若干问题的意见》第十八至第十九条。

七、保守商业秘密事项约定

本法第二十二条是对保守商业秘密事项约定的规定。

1．什么是商业秘密

商业秘密：指不为公众所知悉、能为用人单位带来经济利益、具有实用性并经用人单位采取保密措施的技术信息和经营信息。如设计、程序、产品配方、制作工艺、制作方法、管理诀窍、客户名单、货源情报、产销策略、招投标中的标底及标书内容等信息。

2．如何约定

用人单位与掌握商业秘密的职工在劳动合同中约定保守商业秘密有关事项时，可以：

（1）约定在劳动合同终止前或该职工提出解除劳动合同后的一定时间内（不超过6个月），调整其工作岗位，变更劳动合同中相关内容。

（2）规定掌握商业秘密的职工在终止或解除劳动合同后的一定期限内（不超过3年），不得到生产同类产品或经营同类业务且有竞争关系的其他用人单位任职，也不得自己生产与原单位有竞争关系的同类产品或经营同类业务，但用人单位应当给予该职工一定数额的经济补偿。

3．与本条有关的法规

与本条款有关联的法规有：

（1）劳动合同法第二十三条至第二十五条。

（2）《劳动部关于〈中华人民共和国劳动法〉若干条文的说明》第22条。

（3）《违反〈劳动法〉有关劳动合同规定的赔偿办法》第5～6条。

八、合同终止的情形

本法第二十三条就合同终止的情形作出了规定。

1．合同终止的规定

（1）一般情况下，劳动合同应当规定生效时间和终止时间。没有规定生效时间的，当事人签字之日即视为该合同生效时间。

（2）劳动合同的终止时间则应当以劳动合同期限最后一日的24时为准。

（3）对于劳动合同的终止条件，实践中既可以采取列举的方式对具体情形作出规定，如用人单位或劳动者一方或双方丧失主体资格，合同履行中遇到不可抗力等；也可以对终止条件作出原则性规定，如劳动合同可以因法律规定的不可抗力和意外事件的出现而终止的原则条款。

2．与本条相关联的法规

与本条相关联的法规有：

（1）劳动合同法第四十二条、第四十四条、第四十五条、第七十一条。

（2）《劳动合同法实施条例》第十八条、第十九条、第二十一条。

（3）《最高人民法院关于审理劳动争议案件适用法律若干问题的解释》第十六条。

九、约定合同解除

本法第二十四条对约定合同的解除作出了规定：经劳动合同当事人协商一致，劳动合同可以解除。

与本条有关联的法规有劳动合同法第三十六条、第三十七条、第五十条、《劳动部关于贯彻执行〈中华人民共和国劳动法〉若干问题的意见》第二十六条，具体以请阅读劳动合同法的解读。

十、用人单位解除劳动合同事项

本法第二十五条就单位解除劳动合同的事项作出了规定。

1．用人单位可以解除劳动合同的情形

用人单位在四种情形下可以解除劳动合同，如下表所示：

单位解除劳动合同的情形

序号	情形	说明
1	法定解除	（1）解除劳动合同的行为必须有相应的法律规定。 （2）用人单位可以单方解除劳动合同而不必征求劳动者意见。 （3）用人单位可以根据自身情况决定是否解除符合条件的劳动者的劳动合同。
2	严重违反劳动纪律	可根据有关法规认定，且该行为必须达到情节严重的程度。违反的劳动纪律必须符合国家法律法规的规定，与国家法律法规相冲突的规章制度不具有约束力。
3	重大损害	由企业内部规章来规定，用人单位依据此条解除劳动合同时必须符合两个条件。 （1）劳动者的“失职”、“营私舞弊”必须是严重的。 （2）劳动者的行为必须对用人单位的利益造成了重大损害。
4	被依法追究刑事责任	（1）被人民检察院免予起诉的。 （2）被人民法院判处刑罚的（包括主刑和附加刑）。 （3）被人民法院依据《刑法》第三十二条免予刑事处分的。

2．支付经济补偿金的问题

用人单位依据本条规定解除劳动者的劳动合同，可以不支付劳动者经济补偿金。

3．与本条有关联的法规

与本条有关联的法规有：

（1）劳动合同法第二十六条、第三十九条、第六十九条。

（2）《劳动合同法实施条例》第十九条。

（3）《劳动部关于〈中华人民共和国劳动法〉若干条文的说明》第二十五条。

（4）《劳动部关于贯彻执行〈中华人民共和国劳动法〉若干问题的意见》第二十八条至第三十一、第三十九条。

十一、解除劳动合同提前通知

本法第二十六条就解除合同须提前通知的情形做出了规定。

1．须提前通知才可以解除劳动合同的情形

本条规定，有下列情形之一的，用人单位可以解除劳动合同，但是应当提前30日以书面形式通知劳动者本人：

（1）劳动者患病或者非因工负伤，医疗期满后，不能从事原工作也不能从事由用人单位另行安排的工作的。

（2）劳动者不能胜任工作，经过培训或者调整工作岗位，仍不能胜任工作的。不能胜任工作”，是指在用人单位已经为劳动者安排了工作岗位的前提下，劳动者不能按要求完成劳动合同中约定的任务或者同工种、同岗位人员的工作量。但用人单位不得故意提高定额标准，使劳动者无法完成。

（3）劳动合同订立时所依据的客观情况发生重大变化，致使原劳动合同无法履行，经当事人协商不能就变更劳动合同达成协议的。“客观情况发生重大变化”是指发生不可抗力或出现使劳动合同全部或部分条款无法履行的其他情况，如企业迁移、被兼并、企业资产转移等，并且排除劳动法第二十七条所列的客观情况。

2．补偿与赔偿

（1）用人单位依照本条的规定，解除与劳动者订立的劳动合同的，应当依照法律法规的规定给予劳动者一定的补偿。

（2）企业不得因职工擅自离职而对其在本单位的家属采取辞退等惩罚性措施。

（3）对未经企业同意、擅自离职的职工，视其对企业造成损失的大小，企业可责令其承担一定的经济赔偿。

3．与本条有关联的法规

以下法规与本条有关联，理解时要参考：

（1）劳动合同法第四十条。

（2）《劳动合同法实施条例》第十九条。

（3）《劳动部关于〈中华人民共和国劳动法〉若干条文的说明》第二十六条。

十二、用人单位裁员

本法第二十七条对用人单位裁员的要求作出了规定。

1．用人单位裁减人员必须符合的条件

本条规定用人单位裁减人员必须符合两个条件：

（1）用人单位濒临破产进行法定整顿期间。

法定整顿期间：指依据《破产法》和《民事诉讼法》进入破产程序后的整顿期间。用人单位濒临破产时，法律规定了一个不超过两年的整顿期间，在这个期间，用人单位可以采取各种积极措施和办法，尽力避免破产。

（2）用人单位的生产经营状况发生严重困难。

对于判断是否达到“生产经营状况发生严重困难”的程度，法律并未给出统一标准，一般可以根据地方政府规定的困难企业标准来界定。

2．提前说明并报告

应当提前30日向工会或者全体职工说明情况，听取工会或者职工的意见，经向劳动行政部门报告后，可以裁减人员。

也就是说，法律规定用人单位在裁员时，应将涉及裁减人员的相关情况报告给劳动行政部门，这里只是报告，而并非需要获得行政部门的批准。

3．优先录用

用人单位依据本条规定裁减人员，在6个月内录用人员的，应当优先录用被裁减的人员。

4．与本条有关联的法规

对有关裁员方面的理解，要与以下相关联的法规联接起来：

（1）劳动合同法第四十一条。

（2）《劳动合同法实施条例》第十九条。

（3）《劳动部关于〈中华人民共和国劳动法〉若干条文的说明》第二十七条。

（4）《劳动部关于贯彻执行〈中华人民共和国劳动法〉若干问题的意见》第二十五条。

十三、经济补偿

本法第二十八条就解除合同的经济补偿作出了规定。

1．哪些情况需要给予经济补偿

用人单位依据本法第二十四条、第二十六条、第二十七条的规定解除劳动合同的，应当依照国家有关规定给予经济补偿。

2．与本条有关联的法规

在执行此条款时，要参考与本条有关联的法规：

（1）劳动合同法第四十六条、第四十七条、第五十条。

（2）《劳动合同法实施条例》第二十二条、第二十三条、第二十五条。

（3）《劳动部关于〈中华人民共和国劳动法〉若干条文的说明》第二十八条。

（4）《劳动部关于贯彻执行〈中华人民共和国劳动法〉若干问题的意见》第三十六条至第四十三条。

（5）《违反和解除劳动合同的经济补偿办法》。

（6）《违反〈劳动法〉有关劳动合同规定的赔偿办法》第一条至第三条。

（7）《最高人民法院关于审理劳动争议案件适用法律若干问题的解释》第十五条。

十四、用人单位解除劳动合同的限制情形

本法第二十九条是对用人单位解除劳动合同的限制。

1．不可以解除劳动合同的限制情形

劳动者有下列情形之一的，用人单位不得依据本法第二十六条、第二十七条的规定解除劳动合同：

（1）患职业病或者因工负伤并被确认丧失或者部分丧失劳动能力的。

有关职业病种类和工伤认定标准的具体规定可参照卫生部、劳动保障部颁布的《职业病目录》和国务院《工伤保险条例》的规定。劳动者患职业病或因工负伤，经过劳动能力鉴定，必须达到被确认丧失或部分丧失劳动能力的程度，用人单位才不得解除劳动合同。如果仅是程度轻微，未达到丧失或者部分丧失劳动能力的程度，则用人单位可以依法解除劳动者的劳动合同。

（2）患病或者负伤，在规定的医疗期内的。

根据劳动部《企业职工患病或非因工负伤医疗期规定》的规定，企业职工因患病或非因工负伤，需要停止工作医疗时，根据本人实际参加工作年限和在本单位工作年限，给予3个月到24个月的医疗期。

（3）女职工在孕期、产期、哺乳期内的。

女职工在孕期、产期、哺乳期内违纪，按照有关规定和劳动合同应予解除劳动合同的，可以解除其劳动合同。此外，孕期、产期、哺乳期间的女职工在合同规定的试用期内发现不符合录用条件的，可以辞退或者解除劳动合同。

（4）法律、行政法规规定的其他情形。

这是一个兜底条款。

2．与本条有关联的法规

要更好地了解本法，请参阅以下有法规：

（1）劳动合同法第四十二条。

（2）《劳动合同法实施条例》第十九条。

（3）《劳动部关于〈中华人民共和国劳动法〉若干条文的说明》第二十九条。

（4）《劳动部关于贯彻执行〈中华人民共和国劳动法〉若干问题的意见》第三十四条至第三十五条。

十五、工会对用人单位解除劳动合同的职权

本法第三十条是对工会对用人单位解除劳动合同的职权的规定：

（1）用人单位解除劳动合同，工会认为不适当的，有权提出意见。

（2）如果用人单位违反法律、法规或者劳动合同，工会有权要求重新处理。

（3）劳动者申请仲裁或者提起诉讼的，工会应当依法给予支持和帮助。

另外，请参考劳动合同法第四十三条、《劳动部关于〈中华人民共和国劳动法〉若干

条文的说明》第三十条，以便更好地理解。

十六、劳动者解除合同的提前通知期限

本法第三十一条对劳动者解除合同的提前通知期限作出了规定。

1．提前通知期限

劳动者解除劳动合同时，只要提前30日以书面形式通知用人单位即可，无须征得用人单位的同意。

（1）超过30日，劳动者向用人单位提出办理解除劳动合同的手续，用人单位也应予以办理。

（2）提前期不足30日，而劳动者要求用人单位解除劳动合同，用人单位可以不予办理。当然，如果劳动者在解除劳动合同时，违反劳动合同有关约定而给用人单位造成经济损失的，应依据有关法律、法规、规章的规定和劳动合同的约定，由劳动者承担赔偿责任。如用人单位招收录用的费用、培训费用、对生产经营造成的直接经济损失等。

2．与本条有关联的法规

与本条有关联的法规有：

（1）劳动合同法第三十七条、第六十五条。

（2）《劳动合同法实施条例》第二十条。

（3）《劳动部关于〈中华人民共和国劳动法〉若干条文的说明》第三十一条。

（4）《劳动部关于贯彻执行〈中华人民共和国劳动法〉若干问题的意见》第三十二条至三十三条。

（5）《最高人民法院关于审理劳动争议案件适用法律若干问题的解释》第十五条。

十七、劳动者随时通知解除合同情形

本法第三十二条对劳动者随时通知解除合同的情形作出了规定。

1．劳动者随时通知解除合同情形

有下表所列情形之一的，劳动者可以随时通知用人单位解除劳动合同：

劳动者随时通知解除合同情形

序号	情形	说明
1	在试用期内	在试用期内，随时解除劳动合同实际上是双向的，即用人单位和劳动者在试用期内，都可以随时解除劳动合同，而不必征得对方同意。需要注意的是，劳动者在试用期内解除劳动合同，用人单位可以不支付经济补偿金，但应按照劳动者的实际工作天数支付工资。

续表

序号	情形	说明
2	用人单位以暴力、威胁或者非法限制人身自由的手段强迫劳动	“非法限制人身自由”是指采用拘留、禁闭或其他强制方法非法剥夺或限制他人按照自己的意志支配自己身体活动自由的行为。劳动者除了有随时解除劳动合同的权利外，还可以就用人单位的违法行为向有关部门举报，要求进行查处。
3	用人单位未按照劳动合同约定支付劳动报酬或者提供劳动条件	对于用人单位未按照劳动合同约定支付劳动报酬或者提供劳动条件的，劳动者在提出解除劳动合同的同时，有权要求用人单位按照其付出的劳动支付相应的报酬。

2．与本条有关联的法规

与本条有关联的法规有：

（1）劳动合同法第三十八条。

（2）《劳动合同法实施条例》第十八条。

（3）《劳动部关于〈中华人民共和国劳动法〉若干条文的说明》第三十二条。

（4）《劳动部关于贯彻执行〈中华人民共和国劳动法〉若干问题的意见》第四十条。

十八、集体合同

本法第三十三条就集体合同作出了规定：

1．集体合同的内容

企业职工一方与企业可以就劳动报酬、工作时间、休息休假、劳动安全卫生、保险福利等事项，签订集体合同。

2．集体合同的签订程序

（1）集体合同草案应当提交职工代表大会或者全体职工讨论通过。

（2）集体合同由工会代表职工与企业签订；没有建立工会的企业，由职工推举的代表与企业签订。

3．与本条有关联的法规

在理解本条时，要关注以下劳动法规中对集体合同的规定：

（1）《集体合同规定》。

（2）劳动合同法第五十一条至五十三条。

（3）《劳动部关于〈中华人民共和国劳动法〉若干条文的说明》第三十三条。

（4）《劳动部关于贯彻执行〈中华人民共和国劳动法〉若干问题的意见》第五十一

条至第五十二条。

十九、集体合同生效时间

本法第三十四条规定了集体合同生效时间：

（1）集体合同签订后应当报送劳动行政部门。

（2）劳动行政部门自收到集体合同文本之日起15日内未提出异议的，集体合同即行生效。

具体请阅读劳动合同法第五十四条的解读。

二十、集体合同效力

本法第三十五条对集体合同的效力作出了规定。

根据本条规定，集体合同对企业和企业全体职工具有效力，但这种效力存在的前提是，该集体合同必须是依法签订的，即该合同的内容、签订程序和主体都必须合法。

与劳动合同相比，集体合同的效力高于劳动合同，集体合同所规定的一般是用人单位的最低劳动条件和劳动标准。劳动合同规定的劳动条件和劳动标准低于集体合同规定的条款无效，但若高于集体合同的规定，则不存在劳动合同失效的问题。

要对本条有更充分的了解，请阅读本书对劳动合同法第五十五条的解读，另外，还要参考《劳动部关于〈中华人民共和国劳动法〉若干条文的说明》第三十五条。

有关工作时间和休息休假条款的解读

一、国家工时制度

本法第三十六条确立了国家工时制度。

工时制度，即工作时间制度，据现有情况，我国目前有三种工作时间制度，即标准工时制、综合计算工时制、不定时工时制。本法主要讲的是标准工时制度，另外《国务院关于职工工作时间的规定》第三条也有规定，工人每天工作的最长工时为8小时，周最长工时为40小时。并且根据劳动法第三十八条、第四十一条规定，标准工时制还有以下几点要求：

（1）用人单位每周应保证劳动者每周至少休息1日。

（2）因生产经营需要，经与工会和劳动者协商，一般每天延长工作时间不得超过1小时。

（3）特殊原因每天延长工作时间不得超过3小时。

（4）每月延长工作时间不得超过36小时。

显然，根据标准工时制的规定，工作时间比较固定，且延长工作时间有明确严格的限制条件。

2．与本条有关联的法规

与本条有关联的法规有：

（1）劳动合同法第68条。

（2）《劳动部关于〈中华人民共和国劳动法〉若干条文的说明》第36条。

（3）《劳动部关于贯彻执行〈中华人民共和国劳动法〉若干问题的意见》第68条。

（4）《国务院关于职工工作时间的规定》。

二、报酬标准和劳动定额确定

本法第三十七条是关于计件工资制下报酬标准和劳动定额确定的规定。

计件工资是按照劳动者生产合格产品的数量和预先规定的计件单价计量和支付劳动报酬的一种工资形式。对实行计件工作的劳动者，用人单位应当根据本法第三十六条规定的工时制度合理确定其劳动定额和计件报酬标准。

另外，1994年劳动部印发的《工资支付暂行规定》第十三条规定，“实行计件工资的劳动者，在完成计件定额任务后，由用人单位安排延长工作时间的，应根据上述规定的原则，分别按照不低于其本人法定工作时间计件单价的150%、200%、300%支付其工资。

三、休息日最低保障

本法第三十八条是关于休息日最低保障的规定，规定要求用人单位应当保证劳动者每周至少休息1日。

与本条款有关联的法规有《劳动部关于〈中华人民共和国劳动法〉若干条文的说明》第三十八条。

四、工休办法替代

本法第三十九条是对工休办法替代作出的规定。

本条中所指的其他工作和休息办法，主要有不定时工作制和综合计算工时工作制两种。

1．不定时工作制

不定时工作制是指针对因生产特点、工作特殊需要或职责范围的关系，无法按标准工作时间衡量或需要机动作业的职工采用的一种工时制度。

不定时工作制的特点在于，当一日工作时间超过标准工作日时，超过部分不算加班加点，不发加班工资，而只是给予补假休息。

目前，我国对实行不定时工作时间制度的工种，尚无具体规定，由各地人民政府、企业主管部门自行规定。

实行不定时工作制需要由国务院行业、系统主管部门提出意见，并报国务院劳动、人事行政主管部门批准。

对于实行不定时工作制的劳动者，其工资由企业按照本单位的工资制度分配办法，根据劳动者的实际工作时间和完成劳动定额情况计发。对于符合带薪年休假条件的劳动者，企业可安排其享受带薪年休假。

2．综合计算工时工作制

综合计算工时工作制是指分别以周、月、季、年等为周期，综合计算工作时间的一种工作时间制度。该工时制度的采用需要经过劳动行政部门的审批，企业应做到：

（1）企业实行综合计算工时工作制以及在实行综合计算工时工作中采取何种工作方式，一定要与工会和劳动者协商。

（2）对于第三级以上（含第三级）体力劳动强度的工作岗位，劳动者每日连续工作时间不得超过11小时，而且每周至少休息1天。经批准实行不定时工作制的职工，不受劳动法第四十一条规定的日延长工作时间标准和月延长工作时间标准的限制，但用人单位应采取集中工作、集中休息、轮休调休、弹性工作时间等适当的工作和休息方式。

五、法定假日

本法第四十条是对于法定假日的规定：在法定假日，用人单位应当依法安排劳动者休假。关于法定假日，2013年12月11日的《全国年节及纪念日放假办法》确定为：

1．全体公民放假的节日

（1）新年，放假1天（1月1日）。

（2）春节，放假3天（农历正月初一、初二、初三）。

（3）清明节，放假1天（农历清明当日）。

（4）劳动节，放假1天（5月1日）。

（5）端午节，放假1天（农历端午当日）。

（6）中秋节，放假1天（农历中秋当日）。

（7）国庆节，放假3天（10月1日、2日、3日）。

2．部分公民放假的节日及纪念日

（1）妇女节（3月8日），妇女放假半天。

（2）青年节（5月4日），14周岁以上的青年放假半天。

（3）儿童节（6月1日），不满14周岁的少年儿童放假1天。

（4）中国人民解放军建军纪念日（8月1日），现役军人放假半天。

六、工作时间延长限制

本法第四十一条是对工作时间延长限制作出的规定。

（1）用人单位由于生产经营需要，经与工会和劳动者协商后可以延长工作时间，一般每日不得超过1小时。

（2）因特殊原因需要延长工作时间的，在保障劳动者身体健康的条件下延长工作时间每日不得超过3小时，但是每月不得超过36小时。

本条中所说的与工会和劳动者协商是对于用人单位延长工时的强制性规定，未经工会和劳动者同意，用人单位不得擅自延长工时。对于企业违法强迫劳动者延长工时的，劳动者有权拒绝。因此发生的争议，可以提请劳动争议处理机构予以处理。工会和劳动者也可以向劳动行政部门举报，由劳动行政部门进行查处。

对于采取综合计算工时工作制的用人单位，在综合计算周期内，某一具体日（或周）的实际工作时间可以超过8小时（或40小时），但综合计算周期内的总实际工作时间不应超过总法定标准工作时间，超过部分应视为延长工作时间并按劳动法第四十四条第一项的规定支付工资报酬，其中法定休假日安排劳动者工作的，按劳动法第四十四条第三项的规定支付工资报酬。而且，延长工作时间的小时数平均每月不得超过36小时。

七、延长工作时间限制的例外

本法第四十二条是关于延长工作时间限制的例外的规定，有下列情形之一的，延长工作时间不受本法第四十一条规定的限制：

（1）发生自然灾害、事故或者因其他原因，威胁劳动者生命健康和财产安全，需要紧急处理的。

（2）生产设备、交通运输线路、公共设施发生故障，影响生产和公众利益，必须及时抢修的。

（3）法律、行政法规规定的其他情形。

在发生本条所列举的情形时，用人单位可以不经过协商，而直接决定延长工作时间。

对于用人单位可以延长工作时间的特殊情形和紧急任务，《劳动部关于〈国务院关于职工工作时间的规定〉的实施办法》进一步作了规定：

（1）发生自然灾害、事故或者因其他原因，使人民的健康安全和国家财产遭到严重威胁，需要紧急处理的。

（2）生产设备、交通运输线路、公共设施发生故障，影响生产和公众利益，必须及时抢修的。

（3）必须利用法定节日或公休假日的停产期间进行设备检修、保养的。

（4）为完成国防紧急任务，或者完成上级在国家计划外安排的其他紧急任务，以及商业、供销企业在旺季完成收购、运输、加工农副产品紧急任务的。用人单位因特殊情形和紧急任务延长劳动者工作时间的，应当给予劳动者相应的补休。

八、禁止违法延长工作时间

本法第四十三条是关于禁止违法延长工作时间的规定：用人单位不得违反本法规定延长劳动者的工作时间。

关于对这一点的理解，请阅读本书对劳动合同法第三十一条的解读。

九、延长工时的报酬支付

本法第四十四条是关于延长工时的报酬支付的规定。

本条规定，有下列情形之一的，用人单位应当按照下列标准支付高于劳动者正常工作时间工资的工资报酬：

（1）安排劳动者延长工作时间的，支付不低于工资的150%的工资报酬。

（2）休息日安排劳动者工作又不能安排补休的，支付不低于工资的200%的工资报酬。

（3）法定休假日安排劳动者工作的，支付不低于工资的300%的工资报酬。

“劳动者正常工作时间工资”是指与劳动合同规定的劳动者本人所在工作岗位（职位）相对应的工资。工作日延长劳动者工作时间的，一般每天不得超过1小时，因特殊需要时，每日不得超过3小时。

“休息日”是指公休假日，即周六和周日；若劳动者的休息日采取轮休制，则以其轮休之日为休息日。需要注意的是，用人单位在休息日安排劳动者延长工作时间工作的，应首先安排补休，补休时间应等同于加班时间，不能补休时，才可支付不低于工资的200%的工资报酬。

“法定休假日”安排劳动者延长工作时间，一般不安排补休。

十、带薪年休假制度

本法第四十五条是对带薪年休假制度作出的规定。

关于带薪年休假制度，请阅读本书对《职工带薪年休假条例》的解读。

有关工资条款的解读

一、工资分配原则

本法第四十六条是确定了工资分配的原则：按劳分配、同工同酬。

对本条的正确理解请阅读本书对劳动合同法第六十三条的解读。

二、工资分配方式、水平确定

本法四十七条是关于工资分配方式、水平确定的规定：用人单位根据本单位的生产经营特点和经济效益，依法自主确定本单位的工资分配方式和工资水平。

具体可阅读《劳动部关于〈中华人民共和国劳动法〉若干条文的说明》第47条予以进一步的理解。

三、最低工资保障

本法第四十八条是关于最低工资保障的规定。

1．什么是最低工资

最低工资是指国家以一定的立法程序规定的，劳动者在法定工作时间内提供了正常劳动的前提下，其所在企业应支付的最低劳动报酬。

2．最低工资保障制度的适用范围

最低工资保障制度适用于我国境内的所有企业，包括国有企业、集体企业、外商投资企业和私营企业等。

3．哪些待遇不能包含在最低工资标准里面

最低工资标准不包括：延长工作时间工资，中班、夜班、高温、低温、井下、有毒有害等特殊工作环境、条件下的津贴，法律、法规和国家规定的劳动者福利待遇等。即在劳动者提供了正常劳动的情况下，用人单位应支付给劳动者的工资，必须是剔除了上述各项工资、津贴和有关待遇以后的工资，不得低于当地最低工资标准。

如果用人单位违反规定，将应当予以剔除的各项工资、津贴和有关待遇计入最低工资标准的，由劳动保障行政部门责令其限期补发所欠劳动者工资，并可责令其按所欠工资的1—5倍支付劳动者赔偿金。

4．与本条有关联的法规

对于最低工资的理解，请阅读本书对劳动合同法第六十一条、第七十二条的解读，另外，还要结合以下关联法规：

（1）《劳动部关于〈中华人民共和国劳动法〉若干条文的说明》第四十八条。

（2）《劳动部关于贯彻执行〈中华人民共和国劳动法〉若干问题的意见》第五十四条、第五十六条至第五十九条。

（3）《违反〈中华人民共和国劳动法〉行政处罚办法》第六条。

（4）《违反和解除劳动合同的经济补偿办法》第四条。

（5）《最低工资规定》。

四、最低工资标准参考因素

本法第四十九条规定了最低工资标准的参考因素。各省市、地方政府在确定和调整最低工资标准应当综合参考下列因素：

（1）劳动者本人及平均赡养人口的最低生活费用。

（2）社会平均工资水平。

（3）劳动生产率。

（4）就业状况。

（5）地区之间经济发展水平的差异。

五、工资支付形式

本法第五十条就工资支付形式做出了规定。

工资应当以货币形式按月支付给劳动者本人。不得克扣或者无故拖欠劳动者的工资。

1．以货币形式发放

根据劳动法的这一规定，工资应当以法定货币支付，不得以发放实物或有价证券等形式代替货币支付。

2．按月支付

根据劳动法的这一规定，工资应当按月支付，不得克扣或无故拖欠。

对于一次性工作或某项具体工作的劳动者，用人单位应按照协议或合同规定在工作完成后支付工资，在劳动合同解除或终止时，用人单位应同时一次性付清劳动者工资。

3．克扣

本条所称的“克扣”不包括下列情形：

（1）用人单位代扣代缴的个人所得税。

（2）用人单位代扣代缴的应由劳动者个人负担的各项社会保险费用。

（3）法院判决、裁定中要求代扣的抚养费、赡养费。

（4）法律、法规规定可以从劳动者工资中扣除的其他费用。

另外，克扣并不包括以下减发工资的情况：

（1）国家的法律、法规中有明确规定的。

（2）依法签订的劳动合同中有明确规定的。

（3）用人单位依法制定并经职代会批准的厂规、厂纪中有明确规定的。

（4）企业工资总额与经济效益相联系，经济效益下浮时，工资必须下浮的（但支付给劳动者工资不得低于当地的最低工资标准）。

（5）因劳动者请事假等情形相应减发工资等。

因劳动者本人原因给用人单位造成经济损失的，用人单位可按照劳动合同的约定要求其赔偿经济损失。经济损失的赔偿，可从劳动者本人的工资中扣除，但每月扣除的部分不得超过劳动者当月工资的20%。若扣除后剩余工资部分低于当地月最低工资标准，则按最低工资标准支付。

4．无故拖欠

本条所称的“无故拖欠”不包括以下情形：

（1）用人单位遇到非人力所能抗拒的自然灾害、战争等原因，无法按时支付工资。

（2）用人单位确因生产经营困难、资金周转受到影响，在征得本单位工会同意后，可暂时延期支付劳动者工资，延期时间的最长限制可由各省、自治区、直辖市劳动行政部门根据各地情况确定。

其他情况下拖欠工资均属无故拖欠。

六、法定休假日和婚丧假期间工资保障

本法第五十一条就法定休假日和婚丧假期间有工资保障作出了规定：劳动者在法定休假日和婚丧假期间以及依法参加社会活动期间，用人单位应当依法支付工资。

理解时可参阅《劳动部关于〈中华人民共和国劳动法〉若干条文的说明》第五十一条。

有关劳动安全卫生条款的解读

一、用人单位对劳动安全的职责

本法第五十二条是对用人单位对劳动安全的职责作出的规定：用人单位必须建立、健全劳动安全卫生制度，严格执行国家劳动安全卫生规程和标准，对劳动者进行劳动安全卫生教育，防止劳动过程中的事故，减少职业危害。

理解时请参阅与本条有关联的法规：《劳动部关于〈中华人民共和国劳动法〉若干条文的说明》第五十二条、《安全生产法》。

二、劳动安全卫生设施标准

本法第五十三条是对于劳动安全卫生设施标准作出的规定：

（1）劳动安全卫生设施必须符合国家规定的标准。

（2）新建、改建、扩建工程的劳动安全卫生设施必须与主体工程同时设计、同时施工、同时投入生产和使用。

理解时请参阅与本条有关联的法规：《劳动部关于〈中华人民共和国劳动法〉若干条文的说明》第五十三条。

三、劳动者劳动安全防护及健康保护

本法第五十四条是关于劳动者劳动安全防护及健康保护的规定：用人单位必须为劳动者提供符合国家规定的劳动安全卫生条件和必要的劳动防护用品，对从事有职业危害作业的劳动者应当定期进行健康检查。

四、特种作业资格

本法第五十五条是关于特种作业资格的规定。

1．特种作业的范围

本条中所指的特种作业的范围有十类，包括：

（1）电工作业。

（2）锅炉司炉。

（3）压力容器操作。

（4）起重机械作业。

（5）爆破作业。

（6）金属焊接（气割）作业。

（7）煤矿井下瓦斯检验。

（8）机动车辆驾驶。

（9）机动船舶驾驶、轮机操作。

（10）建筑登高架设作业。

2．从事特种作业的人员应具备的条件

从事特种作业的人员应具备以下条件：

（1）年满18周岁以上，但从事爆破作业和煤矿井下瓦斯检验的人员，年龄不得低于20周岁。

（2）工作认真负责，身体健康，没有妨碍从事本种作业的疾病和生理缺陷。

（3）具有本种作业所需的文化程度和安全、专业技术知识及实践经验。

3．用人单位对特种作业人员的招用与管理要求

（1）用人单位招用从事技术复杂以及涉及国家财产、人民生命安全和消费者利益工种（职业）的劳动者，必须从取得相应职业资格证书的人员中录用。

（2）对从事技术工种的学徒，用人单位应按照《工种分类目录》所规定的学徒期进行培训。

（3）对转岗从事技术工种的劳动者，用人单位应按照国家职业（技能）标准的要求进行培训，达到相应职业技能要求后再上岗。

（4）用人单位安排国家政策性安置人员从事技术工种工作的，应当先组织培训，达到相应工种（职业）技能要求后上岗。

（5）用人单位因特殊需要招用技术性较强，但当地培训机构尚未开展培训的技术工种人员，经劳动保障行政部门批准后，可先招收再培训，达到相应职业技能要求后再上岗。

（6）对特种作业资格考核的相关规定可参照《特种作业人员安全技术考核管理规则》。

五、劳动过程安全防护

本法第五十六条是关于劳动过程安全防护的规定：

（1）劳动者在劳动过程中必须严格遵守安全操作规程。

（2）劳动者对用人单位管理人员违章指挥、强令冒险作业，有权拒绝执行。

（3）劳动者对危害生命安全和身体健康的行为，有权提出批评、检举和控告。

对该条的深入理解请阅读本书对劳动合同法第三十二条的解读。

六、伤亡事故和职业病统计报告、处理制度

本法第五十七条是对伤亡事故和职业病统计报告、处理制度的规定：

（1）国家建立伤亡事故和职业病统计报告和处理制度。

（2）县级以上各级人民政府劳动行政部门、有关部门和用人单位应当依法对劳动者在劳动过程中发生的伤亡事故和劳动者的职业病状况，进行统计、报告和处理。

有关女职工和未成年工特殊保护条款的解读

一、女职工和未成年工特殊劳动保护

本法第五十八条是对女职工和未成年工特殊劳动保护的规定。

1．对女职工和未成年工实行特殊劳动保护

我国对女职工的特殊劳动保护主要包括：

（1）国家保障妇女享有与男子平等的劳动权利。

（2）实行男女同工同酬。

（3）任何单位均应根据妇女的特点，依法保护妇女在工作和劳动时的安全和健康，不得安排不适合妇女从事的工作和劳动。用人单位应当按照国家有关规定，以自办或者联办的形式，逐步建立女职工卫生室、孕妇休息室、哺乳室、托儿所、幼儿园等设施，并妥善解决女职工在生理卫生、哺乳、照料婴儿等方面的困难。

（4）国家发展社会保险、社会救济和医疗卫生事业，为年老、疾病或者丧失劳动能

力的妇女获得物质资助创造条件。

对此要有更深入的理解，请阅读本书对《女职工劳动保护特别规定》的解读。

2．对未成年工的保护

未成年工是指年满16周岁未满18周岁的劳动者。

我国对未成年工的特殊保护有：

（1）任何组织和个人不得招用未满16周岁的未成年人，国家另有规定的除外。

（2）任何组织和个人依照国家有关规定招收已满16周岁未满18周岁的未成年人的，应当在工种、劳动时间、劳动强度和保护措施等方面执行国家有关规定，不得安排其从事过重、有毒、有害的劳动或者危险作业。

（3）未成年人已经受完规定年限的义务教育不再升学的，政府有关部门和社会团体、企业事业组织应当根据实际情况，对他们进行职业技术培训，为他们创造劳动就业条件。

（4）对未成年工的使用和特殊保护实行登记制度。

（5）未成年工上岗前用人单位应对其进行有关的职业安全卫生教育、培训。

具体请阅读《未成年人保护法》、《未成年工特殊保护规定》。

二、女职工劳动强度限制

本法第五十九条是对女职工劳动强度限制的规定：禁止安排女职工从事矿山井下、国家规定的第四级体力劳动强度的劳动和其他禁忌从事的劳动。

根据《女职工劳动保护特别规定》的规定，女职工禁忌从事的劳动范围为：

（1）矿山井下作业。

（2）体力劳动强度分级标准中规定的第四级体力劳动强度的作业。

（3）每小时负重6次以上、每次负重超过20千克的作业，或者间断负重、每次负重超过25千克的作业。

三、经期劳动强度限制

本法第六十条对女性经期的劳动强度限制作出了规定：不得安排女职工在经期从事高处、低温、冷水作业和国家规定的第三级体力劳动强度的劳动。

根据《女职工劳动保护特别规定》的规定，女职工在经期禁忌从事的劳动范围为：

（1）冷水作业分级标准中规定的第二级、第三级、第四级冷水作业。

（2）低温作业分级标准中规定的第二级、第三级、第四级低温作业。

（3）体力劳动强度分级标准中规定的第三级、第四级体力劳动强度的作业。

（4）高处作业分级标准中规定的第三级、第四级高处作业。

四、孕期劳动强度限制

本法第六十一条是对女职工孕期劳动强度限制的规定：不得安排女职工在怀孕期间从事国家规定的第三级体力劳动强度的劳动和孕期禁忌从事的劳动。对怀孕7个月以上的女职工，不得安排其延长工作时间和夜班劳动。

另外，《女职工劳动保护特别规定》规定了女职工在孕期禁忌从事的劳动范围：

（1）作业场所空气中铅及其化合物、汞及其化合物、苯、镉、铍、砷、氰化物、氮氧化物、一氧化碳、二硫化碳、氯、己内酰胺、氯丁二烯、氯乙烯、环氧乙烷、苯胺、甲醛等有毒物质浓度超过国家职业卫生标准的作业。

（2）从事抗癌药物、己烯雌酚生产，接触麻醉剂气体等的作业。

（3）非密封源放射性物质的操作，核事故与放射事故的应急处置。

（4）高处作业分级标准中规定的高处作业。

（5）冷水作业分级标准中规定的冷水作业。

（6）低温作业分级标准中规定的低温作业。

（7）高温作业分级标准中规定的第三级、第四级的作业。

（8）噪声作业分级标准中规定的第三级、第四级的作业。

（9）体力劳动强度分级标准中规定的第三级、第四级体力劳动强度的作业。

（10）在密闭空间、高压室作业或者潜水作业，伴有强烈振动的作业，或者需要频繁弯腰、攀高、下蹲的作业。

五、产假

本法第六十二条对女职工的产假作出了规定：女职工生育享受不少于90天的产假。

另外，《女职工劳动保护特别规定》第七条对产假做出了调整：

（1）女职工生育享受98天产假，其中产前可以休假15天；难产的，增加产假15天；生育多胞胎的，每多生育1个婴儿，增加产假15天。

（2）女职工怀孕未满4个月流产的，享受15天产假；怀孕满4个月流产的，享受42天产假。

六、哺乳期劳动保护

本法第六十三条对女职工在哺乳期的劳动保护作出了规定：用人单位不得安排女职工在哺乳未满一周岁的婴儿期间从事国家规定的第三级体力劳动强度的劳动和哺乳期禁忌从事的其他劳动，不得安排其延长工作时间和夜班劳动。

另外，《女职工劳动保护特别规定》规定了女职工在哺乳期禁忌从事的劳动范围：

（1）孕期禁忌从事的劳动范围的第一项、第三项、第九项。

（2）作业场所空气中锰、氟、溴、甲醇、有机磷化合物、有机氯化合物等有毒物质浓度超过国家职业卫生标准的作业。

七、对未成年工的劳动强度限制

本法第六十四条是对未成年工的劳动强度限制：用人单位不得安排未成年工从事矿山井下、有毒有害、国家规定的第四级体力劳动强度的劳动和其他禁忌从事的劳动。

1．未成年工不得从事的有毒有害劳动

未成年工不得从事的有毒有害劳动主要包括：

《生产性粉尘作业危害程度分级》国家标准中第一级以上的接尘作业。

（1）《有毒作业分级》国家标准中第一级以上的有毒作业。

（2）工作场所接触放射性物质的作业。

（3）作业场所放射性物质超过《放射防护规定》中规定剂量的作业。

（4）有易燃易爆、化学性烧伤和热烧伤等危险性大的作业等。

2．什么是第四级体力劳动强度

第四级体力劳动强度即净劳动时间为370分钟。用人单位不得安排未成年工从事的这类工作，具体有：

（1）连续负重每小时在6次以上并每次超过20千克，间断负重每次超过25千克的作业。

（2）使用凿岩机、捣固机、气镐、气铲、铆钉机、电锤的作业。

（3）工作中需要长时间保持低头、弯腰、上举、下蹲等强迫体位和动作频率每分钟大于50次的流水线作业。

3．其他禁忌未成年工从事的劳动

其他禁忌未成年工从事的劳动有：

（1）《高处作业分级》国家标准中第二级以上的高处作业，即凡在坠落高度基准面5米以上（含5米）有可能坠落的高处进行的作业。

（2）《冷水作业分级》国家标准中第二级以上的冷水作业。

（3）《高温作业分级》国家标准中第三级以上的高温作业。

（4）《低温作业分级》国家标准中第三级以上的低温作业。

（5）森林业中的伐木、流放及守林作业。

（6）地质勘探和资源勘探的野外作业。

（7）潜水、涵洞、涵道作业和海拔3000米以上的高原作业（不包括世居高原者）。

（8）锅炉司炉等。

八、未成年工健康检查

本法第六十五条对未成年工健康检查作出规定：用人单位应当对未成年工定期进行健康检查。

有关职业培训条款的解读

一、发展目标

本法第六十六条对职业培训的发展目标作出了规定：国家通过各种途径，采取各种措施，发展职业培训事业，开发劳动者的职业技能，提高劳动者素质，增强劳动者的就业能力和工作能力。

为了更好地理解本条款，请参阅《职业教育法》的规定。

二、政府支持

本法第六十七条对职业培训方面的政府支持作出了规定：各级人民政府应当把发展职业培训纳入社会经济发展的规划，鼓励和支持有条件的企业、事业组织、社会团体和个人进行各种形式的职业培训。

三、职业培训

本法第六十八条是关于用人单位的职业培训的规定：用人单位应当建立职业培训制度，按照国家规定提取和使用职业培训经费，根据本单位实际，有计划地对劳动者进行职业培训。

从事技术工种的劳动者，上岗前必须经过培训。

理解本条时请阅读劳动合同法第二十二条、《劳动合同法实施条例》第十六条。

四、职业技能资格

本法第六十九条是关于职业技能资格的规定：

（1）国家确定职业分类，对规定的职业制定职业技能标准，实行职业资格证书制度。

（2）由经过政府批准的考核鉴定机构负责对劳动者实施职业技能考核鉴定。

有关社会保险和福利条款的解读

一、社会保险和福利条款发展目标

本法第七十条确立了社会保险和福利条款的发展目标：国家发展社会保险事业，建立社会保险制度，设立社会保险基金，使劳动者在年老、患病、工伤、失业、生育等情况下获得帮助和补偿。

二、协调发展

本法第七十一条就社会保险水平的协调发展作出规定：社会保险水平应当与社会经济发展水平和社会承受能力相适应。

三、基金来源

本法第七十二条是关于基金来源的规定。

社会保险是一种由法律规定的强制保险。用人单位和劳动者都必须参加社会保险。本条中的“社会保险类型”是指需建立基金的养老、医疗、工伤、失业、生育五种社会保险，其基金来源因险种的不同也不尽相同。

我国社会保险费的征收、缴纳以及管理，主要通过《社会保险费征缴暂行条例》、《社会保险登记管理办法》、《社会保险费申报缴纳管理暂行办法》等法律法规加以规制。缴费单位、缴费个人应当按时足额缴纳社会保险费。征缴的社会保险费纳入社会保险基金，专款专用，任何单位和个人不得挪用。城镇集体企业已参加社会保险的离退休人员和下岗职工，按规定享受社会保险待遇；未参加社会保险而又停产多年的，其退休人员和下岗职工直接纳入城市居民最低生活保障范围，按规定享受最低生活保障待遇。

四、享受社保情形

本法第七十三条是有关享受社保情形的规定。

1．社会保险待遇的范围

社会保险待遇：指养老、疾病、医疗、工伤、失业、生育和死亡等保险待遇。

2．劳动者享受社会保险待遇的情形

劳动者在符合以下条件时，依法享受社会保险待遇：

（1）退休。

（2）患病、负伤。

（3）因工伤残或者患职业病。

（4）失业。

（5）生育。

3．享受规定

（1）劳动者死亡后，其遗属依法享受遗属津贴。

（2）劳动者享受社会保险待遇的条件和标准由法律、法规规定。

（3）劳动者享受的社会保险金必须按时足额支付。

具体请参阅本书对《中华人民共和国社会保险法》的解读。

五、社保基金管理

本法第七十四条是关于社保基金管理的规定。

1．什么是社保基金

社会保险基金：指为了保障保险对象的社会保险待遇，按照国家法律、法规，由缴费单位和缴费个人分别按缴费基数的一定比例缴纳以及通过其他合法方式筹集的专项资金。它是国家在劳动者年老、患病、工伤、失业、生育等失去或暂时失去劳动能力的情况下，为保障和维持劳动者基本生活需要而筹集建立的资金。

2．社保基金的运作

社会保险经办机构对社会保险基金的运作应确保社会保险基金远离风险，实现持续保值和增值。可以采取的方式有：

（1）购买国库券以及国家银行发行的债券。

（2）委托国家银行、国家信托投资公司放款。

各级社会保险管理机构不得经办放款业务，不得经商、办企业，也不得为各类经济活动做经济担保。

对于社会保险基金监督机构，本条只是作了原则性规定，其设立和具体职能在《社会保险法》未出台前，暂时依照现行劳动规章和其他规范性文件执行。

对本条中的“任何组织”应作广义理解，既包括党派，也包括了政府和政府部门，还包括了管理和经营社会保险基金的机构，以及其他各种类型的企业、事业单位和社会团体，等等。

需要注意的是，按照劳动和社会保障部1999年颁布实施的《关于社会保险经办机构经费保障等问题的通知》中的规定，社会保险经办机构经费，包括人员经费、公用经费和专项经费，由同级财政部门根据人事（机构编制）部门核定的编制人数核拨。各级社会保险经办机构不得再从社会保险基金中提取或列支费用。

六、补充保险和个人储蓄保险

本法第七十五条是关于补充保险和个人储蓄保险的规定：

（1）国家鼓励用人单位根据本单位实际情况为劳动者建立补充保险。

（2）国家提倡劳动者个人进行储蓄性保险。

七、国家和用人单位的发展福利事业责任

本法第七十六条是关于国家和用人单位的发展福利事业的责任的规定：

（1）国家发展社会福利事业，兴建公共福利设施，为劳动者休息、休养和疗养提供条件。

（2）用人单位应当创造条件，改善集体福利，提高劳动者的福利待遇。

有关劳动争议条款的解读

一、劳动争议的处理方式

本法第七十七条是关于劳动争议处理方式的规定：

（1）用人单位与劳动者发生劳动争议，当事人可以依法申请调解、仲裁、提起诉讼，也可以协商解决。

（2）调解原则适用于仲裁和诉讼程序。

劳动法所调整的劳动争议范围是中华人民共和国境内的企业、个体经济组织和与之形成劳动关系的劳动者，以及国家机关、事业组织、社会团体和与之建立劳动合同关系的劳动者之间的劳动纠纷。实践中尚有一小部分劳动纠纷处于法律规定之外。

对于本条款的理解可以阅读本书对《劳动争议调解仲裁法》的解读。

二、解决争议的原则

本法第七十八条是对解决争议的原则作出的规定：解决劳动争议，应当根据合法、公正、及时处理的原则，依法维护劳动争议当事人的合法权益。

对于本条款的理解可以阅读本书对《劳动争议调解仲裁法》第三条的解读。

三、调解和仲裁

调解、仲裁和诉讼是劳动争议处理的三个程序，本法第七十九条对三个程序之间的衔接作了规定，明确了由上一个程序进入下一个程序的前提条件。

劳动争议处理的三个程序

序号	程序	定义	说明
1	调解	调解是指用人单位争议调解委员会对当事人之间发生的劳动争议进行调解的过程。它不包括劳动争议在仲裁或诉讼程序上的调解活动	调解程序是法定程序，但不是必经程序，当事人享有是否选择调解的自主决定权。当事人可以通过申请由本单位劳动争议调解委员会对争议进行调解，也可以直接向劳动争议仲裁委员会申请仲裁。

续表

序号	程序	定义	说明
2	仲裁	仲裁是指劳动争议仲裁委员会对当事人申请仲裁的劳动争议案件进行仲裁裁决的过程	（1）我国的劳动争议仲裁实行一裁终裁的体制。 （2）与调解程序不同，仲裁程序是劳动争议处理的法定必经程序，同时还是劳动争议案件提请人民法院审理的前置条件，只有在案件经过仲裁委员会仲裁之后，当事人对裁决不服时，才能向人民法院起诉，否则，人民法院不予受理。
3	诉讼	诉讼是指人民法院对当事人提请审理的劳动争议案件进行审理并作出判决的过程	（1）当事人一方或双方对劳动争议仲裁裁决不服的，可以向人民法院起诉，要求人民法院进行审理。 （2）人民法院审理劳动争议案件适用的是民事诉讼程序，采取两审终审制。之后即使当事人对判决不服，也只能通过审判监督程序进行申诉，但申诉并不影响判决的执行。

对于本条款的理解可以阅读本书对《劳动争议调解仲裁法》第五条的解读。

四、劳动争议调委会及调解协议

本法第八十条是对劳动争议调委会及调解协议的规定：

（1）在用人单位内，可以设立劳动争议调解委员会。

（2）劳动争议调解委员会由职工代表、用人单位代表和工会代表组成。

（3）劳动争议调解委员会主任由工会代表担任。

（4）劳动争议经调解达成协议的，当事人应当履行。

对于本条款的理解可以阅读本书对《劳动争议调解仲裁法》第十条至第十六条的解读。

五、仲裁委员会组成

本法第八十一条是对仲裁委员会组成的规定：

（1）劳动争议仲裁委员会由劳动行政部门代表、同级工会代表、用人单位方面的代表组成。

（2）劳动争议仲裁委员会主任由劳动行政部门代表担任。

对于本条款的理解可以阅读本书对《劳动争议调解仲裁法》第十七条至第二十条的解读。

六、仲裁期日

本法第八十二条是对仲裁期日的规定。

本条规定的劳动争议申请仲裁的时效期间为60日，但根据2007年12月29日公布的《劳动争议调解仲裁法》第二十七条的规定，劳动争议申请仲裁的时效期间已延长为一年，仲裁时效期间从当事人知道或者应当知道其权利被侵害之日起计算。这样规定有利于更好地保护劳动者的权益，维护劳动关系当事人寻找救济解决争议的权利。

同时，《劳动争议调解仲裁法》第二十七条还规定了仲裁时效的中断和中止。仲裁时效，因当事人一方向对方当事人主张权利，或者向有关部门请求权利救济，或者对方当事人同意履行义务而中断。从中断时起，仲裁时效期间重新计算。因不可抗力或者有其他正当理由，当事人不能在仲裁时效期间申请仲裁的，仲裁时效中止。从中止时效的原因消除之日起，仲裁时效期间继续计算。劳动关系存续期间因拖欠劳动报酬发生争议的，劳动者申请仲裁不受仲裁时效期间的限制；但是，劳动关系终止的，应当自劳动关系终止之日起1年内提出。

对于本条款的理解可以阅读本书对《劳动争议调解仲裁法》第二十七条至第四十七条的解读。

七、起诉和强制执行

本法第八十三条是关于起诉和强制执行的规定：

（1）劳动争议当事人对仲裁裁决不服的，可以自收到仲裁裁决书之日起15日内向人民法院提起诉讼。

（2）一方当事人在法定期限内不起诉又不履行仲裁裁决的，另一方当事人可以申请人民法院强制执行。

强制执行是指人民法院基于当事人的请求，依照法律规定的程序，运用国家强制力，强制对方当事人履行已经生效的仲裁调解协议书、裁决书及人民法院判决、裁定中所规定的义务的一种司法行为。

当事人向法院申请强制执行应在《民事诉讼法》规定的期限内以书面方式提出，应当向人民法院提交已经发生法律效力的仲裁裁决书，并在申请强制执行的申请书上明确申请强制执行的内容和要求、申请强制执行的原因和理由等。劳动争议仲裁委员会作出的生效的仲裁调解协议书、仲裁裁决书，由被执行人住所地或者被执行的财产所在地人民法院执行。人民法院作出的生效的判决、裁定，由第一审人民法院执行。

对于法院可以受理的劳动争议案件需要符合以下几个条件：

（1）起诉人必须是劳动争议的当事人，即发生争议案件的用人单位和劳动者。

（2）当事人必须是不服仲裁裁决而向人民法院起诉。

（3）当事人起诉必须有明确的被告和具体的诉讼请求。

（4）当事人起诉不得超过法律规定的诉讼时效。劳动法规定的提起劳动争议案件诉讼的时效为15日，即自当事人收到仲裁裁决书之日起15日内向人民法院起诉，人民法院才予受理，超过15日的期限，人民法院则不予受理。

（5）当事人起诉应当向有管辖权的人民法院提出。一般应向对案件作出仲裁裁决的仲裁委员会所在地的人民法院起诉。

对于本条款的理解可以阅读本书对《劳动争议调解仲裁法》第四十八条至第五十一条的解读。

八、集体合同争议处理

本法第八十四条是对集体合同争议处理的规定。

1．集体合同的争议处理实行属地管辖

（1）签订集体合同的争议处理实行属地管辖，具体管辖范围由省级劳动保障行政部门规定。

（2）中央管辖的企业以及跨省、自治区、直辖市用人单位因签订集体合同发生的争议，由劳动保障部指定的省级劳动保障行政部门组织同级工会和企业组织等三方面的人员协调处理，必要时，劳动保障部也可以组织有关方面协调处理。协调处理签订集体合同争议，应当自受理协调处理申请之日起30日内结束协调处理工作。期满未结束的，可以适当延长协调期限，但延长期限不得超过15日。协调处理申请、争议的事实和协调结果应记入《协调处理协议书》，当事人就某些协商事项不能达成一致的，应将继续协商的有关事项予以载明。争议双方均应遵守生效后的《协调处理协议书》。

2．申请仲裁和诉讼

（1）因履行集体合同发生的争议，当事人可以依法向劳动争议仲裁委员会申请仲裁。

（2）仲裁庭处理集体劳动争议，应当自组成仲裁庭之日起15日内结束。

（3）案情复杂需要延期的，经报仲裁委员会批准，可以适当延期，但是延长的期限不得超过15日。

（4）当事人对仲裁裁决不服的，可以自收到仲裁裁决书之日起15日内向人民法院提起诉讼。

对于本条款的理解可以阅读本书对劳动合同法第五十六条的解读。

有关监督检查条款的解读

一、劳动行政部门监督检查

本法第八十五条是对劳动行政部门监督检查工作作出的规定：

（1）县级以上各级人民政府劳动行政部门依法对用人单位遵守劳动法律、法规的情况进行监督检查。

（2）对违反劳动法律、法规的行为有权制止，并责令改正。

对于本条款的理解可以阅读本书对劳动合同法第七十三条、第七十四条的解读。

二、对劳动场所检查

本法第八十六条是对劳动场所检查的规定。

（1）县级以上各级人民政府劳动行政部门监督检查人员执行公务，有权进入用人单位了解执行劳动法律、法规的情况，查阅必要的资料，并对劳动场所进行检查。

（2）县级以上各级人民政府劳动行政部门监督检查人员执行公务，必须出示证件，秉公执法并遵守有关规定。

对于本条款的理解可以阅读本书对劳动合同法第七十五条的解读。

三、政府监督

本法第八十七条是关于政府监督的规定：县级以上各级人民政府有关部门在各自职责范围内，对用人单位遵守劳动法律、法规的情况进行监督。

对于本条款的理解可以阅读本书对劳动合同法第七十六条的解读。

四、工会监督和组织、个人检举控告

本法第八十八条是对工会监督和组织、个人检举控告的规定：

（1）各级工会依法维护劳动者的合法权益，对用人单位遵守劳动法律、法规的情况进行监督。

（2）任何组织和个人对于违反劳动法律、法规的行为有权检举和控告。

对于本条款的理解可以阅读本书对劳动合同法第七十七条、第七十八条、第七十九条的解读。

有关法律责任条款的解读

一、对劳动规章违法的处罚

本法第八十九条是关于劳动规章违法的处罚的规定：

（1）用人单位制定的劳动规章制度违反法律、法规规定的，由劳动行政部门给予警告，责令改正。

（2）对劳动者造成损害的，应当承担赔偿责任。

对于本条款的理解可以阅读本书对劳动合同法第八十条、第八十一条的解读。

二、对违法延长工时的处罚

本法第九十条是有关违法延长工时处罚的规定：用人单位违反本法规定，延长劳动者工作时间的，由劳动行政部门给予警告，责令改正，并可以处以罚款。

本条所指“延长劳动者工作时间”主要是指用人单位在国家允许的标准工作时间和延长工作时间之外，再延长劳动者的工作时间。包括：

（1）用人单位因生产需要安排劳动者的工作时间，每日超出9小时，即标准工作时间8小时加允许延长工作时间1小时。

（2）用人单位因特殊原因需要延长工作时间的，每日超出11小时，即标准工作时间8小时加允许延长工作时间3小时。

（3）用人单位延长劳动者的工作时间每月累计超过36小时。

（4）实行其他工作时间制度的用人单位，按照上述标准折算后，超出上述规定的。

（5）用人单位未与工会和劳动者协商，强迫劳动者延长工作时间的。

需要指出的是，我国现行的工作时间制度为每日8小时，每周40小时，即劳动者每工作5天，即可享有两天的休息时间。如果用人单位占用劳动者的休息时间而不给予补休，视同用人单位延长了劳动者的工作时间，并应当包括在每月36小时的最高延长工作时间之内。

本条中所指的罚款可以按照受侵害劳动者每人100元以上500元以下的标准计算。

三、对用人单位侵权的处理

本法第九十一条是对用人单位侵权的处理的规定。

1．前三项侵权行为的赔偿

用人单位如果实施了本条规定的前三项侵权行为之一的，除了在规定时间内全额支付劳动者工资报酬或补足低于当地最低工资标准差额的同时，另外应支付相当于应支付部分25%的补偿金。

（1）克扣或者无故拖欠劳动者工资的。

（2）拒不支付劳动者延长工作时间工资报酬的。

（3）低于当地最低工资标准支付劳动者工资的。

2．解除劳动合同后的补偿

用人单位解除劳动合同后，未按规定给予劳动者经济补偿的，除全额发给经济补偿金外，还须按该经济补偿金数额的50%支付额外经济补偿金。

对于本条款的理解可以阅读本书对劳动合同法第三十条、第八十五条的解读。

四、对用人单位违反劳保规定的处罚

本法第九十二条有关用人单位违反劳保规定处罚的规定：

（1）用人单位的劳动安全设施和劳动卫生条件不符合国家规定或者未向劳动者提供必要的劳动防护用品和劳动保护设施的，由劳动行政部门或者有关部门责令改正，可以处以罚款。

（2）情节严重的，提请县级以上人民政府决定责令停产整顿。

（3）对事故隐患不采取措施，致使发生重大事故，造成劳动者生命和财产损失的，对责任人员比照刑法第一百八十七条的规定追究刑事责任。

五、对违章事故的处罚

本法第九十三条是有关违章事故处罚的规定。用人单位强令劳动者违章冒险作业，发生重大伤亡事故，造成严重后果的，对责任人员依法追究刑事责任。

1．什么是违章冒险作业和重大伤亡事故

本条所指的违章冒险作业指的是由用人单位的生产经营者强令进行的，而不是劳动者自已从事的。

重大伤亡事故，一般是指造成3至9人死亡，造成直接经济损失数额较大的事故。

2．处罚规定

本条中的事故责任人员需要根据其对发生重大事故应负责任的轻重具体来确定。一般情况下，包括主管责任人和直接责任人。责任人员的具体刑事责任可参照《刑法》的相关规定。针对事故的类型和责任人员的身份不同，量刑幅度包括：3年以下有期徒刑或者拘役；3年以上7年以下有期徒刑；5年以下有期徒刑或者拘役，并处罚金；5年以上10年以下有期徒刑，并处罚金。

六、对非法招用未成年工的处罚

本法第九十四条是有关非法招用未成年工处罚的规定：

（1）用人单位非法招用未满十六周岁的未成年人的，由劳动行政部门责令改正，处以罚款。

（2）情节严重的，由工商行政管理部门吊销营业执照。

七、对侵害女工和未成年工合法权益的处罚

本法第九十五条是有关侵害女工和未成年工合法权益处罚的规定：

（1）用人单位违反本法对女职工和未成年工的保护规定，侵害其合法权益的，由劳动行政部门责令改正，处以罚款。

（2）对女职工或者未成年工造成损害的，应当承担赔偿责任。

八、对人身侵权的处罚

本法第九十六条是有关对人身侵权处罚的规定。

1. 必须予以处罚的行为

用人单位有下列行为之一，由公安机关对责任人员处以十五日以下拘留、罚款或者警告；构成犯罪的，对责任人员依法追究刑事责任：

（1）以暴力、威胁或者非法限制人身自由的手段强迫劳动的。

（2）侮辱、体罚、殴打、非法搜查和拘禁劳动者的。

威胁是指用人单位以某种对劳动者形成要挟的条件和手段，迫使劳动者接受用人单位所提要求和条件的行为；侮辱是指用人单位公然贬低劳动者人格，损害劳动者名誉的行为；非法搜查是指用人单位非法对劳动者的身体进行搜查的行为。

2. 用人单位应负的法律责任

对劳动者人身权利的侵害，劳动法和相关法律规定了两种法律责任：

（1）行政责任。由公安机关根据本法和《治安管理处罚法》对责任人员处以15日以下拘留、罚款或者警告。

（2）刑事责任。用人单位对劳动者实施了本条所禁止的行为，且情节严重，构成犯罪的，人民法院应当依据《刑法》的规定追究其刑事责任：用人单位违反劳动管理法规，以限制人身自由的方法强迫职工劳动，情节严重的，对直接责任人员，处3年以下有期徒刑或者拘役，并处或者单处罚金。

对于本条款的理解可以阅读本书对劳动合同法第八十八条的解读。

九、无效合同损害责任

本法第九十七条是有关无效合同损害责任的规定：由于用人单位的原因订立的无效合同，对劳动者造成损害的，应当承担赔偿责任。

对于本条款的理解可以阅读本书对劳动合同法第八十六条的解读。

十、违法解除和拖延订立合同的责任

本法第九十八条是关于违法解除和拖延订立合同的责任的规定。针对用人单位违法解除劳动合同或故意拖延不订立劳动合同的，根据本条规定，有两种承担法律责任的形式：

1. 行政责任

行政责任的责任形式是责令改正。即由劳动行政部门责成用人单位恢复与劳动者的劳动合同，或责令用人单位补签与劳动者应当订立的劳动合同。对劳动行政部门做出的决定，用人单位应当执行。

2．民事责任

民事责任的责任形式是赔偿。赔偿范围包括：

（1）造成劳动者工资收入损失的，除应支付应得工资给劳动者外，还要加付应得工资25%的赔偿费用。

（2）造成劳动者劳动保护待遇损失的，应按国家规定补足劳动保护津贴和用品。

（3）造成劳动者工伤、医疗待遇损失的，除按国家规定为劳动者提供工伤、医疗待遇外，还应支付相当于医疗费用25%的赔偿费用。

（4）造成女职工和未成年工身体健康损害的，除按国家规定提供治疗期间的医疗待遇外，还应支付相当于其医疗费用25%的赔偿费用。

（5）劳动合同约定的其他赔偿费用。

上述赔偿请求，可以通过申请劳动争议仲裁提出，也可以通过向人民法院提起诉讼提出。

对于本条款的理解可以阅读本书对劳动合同法第四十七条、第四十八条、第八十二条、第八十七条、第八十九条的解读。

十一、用人单位招用未解除合同者的损害赔偿

本法第九十九条是对用人单位招用未解除合同者的损害赔偿的规定。

1．适用情况

本条主要是针对实践中出现的劳动者未与用人单位解除劳动合同，却又与另一个用人单位订立劳动合同，给原用人单位造成损失的情况。

2．用人单位负连带赔偿责任的条件

认定用人单位承担招用未解除劳动合同的劳动者负连带赔偿责任应符合三个条件：

（1）存在招用的事实，而不论用人单位招用时的心态是故意还是过失。

（2）给原用人单位造成了能够计算的经济损失。

（3）原用人单位的经济损失与用人单位招用尚未解除劳动合同的劳动者有直接关系。

3．追偿损失的规定

（1）原用人单位可以向用人单位和劳动者中的任何一方请求赔偿部分或者全部损失，用人单位和劳动者中的任何一方也都有义务向原用人单位履行全部或者部分的赔偿义务。

（2）如果一方对原用人单位的全部损失赔偿之后，可以要求另一方承担其应当承担的原用人单位的损失赔偿部分。

（3）根据《违反〈劳动法〉有关劳动合同规定的赔偿办法》规定，连带赔偿的份额应不低于对原用人单位造成经济损失总额的70%，赔偿的损失包括对生产、经营和工作造成的直接损失。

（4）经济损失和因获取商业秘密给原用人单位造成的经济损失。赔偿因获取商业秘密给原用人单位造成的经济损失，按《反不正当竞争法》第二十条的规定执行。

对于本条款的理解可以阅读本书对劳动合同法第九十一条的解读。

十二、对不缴纳保险费行为的处理

本法第一百条是对不缴纳保险费行为的处理的规定。

（1）用人单位无故不缴纳社会保险费的，由劳动行政部门责令其限期缴纳。

（2）逾期不缴的，可以加收滞纳金。

《违反〈中华人民共和国劳动法〉行政处罚办法》第十七条规定：“用人单位无故不缴纳社会保险费的，应责令其限期缴纳；逾期不缴的，除责令其补交所欠款额外，可以按每日加收所欠款额2‰的滞纳金。滞纳金收入并入社会保险基金。”

十三、对妨碍检查公务行为的处罚

本法第一百零一条是对妨碍检查公务行为的处罚规定：

（1）用人单位无理阻挠劳动行政部门、有关部门及其工作人员行使监督检查权，打击报复举报人员的，由劳动行政部门或者有关部门处以罚款。

（2）构成犯罪的，对责任人员依法追究刑事责任。

与本条相关联的法规有《劳动部关于〈中华人民共和国劳动法〉若干条文的说明》第一百零一条、《劳动部关于贯彻执行〈中华人民共和国劳动法〉若干问题的意见》第九十二条、《违反〈中华人民共和国劳动法〉行政处罚办法》第十八条。

十四、违法解除合同和违反保密事项损害赔偿

本法第一百零二条是关于违法解除合同和违反保密事项损害赔偿的规定。

如果劳动者是在本法第三十一条和第三十二条规定之外的情况下解除劳动合同，并因此给用人单位造成了损失，则应当按本条规定承担赔偿责任。用人单位的此类损失应包括：

（1）用人单位招收录用其所支付的费用。

（2）用人单位为其支付的培训费用，双方另有约定的按约定办理。

（3）对生产、经营和工作造成的直接经济损失。

（4）劳动合同约定的其他赔偿费用。

用人单位应确定本单位的涉密人员范围。此类人员在调离、辞职或解除劳动合同时应接受保密教育，并应当经密级确定机关批准。未经批准擅自离职的，依法追究当事人和用人单位负责人的行政责任。情节严重，并造成国家利益重大损失的，依法追究刑事责任。劳动者违反劳动合同中的保密义务，并对用人单位造成经济损失的，应当承担违约责任，并按《反不正当竞争法》的有关规定支付用人单位赔偿费用。

对于本条款的理解可以阅读本书对劳动合同法第九十条的解读。

十五、渎职处罚

本法第一百零三条是关于渎职处罚的规定。

1．渎职的表现

（1）滥用职权：指劳动行政部门或者有关部门的工作人员利用其国家工作人员的身份，随意超越其职责和法律法规授予的职权，从事损害国家利益和法律权威的违法行为。

（2）玩忽职守：指劳动行政部门或者有关部门工作人员因工作漫不经心、疏忽大意、不履行职责，不遵守法律法规的规定，导致用人单位财产和国家利益遭受损失的行为。

（3）徇私舞弊：指劳动行政部门或者有关部门的工作人员为了私情私利，故意违反法律法规的规定，利用职权枉法处理的行为。

2．渎职应负的法律责任

劳动行政部门或者有关部门的工作人员因为滥用职权、玩忽职守、徇私舞弊行为可能承担的责任包括行政责任和刑事责任。

（1）行政处分。包括警告、记过、记大过、降级、撤职、留用察看、开除。

（2）刑事责任。刑事责任包括：

①国家机关工作人员滥用职权或者玩忽职守，致使公共财产、国家和人民利益遭受重大损失的，处3年以下有期徒刑或者拘役；情节特别严重的，处3年以上7年以下有期徒刑。

②国家机关工作人员徇私舞弊，犯前款罪的，处5年以下有期徒刑或者拘役；情节特别严重的，处5年以上10年以下有期徒刑。

对于本条款的理解可以阅读本书对劳动合同法第九十五条的解读。

十六、对挪用社保基金行为的处罚

本法第一百零四条是关于挪用社保基金行为的处罚的规定。

1．确定挪用社保基金的行为构成犯罪的条件

在判断国家工作人员和社会保险基金经办机构工作人员挪用社保基金的行为是否构成犯罪，并应承担刑事责任时，须符合以下条件：

（1）犯罪主体只能是国家工作人员和社会保险经办机构的工作人员。前者专指与挪用社会保险基金有直接关系的政府部门的人员。

（2）挪用社会保险基金的行为已经达到构成犯罪的数额。轻微挪用社会保险基金，不构成犯罪时，应当依照行政法规和规章的规定进行处理。

（3）犯罪人主观上必须是故意的。

2．应负的法律责任

由于目前的《刑法》没有对国家工作人员和社会保险基金经办机构的工作人员挪用社会保险基金的行为进行专门刑罚规定，实践中可以参考《刑法》中对挪用公款罪的规定进行处理，即：

（1）国家工作人员利用职务上的便利，挪用公款归个人使用，进行非法活动的，或者挪用公款数额较大、进行营利活动的，或者挪用公款数额较大、超过3个月未还的，是挪用公款罪，处5年以下有期徒刑或者拘役。

（2）情节严重的，处5年以上有期徒刑。挪用公款数额巨大不退还的，处10年以上有期徒刑或者无期徒刑。

十七、处罚竞合处理

本法第一百零五条是关于处罚竞合处理的规定：违反本法规定侵害劳动者合法权益，其他法律、行政法规已规定处罚的，依照该法律、行政法规的规定处罚。

对于本条款的理解可以阅读本书对劳动合同法第八十四条、第九十二条至第九十四条的解读。

有关附则条款的解读

一、实施步骤的制定

本法第一百零六条是有关劳动法的实施步骤制定的规定：省、自治区、直辖市人民政府根据本法和本地区的实际情况，规定劳动合同制度的实施步骤，报国务院备案。

二、施行日期

本法第一百零七条确立了劳动法的施行日期：本法自1995年1月1日起施行。

附录01：中华人民共和国劳动法

中华人民共和国劳动法

（1994年7月5日第八届全国人民代表大会常务委员会第八次会议通过）

目录

第一章　总则

第一条　为了保护劳动者的合法权益，调整劳动关系，建立和维护适应社会主义市场经济的劳动制度，促进经济发展和社会进步，根据宪法，制定本法。

第二条　在中华人民共和国境内的企业、个体经济组织（以下统称用人单位）和与之形成劳动关系的劳动者，适用本法。

国家机关、事业组织、社会团体和与之建立劳动合同关系的劳动者，依照本法执行。

第三条　劳动者享有平等就业和选择职业的权利、取得劳动报酬的权利、休息休假的权利、获得劳动安全卫生保护的权利、接受职业技能培训的权利、享受社会保险和福利的权利、提请劳动争议处理的权利以及法律规定的其他劳动权利。

劳动者应当完成劳动任务，提高职业技能，执行劳动安全卫生规程，遵守劳动纪律和职业道德。

第四条　用人单位应当依法建立和完善规章制度，保障劳动者享有劳动权利和履行劳动义务。

第五条　国家采取各种措施，促进劳动就业，发展职业教育，制定劳动标准，调节社会收入，完善社会保险，协调劳动关系，逐步提高劳动者的生活水平。

第六条　国家提倡劳动者参加社会义务劳动，开展劳动竞赛和合理化建议活动，鼓励和保护劳动者进行科学研究、技术革新和发明创造，表彰和奖励劳动模范和先进工作者。

第七条　劳动者有权依法参加和组织工会。

工会代表和维护劳动者的合法权益，依法独立自主地开展活动。

第八条　劳动者依照法律规定，通过职工大会、职工代表大会或者其他形式，参与民主管理或者就保护劳动者合法权益与用人单位进行平等协商。

第九条　国务院劳动行政部门主管全国劳动工作。

县级以上地方人民政府劳动行政部门主管本行政区域内的劳动工作。

第二章　促进就业

第十条　国家通过促进经济和社会发展，创造就业条件，扩大就业机会。

国家鼓励企业、事业组织、社会团体在法律、行政法规规定的范围内兴办产业或者拓展经营，增加就业。

国家支持劳动者自愿组织起来就业和从事个体经营实现就业。

第十一条　地方各级人民政府应当采取措施，发展多种类型的职业介绍机构，提供就业服务。

第十二条　劳动者就业，不因民族、种族、性别、宗教信仰不同而受歧视。

第十三条　妇女享有与男子平等的就业权利。在录用职工时，除国家规定的不适合妇女的工种或者岗位外，不得以性别为由拒绝录用妇女或者提高对妇女的录用标准。

第十四条　残疾人、少数民族人员、退出现役的军人的就业，法律、法规有特别规定的，从其规定。

第十五条　禁止用人单位招用未满十六周岁的未成年人。

文艺、体育和特种工艺单位招用未满十六周岁的未成年人，必须依照国家有关规定，履行审批手续，并保障其接受义务教育的权利。

第三章　劳动合同和集体合同

第十六条　劳动合同是劳动者与用人单位确立劳动关系、明确双方权利和义务的协议。

建立劳动关系应当订立劳动合同。

第十七条　订立和变更劳动合同，应当遵循平等自愿、协商一致的原则，不得违反法律、行政法规的规定。

劳动合同依法订立即具有法律约束力，当事人必须履行劳动合同规定的义务。

第十八条　下列劳动合同无效：

（一）违反法律、行政法规的劳动合同；

（二）采取欺诈、威胁等手段订立的劳动合同。

无效的劳动合同，从订立的时候起，就没有法律约束力。确认劳动合同部分无效的，如果不影响其余部分的效力，其余部分仍然有效。

劳动合同的无效，由劳动争议仲裁委员会或者人民法院确认。

第十九条　劳动合同应当以书面形式订立，并具备以下条款：

（一）劳动合同期限；

（二）工作内容；

（三）劳动保护和劳动条件；

（四）劳动报酬；

（五）劳动纪律；

（六）劳动合同终止的条件；

（七）违反劳动合同的责任。

劳动合同除前款规定的必备条款外，当事人可以协商约定其他内容。

第二十条　劳动合同的期限分为有固定期限、无固定期限和以完成一定的工作为期限。

劳动者在同一用人单位连续工作满十年以上，当事人双方同意续延劳动合同的，如果劳动者提出订立无固定期限的劳动合同，应当订立无固定期限的劳动合同。

第二十一条　劳动合同可以约定试用期。试用期最长不得超过六个月。

第二十二条　劳动合同当事人可以在劳动合同中约定保守用人单位商业秘密的有关事项。

第二十三条　劳动合同期满或者当事人约定的劳动合同终止条件出现，劳动合同即行终止。

第二十四条　经劳动合同当事人协商一致，劳动合同可以解除。

第二十五条　劳动者有下列情形之一的，用人单位可以解除劳动合同：

（一）在试用期间被证明不符合录用条件的；

（二）严重违反劳动纪律或者用人单位规章制度的；

（三）严重失职，营私舞弊，对用人单位利益造成重大损害的；

（四）被依法追究刑事责任的。

第二十六条　有下列情形之一的，用人单位可以解除劳动合同，但是应当提前三十日以书面形式通知劳动者本人：

（一）劳动者患病或者非因工负伤，医疗期满后，不能从事原工作也不能从事由用人单位另行安排的工作的；

（二）劳动者不能胜任工作，经过培训或者调整工作岗位，仍不能胜任工作的；

（三）劳动合同订立时所依据的客观情况发生重大变化，致使原劳动合同无法履行，经当事人协商不能就变更劳动合同达成协议的。

第二十七条　用人单位濒临破产进行法定整顿期间或者生产经营状况发生严重困难，确需裁减人员的，应当提前三十日向工会或者全体职工说明情况，听取工会或者职工的意见，经向劳动行政部门报告后，可以裁减人员。

用人单位依据本条规定裁减人员，在六个月内录用人员的，应当优先录用被裁减的人员。

第二十八条　用人单位依据本法第二十四条、第二十六条、第二十七条的规定解除劳动合同的，应当依照国家有关规定给予经济补偿。

第二十九条　劳动者有下列情形之一的，用人单位不得依据本法第二十六条、第二十七条的规定解除劳动合同：

（一）患职业病或者因工负伤并被确认丧失或者部分丧失劳动能力的；

（二）患病或者负伤，在规定的医疗期内的；

（三）女职工在孕期、产期、哺乳期内的；

（四）法律、行政法规规定的其他情形。

第三十条　用人单位解除劳动合同，工会认为不适当的，有权提出意见。如果用人单位违反法律、法规或者劳动合同，工会有权要求重新处理；劳动者申请仲裁或者提起诉讼的，工会应当依法给予支持和帮助。

第三十一条　劳动者解除劳动合同，应当提前三十日以书面形式通知用人单位。

第三十二条　有下列情形之一的，劳动者可以随时通知用人单位解除劳动合同：

（一）在试用期内的；

（二）用人单位以暴力、威胁或者非法限制人身自由的手段强迫劳动的；

（三）用人单位未按照劳动合同约定支付劳动报酬或者提供劳动条件的。

第三十三条　企业职工一方与企业可以就劳动报酬、工作时间、休息休假、劳动安全卫生、保险福利等事项，签订集体合同。集体合同草案应当提交职工代表大会或者全体职工讨论通过。

集体合同由工会代表职工与企业签订；没有建立工会的企业，由职工推举的代表与企业签订。

第三十四条　集体合同签订后应当报送劳动行政部门；劳动行政部门自收到集体合同文本之日起十五日内未提出异议的，集体合同即行生效。

第三十五条　依法签订的集体合同对企业和企业全体职工具有约束力。职工个人与企业订立的劳动合同中劳动条件和劳动报酬等标准不得低于集体合同的规定。

第四章　工作时间和休息休假

第三十六条　国家实行劳动者每日工作时间不超过八小时、平均每周工作时间不超过四十四小时的工时制度。

第三十七条　对实行计件工作的劳动者，用人单位应当根据本法第三十六条规定的工时制度合理确定其劳动定额和计件报酬标准。

第三十八条　用人单位应当保证劳动者每周至少休息一日。

第三十九条　企业因生产特点不能实行本法第三十六条、第三十八条规定的，经劳动行政部门批准，可以实行其他工作和休息办法。

第四十条　用人单位在下列节日期间应当依法安排劳动者休假：

（一）元旦；

（二）春节；

（三）国际劳动节；

（四）国庆节；

（五）法律、法规规定的其他休假节日。

第四十一条　用人单位由于生产经营需要，经与工会和劳动者协商后可以延长工作时间，一般每日不得超过一小时；因特殊原因需要延长工作时间的，在保障劳动者身体健康的条件下延长工作时间每日不得超过三小时，但是每月不得超过三十六小时。

第四十二条　有下列情形之一的，延长工作时间不受本法第四十一条的限制：

（一）发生自然灾害、事故或者因其他原因，威胁劳动者生命健康和财产安全，需要紧急处理的；

（二）生产设备、交通运输线路、公共设施发生故障，影响生产和公众利益，必须及时抢修的；

（三）法律、行政法规规定的其他情形。

第四十三条　用人单位不得违反本法规定延长劳动者的工作时间。

第四十四条　有下列情形之一的，用人单位应当按照下列标准支付高于劳动者正常工作时间工资的工资报酬：

（一）安排劳动者延长工作时间的，支付不低于工资的百分之一百五十的工资报酬；

（二）休息日安排劳动者工作又不能安排补休的，支付不低于工资的百分之二百的工资报酬；

（三）法定休假日安排劳动者工作的，支付不低于工资的百分之三百的工资报酬。

第四十五条　国家实行带薪年休假制度。

劳动者连续工作一年以上的，享受带薪年休假。具体办法由国务院规定。

第五章　工资

第四十六条　工资分配应当遵循按劳分配原则，实行同工同酬。

工资水平在经济发展的基础上逐步提高。国家对工资总量实行宏观调控。

第四十七条　用人单位根据本单位的生产经营特点和经济效益，依法自主确定本单位的工资分配方式和工资水平。

第四十八条　国家实行最低工资保障制度。最低工资的具体标准由省、自治区、直辖市人民政府规定，报国务院备案。

用人单位支付劳动者的工资不得低于当地最低工资标准。

第四十九条　确定和调整最低工资标准应当综合参考下列因素：

（一）劳动者本人及平均赡养人口的最低生活费用；

（二）社会平均工资水平；

（三）劳动生产率；

（四）就业状况；

（五）地区之间经济发展水平的差异。

第五十条　工资应当以货币形式按月支付给劳动者本人。不得克扣或者无故拖欠劳动者的工资。

第五十一条　劳动者在法定休假日和婚丧假期间以及依法参加社会活动期间，用人单位应当依法支付工资。

第六章　劳动安全卫生

第五十二条　用人单位必须建立、健全劳动安全卫生制度，严格执行国家劳动安全卫生规程和标准，对劳动者进行劳动安全卫生教育，防止劳动过程中的事故，减少职业危害。

第五十三条　劳动安全卫生设施必须符合国家规定的标准。

新建、改建、扩建工程的劳动安全卫生设施必须与主体工程同时设计、同时施工、同时投入生产和使用。

第五十四条　用人单位必须为劳动者提供符合国家规定的劳动安全卫生条件和必要的劳动防护用品，对从事有职业危害作业的劳动者应当定期进行健康检查。

第五十五条　从事特种作业的劳动者必须经过专门培训并取得特种作业资格。

第五十六条　劳动者在劳动过程中必须严格遵守安全操作规程。

劳动者对用人单位管理人员违章指挥、强令冒险作业，有权拒绝执行；对危害生命安全和身体健康的行为，有权提出批评、检举和控告。

第五十七条　国家建立伤亡事故和职业病统计报告和处理制度。县级以上各级人民政府劳动行政部门、有关部门和用人单位应当依法对劳动者在劳动过程中发生的伤亡事故和劳动者的职业病状况，进行统计、报告和处理。

第七章　女职工和未成年工特殊保护

第五十八条　国家对女职工和未成年工实行特殊劳动保护。

未成年工是指年满十六周岁未满十八周岁的劳动者。

第五十九条　禁止安排女职工从事矿山井下、国家规定的第四级体力劳动强度的劳动和其他禁忌从事的劳动。

第六十条　不得安排女职工在经期从事高处、低温、冷水作业和国家规定的第三级体力劳动强度的劳动。

第六十一条　不得安排女职工在怀孕期间从事国家规定的第三级体力劳动强度的劳动和孕期禁忌从事的劳动。对怀孕七个月以上的女职工，不得安排其延长工作时间和夜班劳动。

第六十二条　女职工生育享受不少于九十天的产假。

第六十三条　不得安排女职工在哺乳未满一周岁的婴儿期间从事国家规定的第三级体力劳动强度的劳动和哺乳期禁忌从事的其他劳动，不得安排其延长工作时间和夜班劳动。

第六十四条　不得安排未成年工从事矿山井下、有毒有害、国家规定的第四级体力劳动强度的劳动和其他禁忌从事的劳动。

第六十五条　用人单位应当对未成年工定期进行健康检查。

第八章　职业培训

第六十六条　国家通过各种途径，采取各种措施，发展职业培训事业，开发劳动者的职业技能，提高劳动者素质，增强劳动者的就业能力和工作能力。

第六十七条　各级人民政府应当把发展职业培训纳入社会经济发展的规划，鼓励和支持有条件的企业、事业组织、社会团体和个人进行各种形式的职业培训。

第六十八条　用人单位应当建立职业培训制度，按照国家规定提取和使用职业培训经费，根据本单位实际，有计划地对劳动者进行职业培训。

从事技术工种的劳动者，上岗前必须经过培训。

第六十九条　国家确定职业分类，对规定的职业制定职业技能标准，实行职业资格证书制度，由经过政府批准的考核鉴定机构负责对劳动者实施职业技能考核鉴定。

第九章　社会保险和福利

第七十条　国家发展社会保险事业，建立社会保险制度，设立社会保险基金，使劳动者在年老、患病、工伤、失业、生育等情况下获得帮助和补偿。

第七十一条　社会保险水平应当与社会经济发展水平和社会承受能力相适应。

第七十二条　社会保险基金按照保险类型确定资金来源，逐步实行社会统筹。用人单位和劳动者必须依法参加社会保险，缴纳社会保险费。

第七十三条　劳动者在下列情形下，依法享受社会保险待遇：

（一）退休；

（二）患病、负伤；

（三）因工伤残或者患职业病；

（四）失业；

（五）生育。

劳动者死亡后，其遗属依法享受遗属津贴。

劳动者享受社会保险待遇的条件和标准由法律、法规规定。

劳动者享受的社会保险金必须按时足额支付。

第七十四条　社会保险基金经办机构依照法律规定收支、管理和运营社会保险基金，并负有使社会保险基金保值增值的责任。

社会保险基金监督机构依照法律规定，对社会保险基金的收支、管理和运营实施监督。

社会保险基金经办机构和社会保险基金监督机构的设立和职能由法律规定。

任何组织和个人不得挪用社会保险基金。

第七十五条　国家鼓励用人单位根据本单位实际情况为劳动者建立补充保险。

国家提倡劳动者个人进行储蓄性保险。

第七十六条 国家发展社会福利事业，兴建公共福利设施，为劳动者休息、休养和疗养提供条件。

用人单位应当创造条件，改善集体福利，提高劳动者的福利待遇。

第十章 劳动争议

第七十七条 用人单位与劳动者发生劳动争议，当事人可以依法申请调解、仲裁、提起诉讼，也可以协商解决。

调解原则适用于仲裁和诉讼程序。

第七十八条 解决劳动争议，应当根据合法、公正、及时处理的原则，依法维护劳动争议当事人的合法权益。

第七十九条 劳动争议发生后，当事人可以向本单位劳动争议调解委员会申请调解；调解不成，当事人一方要求仲裁的，可以向劳动争议仲裁委员会申请仲裁。当事人一方也可以直接向劳动争议仲裁委员会申请仲裁。对仲裁裁决不服的，可以向人民法院提起诉讼。

第八十条 在用人单位内，可以设立劳动争议调解委员会。劳动争议调解委员会由职工代表、用人单位代表和工会代表组成。劳动争议调解委员会主任由工会代表担任。

劳动争议经调解达成协议的，当事人应当履行。

第八十一条 劳动争议仲裁委员会由劳动行政部门代表、同级工会代表、用人单位方面的代表组成。劳动争议仲裁委员会主任由劳动行政部门代表担任。

第八十二条 提出仲裁要求的一方应当自劳动争议发生之日起六十日内向劳动争议仲裁委员会提出书面申请。仲裁裁决一般应在收到仲裁申请的六十日内作出。对仲裁裁决无异议的，当事人必须履行。

第八十三条 劳动争议当事人对仲裁裁决不服的，可以自收到仲裁裁决书之日起十五日内向人民法院提起诉讼。一方当事人在法定期限内不起诉又不履行仲裁裁决的，另一方当事人可以申请人民法院强制执行。

第八十四条 因签订集体合同发生争议，当事人协商解决不成的，当地人民政府劳动行政部门可以组织有关各方协调处理。

因履行集体合同发生争议，当事人协商解决不成的，可以向劳动争议仲裁委员会申请仲裁；对仲裁裁决不服的，可以自收到仲裁裁决书之日起十五日内向人民法院提起诉讼。

第十一章 监督检查

第八十五条 县级以上各级人民政府劳动行政部门依法对用人单位遵守劳动法律、法规的情况进行监督检查，对违反劳动法律、法规的行为有权制止，并责令改正。

第八十六条 县级以上各级人民政府劳动行政部门监督检查人员执行公务，有权进入用人单位了解执行劳动法律、法规的情况，查阅必要的资料，并对劳动场所进行检查。

县级以上各级人民政府劳动行政部门监督检查人员执行公务，必须出示证件，秉公执法并遵守有关规定。

第八十七条　县级以上各级人民政府有关部门在各自职责范围内，对用人单位遵守劳动法律、法规的情况进行监督。

第八十八条　各级工会依法维护劳动者的合法权益，对用人单位遵守劳动法律、法规的情况进行监督。

任何组织和个人对于违反劳动法律、法规的行为有权检举和控告。

第十二章　法律责任

第八十九条　用人单位制定的劳动规章制度违反法律、法规规定的，由劳动行政部门给予警告，责令改正；对劳动者造成损害的，应当承担赔偿责任。

第九十条　用人单位违反本法规定，延长劳动者工作时间的，由劳动行政部门给予警告，责令改正，并可以处以罚款。

第九十一条　用人单位有下列侵害劳动者合法权益情形之一的，由劳动行政部门责令支付劳动者的工资报酬、经济补偿，并可以责令支付赔偿金：

（一）克扣或者无故拖欠劳动者工资的；

（二）拒不支付劳动者延长工作时间工资报酬的；

（三）低于当地最低工资标准支付劳动者工资的；

（四）解除劳动合同后，未依照本法规定给予劳动者经济补偿的。

第九十二条　用人单位的劳动安全设施和劳动卫生条件不符合国家规定或者未向劳动者提供必要的劳动防护用品和劳动保护设施的，由劳动行政部门或者有关部门责令改正，可以处以罚款；情节严重的，提请县级以上人民政府决定责令停产整顿；对事故隐患不采取措施，致使发生重大事故，造成劳动者生命和财产损失的，对责任人员比照刑法第一百八十七条的规定追究刑事责任。

第九十三条　用人单位强令劳动者违章冒险作业，发生重大伤亡事故，造成严重后果的，对责任人员依法追究刑事责任。

第九十四条　用人单位非法招用未满十六周岁的未成年人的，由劳动行政部门责令改正，处以罚款；情节严重的，由工商行政管理部门吊销营业执照。

第九十五条　用人单位违反本法对女职工和未成年工的保护规定，侵害其合法权益的，由劳动行政部门责令改正，处以罚款；对女职工或者未成年工造成损害的，应当承担赔偿责任。

第九十六条　用人单位有下列行为之一，由公安机关对责任人员处以十五日以下拘留、罚款或者警告；构成犯罪的，对责任人员依法追究刑事责任：

（一）以暴力、威胁或者非法限制人身自由的手段强迫劳动的；

（二）侮辱、体罚、殴打、非法搜查和拘禁劳动者的。

第九十七条　由于用人单位的原因订立的无效合同，对劳动者造成损害的，应当承担赔偿责任。

第九十八条　用人单位违反本法规定的条件解除劳动合同或者故意拖延不订立劳动合同的，由劳动行政部门责令改正；对劳动者造成损害的，应当承担赔偿责任。

第九十九条　用人单位招用尚未解除劳动合同的劳动者，对原用人单位造成经济损失的，该用人单位应当依法承担连带赔偿责任。

第一百条　用人单位无故不缴纳社会保险费的，由劳动行政部门责令其限期缴纳，逾期不缴的，可以加收滞纳金。

第一百零一条　用人单位无理阻挠劳动行政部门、有关部门及其工作人员行使监督检查权，打击报复举报人员的，由劳动行政部门或者有关部门处以罚款；构成犯罪的，对责任人员依法追究刑事责任。

第一百零二条　劳动者违反本法规定的条件解除劳动合同或者违反劳动合同中约定的保密事项，对用人单位造成经济损失的，应当依法承担赔偿责任。

第一百零三条　劳动行政部门或者有关部门的工作人员滥用职权、玩忽职守、徇私舞弊，构成犯罪的，依法追究刑事责任；不构成犯罪的，给予行政处分。

第一百零四条　国家工作人员和社会保险基金经办机构的工作人员挪用社会保险基金，构成犯罪的，依法追究刑事责任。

第一百零五条　违反本法规定侵害劳动者合法权益，其他法律、法规已规定处罚的，依照该法律、行政法规的规定处罚。

第十三章　附则

第一百零六条　省、自治区、直辖市人民政府根据本法和本地区的实际情况，规定劳动合同制度的实施步骤，报国务院备案。

第一百零七条　本法自1995年1月1日起施行。

附录02：违反《中华人民共和国劳动法》行政处罚办法

违反《中华人民共和国劳动法》行政处罚办法

劳部发〔1994〕532号

第一条　为保证《劳动法》的贯彻实施，依法对违反《劳动法》行为进行处罚，根据《中华人民共和国劳动法》有关法律责任的规定，制定本办法。

第二条　县级以上各级人民政府劳动行政部门（以下简称劳动行政部门）依法对本行政区域内的企业、个体经济组织（以下简称用人单位）遵守劳动法律、法规的情况进行监督检查，对违反《劳动法》行为的行政处罚适用本办法。

第三条　用人单位制定的劳动规章制度违反法律、法规规定的，应给予警告，并责令限期改正；逾期不改的，应给予通报批评。

第四条　用人单位未与工会和劳动者协商，强迫劳动者延长工作时间的，应给予警告，责令改正，并可按每名劳动者每延长工作时间一小时罚款一百元以下的标准处罚。

第五条　用人单位每日延长劳动者工作时间超过三小时或每月延长工作时间超过三十六小时的，应给予警告，责令改正，并可按每名劳动者每超过工作时间一小时罚款一百元以下的标准处罚。

第六条　用人单位有下列侵害劳动者合法权益行为之一的，应责令支付劳动者的工资报酬、经济补偿，并可责令按相当于支付劳动者工资报酬、经济补偿总和的一至五倍支付劳动者赔偿金：

（一）克扣或者无故拖欠劳动者工资的；

（二）拒不支付劳动者延长工作时间工资报酬的；

（三）低于当地最低工资标准支付劳动者工资的；

（四）解除劳动合同后，未依照法律、法规规定给予劳动者经济补偿的。

责令用人单位支付劳动者经济补偿按有关规定执行。

第七条　用人单位劳动安全设施和劳动卫生条件不符合国家规定的，应责令限期改正；逾期不改的，可处以五万元以下罚款。

用人单位违反规定造成职工急性中毒事故，或伤亡事故的，应责令制定整改措施，并可按每中毒或重伤或死亡一名劳动者罚款一万元以下的标准处罚；情节严重的，提请同级人民政府决定停产整顿。

用人单位对发生的急性中毒或伤亡事故隐瞒、拖延不报或谎报的，以及故意破坏或伪造事故现场的，应责令改正，并可处以二万元以下罚款。

第八条　用人单位新建、改建、扩建和技术改造项目的劳动安全卫生设施未能与主体工程同时设计、同时施工、同时投入生产和使用，安全卫生设施不符合国家规定标准的，应责令改正，并可处以五万元以下罚款。

第九条　用人单位未向劳动者提供必要的劳动防护用品和劳动保护设施，或未对从事有职业危害作业的劳动者定期检查身体的，应责令改正，并可处以五千元以下罚款。

第十条　用人单位锅炉压力容器无使用证而运行的，或不进行定期检验的，应责令停止运行或查封设备，并可处以一万元以下罚款。用人单位锅炉压力容器有事故隐患的，应责令限期改正；对逾期不改的应责令停止运行，收回使用证件，并可处以一万元以下罚款。

用人单位压力管道，起重机械、电梯、客运架空索道、厂内机动车辆等特种设备未进行定期检验或安全认证的，应责令改正，并可处以一万元以下罚款。

第十一条　用人单位非法招用未满十六周岁的未成年人的，应责令改正，并按国家有关规定处以罚款。

第十二条　用人单位有下列侵害女职工和未成年工合法权益行为之一的，应责令改正，并按每侵害一名女职工或未成年工罚款三千元以下的标准处罚：

（一）安排女职工从事矿山井下、国家规定的第四级体力劳动强度的劳动和其他禁忌从事的劳动；

（二）安排女职工在经期从事高处、低温、冷水作业和国家规定的第三级以上劳动强度的劳动；

（三）安排女职工在哺乳未满一周岁的婴儿期间从事国家规定的第三级以上体力劳动强度的劳动和哺乳期禁忌从事的其他劳动及安排其延长工作时间和夜班劳动的；

（四）安排未成年工从事矿山井下、有毒有害、国家规定的第四级体力劳动强度的劳动和其他禁忌从事的劳动。

第十三条　用人单位安排女职工在怀孕期间从事国家规定的第三级以上体力劳动强度的劳动和孕期禁忌从事的劳动的，应责令改正，并按每侵害一名女职工罚款三千元以下的标准处罚。

用人单位安排怀孕七个月以上的女职工延长工作时间和从事夜班劳动的，应责令改正，并按每侵害一名女职工罚款三千元以下的标准处罚。

第十四条　用人单位违反女职工保护规定，女职工产假低于九十天的，应责令限期改正；逾期不改的，按每侵害一名女职工罚款三千元以下的标准处罚。

第十五条　用人单位未按规定对未成年工定期进行健康检查的，应责令限期改正；逾期不改的，按每侵害一名未成年工罚款三千元以下的标准处罚。

第十六条　用人单位未按《劳动法》规定的条件解除劳动合同或者故意拖延不订立劳动合同的，应责令限期改正；逾期不改的，应给予通报批评。

第十七条　用人单位无故不缴纳社会保险费的，应责令其限期缴纳；逾期不缴的，除责令其补交所欠款额外，可以按每日加收所欠款额千分之二的滞纳金。滞纳金收入并入社会保险基金。

第十八条　用人单位无理阻挠劳动行政部门及其劳动监察人员行使监督检查权，或者打击报复举报人员的，处以一万元以下罚款。

第十九条　对具有数种违反《劳动法》行为的，应分别决定处罚，合并执行；不能合并执行的可以从重处罚。

对数次（二次及以上）违反《劳动法》的，可以加重处罚。加重处罚可按原罚款标准的二至五倍计算罚款金额。

第二十条　对用人单位处以罚款，应使用财政部门统一制定的罚款票据。所处罚款，应依照财政管理的规定，及时、足额上缴财政。

第二十一条　用人单位对行政处罚决定不服的，可以依照《行政复议条例》和《行政诉讼法》的规定申请复议或起诉。复议或诉讼期间，不影响行政处罚决定的执行。

第二十二条　省、自治区、直辖市人民政府劳动行政部门可以依据本办法制定实施细则。

第二十三条　本办法自1995年1月1日起施行。

附录03：中华人民共和国就业促进法

中华人民共和国就业促进法

（2007年8月30日第十届全国人民代表大会常务委员会第二十九次会议通过）

目录

第一章　总则

第一条　为了促进就业，促进经济发展与扩大就业相协调，促进社会和谐稳定，制定本法。

第二条　国家把扩大就业放在经济社会发展的突出位置，实施积极的就业政策，坚持劳动者自主择业、市场调节就业、政府促进就业的方针，多渠道扩大就业。

第三条　劳动者依法享有平等就业和自主择业的权利。

劳动者就业，不因民族、种族、性别、宗教信仰等不同而受歧视。

第四条　县级以上人民政府把扩大就业作为经济和社会发展的重要目标，纳入国民经济和社会发展规划，并制定促进就业的中长期规划和年度工作计划。

第五条　县级以上人民政府通过发展经济和调整产业结构、规范人力资源市场、完善就业服务、加强职业教育和培训、提供就业援助等措施，创造就业条件，扩大就业。

第六条 国务院建立全国促进就业工作协调机制，研究就业工作中的重大问题，协调推动全国的促进就业工作。国务院劳动行政部门具体负责全国的促进就业工作。

省、自治区、直辖市人民政府根据促进就业工作的需要，建立促进就业工作协调机制，协调解决本行政区域就业工作中的重大问题。

县级以上人民政府有关部门按照各自的职责分工，共同做好促进就业工作。

第七条 国家倡导劳动者树立正确的择业观念，提高就业能力和创业能力；鼓励劳动者自主创业、自谋职业。

各级人民政府和有关部门应当简化程序，提高效率，为劳动者自主创业、自谋职业提供便利。

第八条 用人单位依法享有自主用人的权利。

用人单位应当依照本法以及其他法律、法规的规定，保障劳动者的合法权益。

第九条 工会、共产主义青年团、妇女联合会、残疾人联合会以及其他社会组织，协助人民政府开展促进就业工作，依法维护劳动者的劳动权利。

第十条 各级人民政府和有关部门对在促进就业工作中作出显著成绩的单位和个人，给予表彰和奖励。

第二章 政策支持

第十一条 县级以上人民政府应当把扩大就业作为重要职责，统筹协调产业政策与就业政策。

第十二条 国家鼓励各类企业在法律、法规规定的范围内，通过兴办产业或者拓展经营，增加就业岗位。

国家鼓励发展劳动密集型产业、服务业，扶持中小企业，多渠道、多方式增加就业岗位。

国家鼓励、支持、引导非公有制经济发展，扩大就业，增加就业岗位。

第十三条 国家发展国内外贸易和国际经济合作，拓宽就业渠道。

第十四条 县级以上人民政府在安排政府投资和确定重大建设项目时，应当发挥投资和重大建设项目带动就业的作用，增加就业岗位。

第十五条 国家实行有利于促进就业的财政政策，加大资金投入，改善就业环境，扩大就业。

县级以上人民政府应当根据就业状况和就业工作目标，在财政预算中安排就业专项资金用于促进就业工作。

就业专项资金用于职业介绍、职业培训、公益性岗位、职业技能鉴定、特定就业政策和社会保险等的补贴，小额贷款担保基金和微利项目的小额担保贷款贴息，以及扶持公共就业服务等。就业专项资金的使用管理办法由国务院财政部门和劳动行政部门规定。

第十六条 国家建立健全失业保险制度，依法确保失业人员的基本生活，并促进其实现就业。

第十七条　国家鼓励企业增加就业岗位，扶持失业人员和残疾人就业，对下列企业、人员依法给予税收优惠：

（一）吸纳符合国家规定条件的失业人员达到规定要求的企业；

（二）失业人员创办的中小企业；

（三）安置残疾人员达到规定比例或者集中使用残疾人的企业；

（四）从事个体经营的符合国家规定条件的失业人员；

（五）从事个体经营的残疾人；

（六）国务院规定给予税收优惠的其他企业、人员。

第十八条　对本法第十七条第四项、第五项规定的人员，有关部门应当在经营场地等方面给予照顾，免除行政事业性收费。

第十九条　国家实行有利于促进就业的金融政策，增加中小企业的融资渠道；鼓励金融机构改进金融服务，加大对中小企业的信贷支持，并对自主创业人员在一定期限内给予小额信贷等扶持。

第二十条　国家实行城乡统筹的就业政策，建立健全城乡劳动者平等就业的制度，引导农业富余劳动力有序转移就业。

县级以上地方人民政府推进小城镇建设和加快县域经济发展，引导农业富余劳动力就地就近转移就业；在制定小城镇规划时，将本地区农业富余劳动力转移就业作为重要内容。

县级以上地方人民政府引导农业富余劳动力有序向城市异地转移就业；劳动力输出地和输入地人民政府应当互相配合，改善农村劳动者进城就业的环境和条件。

第二十一条　国家支持区域经济发展，鼓励区域协作，统筹协调不同地区就业的均衡增长。

国家支持民族地区发展经济，扩大就业。

第二十二条　各级人民政府统筹做好城镇新增劳动力就业、农业富余劳动力转移就业和失业人员就业工作。

第二十三条　各级人民政府采取措施，逐步完善和实施与非全日制用工等灵活就业相适应的劳动和社会保险政策，为灵活就业人员提供帮助和服务。

第二十四条　地方各级人民政府和有关部门应当加强对失业人员从事个体经营的指导，提供政策咨询、就业培训和开业指导等服务。

第三章　公平就业

第二十五条　各级人民政府创造公平就业的环境，消除就业歧视，制定政策并采取措施对就业困难人员给予扶持和援助。

第二十六条用人单位招用人员、职业中介机构从事职业中介活动，应当向劳动者提供平等的就业机会和公平的就业条件，不得实施就业歧视。

第二十七条　国家保障妇女享有与男子平等的劳动权利。

用人单位招用人员，除国家规定的不适合妇女的工种或者岗位外，不得以性别为由拒绝录用妇女或者提高对妇女的录用标准。

用人单位录用女职工，不得在劳动合同中规定限制女职工结婚、生育的内容。

第二十八条　各民族劳动者享有平等的劳动权利。

用人单位招用人员，应当依法对少数民族劳动者给予适当照顾。

第二十九条　国家保障残疾人的劳动权利。

各级人民政府应当对残疾人就业统筹规划，为残疾人创造就业条件。

用人单位招用人员，不得歧视残疾人。

第三十条　用人单位招用人员，不得以是传染病病原携带者为由拒绝录用。但是，经医学鉴定传染病病原携带者在治愈前或者排除传染嫌疑前，不得从事法律、行政法规和国务院卫生行政部门规定禁止从事的易使传染病扩散的工作。

第三十一条　农村劳动者进城就业享有与城镇劳动者平等的劳动权利，不得对农村劳动者进城就业设置歧视性限制。

第四章　就业服务和管理

第三十二条　县级以上人民政府培育和完善统一开放、竞争有序的人力资源市场，为劳动者就业提供服务。

第三十三条　县级以上人民政府鼓励社会各方面依法开展就业服务活动，加强对公共就业服务和职业中介服务的指导和监督，逐步完善覆盖城乡的就业服务体系。

第三十四条　县级以上人民政府加强人力资源市场信息网络及相关设施建设，建立健全人力资源市场信息服务体系，完善市场信息发布制度。

第三十五条　县级以上人民政府建立健全公共就业服务体系，设立公共就业服务机构，为劳动者免费提供下列服务：

（一）就业政策法规咨询；

（二）职业供求信息、市场工资指导价位信息和职业培训信息发布；

（三）职业指导和职业介绍；

（四）对就业困难人员实施就业援助；

（五）办理就业登记、失业登记等事务；

（六）其他公共就业服务。

公共就业服务机构应当不断提高服务的质量和效率，不得从事经营性活动。

公共就业服务经费纳入同级财政预算。

第三十六条　县级以上地方人民政府对职业中介机构提供公益性就业服务的，按照规定给予补贴。

国家鼓励社会各界为公益性就业服务提供捐赠、资助。

第三十七条　地方各级人民政府和有关部门不得举办或者与他人联合举办经营性的职业中介机构。

地方各级人民政府和有关部门、公共就业服务机构举办的招聘会，不得向劳动者收取费用。

第三十八条　县级以上人民政府和有关部门加强对职业中介机构的管理，鼓励其提高服务质量，发挥其在促进就业中的作用。

第三十九条　从事职业中介活动，应当遵循合法、诚实信用、公平、公开的原则。

用人单位通过职业中介机构招用人员，应当如实向职业中介机构提供岗位需求信息。

禁止任何组织或者个人利用职业中介活动侵害劳动者的合法权益。

第四十条　设立职业中介机构应当具备下列条件：

（一）有明确的章程和管理制度；

（二）有开展业务必备的固定场所、办公设施和一定数额的开办资金；

（三）有一定数量具备相应职业资格的专职工作人员；

（四）法律、法规规定的其他条件。

设立职业中介机构，应当依法办理行政许可。经许可的职业中介机构，应当向工商行政部门办理登记。

未经依法许可和登记的机构，不得从事职业中介活动。

国家对外商投资职业中介机构和向劳动者提供境外就业服务的职业中介机构另有规定的，依照其规定。

第四十一条　职业中介机构不得有下列行为：

（一）提供虚假就业信息；

（二）为无合法证照的用人单位提供职业中介服务；

（三）伪造、涂改、转让职业中介许可证；

（四）扣押劳动者的居民身份证和其他证件，或者向劳动者收取押金；

（五）其他违反法律、法规规定的行为。

第四十二条　县级以上人民政府建立失业预警制度，对可能出现的较大规模的失业，实施预防、调节和控制。

第四十三条　国家建立劳动力调查统计制度和就业登记、失业登记制度，开展劳动力资源和就业、失业状况调查统计，并公布调查统计结果。

统计部门和劳动行政部门进行劳动力调查统计和就业、失业登记时，用人单位和个人应当如实提供调查统计和登记所需要的情况。

第五章 职业教育和培训

第四十四条 国家依法发展职业教育，鼓励开展职业培训，促进劳动者提高职业技能，增强就业能力和创业能力。

第四十五条 县级以上人民政府根据经济社会发展和市场需求，制定并实施职业能力开发计划。

第四十六条 县级以上人民政府加强统筹协调，鼓励和支持各类职业院校、职业技能培训机构和用人单位依法开展就业前培训、在职培训、再就业培训和创业培训；鼓励劳动者参加各种形式的培训。

第四十七条 县级以上地方人民政府和有关部门根据市场需求和产业发展方向，鼓励、指导企业加强职业教育和培训。

职业院校、职业技能培训机构与企业应当密切联系，实行产教结合，为经济建设服务，培养实用人才和熟练劳动者。

企业应当按照国家有关规定提取职工教育经费，对劳动者进行职业技能培训和继续教育培训。

第四十八条 国家采取措施建立健全劳动预备制度，县级以上地方人民政府对有就业要求的初高中毕业生实行一定期限的职业教育和培训，使其取得相应的职业资格或者掌握一定的职业技能。

第四十九条 地方各级人民政府鼓励和支持开展就业培训，帮助失业人员提高职业技能，增强其就业能力和创业能力。失业人员参加就业培训的，按照有关规定享受政府培训补贴。

第五十条 地方各级人民政府采取有效措施，组织和引导进城就业的农村劳动者参加技能培训，鼓励各类培训机构为进城就业的农村劳动者提供技能培训，增强其就业能力和创业能力。

第五十一条 国家对从事涉及公共安全、人身健康、生命财产安全等特殊工种的劳动者，实行职业资格证书制度，具体办法由国务院规定。

第六章 就业援助

第五十二条 各级人民政府建立健全就业援助制度，采取税费减免、贷款贴息、社会保险补贴、岗位补贴等办法，通过公益性岗位安置等途径，对就业困难人员实行优先扶持和重点帮助。

就业困难人员是指因身体状况、技能水平、家庭因素、失去土地等原因难以实现就业，以及连续失业一定时间仍未能实现就业的人员。就业困难人员的具体范围，由省、自治区、直辖市人民政府根据本行政区域的实际情况规定。

第五十三条 政府投资开发的公益性岗位，应当优先安排符合岗位要求的就业困难人员。被安排在公益性岗位工作的，按照国家规定给予岗位补贴。

第五十四条　地方各级人民政府加强基层就业援助服务工作，对就业困难人员实施重点帮助，提供有针对性的就业服务和公益性岗位援助。

地方各级人民政府鼓励和支持社会各方面为就业困难人员提供技能培训、岗位信息等服务。

第五十五条　各级人民政府采取特别扶助措施，促进残疾人就业。

用人单位应当按照国家规定安排残疾人就业，具体办法由国务院规定。

第五十六条　县级以上地方人民政府采取多种就业形式，拓宽公益性岗位范围，开发就业岗位，确保城市有就业需求的家庭至少有一人实现就业。

法定劳动年龄内的家庭人员均处于失业状况的城市居民家庭，可以向住所地街道、社区公共就业服务机构申请就业援助。街道、社区公共就业服务机构经确认属实的，应当为该家庭中至少一人提供适当的就业岗位。

第五十七条　国家鼓励资源开采型城市和独立工矿区发展与市场需求相适应的产业，引导劳动者转移就业。

对因资源枯竭或者经济结构调整等原因造成就业困难人员集中的地区，上级人民政府应当给予必要的扶持和帮助。

第七章　监督检查

第五十八条　各级人民政府和有关部门应当建立促进就业的目标责任制度。县级以上人民政府按照促进就业目标责任制的要求，对所属的有关部门和下一级人民政府进行考核和监督。

第五十九条　审计机关、财政部门应当依法对就业专项资金的管理和使用情况进行监督检查。

第六十条　劳动行政部门应当对本法实施情况进行监督检查，建立举报制度，受理对违反本法行为的举报，并及时予以核实处理。

第八章　法律责任

第六十一条　违反本法规定，劳动行政等有关部门及其工作人员滥用职权、玩忽职守、徇私舞弊的，对直接负责的主管人员和其他直接责任人员依法给予处分。

第六十二条　违反本法规定，实施就业歧视的，劳动者可以向人民法院提起诉讼。

第六十三条　违反本法规定，地方各级人民政府和有关部门、公共就业服务机构举办经营性的职业中介机构，从事经营性职业中介活动，向劳动者收取费用的，由上级主管机关责令限期改正，将违法收取的费用退还劳动者，并对直接负责的主管人员和其他直接责任人员依法给予处分。

第六十四条　违反本法规定，未经许可和登记，擅自从事职业中介活动的，由劳动行政部门或者其他主管部门依法予以关闭；有违法所得的，没收违法所得，并处一万元以上五万元以下的罚款。

第六十五条 违反本法规定，职业中介机构提供虚假就业信息，为无合法证照的用人单位提供职业中介服务，伪造、涂改、转让职业中介许可证的，由劳动行政部门或者其他主管部门责令改正；有违法所得的，没收违法所得，并处一万元以上五万元以下的罚款；情节严重的，吊销职业中介许可证。

第六十六条 违反本法规定，职业中介机构扣押劳动者居民身份证等证件的，由劳动行政部门责令限期退还劳动者，并依照有关法律规定给予处罚。

违反本法规定，职业中介机构向劳动者收取押金的，由劳动行政部门责令限期退还劳动者，并以每人五百元以上二千元以下的标准处以罚款。

第六十七条 违反本法规定，企业未按照国家规定提取职工教育经费，或者挪用职工教育经费的，由劳动行政部门责令改正，并依法给予处罚。

第六十八条 违反本法规定，侵害劳动者合法权益，造成财产损失或者其他损害的，依法承担民事责任；构成犯罪的，依法追究刑事责任。

第九章 附则

第六十九条 本法自2008年1月1日起施行。

附录04：事业单位人事管理条例

事业单位人事管理条例

中华人民共和国国务院令第652号

《事业单位人事管理条例》已经2014年2月26日国务院第40次常务会议通过，现予公布，自2014年7月1日起施行。

总理 李克强

2014年4月25日

第一章 总则

第一条 为了规范事业单位的人事管理，保障事业单位工作人员的合法权益，建设高素质的事业单位工作人员队伍，促进公共服务发展，制定本条例。

第二条 事业单位人事管理，坚持党管干部、党管人才原则，全面准确贯彻民主、公开、竞争、择优方针。

国家对事业单位工作人员实行分级分类管理。

第三条 中央事业单位人事综合管理部门负责全国事业单位人事综合管理工作。

县级以上地方各级事业单位人事综合管理部门负责本辖区事业单位人事综合管理工作。

事业单位主管部门具体负责所属事业单位人事管理工作。

第四条　事业单位应当建立健全人事管理制度。

事业单位制定或者修改人事管理制度，应当通过职工代表大会或者其他形式听取工作人员意见。

第二章　岗位设置

第五条　国家建立事业单位岗位管理制度，明确岗位类别和等级。

第六条　事业单位根据职责任务和工作需要，按照国家有关规定设置岗位。

岗位应当具有明确的名称、职责任务、工作标准和任职条件。

第七条　事业单位拟订岗位设置方案，应当报人事综合管理部门备案。

第三章　公开招聘和竞聘上岗

第八条　事业单位新聘用工作人员，应当面向社会公开招聘。但是，国家政策性安置、按照人事管理权限由上级任命、涉密岗位等人员除外。

第九条　事业单位公开招聘工作人员按照下列程序进行：

（一）制定公开招聘方案；

（二）公布招聘岗位、资格条件等招聘信息；

（三）审查应聘人员资格条件；

（四）考试、考察；

（五）体检；

（六）公示拟聘人员名单；

（七）订立聘用合同，办理聘用手续。

第十条　事业单位内部产生岗位人选，需要竞聘上岗的，按照下列程序进行：

（一）制定竞聘上岗方案；

（二）在本单位公布竞聘岗位、资格条件、聘期等信息；

（三）审查竞聘人员资格条件；

（四）考评；

（五）在本单位公示拟聘人员名单；

（六）办理聘任手续。

第十一条　事业单位工作人员可以按照国家有关规定进行交流。

第四章　聘用合同

第十二条　事业单位与工作人员订立的聘用合同，期限一般不低于3年。

第十三条　初次就业的工作人员与事业单位订立的聘用合同期限3年以上的，试用期为12个月。

第十四条　事业单位工作人员在本单位连续工作满10年且距法定退休年龄不足10年，提出订立聘用至退休的合同的，事业单位应当与其订立聘用至退休的合同。

第十五条　事业单位工作人员连续旷工超过15个工作日，或者1年内累计旷工超过30个工作日的，事业单位可以解除聘用合同。

第十六条　事业单位工作人员年度考核不合格且不同意调整工作岗位，或者连续两年年度考核不合格的，事业单位提前30日书面通知，可以解除聘用合同。

第十七条　事业单位工作人员提前30日书面通知事业单位，可以解除聘用合同。但是，双方对解除聘用合同另有约定的除外。

第十八条　事业单位工作人员受到开除处分的，解除聘用合同。

第十九条　自聘用合同依法解除、终止之日起，事业单位与被解除、终止聘用合同人员的人事关系终止。

第五章　考核和培训

第二十条　事业单位应当根据聘用合同规定的岗位职责任务，全面考核工作人员的表现，重点考核工作绩效。考核应当听取服务对象的意见和评价。

第二十一条　考核分为平时考核、年度考核和聘期考核。

年度考核的结果可以分为优秀、合格、基本合格和不合格等档次，聘期考核的结果可以分为合格和不合格等档次。

第二十二条　考核结果作为调整事业单位工作人员岗位、工资以及续订聘用合同的依据。

第二十三条　事业单位应当根据不同岗位的要求，编制工作人员培训计划，对工作人员进行分级分类培训。

工作人员应当按照所在单位的要求，参加岗前培训、在岗培训、转岗培训和为完成特定任务的专项培训。

第二十四条　培训经费按照国家有关规定列支。

第六章　奖励和处分

第二十五条　事业单位工作人员或者集体有下列情形之一的，给予奖励：

（一）长期服务基层，爱岗敬业，表现突出的；

（二）在执行国家重要任务、应对重大突发事件中表现突出的；

（三）在工作中有重大发明创造、技术革新的；

（四）在培养人才、传播先进文化中作出突出贡献的；

（五）有其他突出贡献的。

第二十六条　奖励坚持精神奖励与物质奖励相结合、以精神奖励为主的原则。

第二十七条　奖励分为嘉奖、记功、记大功、授予荣誉称号。

第二十八条　事业单位工作人员有下列行为之一的，给予处分：

（一）损害国家声誉和利益的；

（二）失职渎职的；

（三）利用工作之便谋取不正当利益的；

（四）挥霍、浪费国家资财的；

（五）严重违反职业道德、社会公德的；

（六）其他严重违反纪律的。

第二十九条　处分分为警告、记过、降低岗位等级或者撤职、开除。

受处分的期间为：警告，6个月；记过，12个月；降低岗位等级或者撤职，24个月。

第三十条　给予工作人员处分，应当事实清楚、证据确凿、定性准确、处理恰当、程序合法、手续完备。

第三十一条　工作人员受开除以外的处分，在受处分期间没有再发生违纪行为的，处分期满后，由处分决定单位解除处分并以书面形式通知本人。

第七章　工资福利和社会保险

第三十二条　国家建立激励与约束相结合的事业单位工资制度。

事业单位工作人员工资包括基本工资、绩效工资和津贴补贴。

事业单位工资分配应当结合不同行业事业单位特点，体现岗位职责、工作业绩、实际贡献等因素。

第三十三条　国家建立事业单位工作人员工资的正常增长机制。

事业单位工作人员的工资水平应当与国民经济发展相协调、与社会进步相适应。

第三十四条　事业单位工作人员享受国家规定的福利待遇。

事业单位执行国家规定的工时制度和休假制度。

第三十五条　事业单位及其工作人员依法参加社会保险，工作人员依法享受社会保险待遇。

第三十六条　事业单位工作人员符合国家规定退休条件的，应当退休。

第八章　人事争议处理

第三十七条　事业单位工作人员与所在单位发生人事争议的，依照《中华人民共和国劳动争议调解仲裁法》等有关规定处理。

第三十八条　事业单位工作人员对涉及本人的考核结果、处分决定等不服的，可以按照国家有关规定申请复核、提出申诉。

第三十九条　负有事业单位聘用、考核、奖励、处分、人事争议处理等职责的人员履行职责，有下列情形之一的，应当回避：

（一）与本人有利害关系的；

（二）与本人近亲属有利害关系的；

（三）其他可能影响公正履行职责的。

第四十条　对事业单位人事管理工作中的违法违纪行为，任何单位或者个人可以向事业单位人事综合管理部门、主管部门或者监察机关投诉、举报，有关部门和机关应当及时调查处理。

第九章　法律责任

第四十一条　事业单位违反本条例规定的，由县级以上事业单位人事综合管理部门或者主管部门责令限期改正；逾期不改正的，对直接负责的主管人员和其他直接责任人员依法给予处分。

第四十二条　对事业单位工作人员的人事处理违反本条例规定给当事人造成名誉损害的，应当赔礼道歉、恢复名誉、消除影响；造成经济损失的，依法给予赔偿。

第四十三条　事业单位人事综合管理部门和主管部门的工作人员在事业单位人事管理工作中滥用职权、玩忽职守、徇私舞弊的，依法给予处分；构成犯罪的，依法追究刑事责任。

第十章　附则

第四十四条　本条例自2014年7月1日起施行。

附录05：就业服务与就业管理规定

就业服务与就业管理规定

（2007年11月5日劳动保障部令第28号公布　根据2014年12月23日《人力资源社会保障部关于修改<就业服务与就业管理规定>的决定》第一次修订　根据2015年4月30日《人力资源社会保障部关于修改部分规章的决定》第二次修订）

第一章　总则

第一条　为了加强就业服务和就业管理，培育和完善统一开放、竞争有序的人力资源市场，为劳动者就业和用人单位招用人员提供服务，根据就业促进法等法律、行政法规，制定本规定。

第二条　劳动者求职与就业，用人单位招用人员，劳动保障行政部门举办的公共就业服务机构和经劳动保障行政部门审批的职业中介机构从事就业服务活动，适用本规定。

本规定所称用人单位，是指在中华人民共和国境内的企业、个体经济组织、民办非企业单位等组织，以及招用与之建立劳动关系的劳动者的国家机关、事业单位、社会团体。

第三条　县级以上劳动保障行政部门依法开展本行政区域内的就业服务和就业管理工作。

第二章　求职与就业

第四条　劳动者依法享有平等就业的权利。劳动者就业，不因民族、种族、性别、宗教信仰等不同而受歧视。

第五条　农村劳动者进城就业享有与城镇劳动者平等的就业权利，不得对农村劳动者进城就业设置歧视性限制。

第六条　劳动者依法享有自主择业的权利。劳动者年满16周岁，有劳动能力且有就业愿望的，可凭本人身份证件，通过公共就业服务机构、职业中介机构介绍或直接联系用人单位等渠道求职。

第七条　劳动者求职时，应当如实向公共就业服务机构或职业中介机构、用人单位提供个人基本情况以及与应聘岗位直接相关的知识技能、工作经历、就业现状等情况，并出示相关证明。

第八条　劳动者应当树立正确的择业观念，提高就业能力和创业能力。

国家鼓励劳动者在就业前接受必要的职业教育或职业培训，鼓励城镇初高中毕业生在就业前参加劳动预备制培训。

国家鼓励劳动者自主创业、自谋职业。各级劳动保障行政部门应当会同有关部门，简化程序，提高效率，为劳动者自主创业、自谋职业提供便利和相应服务。

第三章　招用人员

第九条　用人单位依法享有自主用人的权利。用人单位招用人员，应当向劳动者提供平等的就业机会和公平的就业条件。

第十条　用人单位可以通过下列途径自主招用人员：

（一）委托公共就业服务机构或职业中介机构；

（二）参加职业招聘洽谈会；

（三）委托报纸、广播、电视、互联网站等大众传播媒介发布招聘信息；

（四）利用本企业场所、企业网站等自有途径发布招聘信息；

（五）其他合法途径。

第十一条　用人单位委托公共就业服务机构或职业中介机构招用人员，或者参加招聘洽谈会时，应当提供招用人员简章，并出示营业执照（副本）或者有关部门批准其设立的文件、经办人的身份证件和受用人单位委托的证明。

招用人员简章应当包括用人单位基本情况、招用人数、工作内容、招录条件、劳动报酬、福利待遇、社会保险等内容，以及法律、法规规定的其他内容。

第十二条　用人单位招用人员时，应当依法如实告知劳动者有关工作内容、工作条件、工作地点、职业危害、安全生产状况、劳动报酬以及劳动者要求了解的其他情况。

用人单位应当根据劳动者的要求，及时向其反馈是否录用的情况。

第十三条　用人单位应当对劳动者的个人资料予以保密。公开劳动者的个人资料信息和使用劳动者的技术、智力成果，须经劳动者本人书面同意。

第十四条　用人单位招用人员不得有下列行为：

（一）提供虚假招聘信息，发布虚假招聘广告；

（二）扣押被录用人员的居民身份证和其他证件；

（三）以担保或者其他名义向劳动者收取财物；

（四）招用未满16周岁的未成年人以及国家法律、行政法规规定不得招用的其他人员；

（五）招用无合法身份证件的人员；

（六）以招用人员为名牟取不正当利益或进行其他违法活动。

第十五条　用人单位不得以诋毁其他用人单位信誉、商业贿赂等不正当手段招聘人员。

第十六条　用人单位在招用人员时，除国家规定的不适合妇女从事的工种或者岗位外，不得以性别为由拒绝录用妇女或者提高对妇女的录用标准。

用人单位录用女职工，不得在劳动合同中规定限制女职工结婚、生育的内容。

第十七条　用人单位招用人员，应当依法对少数民族劳动者给予适当照顾。

第十八条　用人单位招用人员，不得歧视残疾人。

第十九条　用人单位招用人员，不得以是传染病病原携带者为由拒绝录用。但是，经医学鉴定传染病病原携带者在治愈前或者排除传染嫌疑前，不得从事法律、行政法规和国务院卫生行政部门规定禁止从事的易使传染病扩散的工作。

用人单位招用人员，除国家法律、行政法规和国务院卫生行政部门规定禁止乙肝病原携带者从事的工作外，不得强行将乙肝病毒血清学指标作为体检标准。

第二十条　用人单位发布的招用人员简章或招聘广告，不得包含歧视性内容。

第二十一条　用人单位招用从事涉及公共安全、人身健康、生命财产安全等特殊工种的劳动者，应当依法招用持相应工种职业资格证书的人员；招用未持相应工种职业资格证书人员的，须组织其在上岗前参加专门培训，使其取得职业资格证书后方可上岗。

第二十二条　用人单位招用台港澳人员后，应当按有关规定到当地劳动保障行政部门备案，并为其办理《台港澳人员就业证》。

第二十三条　用人单位招用外国人，应当在外国人入境前，按有关规定到当地劳动保障行政部门为其申请就业许可，经批准并获得《中华人民共和国外国人就业许可证书》后方可招用。

用人单位招用外国人的岗位必须是有特殊技能要求、国内暂无适当人选的岗位，并且不违反国家有关规定。

第四章 公共就业服务

第二十四条 县级以上劳动保障行政部门统筹管理本行政区域内的公共就业服务工作，根据政府制定的发展计划，建立健全覆盖城乡的公共就业服务体系。

公共就业服务机构根据政府确定的就业工作目标任务，制定就业服务计划，推动落实就业扶持政策，组织实施就业服务项目，为劳动者和用人单位提供就业服务，开展人力资源市场调查分析，并受劳动保障行政部门委托经办促进就业的相关事务。

第二十五条 公共就业服务机构应当免费为劳动者提供以下服务：

（一）就业政策法规咨询；

（二）职业供求信息、市场工资指导价位信息和职业培训信息发布；

（三）职业指导和职业介绍；

（四）对就业困难人员实施就业援助；

（五）办理就业登记、失业登记等事务；

（六）其他公共就业服务。

第二十六条 公共就业服务机构应当积极拓展服务功能，根据用人单位需求提供以下服务：

（一）招聘用人指导服务；

（二）代理招聘服务；

（三）跨地区人员招聘服务；

（四）企业人力资源管理咨询等专业性服务；

（五）劳动保障事务代理服务；

（六）为满足用人单位需求开发的其他就业服务项目。

第二十七条 公共就业服务机构应当加强职业指导工作，配备专（兼）职职业指导工作人员，向劳动者和用人单位提供职业指导服务。

公共就业服务机构应当为职业指导工作提供相应的设施和条件，推动职业指导工作的开展，加强对职业指导工作的宣传。

第二十八条 职业指导工作包括以下内容：

（一）向劳动者和用人单位提供国家有关劳动保障的法律法规和政策、人力资源市场状况咨询；

（二）帮助劳动者了解职业状况，掌握求职方法，确定择业方向，增强择业能力；

（三）向劳动者提出培训建议，为其提供职业培训相关信息；

（四）开展对劳动者个人职业素质和特点的测试，并对其职业能力进行评价；

（五）对妇女、残疾人、少数民族人员及退出现役的军人等就业群体提供专门的职业指导服务；

（六）对大中专学校、职业院校、技工学校学生的职业指导工作提供咨询和服务；

（七）对准备从事个体劳动或开办私营企业的劳动者提供创业咨询服务；

（八）为用人单位提供选择招聘方法、确定用人条件和标准等方面的招聘用人指导；

（九）为职业培训机构确立培训方向和专业设置等提供咨询参考。

第二十九条 公共就业服务机构在劳动保障行政部门的指导下，组织实施劳动力资源调查和就业、失业状况统计工作。

第三十条 公共就业服务机构应当针对特定就业群体的不同需求，制定并组织实施专项计划。

公共就业服务机构应当根据服务对象的特点，在一定时期内为不同类型的劳动者、就业困难对象或用人单位集中组织活动，开展专项服务。

公共就业服务机构受劳动保障行政部门委托，可以组织开展促进就业的专项工作。

第三十一条 县级以上公共就业服务机构建立综合性服务场所，集中为劳动者和用人单位提供一站式就业服务，并承担劳动保障行政部门安排的其他工作。

街道、乡镇、社区公共就业服务机构建立基层服务窗口，开展以就业援助为重点的公共就业服务，实施劳动力资源调查统计，并承担上级劳动保障行政部门安排的其他就业服务工作。

公共就业服务机构使用全国统一标识。

第三十二条 公共就业服务机构应当不断提高服务的质量和效率。

公共就业服务机构应当加强内部管理，完善服务功能，统一服务流程，按照国家制定的服务规范和标准，为劳动者和用人单位提供优质高效的就业服务。

公共就业服务机构应当加强工作人员的政策、业务和服务技能培训，组织职业指导人员、职业信息分析人员、劳动保障协理员等专业人员参加相应职业资格培训。

公共就业服务机构应当公开服务制度，主动接受社会监督。

第三十三条 县级以上劳动保障行政部门和公共就业服务机构应当按照劳动保障信息化建设的统一规划、标准和规范，建立完善人力资源市场信息网络及相关设施。

公共就业服务机构应当逐步实行信息化管理与服务，在城市内实现就业服务、失业保险、就业培训信息共享和公共就业服务全程信息化管理，并逐步实现与劳动工资信息、社会保险信息的互联互通和信息共享。

第三十四条 公共就业服务机构应当建立健全人力资源市场信息服务体系，完善职业供求信息、市场工资指导价位信息、职业培训信息、人力资源市场分析信息的发布制度，为劳动者求职择业、用人单位招用人员以及培训机构开展培训提供支持。

第三十五条 县级以上劳动保障行政部门应当按照信息化建设统一要求，逐步实现全国人力资源市场信息联网。其中，城市应当按照劳动保障数据中心建设的要求，实现网络和数据资源的集中和共享；省、自治区应当建立人力资源市场信息网省级监测中心，对辖区内人力资源市场信息进行监测；劳动保障部设立人力资源市场信息网全国监测中心，对全国人力资源市场信息进行监测和分析。

第三十六条　县级以上劳动保障行政部门应当对公共就业服务机构加强管理，定期对其完成各项任务情况进行绩效考核。

第三十七条　公共就业服务经费纳入同级财政预算。各级劳动保障行政部门和公共就业服务机构应当根据财政预算编制的规定，依法编制公共就业服务年度预算，报经同级财政部门审批后执行。

公共就业服务机构可以按照就业专项资金管理相关规定，依法申请公共就业服务专项扶持经费。

公共就业服务机构接受社会各界提供的捐赠和资助，按照国家有关法律法规管理和使用。

公共就业服务机构为用人单位提供的服务，应当规范管理，严格控制服务收费。确需收费的，具体项目由省级劳动保障行政部门会同相关部门规定。

第三十八条　公共就业服务机构不得从事经营性活动。

公共就业服务机构举办的招聘会，不得向劳动者收取费用。

第三十九条　各级残疾人联合会所属的残疾人就业服务机构是公共就业服务机构的组成部分，负责为残疾劳动者提供相关就业服务，并经劳动保障行政部门委托，承担残疾劳动者的就业登记、失业登记工作。

第五章　就业援助

第四十条　公共就业服务机构应当制定专门的就业援助计划，对就业援助对象实施优先扶持和重点帮助。

本规定所称就业援助对象包括就业困难人员和零就业家庭。就业困难对象是指因身体状况、技能水平、家庭因素、失去土地等原因难以实现就业，以及连续失业一定时间仍未能实现就业的人员。零就业家庭是指法定劳动年龄内的家庭人员均处于失业状况的城市居民家庭。

对援助对象的认定办法，由省级劳动保障行政部门依据当地人民政府规定的就业援助对象范围制定。

第四十一条　就业困难人员和零就业家庭可以向所在地街道、社区公共就业服务机构申请就业援助。经街道、社区公共就业服务机构确认属实的，纳入就业援助范围。

第四十二条　公共就业服务机构应当建立就业困难人员帮扶制度，通过落实各项就业扶持政策、提供就业岗位信息、组织技能培训等有针对性的就业服务和公益性岗位援助，对就业困难人员实施优先扶持和重点帮助。

在公益性岗位上安置的就业困难人员，按照国家规定给予岗位补贴。

第四十三条　公共就业服务机构应当建立零就业家庭即时岗位援助制度，通过拓宽公益性岗位范围，开发各类就业岗位等措施，及时向零就业家庭中的失业人员提供适当的就业岗位，确保零就业家庭至少有一人实现就业。

第四十四条　街道、社区公共就业服务机构应当对辖区内就业援助对象进行登记，建立专门台账，实行就业援助对象动态管理和援助责任制度，提供及时、有效的就业援助。

第六章　职业中介服务

第四十五条　县级以上劳动保障行政部门应当加强对职业中介机构的管理，鼓励其提高服务质量，发挥其在促进就业中的作用。

本规定所称职业中介机构，是指由法人、其他组织和公民个人举办，为用人单位招用人员和劳动者求职提供中介服务以及其他相关服务的经营性组织。

政府部门不得举办或者与他人联合举办经营性的职业中介机构。

第四十六条　从事职业中介活动，应当遵循合法、诚实信用、公平、公开的原则。

禁止任何组织或者个人利用职业中介活动侵害劳动者和用人单位的合法权益。

第四十七条　职业中介实行行政许可制度。设立职业中介机构或其他机构开展职业中介活动，须经劳动保障行政部门批准，并获得职业中介许可证。

未经依法许可和登记的机构，不得从事职业中介活动。

职业中介许可证由劳动保障部统一印制并免费发放。

第四十八条　设立职业中介机构应当具备下列条件：

（一）有明确的机构章程和管理制度；

（二）有开展业务必备的固定场所、办公设施和一定数额的开办资金；

（三）有一定数量具备相应职业资格的专职工作人员；

（四）法律、法规规定的其他条件。

第四十九条　设立职业中介机构，应当向当地县级以上劳动保障行政部门提出申请，提交下列文件：

（一）设立申请书；

（二）机构章程和管理制度草案；

（三）场所使用权证明；

（四）拟任负责人的基本情况、身份证明；

（五）具备相应职业资格的专职工作人员的相关证明；

（六）工商营业执照（副本）；

（七）法律、法规规定的其他文件。

第五十条　劳动保障行政部门接到设立职业中介机构的申请后，应当自受理申请之日起20日内审理完毕。对符合条件的，应当予以批准；不予批准的，应当说明理由。

劳动保障行政部门对经批准设立的职业中介机构实行年度审验。

职业中介机构的具体设立条件、审批和年度审验程序，由省级劳动保障行政部门统一规定。

第五十一条　职业中介机构变更名称、住所、法定代表人等或者终止的，应当按照设立许可程序办理变更或者注销登记手续。

设立分支机构的，应当在征得原审批机关的书面同意后，由拟设立分支机构所在地县级以上劳动保障行政部门审批。

第五十二条　职业中介机构可以从事下列业务：

（一）为劳动者介绍用人单位；

（二）为用人单位和居民家庭推荐劳动者；

（三）开展职业指导、人力资源管理咨询服务；

（四）收集和发布职业供求信息；

（五）根据国家有关规定从事互联网职业信息服务；

（六）组织职业招聘洽谈会；

（七）经劳动保障行政部门核准的其他服务项目。

第五十三条　职业中介机构应当在服务场所明示营业执照、职业中介许可证、服务项目、收费标准、监督机关名称和监督电话等，并接受劳动保障行政部门及其他有关部门的监督检查。

第五十四条　职业中介机构应当建立服务台账，记录服务对象、服务过程、服务结果和收费情况等，并接受劳动保障行政部门的监督检查。

第五十五条　职业中介机构提供职业中介服务不成功的，应当退还向劳动者收取的中介服务费。

第五十六条　职业中介机构租用场地举办大规模职业招聘洽谈会，应当制定相应的组织实施办法和安全保卫工作方案，并向批准其设立的机关报告。

职业中介机构应当对入场招聘用人单位的主体资格真实性和招用人员简章真实性进行核实。

第五十七条　职业中介机构为特定对象提供公益性就业服务的，可以按照规定给予补贴。可以给予补贴的公益性就业服务的范围、对象、服务效果和补贴办法，由省级劳动保障行政部门会同有关部门制定。

第五十八条　禁止职业中介机构有下列行为：

（一）提供虚假就业信息；

（二）发布的就业信息中包含歧视性内容；

（三）伪造、涂改、转让职业中介许可证；

（四）为无合法证照的用人单位提供职业中介服务；

（五）介绍未满16周岁的未成年人就业；

（六）为无合法身份证件的劳动者提供职业中介服务；

（七）介绍劳动者从事法律、法规禁止从事的职业；

（八）扣押劳动者的居民身份证和其他证件，或者向劳动者收取押金；

（九）以暴力、胁迫、欺诈等方式进行职业中介活动；

（十）超出核准的业务范围经营；

（十一）其他违反法律、法规规定的行为。

第五十九条　县级以上劳动保障行政部门应当依法对经审批设立的职业中介机构开展职业中介活动进行监督指导，定期组织对其服务信用和服务质量进行评估，并将评估结果向社会公布。

县级以上劳动保障行政部门应当指导职业中介机构开展工作人员培训，提高服务质量。

县级以上劳动保障行政部门对在诚信服务、优质服务和公益性服务等方面表现突出的职业中介机构和个人，报经同级人民政府批准后，给予表彰和奖励。

第六十条　设立外商投资职业中介机构以及职业中介机构从事境外就业中介服务的，按照有关规定执行。

第七章　就业与失业管理

第六十一条　劳动保障行政部门应当建立健全就业登记制度和失业登记制度，完善就业管理和失业管理。

公共就业服务机构负责就业登记与失业登记工作，建立专门台账，及时、准确地记录劳动者就业与失业变动情况，并做好相应统计工作。

就业登记和失业登记在各省、自治区、直辖市范围内实行统一的就业失业登记证（以下简称登记证），向劳动者免费发放，并注明可享受的相应扶持政策。

就业登记、失业登记的具体程序和登记证的样式，由省级劳动保障行政部门规定。

第六十二条　劳动者被用人单位招用的，由用人单位为劳动者办理就业登记。用人单位招用劳动者和与劳动者终止或者解除劳动关系，应当到当地公共就业服务机构备案，为劳动者办理就业登记手续。用人单位招用人员后，应当于录用之日起30日内办理登记手续；用人单位与职工终止或者解除劳动关系后，应当于15日内办理登记手续。

劳动者从事个体经营或灵活就业的，由本人在街道、乡镇公共就业服务机构办理就业登记。

就业登记的内容主要包括劳动者个人信息、就业类型、就业时间、就业单位以及订立、终止或者解除劳动合同情况等。就业登记的具体内容和所需材料由省级劳动保障行政部门规定。

公共就业服务机构应当对用人单位办理就业登记及相关手续设立专门服务窗口，简化程序，方便用人单位办理。

第六十三条　在法定劳动年龄内，有劳动能力，有就业要求，处于无业状态的城镇常住人员，可以到常住地的公共就业服务机构进行失业登记。

第六十四条　劳动者进行失业登记时，须持本人身份证件和证明原身份的有关证明；有单位就业经历的，还须持与原单位终止、解除劳动关系或者解聘的证明。

登记失业人员凭登记证享受公共就业服务和就业扶持政策；其中符合条件的，按规定申领失业保险金。

登记失业人员应当定期向公共就业服务机构报告就业失业状况，积极求职，参加公共就业服务机构安排的就业培训。

第六十五条　失业登记的范围包括下列失业人员：

（一）年满16周岁，从各类学校毕业、肄业的；

（二）从企业、机关、事业单位等各类用人单位失业的；

（三）个体工商户业主或私营企业业主停业、破产停止经营的；

（四）承包土地被征用，符合当地规定条件的；

（五）军人退出现役且未纳入国家统一安置的；

（六）刑满释放、假释、监外执行的；

（七）各地确定的其他失业人员。

第六十六条　登记失业人员出现下列情形之一的，由公共就业服务机构注销其失业登记：

（一）被用人单位录用的；

（二）从事个体经营或创办企业，并领取工商营业执照的；

（三）已从事有稳定收入的劳动，并且月收入不低于当地最低工资标准的；

（四）已享受基本养老保险待遇的；

（五）完全丧失劳动能力的；

（六）入学、服兵役、移居境外的；

（七）被判刑收监执行的；

（八）终止就业要求或拒绝接受公共就业服务的；

（九）连续6个月未与公共就业服务机构联系的；

（十）已进行就业登记的其他人员或各地规定的其他情形。

第八章　罚则

第六十七条　用人单位违反本规定第十四条第（二）、（三）项规定的，按照劳动合同法第八十四条的规定予以处罚；用人单位违反第十四条第（四）项规定的，按照国家禁止使用童工和其他有关法律、法规的规定予以处罚。用人单位违反第十四条第（一）、（五）、（六）项规定的，由劳动保障行政部门责令改正，并可处以一千元以下的罚款；

对当事人造成损害的，应当承担赔偿责任。

第六十八条　用人单位违反本规定第十九条第二款规定，在国家法律、行政法规和国务院卫生行政部门规定禁止乙肝病原携带者从事的工作岗位以外招用人员时，将乙肝病毒血清学指标作为体检标准的，由劳动保障行政部门责令改正，并可处以一千元以下的罚款；对当事人造成损害的，应当承担赔偿责任。

第六十九条　违反本规定第三十八条规定，公共就业服务机构从事经营性职业中介活动向劳动者收取费用的，由劳动保障行政部门责令限期改正，将违法收取的费用退还劳动者，并对直接负责的主管人员和其他直接责任人员依法给予处分。

第七十条　违反本规定第四十七条规定，未经许可和登记，擅自从事职业中介活动的，由劳动保障行政部门或者其他主管部门按照就业促进法第六十四条规定予以处罚。

第七十一条　职业中介机构违反本规定第五十三条规定，未明示职业中介许可证、监督电话的，由劳动保障行政部门责令改正，并可处以一千元以下的罚款；未明示收费标准的，提请价格主管部门依据国家有关规定处罚；未明示营业执照的，提请工商行政管理部门依据国家有关规定处罚。

第七十二条　职业中介机构违反本规定第五十四条规定，未建立服务台账，或虽建立服务台账但未记录服务对象、服务过程、服务结果和收费情况的，由劳动保障行政部门责令改正，并可处以一千元以下的罚款。

第七十三条　职业中介机构违反本规定第五十五条规定，在职业中介服务不成功后未向劳动者退还所收取的中介服务费的，由劳动保障行政部门责令改正，并可处以一千元以下的罚款。

第七十四条　职业中介机构违反本规定第五十八条第（一）、（三）、（四）、（八）项规定的，按照就业促进法第六十五条、第六十六条规定予以处罚。违反本规定第五十八条第（五）项规定的，按照国家禁止使用童工的规定予以处罚。违反本规定第五十八条其他各项规定的，由劳动保障行政部门责令改正，没有违法所得的，可处以一万元以下的罚款；有违法所得的，可处以不超过违法所得三倍的罚款，但最高不得超过三万元；情节严重的，提请工商部门依法吊销营业执照；对当事人造成损害的，应当承担赔偿责任。

第七十五条　用人单位违反本规定第六十二条规定，未及时为劳动者办理就业登记手续的，由劳动保障行政部门责令改正，并可处以一千元以下的罚款。

第九章　附则

第七十六条　本规定自2008年1月1日起施行。劳动部1994年10月27日颁布的《职业指导办法》、劳动保障部2000年12月8日颁布的《劳动力市场管理规定》同时废止。

附录06：人力资源社会保障部关于做好2015年全国高校毕业生就业创业工作的通知

人力资源社会保障部关于做好2015年全国高校毕业生就业创业工作的通知

人社部函〔2015〕21号

各省、自治区、直辖市及新疆生产建设兵团人力资源社会保障厅（局）：

党中央、国务院高度重视高校毕业生就业问题，对做好高校毕业生就业创业工作提出了明确要求。2015年，高校毕业生就业总量继续增加，结构性矛盾依然比较突出，促进高校毕业生就业任务更加艰巨。各地要认真贯彻党的十八大、十八届三中、四中全会和中央经济工作会议精神，继续把高校毕业生就业作为重中之重，精准发力，千方百计做好高校毕业生就业创业工作。现就有关事项通知如下：

一、切实抓好高校毕业生就业创业政策落实

各地要把抓好政策落实作为2015年高校毕业生就业创业工作的重点，结合实际细化完善政策措施，加大督促检查力度，确保政策落实“最后一公里”畅通，让符合条件的高校毕业生和用人单位都能享受到政策扶持。会同有关部门全面落实和完善鼓励小微企业吸纳高校毕业生就业社保补贴、培训补贴等政策，落实好高校毕业生创业税收优惠、小额担保贷款、离校未就业高校毕业生灵活就业社保补贴等政策，促进毕业生多渠道就业和创业。会同有关部门统筹实施“选聘高校毕业生到村任职”、“三支一扶”、“大学生志愿服务西部计划”、“农村义务教育阶段学校教师特设岗位计划”等基层服务项目。积极探索政府购买基层公共管理和社会服务岗位吸纳高校毕业生就业的措施办法，健全鼓励高校毕业生到基层工作的服务保障机制，进一步完善相关政策和制度安排，引导高校毕业生到基层建功立业、成长成才。要进一步简化程序，降低门槛，优化流程，为毕业生享受政策提供更多便利。会同教育等部门主动为毕业生在校期间享受政策提供帮助，对符合条件的毕业年度高校毕业生，及时发放《就业创业证》，落实好相关政策；对申领求职补贴并符合条件的，要在离校前全部发放到位，补贴标准较低的要适当调高标准。积极推进国有企业招聘应届高校毕业生信息公开工作，加大监督检查力度，切实保障毕业生公平就业权益。要主动适应经济发展新常态，会同有关部门结合产业转型升级、创新驱动发展，在大力发展新兴产业、现代服务业、小微企业特别是创新型企业，以及实施“一带一路”等区域发展战略中，努力开发更多适合高校毕业生的高质量就业岗位。

二、精心实施离校未就业高校毕业生就业促进计划

各地要按照改革要求，把就业促进计划作为帮扶离校未就业高校毕业生就业的重要手段，以扎实有效的措施精心组织实施，力争使每一名有就业意愿的未就业高校毕业生都能在毕业半年内实现就业或参加到就业准备活动中。进一步加强离校未就业高校毕业生实名

登记工作，做好与教育部门和高校的信息衔接，通过多种渠道和方式掌握未就业毕业生实名信息，完善信息分解、核查、反馈等工作机制，健全未就业毕业生实名制数据库，逐步实现基于信息化的离校未就业高校毕业生就业管理和就业服务。对本省（自治区、直辖市）生源未就业高校毕业生，要主动联系，了解掌握其就业需求和求职意愿，有针对性地提供就业服务，并做好享受政策情况记录，加强跟踪管理，切实保证服务不断线。扎实开展就业见习工作，结合本地产业发展和高校毕业生就业需要，扩大就业见习规模，拓展优质见习岗位，建立健全见习管理制度，提高见习质量。深入实施离校未就业高校毕业生技能就业专项行动，对有培训意愿的未就业高校毕业生，重点依托技工院校开展以定向培训为主的就业技能培训；对企业拟录用的高校毕业生，重点开展以定岗培训为主的上岗前培训，按规定落实好培训补贴政策，引导更多高校毕业生走技能成才之路。要切实做好困难高校毕业生就业援助工作，重点对零就业家庭、城乡低保家庭、农村贫困户、残疾等就业困难的未就业高校毕业生，完善"一对一"个性化精准帮扶机制，提高帮扶实效。

三、深入实施大学生创业引领计划

各地要认真落实大学生创业引领计划的各项要求，进一步完善实施方案，帮助扶持有志创业的高校毕业生成功创业，以创业兴业带动就业。切实加强创业培训工作，以有创业愿望的大学生为重点，编制专项培训计划，优先安排培训资源，使每一个有创业愿望和培训需求的大学生都有机会获得创业培训。积极协调有关部门落实鼓励大学生创业的各项政策和便利化措施，减轻创业大学生负担，为创业大学生提供多渠道资金支持，对在电子商务网络平台开办"网店"的高校毕业生，落实好小额担保贷款和贴息政策。进一步加强创业服务工作，加快建设青年创业导师团队，建立健全青年创业辅导制度，组织开展形式多样的创业交流活动，帮助创业大学生积累经验、获得支持。加强创业孵化基地功能建设和制度建设，积极探索建立公共服务机构与市场主体合作机制，用好用活市场资源，提高创业孵化成功率。

四、加强公共就业人才服务

各地要加强公共就业人才服务能力建设，主动适应高校毕业生就业需要，为毕业生就业提供更具针对性、更加专业化的就业指导和就业服务。各级公共就业人才服务机构要将到本地求职的高校毕业生纳入免费公共就业服务范围，对符合条件的落实就业扶持政策。对到省会及省会以下城市的社会团体、基金会、民办非企业单位就业的高校毕业生，所在地的公共就业人才服务机构要协助办理落户手续，畅通毕业生流动就业渠道。要针对毕业生不同时期求职就业的需要，积极组织开展公共就业人才服务进校园、民营企业招聘周、高校毕业生就业服务月、就业服务周、部分大中城市联合招聘等专项活动，突出活动亮点和本地特色，促进供需有效对接。要加强面向高校毕业生的岗位信息服务，广泛收集各类企业用人需求，深度挖掘适合毕业生的就业岗位，及时向毕业生发布。创新就业服务方式，在组织专业化、跨区域招聘活动的同时，加快推进就业信息全国联网，开发运用微信、微博、移动客户端等服务新模式，搭建更加适合毕业生特点的便捷高效的服务平台。

五、创新高校毕业生就业宣传工作

各地要高度重视、主动加强高校毕业生就业宣传工作，树立正确的舆论导向，汇聚更多促进高校毕业生就业的正能量。要准确把握宣传内容，重点宣传党和政府对高校毕业生就业工作的重视和部署，宣传各地促进毕业生就业创业的政策措施及其新进展新成效新经验，宣传毕业生服务基层、面向企业就业、自主创业的生动实践，宣传获取就业创业政策和岗位信息的各种渠道，引导社会客观看待就业形势，树立理性就业观念，营造关心和促进高校毕业生就业的良好氛围。要创新宣传形式载体，在发挥好报纸、广播、电视等传统媒体宣传作用的同时，更加重视网络传播移动化、信息服务个性化的发展趋势，运用新媒体技术优势，打造更适合高校毕业生等青年群体的宣传平台。要着力提高宣传实效，结合各类就业专项服务活动，精心策划主题宣传，加强政策权威解读，做好先进典型宣传，深入高校和用人单位开展各种宣讲活动，特别是要抓住毕业生求职的关键期和不同类别、不同阶段毕业生的求职意向，增强宣传的针对性、精准度和实效性。同时，加强舆情收集、分析和研判，密切关注高校毕业生就业形势变化和热点问题，及时回应社会关切，做好舆论引导。

各地要坚持把促进高校毕业生就业创业作为就业第一位的工作，切实加强组织领导，推动将高校毕业生就业工作纳入政府政绩考核内容，进一步健全目标责任制，落实好政府促进就业的责任。要协调和组织就业工作联席会议各成员单位和有关部门，结合本地实际，及早对工作进行谋划和安排，发挥各方优势，采取有力措施，共同做好高校毕业生就业创业工作。要结合本地区“十三五”规划编制工作，认真分析当前及今后一个时期高校毕业生就业形势，研究未来五年促进高校毕业生就业创业的思路和举措。各地要按照本通知精神，制定具体措施，加大工作力度，加强督促检查，确保各项工作落到实处。

人力资源社会保障部

2015年2月9日

附录07：人力资源社会保障部关于进一步完善就业失业登记管理办法的通知

人力资源社会保障部关于进一步完善就业失业登记管理办法的通知

人社部发〔2014〕97号

各省、自治区、直辖市及新疆生产建设兵团人力资源社会保障厅（局）：

就业失业登记管理是掌握劳动者就业与失业状况的重要手段，是提供公共就业服务、落实就业扶持政策的基础工作。按照《国务院关于进一步推进户籍制度改革的意见》（国发〔2014〕25号）和《国务院关于进一步做好为农民工服务工作的意见》（国发〔2014〕40号）要求，为进一步完善就业失业登记管理办法，方便用人单位和劳动者办理就业失业登记，现就有关事项通知如下：

一、认真落实放宽失业登记条件的有关要求

各地要落实《人力资源社会保障部关于修改〈就业服务与就业管理规定〉的决定》（人力资源社会保障部令第23号）要求，允许法定劳动年龄内，有劳动能力，有就业要求，处于无业状态的城镇常住人员在常住地的公共就业和人才服务机构进行失业登记。对符合失业登记条件的人员，不得以人户分离、户籍不在本地或没有档案等为由不予受理。

各地要建立健全公共就业服务提供机制，保障城镇常住人员享有与本地户籍人员同等的劳动就业权利，并有针对性地为其免费提供就业政策法规咨询、职业指导、职业介绍等基本公共就业服务。对进行失业登记的城镇常住人员，要按规定落实职业培训补贴和职业技能鉴定补贴政策。在此基础上，各地要按照国务院推进户籍制度改革的部署，统筹考虑本地区综合承载能力和发展潜力，以连续居住年限和参加社会保险年限等为条件，保障其逐步享受与本地户籍人员同等的就业扶持政策。

二、做好就业失业登记证明更名发放工作

根据促进就业创业工作需要，将《就业失业登记证》更名为《就业创业证》。各地可新印制一批《就业创业证》先向有需求的毕业年度内高校毕业生发放。毕业年度内高校毕业生在校期间凭学生证向就业创业地（直辖市除外）公共就业和人才服务机构申领《就业创业证》，或委托所在高校就业指导中心向当地（直辖市除外）公共就业和人才服务机构代为其申领《就业创业证》；毕业年度内高校毕业生离校后直接向就业创业地（直辖市除外）公共就业和人才服务机构申领《就业创业证》。《就业创业证》的样式、栏目解释、填写办法、印制技术及发放管理等要求继续按照《关于印发就业失业登记证管理暂行办法的通知》（人社部发〔2010〕75号）执行（封面和内页第1页（暗码）的“就业失业登记证”字样变更为“就业创业证”）。

各地已发放的《就业失业登记证》继续有效，不再统一更换。有条件的地区，可以加快推进社会保障卡在就业领域的推广应用工作，以其加载的就业失业登记信息电子记录，逐步替代纸质的就业失业登记证明。

三、拓宽就业登记信息采集渠道

各地要结合本地实际，进一步改进和优化业务流程，建立就业登记与社会保险登记、劳动用工备案之间的业务协同和信息共享机制，做好相关信息的比对核验，不断创新和拓宽就业登记信息采集渠道。要巩固窗口单位改进作风专项行动成果，在“一站式”服务的基础上逐步向“一柜式”服务转变，实行“前台综合受理、后台分类处理”的工作模式。

对用人单位为劳动者实名办理社会保险登记或劳动用工备案的，以及劳动者以个体工商户或灵活就业人员身份办理社会保险登记的，相关信息经确认后录入公共就业服务管理信息系统。

四、加强就业失业登记信息动态管理

各地要进一步加强街道（乡镇）、社区（行政村）基层劳动就业和社会保障工作平台建设，及时掌握辖区内劳动者的就业失业状态，运用信息化手段，做好对劳动者就业失业登记信息的动态管理。要按照《关于建立全国就业信息监测制度的通知》（人社部发〔2010〕86号）要求，建立健全就业失业登记信息采集录入质量管理制度，做好省（区、市）内就业失业登记信息的比对整理。我部将进一步完善全国就业信息监测系统的功能，开展就业失业登记信息跨地区核验工作，逐步实现同一劳动者相关信息的唯一性。要以实名制就业监测数据为基础，做好与就业失业统计报表数据的比对分析工作（为保持统计口径的一致性和可比性，对农村进城务工人员和其他非本地户籍人员进行失业登记的，在统计上继续按照现行制度执行），及时查找相同指标数据不一致的原因，并有针对性地予以解决，为加强人力资源管理、支持宏观决策奠定扎实基础。

各地要根据本地实际情况，按照“操作程序便捷高效、登记信息完整准确、数据标准统一规范”的要求，制定完善全省（区、市）范围内统一的就业失业登记操作办法。要以方便群众为原则，简化登记程序，取消重复和不必要的表格、单据等填写内容和证明材料，为用人单位和劳动者办理就业失业登记提供便利。工作中出现的新情况、新问题，要及时向我部报告。

人力资源社会保障部

2014年12月23日

附录08：国务院关于进一步做好新形势下就业创业工作的意见

国务院关于进一步做好新形势下就业创业工作的意见

国发〔2015〕23号

各省、自治区、直辖市人民政府，国务院各部委、各直属机构：

就业事关经济发展和民生改善大局。党中央、国务院高度重视，坚持把稳定和扩大就业作为宏观调控的重要目标，大力实施就业优先战略，积极深化行政审批制度和商事制度改革，推动大众创业、万众创新，创业带动就业倍增效应进一步释放，就业局势总体稳定。但也要看到，随着我国经济发展进入新常态，就业总量压力依然存在，结构性矛盾更加凸显。大众创业、万众创新是富民之道、强国之举，有利于产业、企业、分配等多方面结构优化。面对就业压力加大形势，必须着力培育大众创业、万众创新的新引擎，实施更加积极的就业政策，把创业和就业结合起来，以创业创新带动就业，催生经济社会发展新动力，为促进民生改善、经济结构调整和社会和谐稳定提供新动能。现就进一步做好就业创业工作提出以下意见：

一、深入实施就业优先战略

（一）坚持扩大就业发展战略。把稳定和扩大就业作为经济运行合理区间的下限，将城镇新增就业、调查失业率作为宏观调控重要指标，纳入国民经济和社会发展规划及年度计划。合理确定经济增长速度和发展模式，科学把握宏观调控的方向和力度，以稳增长促就业，以鼓励创业就业带动经济增长。加强财税、金融、产业、贸易等经济政策与就业政策的配套衔接，建立宏观经济政策对就业影响评价机制。建立公共投资和重大项目建设带动就业评估机制，同等条件下对创造就业岗位多、岗位质量好的项目优先安排。

（二）发展吸纳就业能力强的产业。创新服务业发展模式和业态，支持发展商业特许经营、连锁经营，大力发展金融租赁、节能环保、电子商务、现代物流等生产性服务业和旅游休闲、健康养老、家庭服务、社会工作、文化体育等生活性服务业，打造新的经济增长点，提高服务业就业比重。加快创新驱动发展，推进产业转型升级，培育战略性新兴产业和先进制造业，提高劳动密集型产业附加值；结合实施区域发展总体战略，引导具有成本优势的资源加工型、劳动密集型产业和具有市场需求的资本密集型、技术密集型产业向中西部地区转移，挖掘第二产业就业潜力。推进农业现代化，加快转变农业发展方式，培养新型职业农民，鼓励有文化、有技术、有市场经济观念的各类城乡劳动者根据市场需求到农村就业创业。

（三）发挥小微企业就业主渠道作用。引导银行业金融机构针对小微企业经营特点和融资需求特征，创新产品和服务。发展政府支持的融资性担保机构和再担保机构，完善风险分担机制，为小微企业提供融资支持。落实支持小微企业发展的税收政策，加强市场监管执法和知识产权保护，对小微企业亟需获得授权的核心专利申请优先审查。发挥新型载体聚集发展的优势，引入竞争机制，开展小微企业创业创新基地城市示范，中央财政给予综合奖励。创新政府采购支持方式，消除中小企业享受相关优惠政策面临的条件认定、企业资质等不合理限制门槛。指导企业改善用工管理，对小微企业新招用劳动者，符合相关条件的，按规定给予就业创业支持，不断提高小微企业带动就业能力。

（四）积极预防和有效调控失业风险。落实调整失业保险费率政策，减轻企业和个人负担，稳定就业岗位。将失业保险基金支持企业稳岗政策实施范围由兼并重组企业、化解产能过剩企业、淘汰落后产能企业等三类企业扩大到所有符合条件的企业。生产经营困难企业可通过与职工进行集体协商，采取在岗培训、轮班工作、弹性工时、协商薪酬等办法不裁员或少裁员。对确实要裁员的，应制定人员安置方案，实施专项就业帮扶行动，妥善处理劳动关系和社会保险接续，促进失业人员尽快再就业。淘汰落后产能奖励资金、依据兼并重组政策规定支付给企业的土地补偿费要优先用于职工安置。完善失业监测预警机制，建立应对失业风险的就业应急预案。

二、积极推进创业带动就业

（五）营造宽松便捷的准入环境。深化商事制度改革，进一步落实注册资本登记制度改革，坚决推行工商营业执照、组织机构代码证、税务登记证“三证合一”，年内出台推进“三证合一”登记制度改革意见和统一社会信用代码方案，实现“一照一码”。继续优化登记方式，放松经营范围登记管制，支持各地结合实际放宽新注册企业场所登记条件限制，推动“一址多照”、集群注册等住所登记改革，分行业、分业态释放住所资源。运用大数据加强对市场主体的服务和监管。依托企业信用信息公示系统，实现政策集中公示、扶持申请导航、享受扶持信息公示。建立小微企业目录，对小微企业发展状况开展抽样统计。推动修订与商事制度改革不衔接、不配套的法律、法规和政策性文件。全面完成清理非行政许可审批事项，再取消下放一批制约经济发展、束缚企业活力等含金量高的行政许可事项，全面清理中央设定、地方实施的行政审批事项，大幅减少投资项目前置审批。对保留的审批事项，规范审批行为，明确标准，缩短流程，限时办结，推广“一个窗口”受理、网上并联审批等方式。

（六）培育创业创新公共平台。抓住新技术革命和产业变革的重要机遇，适应创业创新主体大众化趋势，大力发展技术转移转化、科技金融、认证认可、检验检测等科技服务业，总结推广创客空间、创业咖啡、创新工场等新型孵化模式，加快发展市场化、专业化、集成化、网络化的众创空间，实现创新与创业、线上与线下、孵化与投资相结合，为创业者提供低成本、便利化、全要素、开放式的综合服务平台和发展空间。落实科技企业孵化器、大学科技园的税收优惠政策，对符合条件的众创空间等新型孵化机构适用科技企业孵化器税收优惠政策。有条件的地方可对众创空间的房租、宽带网络、公共软件等给予适当补贴，或通过盘活商业用房、闲置厂房等资源提供成本较低的场所。可在符合土地利用总体规划和城乡规划前提下，或利用原有经批准的各类园区，建设创业基地，为创业者提供服务，打造一批创业示范基地。鼓励企业由传统的管控型组织转型为新型创业平台，让员工成为平台上的创业者，形成市场主导、风投参与、企业孵化的创业生态系统。

（七）拓宽创业投融资渠道。运用财税政策，支持风险投资、创业投资、天使投资等发展。运用市场机制，引导社会资金和金融资本支持创业活动，壮大创业投资规模。按照政府引导、市场化运作、专业化管理的原则，加快设立国家中小企业发展基金和国家新兴产业创业投资引导基金，带动社会资本共同加大对中小企业创业创新的投入，促进初创期科技型中小企业成长，支持新兴产业领域早中期、初创期企业发展。鼓励地方设立创业投资引导等基金。发挥多层次资本市场作用，加快创业板等资本市场改革，强化全国中小企业股份转让系统融资、交易等功能，规范发展服务小微企业的区域性股权市场。开展股权众筹融资试点，推动多渠道股权融资，积极探索和规范发展互联网金融，发展新型金融机构和融资服务机构，促进大众创业。

（八）支持创业担保贷款发展。将小额担保贷款调整为创业担保贷款，针对有创业要求、具备一定创业条件但缺乏创业资金的就业重点群体和困难人员，提高其金融服务可获得性，明确支持对象、标准和条件，贷款最高额度由针对不同群体的5万元、8万元、10万元不等统一调整为10万元。鼓励金融机构参照贷款基础利率，结合风险分担情况，合理确定贷款利率水平，对个人发放的创业担保贷款，在贷款基础利率基础上上浮3个百分点以内的，由财政给予贴息。简化程序，细化措施，健全贷款发放考核办法和财政贴息资金规范管理约束机制，提高代偿效率，完善担保基金呆坏账核销办法。

（九）加大减税降费力度。实施更加积极的促进就业创业税收优惠政策，将企业吸纳就业税收优惠的人员范围由失业一年以上人员调整为失业半年以上人员。高校毕业生、登记失业人员等重点群体创办个体工商户、个人独资企业的，可依法享受税收减免政策。抓紧推广中关村国家自主创新示范区税收试点政策，将职工教育经费税前扣除试点政策、企业转增股本分期缴纳个人所得税试点政策、股权奖励分期缴纳个人所得税试点政策推广至全国范围。全面清理涉企行政事业性收费、政府性基金、具有强制垄断性的经营服务性收费、行业协会商会涉企收费，落实涉企收费清单管理制度和创业负担举报反馈机制。

（十）调动科研人员创业积极性。探索高校、科研院所等事业单位专业技术人员在职创业、离岗创业有关政策。对于离岗创业的，经原单位同意，可在3年内保留人事关系，与原单位其他在岗人员同等享有参加职称评聘、岗位等级晋升和社会保险等方面的权利。原单位应当根据专业技术人员创业的实际情况，与其签订或变更聘用合同，明确权利义务。加快推进中央级事业单位科技成果使用、处置和收益管理改革试点政策推广。鼓励利用财政性资金设立的科研机构、普通高校、职业院校，通过合作实施、转让、许可和投资等方式，向高校毕业生创设的小微企业优先转移科技成果。完善科技人员创业股权激励政策，放宽股权奖励、股权出售的企业设立年限和盈利水平限制。

（十一）鼓励农村劳动力创业。支持农民工返乡创业，发展农民合作社、家庭农场等新型农业经营主体，落实定向减税和普遍性降费政策。依托现有各类园区等存量资源，整合创建一批农民工返乡创业园，强化财政扶持和金融服务。将农民创业与发展县域经济结合起来，大力发展农产品加工、休闲农业、乡村旅游、农村服务业等劳动密集型产业项目，促进农村一二三产业融合。依托基层就业和社会保障服务设施等公共平台，提供创业指导和服务。鼓励各类企业和社会机构利用现有资源，搭建一批农业创业创新示范基地和见习基地，培训一批农民创业创新辅导员。支持农民网上创业，大力发展“互联网+”和电子商务，积极组织创新创业农民与企业、小康村、市场和园区对接，推进农村青年创业富民行动。

（十二）营造大众创业良好氛围。支持举办创业训练营、创业创新大赛、创新成果和创业项目展示推介等活动，搭建创业者交流平台，培育创业文化，营造鼓励创业、宽容失败的良好社会氛围，让大众创业、万众创新蔚然成风。对劳动者创办社会组织、从事网络创业符合条件的，给予相应创业扶持政策。推进创业型城市创建，对政策落实好、创业环境优、工作成效显著的，按规定予以表彰。

三、统筹推进高校毕业生等重点群体就业

（十三）鼓励高校毕业生多渠道就业。把高校毕业生就业摆在就业工作首位。完善工资待遇进一步向基层倾斜的办法，健全高校毕业生到基层工作的服务保障机制，鼓励毕业生到乡镇特别是困难乡镇机关事业单位工作。对高校毕业生到中西部地区、艰苦边远地区和老工业基地县以下基层单位就业、履行一定服务期限的，按规定给予学费补偿和国家助学贷款代偿。结合政府购买服务工作的推进，在基层特别是街道（乡镇）、社区（村）购买一批公共管理和社会服务岗位，优先用于吸纳高校毕业生就业。对小微企业新招用毕业年度高校毕业生，签订1年以上劳动合同并缴纳社会保险费的，给予1年社会保险补贴。落实完善见习补贴政策，对见习期满留用率达到50%以上的见习单位，适当提高见习补贴标准。将求职补贴调整为求职创业补贴，对象范围扩展到已获得国家助学贷款的毕业年度高校毕业生。深入实施大学生创业引领计划、离校未就业高校毕业生就业促进计划，整合发展高校毕业生就业创业基金，完善管理体制和市场化运行机制，实现基金滚动使用，为高校毕业生就业创业提供支持。积极支持和鼓励高校毕业生投身现代农业建设。对高校毕业生申报从事灵活就业的，按规定纳入各项社会保险，各级公共就业人才服务机构要提供人事、劳动保障代理服务。技师学院高级工班、预备技师班和特殊教育院校职业教育类毕业生可参照高校毕业生享受相关就业补贴政策。

（十四）加强对困难人员的就业援助。合理确定就业困难人员范围，规范认定程序，加强实名制动态管理和分类帮扶。坚持市场导向，鼓励其到企业就业、自主创业或灵活就业。对用人单位招用就业困难人员，签订劳动合同并缴纳社会保险费的，在一定期限内给予社会保险补贴。对就业困难人员灵活就业并缴纳社会保险费的，给予一定比例的社会保险补贴。对通过市场渠道确实难以实现就业的，可通过公益性岗位予以托底安置，并给予社会保险补贴及适当岗位补贴。社会保险补贴和岗位补贴期限最长不超过3年，对初次核定享受补贴政策时距退休年龄不足5年的人员，可延长至退休。规范公益性岗位开发和管理，科学设定公益性岗位总量，适度控制岗位规模，制定岗位申报评估办法，严格按照法律规定安排就业困难人员，不得用于安排非就业困难人员。加强对就业困难人员在岗情况的管理和工作考核，建立定期核查机制，完善就业困难人员享受扶持政策期满退出办法，做好退出后的政策衔接和就业服务。依法大力推进残疾人按比例就业，加大对用人单位安置残疾人的补贴和奖励力度，建立用人单位按比例安排残疾人就业公示制度。加快完善残疾人集中就业单位扶持政策，推进残疾人辅助性就业和灵活就业。加大对困难人员就业援助力度，确保零就业家庭、最低生活保障家庭等困难家庭至少有一人就业。对就业困难人员较集中的地区，上级政府要强化帮扶责任，加大产业、项目、资金、人才等支持力度。

（十五）推进农村劳动力转移就业。结合新型城镇化建设和户籍制度改革，建立健全城乡劳动者平等就业制度，进一步清理针对农民工就业的歧视性规定。完善职业培训、就业服务、劳动维权“三位一体”的工作机制，加强农民工输出输入地劳务对接，特别是对劳动力资源较为丰富的老少边穷地区，充分发挥各类公共就业服务机构和人力资源服务机构作用，积极开展有组织的劳务输出，加强对转移就业农民工的跟踪服务，有针对性地帮助其解决实际困难，推进农村富余劳动力有序外出就业和就地就近转移就业。做好被征地农民就业工作，在制定征地补偿安置方案时，要明确促进被征地农民就业的具体措施。

（十六）促进退役军人就业。扶持自主择业军转干部、自主就业退役士兵就业创业，落实各项优惠政策，组织实施教育培训，加强就业指导和服务，搭建就业创业服务平台。对符合政府安排工作条件的退役士官、义务兵，要确保岗位落实，细化完善公务员招录和事业单位招聘时同等条件优先录用（聘用），以及国有、国有控股和国有资本占主导地位企业按比例预留岗位择优招录的措施。退役士兵报考公务员、应聘事业单位职位的，在军队服现役经历视为基层工作经历，服现役年限计算为工作年限。调整完善促进军转干部及随军家属就业税收政策。

四、加强就业创业服务和职业培训

（十七）强化公共就业创业服务。健全覆盖城乡的公共就业创业服务体系，提高服务均等化、标准化和专业化水平。完善公共就业服务体系的创业服务功能，充分发挥公共就业服务、中小企业服务、高校毕业生就业指导等机构的作用，为创业者提供项目开发、开业指导、融资服务、跟踪扶持等服务，创新服务内容和方式。健全公共就业创业服务经费保障机制，切实将县级以上公共就业创业服务机构和县级以下（不含县级）基层公共就业创业服务平台经费纳入同级财政预算。将职业介绍补贴和扶持公共就业服务补助合并调整为就业创业服务补贴，支持各地按照精准发力、绩效管理的原则，加强公共就业创业服务能力建设，向社会力量购买基本就业创业服务成果。创新就业创业服务供给模式，形成多元参与、公平竞争格局，提高服务质量和效率。

（十八）加快公共就业服务信息化。按照统一建设、省级集中、业务协同、资源共享的原则，逐步建成以省级为基础、全国一体化的就业信息化格局。建立省级集中的就业信息资源库，加强信息系统应用，实现就业管理和就业服务工作全程信息化。推进公共就业信息服务平台建设，实现各类就业信息统一发布，健全全国就业信息监测平台。推进就业信息共享开放，支持社会服务机构利用政府数据开展专业化就业服务，推动政府、社会协同提升公共就业服务水平。

（十九）加强人力资源市场建设。加快建立统一规范灵活的人力资源市场，消除城乡、行业、身份、性别、残疾等影响平等就业的制度障碍和就业歧视，形成有利于公平就业的制度环境。健全统一的市场监管体系，推进人力资源市场诚信体系建设和标准化建设。加强对企业招聘行为、职业中介活动的规范，及时纠正招聘过程中的歧视、限制及欺诈等行为。建立国有企事业单位公开招聘制度，推动实现招聘信息公开、过程公开和结果公开。加快发展人力资源服务业，规范发展人事代理、人才推荐、人员培训、劳务派遣等人力资源服务，提升服务供给能力和水平。完善党政机关、企事业单位、社会各方面人才顺畅流动的制度体系。

（二十）加强职业培训和创业培训。顺应产业结构迈向中高端水平、缓解就业结构性矛盾的需求，优化高校学科专业结构，加快发展现代职业教育，大规模开展职业培训，加大创业培训力度。利用各类创业培训资源，开发针对不同创业群体、创业活动不同阶段特点的创业培训项目，把创新创业课程纳入国民教育体系。重点实施农民工职业技能提升和失业人员转业转岗培训，增强其就业创业和职业转换能力。尊重劳动者培训意愿，引导劳动者自主选择培训项目、培训方式和培训机构。发挥企业主体作用，支持企业以新招用青年劳动者和新转岗人员为重点开展新型学徒制培训。强化基础能力建设，创新培训模式，建立高水平、专兼职的创业培训师资队伍，提升培训质量，落实职业培训补贴政策，合理确定补贴标准。推进职业资格管理改革，完善有利于劳动者成长成才的培养、评价和激励机制，畅通技能人才职业上升通道，推动形成劳动、技能等要素按贡献参与分配的机制，使技能劳动者获得与其能力业绩相适应的工资待遇。

（二十一）建立健全失业保险、社会救助与就业的联动机制。进一步完善失业保险制度，充分发挥失业保险保生活、防失业、促就业的作用，鼓励领取失业保险金人员尽快实现就业或自主创业。对实现就业或自主创业的最低生活保障对象，在核算家庭收入时，可以扣减必要的就业成本。

（二十二）完善失业登记办法。在法定劳动年龄内、有劳动能力和就业要求、处于无业状态的城镇常住人员，可以到常住地的公共就业服务机构进行失业登记。各地公共就业服务机构要为登记失业的各类人员提供均等化的政策咨询、职业指导、职业介绍等公共就业服务和普惠性就业政策，并逐步使外来劳动者与当地户籍人口享有同等的就业扶持政策。将《就业失业登记证》调整为《就业创业证》，免费发放，作为劳动者享受公共就业服务及就业扶持政策的凭证。有条件的地方可积极推动社会保障卡在就业领域的应用。

五、强化组织领导

（二十三）健全协调机制。县级以上人民政府要加强对就业创业工作的领导，把促进就业创业摆上重要议程，健全政府负责人牵头的就业创业工作协调机制，加强就业形势分析研判，落实完善就业创业政策，协调解决重点难点问题，确保各项就业目标完成和就业局势稳定。有关部门要增强全局意识，密切配合，尽职履责。进一步发挥各人民团体以及其他社会组织的作用，充分调动社会各方促进就业创业积极性。

（二十四）落实目标责任制。将就业创业工作纳入政绩考核，细化目标任务、政策落实、就业创业服务、资金投入、群众满意度等指标，提高权重，并层层分解，督促落实。

对在就业创业工作中取得显著成绩的单位和个人，按国家有关规定予以表彰奖励。有关地区不履行促进就业职责，造成恶劣社会影响的，对当地人民政府有关负责人及具体责任人实行问责。

（二十五）保障资金投入。各级人民政府要根据就业状况和就业工作目标，在财政预算中合理安排就业相关资金。按照系统规范、精简效能的原则，明确政府间促进就业政策的功能定位，严格支出责任划分。进一步规范就业专项资金管理，强化资金预算执行和监督，开展资金使用绩效评价，着力提高就业专项资金使用效益。

（二十六）建立健全就业创业统计监测体系。健全就业统计指标，完善统计口径和统计调查方法，逐步将性别等指标纳入统计监测范围，探索建立创业工作统计指标。进一步加强和完善全国劳动力调查制度建设，扩大调查范围，增加调查内容。强化统计调查的质量控制。加大就业统计调查人员、经费和软硬件等保障力度，推进就业统计调查信息化建设。依托行业组织，建立健全行业人力资源需求预测和就业状况定期发布制度。

（二十七）注重舆论引导。坚持正确导向，加强政策解读，及时回应社会关切，大力宣传促进就业创业工作的经验做法，宣传劳动者自主就业、自主创业和用人单位促进就业的典型事迹，引导全社会共同关心和支持就业创业工作，引导高校毕业生等各类劳动者转变观念，树立正确的就业观，大力营造劳动光荣、技能宝贵、创造伟大的时代风尚。

各地区、各部门要认真落实本意见提出的各项任务，结合本地区、本部门实际，创造性地开展工作，制定具体方案和配套政策，同时要切实转变职能，简化办事流程，提高服务效率，确保各项就业创业政策措施落实到位，以稳就业惠民生促进经济社会平稳健康发展。

国务院

2015年4月27日

第二章　劳动合同法解读

劳动合同法的立法背景

原有的劳动合同制度的确立是于1995年1月1日生效的《中华人民共和国劳动法》为标志，对于破除传统计划经济体制下行政分配式的劳动用工制度，建立与社会主义市场经济体制相适应的用人单位与劳动者双向选择的劳动用工制度，实现劳动力自愿的市场配置，促进劳动关系和谐稳定，发挥了十分重要的作用。

随着市场主体和利益关系的多元化，原有的劳动合同制度在实施中也出现了一些新情况、新问题，已经不能完全适应新形势的要求。

新劳动合同法的亮点

劳动合同法的实施对劳动者、用人单位产生的最大影响在于，加大了对劳动者的保护力度，加重了对用人单位违法成本。它有几大亮点：

一、新劳动合同法适用事业单位

劳动合同法第二条规定，中华人民共和国境内的企业、个体经济组织、民办非企业单位等组织（以下称用人单位）与劳动者建立劳动关系，订立、履行、变更、解除或者终止劳动合同，适用本法。

国家机关、事业单位、社会团体和与其建立劳动关系的劳动者，订立、履行、变更、解除或者终止劳动合同，依照本法执行。

实践中事业单位人员的构成是由公务员或参照公务员管理的人员；实行聘用制的人员；一般劳动者。由公务员或参照公务员管理的人员不适用劳动合同法，一般劳动者适用劳动合同法，实行聘用制的人员部分适用。

劳动合同法“附则”规定：“事业单位与实行聘用制的工作人员订立、履行、变更、解除或者终止劳动合同，法律、行政法规以及国务院另有规定的，依照其规定；未作规定的，依照本法有关规定执行。”将实行“聘任制的工作人员”交由“法律、行政法规以及国务院”来来决定，部分适用于事业单位，扩大了调整范围。

二、签合同前用人单位须履行告知义务

为了充分保证劳动者知情权，劳动合同法第八条规定：“人单位招用劳动者时，应当如实告知劳动者工作内容、工作条件、工作地点、职业危害、安全生产状况、劳动报酬，以及劳动者要求了解的其他情况；用人单位有权了解劳动者与劳动合同直接相关的基本情况，劳动者应当如实说明。”

三、不签劳动合同用人单位须按月付双薪

劳动合同法第十条规定建立劳动关系，应当订立书面劳动合同。

已建立劳动关系，未同时订立书面劳动合同的，应当自用工之日起1个月内订立书面劳动合同。

用人单位与劳动者在用工前订立劳动合同的，劳动关系自用工之日起建立。

违法成本：劳动合同法第八十二条规定，用人单位自用工之日起超过1个月不满1年未与劳动者订立书面劳动合同的，应当向劳动者每月支付2倍的工资。

“用人单位违反本法规定不与劳动者订立无固定期限劳动合同的，自应当订立无固定期限劳动合同之日起向劳动者每月支付2倍的工资。”

四、同一劳动者只能被“试用”一次

1995年实施的劳动法第二十一条规定：“劳动合同可以约定试用期。试用期最长不得超过6个月。”按照劳动法规定，职工在试用期内达不到录用条件，用人单位可以随时解除劳动合同，并且不用支付经济补偿金。正是由于现行法律的疏漏，劳动者权益受到侵害无法得到保护。

劳动合同法对试用期主要限定了：试用期的期限，劳动合同期限3个月以上不满1年的，试用期不得超过1个月；劳动合同期限1年以上不满3年的，试用期不得超过2个月；3年以上固定期限和无固定期限的劳动合同，试用期不得超过6个月；试用期次数，同一用人单位与同一劳动者只能约定1次试用期；试用期的工资，不得低于本单位相同岗位最低档工资或者劳动合同约定工资的80%，并不得低于用人单位所在地的最低工资标准；试用期中，用人单位不得解除劳动合同的情形。

违法成本：劳动合同法第八十三条规定，用人单位违反本法规定与劳动者约定试用期的，由劳动行政部门责令改正；违法约定的试用期已经履行的，由用人单位以劳动者试用期满月工资为标准，按已经履行的超过法定试用期的期间向劳动者支付赔偿金。

五、鼓励劳动合同无固定期限

按劳动法第二十条规定，双方签订无固定期限劳动合同必须具备3个条件：劳动者在该公司连续工作满10年以上；双方同意续签劳动合同；劳动者提出要签订无固定期限合同。

按现行劳动法律规定，只要用人单位不同意签订无固定期限劳动合同，劳动者就不能与用人单位签订无固定期限劳动合同，合同终止，用人单位也可不支付经济补偿金。而按劳动合同法规定，劳动者提出与用人单位签订无固定期限劳动合同，用人单位必须签订。劳动合同法明确规定，除劳动者提出订立固定期限劳动合同外，如果劳动者在该用人单位连续工作满10年的；用人单位初次实行劳动合同制度；国有企业改制重新订立劳动合同；劳动者在该用人单位连续工作满10年且距法定退休年龄不足10年的；连续订立2次固定期限劳动合同，且劳动者没有本法第三十九条和第四十条第一项、第二项规定的情形，续订劳动合同的，用人单位应当与劳动者订立无固定期限劳动合同。

六、制定劳动规章制度不再是用人单位一方说了算

劳动合同法规定：用人单位在制定、修改或者决定有关劳动报酬、工作时间、休息休

假、劳动安全卫生、保险福利、职工培训、劳动纪律以及劳动定额管理等直接涉及劳动者切身利益的规章制度或者重大事项时，应当经职工代表大会或者全体职工讨论，提出方案和意见，与工会或者职工代表平等协商确定。

原劳动合同法征求意见稿中规定，用人单位的规章制度直接涉及劳动者切身利益的，应当经工会、职工大会或者职工代表大会讨论通过。”此条内容外资企业表现非常强烈，他们认为这是与现代企业制度背道而驰，股东（老板）作为公司的所有者，理当享有制定、实施有关规章制度的绝对权。“如果按照征求意见稿的规定，公司最高权力已转向他人之手。”甚至引发报界报道的美商会等资方“从中国撤资”的威胁论。最终通过的劳动合同法中已将“应当经……讨论通过”删去，用“平等协商确定”代替。

实践中有的用人单位的规章制度本身就是“霸王制度度”，这种单方的规定很难保证员工的利益，因此劳动合同法规定直接涉及劳动者切身利益的规章制度或者重大事项时，不再是用人单位一方说了算，这样更好地维护劳动者的合法权益。

违法成本：劳动合同法第八十条规定，用人单位直接涉及劳动者切身利益的规章制度违反法律、法规规定的，由劳动行政部门责令改正，给予警告；给劳动者造成损害的，应当承担赔偿责任。

七、行政部门不作为须承担赔偿责任

针对目前劳动者维权成本较高的现状，该法规定：劳动行政部门和其他有关主管部门及其工作人员不履行法定职责，给劳动者造成损害的，应当承担赔偿责任；用人单位拖欠或者未足额支付劳动报酬的，劳动者可以依法向当地人民法院申请支付令，人民法院应当依法发出支付令。

八、明确了用人单位强迫劳动的四类情况

劳动合同法加重用人单位的违法成本还有以下五种类型：

（1）用人单位未将劳动合同文本交付劳动者的情形被纳入到行政处罚范围，并辅之赔偿责任。

劳动合同法第八十一条规定，用人单位提供的劳动合同文本未载明本法规定的劳动合同必备条款或者用人单位未将劳动合同文本交付劳动者的，由劳动行政部门责令改正；给劳动者造成损害的，应当承担赔偿责任。

（2）用人单位违反本法规定解除或者终止劳动合同的，应当依照本法第四十七条规定的经济补偿标准的三倍向劳动者支付赔偿金。

（3）明确用人单位强迫劳动等四类情形。

劳动合同法规定，用人单位有以下四类情形，将依法给予行政处罚；构成犯罪的，依法追究刑事责任；给劳动者造成损害的，应当承担赔偿责任。包括：

①以暴力、威胁或者非法限制人身自由的手段强迫劳动的。

②违章指挥或者强令冒险作业危及劳动者人身安全的。

③侮辱、体罚、殴打、非法搜查或者拘禁劳动者的。

④劳动条件恶劣、环境污染严重，给劳动者身心健康造成严重损害的。山西黑砖窑事件适用于该条法律。

（4）用人单位扣押劳动者居民身份证等证件将受处罚。

用人单位违反本法规定，以担保或者其他名义向劳动者收取财物的，由劳动行政部门责令限期退还劳动者本人，并以每人500元以上2000元以下的标准处以罚款；给劳动者造成损害的，应当承担赔偿责任。

劳动者依法解除或者终止劳动合同，用人单位扣押劳动者档案或者其他物品的，依照前款规定处罚。

（5）用人单位有下列情形之一的，由劳动行政部门责令限期支付劳动报酬、加班费或者经济补偿；劳动报酬低于当地最低工资标准的，应当支付其差额部分；逾期不支付的，责令用人单位按应付金额50%以上100%以下的标准向劳动者加付赔偿金：

①未按照劳动合同的约定或者国家规定及时足额支付劳动者劳动报酬的。

②低于当地最低工资标准支付劳动者工资的。

③安排加班不支付加班费的。

④解除或者终止劳动合同，未依照本法规定向劳动者支付经济补偿的。

有关“总则”条款的解读

一、立法宗旨

本法第一条确定了劳动合同法的立法宗旨。立法宗旨也就是立法目的。本条规定的立法宗旨有三层意思：

（1）完善劳动合同制度，明确劳动合同双方当事人的权利和义务。

（2）保护劳动者的合法权益。

（3）构建和发展和谐稳定的劳动关系。

二、适用范围

本法第二条确定了劳动合同法的适用范围，如下表所示：

劳动合同法的适用范围

大类	组织类别	说明
企业、个体经济组织、民办非企业单位等组织	企业	是以盈利为目的经济性组织，包括法人企业和非法人企业，是用人单位的主要组成部分，是本法的主要调整对象。
	个体经济组织	是指雇工7个人以下的个体工商户。
	民办非企业单位	指企业事业单位、社会团体和其他社会力量以及公民个人利用非国有资产举办的，从事非营利性社会服务活动的组织。如民办学校、民办医院、民办图书馆、民办博物馆、民办科技馆等，目前民办非企业单位超过30万家。
	其他	这三类组织以外的组织如会计师事务所、律师事务所等，它们的组织形式比较复杂，有的采取合伙制，有的采取合作制，它们不属于本条列举的任何一种组织形式，但他们招用助手、工勤人员等，也要签订劳动合同。因此，也需要适用本法。
国家机关、事业单位和社会团体	国家机关	这里的国家机关包括国家权力机关、国家行政机关、司法机关、国家军事机关、政协等，其录用公务员和聘任制公务员，适用公务员法，不适用本法，国家机关招用工勤人员，需要签订劳动合同，就要适用劳动合同法。
	事业单位	（1）具有管理公共事务职能的组织，如证券监督管理委员会、保险监督管理委员会、银行业监督管理委员会等，其录用工作人员是参照公务员法进行管理，不适用本法。 （2）实行企业化管理的事业单位，这类事业单位与职工签订的是劳动合同，适用本条的规定。 （3）事业单位如医院、学校、科研机构等，有的劳动者与单位签订的是劳动合同，签订劳动合同的，就要按照本条的规定执行；有的劳动者与单位签订的是聘用合同，签订聘用合同的，就要按照本法第九十六条的规定，即法律、行政法规和国务院规定另有规定的，就按照法律、行政法规和国务院的规定执行；法律、行政法规和国务院没有特别规定的，也要按照本法执行。
	社会团体	社会团体的情况也比较复杂，有的社会团体如党派团体，除工勤人员外，其工作人员是公务员，按照公务员法管理；有的社会团体如工会、共青团、妇联、工商联等人民团体和群众团体，文学艺术联合会、足球协会等文化艺术体育团体，法学会、医学会等学术研究团体，各种行业协会等社会经济团体。这些社会团体虽然公务员法没有明确规定参照，但实践中对列入国家编制序列的社会团体，除工勤人员外，其工作人员是比照公务员法进行管理的。除此以外的多数社会团体，如果作为用人单位与劳动者订立的是劳动合同，就按照本法进行调整。

续表

大类	组织类别	说明
非全日制用工和劳务派遣工		在征求意见的过程中，有些意见建议将一些灵活用工纳入劳动合同法的调整范围。如非全日制用工、退休人员重新就业、非法用工、劳务派遣用工等。因此，除规范正常的劳动合同用工外，劳动合同法还对劳务派遣、非全日制用工作了规定，尽可能地扩大本法的调整范围。考虑到劳动合同法是规范用人单位与劳动者之间订立劳动合同的法律规范，对一些不规范的用工，本法不好调整。所以对家庭雇工、兼职人员、返聘的离退休人员等未作规定。

三、合同订立的原则和效力

本法第三条规定了劳动合同订立的原则和劳动合同的效力。

1．劳动合同订立的原则

劳动合同订立要遵循合法原则、公平原则、平等自愿、协商一致、诚实信用的原则，其具体要求如下表所示：

劳动合同订立的三大原则

序号	原则	说明
1	合法原则	（1）劳动合同的形式要合法，如除非全日制用工外，劳动合同需要以书面形式订立，这是本法对劳动合同形式的要求。如果是口头合同，当双方发生争议，法律不承认其效力，用人单位要承担不订书面合同的法律后果 （2）劳动合同的内容要合法。本法第十七条规定了劳动合同的九项内容。有些内容，相关的法律、法规都有规定，用人单位和劳动者必须在法律规定的限度内作出具体规定，如关于劳动合同的期限，什么情况下应当订立固定期限，什么情况下应当订立无固定期限，应当符合本法的规定；关于工作时间，不得违反国家关于工作时间的规定；关于劳动报酬，不得低于当地最低工资标准；还有劳动保护，不得低于国家规定的劳动保护标准等。如果劳动合同的内容违法，劳动合同不仅不受法律保护，当事人还要承担相应的法律责任。
2	公平原则	劳动合同的内容应当公平、合理。就是在符合法律规定的前提下，劳动合同双方公正、合理地确立双方的权利和义务。有些合同内容，相关劳动法律、法规往往只规定了一个最低标准，在此基础上双方自愿达成协议，就是合法的，但有时合法的未必公平、合理。如同一个岗位，两个资历、能力都相当的人，工资收入判别很大，或者能力强的收入比能力差的还低，就是不公平。再比如用人单位提供少量的培训费用培训劳动者，却要求劳动者订立较长的服务期，而且在服务期内不提高劳动者的工资或者不按照正常工资调整机制提高工资。这些都不违反法律的强制性规定，但不合理、不公平。此外，还要注意的是用人单位不能滥用优势地位，迫使劳动者订立不公平的合同。

续表

序号	原则	说明
3	平等自愿	（1）平等：劳动者和用人单位在订立劳动合同时在法律上地位是平等的，没有高低、从属之分，不存在命令和服从、管理和被管理关系。这里讲的平等，是法律上的平等，形式上的平等，在我国劳动力供大于求的形势下，多数劳动者和用人单位的地位实际上做不到平等。但用人单位不得于用优势地位，在订立劳动合同时附加不平等的条件。 （2）自愿：指订立劳动合同完全是出于劳动者和用人单位双方的真实意志，是双方协商一致达成的，任何一方不得把自己的意志强加给另一方。自愿原则包括订不订立劳动合同由双方自愿，与谁订劳动合同由双方自愿，合同的内容双方自愿约定等。根据自愿原则，任何单位和个人不得强迫劳动者订立劳动合同。
4	协商一致	协商一致就是用人单位和劳动者要对合同的内容达成一致意见。在订立劳动合同时，用人单位和劳动者都要仔细研究合同的每项内容，进行充分的沟通和协商，解决分歧，达成一致意见。
5	诚实信用	在订立劳动合同时要诚实，讲信用。如在订立劳动合同时，双方都不得有欺诈行为。根据本法第八条的规定，用人单位招用劳动者时，应当如实告知劳动者工作内容、工作条件、工作地点、职业危害、安全生产状况、劳动报酬，以及劳动者要求了解的其他情况；用人单位有权了解劳动者与劳动合同直接相关的基本情况，劳动者应当如实说明。双方都不得隐瞒真实情况。

2．劳动合同的效力

劳动合同的效力就是劳动合同对当事人的约束力。根据本条的规定，劳动合同依法订立即具有法律效力，用人单位与劳动者应当履行劳动合同规定的义务。劳动合同依法订立，就受法律保护。非依法律规定或者征得对方同意，任何一方不得擅自变更或者解除劳动合同，否则就要承担法律责任。

劳动合同的生效时间，当事人可以在劳动合同中约定，没有约定的，应当自双方签字之日起生效。

四、用人单位规章制度

本法第四条就用人单位规章制度的建立作出了规定。

1．用人单位应当依法建立和完善劳动规章制度

用人单位的规章制度，也称为内部劳动规则，是企业内部的“法律”。规章制度内容广泛，包括了用人单位经营管理的各个方面，如：劳动合同管理、工资管理、社会保险福利待遇、工时休假、职工奖惩，以及其他劳动管理规定。用人单位制定规章制度，要严格执行国家法律、法规的规定，保障劳动者的劳动权利，督促劳动者履行劳动义务。制定规章制度应当体现权利与义务一致、奖励与惩罚结合，不得违反法律、法规的规定。否则，就会受到法律的制裁。

2．规章制度和重大事项的决定程序

规章制度的制定程序关键是要保证制定出来的规章制度内容具有民主性和科学性。规章制度的大多数内容与职工的权利密切相关，让广大职工参与规章制度的制定，可以有效地杜绝用人单位独断专行，防止用人单位利用规章制度侵犯劳动者的合法权益。

（1）平等协商的内容。

直接涉及劳动者切身利益的劳动报酬、工作时间、休息休假、劳动安全卫生、保险福利、职工培训、劳动纪律以及劳动定额管理等规章制度或者重大事项。规章制度如工作时间、休息休假、劳动安全卫生、劳动纪律以及劳动定额管理等规章制度，重大事项如劳动报酬、保险福利、职工培训等。

（2）具体制定程序。

根据本条的规定，制定规章制度或者决定重大事项，应当经职工代表大会或者全体职工讨论，提出方案和意见，与工会或者职工代表平等协商确定。所以，这个程序分为两个步骤：

①经职工代表大会或者全体职工讨论，提出方案和意见。

②与工会或者职工代表平等协商确定。

一般来说，企业建立了工会的，与企业工会协商确定；没有建立工会的，与职工代表协商确定。这种程序，可以说是“先民主，后集中”。

3．规章制度的异议程序

用人单位的规章制度既要符合法律、法规的规定，也要合理，符合社会道德。本条规定在规章制度实施过程中，工会或者职工认为用人单位的规章制度不适当的，有权向用人单位提出，通过协商作出修改完善。

4．规章制度的告知程序

直接涉及劳动者切身利益的规章制度应当公示，或者告知劳动者。关于告知的方式有很多种，如用告示栏张贴告示；把规章制度作为劳动合同的附件发给劳动者；向每个劳动者发放员工手册。无论哪种方式，只要让劳动者知道就可以。

五、关于劳动关系三方机制

本法第五条是关于劳动关系三方机制的规定。

1．关于劳动关系三方机制

劳动关系三方协商机制，也称劳动关系三方原则。根据国际劳工组织1976年144号《三方协商促进国际劳工标准公约》规定，三方机制是指政府（通常以劳动部门为代表）、雇主和工人之间，就制定和实施经济和社会政策而进行的所有交往和活动。即由政府、雇主组织和工会通过一定的组织机构和运作机制共同处理所涉及劳动关系的问题，如劳动立法、经济与社会政策的制定、就业与劳动条件、工资水平、劳动标准、职业培训、社会保障、职业安全与卫生、劳动争议处理以及对产业行为的规范与防范等。我国于1990年批准了国际劳工组织通过的《三方协商促进贯彻国际劳工标准公约》。2001年10月27日新修正的工会法第三十四条规定对三方机制作了规定，即："各级人民政府劳动行政部门应当会同同级工会和企业方面代表，建立劳动关系三方协商机制，共同研究解决劳动关系方面的重大问题。"这是目前我国推行三方协商制度的主要法律依据。2001年8月，劳动和社会保障部、全国总工会、中国企业联合会联合宣布，国家将全面启动劳动关系三方（国家、企业、职工）协商机制，以协商的形式解决劳动关系中存在的各种问题。目前全国省级和市一级的三方机制已经基本建立。三方机制正逐步向县（市、区）和产业一级延伸，全国将建立多层次的社会层面的三方协调机制，三方机制，与劳动合同制度、集体合同制度一起构成了稳定、协调和规范劳动关系的机制。

2．三方机制的组成

三方机制应当由三方组成，即由代表政府的劳动行政部门、代表职工地方总工会和代表用人单位的企业代表组织（企业联合会、企业家协会、商会等）。三方协商机制，实际上是一种平等对话的机制。政府、企业组织和工会组织三方的职能不能替代，各有侧重和相互独立，相互没有隶属关系，切实代表基层组织和会员的利益。

政府、企业组织和工会组织三方的职能

序号	组成的三方	职能
1	政府代表	工会法中明确规定政府劳动行政部门是政府的代表。
2	企业组织代表	民间的商会、个体经营者协会、青年企业家协会、女企业家协会等相继出现，作为企业方代表，它们都可以成为三方协商机制的一方。目前，在中央层面，还是由中国企业联合会作为企业方代表。
3	职工代表	代表职工参加三方机制的是各级总工会。

3．三方机制要解决的问题

根据工会法和本法的规定，三方机制解决的是劳动关系方面的重大问题。如劳动就业、劳动报酬、社会保险、职业培训、劳动争议、劳动安全卫生、工作时间和休息休假、集体合同和劳动合同等。

六、工会在劳动合同中的作用

本法第六条确定了工会在劳动合同中的作用，其主要作用是：

（1）帮助、指导劳动者与用人单位订立和履行劳动合同。

（2）与用人单位建立集体协商机制。集体协商的内容包括职工的民主管理；签订集体合同和监督集体合同的履行；涉及职工权利的规章制度的制定、修改；企业职工的劳动报酬、工作时间和休息休假、保险福利、劳动安全卫生、女职工和未成年工的特殊保护、职工培训及职工文化体育生活；劳动争议的预防和处理以及双方认为需要协商的其他事项。

有关劳动合同订立的条款解读

一、劳动关系的建立

本法第七条是关于用人单位与劳动者建立劳动关系的规定，具体规定了劳动关系的建立时间和建立职工名册备查两项内容。

1．劳动关系自用工之日起建立。

自用人单位招用劳动者从事劳动合同约定的工作之日起，劳动关系即确立。双方可以就按照约定享受权利和履行义务，接受劳动法律、法规的约束。

2．用人单位应当建立职工名册

（1）对于与本单位建立劳动关系的劳动者，用人单位应当建立职工名册，以备劳动行政部门查看。

（2）职工名册一般包括劳动者的姓名、性别、民族、出生年月、文化程度、政治面貌、职务、级别等内容。

二、劳资双方的告知义务

本法第八条规定了用人单位与劳动者的如实告知义务。所谓如实告知义务，是指在用人单位招用劳动者时，用人单位与劳动者应将双方的基本情况，如实向对方说明的义务。告知应当以一种合理并且适当的方式进行，要求能够让对方及时知道和了解。

1．用人单位的告知义务

用人单位对劳动者的如实告知义务，体现在用人单位招用劳动者时，应当如实告知劳动者以下内容：

（1）工作内容。

（2）工作条件。

（3）工作地点。

（4）职业危害。

（5）安全生产状况。

（6）劳动报酬。

以及劳动者要求了解的其他情况。这些内容是法定的并且无条件的，无论劳动者是否提出知悉要求，用人单位都应当主动将上述情况如实向劳动者说明。

除此以外，对于劳动者要求了解的其他情况，如用人单位相关的规章制度，包括用人单位内部的各种劳动纪律、规定、考勤制度、休假制度、请假制度、处罚制度以及企业内已经签订的集体合同等，用人单位都应当进行详细的说明。

2．劳动者的告知义务

劳动者的告知义务是附条件的，只有在用人单位要求了解劳动者与劳动合同直接相关的基本情况时，劳动者才有如实说明的义务。劳动者与劳动合同直接相关的基本情况包括健康状况、知识技能、学历、职业资格、工作经历以及部分与工作有关的劳动者个人情况，如家庭住址、主要家庭成员构成等。

用人单位与劳动者双方都应当如实告知另一方真实的情况，不能欺骗。如果一方向另一方提供虚假信息，将有可能导致劳动合同的无效。如：劳动者向用人单位提供虚假学历证明；用人单位未如实告知工作岗位存在患职业病的可能等，都属于本法规定的采取欺诈的手段订立的劳动合同，该劳动合同无效。

三、禁止提供担保及扣押证件

本法第九条是关于用人单位不得要求劳动者提供担保或者向劳动者收取财物，不得扣押劳动者的证件的规定。

1．用人单位违法向劳动者收取财物的情况

用人单位违法向劳动者收取财物的情况主要有两种：

（1）建立劳动关系时收取风险抵押金等项费用，对不交者不与其建立劳动关系，对交者在建立劳动关系后又与其解除劳动关系且不退还风险抵押金等项费用。

（2）建立劳动关系后全员收取风险抵押金等项费用，对不交者予以开除、辞退或者下岗。

因此，无论是在建立劳动关系之前，还是在建立劳动关系之后，只要用人单位招用劳动者，即不得要求劳动者提供担保或以其他名义向劳动者收取财物。

2．用人单位向劳动者收取财物或者扣押劳动者证件的法律责任

劳动者有权拒绝用人单位以各种形式和名义向自己收取定金、保证金（物）或抵押金（物）。本法第八十三条也规定了向劳动者收取财物或者扣押劳动者证件的法律责任，即：

（1）用人单位违反本法规定，扣押劳动者身份证等证件的，由劳动行政部门责令限期退还劳动者本人；依照有关法律规定给予处罚。

（2）用人单位违反本法规定，要求劳动者提供担保、向劳动者收取财物的，由劳动行政部门责令限期退还劳动者本人，按每一名劳动者500元以上2000元以下的标准处以罚款；给劳动者造成损害的，用人单位应当承担赔偿责任。

四、订立书面劳动合同

本法第十条是关于订立书面劳动合同的规定。

1．订立劳动合同应当采用书面形式

劳动合同作为劳动关系双方当事人权利和义务的协议，也有书面形式和口头形式之分。

我国劳动法和本法明确规定，劳动合同应当以书面形式订立。用书面形式订立劳动合同严肃慎重、准确可靠、有据可查，一旦发生争议时，便于查清事实，分清是非，也有利于主管部门和劳动行政部门进行监督检查。另外，书面劳动合同能够加强合同当事人的责任感，促使合同所规定的各项义务能够全面履行。

2．未在建立劳动关系的同时订立书面劳动合同的情况的处理

对于已经建立劳动关系，但没有同时订立书面劳动合同的情况，要求用人单位与劳动者应当自用工之日起1个月内订立书面劳动合同。

（1）根据本法规定，用人单位自用工之日起满1年不与劳动者订立书面劳动合同的，视为用人单位与劳动者已订立无固定期限劳动合同。

（2）用人单位未在用工的同时订立书面劳动合同，与劳动者约定的劳动报酬不明确的，新招用的劳动者的劳动报酬应当按照企业的或者行业的集体合同规定的标准执行；没有集体合同或者集体合同未作规定的，用人单位应当对劳动者实行同工同酬。

（3）用人单位自用工之日起超过1个月但不满1年未与劳动者订立书面劳动合同的，应当向劳动者支付二倍的月工资。

3．先订立劳动合同后建立劳动关系的情况

在现实中也有一种情况，用人单位在招用劳动者进入工作岗位之前，先与劳动者订立了劳动合同。对于这种情况，其劳动关系从用工之日起建立，其劳动合同期限、劳动报酬、试用期、经济补偿金等，均从用工之日起计算。

五、约定不明时劳动报酬如何确定

本法第十一条就约定不明时劳动报酬应当如何确定的问题作出了规定。

在实践中，有很多用人单位与劳动者已经建立了劳动关系，但并未订立劳动合同。对劳动报酬的具体事项，包括劳动报酬的金额、支付方式、支付时间等，仅仅作了口头约定，或者约定的不明确，一旦发生争议，往往无据可查，无法确定。针对这种情况，本条作了相关规定。

根据本条规定，用人单位未在用工的同时订立书面劳动合同，与劳动者约定的劳动报酬不明确的，新招用的劳动者的劳动报酬应当按照集体合同规定的标准执行。

在劳动者的劳动报酬无法确定时，用人单位应当依据本单位与其相同岗位、付出相同劳动、取得相同业绩的劳动者的工资标准，向劳动者支付劳动报酬。

六、劳动合同期限

本法第十二条对劳动合同的期限作出了规定。

1．什么是劳动合同的期限

劳动合同期限是指合同的有效时间，它一般始于合同的生效之日，终于合同的终止之时。

2．劳动合同期限的分类

根据本条规定，劳动合同期限分为固定期限、无固定期限和以完成一定工作任务为期限三种。

（1）固定期限劳动合同，是指用人单位与劳动者约定合同终止时间的劳动合同。

（2）无固定期限劳动合同，是指用人单位与劳动者约定无确定终止时间的劳动合同。

（3）以完成一定工作任务为期限的劳动合同，是指用人单位与劳动者约定以某项工作的完成为合同期限的劳动合同。

3．如何确定劳动合同期限

合理地确定劳动合同期限，对当事人双方来说，都是至关重要的。确定劳动合同期限除了坚持劳动合同订立的原则外，还要掌握这样两条原则：

（1）有利于企业发展生产的原则。订立劳动合同的期限首先必须从生产实际出发，根据企业生产和工作的需要来确定。

（2）兼顾当事人双方利益的原则。确定劳动合同期限时，不能只强调企业的生产工作需要，也应当兼顾劳动者个人利益，尊重劳动者个人意愿。

总之，当事人双方都应当处理好眼前利益和长远利益的关系，合理确定劳动合同的期限。

科学合理地确定劳动合同的期限，对于用人单位和劳动者的发展都有很大帮助。用人单位可以根据生产经营的长期规划和目标任务，对劳动力的使用进行科学预测，合理规划，使劳动合同期限能够长短并用，梯次配备，形成灵活多样的格局。劳动者可以根据自身的年龄、身体状况、专业技术水平、自身发展计划等因素，合理的选择适合自己的劳动合同期限。

七、固定期限劳动合同

本法第十三条是关于固定期限劳动合同的规定。

固定期限劳动合同，是指用人单位与劳动者约定合同终止时间的劳动合同。具体是指劳动合同双方当事人在劳动合同中明确规定了合同效力的起始和终止的时间。劳动合同期限届满，劳动关系即告终止。如果双方协商一致，还可以续订劳动合同，延长期限。固定期限的劳动合同可以是较短时间的，如半年、1年、2年，也可以是较长时间的，如5年、10年，甚至更长时间。不管时间长短，劳动合同的起始和终止日期都是固定的。具体期限由当事人双方根据工作需要和实际情况确定。

订立哪一种期限的劳动合同，应当由用人单位与劳动者双方共同协商确定。有的用人单位为了保持用工灵活性，愿意与劳动者签订短期的固定期限劳动合同。而有的劳动者为了能有一份稳定的职业和收入，更愿意与用人单位签订无固定期限劳动合同。无论双方的意愿如何，究竟签订哪一种类型的劳动合同，需要由双方协商一致后，作出一个共同的选择。只要用人单位与劳动者协商一致，没有采取胁迫、欺诈、隐瞒事实等非法手段，符合法律的有关规定，就可以订立固定期限劳动合同。

八、无固定期限劳动合同

本法第十四条是关于无固定期限劳动合同的规定。

1．什么是无固定期限劳动合同

无固定期限劳动合同，是指用人单位与劳动者约定无确定终止时间的劳动合同。

这里所说的无确定终止时间，是指劳动合同没有一个确切的终止时间，劳动合同的期限长短不能确定，但并不是没有终止时间。只要没有出现法律规定的条件或者双方约定的条件，双方当事人就要继续履行劳动合同规定的义务。一旦出现了法律规定的情形，无固定期限劳动合同也同样能够解除。

2．无固定期限劳动合同的好处

订立无固定期限的劳动合同，劳动者可以长期在一个单位或部门工作。这种合同适用于工作保密性强、技术复杂、工作又需要保持人员稳定的岗位。这种合同对于用人单位来说，有利于维护其经济利益，减少频繁更换关键岗位的关键人员而带来的损失。对于劳动者来说，也有利于实现长期稳定职业，钻研业务技术。

3．无固定期限劳动合同的订立

订立无固定期限劳动合同有两种情形。

（1）用人单位与劳动者协商一致，可以订立无固定期限劳动合同。

根据本法规定，订立劳动合同应当遵循平等自愿、协商一致的原则。只要用人单位与劳动者协商一致，没有采取胁迫、欺诈、隐瞒事实等非法手段，符合法律的有关规定，就可以订立无固定期限劳动合同。

（2）在法律规定的情形出现时，劳动者提出或者同意续订劳动合同的，应当订立无固定期限劳动合同。

根据本条规定，只要出现了本条规定的三种情形，在劳动者主动提出续订劳动合同或者用人单位提出续订劳动合同劳动者同意的情况下，就应当订立无固定期限劳动合同。这三种情形如下表所示：

应当订立无固定期限劳动合同的三种法律规定的情形

序号	法律规定的情形	说明
1	劳动者已在该用人单位连续工作满十年	指劳动者与同一用人单位签订的劳动合同的期限不间断达到10年。如有的劳动者在用人单位工作5年后，离职到别的单位去工作了两年，然后又回到了这个用人单位工作5年。虽然累计时间达到了10年，但是劳动合同期限有所间断，不符合在“该用人单位连续工作满10年”的条件。劳动者工作时间不足10年的，即使提出订立无固定期限劳动合同，用人单位也有权不接受。
2	用人单位初次实行劳动合同制度或者国有企业改制重新订立劳动合同时，劳动者在该用人单位连续工作满10年且距法定退休年龄不足10年	对于已在该用人单位连续工作满10年并且距法定退休年龄不足10年的劳动者，在订立劳动合同时，允许劳动者提出签订无固定期限劳动合同。如果一个劳动者以在该用人单位满10年，但距离法定退休年龄超过10年，则不属于本项规定的情形。
3	连续订立二次固定期限劳动合同且劳动者没有本法第三十九条规定的情形续订劳动合同	根据这一项规定，在劳动者没有本法第三十九条规定的用人单位可以解除劳动合同的情形下，如果用人单位与劳动者签订了一次固定期限劳动合同，在签订第二次固定期限劳动合同时，就意味着下一次必须签订无固定期限劳动合同。所以在第一次劳动合同期满，用人单位与劳动者准备订立第二次固定期限劳动合同时，应当作出慎重考虑。

4．如何解除无固定期限劳动合同

（1）协商解除。

无固定期限的劳动合同在履行过程中，任何一方由于某种原因希望或已提出解除劳动合同，另一方只要表示同意，双方达成一致意见，就可以依据本法第三十六条的规定解除劳动合同。

（2）依法解除。

当法律规定的可以解除劳动合同的条件出现，或当事人在合同中约定的可以解除劳动合同的条件出现，无固定期限的劳动合同就可以依法定条件或约定条件解除。如劳动者有本法第三十九条规定的情形之一出现时，用人单位就可以解除劳动合同。用人单位有本法第三十八条规定的情形之一时，劳动者就可以解除劳动合同。

由此可见，无固定期限合同并不是没有终止时间的“铁饭碗”，只要符合法律规定的条件，劳动者与用人单位都可以依法解除劳动合同。

5．如何变更无固定期限劳动合同

无固定期限劳动合同和其他类型的合同一样，也适用劳动法与本法的协商变更原则。按照劳动法的规定，用人单位与劳动者协商一致，可以变更劳动合同约定的内容。除了劳动合同期限以外，双方当事人还可以就工作内容、劳动报酬、劳动条件和违反劳动合同的赔偿责任等方面协商，进行变更。在变更合同条款时，应当按照自愿、平等原则进行协商，不能采取胁迫、欺诈、隐瞒事实等非法手段，同时还必须注意变更后的内容不违法，否则，这种变更是无效的。

6．关于视为无固定期限劳动合同

根据本条规定，用人单位自用工之日起满一年不与劳动者订立书面劳动合同的，视为用人单位与劳动者已订立无固定期限劳动合同。但需要注意的是，虽然已经视为用人单位与劳动者签订了无固定期限劳动合同，但并不代表用人单位已经与劳动者签订了劳动合同。实践中很多用人单位无视法律的规定，仍然不与劳动者订立劳动合同。对于这种情况，本法第八十二条第二款规定：“用人单位违反本法规定不与劳动者订立无固定期限劳动合同的，应当向劳动者支付二倍的月工资。”

九、以完成一定工作任务为期限的劳动合同

本法第十五条是关于以完成一定工作任务为期限的劳动合同的规定。

1．什么是以完成一定工作任务为期限的劳动合同

以完成一定工作任务为期限的劳动合同，是指用人单位与劳动者约定以某项工作的完成为合同期限的劳动合同。合同双方当事人在合同存续期间建立的是劳动关系，劳动者要加入用人单位集体，参加用人单位工会，遵守用人单位内部规章制度，享受工资福利、社会保险等待遇。

2．适用范围

一般在以下几种情况下，用人单位与劳动者可以签订以完成一定工作任务为期限的劳动合同：

（1）以完成单项工作任务为期限的劳动合同。

（2）以项目承包方式完成承包任务的劳动合同。

（3）因季节原因临时用工的劳动合同。

（4）其他双方约定的以完成一定工作任务为期限的劳动合同。

3．此类合同不得约定试用期

根据本法第十九条规定，以完成一定工作任务为期限的劳动合同或者劳动合同期限不满3个月的，不得约定试用期。只要劳动者按照劳动合同的要求完成了工作任务，就能说明劳动者胜任这份工作。

十、劳动合同的生效

本法第十六条对劳动合同的生效作出了规定。

1．什么是劳动合同生效

劳动合同的生效，是指具备有效要件的劳动合同按其意思表示的内容产生了法律效力。双方在劳动合同上签字或者盖章即代表劳动合同成立，但是劳动合同的成立并不代表着合同生效。如果双方当事人根据特定的需要，在劳动合同中对生效的期限或者条件作出特别约定的，那么当事人约定的期限或条件一旦成立，劳动合同即生效。

2．劳动合同生效的条件

一份劳动合同发生法律效力必须具备一些条件，这些条件包括：

（1）劳动合同的双方当事人必须具备法定的资格；行为能力是签订合同的任何一方必须有法律上认可的签订劳动合同的资格。通常，年满16周岁、精神正常的人是具有签订劳动合同的行为能力的。

（2）劳动合同的内容和形式必须合法，不得违反法律的强制性规定或者社会公共利益。

（3）劳动合同需由用人单位与劳动者协商一致订立。订立劳动合同的双方必须意思表示真实，任何一方采用欺诈、胁迫等手段与另一方签订的劳动合同是无效的。

3．劳动合同文本由用人单位和劳动者各执一份

本法规定，劳动合同文本应当由用人单位和劳动者各执一份。用人单位不得以种种理由拒绝将属于劳动者本人的劳动合同归还劳动者，这种做法直接侵害了劳动者的合法权益，是不合法的。

4．劳动合同的生效时间

《劳动部关于实行劳动合同制度若干问题的通知》第五条指出：“劳动合同可以规定合同的生效时间。没有规定劳动合同生效时间的，当事人签字之日即视为该劳动合同生效时间。”在大多数情况下，劳动合同成立和生效是在同时的。

当事人签字或者盖章时间不一致的，以最后一方签字或者盖章的时间为准。如果有一方没有写签字时间，那么另一方写明的签字时间就是合同的生效时间。劳动合同当事人应当按照合同约定的起始时间履行劳动合同。

有时劳动合同约定的起始时间与实际履行的起始时间会不一致，这时则应按双方当事人实际履行劳动合同的起始时间确认。当事人对劳动合同的生效作出的其他约定，不得违背法律法规的规定。

5．劳动合同的无效

劳动合同的无效有两点需要注意：

（1）劳动合同部分无效，不影响其他部分效力的，其他部分仍然有效。

（2）劳动合同的无效或者部分无效要由劳动争议仲裁机构或者人民法院确认。这一点常常被忽视。由于普通人对于无效原因的理解会发生偏差，法律将确认无效的权利限制了仲裁和诉讼，从而保障劳动合同双方当事人的合法权益。

十一、劳动合同的必备条款和约定条款

本法第十七条规定了劳动合同的必备条款以及用人单位与劳动者可以协商约定的事项。

1．劳动合同的必备条款

劳动合同的必备条款是指法律规定的劳动合同必须具备的内容。在法律规定了必备条款的情况下，如果劳动合同缺少此类条款，劳动合同就不能成立。劳动合同的必备条款如下表所述：

劳动合同的必备条款

序号	必备条款	说明
1	用人单位的名称、住所和法定代表人或者主要负责人	明确劳动合同中用人单位一方的主体资格，确定劳动合同的当事人。
2	劳动者的姓名、住址和居民身份证或者其他有效证件号码	明确劳动合同中劳动者一方的主体资格，确定劳动合同的当事人。
3	劳动合同期限	即劳动合同的有效期限。劳动合同期限可分为固定期限、无固定期限和以完成一定工作任务为期限。
4	工作内容	工作内容是指工作岗位和工作任务或职责。这一条款是劳动合同的核心条款之一，是建立劳动关系的极为重要的因素。劳动合同中的工作内容条款应当规定的明确具体，便于遵照执行。

续表

序号	必备条款	说明
5	工作地点	工作地点是指劳动合同的履行地，是劳动者从事劳动合同中所规定的工作内容的地点，它关系到劳动者的工作环境、生活环境以及劳动者的就业选择，劳动者有权在与用人单位建立劳动关系时知悉自己的工作地点，所以这也是劳动合同中必不可少的内容。
6	工作时间	工作时间是指劳动者在企业、事业、机关、团体等单位中，必须用来完成其所担负的工作任务的时间。一般由法律规定劳动者在一定时间内（工作日、工作周）应该完成的工作任务，以保证最有效地利用工作时间，不断的提高工作效率。这里的工作时间包括工作时间的长短、工作时间方式的确定，如是8小时工作制还是6小时工作制，是日班还是夜班，是正常工时还是实行不定时工作制，或者是综合计算工时制。在工作时间上的不同，对劳动者的就业选择、劳动报酬等均有影响，因此成为劳动合同不可缺少的内容。
7	休息休假	休息休假是指企业、事业、机关、团体等单位的劳动者按规定不必进行工作，而自行支配的时间。休息休假的权利是每个国家的公民都应享受的权利。休息休假的具体时间根据劳动者的工作地点、工作种类、工作性质、工龄长短等各有不同，用人单位与劳动者在约定休息休假事项时应当遵守劳动法及相关法律法规的规定。
8	劳动报酬	劳动报酬主要包括以下几个方面： （1）用人单位工资水平、工资分配制度、工资标准和工资分配形式。 （2）工资支付办法。 （3）加班、加点工资及津贴、补贴标准和奖金分配办法。 （4）工资调整办法。 （5）试用期及病、事假等期间的工资待遇。 （6）特殊情况下职工工资（生活费）支付办法。 （7）其他劳动报酬分配办法。劳动合同中有关劳动报酬条款的约定，要符合我国有关最低工资标准的规定。
9	社会保险	社会保险一般包括医疗保险、养老保险、失业保险、工伤保险和生育保险。社会保险由国家强制实施，因此成为劳动合同不可缺少的内容。

续表

序号	必备条款	说明
10	劳动保护	劳动保护是指用人单位为了防止劳动过程中的安全事故，采取各种措施来保障劳动者的生命安全和健康。在劳动生产过程中，存在着各种不安全、不卫生因素，如不采取措施加以保护，将会发生工伤事故。如矿井作业可能发生瓦斯爆炸、冒顶、片帮、水火灾害等事故；建筑施工可能发生高空坠落、物体打击和碰撞等。所有这些，都会危害劳动者的安全健康，妨碍工作的正常进行。国家为了保障劳动者的身体安全和生命健康，通过制定相应的法律和行政法规、规章，规定劳动保护，用人单位也应根据自身的具体情况，规定相应的劳动保护规则，以保证劳动者的健康和安全。
11	劳动条件	劳动条件，主要是指用人单位为使劳动者顺利完成劳动合同约定的工作任务，为劳动者提供必要的物质和技术条件，如必要的劳动工具、机械设备、工作场地、劳动经费、辅助人员、技术资料、工具书以及其他一些必不可少的物质、技术条件和其他工作条件。
12	职业危害防护	职业危害是指用人单位的劳动者在职业活动中，因接触职业性有害因素如粉尘、放射性物质和其他有毒、有害物质等而对生命健康所引起的危害。根据职业病防治法第三十条的规定，用人单位与劳动者订立劳动合同时，应当将工作过程中可能产生的职业病危害及其后果、职业病防护措施和待遇等如实告知劳动者，并在劳动合同中写明，不得隐瞒或者欺骗。

2．可以在劳动合同中约定的事项

对于某些事项，法律不做强制性规定，由当事人根据意愿选择是否在合同中约定，劳动合同缺乏这种条款不影响其效力。这种条款可以称之为可备条款。根据劳动法第十九条第二款规定，劳动合同除必备条款外，当事人可以协商约定其他内容。本条第二款规定："劳动合同除前款规定的必备条款外，用人单位与劳动者可以协商约定试用期、培训、保守商业秘密、补充保险和福利待遇等其他事项。"这里所规定的"试用期、培训、保守商业秘密、补充保险和福利待遇"都属于法定可备条款。

法定可备条款的项目及内容说明

序号	条款项目	说明
1	试用期	试用期是指对新录用的劳动者进行试用的期限。用人单位与劳动者可以在劳动合同中就试用期的期限和试用期期间的工资等事项作出约定，但不得违反本法有关试用期的规定。具体请见本法第十九条、第二十条、第二十一条。
2	培训	企业应建立健全职工培训的规章制度，根据本单位的实际对职工进行在岗、转岗、晋升、转业培训，对新录用人员进行上岗前的培训，并保证培训经费和其他培训条件。职工应按照国家规定和企业安排参加培训，自觉遵守培训的各项规章制度，并履行培训合同规定的各项义务，服从单位工作安排，搞好本职工作。
3	保守商业秘密	商业秘密是不为大众所知悉，能为权利人带来经济利益，具有实用性并经权利人采取保密措施的技术信息和经营信息。在激烈的市场竞争中，任何一个企业生产经营方面的商业秘密都十分重要。在市场经济条件下，企业用人和劳动者选择职业都有自主权，有的劳动者因工作需要，了解或掌握了本企业的技术信息或经营信息等资料，如果企业事先不向劳动者提出保守商业秘密、承担保密义务的要求，有的劳动者就有可能带着企业的商业秘密另谋职业，通过擅自泄露或使用原企业的商业秘密，以谋取更高的个人利益，如果没有事先约定，企业往往难以通过法律讨回公道，从而使企业遭受重大经济损失。因此，用人单位可以在合同中就保守商业秘密的具体内容、方式、时间等，与劳动者约定，防止自己的商业秘密被侵占或泄露。
4	补充保险	补充保险是指除了国家基本保险以外，用人单位根据自己的实际情况为劳动者建立的一种保险，它用来满足劳动者高于基本保险需求的愿望，包括补充医疗保险、补充养老保险等。补充保险的建立依用人单位的经济承受能力而定，由用人单位自愿实行，国家不作强制的统一规定，只要求用人单位内部统一。用人单位必须在参加基本保险并按时足额缴纳基本保险费的前提下，才能实行补充保险。
5	福利待遇	福利待遇包括住房补贴、通信补贴、交通补贴、子女教育等。不同的用人单位福利待遇也有所不同，福利待遇已成为劳动者就业选择的一个重要因素。

社会生活千变万化，劳动合同种类和当事人的情况也非常复杂，法律只能对劳动合同的条款进行概括，无法穷尽劳动合同的所有内容，当事人也可以根据需要在法律规定的可备条款之外对有关条款作新的补充性约定。

十二、劳动报酬、劳动条件等标准约定不明确的规定

本法第十八条是关于劳动报酬和劳动条件等标准约定不明确的情况的规定。

1．事项约定不明的情况

用人单位与劳动者虽然订立了劳动合同，但其中关于劳动报酬和劳动条件的标准约定的不明确，会引发争议。事先约定不明的情况通常有：

（1）劳动报酬的约定不明。

（2）劳动条件的约定不明。

（3）劳动合同期限、工作内容、工作地点、社会保险等事项约定不明。

根据本法有关变更劳动合同的规定，用人单位与劳动者协商一致，可以变更劳动合同约定的内容。在劳动报酬与劳动条件等标准约定不明确从而引发争议的情况下，用人单位与劳动者可以就这些不明确的事项重新进行协商，通过变更劳动合同，重新加以明确。用人单位与劳动者重新约定不明确事项的，应当采用书面形式。

2．重新协商不成的情况

如果用人单位与劳动者无法达成一致，不能重新确定劳动报酬和劳动条件等标准，劳动合同中约定不明的事项，适用集体合同中约定的标准。企业职工一方与用人单位通过平等协商，就劳动报酬、工作时间、休息休假、劳动安全卫生、保险福利等事项订立了集体合同，依法订立的集体合同对用人单位和劳动者具有约束力。根据本法规定，集体合同中劳动条件和劳动报酬等标准不得低于当地人民政府规定的最低标准。对于约定不明确又协商不成的事项，用人单位与劳动者应当适用集体合同的规定。

3．没有集体合同或集体合同未规定劳动报酬的情况

有的企业、行业、区域内并没有集体合同，或是虽然有集体合同但其中并没有关于劳动报酬的约定，在这种情况下，用人单位在确定劳动者报酬时应当遵循同工同酬的原则。劳动法第四十六条规定，工资分配应当遵循按劳分配原则，实行同工同酬。即用人单位应当依照同等岗位、付出等量劳动且取得相同劳动业绩的其他劳动者的劳动报酬标准，向劳动者支付劳动报酬。

4．没有集体合同或集体合同未规定劳动条件等的情况

在没有集体合同或是集体合同没有约定劳动条件等标准的情况下，应当按照国家有关规定来确定相应事项的标准。

除了劳动法，还有很多其他法律、法规对劳动条件等事项作出了相关规定。如国务院《工厂安全卫生规程》第七条规定："建筑物必须坚固安全，如果有损坏或者危险的象征，应该立即修理。"国务院《建筑安装工程安全技术规程》第八条规定："遇有六级以上强风的时候，禁止露天进行起重工作和高空作业。"对于工作时间约定不明的情况，可

以按照《国务院关于职工工作时间的规定》的规定执行；对于职业危害防护约定不明的情况，可以适用《中华人民共和国职业病防治法》、《职业病范围和职业病患者处理办法的规定》的有关规定。

十三、试用期的规定

本法第十九条对试用期作出了规定。

1．限制性规定

在用工过程中，目前滥用试用期侵犯劳动者权益的现象比较普遍，劳动合同法针对滥用试用期、试用期过长问题作出了有针对性的规定。

（1）限定试用期最短期限并予以细化。

限定能够约定试用期的固定期限劳动合同的最短期限，并且在劳动法规定试用期最长不得超过6个月的基础上，根据劳动合同期限的长短，将试用期细化。具体规定是：

①劳动合同期限在3个月以上的，可以约定试用期。也就是说，固定期限劳动合同能够约定试用期的最低起点是3个月。

②劳动合同期限1年以上3年以下的，试用期不得超过2个月。

③3年以上固定期限和无固定期限的劳动合同试用期不得超过6个月。

这是针对用人单位不分情况，一律将试用期约定为6个月，劳动合同法的具体措施。

（2）同一用人单位与同一劳动者只能约定一次试用期。

（3）为遏制用人单位短期用工现象，不能所有劳动合同都可约定试用期。以完成一定工作任务为期限的劳动合同或者劳动合同期限不满3个月的，不得约定试用期。

（4）劳动合同仅约定试用期或者劳动合同期限与试用期相同的，试用期不成立，该期限为劳动合同期限。

2．与试用期有关的问题

在试用期问题上，需要强调以下几点：

（1）试用期是一个约定的条款，如果双方没有事先约定，用人单位就不能以试用期为由解除劳动合同。

（2）同时劳动合同法限定了试用期的约定条件，劳动者在试用期间应当享有全部的劳动权利，这些权利包括取得劳动报酬的权利、休息休假的权利、获得劳动安全卫生保护的权利、接受职业技能培训的权利、享受社会保险和福利的权利、提请劳动争议处理的权利以及法律规定的其他劳动权利。还包括依照法律规定，通过职工大会、职工代表大会或者其他形式，参与民主管理或者就保护劳动者合法权益与用人单位进行平等协商的权利。不能因为试用期的身份而加以限制，与其他劳动者区别对等。

（3）试用期包括在劳动合同期限内。也就是说，不管劳动合同双方当事人订立的是

1年期限的劳动合同，还是3年、5年期限的劳动合同，如果约定了试用期，劳动合同期限的前一段期限（比如可能是3天、5天或者一个星期，可能是1个月或者2个月）是试用期，试用期是包括在整个劳动合同期限里。不管试用期之后是订立劳动合同还是不订立劳动合同，都不允许单独约定试用期。

（4）劳动合同法关于试用期的规定体现了劳动合同双方当事人权利义务的大体平等。如关于劳动合同的解除中规定，劳动者在试用期内可以通知用人单位解除劳动合同；劳动者在试用期期间被证明不符合录用条件的，用人单位也可以解除劳动合同。

（5）有的用人单位为了规避法律，约定试岗、适应期、实习期，这些都是变相的试用期，其目的无非是为了将劳动者的待遇下调，方便解除劳动合同。为了保护劳动者的合法权益，应当明确这些情形按照试用期对待。

十四、试用期工资

本法第二十条是关于试用期工资的规定。对本条的理解，应把握以下几点：

（1）劳动者和用人单位劳动合同双方当事人在劳动合同里约定了试用期工资，而约定的试用期工资又高于本条规定的标准的，按约定执行。

（2）约定试用期工资应当体现同工同酬的原则。

（3）劳动者在试用期的工资，本条实际上规定了两个最低标准：其一，不得低于本单位同岗位最低档工资；其二，劳动合同约定工资的80%。这就存在着按哪一个标准执行的问题，正确的理解应当是条文里两者相比取其高。

（4）劳动者在试用期的工资不得低于用人单位所在地的最低工资标准。

十五、试用期解除劳动合同的限制

本法第二十一条是关于试用期解除劳动合同限制的规定。

试用期用人单位随意解除劳动合同的现象严重。有些单位利用试用期解除劳动合同相对容易的情况，任意解除，走马观花式地更换试用人员。为遏制部分用人单位恶意使用试用期，劳动合同法做出了针对性规定，在试用期中，除有证据证明劳动者不符合录用条件外，用人单位不得解除劳动合同。用人单位在试用期解除劳动合同的，应当向劳动者说明理由。

这意味着用人单位在试用期中，要解除与劳动者的劳动合同，必须有证据、有理由，证明劳动者哪些方面不符合录用条件，为什么不合格。如果用人单位恶意使用劳动者，不尽应尽的义务，劳动者诉诸法律时，用人单位要承担败诉的风险。

十六、提供专项培训的服务期约定

本法第二十二条就用人单位为劳动者提供专项培训费用而约定服务期的问题作出规定。

1．约定服务期的培训需具备的条件

可以与该劳动者订立协议，约定服务期的培训是有严格的条件的。

（1）用人单位提供专项培训费用。

（2）对劳动者进行的是专业技术培训。包括专业知识和职业技能。比如从国外引进一条生产线或一个项目，必须有能够操作的人，为此，把劳动者送到国外去培训，回来以后担任这项工作，这个培训就是本条所指的培训。

（3）培训的形式，可以是脱产的、半脱产的，也可以是不脱产的。

2．违约金的约定

用人单位与劳动者要依法约定违约金，主要包含两层意思：

（1）违约金是劳动合同双方当事人约定的结果。

劳动者违反服务期约定的，应当按照约定向用人单位支付违约金。体现了合同中的权利义、务对等原则，所谓“对等”，是指享有权利，同时就应承担义务，而且，彼此的权利、义务是相应的。这要求当事人所取得财产、劳务或工作成果与其履行的义务大体相当。

（2）用人单位与劳动者约定违约金时不得违法。

即约定违反服务期违约金的数额不得超过用人单位提供的培训费用。违约时，劳动者所支付的违约金不得超过服务期尚未履行部分所应分摊的培训费用。

关于违约金的数额，本条第二款中规定，违反服务期约定的违约金的数额不得超过用人单位提供的培训费用。违约时，劳动者所支付的违约金不得超过服务期尚未履行部分所应分摊的培训费用。体现了劳动法侧重于保护劳动者的立法宗旨。

3．关于服务期的年限

本条没有对服务期的年限做出具体规定。应当理解为服务期的长短可以由劳动合同双方当事人协议确定，但是，用人单位在与劳动者协议确定服务期年限时要遵守两点：

（1）要体现公平合理的原则，不得滥用权利。

（2）用人单位与劳动者约定的服务期较长的，用人单位应当按照工资调整机制提高劳动者在服务期间的劳动报酬。

十七、保密义务和竞业限制

本法第二十三条是关于劳动者的保密义务和竞业限制的规定。

本条规定，对负有保守用人单位商业秘密义务的劳动者，用人单位可以在劳动合同或者保密协议中与劳动者约定竞业限制条款。在劳动合同解除后，不得使用或者披露信息的义务包含生产的秘密环节，以及足以构成商业秘密的其他信息。

要确定究竟哪些信息在劳动合同解除后，劳动者仍然负有不得披露和使用商业秘密的义务，必须考虑以下因素：

1．劳动性质

如果劳动过程中要经常性地处理秘密文件，劳动者显然要承担比一般劳动者更多的忠诚义务。也就是说，除了信息类型的限制之外，劳动者的身份和职位也会影响到竞业禁止条款的效力。如果劳动者在劳动过程中由于同客户的接触获知了客户相关的特别信息，用人单位自然可以合法地使用行业限制条款禁止该劳动者在劳动合同终止后拉拢客户。这一原则非常普遍地适用于各种行业。

2．信息本身的性质

即用人单位是否使劳动者意识到信息的保密性。虽然用人单位只是单方面声称某些信息是保密信息本身并不充分，但是用人单位对待这些信息的态度可以帮助确定信息的性质。

十八、竞业限制的范围

本法第二十四条是关于竞业限制的范围的规定。

竞业限制的实施客观上限制了劳动者的就业权，进而影响了劳动者的生存权，因此其存在仅能以协议的方式确立。比如，竞业限制的范围、地域、期限由用人单位与劳动者约定。尽管用人单位因此支付一定的代价，但一般而言，该代价不能完全弥补劳动者因就业限制而遭受的损失。因此，为了保护劳动者的合法权益，在强调约定的同时对竞业限制进行了必要的限制：

1．人员

竞业限制的人员限于用人单位的高级管理人员、高级技术人员和其他知悉用人单位商业秘密的人员。实际上限于知悉用人单位商业秘密和核心技术的人员，不可能面对每个劳动者，企业每人给一份经济补偿金也无力承受。

2．竞业限制的范围

竞业限制的范围要界定清楚。由于竞业限制了劳动者的劳动权利，竞业限制一旦生效，劳动者要么改行要么赋闲在家，因此不能任意扩大竞业限制的范围。鉴于商业秘密的范围可大可小，如果任由用人单位来认定，难免有被扩大之虞。原则上，竞业限制的范围、地域应当以能够与用人单位形成实际竞争关系的地域为限。

3．约定竞业限制必须是保护合法权益所必需

竞业限制的实施必须以正当利益的存在为前提。必须是保护合法权益所必需。首先是存在竞争关系，最重要的是不能夸大商业秘密的范围，劳动者承担义务的范围被无限制的扩张，损害劳动者的合法权益。

4．竞业限制的期限

在解除或者终止劳动合同后，受竞业限制约束的劳动者到与本单位生产或者经营同类产品、业务的有竞争关系的其他用人单位，或者自己开业生产或者经营与本单位有竞争关系的同类产品、业务的期限不得超过2年。

十九、违约金

本法第二十五条是关于用人单位不得与劳动者约定由劳动者承担的违约金。

违约金，也称违约罚款，是指合同当事人约定在一方不履行合同时向另一方支付一定数额的货币。违约金可分为赔偿性违约金和惩罚性违约金。

除本法第二十二条和第二十三条规定的情形外，用人单位不得与劳动者约定由劳动者承担违约金。

二十、劳动合同的无效

本法第二十六条是关于劳动合同无效的规定。

无效的劳动合同是指由当事人签订成立而国家不予承认其法律效力的劳动合同。一般合同一旦依法成立，就具有法律约束力，但是无效合同即使成立，也不具有法律约束力，不发生履行效力。

1．导致劳动合同无效的原因

导致劳动合同无效有以下几方面的原因，如下表所示：

劳动合同无效的原因

序号	原因	表现形式
1	劳动合同因违反国家法律、行政法规的强制性规定而无效	（1）用人单位和劳动者中的一方或者双方不具备订立劳动合同的法定资格的，如签订劳动合同的劳动者一方必须是具有劳动权利能力和劳动行为能力的公民，企业与未满十六周年的未成年人订立的劳动合同就是无效的劳动合同（国家另有规定的除外）。 （2）劳动合同的内容直接违反法律、法规的规定，如劳动者与矿山企业在劳动合同中约定的劳动保护条件不符合《矿山案例法》的有关规定，他们所订立的劳动合同是无效的。 （3）劳动合同因损害国家利益和社会公共利益而无效。民法通则第五十八条第五项确立了社会公共利益的原则，违反法律或者社会公共利益的民事行为无效。
2	订立劳动合同因采取欺诈手段而无效	（1）在没有履行能力的情况下，签订合同。如根据劳动法的规定，从事特种作业的劳动者必须经过专门培训并取得特种作业资格。应聘的劳动者并没有这种资格，提供了假的资格证书。 （2）行为人负有义务向他方如实告知某种真实情况而故意不告知的。

续表

序号	原因	表现形式
3	订立劳动合同因采取威胁手段而无效	威胁是指当事人以将要发生的损害或者以直接实施损害相威胁，一方迫使另一方处于恐怖或者其他被胁迫的状态而签订劳动合同，可能涉及生命、身体、财产、名誉、自由、健康等方面。
4	用人单位免除自己的法定责任、排除劳动者的权利的劳动合同无效	劳动合同简单化，法定条款缺失，仅规定劳动者的义务，有的甚至规定“生老病死都与企业无关”，“用人单位有权根据生产经营变化及劳动者的工作情况调整其工作岗位，劳动者必须服从单位的安排”等霸王条款。

2．是否有效的判定机构

劳动合同是否有效，须由劳动争议仲裁机构或者人民法院确认，其他任何部门或者个人都无权认定无效劳动合同。

二十一、劳动合同的部分无效

本法第二十七条是关于劳动合同部分无效的规定。

无效的合同可分部分无效合同和全部无效的合同。部分无效合同是指有些合同条款虽然违反法律规定，但并不影响其他条款效力的合同。有些劳动合同就内容看，不是全部无效，而是部分无效，即劳动合同中的某一部分条款不发生法律效力。

1．部分无效的意思

在部分无效的劳动合同中，无效条款如不影响其他部分的效力，其他部分仍然有效，对双方当事人有约束力。这包含两层意思：

（1）如果认定合同的某些条款无效，该部分内容与合同的其他内容相比较，应当是相对独立的，该部分与合同的其他部分具有可分性，也就是本条所说的，合同无效部分不影响其他部分的效力。如果部分无效的条款与其他条款具有不可分性，或者当事人约定某合同条款为合同成立生效的必要条款，那么该合同的部分无效就会导致整个合同的无效，而不能确认该部分无效时，另一部分合同内容又保持其效力。

（2）如果合同的目的是违法的，或者根据诚实信用和公平原则，剩余部分的合同内容的效力对当事人已没有任何意义或者不公平合理的，合同应全部确认为无效。

2．部分无效的劳动合同的表现

部分无效的劳动合同通常表现为，如未经批准不得辞职；加班不给加班费；工作受伤自己负责，等等。

3．是否有效的判定机构

劳动合同是否有效，由劳动争议仲裁机构或者人民法院确认，其他任何部门或者个人都无权认定无效劳动合同。

二十二、劳动合同无效后劳动报酬的支付

本法第二十八条是劳动合同无效后劳动报酬如何支付的规定。

1．劳动合同无效后劳动报酬支付的要求

为了适应劳动合同的特殊性，劳动合同被确认无效，劳动者已付出劳动的，用人单位应当向劳动者支付劳动报酬。包括无营业执照经营的单位被依法处理，该单位的劳动者已经付出劳动的，由被处理的单位或者其出资人向劳动者支付劳动报酬。用人单位与劳动者有恶意串通，损害国家利益、社会公共利益或者他人合法权益的情形除外。

2．劳动合同无效后劳动报酬的数额

劳动报酬的数额，参考用人单位同类岗位劳动者的劳动报酬确定；用人单位无同类岗位的，按照本单位职工平均工资确定。如果双方约定的报酬高于用人单位同岗位劳动者工资水平的，除当事人恶意串通侵害社会公共利益的情况外，劳动者已经给付劳动的，劳动报酬按照实际履行的内容确认。

对因用人单位的过错导致劳动合同无效的，不仅要求用人单位支付劳动报酬、社会保险、经济补偿以及其他劳动者应享受的待遇，同时还要对其给予相应的制裁。本法在法律责任中规定：订立的劳动合同依照本法规定被确认无效的，劳动行政部门可以处以500元以上20000元以下罚款；因为用人单位的过错给劳动者造成损害的，应当承担赔偿责任。在合同被确认无效后，一般都会产生损害赔偿的责任。在合同被确认无效后，如果因为劳动者的过错导致劳动合同的无效而给用人单位造成损失的，劳动者应当赔偿用人单位的财产损失。体现了保护劳动合同无效无过错方合法权益的原则。

劳动合同的履行和变更

一、合同的全面履行

本法第二十九条是关于劳动合同要全面履行的规定：用人单位与劳动者应当按照劳动合同的约定全面履行各自的义务。具体而言，劳动合同的协作履行要求双方应当做到：

（1）当事人双方首先应按照劳动合同的约定和劳动纪律的规定，履行自己应尽的义务，并为对方履行义务创造条件。

（2）当事人双方应互相关心，通过生产经营管理和民主管理，互相督促，发现问题及时协商解决。

（3）无论是用人单位还是劳动者遇到问题时，双方应在法律允许的范围内尽力给予对方帮助，协助对方尽快解决问题。

（4）劳动者违纪，用人单位应依法进行教育，帮助劳动者改正；用人单位违约，劳动者要及时发现问题，尽快协助纠正，并设法防止和减少损失。

（5）在履行过程中发生了劳动争议，当事人双方都应从大局出发，根据本法和劳动法等法律法规的有关规定，结合实际情况，及时协商解决，从而建立起和谐稳定的劳动关系。

二、劳动报酬的支付

本法第三十条对用人单位支付劳动报酬的问题作出了规定。本条是对劳动者劳动报酬权的保护。

1．劳动报酬的组成部分

劳动报酬指劳动者为用人单位提供劳务而获得的各种报酬。用人单位在生产过程中支付给劳动者的全部报酬包括三部分：

（1）货币工资。用人单位以货币形式直接支付给劳动者的各种工资、奖金、津贴、补贴等。

货币工资的涵盖范围

序号	类别	说明
1	工资	根据国家统计局1990发布的《关于工资总额组成的规定》，一般包括计时工资、计件工资、奖金、津贴和补贴、延长工作时间的工资报酬以及特殊情况下支付的工资等。其中，计时工资是指按计时工资标准（包括地区生活费补贴）和工作时间支付给个人的劳动报酬。计件工资是指对已做工作按计件单价支付的劳动报酬。
2	奖金	是指支付给劳动者的超额劳动报酬和增收节支的劳动报酬。
3	津贴和补贴	是指为了补偿劳动者特殊或者额外的劳动消耗和因其他特殊原因支付给劳动者的津贴，以及为了保证劳动者工资水平不受物价变化影响支付给劳动者的各种补贴。 （1）延长工作时间的劳动报酬是指劳动者在法定的标准工作时间之外超时劳动所获得的额外的劳动报酬，即加班费。 （2）特殊情况下支付的工资主要包括根据国家法律、法规和政策规定，在病假、事假和一些特殊休假期间及停工学习、执行国家或者社会义务时支付的工资和附加工资、保留工资。

（2）实物报酬。即用人单位以免费或低于成本价提供给劳动者的各种物品和服务等。

（3）社会保险。指用人单位为劳动者直接向政府和保险部门支付的失业、养老、人身、医疗、家庭财产等保险金。

2．不属于工资范围的劳动收入

根据《劳动部关于贯彻执行〈中华人民共和国劳动法〉若干问题的意见》的规定，工资是劳动者劳动收入的主要组成部分。但劳动者的以下劳动收入不属于工资的范围：

（1）单位支付给劳动者个人的社会保险福利费用，如丧葬抚恤救济费、生活困难补助费、计划生育补贴等。

（2）劳动保护方面的费用，如用人单位支付给劳动者的工作服、解毒剂、清凉饮料费用等。

（3）按规定未列入工资总额的各种劳动报酬及其他劳动收入，如根据国家规定发放的创造发明奖、国家星火奖、自然科学奖、科学技术进步奖、合理化建议和技术改进奖、中华技能大奖等，以及稿费、讲课费、翻译费等。

3．用人单位向劳动者发放劳动报酬需要遵守有关国家规定

结合各种灵活多变的用工形式，本法允许用人单位和劳动者双方在法律允许的范围内对劳动报酬的金额、支付时间、支付方式等进行平等协调，在劳动合同中约定一种对当事人而言更切合实际的劳动报酬制度。同时，用人单位向劳动者发放劳动报酬还要遵守国家有关规定，主要有：

用人单位向劳动者发放劳动报酬需要遵守的国家规定

序号	必须遵守的规定	说明
1	最低工资制度	（1）劳动法第四十八条规定了国家实行最低工资保障制度，用人单位支付劳动者的工资不得低于当地的最低工资标准。最低工资不包括延长工作时间的工资报酬，以货币形式支付的住房和用人单位支付的伙食补贴，中班、夜班、高温、低温、井下、有毒、有害等特殊工作环境和劳动条件下的津贴以及国家法律、法规、规章规定的社会保险福利待遇。 （2）在劳动合同中约定的劳动者在未完成劳动定额或者承包任务的情况下，用人单位可低于最低工资标准支付劳动者工资的条款不具有法律效力；劳动者与用人单位形成或者建立劳动关系后，试用、熟练、见习期内在法定工作时间内提供了正常劳动，其所在的用人单位应当支付其不低于最低工资标准的工资。当然，企业下岗待工人员，由企业依据当地政府的有关规定支付其生活费，生活费可以低于最低工资标准。

续表

序号	必须遵守的规定	说明
2	工资应当以货币形式发放	我国劳动法第五十条明确规定了，工资应当以货币形式支付给劳动者。根据劳动法的这一规定，工资应当以法定货币支付，不得以发放实物或有价证券等形式代替货币支付。
3	劳动者加班费	用人单位应当严格按照劳动法的有关规定支付劳动者加班费。
4	特殊情况下，劳动者也应取得工资支付	（1）劳动者依法参加社会活动期间的工资支付。比如劳动者在法定工作时间内参加乡（镇）、区以上政府、党派、工会、共青团、妇联等组织召开的会议；依法行使选举权与被选举权；出席劳动模范、先进工作者大会等。 （2）非因劳动者原因停工期间的工资支付。非因劳动者原因造成用人单位停工、停产在一个工资支付周期内，用人单位应按劳动合同规定的标准支付劳动者工资。超过一个工资支付周期的，若劳动者提供了正常劳动，则支付劳动者的劳动报酬不得低于当地最低工资标准；若劳动者没有提供正常劳动，则按照国家有关规定办理。 （3）劳动者休假期间的工资支付。劳动者依法享受年休假期间，用人单位应按劳动合同规定的标准支付劳动者工资。 （4）劳动者在法定休假日的工资支付。法定休假日，用人单位应当支付劳动者工资。 （5）劳动者在享受探亲假期间的工资支付。劳动者在国家的规定探亲休假期内探亲的，用人单位应按劳动合同规定的标准支付劳动者工资。 （6）婚丧假期间的工资支付。婚丧假是指劳动者本人结婚假期或者直系亲属死亡的丧事假期。一般为1—3天，不在一地的，可根据路程远近给予路程假。在此期间工资照发。 （7）产假期间的工资支付。另外，为了鼓励计划生育，有关法律法规对产假间的工资发放也作相应规定。

4．用人单位应当及时支付劳动报酬

依照劳动法和其他有关规定，用人单位应当每月至少发放一次劳动报酬。

（1）实行月薪制的用人单位，工资必须按月发放。

（2）实行小时工资制、日工资制、周工资制的用人单位的工资也可以按小时、按日或者按周发放。

（3）超过用人单位与劳动者约定的支付工资的时间发放工资的即构成拖欠劳动者劳动报酬的违法行为，应当依照本法和其他有关法律法规承担一定的法律责任。

5．用人单位应当足额向劳动者支付劳动报酬

工资不得随意扣除，企业不得将扣发工资作为处理职工的一种处罚性手段。不支付或者未足额支付劳动报酬的，则构成劳动法“克扣”劳动者工资的行为，是依照本法和有关法律法规应受处罚的行为。

6．用人单位拖欠或者未足额发放劳动报酬，劳动者的救济途径

本条第二款规定了用人单位拖欠或者未足额发放劳动报酬的，劳动者可以依法向当地人民法院申请支付令。

根据本法和民事诉讼法的有关规定，用人单位拖欠或者未足额发放劳动报酬的，劳动者与用人单位之间没有其他债务纠纷且支付令能够送达用人单位的，劳动者可以向有管辖权的基层人民法院申请支付令。

（1）劳动者在申请书中应当写明请求给付劳动报酬的金额和所根据的事实、证据。

（2）劳动者提出申请后，人民法院应当在5日内通知其是否受理。

（3）人民法院受理申请后，经审查劳动者提供的事实、证据，对工资债权债务关系明确、合法的，应当在受理之日起15日内向用人单位发出支付令。

（4）人民法院经审查认为劳动者的申请不成立的，可以裁定予以驳回。

（5）用人单位应当自收到支付令之日起15日内清偿债务，或者向人民法院提出书面异议。

（6）用人单位在前款规定的期间不提出异议又不履行支付令的，劳动者可以向人民法院申请强制执行。

（7）人民法院收到用人单位提出的书面异议后，应当裁定终结支付令这一督促程序，支付令自行失效，劳动者可以依据有关法律的规定提出调解、仲裁或者起诉。

三、加班

本法第三十一条是关于用人单位安排劳动者加班的限制规定。本条规定了三层意思：

1．用人单位不得强迫劳动者加班

为了保障公民的休息权，劳动法规定了完整的工作时间和休息休假制度，本条的规定，是对劳动法的工作时间和休息休假制度的补充。

目前，我国的工作时间和休息休假制度，主要体现为以下三个方面：

（1）实行劳动者8小时工作制。

（2）规定法定节假日、年休假和职工探亲假等休假制度。

（3）对加班进行限制性规定。

为了保障劳动者的休息权和身体健康，我国严格限制用人单位延长劳动者的工作时间，劳动法明确规定，用人单位不得违反劳动法的规定延长劳动者的工作时间。也就是说，一般情况下，用人单位不得随意安排劳动者加班。

用人单位安排劳动者加班，依据我国劳动法的规定，需要注意以下几个事项，具体如下表所示：

用人单位安排劳动者加班需注意的事项

序号	注意事项	说明
1	由于用人单位的生产经营需要，确实需要延长工作时间的	生产经营需要主要是指生产任务紧急，必须连续生产、运输或者经营的。
2	必须与工会协商，经工会同意	用人单位决定安排劳动者加班的，应把安排加班的理由、涉及人数、时间长短等情况向工会说明，征得工会同意后，方可延长工作时间。如果工会不同意，不可以强令劳动者加班。
3	必须与劳动者协商	用人单位决定安排劳动者加班的，应进一步与劳动者协商，因为加班需要占用劳动者的休息时间，只有在劳动者自愿的情况下才可以安排加班。如果劳动者不同意，也不可强令其加班。因为劳动者的休息权是法定的权利，任何人非依法定程序不可剥夺。
4	用人单位安排加班的时间长度必须符合劳动法的限制性规定	根据劳动法的规定，用人单位安排劳动者加班应严格控制延长工作时间的限度，一般每日不得超过1小时；因特殊原因需要延长工作时间的，在保障劳动者身体健康的条件下延长工作时间每日不得超过3小时，但是每月不得超过36小时。
5	不受上述条件的限制的加班	正常情况下，用人单位是不得随意要求员工加班的，但出现紧急事件，危害公共安全和公众利益的情况下，法律允许用人单位延长劳动者工作时间适当突破上述规定。根据劳动法和有关国家规定，只有在下列情形时，用人单位安排加班才不受上述条件的限制： （1）发生自然灾害、事故或者因其他原因，使人民生命安全健康和财产安全遭到严重威胁，需要紧急处理的。 （2）生产设备、交通运输线路、公共设施发生故障，影响生产和公众利益，必须及时抢修的。 （3）必须利用法定节假日或者公休日的停产期间进行设备检修、保养的。 （4）为完成国防紧急任务，或者完成国家在计划外安排的其他紧急生产任务，以及商业、供销企业在完成收购、运输、加工农副产品紧急任务的。 （5）法律、行政法规规定的其他情形。
备注：国家对加班人员也有一定的限制。根据劳动法和其他国家有关规定对女职工和未成年工特殊保护的规定，禁止用人单位安排未成年工、怀孕女工和哺乳未满12个月婴儿的女职工在正常工作日以外加班。		

2．用人单位不得变相强迫劳动者加班

实践中，用人单位变相强迫劳动者加班主要表现为用人单位通过制定不合理不科学的劳动定额标准，使得该单位大部分劳动者在八小时制的标准工作时间内不可能完成生产任务，而为了完成用人单位规定的工作任务，获得足以维持其基本生活的劳动报酬，劳动者不得不在标准工作时间之外延长工作时间，从而变相迫使劳动者加班。

制定科学合理的劳动定额标准对于维护劳动者合法权益的极其重要。根据劳动法和有关行政法规的规定，对实行计件工作的劳动者，用人单位应当根据每日8小时、每周40小时标准工作时间合理确定其劳动定额和计件报酬标准。这就是说，计件工作的劳动者的劳动定额，应当是以多数劳动者在正常工作的情况下，能在每天工作8小时以内、每周工作40小时的法定工作时间以内完成的。超出这一标准，则应认定为不合理的劳动定额标准。

同时根据本法第四条的规定，用人单位在制定、修改或者决定劳动定额标准管理制度时，应当经职工代表大会或者全体职工讨论，提出方案和意见，与工会或者职工代表平等协商确定；在劳动定额标准实施过程中，工会或者职工认为用人单位的劳动定额标准不适当的，有权向用人单位提出，通过协商作出修改完善。

劳动合同法在本条中明确规定用人单位不得变相强迫劳动者加班。用人单位违反上述规定的，应当依据本法和劳动法律、法规的有关规定承担一定的法律责任。劳动者可以依据劳动法和本法的有关规定，要求用人单位补发其为了完成超过合理数量的劳动定额而加班工作的工资报酬。

3．用人单位安排劳动者加班的，应当支付其加班费

加班费是指劳动者按照用人单位生产和工作的需要在规定工作时间之外继续生产劳动或者工作所获得的劳动报酬。

按照劳动法第四十四条的规定，支付加班费的具体标准是：在标准工作日内安排劳动者延长工作时间的，支付不低于工资的150%的工资报酬；休息日安排劳动者工作又不能安排补休的，支付不低于工资的200%的工资报酬；法定休假日安排劳动者工作的，支付不低于300%的工资报酬。

四、劳动安全卫生

本法第三十二条是关于劳动者在履行劳动合同过程中所享有的劳动安全卫生权利的进一步细化规定：

（1）根据本法、劳动法及其他有关法律、法规的规定，用人单位必须建立、健全劳动安全卫生制度，严格执行国家的劳动安全卫生规程和标准，规范化、科学化地安排生产作业，对劳动者进行劳动安全卫生教育，积极采取切实有效的劳动安全卫生措施，防止劳动过程中的事故，减少职业危害。

（2）用人单位如果没有达到国家规定的安全卫生技术标准要求，职工有权提出异议，并要求用人单位改正、改进。

（3）对于危害生命安全和身体健康的劳动条件，劳动者有权对用人单位提出批评，并可以向有关主管部门检举和控告。这里的有关主管部门主要为卫生部门、安全生产监督管理部门、特种设备安全监督管理部门等有关部门。

（4）用人单位不得因为劳动者行使了上述权利，就对劳动者进行打击报复，否则将依法承担法律责任。

五、用人单位发生变化合同的履行

本法第三十三条对劳动合同依法订立后用人单位发生变化劳动合同如何履行的问题进行了规定。

根据本条的规定，用人单位变更名称、法定代表人、主要负责人或者投资人等事项，不影响劳动合同的效力，劳动合同应当继续履行。

六、用人单位发生合并、分立合同的效力

本法第三十四条就用人单位发生合并、分立等情况后劳动合同效力的情况作出了规定。

1. 合并

用人单位的合并一般指两种情况：

（1）用人单位与其他法人或者组织联合成立一个新的法人或者其他组织承担被合并的用人单位的权利和义务。

（2）一个用人单位被撤销后，将其权利和义务一并转给另一个法人或者其他组织。

在以上这两种情况下，原用人单位在合并后均不再存在。为了保护原用人单位劳动者的合法权益，本条规定，用人单位订立劳动合同后合并的，原劳动合同继续有效，由合并后的新的用人单位继续履行该劳动合同。

2. 分立

用人单位发生分立是指，在订立劳动合同后，用人单位由一个法人或者其他组织分裂为两个或者两个以上的法人或者其他组织，即由一个用人单位分裂为两个或者两个以上用人单位。用人单位的分立分为两种情况：

（1）原用人单位只是分出一部分财产设立了新的用人单位，原用人单位不因分出财产而终止。

（2）原用人单位分解为两个以上的用人单位，原用人单位随之解体终止。

为了充分保护劳动者的权利，本条首先规定了用人单位发生分立的，原劳动合同继续有效，防止用人单位以分立后原用人单位不存在或者劳动者权利、义务已经转移到新的用人单位为由损害劳动者的合法权益。其次，根据本条的规定，用人单位分立后，劳动合同由继承其权利、义务的用人单位继续履行。

目前有的用人单位采用“金蝉脱壳”的办法逃避债务或者逃避对其劳动者的其他义

务，即不转移债务，而只是把资金转移到新设立的法人或者其他组织，使原来的用人单位丧失承担对劳动者义务的能力而拒绝履行劳动合同或者对劳动者负责。根据本条的规定，只要新成立的用人单位继承了原用人单位的权利，就应当同时承担其用人单位的义务，继续履行原劳动合同和对劳动者负责。

七、合同的变更

本法第三十五条就劳动合同的变更作出了规定。

劳动合同的变更是在原合同的基础上对原劳动合同内容作部分修改、补充或者删减，而不是签订新的劳动合同。原劳动合同未变更的部分仍然有效，变更后的内容就取代了原合同的相关内容，新达成的变更协议条款与原合同中其他条款具有同等法律效力，对双方当事人都有约束力。

1．劳动合同变更的缘由

根据本法第四十条第三款的规定，劳动合同订立时所依据的客观情况发生重大变化，致使劳动合同无法履行，经用人单位与劳动者协商，未能就变更劳动合同内容达成协议的，用人单位在提前30日以书面形式通知劳动者本人或者额外支付劳动者1个月工资后，可以解除劳动合同。由此可以确定，劳动合同订立时所依据的客观情况发生重大变化，是劳动合同变更的一个重要缘由。

所谓“劳动合同订立时所依据的客观情况发生重大变化”，主要是指如下表所示的几个方面：

劳动合同变更的缘由

序号	缘由	说明
1	订立劳动合同所依据的法律、法规已经修改或者废止	劳动合同的签订和履行必须以不得违反法律、法规的规定为前提。如果合同签订时所依据的法律、法规发生修改或者废止，合同如果不变更，就可能出现与法律、法规不相符甚至是违反法律、法规的情况，导致合同因违法而无效。因此，根据法律、法规的变化而变更劳动合同的相关内容是必要而且是必须的。
2	用人单位方面的原因：用人单位经上级主管部门批准或者根据市场变化决定转产、调整生产任务或者生产经营项目等	用人单位的生产经营不是一成不变的，而是根据上级主管部门批准或者根据市场变化可能会经常调整自己的经营策略和产品结构，这就不可避免地发生转产、调整生产任务或者生产经营项目情况。在这种情况下，有些工种、产品生产岗位就可能因此而撤销，或者为其他新的工种、岗位所替代，原劳动合同就可能因签订条件的改变而发生变更。

续表

序号	缘由	说明
3	劳动者方面的原因	如劳动者的身体健康状况发生变化、劳动能力部分丧失、所在岗位与其职业技能不相适应、职业技能提高了一定等级等，造成原劳动合同不能履行或者如果继续履行原合同规定的义务对劳动者明显不公平。
4	客观方面的原因	（1）由于不可抗力的发生，使得原来合同的履行成为不可能或者失去意义。不可抗力是指当事人所不能预见、不能避免并不能克服的客观情况，如自然灾害、意外事故、战争等。 （2）由于物价大幅度上升等客观经济情况变化致使劳动合同的履行会花费太大代价而失去经济上的价值。这是民法的情势变更原则在劳动合同履行中的运用。

2．劳动合同变更时应注意的问题

变更劳动合同，应注意以下问题：

（1）必须在劳动合同依法订立之后，在合同没有履行或者尚未履行完毕之前的有效时间内进行。即劳动合同双方当事人已经存在劳动合同关系，如果劳动合同尚未订立或者是已经履行完毕则不存在劳动合同的变更问题。

（2）必须坚持平等自愿、协商一致的原则，即劳动合同的变更必须经用人单位和劳动者双方当事人的同意。

（3）必须合法，不得违反法律、法规的强制性规定。劳动合同变更也并非是任意的，用人单位和劳动者约定的变更内容必须符合国家法律、法规的相关规定。

（4）变更劳动合同必须采用书面形式。劳动合同双方当事人经协商后对劳动合同中的约定内容的变更达成一致意见时，必须达成变更劳动合同的书面协议，书面协议经用人单位和劳动者双方当事人签字盖章后生效。这一规定可以避免劳动合同双方当事人因劳动合同的变更问题而产生劳动争议。

（5）劳动合同的的变更也要及时进行。提出变更劳动合同的主体可以是用人单位，也可以是劳动者，无论是哪一方要求变更劳动合同的，都应当及时向对方提出变更劳动合同的要求，说明变更劳动合同的理由、内容和条件等。如果应该变更的劳动合同内容没有及时变更，由于原订条款继续有效，往往使劳动合同不适应变化后的新情况，从而引起不必要的争议。当事人一方得知对方变更劳动合同的要求后，应在对方规定的合理期限内及时作出答复，不得对对方的提出的变更劳动合同的要求置之不理。因为根据劳动法第二十六条和本法第四十条的规定，劳动合同订立时所依据的客观情况发生重大变化，致使劳动合同无法履行，如果用人单位经与劳动者协商，未能就变更劳动合同内容达成协议的，则可能导致用人单位可以单方解除劳动合同。

3．变更后的劳动合同文本的执有

根据本条第二款的规定，变更后的劳动合同文本由用人单位和劳动者各执一份。

劳动合同的解除和终止

一、协商解除劳动合同

本法第三十六条规定了协商解除劳动合同的情况。

劳动合同依法订立后，双方当事人必须履行合同义务，遵守合同的法律效力，任何一方不得因后悔或者难以履行而擅自解除劳动合同。但是，为了保障用人单位的用人自主权和劳动者劳动权的实现，本法规定在特定条件和程序下，用人单位与劳动者协商一致且不违背国家利益和社会公共利益的情况下，可以解除劳动合同，但必须符合以下几个条件：

（1）被解除的劳动合同是依法成立的有效的劳动合同。

（2）解除劳动合同的行为必须是在被解除的劳动合同依法订立生效之后、尚未全部履行之前进行。

（3）用人单位与劳动者均有权提出解除劳动合同的请求。

（4）在双方自愿、平等协商的基础上达成一致意见，可以不受劳动合同中约定的终止条件的限制。

协商解除劳动合同过程中，用人单位需要注意的是按照本法第四十六条第二、项和《违反和解除劳动合同的经济补偿办法》的规定，如果用人单位提出解除劳动合同的，应依法向劳动者支付经济补偿金。

二、劳动者提前通知解除劳动合同

本法第三十七条对劳动者单方解除劳动合同的事项作出了规定。

我国劳动法第三十一条规定："劳动者解除劳动合同，应当提前30日以书面形式通知用人单位。"本法对此项权利也作了规定。从而以立法的形式原则性规定了劳动者单方解除劳动合同的权利。

1．劳动者提前通知解除劳动合同的程序

劳动者在行使解除劳动合同权利的同时必须遵守法定的程序，主要体现在以下两个方面：

（1）遵守解除预告期。

劳动者在享有解除劳动合同自主权的同时，也应当遵守解除合同预告期，即应当提前30日通知用人单位才能有效，也就是说劳动者在书面通知用人单位后还应继续工作至少30日，这样便于用人单位及时安排人员接替其工作，保持劳动过程的连续性，确保正常的工作秩序，避免因解除劳动合同影响企业的生产经营活动，给用人单位造成不必要的损失。

同时，这样也使劳动者解除劳动合同合法化。否则，将会构成违法解除劳动合同，而将可能承担赔偿责任。

（2）书面形式通知用人单位。

无论是劳动者还是用人单位在解除劳动合同时，都必须以书面形式告知对方。因为这一时间的确定直接关系到解除预告期的起算时间，也关系到劳动者的工资等利益，所以必须采用慎重的方式来表达。

2．试用期内劳动者与用人单位解除劳动合同

本条对劳动者在试用期内与用人单位解除劳动合同做了规定。劳动者在试用期内，发现用人单位的实际情况与订立劳动合同时所介绍的实际情况不相符合，或者发现自己不适于从事该工种工作，以及存在其他不能履行劳动合同的情况，劳动者无需任何理由，可以通知用人单位予以解除劳动合同，但应提前3日通知用人单位，以便用人单位安排人员接替其工作。

如果劳动者违反法律法规规定的条件解除劳动合同，给用人单位造成经济损失的，还应当承担赔偿责任。劳动者提出解除劳动合同的，用人单位可以不支付经济补偿金。

三、劳动者解除劳动合同

本法第三十八条规定了因用人单位的过错劳动者可以解除劳动合同的情形。

特别解除权是劳动者无条件单方解除劳动合同的权利，是指如果出现了法定的事由，劳动者无需向用人单位预告就可通知用人单位解除劳动合同。这些事由主要有几种，如下表所示：

因用人单位的过错劳动者可以解除劳动合同的情形

序号	可以解除劳动合同的情形	说明
1	未按照劳动合同约定提供劳动保护或者劳动条件	本法第十七条规定劳动保护和劳动条件是劳动合同的必备条款，即提供劳动保护和劳动条件是用人单位应尽的义务，如果用人单位未按照国家规定的标准或劳动合同的规定提供劳动条件，致使劳动安全、劳动卫生条件恶劣，严重危害职工的身体健康，并得到国家劳动部门、卫生部门的确认，劳动者可以与用人单位解除劳动合同。
2	未及时足额支付劳动报酬	支付劳动报酬，也是劳动合同所规定的必备条款，用人单位未按照劳动合同约定及时足额支付劳动报酬，就是违反劳动合同，也是对劳动者合法权益的侵犯，劳动者有权随时告知用人单位解除劳动合同。

续表

序号	可以解除劳动合同的情形	说明
3	未依法为劳动者缴纳社会保险费	社会保险具有国家强制性，用人单位应当依照有关法律、法规的规定，负责缴纳各项社会保险费用，并负有代扣代缴本单位劳动者社会保险费的义务。因此如果用人单位未依法为劳动者缴纳上述社会保险费，是对劳动者基本权利的侵害，劳动者可以与用人单位解除劳动合同。
4	用人单位的规章制度违反法律、法规的规定，损害劳动者权益	用人单位的规章制度违反了法律、法规的规定，用人单位没有按法律规定制定规章制度，给劳动者的权益带来了损害的，劳动者可以与用人单位解除劳动合同。
5	因本法第二十六条第一款规定的情形致使劳动合同无效	本法第二十六条规定了劳动合同无效或者部分无效的几种情况。无效的劳动合同从订立的时候起就没有法律约束力，劳动者可以不予履行，对已经履行的，给劳动者造成损害的，用人单位还应承担赔偿责任。
6	法律、行政法规规定劳动者可以解除劳动合同的其他情形	（1）用人单位以暴力、威胁或者非法限制人身自由的手段强迫劳动者劳动的，如把劳动者非法拘禁在特定的场所，强迫其劳动，不让他出来，是严重侵犯劳动者人身权利的行为，是非法的，劳动者有权随时解除劳动合同，而无需事先告知用人单位。 （2）用人单位违章指挥、强令冒险作业危及劳动者人身安全的，劳动者有权拒绝并撤离作业场所，并可以立即解除劳动合同。

四、过失性辞退

本法第三十九规定了因劳动者的过失而使用人单位可以单方解除劳动合同的情形。

本法在赋予劳动者单方解除权的同时，也赋予用人单位对劳动合同的单方解除权，以保障用人单位的用工自主权，但为了防止用人单位滥用解除权，随意与劳动者解除劳动合同，立法上严格限定企业与劳动者解除劳动合同的条件，保护劳动者的劳动权。禁止用人单位随意或武断地与劳动者解除劳动合同。用人单位单方解除劳动合同主要有以下几种情形，如下表所示：

过失性辞退的情形

序号	可以单方解除劳动合同的情形	适用的注意事项
1	在试用期间被证明不符合录用条件	（1）要求用人单位所规定的试用期期间符合法律规定。 （2）要在试用期间。 （3）对是否合格的认定。一般情况下应当以法律法规规定的基本录用条件和用人单位在招聘时规定的知识文化、技术水平、身体状况、思想品质等条件为准。 （4）对于劳动者在试用期间不符合录用条件的，用人单位必须提供有效的证明。
2	严重违反用人单位的规章制度	（1）规章制度的内容必须是符合法律、法规的规定，而且是通过民主程序公之于众。 （2）劳动者的行为客观存在，并且是属于“严重”违反用人单位的规章制度，何为“严重”，一般应根据劳动法规所规定的限度和用人单位内部的规章制度依此限度所规定的具体界限为准。如，违反操作规程，损坏生产、经营设备造成经济损失的，不服从用人单位正常工作调动，不服从用人单位的劳动人事管理，无理取闹、打架斗殴、散布谣言损害企业声誉等，给用人单位的正常生产经营秩序和管理秩序带来损害。 （3）用人单位对劳动者的处理是按照本单位规章制度规定的程序办理的，并符合相关法律法规规定。
3	严重失职、营私舞弊，给用人单位的利益造成重大损害	劳动者在履行劳动合同期间，没有按照岗位职责履行自己的义务，违反其忠于职守、维护和增进用人单位利益的义务，有未尽职责的严重过失行为或者利用职务之便谋取私利的故意行为，使用人单位有形财产、无形财产遭受重大损害，但不够刑罚处罚的程度。例如，因粗心大意、玩忽职守而造成事故；因工作不负责而经常产生废品、损坏工具设备、浪费原材料或能源等。
4	劳动者“兼职”	（1）劳动者同时与其他用人单位建立劳动关系，对完成本单位的工作任务造成严重影响的。 （2）劳动者同时与其他用人单位建立劳动关系，经用人单位提出，拒不改正的。需注意的是，必须是给用人单位造成“严重”影响的，如果影响轻微，用人单位不能以此为由与劳动者解除劳动合同。
5	因本法第二十六条第一款第一项规定的情形致使劳动合同无效	本法第二十六条第一项规定：“以欺诈、胁迫的手段或者乘人之危，使对方在违背其真实意思的情况下订立或者变更的劳动合同的。”属于无效或部分无效劳动合同。

续表

序号	可以单方解除劳动合同的情形	适用的注意事项
6	被依法追究刑事责任	根据《劳动部关于贯彻执行〈中华人民共和国劳动法〉若干意见》第二十九条的规定，“被依法追究刑事责任”是指：被人民检察院免予起诉的、被人民法院判处刑罚的、被人民法院依据刑法第三十二条免予刑事处分的。劳动者被人民法院判处拘役、三年以下有期徒刑缓刑的，用人单位可以解除劳动合同。

五、无过失性辞退

本法第四十条对无过失性辞退作出了规定。

无过失性辞退也就是说用人单位根据劳动合同履行中客观情况的变化而解除劳动合同。这里的客观情况既包括用人单位的，也有劳动者自身的原因。本条对因客观情况变化导致劳动合同解除规定了“提前通知”或“额外支付劳动者一个月工资”。目的在于对劳动者的保护，为劳动者寻找新的工作提供必要的时间保障。

用人单位因客观情况变化而解除劳动合同，主要包括以下几种情况，如下表所述：

用人单位因客观情况变化而解除劳动合同的情况

序号	客观情况变化的情形	适用的注意事项
1	劳动者患病或者非因工负伤，在规定的医疗期满后不能从事原工作也不能从事由用人单位另行安排的工作	根据劳动部颁发的《企业职工患病或非因工负伤医疗期规定》第二条的规定，劳动者在医疗期满后，有义务进行劳动。如果劳动者由于身体健康原因不能胜任工作，用人单位有义务为其调动岗位，选择他力所能及的岗位工作。如果劳动者对用人单位重新安排的工作也无法完成，说明劳动者不能履行合同，用人单位需提前30日以书面形式通知其本人或额外支付劳动者1个月工资后，解除劳动合同。以便劳动者在心理上和时间上为重新就业做准备。
2	劳动者不能胜任工作，经过培训或者调整工作岗位，仍不能胜任工作	“不能胜任工作”，是指不能按要求完成劳动合同中约定的任务或者同工种，同岗位人员的工作量。但用人单位不得故意提高定额标准，使劳动者无法完成。劳动者没有具备从事某项工作的能力，不能完成某一岗位的工作任务，这时用人单位可以对其进行职业培训，提高其职业技能，也可以把其调换到能够胜任的工作岗位上，这是用人单位负有的协助劳动者适应岗位的义务。如果单位尽了这些义务，劳动者仍然不能胜任工作，说明劳动者不具备在该单位的职业能力，单位可以在提前30日书面通知的前提下，解除与该劳动者的劳动合同。

续表

序号	客观情况变化的情形	适用的注意事项
3	劳动合同订立时所依据的客观情况发生重大变化，致使劳动合同无法履行，经用人单位与劳动者协商，未能就变更劳动合同内容达成协议	这里的“客观情况”是指履行原劳动合同所必要的客观条件，因不可抗力或出现致使劳动合同全部或部分条款无法履行的其他情况，如自然条件、企业迁移、被兼并、企业资产转移等，使原劳动合同不能履行或不必要履行的情况。发生上述情况时，为了使劳动合同能够得到继续履行，必须根据变化后的客观情况，由双方当事人对合同进行变更的协商，直到达成一致意见，如果劳动者不同意变更劳动合同，原劳动合同所确立的劳动关系就没有存续的必要，在这种情况下，用人单位也只有解除劳动合同

此外根据本法的相关规定，用人单位因劳动者的非过失性原因而解除合同的还应当给予劳动者相应的经济补偿。

五、经济性裁员

本法第四十一条对经济性裁员作出了规定。

1．经济性裁员的适用对象

经济性裁员只发生在企业中。劳动合同法第二条规定了适用范围，用人单位的范围比较广，包括各类企业、个体经济组织、民办非企业单位等组织。经济性裁员只能发生在企业中，只有企业才有可能进行经济性裁员。

2．经济性裁员的人数限定

劳动合同法规定一次性裁减人员20人或者裁减不足20人但占企业职工总人数10%以上的，才是经济性裁员。

3．进行经济性裁员必须满足法定条件

经济性裁员作为用人单位单方解除劳动合同的一种方式，必须满足法定条件。这些法定条件包括实体性条件和程序性条件，只有同时具备了实体性条件之一和全部的程序性条件，才是合法有效的经济性裁员。

经济性裁员必须满足的法定条件

序号	条件类别	细类情形	说明
1	实体性条件	依照企业破产法规定进行重整	企业破产法第二条规定："企业法人不能清偿到期债务，并且资产不足以清偿全部债务或者明显缺乏清偿能力的，依照本法规定清理债务。企业法人有前款规定情形，或者有明显丧失清偿能力可能的，可以依照本法规定进行重整。"在重整过程中，用人单位可根据实际经营情况，进行经济性裁员。
		生产经营发生严重困难	在用人单位的生产经营发生严重困难时，应允许用人单位通过各种方式进行自救，而不是进一步陷入破产、关闭的绝境。在用人单位的生产经营发生严重困难时，裁减人员、缩减员工规模是一项较有效的缓减措施，从全局看，对用人单位的劳动者群体是有利的，但涉及特定劳动者的权益，应慎重处理。因此，劳动合同法在允许用人单位在生产经营发生困难时采取经济性裁员的措施，但同时要求用人单位要慎用该手段，"困难"两字前加了"严重"的限制。
		企业转产、重大技术革新或者经营方式调整，经变更劳动合同后，仍需裁减人员	在企业生产经营过程中，企业为了寻求生存和更大发展，必然要进行结构调整和整体功能优化，这些方式包括企业转产、重大技术革新和经营方式调整。企业转产、重大技术革新或者经营方式调整并不必然导致用人单位进行经济性裁员，如企业转产的，从事原工作岗位的劳动者可以转到转产后的工作岗位。为了更好地保护劳动者合法权益，同时引导用人单位尽量不使用经济性裁员，劳动合同法要求企业转产、重大技术革新或者经营方式调整，只有在变更劳动合同后，仍需要裁减人员，才可进行经济性裁员。
		其他因劳动合同订立时所依据的客观经济情况发生重大变化，致使劳动合同无法履行的	除了本条中列举的三类情形外，还有一些客观经济情况发生变化需要经济性裁员的情形，如有些企业为了防治污染进行搬迁需要经济性裁员的，也应允许用人单位进行经济性裁员。作为兜底条款，对本规定应作严格解释。
2	程序性条件	提前向工会或者全体职工说明情况	（1）必须裁减人员20人以上或者裁减不足20人但占企业职工总数10%以上的。必须提前30日向工会或者全体职工说明情况，并听取工会或者职工的意见。 （2）听取职工意见可以有多种形式，如座谈会、设置意见箱、部门负责人收集意见等。如果是职工代表反映的，也是职工意见，因此听取职工意见不需要修改。

续表

序号	条件类别	细类情形	说明
2	程序性条件	裁减人员方案向劳动行政部门报告	（1）用人单位经向工会或者全体职工说明情况，听取工会或者职工的意见，对原裁减人员方案进行必要修改后，形成正式的裁减人员方案。按照1994年劳动部企业经济性裁减人员规定（劳部发[1994]447号）第四条规定，裁减人员方案的内容包括：被裁减人员名单，裁减时间及实施步骤，符合法律、法规规定和集体合同约定的被裁减人员经济补偿办法。 （2）该裁减人员方案需要劳动行政部门报告，以使劳动行政部门了解裁减情况，必要时采取相应措施，防止出现意外情况，监督经济性裁员合法进行。这里的“报告”性质上属于事后告知，不是事前许可或者审批。当然，有的企业出于各种考虑，自愿提前与劳动行政部门报告协商，法律并不禁止。
		进行经济性裁员必须遵循社会福利原则	（1）裁减人员时，应当优先留用下列人员。 ①与本单位订立较长期限的固定期限劳动合同的； ②与本单位订立无固定期限劳动合同的； ③家庭无其他就业人员，有需要扶养的老人或者未成年人的。 （2）三类优先留用的劳动者之间并没有谁优先的顺序，用人单位可以根据实际需要予以留用。
		重新招用人员的，被裁减人员具有优先就业权	（1）用人单位有通知被裁减人员的义务，以使被裁减人员慎重考虑，及时行使优先就业权。 （2）如果被裁减人员各方面条件与其他劳动者的条件没有明显差距的，用人单位应当优先招用被裁减的人员。

六、解除劳动合同的限制

本法第四十二条是关于用人单位不得解除劳动合同的规定。

根据劳动合同法第三十九条、第四十条、第四十一条的规定，出现法定情形时，用人单位可以单方解除劳动合同。为保护一些特定群体劳动者的合法权益，劳动合同法第四十二条同时又规定在六类法定情形下，禁止用人单位根据劳动合同法第四十条、第四十一条的规定单方解除劳动合同。对用人单位不得解除劳动合同规定的理解需注意以下两个方面：

（1）本条禁止的是用人单位单方解除劳动合同，并不禁止劳动者与用人单位协商一致解除劳动合同。

（2）本条的前提是用人单位不得根据劳动合同法第四十条、第四十一条解除劳动合同，即使劳动者具备了本条规定的六种情形之一，用人单位仍可以根据劳动合同法第三十九条的规定解除。

不得解除劳动合同的六种情形

序号	不得解除劳动合同的情形	说明
1	从事接触职业病危害作业的劳动者未进行离岗前职业病健康检查，或者疑似职业病病人在诊断或者医学观察期间的	（1）根据职业病防治法第三十二条规定，对从事接触职业病危害的作业的劳动者，用人单位应当按照国务院卫生行政部门的规定组织上岗前、在岗期间和离岗时的职业健康检查，并将检查结果如实告知劳动者。 （2）对未进行离职前职业健康检查的劳动者不得解除或者终止与其订立的劳动合同。本法第四十九条规定，用人单位在疑似职业病病人诊断或者医学观察期间，不得解除或者终止与其订立的劳动合同。
2	在本单位患职业病或者因工负伤并被确认丧失或者部分丧失劳动能力的	无论是职业病还是因工负伤，都与用人单位有关工作条件、安全制度或者劳动保护制度不尽完善有关，发生职业病或者因工负伤，用人单位作为用工组织者和直接受益者理应承担相应责任。如果此时允许用人单位解除劳动合同，将会给劳动者的医疗、生活等带来困难，因此劳动合同法规定在本单位患职业病或者因工负伤并被确认丧失或者部分丧失劳动能力的。
3	患病或者非因工负伤，在规定的医疗期内的	根据《企业职工患病或非因工负伤医疗期规定》的第七条规定，企业职工非因工致残和经医生或医疗机构认定患有难以治疗的疾病，医疗期满，应当由劳动鉴定委员会参照工伤与职业病致残程度鉴定标准进行劳动能力的鉴定。被鉴定为一至四级的，应当退出劳动岗位，解除劳动关系，并办理退休、退职手续，享受退休、退职待遇。
4	女职工在孕期、产期、哺乳期的	妇女权益保障法第二十七条规定，任何单位不得因结婚、怀孕、产假、哺乳等情形，降低女职工的工资，辞退女职工，单方解除劳动（聘用）合同或者服务协议。但是，女职工要求终止劳动（聘用）合同或者服务协议的除外。
5	在本单位连续工作满十五年，且距法定退休年龄不足五年的	劳动合同法加强了对老职工的保护，包括规定用人单位初次实行劳动合同制度或者国有企业改制重新订立劳动合同时，劳动者在该用人单位连续工作满10年且距法定退休年龄不足10年的，应订立无固定期限劳动合同；在本单位连续工作满15年，且距法定退休年龄不足五年的，用人单位不得根据劳动合同法第四十条、第四十一条的规定单方解除劳动合同。

续表

序号	不得解除劳动合同的情形	说明
6	法律、行政法规规定的其他情形	考虑到有些法律、行政法规中也有不得解除劳动合同的规定，同时为了便于与以后颁布的法律相衔接，本条还规定了一个兜底条款，这有利于对劳动者的保护。

七、工会在劳动合同解除中的监督作用

本法第四十三条对工会在用人单位解除劳动合同中发挥监督职责作出了规定。

1. 工会是什么样的组织

工会是维护劳动者合法权益的群众组织。劳动合同法第六条明确规定了工会在劳动合同的订立、履行过程中的功能，工会应当帮助、指导劳动者与用人单位依法订立和履行劳动合同，并与用人单位建立集体协商机制，维护劳动者的合法权益。

劳动法第三十条规定，用人单位解除劳动合同，工会认为不适当的，有权提出意见。如果用人单位违反法律、法规或者劳动合同，工会有权要求重新处理；劳动者申请仲裁或者提起诉讼的，工会应当依法给予支持和帮助。劳动合同法第四十三条基本上延续了劳动法第三十条和工会法第二十一条第二款的规定，只是从规范劳动合同的角度在文字上作了一些处理。

2. 工会的监督作用

（1）用人单位单方解除劳动合同，应当事先将理由通知工会。

工会法第二十一条第二款规定，企业单方面解除职工劳动合同时，应当事先将理由通知工会，工会认为企业违反法律、法规和有关合同，要求重新研究处理时，企业应当研究工会的意见，并将处理结果书面通知工会。

根据本条的规定，用人单位凡是要单方解除劳动合同的，都必须将解除理由通知工会。为了更好的保护工会的知情权，使工会能及时发挥法定职责，用人单位还必须事先提前将理由通知工会。

（2）用人单位违反法律、行政法规规定或者劳动合同约定的，工会有权要求用人单位纠正。

这里的法律、行政法规主要是指有关于劳动合同解除规定的法律、行政法规，如劳动合同法、职业病防治法等。如果工会认为用人单位单方解除劳动合同是违反了法律、行政法规规定或者劳动合同约定的，有权以书面形式正式提出不同意见，要求用人单位纠正错误的解除行为。这是工会的一项法定权利，任何组织和个人都不得剥夺和侵害。工会提出不同意见，有利于用人单位发现和纠正违法或者违反约定的单方解除劳动合同的行为，防止劳动争议的出现，因此对用人单位而言，理应认真研究，慎重处理，并将处理结果以书

面形式正式通知工会。

3．工会权利的保障

为了更好地保护工会及工会成员履行职责，防止工会成员因为履行职责，提出纠正意见等原因受到用人单位的排挤甚至解除劳动合同，2003年，最高人民法院颁布了关于在民事审判工作中适用中华人民共和国工会法若干问题的解释，其中第六条规定，根据工会法第五十二条规定，人民法院审理涉及职工和工会工作人员因参加工会活动或者履行工会法规定的职责而被解除劳动合同的劳动争议案件，可以根据当事人的请求裁判用人单位恢复其工作，并补发被解除劳动合同期间应得的报酬；或者根据当事人的请求裁判用人单位给予本人年收入二倍的赔偿，并参照违反和解除劳动合同的经济补偿办法第八条规定给予解除劳动合同时的经济补偿金。

八、劳动合同的终止

本法第四十四条是关于劳动合同终止的规定，有下列情形之一的，劳动合同终止：

劳动合同的终止情形

序号	终止情形	说明
1	劳动合同期满	这主要适用于固定期限劳动合同和以完成一定工作任务为期限的劳动合同两种情形。劳动合同期满，除依法续订劳动合同的和依法应延期的以外，劳动合同自然终止，双方权利义务结束。根据劳动保障部的规定，劳动合同的终止时间，应当以劳动合同期限最后一日的二十四时为准。
2	劳动者已开始依法享受基本养老保险待遇	根据法律、行政法规的规定，我国劳动者开始依法享受基本养老保险待遇的条件大致有两个，一是劳动者已退休；二是个人缴费年限累计满15年或者个人缴费和视同缴费年限累计满15年。劳动法并没有规定劳动者退休，劳动合同终止。劳动者退休但并没有依法享受基本养老保险待遇的，其劳动合同是否终止？按照劳动合同法的规定，劳动者退休并不必然导致劳动合同终止，除非其他法律、行政法规另有规定。
3	劳动者死亡，或者被人民法院宣告死亡或者宣告失踪	民法通则第二十三条规定，公民有下列情形之一的，利害关系人可以向人民法院申请宣告他死亡：一、下落不明满四年的；二、因意外事故下落不明，从事故发生之日起满二年的。在民事领域中，公民死亡、被人民法院宣告失踪或者宣告死亡的，将丧失民事权利能力和民事行为能力。在劳动领域中，公民死亡、被人民法院宣告失踪或者宣告死亡的，劳动合同签订一方主体资格消灭，客观上丧失劳动能力，之前签订的劳动合同因为缺乏一方主体而归于消灭，属于劳动合同终止的情形之一。

续表

序号	终止情形	说明
4	用人单位被依法宣告破产	根据企业破产法的规定，用人单位一旦被依法宣告破产，就进入破产清算程序，用人单位的主体资格即将归于消灭，因此用人单位一旦进入被依法宣告破产的阶段，意味着劳动合同一方主体资格必然消灭，劳动合同归于终止。
5	用人单位被吊销营业执照、责令关闭、撤销或者用人单位决定提前解散	根据公司法的规定，公司解散是指已经成立的公司，因公司章程或者法定事由出现而停止公司的经营活动，并开始公司的清算，使公司法人资格消灭的法律行为。由于公司解散将会导致公司法人归于消灭，因此公司解散的情况下，劳动合同由于缺乏一方主体，而归于终止。考虑到与后面条文中有关经济补偿规定的衔接，因此本项仅规定用人单位被吊销营业执照、责令关闭、撤销或者用人单位决定提前解散的，劳动合同终止。
6	法律、行政法规规定的其他情形	有关劳动终止的情形，除了劳动合同法规定的五种情形外，可有法律、行政法规作出规定。考虑到保持整个劳动合同终止制度的统一性和劳动合同终止并没有地方独特性等情况，劳动合同法并没有授权地方性法规创设劳动合同终止制度。

九、劳动合同的逾期终止

本法第四十五条是关于劳动合同期满不得终止的规定。

劳动合同法第四十二条规定在五种情形下的劳动者，用人单位不得解除劳动合同。如果劳动者有劳动合同法第四十二条规定的五种情形的，劳动合同期满时，用人单位能否终止？本条对此作出了基本否定的回答，要求必须将劳动合同延续至相应情形消失时才能终止。

1．劳动合同期满不得终止的规定

（1）从事接触职业病危害作业的劳动者未进行离岗前职业健康检查，劳动合同期满的，必须等到进行了职业健康检查后，劳动合同才能终止。

（2）疑似职业病病人在诊断或者医学观察期间，劳动合同期满的，必须等到排除了职业病、确认了职业病或者医学观察期间结束，劳动合同才能终止。

（3）在本单位患职业病，劳动合同期满的，必须等到职业病治愈，劳动合同才能终止，如果职业病不能治愈，劳动合同就不能终止。

（4）因工负伤并被确认丧失劳动能力，劳动合同期满的，必须等到劳动能力全部恢复，劳动合同才能终止，如果劳动能力不能全部恢复，劳动合同就不能终止。

（5）患病或者非因工负伤在医疗期内，劳动合同期满的，必须等到医疗期满后才能终止劳动合同。女职工孕期、产期、哺乳期满后，劳动合同才可以终止。

（6）在本单位连续工作满15年，且距法定退休年龄不足5年的，如果劳动合同期满，由于这种工作年限的情况不可能消失，因此就不能终止劳动合同。

2．关于工伤的例外规定

本条对劳动者患职业病或者因工负伤并被确认部分丧失劳动能力的情形作了例外规定，在这种情形下，适用工伤保险条例的规定。工伤保险条例第三十六条、第三十七条规定：

（1）职工因工致残被鉴定为五级、六级伤残的，保留与用人单位的劳动关系，由用人单位安排适当工作。难以安排工作的，由用人单位按月发给伤残津贴，并由用人单位按照规定为其缴纳应缴纳的各项社会保险费。经工伤职工本人提出，该职工可以与用人单位解除或者终止劳动关系，由用人单位支付一次性工伤医疗补助金和伤残就业补助金。

（2）职工因工致残被鉴定为七级至十级伤残的，劳动合同期满终止，或者职工本人提出解除劳动合同的，由用人单位支付一次性工伤医疗补助金和伤残就业补助金。

十、经济补偿

本法第四十六条规定了用人单位必须支付经济补偿的情形。劳动合同法通过规定劳动合同终止，用人单位依法支付经济补偿，可以防止用人单位钻法律的空子，按照企业实际需求，签订劳动合同。经济补偿的范围如下表所列：

用人单位支付经济补偿的范围

序号	情形	说明
1	有劳动合同法第三十八条情形的	用人单位有违法、违约行为的，劳动者可以随时或者立即解除劳动合同，并有权取得经济补偿。用人单位的违约、违法行为有： （1）用人单位未依照劳动合同约定提供劳动保护或者劳动条件的。 （2）用人单位未及时足额支付劳动报酬的。 （3）用人单位未依法为劳动者缴纳社会保险费的。 （4）用人单位的规章制度违反法律、法规的规定，损害劳动者权益的。 （5）用人单位有劳动合同法第二十六条中欺诈、胁迫或者乘人之危等行为致使劳动合同无效或者部分无效的。 （6）法律、行政法规规定的其他情形。 （7）用人单位以暴力、威胁或者非法限制人身自由的手段强迫劳动者劳动的。 （8）用人单位违章指挥、强令冒险作业危及劳动者人身安全的。

续表

序号	情形	说明
2	双方协商一致解除劳动合同，但是由用人单位提出解除协议的	与较劳动法的规定比较，本项经济补偿范围有所缩小。劳动法第二十四条、第二十八条规定，用人单位与劳动者协商一致解除劳动合同的，用人单位应当依照国家有关规定给予经济补偿。在劳动合同法制定过程中，考虑到在有的情况下，劳动者主动跳槽，与用人单位协商解除劳动合同，此时劳动者一般不会失业，或者对失业早有准备，如果要求用人单位支付经济补偿不太合理，因此对协商解除情形下，给予经济补偿的条件作了一定限制。
3	用人单位依照本法第四十条规定解除劳动合同的	劳动合同法第四十条规定，在劳动者有一定不足，用人单位没有过错，且作了一些补救措施，但劳动者仍不符合工作要求的情况下，允许用人单位解除劳动合同，但为平衡双方的权利义务，用人单位须支付经济补偿。本项经济补偿与劳动法的规定一致。
4	用人单位依照劳动合同法第四十一条第一款规定解除劳动合同的	劳动合同法第四十一条规定的是经济性裁员。经济性裁员中，劳动者没有任何过错，用人单位也是迫于无奈，为了企业的发展和大部分劳动者的权益，解除一部分劳动者的劳动合同。为平衡双方的权利义务，经济性裁员中，用人单位应当支付经济补偿。本项经济补偿与劳动法的规定一致。
5	除用人单位维持或者提高劳动合同约定条件续订劳动合同，劳动者不同意续订的情况外，依照本法第四十四条第一项规定终止固定期限劳动合同的	（1）根据本项规定，劳动合同期满时，用人单位同意续订劳动合同，且维持或者提高劳动合同约定条件，劳动者不同意续订的，劳动合同终止，用人单位不支付经济补偿。 （2）如果用人单位同意续订劳动合同，但降低劳动合同约定条件，劳动者不同意续订的，劳动合同终止，用人单位应当支付经济补偿。 （3）如果用人单位不同意续订，无论劳动者是否同意续订，劳动合同终止，用人单位应当支付经济补偿。
6	依照本法第四十四条第四项、第五项规定终止劳动合同的	（1）劳动合同法第四十四条第四项规定，用人单位被依法宣告破产的，劳动合同终止。第四十四条第五项规定，用人单位被吊销营业执照、责令关闭、撤销或者用人单位决定提前解散的，劳动合同终止。用人单位因为有违法行为而被吊销营业执照、责令关闭、撤销时，劳动者是无辜的，其权益应该受到保护。劳动合同终止时，用人单位应该支付经济补偿。较劳动法的规定，本项规定是增加的规定。

续表

序号	情形	说明
6	依照本法第四十四条第四项、第五项规定终止劳动合同的	（2）企业破产法第一百一十三条规定，破产清偿顺序中第一项为破产人所欠职工的工资和医疗、伤残补助、抚恤费用，所欠的应当划入职工个人账户的基本养老保险、基本医疗保险费用，以及法律、行政法规规定应当支付给职工的补偿金。
7	法律、行政法规规定的其他情形	有些法律、行政法规中有关于用人单位支付经济补偿的规定。如《国营企业实行劳动合同制度暂行规定》规定，国营企业的老职工在劳动合同期满与企业终止劳动关系后可以领取相当于经济补偿的有关生活补助费。尽管《国营企业实行劳动合同制度暂行规定》于2001年被废止，但2001年之前参加工作的劳动者，在劳动合同终止后，仍可以领取工作之日起至2001年的生活补助费。

十一、经济补偿的计算

在劳动合同解除或者终止，用人单位依法支付经济补偿时，就涉及如何计算经济补偿的问题。计算经济补偿的普遍模式是：工作年限×每工作一年应得的经济补偿。劳动合同法及有关国家规定对工作年限及经济补偿标准作了明确的规定。本法第四十七条对如何计算经济补偿作出了具体的规定。

1．计算经济补偿中的工作年限

（1）本条“在本单位工作的年限”的规定，不能理解为连续几个合同的最后一个合同期限，原则上应连续计算。

①劳动者在单位工作的年限，应从劳动者向该用人单位提供劳动之日起计算。

②如果由于各种原因，用人单位与劳动者未及时签订劳动合同的，不影响工作年限的计算。

③如果劳动者连续为同一用人单位提供劳动，但先后签订了几份劳动合同的，工作年限应从劳动者提供劳动之日起连续计算。如劳动者甲自2012年在某企业工作，期间劳动合同一年一签，一直工作到2015年。最后一份劳动合同期满后终止，用人单位依法支付经济补偿时，计算的工作年限应从2012年算起，共3年。

④如果劳动者为同一用人单位提供劳动多年，但间隔了一段时间，也先后签订了几份劳动合同，工作年限原则上应从劳动者提供劳动之日起连续计算，已经支付经济补偿的除外。

（2）根据劳动部1996年关于终止或解除劳动合同计发经济补偿金有关问题的请示的复函中规定，对于因用人单位的合并、兼并、合资、单位改变性质、法人改变名称等原因而改变工作单位的，其改制前的工作时间可以计算为“在本单位的工作时间”。

（3）根据劳动合同法第九十七条第三款的规定，在劳动合同法施行前签订，试行前解除或者终止的劳动合同，依照劳动法和原有关国家规定计算经济补偿。

（4）在劳动合同法施行前签订，试行后解除或者终止的劳动合同，依照劳动合同法第四十六条规定应当支付经济补偿的，经济补偿年限自本法施行之日起计算；本法施行前按照当时有关规定，用人单位应当向劳动者支付经济补偿的，按照当时有关规定执行。

2．经济补偿的计算标准

经济补偿的计算标准为：

（1）经济补偿按劳动者在本单位工作的年限，每满1年支付1个月工资的标准向劳动者支付。

（2）6个月以上不满1年的，按1年计算。

（3）不满6个月的，向劳动者支付0.5个月工资的经济补偿。

劳动合同法关于经济补偿的计算标准延续了我国以往的做法。根据劳动法第二十八条的授权，1994年12月3日，劳动部颁布了《违反和解除劳动合同的经济补偿办法》，规定了计算经济补偿时，每满1年发给相当于1个月工资的经济补偿金。工作时间不满1年的按1年的标准发给经济补偿金。劳动合同法增加了6个月以上不满1年的，按1年计算；不满6个月的，向劳动者支付0.5个月工资的经济补偿。

3．经济补偿的计算基数

计算经济补偿时，工作满1年支付1个月工资。月工资是指劳动者解除或者终止劳动合同前12个月的平均工资。

4．经济补偿的计算封顶

这是在经济补偿部分对高端劳动者作出的一定的限制。即从工作年限和月工资基数两个方面作了限制，规定劳动者月工资高于用人单位所在直辖市、市区的市级人民政府公布的上年度职工月平均工资的3倍的，用人单位向其支付经济补偿的标准按职工月平均工资3倍的数额支付，向其支付经济补偿的年限最高不超过12年。

5．用人单位不支付经济补偿的法律责任

为督促用人单位及时支付经济补偿，劳动合同法第八十五条规定，解除或者终止劳动合同，未依照本法规定向劳动者支付经济补偿的，由劳动行政部门责令限期支付经济补偿，逾期不支付的，责令用人单位按应付金额50%以上100%以下的标准向劳动者加付赔偿金。

十二、违法解除或终止劳动合同的法律后果

为保护劳动者的合法权益，本法第四十八条对用人单位解除或者终止劳动合同作了明

确的规定，这些规定都是强制性规定，用人单位不得违反，如果违反了，将承担相应的法律后果。

1．违反本法规定的含义

在本条中的“违反本法规定”，是指违反劳动合同法第三十六条、第三十九条、第四十条、第四十一条、第四十二条、第四十四条、第四十五条等规定。具体情形包括：

（1）不符合法定条件用人单位单方解除的。

（2）解除时没有履行法定义务的。

（3）不符合法定条件用人单位终止的等。

2．应承担的法律后果

（1）用人单位违反本法规定解除或者终止劳动合同的，首先要保护劳动者的合法劳动权益，使劳动关系“恢复原状”，不能让用人单位从违法行为中获益。

（2）考虑到实际情况，应尊重劳动者有关是否继续劳动合同的选择。因此，如果劳动者权衡利弊后，要求继续履行劳动合同的，用人单位应当继续履行劳动合同；如果劳动者认为继续履行劳动合同实际困难太大，不要求继续履行劳动合同的，劳动合同可以解除或者终止，同时用人单位应当依法支付赔偿金。关于赔偿金标准，劳动合同法第八十七条规定为经济补偿标准的2倍。

另外，在有的情况下，劳动合同客观上已经不能继续履行了，如原用人单位已经搬迁外地、原工作部门已经被撤销等，此时即使劳动者想继续劳动合同也无法继续，因此，在用人单位支付经济赔偿金后，劳动合同解除或者终止。为防止用人单位从违法解除或者终止中获益，实践部门应对“劳动合同已经不能继续履行”作限制性解释，不能作宽泛理解。经济补偿与经济赔偿是两个性质不同的概念，用人单位支付经济赔偿不能免除其依法支付经济补偿的法定义务。

十三、社会保险关系跨地区转移接续

本法第四十九条是关于社会保险转移的规定。

实践中一些用人单位不替劳动者缴纳社会保险的统筹部分，其中原因有的是用人单位利用劳动者不了解国家法律法规的有关规定，逃避责任；有的是劳动者没有缴纳社会保险的积极性，主动要求用人单位将应缴的社会保险费直接发放。这些情形，不利于我国全面建立社会保险制度，不利于劳动者退休后的生活保障，同时有些用人单位和劳动者为规避缴纳社会保险不签书面劳动合同，所以，劳动合同法对此作出相应规定。

（十四）劳动合同解除或者终止后双方的义务

本法第五十条就劳动合同解除或者终止后双方的义务作出了规定。

1．用人单位的义务

（1）用人单位有出具解除或者终止劳动合同证明的义务。

在根据劳动合同法及有关法律、法规的规定，依法解除或者终止劳动合同时，用人单位都必须履行用人单位出具解除或者终止劳动合同证明的义务，这包括用人单位依法解除劳动合同、劳动者依法解除劳动合同、用人单位和劳动者依法终止劳动合同、在用人单位违法解除或者终止劳动合同后依法责令用人单位解除或者终止劳动合同等情形。

用人单位出具证明的时间是：在依法解除或者终止劳动合同的同时。

规定用人单位有出具解除或者终止劳动合同证明的义务，主要是考虑便于劳动者办理失业登记。

（2）用人单位有在15日内为劳动者办理档案和社会保险的义务。

在实践中，用人单位扣留劳动者档案，不明确告知劳动者社会保险缴纳情况比较普遍，因此劳动合同法作了专门规定：

①用人单位为劳动者办理档案和社会保险关系转移手续是用人单位的一项法定义务，用人单位必须依法履行。

②有关手续办理规定了时间限制，必须在依法解除或者终止劳动合同之日起15日内办理完毕。

③劳动合同法第八十四条第三款规定，劳动者依法解除或者终止劳动合同，用人单位扣押劳动者档案或者其他物品的，由劳动行政部门责令限期退还劳动着本人，按每一名劳动者500元以上200元以下的标准处以罚款；给劳动者造成损害的，用人单位应当承担赔偿责任。

（3）用人单位有在办理交接手续时向劳动者支付经济补偿的义务。

在劳动者办理交接手续的同时，用人单位应当及时支付经济补偿。

①劳动部《违反和解除劳动合同的经济补偿办法》第二条规定，对劳动者的经济补偿金，由用人单位一次性发给。

②如果用人单位不及时发给经济补偿的，劳动合同法第八十五条规定了法律责任：解除或者终止劳动合同，未依照本法规定向劳动者支付经济补偿的，由劳动行政部门责令限期支付经济补偿；逾期不支付的，责令用人单位按应付金额50%以上100%以下的标准向劳动者加付赔偿金。

（4）用人单位有对已经解除或者终止的劳动合同文本保存2年以上备查的义务。

2．劳动者的义务

劳动者有按照双方约定，遵循诚实信用的原则办理工作交接的义务。

劳动者在劳动合同解除或者终止时，不能一走了之，还必须履行相应的法律义务，即按照双方约定，遵循诚实信用的原则办理工作交接的义务。工作交接主要包括公司财产物品的返还、资料的交接等。

有关集体合同的条款的解读

一、集体合同的订立和内容

本法第五十一条对于集体合同的内容和集体合同的订立方面作出了规定。

1. 集体合同与劳动合同的区别

集体合同是指工会或职工代表代表全体职工与用人单位或其团体（即集体协商双方当事人）之间根据法律、法规的规定，就劳动报酬、工作时间、休息休假、劳动安全卫生、保险福利等事项，在平等协商一致的基础上签订的书面协议。

集体合同与劳动合同相比存在着明显不同，它们主要的区别如下表所示：

集体合同与劳动合同的区别

	集体合同	劳动合同
当事人不同	集体合同当事人为劳动者团体和用人单位或其团体，因此又称团体协约或团体合同。	劳动合同当事人为单个劳动者和用人单位。
目的不同	订立集体合同的主要目的，是为确立劳动关系设定具体标准，即在其效力范围内规范劳动关系。	目的是确立劳动关系。
内容不同	集体合同以集体劳动关系中全体劳动者的共同权利和义务为内容，可能涉及劳动关系的各个方面，也可能只涉及劳动关系的某个方面。	劳动合同以单个劳动者的权利和义务为内容，一般包括劳动关系的各个方面。
形式不同	集体合同一般为要式合同。	劳动合同在有的国家为要式合同，在有的国家则要式合同与非要式合同并存。
效力不同	集体合同对签订合同的单个用人单位或用人单位所代表的全体用人单位，以及工会和工会所代表的全体劳动者，都有法律效力。并且，集体合同的效力一般高于劳动合同的效力。	劳动合同对单个的用人单位和劳动者有法律效力。

2. 集体合同的内容

集体合同的具体内容，可能涉及劳动关系的各个方面，也可能只涉及劳动关系的某个方面。因此，企业职工一方与用人单位可以就劳动报酬、工作时间、休息休假、劳动安全卫生、保险福利等事项中的一项或者数项订立集体合同。

另外，除了本条点明的休息休假、劳动安全卫生、保险福利等事项以外，具体还可依据由劳动部颁发的《集体合同规定》（自2004年5月1日起施行）第八条规定："集体协商双方可以就下列多项或某项内容进行集体协商，签订集体合同或专项集体合同：一、劳动报酬；二、工作时间；三、休息休假；四、劳动安全与卫生；五、补充保险和福利；六、女职工和未成年工特殊保护；七、职业技能培训；八、劳动合同管理；九、奖惩；十、裁员；十一、集体合同期限；十二、变更、解除集体合同的程序；十三、履行集体合同发生争议时的协商处理办法；（十四）违反集体合同的责任；（十五）双方认为应当协商的其他内容。”

3．集体合同的订立

关于集体合同的订立，本条只做了几项原则性规定：

（1）规定了平等协商原则。集体合同双方当事人在签订协议的过程中，处于平等的法律地位，不考虑工会或者职工代表与企业之间在行政上的隶属关系。双方都可以平等地提出自己的主张和要求，本着合作的态度讨论和解决问题，任何一方都不得以任何方式压制或者威胁对方。

（2）规定了民主参与原则，集体合同草案应当提交职工代表大会或者全体职工讨论通过，这实际上是保留了劳动法第三十三条中的规定。

（3）规定了订立集体合同的双方主体。订立集体合同是一种法律行为，订立集体合同的主体、内容、程序以至于格式都必须符合国家法律、法规和政策的规定。在主体方面，根据劳动法的规定，订立集体合同的一方当事人必须是工会或者职工代表，另一方当事人必须是用人单位的行政方面。本法还规定，尚未建立工会的用人单位，由上级工会指导劳动者推举的代表与用人单位订立。也就是说，职工代表的推举需要接受上级工会的指导，不能随便某一群体的劳动者就推举出几个职工代表要求与用人单位订立集体合同。

除本条规定的三个方面以外，订立集体合同的具体程序和要求，例如怎样推举或指定协商代表，怎样依次经过协商、审议通过、签字、报送审查、公布等程序，可以参照自2004年5月1日起施行的《集体合同规定》。

二、专项集体合同

集体合同的具体内容，可能涉及劳动关系的各个方面，也可能只涉及劳动关系的某个方面。本法第五十二条是则对订立劳动安全卫生、女职工权益保护、工资调整机制等专项集体合同作出了规定。

所谓专项集体合同，是指用人单位与劳动者根据法律、法规、规章的规定，就集体协商的某项内容签订的专项书面协议。

1．劳动安全卫生

我国目前已有劳动法、工会法、安全生产法、职业病防治法、消防法、危险化学品安全管理条例等劳动安全卫生法律法规及标准。依据有关规定，结合某行业、某企业实际订立劳动安全卫生专项协议，已经越来越受到人民群众的关注。例如在安全事故多发的采矿业，制定劳动安全卫生专项集体合同就非常必要。

2．女职工权益保护

女职工权益保护专项集体合同，是用人单位与本单位女职工根据法律、法规、规章的规定，就女职工合法权益和特殊利益方面的内容通过集体协商签订的专项协议，它对用人单位和本单位的全体女职工具有法律约束力。企业可以工作实际制定的女职工特殊权益保护专项集体合同，例如专项集体合同里规定企业与女职工建立劳动关系应当订立劳动合同，实行男女同工同酬；在企业工会委员会、职工民主管理和进修、培训、出国考察、挂职锻炼时企业必须安排一定比例的女职工参加；根据女职工的生理特点，对月经期、孕期、产期和哺乳期的女职工给予特殊保护；企业不得在孕期、产期、哺乳期，降低其基本工资或终止、解除其劳动合同；单位每年对女职工（含离退休女职工）进行一次妇科检查等；可以使女职工合法权益得到切实的维护和保障。

3．工资调整机制

国家劳动和社会保障部正致力于使各类企业都建立工资集体协商制度，形成正常的工资增长机制。工资集体协商，是指职工代表与企业代表依法就企业内部工资分配制度、工资分配形式、工资收入水平进行平等协商，并在协商一致的基础上签订工资协议的一种制度安排。

三、行业性、区域性集体合同

本法第五十三条是关于建筑业、采矿业、餐饮服务业等行业订立行业性集体合同的规定。

1．行业性集体合同

行业性集体合同主要是指在一定行业内，由行业性工会联合会与相应行业内各企业，就劳动报酬、工作时间、休息休假、劳动安全卫生、保险福利等事项进行平等协商，所签订的集体合同。

（1）行业性集体合同的优势。

行业性集体合同一般具有以下优势：

①同一领域的各企业具有行业共同性，在利润和职工工资水平、职业危害状况、劳动者素质等方面往往比较接近，可以就某一方面制定具体的、有针对性的共同标准，从而容易达成行业性集体合同。

②行业性集体合同能够更广泛地保护整个行业内的劳动者的合法权益，同时在和谐稳定劳动关系的基础上，行业整体素质也得到提升。

③协商订立行业性集体合同能够减少劳资谈判的社会成本，因此行业性集体合同有逐渐向越来越广大区域扩展的趋势。

（2）行业性集体合同的适用范围。

本条规定里提到的，建筑业、采矿业、餐饮服务业等，行业特点都比较显著，决定了这些行业容易订立切实可行的行业性集体合同。例如建筑业、采矿业大量使用农民工，拖欠农民工工资或者造成人身危害的问题比较突出，就此工会出面签订行业性集体合同，对于约束建筑企业、保护农民工利益能够起到较好的作用。像餐饮服务业，劳动者工资报酬通常比较平均、比较低下，在这些方面签订行业性集体合同能够建立良好的工资调整机制、有效提高餐饮服务业劳动者的工资水平。

2. 区域性集体合同

区域性集体合同是指在一定区域内（指镇、区、街道、村、行业），由区域性工会联合会与相应经济组织或区域内企业，就劳动报酬、工作时间、休息休假、劳动安全卫生、保险福利等事项进行平等协商，所签订的集体合同。

发展区域性集体合同制度，需要注意以下几点：

（1）区域性集体合同是不适合在大范围大区域内推行的，由于企业性质差异、各行业劳动者需求不同等，在一个较大区域内协商签订集体合同往往比较困难，即使签订集体合同也往往因为缺少针对性而难以实施。

（2）区域性集体合同的优势在于基层（镇、村、街道）较小的区域内，发挥好基层工会熟悉当地企业和劳动者的优势，就当地某些特殊情况、特殊需要订立区域性集体合同。

涉及本行业全体职工的切身利益，行业性区域性集体合同对当地本行业、本区域的用人单位和劳动者具有约束力。

四、集体合同的报送和生效

本法第五十四条是关于集体合同的生效及其法律效力方面的规定。本条第一款阐述了集体合同何时生效，同时涉及集体合同需要报送劳动行政部门审查的问题。第二款则规定了集体合同的法律效力，尤其是其对人效力。

1. 集体合同何时生效

劳动法第三十四条规定："集体合同签订后应当报送劳动行政部门；劳动行政部门自收到集体合同文本之日起十五日内未提出异议的，集体合同即行生效。"第一款的内容，实际上是保留了劳动法中原有的规定。该款规定在实践中可能产生两种后果：

（1）劳动行政部门自收到集体合同文本之日起15日内未提出异议的，集体合同即行生效。

（2）劳动行政部门自收到集体合同文本之日起15日内提出异议的，例如集体合同的约定内容违反法律法规的规定，或者集体合同的双方主体不合法等，集体合同不能即行生效。

2．劳动行政部门如何审查集体合同

参照《集体合同规定》第六章的内容，可以概括出以下几点：

（1）应当报送集体合同的时间规定。

《集体合同规定》规定："集体合同或专项集体合同签订或变更后，应当自双方首席代表签字之日起10日内，由用人单位一方将文本一式三份报送劳动保障行政部门审查。""劳动保障行政部门对报送的集体合同或专项集体合同应当办理登记手续。"

（2）审查机关。

《集体合同规定》第四十三条规定："集体合同或专项集体合同审查实行属地管辖，具体管辖范围由省级劳动保障行政部门规定。""中央管辖的企业以及跨省、自治区、直辖市的用人单位的集体合同应当报送劳动保障部或劳动保障部指定的省级劳动保障行政部门。"

（3）审查事项。

《集体合同规定》第四十四条规定："劳动保障行政部门应当对报送的集体合同或专项集体合同的下列事项进行合法性审查：一、集体协商双方的主体资格是否符合法律、法规和规章规定；二、集体协商程序是否违反法律、法规、规章规定；三、集体合同或专项集体合同内容是否与国家规定相抵触。"

（4）劳动行政部门提出异议的。

《集体合同规定》第四十五条规定："劳动保障行政部门对集体合同或专项集体合同有异议的，应当自收到文本之日起15日内将《审查意见书》送达双方协商代表。《审查意见书》应当载明以下内容：一、集体合同或专项集体合同当事人双方的名称、地址；二、劳动保障行政部门收到集体合同或专项集体合同的时间；三、审查意见；四、作出审查意见的时间。《审查意见书》应当加盖劳动保障行政部门印章。"

（5）当事人应对劳动行政部门的异议。

《集体合同规定》第四十六条规定："用人单位与本单位职工就劳动保障行政部门提出异议的事项经集体协商重新签订集体合同或专项集体合同的，用人单位一方应当根据本规定第四十二条的规定将文本报送劳动保障行政部门审查。"

（6）劳动行政部门未提出异议的。

《集体合同规定》第四十七条规定："劳动保障行政部门自收到文本之日起15日内未提出异议的，集体合同或专项集体合同即行生效。"

3．集体合同的法律效力

本条第二款规定了集体合同的法律效力，尤其是其对人效力。劳动法第三十五条中规定，依法签订的集体合同对企业和企业全体职工具有约束力，该款实际上是保留了劳动法中原有的规定。集体合同订立、生效后，对签订集体合同双方所代表的人员都具有约束力。任何一方不得擅自变更或解除集体合同。如果集体合同的当事人违反集体合同的规定，就要承担相应的法律责任。

（1）对于劳动者的效力。

对于劳动者来说，除集体合同有特别规定外，集体合同的全部内容适用于企业内部全体职工。即在一个企业内部，只要工会与企业签订了集体合同，工会就代表了全体职工，而不只是代表工会会员，对于非工会会员也适用。对其生效实施后被企业录用的职工而言，集体合同也是适用的。

（2）对于用人单位的效力。

对于用人单位来说，集体合同生效后则不因企业法人代表的变动而影响其效力。而且，对于存在下条所述区域性集体合同、行业集体合同的情况下，同一区域的所有劳动者和用人单位都要平等履行区域性集体合同，同一行业的所有劳动者和用人单位都要平等履行行业性集体合同，而不局限于约束协商谈判、签订该项集体合同的双方代表。依法订立的集体合同对用人单位和劳动者具有约束力，这体现出集体合同对人效力的普遍性。

五、集体合同对中劳动报酬、劳动条件等标准

本法第五十五条是关于劳动条件和劳动报酬等法定标准、劳动合同标准、集体合同标准三者效力关系的规定。

1．最低工资标准

劳动法第四十八条规定："国家实行最低工资保障制度。最低工资的具体标准由省、自治区、直辖市人民政府规定。"

按照2004年1月20日劳动部颁布的《最低工资规定》，"社会平均工资法"是三种确定最低工资标准的通用方法之一。"社会平均工资法"也是按照国际上通用的方法，即月最低工资一般是月平均工资的40%～60%。目前我国没有任何一个省份达到了这个要求，而且各省份差别很大。另外，为逐步解决进城务工农民工资偏低问题，国务院要求各地从2006年起，要合理调整和严格执行最低工资制度，制定和推行最低小时工资标准。在提高最低工资标准方面，各省市都还有很大空间，这也引起了广泛的社会关注。随着各地人民政府规定的最低劳动条件和劳动报酬标准的提高，集体合同中劳动条件和劳动报酬标准也要相应提高，劳动合同法有必要对此加以规定。

2．集体合同、劳动合同和法定最低标准的关系

本条包括两层含义、两个梯度：

（1）集体合同中的劳动条件和劳动报酬等标准不得低于当地人民政府规定的最低标准。

这里有两种情况：

①集体合同订立之初，劳动条件和劳动报酬标准等不得低于当地人民政府制定的最低标准的，在报送劳动行政部门审查的时候就会提出异议，从而无法生效。

②集体合同生效以后，当地人民政府制定的最低劳动条件和劳动报酬标准提高的，高

于集体合同约定标准的，集体合同中的相关标准应当变更、予以提高，否则也确认为无效。低于最低工资标准向劳动者支付工资的，违反了劳动法和劳动合同法的规定，应当按照劳动合同法第八十五条的规定追究其法律责任。

（2）用人单位与劳动者订立的劳动合同中劳动条件和劳动报酬等标准不得低于集体合同规定的标准。

以上两点反映出集体合同与劳动合同以及劳动法律、法规的效力关系，即集体合同的法律效力高于劳动合同，劳动法律、法规的法律效力高于集体合同。

六、集体合同争议的处理

本法第五十六条是关于如何处理集体合同争议方面的规定。

1．用人单位违反集体合同，侵犯职工劳动权益的

用人单位违反集体合同，侵犯职工劳动权益的情况多种多样，只要是集体合同有规定的，用人单位没有履行就构成了对职工劳动权益的侵犯。例如用人单位违反集体合同规定，侵犯职工休息、休假或者保险福利等约定权益的；违反女职工权益专项集体合同，侵犯女职工月经期、孕期、产期和哺乳期的女职工给予特殊保护等权益的，用人单位都需要承担法律责任。

2．工会在集体合同中所承担的责任

从法律上讲，工会与用人单位是集体合同的法律主体（当事人）。集体合同对企业所有劳动者（关系人）和用人单位、工会都（当事人）都具有约束力。但其所承担责任的性质不同，当事人双方的义务具有不对等性。

对企业来说，集体合同规定的义务都是它必须履行的法定义务，如果不按照合同规定履行义务，企业就要承担法律责任。

而对工会组织或职工代表来说，集体合同规定的义务不具有法定性，只具有道义性。保证全体职工履行义务靠的是职工的觉悟、舆论的力量和企业行政方面在法律允许的范围内所采取的行政手段。如果个别职工或部分职工不按照集体合同的规定履行义务，工会组织或者职工代表无法承担法律责任，而只承担道义、政治责任。另外一种情况，工会组织及其所代表的全体职工都能够自觉履行集体合同规定的义务，在用人单位违反集体合同，侵犯职工劳动权益的时候，工会作为职工权益代表，作为与用人单位签订集体合同的法律主体，也可以依法要求用人单位承担责任；因履行集体合同发生争议，经协商解决不成的，工会还可以依法申请仲裁或者提起诉讼。

3．工会在处理集体合同争议方面的程序

（1）劳动者、工会和用人单位协商解决。根据本条规定，协商解决是处理履行集体合同争议的必用方式和必经程序。由工会出面代表劳动者与用人单位协商，可以避免单个劳动者的弱势地位，能够与用人单位更平等、更有效地进行协商。工会依法要求用人单位履行集体合同的，用人单位应当继续履行，并对之前违反集体合同的行为承担法律责任。

（2）协商解决不成的，工会可以代表全体职工，将履行集体合同的争议申请仲裁或者提起诉讼。

有关劳务派遣条款的解读

一、劳务派遣单位的设立

本法第五十七条是对劳动派遣企业设立的规定。修订后的第五十七条增加了劳务派遣行政许可的内容：

1．设立了经营劳务派遣业务行政许可

决定规定，经营劳务派遣业务，应当向劳动行政部门依法申请行政许可；经许可的，依法办理相应的公司登记。未经许可，任何单位和个人不得经营劳务派遣业务。

2．对经营劳务派遣业务的条件做出了详细规定

决定规定，经营劳务派遣业务应当具备下列条件：

（1）注册资本不得少于人民币200万元。

（2）有与开展业务相适应的固定的经营场所和设施。

（3）有符合法律、行政法规规定的劳务派遣管理制度。

（4）法律、行政法规规定的其他条件。

二、劳务派遣三方的权利义务

本法第五十八条对于劳务派遣单位、被派遣单位以及被派遣劳动者在订立劳动合同方面的权利、义务作出了规定，主要包括三个方面的内容：

1．劳务派遣单位应当履行用人单位对劳动者的全部义务

劳务派遣单位是本法所称用人单位，必须承担用人单位的全部权利和义务。如派遣单位承担依法招用劳动者、签订劳动合同以及解除劳动合同时支付经济补偿金、支付工资、参加社会保险并依法缴费等义务；用人单位应依法承担安排劳动者休息休假、提供劳动保护、允许劳动者参加或组织工会等义务，并对派遣单位承担的解除劳动合同时支付经济补偿金、支付工资、参加社会保险并依法缴费等义务承担连带责任。

2．劳务派遣单位要与被派遣劳动者订立书面劳动合同

这一规定也就是再次明确了劳务派遣单位与劳动者之间形成劳动关系，劳动合同除了要有一般劳动合同的必备条款外，还要明确约定被派遣劳动者的用工单位以及派遣期限、工作岗位等情况。

3．劳务派遣单位与被派遣劳动者要订立二年以上的固定期限的劳动合同

劳动合同的期限本应当是由劳动合同双方约定。可以是固定期限的劳动合同，也可以是无固定期限的劳动合同，还可以是以完成一定工作为期限的劳动合同。就固定期限的劳动合同，也是双方约定期限。但是本法就劳务派遣中的劳动合同的期限作出了法定期限，即不得少于2年，可以多于2年。

三、劳务派遣协议

本法第五十九条对劳务派遣协议作出了规定。

1．派遣协议派的内容

本条第一款规定，劳务派遣单位派遣劳动者应当与用工单位订立劳务派遣协议。此协议性质上应当属于民事合同。在该劳务派遣协议中，应当明确派遣岗位和人员数量、派遣期限、劳动报酬和社会保险费的数额与支付方式以及违反协议的责任等内容。

2．不得分割订立数个短期劳务派遣协议

本条第二款规定，用工单位应当根据工作岗位的实际需要与劳务派遣单位确定派遣期限，不得将连续用工期限分割订立数个短期劳务派遣协议。可见，在订立劳务派遣协议时，用工单位与劳务派遣单位应当遵循实际需要的原则来确定派遣期限。此外，将连续用工期限分割订立数个短期劳务派遣协议是不允许的。分割订立数个短期劳务派遣协议往往成为相关单位实践中躲避社会保险、正常的工资调整等的手段，这对劳动者合法劳动权益是一种侵害，对其进行禁止有利于保护劳动者合法劳动权益。

四、劳务派遣单位的义务

本法第六十条是规定了劳务派遣单位的义务，即劳务派遣单位有义务将劳务派遣的内容告知被派遣劳动者。另外，还有对劳务派遣单位的禁止性规定，即劳务派遣单位不得克扣用工单位按照劳务派遣协议支付给被派遣劳动者的劳动报酬。劳务派遣单位和用工单位不得向被派遣劳动者收取费用。

五、跨地区劳动派遣者的劳动报酬、劳动条件

有些劳务派遣不仅在本行政区域内派遣，而且还跨地区进行，本法第六十一条就跨地区派遣劳动者作出了规定。本条主要是为了防止克扣被派遣劳动者的劳动报酬、降低劳动条件。

（1）用人单位根据自身工作和发展需要，通过正规劳务派遣公司，派遣所需要的各类人员，这是一种新的用人方式，可跨地区、跨行业进行。用工单位与劳务派遣单位应签订劳务派遣协议。

（2）如果用工单位与劳务派遣单位是不同地区的，劳务派遣协议中劳动者的劳动报酬和劳动条件应当按照用工单位所在地的标准执行。如甲省劳务派遣工到乙地务工，乙地的劳动报酬标准可能比甲省高几百元，依照劳动合同法的规定，劳务派遣单位与用工单位就应当以乙地区的标准签订协议，并按乙地的标准支付被派遣劳动者的劳动报酬。

六、用工单位的义务

本法第六十二条明确规定了劳务派遣单位是用人单位，承担用人单位的责任。用工单位在劳务派遣中也是重要的一方，也应当承担相应的法律义务。

1．用工单位的义务

本法第六十二条明确规定了用工单位的义务：

（1）执行国家劳动标准，提供相应的劳动条件和劳动保护。

（2）告知被派遣劳动者的工作要求和劳动报酬。

（3）支付加班费、绩效奖金，提供与工作岗位相关的福利待遇。

（4）对在岗被派遣劳动者进行工作岗位所必需的培训。

（5）连续用工的，实行正常的工资调整机制。

2．用工单位不得将被派遣劳动者再派遣到其他用人单位

本条第二款是对禁止用工单位再派遣的规定。用工单位与派遣单位订立劳务派遣协议，双方应当按照该协议履行各自义务。在用工单位方面，其应当按照劳务派遣协议的约定使用被派遣劳动者，不得将这些劳动者再派遣到其他用人单位，也就是说接受以劳务派遣形式用工的单位接受被派遣劳动者必须是用于本单位岗位。

七、被派遣劳动者同工同酬

本法第六十三条对同工同酬问题做出了明确规定：

（1）明确了同工同酬的具体方式。决定规定，用工单位应当按照同工同酬原则，对被派遣劳动者与本单位同类岗位的劳动者实行相同的劳动报酬分配办法。

（2）对劳务派遣单位与被派遣劳动者、用工单位约定劳动报酬提出了具体要求。决定规定，劳务派遣单位与被派遣劳动者订立的劳动合同和与用工单位订立的劳务派遣协议，载明或者约定的向被派遣劳动者支付的劳动报酬应当符合前款规定。

所谓同工同酬是指在相同岗位提供等量劳动取得同等业绩的劳动者应获得相同的劳动报酬。但是，相同的劳动报酬分配办法，绝不等于说相同岗位就拿同样的钱，劳动报酬只指工资，不包括保险福利。

八、被派遣劳动者参加或者组织工会

本法第六十四条是关于被派遣劳动者参加或者组织工会权利的规定。

实践中，由于劳务派遣的特点，导致被派遣劳动者难以参加工会，本条明确规定了被派遣劳动者参加或者组织工会的权利。适用时要注意作为工会会员，理论上应当只是一个单位的会员，如果在派遣单位参加了工会，就不一定在被派遣单位参加工会。

为了更好地解决被派遣劳动者加入工会的问题，全国总工会应当在劳动合同法实施后作出进一步的具体规定。同时工会也应当依据工会法的有关规定保障被派遣劳动者依法参加工会的权利。

九、劳务派遣各方解除劳动合同

本法第六十五条是关于派遣关系中劳动合同解除情形的规定，这有利于解决实践中劳务派遣中关于解除劳动合同的问题。

1．被派遣劳动者的劳动合同解除权

本条第一款规定了被派遣劳动者的劳动合同解除权。即劳动者可以依劳合同法第三十六条、第三十八条的规定与劳务派遣单位协商解除劳动合同，或者由于劳务派遣单位与用工单位有违法行为的，可以与劳务派遣单位解除劳动合同。

本法第三十六条规定：用人单位与劳动者协商一致，可以解除劳动合同。

本法第三十八条规定：用人单位有下列情形之一的，劳动者可以解除劳动合同：一、未按照劳动合同约定提供劳动保护和劳动条件的；二、未及时足额支付劳动报酬的；三、未依法为劳动者缴纳社会保险费的；四、用人单位的规章制度违反法律、法规的规定，损害劳动者权益的；五、因本法第二十六条第一款规定的情形致使劳动合同无效的；六、法律、行政法规规定的其他情形。用人单位以暴力、威胁或者非法限制人身自由的手段强迫劳动者劳动的，或者用人单位违章指挥、强令冒险作业危及劳动者人身安全的，劳动者可以立即解除劳动合同，不需要事先告知用人单位。

3．用工单位的退回被派遣劳动者的权利

本条第二款规定，劳动者有本法第三十九条和第四十条第一项、第二项规定情形的，用工单位可以将被派遣劳动者退回派遣单位，由劳务派遣单位依照本法有关规定与被派遣劳动者解除劳动合同。可见，用工单位退回被派遣劳动者只能是因为劳动者不符合录用条件或者严重违纪违法，以及不胜任工作等情形。这样劳务派遣单位就可以依照劳动法的规定解除劳动合同。

十、劳务派遣的适用岗位

本法第六十六条对劳务派遣的适用岗位作出了规定，进一步明确了三性岗位。

1．劳务派遣用工形式的地位

决定规定，劳动合同用工是我国的企业基本用工形式。劳务派遣用工是补充形式。

2．劳务派遣用工适用范围

决定规定，劳务派遣用工是补充形式，只能在临时性、辅助性或者替代性的工作岗位上实施。

临时性工作岗位是指存续时间不超过六个月的岗位；辅助性工作岗位是指为主营业务岗位提供服务的非主营业务岗位；替代性工作岗位是指用工单位的劳动者因脱产学习、休假等原因无法工作的一定期间内，可以由其他劳动者替代工作的岗位。

3．劳务派遣用工数量

决定规定，用工单位应当严格控制劳务派遣用工数量，不得超过其用工总量的一定比例，具体比例由国务院劳动行政部门规定。

十一、用人单位不得自设劳务派遣企业

本法第六十七条规定用人单位不得自设劳务派遣企业。

在当前的社会经济生活中，劳务派遣被许多企业广泛用于各种可能的岗位。有的企业为了降低用工成本，将一些原来的正式职工以改制名义，分流到本企业设立的劳务派遣公司，然后又以劳务派遣公司的名义派遣到原岗位。有的企业将内设的劳动管理机构又挂一个劳务派遣公司的牌子，将招用的员工以劳务派遣公司的名义派遣到所属企业。将一个本来完整的劳动关系人为地分割开。

本条明确规定，用人单位不得设立劳务派遣单位向本单位或者所属单位派遣劳动者，就是力图解决上述问题。这里所说的所属单位可以理解为：一是母公司与子公司的关系，二是集团公司与下属公司的关系，三是也可以理解为具有关联性质的公司关系。这也是为了解决劳务派遣中出现的不正常的现象而作出的特别规定。

有关非全日制用工条款的解读

非全日制用工是与全日制用工相对的概念，在我国出现的时间不长，但作为灵活就业的一种重要方式，近年来呈现出较快增长趋势，劳动合同法针对非全日制用工的特点设专节作了相应的规定。

一、非全日制用工的概念

本法第六十八条对什么是非全日制用工作出了定义。本法是第一次用法律形式将非全日制用工确定。较其他国家对非全日制用工的定义，本法界定标准较严。

1．非全日制用工是一类特殊的用工形式

非全日制用工是相对于全日制用工的一类特殊的用工形式，其特殊性就在于“灵活性”，即与全日制用工相比，劳动关系相对宽松，具体包括：

（1）劳动合同形式不拘书面性，允许达成口头劳动合同。

（2）劳动关系存续时间不确定，合同双方均可随时解除劳动关系，不必提前通知，用人单位无须支付经济补偿。

（3）劳动关系双重性甚至多重性，允许同一劳动者同时存在两个或者两个以上的劳动关系。

非全日制用工中形成的是劳动合同关系，因此除了特别规定外，非全日制用工应遵循劳动合同法的一般原则和一般规定，劳动法中有关劳动安全保护、职业危害防护等保护性规定同样适用于非全日制用工。当然，针对非全日制用工的特殊性，有关部门可以根据实际情况，在劳动合同法的框架内，作进一步的规定。

2．非全日制用工的实质标准

非全日制用工的实质标准是：在同一用人单位平均每日工作时间不超过4小时，每周工作时间累计不超过24小时。

以工作时间的长短作为界定非全日制用工的标准是国际通行的做法，这里的工作时间应理解为劳动合同约定的工作时间，用人单位可以根据实际业务需要，偶尔要求劳动者进行加班，凡超出约定工作时间以外的，用人单位应支付加班工资。为体现非全日制用工的特点，禁止用人单位长期要求劳动者加班。有关非全日制用工中加班的问题，可由有关部门作出具体规定。

3．非全日制用工中工资形式以小时计酬为主

所谓工资形式，是指工资分配所采取的具体方式，最基本的两种方式是计时工资和计件工资。计时工资是根据职工工资标准和工作时间来计算工资额的一种方式。计件工资是按照职工生产的合格产品数量或者完成的工作量，根据企业内部确定的计件工资单价，计算工资额的一种方式。计件工资主要适合一些生产型企业，在目标取向上与非全日制用工不一致，计件工资有利于提高劳动生产率，一般是在企业生产任务饱满的情况下实施的，而非全日制用工一般适用于服务行业，工作任务不平均的情形。因此，非全日制用工不实行计件工资。

计时工资一般有四种具体计算标准：小时工资制、日工资制、周工资制和月工资制。鉴于非全日制用工具有用工临时性、工作时间短且灵活等特点，无论是实行日工资制、周工资制还是月工资制都存在一些客观障碍，容易产生纠纷，因此非全日制用工中适合实行小时计酬方式。

二、非全日制用工劳动合同

本法第六十九条规定了非全日制用工的劳动合同订立的要求。

1．可以订立口头合同

本条规定，非全日制用工可以订立口头合同，也就是说，非全日制用工既可以订立书面协议，也可以订立口头协议。

2．劳动者可以与多个用人单位订立劳动合同

本条规定，从事非全日制用工的劳动者可以与一个或者一个以上的用人单位订立劳动合同，但是，订立一个以上劳动合同的，后订立的劳动合同不得影响先订立劳动合同的履行，不得侵害到先订立的劳动合同。

三、非全日制用工不得约定试用期

本法第七十条是关于非全日制用工不得约定试用期的规定。

劳动合同法第十七条规定，用人单位与劳动者可以协商约定试用期，将试用期作为劳动合同的约定条款，而不是必备条款。本条针对非全日制用工的特殊性，对劳动合同法第十七条作出了限制性的规定，明确禁止非全日制用工约定试用期，更好地维护了非全日制劳动者的权益。

用人单位违反本法规定与非全日制用工的劳动者约定了试用期的，应当承担相应的法律责任。按照劳动合同法第八十二条的规定，由劳动行政部门责令改正，违法约定的试用期已经履行的，由用人单位以劳动者试用期满月工资为标准，按已经履行的试用期的期限向劳动者支付赔偿金。

四、非全日制用工的终止用工

本法第七十一条是关于非全日制用工终止用工的规定：非全日制用工的劳动者和用人单位任何一方都可以随时提出终止用工，终止用工应该通知另一方。通知可以采用书面形式，也可以采用口头通知的形式。任何一方提出终止用工都不用向对方支付经济补偿。

本条规定也是对非全日制用工不得约定试用期的一种救济性规定。对用人单位来说，不得约定试用期就不能以劳动者在试用期间被证明不符合录用条件而与劳动者解除劳动合同。有了可以随时通知劳动者终止用工的权利，用人单位就算没有试用期也可以同样解除与不符合录用条件的劳动者的劳动合同。同样，对劳动者而言，在试用期情况下可以随时通知用人单位解除劳动合同的权利也通过这一条规定得到了救济。另外，在建立劳动关系后，劳动者也不再需要按照本法第三十七条的规定提前三十日以书面形式通知用人单位，而可以随时以书面或口头的形式提出终止用工。

五、非全日制用工劳动报酬

本法第七十二条是关于非全日制用工劳动报酬的规定。

1．用工小时计酬标准

目前，我国一些地方针对非全日制用工形式灵活，劳动关系多元化，主要按小时计酬等特点，制定并实施了与之相适应的小时最低工资标准来保障非全日制劳动者的收入。

非全日制用工的用人单位应当按时足额支付非全日制劳动者的工资，用人单位支付非全日制劳动者的小时工资不得低于用人单位所在地人民政府规定的小时最低工资标准。

2．报酬结算周期

本条规定非全日制用工劳动报酬结算周期最长不得超过15日。而2003年5月30日劳动保障部颁发的《劳动保障部关于非全日制用工若干问题的意见》则规定非全日制用工的工资支付可以以小时、日、周或月为单位结算。劳动合同法缩短了非全日制劳动结算的最长周期，不再允许以月为结算单位。

3．小时最低工资标准的测算方法

按照《劳动保障部关于非全日制用工若干问题的意见》的规定，非全日制用工的小时最低工资标准由省、自治区、直辖市规定，并报劳动保障部备案。确定和调整小时最低工资标准应当综合参考以下因素：当地政府颁布的月最低工资标准；单位应缴纳的基本养老保险费和基本医疗保险费（当地政府颁布的月最低工资标准未包含个人缴纳社会保险费因素的，还应考虑个人应缴纳的社会保险费）；非全日制劳动者在工作稳定性、劳动条件和劳动强度、福利等方面与全日制就业人员之间的差异。小时最低工资标准的测算方法为：小时最低工资标准＝[（月最低工资标准÷20.92÷8）×（1＋单位应当缴纳的基本养老保险费和基本医疗保险费比例之和）]×（1＋浮动系数）。

有关监督检查条款的解读

一、劳动合同制度的监督管理体制

本法第七十三条是关于劳动行政部门监督管理的规定。劳动行政部门监督管理，是指国务院劳动行政部门和县级以上人民政府的劳动行政部门，以自己的名义，代表国家对劳动合同制度的实施进行监督管理的行政执法活动。劳动行政部门监督管理是一种专业性的行政执法，有着与其他部门和群众监督不同的作用，因此它是劳动合同法监督检查体系中最主要的一种。

1．劳动行政部门监督管理的特点

劳动行政部门监督管理具有以下三个特点：

（1）监督管理的主体是代表国家行使监督管理职权的劳动行政部门。

（2）劳动行政部门监督管理是一种执法行为。

（3）劳动行政部门监督管理是一种行政法律行为。这种监督管理的结果会导致一定的法律后果的产生，如对违法现象和不当行为采取制裁措施等。监督管理主体要对这种后果负法律责任。监督管理对象对监督管理处理不服，可以提起行政复议或行政诉讼。

2．劳动行政部门监督管理的分类

劳动行政部门监督管理按照主体的不同可以分为两类：

（1）国务院劳动行政部门，国务院劳动行政部门监督管理是普遍管辖。

（2）县级以上地方人民政府劳动行政部门，县级以上地方人民政府劳动行政部门监督管理是地域管辖；地方人民政府劳动行政部门监督管理不包括乡镇一级。

3．劳动行政部门监督管理的内容

劳动行政部门负责劳动合同制度实施的监督管理。监督的内容是对用人单位与劳动者建立劳动关系，订立、履行、变更、解除或者终止劳动合同的情况。具体说来，就是本法第七十四条列举的七项内容。

4．劳动行政部门的意见听取机制

行政部门对劳动合同制度的实施情况进行监督管理的过程中涉及三个方面的关系：

（1）与监督对象用人单位的关系。

（2）与保护对象劳动者的关系。

（3）与有关行业主管部门的工作关系。

理清三个方面的关系有助于监督管理工作的顺利开展，因此有必要听取代表劳动者的工会、企业方面代表以及有关行业主管部门的意见。

二、劳动行政部门监督管理体制

本法第七十四条是关于县级以上地方人民政府劳动行政部门监督检查事项的规定。

1．劳动行政部门开展监督检查的方式

劳动行政部门开展监督检查的方式主要有三种，如下表所示：

劳动行政部门开展监督检查的方式

序号	开展监督检查的方式	目的或适用时机
1	经常性地进行监督检查	对用人单位执行劳动合同制度的情况进行检查，要坚持制度化、经常化、规范化，及时发现问题及时处理。
2	集中力量，进行突击性的监督检查	当某一时期，企业等用人单位遵守和执行劳动合同制度普遍存在着严重问题，迫切需要解决这种问题的时候，可以组织力量进行突击性检查。这种做法声势大，威慑力强，便于及时解决问题。

续表

序号	开展监督检查的方式	目的或适用时机
3	有针对性地对某些用人单位进行监督检查	用人单位发生了伤亡事故，或者有关组织、劳动者检举控告用人单位有违反劳动合同制度的行为，劳动行政部门应派人对该企业进行调查，明辨是非，及时恰当地作出处理。

2．劳动监察事项

本法为了加强对劳动合同制度实施情况的监督检查，特别列举了如下劳动监察事项：

（1）用人单位制定直接涉及劳动者切身利益的规章制度及其执行的情况。

（2）用人单位与劳动者订立和解除劳动合同的情况。

（3）劳务派遣单位和用工单位遵守劳务派遣有关规定的情况。

（4）用人单位遵守国家关于劳动者工作时间和休息休假规定的情况。

（5）用人单位支付劳动合同约定的劳动报酬和执行最低工资标准的情况。

（6）用人单位参加各项社会保险和缴纳社会保险费的情况。

（7）法律、法规规定的其他劳动监察事项。

三、检查措施和文明执法

本法第七十五条是关于监督检查措施和文明执法的规定。

1．监督检查措施

本条规定了两种监督检查措施：

（1）书面检查。即有权查阅与劳动合同、集体合同有关的材料。

（2）劳动场所实地检查。

目前，我国在劳动执法领域实行劳动监察员制度。劳动监察员是县级以上各级人民政府劳动行政部门执行劳动监督检查公务的人员。县级以上各级人民政府劳动行政部门根据工作需要配备专职劳动监察员和兼职劳动监察员。专职劳动监察员是劳动行政部门专门从事劳动监察工作的人员，兼职劳动监察员是劳动行政部门非专门从事劳动监察工作的人员。根据《劳动保障监察条例》（国务院令第423号）的规定，劳动保障监察员依法履行劳动保障监察职责。劳动保障监察以日常巡视检查、审查用人单位按照要求报送的书面材料以及接受举报投诉等形式进行。

2．关于依法执法与文明执法

劳动行政部门的人员进行监督检查，应当依法执法，文明执法。

（1）依法执法。

根据《关于实施〈劳动保障监察条例〉若干规定》（劳动和社会保障部令第25号）的

规定，劳动保障监察员进行调查、检查不得少于2人。劳动保障监察机构应指定其中1名为主办劳动保障监察员。劳动保障监察员对用人单位遵守劳动保障法律情况进行监察时，应当遵循以下规定：

①进入用人单位时，应佩戴劳动保障监察执法标志，出示劳动保障监察证件，并说明身份。

②就调查事项制作笔录，应由劳动保障监察员和被调查人（或其委托代理人）签名或盖章。被调查人拒不签名、盖章的，应注明拒签情况。

③劳动保障监察员进行调查、检查时，承担下列义务：

——依法履行职责，秉公执法。

——保守在履行职责过程中获知的商业秘密。

——为举报人保密。

④劳动保障监察员在实施劳动保障监察时，有下列情形之一的，应当回避：

——本人是用人单位法定代表人或主要负责人的近亲属的。

——本人或其近亲属与承办查处的案件事项有直接利害关系的。

——因其他原因可能影响案件公正处理的。

⑤劳动保障行政部门调查、检查时，有下列情形之一的可以采取证据登记保存措施：

——当事人可能对证据采取伪造、变造、毁灭行为的。

——当事人采取措施不当可能导致证据灭失的。

——不采取证据登记保存措施以后难以取得的。

⑥其他可能导致证据灭失的情形的。

（2）文明执法。

文明执法是指执法人员执法时应遵守职业行为规范和社会行为规范。其中应以遵守的行为规范为主，兼顾作为社会人应遵守的社会行为规范。

文明执法包括的范围非常广泛，包括政治素养、仪表风纪、语言举止等各方面。

文明执法必须以依法执法为前提，文明执法能够在依法执法的基础上构建和谐的执法氛围。

四、有关主管部门的监督管理

本法第七十六条是关于县级以上人民政府建设、卫生、安全生产监督管理等有关主管部门的监督管理的规定。

行政部门监督管理的主体不仅包括劳动行政部门，还包括建设、卫生、安全生产监督管理等有关主管部门。

序号	行政部门监督管理的主体	监督管理职责
1	县级以上人民政府建设部门	（1）开展清查工作，严厉打击拖欠和克扣农民工工资行为。县级以上人民政府建设部门定期对建筑业企业工资支付情况进行监督检查。对查出拖欠和克扣工资的建筑业企业，责令其及时补发工资，不能立即补发的，制定清欠计划，限期补发。对恶意拖欠、克扣工资的企业，严格按国家有关规定进行处罚，并向社会公布有关企业名单。 （2）加强对农民工劳动合同的管理，指导企业依法与农民工签订劳动合同。加强对建筑业企业招用农民工的管理，对签订劳动合同收取抵押金、风险金等违法行伪，一经发现，要按有关规定严肃处理。对不依法与农民工签订劳动合同、或采取欺诈和威胁等手段订立劳动合同以及不按规定进行用工备案的企业，根据国家有关法律法规和政策严肃处理。 （3）完善工作机制，疏通处理渠道。建设部门要建立健全解决拖欠农民工工资的工作机制，切实做到专人负责、申诉有门、处理及时、客观公正。要按照各自职责，认真负责地对侵犯农民工权益的违法行为进行处理，不得相互推诿。建立健全拖欠农民工工资举报制度，设立举报箱、开通举报电话，并设专人负责接待来访举报。信访机构要认真接待农民工因被拖欠工资等问题的上访，耐心细致地做好政策宣传解释工作。使用农民工较多的地区，县级以上人民政府建设部门与有关部门协商，成立法律援助工作站，开展法律咨询服务活动。 （4）积极指导用人单位依法建立健全内部劳动合同管理制度。
2	各级劳动保障部门	（1）要会同建设等行业行政主管部门，要指定专职或兼职人员负责劳动合同管理工作，建立劳动合同管理台帐，实行动态管理。 （2）对履行劳动合同的情况，特别是工资支付、保险福利、加班加点等有关情况要有书面记录。 （3）对终止解除劳动合同的农民工，用人单位应当结清工资，并出具终止解除劳动合同证明。
3	县级以上人民政府卫生主管部门	对用人单位是否履行了告知义务、是否按照本法的规定订立劳动合同，以及全面履行职业危害防护义务等事项进行监督管理。
4	县级以上人民政府安全生产监督管理主管部门	对用人单位是否履行了有关劳动者工作条件、安全生产状况等情况的告知义务、是否按照本法的规定订立劳动合同，以及全面履行安全生产义务等事项进行监督管理。

续表

序号	行政部门监督管理的主体	监督管理职责
5	县级以上地方人民政府劳动行政部门	负责本行政区域内劳动合同制度实施的监督管理。

为了促进劳动合同制度的有效实施，县级以上人民政府各部门，包括建设、卫生、安全生产监督管理等有关主管部门都要在各自的职责范围内，对用人单位执行劳动合同制度的情况进行监督管理。例如，安全生产监督管理部门监督某些高危产业贯彻执行劳动合同，保障集体合同或者劳动合同中规定的劳动条件、职业病防护、劳动安全等标准的落实，能够更有针对性地维护从事高危险性工作劳动者的合法权益。县级以上人民政府劳动行政部门和县级以上人民政府建设、卫生、安全生产监督管理等有关主管部门应当互相配合，共同做好劳动合同制度的监督管理工作。

五、劳动者权利救济途径

本法第七十七条是关于劳动者权利救济途径的规定。本条规定比较人性化，突出体现了对劳动者权益受侵害情形予以法律救济的思想，在理解上应当注意包括以下三层涵义：

1．劳动者的合法权益受到侵害的，包括各种各样的情形

与本法第七十四条相呼应，劳动行政部门对实施劳动合同制度进行监督检查的事项，往往就是劳动者的合法权益容易受侵害的地方。例如，用人单位制定规章制度的内容或者程序不合法损害到劳动者的切身利益；用人单位不与劳动者订立书面劳动合同或者随意解除劳动合同；劳务派遣单位和用工单位规避有关劳务派遣的规定，向被派遣劳动者收取费用等；用人单位不遵守工作时间和休息休假的法律规定；用人单位违法向劳动者支付低于当地最低工资标准的劳动报酬；用人单位不为劳动者缴纳或者未及时足额缴纳社会保险的情况等等。

只要是本法或者其他劳动法律、法规规定的劳动者的合法权益，都必须受到法律的保护。

2．“有关部门”不能推诿责任

本法第七十五条第一款规定：“县级以上地方人民政府劳动行政部门实施监督检查时，有权查阅与劳动合同、集体合同有关的材料，有权对劳动场所进行实地检查，用人单位和劳动者都应当如实提供有关情况和材料。”第七十六条规定：“县级以上人民政府建设、卫生、安全生产监督管理等有关主管部门在各自职责范围内，对用人单位执行劳动合同制度的情况进行监督管理。”

依据这两条规定，劳动、建设、卫生、安全生产监督管理等部门多多少少都承担着保护劳动者合法权益的责任，对于劳动者的维权要求应当依法处理，不能互相推诿，更不能将维权要求拒之门外。

3．多了两种救济途径

本条除了要求行政部门依法处理的规定之外，还规定了“依法向仲裁机构申请仲裁”或者“向人民法院提起诉讼”两种救济途径。这里所说的仲裁机构，是指依法设立的，经国家授权依法独立仲裁处理劳动争议案件的专门机构，一般是指劳动争议仲裁委员会。劳动争议仲裁委员会由劳动行政部门、同级工会和用人单位团体或代表用人单位方面的特定部门各自选派的代表组成。各级仲裁委员会相互间不存在行政隶属关系，各自独立仲裁本行政区域内发生的劳动争议案件。劳动者还可以直接向法院提起诉讼，由受理该劳动争议案件的人民法院的民事审判庭，依照民事诉讼法的有关规定进行处理。而且，依法申请仲裁不再是提起诉讼的必经程序，与本法第五十六条的立法指导思想是一致的，这对于劳动法第七十九条的规定是一个很大的突破。

六、工会维权及监督

本法第七十八条是关于工会依法维护劳动者的合法权益，对用人单位履行劳动合同、集体合同的情况进行监督的规定。

1．工会劳动监督的职责

《中华全国总工会关于进一步推进劳动合同制度实施的通知》（总工发［2005］23号）中指出，要加强对劳动合同执行情况的监督检查。

（1）工会要将劳动合同执行情况作为工会劳动监督的重点，建立和完善监督检查机构和组织，积极开展监督检查工作，监督劳动合同双方认真履行劳动合同。要加强劳动关系协调机制各项制度间的有机衔接，劳动合同的标准不得低于集体合同的规定。注意发挥劳动合同在劳动争议调解、仲裁和诉讼中的作用，做到有法可依，依法办事。

（2）企业工会要加强与行政方的沟通和协调，督促认真履行劳动合同。对于企业未兑现劳动合同的行为，工会要依法要求行政进行整改，或支持职工通过仲裁或诉讼方式解决。

（3）地方工会要加强与劳动保障部门的协调，推动开展劳动合同专项监察，在劳动法、工会法执法检查和企业劳动年检中，要将劳动合同作为重要内容，监督企业认真签订和履行劳动合同。对不签订和不履行劳动合同的企业，工会要督促劳动保障部门责令改正，依法予以行政处罚。要积极推动各级人大开展劳动法的执法检查，促进劳动合同工作取得实效。

2．保证工会监督权实现的制度

《企业工会工作条例（试行）》（总工发［2006］41号）和各地的工会工作条例中规定了两种制度保证工会监督权的实现：

保证工会监督权实现的制度

序号	保证制度	详细说明
1	建立劳动法律监督委员会，地方总工会及产业、乡镇（街道）工会应当设立工会劳动保障法律监督委员会	（1）职工人数较少的企业应设立工会劳动法律监督员，基层工会根据实际需要可以设立工会劳动保障法律监督委员会，对企业执行有关劳动报酬、劳动安全卫生、工作时间、休息休假、女职工和未成年工保护、保险福利等劳动法律法规情况进行群众监督。 （2）工会劳动保障法律监督委员会的成员为本级工会劳动保障法律监督员。 （3）镇、街道以上工会的工会劳动法律监督组织可以委派工会劳动法律监督员进入本辖区内的用人单位，履行监督、调查职责。 （4）工会劳动法律监督员应当具备以下条件：一是熟悉劳动法律、法规，具备一定的政策水平和工作能力；二是热心维护职工群众的合法权益；三是奉公守法，清正廉洁。工会劳动保障法律监督员由工会发给监督员证。
2	建立劳动保护监督检查委员会，生产班组中设立工会小组劳动保护检查员	（1）建立完善工会监督检查、重大事故隐患和职业危害建档跟踪、群众举报等制度，建立工会劳动保护工作责任制。 （2）依法参加职工因工伤亡事故和其他严重危害职工健康问题的调查处理。协助与督促企业落实法律赋予工会与职工安全生产方面的知情权、参与权、监督权和紧急避险权。开展群众性安全生产活动。

3．用人单位违法时工会的处理方式

对于用人单位违反劳动法律、法规和劳动合同、集体合同的，工会有两种处理方式：

（1）有权提出意见或者要求重新处理。

（2）劳动者申请仲裁或者提起诉讼的，工会依法给予支持和帮助。

七、举报违法行为

本法第七十九条是关于组织或者个人对于违反本法的行为有权举报的规定。

1．什么是举报

举报是指任何组织和个人向有关单位申诉、控告或者检举违法行为的行为。举报是我国宪法和法律赋予公民的一项民主权利。我国宪法第四十一条规定：中华人民共和国公民对于任何国家机关和国家工作人员，有提出批评和建议的权利；对于任何国家机关和国家工作人员的违法失职行为，有向有关国家机关提出申诉、控告或者检举的权利，但是不得捏造或者歪曲事实进行诬告陷害。对于公民的申诉、控告或者检举，有关国家机关必须查清事实，负责处理。任何人不得压制和打击报复。由于国家机关和国家工作人员侵犯公民权利而受到损失的人，有依照法律规定取得赔偿的权利。

2．举报的方式

举报可以是电话举报、信函举报、传真举报、网上举报，也可以当面举报、预约举报或者认为方便的其他形式进行举报。

3．举报权利的内容

举报权利实际上是一种监督权利。举报权利的内容是多方面的，主要包括：

（1）自愿举报。举报人可以举报，也可以不举报。是否行使举报权利由举报人自己决定，其他任何单位和个人都无权干涉，不能强制举报，也不能妨碍举报。

（2）选择举报受理机关。举报人进行举报的时候，可以凭主观判断选据举报受理机构，不必受到举报机构级别和管辖分工的限制。

（3）选择举报时间和举报方式。

（4）有权决定是否实名举报。

（5）获得保护。对于侵犯举报人合法权益的情况人有权投诉，要求予以处理。

（6）获得损害赔偿的权利。

（7）获得必要奖励的权利。

4．举报的作用

举报作为监督的有效形式。其作用主要包括下列几个方面：

（1）方便群众对违纪、违法、犯罪等行为的监督，任何单位和个人都可以通过举报进行检举和控告，要求予以处理。

（2）方便公民行使民主权利。有效监督国家机关和国家工作人员的活动。公民可以通过举报对党和国家机关、国家工作人员的行为提出批评和建议，反映一些社会热点问题和群众关心的问题。

（3）专门机关通过举报可以获得大量的举报线索，有利于专门机关履行职责，尤其是监督职责。

（4）将群众监督纳入法制轨道，有利于社会的稳定。

5．举报的核实、处理

县级以上人民政府劳动行政部门应当及时核实、处理，并对举报有功人员给予奖励。奖励的对象必须是有功人员。

有关法律责任条款的解读

一、规章制度违法的法律责任

本法第八十条是关于用人单位制定的直接涉及劳动者切身利益的规章制度违反法律、法规规定的所应承担的法律责任的规定。

1．用人单位制定的直接涉及劳动者切身利益的规章制度违反法律、法规规定的

劳动合同法第四条规定明确了用人单位制定规章制度必须要遵守有关法律、法规的规定，否则就是违法的，这体现在实体和程序两个方面：

（1）在实体方面。用人单位制定的规章制度的内容必须要符合法律、法规的规定，包括劳动安全卫生、劳动纪律、职工培训、休息休假以及劳动定额管理等方面的规章制度的内容，必须遵守劳动法、职业病防治法、劳动合同法和其他相关的行政法规、地方性法规的规定，不得与之相抵触。

（2）在程序方面。用人单位制定的直接涉及劳动者切身利益的规章制度，如劳动报酬、工作时间、休息休假、劳动安全卫生、保险福利、职工培训、劳动纪律以及劳动定额管理等规章制度必须遵守法律规定的程序。

如果用人单位制定的规章制度违反了法定程序，如拒绝让职工代表大会讨论，拒绝与工会或者职工代表平等协商，不进行公示或者不告知劳动者等，则所制定的规章制度是违法和无效的。

2．用人单位制定违法的规章制度的法律责任

用人单位制定的直接涉及劳动者切身利益的规章制度违反法律、法规规定的，其法律后果是：

（1）这样的规章制度不对劳动者产生拘束力，劳动者可以不予遵守。

（2）劳动者一经发现用人单位制定的规章制度违反法律、法规规定的，要向当地的劳动行政部门进行投诉，由劳动行政部门对用人单位予以责令改正，并给予警告的行政处罚。

（3）如果违法的规章制度对劳动者造成损害的，用人单位应当承担赔偿责任。

二、缺乏必备条款、不提供劳动合同文本的法律责任

本法第八十一条是关于用人单位提供的劳动合同文本未载明劳动合同法规定的劳动合同必备条款或者用人单位未将劳动合同文本交付劳动者的法律责任的规定。

1．表现形式

（1）用人单位提供的劳动合同文本未载明劳动合同法规定的劳动合同必备条款。

劳动合同法第十七条第一款规定劳动合同应当具备的条款：

①用人单位的名称、住所和法定代表人或者主要负责人。

②劳动者的姓名、住址和居民身份证或者其他有效身份证件号码。

③劳动合同期限。

④工作内容和工作地点。

⑤工作时间和休息休假。

⑥劳动报酬。

⑦社会保险。

⑧劳动保护、劳动条件和职业危害防护。

⑨法律、法规规定应当纳入劳动合同的其他事项。

如果企业提供的合同范本不具备以上条款，则不合法。

（2）用人单位未将劳动合同文本交付劳动者。

劳动合同法第十六条第二款规定："劳动合同文本应当由用人单位和劳动者各执一份。"劳动合同应由用人单位与劳动者在劳动合同文本上签字或者盖章生效，并由双方各执一份。实践中，一些用人单位存在不将劳动合同文本交付劳动者的情况，以此限制劳动者的权利，这一行为属于违法行为，应当承担相应的法律责任。

2．有关法律责任

如果用人单位提供的劳动合同文本没有规定劳动合同法第十七条第一款规定的一项或者几项必备内容，或者用人单位未将劳动合同文本交付劳动者的要依法承担相应的法律责任：包括由劳动行政部门责令改正；对劳动者造成损害的，用人单位应当承担赔偿责任。

劳动部于1995年5月制定了《违反〈劳动法〉有关劳动合同规定的赔偿办法》，该办法规定由于用人单位的原因订立无效的劳动合同，或订立部分无效劳动合同，对劳动者造成损害的，应按下列规定赔偿劳动者损失：

（1）造成劳动者工资收入损失的，按劳动者本人应得工资收入支付给劳动者，并加付应得工资收入25%的赔偿费用。

（2）造成劳动者劳动保护待遇损失的，应按国家规定补足劳动者的保护津贴和用品。

（3）造成劳动者工伤、医疗保险待遇损失的，除按国家规定为劳动者提供工伤、医疗待遇外，还应支付劳动者相当于医疗费用25%的赔偿费用。

（4）造成女职工和未成年工身体健康损害的，除按国家规定提供治疗期间的医疗待遇外，还应支持相当于其医疗费用25%的赔偿费用。

（5）劳动合同约定的其他赔偿费用。

对于上述规定中有关劳动者工资收入损失的赔偿，鉴于劳动合同法第八十四条对用人单位未依照劳动合同的约定或者未依照本法规定支付劳动者劳动报酬，或者低于当地最低工资标准支付劳动者工资的，或者安排加班不支付加班费，以及解除、终止劳动合同，未依照本法规定向劳动者支付经济补偿的，明确规定由劳动行政部门责令限期支付劳动报酬、加班费或者解除、终止劳动合同的经济补偿；劳动报酬低于当地最低工资标准的，应当支付其差额部分；逾期不支付的，责令用人单位按应付金额50%以上100%以下的标准向劳动者加付赔偿金。因此，在劳动合同法开始施行后，有关劳动者工资收入损失的赔偿应按劳动合同法的规定予以执行。

三、未订立书面劳动合同的法律责任

本法第八十二条对于用人单位自用工之日起超过1个月但不满1年不与劳动者订立书面劳动合同，以及用人单位违反本法规定不与劳动者订立无固定期限劳动合同的法律责任作出了规定。

1．未订立书面劳动合同的情况

未订立书面劳动合同的情况分两种情况：

（1）用人单位自用工之日起超过一个月但不满一年不与劳动者订立书面劳动合同。

劳动合同法第十条规定："建立劳动关系，应当订立书面劳动合同。""已建立劳动关系，未同时订立书面劳动合同的，应当自用工之日起1个月内订立书面劳动合同。""用人单位与劳动者在用工前订立劳动合同的，劳动关系自用工之日起建立。"同时，劳动合同法第十四条第三款规定："用人单位自用工之日起满1年不与劳动者订立书面劳动合同的，视为用人单位与劳动者已订立无固定期限劳动合同。"根据上述规定，如果用人单位自用工之日起超过1个月但不满1年不与劳动者订立书面合同的，就要承担相应的法律责任。这里包括三层含义：

①用人单位自用工之日起1个月内必须与劳动者订立劳动合同。

②劳动合同必须以书面形式订立，如果在1个月的时间内订立的是口头的劳动合同，则也是违法的，要依法承担法律责任。

③如果用人单位自用工之日起超过1年不与劳动者订立书面劳动合同的，视为用人单位与劳动者已订立无固定期限劳动合同，直接适用无固定期限劳动合同的有关规定。

（2）用人单位违反本法规定不与劳动者订立无固定期限劳动合同。

本条中"违反本法规定不签订无固定期限劳动合同的"主要就是指用人单位违反本法第十四条第二款的规定，不与劳动者订立无固定期限劳动合同的行为，主要包括以下三种情形：

①续延劳动合同时，劳动者已在该用人单位连续工作满10年以上，劳动者提出或者同意续订劳动合同，用人单位拒绝签订无固定期限劳动合同。

②用人单位初次实行劳动合同制度或者国有企业改制重新订立劳动合同时，劳动者在该用人单位连续工作满10年且距法定退休年龄10年以内的，劳动者提出或者同意续订劳动合同，用人单位拒绝签订无固定期限劳动合同。

③连续签订两次固定期限劳动合同后续签的，劳动者提出或者同意续订劳动合同，而

用人单位拒绝签订无固定期限劳动合同。

2．用人单位的法律责任

对于用人单位违反本法规定不与劳动者订立无固定期限劳动合同的，本条规定：自应当订立无固定期限劳动合同之日起向劳动者每月支付二倍的工资。这里的“应当订立无固定期限劳动合同之日”应当理解为劳动合同法第十四条第二款、第三款规定的四种情形发生之时，具体包括：

（1）劳动者在同一用人单位连续工作满10年之日的次日。如某一劳动者2005年5月15日进入某一企业工作，到2015年5月15日已在该企业连续工作10年，如果该劳动者提出续订劳动合同，则2015年5月15日即为“应当订立无固定期限劳动合同之日”。

（2）在劳动者在同一用人单位连续工作满10年且距法定退休年龄不足10年的情况下，用人单位初次实行劳动合同制度或者国有企业改制重新订立劳动合同的日子。如某一职工已在某一企业连续工作10年，此时他54岁，距60岁的退休年龄不足10年，在这种情况下，如果其所在的用人单位进行改制，确定于2015年8月6日重新与职工订立劳动合同，则这一天即为“应当订立无固定期限劳动合同之日”。

（3）劳动者与企业连续订立二次固定期限劳动合同，且该劳动者没有劳动合同法第三十九条规定的情形，在此情况下，双方续订劳动合同的日子。

（4）用人单位自用工之日起满1年不与劳动者订立书面劳动合同的，则满1年后的第一天为“应当订立无固定期限劳动合同之日”。如某一劳动者于2014年3月16日进入某一企业工作，到了2015年3月16日该企业还没有与该劳动者签订书面劳动合同，则视为企业与劳动者已经订立无固定期限的劳动合同，“应当订立无固定期限劳动合同之日”为工作满1年后的第一天，即2015年3月17日。

3．追究赔偿责任的途径

对于用人单位自用工之日起超过一个月但不满一年不与劳动者订立书面合同的，以及违反本法规定不与劳动者签订无固定期限劳动合同的违法行为，劳动者可以通过以下途径追究用人单位的赔偿责任：

（1）向当地劳动行政部门进行举报。劳动合同法明确规定，县级以上地方人民政府劳动行政部门负责本行政区域内劳动合同制度实施的监督管理。同时，劳动合同法还明确规定，任何组织或者个人对于违反本法的行为都有权举报，县级以上人民政府劳动行政部门应当及时核实、处理。劳动者就用人单位违反劳动合同法的行为向劳动行政部门进行举报，劳动行政部门应当依法受理并立案查处。一经查实，劳动行政部门可以责令用人单位依法对劳动者予以赔偿。

（2）向劳动争议仲裁机构申请仲裁。劳动争议仲裁裁决书下达后，任何一方当事人不服，可在法定期限内向人民法院起诉，逾期不起诉将产生法律效力，当事人必须履行。

对用人单位违反劳动合同法的行为，劳动者可以依法向劳动仲裁机构申请赔偿。

（3）向人民法院提起诉讼。向人民法院提起诉讼是劳动者依法享有的一项权利，是劳动者追究用人单位违反劳动合同法的赔偿责任、解决赔偿责任争议的一种重要方式，也是最后的方式。人民法院按照司法审判程序对案件进行审理、裁判和执行，保障劳动者的合法权益，包括获得法定赔偿的权利得以实现。

四、违法约定试用期的法律责任

本法第八十三条是关于用人单位违反劳动合同法规定与劳动者约定试用期的法律责任的规定。

1．用人单位违反劳动合同法规定与劳动者约定的试用期无效的情形

用人单位违反劳动合同法规定与劳动者约定的试用期无效的情形包括：

（1）约定的试用期超过法律规定的最高时限。劳动合同法第十九条对不同期限、不同种类的劳动合同，规定了长短不同的试用期，如果用人单位与劳动者约定的试用期超过了法律规定的最长时限就是违法的。

（2）同一用人单位与同一劳动者约定了超过一次的试用期。

（3）以完成一定工作任务为期限的劳动合同或者劳动合同期限不满3个月的，约定了试用期的。

（4）劳动合同仅约定试用期或者劳动合同期限与试用期相同的。

2．用人单位违反劳动合同法规定与劳动者约定试用期的法律责任

（1）根据本条的规定，用人单位违反劳动合同法规定与劳动者约定试用期的，由劳动行政部门责令改正，违法约定的试用期已经履行的，由用人单位以劳动者月工资为标准，按已经履行的试用期的期限向劳动者支付赔偿金。

（2）根据这一规定，用人单位违反本法规定，与劳动者所约定的试用期，如果还没有实际履行的，由劳动行政部门责令用人单位予以改正，使之符合本法的规定；如果无效的试用期约定已经实际履行，则由用人单位以劳动者月工资为标准，按已经履行的试用期的期限向劳动者支付赔偿金。

这里应当指出的是，对于违法约定的试用期，只要劳动者已经实际履行，用人单位要按照已经履行的试用期的期限向劳动者支付赔偿金，对于劳动者尚未履行的期间，则用人单位不需要支付赔偿金。

五、扣押劳动者身份证等证件的法律责任

本法第八十四条是关于用人单位扣押劳动者身份证等证件、要求劳动者提供担保、向劳动者收取财物以及扣押劳动者档案或者其他物品的法律责任的规定。

1．用人单位违反劳动合同法规定，扣押劳动者身份证等证件的法律责任

针对一些用人单位在招用人员时，违法扣押劳动者的身份证等行为，劳动合同法第九条明确规定："用人单位招用劳动者，不得要求劳动者提供担保或者以其他名义向劳动者收取财物，不得扣押劳动者的居民身份证或者其他证件。"对用人单位违反这一规定，扣押劳动者身份证等证件的，要由劳动行政部门责令限期退还劳动者本人；同时，对此违法行为，要依照有关法律规定给予处罚。这里的"有关法律"主要是指的《居民身份证法》。

2．用人单位违反劳动合同法规定，要求劳动者提供担保、向劳动者收取财物的法律责任

劳动合同法第九条明确规定："用人单位招用劳动者，不得要求劳动者提供担保或者以其他名义向劳动者收取财物，不得扣押劳动者的居民身份证或者其他证件。"对于用人单位违反这一规定要求劳动者提供担保、向劳动者收取财物的，依据本条第二款的规定，要由劳动行政部门责令限期将违法收取的财物退还劳动者本人，并按每一名劳动者500元以上2000元以下的标准处以罚款；对劳动者造成损害的，用人单位应当承担赔偿责任。

六、未依法支付劳动报酬、经济赔偿等的法律责任

本法第八十五条是关于用人单位未及时足额支付劳动者劳动报酬、低于当地最低工资标准支付劳动者工资、不支付加班费以及解除、终止劳动合同未支付经济补偿的法律责任的规定。

1．违法行为

用人单位未依法支付劳动报酬、经济赔偿的情况有四种，如下表所示：

未依法支付劳动报酬、经济赔偿的情况

序号	违法行为	法律说明
1	未依照劳动合同的约定或者国家规定及时足额支付劳动者劳动报酬	（1）用人单位未依照劳动合同的约定或者依照劳动合同法的规定按时支付劳动报酬的。如果用人单位与劳动者签订的劳动合同中规定，用人单位应当在每月的2日支付劳动者上个月的工资报酬，但用人单位没有履行这一约定，拖延不予支付的，则属于本条规定的违法行为。另外，对于非全日制劳动用工形式，劳动合同法第七十二条第二款规定："非全日制用工劳动报酬结算支付周期最长不得超过15日。"如果用人单位违反了这一规定，超过15日给劳动者结算工资报酬，则也属于本条规定的违法行为。

续表

序号	违法行为	法律说明
1	未依照劳动合同的约定或者国家规定及时足额支付劳动者劳动报酬	（2）用人单位未依照劳动合同的约定或者依照劳动合同法的规定足额支付劳动报酬的。劳动合同法明确规定，用人单位应当按照国家规定和劳动合同约定及时足额发放劳动报酬。如果用人单位与劳动者在劳动合同中约定工资为每月1800元，但用人单位却只支付给劳动者1500元，则属于未足额发放工资，是违法的。 （3）用人单位支付在试用期间的劳动者工资低于劳动合同法规定的。劳动合同法第二十条规定："劳动者在试用期的工资不得低于本单位同岗位最低档工资或者劳动合同约定工资的80%，并不得低于用人单位所在地的最低工资标准。"用人单位违反这一规定支付工资的，也属于本条规定的违法行为。 （4）用人单位没有依法提高劳动者在服务期间的劳动报酬的。劳动合同法第二十二条第三款规定："用人单位与劳动者约定服务期的，不影响按照正常的工资调整机制提高劳动者在服务期间的劳动报酬。"用人单位违反这一规定，没有按照正常的工资调整机制提高劳动者在服务期间的劳动报酬的，则属于违反本条规定的违法行为。
2	低于当地最低工资标准支付劳动者工资	我国劳动法第四十八条明确规定："国家实行最低工资保障制度。最低工资的具体标准由省、自治区、直辖市人民政府规定，报国务院备案。""用人单位支付劳动者的工资不得低于当地最低工资标准。"目前全国各省、自治区、直辖市都制定了本地的最低工资标准。如果用人单位与劳动者约定的月工资低于这一标准，则是违法的。即使双方已经签订了劳动合同，仍然因为违反了法律的强制性规定而无效。此外，对于非全日制用工的报酬，劳动合同法明确规定，非全日制用工小时计酬标准不得低于用人单位所在地人民政府规定的最低小时工资标准。如果用人单位向劳动者支付的小时工资低于所在地人民政府规定的最低小时工资标准，则也属于低于当地最低工资标准支付劳动者工资的违法行为。
3	安排加班不支付加班费	我国劳动法第四十四条规定："有下列情形之一的，用人单位应当按照下列标准支付高于劳动者正常工作时间工资的工资报酬：一、安排劳动者延长工作时间的，支付不低于工资的150%的工资报酬；二、休息日安排劳动者工作又不能安排补休的，支付不低于工资的200%的工资报酬；三、法定休假日安排劳动者工作的，支付不低于工资的300%的工资报酬。"如果用人单位安排劳动者加班，却不依据劳动法的上述规定支付加班工资的，属于违法行为，应当依法承担法律责任。

续表

序号	违法行为	法律说明
4	解除或者终止劳动合同，未依照本法规定向劳动者支付经济补偿	劳动合同法第四十六条规定了用人单位应当向劳动者支付经济补偿的六种情形，包括劳动者因用人单位侵犯劳动者合法权益而解除劳动合同的，劳动者因身体或者能力原因以及客观情况发生重大变化等导致劳动合同解除的，用人单位因依法破产重整而与劳动者解除劳动合同的，用人单位与劳动者协商一致解除劳动合同的，在用人单位维持或者提高劳动合同约定条件下，劳动者不同意续订劳动合同的，以及因用人单位破产、解散、被吊销营业执照或者责令关闭而导致的劳动合同终止等。对于发生上述情形的，用人单位应当依照劳动合同法第四十七条的规定，根据劳动者在单位工作的年限，按每满1年支付1个月工资的标准向劳动者支付经济补偿金。经济补偿金由用人单位一次性付给劳动者。如果用人单位没有依法向劳动者支付经济补偿金，则属于违法行为，应当依法承担法律责任。

2．用人单位应负的法律责任

对于上表所述四类违法行为，本条明确规定了相应的法律责任：

（1）由劳动行政部门责令限期支付劳动报酬、加班费或者解除、终止劳动合同的经济补偿。

（2）劳动报酬低于当地最低工资标准的，应当支付其差额部分。

（3）逾期不支付的，责令用人单位按应付金额50%以上100%以下的标准向劳动者加付赔偿金。

七、订立无效劳动合同的法律责任

本法第八十六条是关于订立的劳动合同被确认无效所应承担的法律责任的规定。

1．订立的劳动合同依照劳动合同法第二十六条的规定被确认为无效的

劳动合同法第二十六条规定，下列劳动合同无效或者部分无效：

（1）以欺诈、胁迫的手段或者乘人之危，使对方在违背真实意愿的情况下订立或者变更劳动合同的。

（2）用人单位免除自己的法律责任、排除劳动者的权利的。

（3）违反法律、行政法规强制性规定的。”“劳动合同的无效或者部分无效，由劳动争议仲裁机构或者人民法院确认。”

根据这一规定，如果劳动合同属于上述三种情形之一的，属于无效或者部分无效的劳动合同。

2．无效劳动合同的法律后果

劳动法第十八条明确规定："无效的劳动合同，从订立时日起，就没有法律约束力。"因而，无效的劳动合同不受国家法律的承认和保护。对于劳动合同被确认无效的，其法律后果是：

（1）根据劳动合同法的规定，劳动合同被确认无效，劳动者已付出劳动的，用人单位应当向劳动者支付劳动报酬。劳动报酬的数额，参考用人单位同类岗位劳动者的劳动报酬确定；用人单位无同类岗位的，按照本单位上年职工平均工资确定。

（2）无效劳动合同是由劳动合同当事人一方或者双方的过错造成的。法律上的过错，是指法律关系主体在主观上有违法错误，包括故意违法和过失违法。过错可能是一方的，也可能是双方的，它是由当事人的主观原因造成的后果，因此，对于无效的劳动合同，在确认其无效的同时，如给对方造成损害的，有过错的一方应当承担赔偿责任，如下表所示：

过错的一方应当承担的赔偿责任

序号	过错方	赔偿责任
1	用人单位有过错	由于用人单位的原因订立无效的劳动合同，或订立部分无效劳动合同，对劳动者造成损害的，应按下列规定赔偿劳动者损失：一、造成劳动者工资收入损失的，按劳动者本人应得工资收入支付给劳动者，并加付应得工资收入25%的赔偿费用；二、造成劳动者劳动保护待遇损失的，应按国家规定补足劳动者的保护津贴和用品；三、造成劳动者工伤、医疗保险待遇损失的，除按国家规定为劳动者提供工伤、医疗待遇外，还应支付劳动者相当于医疗费用25%的赔偿费用；四、造成女职工和未成年工身体健康损害的，除按国家规定提供治疗期间的医疗待遇外，还应支付相当于其医疗费用25%的赔偿费用；五、劳动合同约定的其他赔偿费用。对于上述规定中有关劳动者工资收入损失的赔偿，鉴于劳动合同法第八十四条有相关规定，应按劳动合同法的规定予以执行。
2	劳动者有过错	对于因劳动者的过错而导致劳动合同无效，给用人单位造成损失的，劳动者应当按照《民法通则》所确立的实际损失原则，承担赔偿责任，赔偿因其过错而对用人单位的生产、经营和工作造成的直接经济损失。

八、违法解除或终止劳动合同的法律责任

本法第八十七条就用人单位违反本法规定解除或者终止劳动合同应当承担的法律责任作出了规定。

1．用人单位违反本法规定解除或者终止劳动合同的行为类别

用人单位违反本法规定解除或者终止劳动合同的行为主要包括以下两种：

用人单位违反本法规定解除或者终止劳动合同的行为

序号	行为类别	说明
1	用人单位违反本法第四十二条的规定，在法律明确规定不得解除劳动合同的情形下解除劳动合同	为了保障处于特定情形下劳动者的权益，本法规定用人单位在下述情形下，不得以劳动合同法第四十条、第四十一条为由解除劳动合同，否则就应当按照本条的规定承担相应的法律责任。 （1）从事接触职业病危害作业的劳动者未进行离岗前职业健康检查，或者疑似职业病病人在诊断或者医学观察期间的。 （2）患职业病或者因工负伤并被确认丧失或者部分丧失劳动能力的。 （3）患病或者负伤，在规定的医疗期内的。 （4）女职工在孕期、产期、哺乳期的。 （5）在本单位连续工作满15年，且距法定退休年龄不足5年的。 （6）法律、行政法规规定的其他情形。
2	用人单位在解除劳动合同时，没有遵守法定的程序	劳动合同法第四十条规定："有下列情形之一的，用人单位在提前30日以书面形式通知劳动者本人或者额外支付劳动者1个月工资后，可以解除劳动合同：一、劳动者患病或者非因工负伤，在规定的医疗期满后不能从事原工作也不能从事由用人单位另行安排的工作的；二、劳动者被证明不能胜任工作，经过培训或者调整工作岗位，仍不能胜任工作的；三、劳动合同订立时所依据的客观情况发生重大变化，致使劳动合同无法履行，经用人单位与劳动者协商，未能就变更劳动合同内容达成协议。"在出现上述三种情形时，用人单位虽有权解除劳动合同，但应提前30日以书面形式通知劳动者本人或者额外支付劳动者1个月工资。如用人单位解除劳动合同时没有遵守法定程序，未提前30日以书面形式通知劳动者本人或者额外支付劳动者1个月工资的，仍属于本条规定的"用人单位违反本法规定解除或者终止劳动合同的"情况，应当按照本条的规定承担相应的法律责任。

2．应当承担的法律责任

用人单位违反劳动合同法的规定解除或者终止劳动合同的，应当承担的法律责任是：依照劳动合同法的四十七条规定的经济补偿标准的三倍向劳动者支付赔偿金，即用人单位应当按照劳动者在该单位工作的年限，每满一年支付1个月工资的标准向劳动者支付。

（1）如果劳动者在该单位的工作年限不满1年的应按1年计算。

（2）如果劳动者在该单位工作年限超过12年的，用人单位向其支付经济补偿的年限最高仍不超过12年。

（3）如果劳动者月工资高于用人单位所在直辖市、设区的市上年度职工月平均工资三倍的，用人单位应当按照用人单位所在直辖市、设区的市上年度职工月平均工资六倍的数额支付。

还需要注意的是，这里所称的劳动者月工资是指劳动者在劳动合同解除或者终止前12个月的平均工资。

九、侵害劳动者人身权益的法律责任

本法第八十八条规定了用人单位侵害劳动者人身权益应当承担的法律责任。

1．用人单位侵害劳动者人身权益的违法行为

根据本条的规定，用人单位侵害劳动者人身权益的违法行为主要包括以下四种：

（1）用人单位以暴力、威胁或者非法限制人身自由的手段强迫劳动的。

在用人单位提供的劳动条件恶劣、不及时足额支付劳动者工资等情形下，劳动者有权随时解除劳动合同，拒绝为用人单位劳动。这时一些用人单位为追求经济利益，可能会采取暴力、威胁或者非法限制人身自由的手段强迫劳动者劳动。

（2）用人单位违章指挥或者强令冒险作业危及劳动者人身安全。

（3）侮辱、体罚、殴打、非法搜查或者拘禁劳动者的。

（4）劳动条件恶劣、环境污染严重，对劳动者身心健康造成严重损害的。

2．应当承担的法律责任

用人单位的上述违法行为承担的法律责任主要包括刑事责任、民事责任、行政责任。

应当承担的法律责任

序号	责任类别	法律责任	具体说明
1	刑事责任	根据本条的规定，用人单位可能因违反刑法的下列条款构成犯罪，被依法追究相应的刑事责任	（1）违反刑法第一百三十四条的规定，“在生产、作业中违反有关安全管理的规定，因而发生重大伤亡事故或者造成其他严重后果的，处3年以下有期徒刑或者拘役；情节特别恶劣的，处3年以上7年以下有期徒刑。强令他人违章冒险作业，因而发生重大伤亡事故或者造成其他严重后果的，处5年以下有期徒刑或者拘役；情节特别恶劣的，处五年以上有期徒刑。”

续表

序号	责任类别	法律责任	具体说明
1	刑事责任	根据本条的规定，用人单位可能因违反刑法的下列条款构成犯罪，被依法追究相应的刑事责任	（2）刑法第一百三十五条："安全生产设施或者安全生产条件不符合国家规定，因而发生重大伤亡事故或者造成其他严重后果的，对直接负责的主管人员和其他直接责任人员，处3年以下有期徒刑或者拘役；情节特别恶劣的，处3年以上7年以下有期徒刑。" （3）刑法第二百三十二条："故意杀人的，处死刑、无期徒刑或者十年以上有期徒刑；情节较轻的，处3年以上10年以下有期徒刑。"第二百三十三条："过失致人死亡的，处3年以上7年以下有期徒刑；情节较轻的，处3年以下有期徒刑。本法另有规定的，依照规定。" （4）刑法第二百三十四条："故意伤害他人身体的，处3年以下有期徒刑、拘役或者管制。犯前款罪，致人重伤的，处3年以上10年以下有期徒刑；致人死亡或者以特别残忍手段致人重伤造成严重残疾的，处10年以上有期徒刑、无期徒刑或者死刑。本法另有规定的，依照规定。" （5）刑法第二百三十五条："过失伤害他人致人重伤的，处3年以下有期徒刑或者拘役。本法另有规定的，依照规定。" （6）刑法第二百三十八条："非法拘禁他人或者以其他方法非法剥夺他人人身自由的，处3年以下有期徒刑、拘役、管制或者剥夺政治权利。具有殴打、侮辱情节的，从重处罚。犯前款罪，致人重伤的，处3年以上10年以下有期徒刑；致人死亡的，处10年以上有期徒刑。使用暴力致人伤残、死亡的，依照本法第二百三十四条、第二百三十二条的规定定罪处罚。" （7）刑法第二百四十四条："用人单位违反劳动管理法规，以暴力、威胁或者限制人身自由的方法强迫职工劳动的，处3年以下有期徒刑或者拘役；情节严重的，处3年以上10年以下有期徒刑，并处罚金。" （8）刑法第二百四十四条之一："违反劳动管理法规，雇用未满16周岁的未成年人从事超强度体力劳动的，或者从事高空、井下作业的，或者在爆炸性、易燃性、放射性、毒害性等危险环境下从事劳动，情节严重的，对直接责任人员，处3年以下有期徒刑或者拘役，并处罚金；情节特别严重的，处3年以上7年以下有期徒刑，并处罚金。有前款行为，造成事故，又构成其他犯罪的，依照数罪并罚的规定处罚。"

续表

序号	责任类别	法律责任	具体说明
1	刑事责任	根据本条的规定，用人单位可能因违反刑法的下列条款构成犯罪，被依法追究相应的刑事责任	（9）刑法第二百四十五条："非法搜查他人身体、住宅，或者非法侵入他人住宅的，处3年以下有期徒刑或者拘役。" 第二百四十六条："以暴力或者其他方法公然侮辱他人或者捏造事实诽谤他人，情节严重的，处3年以下有期徒刑、拘役、管制或者剥夺政治权利。前款罪，告诉的才处理，但是严重危害社会秩序和国家利益的除外。"
2	行政责任	根据本条的规定，用人单位的行为可能因违反治安管理处罚法的下列规定而被依法给予相应的行政处罚	（1）治安处罚法第四十条第二项、第三项规定："以暴力、威胁或者其他手段强迫他人劳动的"、"非法限制他人人身自由、非法侵入他人住宅或者非法搜查他人身体的"处10日以上15日以下拘留，并处500元以上1000元以下罚款；情节较轻的，处5日以上10日以下拘留，并处200元以上500元以下罚款。" （2）第四十二条："有下列行为之一的，处五日以下拘留或者500元以下罚款；情节较重的，处5日以上10日以下拘留，可以并处500元以下罚款：一、写恐吓信或者以其他方法威胁他人人身安全的；二、公然侮辱他人或者捏造事实诽谤他人的；三、捏造事实诬告陷害他人，企图使他人受到刑事追究或者受到治安管理处罚的；四、对证人及其近亲属进行威胁、侮辱、殴打或者打击报复的；五、多次发送淫秽、侮辱、恐吓或者其他信息，干扰他人正常生活的；六、偷窥、偷拍、窃听、散布他人隐私的。" （3）第四十三条："殴打他人的，或者故意伤害他人身体的，处5日以上10日以下拘留，并处200元以上500元以下罚款；情节较轻的，处5日以下拘留或者500元以下罚款。有下列情形之一的，处10日以上15日以下拘留，并处500元以上1000元以下罚款：一、结伙殴打、伤害他人的；二、殴打、伤害残疾人、孕妇、不满14周岁的人或者60周岁以上的人的；三、多次殴打、伤害他人或者一次殴打、伤害多人的。"
3	民事责任	用人单位的行为对劳动者造成损害的，用人单位应当承担赔偿责任	赔偿应是实际损失的赔偿，即包括对劳动者的直接损害，也包括间接损害，既包括对劳动者的物质损害，也包括精神损害。

十、不出解除、终止书面证明的法律责任

本法第八十九条就用人单位违反本法规定未向劳动者出具解除或者终止劳动合同的书面证明应当承担的法律责任作出了规定。

对于用人单位不履行后合同义务的法律责任，本法根据对劳动者是否造成损害予以区别规定。

（1）用人单位违反本法规定未向劳动者出具解除或者终止劳动合同的书面证明，未对劳动者造成损害的，应当由劳动行政部门责令改正，劳动行政部门应当要求用人单位在一定期限内向劳动者出具解除或者终止劳动合同的书面证明。

（2）用人单位违反本法规定未向劳动者出具解除或者终止劳动合同的书面证明的违法行为对劳动者造成损害的，用人单位应当承担赔偿责任。

十一、劳动者的赔偿责任

本法第九十条是关于劳动者违法、违约行为应当承担赔偿责任的规定。劳动合同法应对劳动合同双方的合法权益给予保护，劳动者应对其违法、违约行为承担赔偿责任。

1. 劳动者赔偿责任的构成要件

根据本条款的规定，劳动者赔偿责任的构成要件包括三点：

（1）有违法行为或者违约行为，即存在劳动者违反本法规定解除劳动合同，或者违反劳动合同中约定的保密事项或者竞业限制的行为。

（2）有损害事实，即劳动者的违法或者违约行为给用人单位造成损失。

（3）损害事实与违法或者违约行为之间的因果关系，即劳动者违反本法规定解除劳动合同，或者违反劳动合同中约定的保密事项或者竞业限制的行为和用人单位的损失之间具有因果关系。

在认定劳动者赔偿责任时以上三者缺一不可。

2. 劳动者的违法行为及赔偿责任

本法所规定的劳动者的违法行为主要包括以下两种：

劳动者的违法行为及赔偿责任

序号	违法行为		赔偿责任
1	劳动者违反本法规定解除劳动合同的行为	违反本法第三十七条、第三十八条是关于劳动者解除劳动合同的规定：一是劳动者应当提前30日通知用人单位解除劳动合同；二是劳动者应当采取书面形式告知用人单位解除劳动合同。	劳动者违反本法规定解除劳动合同，对用人单位造成损失的，劳动者应赔偿用人单位下列损失：

续表

序号	违法行为		赔偿责任
1	劳动者违反本法规定解除劳动合同的行为	违反本法第三十七条、第三十八条是关于劳动者解除劳动合同的规定：一是劳动者应当提前30日通知用人单位解除劳动合同；二是劳动者应当采取书面形式告知用人单位解除劳动合同。	（1）用人单位招录其所支付的费用。 （2）用人单位为其支付的培训费用，双方另有约定的按约定办理。 （3）劳动合同约定的其他赔偿费用。
2	劳动者违反劳动合同中约定的保密事项或者竞业限制的行为	本法第二十三条规定：“用人单位与劳动者可以在劳动合同中约定保守用人单位商业秘密的有关事项。”对负有保守用人单位商业秘密义务的劳动者，用人单位可以在劳动合同或者保密协议中与劳动者约定竞业限制条款，与用人单位的高级管理人员，高级技术人员和其他知悉用人单位商业秘密的人员，就竞业限制的范围、地域、期限作出约定。在解除或者终止劳动合同后，用人单位按照约定竞业限制期限内按月给予劳动者经济补偿，而该劳动者不得到与本单位生产或者经营同类产品、业务的有竞争关系的其他用人单位，或者自己开业生产或者经营与本单位有竞争关系的同类产品、业务。	劳动者违反竞业限制约定的，应当按照约定向用人单位支付违约金。劳动者违反劳动合同中约定的保密义务或者竞业限制，对用人单位造成损失的，还应当对用人单位的实际损失承担赔偿责任。

十二、用人单位的连带赔偿责任

本法第九十一条规定了用人单位招用与其他用人单位尚未解除或者终止劳动合同的劳动者对原用人单位造成损失所应当承担的法律责任。

1．该项法律责任的构成要件

根据本条款的规定，该项法律责任的构成要件，包括以下三点：

（1）用人单位招用与其他用人单位尚未解除或者终止劳动合同的劳动者的行为，即用人单位招用劳动者时，该劳动者与其他用人单位仍存在劳动关系。

（2）用人单位招用劳动者对其原用人单位造成损失。

（3）用人单位招用劳动者的行为与其原用人单位的损失之间存在因果关系。

2．用人单位应负的连带赔偿责任

根据本条款的规定，原用人单位既可以同时请求该用人单位和劳动者承担赔偿责任，也可任意选择该用人单位或劳动者先行承担赔偿责任。无论该用人单位是否存在过错，只要该用人单位存在招用与其他用人单位尚未解除或者终止劳动合同的劳动者的行为，且因该行为对原用人单位造成损失的，该用人单位就应当对其损失承担连带赔偿责任，而不论该用人单位是否知道其招用的劳动者与其他用人单位尚未解除或者终止劳动合同。

十三、劳务派遣单位的法律责任

本法第九十二条规定了劳务派遣单位违反劳动合同法规定应当承担的法律责任。修订后更增加了法律规定：

1．增加了对擅自经营劳务派遣业务的法律责任

决定规定，违反本法规定，未经许可，擅自经营劳务派遣业务的，由劳动行政部门责令停止违法行为，没收违法所得，并处违法所得1倍以上5倍以下的罚款；没有违法所得的，可以处50 000元以下的罚款。

2．加大了对违法行为的处罚力度

决定规定，劳务派遣单位、用工单位违反本法有关劳务派遣规定的，由劳动行政部门责令限期改正；逾期不改正的，以每人5 000元以上10 000元以下的标准处以罚款，对劳务派遣单位，吊销其劳务派遣业务经营许可证。

3．进一步明确了连带赔偿责任

决定规定，用工单位给被派遣劳动者造成损害的，劳务派遣单位与用工单位承担连带赔偿责任，这被认为是一个颠覆性的改变。

十四、无营业执照经营单位的法律责任

本法第九十三条是关于无营业执照经营的单位被依法处理后法律责任承担问题的规定。

无营业执照经营的单位不属于劳动合同法第二条规定的用人单位，根据劳动合同法第二十六条的规定，无营业执照经营的单位与劳动者订立的劳动合同因主体违反法律规定属于无效合同。但根据公平的原则，无营业执照经营的单位被依法处理的，该单位的劳动者已经付出劳动的，仍应获得相应的劳动报酬。

本法针对无营业执照经营单位被工商行政管理部门依法处理，特别是无营业执照经营单位被依法取缔后，劳动者的劳动报酬无人支付问题，明确规定无营业执照经营的单位被依法处理的，该单位的劳动者已经付出劳动的，由被处理的单位或者其出资人向劳动者支付劳动报酬。因此，即使无营业执照经营的单位被依法取缔，其出资人仍应支付劳动者的

劳动报酬。被依法取缔的单位不能因其被取缔，不存在为由，拒绝支付劳动者报酬。对被处理单位或者出资人拒绝支付的，劳动者可以其出资人为被告提起诉讼。

十五、个人承包经营者的连带赔偿责任

本法第九十四条规定了个人承包经营者损害劳动者利益的法律责任。

个人承包经营是指企业与个人承包经营者通过订立承包经营合同，将企业的全部或者部分经营管理权在一定期限内交给个人承包者，由个人承包者对企业进行经营管理。

个人承包经营期间因个人承包经营者违反法律规定而对劳动者造成的损害，个人承包经营者应对其违反法律的行为承担责任，对劳动者的损害承担赔偿责任。

同时，劳动合同法明确规定对于个人承包经营期间，个人承包经营者招用劳动者违反法律规定给劳动者造成损害的，应当由发包的组织与个人承包经营者承担连带赔偿责任。

也就是说，个人承包经营者招用劳动者违反本法规定给劳动者造成损害的，虽然是由于个人承包经营者的违法行为造成的，但发包组织仍应承担连带赔偿责任。同样，个人承包经营者也不能拒绝承担赔偿责任。

个人承包经营者招用劳动者时违反本法规定对劳动者造成的损害，劳动者既可以要求个人承包经营者全额或者部分赔偿，也可要求发包的组织即个人承包经营者所承包的单位全额或者部分赔偿。诉讼中，劳动者既可以单独起诉发包组织或者个人承包经营者，也可将发包组织或者个人承包经营者列为共同被告。

十六、行政机关法律责任

本法第九十五条规定了行政机关及其工作人员玩忽职守、不履行法定职责或者违法行使职权所应当承担的法律责任。

1．行政违法行为

行政违法行为主要包括两种：

（1）单位和个人即行政相对人违反行政法规的行为。

（2）行政机关及其工作人员即行政主体执行职务时的轻微违法行为或者违反纪律的行为。

本条规定的行政违法行为是指行政机关及其工作人员的行政违法行为，主要包括玩忽职守，不履行法定职责和违法行使职权等情形。玩忽职守，不履行法定职责，是指行政机关或者被授权的组织及其工作人员不履行法律所赋予的职权，不承担相应的职责，构成违法失职行为，又称为行政不作为。实践中，表现为：

（1）明确拒绝履行，行政机关及其工作人员明确否认自己对该事项具有管辖权或处理权，明确拒绝采取相应的行政行为。

（2）无正当理由逾期仍不履行，即超过法定的期限仍不履行的。

（3）拖延履行法定职责，即行政机关在合理的履行时限内不予答复或未明确答复。违法行使职权主要包括行政机关工作人员违法行使本人职务范围内的权力，以及超越其职权范围而实施有关行为两种情形。

2．行政不作为的法律责任

行政不作为的法律责任分为三类，如下表所示：

行政不作为的法律责任

序号	法律责任	说明
1	行政赔偿	劳动行政部门和其他有关主管部门及其工作人员的上述行违法行为，侵犯用人单位或者劳动者合法权益造成损害的应承担赔偿责任。根据我国国家赔偿法的规定，对相对人合法权益造成的损害仅指物质损害与直接损害，而不包括精神损害与间接损害。
2	行政处分	劳动行政部门和其他有关主管部门及其工作人员的上述违法行为尚未构成犯罪的，除侵犯用人单位或者劳动者合法权益造成损害的应承担赔偿责任外，对直接负责的主管人员及其他直接责任人员应依法给予行政处分。根据公务员法第五十六条、《行政机关公务员处分条例》第六条的规定，行政机关公务员处分的种类为：一、警告；二、记过；三、记大过；四、降级；五、撤职；六、开除。《行政机关公务员处分条例》第七条规定："行政机关公务员受处分的期间为：一、警告，6个月；二、记过，12个月；三、记大过，18个月；四、降级、撤职，24个月。"这里需要注意的是，与刑事责任不同，行政处分的对象只可能是个人，单位不能成为行政处分的对象。
3	刑事责任	劳动行政部门和其他有关主管部门及其工作人员的上述行违法行为严重违法，触犯刑法的，应追究其刑事责任。刑法第三百九十七条是对国家机关工作人员滥用职权罪、玩忽职守罪及其处罚的规定。根据该条的规定，劳动行政部门和其他有关主管部门及其工作人员不履行法定职责或者违法行使职权，"致使公共财产、国家和人民利益遭受重大损失的，处3年以下有期徒刑或者拘役；情节特别严重的，处3年以上7年以下有期徒刑。本法另有规定的，依照规定。国家机关工作人员徇私舞弊，犯前款罪的，处5年以下有期徒刑或者拘役；情节特别严重的，处5年以上10年以下有期徒刑。本法另有规定的，依照规定。"

有关附则条款的解读

一、事业单位聘用制劳动合同的法律适用

本法第九十六条对事业单位聘用制的工作人员的劳动合同作出了规定。

1．什么是事业单位

事业单位是具有中国特色的组织。所谓事业单位，是指为了社会公益目的，由国家机关举办或者其他组织利用国有资产举办的，从事教育、科技、文化、卫生等活动的社会服务组织。

国家对事业单位实行编制管理，按照编制核算拨款的数额。目前事业单位编制都是多年前核定的，编制基数多年不变，不能满足事业单位不断发展的需要。在编制满额的情况下，各事业单位只好大量扩充编外人员和其他人员，这样造成事业单位人员结构复杂，人事管理分割。事业单位人员结构，归纳起来分为三类：

第一类是编制内聘用人员。包括签订聘用合同的编制内聘用人员和无须签订聘用合同的编制内聘用人员。

第二类是编制外人员。包括档案内部管理的编外人员和档案外部管理的编外人员。编外人员一般实行企业化管理，与事业单位签订劳动合同；

第三类是劳务派遣人员。是通过劳务派遣形式招用的。

2．事业单位人员如何适用本法

本法第二条关于劳动合同法的调整范围维持了劳动法第二条第二款的表述，另外在本条中规定："事业单位与实行聘用制的工作人员订立、履行、变更、解除或者终止劳动合同，法律、行政法规以及国务院另有规定的，依照其规定；未作规定的，依照本法有关规定执行。"对事业单位聘用制工作人员的劳动合同如何适用本法作出了特别规定。

二、过渡性条款

本法第九十七条是关于劳动合同法施行的过渡性条款的规定。

本条规定的劳动合同法施行的过渡安排，也就是回答劳动合同法哪些规定有溯及力，哪些规定没有溯及力。本条的规定就是要解决劳动合同法生效以后，现行的劳动合同该怎么办？相关的制度如何衔接。本条的规定有以下四层含义：

1．本法施行后，正在履行的劳动合同怎么办

劳动合同法于2008年1月1日施行。按照法律一般不溯及既往的理论，本法施行前已依法订立且在本法施行之日存续的劳动合同，应当有效，应当继续履行。这样，不致于形成新法施行，劳动者都需要跟用人单位重新签订劳动合同的情况，避免劳动关系发生大的波动。

2．本法第十四条第二款第三项规定连续订立固定期限劳动合同的次数如何计算

本法第十四条第二款第三项规定："连续订立二次固定期限劳动合同且劳动者没有本法第三十九条规定的情形续订劳动合同的。"劳动者提出或者同意续订劳动合同的，应当订立无固定期限劳动合同。本法施行后，就要回答连续订立二次固定期限劳动合同。是从哪一次计算。根据本条的规定，本法第十四条第二款第三项规定连续订立固定期限劳动合同的次数，自本法施行后再次续订固定期限劳动合同时开始计算。即劳动合同法生效前订立、劳动合同法生效后仍在履行的劳动合同，不计算在连续订立的固定期限劳动合同的次数内。如一个劳动者与用人单位订立了一个两年期限的劳动合同，劳动合同法生效时刚履行完一年，还有一年的合同期限。如果这个合同期限到期，该劳动者还与用人单位订立一个固定期限的劳动合同，这个正在履行的劳动合同，不计算在连续订立的劳动合同次数内，也就是说连续订立是从新订立的劳动合同开始计算。

3．本法施行前的事实劳动关系如何处理

目前劳动合同制度存在的一个突出问题就是用人单位不愿与劳动者签订书面劳动合同，劳动合同签订率低，发生劳动争议，处理起来没有合同依据，不利于保护劳动者的合法权益。针对这个问题，本法作了相应的规定。如本法第十条第二款规定："已建立劳动关系，未同时订立劳动合同的，应当自用工之日起一个月内订立书面劳动合同。"对超过一个月还不订立书面劳动合同的，第八十一条规定："用人单位自用工之日起超过一个月但不满一年未与劳动者订立书面劳动合同的，应当向劳动者支付二倍的应得劳动报酬。"对于本法施行前已存在的事实劳动关系。根据本条的规定，尚未订立书面劳动合同的，应当自本法施行之日起一个月内订立。否则，也应当承担本法第八十一条的法律后果。

4．经济补偿的年限如何计算

经济补偿是劳动合同解除或者终止后，用人单位对在本单位工作的劳动者给予的货币补偿。根据劳动法第二十八条的规定，用人单位解除劳动合同的，应当依据国家有关规定给予经济补偿。

三、劳动合同法施行时间

本法第九十八条确定了劳动合同法施行时间。本条规定："本法自2008年1月1日起施行。"这样，从本法通过到施行，大约有半年的宣传学习时间。劳动合同法是一部调整劳动关系的重要法律，它涉及千千万万劳动者的劳动权利的保护，关系到广大企业、事业单位、个体经济组织等用人单位的用工。可以说是一部全社会都关注的法律。需要有足够的时间让大家学习、了解。所以法律留了半年的宣传和学习时间。

附录01：中华人民共和国劳动合同法

中华人民共和国劳动合同法

中华人民共和国主席令（第七十三号）

《全国人民代表大会常务委员会关于修改〈中华人民共和国劳动合同法〉的决定》已

由中华人民共和国第十一届全国人民代表大会常务委员会第三十次会议于2012年12月28日通过，现予公布，自2013年7月1日起施行。

中华人民共和国主席　胡锦涛

2012年12月28日

目录

第一章　总则

第一条　为了完善劳动合同制度，明确劳动合同双方当事人的权利和义务，保护劳动者的合法权益，构建和发展和谐稳定的劳动关系，制定本法。

第二条　中华人民共和国境内的企业、个体经济组织、民办非企业单位等组织（以下称用人单位）与劳动者建立劳动关系，订立、履行、变更、解除或者终止劳动合同，适用本法。

国家机关、事业单位、社会团体和与其建立劳动关系的劳动者，订立、履行、变更、解除或者终止劳动合同，依照本法执行。

第三条　订立劳动合同，应当遵循合法、公平、平等自愿、协商一致、诚实信用的原则。

依法订立的劳动合同具有约束力，用人单位与劳动者应当履行劳动合同约定的义务。

第四条　用人单位应当依法建立和完善劳动规章制度，保障劳动者享有劳动权利、履行劳动义务。

用人单位在制定、修改或者决定有关劳动报酬、工作时间、休息休假、劳动安全卫生、保险福利、职工培训、劳动纪律以及劳动定额管理等直接涉及劳动者切身利益的规章制度或者重大事项时，应当经职工代表大会或者全体职工讨论，提出方案和意见，与工会或者职工代表平等协商确定。

在规章制度和重大事项决定实施过程中，工会或者职工认为不适当的，有权向用人单位提出，通过协商予以修改完善。

用人单位应当将直接涉及劳动者切身利益的规章制度和重大事项决定公示，或者告知劳动者。

第五条　县级以上人民政府劳动行政部门会同工会和企业方面代表，建立健全协调劳动关系三方机制，共同研究解决有关劳动关系的重大问题。

第六条　工会应当帮助、指导劳动者与用人单位依法订立和履行劳动合同，并与用人单位建立集体协商机制，维护劳动者的合法权益。

第二章　劳动合同的订立

第七条　用人单位自用工之日起即与劳动者建立劳动关系。用人单位应当建立职工名册备查。

第八条　用人单位招用劳动者时，应当如实告知劳动者工作内容、工作条件、工作地点、职业危害、安全生产状况、劳动报酬，以及劳动者要求了解的其他情况；用人单位有权了解劳动者与劳动合同直接相关的基本情况，劳动者应当如实说明。

第九条　用人单位招用劳动者，不得扣押劳动者的居民身份证和其他证件，不得要求劳动者提供担保或者以其他名义向劳动者收取财物。

第十条　建立劳动关系，应当订立书面劳动合同。

已建立劳动关系，未同时订立书面劳动合同的，应当自用工之日起一个月内订立书面劳动合同。

用人单位与劳动者在用工前订立劳动合同的，劳动关系自用工之日起建立。

第十一条　用人单位未在用工的同时订立书面劳动合同，与劳动者约定的劳动报酬不明确的，新招用的劳动者的劳动报酬按照集体合同规定的标准执行；没有集体合同或者集体合同未规定的，实行同工同酬。

第十二条　劳动合同分为固定期限劳动合同、无固定期限劳动合同和以完成一定工作任务为期限的劳动合同。

第十三条　固定期限劳动合同，是指用人单位与劳动者约定合同终止时间的劳动合同。

用人单位与劳动者协商一致，可以订立固定期限劳动合同。

第十四条　无固定期限劳动合同，是指用人单位与劳动者约定无确定终止时间的劳动合同。

用人单位与劳动者协商一致，可以订立无固定期限劳动合同。有下列情形之一，劳动者提出或者同意续订、订立劳动合同的，除劳动者提出订立固定期限劳动合同外，应当订立无固定期限劳动合同：

（一）劳动者在该用人单位连续工作满十年的；

（二）用人单位初次实行劳动合同制度或者国有企业改制重新订立劳动合同时，劳动者在该用人单位连续工作满十年且距法定退休年龄不足十年的；

（三）连续订立二次固定期限劳动合同，且劳动者没有本法第三十九条和第四十条第一项、第二项规定的情形，续订劳动合同的。

用人单位自用工之日起满一年不与劳动者订立书面劳动合同的，视为用人单位与劳动者已订立无固定期限劳动合同。

第十五条　以完成一定工作任务为期限的劳动合同，是指用人单位与劳动者约定以某项工作的完成为合同期限的劳动合同。

用人单位与劳动者协商一致，可以订立以完成一定工作任务为期限的劳动合同。

第十六条　劳动合同由用人单位与劳动者协商一致，并经用人单位与劳动者在劳动合同文本上签字或者盖章生效。

劳动合同文本由用人单位和劳动者各执一份。

第十七条　劳动合同应当具备以下条款：

（一）用人单位的名称、住所和法定代表人或者主要负责人；

（二）劳动者的姓名、住址和居民身份证或者其他有效身份证件号码；

（三）劳动合同期限；

（四）工作内容和工作地点；

（五）工作时间和休息休假；

（六）劳动报酬；

（七）社会保险；

（八）劳动保护、劳动条件和职业危害防护；

（九）法律、法规规定应当纳入劳动合同的其他事项。

劳动合同除前款规定的必备条款外，用人单位与劳动者可以约定试用期、培训、保守秘密、补充保险和福利待遇等其他事项。

第十八条　劳动合同对劳动报酬和劳动条件等标准约定不明确，引发争议的，用人单位与劳动者可以重新协商；协商不成的，适用集体合同规定；没有集体合同或者集体合同未规定劳动报酬的，实行同工同酬；没有集体合同或者集体合同未规定劳动条件等标准的，适用国家有关规定。

第十九条　劳动合同期限三个月以上不满一年的，试用期不得超过一个月；劳动合同期限一年以上不满三年的，试用期不得超过二个月；三年以上固定期限和无固定期限的劳动合同，试用期不得超过六个月。

同一用人单位与同一劳动者只能约定一次试用期。

以完成一定工作任务为期限的劳动合同或者劳动合同期限不满三个月的，不得约定试用期。

试用期包含在劳动合同期限内。劳动合同仅约定试用期的，试用期不成立，该期限为劳动合同期限。

第二十条　劳动者在试用期的工资不得低于本单位相同岗位最低档工资或者劳动合同约定工资的百分之八十，并不得低于用人单位所在地的最低工资标准。

第二十一条　在试用期中，除劳动者有本法第三十九条和第四十条第一项、第二项规定的情形外，用人单位不得解除劳动合同。用人单位在试用期解除劳动合同的，应当向劳动者说明理由。

第二十二条　用人单位为劳动者提供专项培训费用，对其进行专业技术培训的，可以与该劳动者订立协议，约定服务期。

劳动者违反服务期约定的，应当按照约定向用人单位支付违约金。违约金的数额不得超过用人单位提供的培训费用。用人单位要求劳动者支付的违约金不得超过服务期尚未履行部分所应分摊的培训费用。

用人单位与劳动者约定服务期的，不影响按照正常的工资调整机制提高劳动者在服务期期间的劳动报酬。

第二十三条　用人单位与劳动者可以在劳动合同中约定保守用人单位的商业秘密和与知识产权相关的保密事项。

对负有保密义务的劳动者，用人单位可以在劳动合同或者保密协议中与劳动者约定竞业限制条款，并约定在解除或者终止劳动合同后，在竞业限制期限内按月给予劳动者经济补偿。劳动者违反竞业限制约定的，应当按照约定向用人单位支付违约金。

第二十四条　竞业限制的人员限于用人单位的高级管理人员、高级技术人员和其他负有保密义务的人员。竞业限制的范围、地域、期限由用人单位与劳动者约定，竞业限制的约定不得违反法律、法规的规定。

在解除或者终止劳动合同后，前款规定的人员到与本单位生产或者经营同类产品、从事同类业务的有竞争关系的其他用人单位，或者自己开业生产或者经营同类产品、从事同类业务的竞业限制期限，不得超过二年。

第二十五条　除本法第二十二条和第二十三条规定的情形外，用人单位不得与劳动者约定由劳动者承担违约金。

第二十六条　下列劳动合同无效或者部分无效：

（一）以欺诈、胁迫的手段或者乘人之危，使对方在违背真实意思的情况下订立或者变更劳动合同的；

（二）用人单位免除自己的法定责任、排除劳动者权利的；

（三）违反法律、行政法规强制性规定的。

对劳动合同的无效或者部分无效有争议的，由劳动争议仲裁机构或者人民法院确认。

第二十七条　劳动合同部分无效，不影响其他部分效力的，其他部分仍然有效。

第二十八条 劳动合同被确认无效，劳动者已付出劳动的，用人单位应当向劳动者支付劳动报酬。劳动报酬的数额，参照本单位相同或者相近岗位劳动者的劳动报酬确定。

第三章 劳动合同的履行和变更

第二十九条 用人单位与劳动者应当按照劳动合同的约定，全面履行各自的义务。

第三十条 用人单位应当按照劳动合同约定和国家规定，向劳动者及时足额支付劳动报酬。

用人单位拖欠或者未足额支付劳动报酬的，劳动者可以依法向当地人民法院申请支付令，人民法院应当依法发出支付令。

第三十一条 用人单位应当严格执行劳动定额标准，不得强迫或者变相强迫劳动者加班。用人单位安排加班的，应当按照国家有关规定向劳动者支付加班费。

第三十二条 劳动者拒绝用人单位管理人员违章指挥、强令冒险作业的，不视为违反劳动合同。

劳动者对危害生命安全和身体健康的劳动条件，有权对用人单位提出批评、检举和控告。

第三十三条 用人单位变更名称、法定代表人、主要负责人或者投资人等事项，不影响劳动合同的履行。

第三十四条 用人单位发生合并或者分立等情况，原劳动合同继续有效，劳动合同由承继其权利和义务的用人单位继续履行。

第三十五条 用人单位与劳动者协商一致，可以变更劳动合同约定的内容。变更劳动合同，应当采用书面形式。

变更后的劳动合同文本由用人单位和劳动者各执一份。

第四章 劳动合同的解除和终止

第三十六条 用人单位与劳动者协商一致，可以解除劳动合同。

第三十七条 劳动者提前三十日以书面形式通知用人单位，可以解除劳动合同。劳动者在试用期内提前三日通知用人单位，可以解除劳动合同。

第三十八条 用人单位有下列情形之一的，劳动者可以解除劳动合同：

（一）未按照劳动合同约定提供劳动保护或者劳动条件的；

（二）未及时足额支付劳动报酬的；

（三）未依法为劳动者缴纳社会保险费的；

（四）用人单位的规章制度违反法律、法规的规定，损害劳动者权益的；

（五）因本法第二十六条第一款规定的情形致使劳动合同无效的；

（六）法律、行政法规规定劳动者可以解除劳动合同的其他情形。

用人单位以暴力、威胁或者非法限制人身自由的手段强迫劳动者劳动的，或者用人单位违章指挥、强令冒险作业危及劳动者人身安全的，劳动者可以立即解除劳动合同，不需事先告知用人单位。

第三十九条　劳动者有下列情形之一的，用人单位可以解除劳动合同：

（一）在试用期间被证明不符合录用条件的；

（二）严重违反用人单位的规章制度的；

（三）严重失职，营私舞弊，给用人单位造成重大损害的；

（四）劳动者同时与其他用人单位建立劳动关系，对完成本单位的工作任务造成严重影响，或者经用人单位提出，拒不改正的；

（五）因本法第二十六条第一款第一项规定的情形致使劳动合同无效的；

（六）被依法追究刑事责任的。

第四十条　有下列情形之一的，用人单位提前三十日以书面形式通知劳动者本人或者额外支付劳动者一个月工资后，可以解除劳动合同：

（一）劳动者患病或者非因工负伤，在规定的医疗期满后不能从事原工作，也不能从事由用人单位另行安排的工作的；

（二）劳动者不能胜任工作，经过培训或者调整工作岗位，仍不能胜任工作的；

（三）劳动合同订立时所依据的客观情况发生重大变化，致使劳动合同无法履行，经用人单位与劳动者协商，未能就变更劳动合同内容达成协议的。

第四十一条　有下列情形之一，需要裁减人员二十人以上或者裁减不足二十人但占企业职工总数百分之十以上的，用人单位提前三十日向工会或者全体职工说明情况，听取工会或者职工的意见后，裁减人员方案经向劳动行政部门报告，可以裁减人员：

（一）依照企业破产法规定进行重整的；

（二）生产经营发生严重困难的；

（三）企业转产、重大技术革新或者经营方式调整，经变更劳动合同后，仍需裁减人员的；

（四）其他因劳动合同订立时所依据的客观经济情况发生重大变化，致使劳动合同无法履行的。

裁减人员时，应当优先留用下列人员：

（一）与本单位订立较长期限的固定期限劳动合同的；

（二）与本单位订立无固定期限劳动合同的；

（三）家庭无其他就业人员，有需要扶养的老人或者未成年人的。

用人单位依照本条第一款规定裁减人员，在六个月内重新招用人员的，应当通知被裁减的人员，并在同等条件下优先招用被裁减的人员。

第四十二条　劳动者有下列情形之一的，用人单位不得依照本法第四十条、第四十一条的规定解除劳动合同：

（一）从事接触职业病危害作业的劳动者未进行离岗前职业健康检查，或者疑似职业病病人在诊断或者医学观察期间的；

（二）在本单位患职业病或者因工负伤并被确认丧失或者部分丧失劳动能力的；

（三）患病或者非因工负伤，在规定的医疗期内的；

（四）女职工在孕期、产期、哺乳期的；

（五）在本单位连续工作满十五年，且距法定退休年龄不足五年的；

（六）法律、行政法规规定的其他情形。

第四十三条　用人单位单方解除劳动合同，应当事先将理由通知工会。用人单位违反法律、行政法规规定或者劳动合同约定的，工会有权要求用人单位纠正。用人单位应当研究工会的意见，并将处理结果书面通知工会。

第四十四条　有下列情形之一的，劳动合同终止：

（一）劳动合同期满的；

（二）劳动者开始依法享受基本养老保险待遇的；

（三）劳动者死亡，或者被人民法院宣告死亡或者宣告失踪的；

（四）用人单位被依法宣告破产的；

（五）用人单位被吊销营业执照、责令关闭、撤销或者用人单位决定提前解散的；

（六）法律、行政法规规定的其他情形。

第四十五条　劳动合同期满，有本法第四十二条规定情形之一的，劳动合同应当续延至相应的情形消失时终止。但是，本法第四十二条第二项规定丧失或者部分丧失劳动能力劳动者的劳动合同的终止，按照国家有关工伤保险的规定执行。

第四十六条　有下列情形之一的，用人单位应当向劳动者支付经济补偿：

（一）劳动者依照本法第三十八条规定解除劳动合同的；

（二）用人单位依照本法第三十六条规定向劳动者提出解除劳动合同并与劳动者协商一致解除劳动合同的；

（三）用人单位依照本法第四十条规定解除劳动合同的；

（四）用人单位依照本法第四十一条第一款规定解除劳动合同的；

（五）除用人单位维持或者提高劳动合同约定条件续订劳动合同，劳动者不同意续订的情形外，依照本法第四十四条第一项规定终止固定期限劳动合同的；

（六）依照本法第四十四条第四项、第五项规定终止劳动合同的；

（七）法律、行政法规规定的其他情形。

第四十七条　经济补偿按劳动者在本单位工作的年限，每满一年支付一个月工资的标准向劳动者支付。六个月以上不满一年的，按一年计算；不满六个月的，向劳动者支付半个月工资的经济补偿。

劳动者月工资高于用人单位所在直辖市、设区的市级人民政府公布的本地区上年度职工月平均工资三倍的，向其支付经济补偿的标准按职工月平均工资三倍的数额支付，向其支付经济补偿的年限最高不超过十二年。

本条所称月工资是指劳动者在劳动合同解除或者终止前十二个月的平均工资。

第四十八条　用人单位违反本法规定解除或者终止劳动合同，劳动者要求继续履行劳动合同的，用人单位应当继续履行；劳动者不要求继续履行劳动合同或者劳动合同已经不能继续履行的，用人单位应当依照本法第八十七条规定支付赔偿金。

第四十九条　国家采取措施，建立健全劳动者社会保险关系跨地区转移接续制度。

第五十条　用人单位应当在解除或者终止劳动合同时出具解除或者终止劳动合同的证明，并在十五日内为劳动者办理档案和社会保险关系转移手续。

劳动者应当按照双方约定，办理工作交接。用人单位依照本法有关规定应当向劳动者支付经济补偿的，在办结工作交接时支付。

用人单位对已经解除或者终止的劳动合同的文本，至少保存二年备查。

第五章　特别规定

第一节　集体合同

第五十一条　企业职工一方与用人单位通过平等协商，可以就劳动报酬、工作时间、休息休假、劳动安全卫生、保险福利等事项订立集体合同。集体合同草案应当提交职工代表大会或者全体职工讨论通过。

集体合同由工会代表企业职工一方与用人单位订立；尚未建立工会的用人单位，由上级工会指导劳动者推举的代表与用人单位订立。

第五十二条　企业职工一方与用人单位可以订立劳动安全卫生、女职工权益保护、工资调整机制等专项集体合同。

第五十三条　在县级以下区域内，建筑业、采矿业、餐饮服务业等行业可以由工会与企业方面代表订立行业性集体合同，或者订立区域性集体合同。

第五十四条　集体合同订立后，应当报送劳动行政部门；劳动行政部门自收到集体合同文本之日起十五日内未提出异议的，集体合同即行生效。

依法订立的集体合同对用人单位和劳动者具有约束力。行业性、区域性集体合同对当地本行业、本区域的用人单位和劳动者具有约束力。

第五十五条　集体合同中劳动报酬和劳动条件等标准不得低于当地人民政府规定的最低标准；用人单位与劳动者订立的劳动合同中劳动报酬和劳动条件等标准不得低于集体合同规定的标准。

第五十六条　用人单位违反集体合同，侵犯职工劳动权益的，工会可以依法要求用人单位承担责任；因履行集体合同发生争议，经协商解决不成的，工会可以依法申请仲裁、提起诉讼。

第二节　劳务派遣

第五十七条　经营劳务派遣业务应当具备下列条件：

（一）注册资本不得少于人民币二百万元；

（二）有与开展业务相适应的固定的经营场所和设施；

（三）有符合法律、行政法规规定的劳务派遣管理制度；

（四）法律、行政法规规定的其他条件。

经营劳务派遣业务，应当向劳动行政部门依法申请行政许可；经许可的，依法办理相应的公司登记。未经许可，任何单位和个人不得经营劳务派遣业务。

第五十八条　劳务派遣单位是本法所称用人单位，应当履行用人单位对劳动者的义务。劳务派遣单位与被派遣劳动者订立的劳动合同，除应当载明本法第十七条规定的事项外，还应当载明被派遣劳动者的用工单位以及派遣期限、工作岗位等情况。

劳务派遣单位应当与被派遣劳动者订立二年以上的固定期限劳动合同，按月支付劳动报酬；被派遣劳动者在无工作期间，劳务派遣单位应当按照所在地人民政府规定的最低工资标准，向其按月支付报酬。

第五十九条　劳务派遣单位派遣劳动者应当与接受以劳务派遣形式用工的单位（以下称用工单位）订立劳务派遣协议。劳务派遣协议应当约定派遣岗位和人员数量、派遣期限、劳动报酬和社会保险费的数额与支付方式以及违反协议的责任。

用工单位应当根据工作岗位的实际需要与劳务派遣单位确定派遣期限，不得将连续用工期限分割订立数个短期劳务派遣协议。

第六十条　劳务派遣单位应当将劳务派遣协议的内容告知被派遣劳动者。

劳务派遣单位不得克扣用工单位按照劳务派遣协议支付给被派遣劳动者的劳动报酬。

劳务派遣单位和用工单位不得向被派遣劳动者收取费用。

第六十一条　劳务派遣单位跨地区派遣劳动者的，被派遣劳动者享有的劳动报酬和劳动条件，按照用工单位所在地的标准执行。

第六十二条　用工单位应当履行下列义务：

（一）执行国家劳动标准，提供相应的劳动条件和劳动保护；

（二）告知被派遣劳动者的工作要求和劳动报酬；

（三）支付加班费、绩效奖金，提供与工作岗位相关的福利待遇；

（四）对在岗被派遣劳动者进行工作岗位所必需的培训；

（五）连续用工的，实行正常的工资调整机制。

用工单位不得将被派遣劳动者再派遣到其他用人单位。

第六十三条　被派遣劳动者享有与用工单位的劳动者同工同酬的权利。用工单位应当按照同工同酬原则，对被派遣劳动者与本单位同类岗位的劳动者实行相同的劳动报酬分配办法。用工单位无同类岗位劳动者的，参照用工单位所在地相同或者相近岗位劳动者的劳动报酬确定。

劳务派遣单位与被派遣劳动者订立的劳动合同和与用工单位订立的劳务派遣协议，载明或者约定的向被派遣劳动者支付的劳动报酬应当符合前款规定。

第六十四条　被派遣劳动者有权在劳务派遣单位或者用工单位依法参加或者组织工会，维护自身的合法权益。

第六十五条　被派遣劳动者可以依照本法第三十六条、第三十八条的规定与劳务派遣单位解除劳动合同。

被派遣劳动者有本法第三十九条和第四十条第一项、第二项规定情形的，用工单位可以将劳动者退回劳务派遣单位，劳务派遣单位依照本法有关规定，可以与劳动者解除劳动合同。

第六十六条　劳动合同用工是我国的企业基本用工形式。劳务派遣用工是补充形式，只能在临时性、辅助性或者替代性的工作岗位上实施。

前款规定的临时性工作岗位是指存续时间不超过六个月的岗位；辅助性工作岗位是指为主营业务岗位提供服务的非主营业务岗位；替代性工作岗位是指用工单位的劳动者因脱产学习、休假等原因无法工作的一定期间内，可以由其他劳动者替代工作的岗位。

用工单位应当严格控制劳务派遣用工数量，不得超过其用工总量的一定比例，具体比例由国务院劳动行政部门规定。

第六十七条　用人单位不得设立劳务派遣单位向本单位或者所属单位派遣劳动者。

第三节　非全日制用工

第六十八条　非全日制用工，是指以小时计酬为主，劳动者在同一用人单位一般平均每日工作时间不超过四小时，每周工作时间累计不超过二十四小时的用工形式。

第六十九条　非全日制用工双方当事人可以订立口头协议。

从事非全日制用工的劳动者可以与一个或者一个以上用人单位订立劳动合同；但是，后订立的劳动合同不得影响先订立的劳动合同的履行。

第七十条　非全日制用工双方当事人不得约定试用期。

第七十一条　非全日制用工双方当事人任何一方都可以随时通知对方终止用工。终止用工，用人单位不向劳动者支付经济补偿。

第七十二条　非全日制用工小时计酬标准不得低于用人单位所在地人民政府规定的最低小时工资标准。

非全日制用工劳动报酬结算支付周期最长不得超过十五日。

第六章　监督检查

第七十三条　国务院劳动行政部门负责全国劳动合同制度实施的监督管理。

县级以上地方人民政府劳动行政部门负责本行政区域内劳动合同制度实施的监督管理。

县级以上各级人民政府劳动行政部门在劳动合同制度实施的监督管理工作中，应当听取工会、企业方面代表以及有关行业主管部门的意见。

第七十四条　县级以上地方人民政府劳动行政部门依法对下列实施劳动合同制度的情况进行监督检查：

（一）用人单位制定直接涉及劳动者切身利益的规章制度及其执行的情况；

（二）用人单位与劳动者订立和解除劳动合同的情况；

（三）劳务派遣单位和用工单位遵守劳务派遣有关规定的情况；

（四）用人单位遵守国家关于劳动者工作时间和休息休假规定的情况；

（五）用人单位支付劳动合同约定的劳动报酬和执行最低工资标准的情况；

（六）用人单位参加各项社会保险和缴纳社会保险费的情况；

（七）法律、法规规定的其他劳动监察事项。

第七十五条　县级以上地方人民政府劳动行政部门实施监督检查时，有权查阅与劳动合同、集体合同有关的材料，有权对劳动场所进行实地检查，用人单位和劳动者都应当如实提供有关情况和材料。

劳动行政部门的工作人员进行监督检查，应当出示证件，依法行使职权，文明执法。

第七十六条　县级以上人民政府建设、卫生、安全生产监督管理等有关主管部门在各自职责范围内，对用人单位执行劳动合同制度的情况进行监督管理。

第七十七条　劳动者合法权益受到侵害的，有权要求有关部门依法处理，或者依法申请仲裁、提起诉讼。

第七十八条　工会依法维护劳动者的合法权益，对用人单位履行劳动合同、集体合同的情况进行监督。用人单位违反劳动法律、法规和劳动合同、集体合同的，工会有权提出意见或者要求纠正；劳动者申请仲裁、提起诉讼的，工会依法给予支持和帮助。

第七十九条　任何组织或者个人对违反本法的行为都有权举报，县级以上人民政府劳动行政部门应当及时核实、处理，并对举报有功人员给予奖励。

第七章　法律责任

第八十条　用人单位直接涉及劳动者切身利益的规章制度违反法律、法规规定的，由劳动行政部门责令改正，给予警告；给劳动者造成损害的，应当承担赔偿责任。

第八十一条　用人单位提供的劳动合同文本未载明本法规定的劳动合同必备条款或者用人单位未将劳动合同文本交付劳动者的，由劳动行政部门责令改正；给劳动者造成损害的，应当承担赔偿责任。

第八十二条　用人单位自用工之日起超过一个月不满一年未与劳动者订立书面劳动合同的，应当向劳动者每月支付二倍的工资。

用人单位违反本法规定不与劳动者订立无固定期限劳动合同的，自应当订立无固定期限劳动合同之日起向劳动者每月支付二倍的工资。

第八十三条　用人单位违反本法规定与劳动者约定试用期的，由劳动行政部门责令改正；违法约定的试用期已经履行的，由用人单位以劳动者试用期满月工资为标准，按已经履行的超过法定试用期的期间向劳动者支付赔偿金。

第八十四条　用人单位违反本法规定，扣押劳动者居民身份证等证件的，由劳动行政部门责令限期退还劳动者本人，并依照有关法律规定给予处罚。

用人单位违反本法规定，以担保或者其他名义向劳动者收取财物的，由劳动行政部门责令限期退还劳动者本人，并以每人五百元以上二千元以下的标准处以罚款；给劳动者造成损害的，应当承担赔偿责任。

劳动者依法解除或者终止劳动合同，用人单位扣押劳动者档案或者其他物品的，依照前款规定处罚。

第八十五条　用人单位有下列情形之一的，由劳动行政部门责令限期支付劳动报酬、加班费或者经济补偿；劳动报酬低于当地最低工资标准的，应当支付其差额部分；逾期不支付的，责令用人单位按应付金额百分之五十以上百分之一百以下的标准向劳动者加付赔偿金：

（一）未按照劳动合同的约定或者国家规定及时足额支付劳动者劳动报酬的；

（二）低于当地最低工资标准支付劳动者工资的；

（三）安排加班不支付加班费的；

（四）解除或者终止劳动合同，未依照本法规定向劳动者支付经济补偿的。

第八十六条　劳动合同依照本法第二十六条规定被确认无效，给对方造成损害的，有过错的一方应当承担赔偿责任。

第八十七条　用人单位违反本法规定解除或者终止劳动合同的，应当依照本法第四十七条规定的经济补偿标准的二倍向劳动者支付赔偿金。

第八十八条　用人单位有下列情形之一的，依法给予行政处罚；构成犯罪的，依法追究刑事责任；给劳动者造成损害的，应当承担赔偿责任：

（一）以暴力、威胁或者非法限制人身自由的手段强迫劳动的；

（二）违章指挥或者强令冒险作业危及劳动者人身安全的；

（三）侮辱、体罚、殴打、非法搜查或者拘禁劳动者的；

（四）劳动条件恶劣、环境污染严重，给劳动者身心健康造成严重损害的。

第八十九条　用人单位违反本法规定未向劳动者出具解除或者终止劳动合同的书面证明，由劳动行政部门责令改正；给劳动者造成损害的，应当承担赔偿责任。

第九十条　劳动者违反本法规定解除劳动合同，或者违反劳动合同中约定的保密义务或者竞业限制，给用人单位造成损失的，应当承担赔偿责任。

第九十一条　用人单位招用与其他用人单位尚未解除或者终止劳动合同的劳动者，给其他用人单位造成损失的，应当承担连带赔偿责任。

第九十二条　违反本法规定，未经许可，擅自经营劳务派遣业务的，由劳动行政部门责令停止违法行为，没收违法所得，并处违法所得一倍以上五倍以下的罚款；没有违法所得的，可以处五万元以下的罚款。

劳务派遣单位、用工单位违反本法有关劳务派遣规定的，由劳动行政部门责令限期改正；逾期不改正的，以每人五千元以上一万元以下的标准处以罚款，对劳务派遣单位，吊销其劳务派遣业务经营许可证。用工单位给被派遣劳动者造成损害的，劳务派遣单位与用工单位承担连带赔偿责任。

第九十三条　对不具备合法经营资格的用人单位的违法犯罪行为，依法追究法律责任；劳动者已经付出劳动的，该单位或者其出资人应当依照本法有关规定向劳动者支付劳动报酬、经济补偿、赔偿金；给劳动者造成损害的，应当承担赔偿责任。

第九十四条　个人承包经营违反本法规定招用劳动者，给劳动者造成损害的，发包的组织与个人承包经营者承担连带赔偿责任。

第九十五条　劳动行政部门和其他有关主管部门及其工作人员玩忽职守、不履行法定职责，或者违法行使职权，给劳动者或者用人单位造成损害的，应当承担赔偿责任；对直接负责的主管人员和其他直接责任人员，依法给予行政处分；构成犯罪的，依法追究刑事责任。

第八章　附则

第九十六条　事业单位与实行聘用制的工作人员订立、履行、变更、解除或者终止劳动合同，法律、行政法规或者国务院另有规定的，依照其规定；未作规定的，依照本法有关规定执行。

第九十七条　本法施行前已依法订立且在本法施行之日存续的劳动合同，继续履行；本法第十四条第二款第三项规定连续订立固定期限劳动合同的次数，自本法施行后续订固定期限劳动合同时开始计算。

本法施行前已建立劳动关系，尚未订立书面劳动合同的，应当自本法施行之日起一个月内订立。

本法施行之日存续的劳动合同在本法施行后解除或者终止，依照本法第四十六条规定应当支付经济补偿的，经济补偿年限自本法施行之日起计算；本法施行前按照当时有关规定，用人单位应当向劳动者支付经济补偿的，按照当时有关规定执行。

第九十八条　本法自2008年1月1日起施行。

附录02：中华人民共和国劳动合同法实施条例

中华人民共和国劳动合同法实施条例

(中华人民共和国国务院令第535号)

第一章　总则

第一条　为了贯彻实施劳动合同法（以下简称劳动合同法），制定本条例。

第二条　各级人民政府和县级以上人民政府劳动行政等有关部门以及工会等组织，应当采取措施，推动劳动合同法的贯彻实施，促进劳动关系的和谐。

第三条　依法成立的会计师事务所、律师事务所等合伙组织和基金会，属于劳动合同法规定的用人单位。

第二章　劳动合同的订立

第四条　劳动合同法规定的用人单位设立的分支机构，依法取得营业执照或者登记证书的，可以作为用人单位与劳动者订立劳动合同；未依法取得营业执照或者登记证书的，受用人单位委托可以与劳动者订立劳动合同。

第五条　自用工之日起一个月内，经用人单位书面通知后，劳动者不与用人单位订立书面劳动合同的，用人单位应当书面通知劳动者终止劳动关系，无需向劳动者支付经济补偿，但是应当依法向劳动者支付其实际工作时间的劳动报酬。

第六条　用人单位自用工之日起超过一个月不满一年未与劳动者订立书面劳动合同的，应当依照劳动合同法第八十二条的规定向劳动者每月支付两倍的工资，并与劳动者补订书面劳动合同；劳动者不与用人单位订立书面劳动合同的，用人单位应当书面通知劳动者终止劳动关系，并依照劳动合同法第四十七条的规定支付经济补偿。

前款规定的用人单位向劳动者每月支付两倍工资的起算时间为用工之日起满一个月的次日，截止时间为补订书面劳动合同的前一日。

第七条　用人单位自用工之日起满一年未与劳动者订立书面劳动合同的，自用工之日起满一个月的次日至满一年的前一日应当依照劳动合同法第八十二条的规定向劳动者每月支付两倍的工资，并视为自用工之日起满一年的当日已经与劳动者订立无固定期限劳动合同，应当立即与劳动者补订书面劳动合同。

第八条　劳动合同法第七条规定的职工名册，应当包括劳动者姓名、性别、公民身份号码、户籍地址及现住址、联系方式、用工形式、用工起始时间、劳动合同期限等内容。

第九条　劳动合同法第十四条第二款规定的连续工作满10年的起始时间，应当自用人单位用工之日起计算，包括劳动合同法施行前的工作年限。

第十条　劳动者非因本人原因从原用人单位被安排到新用人单位工作的，劳动者在原用人单位的工作年限合并计算为新用人单位的工作年限。原用人单位已经向劳动者支付经济补偿的，新用人单位在依法解除、终止劳动合同计算支付经济补偿的工作年限时，不再计算劳动者在原用人单位的工作年限。

第十一条　除劳动者与用人单位协商一致的情形外，劳动者依照劳动合同法第十四条第二款的规定，提出订立无固定期限劳动合同的，用人单位应当与其订立无固定期限劳动合同。对劳动合同的内容，双方应当按照合法、公平、平等自愿、协商一致、诚实信用的原则协商确定；对协商不一致的内容，依照劳动合同法第十八条的规定执行。

第十二条　地方各级人民政府及县级以上地方人民政府有关部门为安置就业困难人员提供的给予岗位补贴和社会保险补贴的公益性岗位，其劳动合同不适用劳动合同法有关无固定期限劳动合同的规定以及支付经济补偿的规定。

第十三条　用人单位与劳动者不得在劳动合同法第四十四条规定的劳动合同终止情形之外约定其他的劳动合同终止条件。

第十四条　劳动合同履行地与用人单位注册地不一致的，有关劳动者的最低工资标准、劳动保护、劳动条件、职业危害防护和本地区上年度职工月平均工资标准等事项，按照劳动合同履行地的有关规定执行；用人单位注册地的有关标准高于劳动合同履行地的有关标准，且用人单位与劳动者约定按照用人单位注册地的有关规定执行的，从其约定。

第十五条　劳动者在试用期的工资不得低于本单位相同岗位最低档工资的80%或者不得低于劳动合同约定工资的80%，并不得低于用人单位所在地的最低工资标准。

第十六条　劳动合同法第二十二条第二款规定的培训费用，包括用人单位为了对劳动者进行专业技术培训而支付的有凭证的培训费用、培训期间的差旅费用以及因培训产生的用于该劳动者的其他直接费用。

第十七条　劳动合同期满，但是用人单位与劳动者依照劳动合同法第二十二条的规定约定的服务期尚未到期的，劳动合同应当续延至服务期满；双方另有约定的，从其约定。

第三章　劳动合同的解除和终止

第十八条　有下列情形之一的，依照劳动合同法规定的条件、程序，劳动者可以与用人单位解除固定期限劳动合同、无固定期限劳动合同或者以完成一定工作任务为期限的劳动合同：

（一）劳动者与用人单位协商一致的；

（二）劳动者提前30日以书面形式通知用人单位的；

（三）劳动者在试用期内提前3日通知用人单位的；

（四）用人单位未按照劳动合同约定提供劳动保护或者劳动条件的；

（五）用人单位未及时足额支付劳动报酬的；

（六）用人单位未依法为劳动者缴纳社会保险费的；

（七）用人单位的规章制度违反法律、法规的规定，损害劳动者权益的；

（八）用人单位以欺诈、胁迫的手段或者乘人之危，使劳动者在违背真实意思的情况下订立或者变更劳动合同的；

（九）用人单位在劳动合同中免除自己的法定责任、排除劳动者权利的；

（十）用人单位违反法律、行政法规强制性规定的；

（十一）用人单位以暴力、威胁或者非法限制人身自由的手段强迫劳动者劳动的；

（十二）用人单位违章指挥、强令冒险作业危及劳动者人身安全的；

（十三）法律、行政法规规定劳动者可以解除劳动合同的其他情形。

第十九条　有下列情形之一的，依照劳动合同法规定的条件、程序，用人单位可以与劳动者解除固定期限劳动合同、无固定期限劳动合同或者以完成一定工作任务为期限的劳动合同：

（一）用人单位与劳动者协商一致的；

（二）劳动者在试用期间被证明不符合录用条件的；

（三）劳动者严重违反用人单位的规章制度的；

（四）劳动者严重失职，营私舞弊，给用人单位造成重大损害的；

（五）劳动者同时与其他用人单位建立劳动关系，对完成本单位的工作任务造成严重影响，或者经用人单位提出，拒不改正的；

（六）劳动者以欺诈、胁迫的手段或者乘人之危，使用人单位在违背真实意思的情况下订立或者变更劳动合同的；

（七）劳动者被依法追究刑事责任的；

（八）劳动者患病或者非因工负伤，在规定的医疗期满后不能从事原工作，也不能从事由用人单位另行安排的工作的；

（九）劳动者不能胜任工作，经过培训或者调整工作岗位，仍不能胜任工作的；

（十）劳动合同订立时所依据的客观情况发生重大变化，致使劳动合同无法履行，经用人单位与劳动者协商，未能就变更劳动合同内容达成协议的；

（十一）用人单位依照企业破产法规定进行重整的；

（十二）用人单位生产经营发生严重困难的；

（十三）企业转产、重大技术革新或者经营方式调整，经变更劳动合同后，仍需裁减人员的；

（十四）其他因劳动合同订立时所依据的客观经济情况发生重大变化，致使劳动合同无法履行的。

第二十条　用人单位依照劳动合同法第四十条的规定，选择额外支付劳动者一个月工资解除劳动合同的，其额外支付的工资应当按照该劳动者上一个月的工资标准确定。

第二十一条　劳动者达到法定退休年龄的，劳动合同终止。

第二十二条　以完成一定工作任务为期限的劳动合同因任务完成而终止的，用人单位应当依照劳动合同法第四十七条的规定向劳动者支付经济补偿。

第二十三条　用人单位依法终止工伤职工的劳动合同的，除依照劳动合同法第四十七条的规定支付经济补偿外，还应当依照国家有关工伤保险的规定支付一次性工伤医疗补助金和伤残就业补助金。

第二十四条　用人单位出具的解除、终止劳动合同的证明，应当写明劳动合同期限、解除或者终止劳动合同的日期、工作岗位、在本单位的工作年限。

第二十五条　用人单位违反劳动合同法的规定解除或者终止劳动合同，依照劳动合同法第八十七条的规定支付了赔偿金的，不再支付经济补偿。赔偿金的计算年限自用工之日起计算。

第二十六条　用人单位与劳动者约定了服务期，劳动者依照劳动合同法第三十八条的规定解除劳动合同的，不属于违反服务期的约定，用人单位不得要求劳动者支付违约金。

有下列情形之一，用人单位与劳动者解除约定服务期的劳动合同的，劳动者应当按照劳动合同的约定向用人单位支付违约金：

（一）劳动者严重违反用人单位的规章制度的；

（二）劳动者严重失职，营私舞弊，给用人单位造成重大损害的；

（三）劳动者同时与其他用人单位建立劳动关系，对完成本单位的工作任务造成严重影响，或者经用人单位提出，拒不改正的；

（四）劳动者以欺诈、胁迫的手段或者乘人之危，使用人单位在违背真实意思的情况下订立或者变更劳动合同的；

（五）劳动者被依法追究刑事责任的。

第二十七条　劳动合同法第四十七条规定的经济补偿的月工资按照劳动者应得工资计算，包括计时工资或者计件工资以及奖金、津贴和补贴等货币性收入。劳动者在劳动合同解除或者终止前12个月的平均工资低于当地最低工资标准的，按照当地最低工资标准计算。劳动者工作不满12个月的，按照实际工作的月数计算平均工资。

第四章　劳务派遣特别规定

第二十八条　用人单位或者其所属单位出资或者合伙设立的劳务派遣单位，向本单位或者所属单位派遣劳动者的，属于劳动合同法第六十七条规定的不得设立的劳务派遣单位。

第二十九条　用工单位应当履行劳动合同法第六十二条规定的义务，维护被派遣劳动者的合法权益。

第三十条　劳务派遣单位不得以非全日制用工形式招用被派遣劳动者。

第三十一条　劳务派遣单位或者被派遣劳动者依法解除、终止劳动合同的经济补偿，依照劳动合同法第四十六条、第四十七条的规定执行。

第三十二条　劳务派遣单位违法解除或者终止被派遣劳动者的劳动合同的，依照劳动合同法第四十八条的规定执行。

第五章　法律责任

第三十三条　用人单位违反劳动合同法有关建立职工名册规定的，由劳动行政部门责令限期改正；逾期不改正的，由劳动行政部门处2000元以上2万元以下的罚款。

第三十四条　用人单位依照劳动合同法的规定应当向劳动者每月支付两倍的工资或者应当向劳动者支付赔偿金而未支付的，劳动行政部门应当责令用人单位支付。

第三十五条　用工单位违反劳动合同法和本条例有关劳务派遣规定的，由劳动行政部门和其他有关主管部门责令改正；情节严重的，以每位被派遣劳动者1000元以上5000元以下的标准处以罚款；给被派遣劳动者造成损害的，劳务派遣单位和用工单位承担连带赔偿责任。

第六章　附则

第三十六条　对违反劳动合同法和本条例的行为的投诉、举报，县级以上地方人民政府劳动行政部门依照《劳动保障监察条例》的规定处理。

第三十七条　劳动者与用人单位因订立、履行、变更、解除或者终止劳动合同发生争议的，依照《中华人民共和国劳动争议调解仲裁法》的规定处理。

第三十八条　本条例自公布之日起施行。

附录03：集体合同规定

集体合同规定

（2003年12月30日）

第一章　总则

第一条　为规范集体协商和签订集体合同行为，依法维护劳动者和用人单位的合法权益，根据《中华人民共和国劳动法》和《中华人民共和国工会法》，制定本规定。

第二条　中华人民共和国境内的企业和实行企业化管理的事业单位（以下统称用人单位）与本单位职工之间进行集体协商，签订集体合同，适用本规定。

第三条　本规定所称集体合同，是指用人单位与本单位职工根据法律、法规、规章的规定，就劳动报酬、工作时间、休息休假、劳动安全卫生、职业培训、保险福利等事项，通过集体协商签订的书面协议；所称专项集体合同，是指用人单位与本单位职工根据法律、法规、规章的规定，就集体协商的某项内容签订的专项书面协议。

第四条　用人单位与本单位职工签订集体合同或专项集体合同，以及确定相关事宜，应当采取集体协商的方式。集体协商主要采取协商会议的形式。

第五条　进行集体协商，签订集体合同或专项集体合同，应当遵循下列原则：

（一）遵守法律、法规、规章及国家有关规定；

（二）相互尊重，平等协商；

（三）诚实守信，公平合作；

（四）兼顾双方合法权益；

（五）不得采取过激行为。

第六条　符合本规定的集体合同或专项集体合同，对用人单位和本单位的全体职工具有法律约束力。

用人单位与职工个人签订的劳动合同约定的劳动条件和劳动报酬等标准，不得低于集体合同或专项集体合同的规定。

第七条　县级以上劳动保障行政部门对本行政区域内用人单位与本单位职工开展集体协商、签订、履行集体合同的情况进行监督，并负责审查集体合同或专项集体合同。

第二章　集体协商内容

第八条　集体协商双方可以就下列多项或某项内容进行集体协商，签订集体合同或专项集体合同：

（一）劳动报酬；

（二）工作时间；

（三）休息休假；

（四）劳动安全与卫生；

（五）补充保险和福利；

（六）女职工和未成年工特殊保护；

（七）职业技能培训；

（八）劳动合同管理；

（九）奖惩；

（十）裁员；

（十一）集体合同期限；

（十二）变更、解除集体合同的程序；

（十三）履行集体合同发生争议时的协商处理办法；

（十四）违反集体合同的责任；

（十五）双方认为应当协商的其他内容。

第九条　劳动报酬主要包括：

（一）用人单位工资水平、工资分配制度、工资标准和工资分配形式；

（二）工资支付办法；

（三）加班、加点工资及津贴、补贴标准和奖金分配办法；

（四）工资调整办法；

（五）试用期及病、事假等期间的工资待遇；

（六）特殊情况下职工工资（生活费）支付办法；

（七）其他劳动报酬分配办法。

第十条　工作时间主要包括：

（一）工时制度；

（二）加班加点办法；

（三）特殊工种的工作时间；

（四）劳动定额标准。

第十一条　休息休假主要包括：

（一）日休息时间、周休息日安排、年休假办法；

（二）不能实行标准工时职工的休息休假；

（三）其他假期。

第十二条　劳动安全卫生主要包括：

（一）劳动安全卫生责任制；

（二）劳动条件和安全技术措施；

（三）安全操作规程；

（四）劳保用品发放标准；

（五）定期健康检查和职业健康体检。

第十三条　补充保险和福利主要包括：

（一）补充保险的种类、范围；

（二）基本福利制度和福利设施；

（三）医疗期延长及其待遇；

（四）职工亲属福利制度。

第十四条　女职工和未成年工的特殊保护主要包括：

（一）女职工和未成年工禁忌从事的劳动；

（二）女职工的经期、孕期、产期和哺乳期的劳动保护；

（三）女职工、未成年工定期健康检查；

（四）未成年工的使用和登记制度。

第十五条　职业技能培训主要包括：

（一）职业技能培训项目规划及年度计划；

（二）职业技能培训费用的提取和使用；

（三）保障和改善职业技能培训的措施。

第十六条　劳动合同管理主要包括：

（一）劳动合同签订时间；

（二）确定劳动合同期限的条件；

（三）劳动合同变更、解除、续订的一般原则及无固定期限劳动合同的终止条件；

（四）试用期的条件和期限。

第十七条　奖惩主要包括：

（一）劳动纪律；

（二）考核奖惩制度；

（三）奖惩程序。

第十八条　裁员主要包括：

（一）裁员的方案；

（二）裁员的程序；

（三）裁员的实施办法和补偿标准。

第三章　集体协商代表

第十九条　本规定所称集体协商代表（以下统称协商代表），是指按照法定程序产生并有代表本方利益进行集体协商的人员。

集体协商双方的代表人数应当对等，每方至少3人，并各确定1名首席代表。

第二十条　职工一方的协商代表由本单位工会选派。未建立工会的，由本单位职工民主推荐，并经本单位半数以上职工同意。

职工一方的首席代表由本单位工会主席担任。工会主席可以书面委托其他协商代表代理首席代表。工会主席空缺的，首席代表由工会主要负责人担任。未建立工会的，职工一方的首席代表从协商代表中民主推举产生。

第二十一条　用人单位一方的协商代表，由用人单位法定代表人指派，首席代表由单位法定代表人担任或由其书面委托的其他管理人员担任。

第二十二条　协商代表履行职责的期限由被代表方确定。

第二十三条　集体协商双方首席代表可以书面委托本单位以外的专业人员作为本方协商代表。委托人数不得超过本方代表的三分之一。

首席代表不得由非本单位人员代理。

第二十四条　用人单位协商代表与职工协商代表不得相互兼任。

第二十五条　协商代表应履行下列职责：

（一）参加集体协商；

（二）接受本方人员质询，及时向本方人员公布协商情况并征求意见；

（三）提供与集体协商有关的情况和资料；

（四）代表本方参加集体协商争议的处理；

（五）监督集体合同或专项集体合同的履行；

（六）法律、法规和规章规定的其他职责。

第二十六条　协商代表应当维护本单位正常的生产、工作秩序，不得采取威胁、收买、欺骗等行为。

协商代表应当保守在集体协商过程中知悉的用人单位的商业秘密。

第二十七条　企业内部的协商代表参加集体协商视为提供了正常劳动。

第二十八条　职工一方协商代表在其履行协商代表职责期间劳动合同期满的，劳动合同期限自动延长至完成履行协商代表职责之时，除出现下列情形之一的，用人单位不得与其解劳动合同：

（一）严重违反劳动纪律或用人单位依法制定的规章制度的；

（二）严重失职、营私舞弊，对用人单位利益造成重大损害的；

（三）被依法追究刑事责任的。

职工一方协商代表履行协商代表职责期间，用人单位无正当理由不得调整其工作岗位。

第二十九条　职工一方协商代表就本规定第二十七条、第二十八条的规定与用人单位发生争议的，可以向当地劳动争议仲裁委员会申请仲裁。

第三十条　工会可以更换职工一方协商代表；未建立工会的，经本单位半数以上职工同意可以更换职工一方协商代表。

用人单位法定代表人可以更换用人单位一方协商代表。

第三十一条　协商代表因更换、辞任或遇有不可抗力等情形造成空缺的，应在空缺之日起15日内按照本规定产生新的代表。

第四章　集体协商程序

第三十二条　集体协商任何一方均可就签订集体合同或专项集体合同以及相关事宜，以书面形式向对方提出进行集体协商的要求。

一方提出进行集体协商要求的，另一方应当在收到集体协商要求之日起20日内以书面形式给以回应，无正当理由不得拒绝进行集体协商。

第三十三条　协商代表在协商前应进行下列准备工作：

（一）熟悉与集体协商内容有关的法律、法规、规章和制度；

（二）了解与集体协商内容有关的情况和资料，收集用人单位和职工对协商意向所持的意见；

（三）拟定集体协商议题，集体协商议题可由提出协商一方起草，也可由双方指派代表共同起草；

（四）确定集体协商的时间、地点等事项；

（五）共同确定一名非协商代表担任集体协商记录员。记录员应保持中立、公正，并为集体协商双方保密。

第三十四条　集体协商会议由双方首席代表轮流主持，并按下列程序进行：

（一）宣布议程和会议纪律；

（二）一方首席代表提出协商的具体内容和要求，另一方首席代表就对方的要求作出回应；

（三）协商双方就商谈事项发表各自意见，开展充分讨论；

（四）双方首席代表归纳意见。达成一致的，应当形成集体合同草案或专项集体合同草案，由双方首席代表签字。

第三十五条　集体协商未达成一致意见或出现事先未预料的问题时，经双方协商，可以中止协商。中止期限及下次协商时间、地点、内容由双方商定。

第五章　集体合同的订立、变更、解除和终止

第三十六条　经双方协商代表协商一致的集体合同草案或专项集体合同草案应当提交职工代表大会或者全体职工讨论。

职工代表大会或者全体职工讨论集体合同草案或专项集体合同草案，应当有三分之二以上职工代表或者职工出席，且须经全体职工代表半数以上或者全体职工半数以上同意，集体合同草案或专项集体合同草案方获通过。

第三十七条　集体合同草案或专项集体合同草案经职工代表大会或者职工大会通过后，由集体协商双方首席代表签字。

第三十八条　集体合同或专项集体合同期限一般为1至3年，期满或双方约定的终止条件出现，即行终止。

集体合同或专项集体合同期满前3个月内，任何一方均可向对方提出重新签订或续订的要求。

第三十九条　双方协商代表协商一致，可以变更或解除集体合同或专项集体合同。

第四十条　有下列情形之一的，可以变更或解除集体合同或专项集体合同：

（一）用人单位因被兼并、解散、破产等原因，致使集体合同或专项集体合同无法履行的；

（二）因不可抗力等原因致使集体合同或专项集体合同无法履行或部分无法履行的；

（三）集体合同或专项集体合同约定的变更或解除条件出现的；

（四）法律、法规、规章规定的其他情形。

第四十一条　变更或解除集体合同或专项集体合同适用本规定的集体协商程序。

第六章　集体合同审查

第四十二条　集体合同或专项集体合同签订或变更后，应当自双方首席代表签字之日起10日内，由用人单位一方将文本一式三份报送劳动保障行政部门审查。

劳动保障行政部门对报送的集体合同或专项集体合同应当办理登记手续。

第四十三条　集体合同或专项集体合同审查实行属地管辖，具体管辖范围由省级劳动保障行政部门规定。

中央管辖的企业以及跨省、自治区、直辖市的用人单位的集体合同应当报送劳动保障部或劳动保障部指定的省级劳动保障行政部门。

第四十四条　劳动保障行政部门应当对报送的集体合同或专项集体合同的下列事项进行合法性审查：

（一）集体协商双方的主体资格是否符合法律、法规和规章规定；

（二）集体协商程序是否违反法律、法规、规章规定；

（三）集体合同或专项集体合同内容是否与国家规定相抵触。

第四十五条　劳动保障行政部门对集体合同或专项集体合同有异议的，应当自收到文本之日起15日内将《审查意见书》送达双方协商代表。《审查意见书》应当载明以下内容：

（一）集体合同或专项集体合同当事人双方的名称、地址；

（二）劳动保障行政部门收到集体合同或专项集体合同的时间；

（三）审查意见；

（四）作出审查意见的时间。

《审查意见书》应当加盖劳动保障行政部门印章。

第四十六条　用人单位与本单位职工就劳动保障行政部门提出异议的事项经集体协商重新签订集体合同或专项集体合同的，用人单位一方应当根据本规定第四十二条的规定将文本报送劳动保障行政部门审查。

第四十七条　劳动保障行政部门自收到到文本之日起15日内未提出异议的，集体合同或专项集体合同即行生效。

第四十八条　生效的集体合同或专项集体合同，应当自其生效之日起由协商代表及时以适当的形式向本方全体人员公布。

第七章　集体协商争议的协调处理

第四十九条　集体协商过程中发生争议，双方当事人不能协商解决的，当事人一方或双方可以书面向劳动保障行政部门提出协调处理申请；未提出申请的，劳动保障行政部门认为必要时也可以进行协调处理。

第五十条　劳动保障行政部门应当组织同级工会和企业组织等三方面的人员，共同协调处理集体协商争议。

第五十一条　集体协商争议处理实行属地管辖，具体管辖范围由省级劳动保障行政部门规定。

中央管辖的企业以及跨省、自治区、直辖市用人单位因集体协商发生的争议，由劳动保障部指定的省级劳动保障行政部门组织同级工会和企业组织等三方面的人员协调处理，必要时，劳动保障部也可以组织有关方面协调处理。

第五十二条　协调处理集体协商争议，应当自受理协调处理申请之日起30日内结束协调处理工作。期满未结束的，可以适当延长协调期限，但延长期限不得超过15日。

第五十三条　协调处理集体协商争议应当按照以下程序进行：

（一）受理协调处理申请；

（二）调查了解争议的情况；

（三）研究制定协调处理争议的方案；

（四）对争议进行协调处理；

（五）制作《协调处理协议书》。

第五十四条　《协调处理协议书》应当载明协调处理申请、争议的事实和协调结果，双方当事人就某些协商事项不能达成一致的，应将继续协商的有关事项予以载明。《协调处理协议书》由集体协商争议协调处理人员和争议双方首席代表签字盖章后生效。争议双方均应遵守生效后的《协调处理协议书》。

第八章　附则

第五十五条　因履行集体合同发生的争议，当事人协商解决不成的，可以依法向劳动争议仲裁委员会申请仲裁。

第五十六条　用人单位无正当理由拒绝工会或职工代表提出的集体协商要求的，按照《工会法》及有关法律、法规的规定处理。

第五十七条　本规定于2004年5月1日起实施。原劳动部1994年12月5日颁布的《集体合同规定》同时废止。

附录04：劳务派遣暂行规定

劳务派遣暂行规定

中华人民共和国人力资源和社会保障部令

第22号

《劳务派遣暂行规定》已于2013年12月20日经人力资源社会保障部第21次部务会审议

通过，现予公布，自2014年3月1日起施行。

部长　尹蔚民

2014年1月24日

第一章　总则

第一条　为规范劳务派遣，维护劳动者的合法权益，促进劳动关系和谐稳定，依据《中华人民共和国劳动合同法》（以下简称劳动合同法）和《中华人民共和国劳动合同法实施条例》（以下简称劳动合同法实施条例）等法律、行政法规，制定本规定。

第二条　劳务派遣单位经营劳务派遣业务，企业（以下称用工单位）使用被派遣劳动者，适用本规定。

依法成立的会计师事务所、律师事务所等合伙组织和基金会以及民办非企业单位等组织使用被派遣劳动者，依照本规定执行。

第二章　用工范围和用工比例

第三条　用工单位只能在临时性、辅助性或者替代性的工作岗位上使用被派遣劳动者。

前款规定的临时性工作岗位是指存续时间不超过6个月的岗位；辅助性工作岗位是指为主营业务岗位提供服务的非主营业务岗位；替代性工作岗位是指用工单位的劳动者因脱产学习、休假等原因无法工作的一定期间内，可以由其他劳动者替代工作的岗位。

用工单位决定使用被派遣劳动者的辅助性岗位，应当经职工代表大会或者全体职工讨论，提出方案和意见，与工会或者职工代表平等协商确定，并在用工单位内公示。

第四条　用工单位应当严格控制劳务派遣用工数量，使用的被派遣劳动者数量不得超过其用工总量的10%。

前款所称用工总量是指用工单位订立劳动合同人数与使用的被派遣劳动者人数之和。

计算劳务派遣用工比例的用工单位是指依照劳动合同法和劳动合同法实施条例可以与劳动者订立劳动合同的用人单位。

第三章　劳动合同、劳务派遣协议的订立和履行

第五条　劳务派遣单位应当依法与被派遣劳动者订立2年以上的固定期限书面劳动合同。

第六条　劳务派遣单位可以依法与被派遣劳动者约定试用期。劳务派遣单位与同一被派遣劳动者只能约定一次试用期。

第七条　劳务派遣协议应当载明下列内容：

（一）派遣的工作岗位名称和岗位性质；

（二）工作地点；

（三）派遣人员数量和派遣期限；

（四）按照同工同酬原则确定的劳动报酬数额和支付方式；

（五）社会保险费的数额和支付方式；

（六）工作时间和休息休假事项；

（七）被派遣劳动者工伤、生育或者患病期间的相关待遇；

（八）劳动安全卫生以及培训事项；

（九）经济补偿等费用；

（十）劳务派遣协议期限；

（十一）劳务派遣服务费的支付方式和标准；

（十二）违反劳务派遣协议的责任；

（十三）法律、法规、规章规定应当纳入劳务派遣协议的其他事项。

第八条 劳务派遣单位应当对被派遣劳动者履行下列义务：

（一）如实告知被派遣劳动者劳动合同法第八条规定的事项、应遵守的规章制度以及劳务派遣协议的内容；

（二）建立培训制度，对被派遣劳动者进行上岗知识、安全教育培训；

（三）按照国家规定和劳务派遣协议约定，依法支付被派遣劳动者的劳动报酬和相关待遇；

（四）按照国家规定和劳务派遣协议约定，依法为被派遣劳动者缴纳社会保险费，并办理社会保险相关手续；

（五）督促用工单位依法为被派遣劳动者提供劳动保护和劳动安全卫生条件；

（六）依法出具解除或者终止劳动合同的证明；

（七）协助处理被派遣劳动者与用工单位的纠纷；

（八）法律、法规和规章规定的其他事项。

第九条 用工单位应当按照劳动合同法第六十二条规定，向被派遣劳动者提供与工作岗位相关的福利待遇，不得歧视被派遣劳动者。

第十条 被派遣劳动者在用工单位因工作遭受事故伤害的，劳务派遣单位应当依法申请工伤认定，用工单位应当协助工伤认定的调查核实工作。劳务派遣单位承担工伤保险责任，但可以与用工单位约定补偿办法。

被派遣劳动者在申请进行职业病诊断、鉴定时，用工单位应当负责处理职业病诊断、鉴定事宜，并如实提供职业病诊断、鉴定所需的劳动者职业史和职业危害接触史、工作场所职业病危害因素检测结果等资料，劳务派遣单位应当提供被派遣劳动者职业病诊断、鉴定所需的其他材料。

第十一条 劳务派遣单位行政许可有效期未延续或者《劳务派遣经营许可证》被撤销、吊销的，已经与被派遣劳动者依法订立的劳动合同应当履行至期限届满。双方经协商一致，可以解除劳动合同。

第十二条　有下列情形之一的，用工单位可以将被派遣劳动者退回劳务派遣单位：

（一）用工单位有劳动合同法第四十条第三项、第四十一条规定情形的；

（二）用工单位被依法宣告破产、吊销营业执照、责令关闭、撤销、决定提前解散或者经营期限届满不再继续经营的；

（三）劳务派遣协议期满终止的。

被派遣劳动者退回后在无工作期间，劳务派遣单位应当按照不低于所在地人民政府规定的最低工资标准，向其按月支付报酬。

第十三条　被派遣劳动者有劳动合同法第四十二条规定情形的，在派遣期限届满前，用工单位不得依据本规定第十二条第一款第一项规定将被派遣劳动者退回劳务派遣单位；派遣期限届满的，应当延续至相应情形消失时方可退回。

第四章　劳动合同的解除和终止

第十四条　被派遣劳动者提前30日以书面形式通知劳务派遣单位，可以解除劳动合同。被派遣劳动者在试用期内提前3日通知劳务派遣单位，可以解除劳动合同。劳务派遣单位应当将被派遣劳动者通知解除劳动合同的情况及时告知用工单位。

第十五条　被派遣劳动者因本规定第十二条规定被用工单位退回，劳务派遣单位重新派遣时维持或者提高劳动合同约定条件，被派遣劳动者不同意的，劳务派遣单位可以解除劳动合同。

被派遣劳动者因本规定第十二条规定被用工单位退回，劳务派遣单位重新派遣时降低劳动合同约定条件，被派遣劳动者不同意的，劳务派遣单位不得解除劳动合同。但被派遣劳动者提出解除劳动合同的除外。

第十六条　劳务派遣单位被依法宣告破产、吊销营业执照、责令关闭、撤销、决定提前解散或者经营期限届满不再继续经营的，劳动合同终止。用工单位应当与劳务派遣单位协商妥善安置被派遣劳动者。

第十七条　劳务派遣单位因劳动合同法第四十六条或者本规定第十五条、第十六条规定的情形，与被派遣劳动者解除或者终止劳动合同的，应当依法向被派遣劳动者支付经济补偿。

第五章　跨地区劳务派遣的社会保险

第十八条　劳务派遣单位跨地区派遣劳动者的，应当在用工单位所在地为被派遣劳动者参加社会保险，按照用工单位所在地的规定缴纳社会保险费，被派遣劳动者按照国家规定享受社会保险待遇。

第十九条　劳务派遣单位在用工单位所在地设立分支机构的，由分支机构为被派遣劳动者办理参保手续，缴纳社会保险费。

劳务派遣单位未在用工单位所在地设立分支机构的，由用工单位代劳务派遣单位为被派遣劳动者办理参保手续，缴纳社会保险费。

第六章 法律责任

第二十条 劳务派遣单位、用工单位违反劳动合同法和劳动合同法实施条例有关劳务派遣规定的，按照劳动合同法第九十二条规定执行。

第二十一条 劳务派遣单位违反本规定解除或者终止被派遣劳动者劳动合同的，按照劳动合同法第四十八条、第八十七条规定执行。

第二十二条 用工单位违反本规定第三条第三款规定的，由人力资源社会保障行政部门责令改正，给予警告；给被派遣劳动者造成损害的，依法承担赔偿责任。

第二十三条 劳务派遣单位违反本规定第六条规定的，按照劳动合同法第八十三条规定执行。

第二十四条 用工单位违反本规定退回被派遣劳动者的，按照劳动合同法第九十二条第二款规定执行。

第七章 附则

第二十五条 外国企业常驻代表机构和外国金融机构驻华代表机构等使用被派遣劳动者的，以及船员用人单位以劳务派遣形式使用国际远洋海员的，不受临时性、辅助性、替代性岗位和劳务派遣用工比例的限制。

第二十六条 用人单位将本单位劳动者派往境外工作或者派往家庭、自然人处提供劳动的，不属于本规定所称劳务派遣。

第二十七条 用人单位以承揽、外包等名义，按劳务派遣用工形式使用劳动者的，按照本规定处理。

第二十八条 用工单位在本规定施行前使用被派遣劳动者数量超过其用工总量10%的，应当制定调整用工方案，于本规定施行之日起2年内降至规定比例。但是，《全国人民代表大会常务委员会关于修改〈中华人民共和国劳动合同法〉的决定》公布前已依法订立的劳动合同和劳务派遣协议期限届满日期在本规定施行之日起2年后的，可以依法继续履行至期限届满。

用工单位应当将制定的调整用工方案报当地人力资源社会保障行政部门备案。

用工单位未将本规定施行前使用的被派遣劳动者数量降至符合规定比例之前，不得新用被派遣劳动者。

第二十九条 本规定自2014年3月1日起施行。

第三章　社会保险法解读

立法背景

公民在年老、疾病、工伤、失业、生育等情况下依法从国家和社会获得物质帮助是一项宪法权利，社会保险是公民从国家和社会获得物质帮助最主要的一种途径。大力发展社会保险事业，是深入落实科学发展观、促进经济社会全面协调可持续发展的必然要求；是构建社会主义和谐社会、实现国家长治久安的重要保证；是健全社会主义市场经济体制、推进改革开放和现代化建设的重要任务；是党坚持立党为公，执政为民，实现和维护最广大人民的根本利益的执政理念的具体体现。

关于用人单位和个人权利义务的条款

《中华人民共和国社会保险法》第四条对用人单位和个人权利义务作出了明确的规定：

一、用人单位的权利义务

1．权利

免费向社保经办机构查询、核对其缴费记录，要求社保经办机构提供社保咨询等相关服务。

2．义务

（1）缴费义务，职工基本养老保险、职工基本医疗保险、失业保险的缴费义务由用人单位与职工共同承担，工伤保险、生育保险的缴费义务全部由用人单位承担。

（2）登记义务。

（3）申报和代扣代缴义务，用人单位应当自行申报、按时足额缴纳社会保险费，非因不可抗力等法定事由不得缓缴、减免，职工应缴纳的社会保险费由用人单位代扣代缴，用人单位应当按月将缴纳社会保险费的明细情况告知劳动者本人。

二、个人的权利义务

1．权利

（1）依法享受社会保险待遇。

（2）监督本单位为其缴费情况。

（3）免费向社保经办机构查询、核对其缴费和享受社会保险待遇记录，要求社保经办机构提供社保咨询等相关服务。

2．义务

（1）缴费义务。

（2）登记义务，自愿参加社会保险的无雇工的个体工商户、未在用人单位参加社会保险的非全日制从业人员以及其他灵活就业人员，应当向社保经办机构申办社会保险登记，失业人员应当持本单位为其出具的终止或解除劳动关系证明，及时到指定的公共就业服务机构办理失业登记。

3．用人单位和个人的救济权利

（1）用人单位和个人有权对违反社会保险法律、法规的行为进行举报、投诉。

（2）用人单位或者个人认为社会保险费征收机构的行为侵害自己合法权益的，可以依法申请行政复议或者提起行政诉讼；对社会保险经办机构不依法办理社会保险登记、核定社会保险费、支付社会保险待遇、办理社会保险转移接续手续或者侵害其他社会保险权益的行为，可以依法申请行政复议或者提起行政诉讼。

（3）个人与所在用人单位发生社会保险争议的，可以依法申请调解、仲裁、提起诉讼；用人单位侵害个人社会保险权益的，个人也可以要求社会保险行政部门或者社会保险费征收机构依法处理。

关于监督管理职责的条款

《中华人民共和国社会保险法》第六条、第七条、第八条、第九条分别对社保基金监督部门及职责、社保行政管理职责分工、社保经办机构职责、工会在社会保险事业中的责任等作出了明确规定：

1．社保基金监督职能、责任部门及职责

《中华人民共和国社会保险法》第六条对社保基金监督职能、责任部门及职责作出了规定，如下表所示：

社保基金监督职能、责任部门及职责

序号	职能	监督部门	职责
1	人大监督	各级人大常委会	本法第七十六条规定，各级人大常委会听取和审议本级人民政府对社保基金的收支、管理、投资运营以及监督检查情况的专项工作报告，组织对本法实施情况的执法检查等，依法行使监督职权。

续表

序号	职能	监督部门	职责
2	行政监督	财政部门、审计机关	按照各自的职责，对社保基金的收支、管理和投资运营情况实施监督。
		社会保险行政部门	对社保基金的收支、管理和投资运营情况进行监督检查，发现存在问题的，应当提出整改建议，依法作出处理决定或者向有关行政部门提出处理建议。
		其他行政机关	对社保基金进行监督。
3	社会监督	社会保险监督委员会	社会保险监督委员会由用人单位代表、参保人员代表，以及工会代表、专家等组成。
		任何组织或者个人	有权对有关社保基金的违法行为进行举报、投诉。

2．社保经办机构职责

《中华人民共和国社会保险法》第八条对社保经办机构职责作出了规定，如下表所示：

社保经办机构职责

序号	职责	说明
1	社会保险登记	用人单位应当自成立之日起30日内凭营业执照、登记证书或者单位印章，向当地社保经办机构申请办理社保登记，社保经办机构应当自收到申请之日起十五日内予以审核，发给社会保险登记证件。用人单位应当自用工之日起30日内为其职工向社保经办机构申办社保登记。未办理社保登记的，由社保经办机构核定其应当缴纳的社会保险费。
2	建档	为用人单位建立档案，完整、准确地记录参加社会保险的人员、缴费等社保数据，妥善保管登记、申报的原始凭证和支付结算的会计凭证。
3	个人权益记录	应及时、完整、准确地记录参加社会保险的个人缴费和用人单位为其缴费的情况，以及享受社会保险待遇的个人权益记录，定期将个人权益记录单免费寄送个人。
4	咨询服务	应免费为用人单位和个人提供社会保险咨询等相关服务。
5	社保待遇支付	应按时足额支付社保待遇。

续表

序号	职责	说明
6	公布和汇报社保基金情况	应定期向社会公布参加社会保险情况以及社保基金的收入、支出、结余和收益情况，定期向社会保险监督委员会汇报社保基金的收支、管理和投资运营情况。
7	社会保险稽核	稽核是指社保经办机构依法对社会保险费缴纳情况和社会保险待遇领取情况进行的核查。
8	受理举报、投诉	对于属于本机构职责范围的，应依法处理；对于职责范围以外的，应书面通知并移交有权处理的部门处理。
9	加强内部管理	应建立健全业务、财务、安全和风险管理制度，完善社会保险信息系统。

3．工会在社会保险事业中的责任

《中华人民共和国社会保险法》第九条对工会在社会保险事业中的责任作出了规定，如下表所示：

工会在社会保险事业中的责任

序号	职责	说明
1	参与社会保险重大事项的研究	（1）国家机关在组织起草或者修改直接涉及职工切身利益的有关社会保险的法律、法规、规章时，应当提取工会意见。 （2）县级以上各级政府制定国民经济和社会发展计划，对涉及职工利益的有关社会保险的重大问题，应当听取同级工会的意见。 （3）县级以上各级政府及其有关部门研究制定劳动就业、工资、劳动安全卫生、社会保险等涉及职工切身利益的政策、措施时，应当吸收同级工会参加研究，听取工会意见。
2	参与社会保险的监督	（1）通过职工代表大会或者其他形式进行监督。 （2）监督劳动合同的履行。 （3）对侵犯职工社会保险合法权益的问题进行调查。 （4）法律救济协助。

关于基本养老保险的条款

1．职工基本养老保险覆盖范围

《中华人民共和国社会保险法》第十条对职工基本养老保险覆盖范围作出了规定，如下表所示：

职工基本养老保险覆盖范围

序号	参保对象	说明
1	企业职工	企业职工是参加基本养老保险的主力，职工基本养老保险由国家、企业和个人共同负担筹集资金，采取社会统筹和个人账户相结合的基本模式。
2	灵活就业人员	灵活就业人员是指以非全日制、临时性、季节性、弹性工作等灵活多样的形式实现就业的人员，包括无雇工的个体工商户、非全日制从业人员以及律师、会计师、自由撰稿人、演员等自由职业者等等。灵活就业人员可以自愿参加职工基本养老保险，保险费也由个人全部承担。
3	事业单位职工	事业单位有管理类、公益类、经营类等类型，事业单位工作人员实行退休养老制度，费用由国家或者单位负担，个人不缴费，养老金标准以本人工资为基数，按照工龄长短计发。目前，事业单位工作人员养老保险制度改革与事业单位分类改革在山西、浙江、广东、上海、重庆地区正在配套推行，现有承担行政职能的事业单位执行公务员的养老保险制度，从事生产经营的事业单位执行企业职工养老保险制度，公益性事业单位实行单独的事业单位养老保险制度，制度模式与企业职工养老保险一样。
4	公务员和参照《公务员法》管理的工作人员	目前，我国公务员和参照《公务员法》管理的工作人员实行退休养老，费用由国家负担，个人不缴费，养老金标准以个人工资为基数，按工龄长短计发。

2．基本养老保险的制度模式和筹资方式

本法第十一条对基本养老保险的制度模式和筹资方式作出了规定：

（1）基本养老保险的制度模式。

基本养老保险的制度模式分三种，如下表所示：

基本养老保险的制度模式

序号	模式	说明
1	现收现付制	即基本养老保险费由雇主和雇员共同承担，保险费收入全部用于当期养老金的支付，以支定收，实现现收现付。

续表

序号	模式	说明
2	积累制	即建立完全积累的个人账户，个人缴纳的养老保险费全部进入个人账户，资金用于投资取得收益，个人退休后养老金的多少取决于其个人账户的积累额。
3	部分积累制	即现收现付制度和部分积累相结合，在现收现付基础上，建立个人账户，实行部分积累，我国目前采取该模式。

（2）我国基本养老保险的模式。

我国实行社会统筹和个人账户相结合的模式。基本养老保险基金和待遇分为两部分，一部分是用人单位缴纳的基本养老保险费进入基本养老统筹基金，用于支付职工退休时社会统筹部分养老金，统筹基金用于均衡用人单位的负担，实行现收现付，体现社会互助共济。另一部分是个人缴纳的基本养老保险费进入个人账户，用于负担退休后个人账户养老金的支付，体现个人责任。

（3）基本养老保险的筹资方式。

我国基本养老保险基金主要由用人单位和个人缴费组成，此外国家和统筹地区政府也给予一定的补贴。

3．职工基本养老保险缴费基数和缴费比例

本法第十二条对职工基本养老保险缴费基数和缴费比例作出了规定：

职工基本养老保险缴费基数和缴费比例

序号	缴费人	缴费基数	缴费比例
1	用人单位	关于缴费基数，有的地方以企业工资总额为缴费基数，如辽宁、吉林、河南、浙江等多数省、市；有的地方以全部职工缴费工资之和为基数，如北京、天津、深圳等部分省、市。	用人单位缴纳基本养老保险费的比例，一般不超过企业工资总额的20%，具体比例由省、自治区、直辖市人民政府确定。用人单位缴纳的社会保险费计入基本养老保险统筹基金，用于当期的基本养老保险待遇支付，实行现收现付。
2	职工个人	缴费工资为本人上一年度月平均工资。月平均工资超过当地职工平均工资300%以上的部分，不计入个人缴费工资基数；低于当地职工平均工资60%的，按60%计入缴费工资基数。	职工个人按照本人缴费工资的8%缴费，计入个人账户。职工个人缴纳的养老保险费全部计入个人账户，形成个人账户基金，用于退休后个人账户养老金的发放。目前，个人账户实际上是“空账”运行，每年按照一年期存款利率计算收益。

续表

序号	缴费人	缴费基数	缴费比例
3	灵活就业人员	灵活就业人员参加基本养老保险的缴费基数为当地上年度职工月平均工资。	缴费比例为20%，其中8%计入个人账户。

4．政府财政对社保基金进行补贴的规定

本法第十三条对政府财政对社保基金进行补贴作出了规定：

（1）视同缴费期间。

视同缴费期间是指实行个人缴费制度前，职工在国有企业、事业单位工作的工龄。

（2）视同缴费年限期间基本养老保险费的负担。

实行个人缴费制度前，职工的连续工龄可视同缴费。但由于视同缴费期间，作为用人单位的国有企业和事业单位并没有为职工缴纳社会保险费，职工个人也没有缴费，但职工退休时养老保险基金要支付统筹养老金、个人账户养老金，这部分费用属于转制成本应由政府承担。

（3）事业单位社会保险转制成本的负担。

目前，事业单位养老保险制度正在改革，按照企业职工养老保险的制度模式建立事业单位养老保险制度，实行社会统筹和个人账户相结合，筹资方式为单位和个人缴费，基本养老金由基础养老金与个人账户养老金组成。原来由财政或者事业单位直接负担的退休职工退休金，变由基本养老保险基金支付，事业单位按照职工工资总额缴费，不足部分由财政兜底。如果做实个人账户，职工视同缴费期间个人账户的资金由财政补贴。

（4）基本养老保险基金出现支付不足时的政府责任。

基本养老保险基金主要由用人单位和个人缴费形成，但在基金出现支付不足时，政府要承担兜底责任。

5．个人账户养老金

本法第十四条对个人账户养老金作出了明确的规定：

（1）个人账户养老金不得提前支取。

个人账户养老金是个人工作期间为退休后养老积蓄的资金，是基本养老保险待遇的重要组成部分，是国家强制提取的，退休前个人不得提前支取。

（2）个人账户记账利率。

个人账户养老金从缴费到退休后支取长达数十年，通货膨胀的风险无法避免。若个人账户养老金不能实现保值增值，通货膨胀会降低其购买力，造成个人账户资金的贬值。目前个人账户资金按照同期银行定期存款利率计息，但仍低于通货膨胀率，不能实现保值增值。

（3）个人账户养老金余额可以继承。

个人账户养老金具有强制储蓄性质，属于个人所有，个人死亡的（包括退休前和退休后），个人账户养老金余额可以继承。

6．基本养老金的构成

本法第十五条对基本养老金构成作出了规定，基本养老金由社会统筹养老金和个人账户养老金组成，说明如下：

基本养老金的构成

序号	构成部分	说明
1	社会统筹养老金	社会统筹养老金是由用人单位缴费和财政补贴等构成的社会统筹基金，根据个人缴费年限、缴费工资、当地职工平均工资等因素确定。社会统筹养老金=（参保人员退休时当地上年度月平均工资+本人指数化月平均缴费工资）÷2×缴费年限×1%。
2	个人账户养老金	个人账户养老金月标准为个人账户储存额除以计发月数，计发月数根据职工退休时个人账户金额、城镇人口平均预期寿命和本人退休年龄等因素确定。

7．享受基本养老保险待遇条件

本法第十六条对享受基本养老保险待遇条件作出了规定：享受养老保险待遇必须达到法定退休年龄、累计最低缴费满15年，二者缺一不可。

（1）法定退休年龄。

①男职工退休年龄为年满60周岁，女干部为55周岁，女工人为50岁。

②从事井下、高空、高温、特别繁重体力劳动或者其他有害身体健康的工作，男年满55周岁、女年满45周岁，连续工龄满10年的。

③男年满50周岁，女年满45周岁，连续工龄满10年，经医院证明，并经劳动鉴定委员会确认，完全丧失劳动能力的。

④因工致残，经医疗证明，并经劳动鉴定委员会确认，完全丧失劳动能力的。

（2）最低缴费年限。

缴费满15年是享受基本医疗保险待遇的“门槛”，但并不代表缴满15年就可以不缴费，只要职工与用人单位建立劳动关系，就应按规定缴费。职工达到法定退休年龄但缴费不足15年的，可以在缴费至满15年（一次性补缴或者继续缴费均可）后享受基本养老保险待遇；也可以采取转入新型农村社会养老保险或者城镇居民社会养老保险的办法，解决其养老保障问题。

8．因病或非因公致残、死亡时应享社保待遇

本法第十七条对于因病或非因公致残、死亡时应享社保待遇作出了明确规定：

因病或非因公致残、死亡时应享社保待遇

序号	情形	应享社保待遇
1	因病或非因工死亡	因病或非因工死亡的，其遗属可以领取丧葬补助金和遗属抚恤金。丧葬补助金和遗属抚恤金也是职工参保享受养老保险待遇的一部分。
2	因病或非因工致残	在未达到法定退休年龄时因病或者非因工致残完全丧失劳动能力的，可以领取病残津贴。

9．基本养老金调整机制

本法第十八条对基本养老金调整机制进行了规定，因为基本养老保险待遇不仅取决于参保人员的缴费基数和缴费年限，还取决于退休养老期间国家的经济发展水平。基本养老金标准应当随着经济发展逐步提高，让退休人员也能享受经济发展成果。基本养老金调整要参考两大因素：

（1）职工平均工资增长情况。

（2）物价上涨情况。

10．基本养老保险关系转移接续制度

本法第十九条规定了基本养老保险关系转移接续制度。

（1）缴费年限累计计算。

缴费年限对于参保人员享受权利至关重要，个人跨统筹地区就业的，其基本养老保险关系随本人转移，缴费年限应累计计算。

（2）基本养老金分段计算、统一支付。

由于各统筹地区收入水平差距较大，缴费基数差距也较大，如果不分段计算，可能导致不公平或者会导致劳动者选择收入较高的地区退休，所以，有必要实行分段计算。

所谓分段计算，是指参保人员以本人各年度缴费工资、缴费年限和待遇取得地对应的各年度在岗职工平均工资计算其基本养老保险金。为方便参保人员领取基本养老金，本法规定了统一支付原则，即无论参保人员在哪里退休，退休地社保经办机构应将各统筹地区的缴费年限和相应的养老保险待遇分段计算出来，将养老金统一支付给参保人员。

另外，2009年12月，人力资源和社会保障部和财政部联合出台了《城镇企业职工基本养老保险关系转移接续暂行办法》（办发[2009]66号）规定，参保人员跨省流动就业的，其基本养老保险关系应随同转移，参人员达到基本养老保险待遇领取条件的，其在各地的参保缴费年限合并计算，个人账户储存额（含本息）累计计算；未达到待遇领取年龄前，不得终止基本养老保险关系并办理退保手续。

11．新型农村社会养老保险筹资方式

本法第二十条对新型农村社会养老保险筹资方式作出了规定：

2009年9月，国务院出台《关于开展新型农村社会养老保险试点的指导意见》，引导农村居民普遍参保。新型农村社会养老保险与原来的农村养老保险最主要的区别就是筹资方式上增加了政府补贴。新型农村社会养老保险的筹资有三种方式；

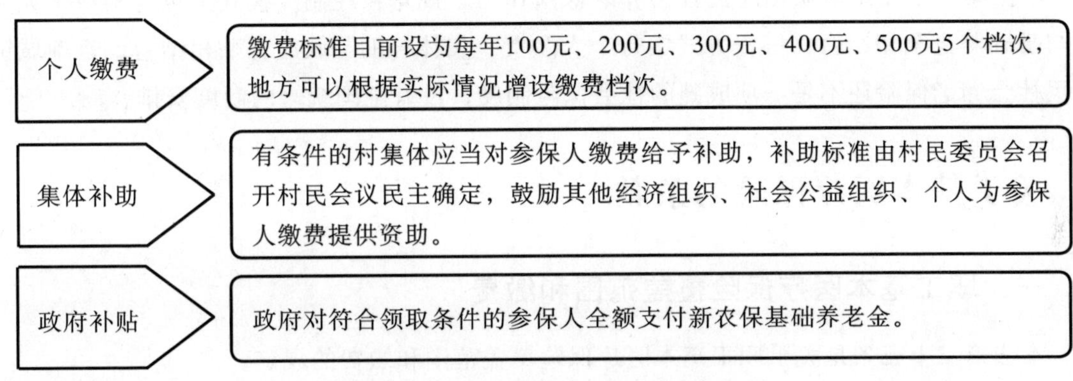

新型农村社会养老保险的三种筹资方式

12．新型农村社会养老保险待遇

本法第二十一条对新型农村社会养老保险待遇的组成及领取条件作出了明确的规定：

（1）保险待遇的组成。

保险待遇由基础养老金和个人账户养老金组成，如下表所述：

新型农村社会养老保险待遇的组成

序号	组成部分	说明
1	基础养老金	目前中央确定的基础养老金标准为每人每月55元，地方政府可以根据实际情况提高基础养老金标准。
2	个人账户养老金	（1）个人缴费，集体补助及其他经济组织、社会公益组织、个人对参保人缴费的资助，地方政府对参保人的缴费补贴，全部计入个人账户。 （2）个人账户储存额参考央行一年期存款利率计息。 （3）个人账户养老金的月计发标准为个人账户全部储存额除以139，与现行城镇职工基本养老保险个人账户养老金计发系数相同。 （4）参保人死亡的，个人账户中的资金余额，除政府补贴外，可以依法继承；政府补贴余额用于继续支付其他参保人的养老金。

（2）养老金待遇领取条件。

年满60周岁、未享受城镇职工基本养老保险待遇的农村有户籍的老年人，可以按月领取养老金。

新农保制度实施时，已年满60周岁、未享受城镇职工基本养老保险待遇的，不用缴费，可以按月领取基础养老金，但其符合参保条件的子女应当参保缴费；距领取年龄不足15年的，应按年缴费，也允许补缴，累计缴费不超过15年；距领取年龄超过15年的，应按年缴费，累计缴费不少于15年。

13．城镇居民社会养老保险

本法第二十二条对城镇居民社会养老保险作出了规定：在制度模式上也是实行个人账户与基础养老金相结合，筹资方式实行个人缴费、集体补助与政府补贴相结合。目前城镇居民社会养老保险还不是一项成熟的社会保险制度，没有全国统一的制度安排。

关于基本医疗保险的条款

一、职工基本医疗保险覆盖范围和缴费

本法第二十三条是关于职工基本医疗保险覆盖范围和缴费的规定。

1．覆盖范围

城镇所有用人单位及其职工都要参加基本医疗保险，包括企业、机关、事业单位、社会团体、民办非企业单位及其职工。

2．筹资方式

（1）基本医疗保险费由用人单位和职工双方共同负担，用人单位缴费比例控制在职工工资总额的6%左右，职工缴费比例一般为本人工资收入的2%。

（2）职工个人缴纳的基本医疗保险费，全部计入个人账户；用人单位缴纳的基本医疗保险费分为两部分，一部分用于建立统筹基金，一部分划入个人账户。

3．灵活就业人员参保

无雇工的个体工商户、未在用人单位参加职工基本医疗保险的非全日制从业人员以及其他灵活就业人员根据自愿原则，可以参加职工基本医疗保险的，由其个人缴纳基本医疗保险费。

二、国家建立和完善新型农村合作医疗制度

本法第二十四条对国家建立和完善新型农村合作医疗制度作出了规定：

（1）新型农村合作医疗制度是由政府组织、引导、支持，农民自愿参加，个人、集

体和政府多方筹资，以大病统筹为主的农民医疗互助共济制度。

（2）农民以家庭为单位自愿参加新型农村合作医疗，按时足额缴纳合作医疗经费。

三、国家建立和完善城镇居民基本医疗保险制度

本法第二十五条对国家建立和完善城镇居民基本医疗保险制度作出了规定：

1．参保范围

城镇中不属于城镇职工基本医疗保险制度覆盖范围的中小学阶段的学生（包括职业高中、中专、技校学生）、少年儿童和其他非从业城镇居民都可自愿参加城镇居民基本医疗保险。

2．筹资方式

城镇居民基本医疗保险实行个人缴费和政府补贴相结合的筹资方式，以个人缴费为主，政府给予适当补贴。对于享受最低生活保障或重度残疾的未成年人参保所需的个人缴费部分，由政府给予补贴。

四、医疗保险待遇

本法第二十六条对医疗保险待遇作出了详细的规定，如下表所示：

医疗保险待遇标准

序号	医疗保险类别	待遇标准
1	职工基本医疗保险	（1）职工基本医疗保险的统筹基金和个人账户按照各自的支付范围，分别核算，不得互相挤占。 （2）个人账户，用于支付门诊费用、住院费用中个人自付部分以及在定点药店购物费用。 （3）统筹基金，用于支付住院医疗和部分门诊大病费用。 （4）统筹基金支付有起付标准和最高支付限额，起付标准原则上控制在当地职工年平均工资的10%左右，最高支付限额原则上控制在当地职工年平均工资的4倍左右。起付标准以下的医疗费用，从个人账户中支付或由个人自付；起付标准以上、最高支付限额以下的医疗费用，主要从统筹基金中支付。
2	新型农村合作医疗	（1）主要补助参加合作医疗农民的大额医疗费用或者住院医疗费用。 （2）各县（市）根据筹资总额，结合当地实际，科学合理地确定农村合作医疗基金的支付范围、支付标准和额度。
3	城镇居民基本医疗保险	（1）城镇居民基本医疗保险只建立统筹基金，不建立个人账户，基金主要用于住院医疗和部分门诊大病费用。 （2）基金支付比例原则上低于职工基本医疗保险，但高于新型农村合作医疗，一般可以达到50%～60%。

五、参保职工退休后享受基本医疗保险待遇条件

本法第二十七条对参保职工退休后享受基本医疗保险待遇条件作出了规定：

1．缴费年限

参保职工达到退休年龄时累计缴费达到国家规定年限的，退休后仍可享受基本医疗保险待遇，但无需再继续缴纳基本医疗保险费。目前，国家对最低缴费年限尚无统一规定，由各统筹地区根据本地情况自行确定，一般为男职工30年，女职工25年。

2．补缴费用

参保职工退休时未达到国家规定的缴费年限的，可以缴费至国家规定的年限，补缴费用包括其实际缴费年限与国家规定的最低缴费年限相差的期间内，应当由用人单位和个人缴纳的全部医疗保险费用。

六、基本医疗保险基金支付制度

本法第二十八条就基本医疗保险基金支付制度作出了规定：

1．基本医疗保险药品目录

（1）纳入《药品目录》药品的条件。

基本医疗保险用药范围通过制定《基本医疗保险药品目录》进行管理。纳入《药品目录》的药品，应是临床必需、安全有效、价格合理、使用方便、市场能够保证的药品，并具备下列条件之一：

①《中华人民共和国药典》（现行版）收载的药品。

②符合国家药品监督管理部门颁发标准的药品。

③国家药品监督管理部门批准正式进口的药品。

（2）不能纳入基本医保用药范围的药品。

以下药品不能纳入基本医保用药范围：

①主要起营养滋补作用的药品。

②部分可以入药的动物及动物脏器，干（水）果类。

③用中药材和中药饮片泡制的各类酒制剂。

③各类药品中的果味制剂、口服泡腾剂。

④血液制品、蛋白类制品（特殊适应症与急救、抢救除外）。

⑤社会保险行政部门规定基本医疗保险基金不予支付的其他药品。

2．基本医疗保险诊疗项目

基本医疗保险诊疗项目应符合以下条件：

（1）临床诊疗必须安全有效、费用适宜。

（2）由物价部门制定了收费标准。

（3）定点医疗机构为参保人员提供的定点医疗服务范围内。

基本医疗保险支付部分费用的诊疗项目范围按照国家制定的《基本医疗保险诊疗项目范围》确定。在基本医疗保险支付部分费用诊疗项目目录以内的，先由参保人员按规定比例支付后，再按基本医疗保险的规定支付。

3．基本医疗服务设施标准

基本医疗保险医疗服务设施是指由定点医疗机构提供的，参保人员在接受诊断、治疗和护理过程中必需的生活服务设施，主要包括住院床位费或门（急）诊留观床位费。基本医疗保险基金不予支付的生活服务项目和服务设施费用，主要包括：

（1）就（转）诊交通费、急救车费。

（2）空调费、电视费、电话费、婴儿保温箱费、食品保温箱费。

（3）陪护费、护工费、洗理费、门诊煎药费。

（4）膳食费。

（5）文娱活动费以及其他特需生活服务费用。

七、基本医疗保险费用结算制度

本法第二十九条对基本医疗保险费用结算制度作出了规定，其内容主要包括直接结算、异地就医结算。

1．直接结算制度

直接结算是指参保人员医疗费用中应当由基本医疗保险基金支付的部分，由社保经办机构与医疗机构、药品经营单位直接结算。该制度的确立，改变了过去先由参保人支付全部医疗费用，然后再就其中应由医保基金支付的部分，到社保经办机构报销的做法，极大方便了参保人员。

2．异地就医结算

异地就业，是指参加基本医疗保险的人员在自己所在的统筹地区以外的中国境内的其他地区就医的情况。本条明确要求社会保险行政部门和卫生行政部门应当建立异地就医医疗费用结算制度，方便参保人员享受基本医疗保险待遇。异地就医的原因并不完全一样，其结算办理手续也有不同：

（1）参保人员因当地医疗条件所限需异地转诊的，医疗费用结算按照参保地有关规定执行，参保地负责审核、报销医疗费用。有条件的地区可经地区间协商，订立协议，委托就医地审核。

（2）参保人员短期出差、学习培训或度假等期间，在异地发生疾病并就地紧急诊治发生的医疗费用，一般由参保地按参保地规定报销。

（3）异地长期居住的退休人员在居住地就医，常驻异地工作的人员在工作地就医，原则上执行参保地政策，参保地经办机构可采用邮寄报销、在参保人员较集中的地区设立代办点、委托就医地基本医疗保险经办机构代管报销等方式，改进服务，方便参保人员。

（4）对经国家组织动员支援边疆等地建设，按国家有关规定办理退休手续后，已按户籍管理规定异地安置的参保退休人员，要探索与当地医疗保障体系相衔接的办法。

八、不在基本医疗保险基金支付范围内的医疗费用

本法第三十条对不在基本医疗保险基金支付范围内的医疗费用作出了规定。

1．不纳入基本医疗保险基金支付范围的医疗费用

不纳入基本医疗保险基金支付范围的医疗费用包括以下几个方面，如下表所示：

不在基本医疗保险基金支付范围内的医疗费用

序号	费用范围	说明
1	应当从工伤保险基金中支付的	工伤保险待遇大体可分为四类，即工伤医疗康复待遇、辅助器具配置待遇、伤残待遇和死亡待遇。在工伤医疗康复待遇中，治疗工伤所需的挂号费、医疗康复费、药费、住院费等费用符合工伤保险诊疗项目目录、工伤保险药品目录、工伤保险住院服务标准的，从工伤保险基金中支付，对于该部分费用，基本医疗保险基金不予支付。
2	应当由第三人负担的	主要是指由于第三人侵权，导致参保人员的人身受到伤害而产生的医疗费用，前述医疗费用应由侵权人负担，基本医疗保险基金不予支付。
3	应当由公共卫生负担的	公共卫生主要由政府提供，主要包括计划免疫、妇幼保健、应急救治、采供血以及传染病、慢性病、地方病的预防控制等。凡是现阶段基本公共卫生服务能向公众免费提供的项目，不作为基本医疗保险基金支付的范围。
4	在境外就医的	公民因旅游、探亲、学习培训、从事商务活动等出境，其在境外就医产生的医疗费用，基本医疗保险基金不予支付，可以通过参加所在国的医疗保险或者购买商业保险的方式解决。此处的“境外”，包括香港、澳门和台湾。

2．基本医疗保险待遇与第三人侵权责任的衔接

因侵权人不支付参保人员的医疗费，或者因侵权人逃逸等无法确定侵权人是谁的，为了保证受害的参保人员能够获得及时的医疗救治，本法规定由基本医疗保险基金先行支付该参保人员的医疗费用。基本医疗保险基金先行支付后，医保经办机构取得代位追偿权，

有权向侵权人追偿医疗费用。所谓的"第三人不支付"，既包括第三人有能力支付而拒不支付，也包括第三人没有能力或者暂时没有能力而不能支付或者不能立即支付的。

九、社保经办机构规范医疗服务行为

本法第三十一条对规范社保经办机构规范医疗服务行为作出了规定。

1．社保经办机构

社保经办机构包括定点医疗机构和定点药店，如下表所示：

社保经办机构的类别

序号	保经办机构	说明
1	定点医疗机构	定点医疗机构是指经统筹地区社会保险行政部门审查，并经社保经办机构确定的，为基本医疗保险参保人员提供医疗服务的医疗机构。除急诊和急救外，参保人员在非选定的定点医疗机构就医产生的费用，基本医疗保险基金不予支付。参保人员在不同等级的定点医疗机构就医，个人负担医疗费用的比例可有所差别，以鼓励参保人员到基层定点医疗机构就医。
2	定点药店	定点零售药店是指经统筹地区社会保险行政部门审查，并经社保经办机构确定的，为基本医疗保险参保人员提供处方外配服务的零售药店。

2．服务协议

（1）社保经办机构可以与定点医疗机构、定点药店签订包括服务人群、服务范围、服务内容、服务质量、医疗费用（药费）结算办法、医疗费用支付标准以及医疗费用（药费）审核与控制等内容的协议，明确双方的责任、权利和义务。

（2）协议有效期一般为1年。

十、个人基本医疗保险关系转移接续制度

本法第三十二条规定了个人基本医疗保险关系转移接续制度。

2009年12月人保部、卫生部、财政部联合发布了《流动就业人员基本医疗保障关系转移接续暂行办法》，对城镇基本医疗保险参保人员跨统筹地区流动就业保险关系转移接续的相关问题作了规定，已经参加城镇基本医疗保险的参保人员跨统筹地区就业的，其医疗保险关系随同转移，由新就业地社保经办机构通知原就业地社保经办机构办理转移手续，参保人员不再享受原就业地基本医疗保险待遇，但缴费年限累计计算。

关于工伤保险的条款

一、工伤保险参保范围和缴费

本法第三十三条对工伤保险参保范围和缴费作出了规定：

1．参保范围

（1）企业，包括法人企业和非法人企业，是本法的主要调整对象。

（2）有雇工的个体工商户，即雇佣2～7名学徒或者帮工、在工商行政管理部门登记的自然人。

（3）事业单位、社会团体、基金会和民办非企业单位。

（4）灵活就业人员。由于工伤保险实行雇主责任制，由用人单位单方缴费，个人不缴费，因此未将灵活就业人员纳入工伤保险的覆盖范围。

2．保险费承担主体

工伤保险实行用人单位单方缴费制度，用人单位为本单位职工缴纳工伤保险费，职工不缴纳工伤保险费，职工在受到工伤事故伤害时由工伤保险基金为其支付相应的工伤保险待遇。

二、工伤保险费率

本法第三十四条明确了工伤保险费率如何确定的问题。

1．行业差别费率

由于各行业在产业结构、生产类型、生产技术条件、管理水平等方面存在差异，表现出不同的职业伤害风险，为了体现保险费用公平负担，促使事故多的行业改进生产条件、提高生产技术、搞好安全生产，有必要实行差别费率制度。

按照《关于工伤保险费率问题的通知》，我国国民经济行业分为三类，分别确定不同的费率，平均缴费率原则上控制在职工工资总额的1%左右，如下表所示：

不同行业的基准费率

类别	风险大小及行业举例	基准费率
一类行业	属于风险较小行业，如金融保险、商业、餐饮业、邮电、广播等。	0.5%左右
二类行业	中等风险行业，如农林水利、一般制造业。	1%
三类行业	风险较大行业，如石油开采加工、矿山开采加工等。	2%

2．用人单位内部浮动费率

在三类行业中：一类行业不浮动。二类和三类行业的用人单位可实行浮动费率，参考因素是用人单位工伤保险费使用、工伤发生率、职业病危害程度等因素，一至三年浮动一次。具体浮动办法是，在行业基准费率的基础上，可上下各浮动两档：

①上浮第一档为本行业基准费率的120%，第二档为150%。

②下浮第一档为本行业基准费率的80%，第二档为50%。

3．用人单位缴费费率的确定

由社保经办机构首先确定用人单位所属行业种类和基准费率，再根据用人单位使用工伤保险基金、工伤发生率的情况确定用人单位内部的浮动费率档次，计算得出用人单位的缴费费率。

工伤发生率是指用人单位在某一段时间内，本单位职工发生工伤事故或者职业病的比例。工伤发生率越高、工伤保险基金使用越多，用人单位缴费就越多。工伤发生率越低、工伤保险基金使用越少，用人单位缴费越少。

三、工伤保险缴费基数和费率

本法第三十五条是关于工伤保险缴费基数和费率的规定。

1．缴费基数

用人单位应当以本单位职工工资总额为缴费基数来缴纳工伤保险费。“本单位职工工资总额”，是指用人单位直接支付给本单位全部职工的劳动报酬总额，在这里需要注意以下两点：

（1）支付的对象是全部职工，包括农民工、临时工等建立了劳动关系的各种用工形式、用工期限的所有劳动者。

（2）工资的构成是劳动报酬总额，包括计时工资、计件工资、奖金、津贴和补贴、加班加点工资以及特殊情况下支付的工资。

2．缴费费率

工伤保险缴费费率按照本法第三十四条的规定来确定。全国各行业工伤保险的费率幅度为0.5%～2.0%，原则上控制在1%左右。

四、职工享受的工伤保险待遇

本法第三十六条对职工享受的工伤保险待遇作出了规定。

1．享受工伤保险待遇的条件

职工享受工伤保险待遇要符合三大条件，如下表所示：

享受工伤保险待遇的条件

序号	条件	说明
1	工作原因	因工作原因受到事故伤害，是指职工为履行工作职责、完成工作任务而受到事故伤害，这是最为普遍的工伤情形。工作时间、工作地点和工作原因是工伤认定的三个基本要素，即“三工原则”。
2	事故伤害	一般包括安全事故、意外事故以及自然灾害等各种形式的事故。如果职工在因工外出期间发生事故下落不明的情况，很难确定职工已死亡还是暂时失去联系，本着尽量维护职工权益的基本精神，这种情况也应认定为工伤。
3	患职业病	职业病是指职工在职业活动中，因接触粉尘、放射性物质和其他有毒、有害物质等因素而引起的职业性疾病。职工经诊断或鉴定确患职业病，并经过工伤认定属于工伤或视同工伤的，可以享受工伤保险待遇。

2．享受工伤保险待遇的程序

职工享受工伤保险待遇必须经过工伤认定和劳动能力鉴定。工伤认定和劳动能力鉴定应当简捷、方便，以便工伤职工及时就医，接受治疗，享受相应待遇。

1．工伤认定

工伤认定是指社会保险行政部门依据法律的授权，对职工因事故受到伤害或者患职业病的情形是否属于工伤或视同工伤给予定性的行政确认行为，是受到事故伤害或者患职业病的职工享受工伤保险待遇的前提。

工伤认定的结果包括认定为工伤、视同工伤、非工伤和不视同工伤。工伤认定的程序包括申请、受理、审核、调查核实、作出认定等，并有严格的时限规定。

2．劳动能力鉴定

职工发生工伤，经治疗伤情相对稳定后存在残疾，影响劳动能力的，应当进行劳动能力鉴定。劳动能力鉴定是职工享受伤残待遇的重要前提。

（1）工伤职工进行劳动能力鉴定的条件。

工伤职工进行劳动能力鉴定有三个条件：

第一，应在经过治疗，伤情处于相对稳定的状态后进行；

第二，必须存在残疾，主要表现在身体上的残疾；

第三，必须对工作、生活产生了直接的影响，伤残程度已经影响到职工本人的劳动能力。

（2）劳动能力鉴定的内容。

劳动能力鉴定包括劳动功能障碍程度和生活自理障碍程度的等级鉴定。其中，劳动功能障碍分为十个伤残等级；生活自理障碍分为三个等级，分别为生活完全不能自理、生活大部分不能自理和生活部分不能自理。

五、不认定为工伤的情形

本法第三十七条确定了不认定为工伤的情形。不认定为工伤的情形包括四个方面，如下表所述：

不认定为工伤的情形

序号	类别	说明
1	故意犯罪	故意犯罪是指明知自己的行为会发生危害社会的结果，并且希望或放任这种结果的发生，因而构成犯罪的情形。职工因故意犯罪遭受事故伤害，仅指因职工本人实施故意犯罪导致的伤害，不包括侵权第三人实施故意犯罪导致职工受到伤害的情形。 在工伤认定的过程中，犯罪职工的主观动机，也就是故意或者过失，对职工受伤性质的定性起着决定性作用。对于故意犯罪，将其排除在工伤保险制度之外，不予认定工伤、支付工伤保险待遇。对于职工究竟是故意犯罪还是过失犯罪，应当依据司法机关的判决来判断，而不是由工伤认定机构或是社会保险行政部门自行判断，否则将有越权定罪的嫌疑。 过失犯罪，即当事人应当预见自己的行为可能发生危害社会的结果，因为疏忽大意而没有预见，或者已经预见但轻信能够避免，以致发生不利后果。职工因自己过失犯罪遭受事故伤害，不应剥夺其基本的社会保险权利，仍应认定为工伤。举重以明轻，对于违反治安管理秩序，尚不构成犯罪的情形，更不应排除在工伤保险制度之外。
2	醉酒或者吸毒	（1）醉酒。通过对行为人体内酒精含量的检测，如果发现行为人体内的酒精含量达到或超过一定标准，就应认定为醉酒，由于醉酒导致行为失去控制而引发的各种事故不能作为工伤处理。 （2）吸毒。现行《工伤保险条例》笼统地将“违反治安管理伤亡”的情形排除在工伤认定范围之外，没有特别指出吸毒行为，吸毒行为包含在“违反治安管理”的情形中。由于本法缩小了排除工伤认定的范围，删去了“违反治安管理”的情形，但吸毒仍应排除在工伤认定的范围之外。
3	自残或者自杀	自残是指通过各种手段和方法伤害自己的身体，并造成伤害结果的行为，自残的最极端情况就是自杀。自残和自杀均与工作没有必然的因果联系，职工本人对自己的伤亡存在着主观故意，应当对伤亡自行承担后果，不应认定为工伤。
4	法律、行政法规规定的其他情形	这是对不认定为工伤情形的兜底性规定，授权法律、行政法规可以对工伤认定的排除作出规定。

六、工伤保险基金负担的工伤保险待遇

本法第三十八条就工伤保险基金负担的工伤保险待遇作出了明确的规定，现简述如下表所示：

工伤保险基金负担的工伤保险待遇

序号	大类	细类	说明
1	工伤医疗康复类待遇	治疗工伤的医疗费用和康复费用，包括治疗工伤所需的挂号费、医疗费、药费、住院费等费用和进行康复性治疗的费用	在这里应注意以下事项： （1）职工治疗工伤应当在签订服务协议的医疗机构就医，情况紧急时可以先到就近的医疗机构急救。 （2）治疗工伤的费用应符合工伤保险诊疗项目目录、工伤保险药品目录和工伤保险住院服务标准。 （3）工伤职工治疗非工伤引发的疾病，不享受工伤医疗待遇，按照基本医疗保险的相关规定处理。
		住院伙食补助费和异地就医的交通食宿费	（1）职工治疗工伤需要住院的，由工伤保险基金按照规定发给住院伙食补助费。 （2）经医疗机构出具证明，报经办机构同意，工伤职工到统筹地区以外就医的，所需交通、食宿费由工伤保险基金负担。
		护理费	（1）生活不能自理的，经劳动能力鉴定委员会确认的，生活护理费由工伤保险基金负担。 （2）生活护理费按照生活完全不能自理、生活大部分不能自理或者生活部分不能自理三个不同等级支付，其标准分别为统筹地区上年度职工月平均工资的50%、40%和30%。
		劳动能力鉴定费	劳动能力鉴定是职工配置辅助器具、享受生活护理费、延长停工留薪期、享受伤残待遇等的重要前提和必经程序，因此产生的劳动能力鉴定费也由工伤保险基金负担。《工伤保险条例》没有明确规定劳动能力鉴定费的负担问题，各省规定也不尽相同。
2	辅助器具配置待遇		工伤职工因日常生活或就业需要，经劳动能力鉴定委员会确认，可以安装矫形器、义肢、义眼、义齿和配置轮椅等辅助器具，所需费用按照国家规定的标准从工伤保险基金支付。
3	伤残待遇	一次性医疗补助金	职工因工致残被鉴定为五级至十级伤残的，该职工与用人单位解除或者终止劳动关系后，由工伤保险基金支付一次性医疗补助金。按照现行《工伤保险条例》的规定，一次性医疗补助金由工伤职工所在用人单位支付，本法将一次性医疗补助金列入工伤保险基金的支付范围，进一步减轻用人单位的负担，增加了工伤保险制度对用人单位的吸引力。

续表

序号	大类	细类	说明
3	伤残待遇	一次性伤残补助金	（1）职工因工致残并经劳动能力鉴定委员会评定伤残等级的，按照伤残等级，从工伤保险基金中向职工支付一次性伤残补助金，其数额为规定月数的本人工资（指工伤职工因工作遭受事故伤害或者患职业病前12个月的平均月缴费工资），并且是一次性支付。 （2）按照最新政策，一次性伤残补助金根据伤残级别不同，分别为7～27个月的本人工资，一级伤残为27个月本人工资，二级伤残为25个月，三级伤残为23个月，四级伤残为21个月，五级伤残为18个月，六级为16个月，七级为13个月，八级为11个月，九级为9个月，十级为7个月。前述标准高于《工伤保险条例》的规定，一级至四级伤残的高出3个月，五级、六级高出2个月，七至十级高出1个月。
		伤残津贴	工伤保险基金需要负担一至四级伤残职工按月领取的伤残津贴，一至四级伤残又称为完全丧失劳动能力，对该类工伤职工，与用人单位保留劳动关系，退出工作岗位，由工伤保险基金按月支付伤残津贴，具体标准为：一级伤残为本人工资的90%，二级伤残为85%，三级为80%，四级为75%。伤残津贴实际数额低于当地最低工资标准的，由工伤保险基金补足差额。
4	死亡待遇	丧葬补助金	（1）职工因工死亡的，伤残职工在停工留薪期内因工导致死亡的，一至四级伤残职工在停工留薪期满后死亡的，其近亲属按照规定从工伤保险基金中领取丧葬补助金。丧葬补助金是安葬工亡职工、处理后事的必需费用。 （2）丧葬补助金按6个月的统筹地区上年度职工月平均工资的标准计发，计发对象是工亡职工的近亲属，一般包括：配偶、父母、子女、兄弟姐妹、祖父母、外祖父母、孙子女、外孙子女。
		供养亲属抚恤金	（1）按照因公死亡职工生前本人工资的一定比例计发，计发对象是工亡职工生前提供主要生活来源的或无劳动能力的亲属。 （2）具体标准为：配偶每月员工本人工资的40%，其他亲属每人每月30%，孤寡老人或者孤儿每人每月在上述标准的基础上增加10%。核定的各供养亲属的抚恤金之和不应高于工亡职工生前的工资。 （3）该项待遇为长期待遇，一旦供养亲属具备、恢复能力或者死亡的，供养亲属抚恤金即停止发放。

续表

序号	大类	细类	说明
4	死亡待遇	因工死亡补助金	《工伤保险条例》规定，一次性工亡补助金标准为48个月至60个月的统筹地区上年度职工月平均工资。按照最新政策，因公死亡补助金的标准改为按照上一年度全国城镇居民人均可支配收入的20倍计发，发放对象为工亡职工的近亲属，当有数个近亲属时，对于工伤职工生前对其尽了较多照顾义务的近亲属，应当予以照顾。

除此之外，还要特别注意以下两点：

1．关于伤残津贴和养老保险的关系

工伤职工达到退休年龄并办理退休手续后，符合领取基本养老保险待遇条件的，停发伤残津贴，按照国家有关规定享受基本养老保险待遇。基本养老保险待遇低于伤残津贴的，由工伤保险基金补足差额。关于伤残津贴和医疗保险的关系，职工因工致残被鉴定为一至四级伤残的，由用人单位和职工个人以伤残津贴为基数，继续缴纳基本医疗保险费。

2．关于几种死亡待遇之间的关系

关于几种死亡待遇之间的关系需明确以下事项：

（1）伤残职工在停工留薪期内因工伤导致死亡的，其近亲属仅享受丧葬补助金。

（2）一级至四级伤残职工在停工留薪期满后死亡的，其近亲属可以享受丧葬补助金、供养亲属抚恤金。

（3）职工死亡同时符合领取基本养老保险丧葬补助金、工伤保险丧葬补助金和失业保险丧葬补助金条件的，其遗属只能择一领取，不能同时享受。

七、由用人单位负担的工伤保险待遇

本法第三十九条是关于由用人单位负担的工伤保险待遇的规定。

1．工资福利

（1）职工因工作遭受事故伤害或者患职业病需要暂停工作接受工伤医疗的，在停工留薪期内，除享受工伤医疗待遇外，原工资福利待遇不变，由所在用人单位按月支付。

（2）停工留薪期应当根据伤情的具体情况来确定，一般不超过12个月。

（3）停工留薪期的长短，由已签订服务协议的治疗工伤的医疗机构提出意见，经劳动能力鉴定委员会确认。

（4）伤情严重或者情况特殊需要延长治疗期限的，经设区的市级劳动能力鉴定委员会确认，可以适当延长，但延长不得超过12个月。

（5）工伤职工评定伤残等级后，停发原有的工资待遇，按照有关规定享受伤残待遇。

2．伤残津贴

该项工伤保险待遇仅针对五级、六级伤残职工。

（1）五级、六级伤残，一般称为大部分丧失劳动能力，对于该类工伤职工，保留其与用人单位的劳动关系，由用人单位安排适当工作。

（2）难以安排工作的，由用人单位按月发给伤残津贴，具体标准为：五级伤残为本人工资的70%，六级为本人工资的60%，并由用人单位按照规定为其缴纳各项社会保险费。

（3）伤残津贴实际金额低于当地最低工资标准的，由用人单位补足差额。

3．一次性伤残就业补助金

（1）职工因工致残被鉴定为五级、六级伤残的，经工伤职工本人提出，该职工可以与用人单位解除或者终止劳动关系，由用人单位支付一次性伤残就业补助金。

（2）职工因工致残被鉴定为七至十级伤残的，劳动合同期满终止，或者职工本人提出解除劳动合同的，由用人单位支付一次性伤残就业补助金。

八、伤残津贴和基本养老保险待遇衔接

本法第四十条对伤残津贴和基本养老保险待遇衔接的问题作出了规定。

伤残津贴与养老保险待遇的衔接，是对伤残等级为一至四级的工伤职工和五、六级伤残职工中用人单位难以为其安排工作的工伤职工而言的。从功能区分来说，工伤保险保障的是工伤职工退休前的生活，而养老保险则保障他们退休后的生活。

（1）工伤职工被鉴定为一至四级伤残后，只需继续缴纳基本医疗保险费，不再缴纳基本养老保险费，故缴费年限一般较短，对于基本养老保险待遇低于伤残津贴的差额部分，由工伤保险基金补足。

（2）对于五、六级工伤职工，用人单位应当为其继续缴纳社会保险费，工伤职工继续参加各项社会保险，其中也包括基本养老保险，因此，这部分工伤职工达到退休年龄后理应按照基本养老保险制度的规定，领取基本养老保险待遇，停发伤残津贴。由于该部分工伤职工以伤残津贴为缴费基数缴纳基本养老保险，缴费一般比较少，相应养老保险待遇较低，若其退休后享受的基本养老保险待遇低于伤残津贴的，则由工伤保险基金补足差额。

九、用人单位未依法缴纳工伤保险费的，其职工发生工伤时如何支付待遇

本法第四十一条就用人单位未依法缴纳工伤保险费的，其职工发生工伤时如何支付待遇的情况作出明确的规定。

1．用人单位支付工伤保险待遇的责任

职工发生工伤后，若因用人单位未参保导致不能从工伤保险基金中享受工伤保险待遇

时，应由用人单位向其支付工伤保险待遇。

2．工伤保险先行支付制度

工伤保险先行支付制度，是指在工伤事故发生后，用人单位拒不支付或者无力支付未参保职工的工伤保险待遇时，由工伤保险基金先行支付，再由社保经办机构向用人单位追偿的制度。该制度是本法的亮点之一，最大限度保障了工伤职工的基本权益。

3．工伤保险待遇的追偿

（1）社保经办机构责令用人单位限期偿还工伤保险待遇，除需补缴欠缴数额外，自欠缴之日起，按日加收万分之五的滞纳金。

（2）逾期仍未偿还的，由有关行政部门处欠缴数额一倍以上三倍以下的罚款。

（3）社保经办机构可以向银行和其他金融机构查询其存款账户，并可以申请县级以上有关行政部门作出划拨的决定或书面通知其开户银行或者其他金融机构划拨应偿还的工伤保险待遇。用人单位账户余额少于应偿数额的，社保经办机构可以要求该用人单位提供担保，签订延期偿还协议。用人单位不偿还且未提供担保的，社保经办机构可以申请人民法院扣押、查封其价值相当于应偿数额的财产，以拍卖所得抵缴工伤保险待遇。

十、民事侵权责任和工伤保险责任竞合

本法第四十二条对民事侵权责任和工伤保险责任竞合的情况作出了规定。

我国现行法律、行政法规对民事侵权责任和工伤保险责任的关系问题没有做出明确规定。《最高人民法院关于审理人身损害赔偿案件适用法律若干问题的解释》规定，劳动者因工伤事故遭受人身伤害，向人民法院起诉请求用人单位承担民事赔偿责任的，可告知其按《工伤保险条例》的规定处理。因用人单位以外的第三人侵权造成劳动者人身伤害的，赔偿权利人请求第三人承担民事赔偿责任的，人民法院应予支持。前述规定可以理解为工伤保险待遇和民事侵权赔偿二者可兼得。

但对这一问题各地分歧比较大，本法对此也没有作出明确规定，工伤职工可以分别按照侵权责任法和社会保险法要求侵权赔偿和享受工伤待遇，但是，由于实际发生的医疗费用数额明确，且费用凭据只有一份，因此职工只能享受一份。因此，本法规定由于第三人原因造成工伤的，应当由第三人承担医疗费用，第三人不支付工伤医疗费用或者无法确定第三人的，由工伤保险基金先行支付。工伤保险基金先行支付后，有权向第三人追偿。其中，“第三人不支付”既包括拒不支付，也包括不能支付。

十一、停止享受工伤保险待遇的情形

本法第四十三条规定了停止享受工伤保险待遇的情形，具体包括三种，说明如下表所示：

停止享受工伤保险待遇的三种情形

序号	情形	说明
1	丧失享受待遇条件的	（1）工伤职工在享受工伤保险待遇期间情况发生变化，不再具备享受工伤保险待遇的条件，如劳动能力得以完全恢复的、生活已能够完全自理的、伤残等级有所变化的，即应当停止享受相应的工伤保险待遇。 （2）工亡职工的亲属，在某些情形下，也会丧失享受有关待遇的条件，如享受抚恤金的工亡职工的子女达到了一定的年龄或就业的，受供养亲属死亡的，就会导致其丧失享受供养亲属抚恤金的待遇。
2	拒不接受劳动能力鉴定的	如果工伤职工无正当理由，拒不接受劳动能力鉴定，一方面工伤保险待遇无法确定，另一方面也表明这些工伤职工并不愿意接受工伤保险制度提供的帮助，鉴于此，就不应再享受工伤保险待遇。
3	拒绝治疗的	工伤职工有积极配合医疗救治的义务，若无正当理由拒绝治疗，就有悖于工伤保险促进职业康复的宗旨，拒绝治疗的不得再继续享受工伤保险待遇。

关于失业保险的条例

一、失业保险参保范围和失业保险费负担

本法第四十四条是对失业保险参保范围和失业保险费负担作出的规定。

1．失业保险的特点

（1）普遍性。参保单位不分行业、所有制性质，不分城镇职工还是农民工，所有参加失业保险的职工，在解除或终止劳动关系后，只要符合条件都有享受失业保险待遇的权利。

（2）强制性。失业保险是通过国家立法强制实施的，在失业保险制度覆盖范围内的单位及职工有参加失业保险并缴费的义务。

（3）互济性。失业保险基金主要面向社会筹集，由单位、个人共同负担，筹集的失业保险资金，全部并入失业保险基金，在统筹地区内统一调度使用以发挥互济功能。

2．失业保险的参保范围

《失业保险条例》将城镇所有企业、事业单位及其职工都纳入了失业保险的范围，并且规定各省级人民政府可以确定社会团体及其专职人员、民办非企业单位及其职工、城镇有雇工的个体工商户及其雇工可否纳入失业保险范围。目前，公务员和参照公务员法管理的工作人员未纳入失业保险范围。

3．失业保险费负担

城镇企业事业单位按照本单位工资总额的2%缴纳失业保险费，职工按照本人工资的

1%缴纳失业保险费。失业保险基金由下列各项构成：

（1）城镇企业事业单位及其职工缴纳的失业保险费。

（2）失业保险基金的利息。

（3）财政补贴。

（4）依法纳入失业保险基金的其他资金。

二、失业人员领取失业保险金的条件

本法第四十五条规定了失业人员领取失业保险金的条件。

1．什么是失业人员

失业人员是指在劳动年龄内（16～60岁）有劳动能力，目前无工作但正以某种方式在寻找工作的人员，包括就业转失业的人员和新生劳动力中未实现就业的人员。本法所指失业人员只限定为就业转失业的人员。

2．失业保险基金

失业保险基金是国家通过立法建立的支付失业保险待遇的资金，主要用于保障失业人员基本生活的支出，包括：

（1）支付失业保险金。

（2）支付领取失业保险金期间的医疗补助金。

（3）支付领取失业保险金期间死亡的失业人员的丧葬补助金和其供养的配偶、直系亲属的抚恤金等。

3．失业保险金的领取条件

失业保险金是失业保险经办机构支付给失业人员，用以保障其基本生活的，从失业保险基金中提取的资金，是最主要的失业保险待遇。领取失业保险金必须具备以下条件：

（1）失业前用人单位和本人已经按照规定缴纳失业保险费满1年的。

（2）非因本人意愿中断就业，一般是指终止劳动合同的，被用人单位解除劳动合同的，被用人单位开除、除名和辞退的，以及因用人单位用工不当而依法与用人单位解除劳动合同的。

（3）已进行失业登记，并有求职要求。失业登记是失业人员进入申领失业保险待遇程序的重要标志。失业人员享受失业保险待遇，还须有求职要求。在认定失业人员是否有求职要求时，一般以其是否在职业介绍机构登记求职，并参加再就业活动为衡量的标准。

4．失业保险金的发放

失业保险金由社保经办机构按月发放，失业人员凭社保经办机构开具的单证到指定银行领取失业保险金。

三、领取失业保险金的期限

本法第四十六条规定了领取失业保险金的期限。

1．领取期限

根据失业人员失业前用人单位和本人累计缴费期限，本条规定了三档领取失业保险金的期限，分别为12个月、18个月和24个月。这三档期限为最长期限，并非实际领取期限，实际期限根据失业人员的重新就业情况确定，可以少于或等于最长期限。

2．累计缴费期限

累计计算缴费期限有利于促进劳动力的合理流动，促进用人单位和职工参加失业保险的积极性。

3．再次失业情况下失业保险金的领取

职工失业后，按照规定领取失业保险金，在此期间，职工如果重新就业，则应停止领取失业保险金，并重新开始缴纳失业保险费，重新计算缴费时间。这样，失业人员实际领取失业保险金的期限有可能会少于可以领取的最长期限，即会存在一个剩余期限。如果职工重新就业后又再次失业，可以根据重新计算的缴费时间来领取失业保险金。

另外，如果再次失业人员还有前次失业期间剩余的领取失业保险金期限，则可根据本条规定，将再次失业后领取失业保险金的期限与前次应当领取而未领取的失业保险金期限合并计算，但合并后的期限最长也不能超过24个月。

四、失业保险金的标准

本法第四十七条规定了失业保险金的标准。

1．确定失业保险金标准的原则

（1）保障失业人员基本生活。

（2）低于失业人员原来工资水平。

（3）权利义务相统一。不同参保人员所缴纳的失业保险费是不同的，所以，失业保险金的标准也有一定的差别。

2．失业保险金的标准由省级政府确定

目前，各省级人民政府大多采用以当地最低工资标准的百分比来确定失业保险金的具体数额。

3．失业保险金不得低于城市居民最低生活保障标准

失业保险金的标准应低于当地最低工资标准，高于城市居民最低生活保障标准的水平。

五、失业人员享受基本医疗保险的待遇

本法第四十八条规定了失业人员享受基本医疗保险的待遇。

1．失业人员享受基本医疗保险待遇

失业人员在领取失业保险金期间可以申领医疗补助金，但都不足以保障大病、重病。职工在就业期间，用人单位和本人已经缴纳了医疗保险费，因暂时失业就无法享受基本医疗保险待遇，不尽合理。本法对现行做法作了改变，将申领医疗补助金改为享受基本医疗保险待遇，这是本法的又一大亮点。

2．失业人员的基本医疗保险由失业保险基金负担

失业人员的基本医疗保险费由失业保险基金支付，失业人员无需缴纳基本医疗保险费。失业保险基金所支付的基本医疗保险费包括个人应当缴纳的部分和用人单位应当缴纳的部分，统筹地区可以对缴费标准等作出具体规定。

六、失业人员在领取失业保险金期间死亡的失业保险待遇和待遇竞合处理

本法第四十九条对失业人员在领取失业保险金期间死亡的失业保险待遇和待遇竞合处理作出了规定。

1．失业保险丧葬补助金和抚恤金

失业保险丧葬补助金是指失业人员在领取失业保险金期间死亡的，由失业保险基金支付给其遗属一定数额的，用以安排丧葬事宜的资金。抚恤金是指失业人员在领取失业保险金期间死亡的，由失业保险基金发给其亲属的费用。失业人员在领取失业保险金期间死亡的，按照当地对在职职工死亡的待遇规定，对其家属一次性发放丧葬补助金和抚恤金。

2．丧葬补助金竞合

除失业保险规定了丧葬补助金外，基本养老保险、工伤保险也规定了丧葬补助金，如果死亡失业人员的遗属同时符合领取多个险种的丧葬补助金的条件时，只能自主选择一项保险基金的丧葬补助金。

七、领取失业保险金的程序

本法第五十条规定了领取失业保险金的程序。

1．用人单位出具证明

劳动合同法第五十条规定，用人单位应当在解除或者终止劳动合同时出具解除或者终止劳动合同的证明，并在15日内为劳动者办理档案和社保关系转移手续。

2．失业人员办理失业登记

办理失业登记是领取失业保险金的重要条件，失业登记的主要内容有失业人员的个人

情况，原就业情况，失业时间、原因等。办理失业登记后，失业人员可以享受以下待遇：

（1）接受公共职业介绍机构提供的免费职业介绍、职业指导服务。

（2）参加适应市场需求的职业培训并按规定减免培训费用。

（3）按规定享受各项就业扶持政策。

（4）符合失业保险金申领条件的，按规定申领失业保险金和其他的失业保险待遇。

3．办理领取失业保险金的手续

（1）失业人员申领失业保险金应填写失业保险金申领表，并出示以下证明材料：

①本人身份证明。

②所在单位出具的终止或解除劳动合同证明。

③失业登记及求职证明。

④经办机构规定的其他材料。

（2）经办机构受理失业人员领取失业保险金申请之后，应当及时对申领者的资格进行审核认定。

①对审核符合条件的，按规定计算申领者领取失业保险金的数额和期限，在失业保险金申领表上填写审核意见和核定金额，并建立失业保险金领取台账，同时将审核结果告知失业人员，发给领取失业保险待遇证件。

②对经审核不符合条件的，也应告知失业人员，并说明原因。

（3）失业保险金按月发放，可以由经办机构开具单证，失业人员凭单证到指定银行领取。

八、停止领取失业保险待遇的情形

本法第五十一条规定了停止领取失业保险待遇的五种情形，简述如下表所示：

停止领取失业保险待遇的情形

序号	情形种类	情形描述
1	重新就业	重新就业后，失业人员的身份便转变为从业人员，不再属于失业保险的保障范围，不能再继续享受失业保险待遇。
2	应征服兵役	失业人员在享受失业保险待遇期间，符合条件的，可以应征服兵役，根据有关军事法律、法规、条令享受服役和生活保障，应停止享受失业保险待遇。
3	移居境外	失业人员移居境外，表明其在国内没有就业意愿，不符合领取失业保险待遇条件，而且其在国外是否就业不好证明，故应停止享受失业保险待遇。

续表

序号	情形种类	情形描述
4	享受基本养老保险待遇	失业人员失业前参加基本养老保险并按规定缴费的，在其享受失业保险待遇期间，基本养老保险关系暂时中断，其缴费年限和个人账户可以存续，待重新就业后，应当接续基本养老保险关系。失业人员达到退休年龄时缴费满15年可以从享受失业保险直接过渡到享受基本养老保险，按其缴费年限享受养老保险待遇，应停止享受失业保险待遇。
5	无正当理由，拒不接受当地人民政府指定部门或者机构介绍的适当工作或者提供的培训	失业人员在失业期间，应主动接受政府和社会提供的就业岗位和培训，实现尽快再就业。对无正当理由，拒不接受政府和社会提供的就业岗位和培训的，应停止其享受失业保险待遇。一般来讲，无正当理由拒绝介绍的工作应与失业人员的年龄、身体状况、受教育程度、工作经历、工作能力及求职意愿基本相符的工作。

与《失业保险条例》相比，本条不再规定“被判刑收监执行或者被劳动教养”的失业人员停止享受失业保险待遇，此为本法的一大亮点。

九、失业保险关系转移接续

本法第五十二条规定了如何进行失业保险关系转移接续。

1．失业保险基金的统筹层次

失业保险基金的统筹层次是指失业保险基金在一定的行政区域内实行统一筹集、管理和使用的制度。目前，失业保险基金的统筹层次为直辖市和地市级。

2．失业保险关系的转移接续

2002年，原劳动和社会保障部办公厅发布的《关于单位成建制跨统筹地区转移和职工在职期间跨统筹地区转换工作单位时失业保险关系转迁有关问题的通知》规定：

（1）城镇企业事业单位成建制跨统筹地区转移或职工在职期间跨统筹地区转换工作单位的，失业保险关系应随之转迁。其中，跨省、自治区、直辖市的，其在转出前单位和职工个人缴纳的失业保险费不转移；在省、自治区内跨统筹地区的，是否转移失业保险费由省劳动保障行政部门确定。

（2）转出地失业保险经办机构应为转出单位或职工开具失业保险关系转迁证明。

（3）转出单位或职工应在开具证明后60日内到转入地经办机构办理失业保险关系接续手续，并自在转出地停止缴纳失业保险费的当月起，按转入地经办机构核定的缴费基数缴纳失业保险费。

（4）转出前后的缴费时间合并计算。转入地经办机构应及时办理有关手续，并提供相应服务。

关于生育保险的条款

一、生育保险的参保范围和缴费

本法第五十三条规定了生育保险的参保范围和缴费的费率。

1．生育保险的覆盖范围

目前，我国生育保险实行两种制度并存：

（1）2012年实行的《女职工劳动保护特别规定》，覆盖范围包括国家机关、企业、事业单位、社会团体、个体经济组织以及其他社会组织等用人单位及其女职工。

（2）生育保险社会统筹制度，其法律依据是《企业职工生育保险试行办法》，覆盖范围包括城镇企业及其职工，参加生育保险社会统筹的用人单位，应向当地社保经办机构缴纳生育保险费，职工个人不缴费。实践中，全国有15个省、自治区、直辖市规定将机关、事业单位、社会团体、民办非企业、个体工商户等单位纳入了生育保险的覆盖范围。

2．生育保险费的缴纳

生育保险根据“以支定收，收支基本平衡”的原则筹集资金，由企业按照其工资总额的一定比例向社保经办机构缴纳生育保险费，建立生育保险基金。

（1）生育保险费的提取比例由当地政府根据计划内生育人数和生育津贴、生育医疗费等项费用确定，并可根据费用支出情况适时调整，但最高不得超过工资总额的1%。

（2）企业缴纳的生育保险费作为期间费用处理，列入企业管理费用。

二、生育保险的待遇

本法第五十四条就生育保险待遇方面的问题作出了规定。

1．享受生育保险待遇的范围

享受生育保险待遇的范围包括参保的职工以及参保职工的未就业配偶。

2．生育保险待遇的内容

生育保险待遇包括两个方面，如下表所示：

生育保险待遇的内容

序号	待遇类别	待遇的内容
1	生育医疗费用	包括女职工因怀孕、生育发生的检查费、接生费、手术费、住院费、药费和计划生育手术费。

续表

序号	待遇类别	待遇的内容
2	生育津贴	是指根据国家法律、法规规定对职业妇女因生育而离开工作岗位期间，给予的生活费用。在实行生育保险社会统筹的地区，由生育保险基金按本单位上年度职工月平均工资的标准支付，支付期限一般与产假期限相一致，不少于90天。

三、生育医疗费项目

本法第五十五条就生育医疗费用项目作出了具体的规定。

1．生育医疗费的特点

（1）生育保险待遇从生育之前的孕期即开始支付，事先保障和事后保障相结合。

（2）医疗服务范围的确定性。生育保险的检查项目、治疗手段大都是基础性服务项目，医疗服务项目相对比较固定、费用也比较低廉。

（3）生育保险医疗服务保障水平高于医疗保险，没有规定起付线和封顶线，门诊产前检查、住院分娩或者出现高危情况下的医疗费用均可由生育保险基金支付。

2．生育医疗费的项目

生育医疗费的项目包括下表所示的几个方面：

生育医疗费的项目

序号	项目类别	说明
1	生育的医疗费用	（1）女职工在妊娠期、分娩期、产褥期内，因生育所发生的检查费、接生费、手术费、住院费、药费等医疗费用，以及生育出院后因生育引起疾病的医疗费，均由生育保险基金支付。 （2）在生育期间超出规定的医疗服务费和药费（含自费药品和营养药品的药费）由职工个人负担。
2	计划生育的医疗费用	这是指职工因实行计划生育需要，实施放置（取出）宫内节育器、流产术、引产术、绝育及复通手术所发生的医疗费用。对于职工在基本医疗保险定点医疗机构和经计划生育行政管理部门、劳动保障部门认可的计划生育服务机构实施计划生育手术的，其费用可以由相应的社会保险基金支付。
3	其他	法律、法规规定的其他项目费用，此系兜底条款。

四、享受生育津贴的情形

本法第五十六条规定了享受生育津贴的情形，包括生育津贴、产假津贴、计划生育手术休息津贴、其他津贴等方面，如下表所示：

享受生育津贴的情形

序号	津贴类别	说明
1	生育津贴	生育津贴是指国家法律法规规定对职业妇女因生育而离开工作岗位期间，给予的生活费用，用以保障女职工产假期间的基本生活需要。目前，我国生育津贴的支付方式和支付标准分两种情况： （1）在实行生育保险社会统筹的地区，由生育保险基金按本单位上年度职工月平均工资的标准支付，支付期限一般与产假期限相一致，期限不少于90天。 （2）在没有开展生育保险社会统筹的地区，生育津贴由本单位支付，标准为女职工生育之前的基本工资，期限一般不少于90天。本条规定生育津贴按照本企业上年度职工月平均工资计发。
2	产假津贴	根据《女职工劳动保护特别规定》的规定： （1）女职工生育享受98天产假，其中产前可以休假15天；难产的，增加产假15天；生育多胞胎的，每多生育1个婴儿，增加产假15天。 （2）女职工怀孕未满4个月流产的，享受15天产假；怀孕满4个月流产的，享受42天产假。
3	计划生育手术休假津贴	公民实行计划生育手术享受国家规定的休假，按照卫生部、国家计划生育委员会《关于转发〈节育手术常规〉的通知》和《劳动部关于女职工生育待遇若干问题的通知》的有关规定执行。
4	其他津贴	比如有的地区规定女职工在生育后，给予男职工一定假期，以照顾生育后的妻子，假期工资照发。

有关社会保险费征缴的条款

一、用人单位社会保险登记

本法第五十七条是关于用人单位社会保险登记的规定。

1．成立登记

（1）用人单位一经成立即应自成立之日起30日内凭营业执照（针对公司、非公司企业法人、个人独资企业、合伙企业和个体工商户等营利性组织）、登记证书（针对事业单位、社会团体、民办非企业单位等非营利组织）或者单位印章（针对党政机关、人民团体等依法不属于登记范围内的组织），向当地社保经办机构申请办理社会保险登记。

（2）社保经办机构应当自收到申请之日起15日内予以审核，符合要求的，予以登记，发给社保登记证件。社会保险登记事项主要包括：单位名称、住所或地址、单位类型、组织机构代码、法定代表人或者负责人、开户银行账号等与社会保险有关的事项。

2．变更登记

（1）用人单位的社会保险登记事项发生变更，应当自变更之日起30日内持社会保险登记证件到原先办理登记的社保经办机构办理变更登记。

（2）社保变更登记的内容涉及社会保险登记证件的内容，需更换社保登记证件的，社会经办机构应当收回原登记证件，并按变更后的内容，重新核发社保登记证件。

3．注销登记

（1）用人单位发生解散、破产、撤销、合并以及其他情形依法终止时，应及时向原先办理登记的社保经办机构申请办理注销社保登记。

（2）办理注销登记时，应提交注销登记申请、法律文书或其他有关注销文件。

（3）在办理注销登记前，用人单位应当结清应缴纳的社会保险费、滞纳金、罚款。

4．相关部门的协助义务

（1）按照职责分工，工商行政管理部门、民政部门、机构编制管理机关分别掌握着企业、个体工商户等营利性组织，社会团体、民办非企业单位等非营利组织，党政机关、事业单位、人民团体等纳入编制管理的机构的成立、终止情况，前述单位及时向社保经办机构通报这些情况，可以防止用人单位不依法办理社保登记从而逃避社会保险费缴纳义务。

（2）公安机关负责户籍管理，掌握公民个人的出生、死亡以及户口登记、迁移、注销等情况，这些情况有助于社保经办机构在办理社保登记、征缴社会保险费、支付社保待遇等业务时核实有关个人信息，避免出现差错。

（3）有关部门切实履行通报义务，可以打破部门间的信息樊篱。

5．与之相关的一些法律规定

与用人单位社会保险登记相关的法律法规还有国务院《社会保险费征缴暂行条例》、原劳动部《社会保险登记管理暂行办法》。

二、个人社会保险登记

本法第五十八条对个人社会保险登记作出了规定。

1．职工由用人单位代为办理个人社会保险登记

用人单位应自用工之日起30日内为其职工向社保经办机构申请办理社会保险登记。用人单位未办理社保登记的，由社保经办机构核定其应当缴纳的社会保险费，这是本法的新规定，对此，《社会保险费征缴暂行条例》只规定了罚款。实践中，社保经办机构可以通过查阅用人单位职工名册、工资表等资料，获取该用人单位有关职工人数、工资总额等数据，核定其应当缴纳的社会保险费。

2．灵活就业人员自行办理个人社会保险登记

自愿参加社会保险的无雇工的个体工商户、未在用人单位参加社会保险的非全日制从业人员以及其他灵活就业人员，应当自行办理社会保险登记。

3．个人社会保障号

个人社会保障号即公民身份号码，亦即身份证号码，由18位数字组成，前6位为行政区域代码，第7位至第14位为出生日期码，第15位至第17位为顺序码，第18位为校验码。

三、社会保险费征收

本法第五十九条就社会保险费征收作出了规定。

《社会保险费征缴暂行条例》第六条规定，社会保险费实行集中、统一征收。社会保险费的征收机构由省、自治区、直辖市人民政府规定，可以由税务机关征收，也可以由社会保险经办机构征收。所谓统一征收是指在一个统筹地区内，由一个机构负责全部五项社会保险费的征收。

四、各参保主体如何缴纳社会保险费

本法第六十条解决了各参保主体如何缴纳社会保险费的问题。

1．用人单位缴费

（1）在每月规定日期前缴纳。

用人单位应当根据职工人数和缴费工资基数增减变化等情况，在每月规定日期前，向社会保险费征收机构报送社会保险费申报表、代扣代缴明细表以及其他有关资料。在完成自行申报后，用人单位应当按申报的数额按时足额缴纳社会保险费。

（2）社会保险费非因不可抗力等法定事由不得缓缴、减免。

所谓不可抗力是指自然灾害、战争、经济危机等用人单位不能避免和控制的造成用人单位无法按时足额缴纳社会保险费的客观因素。如果用人单位因为经营不善、管理混乱等自身原因导致无法按时足额缴纳社会保险费的，不得缓缴、减免。

2．职工缴费

职工个人应当缴纳的社会保险费由用人单位代扣代缴，用人单位应当按月将缴纳社会保险费的明细情况告知职工本人。代扣代缴是用人单位的法定义务，用人单位不得拒绝代扣代缴，也不得转由职工自行缴纳。同样，缴纳社会保险费也是职工的法定义务，职工不得拒绝用人单位依法代扣代缴社会保险费。

3．灵活就业人员缴费

灵活就业人员，可以直接向社会保险费征收机构缴纳社会保险费。灵活就业人员缴纳社会保险费应当按照国家规定的标准，根据自己的收入水平，量力而行，同样需具备连续性、长期性。

五、社会保险费征收机构义务

本法第六十一条规定了社会保险费征收机构的四大义务，如下表所述：

社会保险费征收机构的四大义务

序号	义务	说明
1	依法征收义务	征收机构的所有征收行为必须有法律、法规依据，并且按照法律、法规规定的原则、标准和程序进行，不得超越职权、多征、少征或者违反法定程序征收。
2	按时征收义务	社会保险费的征收既不能提前，也不能拖延，而应在规定的时间内及时征收。
3	足额征收义务	社会保险费的征收既不能超过应缴数额，也不能少于应缴数额，而应严格按照依法确定的应缴数额征收。
4	告知义务	征收机构应当按照规定定期将缴费情况以书面形式告知用人单位和个人，不得拖延或者隐瞒情况。缴费单位和个人也有权按照规定查询缴费记录；社保经办机构征收社会保险费的，应当至少每年向缴费个人发送一次个人账户通知单，至少每半年向社会公告一次社会保险费征收情况，接受社会监督。

六、用人单位未依法申报时社会保险费缴纳数额如何确定

本法第六十二条解决了用人单位未依法申报时社会保险费缴纳数额如何确定的问题。

（1）用人单位未按规定申报应当缴纳的社会保险费数额的，按照该单位上月缴费额的110%确定应缴数额。这一数额是在参照用人单位上月缴费额的基础上，适当考虑到社会保险费的增长确定的，是一个推定数额，可能高于用人单位实际应当缴纳的社会保险费数额，也可能低于实际应缴数额。按照《社会保险费征缴暂行条例》，没有上月缴费数额的，可暂按该单位的经营状况、职工人数等有关情况确定应缴数额。

（2）用人单位未按规定申报应缴数额的，社会保险费征收机构还应责令用人单位在指定期限补办申报手续。

（3）用人单位补办申报手续后，由社会保险费征收机构按照规定结算。

七、用人单位未按时足额缴纳社会保险费如何处理

本法第六十三条就用人单位未按时足额缴纳社会保险费如何处理作出了规定，通常处理办法包括五个方面，如下表所示：

用人单位未按时足额缴纳社会保险费的处理规定

序号	处理规定	说明
1	责令限期缴纳或者补足	用人单位未按时足额缴纳社会保险费的，社会保险费征收机构首先应当责令其限期缴纳或者补足。由用人单位自己改正违法行为，履行法定义务，是社会成本最小的处理方式。征收机构不能随意省略这一程序，剥夺用人单位自己改正的机会。
2	查询存款账户	社会保险费征收机构责令用人单位限期缴纳或者补足，用人单位逾期仍未缴纳或者补足社会保险费的，征收机构可以向银行和其他金融机构查询用人单位的存款账户。对于社会保险费征收机构依法进行的查询，银行和其他金融机构应当予以配合，及时提供用人单位存款账户信息，不得拒绝、拖延。
3	申请有关部门划拨社会保险费	经查询，用人单位在银行和其他金融机构的存款账户有余额的，社会保险费征收机构可以申请县级以上有关行政部门作出划拨社会保险费的决定，书面通知其开户银行或者其他金融机构划拨社会保险费。目前，只有税务机关、海关等有权采取划拨的强制执行方式。行使划拨权必须依法进行，首先由征收机构向县级以上有关行政部门提出申请，县级以上行政部门经审查认为符合条件的，作出划拨社会保险费的决定，并书面通知其开户银行或者其他金融机构划拨社会保险费。
4	要求用人单位提供担保	经查询，用人单位在银行或其他金融机构的存款账户余额少于应缴社会保险费的，社会保险费征收机构可以就该账户余额申请县级以上有关行政部门作出划拨社会保险费的决定，并书面通知其开户银行或者其他金融机构划拨社会保险费。对剩余的社会保险费，征收机构可以要求该用人单位提供担保，签订延期缴费协议。用人单位在延期缴费协议规定的期限内未履行缴纳社会保险费义务的，征收机构可以根据延期缴费协议的规定，对用人单位用于担保的财产依法进行处置，以处置所得抵缴社会保险费。
5	申请人民法院扣押、查封、拍卖	用人单位未足额缴纳社会保险费且未提供担保的，社会保险费征收机构可以申请人民法院启动强制执行程序。人民法院经审查认为符合条件的，可以做出扣押、查封决定，将用人单位相当于应缴社会保险费的财产予以扣押、查封，并可以将扣押、查封的财产依法进行拍卖，以拍卖所得抵缴社会保险费。

关于社会保险基金的条款

一、社会保险基金类别、管理原则和统筹层次

本法第六十四条对社会保险基金类别、管理原则和统筹层次作出了明确的规定。

1．社会保险基金的类别

按照一个社会保险险种设立一个独立基金的原则，分别有职工基本养老保险基金、职工基本医疗保险基金、工伤保险基金、失业保险基金和生育保险基金。

2．社保基金的财务规则

社保基金的财务规则体现在三个方面，如下图所示：

分别建账、分账核算	各项社会保险在保险目的、覆盖人群、筹资模式、运行模式、支付项目等方面不尽相同，应彼此保持相对独立性，分别建立账户，分别设置会计科目和编制会计报表，原则上不允许各社保基金之间调剂使用。
执行统一的会计制度	社保基金关系到巨额资金，必须规范财务行为，执行统一的会计制度，规范基金收支行为，才能使社保基金的运行情况让人一目了然，更好的接受监督和检查，也能切实加强对社保基金的管理，维护参保人的合法权益。
专款专用	社保经办机构、社保行政主管部门乃至各级人民政府及其工作人员，都不得违反社保基金专款专用的基本原则。社保基金主要用于社会保险待遇支出，除了有关国家规定的支持项目外，一律不得支出。除了依照法律法规规定作一定的投资运行外，不得挪作他用，更不得侵占。

社保基金的三大财务规则

3．社保基金的统筹层次

社保基金的统筹层次越高，基金的规模和调剂使用的范围就越大。社保基金统筹层次低是我国社保制度存在的突出问题之一。目前，除基本养老保险基金多数地方做到省级统筹外，其他四项社保基金的统筹层次很多还处于县市一级，全国共有一万多个相对独立的社保基金，背离了社会共济的社保基本原则。

提高统筹层次，可以整合机构，发挥整体优势，降低运行成本。但提高统筹层次不是要实行一个待遇标准，在一个省内经济发展水平不同地区之间的待遇标准可以有所差异。提高社保基金的统筹层次存在客观障碍，最大的障碍来自财政分灶吃饭问题，一旦提高统筹层次，必然会上收基金收入，形成“富帮穷”，一些基金结余较多的地方会有抵触情绪。

二、社保基金收支平衡和政府补贴责任

本法第六十五条是关于社保基金收支平衡和政府补贴责任的规定。

1．收支平衡

社保基金收入主要有：社会保险费缴纳、国家财政补助和基金收益。支出主要是社会保险待遇支出。社保经办机构的运行成本、管理成本由财政负担，不属于基金支出项目。为保证收支平衡目标的实现，应当通过预算手段，事先作出征缴计划、财政补助及其他资金来源计划，同时做出社会保险待遇支出计划及其他法定支出计划，使收支情况一目了然。

（1）收支平衡是指每项社保基金的收支平衡，进而实现整个社保基金的收支平衡。

（2）收支平衡主要是对实行现收现付制的社保基金提出的。我国职工基本医疗保险、工伤保险、失业保险和生育保险都实行现收现付制，当期收入用于当期支出，收支平衡是其应有之义。职工基本养老保险实行部分积累制，统筹部分实行现收现付，需要做到收支平衡，而个人账户部分实行积累制度，不用于当期支付，而是储蓄式积累，待参保人达到退休年龄后按月发放给参保人本人，个人账户的收支并非同步发生的，而是参保人年轻时缴费与年老时享受待遇之间的收支平衡。

2．政府补贴

社会保险制度是国家建立并强制缴费的制度，应当由国家信用来担保社会保险制度的正常运行，社会保险基金一旦发生支付不足，出现支付缺口时，应当由财政予以补贴。财政兜底责任，应当主要由统筹地区政府财政承担。

三、社保基金按照统筹层次设立预算

本法第六十六条是关于社保基金按照统筹层次设立预算的规定。

1．设立预算的意义

国家预算是关于政府收支的基本计划，国家预算的编制和确定需依照法定程序进行，具有强制性特点，一经有关机关批准，必须执行，非经法定程序，不得改变。2010年，国务院颁布了《关于试行社会保险基金预算的意见》，要求各地根据规定并结合本地实际，编制2010年度社保基金预算。将社保基金纳入国家预算管理体系，通过对社保基金筹集和使用实行预算管理，有利于加强对社保基金的管理和监督，有利于保证社保基金的安全，有利于提高社保基金的运行效益，有利于促进社会保险制度的可持续发展。

2．按统筹地区编制预算

我国国家预算实行一级政府一级预算体制，分别设立中央、省、市、县、乡五级预算。由于各项社保基金的统筹层次不一，在不同行政区域内形成大大小小的基金，有的是

县统筹，有的是地市统筹，有的是省内统筹，所以，社保基金的预算与财政预算层级不是一一对应的，而是由统筹地区设立社保基金预算，在预算中明确统筹地区内各级政府的责任。社保基金预算由统筹地区设立，体现了事权与财权的统一。

3．按社会保险项目分别编制预算

各项社保基金按险种规范收支内容、标准和范围，分别编制预算。

（1）预算项目。

社保基金预算包括职工基本养老保险、职工基本医疗保险、工伤保险、失业保险、生育保险等，并分别有相应的基金收入预算和基金支出预算项目。

（2）编制预算应当考虑的因素。

编制预算应当考虑的因素收入预算和支出预算两个方面，不同方面要考虑的因素如下表所示：

编制预算应当考虑的因素

序号	预算类别	应当考虑的因素
1	收入预算	统筹地区上年度基金预算执行情况、本年度经济社会发展水平预测以及社会保险工作计划等因素，包括社会保险参保人数、缴费人数、缴费工资基数等。
2	支出预算	统筹地区本年度享受社保待遇人数变动、近期社会发展状况、社会保险政策调整、社会保险待遇标准变动等。

四、社保基金预算制定程序

本法第六十七条确定了社保基金预算的制定程序。在预算中，主要涉及预算草案和决算草案的编制、审核、批准等环节及相应权限。

社保基金预算的制定环节及相应权限

序号	环节	相应权限
1	编制	根据预算法的规定，预算草案是指未经法定程序审查和批准的政府年度收支计划，编制由具体实施收支计划的部门承担，主要是根据本部门或者本机构的实际情况，拟订本部门或者本机构的年度收支计划。
2	审核	预算草案审核由本级政府财政部门承担，主要是依法对各部门预算初步草案进行审查和汇总，统一编制出本级政府的预算草案。

续表

序号	环节	相应权限
3	批准	预算草案的批准主要由各级人大负责，使预算草案成为正式预算。决算草案是对本年度预算收支情况的最终反映，一般由财政部门负责编制本级政府决算草案，经本级人民政府审核后，报同级人大批准。

依据国务院《关于试行社会保险基金预算的意见》的规定：

（1）统筹地区的社保基金预算草案由社保经办机构编制，在税务机关征收社会保险费的地区，由社保经办机构与税务机关编制。

（2）本级政府人力资源和社会保障部门作为主管部门，对各险种预算草案进行审核汇总，由财政部门负责审核。

（3）由财政部门和人力资源和社会保障部门联合报本级人民政府审批。

五、社保基金财政专户

本法第六十八条是关于社保基金财政专户的规定。

财政专户，是指各级财政部门在指定商业银行开设的，用于对预算外资金收支进行统一核算和集中管理的专门账户。

社保基金存入财政专户的具体做法是：

（1）实行由社保经办机构征收社会保险费的，可以在商业银行中开设收入户，并定期将收入户中征缴的社会保险费缴存财政专户，收入户只收不支，月末无余额。

（2）实行由税务机关征收社会保险费的，不在商业银行中设收入户，直接缴入国库，再由国库转入财政专户。

六、社保基金保值增值

本法第六十九条就社保基金保值增值作出了规定。

1．按照国务院的规定投资运营

投资运营必然存在市场风险，为了保证基金安全，最大限度降低市场风险，国家对社保基金能够投资运营以及如何投资运营有一个发展的过程。目前，有关部门正在积极研究起草个人账户其他部分的投资运营管理办法，通过规范和建立投资运营机制，促进基金的保值增值。

2．禁止性规定

（1）不得违规投资运营。

国家对于投资运营的资金、运营方式、运营主体、投资渠道和结构等都有严格要求，为最大限度降低投资风险，必须严格按照国家规定通过稳健渠道投资运营，不得以任何形式违规投资运营。

（2）不得用于平衡其他政府预算。

社保基金是专项资金，专款专用，单独核算，不能与财政资金混同。政府预算中有政府公共预算、政府性基金预算、国有资本经营预算以及社会保障基金预算，各级政府不得将社保基金用于平衡其他政府预算。

（3）不得用于兴建办公场所和支付经办机构运营费用。

办公场所的修建应当符合国家规定标准，其资金来源应当是财政专项资金。经办社会保险有一定的费用支出，包括办公场所、人员经费、基本运行费用、管理费用等，为了保证基金的完整性和安全性，我国多个文件明确社保经办机构的运行费用和管理费用由财政承担。

（4）不得违反法律、行政法规规定挪用其他用途。

七、社保基金信息公开

本法第七十条是关于社保基金信息公开的规定。

1．信息公开的机构

社保基金信息公开主体是社保经办机构。《关于建立社会保险信息披露制度的指导意见》规定，各级劳动保障行政部门负责本地区社会保险信息披露工作的组织、指导和监督工作，负责审批本级所披露的社会保险信息，社保经办机构具体向社会披露。

2．信息公开的内容

（1）各项社会保险的参保单位数、参保人数、享受社会保险待遇的人数、享受社会保险待遇情况。

（2）各项社保基金本年度收入、支出及累计结余情况。

（3）统筹地区参保人员基本养老保险个人账户基金积累和记账利率。

（4）统筹地区在岗职工平均工资、参保人员人均缴纳社会保险基数等。

3．信息公开的时间和方式

对于参加各项社会保险以及基金收入、支出、结余和收益等基本情况，本条规定要作为一项制度定期公开，这是刚性要求。实践中，有的为一季度公开一次，有的是一年公开一次。对于公开的方式，本条未作明确规定，具体包括政府公报、政府网站、新闻发布会及报刊、杂志、广播、电视及咨询电话等。

八、全国社会保障基金

本法第七十一条是关于全国社会保障基金的规定。

1．基本情况

社会保障基金是由国家设立的主要用于应对人口老龄化高峰时期社会保障需要的专项资金。2000年8月，我国建立社会保障基金，同时设立社会保障基金理事会，负责管理运营全国社会保障基金。

2．全国社会保障基金的性质、资金来源和主要用途

（1）全国社会保障基金定位于完善社会保障体系的战略储备性资金，主要用于应对老龄化高峰时期的社会保障缺口，用于社会保障支出的补充调剂，不用于解决社会保险一般收支平衡问题，也不是专门用于弥补社保基金支付缺口。

（2）全国社会保障基金的资金来源主要是中央财政预算拨款和国务院批准的其他筹资方式。目前，国务院批准的其他筹资方式有：彩票公益金、国有股减持或者转持划入资金或股权资产。

3．全国社会保障基金的管理运营

全国社会保障基金理事会是全国社会保障基金的管理运营机构，受国务院委托，管理中央集中的社会保障基金。全国社会保障基金投资范围限于银行存款、购买国债和其他具有良好流动性的金融工资，这些金融工具有五类，包括固定收益资产、境内股票、境外股票、实业投资、现金及等价物，并明确了各自比例。

4．信息公开和加强监督

为了促进和规范基金的管理运营，自觉接受社会监督，全国社会保障基金应当定期向社会公开有关情况，理事会每年一次向社会公布基金的资产、收益、现金流量等财务状况。

有关社会保险经办的条款

一、社保经办机构的设置及经费保障

本法第七十二条对社保经办机构的设置及经费保障作出了规定。

1．社保经办机构的设置

我国对社会保险工作机构实行政事分开原则，社会保险行政部门主要负责社会保险有关法规、政策的制定；社保经办机构依据法律法规的授权和社会保险行政部门的委托，负责贯彻实施国家有关社会保险的法规、政策，承办具体业务管理服务工作。目前，我国的社保经办机构是人力资源和社会保障部门所属的全额拨款事业单位，分为中央、省、市、县四级。社保经办机构在各地区一般以“社会保险基金管理中心”的名目出现。社保经办机构的设立，由统筹地区根据工作需要设立，不按照行政区划层层设立。

2．社保经办机构的职能

社保经办机构是提供社会保险服务的机构，负责社会保险登记、参保人员权益记录、社会保险待遇支付、提供社会保险咨询服务等工作。此外，在一些省还承担社会保险费征收工作。

3．社保经办机构的经费保障

我国社保基金实行收支两条线管理，社保经办机构不得从社保基金中提取任何费用，所需经费列入财政预算拨付。

二、社保经办机构的管理制度和保险待遇支付职责

本法第七十三条规定了社保经办机构的管理制度和保险待遇支付的职责。

1．社保经办机构应建立健全管理制度

（1）建立健全业务管理制度。

1997年，劳动部印发了《社会保险业务管理程序》，这是第一个社会保险经办规程。之后，劳动和社会保障部陆续颁布了《城镇职工基本医疗保险业务管理规定》、《关于城镇居民基本医疗保险经办管理服务工作的意见》、《基本养老保险经办业务规程（试行）》、《工伤保险经办业务规程（试行）》等规定，社会保险业务管理制度日趋健全。

（2）建立健全财务管理制度。

1999年6月15日，财政部和原劳动和社会保障部联合下发了《社会保险基金财务制度》，对社保基金的基本财务制度作出了规定，如收支两条线、专款专用等制度。同年6月21日，财政部颁布了《社会保险基金会计制度》，规定社保基金的会计核算应当正确划分会计期间，分期结算账目和编制会计报表；采用收付实现制，会计记账采用借贷记账法；会计处理方法前后期应当一致，会计指标应当口径一致、不得随意变更；各社保基金应分别设置会计科目，编制会计报表。

（3）建立健全安全和风险管理制度。

2007年1月17日，原劳动和社会保障部颁布了《社会保险经办机构内部控制暂行办法》，所谓“内部控制”，是指各社保经办机构对系统内部职能部门及其工作人员从事社会保险管理服务工作及业务行为进行规范、监控和评价的方法、程序、措施的总称。内部控制由组织机构控制、业务运行控制、基金财务控制、信息系统控制等组成。“内部控制”的目标是在全系统内建立一个运作规范、管理科学、监控有效、考评严格的内部控制体系，对社会保险机构各项业务、各个环节进行全程监督，提高社会保险政策法规和各项规章制度的执行力，保证社保基金的安全完整，维护参保者的合法权益。

2．支付社保待遇的职责

社保待遇支出是指按规定支付给社会保险对象的基本养老保险待遇支出（包括基本养老金、医疗补助、丧葬补助金、抚恤金）、基本医疗保险待遇支出（包括按规定分别形成社会统筹医疗保险待遇支出和个人账户医疗保险待遇支出）、失业保险待遇支出（包括失业保险金、医疗补助金、丧葬补助金、抚恤金、职业培训和职业介绍补贴、国有企业下岗职工基本生活保障补助和其他费用）、工伤保险待遇支出（包括治疗工伤的医疗费用和康复费用等九项费用）和生育保险待遇支出（包括生育医疗费用和生育津贴）。

《社会保险基金财务制度》规定，不按时、按规定标准支付社保待遇的有关款项的，属于违纪或违法行为，个人对社保经办机构不支付社保待遇的行为，可以依法申请行政复议或提起行政诉讼。

三、社保经办机构获取社保数据、建立档案和权益记录

本法第七十四条是关于社保经办机构获取社保数据、建立档案和权益记录的规定。

1．获取社保数据

（1）数据的内容。

社会保险工作数据包括社会保险登记情况、用人单位和参保人员缴费记录、参保人员享受待遇记录、社保基金的收支情况等。

（2）数据获取的手段。

社保数据是经办社会保险业务必须的基础情况，社保经办机构通过业务经办、统计、调查等手段，获取这些数据。当社保经办机构向有关单位和个人进行调查时，有关单位和个人应及时、如实提供。

2．建立用人单位社保档案

社保经办机构对社会保险业务的原始资料以及办理过程中涉及的相关资料，按照档案管理规定，及时留存、归档、立卷、保管，由此建立的档案称为“社会保险业务档案”。社保档案包括社保经办机构在办理社会保险业务过程中，直接形成的具有保存和利用价值的专业性文字材料、电子文档、图表、声像等不同载体的历史记录。2009年7月23日，人力资源和社会保障部与国家档案局联合发布了《社会保险业务档案管理规定（试行）》对社保档案作出了更明确的规定。

3．个人权益记录

参保人员个人权益记录是参保人员缴费和享受社保待遇的证明，社保经办机构应当及时、完整、正确地记录参加社会保险的个人缴费和用人单位为其缴费的情况，以及享受社保待遇等的权益，并定期将个人权益记录单免费寄送本人。

4．查询、核对社保权益记录

对参保人员的权益进行记录并提供社会保险咨询服务是社保经办机构的服务内容之一，本条明确将权益记录和咨询服务定为社保经办机构的法定义务，同时也是用人单位和参保人员的法定权利。这里需要强调三点：

（1）用人单位和参保人员既有权查询权益记录，也有权核对权益记录。

（2）查询和核对是免费的，社保经办机构不得向用人单位和个人收取费用，相应的成本作为运行成本由财政负担。

（3）随时都可以查询和核对，只要在正常工作时间内、没有特殊情况的，均可以查询和核对。

四、社保信息系统建设

本法第七十五条是关于社保信息系统建设的规定。

1．金保工程

中办发（2002）17号文件提出，我国有12个重点业务系统建设，其中包括劳动保障信息系统（金保工程）建设。金保工程是利用先进的信息技术，以中央——省——市三级网络为依托，支持劳动和社会保障业务经办、公共服务、基金监管和宏观决策等核心应用，覆盖全国的统一的劳动和社会保障电子政务工程。金保工程包括社会保险和劳动力市场两个子系统，由市、省、中央三层数据分布和管理结构组成，具备业务经办、公共服务、基金监管和宏观决策四大功能。

2．全国社会保险信息系统

全国社会保险信息系统建设的目标是：完成城市社会保险信息系统建设，推进社会保险全国联网。具体分三个层次，如下表所示：

全国社会保险信息系统的三个层次

序号	层次	说明
1	城市网建设	即地级市建成统一的社保数据中心，建立标准统一的覆盖全部参保人员和参保单位的资源数据库，网络终端延伸到各个经办窗口和定点医疗机构、定点药店等相关服务机构，实现养老、医疗等各项社会保险主要业务的全程信息化。
2	省级社保数据中心建设	即建立覆盖全省的养老保险资源数据库、各类社会保险统计监测数据库和各项社保基金管理数据库，对跨统筹地区领取社保待遇的人员要建立社会保险省内异地交换数据库，省级数据中心要下联各城市数据中心。

续表

序号	层次	说明
3	全国社保数据中心建设	即建立覆盖全国的统计监测数据库、社会保险跨省异地交换数据库，网络下联各省级数据中心，对各地社保基金进行监控，为宏观决策和异地信息交换提供支持。

有关社会保险监督的条款

一、各级人大常委会实施社会保险监督

本法第七十六条对各级人大常委会实施社会保险监督的职责和方式作出了规定。

1．听取政府专项工作报告

听取政府专项工作报告是各级人大常委会行使监督权的一种重要方式，是各级人大常委会加强监督工作，实施经常性监督的有效途径。社保基金的收支、管理、投资运营以及监督检查情况的专项工作报告由政府负责人向本级人大常委会报告，也可以委托有关部门如社会保险行政部门负责人向本级人大常委会报告。

2．组织对本法实施情况的监督检查

对法律的实施情况进行监督检查是人大常委会的一项法定职权，监督检查由本级人大有关专门委员会或者常委会工作机构具体组织实施。

（1）常委会根据年度执法检查计划，组织执法检查组。执法检查组的组成人员，从本级人大常委会组成人员以及本级人大有关专门委员会组成人员中确定，并可要求本级人大代表参加。

（2）执法检查结束后，执法检查组应当及时提出执法检查报告，由委员长会议或者主任会议决定提请常委会审议。执法检查报告的内容主要有：

①对本法实施情况进行评价，提出执法中存在的问题和改进执法工作的建议。

②对本法提出修改完善的建议。

3．其他监督方式

除以上两种方式外，各级人大常委会还可以通过其他方式依法行使监督职权，如对有关社会保险的行政法规、地方性法规、自治条例和单行条例、规章进行备案审查，审议议案和报告时对有关社会保险的问题进行询问和质询等。

二、社保行政部门实施社会保险监督

本法第七十七条是关于社保行政部门实施社会保险监督的规定。

1．行政监督的特点

县级以上人民政府社会保险行政部门对用人单位和个人遵守社会保险法律、法规情况进行监督检查，属于行政监督，其特点包括：

（1）监督的主体是享有行政监督权的国家行政机关或者法律、法规授权的组织。

（2）监督的对象是作为相对方的公民、法人或者其他组织。

（3）监督的内容是相对方遵守法律、法规、规章，执行决定、命令的情况。

（4）监督的性质是一种依职权、单方的、相对独立的具体行政行为。

（5）监督的目的是为了防止和纠正行政相对方的违法行为，保障法律、法规、规章的执行和行政目标的实现。

2．社会保险行政部门的监督

（1）行政监督部门及范围。

国务院社会保险行政部门即人力资源和社会保障部对全国范围内用人单位和个人遵守社会保险法律、法规的情况进行监督检查。

县级以上地方政府社会保险行政部门对本行政区域内用人单位和个人遵守社会保险法律、法规的情况进行监督检查。

（2）行政监督的依据。

行政监督的依据是社会保险法律、法规，除《社会保险法》外，还包括《工伤保险条例》、《失业保险条例》、《社会保险费征缴暂行条例》等。

（3）行政监督的内容。

行政监督的内容是监督用人单位和个人遵守社会保险法律、法规的情况，主要包括以下几个方面：

①职工是否依法参加社会保险。

②用人单位是否依法缴纳社会保险费。

③是否依法享受社会保险待遇。

3．被检查的用人单位和个人有配合义务

社会保险行政部门实施监督检查是行政执法行为，代表国家行使权力，被检查的用人单位和个人应当予以配合，不得以任何理由拒绝检查，应当按照要求如实提供与社会保险有关的资料，不得提供虚假资料，谎报或者隐瞒情况。

三、财政监督、审计监督

本法第七十八条是关于财政监督、审计监督的规定。

1．财政监督

财政部门对社保基金收支、管理和投资运营情况实施监督主要是指财政部门负责拟定社保基金的财务管理制度，组织实施对社保基金收支、管理和投资运营的财政监督，具体工作包括：

（1）通过基金纳入财政专户，加强部门监督。社保基金存入财政专户，专款专用，任何地区、部门、单位和个人均不得挤占、挪用，也不得用于平衡财政预算。

（2）通过制定财务制度，规范财务管理行为。依据《社会保险基金财务制度》的规定，基金财务管理的任务是认真贯彻执行国家有关法律、法规和方针、政策，依法筹集和使用基金；建立健全财务管理制度，努力做好基金的计划、控制、核算、分析和考核工作，并如实反映基金收支状况；严格遵守财经纪律，加强监督和检查，确保基金的安全。

（3）通过审核基金预算和决算等，进行财务监督。统筹地区社保基金预算草案编制汇总后，经财政部门审核后，由财政和人力资源社会保障部门联合报本级政府审批。各级财政部门对本机社保基金决算草案审核后发现有不符合法律、行政法规规定的，有权予以纠正。

2．审计监督

审计监督是指审计机关依法独立检查被审计单位的会计凭证、会计账簿、财务会计报告以及其他与财政收支、财务收支有关的资料和资产，监督财政收支、财务收支真实、合法和效益的行为，属于行政机关内部监督中的一种专门监督形式。

（1）审计机关对审计事项作出客观公正的评价，并提出审议报告。

（2）审计机关对社保基金的财务收支进行审计监督，即按照国家财务会计制度的规定，对社保基金实行会计核算的各项收入和支出进行审计。

四、社会保险行政部门对社保基金实行监督

本法第七十九条是关于社会保险行政部门对社保基金实行监督的规定。

1．监督内容

（1）对社保基金的收入情况进行监督，主要是监督社会保险费征收机构征收的保险费是否及时足额存入基金收入户，有无不入账，搞体外循环或被挤占挪用的情况，收入户资金是否按规定及时足额转入财政专户等。

（2）对基金支出情况进行监督，主要是监督社保经办机构是否按规定的项目、范围和标准支出基金，有无多支、少支或不支，有无挪用支出户基金，以及有无骗取社会保险待遇行为等。

（3）对社保基金管理情况进行监督，主要是监督有无挤占挪用、动用基金的行为，是否按规定及时足额拨入支出户等。

（4）对社保基金投资运营情况进行监督，主要是监督社保基金除按规定预留必要的支付费用外，是否全部存入银行和购买国债，是否合理安排存期以追求收益最大化等。

2．监督检查措施

社会保险行政部门通过下列措施，对社保基金实施监督检查：

（1）查阅、记录、复制与社保基金收支、管理和投资运营相关的资料，发现有关资料可能被转移、隐匿或者灭失的，应当予以封存、保护。

（2）向与调查事项有关的单位和个人进行询问，要求其对与调查事项有关的问题做出说明、提供有关证明材料。

（3）对隐匿、转移、侵占、挪用社保基金的行为予以制止并责令改正。

3．被检查的用人单位和个人有配合义务

被监督的单位和个人应当配合社会保险行政部门的监督检查，对拒绝、阻挠监督人员进行监督，拒绝提供、拖延提供与监督事项有关资料，隐匿、伪造、变造、毁弃会计凭证、会计账簿、会计报表以及其他与社保基金管理有关资料，转移、隐匿社保基金资产的，由监督机构责令改正；拒不改正的，由监督机构建议被监督单位的行政主管部门对主要负责人和直接责任人给予行政处分；构成犯罪的，由司法机关依法追究刑事责任。

4．监督方式

《社会保险基金行政监督办法》将社会保险基金监督方式区别为现场监督和非现场监督。

（1）现场监督是指社会保险行政部门对被监督单位社保基金管理情况实施的实地检查。

（2）非现场监督是对被监督单位报送的社保基金管理有关数据资料进行的检查、分析。

5．问题处理

（1）社会保险行政部门对监督检查过程中发现被监督单位存在问题并需要改进的，应当提出整改建议，对属于其职权范围的，依法作出处理决定；不属于其职权范围的，向被监督单位的行政主管部门等有关行政部门提出处理建议。

（2）社会保险行政部门应当将社保基金检查结果定期向社会公布，保障公众的知情权，接受公众的监督。

五、社会保险监督委员会

本法第八十条是关于社会保险监督委员会的规定。

1．社会保险监督委员会的组成

社会保险监督委员会由统筹地区人民政府成立，由用人单位代表、参保人员代表，以及工会代表、专家等组成，但不包括政府及其有关职能部门代表，这样有利于保障监督委员会的中立性和独立性，更好地发挥社会保险工作监督的职能。

2．社会保险监督委员会的职责

社会保险监督委员会，其职能是对社会保险实施监督，属于社会监督，在具体职责上，与人大监督、行政监督不同，主要是掌握、分析社保基金的收支、管理和投资运营情况，对社会保险工作提出咨询意见和建议。

3．社会保险监督委员会的监督方式

（1）定期听取社保经办机构对社保基金收支、管理和投资运营情况的回报。

（2）聘请会计师事务所对社保基金的收支、管理和投资运营情况进行年度审计和专项审计。

4．问题处理

社会保险监督委员会在监督过程中发现问题的，有权向有关部门、机构提出改正建议；对社保经办机构及其工作人员的违法行为，有权向有关部门依法提出处理建议。

六、信息保密

本法第八十一条是关于信息保密的规定。该条中的“其他有关行政部门”主要是指卫生行政部门、财政部门、审计机关等有可能在其工作中获取用人单位和个人信息的行政部门。

（1）社会保险行政部门和其他有关行政部门、社保经办机构、社会保险费征收机构及其工作人员违反法律规定泄露用人单位和个人信息的，依法给予处分。

（2）构成犯罪的，依法追究其刑事责任。构成犯罪的行为主要是指出售或者非法提供参保人员个人信息，情节严重的行为。

七、社会组织和个人举报、投诉

本法第八十二条是关于社会组织和个人举报、投诉的规定。对违法行为进行举报、投诉是受《宪法》保护的公民权利。社会组织和个人对违反社会保险法律、法规行为的举报、投诉是社会监督的重要内容，接受举报、投诉的单位应按如下情况分别作出处理：

（1）对属于本部门职责的，应当依法、及时处理，不得推诿。受理投诉后，应当对投诉进行调查核实，经调查确属不当的，应当在原公布范围内予以更正，并告知投诉人，经核实没有问题的，也应当告知投诉人；对举报进行处理，举报人要求答复本人所举报案件办理结果的，应当告知举报人处理结果。对涉及重大问题和紧急事项的举报，监督机构应当立即向有关领导报告，并在职责范围内依法采取必要措施。

（2）对不属于本部门、本机构职责范围的，应当书面通知并移交有权处理的部门、机构处理。有权处理的部门在接到其他部门移交的投诉、举报后，应当受理，并立即进行处理，不得推诿。

八、社保权利救济途径

本法第八十三条是关于社保权利救济途径的规定。

1．关于社会保险费征收机构侵害用人单位或个人合法权益的救济途径

社会保险费征收机构侵害用人单位或者个人合法权益的情形，主要包括：违反社会保险法的规定，在缴费单位补办申报手续后，未按照规定结算的；违法扣押、查封、拍卖用人单位、个人财产的；对用人单位、个人的处罚决定违法，侵害了其合法权益等。用人单位或者个人认为社会保险费征收机构的行为侵害自己合法权益的，可以依法申请行政复议或者提起行政诉讼，简述如下表所示：

社会保险费征收机构侵害用人单位或个人合法权益的救济途径

序号	救济途径	说明
1	行政复议	如果对税务机构征收行为不服的，只能向上一级税务机关申请行政复议；如果是对社保经办机构征收行为不服的，社保经办机构作为政府工作部门依法设立的派出机构，用人单位或者个人可以向社会保险行政部门或者本级地方人民政府申请行政复议。
2	行政诉讼	依据《行政诉讼法》的规定，用人单位或者个人直接向人民法院提起诉讼的，应当在知道作出具体行政行为之日起3个月内提出。对行政复议决定不服的，可以在收到复议决定书之日起15日内向人民法院提起诉讼；复议机关逾期不作决定的，申请人可以在复议期满之日起15日内向人民法院起诉。

2．社保经办机构侵害个人社会保险权益的救济途径

社保经办机构侵害个人社会保险权益的行为主要有以下几种：

（1）不依法办理社会保险登记，致使个人无法参加社会保险，影响个人享受社会保险待遇。

（2）不依法核定社会保险费。

（3）不依法支付社会保险待遇。

（4）不依法办理社会保险转移接续手续。

（5）侵害其他社会保险权益的行为。个人对社保经办机构侵害自己社会保险权益的行为，可以依法申请行政复议或者提起行政诉讼。

3．个人与所在用人单位发生社会保险争议的救济途径

司法实践中，有的法院认为用人单位不给个人缴纳社会保险费，违反的是行政法律规范，应当由劳动监察部门处理，不属于劳动争议，法院不予受理。这种观点是不正确的，用人单位不为职工入社保，既违反了行政法律规范，也违反了劳动合同法，属于劳动争议的一种，法院应当受理。所以，本法明确规定个人与所在用人单位发生社会保险争议的，可以依法申请调解、仲裁，提起诉讼。此外，个人还可以要求社会保险行政部门或者社会保险费征收机构依法处理。

有关法律责任的条款

一、用人单位未依法办理社保登记的法律责任

本法第八十四条规定了用人单位未依法办理社保登记的法律责任。社会保险登记是社会保险费征缴的前提，是整个社会保险制度得以建立的基础。用人单位不办理社会保险登记，职工无从参保，社会保险行政部门也无法进行监督。

1．用人单位不办理社会保险登记的情况

用人单位不办理社会保险登记包括三种情况：

（1）用人单位成立后不办理社会保险登记。用人单位应当自成立之日起30日内申办社保登记，否则即属于违法。

（2）用人单位不及时变更或者注销登记。用人单位应自社保登记事项发生变更或者用人单位依法终止之日起30日内，办理变更或注销社保登记，否则亦属违法。

（3）用人单位自用工之日起30日内不为职工办理社会保险登记。用人单位应自用工之日起30日内为其职工向社保经办机构申办社保登记，否则即属违法。

2．用人单位未依法办理社保登记的法律责任

根据用人单位不办理社保登记违法行为情节的轻重，其应当承担如下法律责任：

（1）责令限期改正。责令改正不属于行政处罚，是一种补救性的行政责任，是对违法者消除违法状态、恢复合法状态的要求。

（2）罚款。经由社会保险行政部门责令限期改正、用人单位仍不办理社保登记的，由社会保险行政部门对用人单位除以应缴社会保险费数额1倍以上3倍以下的罚款，对其直接负责的主管人员和其他责任人员处500元以上3000元以下的罚款。

3．罚款的注意事项

（1）罚款是最常见的一种行政处罚，是一种财产罚。

（2）给予罚款的主体是社会保险行政部门，而非社保经办机构。

（3）处罚的对象包括两类，一是用人单位，二是直接负责的主管人员和其他直接责任人员。

（4）关于处罚的数额，用人单位以应缴社会保险费为基数，个人则确定了处罚的上下限。

二、用人单位拒不出具终止或解除劳动关系证明的法律责任

本法第八十五条规定了用人单位拒不出具终止或解除劳动关系证明的法律责任。

终止或者解除劳动关系证明是失业人员领取失业保险待遇的条件之一。实践中，在解除或者终止劳动合同后，有的用人单位刁难劳动者，不开具有关解除或者终止劳动合同的证明，扣押劳动者档案，影响劳动者享受失业保险待遇。

劳动合同法第五十条第一款规定，用人单位应当在解除或者终止劳动合同时出具解除或者终止劳动合同的证明，并在15日内为劳动者办理档案和社会保险关系转移手续。第八十五条规定，用人单位违反本法规定未向劳动者出具解除或者终止劳动合同的书面证明，由劳动行政部门责令改正；给劳动者造成损害的，应当承担赔偿责任。这里的赔偿责任，主要是不能领取失业保险待遇，也不能享受基本医疗保险待遇，不能享受自主创业、再就业的税收优惠等的损失。

三、用人单位未按时足额缴纳社会保险费的法律责任

本法第八十六条规定了用人单位未按时足额缴纳社会保险费的法律责任。

实践中，有的用人单位社会保险法律意识淡薄，对社会保险的重要性认识不够，不愿承担缴费义务，甚至恶意欠费；还有一些没有生产能力、生产项目和效益收入的企业，因为没有缴费能力，只申报不缴费，这会影响社保基金的安全和有效运行，有可能间接损害参保人的合法权益，用人单位应对此承担法律责任。

用人单位未按时足额缴纳社会保险费的，社会保险费征收机构责令限期缴纳或者补足，并自欠缴之日起，按日加收万分之五的滞纳金；逾期仍不缴纳的，由有关行政部门处欠缴数额一倍以上三倍以下的罚款。有以下几点需要注意：

（1）责令限期缴纳或者补足的主体是社会保险费征收机构，给予罚款的主体是有关行政部门。如果是社保经办机构征收的，由于其是事业单位，没有行政处罚权，故应当由社会保险行政部门作出处罚决定。

（2）滞纳金属于间接强制执行，是一种敦促义务人履行义务的手段，其征收标准应当适度、合理，既不能太高，也不能太低。关于滞纳金的起算时间点，应当是自欠缴之日起即加收滞纳金。

（3）经责令限期缴纳或者补助，用人单位逾期仍不缴纳或者补足的，处以罚款。这里的“欠缴数额”是用人单位所欠的社会保险费金额，不包括滞纳金。

（4）本条的违法主体只有用人单位，不包括个人。

四、骗取社保基金支出的法律责任

本法第八十七条规定了骗取社保基金支出的法律责任。

1．骗取社保基金支出的情况

实践中，欺诈、伪造证明材料或者其他手段较多，以骗取医疗保险待遇为例，一般包括：

（1）允许非参保人以参保人名义就医的。

（2）允许使用医疗保险基金支付应当由参保人自付、自费的医疗费用。

（3）允许使用医疗保险个人账户基金购买保健品、化妆品及其他用品的。

（4）提供虚假疾病诊断证明、病历、处方和医疗费票据等资料的。

（5）向参保人提供不必要的医疗服务和过度医疗服务的。

（6）转借医疗保险POS机（服务终端）给非定点单位使用或代非定点单位使用医疗保险个人账户基金进行结算等情况。

2．骗保人应负的法律责任

本条针对骗保的情形，规定了相应的法律责任，具体包括三个方面，如下表所述：

骗保人应负的法律责任

序号	应负的法律责任	说明
1	责令退回骗取的社会保险金，并处罚款	社会保险行政部门发现社保经办机构以及医疗机构、药品经营单位等社会保险服务机构骗取社保基金支出的，应当责令退回骗取的社会保险金，同时应处骗取金额二倍以上五倍以下的罚款。《劳动保障监察条例》、《工伤保险条例》、《失业保险条例》对骗取社保基金的法律责任均有规定，但罚款数额为骗取金额1倍以上3倍以下，本法实施之后，前述条例关于罚款幅度的规定即告失效。
2	解除服务协议	社保经办机构根据管理服务的需要，可以与医疗机构、药品经营单位签订服务协议，规范医疗服务行为。对于骗取社保基金的医疗机构、药品经营单位，除了责令退回骗取的社会保险金，并处罚款外，还应当由社保经办机构与其解除服务协议。
3	吊销执业资格	吊销执业资格是一种资格罚，即剥夺行政相对人的行为能力，行政相对人被吊销执业资格后就不能从事某种特定行为。对于参与骗保的，直接负责的主管人员和其他直接责任人员是医师的，应当吊销其执业资格，由卫生行政部门吊销。

五、骗取社保待遇的法律责任

本法第八十八条规定了骗取社保待遇的法律责任。

1．什么是骗取社保待遇

骗取社保待遇主要是个人不符合享受社保待遇的条件，以欺诈、伪造证明材料或者其他手段骗取社保待遇的行为。

2．骗取社保待遇的形式

实践中，以欺诈、伪造证明材料或者其他手段获取社保待遇有多种形式：

（1）在养老保险待遇的支付环节，有的伪造身份证明或冒用他人身份证明；有的伪造、变造档案年龄、特殊工种年限和病历等办理提前退休；有的伪造、变造人事档案，以增加视同缴费年限；有的伪造、变造用工关系、工资报表等证明材料补缴养老保险费；有的伪造、变造领取养老保险待遇证明文件等。

（2）在医疗保险的支付环节，有的将本人身份证明及社会保障卡转借他人就医；有的冒用他人身份证明或社会保障卡就医；有的伪造、变造病理、处方、疾病诊断证明和医疗费票据；有的伪造、变造劳动关系、工资报表等证明材料参加医疗保险或补缴医疗保险费。

3．骗取社会保险待遇的法律责任

骗取社会保险待遇的，由社会保险行政部门责令退回骗取的社会保险金，处骗取金额二倍以上五倍以下的罚款，罚款金额高于《劳动保障监察条例》、《工伤保险条例》和《失业保险条例》中的规定，加大了处罚力度。

六、社保经办机构及其工作人员违法行为的法律责任

本法第八十九条规定了社保经办机构及其工作人员违法行为的法律责任。

1．社保经办机构及其工作人员违法行为的种类

社保经办机构及其工作人员违法行为以如下表所示几种：

社保经办机构及其工作人员违法行为的种类

序号	行为种类	说明
1	未按照规定履行社会保险法定职责	社会保险法规定，社保经办机构通过业务经办、统计、调查获取社会保险工作所需的数据；及时为用人单位建立档案，完整、准确地记录参保人员、缴费等社保数据等。向用人单位免费提供查询、核对其缴费和享受社保待遇记录等服务，提供社保咨询服务，这些都是社保经办机构的法定职责，若社保经办机构及其工作人员未尽到前述职责，即构成违法，应承担相应的法律责任。
2	未将社保基金存入财政专户	未按规定存入财政专户，有可能导致截留私分，损害社保基金运行的安全性和完整性，应承担相应的责任。
3	克扣或者拒不按时支付社保待遇	社保经办机构应当按时足额支付社保待遇，否则构成违法。

续表

序号	行为种类	说明
4	丢失或者篡改缴费记录、享受社保待遇记录等社保数据、个人权益记录	缴费记录一般包括用人单位缴费登记、变更登记、注销登记以及缴费申报、缴费记录等。“丢失”可能出于过失，“篡改”则出于故意，因此这里既包括经办机构及其工作人员主观上出于故意导致的行为，也包括由于过失导致的行为。
5	有违反社会保险法律、法规的其他行为	这为兜底条款，目的是弥补法律的不周延性。

2．法律责任

（1）由社会保险行政部门责令改正。即未按照规定履行社会保险法定职责的，要求其履行法定职责；未按照规定将社保基金存入财政专户的，要求其存入财政专户；克扣或者拒不按时支付社保待遇的，要求其按时足额发放；丢失或篡改社保数据的，要求其恢复缴费记录原样或通过其他方式查明缴费记录、享受社保待遇的数据等。

（2）社保经办机构及其工作人员因违法行为给社保基金、用人单位或者个人造成损失的，依法承担赔偿责任。

（3）对直接负责的主管人员和其他直接责任人员依法给予处分。社保经办机构工作人员属于参照公务员法管理的工作人员，参照公务员法的规定给予处分，行政机关公务员处分的种类包括警告、记过、记大过、降级、撤职和开除。

（4）如果社保经办机构及其工作人员触犯了刑律，还应依法承担刑事责任，相关罪名包括滥用职权罪、玩忽职守罪、受贿罪等。

七、社会保险费征收机构的法律责任

本法第九十条规定了社会保险费征收机构的法律责任。

1．哪些属违法行为

社会保险费缴费基数和费率决定了社保基金的收入，反映了国家社会保险费负担水平，应当由国家做出规定，目前缴费基数和费率由国家做出原则规定，具体由统筹地区做出规定。社会保险费征收机构擅自更改社会保险费缴费基数、费率，导致少收，会损害社保基金的安全，多收则会加重用人单位的负担，都属违法行为。

2．应负的法律责任

（1）有关行政部门责令其追缴应当缴纳的社会保险费或者退还不应当缴纳的社会保险费。这里的“有关行政部门”是指社会保险行政部门或税务机关。

（2）对直接负责的主管人员和其他直接责任人员依法给予处分。

八、侵害社保基金或违规投资运营的法律责任

本法第九十一条规定了侵害社保基金或违规投资运营的法律责任。

1．侵害社保基金或违规投资运营的表现

社保基金在保证安全的前提下，按照国务院规定投资运营实现保值增值。社保基金不得违规投资运营，不得用于平衡其他政府预算，不得用于兴建、改建公共场所和支付人员经费、运行费用、管理费用，或者违法法律、行政法规规定挪作其他用途。

2．隐匿、转移、侵占、挪用社保基金或者违规投资运营的法律责任

（1）责令追回。责令追回的目的是使被侵害被违规投资运营的社保基金恢复到原来的状态。有权责令追回的主体是社会保险行政部门、财政部门和审计机关。

（2）没收违法所得，将违法投资运营所取得的收益归基金所有。

（3）对直接负责的主管人员和其他直接责任人员依法给予处分，构成犯罪的，依法追究刑事责任。

九、泄露用人单位和个人信息的行政责任

本法第九十二条规定了泄露用人单位和个人信息的行政责任。

1．用人单位和个人信息的保密责任

用人单位和个人信息事关用人单位的商业秘密和个人隐私，一旦泄露会影响企业经济利益和个人的正常生活。在社会保险登记、社会保险费征收和社会保险监督检查等过程中，社保经办机构、社会保险费征收机构、保险行政部门、卫生行政部门、审计部门等有关部门及其工作人员掌握了用人单位和个人的大量信息，前述机构和人员应依法承担保密责任，不得以任何形式泄露。

2．泄露信息的法律责任

（1）对直接负责的主管人员和其他直接责任人员依法给予处分。

（2）给用人单位或者个人造成损失的，应当承担赔偿责任。赔偿的前提是必须给用人单位或者个人造成损失，无损失则无赔偿。

（3）工作人员将本单位在履行职责或提供服务过程中获得的公民个人信息，出售或者非法提供给他人，情节严重的，处三年以下有期徒刑或者拘役，并处或者单处罚金。单位犯前两款罪的，对单位判处罚金，并对其直接负责的主管人员和其他直接责任人员，依照前述规定处罚。

十、国家工作人员滥用职权、玩忽职守、徇私舞弊的行政责任

本法第九十三条规定了国家工作人员滥用职权、玩忽职守、徇私舞弊的行政责任。

1．相关概念

（1）滥用职权，一般指违反法律规定的职责权限和程序，滥用、超越职权的行为，如社保经办机构的工作人员拒绝向符合条件的参保人员支付社保待遇。

（2）玩忽职守指国家工作人员不履行法律所赋予的职权，构成违法失职的行为，如经办机构工作人员缺乏责任心，对工作马马虎虎，漫不经心，疏于管理，造成保险基金被挪用或者流失。

（3）徇私舞弊指为了个人私利或亲友私情，不按照法律、法规规定办事，造成了社保基金的流失。

（4）国家工作人员不仅指社保行政部门的国家工作人员，还包括卫生行政部门、财政部门、审计机关等机关的国家工作人员。

2．应负的责任

国家工作人员在社会保险管理、监督工作中滥用职权、玩忽职守、徇私舞弊的，应当依照公务员法给予行政处分。需要注意的是，除了行政处分，构成犯罪的，还应当承担刑事责任。

十一、违反本法的刑事责任

本法第九十四条规定了违反本法的刑事责任的规定。

（1）本法第九十一条规定了挪用社保基金等违法行为的法律责任，情节严重的，涉嫌构成刑法第三百八十四条规定的挪用公款罪。

（2）本法第九十二条规定了泄露个人信息等违法行为的法律责任，情节严重的，涉嫌构成刑法第二百五十三条规定的出售、非法提供公民个人信息罪。

（3）本法第九十三条规定了国家工作人员在社会保险管理、监督工作中滥用职权、玩忽职守、徇私舞弊的法律责任，情节严重的，涉嫌构成刑法第三百九十七条规定的滥用职权罪、玩忽职守罪、徇私枉法罪。

（4）本法第八十七条、第八十八条、第八十九条规定的违法行为，构成犯罪的，也要根据刑法有关规定追究刑事责任。

有关附则的条款解读

一、进城务工的农村居民参加社会保险

本法第九十五条对进城务工的农村居民参加社会保险作出了规定。

进城务工的农村居民是指与用人单位建立劳动关系的农村居民，即农民工。这些农村居民与城镇职工没有身份差别，应当与城镇职工一样参加社会保险，纳入与职工相关联的

职工基本养老保险、职工基本医疗保险、工伤保险等社会保险制度中。

二、被征地农民的社会保险

本法第九十六条规定了被征地农民的社会保险。

被征地农民是指因征地影响当事人基本生活，大大降低当事人收入和生活来源的情形。国务院有关文件中曾规定是无地农民，即土地全部被征收的才是被征地农民。最近国务院文件中将被征地农民扩大为失去全部或者大部分土地的农业人口，具体对象由各地确定。

对于城市规划区内的被征地农民，有条件的地区，可将其纳入城镇职工养老、医疗、失业等社会保险参保范围，通过现行城镇职工社会保险体系解决。对城市规划区以外的被征地农民，凡已经建立农村社会养老保险制度、新型农村合作医疗制度和农村最低生活保障制度的地区，要按规定将其纳入相应的保障范围。

在征地过程中，依照法律规定支付土地补偿费和安置补助费，尚不能使被征地农民保持原有生活水平的，不足以支付因征地而无地农民社会保障费用的，省级人民政府应当批准增加安置补助费。

三、外国人参加我国社会保险

本法第九十七条对外国人参加我国社会保险作出了规定。

外国人在中国境内就业的，参照本法固定参加社会保险。所谓参照，是指原则依照本法执行，但允许有所变通。在没有变通规定时，外国人应当依照本法参加社会保险。在有权机关作出变通规定时，外国人参加社会保险按照变通规定执行，这些变通规定包括《社会保险费征缴暂行条例》、有关社会保险的双边协定，变通的内容包括是否需要参加社会保险以及参加哪几项社会保险。

所谓外国人，是指依照国籍法规定不具有中国国籍的人员，包括具有外国国籍人员和无国籍人员。

按照《外国人在中国就业管理规定》，外国人在中国就业，是指没有取得定居权的外国人在中国境内依法从事社会劳动并获取劳动报酬的行为，包括在中国企业和外资企业及其子公司、办事机构就业的。台湾居民、香港和澳门居民属于中国公民，适用《台湾香港澳民居民在内地就业管理规定》，按照《社会保险费征缴暂行条例》的规定缴纳社会保险费，不适用本条规定。

四、社会保险施行时间

本法第九十八条是关于社会保险法实施日期的规定。

附录01：中华人民共和国社会保险法

中华人民共和国社会保险法

（2010年10月28日第十一届全国人民代表大会常务委员会第十七次会议通过）

目　录

第一章　总则

第一条　为了规范社会保险关系，维护公民参加社会保险和享受社会保险待遇的合法权益，使公民共享发展成果，促进社会和谐稳定，根据宪法，制定本法。

第二条　国家建立基本养老保险、基本医疗保险、工伤保险、失业保险、生育保险等社会保险制度，保障公民在年老、疾病、工伤、失业、生育等情况下依法从国家和社会获得物质帮助的权利。

第三条　社会保险制度坚持广覆盖、保基本、多层次、可持续的方针，社会保险水平应当与经济社会发展水平相适应。

第四条　中华人民共和国境内的用人单位和个人依法缴纳社会保险费，有权查询缴费记录、个人权益记录，要求社会保险经办机构提供社会保险咨询等相关服务。

个人依法享受社会保险待遇，有权监督本单位为其缴费情况。

第五条　县级以上人民政府将社会保险事业纳入国民经济和社会发展规划。

国家多渠道筹集社会保险资金。县级以上人民政府对社会保险事业给予必要的经费支持。

国家通过税收优惠政策支持社会保险事业。

第六条　国家对社会保险基金实行严格监管。

国务院和省、自治区、直辖市人民政府建立健全社会保险基金监督管理制度，保障社会保险基金安全、有效运行。

县级以上人民政府采取措施，鼓励和支持社会各方面参与社会保险基金的监督。

第七条　国务院社会保险行政部门负责全国的社会保险管理工作，国务院其他有关部门在各自的职责范围内负责有关的社会保险工作。

县级以上地方人民政府社会保险行政部门负责本行政区域的社会保险管理工作，县级以上地方人民政府其他有关部门在各自的职责范围内负责有关的社会保险工作。

第八条　社会保险经办机构提供社会保险服务，负责社会保险登记、个人权益记录、社会保险待遇支付等工作。

第九条　工会依法维护职工的合法权益，有权参与社会保险重大事项的研究，参加社会保险监督委员会，对与职工社会保险权益有关的事项进行监督。

第二章　基本养老保险

第十条　职工应当参加基本养老保险，由用人单位和职工共同缴纳基本养老保险费。

无雇工的个体工商户、未在用人单位参加基本养老保险的非全日制从业人员以及其他灵活就业人员可以参加基本养老保险，由个人缴纳基本养老保险费。

公务员和参照公务员法管理的工作人员养老保险的办法由国务院规定。

第十一条　基本养老保险实行社会统筹与个人账户相结合。

基本养老保险基金由用人单位和个人缴费以及政府补贴等组成。

第十二条　用人单位应当按照国家规定的本单位职工工资总额的比例缴纳基本养老保险费，记入基本养老保险统筹基金。

职工应当按照国家规定的本人工资的比例缴纳基本养老保险费，记入个人账户。

无雇工的个体工商户、未在用人单位参加基本养老保险的非全日制从业人员以及其他灵活就业人员参加基本养老保险的，应当按照国家规定缴纳基本养老保险费，分别记入基本养老保险统筹基金和个人账户。

第十三条　国有企业、事业单位职工参加基本养老保险前，视同缴费年限期间应当缴纳的基本养老保险费由政府承担。

基本养老保险基金出现支付不足时，政府给予补贴。

第十四条　个人账户不得提前支取，记账利率不得低于银行定期存款利率，免征利息税。个人死亡的，个人账户余额可以继承。

第十五条　基本养老金由统筹养老金和个人账户养老金组成。

基本养老金根据个人累计缴费年限、缴费工资、当地职工平均工资、个人账户金额、城镇人口平均预期寿命等因素确定。

第十六条　参加基本养老保险的个人，达到法定退休年龄时累计缴费满十五年的，按月领取基本养老金。

参加基本养老保险的个人，达到法定退休年龄时累计缴费不足十五年的，可以缴费至满十五年，按月领取基本养老金；也可以转入新型农村社会养老保险或者城镇居民社会养老保险，按照国务院规定享受相应的养老保险待遇。

第十七条　参加基本养老保险的个人，因病或者非因工死亡的，其遗属可以领取丧葬补助金和抚恤金；在未达到法定退休年龄时因病或者非因工致残完全丧失劳动能力的，可以领取病残津贴。所需资金从基本养老保险基金中支付。

第十八条　国家建立基本养老金正常调整机制。根据职工平均工资增长、物价上涨情况，适时提高基本养老保险待遇水平。

第十九条　个人跨统筹地区就业的，其基本养老保险关系随本人转移，缴费年限累计计算。个人达到法定退休年龄时，基本养老金分段计算、统一支付。具体办法由国务院规定。

第二十条　国家建立和完善新型农村社会养老保险制度。

新型农村社会养老保险实行个人缴费、集体补助和政府补贴相结合。

第二十一条　新型农村社会养老保险待遇由基础养老金和个人账户养老金组成。

参加新型农村社会养老保险的农村居民，符合国家规定条件的，按月领取新型农村社会养老保险待遇。

第二十二条　国家建立和完善城镇居民社会养老保险制度。

省、自治区、直辖市人民政府根据实际情况，可以将城镇居民社会养老保险和新型农村社会养老保险合并实施。

第三章　基本医疗保险

第二十三条　职工应当参加职工基本医疗保险，由用人单位和职工按照国家规定共同缴纳基本医疗保险费。

无雇工的个体工商户、未在用人单位参加职工基本医疗保险的非全日制从业人员以及其他灵活就业人员可以参加职工基本医疗保险，由个人按照国家规定缴纳基本医疗保险费。

第二十四条　国家建立和完善新型农村合作医疗制度。

新型农村合作医疗的管理办法，由国务院规定。

第二十五条　国家建立和完善城镇居民基本医疗保险制度。

城镇居民基本医疗保险实行个人缴费和政府补贴相结合。

享受最低生活保障的人、丧失劳动能力的残疾人、低收入家庭六十周岁以上的老年人和未成年人等所需个人缴费部分，由政府给予补贴。

第二十六条　职工基本医疗保险、新型农村合作医疗和城镇居民基本医疗保险的待遇标准按照国家规定执行。

第二十七条　参加职工基本医疗保险的个人，达到法定退休年龄时累计缴费达到国家规定年限的，退休后不再缴纳基本医疗保险费，按照国家规定享受基本医疗保险待遇；未达到国家规定年限的，可以缴费至国家规定年限。

第二十八条　符合基本医疗保险药品目录、诊疗项目、医疗服务设施标准以及急诊、抢救的医疗费用，按照国家规定从基本医疗保险基金中支付。

第二十九条　参保人员医疗费用中应当由基本医疗保险基金支付的部分，由社会保险经办机构与医疗机构、药品经营单位直接结算。

社会保险行政部门和卫生行政部门应当建立异地就医医疗费用结算制度，方便参保人员享受基本医疗保险待遇。

第三十条　下列医疗费用不纳入基本医疗保险基金支付范围：

（一）应当从工伤保险基金中支付的；

（二）应当由第三人负担的；

（三）应当由公共卫生负担的；

（四）在境外就医的。

医疗费用依法应当由第三人负担，第三人不支付或者无法确定第三人的，由基本医疗保险基金先行支付。基本医疗保险基金先行支付后，有权向第三人追偿。

第三十一条　社会保险经办机构根据管理服务的需要，可以与医疗机构、药品经营单位签订服务协议，规范医疗服务行为。

医疗机构应当为参保人员提供合理、必要的医疗服务。

第三十二条　个人跨统筹地区就业的，其基本医疗保险关系随本人转移，缴费年限累计计算。

第四章　工伤保险

第三十三条　职工应当参加工伤保险，由用人单位缴纳工伤保险费，职工不缴纳工伤保险费。

第三十四条　国家根据不同行业的工伤风险程度确定行业的差别费率，并根据使用工伤保险基金、工伤发生率等情况在每个行业内确定费率档次。行业差别费率和行业内费率档次由国务院社会保险行政部门制定，报国务院批准后公布施行。

社会保险经办机构根据用人单位使用工伤保险基金、工伤发生率和所属行业费率档次等情况，确定用人单位缴费费率。

第三十五条　用人单位应当按照本单位职工工资总额，根据社会保险经办机构确定的费率缴纳工伤保险费。

第三十六条　职工因工作原因受到事故伤害或者患职业病，且经工伤认定的，享受工伤保险待遇；其中，经劳动能力鉴定丧失劳动能力的，享受伤残待遇。

工伤认定和劳动能力鉴定应当简捷、方便。

第三十七条　职工因下列情形之一导致本人在工作中伤亡的，不认定为工伤：

（一）故意犯罪；

（二）醉酒或者吸毒；

（三）自残或者自杀；

（四）法律、行政法规规定的其他情形。

第三十八条　因工伤发生的下列费用，按照国家规定从工伤保险基金中支付：

（一）治疗工伤的医疗费用和康复费用；

（二）住院伙食补助费；

（三）到统筹地区以外就医的交通食宿费；

（四）安装配置伤残辅助器具所需费用；

（五）生活不能自理的，经劳动能力鉴定委员会确认的生活护理费；

（六）一次性伤残补助金和一至四级伤残职工按月领取的伤残津贴；

（七）终止或者解除劳动合同时，应当享受的一次性医疗补助金；

（八）因工死亡的，其遗属领取的丧葬补助金、供养亲属抚恤金和因工死亡补助金；

（九）劳动能力鉴定费。

第三十九　条因工伤发生的下列费用，按照国家规定由用人单位支付：

（一）治疗工伤期间的工资福利；

（二）五级、六级伤残职工按月领取的伤残津贴；

（三）终止或者解除劳动合同时，应当享受的一次性伤残就业补助金。

第四十条　工伤职工符合领取基本养老金条件的，停发伤残津贴，享受基本养老保险待遇。基本养老保险待遇低于伤残津贴的，从工伤保险基金中补足差额。

第四十一条　职工所在用人单位未依法缴纳工伤保险费，发生工伤事故的，由用人单位支付工伤保险待遇。用人单位不支付的，从工伤保险基金中先行支付。

从工伤保险基金中先行支付的工伤保险待遇应当由用人单位偿还。用人单位不偿还的，社会保险经办机构可以依照本法第六十三条的规定追偿。

第四十二条　由于第三人的原因造成工伤，第三人不支付工伤医疗费用或者无法确定第三人的，由工伤保险基金先行支付。工伤保险基金先行支付后，有权向第三人追偿。

第四十三条　工伤职工有下列情形之一的，停止享受工伤保险待遇：

（一）丧失享受待遇条件的；

（二）拒不接受劳动能力鉴定的；

（三）拒绝治疗的。

第五章　失业保险

第四十四条　职工应当参加失业保险，由用人单位和职工按照国家规定共同缴纳失业保险费。

第四十五条　失业人员符合下列条件的，从失业保险基金中领取失业保险金：

（一）失业前用人单位和本人已经缴纳失业保险费满一年的；

（二）非因本人意愿中断就业的；

（三）已经进行失业登记，并有求职要求的。

第四十六条　失业人员失业前用人单位和本人累计缴费满一年不足五年的，领取失业保险金的期限最长为十二个月；累计缴费满五年不足十年的，领取失业保险金的期限最长为十八个月；累计缴费十年以上的，领取失业保险金的期限最长为二十四个月。重新就业后，再次失业的，缴费时间重新计算，领取失业保险金的期限与前次失业应当领取而尚未领取的失业保险金的期限合并计算，最长不超过二十四个月。

第四十七条　失业保险金的标准，由省、自治区、直辖市人民政府确定，不得低于城市居民最低生活保障标准。

第四十八条　失业人员在领取失业保险金期间，参加职工基本医疗保险，享受基本医疗保险待遇。

失业人员应当缴纳的基本医疗保险费从失业保险基金中支付，个人不缴纳基本医疗保险费。

第四十九条　失业人员在领取失业保险金期间死亡的，参照当地对在职职工死亡的规定，向其遗属发给一次性丧葬补助金和抚恤金。所需资金从失业保险基金中支付。

个人死亡同时符合领取基本养老保险丧葬补助金、工伤保险丧葬补助金和失业保险丧葬补助金条件的，其遗属只能选择领取其中的一项。

第五十条　用人单位应当及时为失业人员出具终止或者解除劳动关系的证明，并将失业人员的名单自终止或者解除劳动关系之日起十五日内告知社会保险经办机构。

失业人员应当持本单位为其出具的终止或者解除劳动关系的证明，及时到指定的公共就业服务机构办理失业登记。

失业人员凭失业登记证明和个人身份证明，到社会保险经办机构办理领取失业保险金的手续。失业保险金领取期限自办理失业登记之日起计算。

第五十一条　失业人员在领取失业保险金期间有下列情形之一的，停止领取失业保险金，并同时停止享受其他失业保险待遇：

（一）重新就业的；

（二）应征服兵役的；

（三）移居境外的；

（四）享受基本养老保险待遇的；

（五）无正当理由，拒不接受当地人民政府指定部门或者机构介绍的适当工作或者提供的培训的。

第五十二条 职工跨统筹地区就业的，其失业保险关系随本人转移，缴费年限累计计算。

第六章 生育保险

第五十三条 职工应当参加生育保险，由用人单位按照国家规定缴纳生育保险费，职工不缴纳生育保险费。

第五十四条 用人单位已经缴纳生育保险费的，其职工享受生育保险待遇；职工未就业配偶按照国家规定享受生育医疗费用待遇。所需资金从生育保险基金中支付。

生育保险待遇包括生育医疗费用和生育津贴。

第五十五条 生育医疗费用包括下列各项：

（一）生育的医疗费用；

（二）计划生育的医疗费用；

（三）法律、法规规定的其他项目费用。

第五十六条 职工有下列情形之一的，可以按照国家规定享受生育津贴：

（一）女职工生育享受产假；

（二）享受计划生育手术休假；

（三）法律、法规规定的其他情形。

生育津贴按照职工所在用人单位上年度职工月平均工资计发。

第七章 社会保险费征缴

第五十七条 用人单位应当自成立之日起三十日内凭营业执照、登记证书或者单位印章，向当地社会保险经办机构申请办理社会保险登记。社会保险经办机构应当自收到申请之日起十五日内予以审核，发给社会保险登记证件。

用人单位的社会保险登记事项发生变更或者用人单位依法终止的，应当自变更或者终止之日起三十日内，到社会保险经办机构办理变更或者注销社会保险登记。

工商行政管理部门、民政部门和机构编制管理机关应当及时向社会保险经办机构通报用人单位的成立、终止情况，公安机关应当及时向社会保险经办机构通报个人的出生、死亡以及户口登记、迁移、注销等情况。

第五十八条 用人单位应当自用工之日起三十日内为其职工向社会保险经办机构申请办理社会保险登记。未办理社会保险登记的，由社会保险经办机构核定其应当缴纳的社会保险费。

自愿参加社会保险的无雇工的个体工商户、未在用人单位参加社会保险的非全日制从业人员以及其他灵活就业人员，应当向社会保险经办机构申请办理社会保险登记。

国家建立全国统一的个人社会保障号码。个人社会保障号码为公民身份号码。

第五十九条 县级以上人民政府加强社会保险费的征收工作。

社会保险费实行统一征收，实施步骤和具体办法由国务院规定。

第六十条　用人单位应当自行申报、按时足额缴纳社会保险费，非因不可抗力等法定事由不得缓缴、减免。职工应当缴纳的社会保险费由用人单位代扣代缴，用人单位应当按月将缴纳社会保险费的明细情况告知本人。

无雇工的个体工商户、未在用人单位参加社会保险的非全日制从业人员以及其他灵活就业人员，可以直接向社会保险费征收机构缴纳社会保险费。

第六十一条　社会保险费征收机构应当依法按时足额征收社会保险费，并将缴费情况定期告知用人单位和个人。

第六十二条　用人单位未按规定申报应当缴纳的社会保险费数额的，按照该单位上月缴费额的百分之一百一十确定应当缴纳数额；缴费单位补办申报手续后，由社会保险费征收机构按照规定结算。

第六十三条　用人单位未按时足额缴纳社会保险费的，由社会保险费征收机构责令其限期缴纳或者补足。

用人单位逾期仍未缴纳或者补足社会保险费的，社会保险费征收机构可以向银行和其他金融机构查询其存款账户；并可以申请县级以上有关行政部门作出划拨社会保险费的决定，书面通知其开户银行或者其他金融机构划拨社会保险费。用人单位账户余额少于应当缴纳的社会保险费的，社会保险费征收机构可以要求该用人单位提供担保，签订延期缴费协议。

用人单位未足额缴纳社会保险费且未提供担保的，社会保险费征收机构可以申请人民法院扣押、查封、拍卖其价值相当于应当缴纳社会保险费的财产，以拍卖所得抵缴社会保险费。

第八章　社会保险基金

第六十四条　社会保险基金包括基本养老保险基金、基本医疗保险基金、工伤保险基金、失业保险基金和生育保险基金。各项社会保险基金按照社会保险险种分别建账，分账核算，执行国家统一的会计制度。

社会保险基金专款专用，任何组织和个人不得侵占或者挪用。

基本养老保险基金逐步实行全国统筹，其他社会保险基金逐步实行省级统筹，具体时间、步骤由国务院规定。

第六十五条　社会保险基金通过预算实现收支平衡。

县级以上人民政府在社会保险基金出现支付不足时，给予补贴。

第六十六条　社会保险基金按照统筹层次设立预算。社会保险基金预算按照社会保险项目分别编制。

第六十七条　社会保险基金预算、决算草案的编制、审核和批准，依照法律和国务院规定执行。

第六十八条 社会保险基金存入财政专户，具体管理办法由国务院规定。

第六十九条 社会保险基金在保证安全的前提下，按照国务院规定投资运营实现保值增值。

社会保险基金不得违规投资运营，不得用于平衡其他政府预算，不得用于兴建、改建办公场所和支付人员经费、运行费用、管理费用，或者违反法律、行政法规规定挪作其他用途。

第七十条 社会保险经办机构应当定期向社会公布参加社会保险情况以及社会保险基金的收入、支出、结余和收益情况。

第七十一条 国家设立全国社会保障基金，由中央财政预算拨款以及国务院批准的其他方式筹集的资金构成，用于社会保障支出的补充、调剂。全国社会保障基金由全国社会保障基金管理运营机构负责管理运营，在保证安全的前提下实现保值增值。

全国社会保障基金应当定期向社会公布收支、管理和投资运营的情况。国务院财政部门、社会保险行政部门、审计机关对全国社会保障基金的收支、管理和投资运营情况实施监督。

第九章 社会保险经办

第七十二条 统筹地区设立社会保险经办机构。社会保险经办机构根据工作需要，经所在地的社会保险行政部门和机构编制管理机关批准，可以在本统筹地区设立分支机构和服务网点。

社会保险经办机构的人员经费和经办社会保险发生的基本运行费用、管理费用，由同级财政按照国家规定予以保障。

第七十三条 社会保险经办机构应当建立健全业务、财务、安全和风险管理制度。

社会保险经办机构应当按时足额支付社会保险待遇。

第七十四条 社会保险经办机构通过业务经办、统计、调查获取社会保险工作所需的数据，有关单位和个人应当及时、如实提供。

社会保险经办机构应当及时为用人单位建立档案，完整、准确地记录参加社会保险的人员、缴费等社会保险数据，妥善保管登记、申报的原始凭证和支付结算的会计凭证。

社会保险经办机构应当及时、完整、准确地记录参加社会保险的个人缴费和用人单位为其缴费，以及享受社会保险待遇等个人权益记录，定期将个人权益记录单免费寄送本人。

用人单位和个人可以免费向社会保险经办机构查询、核对其缴费和享受社会保险待遇记录，要求社会保险经办机构提供社会保险咨询等相关服务。

第七十五条 全国社会保险信息系统按照国家统一规划，由县级以上人民政府按照分级负责的原则共同建设。

第十章 社会保险监督

第七十六条 各级人民代表大会常务委员会听取和审议本级人民政府对社会保险基金的收支、管理、投资运营以及监督检查情况的专项工作报告，组织对本法实施情况的执法检查等，依法行使监督职权。

第七十七条 县级以上人民政府社会保险行政部门应当加强对用人单位和个人遵守社会保险法律、法规情况的监督检查。

社会保险行政部门实施监督检查时，被检查的用人单位和个人应当如实提供与社会保险有关的资料，不得拒绝检查或者谎报、瞒报。

第七十八条 财政部门、审计机关按照各自职责，对社会保险基金的收支、管理和投资运营情况实施监督。

第七十九条 社会保险行政部门对社会保险基金的收支、管理和投资运营情况进行监督检查，发现存在问题的，应当提出整改建议，依法作出处理决定或者向有关行政部门提出处理建议。社会保险基金检查结果应当定期向社会公布。

社会保险行政部门对社会保险基金实施监督检查，有权采取下列措施：

（一）查阅、记录、复制与社会保险基金收支、管理和投资运营相关的资料，对可能被转移、隐匿或者灭失的资料予以封存；

（二）询问与调查事项有关的单位和个人，要求其对与调查事项有关的问题作出说明、提供有关证明材料；

（三）对隐匿、转移、侵占、挪用社会保险基金的行为予以制止并责令改正。

第八十条 统筹地区人民政府成立由用人单位代表、参保人员代表，以及工会代表、专家等组成的社会保险监督委员会，掌握、分析社会保险基金的收支、管理和投资运营情况，对社会保险工作提出咨询意见和建议，实施社会监督。

社会保险经办机构应当定期向社会保险监督委员会汇报社会保险基金的收支、管理和投资运营情况。社会保险监督委员会可以聘请会计师事务所对社会保险基金的收支、管理和投资运营情况进行年度审计和专项审计。审计结果应当向社会公开。

社会保险监督委员会发现社会保险基金收支、管理和投资运营中存在问题的，有权提出改正建议；对社会保险经办机构及其工作人员的违法行为，有权向有关部门提出依法处理建议。

第八十一条 社会保险行政部门和其他有关行政部门、社会保险经办机构、社会保险费征收机构及其工作人员，应当依法为用人单位和个人的信息保密，不得以任何形式泄露。

第八十二条 任何组织或者个人有权对违反社会保险法律、法规的行为进行举报、投诉。

社会保险行政部门、卫生行政部门、社会保险经办机构、社会保险费征收机构和财政部门、审计机关对属于本部门、本机构职责范围的举报、投诉，应当依法处理；对不属于本部门、本机构职责范围的，应当书面通知并移交有权处理的部门、机构处理。有权处理的部门、机构应当及时处理，不得推诿。

第八十三条　用人单位或者个人认为社会保险费征收机构的行为侵害自己合法权益的，可以依法申请行政复议或者提起行政诉讼。

用人单位或者个人对社会保险经办机构不依法办理社会保险登记、核定社会保险费、支付社会保险待遇、办理社会保险转移接续手续或者侵害其他社会保险权益的行为，可以依法申请行政复议或者提起行政诉讼。

个人与所在用人单位发生社会保险争议的，可以依法申请调解、仲裁，提起诉讼。用人单位侵害个人社会保险权益的，个人也可以要求社会保险行政部门或者社会保险费征收机构依法处理。

第十一章　法律责任

第八十四条　用人单位不办理社会保险登记的，由社会保险行政部门责令限期改正；逾期不改正的，对用人单位处应缴社会保险费数额一倍以上三倍以下的罚款，对其直接负责的主管人员和其他直接责任人员处五百元以上三千元以下的罚款。

第八十五条　用人单位拒不出具终止或者解除劳动关系证明的，依照《中华人民共和国劳动合同法》的规定处理。

第八十六条　用人单位未按时足额缴纳社会保险费的，由社会保险费征收机构责令限期缴纳或者补足，并自欠缴之日起，按日加收万分之五的滞纳金；逾期仍不缴纳的，由有关行政部门处欠缴数额一倍以上三倍以下的罚款。

第八十七条　社会保险经办机构以及医疗机构、药品经营单位等社会保险服务机构以欺诈、伪造证明材料或者其他手段骗取社会保险基金支出的，由社会保险行政部门责令退回骗取的社会保险金，处骗取金额二倍以上五倍以下的罚款；属于社会保险服务机构的，解除服务协议；直接负责的主管人员和其他直接责任人员有执业资格的，依法吊销其执业资格。

第八十八条　以欺诈、伪造证明材料或者其他手段骗取社会保险待遇的，由社会保险行政部门责令退回骗取的社会保险金，处骗取金额二倍以上五倍以下的罚款。

第八十九条　社会保险经办机构及其工作人员有下列行为之一的，由社会保险行政部门责令改正；给社会保险基金、用人单位或者个人造成损失的，依法承担赔偿责任；对直接负责的主管人员和其他直接责任人员依法给予处分：

（一）未履行社会保险法定职责的；

（二）未将社会保险基金存入财政专户的；

（三）克扣或者拒不按时支付社会保险待遇的；

（四）丢失或者篡改缴费记录、享受社会保险待遇记录等社会保险数据、个人权益记录的；

（五）有违反社会保险法律、法规的其他行为的。

第九十条　社会保险费征收机构擅自更改社会保险费缴费基数、费率，导致少收或者多收社会保险费的，由有关行政部门责令其追缴应当缴纳的社会保险费或者退还不应当缴纳的社会保险费；对直接负责的主管人员和其他直接责任人员依法给予处分。

第九十一条　违反本法规定，隐匿、转移、侵占、挪用社会保险基金或者违规投资运营的，由社会保险行政部门、财政部门、审计机关责令追回；有违法所得的，没收违法所得；对直接负责的主管人员和其他直接责任人员依法给予处分。

第九十二条　社会保险行政部门和其他有关行政部门、社会保险经办机构、社会保险费征收机构及其工作人员泄露用人单位和个人信息的，对直接负责的主管人员和其他直接责任人员依法给予处分；给用人单位或者个人造成损失的，应当承担赔偿责任。

第九十三条　国家工作人员在社会保险管理、监督工作中滥用职权、玩忽职守、徇私舞弊的，依法给予处分。

第九十四条　违反本法规定，构成犯罪的，依法追究刑事责任。

第十二章　附则

第九十五条　进城务工的农村居民依照本法规定参加社会保险。

第九十六条　征收农村集体所有的土地，应当足额安排被征地农民的社会保险费，按照国务院规定将被征地农民纳入相应的社会保险制度。

第九十七条　外国人在中国境内就业的，参照本法规定参加社会保险。

第九十八条　本法自2011年7月1日起施行。

附录02：社会保险法实施条例

社会保险法实施条例

《实施〈中华人民共和国社会保险法〉若干规定》已经人力资源和社会保障部第67次部务会审议通过，现予公布，自2011年7月1日起施行。为了实施《中华人民共和国社会保险法》（以下简称社会保险法），制定以下规定。

第一章　关于基本养老保险

第一条　社会保险法第十五条规定的统筹养老金，按照国务院规定的基础养老金计发办法计发。

第二条　参加职工基本养老保险的个人达到法定退休年龄时，累计缴费不足十五年的，可以延长缴费至满十五年。社会保险法实施前参保、延长缴费五年后仍不足十五年的，可以一次性缴费至满十五年。

第三条 参加职工基本养老保险的个人达到法定退休年龄后，累计缴费不足十五年（含依照第二条规定延长缴费）的，可以申请转入户籍所在地新型农村社会养老保险或者城镇居民社会养老保险，享受相应的养老保险待遇。

参加职工基本养老保险的个人达到法定退休年龄后，累计缴费不足十五年（含依照第二条规定延长缴费），且未转入新型农村社会养老保险或者城镇居民社会养老保险的，个人可以书面申请终止职工基本养老保险关系。社会保险经办机构收到申请后，应当书面告知其转入新型农村社会养老保险或者城镇居民社会养老保险的权利以及终止职工基本养老保险关系的后果，经本人书面确认后，终止其职工基本养老保险关系，并将个人账户储存额一次性支付给本人。

第四条 参加职工基本养老保险的个人跨省流动就业，达到法定退休年龄时累计缴费不足十五年的，按照《国务院办公厅关于转发人力资源社会保障部财政部城镇企业职工基本养老保险关系转移接续暂行办法的通知》（国办发[2009]66号）有关待遇领取地的规定确定继续缴费地后，按照此规定第二条办理。

第五条 参加职工基本养老保险的个人跨省流动就业，符合按月领取基本养老金条件时，基本养老金分段计算、统一支付的具体办法，按照《国务院办公厅关于转发人力资源社会保障部财政部城镇企业职工基本养老保险关系转移接续暂行办法的通知》（国办发〔2009〕66号）执行。

第六条 职工基本养老保险个人账户不得提前支取。个人在达到法定的领取基本养老金条件前离境定居的，其个人账户予以保留，达到法定领取条件时，按照国家规定享受相应的养老保险待遇。其中，丧失中华人民共和国国籍的，可以在其离境时或者离境后书面申请终止职工基本养老保险关系。社会保险经办机构收到申请后，应当书面告知其保留个人账户的权利以及终止职工基本养老保险关系的后果，经本人书面确认后，终止其职工基本养老保险关系，并将个人账户储存额一次性支付给本人。

参加职工基本养老保险的个人死亡后，其个人账户中的余额可以全部依法继承。

第二章 关于基本医疗保险

第七条 社会保险法第二十七条规定的退休人员享受基本医疗保险待遇的缴费年限按照各地规定执行。

参加职工基本医疗保险的个人，基本医疗保险关系转移接续时，基本医疗保险缴费年限累计计算。

第八条 参保人员在协议医疗机构发生的医疗费用，符合基本医疗保险药品目录、诊疗项目、医疗服务设施标准的，按照国家规定从基本医疗保险基金中支付。

参保人员确需急诊、抢救的，可以在非协议医疗机构就医；因抢救必须使用的药品可以适当放宽范围。参保人员急诊、抢救的医疗服务具体管理办法由统筹地区根据当地实际情况制定。

第三章　关于工伤保险

第九条　职工（包括非全日制从业人员）在两个或者两个以上用人单位同时就业的，各用人单位应当分别为职工缴纳工伤保险费。职工发生工伤，由职工受到伤害时工作的单位依法承担工伤保险责任。

第十条　社会保险法第三十七条第二项中的醉酒标准，按照《车辆驾驶人员血液、呼气酒精含量阈值与检验》（GB19522-2004）执行。公安机关交通管理部门、医疗机构等有关单位依法出具的检测结论、诊断证明等材料，可以作为认定醉酒的依据。

第十一条　社会保险法第三十八条第八项中的因工死亡补助金是指《工伤保险条例》第三十九条的一次性工亡补助金，标准为工伤发生时上一年度全国城镇居民人均可支配收入的20倍。

上一年度全国城镇居民人均可支配收入以国家统计局公布的数据为准。

第十二条　社会保险法第三十九条第一项治疗工伤期间的工资福利，按照《工伤保险条例》第三十三条有关职工在停工留薪期内应当享受的工资福利和护理等待遇的规定执行。

第四章　关于失业保险

第十三条　失业人员符合社会保险法第四十五条规定条件的，可以申请领取失业保险金并享受其他失业保险待遇。其中，非因本人意愿中断就业包括下列情形：

（一）依照劳动合同法第四十四条第一项、第四项、第五项规定终止劳动合同的；

（二）由用人单位依照劳动合同法第三十九条、第四十条、第四十一条规定解除劳动合同的；

（三）用人单位依照劳动合同法第三十六条规定向劳动者提出解除劳动合同并与劳动者协商一致解除劳动合同的；

（四）由用人单位提出解除聘用合同或者被用人单位辞退、除名、开除的；

（五）劳动者本人依照劳动合同法第三十八条规定解除劳动合同的；

（六）法律、法规、规章规定的其他情形。

第十四条　失业人员领取失业保险金后重新就业的，再次失业时，缴费时间重新计算。失业人员因当期不符合失业保险金领取条件的，原有缴费时间予以保留，重新就业并参保的，缴费时间累计计算。

第十五条　失业人员在领取失业保险金期间，应当积极求职，接受职业介绍和职业培训。失业人员接受职业介绍、职业培训的补贴由失业保险基金按照规定支付。

第五章　关于基金管理和经办服务

第十六条　社会保险基金预算、决算草案的编制、审核和批准，依照《国务院关于试行社会保险基金预算的意见》（国发〔2010〕2号）的规定执行。

第十七条　社会保险经办机构应当每年至少一次将参保人员个人权益记录单通过邮寄方式寄送本人。同时，社会保险经办机构可以通过手机短信或者电子邮件等方式向参保人员发送个人权益记录。

第十八条　社会保险行政部门、社会保险经办机构及其工作人员应当依法为用人单位和个人的信息保密，不得违法向他人泄露下列信息：

（一）涉及用人单位商业秘密或者公开后可能损害用人单位合法利益的信息；

（二）涉及个人权益的信息。

第六章　关于法律责任

第十九条　用人单位在终止或者解除劳动合同时拒不向职工出具终止或者解除劳动关系证明，导致职工无法享受社会保险待遇的，用人单位应当依法承担赔偿责任。

第二十条　职工应当缴纳的社会保险费由用人单位代扣代缴。用人单位未依法代扣代缴的，由社会保险费征收机构责令用人单位限期代缴，并自欠缴之日起向用人单位按日加收万分之五的滞纳金。用人单位不得要求职工承担滞纳金。

第二十一条　用人单位因不可抗力造成生产经营出现严重困难的，经省级人民政府社会保险行政部门批准后，可以暂缓缴纳一定期限的社会保险费，期限一般不超过一年。暂缓缴费期间，免收滞纳金。到期后，用人单位应当缴纳相应的社会保险费。

第二十二条　用人单位按照社会保险法第六十三条的规定，提供担保并与社会保险费征收机构签订缓缴协议的，免收缓缴期间的滞纳金。

第二十三条　用人单位按照此规定第二十一条、第二十二条缓缴社会保险费期间，不影响其职工依法享受社会保险待遇。

第二十四条　用人单位未按月将缴纳社会保险费的明细情况告知职工本人的，由社会保险行政部门责令改正；逾期不改的，按照《劳动保障监察条例》第三十条的规定处理。

第二十五条　医疗机构、药品经营单位等社会保险服务机构以欺诈、伪造证明材料或者其他手段骗取社会保险基金支出的，由社会保险行政部门责令退回骗取的社会保险金，处骗取金额二倍以上五倍以下的罚款。对与社会保险经办机构签订服务协议的医疗机构、药品经营单位，由社会保险经办机构按照协议追究责任，情节严重的，可以解除与其签订的服务协议。对有执业资格的直接负责的主管人员和其他直接责任人员，由社会保险行政部门建议授予其执业资格的有关主管部门依法吊销其执业资格。

第二十六条　社会保险经办机构、社会保险费征收机构、社会保险基金投资运营机构、开设社会保险基金专户的机构和专户管理银行及其工作人员有下列违法情形的，由社会保险行政部门按照社会保险法第九十一条的规定查处：

（一）将应征和已征的社会保险基金，采取隐藏、非法放置等手段，未按规定征缴、入账的；

（二）违规将社会保险基金转入社会保险基金专户以外的账户的；

（三）侵吞社会保险基金的；

（四）将各项社会保险基金互相挤占或者其他社会保障基金挤占社会保险基金的；

（五）将社会保险基金用于平衡财政预算，兴建、改建办公场所和支付人员经费、运行费用、管理费用的；

（六）违反国家规定的投资运营政策的。

第七章　其他

第二十七条　职工与所在用人单位发生社会保险争议的，可以依照《中华人民共和国劳动争议调解仲裁法》、《劳动人事争议仲裁办案规则》的规定，申请调解、仲裁，提起诉讼。

职工认为用人单位有未按时足额为其缴纳社会保险费等侵害其社会保险权益行为的，也可以要求社会保险行政部门或者社会保险费征收机构依法处理。社会保险行政部门或者社会保险费征收机构应当按照社会保险法和《劳动保障监察条例》等相关规定处理。在处理过程中，用人单位对双方的劳动关系提出异议的，社会保险行政部门应当依法查明相关事实后继续处理。

第二十八条　在社会保险经办机构征收社会保险费的地区，社会保险行政部门应当依法履行社会保险法第六十三条所规定的有关行政部门的职责。

第二十九条　2011年7月1日后对用人单位未按时足额缴纳社会保险费的处理，按照社会保险法和此规定执行；对2011年7月1日前发生的用人单位未按时足额缴纳社会保险费的行为，按照国家和地方人民政府的有关规定执行。

第三十条　此规定2011年7月1日施行。

附录03：工伤保险条例

工伤保险条例

（2003年4月27日中华人民共和国国务院令第375号公布　根据2010年12月20日《国务院关于修改〈工伤保险条例〉的决定》修订）

第一章　总则

第一条　为了保障因工作遭受事故伤害或者患职业病的职工获得医疗救治和经济补偿，促进工伤预防和职业康复，分散用人单位的工伤风险，制定本条例。

第二条　中华人民共和国境内的企业、事业单位、社会团体、民办非企业单位、基金会、律师事务所、会计师事务所等组织和有雇工的个体工商户（以下称用人单位）应当依照本条例规定参加工伤保险，为本单位全部职工或者雇工（以下称职工）缴纳工伤保险费。

中华人民共和国境内的企业、事业单位、社会团体、民办非企业单位、基金会、律师事务所、会计师事务所等组织的职工和个体工商户的雇工，均有依照本条例的规定享受工伤保险待遇的权利。

第三条　工伤保险费的征缴按照《社会保险费征缴暂行条例》关于基本养老保险费、基本医疗保险费、失业保险费的征缴规定执行。

第四条　用人单位应当将参加工伤保险的有关情况在本单位内公示。

用人单位和职工应当遵守有关安全生产和职业病防治的法律法规，执行安全卫生规程和标准，预防工伤事故发生，避免和减少职业病危害。

职工发生工伤时，用人单位应当采取措施使工伤职工得到及时救治。

第五条　国务院社会保险行政部门负责全国的工伤保险工作。

县级以上地方各级人民政府社会保险行政部门负责本行政区域内的工伤保险工作。

社会保险行政部门按照国务院有关规定设立的社会保险经办机构（以下称经办机构）具体承办工伤保险事务。

第六条　社会保险行政部门等部门制定工伤保险的政策、标准，应当征求工会组织、用人单位代表的意见。

第二章　工伤保险基金

第七条　工伤保险基金由用人单位缴纳的工伤保险费、工伤保险基金的利息和依法纳入工伤保险基金的其他资金构成。

第八条　工伤保险费根据以支定收、收支平衡的原则，确定费率。

国家根据不同行业的工伤风险程度确定行业的差别费率，并根据工伤保险费使用、工伤发生率等情况在每个行业内确定若干费率档次。行业差别费率及行业内费率档次由国务院社会保险行政部门制定，报国务院批准后公布施行。

统筹地区经办机构根据用人单位工伤保险费使用、工伤发生率等情况，适用所属行业内相应的费率档次确定单位缴费费率。

第九条　国务院社会保险行政部门应当定期了解全国各统筹地区工伤保险基金收支情况，及时提出调整行业差别费率及行业内费率档次的方案，报国务院批准后公布施行。

第十条　用人单位应当按时缴纳工伤保险费。职工个人不缴纳工伤保险费。

用人单位缴纳工伤保险费的数额为本单位职工工资总额乘以单位缴费费率之积。

对难以按照工资总额缴纳工伤保险费的行业，其缴纳工伤保险费的具体方式，由国务院社会保险行政部门规定。

第十一条　工伤保险基金逐步实行省级统筹。

跨地区、生产流动性较大的行业，可以采取相对集中的方式异地参加统筹地区的工伤保险。具体办法由国务院社会保险行政部门会同有关行业的主管部门制定。

第十二条　工伤保险基金存入社会保障基金财政专户，用于本条例规定的工伤保险待遇，劳动能力鉴定，工伤预防的宣传、培训等费用，以及法律、法规规定的用于工伤保险的其他费用的支付。

工伤预防费用的提取比例、使用和管理的具体办法，由国务院社会保险行政部门会同国务院财政、卫生行政、安全生产监督管理等部门规定。

任何单位或者个人不得将工伤保险基金用于投资运营、兴建或者改建办公场所、发放奖金，或者挪作其他用途。

第十三条　工伤保险基金应当留有一定比例的储备金，用于统筹地区重大事故的工伤保险待遇支付；储备金不足支付的，由统筹地区的人民政府垫付。储备金占基金总额的具体比例和储备金的使用办法，由省、自治区、直辖市人民政府规定。

第三章　工伤认定

第十四条　职工有下列情形之一的，应当认定为工伤：

（一）在工作时间和工作场所内，因工作原因受到事故伤害的；

（二）工作时间前后在工作场所内，从事与工作有关的预备性或者收尾性工作受到事故伤害的；

（三）在工作时间和工作场所内，因履行工作职责受到暴力等意外伤害的；

（四）患职业病的；

（五）因工外出期间，由于工作原因受到伤害或者发生事故下落不明的；

（六）在上下班途中，受到非本人主要责任的交通事故或者城市轨道交通、客运轮渡、火车事故伤害的；

（七）法律、行政法规规定应当认定为工伤的其他情形。

第十五条　职工有下列情形之一的，视同工伤：

（一）在工作时间和工作岗位，突发疾病死亡或者在48小时之内经抢救无效死亡的；

（二）在抢险救灾等维护国家利益、公共利益活动中受到伤害的；

（三）职工原在军队服役，因战、因公负伤致残，已取得革命伤残军人证，到用人单位后旧伤复发的。

职工有前款第（（一）项、第（（二）项情形的，按照本条例的有关规定享受工伤保险待遇；职工有前款第（（三）项情形的，按照本条例的有关规定享受除一次性伤残补助金以外的工伤保险待遇。

第十六条　职工符合本条例第十四条、第十五条的规定，但是有下列情形之一的，不得认定为工伤或者视同工伤：

（一）故意犯罪的；

（二）醉酒或者吸毒的；

（三）自残或者自杀的。

第十七条　职工发生事故伤害或者按照职业病防治法规定被诊断、鉴定为职业病，所在单位应当自事故伤害发生之日或者被诊断、鉴定为职业病之日起30日内，向统筹地区社会保险行政部门提出工伤认定申请。遇有特殊情况，经报社会保险行政部门同意，申请时限可以适当延长。

用人单位未按前款规定提出工伤认定申请的，工伤职工或者其近亲属、工会组织在事故伤害发生之日或者被诊断、鉴定为职业病之日起1年内，可以直接向用人单位所在地统筹地区社会保险行政部门提出工伤认定申请。

按照本条第一款规定应当由省级社会保险行政部门进行工伤认定的事项，根据属地原则由用人单位所在地的设区的市级社会保险行政部门办理。

用人单位未在本条第一款规定的时限内提交工伤认定申请，在此期间发生符合本条例规定的工伤待遇等有关费用由该用人单位负担。

第十八条　提出工伤认定申请应当提交下列材料：

（一）工伤认定申请表；

（二）与用人单位存在劳动关系（包括事实劳动关系）的证明材料；

（三）医疗诊断证明或者职业病诊断证明书（或者职业病诊断鉴定书）。

工伤认定申请表应当包括事故发生的时间、地点、原因以及职工伤害程度等基本情况。

工伤认定申请人提供材料不完整的，社会保险行政部门应当一次性书面告知工伤认定申请人需要补正的全部材料。申请人按照书面告知要求补正材料后，社会保险行政部门应当受理。

第十九条　社会保险行政部门受理工伤认定申请后，根据审核需要可以对事故伤害进行调查核实，用人单位、职工、工会组织、医疗机构以及有关部门应当予以协助。职业病诊断和诊断争议的鉴定，依照职业病防治法的有关规定执行。对依法取得职业病诊断证明书或者职业病诊断鉴定书的，社会保险行政部门不再进行调查核实。

职工或者其近亲属认为是工伤，用人单位不认为是工伤的，由用人单位承担举证责任。

第二十条　社会保险行政部门应当自受理工伤认定申请之日起60日内作出工伤认定的决定，并书面通知申请工伤认定的职工或者其近亲属和该职工所在单位。

社会保险行政部门对受理的事实清楚、权利义务明确的工伤认定申请，应当在15日内作出工伤认定的决定。

作出工伤认定决定需要以司法机关或者有关行政主管部门的结论为依据的，在司法机关或者有关行政主管部门尚未作出结论期间，作出工伤认定决定的时限中止。

社会保险行政部门工作人员与工伤认定申请人有利害关系的，应当回避。

第四章　劳动能力鉴定

第二十一条　职工发生工伤，经治疗伤情相对稳定后存在残疾、影响劳动能力的，应当进行劳动能力鉴定。

第二十二条　劳动能力鉴定是指劳动功能障碍程度和生活自理障碍程度的等级鉴定。

劳动功能障碍分为十个伤残等级，最重的为一级，最轻的为十级。

生活自理障碍分为三个等级：生活完全不能自理、生活大部分不能自理和生活部分不能自理。

劳动能力鉴定标准由国务院社会保险行政部门会同国务院卫生行政部门等部门制定。

第二十三条　劳动能力鉴定由用人单位、工伤职工或者其近亲属向设区的市级劳动能力鉴定委员会提出申请，并提供工伤认定决定和职工工伤医疗的有关资料。

第二十四条　省、自治区、直辖市劳动能力鉴定委员会和设区的市级劳动能力鉴定委员会分别由省、自治区、直辖市和设区的市级社会保险行政部门、卫生行政部门、工会组织、经办机构代表以及用人单位代表组成。

劳动能力鉴定委员会建立医疗卫生专家库。列入专家库的医疗卫生专业技术人员应当具备下列条件：

（一）具有医疗卫生高级专业技术职务任职资格；

（二）掌握劳动能力鉴定的相关知识；

（三）具有良好的职业品德。

第二十五条　设区的市级劳动能力鉴定委员会收到劳动能力鉴定申请后，应当从其建立的医疗卫生专家库中随机抽取3名或者5名相关专家组成专家组，由专家组提出鉴定意见。设区的市级劳动能力鉴定委员会根据专家组的鉴定意见作出工伤职工劳动能力鉴定结论；必要时，可以委托具备资格的医疗机构协助进行有关的诊断。

设区的市级劳动能力鉴定委员会应当自收到劳动能力鉴定申请之日起60日内作出劳动能力鉴定结论，必要时，作出劳动能力鉴定结论的期限可以延长30日。劳动能力鉴定结论应当及时送达申请鉴定的单位和个人。

第二十六条　申请鉴定的单位或者个人对设区的市级劳动能力鉴定委员会作出的鉴定结论不服的，可以在收到该鉴定结论之日起15日内向省、自治区、直辖市劳动能力鉴定委员会提出再次鉴定申请。省、自治区、直辖市劳动能力鉴定委员会作出的劳动能力鉴定结论为最终结论。

第二十七条　劳动能力鉴定工作应当客观、公正。劳动能力鉴定委员会组成人员或者参加鉴定的专家与当事人有利害关系的，应当回避。

第二十八条　自劳动能力鉴定结论作出之日起1年后，工伤职工或者其近亲属、所在单位或者经办机构认为伤残情况发生变化的，可以申请劳动能力复查鉴定。

第二十九条　劳动能力鉴定委员会依照本条例第二十六条和第二十八条的规定进行再次鉴定和复查鉴定的期限，依照本条例第二十五条第二款的规定执行。

第五章　工伤保险待遇

第三十条　职工因工作遭受事故伤害或者患职业病进行治疗，享受工伤医疗待遇。

职工治疗工伤应当在签订服务协议的医疗机构就医，情况紧急时可以先到就近的医疗机构急救。

治疗工伤所需费用符合工伤保险诊疗项目目录、工伤保险药品目录、工伤保险住院服务标准的，从工伤保险基金支付。工伤保险诊疗项目目录、工伤保险药品目录、工伤保险住院服务标准，由国务院社会保险行政部门会同国务院卫生行政部门、食品药品监督管理部门等部门规定。

职工住院治疗工伤的伙食补助费，以及经医疗机构出具证明，报经办机构同意，工伤职工到统筹地区以外就医所需的交通、食宿费用从工伤保险基金支付，基金支付的具体标准由统筹地区人民政府规定。

工伤职工治疗非工伤引发的疾病，不享受工伤医疗待遇，按照基本医疗保险办法处理。

工伤职工到签订服务协议的医疗机构进行工伤康复的费用，符合规定的，从工伤保险基金支付。

第三十一条　社会保险行政部门作出认定为工伤的决定后发生行政复议、行政诉讼的，行政复议和行政诉讼期间不停止支付工伤职工治疗工伤的医疗费用。

第三十二条　工伤职工因日常生活或者就业需要，经劳动能力鉴定委员会确认，可以安装假肢、矫形器、假眼、假牙和配置轮椅等辅助器具，所需费用按照国家规定的标准从工伤保险基金支付。

第三十三条　职工因工作遭受事故伤害或者患职业病需要暂停工作接受工伤医疗的，在停工留薪期内，原工资福利待遇不变，由所在单位按月支付。

停工留薪期一般不超过12个月。伤情严重或者情况特殊，经设区的市级劳动能力鉴定委员会确认，可以适当延长，但延长不得超过12个月。工伤职工评定伤残等级后，停发原待遇，按照本章的有关规定享受伤残待遇。工伤职工在停工留薪期满后仍需治疗的，继续享受工伤医疗待遇。

生活不能自理的工伤职工在停工留薪期需要护理的，由所在单位负责。

第三十四条　工伤职工已经评定伤残等级并经劳动能力鉴定委员会确认需要生活护理的，从工伤保险基金按月支付生活护理费。

生活护理费按照生活完全不能自理、生活大部分不能自理或者生活部分不能自理3个不同等级支付，其标准分别为统筹地区上年度职工月平均工资的50%、40%或者30%。

第三十五条　职工因工致残被鉴定为一级至四级伤残的，保留劳动关系，退出工作岗位，享受以下待遇：

（一）从工伤保险基金按伤残等级支付一次性伤残补助金，标准为：一级伤残为27个月的本人工资，二级伤残为25个月的本人工资，三级伤残为23个月的本人工资，四级伤残为21个月的本人工资；

（二）从工伤保险基金按月支付伤残津贴，标准为：一级伤残为本人工资的90%，二级伤残为本人工资的85%，三级伤残为本人工资的80%，四级伤残为本人工资的75%。伤残津贴实际金额低于当地最低工资标准的，由工伤保险基金补足差额；

（三）工伤职工达到退休年龄并办理退休手续后，停发伤残津贴，按照国家有关规定享受基本养老保险待遇。基本养老保险待遇低于伤残津贴的，由工伤保险基金补足差额。

职工因工致残被鉴定为一级至四级伤残的，由用人单位和职工个人以伤残津贴为基数，缴纳基本医疗保险费。

第三十六条　职工因工致残被鉴定为五级、六级伤残的，享受以下待遇：

（一）从工伤保险基金按伤残等级支付一次性伤残补助金，标准为：五级伤残为18个月的本人工资，六级伤残为16个月的本人工资；

（二）保留与用人单位的劳动关系，由用人单位安排适当工作。难以安排工作的，由用人单位按月发给伤残津贴，标准为：五级伤残为本人工资的70%，六级伤残为本人工资的60%，并由用人单位按照规定为其缴纳应缴纳的各项社会保险费。伤残津贴实际金额低于当地最低工资标准的，由用人单位补足差额。

经工伤职工本人提出，该职工可以与用人单位解除或者终止劳动关系，由工伤保险基金支付一次性工伤医疗补助金，由用人单位支付一次性伤残就业补助金。一次性工伤医疗补助金和一次性伤残就业补助金的具体标准由省、自治区、直辖市人民政府规定。

第三十七条　职工因工致残被鉴定为七级至十级伤残的，享受以下待遇：

（一）从工伤保险基金按伤残等级支付一次性伤残补助金，标准为：七级伤残为13个月的本人工资，八级伤残为11个月的本人工资，九级伤残为9个月的本人工资，十级伤残为7个月的本人工资；

（二）劳动、聘用合同期满终止，或者职工本人提出解除劳动、聘用合同的，由工伤保险基金支付一次性工伤医疗补助金，由用人单位支付一次性伤残就业补助金。一次性工伤医疗补助金和一次性伤残就业补助金的具体标准由省、自治区、直辖市人民政府规定。

第三十八条　工伤职工工伤复发，确认需要治疗的，享受本条例第三十条、第三十二条和第三十三条规定的工伤待遇。

第三十九条　职工因工死亡，其近亲属按照下列规定从工伤保险基金领取丧葬补助金、供养亲属抚恤金和一次性工亡补助金：

（一）丧葬补助金为6个月的统筹地区上年度职工月平均工资；

（二）供养亲属抚恤金按照职工本人工资的一定比例发给由因工死亡职工生前提供主要生活来源、无劳动能力的亲属。标准为：配偶每月40%，其他亲属每人每月30%，孤寡老人或者孤儿每人每月在上述标准的基础上增加10%。核定的各供养亲属的抚恤金之和不应高于因工死亡职工生前的工资。供养亲属的具体范围由国务院社会保险行政部门规定；

（三）一次性工亡补助金标准为上一年度全国城镇居民人均可支配收入的20倍。

伤残职工在停工留薪期内因工伤导致死亡的，其近亲属享受本条第一款规定的待遇。

一级至四级伤残职工在停工留薪期满后死亡的，其近亲属可以享受本条第一款第（一）项、第（二）项规定的待遇。

第四十条　伤残津贴、供养亲属抚恤金、生活护理费由统筹地区社会保险行政部门根据职工平均工资和生活费用变化等情况适时调整。调整办法由省、自治区、直辖市人民政府规定。

第四十一条　职工因工外出期间发生事故或者在抢险救灾中下落不明的，从事故发生当月起3个月内照发工资，从第4个月起停发工资，由工伤保险基金向其供养亲属按月支付供养亲属抚恤金。生活有困难的，可以预支一次性工亡补助金的50%。职工被人民法院宣告死亡的，按照本条例第三十九条职工因工死亡的规定处理。

第四十二条　工伤职工有下列情形之一的，停止享受工伤保险待遇：

（一）丧失享受待遇条件的；

（二）拒不接受劳动能力鉴定的；

（三）拒绝治疗的。

第四十三条　用人单位分立、合并、转让的，承继单位应当承担原用人单位的工伤保险责任；原用人单位已经参加工伤保险的，承继单位应当到当地经办机构办理工伤保险变更登记。

用人单位实行承包经营的，工伤保险责任由职工劳动关系所在单位承担。

职工被借调期间受到工伤事故伤害的，由原用人单位承担工伤保险责任，但原用人单位与借调单位可以约定补偿办法。

企业破产的，在破产清算时依法拨付应当由单位支付的工伤保险待遇费用。

第四十四条　职工被派遣出境工作，依据前往国家或者地区的法律应当参加当地工伤保险的，参加当地工伤保险，其国内工伤保险关系中止；不能参加当地工伤保险的，其国内工伤保险关系不中止。

第四十五条　职工再次发生工伤，根据规定应当享受伤残津贴的，按照新认定的伤残等级享受伤残津贴待遇。

第六章　监督管理

第四十六条　经办机构具体承办工伤保险事务，履行下列职责：

（一）根据省、自治区、直辖市人民政府规定，征收工伤保险费；

（二）核查用人单位的工资总额和职工人数，办理工伤保险登记，并负责保存用人单位缴费和职工享受工伤保险待遇情况的记录；

（三）进行工伤保险的调查、统计；

（四）按照规定管理工伤保险基金的支出；

（五）按照规定核定工伤保险待遇；

（六）为工伤职工或者其近亲属免费提供咨询服务。

第四十七条　经办机构与医疗机构、辅助器具配置机构在平等协商的基础上签订服务协议，并公布签订服务协议的医疗机构、辅助器具配置机构的名单。具体办法由国务院社会保险行政部门分别会同国务院卫生行政部门、民政部门等部门制定。

第四十八条　经办机构按照协议和国家有关目录、标准对工伤职工医疗费用、康复费用、辅助器具费用的使用情况进行核查，并按时足额结算费用。

第四十九条　经办机构应当定期公布工伤保险基金的收支情况，及时向社会保险行政部门提出调整费率的建议。

第五十条　社会保险行政部门、经办机构应当定期听取工伤职工、医疗机构、辅助器具配置机构以及社会各界对改进工伤保险工作的意见。

第五十一条　社会保险行政部门依法对工伤保险费的征缴和工伤保险基金的支付情况进行监督检查。

财政部门和审计机关依法对工伤保险基金的收支、管理情况进行监督。

第五十二条　任何组织和个人对有关工伤保险的违法行为，有权举报。社会保险行政部门对举报应当及时调查，按照规定处理，并为举报人保密。

第五十三条　工会组织依法维护工伤职工的合法权益，对用人单位的工伤保险工作实行监督。

第五十四条　职工与用人单位发生工伤待遇方面的争议，按照处理劳动争议的有关规定处理。

第五十五条　有下列情形之一的，有关单位或者个人可以依法申请行政复议，也可以依法向人民法院提起行政诉讼：

（一）申请工伤认定的职工或者其近亲属、该职工所在单位对工伤认定申请不予受理的决定不服的；

（二）申请工伤认定的职工或者其近亲属、该职工所在单位对工伤认定结论不服的；

（三）用人单位对经办机构确定的单位缴费费率不服的；

（四）签订服务协议的医疗机构、辅助器具配置机构认为经办机构未履行有关协议或者规定的；

（五）工伤职工或者其近亲属对经办机构核定的工伤保险待遇有异议的。

第七章　法律责任

第五十六条　单位或者个人违反本条例第十二条规定挪用工伤保险基金，构成犯罪的，依法追究刑事责任；尚不构成犯罪的，依法给予处分或者纪律处分。被挪用的基金由社会保险行政部门追回，并入工伤保险基金；没收的违法所得依法上缴国库。

第五十七条　社会保险行政部门工作人员有下列情形之一的，依法给予处分；情节严重，构成犯罪的，依法追究刑事责任：

（一）无正当理由不受理工伤认定申请，或者弄虚作假将不符合工伤条件的人员认定为工伤职工的；

（二）未妥善保管申请工伤认定的证据材料，致使有关证据灭失的；

（三）收受当事人财物的。

第五十八条　经办机构有下列行为之一的，由社会保险行政部门责令改正，对直接负责的主管人员和其他责任人员依法给予纪律处分；情节严重，构成犯罪的，依法追究刑事责任；造成当事人经济损失的，由经办机构依法承担赔偿责任：

（一）未按规定保存用人单位缴费和职工享受工伤保险待遇情况记录的；

（二）不按规定核定工伤保险待遇的；

（三）收受当事人财物的。

第五十九条　医疗机构、辅助器具配置机构不按服务协议提供服务的，经办机构可以解除服务协议。

经办机构不按时足额结算费用的，由社会保险行政部门责令改正；医疗机构、辅助器具配置机构可以解除服务协议。

第六十条　用人单位、工伤职工或者其近亲属骗取工伤保险待遇，医疗机构、辅助器具配置机构骗取工伤保险基金支出的，由社会保险行政部门责令退还，处骗取金额2倍以上5倍以下的罚款；情节严重，构成犯罪的，依法追究刑事责任。

第六十一条　从事劳动能力鉴定的组织或者个人有下列情形之一的，由社会保险行政部门责令改正，处2000元以上1万元以下的罚款；情节严重，构成犯罪的，依法追究刑事责任：

（一）提供虚假鉴定意见的；

（二）提供虚假诊断证明的；

（三）收受当事人财物的。

第六十二条　用人单位依照本条例规定应当参加工伤保险而未参加的，由社会保险行政部门责令限期参加，补缴应当缴纳的工伤保险费，并自欠缴之日起，按日加收万分之五的滞纳金；逾期仍不缴纳的，处欠缴数额1倍以上3倍以下的罚款。

依照本条例规定应当参加工伤保险而未参加工伤保险的用人单位职工发生工伤的，由该用人单位按照本条例规定的工伤保险待遇项目和标准支付费用。

用人单位参加工伤保险并补缴应当缴纳的工伤保险费、滞纳金后，由工伤保险基金和用人单位依照本条例的规定支付新发生的费用。

第六十三条　用人单位违反本条例第十九条的规定，拒不协助社会保险行政部门对事故进行调查核实的，由社会保险行政部门责令改正，处2000元以上2万元以下的罚款。

第八章　附则

第六十四条　本条例所称工资总额，是指用人单位直接支付给本单位全部职工的劳动报酬总额。

本条例所称本人工资，是指工伤职工因工作遭受事故伤害或者患职业病前12个月平均月缴费工资。本人工资高于统筹地区职工平均工资300%的，按照统筹地区职工平均工资的300%计算；本人工资低于统筹地区职工平均工资60%的，按照统筹地区职工平均工资的60%计算。

第六十五条　公务员和参照公务员法管理的事业单位、社会团体的工作人员因工作遭受事故伤害或者患职业病的，由所在单位支付费用。具体办法由国务院社会保险行政部门会同国务院财政部门规定。

第六十六条　无营业执照或者未经依法登记、备案的单位以及被依法吊销营业执照或者撤销登记、备案的单位的职工受到事故伤害或者患职业病的，由该单位向伤残职工或者死亡职工的近亲属给予一次性赔偿，赔偿标准不得低于本条例规定的工伤保险待遇；用人单位不得使用童工，用人单位使用童工造成童工伤残、死亡的，由该单位向童工或者童工的近亲属给予一次性赔偿，赔偿标准不得低于本条例规定的工伤保险待遇。具体办法由国务院社会保险行政部门规定。

前款规定的伤残职工或者死亡职工的近亲属就赔偿数额与单位发生争议的，以及前款规定的童工或者童工的近亲属就赔偿数额与单位发生争议的，按照处理劳动争议的有关规定处理。

第六十七条　本条例自2004年1月1日起施行。本条例施行前已受到事故伤害或者患职业病的职工尚未完成工伤认定的，按照本条例的规定执行。

附录04：工伤认定办法

工伤认定办法

（2010年12月31日）

第一条　为规范工伤认定程序，依法进行工伤认定，维护当事人的合法权益，根据《工伤保险条例》的有关规定，制定本办法。

第二条　社会保险行政部门进行工伤认定按照本办法执行。

第三条　工伤认定应当客观公正、简捷方便，认定程序应当向社会公开。

第四条　职工发生事故伤害或者按照职业病防治法规定被诊断、鉴定为职业病，所在单位应当自事故伤害发生之日或者被诊断、鉴定为职业病之日起30日内，向统筹地区社会保险行政部门提出工伤认定申请。遇有特殊情况，经报社会保险行政部门同意，申请时限可以适当延长。

按照前款规定应当向省级社会保险行政部门提出工伤认定申请的，根据属地原则应当向用人单位所在地设区的市级社会保险行政部门提出。

第五条　用人单位未在规定的时限内提出工伤认定申请的，受伤害职工或者其近亲属、工会组织在事故伤害发生之日或者被诊断、鉴定为职业病之日起1年内，可以直接按照本办法第四条规定提出工伤认定申请。

第六条　提出工伤认定申请应当填写《工伤认定申请表》，并提交下列材料：

（一）劳动、聘用合同文本复印件或者与用人单位存在劳动关系（包括事实劳动关系）、人事关系的其他证明材料；

（二）医疗机构出具的受伤后诊断证明书或者职业病诊断证明书（或者职业病诊断鉴定书）。

第七条　工伤认定申请人提交的申请材料符合要求，属于社会保险行政部门管辖范围且在受理时限内的，社会保险行政部门应当受理。

第八条　社会保险行政部门收到工伤认定申请后，应当在15日内对申请人提交的材料进行审核，材料完整的，作出受理或者不予受理的决定；材料不完整的，应当以书面形式一次性告知申请人需要补正的全部材料。社会保险行政部门收到申请人提交的全部补正材料后，应当在15日内作出受理或者不予受理的决定。

社会保险行政部门决定受理的，应当出具《工伤认定申请受理决定书》；决定不予受理的，应当出具《工伤认定申请不予受理决定书》。

第九条　社会保险行政部门受理工伤认定申请后，可以根据需要对申请人提供的证据进行调查核实。

第十条　社会保险行政部门进行调查核实，应当由两名以上工作人员共同进行，并出示执行公务的证件。

第十一条　社会保险行政部门工作人员在工伤认定中，可以进行以下调查核实工作：

（一）根据工作需要，进入有关单位和事故现场；

（二）依法查阅与工伤认定有关的资料，询问有关人员并作出调查笔录；

（三）记录、录音、录像和复制与工伤认定有关的资料。调查核实工作的证据收集参照行政诉讼证据收集的有关规定执行。

第十二条　社会保险行政部门工作人员进行调查核实时，有关单位和个人应当予以协助。用人单位、工会组织、医疗机构以及有关部门应当负责安排相关人员配合工作，据实提供情况和证明材料。

第十三条　社会保险行政部门在进行工伤认定时，对申请人提供的符合国家有关规定的职业病诊断证明书或者职业病诊断鉴定书，不再进行调查核实。职业病诊断证明书或者职业病诊断鉴定书不符合国家规定的要求和格式的，社会保险行政部门可以要求出具证据部门重新提供。

第十四条　社会保险行政部门受理工伤认定申请后，可以根据工作需要，委托其他统筹地区的社会保险行政部门或者相关部门进行调查核实。

第十五条　社会保险行政部门工作人员进行调查核实时，应当履行下列义务：

（一）保守有关单位商业秘密以及个人隐私；

（二）为提供情况的有关人员保密。

第十六条　社会保险行政部门工作人员与工伤认定申请人有利害关系的，应当回避。

第十七条　职工或者其近亲属认为是工伤，用人单位不认为是工伤的，由该用人单位承担举证责任。用人单位拒不举证的，社会保险行政部门可以根据受伤害职工提供的证据或者调查取得的证据，依法作出工伤认定决定。

第十八条　社会保险行政部门应当自受理工伤认定申请之日起60日内作出工伤认定决定，出具《认定工伤决定书》或者《不予认定工伤决定书》。

第十九条　《认定工伤决定书》应当载明下列事项：

（一）用人单位全称；

（二）职工的姓名、性别、年龄、职业、身份证号码；

（三）受伤害部位、事故时间和诊断时间或职业病名称、受伤害经过和核实情况、医疗救治的基本情况和诊断结论；

（四）认定工伤或者视同工伤的依据；

（五）不服认定决定申请行政复议或者提起行政诉讼的部门和时限；

（六）作出认定工伤或者视同工伤决定的时间。

《不予认定工伤决定书》应当载明下列事项：

（一）用人单位全称；

（二）职工的姓名、性别、年龄、职业、身份证号码；

（三）不予认定工伤或者不视同工伤的依据；

（四）不服认定决定申请行政复议或者提起行政诉讼的部门和时限；

（五）作出不予认定工伤或者不视同工伤决定的时间。

《认定工伤决定书》和《不予认定工伤决定书》应当加盖社会保险行政部门工伤认定专用印章。

第二十条　社会保险行政部门受理工伤认定申请后，作出工伤认定决定需要以司法机关或者有关行政主管部门的结论为依据的，在司法机关或者有关行政主管部门尚未作出结论期间，作出工伤认定决定的时限中止，并书面通知申请人。

第二十一条　社会保险行政部门对于事实清楚、权利义务明确的工伤认定申请，应当自受理工伤认定申请之日起15日内作出工伤认定决定。

第二十二条　社会保险行政部门应当自工伤认定决定作出之日起20日内，将《认定工伤决定书》或者《不予认定工伤决定书》送达受伤害职工（或者其近亲属）和用人单位，并抄送社会保险经办机构。

《认定工伤决定书》和《不予认定工伤决定书》的送达参照民事法律有关送达的规定执行。

第二十三条　职工或者其近亲属、用人单位对不予受理决定不服或者对工伤认定决定不服的，可以依法申请行政复议或者提起行政诉讼。

第二十四条　工伤认定结束后，社会保险行政部门应当将工伤认定的有关资料保存50年。

第二十五条　用人单位拒不协助社会保险行政部门对事故伤害进行调查核实的，由社会保险行政部门责令改正，处2000元以上2万元以下的罚款。

第二十六条　本办法中的《工伤认定申请表》、《工伤认定申请受理决定书》、《工伤认定申请不予受理决定书》、《认定工伤决定书》、《不予认定工伤决定书》的样式由国务院社会保险行政部门统一制定。

第二十七条　本办法自2011年1月1日起施行。劳动和社会保障部2003年9月23日颁布的《工伤认定办法》同时废止。

附录05：非法用工单位伤亡人员一次性赔偿办法

非法用工单位伤亡人员一次性赔偿办法

（2010年12月31日）

第一条　根据《工伤保险条例》第六十六条第一款的授权，制定本办法。

第二条　本办法所称非法用工单位伤亡人员，是指无营业执照或者未经依法登记、备案的单位以及被依法吊销营业执照或者撤销登记、备案的单位受到事故伤害或者患职业病的职工，或者用人单位使用童工造成的伤残、死亡童工。

前款所列单位必须按照本办法的规定向伤残职工或者死亡职工的近亲属、伤残童工或者死亡童工的近亲属给予一次性赔偿。

第三条　一次性赔偿包括受到事故伤害或者患职业病的职工或童工在治疗期间的费用

和一次性赔偿金。一次性赔偿金数额应当在受到事故伤害或者患职业病的职工或童工死亡或者经劳动能力鉴定后确定。

劳动能力鉴定按照属地原则由单位所在地设区的市级劳动能力鉴定委员会办理。劳动能力鉴定费用由伤亡职工或童工所在单位支付。

第四条　职工或童工受到事故伤害或者患职业病，在劳动能力鉴定之前进行治疗期间的生活费按照统筹地区上年度职工月平均工资标准确定，医疗费、护理费、住院期间的伙食补助费以及所需的交通费等费用按照《工伤保险条例》规定的标准和范围确定，并全部由伤残职工或童工所在单位支付。

第五条　一次性赔偿金按照以下标准支付：

一级伤残的为赔偿基数的16倍，二级伤残的为赔偿基数的14倍，三级伤残的为赔偿基数的12倍，四级伤残的为赔偿基数的10倍，五级伤残的为赔偿基数的8倍，六级伤残的为赔偿基数的6倍，七级伤残的为赔偿基数的4倍，八级伤残的为赔偿基数的3倍，九级伤残的为赔偿基数的2倍，十级伤残的为赔偿基数的1倍。

前款所称赔偿基数，是指单位所在工伤保险统筹地区上年度职工年平均工资。

第六条　受到事故伤害或者患职业病造成死亡的，按照上一年度全国城镇居民人均可支配收入的20倍支付一次性赔偿金，并按照上一年度全国城镇居民人均可支配收入的10倍一次性支付丧葬补助等其他赔偿金。

第七条　单位拒不支付一次性赔偿的，伤残职工或者死亡职工的近亲属、伤残童工或者死亡童工的近亲属可以向人力资源和社会保障行政部门举报。经查证属实的，人力资源和社会保障行政部门应当责令该单位限期改正。

第八条　伤残职工或者死亡职工的近亲属、伤残童工或者死亡童工的近亲属就赔偿数额与单位发生争议的，按照劳动争议处理的有关规定处理。

第九条　本办法自2011年1月1日起施行。劳动和社会保障部2003年9月23日颁布的《非法用工单位伤亡人员一次性赔偿办法》同时废止。

附录06：因工死亡职工供养亲属范围规定

因工死亡职工供养亲属范围规定

（2003年9月23日）

第一条　为明确因工死亡职工供养亲属范围，根据《工伤保险条例》第三十七条第一款第二项的授权，制定本规定。

第二条　本规定所称因工死亡职工供养亲属，是指该职工的配偶、子女、父母、祖父母、外祖父母、孙子女、外孙子女、兄弟姐妹。

本规定所称子女，包括婚生子女、非婚生子女、养子女和有抚养关系的继子女，其中，婚生子女、非婚生子女包括遗腹子女；

本规定所称父母，包括生父母、养父母和有抚养关系的继父母；

本规定所称兄弟姐妹，包括同父母的兄弟姐妹、同父异母或者同母异父的兄弟姐妹、养兄弟姐妹、有抚养关系的继兄弟姐妹。

第三条　上条规定的人员，依靠因工死亡职工生前提供主要生活来源，并有下列情形之一的，可按规定申请供养亲属抚恤金：

（一）完全丧失劳动能力的；

（二）工亡职工配偶男年满60周岁、女年满55周岁的；

（三）工亡职工父母男年满60周岁、女年满55周岁的；

（四）工亡职工子女未满18周岁的；

（五）工亡职工父母均已死亡，其祖父、外祖父年满60周岁，祖母、外祖母年满55周岁的；

（六）工亡职工子女已经死亡或完全丧失劳动能力，其孙子女、外孙子女未满18周岁的；

（七）工亡职工父母均已死亡或完全丧失劳动能力，其兄弟姐妹未满18周岁的。

第四条　领取抚恤金人员有下列情形之一的，停止享受抚恤金待遇：

（一）年满18周岁且未完全丧失劳动能力的；

（二）就业或参军的；

（三）工亡职工配偶再婚的；

（四）被他人或组织收养的；

（五）死亡的。

第五条　领取抚恤金的人员，在被判刑收监执行期间，停止享受抚恤金待遇。刑满释放仍符合领取抚恤金资格的，按规定的标准享受抚恤金。

第六条　因工死亡职工供养亲属享受抚恤金待遇的资格，由统筹地区社会保险经办机构核定。

因工死亡职工供养亲属的劳动能力鉴定，由因工死亡职工生前单位所在地设区的市级劳动能力鉴定委员会负责。

第七条　本办法自2004年1月1日起施行。

附录07：失业保险条例

失业保险条例

（1998年12月16日）

第一章 总则

第一条 为了保障失业人员失业期间的基本生活，促进其再就业，制定本条例。

第二条 城镇企业事业单位、城镇企业事业单位职工依照本条例的规定，缴纳失业保险费。

城镇企业事业单位失业人员依照本条例的规定，享受失业保险待遇。

本条所称城镇企业，是指国有企业、城镇集体企业、外商投资企业、城镇私营企业以及其他城镇企业。

第三条 国务院劳动保障行政部门主管全国的失业保险工作。县级以上地方各级人民政府劳动保障行政部门主管本行政区域内的失业保险工作. 劳动保障行政部门按照国务院规定设立的经办失业保险业务的社会保险经办机构依照本条例的规定，具体承办失业保险工作。

第四条 失业保险费按照国家有关规定征缴。

第二章 失业保险基金

第五条 失业保险基金由下列各项构成：

（一）城镇企业事业单位、城镇企业事业单位职工缴纳的失业保险费；

（二）失业保险基金的利息；

（三）财政补贴；

（四）依法纳入失业保险基金的其他资金。

第六条 城镇企业事业单位按照本单位工资总额的百分之二缴纳失业保险费。城镇企业事业单位职工按照本人工资的百分之一缴纳失业保险费。城镇企业事业单位招用的农民合同制工人本人不缴纳失业保险费。

第七条 失业保险基金在直辖市和设区的市实行全市统筹；其他地区的统筹层次由省、自治区人民政府规定。

第八条 省、自治区可以建立失业保险调剂金。

失业保险调剂金以统筹地区依法应当征收的失业保险费为基数，按照省、自治区人民政府规定的比例筹集。统筹地区的失业保险基金不敷使用时，由失业保险调剂金调剂、地方财政补贴。

失业保险调剂金的筹集、调剂使用以及地方财政补贴的具体办法，由省、自治区人民政府规定。

第九条　省、自治区、直辖市人民政府根据本行政区域失业人员数量和失业保险基金数额，报经国务院批准，可以适当调整本行政区域失业保险费的费率。

第十条　失业保险基金用于下列支出：

（一）失业保险金；

（二）领取失业保险金期间的医疗补助金；

（三）领取失业保险金期间死亡的失业人员的丧葬补助金和其供养的配偶、直系亲属的抚恤金；

（四）领取失业保险金期间接受职业培训、职业介绍的补贴，补贴的办法和标准由省、自治区、直辖市人民政府规定。

（五）国务院规定或者批准的与失业保险有关的其他费用。

第十一条　失业保险基金必须存入财政部门在国有商业银行开设的社会保障基金财政专户，实行收支两条线管理，由财政部门依法进行监督。

存入银行和按照国家规定购买国债的失业保险基金，分别按照城乡居民同期存款利率和国债利息计息。失业保险基金的利息并入失业保险基金。

失业保险基金专款专用，不得挪作他用，不得用于平衡财政收支。

第十二条　失业保险基金收支的预算、决算，由统筹地区社会保险经办机构编制，经同级劳动保障行政部门复核、同级财政部门审核，报同级人民政府审批。

第十三条　失业保险基金的财务制度和会计制度按照国家有关规定执行。

第三章　失业保险待遇

第十四条　具备下列条件的失业人员，可以领取失业保险金：

（一）按照规定参加失业保险，所在单位和本人已按照规定履行缴费义务满1年的；

（二）非因本人意愿中断就业的；

（三）已办理失业登记，并有求职要求的。

失业人员在领取失业保险金期间，按照规定同时享受其他失业保险待遇。

第十五条　失业人员在领取失业保险金期间有下列情形之一的，停止领取失业保险金，并同时停止享受其他失业保险待遇：

（一）重新就业的；

（二）应征服兵役的；

（三）移居境外的；

（四）享受基本养老保险待遇的；

（五）被判刑收监执行或者被劳动教养的；

（六）无正当理由，拒不接受当地人民政府指定的部门或者机构介绍的工作的；

（七）有法律、行政法规规定的其他情形的。

第十六条　城镇企业事业单位应当及时为失业人员出具终止或者解除劳动关系的证明，告知其按照规定享受失业保险待遇的权利，并将失业人员的名单自终止或者解除劳动关系之日起7日内报社会保险经办机构备案。

城镇企业事业单位职工失业后，应当持本单位为其出具的终止或者解除劳动关系的证明，及时到指定的社会保险经办机构办理失业登记。失业保险金自办理失业登记之日起计算。

失业保险金由社会保险经办机构按月发放。社会保险经办机构为失业人员开具领取失业保险金的单证，失业人员凭单证到指定银行领取失业保险金。

第十七条　失业人员失业前所在单位和本人按照规定累计缴费时间满1年不足5年的，领取失业保险金的期限最长为12个月；累计缴费时间满5年不足10年的，领取失业保险金的期限最长为18个月；累计缴费时间10年以上的，领取失业保险金的期限最长为24个月。重新就业后，再次失业的，缴费时间重新计算。再次失业领取失业保险金的期限可以与前次失业应领取而尚未领取的失业保险金的期限合并计算，但是最长不得超过24个月。

第十八条　失业保险金的标准，按照低于当地最低工资标准、高于城市居民最低生活保障标准的水平，由省、自治区、直辖市人民政府确定。

第十九条　失业人员在领取失业保险金期间患病就医的，可以按照规定向社会保险经办机构申请领取医疗补助金。医疗补助金的标准由省、自治区、直辖市人民政府规定。

第二十条　失业人员在领取失业保险金期间死亡的，参照当地对在职职工的规定，对其家属一次性发给丧葬补助金和抚恤金。

第二十一条　单位招用的农民合同制工人连续工作满1年，本单位并已缴纳失业保险费，劳动合同期满未续订或者提前解除劳动合同的，由社会保险经办机构根据其工作时间长短，对其支付一次性生活补助金。补助的办法和标准由省、自治区、直辖市人民政府规定。

第二十二条　城镇企业事业单位成建制跨统筹地区转移，失业人员跨统筹地区流动的，失业保险关系随之转迁。

第二十三条　失业人员符合城市居民最低生活保障条件的，按照规定享受城市居民最低生活保障待遇。

第四章　管理和监督

第二十四条　劳动保障行政部门管理失业保险工作，履行下列职责：

（一）贯彻实施失业保险法律、法规；

（二）指导社会保险经办机构的工作；

（三）对失业保险费的征收和失业保险待遇的支付进行监督检查。

第二十五条　社会保险经办机构具体承办失业保险工作，履行下列职责：

（一）负责失业人员的登记、调查、统计；

（二）按照规定负责失业保险基金的管理；

（三）按照规定核定失业保险待遇，开具失业人员在指定银行领取失业保险金和其他补助金的单证；

（四）拨付失业人员职业培训、职业介绍补贴费用；

（五）为失业人员提供免费咨询服务；

（六）国家规定由其履行的其他职责。

第二十六条　财政部门和审计部门依法对失业保险基金的收支、管理情况进行监督。

第二十七条　社会保险经办机构所需经费列入预算，由财政拨付。

第五章　罚则

第二十八条　不符合享受失业保险待遇条件，骗取失业保险金和其他失业保险待遇的，由社会保险经办机构责令退还；情节严重的，由劳动保障行政部门处骗取金额1倍以上3倍以下的罚款。

第二十九条　社会保险经办机构工作人员违反规定向失业人员开具领取失业保险金或者享受其他失业保险待遇单证，致使失业保险基金损失的，由劳动保障行政部门责令追回；情节严重的，依法给予行政处分。

第三十条　劳动保障行政部门和社会保险经办机构的工作人员滥用职权、徇私舞弊、玩忽职守，造成失业保险基金损失的，由劳动保障行政部门追回损失的失业保险基金；构成犯罪的，依法追究刑事责任；尚不构成犯罪的，依法给予行政处分。

第三十一条　任何单位、个人挪用失业保险基金的，追回挪用的失业保险基金；有违法所得的，没收违法所得，并入失业保险基金；构成犯罪的，依法追究刑事责任；尚不构成犯罪的，对直接负责的主管人员和其他直接责任人员依法给予行政处分。

第六章　附则

第三十二条　省、自治区、直辖市人民政府根据当地实际情况，可以决定本条例适用于本行政区域内的社会团体及其专职人员、民办非企业单位及其职工、有雇工的城镇个体工商户及其雇工。

第三十三条　本条例自发布之日起施行。1993年4月12日国务院发布的《国有企业职工待业保险规定》同时废止。

附录08：企业职工生育保险试行办法

企业职工生育保险试行办法

（1994年12月14日）

第一条　为了维护企业女职工的合法权益，保障她们在生育期间得到必要的经济补偿和医疗保健，均衡企业间生育保险费用的负担，根据有关法律、法规的规定，制定本办法。

第二条　本办法适用于城镇企业及其职工。

第三条　生育保险按属地原则组织。生育保险费用实行社会统筹。

第四条　生育保险根据“以支定收，收支基本平衡”的原则筹集资金，由企业按照其工资总额的一定比例向社会保险经办机构缴纳生育保险费，建立生育保险基金。生育保险费的提取比例由当地人民政府根据计划内生育人数和生育津贴、生育医疗费等项费用确定，并可根据费用支出情况适时调整，但最高不得超过工资总额的百分之一。企业缴纳的生育保险费作为期间费用处理，列入企业管理费用。

职工个人不缴纳生育保险费。

第五条　女职工生育按照法律、法规的规定享受产假。产假期间的生育津贴按照本企业上年度职工月平均工资计发，由生育保险基金支付。

第六条　女职工生育的检查费、接生费、手术费、住院费和药费由生育保险基金支付。超出规定的医疗服务费和药费（含自费药品和营养药品的药费）由职工个人负担。

女职工生育出院后，因生育引起疾病的医疗费，由生育保险基金支付；其他疾病的医疗费，按照医疗保险待遇的规定办理。女职工产假期满后，因病需要休息治疗的，按照有关病假待遇和医疗保险待遇规定办理。

第七条　女职工生育或流产后，由本人或所在企业持当地计划生育部门签发的计划生育证明，婴儿出生、死亡或流产证明，到当地社会保险经办机构办理手续，领取生育津贴和报销生育医疗费。

第八条　生育保险基金由劳动部门所属的社会保险经办机构负责收缴、支付和管理。

生育保险基金应存入社会保险经办机构在银行开设的生育保险基金专户。银行应按照城乡居民个人储蓄同期存款利率计息，所得利息转入生育保险基金。

第九条　社会保险经办机构可从生育保险基金中提取管理费，用于本机构经办生育保险工作所需的人员经费、办公费及其他业务经费。管理费标准，各地根据社会保险经办机构人员设置情况，由劳动部门提出，经财政部门核定后，报当地人民政府批准。管理费提取比例最高不得超过生育保险基金的百分之二。

生育保险基金及管理费不征税、费。

第十条　生育保险基金的筹集和使用，实行财务预、决算制度，由社会保险经办机构作出年度报告，并接受同级财政、审计监督。

第十一条　市（县）社会保险监督机构定期监督生育保险基金管理工作。

第十二条　企业必须按期缴纳生育保险费。对逾期不缴纳的，按日加收千分之二的滞纳金。滞纳金转入生育保险基金。滞纳金计入营业外支出，纳税时进行调整。

第十三条　企业虚报、冒领生育津贴或生育医疗费的，社会保险经办机构应追回全部虚报、冒领金额，并由劳动行政部门给予处罚。

企业欠付或拒付职工生育津贴、生育医疗费的，由劳动行政部门责令企业限期支付；对职工造成损害的，企业应承担赔偿责任。

第十四条　劳动行政部门或社会保险经办机构的工作人员滥用职权、玩忽职守、徇私舞弊，贪污、挪用生育保险基金，构成犯罪的，依法追究刑事责任；不构成犯罪的，给予行政处分。

第十五条　省、自治区、直辖市人民政府劳动行政部门可以按照本办法的规定，结合本地区实际情况制定实施办法。

第十六条　本办法自1995年1月1日起试行。

附录09：工伤职工劳动能力鉴定管理办法

工伤职工劳动能力鉴定管理办法

中华人民共和国人力资源和社会保障部

中华人民共和国国家卫生和计划生育委员会令

《工伤职工劳动能力鉴定管理办法》已经人力资源社会保障部部务会、国家卫生计生委委主任会议讨论通过，现予公布，自2014年4月1日起施行。

人力资源社会保障部部长　尹蔚民

国家卫生计生委主任　李斌

2014年2月20日

第一章　总则

第一条　为了加强劳动能力鉴定管理，规范劳动能力鉴定程序，根据《中华人民共和国社会保险法》、《中华人民共和国职业病防治法》和《工伤保险条例》，制定本办法。

第二条　劳动能力鉴定委员会依据《劳动能力鉴定职工工伤与职业病致残等级》国家

标准，对工伤职工劳动功能障碍程度和生活自理障碍程度组织进行技术性等级鉴定，适用本办法。

第三条 省、自治区、直辖市劳动能力鉴定委员会和设区的市级（含直辖市的市辖区、县，下同）劳动能力鉴定委员会分别由省、自治区、直辖市和设区的市级人力资源社会保障行政部门、卫生计生行政部门、工会组织、用人单位代表以及社会保险经办机构代表组成。

承担劳动能力鉴定委员会日常工作的机构，其设置方式由各地根据实际情况决定。

第四条 劳动能力鉴定委员会履行下列职责：

（一）选聘医疗卫生专家，组建医疗卫生专家库，对专家进行培训和管理；

（二）组织劳动能力鉴定；

（三）根据专家组的鉴定意见作出劳动能力鉴定结论；

（四）建立完整的鉴定数据库，保管鉴定工作档案50年；

（五）法律、法规、规章规定的其他职责。

第五条 设区的市级劳动能力鉴定委员会负责本辖区内的劳动能力初次鉴定、复查鉴定。

省、自治区、直辖市劳动能力鉴定委员会负责对初次鉴定或者复查鉴定结论不服提出的再次鉴定。

第六条 劳动能力鉴定相关政策、工作制度和业务流程应当向社会公开。

第二章 鉴定程序

第七条 职工发生工伤，经治疗伤情相对稳定后存在残疾、影响劳动能力的，或者停工留薪期满（含劳动能力鉴定委员会确认的延长期限），工伤职工或者其用人单位应当及时向设区的市级劳动能力鉴定委员会提出劳动能力鉴定申请。

第八条 申请劳动能力鉴定应当填写劳动能力鉴定申请表，并提交下列材料：

（一）《工伤认定决定书》原件和复印件；

（二）有效的诊断证明、按照医疗机构病历管理有关规定复印或者复制的检查、检验报告等完整病历材料；

（三）工伤职工的居民身份证或者社会保障卡等其他有效身份证明原件和复印件；

（四）劳动能力鉴定委员会规定的其他材料。

第九条 劳动能力鉴定委员会收到劳动能力鉴定申请后，应当及时对申请人提交的材料进行审核；申请人提供材料不完整的，劳动能力鉴定委员会应当自收到劳动能力鉴定申请之日起5个工作日内一次性书面告知申请人需要补正的全部材料。

申请人提供材料完整的，劳动能力鉴定委员会应当及时组织鉴定，并在收到劳动能力鉴定申请之日起60日内作出劳动能力鉴定结论。伤情复杂、涉及医疗卫生专业较多的，作出劳动能力鉴定结论的期限可以延长30日。

第十条 劳动能力鉴定委员会应当视伤情程度等从医疗卫生专家库中随机抽取3名或者5名与工伤职工伤情相关科别的专家组成专家组进行鉴定。

第十一条 劳动能力鉴定委员会应当提前通知工伤职工进行鉴定的时间、地点以及应当携带的材料。工伤职工应当按照通知的时间、地点参加现场鉴定。对行动不便的工伤职工，劳动能力鉴定委员会可以组织专家上门进行劳动能力鉴定。组织劳动能力鉴定的工作人员应当对工伤职工的身份进行核实。

工伤职工因故不能按时参加鉴定的，经劳动能力鉴定委员会同意，可以调整现场鉴定的时间，作出劳动能力鉴定结论的期限相应顺延。

第十二条 因鉴定工作需要，专家组提出应当进行有关检查和诊断的，劳动能力鉴定委员会可以委托具备资格的医疗机构协助进行有关的检查和诊断。

第十三条 专家组根据工伤职工伤情，结合医疗诊断情况，依据《劳动能力鉴定职工工伤与职业病致残等级》国家标准提出鉴定意见。参加鉴定的专家都应当签署意见并签名。

专家意见不一致时，按照少数服从多数的原则确定专家组的鉴定意见。

第十四条 劳动能力鉴定委员会根据专家组的鉴定意见作出劳动能力鉴定结论。劳动能力鉴定结论书应当载明下列事项：

（一）工伤职工及其用人单位的基本信息；

（二）伤情介绍，包括伤残部位、器官功能障碍程度、诊断情况等；

（三）作出鉴定的依据；

（四）鉴定结论。

第十五条 劳动能力鉴定委员会应当自作出鉴定结论之日起20日内将劳动能力鉴定结论及时送达工伤职工及其用人单位，并抄送社会保险经办机构。

第十六条 工伤职工或者其用人单位对初次鉴定结论不服的，可以在收到该鉴定结论之日起15日内向省、自治区、直辖市劳动能力鉴定委员会申请再次鉴定。

申请再次鉴定，除提供本办法第八条规定的材料外，还需提交劳动能力初次鉴定结论原件和复印件。

省、自治区、直辖市劳动能力鉴定委员会作出的劳动能力鉴定结论为最终结论。

第十七条 自劳动能力鉴定结论作出之日起1年后，工伤职工、用人单位或者社会保险经办机构认为伤残情况发生变化的，可以向设区的市级劳动能力鉴定委员会申请劳动能力复查鉴定。

对复查鉴定结论不服的，可以按照本办法第十六条规定申请再次鉴定。

第十八条 工伤职工本人因身体等原因无法提出劳动能力初次鉴定、复查鉴定、再次鉴定申请的，可由其近亲属代为提出。

第十九条 再次鉴定和复查鉴定的程序、期限等按照本办法第九条至第十五条的规定执行。

第三章 监督管理

第二十条 劳动能力鉴定委员会应当每3年对专家库进行一次调整和补充，实行动态管理。确有需要的，可以根据实际情况适时调整。

第二十一条 劳动能力鉴定委员会选聘医疗卫生专家，聘期一般为3年，可以连续聘任。

聘任的专家应当具备下列条件：

（一）具有医疗卫生高级专业技术职务任职资格；

（二）掌握劳动能力鉴定的相关知识；

（三）具有良好的职业品德。

第二十二条 参加劳动能力鉴定的专家应当按照规定的时间、地点进行现场鉴定，严格执行劳动能力鉴定政策和标准，客观、公正地提出鉴定意见。

第二十三条 用人单位、工伤职工或者其近亲属应当如实提供鉴定需要的材料，遵守劳动能力鉴定相关规定,按照要求配合劳动能力鉴定工作。

工伤职工有下列情形之一的，当次鉴定终止：

（一）无正当理由不参加现场鉴定的；

（二）拒不参加劳动能力鉴定委员会安排的检查和诊断的。

第二十四条 医疗机构及其医务人员应当如实出具与劳动能力鉴定有关的各项诊断证明和病历材料。

第二十五条 劳动能力鉴定委员会组成人员、劳动能力鉴定工作人员以及参加鉴定的专家与当事人有利害关系的，应当回避。

第二十六条 任何组织或者个人有权对劳动能力鉴定中的违法行为进行举报、投诉。

第四章 法律责任

第二十七条 劳动能力鉴定委员会和承担劳动能力鉴定委员会日常工作的机构及其工作人员在从事或者组织劳动能力鉴定时，有下列行为之一的，由人力资源社会保障行政部门或者有关部门责令改正，对直接负责的主管人员和其他直接责任人员依法给予相应处分；构成犯罪的，依法追究刑事责任：

（一）未及时审核并书面告知申请人需要补正的全部材料的；

（二）未在规定期限内作出劳动能力鉴定结论的；

（三）未按照规定及时送达劳动能力鉴定结论的；

（四）未按照规定随机抽取相关科别专家进行鉴定的；

（五）擅自篡改劳动能力鉴定委员会作出的鉴定结论的；

（六）利用职务之便非法收受当事人财物的；

（七）有违反法律法规和本办法的其他行为的。

第二十八条 从事劳动能力鉴定的专家有下列行为之一的，劳动能力鉴定委员会应当予以解聘；情节严重的，由卫生计生行政部门依法处理：

（一）提供虚假鉴定意见的；

（二）利用职务之便非法收受当事人财物的；

（三）无正当理由不履行职责的；

（四）有违反法律法规和本办法的其他行为的。

第二十九条 参与工伤救治、检查、诊断等活动的医疗机构及其医务人员有下列情形之一的，由卫生计生行政部门依法处理：

（一）提供与病情不符的虚假诊断证明的；

（二）篡改、伪造、隐匿、销毁病历材料的；

（三）无正当理由不履行职责的。

第三十条 以欺诈、伪造证明材料或者其他手段骗取鉴定结论、领取工伤保险待遇的，按照《中华人民共和国社会保险法》第八十八条的规定，由人力资源社会保障行政部门责令退回骗取的社会保险金，处骗取金额2倍以上5倍以下的罚款。

第五章 附则

第三十一条 未参加工伤保险的公务员和参照公务员法管理的事业单位、社会团体工作人员因工（公）致残的劳动能力鉴定，参照本办法执行。

第三十二条 本办法中的劳动能力鉴定申请表、初次（复查）鉴定结论书、再次鉴定结论书、劳动能力鉴定材料收讫补正告知书等文书基本样式由人力资源社会保障部制定。

第三十三条 本办法自2014年4月1日起施行。

附件：1. 劳动能力鉴定申请表（略）。

2. 初次（复查）鉴定结论书（略）。

3. 再次鉴定结论书（略）。

4. 劳动能力鉴定材料收讫补正告知书（略）。

附录10：人力资源社会保障部 财政部 国家发展和改革委员会 工业和信息化部关于失业保险支持企业稳定岗位有关问题的通知

人力资源社会保障部 财政部 国家发展和改革委员会 工业和信息化部 关于失业保险支持企业稳定岗位有关问题的通知

人社部发〔2014〕76号

各省、自治区、直辖市及新疆生产建设兵团人力资源社会保障厅（局）、财政厅（局）、发展改革委、工业和信息化主管部门：

为贯彻落实《国务院关于进一步优化企业兼并重组市场环境的意见》（国发〔2014〕14号）有关要求，在调整优化产业结构中更好地发挥失业保险预防失业、促进就业作用，激励企业承担稳定就业的社会责任，现就失业保险支持企业稳定岗位有关问题通知如下：

一、政策范围

对采取有效措施不裁员、少裁员，稳定就业岗位的企业，由失业保险基金给予稳定岗位补贴（以下简称“稳岗补贴”）。补贴政策主要适用以下企业：

（一）实施兼并重组企业。指在日常经营活动之外发生法律结构或经济结构重大改变的交易，并使企业经营管理控制权发生转移，包括实施兼并、收购、合并、分立、债务重组等经济行为的企业。

（二）化解产能严重过剩企业。指按《国务院关于化解产能严重过剩矛盾的指导意见》（国发〔2013〕41号）等相关规定，对钢铁、水泥、电解铝、平板玻璃、船舶等产能严重过剩行业淘汰过剩产能的企业。

（三）淘汰落后产能企业。指按《国务院关于进一步加强淘汰落后产能工作的通知》（国发〔2010〕7号）等规定，对电力、煤炭、钢铁、水泥、有色金属、焦炭、造纸、制革、印染等行业淘汰落后产能的企业。

（四）经国务院批准的其他行业、企业。

二、基本条件

（一）失业保险统筹地区实施稳岗补贴应同时具备以下条件：上年失业保险基金滚存结余具备一年以上支付能力；失业保险基金使用管理规范。

（二）企业申请稳岗补贴应同时具备以下条件：生产经营活动符合国家及所在区域产业结构调整政策和环保政策；依法参加失业保险并足额缴纳失业保险费；上年度未裁员或裁员率低于统筹地区城镇登记失业率；企业财务制度健全、管理运行规范。

三、资金使用

各地区对符合上述政策范围和基本条件的企业，在兼并重组、化解产能过剩以及淘汰落后产能期间，可按不超过该企业及其职工上年度实际缴纳失业保险费总额的50%给予稳岗补贴，所需资金从失业保险基金中列支。稳岗补贴主要用于职工生活补助、缴纳社会保险费、转岗培训、技能提升培训等相关支出。稳岗补贴的具体比例由省级人力资源社会保障和财政部门确定。稳岗补贴政策执行到2020年底。

四、审核认定

符合条件的企业可向人力资源社会保障部门申请稳岗补贴。人力资源社会保障部门会同行业主管部门对企业类型认定后，对申请稳岗补贴企业的基本条件进行审定，确定补贴企业名单和补贴数额，并公开相关信息，接受社会监督。财政部门根据人力资源社会保障部门审定的企业名单和补贴数额，及时拨付补贴资金。

五、组织实施

（一）加强组织领导。失业保险支持企业稳定岗位是产业结构调整优化过程中一项重要政策。各地区要高度重视，加强组织领导，人力资源社会保障、财政、发展改革、工业和信息化等部门要加强协调配合、各司其职，并督促企业在实施兼并重组、化解产能过剩、淘汰落后产能过程中采取切实有效措施稳定职工队伍，维护社会稳定。

（二）强化基金管理。各地区要充分考虑基金支付能力，按照“突出重点、总量控制、严格把握、动态监管”的原则，将稳岗补贴支出纳入失业保险基金预算管理，合理制定失业保险基金使用计划，加强监管，规范运作，切实保证基金有效使用和支付可持续。

（三）加强跟踪监测。各地区人力资源社会保障部门要将享受稳岗补贴的企业纳入失业动态监测范围，及时跟踪了解企业岗位变化动态，监测企业职工队伍稳定情况，评估稳岗补贴政策效果。财政部门要对辖区内失业动态监测工作给予必要经费支持。人力资源社会保障部、财政部适时组织开展政策绩效评估，根据实际调整完善政策。

各省级人力资源社会保障、财政、发展改革、工业和信息化等部门要尽快制定本地区失业保险稳岗补贴具体实施办法，报人力资源社会保障部、财政部备案。政策执行中遇到的重大问题要及时向人力资源社会保障部、财政部报告。

人力资源社会保障部　财政部

国家发展和改革委员会　工业和信息化部

2014年11月6日

附录11：人力资源社会保障部　财政部关于调整失业保险费率有关问题的通知

人力资源社会保障部　财政部关于调整失业保险费率有关问题的通知

人社部发〔2015〕24号

各省、自治区、直辖市及新疆生产建设兵团人力资源社会保障厅（局）、财政厅（局）：

为了完善失业保险制度，建立健全失业保险费率动态调整机制，进一步减轻企业负担，促进就业稳定，经国务院同意，现就适当降低失业保险费率有关问题通知如下：

一、从2015年3月1日起，失业保险费率暂由现行条例规定的3%降至2%，单位和个人缴费的具体比例由各省、自治区、直辖市人民政府确定。在省、自治区、直辖市行政区域内，单位及职工的费率应当统一。

二、各地降低失业保险费率要坚持“以支定收、收支基本平衡”的原则。要充分考虑提高失业保险待遇标准、促进失业人员再就业、落实失业保险稳岗补贴政策等因素对基金支付能力的影响，结合实际，认真测算，研究制定降低失业保险费率的具体方案，经省级人民政府批准后执行，并报人力资源社会保障部和财政部备案。

三、各地要按照本通知的要求，抓紧研究制定本行政区降低失业保险费率的方案，尽早组织实施。执行中遇到的问题，要及时向人力资源社会保障部和财政部报告。

人力资源社会保障部 财政部

2015年2月27日

附录12：人力资源社会保障部 住房城乡建设部 安全监管总局 全国总工会关于进一步做好建筑业工伤保险工作的意见

人力资源社会保障部 住房城乡建设部 安全监管总局 全国总工会关于进一步做好建筑业工伤保险工作的意见

人社部发〔2014〕103号

各省、自治区、直辖市及新疆生产建设兵团人力资源社会保障厅（局）、住房城乡建设厅（委、局）、安全生产监督管理局、总工会：

改革开放以来，我国建筑业蓬勃发展，建筑业职工队伍不断发展壮大，为经济社会发展和人民安居乐业做出了重大贡献。建筑业属于工伤风险较高行业，又是农民工集中的行业。为维护建筑业职工特别是农民工的工伤保障权益，国家先后出台了一系列法律法规和政策，各地区、各有关部门积极采取措施，加强建筑施工安全生产制度建设和监督检查，大力推进建筑施工企业依法参加工伤保险，使建筑业职工工伤权益保障工作不断得到加强。但目前仍存在部分建筑施工企业安全管理制度不落实、工伤保险参保覆盖率低、一线建筑工人特别是农民工工伤维权能力弱、工伤待遇落实难等问题。

为贯彻落实党中央、国务院关于切实保障和改善民生的要求，依据社会保险法、建筑法、安全生产法、职业病防治法和《工伤保险条例》等法律法规规定，现就进一步做好建筑业工伤保险工作、切实维护建筑业职工工伤保障权益提出以下意见：

一、完善符合建筑业特点的工伤保险参保政策，大力扩展建筑企业工伤保险参保覆盖面。建筑施工企业应依法参加工伤保险。针对建筑行业的特点，建筑施工企业对相对固定的职工，应按用人单位参加工伤保险；对不能按用人单位参保、建筑项目使用的建筑业职工特别是农民工，按项目参加工伤保险。房屋建筑和市政基础设施工程实行以建设项目为单位参加工伤保险的，可在各项社会保险中优先办理参加工伤保险手续。建设单位在办理施工许可手续时，应当提交建设项目工伤保险参保证明，作为保证工程安全施工的具体措施之一；安全施工措施未落实的项目，各地住房城乡建设主管部门不予核发施工许可证。

二、完善工伤保险费计缴方式。按用人单位参保的建筑施工企业应以工资总额为基数依法缴纳工伤保险费。以建设项目为单位参保的，可以按照项目工程总造价的一定比例计算缴纳工伤保险费。

三、科学确定工伤保险费率。各地区人力资源社会保障部门应参照本地区建筑企业行业基准费率，按照以支定收、收支平衡原则，商住房城乡建设主管部门合理确定建设项目工伤保险缴费比例。要充分运用工伤保险浮动费率机制，根据各建筑企业工伤事故发生率、工伤保险基金使用等情况适时适当调整费率，促进企业加强安全生产，预防和减少工伤事故。

四、确保工伤保险费用来源。建设单位要在工程概算中将工伤保险费用单独列支，作为不可竞争费，不参与竞标，并在项目开工前由施工总承包单位一次性代缴本项目工伤保险费，覆盖项目使用的所有职工，包括专业承包单位、劳务分包单位使用的农民工。

五、健全工伤认定所涉及劳动关系确认机制。建筑施工企业应依法与其职工签订劳动合同，加强施工现场劳务用工管理。施工总承包单位应当在工程项目施工期内督促专业承包单位、劳务分包单位建立职工花名册、考勤记录、工资发放表等台账，对项目施工期内全部施工人员实行动态实名制管理。施工人员发生工伤后，以劳动合同为基础确认劳动关系。对未签订劳动合同的，由人力资源社会保障部门参照工资支付凭证或记录、工作证、招工登记表、考勤记录及其他劳动者证言等证据，确认事实劳动关系。相关方面应积极提供有关证据；按规定应由用人单位负举证责任而用人单位不提供的，应当承担不利后果。

六、规范和简化工伤认定和劳动能力鉴定程序。职工发生工伤事故，应当由其所在用人单位在30日内提出工伤认定申请，施工总承包单位应当密切配合并提供参保证明等相关材料。用人单位未在规定时限内提出工伤认定申请的，职工本人或其近亲属、工会组织可以在1年内提出工伤认定申请，经社会保险行政部门调查确认工伤的，在此期间发生的工伤待遇等有关费用由其所在用人单位负担。各地社会保险行政部门和劳动能力鉴定机构要优化流程，简化手续，缩短认定、鉴定时间。对于事实清楚、权利义务关系明确的工伤认定申请，应当自受理工伤认定申请之日起15日内作出工伤认定决定。探索建立工伤认定和劳动能力鉴定相关材料网上申报、审核和送达办法，提高工作效率。

七、完善工伤保险待遇支付政策。对认定为工伤的建筑业职工，各级社会保险经办机构和用人单位应依法按时足额支付各项工伤保险待遇。对在参保项目施工期间发生工伤、项目竣工时尚未完成工伤认定或劳动能力鉴定的建筑业职工，其所在用人单位要继续保证其医疗救治和停工期间的法定待遇，待完成工伤认定及劳动能力鉴定后，依法享受参保职工的各项工伤保险待遇；其中应由用人单位支付的待遇，工伤职工所在用人单位要按时足额支付，也可根据其意愿一次性支付。针对建筑业工资收入分配的特点，对相关工伤保险待遇中难以按本人工资作为计发基数的，可以参照统筹地区上年度职工平均工资作为计发基数。

八、落实工伤保险先行支付政策。未参加工伤保险的建设项目，职工发生工伤事故，依法由职工所在用人单位支付工伤保险待遇，施工总承包单位、建设单位承担连带责任；用人单位和承担连带责任的施工总承包单位、建设单位不支付的，由工伤保险基金先行支付，用人单位和承担连带责任的施工总承包单位、建设单位应当偿还；不偿还的，由社会保险经办机构依法追偿。

九、建立健全工伤赔偿连带责任追究机制。建设单位、施工总承包单位或具有用工主体资格的分包单位将工程（业务）发包给不具备用工主体资格的组织或个人，该组织或个人招用的劳动者发生工伤的，发包单位与不具备用工主体资格的组织或个人承担连带赔偿责任。

十、加强工伤保险政策宣传和培训。施工总承包单位应当按照项目所在地人力资源社会保障部门统一规定的式样，制作项目参加工伤保险情况公示牌，在施工现场显著位置予以公示，并安排有关工伤预防及工伤保险政策讲解的培训课程，保障广大建筑业职工特别是农民工的知情权，增强其依法维权意识。各地人力资源社会保障部门要会同有关部门加大工伤保险政策宣传力度，让广大职工知晓其依法享有的工伤保险权益及相关办事流程。开展工伤预防试点的地区可以从工伤保险基金提取一定比例用于工伤预防，各地人力资源社会保障部门应会同住房城乡建设部门积极开展建筑业工伤预防的宣传和培训工作，并将建筑业职工特别是农民工作为宣传和培训的重点对象。建立健全政府部门、行业协会、建筑施工企业等多层次的培训体系，不断提升建筑业职工的安全生产意识、工伤维权意识和岗位技能水平，从源头上控制和减少安全事故。

十一、严肃查处谎报瞒报事故的行为。发生生产安全事故时，建筑施工企业现场有关人员和企业负责人要严格依照《生产安全事故报告和调查处理条例》等规定，及时、如实向安全监管、住房城乡建设和其他负有监管职责的部门报告，并做好工伤保险相关工作。事故报告后出现新情况的，要及时补报。对谎报、瞒报事故和迟报、漏报的有关单位和人员，要严格依法查处。

十二、积极发挥工会组织在职工工伤维权工作中的作用。各级工会要加强基层组织建设，通过项目工会、托管工会、联合工会等多种形式，努力将建筑施工一线职工纳入工会组织，为其提供维权依托。提升基层工会组织在职工工伤维权方面的业务能力和服务水平。具备条件的企业工会要设立工伤保障专员，学习掌握工伤保险政策，介入工伤事故处理的全过程，了解工伤职工需求，跟踪工伤待遇支付进程，监督工伤职工各项权益落实情况。

十三、齐抓共管合力维护建筑工人工伤权益。人力资源社会保障部门要积极会同相关部门，把大力推进建筑施工企业参加工伤保险作为当前扩大社会保险覆盖面的重要任务和重点工作领域，对各类建筑施工企业和建设项目进行摸底排查，力争尽快实现全面覆盖。各地人力资源社会保障、住房城乡建设、安全监管等部门要认真履行各自职能，对违法施工、非法转包、违法用工、不参加工伤保险等违法行为依法予以查处，进一步规范建筑市场秩序，保障建筑业职工工伤保险权益。人力资源社会保障、住房城乡建设、安全监管等部门和总工会要定期组织开展建筑业职工工伤维权工作情况的联合督查。有关部门和工会组织要建立部门间信息共享机制，及时沟通项目开工、项目用工、参加工伤保险、安全生产监管等信息，实现建筑业职工参保等信息互联互通，为维护建筑业职工工伤权益提供有效保障。

交通运输、铁路、水利等相关行业职工工伤权益保障工作可参照本文件规定执行。

各地人力资源社会保障、住房城乡建设、安全监管等部门和工会组织要依据国家法律法规和本文件精神，结合本地实际制定具体实施方案，定期召开有关部门协调工作会议，共同研究解决有关难点重点问题，合力做好建筑业职工工伤保险权益保障工作。

人力资源社会保障部
住房城乡建设部
安全监管总局
全国总工会
2014年12月29日

第四章　女职工劳动保护特别规定解读

女职工劳动保护特别规定的目的是为减少和解决女职工在劳动中因生理特点造成的特殊困难，保护女职工健康。该《规定》经2012年4月18日国务院第200次常务会议通过，2012年4月28日中华人民共和国国务院令第619号公布。《规定》共16条，自公布之日起施行，同时，1988年7月21日国务院发布的《女职工劳动保护特别规定》予以废止。

女职工劳动保护特别规定的出台背景

1988年，国务院颁布的《女职工劳动保护特别规定》是我国第一部综合性的女职工劳动保护专门法规，对于减少和解决女职工在劳动中因生理特点造成的特殊困难、保障女职工的身心健康发挥了重要作用。之后中国又陆续颁布了《妇女权益保障法》、《企业职工生育保险试行办法》、《女职工禁忌劳动范围的规定》、《女职工保健工作规定》等法律法规和规章，形成了较为完善的女职工劳动保护法律体系。《女职工劳动保护特别规定》施行24年来，其外部环境发生了巨大变化：

一、劳动关系领域发生重大变化

随着经济体制改革的不断深化和所有制结构的调整中我国劳动关系发生了深刻的变化：以公有制为主体、多种所有制经济共同发展格局的形成和公有制企业的改革，使劳动关系多样化、复杂化；用工制度的改革和劳动力市场的形成，使劳动关系市场化、契约化。

二、女职工劳动保护需求发生变化

中国女职工队伍不断壮大，占职工总数的42.7%。其中，女农民工已占女职工总数的37%，女职工劳动保护的对象、利益诉求呈现出多层次、多样化，经济的快速发展和社会文明程度的提高，要求对女职工劳动保护更明确、更具体，标准更科学。

三、在贯彻执行中存在许多问题

由于《女职工劳动保护特别规定》制定时间久远，其适用范围、保护标准、生育待遇、禁忌劳动范围的相关内容已不能满足新形势下女职工劳动保护的需求，不能适应形势发展的需要，部分条款与国家相继颁布的有关法律法规无法接轨，在一定程度上影响了其作用的发挥。

四、社会各界要求修改呼声强烈

自1998年以来，人大、政协每年都收到希望国家尽快修改完善《女职工劳动保护特别规定》的议案和提案，且议案和提案数逐年增加。许多专家、学者、职工群众、社会团体、妇联和工会组织也通过多种渠道和途径进行呼吁，形成了较强的态势。

对此，在有关部门的高度重视和国务院法制办的积极努力下，在多部委的共同参与，工会、妇联等群团组织的积极配合下，修订工作于2006年列入议程，经过深入调研和反复论证，《女职工劳动保护特别规定》得以出台。

女职工劳动保护特别规定的特点

《女职工劳动保护特别规定》具有六大特点：

一、适用范围的规定更加准确，体现了时代的特点

适用范围规定的修改，体现了我国女职工劳动保护的环境，已经发生由计划经济向市场经济的转变，由国有企业和集体企业向各种类型企业的转变，由人民团体向各种类型的

社会团体以及其他组织等用人单位的转变。

二、用人单位作为责任主体及其法律义务得到强化，法律责任规定更加明确、细化

职业场所是劳动保护的主要场所，因此，用人单位是保护女职工职业安全和健康的责任主体，《特别规定》对用人单位规定了明确而严格的法律义务。

三、女职工劳动保护更加全面、公平，保护水平得到提升

与《女职工劳动保护特别规定》相比，《女职工劳动保护特别规定》首先将女职工产假从过去的90天增加到现在的98天，并且对女职工怀孕流产的产假给予了明确的规定，如“女职工怀孕未满4个月流产的，享受15天产假；怀孕满4个月流产的，享受42天产假”。其次，《女职工劳动保护特别规定》不仅关注女职工身体和生理的劳动保护，而且增加了对女职工精神和心理方面的保护条款，强调“在劳动场所，用人单位应当预防和制止对女职工的性骚扰”。再次，对女职工权利救济的规定体现了与现行法律制度的合理衔接。

四、女职工禁忌从事的劳动范围操作性更强

女职工禁忌从事的劳动范围的内容纳入《女职工劳动保护特别规定》，操作性更强。《女职工劳动保护特别规定》将禁忌从事的劳动范围作为特别规定附录列示，并规定：“国务院安全生产监督管理部门会同国务院人力资源社会保障行政部门、国务院卫生行政部门根据经济社会发展情况，对女职工禁忌从事的劳动范围进行调整。”

五、用人单位参加生育保险与否的差别待遇加以明确

《女职工劳动保护特别规定》对用人单位参加生育保险与否的差别待遇加以明确，不仅可以减轻参加生育保险单位聘用育龄妇女的经济负担，承认生育的社会价值；而且会引导和鼓励更多的用人单位参加生育保险。

六、政府相关部门对用人单位监督检查及处罚的责任得到明确

女职工劳动保护的责任主体是用人单位，那么，用人单位执行本规定的情况由谁来监督检查？如果用人单位违反本规定，又由谁来进行处罚？《女职工劳动保护特别规定》明确规定，“县级以上人民政府人力资源社会保障行政部门、安全生产监督管理部门按照各自职责负责对用人单位执行本规定的情况进行监督检查。”同时，“工会、妇女组织依法对用人单位遵守本规定的情况进行监督。”用人单位违反本规定的，由县级以上人民政府人力资源社会保障行政部门、安全生产监督管理部门、依据有关法律、行政法规对其进行处罚。

《女职工劳动保护特别规定》的完善措施

《女职工劳动保护特别规定》与1988年的《女职工劳动保护特别规定》相比，作了许多的完善，主要从3个方面对《女职工劳动保护特别规定》作了完善：一是调整了女职工禁忌从事的劳动范围；二是规范了产假假期和产假待遇；三是调整了监督管理体制。

一、女职工禁忌从事的劳动范围

现行《女职工禁忌劳动范围的规定》是原劳动部根据《女职工劳动保护特别规定》制定的。《规定》将女职工禁忌从事的劳动范围放在附录加以列示，对女职工禁忌从事的劳动范围作了调整：

（1）为突出孕期和哺乳期的保护，扩大了孕期和哺乳期禁忌从事的劳动范围。

（2）考虑到劳动法仅规定经期、孕期、哺乳期禁忌从事的劳动范围，删去了已婚待孕期禁忌从事的劳动范围。

（3）为平衡女职工劳动保护与妇女就业的关系，缩小了经期禁忌从事的劳动范围。

二、规范了产假假期和产假待遇

1．产假假期

《女职工劳动保护特别规定》规定的女职工产假为90天，劳动法规定为“不少于90天”。根据征求意见的情况，从有利于女职工身体恢复和母乳喂养的角度，《女职工劳动保护特别规定》参照国际劳工组织有关公约关于“妇女须有权享受不少于14周的产假”的规定，将生育产假假期延长至14周（即98天）。

对女职工流产的，原《女职工劳动保护特别规定》仅原则规定“给予一定时间的产假”，实践中各用人单位掌握的休假时间长短不一。为保障流产女职工的权益，《女职工劳动保护特别规定》参照原劳动部《关于女职工生育待遇若干问题的通知》中关于流产假的档次划分，明确了流产产假，规定：怀孕未满4个月流产的，享受15天产假；怀孕满4个月流产的，享受42天（6周）产假。

2．产假待遇

《女职工劳动保护特别规定》对参加生育保险女职工和未参加生育保险女职工的产假期间待遇和相关费用支出分别作了规定：

（1）关于女职工产假期间的生育津贴，对已经参加生育保险的，按照用人单位上年度职工月平均工资的标准由生育保险基金支付，对未参加生育保险的，按照女职工产假前工资的标准由用人单位支付。

（2）关于女职工生育或者流产的医疗费用，按照生育保险规定的项目和标准，对已经参加生育保险的由生育保险基金支付，对未参加生育保险的由用人单位支付。

三、调整了监督管理体制

为保证《女职工劳动保护特别规定》实施，在新法中规定了一些具体的措施：

1．明确了部门职责分工

《女职工劳动保护特别规定》将女职工劳动保护监督管理体制由以前的原劳动行政部门一家调整为县级以上人民政府人力资源社会保障行政部门、安全生产监督管理部门按照各自职责负责对用人单位遵守本规定的情况进行监督检查。

2．规定了法律责任

《女职工劳动保护特别规定》对用人单位的违法行为仅笼统规定给予行政处分、责令经济补偿、依法追究刑事责任。依据《职业病防治法》、《劳动保障监察条例》的有关处罚规定，《女职工劳动保护特别规定》对用人单位违反女职工劳动保护的法律责任予以明确。违反《规定》第六条第二款、第七条、第九条第一款的，按照受侵害女职工每人1000元以上5000元以下的标准处以罚款；违反《女职工劳动保护特别规定》附录第一条、第二条的，按照受侵害女职工每人1000元以上5000元以下的标准处以罚款；违反《女职工劳动保护特别规定》附录第三条、第四条的，处5万元以上30万元以下的罚款，情节严重的，停止有关作业，或者提请有关人民政府按照国务院规定的权限责令关闭。

附录：女职工劳动保护特别规定

女职工劳动保护特别规定

（2012年4月18日）

第一条　为了减少和解决女职工在劳动中因生理特点造成的特殊困难，保护女职工健康，制定本规定。

第二条　中华人民共和国境内的国家机关、企业、事业单位、社会团体、个体经济组织以及其他社会组织等用人单位及其女职工，适用本规定。

第三条　用人单位应当加强女职工劳动保护，采取措施改善女职工劳动安全卫生条件，对女职工进行劳动安全卫生知识培训。

第四条　用人单位应当遵守女职工禁忌从事的劳动范围的规定。用人单位应当将本单位属于女职工禁忌从事的劳动范围的岗位书面告知女职工。

女职工禁忌从事的劳动范围由本规定附录列示。国务院安全生产监督管理部门会同国务院人力资源社会保障行政部门、国务院卫生行政部门根据经济社会发展情况，对女职工禁忌从事的劳动范围进行调整。

第五条　用人单位不得因女职工怀孕、生育、哺乳降低其工资、予以辞退、与其解除劳动或者聘用合同。

第六条　女职工在孕期不能适应原劳动的，用人单位应当根据医疗机构的证明，予以减轻劳动量或者安排其他能够适应的劳动。

对怀孕7个月以上的女职工，用人单位不得延长劳动时间或者安排夜班劳动，并应当在劳动时间内安排一定的休息时间。

怀孕女职工在劳动时间内进行产前检查，所需时间计入劳动时间。

第七条　女职工生育享受98天产假，其中产前可以休假15天；难产的，增加产假15天；生育多胞胎的，每多生育1个婴儿，增加产假15天。

女职工怀孕未满4个月流产的，享受15天产假；怀孕满4个月流产的，享受42天产假。

第八条　女职工产假期间的生育津贴，对已经参加生育保险的，按照用人单位上年度职工月平均工资的标准由生育保险基金支付；对未参加生育保险的，按照女职工产假前工资的标准由用人单位支付。

女职工生育或者流产的医疗费用，按照生育保险规定的项目和标准，对已经参加生育保险的，由生育保险基金支付；对未参加生育保险的，由用人单位支付。

第九条　对哺乳未满1周岁婴儿的女职工，用人单位不得延长劳动时间或者安排夜班劳动。

用人单位应当在每天的劳动时间内为哺乳期女职工安排1小时哺乳时间；女职工生育多胞胎的，每多哺乳1个婴儿每天增加1小时哺乳时间。

第十条　女职工比较多的用人单位应当根据女职工的需要，建立女职工卫生室、孕妇休息室、哺乳室等设施，妥善解决女职工在生理卫生、哺乳方面的困难。

第十一条　在劳动场所，用人单位应当预防和制止对女职工的性骚扰。

第十二条　县级以上人民政府人力资源社会保障行政部门、安全生产监督管理部门按照各自职责负责对用人单位遵守本规定的情况进行监督检查。

工会、妇女组织依法对用人单位遵守本规定的情况进行监督。

第十三条　用人单位违反本规定第六条第二款、第七条、第九条第一款规定的，由县级以上人民政府人力资源社会保障行政部门责令限期改正，按照受侵害女职工每人1000元以上5000元以下的标准计算，处以罚款。

用人单位违反本规定附录第一条、第二条规定的，由县级以上人民政府安全生产监督管理部门责令限期改正，按照受侵害女职工每人1000元以上5000元以下的标准计算，处以罚款。用人单位违反本规定附录第三条、第四条规定的，由县级以上人民政府安全生产监督管理部门责令限期治理，处5万元以上30万元以下的罚款；情节严重的，责令停止有关作业，或者提请有关人民政府按照国务院规定的权限责令关闭。

第十四条　用人单位违反本规定，侵害女职工合法权益的，女职工可以依法投诉、举报、申诉，依法向劳动人事争议调解仲裁机构申请调解仲裁，对仲裁裁决不服的，依法向人民法院提起诉讼。

第十五条 用人单位违反本规定，侵害女职工合法权益，造成女职工损害的，依法给予赔偿；用人单位及其直接负责的主管人员和其他直接责任人员构成犯罪的，依法追究刑事责任。

第十六条 本规定自公布之日起施行。1988年7月21日国务院发布的《女职工劳动保护特别规定》同时废止。

附录：女职工禁忌从事的劳动范围

一、女职工禁忌从事的劳动范围：

（一）矿山井下作业；

（二）体力劳动强度分级标准中规定的第四级体力劳动强度的作业；

（三）每小时负重6次以上、每次负重超过20公斤的作业，或者间断负重、每次负重超过25公斤的作业。

二、女职工在经期禁忌从事的劳动范围：

（一）冷水作业分级标准中规定的第二级、第三级、第四级冷水作业；

（二）低温作业分级标准中规定的第二级、第三级、第四级低温作业；

（三）体力劳动强度分级标准中规定的第三级、第四级体力劳动强度的作业；

（四）高处作业分级标准中规定的第三级、第四级高处作业。

三、女职工在孕期禁忌从事的劳动范围：

（一）作业场所空气中铅及其化合物、汞及其化合物、苯、镉、铍、砷、氰化物、氮氧化物、一氧化碳、二硫化碳、氯、己内酰胺、氯丁二烯、氯乙烯、环氧乙烷、苯胺、甲醛等有毒物质浓度超过国家职业卫生标准的作业；

（二）从事抗癌药物、己烯雌酚生产，接触麻醉剂气体等的作业；

（三）非密封源放射性物质的操作，核事故与放射事故的应急处置；

（四）高处作业分级标准中规定的高处作业；

（五）冷水作业分级标准中规定的冷水作业；

（六）低温作业分级标准中规定的低温作业；

（七）高温作业分级标准中规定的第三级、第四级的作业；

（八）噪声作业分级标准中规定的第三级、第四级的作业；

（九）体力劳动强度分级标准中规定的第三级、第四级体力劳动强度的作业；

（十）在密闭空间、高压室作业或者潜水作业，伴有强烈振动的作业，或者需要频繁弯腰、攀高、下蹲的作业。

四、女职工在哺乳期禁忌从事的劳动范围：

（一）孕期禁忌从事的劳动范围的第一项、第三项、第九项；

（二）作业场所空气中锰、氟、溴、甲醇、有机磷化合物、有机氯化合物等有毒物质浓度超过国家职业卫生标准的作业。

第五章　职工带薪年休假条例解读

职工带薪年休假条例的出台背景

实行职工带薪年休假制度，是世界各国劳动制度方面一个普遍的做法。在我国，党和国家一向高度重视职工休假权利的保护。早在1991年6月，党中央、国务院就根据经济和社会发展需要下发了《关于职工休假问题的通知》，规定各级党政机关、人民团体和企事业单位，在确保完成工作、生产任务，不另行增加编制和定员的前提下，可以安排职工的年休假。

1991年中央和国务院的通知决定，职工年休假的天数要根据各类人员的资历、岗位等不同情况有所区别，最多不得超过两周。全国人大常委会1994年7月制定的劳动法和2005年4月制定的公务员法当中，都对职工休假的事项作了原则规定。从近几年来的实践情况来看，职工的休息权利已经得到一定程度的保障。有些单位，特别是机关事业单位，还有一部分国企，已经实行了职工带薪年休假的做法。但是由于劳动法和《公务员法》的规定还比较原则，制度的具体细则还没有作规定。

现在在职工带薪年休假问题上还确实存在一些问题，主要是已经实行年休假制度的主要是机关、事业单位和一部分团体、企业，还有相当一部分企业、团体和有雇工的个体工商户还没有实行带薪年休假，这是范围上还不全。另外，在已经实施年休假制度的单位，许多是把开始享受年休假的时间工龄从5年开始计算，很多单位都规定为5年，不到5年就不能休。因此，很多新参加工作的职工就享受不到这个年休假。另外，由于工作比较繁忙的原因，许多职工实际上已经好多年享受不到年休假了，因为工作忙就休不了了。休不了的时候，也没有得到相应的经济补偿。《职工带薪年休假条例》就是要解决这些问题。

职工带薪年休假条例的内容解读

一、扩大了受益的劳动者

《职工带薪年休假条例》扩大了受益的劳动者，不光是公务员享有带薪休假，有雇工的个体工商户单位的员工也可以享有带薪休假，只要员工在单位工作连续一年以上即可享受年休假。《条例》并没有对“职工”进行限定，没有诸如“全部职工”、“正式职工”等字样，在实践中给单位也留下了一定的操作空间。《条例》不但规范了哪些单位的员工可以享有带薪年休假制度，同时也规定了员工在年休假期间享受与正常工作期间相同的工资收入。第二条并没有具体说明正常工作期间的工资收入包括哪些，因为工资的组成有固定工资、绩效工资、奖金等，法规对此没有说明，给用人单位留下了更大的自主权，这也是很多劳动者比较担心休年假而收入减少的原因。从另一方面我们也可以看到，单位如果把员工当成合作伙伴，就不会在这方面作计较，表面上看让员工休年假会提升单位的用人成本，但从人力资源管理的角度来看，如果能让员工感到单位管理的人性化，那么员工会更积极地工作，这样才能形成一个良性的循环。

二、规定了具体的休假天数下限

《职工带薪年休假条例》第三条规定了最高的年休假天数是15天。一些单位原来的休假规定是“工作满五年的可休假10天”。那么按照新规定该单位员工连续工作满5年时，到底该享受多少天的带薪休假呢？这一规定中的具体休假天数，指的是“下限”，也就是说，单位规定的休假水平不得低于新规定中明确的天数。在该单位连续工作满1—5年、且未出现新规第四条规定情形的员工，在原单位休假规定不变的前提下，按照新规定可享受5天的带薪休假；而工作满5年的员工，按照单位原规定依然可享受10天年休假；如果单位休假规定有变动，员工则按照单位的新规定休假。

三、单位的利益也受保障

《职工带薪年休假条例》第四条对不能享受年休假的情形作出了规定。年休假是一种福利，如果职工在一年中所休的事假、病假等超过了条例的规定，职工即不再享受年休假，这也是为了保障单位的利益。

四、用人单位具有安排休假时间的权利

《职工带薪年休假条例》第五条规定“年休假在1个年度内可以集中安排，也可以分段安排”，也就是说员工可以在上半年请一部分年假，下半年再请另一部分年假，但不可以一次性用完明、后年的假期。“一般不跨年度安排”，也就是说在一般情况下，年休假不可以跨年度安排，但单位因生产工作特点确有必要可以跨年安排职工休假，这个休假权掌握在单位的手中，单位可以根据生产的特点制定适合单位经济发展的休假年度。但对于跨年度安排年休假的单位，是否需要有关部门审批还要看具体的规定。

对于年度的计算方法，究竟是按照自然年度计算，还是按照员工在单位中的“实际工龄”计算还需进一步明确。按条例的规定分析，大多数单位会根据自身的行业性质而采取

“实际工龄”来计算，但会在劳动合同中作约定。

对于第五条第三款的规定，单位除了应当支付职工正常工资福利待遇外，还应当每日按照该职工的日工资300%的标准给予补偿。

五、对年休假的监督机制作了三个方面的规定

条例对年休假的监督机制作了三个方面的规定：

（1）县级以上地方人民政府人事部门、劳动保障部门应当依据职权对单位执行本条例的情况主动进行监督检查。

（2）工会组织依法维护职工的年休假权利。

（3）单位不安排职工休年休假又不依照本条例规定给予年休假工资报酬的，由县级以上地方人民政府人事部门或者劳动保障部门依据职权责令限期改正；对逾期不改正的，除责令该单位支付年休假工资报酬外，单位还应当按照年休假工资报酬的数额向职工加付赔偿金；对拒不支付年休假工资报酬、赔偿金的，属于公务员和参照公务员法管理的人员所在单位的，对直接负责的主管人员以及其他直接责任人员依法给予处分；属于其他单位的，由劳动保障部门、人事部门或者职工申请人民法院强制执行。

对这三方面的规定进一步保障了职工的休假权利。

附录01：职工带薪年休假条例

职工带薪年休假条例

（2007年12月7日通过）

第一条　为了维护职工休息休假权利，调动职工工作积极性，根据劳动法和公务员法，制定本条例。

第二条　机关、团体、企业、事业单位、民办非企业单位、有雇工的个体工商户等单位的职工连续工作1年以上的，享受带薪年休假（以下简称年休假）。单位应当保证职工享受年休假。职工在年休假期间享受与正常工作期间相同的工资收入。

第三条　职工累计工作已满1年不满10年的，年休假5天；已满10年不满20年的，年休假10天；已满20年的，年休假15天。

国家法定休假日、休息日不计入年休假的假期。

第四条　职工有下列情形之一的，不享受当年的年休假：

（一）职工依法享受寒暑假，其休假天数多于年休假天数的；

（二）职工请事假累计20天以上且单位按照规定不扣工资的；

（三）累计工作满1年不满10年的职工，请病假累计2个月以上的；

（四）累计工作满10年不满20年的职工，请病假累计3个月以上的；

（五）累计工作满20年以上的职工，请病假累计4个月以上的。

第五条 单位根据生产、工作的具体情况，并考虑职工本人意愿，统筹安排职工年休假。

年休假在1个年度内可以集中安排，也可以分段安排，一般不跨年度安排。单位因生产、工作特点确有必要跨年度安排职工年休假的，可以跨1个年度安排。

单位确因工作需要不能安排职工休年休假的，经职工本人同意，可以不安排职工休年休假。对职工应休未休的年休假天数，单位应当按照该职工日工资收入的300%支付年休假工资报酬。

第六条 县级以上地方人民政府人事部门、劳动保障部门应当依据职权对单位执行本条例的情况主动进行监督检查。

工会组织依法维护职工的年休假权利。

第七条 单位不安排职工休年休假又不依照本条例规定给予年休假工资报酬的，由县级以上地方人民政府人事部门或者劳动保障部门依据职权责令限期改正；对逾期不改正的，除责令该单位支付年休假工资报酬外，单位还应当按照年休假工资报酬的数额向职工加付赔偿金；对拒不支付年休假工资报酬、赔偿金的，属于公务员和参照公务员法管理的人员所在单位的，对直接负责的主管人员以及其他直接责任人员依法给予处分；属于其他单位的，由劳动保障部门、人事部门或者职工申请人民法院强制执行。

第八条 职工与单位因年休假发生的争议，依照国家有关法律、行政法规的规定处理。

第九条 国务院人事部门、国务院劳动保障部门依据职权，分别制定本条例的实施办法。

第十条 本条例自2008年1月1日起施行。

附录02：企业职工带薪年休假实施办法

企业职工带薪年休假实施办法

（2008年7月17日通过）

第一条 为了实施《职工带薪年休假条例》（以下简称条例），制定本实施办法。

第二条 中华人民共和国境内的企业、民办非企业单位、有雇工的个体工商户等单位（以下称用人单位）和与其建立劳动关系的职工，适用本办法。

第三条 职工连续工作满12个月以上的，享受带薪年休假（以下简称年休假）。

第四条 年休假天数根据职工累计工作时间确定。职工在同一或者不同用人单位工作期间，以及依照法律、行政法规或者国务院规定视同工作期间，应当计为累计工作时间。

第五条　职工新进用人单位且符合本办法第三条规定的，当年度年休假天数，按照在本单位剩余日历天数折算确定，折算后不足1整天的部分不享受年休假。

前款规定的折算方法为：（当年度在本单位剩余日历天数÷365天）×职工本人全年应当享受的年休假天数。

第六条　职工依法享受的探亲假、婚丧假、产假等国家规定的假期以及因工伤停工留薪期间不计入年休假假期。

第七条　职工享受寒暑假天数多于其年休假天数的，不享受当年的年休假。确因工作需要，职工享受的寒暑假天数少于其年休假天数的，用人单位应当安排补足年休假天数。

第八条　职工已享受当年的年休假，年度内又出现条例第四条第（二）、（三）、（四）、（五）项规定情形之一的，不享受下一年度的年休假。

第九条　用人单位根据生产、工作的具体情况，并考虑职工本人意愿，统筹安排年休假。用人单位确因工作需要不能安排职工年休假或者跨1个年度安排年休假的，应征得职工本人同意。

第十条　用人单位经职工同意不安排年休假或者安排职工年休假天数少于应休年休假天数，应当在本年度内对职工应休未休年休假天数，按照其日工资收入的300%支付未休年休假工资报酬，其中包含用人单位支付职工正常工作期间的工资收入。

用人单位安排职工休年休假，但是职工因本人原因且书面提出不休年休假的，用人单位可以只支付其正常工作期间的工资收入。

第十一条　计算未休年休假工资报酬的日工资收入按照职工本人的月工资除以月计薪天数（21.75天）进行折算。

前款所称月工资是指职工在用人单位支付其未休年休假工资报酬前12个月剔除加班工资后的月平均工资。在本用人单位工作时间不满12个月的，按实际月份计算月平均工资。

职工在年休假期间享受与正常工作期间相同的工资收入。实行计件工资、提成工资或者其他绩效工资制的职工，日工资收入的计发办法按照本条第一款、第二款的规定执行。

第十二条　用人单位与职工解除或者终止劳动合同时，当年度未安排职工休满应休年休假的，应当按照职工当年已工作时间折算应休未休年休假天数并支付未休年休假工资报酬，但折算后不足1整天的部分不支付未休年休假工资报酬。

前款规定的折算方法为：（当年度在本单位已过日历天数÷365天）×职工本人全年应当享受的年休假天数−当年度已安排年休假天数。

用人单位当年已安排职工年休假的，多于折算应休年休假的天数不再扣回。

第十三条　劳动合同、集体合同约定的或者用人单位规章制度规定的年休假天数、未休年休假工资报酬高于法定标准的，用人单位应当按照有关约定或者规定执行。

第十四条　劳务派遣单位的职工符合本办法第三条规定条件的，享受年休假。

被派遣职工在劳动合同期限内无工作期间由劳务派遣单位依法支付劳动报酬的天数多

于其全年应当享受的年休假天数的，不享受当年的年休假；少于其全年应当享受的年休假天数的，劳务派遣单位、用工单位应当协商安排补足被派遣职工年休假天数。

第十五条　县级以上地方人民政府劳动行政部门应当依法监督检查用人单位执行条例及本办法的情况。

用人单位不安排职工休年休假又不依照条例及本办法规定支付未休年休假工资报酬的，由县级以上地方人民政府劳动行政部门依据职权责令限期改正；对逾期不改正的，除责令该用人单位支付未休年休假工资报酬外，用人单位还应当按照未休年休假工资报酬的数额向职工加付赔偿金；对拒不执行支付未休年休假工资报酬、赔偿金行政处理决定的，由劳动行政部门申请人民法院强制执行。

第十六条　职工与用人单位因年休假发生劳动争议的，依照劳动争议处理的规定处理。

第十七条　除法律、行政法规或者国务院另有规定外，机关、事业单位、社会团体和与其建立劳动关系的职工，依照本办法执行。

船员的年休假按《中华人民共和国船员条例》执行。

第十八条　本办法中的“年度”是指公历年度。

第十九条　本办法自发布之日起施行。

附录03：全国年节及纪念日放假办法

全国年节及纪念日放假办法

（1949年12月23日政务院发布　根据1999年9月18日《国务院关于修改〈全国年节及纪念日放假办法〉的决定》第一次修订　根据2007年12月14日《国务院关于修改〈全国年节及纪念日放假办法〉的决定》第二次修订　根据2013年12月11日《国务院关于修改〈全国年节及纪念日放假办法〉的决定》第三次修订）

第一条　为统一全国年节及纪念日的假期，制定本办法。

第二条　全体公民放假的节日：

（一）新年，放假1天（1月1日）；

（二）春节，放假3天（农历正月初一、初二、初三）；

（三）清明节，放假1天（农历清明当日）；

（四）劳动节，放假1天（5月1日）；

（五）端午节，放假1天（农历端午当日）；

（六）中秋节，放假1天（农历中秋当日）；

（七）国庆节，放假3天（10月1日、2日、3日）。

第三条　部分公民放假的节日及纪念日：

（一）妇女节（3月8日），妇女放假半天；

（二）青年节（5月4日），14周岁以上的青年放假半天；

（三）儿童节（6月1日），不满14周岁的少年儿童放假1天；

（四）中国人民解放军建军纪念日（8月1日），现役军人放假半天。

第四条　少数民族习惯的节日，由各少数民族聚居地区的地方人民政府，按照各该民族习惯，规定放假日期。

第五条　二七纪念日、五卅纪念日、七七抗战纪念日、九三抗战胜利纪念日、九一八纪念日、教师节、护士节、记者节、植树节等其他节日、纪念日，均不放假。

第六条　全体公民放假的假日，如果适逢星期六、星期日，应当在工作日补假。部分公民放假的假日，如果适逢星期六、星期日，则不补假。

第七条　本办法自公布之日起施行。

附录04：国务院关于职工工作时间的规定

国务院关于职工工作时间的规定

（1994年2月3日中华人民共和国国务院令第146号发布　根据1995年3月25日《国务院关于修改〈国务院关于职工工作时间的规定〉的决定》修正）

第一条　为了合理安排职工的工作和休息时间，维护职工的休息权利，调动职工的积极性，促进社会主义现代化建设事业的发展，根据宪法有关规定，制定本规定。

第二条　本规定适用于在中华人民共和国境内的国家机关、社会团体、企业事业单位以及其他组织的职工。

第三条　职工每日工作8小时、每周工作40小时。

第四条　在特殊条件下从事劳动和有特殊情况，需要适当缩短工作时间的，按照国家有关规定执行。

第五条　因工作性质或者生产特点的限制，不能实行每日工作8小时、每周工作40小时标准工时制度的，按照国家有关规定，可以实行其他工作和休息办法。

第六条　任何单位和个人不得擅自延长职工工作时间。因特殊情况和紧急任务确需延长工作时间的，按照国家有关规定执行。

第七条　国家机关、事业单位实行统一的工作时间，星期六和星期日为周休息日。

企业和不能实行前款规定的统一工作时间的事业单位，可以根据实际情况灵活安排周休息日。

第八条　本规定由劳动部、人事部负责解释；实施办法由劳动部、人事部制定。

第九条 本规定自1995年5月1日起施行。1995年5月1日施行有困难的企业、事业单位，可以适当延期；但是，事业单位最迟应当自1996年1月1日起施行，企业最迟应当自1997年5月1日起施行。

附录05：关于《国务院关于职工工作时间的规定》的实施办法

关于《国务院关于职工工作时间的规定》的实施办法

（劳动部劳部发〔1995〕143号）

第一条 根据《国务院关于职工工作时间的规定》（以下简称《规定》），制定本办法。

第二条 本办法适用于中华人民共和国境内的企业的职工和个体经济组织的劳动者（以下统称职工）。

第三条 职工每日工作8小时、每周工作40小时。实行这一工时制度，应保证完成生产和工作任务，不减少职工的收入。

第四条 在特殊条件下从事劳动和有特殊情况，需要在每周工作40小时的基础上再适当缩短工作时间的，应在保证完成生产和工作任务的前提下，根据《中华人民共和国劳动法》第三十六条的规定，由企业根据实际情况决定。

第五条 因工作性质或生产特点的限制，不能实行每日工作8小时、每周工作40小时标准工时制度的，可以实行不定时工作制或综合计算工时工作制等其他工作和休息办法，并按照劳动部《关于企业实行不定时工作制和综合计算工时工作制的审批办法》执行。

第六条 任何单位和个人不得擅自延长职工工作时间。企业由于生产经营需要而延长职工工作时间的，应按《中华人民共和国劳动法》第四十一条的规定执行。

第七条 有下列特殊情形和紧急任务之一的，延长工作时间不受本办法第六条规定的限制：

（一）发生自然灾害、事故或者因其他原因，使人民的安全健康和国家资财遭到严重威胁，需要紧急处理的；

（二）生产设备、交通运输线路、公共设施发生故障，影响生产和公众利益，必须及时抢修的；

（三）必须利用法定节日或公休假日的停产期间进行设备检修、保养的；

（四）为完成国防紧急任务，或者完成上级在国家计划外安排的其他紧急生产任务，以及商业、供销企业在旺季完成收购、运输、加工农副产品紧急任务的。

第八条 根据本办法第六条、第七条延长工作时间的，企业应当按照《中华人民共和国劳动法》第四十四条的规定，给职工支付工资报酬或安排补休。

第九条 企业根据所在地的供电、供水和交通等实际情况，经与工会和职工协商后，可以灵活安排周休息日。

第十条　县级以上各级人民政府劳动行政部门对《规定》实施的情况进行监督检查。

第十一条　各省、自治区、直辖市人民政府劳动行政部门和国务院行业主管部门应根据《规定》和本办法及本地区、本行业的实际情况制定实施步骤，并报劳动部备案。

第十二条　本办法与《规定》同时实施。从1995年5月1日起施行每周40小时工时制度有困难的企业，可以延期实行，但最迟应当于1997年5月1日起施行。在本办法施行前劳动部、人事部于1994年2月8日共同颁发的《〈国务院关于职工工作时间的规定〉的实施办法》继续有效。

附录06：关于职工全年月平均工作时间和工资折算问题的通知

关于职工全年月平均工作时间和工资折算问题的通知

（劳社部发[2008]3号）

各省、自治区、直辖市劳动和社会保障厅（局）：

根据《全国年节及纪念日放假办法》（国务院令第513号）的规定，全体公民的节日假期由原来的10天增设为11天。据此，职工全年月平均制度工作天数和工资折算办法分别调整如下：

一、制度工作时间的计算

年工作日：365天−104天（休息日）−11天（法定节假日）＝250天

季工作日：250天÷4季＝62.5天/季

月工作日：250天÷12月＝20.83天/月

工作小时数的计算：以月、季、年的工作日乘以每日的8小时。

二、日工资、小时工资的折算

按照劳动法第五十一条的规定，法定节假日用人单位应当依法支付工资，即折算日工资、小时工资时不剔除国家规定的11天法定节假日。据此，日工资、小时工资的折算为：

日工资：月工资收入÷月计薪天数

小时工资：月工资收入÷（月计薪天数×8小时）。

月计薪天数＝（365天−104天）÷12月＝21.75天

三、2000年3月17日劳动保障部发布的《关于职工全年月平均工作时间和工资折算问题的通知》（劳社部发[2000]8号）同时废止。

劳动和社会保障部

二〇〇八年一月三日

附录07：机关事业单位职业年金办法

国务院办公厅关于印发机关事业单位职业年金办法的通知

国办发〔2015〕18号

各省、自治区、直辖市人民政府，国务院各部委、各直属机构：

《机关事业单位职业年金办法》已经国务院同意，现印发给你们，请认真贯彻执行。

国务院办公厅

2015年3月27日

机关事业单位职业年金办法

第一条　为建立多层次养老保险体系，保障机关事业单位工作人员退休后的生活水平，促进人力资源合理流动，根据《国务院关于机关事业单位工作人员养老保险制度改革的决定》（国发〔2015〕2号）等相关规定，制定本办法。

第二条　本办法所称职业年金，是指机关事业单位及其工作人员在参加机关事业单位基本养老保险的基础上，建立的补充养老保险制度。

第三条　本办法适用的单位和工作人员范围与参加机关事业单位基本养老保险的范围一致。

第四条　职业年金所需费用由单位和工作人员个人共同承担。单位缴纳职业年金费用的比例为本单位工资总额的8%，个人缴费比例为本人缴费工资的4%，由单位代扣。单位和个人缴费基数与机关事业单位工作人员基本养老保险缴费基数一致。

根据经济社会发展状况，国家适时调整单位和个人职业年金缴费的比例。

第五条　职业年金基金由下列各项组成：

（一）单位缴费；

（二）个人缴费；

（三）职业年金基金投资运营收益；

（四）国家规定的其他收入。

第六条　职业年金基金采用个人账户方式管理。个人缴费实行实账积累。对财政全额供款的单位，单位缴费根据单位提供的信息采取记账方式，每年按照国家统一公布的记账利率计算利息，工作人员退休前，本人职业年金账户的累计储存额由同级财政拨付资金记实；对非财政全额供款的单位，单位缴费实行实账积累。实账积累形成的职业年金基金，实行市场化投资运营，按实际收益计息。

职业年金基金投资管理应当遵循谨慎、分散风险的原则，保证职业年金基金的安全性、收益性和流动性。职业年金基金的具体投资管理办法由人力资源社会保障部、财政部会同有关部门另行制定。

第七条　单位缴费按照个人缴费基数的8%计入本人职业年金个人账户；个人缴费直接计入本人职业年金个人账户。

职业年金基金投资运营收益，按规定计入职业年金个人账户。

第八条　工作人员变动工作单位时，职业年金个人账户资金可以随同转移。工作人员升学、参军、失业期间或新就业单位没有实行职业年金或企业年金制度的，其职业年金个人账户由原管理机构继续管理运营。新就业单位已建立职业年金或企业年金制度的，原职业年金个人账户资金随同转移。

第九条　符合下列条件之一的可以领取职业年金：

（一）工作人员在达到国家规定的退休条件并依法办理退休手续后，由本人选择按月领取职业年金待遇的方式。可一次性用于购买商业养老保险产品，依据保险契约领取待遇并享受相应的继承权；可选择按照本人退休时对应的计发月数计发职业年金月待遇标准，发完为止，同时职业年金个人账户余额享有继承权。本人选择任一领取方式后不再更改。

（二）出国（境）定居人员的职业年金个人账户资金，可根据本人要求一次性支付给本人。

（三）工作人员在职期间死亡的，其职业年金个人账户余额可以继承。

未达到上述职业年金领取条件之一的，不得从个人账户中提前提取资金。

第十条　职业年金有关税收政策，按照国家有关法律法规和政策的相关规定执行。

第十一条　职业年金的经办管理工作，由各级社会保险经办机构负责。

第十二条　职业年金基金应当委托具有资格的投资运营机构作为投资管理人，负责职业年金基金的投资运营；应当选择具有资格的商业银行作为托管人，负责托管职业年金基金。委托关系确定后，应当签订书面合同。

第十三条　职业年金基金必须与投资管理人和托管人的自有资产或其他资产分开管理，保证职业年金财产独立性，不得挪作其他用途。

第十四条　县级以上各级人民政府人力资源社会保障行政部门、财政部门负责对本办法的执行情况进行监督检查。对违反本办法规定的，由人力资源社会保障行政部门和财政部门予以警告，责令改正。

第十五条　因执行本办法发生争议的，工作人员可按照国家有关法律、法规提请仲裁或者申诉。

第十六条　本办法自2014年10月1日起实施。已有规定与本办法不一致的，按照本办法执行。

第十七条　本办法由人力资源社会保障部、财政部负责解释。

附录08：国务院关于机关事业单位工作人员养老保险制度改革的决定

国务院关于机关事业单位工作人员养老保险制度改革的决定

国发〔2015〕2号

各省、自治区、直辖市人民政府，国务院各部委、各直属机构：

按照党的十八大和十八届三中、四中全会精神，根据《中华人民共和国社会保险法》等相关规定，为统筹城乡社会保障体系建设，建立更加公平、可持续的养老保险制度，国务院决定改革机关事业单位工作人员养老保险制度。

一、改革的目标和基本原则。以邓小平理论、“三个代表”重要思想、科学发展观为指导，深入贯彻党的十八大、十八届三中、四中全会精神和党中央、国务院决策部署，坚持全覆盖、保基本、多层次、可持续方针，以增强公平性、适应流动性、保证可持续性为重点，改革现行机关事业单位工作人员退休保障制度，逐步建立独立于机关事业单位之外、资金来源多渠道、保障方式多层次、管理服务社会化的养老保险体系。改革应遵循以下基本原则：

（一）公平与效率相结合。既体现国民收入再分配更加注重公平的要求，又体现工作人员之间贡献大小差别，建立待遇与缴费挂钩机制，多缴多得、长缴多得，提高单位和职工参保缴费的积极性。

（二）权利与义务相对应。机关事业单位工作人员要按照国家规定切实履行缴费义务，享受相应的养老保险待遇，形成责任共担、统筹互济的养老保险筹资和分配机制。

（三）保障水平与经济发展水平相适应。立足社会主义初级阶段基本国情，合理确定基本养老保险筹资和待遇水平，切实保障退休人员基本生活，促进基本养老保险制度可持续发展。

（四）改革前与改革后待遇水平相衔接。立足增量改革，实现平稳过渡。对改革前已退休人员，保持现有待遇并参加今后的待遇调整；对改革后参加工作的人员，通过建立新机制，实现待遇的合理衔接；对改革前参加工作、改革后退休的人员，通过实行过渡性措施，保持待遇水平不降低。

（五）解决突出矛盾与保证可持续发展相促进。统筹规划、合理安排、量力而行，准确把握改革的节奏和力度，先行解决目前城镇职工基本养老保险制度不统一的突出矛盾，再结合养老保险顶层设计，坚持精算平衡，逐步完善相关制度和政策。

二、改革的范围。本决定适用于按照公务员法管理的单位、参照公务员法管理的机关（单位）、事业单位及其编制内的工作人员。

三、实行社会统筹与个人账户相结合的基本养老保险制度。基本养老保险费由单位和个人共同负担。单位缴纳基本养老保险费（以下简称单位缴费）的比例为本单位工资总额的20%，个人缴纳基本养老保险费（以下简称个人缴费）的比例为本人缴费工资的8%，由单位代扣。按本人缴费工资8%的数额建立基本养老保险个人账户，全部由个人缴费形成。个人工资超过当地上年度在岗职工平均工资300%以上的部分，不计入个人缴费工资基数；低于当地上年度在岗职工平均工资60%的，按当地在岗职工平均工资的60%计算个人缴费工资基数。

个人账户储存额只用于工作人员养老，不得提前支取，每年按照国家统一公布的记账利率计算利息，免征利息税。参保人员死亡的，个人账户余额可以依法继承。

四、改革基本养老金计发办法。本决定实施后参加工作、个人缴费年限累计满15年的人员，退休后按月发给基本养老金。基本养老金由基础养老金和个人账户养老金组成。退休时的基础养老金月标准以当地上年度在岗职工月平均工资和本人指数化月平均缴费工资的平均值为基数，缴费每满1年发给1%。个人账户养老金月标准为个人账户储存额除以计发月数，计发月数根据本人退休时城镇人口平均预期寿命、本人退休年龄、利息等因素确定（详见附件）。

本决定实施前参加工作、实施后退休且缴费年限（含视同缴费年限，下同）累计满15年的人员，按照合理衔接、平稳过渡的原则，在发给基础养老金和个人账户养老金的基础上，再依据视同缴费年限长短发给过渡性养老金。具体办法由人力资源社会保障部会同有关部门制定并指导实施。

本决定实施后达到退休年龄但个人缴费年限累计不满15年的人员，其基本养老保险关系处理和基本养老金计发比照《实施〈中华人民共和国社会保险法〉若干规定》（人力资源社会保障部令第13号）执行。

本决定实施前已经退休的人员，继续按照国家规定的原待遇标准发放基本养老金，同时执行基本养老金调整办法。

机关事业单位离休人员仍按照国家统一规定发给离休费，并调整相关待遇。

五、建立基本养老金正常调整机制。根据职工工资增长和物价变动等情况，统筹安排机关事业单位和企业退休人员的基本养老金调整，逐步建立兼顾各类人员的养老保险待遇正常调整机制，分享经济社会发展成果，保障退休人员基本生活。

六、加强基金管理和监督。建立健全基本养老保险基金省级统筹；暂不具备条件的，可先实行省级基金调剂制度，明确各级人民政府征收、管理和支付的责任。机关事业单位基本养老保险基金单独建账，与企业职工基本养老保险基金分别管理使用。基金实行严格的预算管理，纳入社会保障基金财政专户，实行收支两条线管理，专款专用。依法加强基金监管，确保基金安全。

七、做好养老保险关系转移接续工作。参保人员在同一统筹范围内的机关事业单位之间流动，只转移养老保险关系，不转移基金。参保人员跨统筹范围流动或在机关事业单位与企业之间流动，在转移养老保险关系的同时，基本养老保险个人账户储存额随同转移，并以本人改革后各年度实际缴费工资为基数，按12%的总和转移基金，参保缴费不足1年的，按实际缴费月数计算转移基金。转移后基本养老保险缴费年限（含视同缴费年限）、个人账户储存额累计计算。

八、建立职业年金制度。机关事业单位在参加基本养老保险的基础上，应当为其工作人员建立职业年金。单位按本单位工资总额的8%缴费，个人按本人缴费工资的4%缴费。工作人员退休后，按月领取职业年金待遇。职业年金的具体办法由人力资源社会保障部、财政部制定。

九、建立健全确保养老金发放的筹资机制。机关事业单位及其工作人员应按规定及时足额缴纳养老保险费。各级社会保险征缴机构应切实加强基金征缴，做到应收尽收。各级政府应积极调整和优化财政支出结构，加大社会保障资金投入，确保基本养老金按时足额发放，同时为建立职业年金制度提供相应的经费保障，确保机关事业单位养老保险制度改革平稳推进。

十、逐步实行社会化管理服务。提高机关事业单位社会保险社会化管理服务水平，普遍发放全国统一的社会保障卡，实行基本养老金社会化发放。加强街道、社区人力资源社会保障工作平台建设，加快老年服务设施和服务网络建设，为退休人员提供方便快捷的服务。

十一、提高社会保险经办管理水平。各地要根据机关事业单位工作人员养老保险制度改革的实际需要，加强社会保险经办机构能力建设，适当充实工作人员，提供必要的经费和服务设施。人力资源社会保障部负责在京中央国家机关及所属事业单位基本养老保险的管理工作，同时集中受托管理其职业年金基金。中央国家机关所属京外单位的基本养老保险实行属地化管理。社会保险经办机构应做好机关事业单位养老保险参保登记、缴费申报、关系转移、待遇核定和支付等工作。要按照国家统一制定的业务经办流程和信息管理系统建设要求，建立健全管理制度，由省级统一集中管理数据资源，实现规范化、信息化和专业化管理，不断提高工作效率和服务质量。

十二、加强组织领导。改革机关事业单位工作人员养老保险制度，直接关系广大机关事业单位工作人员的切身利益，是一项涉及面广、政策性强的工作。各地区、各部门要充分认识改革工作的重大意义，切实加强领导，精心组织实施，向机关事业单位工作人员和社会各界准确解读改革的目标和政策，正确引导舆论，确保此项改革顺利进行。各地区、各部门要按照本决定制定具体的实施意见和办法，报人力资源社会保障部、财政部备案后实施。人力资源社会保障部要会同有关部门制定贯彻本决定的实施意见，加强对改革工作的协调和指导，及时研究解决改革中遇到的问题，确保本决定的贯彻实施。

本决定自2014年10月1日起实施，已有规定与本决定不一致的，按照本决定执行。

附件：个人账户养老金计发月数表

国务院

2015年1月3日

附件：个人账户养老金计发月数表

个人账户养老金计发月数表

退休年龄	计发月数	退休年龄	计发月数
40	233	56	164
41	230	57	158
42	226	58	152
43	223	59	145
44	220	60	139
45	216	61	132
46	212	62	125
47	207	63	117
48	204	64	109
49	199	65	101
50	195	66	93
51	190	67	84
52	185	68	75
53	180	69	65
54	175	70	56
55	170		

第六章 职业病防治法解读

职业病防治法的修正背景

旧职业病防治法自2002年5月1日起施行。该法对职业病的预防、治疗和职业病待遇保障各环节作了规范：在项目建设阶段、规定了职业病危害预评价制度和职业卫生防护设施“三同时”制度；在劳动过程的职业病防护方向，规定了用人单位的一系列义务，如应当如实告知劳动者所从事岗位的职业病危害、定期检测工作场所的危害因素并向监管部门报告检测结果，采用有效的职业病预防设施并为劳动者提供个人使用的职业病防护用品，组织劳动者进行健康检查并为其建立职业健康监护档案，等等；在职业病诊断治疗方面，规定诊断须由三名以上职业医师集体作出，明确了职业病诊断应综合考虑的因素及原则等，并授权卫生部制定具体的职业病诊断、鉴定管理办法；在职业病待遇保障方面，明确职业病病人的诊疗、康复费用及相关社会保险按照工伤社会保险的规定执行，同时考虑到劳动者频繁变动用人单位等实际情况，还规定了用人单位在发生分立、合并、解散、破产等情形时应妥善处理职业病病人的义务，以及最后用人单位与先前用人单位的责任划分，应当说，现行职业病防治法的各项制度，特别是职业病预防和职业病待遇保障制度，总体是科学、可行的。该法施行九年来，对遏制职业病高发势头确实起到了积极作用。

新老政策的分析和对比

修改后的《职业病防治法》与原来的《职业病防治法》相比较，有许多不同、在某些方面作了修改，以下提出解读：

一、职业卫生监管部门职责分工明确

此次职业病防治法修订的一大特点，就是进一步明确和理顺了相关部门在职业病防治工作中的监管职责，如下表所示：

相关部门在职业病防治工作中的监管职责

序号	监管部门	职责分工
1	卫生部	（1）负责监督管理职业病诊断与鉴定工作。 （2）组织开展重点职业病监测和专项调查，开展职业健康风险评估，研究提出职业病防治对策。 （3）负责职业病报告的管理和发布，组织开展职业病防治科学研究等。
2	安全监管总局	（1）负责用人单位职业卫生监督检查工作。 （2）负责新建、改建、扩建工程项目和技术改造、技术引进项目的职业卫生“三同时”审查及监督检查。 （3）负责依法管理职业卫生安全许可证的颁发工作等。
3	人力资源社会保障部	（1）负责劳动合同实施情况监管工作，督促用人单位依法签定劳动合同。 （2）依据职业病诊断结果，做好职业病人的社会保障工作。
4	全国总工会	依法参与职业危害事故调查处理，反映劳动者职业健康方面的诉求，提出意见和建议，维护劳动者合法权益。

二、消除职业病诊断的受理门槛

一方面明确了职业病诊断机构应当具备的条件，使符合条件的医疗卫生机构都可以取得职业病诊断机构资质，增加劳动者自主选择诊断机构的机会；另一方面规定了承担职业病诊断机构不得拒绝劳动者进行职业病诊断的要求。（新《职业病防治法》第四十四条第三款）

三、简化劳动仲裁程序，使制度设置向保护劳动者权益倾斜

依照劳动争议调解仲裁法，解决涉及劳动关系等事项的争议须进行劳动仲裁。实践中，职业病诊断也已经引入劳动仲裁机制。但是，根据该法规定，劳动争议仲裁委员会可以决定是否受理仲裁申请；法定的审理期限为45日，案情复杂的还可以延长15日；当事人对仲裁裁决不服的，可以在15日内提起诉讼。

为保证职业病诊断工作顺利开展，切实保护劳动者权益，新《职业病防治法》（第五十条）对职业病诊断中提出的劳动仲裁规定了特殊的程序要求：

（1）在确认劳动者职业史、职业病危害接触史时，当事人对劳动关系、工种、工作岗位或者在岗时间有争议的，可以向当地的劳动人事争议仲裁委员会申请仲裁；接到申请的劳动仲裁机构应当受理。

（2）劳动仲裁机构应当在30日内作出裁决。

（3）仲裁过程中，劳动者无法提供由用人单位掌握管理的与仲裁主张有关的证据，仲裁庭应当要求用人单位在指定期限内提供；用人单位在指定期限内不提供的，应当承担不利后果。

（4）用人单位对仲裁裁决不服、拟向人民法院提起诉讼的，应当在职业病诊断、鉴定程序结束之日起15日内提起诉讼；诉讼期间，劳动者的治疗费用按照职业病待遇规定的途径支付。

四、规定监管部门在特定情况下对有争议资料作出判定的职责

新《职业病防治法》第四十九第二款规定劳动者对用人单位提供的工作场所职业病危害因素检测资料等有异议，或者因劳动者的用人单位解散、破产，无用人单位提供上述资料的，诊断、鉴定机构应当提请负责安全生产监督管理部门进行调查，安全生产监督管理部门应当自接到申请之日起三十日内对存在异议的资料或者工作场所职业病危害因素情况作出判定，有关部门应当配合。

五、明确诊断机构在法定情形下应当参考劳动者的自述作出职业病诊断结论

（新《职业病防治法》第四十九第一款）一方面规定，用人单位应当如实提供职业病

诊断、鉴定所需的劳动者职业史和职业病危害接触史、工作场所职业病危害因素检测结果等资料，并对用人单位隐瞒、损毁与职业病诊断相关资料或者不依法提供上述资料的行为设定了严格的法律责任（新《职业病防治法》第七十三条第十款）；另一方面规定，在职业病诊断、鉴定过程中，用人单位不提供工作场所职业病危害因素检测结果等资料的，诊断、鉴定机构应当结合劳动者的临床表现、辅助检查结果和劳动者的职业史、职业病危害接触史，并参考劳动者的自述等，作出职业病诊断结论。

六、职业病可申请救助

由于职业病的隐匿性比较强，从接触职业病危害到发病需要一段时间，有的甚至几年、十几年之后才有可能暴露出来。那些用人单位已经不存在或者无法确认劳动关系的职业病病人，应当怎样求助？

修改后的《职业病防治法》规定，用人单位已经不存在或者无法确认劳动关系的职业病病人，可以向地方人民政府民政部门申请医疗救助和生活等方面的救助。地方各级人民政府应当根据本地区的实际情况，采取其他措施，使前款规定的职业病病人获得医疗救治。

七、诊断机构有权现场调查

一直以来，职业病的诊断和鉴定都是职业病防治工作中的难点。

修改后的《职业病防治法》特别授予诊断鉴定机构一个权力，如果用人单位拒不提供相关材料，诊断鉴定机构可以进行工作场所调查，也可以由安监部门组织调查。此外，可以根据相关监管部门提供的情况，根据临床表现，包括劳动者的自述，由诊断鉴定机构作出诊断、鉴定结论。在用人单位不提供资料的情况下也可以作出诊断，另外，还需要劳动保障部门对劳动关系进行进一步的确认。

为了保障职业病病人的权益，修改后的《职业病防治法》规定，用人单位应当如实提供职业病诊断、鉴定所需的劳动者职业史和职业病危害接触史、工作场所职业病危害因素检测结果等资料。职业病诊断、鉴定机构需要了解工作场所职业病危害因素情况时，可以对工作场所进行现场调查，也可以向安全生产监督管理部门提出，安全生产监督管理部门应当在十日内组织现场调查，用人单位不得拒绝、阻挠。

八、为劳动者更方便、更快捷申请职业病诊断提供了法律依据

（1）卫生行政部门应当向社会公布本行政区域内承担职业病诊断的医疗卫生机构名单（见本法第四十四条）。

（2）劳动者可在用人单位所在地、本人户籍所在地或者经常居住地依法承担的职业病诊断机构进行职业病诊断（见本法第四十五条）。

（3）明确由安监部门监督检查和督促用人单位为申请职业病诊断鉴定的劳动者提供职业史、职业病危害接触史、工作场所检测结果等相关资料（见本法第四十八条）。

（4）在职业病诊断、鉴定过程中，用人单位不提供工作场所职业病危害因素检测结果等相关资料的，诊断鉴定机构也可结合劳动者的临床表现、辅助检查结果和劳动者的职业史、职业病危害接触史并参考劳动者的自述及安监部门提供的日常监督检查等信息作出职业病诊断鉴定结论（见本法第四十九条）。

（5）劳动者对用人单位提供的工作场所职业病危害因素检测结果等资料有异议或因用人单位解散、破产无法提供相关资料的，诊断鉴定机构可提请安监进行调查，安监部门自接到申请之日起30日内应对存在异议资料或作业场所危害因素情况作出判定，有关部门应予配合（见本法第四十九条）。

（6）职业病诊断鉴定过程中，在确认劳动者职业史、工种、工作岗位或在岗时间有争议的可以向当地劳动人事争议仲裁机构申请仲裁，劳动人事争议仲裁委员会应当于受理之日起30日内作出裁决，劳动者对仲裁不服的，还可依法向人民法院提起诉讼（见第五十条）。

（7）隐瞒、伪造、篡改、毁损职业健康监护档案、工作场所职业病危害因素检测评价结果等相关资料或者拒不提供职业病诊断、鉴定所需资料的、未按规定承担职业病诊断鉴定费用的，由安监部门给予警告、责令限期改正，逾期不改的处5万元以上20万元以下的罚款；情节严重的，责令停止产生职业病危害的作业，或者提请有关人民政府按国务院规定的权限责令关闭（见本法第七十三条）。

九、被诊断为职业病患者，其医疗及生活更有保障

（1）劳动者被诊断患有职业病，但用人单位没有参加工伤保险的，其医疗和生活保障由该用人单位承担（见本法第六十条）。

（2）用人单位已经不存在或无法确认劳动关系的职业病病人，可以向地方人民政府民政部门申请医疗救治和生活等方面的救助（见本法第六十二条）。

十、建设项目职业病危害预评价及职业病危害严重项目职业病防护设施设计审查将得到相关部门的严格把关

新《职业病防治法》明确了该项目除安监部门负责监管、审批外，同时还规定了对未开展职业病危害预评价的建设项目给予批准以及对未经职业病防护设施设计审查发放施工许可的有关部门直接负责的主管人员和其他直接负责人员，将由监察机关或上级机关依法给予记过直至开除的处分。这样就促使相关企业能认真负责地对存在职业病危害的新建、改建、扩建的建设项目能按要求开展职业病危害预评价，属职业病危害严重的建设项目，能进行职业病防护设施设计审查（见本法第十七条、第十八条、第八十四条）。

十一、加大了对用人单位某些违法行为的处罚力度

（1）对未成立职业病防治机构、未建立相关职业卫生制度、未公布有关职业卫生规章制度、操作规程及职业病危害事故应急救援措施、检测结果未予公布、未组织劳动者进行职业卫生培训以及未按规定报送首次使用化学材料的毒性鉴定资料的，从原来处2万元以下罚款提高到处10万元以下的罚款（见本法第七十一条）。

（2）对未申报职业病危害项目、无专人负责职业病危害因素日常检测以致不能正常开展检测工作、签订或变更劳动合同时未告知职业病危害真实情况、未按规定组织劳动者进行职业健康检查、未建立健康档案或未将体检结果告知劳动者的，从原来处2万元以上5万元以下罚款提高到处5万元以上10万元以下的罚款（见第本法七十二条）。

（3）对用人单位违反本法规定已经对劳动者生命健康造成严重损害的，从原来处10万元以上30万元以下的罚款改为处10万元以上50万元以下的罚款（见本法第七十八条）。

十二、首次将“高危粉尘”写入法条

我国法定的职业病主要有尘肺病、职业性放射性疾病、职业中毒、物理因素所致职业病、生物因素所致职业病、职业性皮肤病、职业性眼病、职业性耳鼻喉口腔疾病、职业性肿瘤和其他职业病10大类，共计115种。其中特别强调的是，修订后的《职业病防治法》首次将“高危粉尘”写入法条。目前，尘肺病基本都是高危粉尘所致，占报告职业病的87.4%，而新发尘肺病绝大多数是高危粉尘所致。修改后的《职业病防治法》规定，国家对从事放射性、高毒、高危粉尘等作业实行特殊管理，增加了“高危粉尘”四个字。因此，如果控制了高危粉尘所致职业病，也就基本解决了我国尘肺病高发的问题。

附录01：中华人民共和国职业病防治法

中华人民共和国职业病防治法

《全国人民代表大会常务委员会关于修改〈中华人民共和国职业病防治法〉的决定》已由中华人民共和国第十一届全国人民代表大会常务委员会第二十四次会议于2011年12月31日通过，现予公布，自公布之日起施行。

目　录

第一章　总　则

第一条　为了预防、控制和消除职业病危害，防治职业病，保护劳动者健康及其相关权益，促进经济社会发展，根据宪法，制定本法。

第二条　本法适用于中华人民共和国领域内的职业病防治活动。

本法所称职业病，是指企业、事业单位和个体经济组织等用人单位的劳动者在职业活动中，因接触粉尘、放射性物质和其他有毒、有害因素而引起的疾病。

职业病的分类和目录由国务院卫生行政部门会同国务院安全生产监督管理部门、劳动保障行政部门制定、调整并公布。

第三条　职业病防治工作坚持预防为主、防治结合的方针，建立用人单位负责、行政机关监管、行业自律、职工参与和社会监督的机制，实行分类管理、综合治理。

第四条　劳动者依法享有职业卫生保护的权利。

用人单位应当为劳动者创造符合国家职业卫生标准和卫生要求的工作环境和条件，并采取措施保障劳动者获得职业卫生保护。

工会组织依法对职业病防治工作进行监督，维护劳动者的合法权益。用人单位制定或者修改有关职业病防治的规章制度，应当听取工会组织的意见。

第五条　用人单位应当建立、健全职业病防治责任制，加强对职业病防治的管理，提高职业病防治水平，对本单位产生的职业病危害承担责任。

第六条　用人单位的主要负责人对本单位的职业病防治工作全面负责。

第七条　用人单位必须依法参加工伤保险。

国务院和县级以上地方人民政府劳动保障行政部门应当加强对工伤保险的监督管理，确保劳动者依法享受工伤保险待遇。

第八条　国家鼓励和支持研制、开发、推广、应用有利于职业病防治和保护劳动者健康的新技术、新工艺、新设备、新材料，加强对职业病的机理和发生规律的基础研究，提高职业病防治科学技术水平；积极采用有效的职业病防治技术、工艺、设备、材料；限制使用或者淘汰职业病危害严重的技术、工艺、设备、材料。

国家鼓励和支持职业病医疗康复机构的建设。

第九条　国家实行职业卫生监督制度。

国务院安全生产监督管理部门、卫生行政部门、劳动保障行政部门依照本法和国务院确定的职责，负责全国职业病防治的监督管理工作。国务院有关部门在各自的职责范围内负责职业病防治的有关监督管理工作。

县级以上地方人民政府安全生产监督管理部门、卫生行政部门、劳动保障行政部门依据各自职责，负责本行政区域内职业病防治的监督管理工作。县级以上地方人民政府有关部门在各自的职责范围内负责职业病防治的有关监督管理工作。

县级以上人民政府安全生产监督管理部门、卫生行政部门、劳动保障行政部门（以下统称职业卫生监督管理部门）应当加强沟通，密切配合，按照各自职责分工，依法行使职权，承担责任。

第十条 国务院和县级以上地方人民政府应当制定职业病防治规划，将其纳入国民经济和社会发展计划，并组织实施。

县级以上地方人民政府统一负责、领导、组织、协调本行政区域的职业病防治工作，建立健全职业病防治工作体制、机制，统一领导、指挥职业卫生突发事件应对工作；加强职业病防治能力建设和服务体系建设，完善、落实职业病防治工作责任制。

乡、民族乡、镇的人民政府应当认真执行本法，支持职业卫生监督管理部门依法履行职责。

第十一条 县级以上人民政府职业卫生监督管理部门应当加强对职业病防治的宣传教育，普及职业病防治的知识，增强用人单位的职业病防治观念，提高劳动者的职业健康意识、自我保护意识和行使职业卫生保护权利的能力。

第十二条 有关防治职业病的国家职业卫生标准，由国务院卫生行政部门组织制定并公布。

国务院卫生行政部门应当组织开展重点职业病监测和专项调查，对职业健康风险进行评估，为制定职业卫生标准和职业病防治政策提供科学依据。

县级以上地方人民政府卫生行政部门应当定期对本行政区域的职业病防治情况进行统计和调查分析。

第十三条 任何单位和个人有权对违反本法的行为进行检举和控告。有关部门收到相关的检举和控告后，应当及时处理。

对防治职业病成绩显著的单位和个人，给予奖励。

第二章 前期预防

第十四条 用人单位应当依照法律、法规要求，严格遵守国家职业卫生标准，落实职业病预防措施，从源头上控制和消除职业病危害。

第十五条 产生职业病危害的用人单位的设立除应当符合法律、行政法规规定的设立条件外，其工作场所还应当符合下列职业卫生要求：

（一）职业病危害因素的强度或者浓度符合国家职业卫生标准；

（二）有与职业病危害防护相适应的设施；

（三）生产布局合理，符合有害与无害作业分开的原则；

（四）有配套的更衣间、洗浴间、孕妇休息间等卫生设施；

（五）设备、工具、用具等设施符合保护劳动者生理、心理健康的要求；

（六）法律、行政法规和国务院卫生行政部门、安全生产监督管理部门关于保护劳动者健康的其他要求。

第十六条　国家建立职业病危害项目申报制度。

用人单位工作场所存在职业病目录所列职业病的危害因素的，应当及时、如实向所在地安全生产监督管理部门申报危害项目，接受监督。

职业病危害因素分类目录由国务院卫生行政部门会同国务院安全生产监督管理部门制定、调整并公布。职业病危害项目申报的具体办法由国务院安全生产监督管理部门制定。

第十七条　新建、扩建、改建建设项目和技术改造、技术引进项目（以下统称建设项目）可能产生职业病危害的，建设单位在可行性论证阶段应当向安全生产监督管理部门提交职业病危害预评价报告。安全生产监督管理部门应当自收到职业病危害预评价报告之日起三十日内，作出审核决定并书面通知建设单位。未提交预评价报告或者预评价报告未经安全生产监督管理部门审核同意的，有关部门不得批准该建设项目。

职业病危害预评价报告应当对建设项目可能产生的职业病危害因素及其对工作场所和劳动者健康的影响作出评价，确定危害类别和职业病防护措施。

建设项目职业病危害分类管理办法由国务院安全生产监督管理部门制定。

第十八条　建设项目的职业病防护设施所需费用应当纳入建设项目工程预算，并与主体工程同时设计，同时施工，同时投入生产和使用。

职业病危害严重的建设项目的防护设施设计，应当经安全生产监督管理部门审查，符合国家职业卫生标准和卫生要求的，方可施工。

建设项目在竣工验收前，建设单位应当进行职业病危害控制效果评价。建设项目竣工验收时，其职业病防护设施经安全生产监督管理部门验收合格后，方可投入正式生产和使用。

第十九条　职业病危害预评价、职业病危害控制效果评价由依法设立的取得国务院安全生产监督管理部门或者设区的市级以上地方人民政府安全生产监督管理部门按照职责分工给予资质认可的职业卫生技术服务机构进行。职业卫生技术服务机构所作评价应当客观、真实。

第二十条　国家对从事放射性、高毒、高危粉尘等作业实行特殊管理。具体管理办法由国务院制定。

第三章　劳动过程中的防护与管理

第二十一条　用人单位应当采取下列职业病防治管理措施：

（一）设置或者指定职业卫生管理机构或者组织，配备专职或者兼职的职业卫生管理人员，负责本单位的职业病防治工作；

（二）制定职业病防治计划和实施方案；

（三）建立、健全职业卫生管理制度和操作规程；

（四）建立、健全职业卫生档案和劳动者健康监护档案；

（五）建立、健全工作场所职业病危害因素监测及评价制度；

（六）建立、健全职业病危害事故应急救援预案。

第二十二条 用人单位应当保障职业病防治所需的资金投入，不得挤占、挪用，并对因资金投入不足导致的后果承担责任。

第二十三条 用人单位必须采用有效的职业病防护设施，并为劳动者提供个人使用的职业病防护用品。

用人单位为劳动者个人提供的职业病防护用品必须符合防治职业病的要求；不符合要求的，不得使用。

第二十四条 用人单位应当优先采用有利于防治职业病和保护劳动者健康的新技术、新工艺、新设备、新材料，逐步替代职业病危害严重的技术、工艺、设备、材料。

第二十五条 产生职业病危害的用人单位，应当在醒目位置设置公告栏，公布有关职业病防治的规章制度、操作规程、职业病危害事故应急救援措施和工作场所职业病危害因素检测结果。

对产生严重职业病危害的作业岗位，应当在其醒目位置，设置警示标识和中文警示说明。警示说明应当载明产生职业病危害的种类、后果、预防以及应急救治措施等内容。

第二十六条 对可能发生急性职业损伤的有毒、有害工作场所，用人单位应当设置报警装置，配置现场急救用品、冲洗设备、应急撤离通道和必要的泄险区。

对放射工作场所和放射性同位素的运输、贮存，用人单位必须配置防护设备和报警装置，保证接触放射线的工作人员佩戴个人剂量计。

对职业病防护设备、应急救援设施和个人使用的职业病防护用品，用人单位应当进行经常性的维护、检修，定期检测其性能和效果，确保其处于正常状态，不得擅自拆除或者停止使用。

第二十七条 用人单位应当实施由专人负责的职业病危害因素日常监测，并确保监测系统处于正常运行状态。

用人单位应当按照国务院安全生产监督管理部门的规定，定期对工作场所进行职业病危害因素检测、评价。检测、评价结果存入用人单位职业卫生档案，定期向所在地安全生产监督管理部门报告并向劳动者公布。

职业病危害因素检测、评价由依法设立的取得国务院安全生产监督管理部门或者设区的市级以上地方人民政府安全生产监督管理部门按照职责分工给予资质认可的职业卫生技术服务机构进行。职业卫生技术服务机构所作检测、评价应当客观、真实。

发现工作场所职业病危害因素不符合国家职业卫生标准和卫生要求时，用人单位应当立即采取相应治理措施，仍然达不到国家职业卫生标准和卫生要求的，必须停止存在职业病危害因素的作业；职业病危害因素经治理后，符合国家职业卫生标准和卫生要求的，方可重新作业。

第二十八条　职业卫生技术服务机构依法从事职业病危害因素检测、评价工作，接受安全生产监督管理部门的监督检查。安全生产监督管理部门应当依法履行监督职责。

第二十九条　向用人单位提供可能产生职业病危害的设备的，应当提供中文说明书，并在设备的醒目位置设置警示标识和中文警示说明。警示说明应当载明设备性能、可能产生的职业病危害、安全操作和维护注意事项、职业病防护以及应急救治措施等内容。

第三十条　向用人单位提供可能产生职业病危害的化学品、放射性同位素和含有放射性物质的材料的，应当提供中文说明书。说明书应当载明产品特性、主要成份、存在的有害因素、可能产生的危害后果、安全使用注意事项、职业病防护以及应急救治措施等内容。产品包装应当有醒目的警示标识和中文警示说明。贮存上述材料的场所应当在规定的部位设置危险物品标识或者放射性警示标识。

国内首次使用或者首次进口与职业病危害有关的化学材料，使用单位或者进口单位按照国家规定经国务院有关部门批准后，应当向国务院卫生行政部门、安全生产监督管理部门报送该化学材料的毒性鉴定以及经有关部门登记注册或者批准进口的文件等资料。

进口放射性同位素、射线装置和含有放射性物质的物品的，按照国家有关规定办理。

第三十一条　任何单位和个人不得生产、经营、进口和使用国家明令禁止使用的可能产生职业病危害的设备或者材料。

第三十二条　任何单位和个人不得将产生职业病危害的作业转移给不具备职业病防护条件的单位和个人。不具备职业病防护条件的单位和个人不得接受产生职业病危害的作业。

第三十三条　用人单位对采用的技术、工艺、设备、材料，应当知悉其产生的职业病危害，对有职业病危害的技术、工艺、设备、材料隐瞒其危害而采用的，对所造成的职业病危害后果承担责任。

第三十四条　用人单位与劳动者订立劳动合同（含聘用合同，下同）时，应当将工作过程中可能产生的职业病危害及其后果、职业病防护措施和待遇等如实告知劳动者，并在劳动合同中写明，不得隐瞒或者欺骗。

劳动者在已订立劳动合同期间因工作岗位或者工作内容变更，从事与所订立劳动合同中未告知的存在职业病危害的作业时，用人单位应当依照前款规定，向劳动者履行如实告知的义务，并协商变更原劳动合同相关条款。

用人单位违反前两款规定的，劳动者有权拒绝从事存在职业病危害的作业，用人单位不得因此解除与劳动者所订立的劳动合同。

第三十五条　用人单位的主要负责人和职业卫生管理人员应当接受职业卫生培训，遵守职业病防治法律、法规，依法组织本单位的职业病防治工作。

用人单位应当对劳动者进行上岗前的职业卫生培训和在岗期间的定期职业卫生培训，普及职业卫生知识，督促劳动者遵守职业病防治法律、法规、规章和操作规程，指导劳动者正确使用职业病防护设备和个人使用的职业病防护用品。

劳动者应当学习和掌握相关的职业卫生知识，增强职业病防范意识，遵守职业病防治法律、法规、规章和操作规程，正确使用、维护职业病防护设备和个人使用的职业病防护用品，发现职业病危害事故隐患应当及时报告。

劳动者不履行前款规定义务的，用人单位应当对其进行教育。

第三十六条　对从事接触职业病危害的作业的劳动者，用人单位应当按照国务院安全生产监督管理部门、卫生行政部门的规定组织上岗前、在岗期间和离岗时的职业健康检查，并将检查结果书面告知劳动者。职业健康检查费用由用人单位承担。

用人单位不得安排未经上岗前职业健康检查的劳动者从事接触职业病危害的作业；不得安排有职业禁忌的劳动者从事其所禁忌的作业；对在职业健康检查中发现有与所从事的职业相关的健康损害的劳动者，应当调离原工作岗位，并妥善安置；对未进行离岗前职业健康检查的劳动者不得解除或者终止与其订立的劳动合同。

职业健康检查应当由省级以上人民政府卫生行政部门批准的医疗卫生机构承担。

第三十七条　用人单位应当为劳动者建立职业健康监护档案，并按照规定的期限妥善保存。

职业健康监护档案应当包括劳动者的职业史、职业病危害接触史、职业健康检查结果和职业病诊疗等有关个人健康资料。

劳动者离开用人单位时，有权索取本人职业健康监护档案复印件，用人单位应当如实、无偿提供，并在所提供的复印件上签章。

第三十八条　发生或者可能发生急性职业病危害事故时，用人单位应当立即采取应急救援和控制措施，并及时报告所在地安全生产监督管理部门和有关部门。安全生产监督管理部门接到报告后，应当及时会同有关部门组织调查处理；必要时，可以采取临时控制措施。卫生行政部门应当组织做好医疗救治工作。

对遭受或者可能遭受急性职业病危害的劳动者，用人单位应当及时组织救治、进行健康检查和医学观察，所需费用由用人单位承担。

第三十九条　用人单位不得安排未成年工从事接触职业病危害的作业；不得安排孕期、哺乳期的女职工从事对本人和胎儿、婴儿有危害的作业。

第四十条　劳动者享有下列职业卫生保护权利：

（一）获得职业卫生教育、培训；

（二）获得职业健康检查、职业病诊疗、康复等职业病防治服务；

（三）了解工作场所产生或者可能产生的职业病危害因素、危害后果和应当采取的职业病防护措施；

（四）要求用人单位提供符合防治职业病要求的职业病防护设施和个人使用的职业病防护用品，改善工作条件；

（五）对违反职业病防治法律、法规以及危及生命健康的行为提出批评、检举和控告；

（六）拒绝违章指挥和强令进行没有职业病防护措施的作业；

（七）参与用人单位职业卫生工作的民主管理，对职业病防治工作提出意见和建议。

用人单位应当保障劳动者行使前款所列权利。因劳动者依法行使正当权利而降低其工资、福利等待遇或者解除、终止与其订立的劳动合同的，其行为无效。

第四十一条　工会组织应当督促并协助用人单位开展职业卫生宣传教育和培训，有权对用人单位的职业病防治工作提出意见和建议，依法代表劳动者与用人单位签订劳动安全卫生专项集体合同，与用人单位就劳动者反映的有关职业病防治的问题进行协调并督促解决。

工会组织对用人单位违反职业病防治法律、法规，侵犯劳动者合法权益的行为，有权要求纠正；产生严重职业病危害时，有权要求采取防护措施，或者向政府有关部门建议采取强制性措施；发生职业病危害事故时，有权参与事故调查处理；发现危及劳动者生命健康的情形时，有权向用人单位建议组织劳动者撤离危险现场，用人单位应当立即作出处理。

第四十二条　用人单位按照职业病防治要求，用于预防和治理职业病危害、工作场所卫生检测、健康监护和职业卫生培训等费用，按照国家有关规定，在生产成本中据实列支。

第四十三条　职业卫生监督管理部门应当按照职责分工，加强对用人单位落实职业病防护管理措施情况的监督检查，依法行使职权，承担责任。

第四章　职业病诊断与职业病病人保障

第四十四条　医疗卫生机构承担职业病诊断，应当经省、自治区、直辖市人民政府卫生行政部门批准。省、自治区、直辖市人民政府卫生行政部门应当向社会公布本行政区域内承担职业病诊断的医疗卫生机构的名单。

承担职业病诊断的医疗卫生机构应当具备下列条件：

（一）持有《医疗机构执业许可证》；

（二）具有与开展职业病诊断相适应的医疗卫生技术人员；

（三）具有与开展职业病诊断相适应的仪器、设备；

（四）具有健全的职业病诊断质量管理制度。

承担职业病诊断的医疗卫生机构不得拒绝劳动者进行职业病诊断的要求。

第四十五条　劳动者可以在用人单位所在地、本人户籍所在地或者经常居住地依法承担职业病诊断的医疗卫生机构进行职业病诊断。

第四十六条　职业病诊断标准和职业病诊断、鉴定办法由国务院卫生行政部门制定。职业病伤残等级的鉴定办法由国务院劳动保障行政部门会同国务院卫生行政部门制定。

第四十七条 职业病诊断，应当综合分析下列因素：

（一）病人的职业史；

（二）职业病危害接触史和工作场所职业病危害因素情况；

（三）临床表现以及辅助检查结果等。

没有证据否定职业病危害因素与病人临床表现之间的必然联系的，应当诊断为职业病。

承担职业病诊断的医疗卫生机构在进行职业病诊断时，应当组织三名以上取得职业病诊断资格的执业医师集体诊断。

职业病诊断证明书应当由参与诊断的医师共同签署，并经承担职业病诊断的医疗卫生机构审核盖章。

第四十八条 用人单位应当如实提供职业病诊断、鉴定所需的劳动者职业史和职业病危害接触史、工作场所职业病危害因素检测结果等资料；安全生产监督管理部门应当监督检查和督促用人单位提供上述资料；劳动者和有关机构也应当提供与职业病诊断、鉴定有关的资料。

职业病诊断、鉴定机构需要了解工作场所职业病危害因素情况时，可以对工作场所进行现场调查，也可以向安全生产监督管理部门提出，安全生产监督管理部门应当在十日内组织现场调查。用人单位不得拒绝、阻挠。

第四十九条 职业病诊断、鉴定过程中，用人单位不提供工作场所职业病危害因素检测结果等资料的，诊断、鉴定机构应当结合劳动者的临床表现、辅助检查结果和劳动者的职业史、职业病危害接触史，并参考劳动者的自述、安全生产监督管理部门提供的日常监督检查信息等，作出职业病诊断、鉴定结论。

劳动者对用人单位提供的工作场所职业病危害因素检测结果等资料有异议，或者因劳动者的用人单位解散、破产，无用人单位提供上述资料的，诊断、鉴定机构应当提请安全生产监督管理部门进行调查，安全生产监督管理部门应当自接到申请之日起三十日内对存在异议的资料或者工作场所职业病危害因素情况作出判定；有关部门应当配合。

第五十条 职业病诊断、鉴定过程中，在确认劳动者职业史、职业病危害接触史时，当事人对劳动关系、工种、工作岗位或者在岗时间有争议的，可以向当地的劳动人事争议仲裁委员会申请仲裁；接到申请的劳动人事争议仲裁委员会应当受理，并在三十日内作出裁决。

当事人在仲裁过程中对自己提出的主张，有责任提供证据。劳动者无法提供由用人单位掌握管理的与仲裁主张有关的证据的，仲裁庭应当要求用人单位在指定期限内提供；用人单位在指定期限内不提供的，应当承担不利后果。

劳动者对仲裁裁决不服的，可以依法向人民法院提起诉讼。

用人单位对仲裁裁决不服的，可以在职业病诊断、鉴定程序结束之日起十五日内依法向人民法院提起诉讼；诉讼期间，劳动者的治疗费用按照职业病待遇规定的途径支付。

第五十一条　用人单位和医疗卫生机构发现职业病病人或者疑似职业病病人时，应当及时向所在地卫生行政部门和安全生产监督管理部门报告。确诊为职业病的，用人单位还应当向所在地劳动保障行政部门报告。接到报告的部门应当依法作出处理。

第五十二条　县级以上地方人民政府卫生行政部门负责本行政区域内的职业病统计报告的管理工作，并按照规定上报。

第五十三条　当事人对职业病诊断有异议的，可以向作出诊断的医疗卫生机构所在地地方人民政府卫生行政部门申请鉴定。

职业病诊断争议由设区的市级以上地方人民政府卫生行政部门根据当事人的申请，组织职业病诊断鉴定委员会进行鉴定。

当事人对设区的市级职业病诊断鉴定委员会的鉴定结论不服的，可以向省、自治区、直辖市人民政府卫生行政部门申请再鉴定。

第五十四条　职业病诊断鉴定委员会由相关专业的专家组成。

省、自治区、直辖市人民政府卫生行政部门应当设立相关的专家库，需要对职业病争议作出诊断鉴定时，由当事人或者当事人委托有关卫生行政部门从专家库中以随机抽取的方式确定参加诊断鉴定委员会的专家。

职业病诊断鉴定委员会应当按照国务院卫生行政部门颁布的职业病诊断标准和职业病诊断、鉴定办法进行职业病诊断鉴定，向当事人出具职业病诊断鉴定书。职业病诊断、鉴定费用由用人单位承担。

第五十五条　职业病诊断鉴定委员会组成人员应当遵守职业道德，客观、公正地进行诊断鉴定，并承担相应的责任。职业病诊断鉴定委员会组成人员不得私下接触当事人，不得收受当事人的财物或者其他好处，与当事人有利害关系的，应当回避。

人民法院受理有关案件需要进行职业病鉴定时，应当从省、自治区、直辖市人民政府卫生行政部门依法设立的相关的专家库中选取参加鉴定的专家。

第五十六条　医疗卫生机构发现疑似职业病病人时，应当告知劳动者本人并及时通知用人单位。

用人单位应当及时安排对疑似职业病病人进行诊断；在疑似职业病病人诊断或者医学观察期间，不得解除或者终止与其订立的劳动合同。

疑似职业病病人在诊断、医学观察期间的费用，由用人单位承担。

第五十七条　用人单位应当保障职业病病人依法享受国家规定的职业病待遇。

用人单位应当按照国家有关规定，安排职业病病人进行治疗、康复和定期检查。

用人单位对不适宜继续从事原工作的职业病病人，应当调离原岗位，并妥善安置。

用人单位对从事接触职业病危害的作业的劳动者，应当给予适当岗位津贴。

第五十八条　职业病病人的诊疗、康复费用，伤残以及丧失劳动能力的职业病病人的社会保障，按照国家有关工伤保险的规定执行。

第五十九条　职业病病人除依法享有工伤保险外，依照有关民事法律，尚有获得赔偿的权利的，有权向用人单位提出赔偿要求。

第六十条　劳动者被诊断患有职业病，但用人单位没有依法参加工伤保险的，其医疗和生活保障由该用人单位承担。

第六十一条　职业病病人变动工作单位，其依法享有的待遇不变。

用人单位在发生分立、合并、解散、破产等情形时，应当对从事接触职业病危害的作业的劳动者进行健康检查，并按照国家有关规定妥善安置职业病病人。

第六十二条　用人单位已经不存在或者无法确认劳动关系的职业病病人，可以向地方人民政府民政部门申请医疗救助和生活等方面的救助。

地方各级人民政府应当根据本地区的实际情况，采取其他措施，使前款规定的职业病病人获得医疗救治。

第五章　监督检查

第六十三条　县级以上人民政府职业卫生监督管理部门依照职业病防治法律、法规、国家职业卫生标准和卫生要求，依据职责划分，对职业病防治工作进行监督检查。

第六十四条　安全生产监督管理部门履行监督检查职责时，有权采取下列措施：

（一）进入被检查单位和职业病危害现场，了解情况，调查取证；

（二）查阅或者复制与违反职业病防治法律、法规的行为有关的资料和采集样品；

（三）责令违反职业病防治法律、法规的单位和个人停止违法行为。

第六十五条　发生职业病危害事故或者有证据证明危害状态可能导致职业病危害事故发生时，安全生产监督管理部门可以采取下列临时控制措施：

（一）责令暂停导致职业病危害事故的作业；

（二）封存造成职业病危害事故或者可能导致职业病危害事故发生的材料和设备；

（三）组织控制职业病危害事故现场。

在职业病危害事故或者危害状态得到有效控制后，安全生产监督管理部门应当及时解除控制措施。

第六十六条　职业卫生监督执法人员依法执行职务时，应当出示监督执法证件。

职业卫生监督执法人员应当忠于职守，秉公执法，严格遵守执法规范；涉及用人单位的秘密的，应当为其保密。

第六十七条　职业卫生监督执法人员依法执行职务时，被检查单位应当接受检查并予以支持配合，不得拒绝和阻碍。

第六十八条　安全生产监督管理部门及其职业卫生监督执法人员履行职责时，不得有下列行为：

（一）对不符合法定条件的，发给建设项目有关证明文件、资质证明文件或者予以批准；

（二）对已经取得有关证明文件的，不履行监督检查职责；

（三）发现用人单位存在职业病危害的，可能造成职业病危害事故，不及时依法采取控制措施；

（四）其他违反本法的行为。

第六十九条　职业卫生监督执法人员应当依法经过资格认定。

职业卫生监督管理部门应当加强队伍建设，提高职业卫生监督执法人员的政治、业务素质，依照本法和其他有关法律、法规的规定，建立、健全内部监督制度，对其工作人员执行法律、法规和遵守纪律的情况，进行监督检查。

第六章　法律责任

第七十条　建设单位违反本法规定，有下列行为之一的，由安全生产监督管理部门给予警告，责令限期改正；逾期不改正的，处十万元以上五十万元以下的罚款；情节严重的，责令停止产生职业病危害的作业，或者提请有关人民政府按照国务院规定的权限责令停建、关闭：

（一）未按照规定进行职业病危害预评价或者未提交职业病危害预评价报告，或者职业病危害预评价报告未经安全生产监督管理部门审核同意，开工建设的；

（二）建设项目的职业病防护设施未按照规定与主体工程同时投入生产和使用的；

（三）职业病危害严重的建设项目，其职业病防护设施设计未经安全生产监督管理部门审查，或者不符合国家职业卫生标准和卫生要求施工的；

（四）未按照规定对职业病防护设施进行职业病危害控制效果评价、未经安全生产监督管理部门验收或者验收不合格，擅自投入使用的。

第七十一条　违反本法规定，有下列行为之一的，由安全生产监督管理部门给予警告，责令限期改正；逾期不改正的，处十万元以下的罚款：

（一）工作场所职业病危害因素检测、评价结果没有存档、上报、公布的；

（二）未采取本法第二十一条规定的职业病防治管理措施的；

（三）未按照规定公布有关职业病防治的规章制度、操作规程、职业病危害事故应急救援措施的；

（四）未按照规定组织劳动者进行职业卫生培训，或者未对劳动者个人职业病防护采取指导、督促措施的；

（五）国内首次使用或者首次进口与职业病危害有关的化学材料，未按照规定报送毒性鉴定资料以及经有关部门登记注册或者批准进口的文件的。

第七十二条　用人单位违反本法规定，有下列行为之一的，由安全生产监督管理部门责令限期改正，给予警告，可以并处五万元以上十万元以下的罚款：

（一）未按照规定及时、如实向安全生产监督管理部门申报产生职业病危害的项目的；

（二）未实施由专人负责的职业病危害因素日常监测，或者监测系统不能正常监测的；

（三）订立或者变更劳动合同时，未告知劳动者职业病危害真实情况的；

（四）未按照规定组织职业健康检查、建立职业健康监护档案或者未将检查结果书面告知劳动者的；

（五）未依照本法规定在劳动者离开用人单位时提供职业健康监护档案复印件的。

第七十三条　用人单位违反本法规定，有下列行为之一的，由安全生产监督管理部门给予警告，责令限期改正，逾期不改正的，处五万元以上二十万元以下的罚款；情节严重的，责令停止产生职业病危害的作业，或者提请有关人民政府按照国务院规定的权限责令关闭：

（一）工作场所职业病危害因素的强度或者浓度超过国家职业卫生标准的；

（二）未提供职业病防护设施和个人使用的职业病防护用品，或者提供的职业病防护设施和个人使用的职业病防护用品不符合国家职业卫生标准和卫生要求的；

（三）对职业病防护设备、应急救援设施和个人使用的职业病防护用品未按照规定进行维护、检修、检测，或者不能保持正常运行、使用状态的；

（四）未按照规定对工作场所职业病危害因素进行检测、评价的；

（五）工作场所职业病危害因素经治理仍然达不到国家职业卫生标准和卫生要求时，未停止存在职业病危害因素的作业的；

（六）未按照规定安排职业病病人、疑似职业病病人进行诊治的；

（七）发生或者可能发生急性职业病危害事故时，未立即采取应急救援和控制措施或者未按照规定及时报告的；

（八）未按照规定在产生严重职业病危害的作业岗位醒目位置设置警示标识和中文警示说明的；

（九）拒绝职业卫生监督管理部门监督检查的；

（十）隐瞒、伪造、篡改、毁损职业健康监护档案、工作场所职业病危害因素检测评价结果等相关资料，或者拒不提供职业病诊断、鉴定所需资料的；

（十一）未按照规定承担职业病诊断、鉴定费用和职业病病人的医疗、生活保障费用的。

第七十四条　向用人单位提供可能产生职业病危害的设备、材料，未按照规定提供中文说明书或者设置警示标识和中文警示说明的，由安全生产监督管理部门责令限期改正，给予警告，并处五万元以上二十万元以下的罚款。

第七十五条　用人单位和医疗卫生机构未按照规定报告职业病、疑似职业病的，由有关主管部门依据职责分工责令限期改正，给予警告，可以并处一万元以下的罚款；弄虚作假的，并处二万元以上五万元以下的罚款；对直接负责的主管人员和其他直接责任人员，可以依法给予降级或者撤职的处分。

第七十六条　违反本法规定，有下列情形之一的，由安全生产监督管理部门责令限期治理，并处五万元以上三十万元以下的罚款；情节严重的，责令停止产生职业病危害的作业，或者提请有关人民政府按照国务院规定的权限责令关闭：

（一）隐瞒技术、工艺、设备、材料所产生的职业病危害而采用的；

（二）隐瞒本单位职业卫生真实情况的；

（三）可能发生急性职业损伤的有毒、有害工作场所、放射工作场所或者放射性同位素的运输、贮存不符合本法第二十六条规定的；

（四）使用国家明令禁止使用的可能产生职业病危害的设备或者材料的；

（五）将产生职业病危害的作业转移给没有职业病防护条件的单位和个人，或者没有职业病防护条件的单位和个人接受产生职业病危害的作业的；

（六）擅自拆除、停止使用职业病防护设备或者应急救援设施的；

（七）安排未经职业健康检查的劳动者、有职业禁忌的劳动者、未成年工或者孕期、哺乳期女职工从事接触职业病危害的作业或者禁忌作业的；

（八）违章指挥和强令劳动者进行没有职业病防护措施的作业的。

第七十七条　生产、经营或者进口国家明令禁止使用的可能产生职业病危害的设备或者材料的，依照有关法律、行政法规的规定给予处罚。

第七十八条　用人单位违反本法规定，已经对劳动者生命健康造成严重损害的，由安全生产监督管理部门责令停止产生职业病危害的作业，或者提请有关人民政府按照国务院规定的权限责令关闭，并处十万元以上五十万元以下的罚款。

第七十九条　用人单位违反本法规定，造成重大职业病危害事故或者其他严重后果，构成犯罪的，对直接负责的主管人员和其他直接责任人员，依法追究刑事责任。

第八十条　未取得职业卫生技术服务资质认可擅自从事职业卫生技术服务的，或者医疗卫生机构未经批准擅自从事职业健康检查、职业病诊断的，由安全生产监督管理部门和卫生行政部门依据职责分工责令立即停止违法行为，没收违法所得；违法所得五千元以上的，并处违法所得二倍以上十倍以下的罚款；没有违法所得或者违法所得不足五千元的，并处五千元以上五万元以下的罚款；情节严重的，对直接负责的主管人员和其他直接责任人员，依法给予降级、撤职或者开除的处分。

第八十一条　从事职业卫生技术服务的机构和承担职业健康检查、职业病诊断的医疗卫生机构违反本法规定，有下列行为之一的，由安全生产监督管理部门和卫生行政部门依据职责分工责令立即停止违法行为，给予警告，没收违法所得；违法所得五千元以上的，并处违法所得二倍以上五倍以下的罚款；没有违法所得或者违法所得不足五千元的，并处五千元以上二万元以下的罚款；情节严重的，由原认可或者批准机关取消其相应的资格；对直接负责的主管人员和其他直接责任人员，依法给予降级、撤职或者开除的处分；构成犯罪的，依法追究刑事责任：

（一）超出资质认可或者批准范围从事职业卫生技术服务或者职业健康检查、职业病诊断的；

（二）不按照本法规定履行法定职责的；

（三）出具虚假证明文件的。

第八十二条　职业病诊断鉴定委员会组成人员收受职业病诊断争议当事人的财物或者其他好处的，给予警告，没收收受的财物，可以并处三千元以上五万元以下的罚款，取消其担任职业病诊断鉴定委员会组成人员的资格，并从省、自治区、直辖市人民政府卫生行政部门设立的专家库中予以除名。

第八十三条　卫生行政部门、安全生产监督管理部门不按照规定报告职业病和职业病危害事故的，由上一级行政部门责令改正，通报批评，给予警告；虚报、瞒报的，对单位负责人、直接负责的主管人员和其他直接责任人员依法给予降级、撤职或者开除的处分。

第八十四条　违反本法第十七条、第十八条规定，有关部门擅自批准建设项目或者发放施工许可的，对该部门直接负责的主管人员和其他直接责任人员，由监察机关或者上级机关依法给予记过直至开除的处分。

第八十五条　县级以上地方人民政府在职业病防治工作中未依照本法履行职责，本行政区域出现重大职业病危害事故、造成严重社会影响的，依法对直接负责的主管人员和其他直接责任人员给予记大过直至开除的处分。

县级以上人民政府职业卫生监督管理部门不履行本法规定的职责，滥用职权、玩忽职守、徇私舞弊，依法对直接负责的主管人员和其他直接责任人员给予记大过或者降级的处分；造成职业病危害事故或者其他严重后果的，依法给予撤职或者开除的处分。

第八十六条　违反本法规定，构成犯罪的，依法追究刑事责任。

第七章　附则

第八十七条　本法下列用语的含义：

职业病危害，是指对从事职业活动的劳动者可能导致职业病的各种危害。职业病危害因素包括：职业活动中存在的各种有害的化学、物理、生物因素以及在作业过程中产生的其他职业有害因素。

职业禁忌，是指劳动者从事特定职业或者接触特定职业病危害因素时，比一般职业人群更易于遭受职业病危害和罹患职业病或者可能导致原有自身疾病病情加重，或者在从事作业过程中诱发可能导致对他人生命健康构成危险的疾病的个人特殊生理或者病理状态。

第八十八条　本法第二条规定的用人单位以外的单位，产生职业病危害的，其职业病防治活动可以参照本法执行。

劳务派遣用工单位应当履行本法规定的用人单位的义务。

中国人民解放军参照执行本法的办法，由国务院、中央军事委员会制定。

第八十九条　对医疗机构放射性职业病危害控制的监督管理，由卫生行政部门依照本法的规定实施。

附录02：职业病分类和目录

国家卫生计生委等4部门关于印发《职业病分类和目录》的通知

国卫疾控发〔2013〕48号

各省、自治区、直辖市卫生计生委（卫生厅局）、安全生产监督管理局、人力资源社会保障厅（局）、总工会，新疆生产建设兵团卫生局、安全生产监督管理局、人力资源社会保障局、工会，中国疾病预防控制中心：

根据《中华人民共和国职业病防治法》有关规定，国家卫生计生委、安全监管总局、人力资源社会保障部和全国总工会联合组织对职业病的分类和目录进行了调整。现将《职业病分类和目录》印发给你们，从即日起施行。2002年4月18日原卫生部和原劳动保障部联合印发的《职业病目录》同时废止。

国家卫生计生委
人力资源社会保障部
安全监管总局
全国总工会
2013年12月23日

职业病分类和目录

一、职业性尘肺病及其他呼吸系统疾病

（一）尘肺病

1. 矽肺
2. 煤工尘肺
3. 石墨尘肺
4. 碳黑尘肺
5. 石棉肺
6. 滑石尘肺
7. 水泥尘肺
8. 云母尘肺
9. 陶工尘肺
10. 铝尘肺

11. 电焊工尘肺

12. 铸工尘肺

13. 根据《尘肺病诊断标准》和《尘肺病理诊断标准》可以诊断的其他尘肺病

（二）其他呼吸系统疾病

1. 过敏性肺炎

2. 棉尘病

3. 哮喘

4. 金属及其化合物粉尘肺沉着病（锡、铁、锑、钡及其化合物等）

5. 刺激性化学物所致慢性阻塞性肺疾病

6. 硬金属肺病

二、职业性皮肤病

1. 接触性皮炎

2. 光接触性皮炎

3. 电光性皮炎

4. 黑变病

5. 痤疮

6. 溃疡

7. 化学性皮肤灼伤

8. 白斑

9. 根据《职业性皮肤病的诊断总则》可以诊断的其他职业性皮肤病

三、职业性眼病

1. 化学性眼部灼伤

2. 电光性眼炎

3. 白内障（含放射性白内障、三硝基甲苯白内障）

四、职业性耳鼻喉口腔疾病

1. 噪声聋

2. 铬鼻病

3. 牙酸蚀病

4. 爆震聋

五、职业性化学中毒

1. 铅及其化合物中毒（不包括四乙基铅）

2. 汞及其化合物中毒

3. 锰及其化合物中毒

4. 镉及其化合物中毒

5. 铍病
6. 铊及其化合物中毒
7. 钡及其化合物中毒
8. 钒及其化合物中毒
9. 磷及其化合物中毒
10. 砷及其化合物中毒
11. 铀及其化合物中毒
12. 砷化氢中毒
13. 氯气中毒
14. 二氧化硫中毒
15. 光气中毒
16. 氨中毒
17. 偏二甲基肼中毒
18. 氮氧化合物中毒
19. 一氧化碳中毒
20. 二硫化碳中毒
21. 硫化氢中毒
22. 磷化氢、磷化锌、磷化铝中毒
23. 氟及其无机化合物中毒
24. 氰及腈类化合物中毒
25. 四乙基铅中毒
26. 有机锡中毒
27. 羰基镍中毒
28. 苯中毒
29. 甲苯中毒
30. 二甲苯中毒
31. 正己烷中毒
32. 汽油中毒
33. 一甲胺中毒
34. 有机氟聚合物单体及其热裂解物中毒
35. 二氯乙烷中毒
36. 四氯化碳中毒
37. 氯乙烯中毒
38. 三氯乙烯中毒

39. 氯丙烯中毒
40. 氯丁二烯中毒
41. 苯的氨基及硝基化合物（不包括三硝基甲苯）中毒
42. 三硝基甲苯中毒
43. 甲醇中毒
44. 酚中毒
45. 五氯酚（钠）中毒
46. 甲醛中毒
47. 硫酸二甲酯中毒
48. 丙烯酰胺中毒
49. 二甲基甲酰胺中毒
50. 有机磷中毒
51. 氨基甲酸酯类中毒
52. 杀虫脒中毒
53. 溴甲烷中毒
54. 拟除虫菊酯类中毒
55. 铟及其化合物中毒
56. 溴丙烷中毒
57. 碘甲烷中毒
58. 氯乙酸中毒
59. 环氧乙烷中毒
60. 上述条目未提及的与职业有害因素接触之间存在直接因果联系的其他化学中毒

六、物理因素所致职业病

1. 中暑
2. 减压病
3. 高原病
4. 航空病
5. 手臂振动病
6. 激光所致眼（角膜、晶状体、视网膜）损伤
7. 冻伤

七、职业性放射性疾病

1. 外照射急性放射病
2. 外照射亚急性放射病
3. 外照射慢性放射病

4. 内照射放射病

5. 放射性皮肤疾病

6. 放射性肿瘤（含矿工高氡暴露所致肺癌）

7. 放射性骨损伤

8. 放射性甲状腺疾病

9. 放射性性腺疾病

10. 放射复合伤

11. 根据《职业性放射性疾病诊断标准（总则）》可以诊断的其他放射性损伤

八、职业性传染病

1. 炭疽

2. 森林脑炎

3. 布鲁氏菌病

4. 艾滋病（限于医疗卫生人员及人民警察）

5. 莱姆病

九、职业性肿瘤

1. 石棉所致肺癌、间皮瘤

2. 联苯胺所致膀胱癌

3. 苯所致白血病

4. 氯甲醚、双氯甲醚所致肺癌

5. 砷及其化合物所致肺癌、皮肤癌

6. 氯乙烯所致肝血管肉瘤

7. 焦炉逸散物所致肺癌

8. 六价铬化合物所致肺癌

9. 毛沸石所致肺癌、胸膜间皮瘤

10. 煤焦油、煤焦油沥青、石油沥青所致皮肤癌

11. β-萘胺所致膀胱癌

十、其他职业病

1. 金属烟热

2. 滑囊炎（限于井下工人）

3. 股静脉血栓综合征、股动脉闭塞症或淋巴管闭塞症（限于刮研作业人员）

第七章　劳动争议调解仲裁法解读

劳动争议调解仲裁法的立法背景

劳动争议，也称“劳动纠纷”、“劳资争议”，是指用人单位和劳动者在执行劳动方面的法律、法规和劳动合同、集体合同的过程中，就劳动的权利义务发生分歧而引起的争议。劳动争议不同于民事争议，用人单位和劳动者双方存在管理和被管理关系，双方主体并不是处于平等的地位。劳动争议的特点是：第一，劳动争议的主体是劳动关系双方，即发生在用人单位和劳动者之间，二者之间形成了劳动关系，因而所发生的争议称为劳动争议；第二，劳动争议必须是因为执行劳动法律、法规或者订立、履行、变更、解除和终止劳动合同而引起的争议。有的争议虽然发生在用人单位和劳动者之间，但争议的内容不涉及劳动合同和其他执行劳动方面的法律、法规问题，如劳动者一方因为与用人单位发生买卖合同方面的纠纷，属于民事争议，不是劳动争议。

近几年来，随着工业化、城镇化和经济结构调整进程的加快，企业制度改革不断深化，企业形式和劳动关系日趋多样化，劳动用工制度发生深刻变革，劳动争议案件数量大幅度上升，争议案件日趋复杂，争议内容、日益多样化，调处难度加大；同时，劳动争议处理周期长，劳动者维权成本高，以及仲裁与诉讼不衔接等问题的存在，影响了对劳动争议案件的公正、及时处理。为了解决这些问题，有必要制定专门的劳动争议调解仲裁法，进一步完善劳动争议处理的程序制度，公正及时地解决劳动争议，促进劳动关系和谐稳定。2007年8月劳动争议调解仲裁法（草案）提交十届全国人大常委会第二十九次会议审议，经过三次审议，全国人大常委会第三十一次会议审议通过了本法。

劳动争议调解仲裁法的亮点

一、申请仲裁时效期延至一年

“现行的申请劳动仲裁时效是60天，但实际生活中，有的劳动者会因为这样或那样的原因，超过60天的时效。”在某劳动仲裁科室工作的一名工作人员说，虽然他们没有进行过具体统计，但从日常的来访、来电看，超过申请仲裁时效的劳动争议时有发生。

根据现行规定，当事人须在劳动争议发生之日起60日内申请仲裁，而《调解仲裁法》将申请仲裁的时效调整为“当事人自知道或者应当知道其权利被侵害之日起一年内”，即延长到了一年，从维权角度看，为广大劳动者争取了更多的回旋时间。

值得关注的是，《调解仲裁法》还规定了一种不受仲裁时效限制的特殊情形：“劳动关系存续期间因拖欠劳动报酬发生争议的，劳动者申请仲裁不受仲裁时效期间的限制。但是，劳动关系终止的，应当自劳动关系终止之日起一年内提出。”也就是说，只要劳动者没有离开用人单位，双方劳动关系存续，无论用人单位拖欠工资多久都可以要回来，这从立法上避免了劳动者“赢了官司、丢了饭碗”现象的发生，解除了劳动者的后顾之忧，同时对欠薪者也是一道“紧箍咒”。

二、仲裁期限缩短了

时效短、周期长、维权成本高，是现行劳动争议处理制度的一个弊端。笔者也曾听到一些外来务工者的抱怨，他们称“走仲裁渠道，太耗时间”。

根据现行规定，仲裁裁决一般（除被延长外）应在组成仲裁庭之日起60日内作出。从5月1日起，《调解仲裁法》缩短了劳动争议仲裁裁决的时限，规定仲裁裁决的劳动争议案件，一般自仲裁委受理仲裁申请之日起45日内结束，符合规定的可以延长。经延长逾期未作出仲裁裁决的，当事人可以就该项劳动争议事项向人民法院提起诉讼。

三、部分案件“一裁终局”

实际用工中，劳动关系往往十分复杂、多样。少数用人单位“钻空子”，利用现行劳动争议处理程序恶意拖延劳动争议的解决。由此，《调解仲裁法》规定对两类劳动争议实行“一裁终局”。

什么叫“一裁终局”？就是劳动仲裁委员会的仲裁裁决为终局裁决，裁决书自作出之日起发生法律效力。

根据《调解仲裁法》第47条，除该法另有规定的以外，追索劳动报酬、工伤医疗费、经济补偿或者赔偿金，不超过当地月最低工资标准12个月金额的争议；因执行国家的劳动标准在工作时间、休息休假、社会保险等方面发生的争议，仲裁裁决为终局裁决，裁决书自作出之日起产生法律效力。

“一裁终局”是为了提高部分劳动争议案件的处理效率。当然，如果劳动者对仲裁裁决不服的，可以自收到仲裁裁决书之日起15日内向人民法院提起诉讼。

有关总则条款的解读

一、本法立法目的

本法第一条是关于本法立法目的的规定。根据本法第一条的规定，本法的立法日的有三层含义：

1．公正及时地解决劳动争议

劳动争议处理机构应当公正执法、依法保障双方当事人的合法权益，当事人在适用法律上一律平等，不得偏袒或者歧视任何一方；同时，劳动争议在处理时应注意及时处理，防止久拖不决。

2．保护当事人的合法权益

劳动关系的双方当事人为劳动者和用人单位，劳动争议调解仲裁法作为处理劳动争议的专门法，既保护劳动者的合法权益，也保护用人单位的合法权益。

3．促进劳动关系和谐稳定

劳动争议最根本的特点就在于其主体一方是劳动者，这一特点决定了劳动争议处理的重要性。劳动争议直接关系到劳动者基本生活的维持和工作权利的实现，也关系到其家庭的维持和稳定问题，因此，劳动争议是一个带有社会性的问题。必须解决现实中存在的突出问题：时效短、周期长、维权成本高、用人单位恶意延长劳动争议处理期限等。通过公正及时地处理劳动争议，维护劳动者的合法权益，使他们能够分享社会发展成果，有利于构建和谐稳定的劳动关系。

二、适用范围

本法第二条是关于本法适用范围的规定。本法适用于下列劳动争议事项的处理：

本法的适用范围

序号	适用事项	说明
1	因确认劳动关系发生的争议	因确认劳动关系是否存在而产生的争议属于劳动争议，适用劳动争议调解仲裁法。在实践中，一些用人单位不与劳动者签订劳动合同，一旦发生纠纷，劳动者往往因为拿不出劳动合同这一确定劳动关系存在的凭证而难以维权。为了更好地维护劳动者的合法权益，劳动争议调解仲裁法将因确认劳动关系发生的争议纳入了劳动争议处理范围，劳动者可以就确认劳动关系是否存在这一事由，依法向劳动争议调解仲裁机构申请权利救济。
2	因订立、履行、变更、解除和终止劳动合同发生的争议	用人单位与劳动者的劳动关系，涉及订立、履行、变更、解除和终止劳动合同的全过程。对于这一过程任何一个环节发生的争议，都可以适用劳动争议调解仲裁法来解决。
3	因除名、辞退和辞职、离职发生的争议	这一类劳动争议是由于解除和终止劳动关系而引发的争议。因除名、辞退和辞职、离职发生的争议涉及解除和终止劳动关系，适用劳动争议调解仲裁法。

续表

序号	适用事项	说明
4	因工作时间、休息休假、社会保险、福利、培训以及劳动保护发生的争议	（1）因工作时间、休息休假发生的争议，主要涉及用人单位规定的工作时间是否符合有关法律的规定，劳动者是否能够享受到国家的法定节假日和带薪休假的权利等而引起的争议。 （2）因社会保险发生的劳动争议，主要涉及用人单位是否依照有关法律、法规的规定为劳动者缴纳养老、工伤、医疗、失业、生育等社会保险费用而引起的争议。 （3）因福利、培训发生的劳动争议，主要涉及用人单位与劳动者在订立的劳动合同中规定的有关福利待遇、培训等约定事项的履行而产生的争议。 （4）因劳动保护发生的劳动争议，主要涉及用人单位是否为劳动者提供符合法律规定的劳动安全卫生条件等标准而产生的争议。
5	因劳动报酬、工伤医疗费、经济补偿或者赔偿金等发生的争议	这一项规定的内容涉及劳动者与用人单位因金钱给付问题而发生的劳动争议。这里主要谈一下“经济补偿”和“赔偿金”：经济补偿是指根据劳动合同法的规定，用人单位解除和终止劳动合同时，应给予劳动者的补偿；赔偿金是指根据劳动合同法的规定，用人单位应当向劳动者支付的赔偿金和劳动者应当向用人单位支付的赔偿金。
6	法律、法规规定的其他劳动争议	这是一项兜底的规定。除了上述劳动争议事项外，法律、行政法规或者地方性法规规定的其他劳动争议，也要纳人劳动争议调解仲裁法的调整范围

三、劳动争议处理的原则

本法第三条规定了解决劳动争议应当遵循的原则：

（1）解决劳动争议必须根据事实，从实际出发。

（2）解决劳动争议必须以依法保护当事人的合法权益为归宿。

（3）解决劳动争议应当遵循合法、公正、及时的原则。

（4）解决劳动争议应当遵循着重调解的原则。

四、劳动争议当事人的协商和解

本法第四条是关于发生劳动争议，劳动者可以与用人单位进行协商和解的规定。

劳动争议的协商是解决劳动争议的一个环节。发生劳动争议后，由当事人双方进行协商和解，有利于使劳动争议在比较平和的气氛中得到解决，防止矛盾激化，促进劳动关系和谐稳定。

劳动法没有规定劳动争议的协商和解制度。国务院于1993年出台的《企业劳动争议处理条例》规定了劳动争议的协商和解问题，即劳动争议发生后，当事人应当协商解决。本法在《企业劳动争议处理条例》的基础上，进一步完善了这一制度，除了规定发生争议的双方当事人可以自行协商和解外，还增加了规定劳动者可以请工会或者第三方共同与用人单位进行协商，这里的“第三方”可以是本单位的人员，也可以是本单位以外的、双方都信任的人员。

协商和解成功后，当事人双方应当签订和解协议。这里应当指出的是，协商这一程序，完全是建立在双方自愿的基础上，任何一方，或者第三方都不得强迫另一方当事人进行协商。如果当事人不愿协商、协商不成或者达成和解协议后不履行的，另一方当事人仍然可以向劳动争议调解组织申请调解，或者向劳动争议仲裁机构申请仲裁。

五、劳动争议处理的基本程序

本法第五条确定了劳动争议处理的体制。

为了快速处理劳动争议，解决劳动争议处理周期过长的问题，劳动争议调解仲裁法对现行劳动争议处理的“一调一裁两审”体制进行了重大变革，实行对涉及金额不大的追索劳动报酬、经济补偿、养老金或者赔偿金的争议，以及因执行国家的劳动标准在工作时间、休息休假、社会保险等方面发生的争议一裁终局的制度，对这部分争议案件，劳动争议仲裁委员会的裁决为终局裁决，使劳动纠纷终止于仲裁环节，不再走完全过程，有效解决周期长的问题，真正降低劳动者的维权成本。

1．申请调解

发生劳动争议，当事人不愿协商、协商不成或者达成和解协议后不履行的，可以向劳动调解组织申请调解。

（1）劳动调解组织。劳动调解组织包括：

①企业劳动争议调解委员会。

②依法设立的基层人民调解组织。

③在乡镇、街道设立的具有劳动争议调解职能的组织。

（2）调解程序的自愿原则。

调解程序是一个自愿程序，当事人不愿调解的，可以直接向劳动争议仲裁委员会申请仲裁；如果自劳动争议调解组织收到调解申请之日起15日内没有达成调解协议，或者达成调解协议后在协议约定的期限内，一方当事人不履行的，另一方当事人可以向劳动争议仲裁委员会申请仲裁。

（3）调解是作出仲裁裁决前的必经程序。

劳动争议调解仲裁法为了强化重在调解的原则，把调解作为仲裁庭须做的一项工作，调解是作出仲裁裁决前的必经程序。

2．申请仲裁

发生劳动争议，当事人不愿调解、调解不成或者达成调解协议后不履行的，可以向劳动仲裁委员会申请仲裁。

（1）仲裁的分类及区别。

仲裁主要分为对经济纠纷的经济仲裁和对劳动争议的劳动仲裁。劳动仲裁是指劳动争议仲裁机构对劳动争议当事人争议的事项，根据劳动方面的法律、法规、规章和政策等的规定，依法作出裁决，从而解决劳动争议的一项劳动法律制度。劳动仲裁不同于仲裁法规定的一般经济纠纷的仲裁，其不同点列于下表：

劳动仲裁与经济仲裁的区别

区别	劳动仲裁	经济仲裁
申请程序不同	劳动争议的仲裁，不要求当事人事先或事后达成仲裁协议，只要当事人一方提出申请，有关的仲裁机构即可受理。	经济纠纷的仲裁，要求双方当事人在事先或事后达成仲裁协议，然后才能据此向仲裁机构提出仲裁申请。
仲裁机构设置不同	劳动争议仲裁机构的设置，主要是在省、自治区的市、县或者直辖市的区、县设立。	仲裁法规定的仲裁机构，主要在直辖市、省会城市及根据需要在其他设区的市设立。
裁决的效力不同	劳动争议仲裁，当事人对裁决不服的，除劳动争议调解仲裁法规定的几类特殊劳动争议外，可以向人民法院起诉。	仲裁法规定一般经济纠纷的仲裁，“实行一裁终局制度”，即仲裁裁决作出后，当事人就同一纠纷再申请仲裁或者向人民法院起诉的，仲裁委员会或者人民法院不予受理。

由此可见，劳动争议的裁决一般不是终局的，法律规定仲裁这一程序，主要是考虑到这类纠纷的处理专业性较强，由一些熟悉这方面业务的人员来处理效果比较好，有利于快速、高效地解决纠纷，同时也在一定程度上减轻了法院的诉讼压力，节约了审判资源。

（2）仲裁与诉讼相比的优越性。

与诉讼相比，劳动仲裁法律制度具有一定的优越性，包括：

①快捷。快捷是指用仲裁的方法解决争议程序简便，用时较短。劳动争议需要快速处理，当事人一般都不愿意在纠纷处理上花费很长时间和很多精力，仲裁正好适应了这一要求。

②专业性强。参加仲裁的仲裁员是来自劳动和法律方面的专家，具有处理劳动争议的丰富经验，有利于提高仲裁办案质量。但是，仲裁裁决书发生法律效力后，当事人不履行仲裁裁决的，仲裁机构不能强制执行，只能由当事人申请人民法院强制执行。

3．向人民法院提起诉讼

如果当事人对劳动争议仲裁委员会的仲裁裁决不服的，除本法另有规定的除外，当事人可以向人民法院提起诉讼。这里的“本法除另有规定的外”是指本法第四十七条规定的一裁终局的情形。

六、举证责任

本法第六条对当事人在劳动争议发生后的举证责任作出了规定。

1．谁主张，谁举证

当事人主张进行辩论不能空口无凭，而应提供证据加以证明。谁主张什么谁就应该证明什么，否则，提出的事实将有可能不被认定。劳动争议发生以后，调解、仲裁作为非诉讼程序，与诉讼活动一样首先应当查清事实真相，对于双方当事人主张的事实辨明真伪，才能进一步解决劳动争议，满足和保护当事人合理的利益主张。在劳动争议的调解、仲裁阶段，当事人应当像参加诉讼活动一样，积极举证，提供证据证明自己所主张的事实。

2．用人单位的特殊举证责任

本法在一定程度上规定了用人单位的举证责任倒置，但仅仅是涉及“与争议事项有关的证据属于用人单位掌握管理的”情况。这一规定是基于对当事人提供证据的可能性和现实性的考虑，是合理的也是必要的。因为事实上，劳动者和用人单位双方在劳动争议处理程序中处于不平等的地位，双方的维权能力不对称、不平衡。具体表现在：

（1）在劳动争议处理程序中，劳动者仍然是一个个人，通常情况下与掌握大量人力、物力和财力的作为组织体的用人单位相比是弱者，其在劳动争议处理程序中的对抗能力依然远不及用人单位。

（2）劳动者在劳动关系中的弱势地位、隶属地位常常使其在劳动争议处理程序中继续处于弱势地位，例如用人单位由于其在劳动关系中的管理者地位掌握着更多的信息，并因而在劳动关系中具有比劳动者强得多的举证能力。

（3）劳动争议处理程序中的劳动者常常由于劳动关系尚未解除而仍然处于用人单位的管理之下，这时劳动者在劳动争议处理程序中的行为仍然直接受制于用人者，劳动者在维系其劳动关系的考量中，不可能与用人单位“奋力抗争”。

（4）有些与争议事项有关的证据是用人单位掌握管理的，例如人事档案、用工花名册，劳动者无法提供或者很难举证。在这种情况下仍然坚持“谁主张，谁举证”，对于劳动者来说就是有失公平的。

本法规定，这些由用人单位掌握管理的证据应当由用人单位提供。用人单位不提供的，这里的“不提供”是指用人单位主观上“不提供”，而不是客观上的“不能提供”。那么，用人单位就必然因为自己不提供其应当提供的证据而承担不利的法律后果。这一举证责任原则，应当贯彻于调解、仲裁、诉讼的全过程。

七、劳动争议处理的代表人制度

本法第七条是关于推举代表参加调解、仲裁或者诉讼活动的规定。

根据《最高人民法院关于适用〈中华人民共和国民事诉讼法〉若干问题的意见》第五十九条规定：“《民事诉讼法》第五十四条和第五十五条规定的当事人一方人数众多，一般指10人以上。”劳动争议调解仲裁法对人数作出明确规定，“发生劳动争议的劳动者一方在10人以上，并有共同请求的，可以推举代表参加调解、仲裁或者诉讼活动”。

关于代表人的推选，本条规定10名以上的劳动者可以推举代表参加调解、仲裁或者诉讼活动，当事人必须推举他们之中的人做代表，而不能选当事人之外的人。

八、劳动争议处理的协调劳动关系三方机制

本协商劳动关系三方机制是国际上许多市场经济国家的通行做法，实践证明这一机制能够缓解劳资矛盾、稳定劳动关系、维护企业和职工的合法权益，同时，对于促进经济发展和社会进步也能起到重要作用。

在我国，三方协商机制由代表政府的劳动行政部门、代表职工的工会组织和代表企业的某些企业代表组织组成。具体来说，处理劳动争议的三方协商机制中的“三方”是指以下三方：

三方协商机制中的“三方”

序号	三方	说明
1	政府代表	我国工会法和劳动法中都明确规定三方协商机制中的政府代表是劳动行政部门。一直以来，我国参加国际劳工大会的政府代表也是劳动行政部门。因此，处理劳动争议的三方协商机制中的政府代表理应由政府劳动行政部门担任。
2	职工代表	由于三方机制协商劳动关系方面的重大问题，例如处理劳动争议的重大共性问题，往往会超出具体企业的范围。在这种情况下，代表职工参加三方协商机制的是全国总工会和各级地方总工会。
3	企业组织代表	由于我国经济体制改革的影响，企业的所有制形式和组织形式发生了巨大变化，代表企业的各种组织也有一个变化发展的过程。改革开放初期，我国经贸委代表企业组织。之后，全国各地建立了企业联合会（企业家协会），不过当时该组织代表的是国有企业。随着各类新建企业的迅猛发展，代表非公有制经济的各级工商联组织逐步完善，此外个体经营者协会、青年企业家协会、女企业家协会、民间的商会等纷纷成立，作为企业一方代表，它们都可以成为三方协商机制的一方。目前，在中央层面，中国企业联合会或者全国工商业联合会是企业方代表。

九、劳动监察

本法第九条是关于用人单位有违反国家规定，拖欠或者未足额支付劳动报酬，或者拖欠工伤医疗费、经济补偿或者赔偿金的，劳动者可以向劳动行政部门进行投诉的规定。

1．劳动监察的部门及监察事项

劳动合同法明确规定，县级以上地方人民政府劳动行政部门负责本行政区域内劳动合同制度实施的监督管理，对下列实施劳动合同制度的情况进行监督检查：

（1）用人单位制定直接涉及劳动者切身利益的规章制度及其执行的情况。

（2）用人单位与劳动者订立和解除劳动合同的情况。

（3）劳务派遣单位和用工单位遵守劳务派遣有关规定的情况。

（4）用人单位遵守国家关于劳动者工作时间和休息休假规定的情况。

（5）用人单位支付劳动合同约定的劳动报酬和执行最低工资标准的情况。

（6）用人单位参加各项社会保险和缴纳社会保险费的情况。

（7）法律、法规规定的其他劳动监察事项。

此外，2004年国务院颁布的《劳动保障监察条例》规定，劳动保障行政部门对下列事项实施劳动保障监察：

（1）用人单位制定内部劳动保障规章制度的情况。

（2）用人单位与劳动者订立劳动合同的情况。

（3）用人单位遵守禁止使用童工规定的情况。

（4）用人单位遵守女职工和未成年工特殊劳动保护规定的情况。

（5）用人单位遵守工作时间和休息休假规定的情况。

（6）用人单位支付劳动者工资和执行最低工资标准的情况。

（7）用人单位参加各项社会保险和缴纳社会保险费的情况。

（8）职业介绍机构、职业技能培训机构和职业技能考核鉴定机构遵守国家有关职业介绍、职业技能培训和职业技能考核鉴定的规定的情况。

（9）法律、法规规定的其他劳动保障监察事项。

2．劳动者的依法举报、投诉投权

根据上述法律、法规的规定，对于用人单位有违反国家规定，拖欠或者未足额支付劳动报酬，或者拖欠工伤医疗费、经济补偿或者赔偿金的，劳动者均可以依法向劳动监察部门进行举报、投诉，由劳动监察部门在查清事实后依法处理。

这里应当指出的是，劳动争议调解组织、劳动争议仲裁委员会在受理劳动争议案件时，如果发现案件属于上述用人单位违反国家规定，拖欠或者未足额支付劳动报酬，拖欠工伤医疗费、经济补偿或者赔偿金的，可以建议劳动者直接向劳动监察部门进行投诉，由劳动监察部门进行处理，以节省劳动者维权的时间和成本，使劳动者能在一个相对短的时间内拿到被拖欠的劳动报酬、工伤医疗费、经济补偿或者赔偿金，从而解决其个人和家庭的生计等问题。但是如果劳动者对上述案件不愿意向劳动行政部门进行投诉，仍坚持走调解、仲裁等劳动争议处理程序的，劳动争议调解组织、劳动争议仲裁委员会应当依法予以受理，不能推诿。

有关调解条款的解读

一、调解组织

本法第十条确立了劳动争议的调解组织。本法规定的调解组织有：

（1）企业劳动争议调解委员会。

（2）依法设立的基层人民调解组织。

（3）在乡镇、街道设立的具有劳动争议调解职能的组织。

发生劳动争议时，当事人可以向法律规定的三类调解组织申请调解。企业有劳动争议调解委员会的，劳动者可以向本企业调解委员会申请调解，也可以向其他调解组织申请调解。

二、担任调解员的条件

本法第十一条规定劳动争议调解组织的调解员应当由公道正派、联系群众、热心调解工作，并具有一定法律知识、政策水平和文化水平的成年公民担任。

三、调解申请

本法第十二条是关于申请劳动争议调解申请的形式的规定。根据本条规定，当事人申请调解既可以采取书面形式，也可以采取口头形式。

1．书面申请

书面申请就是采取书写调解申请书的方式，提出调解申请。本法对调解申请书的内容没有作明确规定，实践中，调解申请书应当包括：

（1）申请人的姓名、住址和身份证号或者其他身份证件号码以及联系方式和被申请人名称、住所以及法定代表人或者主要负责人的姓名、职务等。

（2）发生争议的事实、申请人的主张和理由等。

2．口头申请

调解是一种比较灵活的处理劳动争议的形式，法律不要求有严格的形式，因此，申请调解，也可以口头申请。

口头申请的，调解组织应当当场记录申请人基本情况、申请调解的争议事项、理由和时间。申请人基本情况包括申请人的姓名、住址和身份证号或者其他身份证件号码以及联系方式。此外，还应当记录被申请人名称、住所以及法定代表人或者主要负责人的姓名、职务等。由于调解程序有时限要求，根据本法第十四条第二款的规定，自劳动争议调解组织收到申请之日起15日内未达成调解协议的，当事人可以依法申请仲裁。因此，口头申请需要记录申请时间，作为调解组织收到调解申请的时间依据。

四、调解方式

本法第十三条确立了劳动争议的调解方式。调解劳动争议，就是要做劳资双方的思想工作，以事实为依据，根据法律、法规和政策，陈述利害，晓之以理，动之以情，帮助双方解决分歧，就争议事项达成共识。

五、调解协议

本法第十四条是关于调解协议书和调解协议效力的规定。

1．制作调解协议书

调解协议书是劳动争议双方达成调解的书面证明，是一项重要的法律文书。本法只对调解协议书的形式作了规定，而对调解协议书的内容未作明确规定，从实践上看，调解协议主要应当载明争议双方达成的权利和义务的内容、履行协议的期限等。

2．调解协议的效力

本条规定调解协议书由双方当事人签名或者盖章，经调解员签名并加盖调解组织印章后生效，对双方当事人具有约束力，当事人应当履行。

3．十五日内未达成调解协议的，当事人可以依法申请仲裁

调解不是解决劳动争议的必经程序，调解的目的是要用一种灵活、简便的机制，尽快解决劳动争议，因此，调解要讲究效率，要及时。为此本条规定：自劳动争议调解组织收到调解申请之日起15日内未达成调解协议的，当事人可以依法申请仲裁。也就是说，调解的期限是15日，在15日内未达成协议的视为调解不成，当事人任何一方都可以向劳动争议仲裁委员会申请仲裁。

六、申请仲裁

本法第十五条是关于当事人不履行调解协议，另一方可以申请仲裁的规定。

本条解决的是调解与仲裁之间如何衔接的问题。根据本法的规定，调解协议对双方当事人有约束力，达成调解协议的双方都应当自觉履行，但调解协议的效力限于合同效力，不具有直接向人民法院申请强制执行的效力。因此，达成调解协议后，如果一方当事人不履行调解协议，劳动争议并没有得到解决，需要其他的争议解决机制发挥作用。根据本法的规定，仲裁是解决劳动争议的必经程序，如果一方当事人不履行调解协议，另一方当事人就可以依法申请仲裁，以便使劳动争议得以尽快解决。

另外，本法没有明确调解协议应当在什么时间内履行，当事人双方可以在调解协议中确定履行协议的期限，以此判断对方是否履行调解协议，从而确定申请仲裁的时间。

需要注意，达成调解协议后，一方当事人在协议约定期限内不履行调解协议的，当事人既可以以原劳动争议申请仲裁，也可以以调解协议申请仲裁。

七、支付令

本法第十六条是关于劳动者可以向人民法院申请支付令的规定。

1．什么是支付令

支付令是人民法院根据债权人的申请，督促债务人履行债务的程序，是民事诉讼法规定的一种法律制度。在解决劳动争议中引入支付令制度，始于劳动合同法，该法第三十条第二款规定“用人单位拖欠或者未足额支付劳动报酬的，劳动者可以依法向当地人民法院申请支付令，人民法院应当依法发出支付令”。在劳动争议解决中引入支付令制度，主要考虑到两点：一是为了尽快解决劳动争议，保护劳动者的合法权益；二是为了解决调解协议的效力问题，强化调解的作用。

2．适用支付令的范围

本法规定申请支付令的依据是就拖欠劳动报酬、工伤医疗费、经济补偿或者赔偿金事项达成的调解协议。需要注意，根据劳动合同法第三十条第二款的规定，用人单位拖欠或者未足额支付劳动报酬的，劳动者可以依法向当地人民法院申请支付令，不一定需要事先达成调解协议。

3．申请支付令的程序

本法没有规定申请支付令的程序，只规定“人民法院应当依法发出支付令”，因此，可以理解为劳动者申请支付令应当适用民事诉讼法的有关规定。根据民事诉讼法的规定，申请支付令的程序如下表所示：

申请支付令的程序

序号	程序	操作说明
1	向人民法院提交申请书	考虑到民事诉讼法第一百九十一条第二款的规定，劳动者向人民法院提交的申请书应当写明请求给付劳动报酬、工伤医疗费、经济补偿或者赔偿金的数额和所根据的事实、证据。由于劳动者申请支付令的前提是达成了调解协议，因此，劳动者一般只需要提供调解协议书即可。

续表

序号	程序	操作说明
2	向有管辖权的基层人民法院申请	申请支付令的管辖法院的确定应当根据民事诉讼法有关管辖的规定。如民事诉讼法第二十四条规定："因合同纠纷提起的诉讼，由被告住所地或者合同履行地人民法院管辖。"调解协议具有合同的性质，因此，劳动者可以按照这一条确定申请支付令的管辖法院，选择用人单位所在地或者合同履行地基层人民法院管辖。如果两个以上人民法院都有管辖权的，可以根据民事诉讼法第三十五条的规定，劳动者可以向其中一个人民法院申请支付令，劳动者向两个以上有管辖权的法院申请支付令的，由最先受理的人民法院管辖。
3	受理	民事诉讼法第一百九十二条规定："债权人提出申请后，人民法院应当在5日内通知债权人是否受理。"因此，劳动者提出申请后，人民法院应当在5日内通知劳动者是否受理。一般来说，申请支付令属于本法列举的因支付拖欠劳动报酬、工伤医疗费、经济补偿或者赔偿金事项达成调解协议范围的，法院都应当受理。
4	审查和决定	民事诉讼法第一百九十三条第一款规定："人民法院受理申请后，经审查债权人提供的事实、证据，对债权债务关系明确、合法的，应当在受理之日起15日内向债务人发出支付令；申请不成立的，裁定予以驳回。"在劳动争议中引入支付令制度，就是要简化程序，尽快解决劳动争议，实现劳动者的劳动债权。而且，劳动者申请支付令的依据是他与用人单位达成的调解协议，双方权利义务关系比较明确，因此，法院只要审查调解协议是否合法就可以了，一般只进行书面审查，不需要询问当事人和开庭审查。如果人民法院经过书面审查，认为调解协议合法的，应当在15日内向用人单位发出支付令；如果调解协议不合法的，就裁定予以驳回。比如，调解协议违反国家法律、法规的强制性规定，属于无效的，就不能发出支付令，应当驳回。
5	清偿或者提出书面异议	民事诉讼法第一百九十三条第二款规定："债务人应当自收到支付令之日起15日内清偿债务，或者向人民法院提出书面异议。"因此，支付令发出后，用人单位要么按照支付令的要求向劳动者支付拖欠劳动报酬、工伤医疗费、经济补偿或者赔偿金，要么提出书面异议。
6	申请执行	民事诉讼法第一百九十三条第三款规定："债务人在前款规定的期间不提出异议又不履行支付令的，债权人可以向人民法院申请执行。"因此，用人单位在收到人民法院发出的支付令之日起15日内不提出书面异议，又不履行支付令的，劳动者可以向人民法院申请执行，人民法院应当按照民事诉讼法规定的执行程序强制执行。

4．支付令失效后的处理

本法没有对支付令失效后如何处理作出明确规定，只规定人民法院应当依法发出支付令。那么，人民法院发出支付令，如果用人单位提出异议，支付令失效后，依照民事诉讼法的规定，劳动者可以直接向法院提出诉讼。当然，支付令失效后，劳动者也可以向劳动争议仲裁委员会申请仲裁，这样，就给了劳动者一个选择权，如果劳动者向法院申请支付令，当支付令失效后，劳动者选择向法院提起诉讼，那么也就放弃了劳动仲裁的救济方式。

有关仲裁一般规定条款的解读

一、劳动争议仲裁委员会设立

本法第十七条是对劳动争议仲裁委员会的设立作出的规定。

1．劳动争议仲裁委员会设立的原则

依据本条的规定，劳动争议仲裁委员会应当按照统筹规划、合理布局和适应实际需要的原则设立，不按行政区域层层设立，即劳动争议仲裁委员会的设立应根据本地劳动争议处理工作的实际需要，统筹规划劳动争议仲裁委员会的数目，进行合理布局，不按行政区划层层设立。劳动争议仲裁委员会的设立应本着精简、效率的原则，要有利于劳动者仲裁，有利于化解劳动纠纷、及时处理劳动争议。

2．劳动争议仲裁委员会如何设立

依据本条的规定，劳动争议仲裁委员会的设立主要注意以下几个问题：

（1）省、自治区人民政府可以决定在市、县设立。即省、自治区人民政府可以依据本法的规定，决定在本行政区域内的各市、县设立劳动争议仲裁委员会。这里的“市”包括设区的市和不设区的市。根据设立劳动争议仲裁委员会的原则，省级政府决定在市设立了劳动争议仲裁委员会后，就可以考虑不必在每个县都设立。本条还规定，设区的市可以不分别在每个市辖区和县都设立，而是在整个市的范围内设立一个或者若干个劳动争议仲裁委员会。

（2）直辖市人民政府可以决定在区、县设立。即北京、天津、上海和重庆四个直辖市的人民政府，可以决定在其所辖的区和县分别设立劳动争议仲裁委员会，也可以不分别在每个区和县设立，而是在整个市的范围内设立一个劳动争议仲裁委员会，或者将全市划分为若干个辖区，分别设立若干个劳动争议仲裁委员会。

（3）省级人民政府可以决定在各个县、市辖区和不设区的市平铺设立劳动争议仲裁委员会，也可以决定在设区的市设立一个劳动争议仲裁委员会，或者不按市辖区一、县设立若干个劳动争议仲裁委员会。

总之，各个劳动争议仲裁委员会相互独立，辖区相互不重叠，但辖区总和要覆盖全部行政区划。

二、制定仲裁规则及指导劳动争议仲裁工作

本法规定了国务院劳动行政部门和省、自治区、直辖市人民政府劳动行政部门的职责，如下表所示：

国务院劳动行政部门和省、自治区、直辖市人民政府劳动行政部门的职责

序号	部门	职责
1	国务院劳动行政部门	负责劳动争议仲裁的仲裁规则的制定。
2	省、自治区、直辖市人民政府劳动行政部门	对本行政区域的劳动争议仲裁工作进行指导。

三、劳动争议仲裁委员会组成及职责

本法第十九条是关于劳动争议仲裁委员会的组成、职责和办事机构的规定。

1．劳动争议仲裁委员会的组成

本条第一款明确规定了劳动争议仲裁委员会由三方代表组成：劳动行政部门代表、工会代表和企业方面代表。劳动争议仲裁委员会的组成体现了劳动关系的三方原则。

劳动争议仲裁委员会的组成

序号	组成代表	说明
1	劳动行政部门代表	在我国，劳动行政部门代表政府主管全国的劳动和社会保障事务。为了维持劳动关系的和谐稳定，保障经济和社会的持续、健康发展，作为主管的劳动行政部门需要把握劳资关系的全局，协调各方面利益。本法明确其作为劳动争议仲裁委员会的一方代表，体现了政府在劳资纠纷处理中的主导作用。
2	工会代表	工会代表作为工会一方的代表，代表了广大职工的利益，工会的参与有利于保护弱势一方劳动者的合法权益。
3	企业方面代表	即雇主代表组织，在我国主要是指各种形式的企业联合组织，其中主要有中国企业联合会，但在有些地方则可能是各种形式的商会或者其他企业联合组织，如深圳的外商投资商会等。企业方面代表参与，有利于对相关法律、法规的充分理解和对当事人的说服、调解

劳动争议仲裁委员会由三方组成的好处是可以在争议处理时听取多方面的意见，并获得多方面的协调与支持，这对处理重大疑难案件尤为重要。

2．劳动争议仲裁委员会的人数

鉴于劳动争议仲裁委员会由三方代表组成，三方代表权利义务相同。仲裁委员会做决定时应当按照少数服从多数的原则进行，所以，劳动争议仲裁委员会的组成人数必须是单数。

3．劳动争议仲裁委员会的职责

劳动争议仲裁委员会的基本职责就是处理本辖区内的劳动争议案件，其裁决劳动争议案件实行仲裁庭制，由仲裁员独立仲裁。依据本条第二款的规定，劳动争议仲裁委员会主要还有以下几方面的具体职责：

（1）聘任、解聘专职或者兼职仲裁员。

（2）受理劳动争议案件。

（3）讨论重大或者疑难的劳动争议案件。

（4）对仲裁活动进行监督。

4．劳动争议仲裁委员会的办事机构

劳动争议仲裁委员会下设的办事机构也是劳动争议仲裁机构的有机组成部分，负责办理劳动争议仲裁委员会的日常事务。劳动争议仲裁委员会虽然为常设机构，但其人员以兼职为主，不是常年集中固定办公，所以，需要设立一个专门的办事机构，为劳动争议仲裁委员会这一权力机构服务，负责日常接待、受理案件、准备仲裁的工作。

（1）劳动争议仲裁委员会的办事机构设在哪里。

本法规定，劳动争议仲裁委员会下设办事机构，负责办理劳动争议仲裁委员会的日常工作。法律没有明确规定这一办事机构是否必须设在劳动行政部门内部，考虑到各地劳动仲裁工作的延续性，对于劳动争议比较多且已经正在改革尝试的地方，本法关于劳动争议仲裁委员会的设立和办事机构的规定，不会给它们造成法律上的障碍。

（2）劳动争议仲裁委员会的办事机构的职责。

根据目前的劳动争议仲裁委员会组织规则的规定，劳动争议仲裁委员会办事机构的主要职责是：

①承办处理劳动争议案件的日常工作。

②根据劳动争议仲裁委员会的授权，负责管理仲裁员，组织仲裁庭。

③管理仲裁委员会的文书。

④负责劳动争议及其处理方面的法律、法规及政策咨询。

⑤向劳动争议仲裁委员会汇报、请示工作。

⑥办理劳动争议仲裁委员会授权或交办的其他事项。

四、仲裁员名册及资格条件

本法第二十条是关于劳动争议仲裁员名册和仲裁员任职条件的规定。

1．仲裁员名册

本条第一款规定了劳动争议仲裁委员会应当设仲裁员名册。为了方便当事人选择仲裁员，劳动争议仲裁委员会应当将聘任的专职和兼职仲裁员制作名册。劳动争议仲裁委员会可以按照劳动、人事、工会等不同专业方向制作仲裁员名册。

2．劳动争议仲裁员的任职条件

本条第二款规定了劳动争议仲裁员的任职条件，主要包括道德素养和业务素质两方面。

（1）仲裁员的道德素养。

根据本款的规定，仲裁员应该公道正派。一般而言，法律规范一般不会对道德规范加以规定。但是对于劳动争议仲裁，仲裁员只有做到作风公道、正派、严谨、不偏不倚，才能保证仲裁裁决的质量。这是维护仲裁公信力的前提，也是人民法院据以确定仲裁裁决是否公正的前提。因此本法对仲裁员道德素养提出明确要求。

仲裁员还应坚持原则、秉公执法、作风正派、勤政廉洁，拥护党的路线、方针、政策。

（2）仲裁员的业务素质。

仲裁员还要符合以下条件之一的专业素质：

①曾任审判员。

②从事法律研究、教学工作并具有中级以上职称。

③具有法律知识、从事人力资源管理或者工会等专业工作满五年。

④律师执业满3年的。

五、仲裁管辖

本法第二十一条是关于劳动争议仲裁管辖的规定。

我国的劳动争议仲裁实行的是特殊地域管辖，不实行级别管辖或者协定管辖。特殊地域管辖是指依照当事人之间的某一个特殊的联结点确定的管辖。

（1）以劳动合同履行地和用人单位所在地作为联结点确定劳动争议仲裁管辖，因此是特殊地域管辖。

（2）不允许双方当事人协议选择劳动合同履行地或者用人单位所在地以外的其他劳动争议仲裁委员会进行管辖。

这不同于一般的民商事仲裁，民商事仲裁允许双方当事人依法选择劳动争议仲裁委员会进行仲裁。

本法在劳动争议仲裁委员会的设置上对以往的体制作了一些突破，主要表现在劳动争议仲裁委员会不按行政区划层层设立。劳动争议仲裁委员会设在同一层面的不同地域，相互之间是独立的，没有隶属关系，不存在上级仲裁委员会可以变更或者撤销下级仲裁委员会作出的仲裁裁决的问题。因此，劳动争议仲裁不实行级别管辖。在出现管辖权争议时，法律又明确规定由劳动合同履行地的劳动争议仲裁委员会管辖，这也基本避免了由上级主管部门指定管辖的情形。

另外，劳动争议的管辖还存在移送管辖情形。移送管辖即劳动争议仲裁委员会将已经受理的无管辖权的劳动争议案件移送给有管辖权的劳动争议仲裁委员会。劳动争议仲裁委员会发现受理的劳动争议案件不属于本仲裁委员会管辖时，应当移送有管辖权的劳动争议仲裁委员会。

六、仲裁案件当事人

本法第二十二条对劳动争议仲裁的当事人作出了规定。

1．仲裁案件的当事人

本条第一款明确规定，发生劳动争议的劳动者和用人单位为劳动争议仲裁案件的当事人。这就是说在劳动争议仲裁案件中，当事人只能是发生劳动争议的劳动者和用人单位。

（1）用人单位是法人的，由其法定代表人参加劳动争议仲裁活动；用人单位是非法人组织的，应由其主要负责人参加劳动争议仲裁活动。

（2）在集体合同争议仲裁案件中，当事人劳动者一方由工会作为当事人，这属于特殊情形。

在仲裁程序中当事人则表现为劳动争议仲裁的申请人和被申请人。

仲裁程序中的当事人

类别	说明	主体资格确定
申请人	申请人是指以自己的名义，为了保护自己的权益，依法向劳动争议仲裁委员会提出申请，从而引起仲裁程序发生的人	在实践中，申请人的主体资格容易确定，在目前的劳动争议仲裁案件中，绝大多数申请人为劳动者。确认申请人的主体资格应以是否存在劳动关系为依据。只要劳动者与用人单位存在劳动关系（包括事实劳动关系），与用人单位发生劳动争议申请仲裁的就具有申请人的主体资格。劳动者丧失或者部分丧失民事行为能力的，由其法定代理人代其参加仲裁活动；无法定代理人的，由劳动争议仲裁委员会为其指定代理人。劳动者死亡的，由其近亲属或者代理人参加仲裁活动。而认定被申请人资格则比较复杂。

续表

类别	说明	主体资格确定
被申请人	被申请人是指因申请人向劳动争议仲裁委员会申诉其侵害了申请人的合法权益，或者对这些权益发生了争议，而被劳动争议仲裁委员会通知应诉的人。申请人和被申请人可以是劳动者或者用人单位，他们都是劳动争议仲裁法律关系的主体	（1）用人单位发生变更的，应以变更后的用人单位作为被申请人。用人单位的变更会对劳动者的劳动权利和义务产生一定影响，但无论怎样变更都不应该导致劳动权利义务的消灭。用人单位与其他用人单位合并的，合并前发生的劳动争议，由合并后的用人单位作为当事人；用人单位分立为若干用人单位的，其分立前发生的劳动争议，由分立后承受其劳动权利和义务的实际用人单位为当事人。用人单位分立为若干单位后，对承受劳动权利义务的单位不明确的，分立后的单位均为当事人。 （2）用人单位终止的，应区分情况以用人单位的主管部门、开办单位或者依法成立的清算组作为被申请人。用人单位因依法撤销、解散、破产、歇业、被吊销营业执照等原因而终止的，直接关系到用人单位的存在及利害关系人的利益，特别是劳动者的利益。 （3）劳动者在其用人单位与其他平等主体之间的承包经营期间，与发包方和承包方双方或者一方发生劳动争议，发包方和承包方为劳动争议的共同当事人。

2．当事人申请劳动争议仲裁应当具备的条件

当事人申请劳动争议仲裁应当具备的条件有：

（1）申诉人必须是与申请仲裁的劳动争议有直接利害关系的劳动者或者用人单位。

（2）申请仲裁的争议必须是劳动争议。如果不是劳动争议，而是民事、经济纠纷，或者是劳动行政纠纷，劳动争议仲裁委员会将不予受理。

（3）申请仲裁的劳动争议必须是属于本法第二条规定的劳动争议仲裁的受案范围。

（4）当事人必须向有管辖权的劳动争议仲裁委员会申请仲裁。

（5）有明确的被申请人和具体的仲裁请求及事实依据。

（6）除非遇到不可抗力或者有其他正当理由，申请仲裁必须在本法规定的时效内提出等。

3．劳务派遣单位或者用．工单位与劳动者发生劳动争议的当事人

本条第二款明确规定了劳务派遣单位或者用工单位与劳动者发生劳动争议的，劳务派遣单位和用工单位为共同当事人。

七、仲裁案件第三人

本法第二十三条是关于劳动争议仲裁第三人的规定。

1．什么是劳动争议仲裁案件第三人

劳动争议仲裁中的第三人是指与劳动争议案件的处理结果有法律上的利害关系，仲裁程序开始后参加进来以维护自己的合法权益的人。

第三人参加仲裁活动，可以由自己主动申请参加，也可由仲裁委员会通知其参加。广义上当事人应当包括第三人，显然本法采用了狭义的当事人概念，同时对劳动争议仲裁当事人和第三人制度作出规定。

2．为什么要第三人参加

一般来说，劳动争议必须有两方当事人，申请人和被申请人，但在个别情况下，也可能出现第三人参加劳动争议仲裁活动。如劳动者在执行职务过程中受到第三方的侵害致伤或者死亡，侵权第三方与其案件的处理具有法律上的利害关系，涉及如何区分劳动者所在单位与侵权第三方的法律责任承担问题；再如，借用职工在借用单位发生工伤事故致残或者死亡，涉及原工作单位和借用单位对职工工伤待遇给付问题；以及工伤争议中涉及未成年子女抚养问题等。

上述情况中的侵权第三方、借用单位、未成年子女与案件的处理结果具有法律上的利害关系，应作为第三人参加仲裁活动。第三人参加仲裁活动对查明事实，及时公正处理案件有利。

3．在第三人参加仲裁活动中应注意的问题

在第三人参加仲裁活动中应注意以下几个方面的问题：

（1）第三人与案件处理结果有法律上的利害关系是指实体权利义务上的关系。

（2）第三人参加仲裁活动有两种方式：第三人申请参加仲裁，或者由劳动争议仲裁委员会通知第三人参加仲裁。

（3）第三人参加仲裁的时间应是在劳动争议仲裁程序开始后且尚未作出仲裁裁决之前。

（4）凡是涉及第三人利益的劳动争议案件，第三人未参加仲裁的，仲裁裁决对其不发生法律效力。

（5）参加仲裁活动的第三人，如对仲裁裁决其承担责任不服，可以依法向人民法院提起诉讼。

（6）在仲裁中，第三人的具体权利义务主要表现为：

①有权了解申请人申诉、被申请人答辩的事实和理由。

②有权要求查阅和复制案卷的有关材料，了解仲裁的进展情况。

③有权陈述自己的意见，并向劳动争议仲裁委员会递交自己对该争议的意见书。

④无权对案件的管辖权提出异议。

⑤无权放弃或者变更申请人或者被申请人的仲裁请求。

⑥不得撤回仲裁申请；等等。

另外，根据新制定的劳动合同法第九十一条的规定，用人单位招用与其他用人单位尚未解除或者终止劳动合同的劳动者，给其他用人单位造成损失的，应当承担连带赔偿责任。在这种情形下，原用人单位与劳动者劳动争议申请劳动争议仲裁的，可以列新用人单位为第三人。

八、委托代理

本法第二十四条是对劳动争议委托仲裁代理行为作出了规定。

1．当事人享有委托权

本条规定，当事人可以委托代理人参加仲裁活动。参照民事诉讼法的规定以及劳动争议仲裁的理论，当事人的法定代理人同样可以委托代理人参加仲裁活动。如，当事人因工伤丧失民事行为能力，由其父亲依法担任其法定代理人，在对其工伤赔偿进行的劳动争议仲裁中，其父亲即其法定代理人也可以委托代理人参加仲裁活动。

（1）可以作为仲裁代理人的人。

当事人有权选择何人作为自己的代理人参加仲裁活动，但为了维护劳动争议仲裁权威，保障仲裁活动的顺利进行，参照民事诉讼法的有关规定，一些省市的有关规定中一般认为律师、当事人的近亲属、有关的社会团体或者所在单位推荐的人、有正当理由并经劳动争议仲裁委员会许可的其他公民，可以作为劳动争议仲裁代理人。无民事行为能力、限制民事行为能力或者可能损害被代理人利益的人，以及经劳动争议仲裁委员会认为审查无代理资格的人，不能作为劳动仲裁代理人。

（2）代理人必须得到当事人的委托授权。

显然，可以受当事人委托代理其参加仲裁活动的人的范围非常广泛，包括当事人的近亲属、律师、社会团体推荐的人、当事人所在单位推荐的人、劳动仲裁委员会许可的其他公民。当事人可以根据自己的情况做出选择，但无论代理人为何人，都必须得到当事人的委托授权，方可代为参与仲裁活动。

2．应当向劳动争议仲裁委员会提交委托书

（1）当事人委托代理人参加仲裁活动的，应在委托代理人参加仲裁活动前将授权委托书送交劳动争议仲裁委员会，由劳动争议仲裁委员会对其代理人资格进行审查。经审查，不符合有关规定的，仲裁委员会有权取消其代理资格。

（2）当事人委托他人参加仲裁活动的授权委托书，应当有委托人的签名或者盖章。

3．委托书应当载明委托事项和权限

当事人必须向劳动争议仲裁委员会提交的授权委托书应当明确委托事项和权限。根据授权范围的不同，可以将劳动争议仲裁中的委托代理分为一般委托代理和特别委托代理。一般委托代理，是指代理人只能为被代理人代理一般仲裁行为。特别委托代理，是指代理人不仅可以为被代理人代理一般仲裁行为，而且还可以根据被代理人的特别授权，代为承认、放弃、变更仲裁请求，进行和解、调解等仲裁行为的代理。通常，我们所说的委托代理都是指一般委托代理，如果对代理人进行特别授权，应当对此作出特别且明确的说明。授权委托书无明确授权的，只写“委托某某代理仲裁”的，视为代理人无权代为承认、放弃、变更仲裁请求，进行和解，请求和接受调解，但可以进行除上述涉及实体权利处分以外的其他一切仲裁行为。

关于委托代理的终止，本法没有作出明确规定，一般认为，委托代理产生后，出现下列情形之一的，委托代理权即归于消失：

（1）仲裁程序终结。

（2）委托代理人死亡或者丧失行为能力。

（3）委托人解除委托或者代理人辞去委托。

九、法定代理和指定代理

本法第二十五条是关于法定代理和指定代理的规定。

1．法定仲裁代理

（1）被代理人。

本条所指的被代理人是指虽为成年人但因疾病、伤害等情况丧失或者部分丧失民事行为能力的人。

（2）法定代理人。

本条所指的法定代理人是根据法律的规定行使代理权，代理当事人参加仲裁活动的人，本法没有对法定仲裁代理人的范围作出直接的规定。民事诉讼法第五十七条规定：“无诉讼行为能力人由他的监护人作为法定代理人代为诉讼。”一般认为，在劳动争议仲裁中，丧失或者部分丧失民事行为能力的劳动者的监护人是他的法定代理人。实践中，最常见的法定仲裁代理人主要有父母、配偶、成年的兄、姐等。

法定代理是法律为保护被代理人合法权益而设立的一项法律制度。对法定代理人来说，担任代理人既是法律赋予的民事权利，也是一项民事义务。法定代理人没有充分理由，不得拒绝代理。在仲裁程序中，法定代理人的代理权因下列情形之一而消失：

①被代理人恢复了行为能力。

②被代理人死亡。

③法定代理人死亡或者丧失行为能力。

④法定代理人失去对被代理人的亲权或者监护权。

2．指定仲裁代理

指定仲裁代理是指根据劳动争议仲裁委员会的指定，而代理丧失或者部分丧失民事行为能力的劳动者参加仲裁活动的人。

根据本条的规定，劳动争议仲裁委员会指定代理人主要是由于丧失或者部分丧失民事行为能力的劳动者，本身在参加仲裁的能力上已经存在欠缺，如果又没有法定代理人代其参加仲裁，那么一方面在仲裁过程中，很可能出现一边倒的局面，劳动者的合法权益很难得到有效维护，另一方面，仲裁审理也很难以到顺利进行。所以，为保障仲裁的公正性，由劳动争议仲裁委员会为其指定代理人。参照民法通则的规定，主要是指丧失或者部分丧失民事行为能力的劳动者住所地的居民委员会、村民委员会或者民政部门。这里需要注意的是，根据民法通则的规定，其所在单位也可以作为监护人，在仲裁中作为该劳动者的法定代理人参加仲裁，但由于劳动争议仲裁的另一方当事人往往是其所在单位，根据禁止自己代理的规定，不能指定其为劳动争议仲裁的法定代理人。

3．劳动者死亡的情形

劳动者死亡的，由其近亲属或者代理人参加仲裁活动。劳动者死亡后，若其生前所参加的劳动关系引发的劳动争议还未得到处理的，为保障劳动者及其家属的合法权益，由其近亲属或者代理人参加仲裁活动。这时，其近亲属或者代理人是仲裁案件的当事人。

十、仲裁公开

本法第二十六条是关于劳动争议仲裁公开的规定。

劳动争议仲裁公开进行，是指仲裁庭公开开庭审理。仲裁公开是劳动争议仲裁的一项重要制度。

但并不是所有的劳动争议仲裁案件都公开进行，一些特殊案件如公开进行，反而可能会不利当事人权益的保护，带来消极的社会影响，甚至给国家利益、社会利益造成巨大损失。因此，本条规定双方当事人协议不公开，或者劳动争议涉及国家秘密、商业秘密和个人隐私的，不进行公开仲裁。

有关仲裁申请和受理条款的解读

一、仲裁时效

本法第二十七条就申请仲裁的时效期间作出了规定。

1．仲裁时效为一年

关于仲裁时效的期间，现行的劳动法第八十二条规定：“提出仲裁要求的一方应当自劳动争议发生之日起60日内向劳动争议仲裁委员会提出书面申请。”而民法通则规定的一般民事权利时效为两年，特殊的民事权利诉讼时效为1年。劳动法的这一时效规定区别于民事争议的诉讼时效期间，这是基于劳动争议案件的特殊性而作出的规定，旨在尽快地解决劳动争议。但在实际执行中，由于有些劳动争议案件的情况很复杂，劳动者难以在60日内申请仲裁，往往因为超过了仲裁时效而得不到法律保护。因此，本法参照了民法通则关于特殊民事权利的诉讼时效的规定，延长了申请仲裁的时效期间，将劳动争议仲裁的时效期间规定为1年。

2．仲裁时效的计算

根据本条规定，仲裁时效期间从当事人知道或者应当知道其权利被侵害之日起计算。

仲裁时效的起算，以权利人的权利客观上受到了侵害、且主观上已知晓权利被侵害的事实为构成要件。权利人主观上认为自己的权利受到了侵害，而事实上其权利并未受到侵害的，不能使仲裁时效期间开始计算。

3．仲裁时效的中断

仲裁时效的中断，是指在仲裁时效进行期间，因发生法定事由致使已经经过的仲裁时效期间统归无效，待时效中断事由消除后，重新开始计算仲裁时效期间。

（1）仲裁时效中断的法定事由。

本条第二款规定“前款规定的仲裁时效，因当事人一方向对方当事人主张权利，或者向有关部门请求权利救济，或者对方当事人同意履行义务而中断”。因此，仲裁时效中断的法定事由有三种情形：

①向对方当事人主张权利。如劳动者向用人单位讨要被拖欠的工资或者经济补偿。

②向有关部门请求权利救济。如劳动者向劳动监察部门或者工会反映用人单位违法要求加班，请求保护休息权利；也可以指向劳动争议调解组织申请调解。

③对方当事人同意履行义务。如劳动者向用人单位讨要被拖欠的工资，用人单位答应支付。

需要注意的是，认定时效是否中断，需要由请求确认仲裁时效中断的一方当事人提供有上述三种情形之一的证据。因此，需要当事人有证据意识，注意保留和收集证据。

（2）仲裁时效中断的法律后果。

发生仲裁时效中断时，已经进行的仲裁时效期间统归无效，重新开始计算时效期间。本条第二款规定“从中断时起，仲裁时效期间重新计算”。这里的“中断时起”应理解为中断事由消除时起。如权利人申请调解的，经调解达不成协议的，应自调解不成之日起重新计算：如达成调解协议，自义务人应当履行义务的期限届满之日起计算等。

4．仲裁时效的中止

仲裁时效的中止，是指在仲裁时效进行中的某一阶段，因发生法定事由致使权利人不能行使请求权，暂停计算仲裁时效，待阻碍时效进行的事由消除后，继续进行仲裁时效期间的计算。

（1）仲裁时效中止的事由。

仲裁时效的中止是因权利人不能行使请求权才发生的，因而发生仲裁时效中止的事由应是阻碍权利人行使权利的客观事实、无法预知的客观障碍。本条第三款规定：“因不可抗力或者有其他正当理由，当事人不能在本条第一款规定的仲裁时效期间申请仲裁的，仲裁时效中止。”根据《民法通则》第153条规定，这里的“不可抗力”是指不能预见、不能避免并且不能克服的客观情况，如发生特大自然灾害、地震等。这里的“其他正当理由”，是指除不可抗力外阻碍权利人行使请求权的客观事实。如权利人为无民事行为能力人或限制民事行为能力人而无法定代理人，或其法定代理人死亡或丧失民事行为能力等。

（2）仲裁时效中止的法律后果。

根据本条第三款规定：“从中止时效的原因消除之日起，仲裁时效期间继续计算。”因此，在发生仲裁时效中止时，已经进行的诉讼时效仍然有效，仅仅是将时效中止的时间不计入仲裁时效期间，也就是将时效中止前后时效进行的时间合并计算仲裁时效期间。

5．劳动报酬争议仲裁的特别时效

本条规定申请劳动仲裁的一般时效为1年。但是，在有些情况下，1年的时效期间还不能保护劳动者的合法权益。如在有的行业，尤其是建筑业，拖欠工资问题比较突出，工人的劳动报酬很多到年底才结算；还有些劳动者为了维持劳动关系，在劳动关系存续期间对用人单位拖欠劳动报酬的行为不敢主张权利。如果都适用1年的仲裁期间，不利于保护他们的合法权益。因此本条第四款规定：“劳动关系存续期间因拖欠劳动报酬发生争议的，劳动者申请仲裁不受本条第一款规定的仲裁时效期间的限制。”对于劳动者与用人单位的劳动关系已经终止的情况，则没有维系劳动关系这样的顾虑，因此本条第四款作出了“劳动关系终止的，应当自劳动关系终止之日起1年内提出”的规定。

二、仲裁申请

本法第二十八条是关于仲裁申请书的规定。

1．书面申请

根据本条规定，申请人提交书面仲裁申请，应按照被申请人人数递交相应份数的仲裁申请书副本，即与仲裁申请书内容相同的文本，是相对于递交劳动争议仲裁委员会的那份仲裁申请书而言的。劳动争议仲裁委员会保留一份为正本，送达被申请人的各份为副本。

2．仲裁申请书的内容

申请人为争取劳动争议仲裁委员会受理本案并在仲裁中争取有利法律后果，应当认真书写仲裁申请。根据本条规定，仲裁申请书应当载明下列事项：

（1）劳动者的姓名、性别、年龄、职业、工作单位和住所，用人单位的名称、住所和法定代表人或者主要负责人的姓名、职务。

申请书应当按申请人、被申请人分别列明以上情况。申请人由法定代理人代为仲裁的，或者申请人委托律师或他人代为仲裁的，还应说明法定代理人或委托代理人的基本情况。代理人是律师的，只要写明其所属律师事务所的名称，而不需写明律师的基本情况。写明当事人的基本情况，有助于仲裁委员会审核、认定双方当事人的主体资格，便于仲裁委员会与当事人进行联络。

（2）仲裁请求和所根据的事实、理由。仲裁请求所根据的事实和理由包括：当事人之间纠纷形成的事实、双方当事人争执的焦点，请求的依据和理由及适用的法律等。这部分内容作为仲裁申请书的核心内容，所述事实理由应当实事求是，于法有据，简明概括。

（3）证据和证据来源、证人姓名和住所。

（4）其他。包括写明选定的申请仲裁的劳动争议仲裁委员会的全称，申请仲裁的时间，并在右下方写明申请人的姓名：申请人是法人或其他组织的，要写全称，并另行写明法定代表人或主要负责人的姓名、职务，加盖法人或其他组织的公章。此外，还应注明仲裁申请书副本的份数，以及提交证据的名称、份数，并将其按编号顺序附于仲裁申请书后。

3．口头申请

申请人申请仲裁应当提交书面仲裁申请，但是根据本条第三款规定：“书写仲裁申请确有困难的，可以口头申请，由劳动争议仲裁委员会记入笔录，并告知对方当事人。”根据该规定，申请仲裁有书面申请和口头申请两种方式，以书面申请为原则，口头申请为例外。

此处所说的“书写仲裁申请确有困难”，一般是指申请人本人因文化水平低或法律知识欠缺而造成的自行书写仲裁申请确有困难的情形，在这两种情形下，都可以进行口头申请。

以口头的方式提起仲裁申请，由劳动争议仲裁委员会记入笔录，笔录应由申请人签名或盖章，与书面仲裁申请具有同等效力。劳动争议仲裁委员会既可以将抄录的申请人口述笔录送给被申请人，也可以将申请人口述的主要内容口头告知被申请人。

三、仲裁申请的受理和不予受理

本法第二十九条是关于仲裁申请的受理与不受理的规定。

仲裁的受理是指劳动争议仲裁委员会对当事人的申请，经审查后认为符合受理条件，决定立案受理，从而引起仲裁程序开始的行为。仲裁程序的开始，是申请与受理二者的结合。

1．审查和受理

劳动争议仲裁委员会受理当事人的仲裁申请后，应当对仲裁申请进行认真的审查。

（1）审查事项。

本法没有明确受理条件，但根据相关条文和参考民事诉讼法的有关规定，劳动争议调解委员会可以从以下几个方面进行审查：

审查的事项说明

序号	审查事项	说明
1	是否属于劳动争议	（1）根据本法第二条的规定，中华人民共和国境内的用人单位与劳动者发生的下列劳动争议，适用本法： ①因确认劳动关系发生的争议。 ②因订立、履行、变更、解除和终止劳动合同发生的争议。 ③因除名、、辞退和辞职、离职发生的争议。 ④因工作时间、休息休假、社会保险、福利、培训以及劳动保护发生的争议。 ⑤因劳动报酬、工伤医疗费、经济补偿或者赔偿金等发生的争议。 ⑥法律、法规规定的其他劳动争议。 （2）劳动争议仲裁委员会只负责审理法定的劳动争议案件，如果双方争议的事项不属于上述规定的内容，不是劳动争议，则不属于劳动争议仲裁委员会的受案范围，劳动争议仲裁委员会应当不予受理。
2	是否属于受理的劳动争议仲裁委员会管辖	本法第二十一条第二款规定："劳动争议由劳动合同履行地或者用人单位所在地的劳动争议仲裁委员会管辖。双方当事人分别向劳动合同履行地和用人单位所在地的劳动争议仲裁委员会申请仲裁的，由劳动合同履行地的劳动争议仲裁委员会管辖。"因此，劳动争议仲裁委员会受理当事人的仲裁申请后，应当审查是否属于本仲裁委员会管辖。如果不属于本仲裁委员会管辖的，应当移送有管辖权的劳动争议仲裁委员会。
3	申请人与申请仲裁的事项是否有直接利害关系	有直接利害关系是指申请人自己的劳动权利受到侵害或者与另一方当事人发生劳动争议。只有为保护自己的劳动权利而申请仲裁的申请人，才是合格的申请人。
4	是否有明确的被申请人	申请人提出仲裁申请，应当明确被申请人是谁，也就是说与谁发生劳动争议。
5	是否有具体的仲裁请求和事实、理由	仲裁请求是申请人想通过仲裁程序达到的目的，也就是向劳动争议仲裁委员会提出保护自己权利的具体内容。仲裁请求所根据的事实和理由包括：当事人之间纠纷形成的事实、双方当事人争执的焦点，请求的依据和理由及适用的法律等。

（2）受理期限规定。

劳动争议仲裁委员会经过审查，认为符合上述条件的，就应当在收到仲裁申请之日起5日内受理。

这里规定的“5日”的劳动争议仲裁期间的期限较短，如果这些期间内还包含双休日或者法定节假日，除去双休日或者法定节假日占用的时间，则劳动争议仲裁机构很难在一两天时间内完成劳动争议案件仲裁受理所必需的一些前期准备工作，这将给劳动争议处理工作造成被动局面。因此，本条“5日”是指工作日，不含法定节假日。

2．不予受理

根据本条规定，劳动争议仲裁委员会认为不符合受理条件的，应当书面通知申请人不予受理，并说明理由，便于申请人寻求司法救济。如果劳动争议仲裁委员会不在规定的时间内作出受理决定或者出具不予受理通知书，拖延了时间，使劳动争议双方的权利义务关系处于不确定状态，不利于劳动争议案件的处理，损害了当事人的合法权益。因此本条规定：“对劳动仲裁委员会不予受理或者逾期未作出决定的，申请人可以就该劳动争议事项向人民法院提起诉讼。”根据这一规定，如果劳动争议仲裁委员会不予受理或者超过了五日没有向申请人出具不予受理通知书的，当事人即可以就劳动争议的内容向人民法院提起诉讼，进入诉讼程序，由人民法院审理劳动争议案件。应当注意的是，这样的规定也意味着如果劳动争议仲裁委员会既不受理，也不出具不予受理书面通知的，申请人可以直接向人民法院提起诉讼。

本法没有对不予受理或者逾期未作出是否受理决定的情况下，申请人向法院提出诉讼的期间作出规定。应当理解为提起诉讼的期间适用民事诉讼时效的规定。

四、仲裁申请送达与仲裁答辩书的提供

本法第三十条是关于受理后的仲裁准备工作的规定。

劳动争议仲裁委员会受理仲裁申请后，为了保证将来仲裁程序的顺利进行应当做好相应的准备工作。

1．将仲裁申请书副本送达被申请人

（1）根据本条规定，劳动争议仲裁委员会受理仲裁申请后，应当在五日内将仲裁申请书副本送达被申请人。

（2）向被申请人送达申请书副本，目的在于使被申请人能了解申请人的仲裁请求和事实、理由，以便及时提出答辩，以维护自己的合法权益。

（3）如果申请人是口头申请仲裁的，劳动争议仲裁委员会也应在五日内将口述笔录的复制本发送被申请人，或者口头将申请人申请的内容通知被申请人。

（4）向被申请人送达仲裁申请书副本的期限从立案之次日起计算。

2．被申请人提交答辩书

（1）根据本条第二款的规定，被申请人收到仲裁申请书副本后，应当在十日内向劳动争议仲裁委员会提交答辩书。

（2）被申请人的答辩应以书面的方式作出。被申请人应当给予仲裁答辩书以足够的重视。

（3）一份完整、规范的仲裁答辩书主要由以下部分组成：

①首部主要包括标题和当事人基本情况。

②案由。简要写明对何人提出的何仲裁案件进行答辩。

③答辩意见。该部分应对申请人的仲裁请求进行明确答复，清楚地表明自己的态度，写明自己对案件的主张和理由。一般先陈述事实，再提出自己的意见，或承认其请求，或反驳其请求，对仲裁请求的反驳，既可以从实体上，也可以从程序上进行反驳，重点是揭示对方法律行为的错误之处，对方陈述的事实和依据的证据中的不是之处；提出相反的证据，说明自己法律行为的合法性；列举有关法律规定，论证自己主张的正确性，以便请求劳动争议仲裁委员会通过仲裁予以法律保护。从程序上反驳主要是说明申请人不能提请仲裁，仲裁庭对案件没有管辖权等方面。

④反请求。若申请人有反请求，要具体写明反请求的各项内容及其所依据的事实证据和理由。

⑤尾部。该部分应写明致送的劳动争议仲裁委员会的全称，在右下方写明答辩人的姓名，答辩人是法人或其他组织的，要写出其全称，并另行写出法定代表人或主要负责人的姓名、职务，如委托仲裁代理人，代理人也应签名、盖章，并注明年、月、日。在附项栏中写明附件的份数及名称并按顺序号装订在答辩书正文之后。

（4）提交答辩书时被申请人在仲裁中的一项权利，当事人可以提交答辩书，也可以不提交答辩书。根据本条的规定，被申请人未提交答辩书的，不影响仲裁程序的进行。在实践中，被申请人不做答辩的现象比较普遍，被申请人未提交答辩书的，不影响劳动争议仲裁委员会对案件的审理，也不影响仲裁程序的进行，这是保证开庭审理顺利进行的必要规定。

3．答辩书副本的送达

（1）劳动争议仲裁委员会收到答辩书后，应当在5日内将答辩书副本送达申请人。

（2）被申请人提出答辩书的期间自被申请人收到申请人的仲裁申请书副本之次日起计算。

关于仲裁开庭和裁决条款的解读

一、仲裁庭组成

本法第三十一条是关于劳动争议仲裁案件实行仲裁庭制的规定。

1．仲裁庭制

大家都知道，法院受理案件后，并不是由整个法院来对每一个具体案件进行审理，而是由审判员组成审判庭来对案件进行具体审理，同样，对于劳动争议案件，也不是由仲裁委员会来对每一个案件进行具体的裁决，而是由临时组成的仲裁庭来对劳动争议案件进行裁决，这也就是所谓的仲裁庭制。

本法第十九条规定，“聘任、解聘专职或者兼职仲裁员”、“受理劳动争议案件”是劳动争议仲裁委员会的重要职责。根据上述规定，劳动争议仲裁委员会受理劳动争议案件后，根据案情的不同，在已聘任的仲裁员中选择一名或者三名组成临时性的仲裁庭，对该案件进行仲裁。仲裁庭不是仲裁委员会常设机构，而是用于对具体案件进行仲裁的临时性的办案组织形式。仲裁庭在仲裁委员会领导下处理劳动争议案件，实行一案一庭制。

2．仲裁庭的组成

根据本条的规定，仲裁庭的组成有两种形式，一种是合议庭，另一种是独任庭。

（1）合议庭制。

合议庭是指仲裁庭由三名仲裁员组成，且三名仲裁员中设一名首席仲裁员。合议庭制是对劳动争议案件进行仲裁时经常采用的组织形式。

（2）独任庭制。

本条同时规定对一些简单案件也可以采用另一种组织形式，即独任庭制。独任庭制，是指由一名仲裁员组成仲裁庭对简单劳动争议案件进行仲裁。

由劳动争议仲裁的实践可以看出，独任制是一种比较迅速、便捷、经济的仲裁方式，对一些简单的劳动争议可以采用独任庭制，可以更为简便宜行地解决纠纷。《劳动争议仲裁委员会办事规则》第十六条对简单案件界定为“事实清楚，案情简单，适用法律法规明确”的劳动争议案件。

二、书面通知仲裁庭组成情况

本法第三十二条是关于劳动仲裁委员会通知当事人仲裁庭组成情况的规定。

劳动争议仲裁庭的组成由劳动争议仲裁委员会决定。当事人对谁担任仲裁员并不知道，对仲裁员的情况也并不了解，为了便于当事人对仲裁员的监督，保证仲裁活动的公正性，在仲裁庭组成后，劳动争议仲裁委员会应当将仲裁庭组成情况及时通知双方当事人。虽然该案件的仲裁庭组成人员已经确定，但仲裁庭只是一个对该案件进行仲裁的临时组织，所以对当事人的通知仍然是以劳动争议仲裁委员会的名义发出。

1．书面通知

劳动争议仲裁委员会应当将仲裁庭的组成情况书面通知双方当事人。这里的“书面”通知包括以电报、电传、传真、信件或任何其他以文字表述的通知形式。

2．通知时间

劳动争议仲裁委员会应当在受理仲裁申请之日起5日内将仲裁庭的组成情况通知当事人。

三、仲裁员回避

本法第三十三条规定了仲裁员回避的情形。

回避制度是当事人监督仲裁庭成员的重要权利，也是保障仲裁程序公正的重要措施。规定回避制度主要是为了保证仲裁活动能够客观、公正地进行，保证案件得到正确的处理。我国的程序法对回避制度作出了详细的规定。

1．仲裁员回避的方式

仲裁员回避的方式主要有两种：

（1）自行回避。

自行回避是指仲裁庭成员知道自己具有应当回避的情形，自己向劳动争议仲裁委员会提出回避的申请，即主动说明情况，提出不参加案件的审理。

（2）当事人提出回避。

当事人提出回避是指仲裁庭成员明知自己应当回避而不自行回避或者不知道、不认为自己具有应当回避的情形，因而没有自行回避的，仲裁案件的双方当事人，即劳动者和用人单位和他们的法定代理人有权向劳动争议仲裁委员会提出申请，要求他们回避。

申请回避是法律赋予当事人及其法定代理人的一项基本权利，办案人员在办理案件时首先要向当事人及其法定代理人宣告这一项权利，任何人都不能剥夺当事人及其代理人申请回避的权利。

2．其他适用回避的人员

参照民事诉讼法、仲裁法等法律有关回避的规定，回避应不仅适用于组成该案件仲裁庭的仲裁员，还应适用于劳动争议仲裁委员会的成员，包括书记员、鉴定人、勘验人，以及翻译人员。

3．回避的情形

本条规定回避的情形主要包括以下几个方面，如下表所述：

回避的情形说明

序号	回避的情形	说明
1	本案的当事人或者当事人、代理人的近亲属	这种情形主要指仲裁员本人是本案的当事人一方或当事人一方的代理人或者是他们的近亲属。如果办案人员是本承办案件的当事人或者当事人、代理人的近亲属，就有可能偏袒他的近亲属，使案件得不到公正解决，所以这样的办案人员，不能参与办理此案，应当回避。

续表

序号	回避的情形	说明
2	与本案有利害关系	与本案有利害关系是指审理本案的办案人员或者其近亲属与本案有某种利害关系，处理结果会涉及他们在法律上的利益。例如：王某为仲裁员，李某为申请人，张某为被申请人，李要求张支付工伤医疗费，而李某又与承办此案的王某发生过矛盾，若此案由王某审理，王某就有可能不顾事实和法律，作出对李某不利的裁决，从而达到个人的目的。为了审判活动的公正进行，与本案有利害关系的王某就应当回避，而李某也有权要求其回避。
3	与本案当事人、代理人有其他关系，可能影响公正仲裁的	“其他关系”主要指以下几种情况：是当事人的朋友、亲戚、同学、同事等，或者曾经与当事人有过恩怨、与当事人有借贷关系等。“可能影响公正仲裁的”是“与本案当事人、代理人有其他关系”而应当回避的必要条件，即只有在可能影响公正处理案件的情况下，才适用回避。如仲裁员是当事人的朋友，则要看这种关系是否影响案件的公正审理，来决定是否回避。
4	私自会见当事人、代理人，或者接受当事人、代理人的请客送礼的	案件当事人及其代理人有证据证明办理此案的人员有上述行为，就有权要求他们回避，维护自己的合法权益。

由上述四项规定可以看出，适用回避的情形虽然有很多种，但实质却是相同的，那就是使人对其裁决的公正性产生足够的怀疑。在这种情形下，为保障劳动争议仲裁的公信力，有必要规定仲裁员的回避，以避免对裁决公正性的不必要的怀疑。

4．回避的决定程序

此外，本条还对回避的决定程序作出了规定。对于回避申请决定的形式包括以下三方面的内容：

（1）回避申请决定权。本条规定，劳动争议仲裁委员会对回避申请应当及时做出决定，也就是说劳动争议仲裁委员会有权对回避的申请进行审查并作出准许或不准许的决定。本法没有对仲裁员回避的具体决定程序加以规定，可以参照1993年颁布的《劳动争议仲裁委员会办案规则》规定：“仲裁委员会主任的回避，由仲裁委员会决定；仲裁委员会其他成员、仲裁员和其他人员的回避由仲裁委员会主任决定。”

（2）决定回避申请作出的时间。本条规定“对回避申请应当及时做出决定”这里没有规定具体的时日。参照1993年颁布的《劳动争议仲裁委员会办案规则》第十九条的规定，仲裁委员会或仲裁委员会主任对回避申请应在7日内作出决定。劳动保障部门在制定新的仲裁规则时可以予以明确。

（3）关于通知的形式。本条规定以口头或者书面方式通知当事人。

四、仲裁员的法律责任

本法第三十四条对仲裁员的法律责任作出了规定。

1．承担法律责任的情形

根据本条的规定，劳动争议案件仲裁员应当承担法律责任的情形主要包括：

（1）私自会见当事人、代理人。

（2）接受当事人、代理人的请客送礼。

（3）索贿受贿，徇私舞弊，枉法裁决。

以上行为不仅有损劳动仲裁的公正、公开性，侵害当事人的合法权益，而且直接损害劳动仲裁的权威，因此，本条明确规定，仲裁员有上述情形的，应当承担法律责任。

2．承担法律责任的形式

（1）刑事责任。

法律责任分为民事责任、刑事责任、行政责任和违宪责任。根据本法以及刑法、仲裁法等有关法律的规定，目前，在我国劳动争议案件仲裁员承担的法律责任主要是刑事责任。

刑事责任作为最严厉的法律责任，是仲裁责任的特殊情形。将刑事责任列入仲裁责任，在国际上也较为少见。2004年3月1日生效的日本《仲裁法》明确规定了仲裁员行贿、受贿以及向仲裁员行贿的犯罪及其相应的刑罚。我国2006年6月29日通过的刑法修正案（六）第二十条规定，在刑法第三百九十九条后增加一条，作为第三百九十九条之一："依法承担仲裁职责的人员，在仲裁活动中故意违背事实和法律作枉法裁决，情节严重的，处3年以下有期徒刑或者拘役；情节特别严重的，处3年以上7年以下有期徒刑。"依照该条的规定，枉法仲裁罪的构成要件包括以下几点：（1）枉法仲裁罪侵犯的客体是正常的仲裁活动和仲裁秩序以及仲裁当事人的合法权益，属于渎职罪的一种。（2）枉法仲裁罪的客观方面表现为故意违背事实和法律作出枉法裁决，情节严重。（3）枉法仲裁罪的主体是承担仲裁职责的人员，即仲裁员。需要注意的是本罪的主体是自然人，仲裁机构本身不是犯罪主体。（4）枉法仲裁罪的主观方面只能是故意，过失不能构成本罪。

（2）解聘。

本条还规定，仲裁员私自会见当事人、代理人，或者接受当事人、代理人的请客送礼的，或者有索贿受贿行为的、有徇私舞弊行为的、有枉法裁决行为的，应当将其解聘。

五、开庭通知与延期开庭

本法第三十五条是关于开庭日期的规定。

1．通知当事人开庭日期

仲裁庭应当在开庭5日前，将开庭日期、地点书面通知双方当事人。根据一案一庭的原则，此时针对该案件的仲裁庭已经成立，具体承担对案件的仲裁工作。仲裁庭成员应当认真审阅申诉、答辩材料，调查、收集证据，查明争议事实。遇有需要勘验或鉴定的问题，应交由法定部门勘验或鉴定；没有法定部门的，由劳动争议仲裁委员会委托有关部门勘验或鉴定。仲裁庭成员应当根据调查的事实，拟定处理方案，并根据法律对劳动争议仲裁案件仲裁期限的规定，合理确定开庭日期。在确定开庭日期后，仲裁庭应当在开庭五日前，将开庭日期、地点书面通知双方当事人。

关于通知的方式，本条明确规定为书面通知。

2．延期开庭

（1）延期开庭的提出人。

延期开庭由当事人提出请求后，由仲裁庭作出决定，这里的当事人指双方当事人，既可以是申请人，也可以是被申请人。

（2）延期开庭的请求提出日期。

延期开庭的请求应当在仲裁庭告知其开庭日期后且开庭3日前提出。

3．请求延期开庭应有正当的理由

本条规定当事人请求延期开庭的，应当有正当的理由，但本法并没有对正当的理由作出明确具体的规定。民事诉讼法第一百三十二条规定："有下列情形之一的，可以延期开庭审理：（一）必须到庭的当事人和其他诉讼参与人有正当理由没有到庭的；（二）当事人临时提出回避申请的；（三）需要通知新的证人到庭，调取新的证据，重新鉴定、勘验，或者需要补充调查的；（四）其他应当延期的情形。"参照上述规定，一般认为，正当理由主要包括以下几种情形：

（1）当事人由于不可抗力的事由或其他特殊情况不能到庭的，例如当事人患重大疾病或遭受其他身体伤害影响其行使权利的；劳动者身边的条件存在紧急情形，如重大自然灾害、战争等对当事人出庭行使权利形成障碍的。

（2）当事人在仲裁审理中临时提出回避申请的。申请回避是当事人的一项重要权利，一般来说当事人应当在知道仲裁庭成员名单后，开庭前提出回避。但有时，可能当事人当时并不知道仲裁员存在应当回避的情形，或者当事人可以申请回避的情形，如仲裁员接受另一方当事人贿赂等，发生在仲裁审理过程中的，一般认为，当事人仍有权提出回避申请。这时，劳动争议仲裁委员会应当对当事人的回避申请进行审查，作出是否同意其回避申请的决定。

（3）需要调取新的证据进行需要重新鉴定、勘验的。实践中，劳动争议仲裁委员会应当参照有关法律法规的规定，结合实际情况，判断当事人的申请是否有正当理由。

4．是否延期开庭的决定

当事人在法定期限内提出延期开庭的请求后，并不必然会导致仲裁开庭延期进行，而是由劳动争议仲裁委员会根据对当事人的申请是否有正当理由的判断，作出是否同意延期开庭的决定。这里需要注意的是，是否延期开庭的决定由劳动争议仲裁委员会作出，而并非是该案件的仲裁庭。

六、视为撤回仲裁裁决和缺席裁决

本法第三十六条是关于当事人无正当理由拒不到庭或者未经仲裁庭同意中途退庭如何处理的规定。

出庭参加仲裁开庭既是当事人的权利，也是当事人的义务。当事人应当根据仲裁庭通知的开庭日期、地点参加仲裁开庭审理。当事人不参加仲裁开庭审理的，应当根据其在仲裁案件中的地位，作出相应的处理，即对申请人可以视为撤回仲裁申请，对被申请人可以缺席裁决。

1．视为撤回仲裁申请

《劳动争议仲裁委员会办案规则》第二十九条规定：“仲裁庭作出裁决前，申诉人申请撤诉的，仲裁庭审查后决定其撤诉是否成立。仲裁决定须在七日内完成。”申诉人申请撤诉是申诉人的一种权利，是申请人对其仲裁权利的积极处分；但行使该权利同时必须符合下列条件：

（1）必须是申诉人或经申诉人特别授权的代理人，以及有仲裁行为能力申诉人的法定代理人。

（2）必须是在劳动争议仲裁机构受理案件以后、仲裁调解或裁决之前。

（3）必须出自本人真实意愿并符合法律规定，不得侵犯对方当事人以及第三人的合法权益，不得规避法律。

符合上述条件，撤诉才能成立。仲裁庭同意撤诉的应制作仲裁决定书，送达双方当事人。

视为撤回仲裁申请，是指劳动争议仲裁的申请人虽然未主动提出撤回仲裁的申请，但是，申请人出现法律归定的情形用行为已经表明其不愿意继续进行仲裁的，可以按照申请人撤回仲裁申请处理，从而终结对劳动争议案件仲裁。

根据本条的规定，申请人收到书面通知，无正当理由拒不到庭或者未经仲裁庭同意中途退庭的，可以视为申请人撤回仲裁申请。按撤回仲裁申请处理与当事人撤回仲裁申请具有同等的法律效力。

这里需要注意的是，申请人收到的必须是书面的开庭通知，同时申请人不到庭并且无正当理由，或者申请人中途退庭未经仲裁庭同意的才可视为撤回仲裁申请。否则，可能会导致延期开庭，而不是视为撤回仲裁申请。

2. 缺席裁决

相对于申请人无正当理由拒不到庭或者未经仲裁庭同意中途退庭视为撤回申请，对于被申请人无正当理由拒不到庭或者未经仲裁庭同意中途退庭，本条规定仲裁庭可以缺席裁决。缺席裁决，是指只有一方当事人到庭参与仲裁审理时，仲裁庭仅就到庭的一方当事人进行调查、审查核实证据，听取意见，并对未到庭一方当事人提供的书面资料进行审查后，即作出仲裁裁决的仲裁活动。

同样需要注意的是，被申请人必须是经仲裁庭书面通知，无正当理由不到庭或者未经仲裁庭许可中途退庭的，才可以进行缺席裁决，否则也可能会导致延期开庭。

七、鉴定

本法第三十七条是关于劳动争议仲裁中鉴定问题的规定。

1. 为什么要鉴定

在诉讼及仲裁过程中，经常会遇到与案件有关的专门性问题，如文书的真伪、签名的真假、物品的价值、产品的质量、伤残的等级等，这些问题法官或者仲裁员无法运用自己的知识和经验来作出判断，必须由专业机构、专业人员运用专门知识、专业技能和职业经验进行鉴定。常见的鉴定包括医学鉴定、痕迹鉴定、文书鉴定、会计鉴定、产品质量鉴定、事故鉴定等。劳动争议仲裁案件经常涉及的鉴定包括劳动能力鉴定、职业病鉴定等。

2. 鉴定的一般规定

本条就鉴定程序的启动、鉴定机构的确定、鉴定人参加开庭作了一般规定。

（1）鉴定程序的启动。

根据本条规定，对专门性问题仲裁庭认为需要鉴定的，可以交由鉴定机构鉴定。这里包括两种情况：

①当事人就有关问题向仲裁庭提出鉴定申请，仲裁庭认为需要鉴定的。

②当事人没有就有关问题提出鉴定申请，但仲裁庭认为有关问题需要鉴定的。这两种情况都可以导致鉴定程序的启动。当然，在进入仲裁程序前，当事人也可自行委托鉴定。

（2）鉴定机构的确定。

根据本条规定，首先应当按照当事人的约定确定鉴定机构；当事人没有约定或者无法达成约定的，由仲裁庭指定鉴定机构，约定或者指定的鉴定机构应当是依法取得相应资格的鉴定机构。

（3）鉴定人参加开庭。

根据本条规定，当事人请求或者仲裁庭要求鉴定人参加开庭的，鉴定机构应当派负责此次鉴定的鉴定人参加开庭。当事人经仲裁庭许可，可以向鉴定人提问。鉴定人是一种特殊的证人，在国外被称作专家证人，有义务出庭作证，回答当事人的提问。当事人可以向仲裁庭申请由一至二名具有专门知识的人员出庭对鉴定人进行询问。

3．申请鉴定的期限、申请重新鉴定的条件

本条对劳动争议仲裁中的鉴定只作了原则规定，没有规定申请鉴定的期限、申请重新鉴定的条件等内容。根据本法第十八条的规定，国务院劳动行政部门可以依照本法有关规定制定仲裁规则对此加以规定。仲裁规则没有规定的，可以参照适用民事诉讼法及其司法解释的相关规定。目前，根据《最高人民法院关于民事诉讼证据的若干规定》（以下简称《证据规定》），当事人申请鉴定，应当在举证期限内提出。鉴定结论有下列情形之一的，当事人可以申请重新鉴定：

（1）鉴定机构或者鉴定人员不具备相关的鉴定资格的。

（2）鉴定程序严重违法的。

（3）鉴定结论明显依据不足的。

（4）经过质证认定不能作为证据使用的其他情形。

对有缺陷的鉴定结论，可以通过补充鉴定、重新质证或者补充质证等方法解决的，不予重新鉴定。一方当事人自行委托有关部门作出的鉴定结论，另一方当事人有证据足以反驳的，可以申请重新鉴定。

八、质证、辩论、陈述最后意见

本法第三十八条是关于劳动争议仲裁中质证和辩论问题的规定。

1．当事人在仲裁过程中有权进行质证

证据应当在法庭上出示，由当事人质证。未经质证的证据，不能作为认定案件事实的依据。质证是通过双方的互相质疑和自我辩护，审查证据的真实性、关联性和合法性，判断其证明力，去伪存真的过程。质证时，当事人应当围绕证据的真实性、关联性、合法性，针对证据证明力有无以及证明力大小进行质疑、说明与辩驳。

（1）质证顺序。

质证按下列顺序进行：

①申请人出示证据，被申请人、第三人与申请人进行质证。

②被申请人出示证据，申请人、第三人与被申请人进行质证。

③第三人出示证据，申请人、被申请人与第三人进行质证。

（2）质证的要求。

①案件有两个以上独立的请求的，当事人可以逐个出示证据进行质证。

②仲裁庭应当将当事人的质证情况记入笔录，并由当事人核对后签名或者盖章。

（3）有关证人的规定。

①证人应当出庭作证，接受当事人的质询。

②证人因年迈体弱或者行动不便、特殊岗位确实无法离开、路途特别遥远交通不便、自然灾害等不可抗力或者其他特殊情况，确实不能出庭的，经仲裁庭许可，可以以出具书面证言等方式作证。

③出庭作证的证人应当客观陈述其亲身感知的事实。证人作证时，不得使用猜测、推断或者评论性的语言。

④仲裁庭应当告知证人如实作证的义务以及作伪证的法律后果。

⑤不能正确表达意志的人，不能作为证人。待证事实与其年龄、智力状况或者精神健康状况相适应的无民事行为能力人和限制民事行为能力人，可以作为证人。

⑥证人为聋哑人的，可以其他表达方式作证。

⑦仲裁员和当事人可以对证人进行询问。证人不得旁听仲裁庭审理，询问证人时，其他证人不得在场。仲裁庭认为有必要的，可以让证人进行对质。

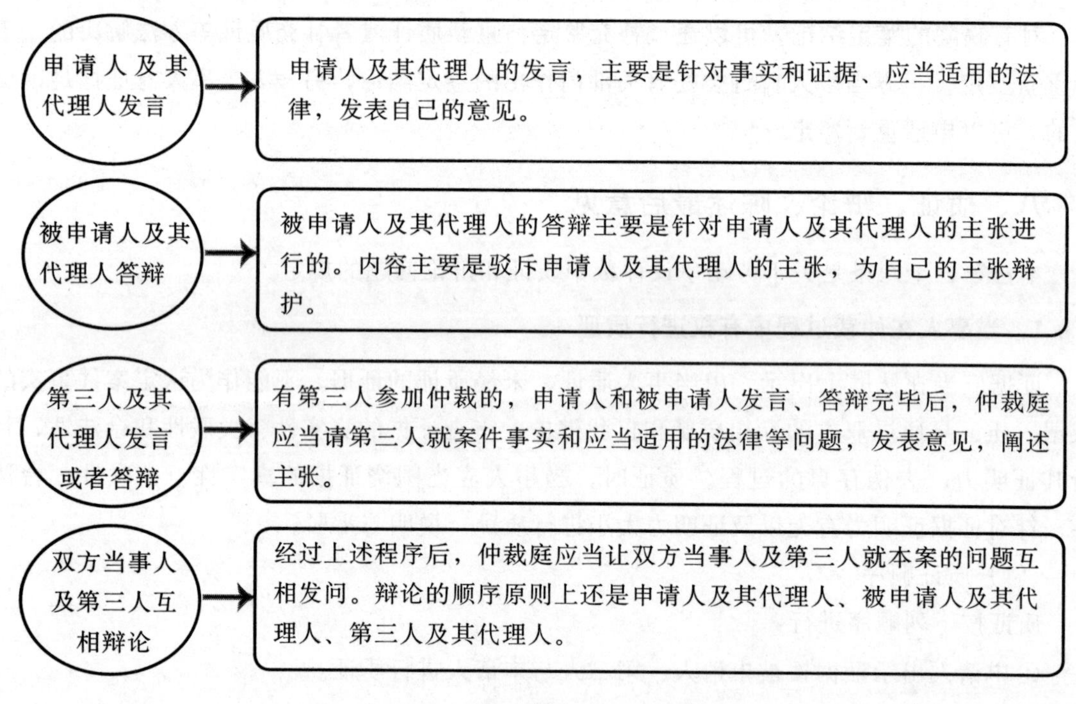

辩论的顺序

（4）有关鉴定人的规定。

①鉴定人应当出庭接受当事人质询。

②鉴定人确因特殊原因无法出庭的，经仲裁庭准许，可以书面答复当事人的质询。

（5）关于发问、询问的规定。

①经仲裁庭许可，当事人可以向证人、鉴定人、勘验人发问。询问证人、鉴定人、勘

验人不得使用威胁、侮辱及不适当引导证人的言语和方式。

②当事人可以向仲裁庭申请由一至二名具有专门知识的人员出庭就案件的专门性问题进行说明。

③仲裁员和当事人可以对出庭的具有专门知识的人员进行询问。

④经仲裁庭准许，可以由当事人各自申请的具有专门知识的人员就案件中的问题进行对质。具有专门知识的人员可以对鉴定人进行询问。

（6）对书证、物证、视听资料进行质证的规定。

对书证、物证、视听资料进行质证时，当事人有权要求出示证据的原件或者原物。但有下列情况之一的除外：

①出示原件或者原物确有困难并经仲裁庭准许出示复制件或者复制品的。

②原件或者原物已不存在，但有证据证明复制件、复制品与原件或原物一致的。

2．当事人在仲裁过程中有权进行辩论

事实愈辩愈明，法理愈辩愈明。通过双方当事人的辩论，仲裁庭可以进一步查清事实，确定定案的根据，正确适用法律，最终作出公正的裁决。

（1）辩论的顺序。

辩论由双方当事人及其代理人依次进行。辩论的顺序，可参照民事诉讼法的顺序：

（2）辩论的要求。

①第一轮辩论结束，首席仲裁员或者独任仲裁员应当询问当事人是否还有补充意见。当事人要求继续发言的，应当允许，但当事人不得重复第一轮的发言。

②第一轮辩论结束后当事人要求继续辩论的，可以进行下一轮辩论。下一轮辩论不得重复上一轮的内容。

③仲裁庭应当引导当事人围绕案件争议焦点进行辩论。必要时，仲裁庭可以限定当事人及其代理人发表意见的时间。仲裁庭应当保证双方平等地进行辩论。

④在辩论过程中，仲裁员不得就双方争议的问题发表意见，不得与当事人辩论。当事人不得滥用辩论权利，无理狡辩，互相争吵，哄闹滋事；不得发表与争议焦点无关的意见，不得重复已经发表的意见。

3．质证和辩论终结时，应当征询当事人的最后意见

质证和辩论终结时，首席仲裁员或者独任仲裁员应当按照申请人、被申请人、第三人的顺序，征询他们各自的最后意见，以充分保证当事人发表意见的权利。

通常，质证是事实调查阶段的重要程序，辩论是在事实调查的基础上进行的。但是在实践中，二者并无严格界限。为缩短开庭时间，避免调查阶段和辩论阶段在一些问题上的重复，对一些争议问题较多的案件，可以将调查和辩论结合进行。如果在辩论过程中，发现新的事实需要进一步调查的，可以停止辩论，恢复调查，待事实查清后再进行辩论。

九、证据及举证责任

本法第三十九条是关于劳动争议仲裁中证据问题的规定。

1．查证属实的证据应当作为认定事实的根据

（1）什么是查证属实。

证据是指证明主体提供的用来证明案件事实的材料。证据经查证属实的，才能作为仲裁庭认定事实的根据。所谓查证属实是指证据在仲裁庭的主持下，经当事人出示、对方质证和仲裁庭认证，认为证据具有真实性、关联性和合法性，如下表所示。

查证属实的证据的特点

序号	特点	说明
1	真实性	证据是证明待证事实的材料，证据又是客观存在的材料，而不是任何人主观臆造的产物。因此它必须是真实可靠的，否则以它为根据认定的案件事实就不可能是客观真实的。
2	关联性	证据必须与案件事实有内在的联系。这种内在的联系表现在，证据应当能够证明本案的部分或全部事实。缺乏关联性的证据，不是本案的证据，对本案没有证明力。
3	合法性	证据的合法性主要表现在证据的取得必须符合法律规定的程序，不能侵害他人的合法权益。以侵害他人合法权益或者违反法律禁止性规定的方法取得的证据，不能作为认定案件事实的依据。

当事人提供的证据具有真实性、关联性和合法性的，仲裁庭应当将其作为认定事实的根据。仲裁员应当依照法定程序，全面、客观地审核证据，依据法律的规定，遵循仲裁员职业道德，运用逻辑推理和日常生活经验，对证据有无证明力和证明力大小独立进行判断，并公开判断的理由和结果。

（2）仲裁员对单一证据的审核认定

仲裁员对单一证据可以从下列方面进行审核认定：

①证据是否原件、原物，复印件、复制品与原件、原物是否相符。

②证据与本案事实是否相关。

③证据的形式、来源是否符合法律规定。

④证据的内容是否真实。

⑤证人或者提供证据的人，与当事人有无利害关系。

（3）仲裁员对案件的全部证据的综合审查判断。

仲裁员对案件的全部证据，应当从各证据与案件事实的关联程度、各证据之间的联系等方面进行综合审查判断。

（4）不能单独作为认定案件事实依据的证据。

下列证据不能单独作为认定案件事实的依据：

①未成年人所作的与其年龄和智力状况不相当的证言。

②与一方当事人或者其代理人有利害关系的证人出具的证言。

③存有疑点的视听资料。

④无法与原件、原物核对的复印件、复制品。

⑤无正当理由未出庭作证的证人证言。当事人对自己的主张，只有本人陈述而不能提出其他相关证据的，其主张不予支持。但对方当事人认可的除外。

（5）数个证据对同一事实的证明力大小的认定原则。

双方当事人对同一事实分别举出相反的证明，但都没有足够的依据否定对方证据的，仲裁委员会应当结合案件情况，判断一方提供证据的证明力是否明显大于另一方提供证据的证明力，并对证明力较大的证据予以确认。数个证据对同一事实的证明力大小，可以依照下列原则认定：

①国家机关、社会团体依职权制作的公文书证的证明力一般大于其他书证。

②物证、档案、鉴定结论、勘验笔录或者经过公证、登记的书证，其证明力一般大于其他书证、视听资料和证人证言。

③原始证据的证明力一般大于传来证据。

④直接证据的证明力一般大于间接证据。

⑤证人提供的对与其有亲属或者其他密切关系的当事人有利的证言，其证明力一般小于其他证人证言。因证据的证明力无法判断导致争议事实难以认定的，仲裁委员会应当依据举证责任分配原则作出裁决。

2．劳动争议仲裁涉及的证据种类

劳动争议仲裁涉及的证据种类包括书证、物证、视听资料、证人证言、当事人陈述、鉴定结论、勘验笔录等。如下表所示：

劳动争议仲裁涉及的证据种类

序号	证据种类	说明
1	书证	书证是用文字、符号、图案等所表达的思想内容来证明案件事实的证据。如书信、文件、合同书、遗嘱、票据等。相对于其他证据种类，书证具有较强的证明力，在劳动争议仲裁中具有重要价值。在劳动争议仲裁中，劳动合同文本是证明劳动关系存在的最有力的证据。

续表

序号	证据种类	说明
2	物证	物证是以物品的外形、结构、质量、数量等物理属性来证明案件事实的证据。在某些情况下，某些证据可能既是书证，又是物证。例如，手写的劳动合同书，如果用来证明劳动者与用人单位之间的权利义务关系，则是书证；如果用来证明书写者的书写习惯，则是物证。
3	视听资料	视听资料是指用录音、录像、计算机存储等方法记录下来的有关案件事实的音像、数据资料。例如录音带、录像带等。
4	证人证言	证人证言是指证人就其了解的案件事实以口头或者书面方式向仲裁庭所作的陈述。证人只能就其直接感知的客观事实如实陈述，证人主观的推测、评价，以及道听途说的事实，不具有证据效力。例如申请人同厂职工所作的申请人曾在该工厂工作的证言。
5	当事人陈述	当事人陈述是指当事人就案件事实向仲裁庭所作的叙述和说明。由于当事人最了解案件事实，因此当事人陈述是查清案件事实的重要线索。同时，也由于当事人与案件事实之间具有直接利害关系，因此当事人陈述难免带有很强的倾向性、片面性甚至虚假性。因此当事人陈述只有与其他证据结合起来，才能作为认定事实的根据。
6	鉴定结论	鉴定结论是指鉴定主体根据仲裁庭或者当事人的申请，在对鉴定材料进行观察、比较、检验、鉴别等的基础上，对案件涉及的专门性问题进行分析、判断后作出的结论。劳动争议仲裁案件经常涉及的鉴定结论包括劳动能力鉴定结论、职业病鉴定结论等。
7	勘验笔录	勘验笔录是指在仲裁庭的主持下，勘验人对案件发生的现场或者不便移动的物证采取勘察、检验、绘图、拍照等措施时所形成的实况记录。勘验是在仲裁庭的主持下和双方当事人的见证下进行的，能够比较真实地反映现场或者物证的客观情况，具有较强的证明力。制作勘验笔录是保全原始证据的重要手段。

3．用人单位应当提供由其掌握管理的证据

目前，用人单位扣押劳动者的劳动合同书等本应由劳动者保管的文书的现象比较普遍，在劳动争议发生后用人单位往往拒不提供由其管理的对劳动者有利的关键证据，导致劳动者举证不能，无法维护自身的合法权益。针对这种情况，本条规定，劳动者无法提供由用人单位掌握管理的与仲裁请求有关的证据，仲裁庭可以要求用人单位在指定期限内提供；用人单位在指定期限内不提供的，应当承担不利后果。

另外，根据《证据规定》第六条的规定，在劳动争议案件中，因用人单位作出开除、除名、辞退、解除劳动合同、减少劳动报酬、计算劳动者工作年限等决定而发生劳动争议的，用人单位有责任提供证据；用人单位提供的证据不能证明所主张的事实的，可以推定劳动者的主张成立。

本条第二款的规定是总则第六条规定在仲裁程序中的具体化，适用时应结合第六条的规定理解。

十、仲裁庭审笔录

本法第四十条是关于劳动争议仲裁开庭笔录的规定。

1．仲裁庭应当将开庭情况如实记入笔录

庭笔录是开庭过程全部活动的反映，可以有效地固定证据，防止当事人事后对自己的言行不予承认，对当事人的言行也是一种约束。同时，开庭笔录是仲裁庭作出裁决的重要依据，也为以后的审判监督程序提供了原始资料。

（1）开庭笔录的要求。

①开庭笔录必须全面、准确、真实、清楚。记录人员必须忠实于庭审过程的实际情况，对仲裁员、当事人的言论，均应尽量记录原话，不得随意引申、发挥。

②开庭笔录的用语应使用规范语言，尽量不要使用方言俗语。

（2）开庭笔记的内容。

开庭笔录应当记明下列内容：

①案由。

②开庭时间、地点。

③仲裁员、记录人员姓名。

④当事人姓名、性别、年龄、民族、职业、住所、到庭情况。

⑤首席仲裁员或者独任仲裁员告知当事人的仲裁权利义务，以及是否申请仲裁员回避的情况。

⑥当事人陈述、证人作证、出示证据、宣读鉴定结论、宣读勘验笔录以及当事人互相质证的情况。

⑦当事人辩论的情况。

⑧当事人增加、变更、撤回仲裁请求的情况。

⑨先行调解的，应当记明调解的过程。

⑩当庭裁决的，应当记明裁决内容、当事人对裁决的声明。

⑪仲裁员、记录人员、当事人以及其他仲裁参加人的签名或者盖章，或者拒绝签名或者盖章的情况。

2．当事人和其他仲裁参加人有权申请补正

（1）当事人以及其他仲裁参加人有权了解开庭笔录的内容，同时为了保证开庭笔录的准确性，开庭笔录应当当庭宣读，也可以告知当事人和其他仲裁参加人当庭或者在5日内阅读。

（2）当事人和其他仲裁参加人认为开庭笔录对自己陈述的记录有遗漏或者差错的，有权申请补正。经核实，如果仲裁庭认为确有遗漏或者差错，同意补正的，由记录人员将补正的内容和补正的经过记入笔录；如果仲裁庭认为没有遗漏或者差错，不同意补正的，由记录人员将申请的内容和不同意补正的理由记入笔录。

3．开庭笔录应当由仲裁参加人签名或者盖章

开庭结束后，仲裁员、记录人员、当事人和其他仲裁参加人应当在开庭笔录上签名或者盖章。

（1）当事人和其他仲裁参加人核对开庭笔录后，认为有遗漏或者差错的，可以申请补正；如果仲裁庭不予补正，当事人和其他仲裁参加人拒绝签名或者盖章的，记录人员应当在开庭笔录中予以说明。

（2）当事人和其他仲裁参加人认为没有遗漏或者差错，或者虽有遗漏或者差错但已补正的，应当在开庭笔录上签名或者盖章。

十一、当事人自行和解

本法第四十一条是关于劳动争议仲裁中当事人自行和解的规定：当事人申请劳动争议仲裁后，可以自行和解。达成和解协议的，可以撤回仲裁申请。

十二、仲裁庭调解

本法第四十二条是关于在仲裁程序中进行调解的规定：仲裁庭在作出裁决前，应当先行调解。

与一般商事仲裁中当事人可以自愿选择调解不同，调解在劳动争议仲裁中是法定的、必需的，法律明确规定了“仲裁庭在作出裁决前，应当先行调解”。这体现了劳动争议仲裁自身的特点，以便方便、及时地解决劳动争议。

1．调解程序

劳动争议仲裁案件中的调解程序一般如下：

（1）确定或者建议适当的调解方式、在调解程序中，仲裁员相互之间、仲裁员与当事人之间以及当事人双方之间可以协商适当的调解方式。调解可以通过书面或者面对面等方式进行。

（2）分清是非曲直。仲裁员应当查清案件事实，分清责任，听取当事人的陈述和申辩。

（3）提出建议方案。仲裁庭应当遵循客观、公平和公正的原则，提出解决争议的具体建议，供当事人参考或者接受。

（4）制作调解书或者恢复仲裁。调解成功、达成协议的，仲裁庭应当制作调解书。

调解不成功的，仲裁庭应当及时宣布调解终结，迅速恢复仲裁程序，防止久调不决。

2．调解书

（1）本法规定，调解达成协议的，仲裁庭应当制作调解书。

（2）与裁决书一经作出就发生法律效力不同，调解书不是作成后马上生效，而是要由双方当事人签收后才生效。也就是说，既不是一方当事人签收就对该方生效，也不是一方签收就对双方生效，而是只要一方未签收就对双方都无效，只有双方都签收，才对双方都有效。

（3）调解书应当载明仲裁请求和当事人协议的结果。

（4）调解书应当由仲裁员签名，并加盖劳动争议仲裁委员会的印章，送达双方当事人。

（5）调解不成或调解书送达前一方当事人反悔的，仲裁庭应及时作出裁决。这是因为达成调解协议的过程就是仲裁庭的审理过程，制作调解书时实际上审理已经完毕。所以当事人拒绝签收调解书时，仲裁庭没有必要再经过仲裁程序重复已经完成的审理，而只需直接裁决即可。

3．调解程序终止的情形

一般情况下，调解程序在下列情形下终止：

（1）当事人达成调解协议，由仲裁庭制作调解书并送达双方当事人，经双方签署后，调解程序终止。

（2）一方或双方当事人明确表示拒绝调解的，调解程序终止。

（3）仲裁庭根据实际情况认为不宜调解，明确告知双方当事人。第一种情况下的终止，标志着案件审理完毕；后两种情况下，调解程序终止后，审理活动自动转人仲裁程序。

十三、仲裁审理时限及先行裁决

本法第四十三条是关于仲裁庭裁决劳动争议案件审理期限和先行裁决的规定。

1．审理期限

为了防止劳动争议仲裁委员会不立案、拖延立案，本法规定了仲裁庭审理劳动争议案件的期间为自劳动争议仲裁委员会受理仲裁申请之日起45日。而《企业劳动争议处理条例》第二十五条规定："仲裁委员会应当自收到申请书之日起7日内做出受理或者不予受理的决定。仲裁委员会决定受理的，应当自作出决定之日起7日内将申诉书的副本送达被诉人，并组成仲裁庭；决定不予受理的，应当说明理由……"同时，在第三十二条规定："仲裁庭处理劳动争议，应当自组成仲裁庭之日起60日内结束。案情复杂需要延期的，经报仲裁委员会批准，可以适当延期，但是延长的期限不得超过30日。"从以上的仲裁期限看，一般情况下，仲裁委员会自收到当事人的申请书之日起74天才可以结案，最长的审理期限为104天。与《企业劳动争议处理条例》相比，本法大大缩短了审理期限，更有利于及时保护劳动者的合法权益，有利于及时、快捷地解决劳动争议，防止推诿和久拖不决。

本法规定，仲裁庭逾期未作出仲裁裁决的，当事人可以向人民法院提起诉讼。“逾期”中的期限，可以根据是否需要延期区分为两种情况：对于案情不复杂、不需要延期的，这里的期限就是45日；对于案情复杂需要延期并经劳动争议仲裁委员会主任批准的，期限就是60日。

2．先行裁决

先行裁决是在仲裁权行使过程中先行作出的，因此，在对争议事项作最后裁决时，也不得对在部分裁决中的事项再进行裁决。另外，先行裁决与最后裁决的内容不能相互矛盾，而应保持一致。先行裁决不同于中间裁决。中间裁决通常是指有关程序问题和证据问题的裁决，这些问题通常是通过程序命令或指令的形式加以处理，以确立当事人所遵循的程序，严格说来，这些程序命令或指令还不属裁决范畴，它不能等同于最后裁决，也不可能由法院宣布其是可执行的。但不管是中间裁决还是部分裁决，其效力是一样的。

十四、先予执行

本法第四十四条是关于先予执行的适用情形的规定。

1．先予执行的着眼点

先予执行的着眼点是满足申请人的迫切需要。执行本应在仲裁裁决发生法律效力之后，先予执行是为了解决一部分当事人由于生活或生产的迫切需要，必须在裁决之前采取措施，以解燃眉之急。因为仲裁庭审理劳动争议案件，从受理到作出仲裁裁决，从裁决生效到当事人自动履行或强制执行需要一个过程。在这段时间里，个别劳动者可能因为经济困难，难以维持正常的生活或者生产经营活动，先予执行制度就是为了解决当事人的燃眉之急，在最终裁决前让被申请人先给付劳动者一定数额的款项或者财物，以维持原告正常的生活或者生产。

2．仲裁庭裁决先予执行的条件

（1）当事人之间权利义务关系明确。

所谓当事人之间的权利义务关系明确，是指该案件的事实十分清楚，当事人之间的是非责任显而易见。

（2）不先予执行将严重影响申请人的生活。

不先予执行将严重影响申请人的生活，是指申请人是依靠被申请人履行义务而维持正常生活的，在仲裁庭作出裁决前，如果不裁定先予执行，申请人将难以维持正常的生活。

我国民事诉讼程序中有先予执行的规定。《民事诉讼法》第九十七条规定：“人民法院对下列案件，根据当事人的申请，可以裁定先予执行：（一）追索赡养费、扶养费、抚育费、抚恤金、医疗费用的；（二）追索劳动报酬的；（三）因情况紧急需要先予执行的。”民事诉讼程序设置先予执行制度的目的是考虑上述生活困难的当事人在期待权利保障过程中的救急性措施，其中追索劳动报酬案件被列入其中，可见先予执行制度在处理劳动争议程序中的必要性。劳动争议仲裁程序如同诉讼程序一样，在程序进行中，劳动者的生活已经处于非常困难的情况下，可以采取先予执行措施。先予执行措施带有强制性，只能由人民法院采取，但劳动争议仲裁程序作为独立的程序，如果没有该制度的保障，保障当事人合法权益的程序机制就是不完善的。仲裁庭不能直接采取先予执行措施，但仲裁庭可以裁决先予执行，移送人民法院执行。

本法所规定的先予执行，有以下几点需要注意：

（1）仅对特定类型案件可以申请先予执行。这些特定类型案件是指追索劳动报酬、工伤医疗费、经济补偿或者赔偿金的案件。其他类型的案件不适用先予执行。

（2）必须根据当事人的申请。只有当事人申请，仲裁庭才能作出先予执行的裁定。如果当事人不申请，仲裁庭不能主动作出先予执行的裁决。

3．劳动者申请先予执行的，可以不提供担保

为了更好地保护劳动者的权益，本法规定：“劳动者申请先予执行的，可以不提供担保。”一般来说，提供担保的目的，在于保护被申请人的合法权益，当因申请人申请错误使被申请人遭受损失时，对被申请人的赔偿有保障。在劳动争议仲裁案件中，劳动者生活一般面临暂时性困难，这时候再让劳动者提供担保无异于雪上加霜，考虑到实际情况，法律规定：“劳动者申请先予执行的，可以不提供担保。”

十五、作出裁决

本法第四十五条是关于仲裁裁决如何作出的规定。

根据本条规定，当仲裁员在仲裁劳动争议案件出现分歧时，应当按照如下方式进行裁决。

1．按多数仲裁员的意见作出

所谓多数仲裁员的意见是指仲裁庭的三名仲裁员中至少应有两名必须互相赞成对方的意见。如果三名仲裁员各执己见则无法形成多数意见，也就无法按此种方式作出裁决。

2．按首席仲裁员的意见作出

在仲裁实践中，三名仲裁员各执己见的情况屡有发生，因此当裁决不能形成多数意见时，则采用按首席仲裁员的意见作出裁决的方式进行。

首席仲裁员是合议庭的主持者，要负责整个仲裁庭的审理工作，但对于仲裁裁决的表决权，他与其他仲裁员是平等的，只有投票的权力，没有特权。在实践中，当无法形成多数意见时，首席仲裁员首先应当组织仲裁员重新对案件进行表决，以形成多数意见。当无法形成多数意见时，可按法律规定由首席仲裁员决定。另外，如果形成的多数意见是两名仲裁员的意见一致，首席仲裁员也应服从多数意见，不同意见应当记入笔录。

十六、裁决书

本法第四十六条是关于裁决书内容和要求的规定。

1．裁决书的内容

本条规定只列明了仲裁裁决书的主要内容，作为一份完整的仲裁裁决书，还应写明仲裁机构的名称和地址、裁决书的编号、双方当事人的基本情况、代理人的情况、仲裁庭组成情况、仲裁员姓名、审理过程等。

2．裁决书的要求

仲裁书由仲裁员签名，加盖劳动争议仲裁委员会的印章，这就意味着仲裁庭虽然是案件的具体审理者，但裁决却不能以仲裁庭的名义作出，而是统一以劳动争议仲裁委员会的名义作出。但应注意的是，一旦有仲裁员不签名，仲裁庭就应在仲裁书中对这一情况作适当的说明，以此证明该仲裁员参加了审理工作。

十七、终局裁决

本法第四十七条是关于一裁终局的规定。

本法规定的劳动争议调解仲裁的基本模式是：

1．一调一裁两审制

本法第五条规定，发生劳动争议，当事人不愿协商、协商不成或者达成和解协议后不履行的，可以向调解组织申请调解；不愿调解、调解不成或者达成调解协议后不履行的，可以向劳动争议仲裁委员会申请仲裁；对仲裁裁决不服的，除本法另有规定的外，可以向人民法院提起诉讼。

2．一裁终局制

本法第五条规定的“除本法另有规定的外”的情形指的就是本条有关一裁终局的规定。

适用一裁终局的劳动争议仲裁案件有两类：一是小额仲裁案件；二是标准明确的仲裁案件。这两类案件在全部劳动争议案件总数中所占比例较大，也正因为如此，一裁终局可以解决多数劳动争议案件处理周期长的问题。

适用一裁终局的劳动争议仲裁案件

<table>
<tr><th>序号</th><th colspan="2">类别</th><th>说明</th></tr>
<tr><td rowspan="4">1</td><td rowspan="4">小额仲裁案件</td><td>追索劳动报酬的案件</td><td>追索劳动报酬的案件</td></tr>
<tr><td>追索工伤医疗费的案件</td><td>工伤医疗费是指职工因工负伤治疗，享受工伤医疗费，工伤医疗费是工伤保险待遇的一项，主要包括以下内容：①工伤职工治疗工伤或者职业病所需的挂号费、住院费、医疗费、药费、就医路费全额报销。②工伤职工需要住院治疗的，按照当地因公出差伙食补助标准的2/3发给住院伙食补助费；经批准转外地治疗的，所需交通、食宿费用按照本企业职工因公出差标准报销。</td></tr>
<tr><td>追索经济补偿的案件</td><td>（1）用人单位与劳动者可以在劳动合同中约定保守用人单位的商业秘密和与知识产权相关的保密事项。对负有保密义务的劳动者，用人单位可以在劳动合同或者保密协议中与劳动者约定竞业限制条款，并约定在解除或者终止劳动合同后，在竞业限制期限内按月给予劳动者经济补偿。
（2）有下列情形之一的，用人单位应当向劳动者支付经济补偿。
①因用人单位过错，劳动者依照该法第三十八条规定解除劳动合同的
②用人单位依照该法第三十六条规定向劳动者提出解除劳动合同并与劳动者协商一致解除劳动合同的。
③因劳动者患病、负伤、不能胜任工作等，用人单位依照该法第四十条规定解除劳动合同的。
④因经济性裁员，用人单位依照该法第四十一条规定解除劳动合同的。
⑤除用人单位维持或者提高劳动合同约定条件续订劳动合同，劳动者不同意续订的情形外，依照该法第四十四条第一项规定终止固定期限劳动合同的。
⑥依照该法第四十四条第四项、第五项规定因企业破产、撤销、责令关闭等情形终止劳动合同的。
⑦法律、行政法规规定的其他情形。</td></tr>
<tr><td>追索赔偿金的案件</td><td>根据劳动合同法的规定，赔偿金包括。
（1）用人单位违反该法规定解除或者终止劳动合同，劳动者要求继续履行劳动合同的，用人单位应当继续履行；劳动者不要求继续履行劳动合同或者劳动合同已经不能继续履行的，用人单位应当依照该法应当依照该法第四十七条规定的经济补偿标准的2倍向劳动者支付赔偿金。</td></tr>
</table>

续表

序号	类别		说明
1	小额仲裁案件	追索赔偿金的案件	（2）用人单位违反本法规定与劳动者约定试用期的，由劳动行政部门责令改正；违法约定的试用期已经履行的，由用人单位以劳动者试用期满月工资为标准，按已经履行的超过法定试用期的期间向劳动者支付赔偿金。 （3）用人单位有下列情形之一的，由劳动行政部门责令限期支付劳动报酬、加班费或者经济补偿；劳动报酬低于当地最低工资标准的，应当支付其差额部分；逾期不支付的，责令用人单位按应付金额50%以上100%以下的标准向劳动者加付赔偿金： ①未按照劳动合同的约定或者国家规定及时足额支付劳动者劳动报酬的。 ②低于当地最低工资标准支付劳动者工资的。 ③安排加班不支付加班费的。 ④解除或者终止劳动合同，未依照该法规定向劳动者支付经济补偿的。
2	标准明确的仲裁案件		国家劳动标准是指国家对劳动领域内规律性出现的事物或行为进行规范，以定量或定性形式所作出的统一规定。国家劳动标准包括工作时间、休息休假、社会保险等方面。

十八、劳动者提起诉讼

本法第四十八条是关于劳动者对一裁终局的仲裁裁决不服的，可以向法院提起诉讼的规定。

本条规定劳动者对本法第四十七条规定的仲裁裁决享有诉讼权。本条关于劳动者诉权的规定应注意以下几个方面：

（1）诉讼申请人只能是劳动者，用人单位不能直接提起诉讼。

（2）本条对劳动者提起诉讼没有法定条件的限制，只规定了劳动者对本法第四十七条规定的仲裁裁决不服的，就可以提起诉讼。劳动者对诉与不诉有选择权。劳动者认为仲裁裁决对其有利，可以选择仲裁生效；劳动者认为仲裁裁决对其不利，可以继续提起诉讼。

（3）本条规定的诉讼期间是自收到仲裁裁决书之日起15日内。

（4）劳动者期满不起诉的，视为放弃诉权，裁决书对劳动者发生法律效力。

十九、用人单位申请撤销终局裁决

本法第四十九条是关于用人单位可以向人民法院申请撤销仲裁裁决的规定。

一裁终局的裁决发生法律效力后，用人单位不得就同一争议事项再向仲裁委员会申请仲裁或向法院起诉。为了保护用人单位的救济权利，本条规定用人单位可以向法院申请撤销仲裁裁决。

1．申请撤销裁决的特点

申请撤销裁决有以下特点：

（1）撤销裁决的申请人是用人单位。劳动者的救济途径与用人单位不同，根据本法第四十八条的规定，劳动者的救济途径是本法第四十七条规定的对仲裁裁决不服的，可以向法院提起诉讼，而非申请撤销裁决；反之，用人单位只能申请撤销裁决，而不能直接提起诉讼。

（2）申请撤销的是已经生效的裁决。根据本法第四十七条规定，除本法另有规定的外，仲裁裁决为终局裁决，裁决书自作出之日起发生法律效力。

（3）申请撤销裁决，不影响用人单位对仲裁裁决的履行。法院作出撤销裁定之前，仲裁裁决仍然有效。

2．申请撤销裁决的条件

申请撤销裁决的条件包括：

（1）必须有证据证明一裁终局的仲裁裁决有法定应予撤销情形之一的。

（2）应当在法定期间内提出申请。即自收到裁决书之日起30日内。

（3）应当向有管辖权的法院提出申请。即向劳动争议仲裁委员会所在地的中级人民法院申请撤销裁决。

3．申请撤销仲裁裁决的情形

申请撤销仲裁裁决的情形如下表所示：

申请撤销仲裁裁决的情形

序号	适用情形	说明
1	适用法律法规确有错误的	（1）适用法律、行政法规、地方性法规错误的。这里并不包括法律法规以外的其他规范性文件。 （2）适用已失效或尚未生效的法律法规的。 （3）援引法条错误的。 （4）违反法律关于溯及力规定的。
2	劳动争议仲裁委员会无管辖权的	本法第二十一条规定，劳动争议仲裁委员会负责管辖本区域内发生的劳动争议。劳动争议由劳动合同履行地或者用人单位所在地的劳动争议仲裁委员会管辖。双方当事人分别向劳动合同履行地或者用人单位所在地的劳动争议仲裁委员会申请仲裁的，由劳动合同履行地的劳动争议仲裁委员会管辖。

续表

序号	适用情形	说明
3	违反法定程序的	（1）仲裁组织的组成不合法的。 （2）违反了有关回避规定的。 （3）违反了有关期间规定的。 （4）审理程序违法等。
4	裁决所根据的证据是伪造的	伪造证据，是指制造虚假的证据，对证据内容进行篡改，使其与真实不符。如：制造虚假的书证、物证、鉴定结论，等等。
5	对方当事人隐瞒了足以影响公正裁决的证据的	足以影响公正裁决的证据包括证明案件基本事实的证据、证明主体之间权利义务关系的证据等。
6	仲裁员在仲裁该案时有索贿受贿、徇私舞弊、枉法裁决行为的	受贿是指仲裁员利用职务上的便利，收受他人财物并为他人谋取利益的行为。索贿是受贿人以公开或暗示的方法，主动向行贿人索取贿赂，有的甚至是公然以要挟的方式，迫使当事人行贿；徇私舞弊是指仲裁员利用职务上的便利，为他人谋利；枉法裁决是指依法承担仲裁职责的人员，在仲裁活动中故意违背事实和法律作枉法裁决。具体而言包括以下三种情况： （1）对有确实、充分证据证明的事实不予以认定。 （2）对证据不确实、不充分的事实予以认定。 （3）伪造、毁灭证据。 根据本法第三十四条的规定，仲裁员有索贿受贿、徇私舞弊、枉法裁决行为的，应当依法承担法律责任。劳动争议仲裁委员会应当将其解聘。

4．法院对撤销仲裁裁决申请的处理和法律后果

人民法院经组成合议庭审查核实裁决有第一款规定情形之一的，应当裁定撤销。

仲裁裁决被人民法院裁定撤销的，当事人可以自收到裁定书之日起15日内就该劳动争议事项向人民法院提起诉讼。这里应当注意：

（1）当事人既包括用人单位，也包括劳动者。

（2）仲裁裁决被人民法院裁定撤销的，仲裁裁决自始无效，当事人可以就同一劳动争议事项向法院起诉。

二十、不服仲裁裁决提起诉讼

本法第五十条是关于当事人可以对一裁终局以外的其他劳动争议仲裁案件提起诉讼的规定。

1．一裁终局以外的其他劳动争议

本法第四十七条规定了适用一裁终局的劳动争议的范围。一裁终局以外的其他劳动争议是指，除了本法第四十七条规定的劳动争议以外的其他的本法第二条规定的劳动争议。本法第二条规定了适用本法的劳动争议的范围：

（1）因确认劳动关系发生的争议。

（2）因订立、履行、变更、解除和终止劳动合同发生的争议。

（3）因除名、辞退和辞职、离职发生的争议。

（4）因工作时间、休息休假、社会保险、福利、培训以及劳动保护发生的争议。

（5）因劳动报酬、工伤医疗费、经济补偿或者赔偿金等发生的争议。

（6）法律、法规规定的其他劳动争议。

2．一裁终局以外的其他劳动争议的处理模式

一裁终局以外的其他劳动争议的处理采用“一调一裁两审，仲裁前置”的模式。

（1）对一裁终局以外的其他劳动争议，当事人不愿协商、协商不成或者达成和解协议后不履行的，可以向调解组织申请调解。

（2）不愿调解、调解不成或者达成调解协议后不履行的，可以向劳动争议仲裁委员会申请仲裁。

（3）对仲裁裁决不服的，可以向人民法院提起诉讼。

3．仲裁裁决的效力

（1）仲裁裁决作出后，并不立即发生法律效力；当事人对仲裁裁决不服的，可以自收到裁决书之日起15日内向人民法院提起诉讼；期满不起诉的，裁决书发生法律效力。

（2）裁决书发生法律效力后的法律后果表现在两个方面：

①裁决书具有既判力。当事人不能就同一争议事项再向人民法院起诉，也不能再申请仲裁机构仲裁。

②裁决书具有执行力。当事人对发生法律效力的裁决书，应当依照规定的期限履行。一方当事人逾期不履行的，另一方当事人可以依照民事诉讼法的有关规定向人民法院申请执行。

二十一、生效调解书、裁决书的执行

本法第五十一条是关于当事人对发生法律效力的调解书、裁决书的履行和申请执行的规定。

1．对发生法律效力的调解书、裁决书的履行

（1）发生法律效力的调解书。本法第四十二条规定，仲裁庭在作出裁决前，应当先行调解。调解书由仲裁员签名，加盖劳动争议仲裁委员会印章，送达双方当事人。调解书经双方当事人签收后，发生法律效力。

（2）发生法律效力的裁决书包括：

①根据本法第四十七条的规定，一裁终局的裁决，裁决书自作出之日起发生法律效力。

②本法第五十条规定，当事人对本法第四十七条规定以外的其他劳动争议案件的仲裁裁决不服的，可以自收到仲裁裁决书之日起15日内向人民法院提起诉讼；期满不起诉的，裁决书发生法律效力。

（3）发生法律效力的调解书、裁决书具有执行力，当事人应当依照规定的期限履行。履行的基本原则是全面履行。

2. 向法院申请执行

一方当事人逾期不履行的，另一方当事人可以依照民事诉讼法的有关规定向人民法院申请执行。受理申请的人民法院应当依法执行。

根据民事诉讼法的规定，由法院执行的调解书、裁决书，由被执行人住所地或者被执行的财产所在地法院执行。

（1）裁定不予执行的情形。

被申请人提出证据证明仲裁裁决有下列情形之一的，经法院组成合议庭审查核实，裁定不予执行：

①裁决的事项不属于仲裁的范围或者仲裁机构无权仲裁的。

②仲裁庭的组成或者仲裁的程序违反法定程序的。

③认定事实的主要证据不足的。

④适用法律确有错误的。

⑤仲裁员在仲裁该案时有贪污受贿、徇私舞弊、枉法裁决行为的。法院认定执行该裁决违背社会公共利益的，裁定不予执行。

（2）书面异议的提出与裁决。

当事人、利害关系人认为执行行为违反法律规定的，可以向负责执行的法院提出书面异议。当事人、利害关系人提出书面异议的，法院应当自收到书面异议之日起15日内审查，理由成立的，裁定撤销或者改正；理由不成立的，裁定驳回。当事人、利害关系人对裁定不服的，可以自裁定送达之日起10日内向上一级法院申请复议。

（3）执行的规定。

①法院自收到申请执行书之日起超过6个月未执行的，申请执行人可以向上一级法院申请执行。上一级法院经审查，可以责令原法院在一定期限内执行，也可以决定由本院执行或者指令其他法院执行。

②在执行中，双方当事人自行和解达成协议的，执行员应当将协议内容记人笔录，由

双方当事人签名或者盖章。一方当事人不履行和解协议的，法院可以根据对方当事人的申请，恢复对原生效法律文书的执行。

③在执行中，被执行人向法院提供担保，并经申请执行人同意的，法院可以决定暂缓执行及暂缓执行的期限。被执行人逾期仍不履行的，法院有权执行被执行人的担保财产或者担保人的财产。

④执行完毕后，据以执行的判决、裁定和其他法律文书确有错误，被人民法院撤销的，对已被执行的财产，法院应当作出裁定，责令取得财产的人返还；拒不返还的，强制执行。

⑤申请执行的期间为2年。申请执行时效的中止、中断，适用法律有关诉讼时效中止、中断的规定。期间从法律文书规定履行期间的最后一日起计算；法律文书规定分期履行的，从规定的每次履行期间的最后一日起计算；法律文书未规定履行期间的，从法律文书生效之日起计算。

⑥执行员接到申请执行书或者移交执行书，应当向被执行人发出执行通知，责令其在指定的期间履行，逾期不履行的，强制执行。被执行人不履行法律文书确定的义务，并有可能隐匿、转移财产的，执行员可以立即采取强制执行措施。

（4）法院应当裁定中止执行的情形。

有下列情形之一的，法院应当裁定中止执行：

①申请人表示可以延期执行的。

②案外人对执行标的提出确有理由的异议的。

③作为一方当事人的公民死亡，需要等待继承人继承权利或者承担义务的。

④作为一方当事人的法人或者其他组织终止，尚未确定权利义务承受人的。

⑤法院认为应当中止执行的其他情形。中止的情形消失后，恢复执行。

（5）法院裁定终结执行的情形。

有下列情形之一的，法院裁定终结执行：

①申请人撤销申请的。

②据以执行的法律文书被撤销的。

③作为被执行人的公民死亡，无遗产可供执行，又无义务承担人的。

④作为被执行人的公民因生活困难无力偿还借款，无收入来源，又丧失劳动能力的。

⑤法院认为应当终结执行的其他情形。

有关附则条款的解读

一、事业单位劳动争议的处理

本法第五十二条是关于事业单位聘用制工作人员适用本法的规定。

1．什么是事业单位

所谓事业单位，是指为了社会公益目的，由国家机关举办或者其他组织利用国有资产举办的，从事教育、科技、文化、卫生等活动的社会服务组织。国家通过编制管理实现对事业人员的配置和调控。

（1）事业单位的分类。

按照国家财政拨款的多少，可以将事业单位分为三种：全额拨款的事业单位、差额拨款的事业单位和自收自支的事业单位。我国事业单位数量众多，类型不一，队伍庞大。全国事业单位总计126万个，涉及教育、卫生、农业、文化、科研等多个领域。

（2）事业单位的编制管理。

国家对事业单位实行编制管理，按照编制核算拨款的数额。目前事业单位编制都是多年前核定的，编制基数多年不变，不能满足事业单位不断发展的需要。在编制满额的情况下，各事业单位只好大量扩充编外人员和其他人员，这样造成事业单位人员结构复杂，人事管理分割。

（3）事业单位人员结构。

事业单位人员结构归纳起来分为三类：

第一类是编制内聘用人员，包括签订聘用合同的编制内聘用人员和无须签订聘用合同的编制内聘用人员；

第二类是编制外人员，包括档案内部管理的编外人员和档案外部管理的编外人员，编外人员一般实行企业化管理，与事业单位签订劳动合同；

第三类是劳务派遣人员，是通过劳务派遣形式招用的人员。

2．事业单位人员如何适用本法

本条规定："事业单位实行聘用制的工作人员与本单位发生劳动争议的，依照本法执行；法律、行政法规或者国务院另有规定的，依照其规定。"

二、仲裁不收费

本法第五十三条是关于劳动争议仲裁不收费制度的规定：劳动争议仲裁不收费。劳动争议仲裁委员会的经费由财政予以保障。

三、本法生效时间

本法第五十四条规定了法律生效日期：本法自2008年5月1日起施行。

附录：中华人民共和国劳动争议调解仲裁法

中华人民共和国劳动争议调解仲裁法

（2007年12月29日第十届全国人民代表大会常务委员会）

目　录

第一章　总则

第一条　为了公正及时解决劳动争议，保护当事人合法权益，促进劳动关系和谐稳定，制定本法。

第二条　中华人民共和国境内的用人单位与劳动者发生的下列劳动争议，适用本法：

（一）因确认劳动关系发生的争议；

（二）因订立、履行、变更、解除和终止劳动合同发生的争议；

（三）因除名、辞退和辞职、离职发生的争议；

（四）因工作时间、休息休假、社会保险、福利、培训以及劳动保护发生的争议；

（五）因劳动报酬、工伤医疗费、经济补偿或者赔偿金等发生的争议；

（六）法律、法规规定的其他劳动争议。

第三条　解决劳动争议，应当根据事实，遵循合法、公正、及时、着重调解的原则，依法保护当事人的合法权益。

第四条　发生劳动争议，劳动者可以与用人单位协商，也可以请工会或者第三方共同与用人单位协商，达成和解协议。

第五条　发生劳动争议，当事人不愿协商、协商不成或者达成和解协议后不履行的，可以向调解组织申请调解；不愿调解、调解不成或者达成调解协议后不履行的，可以向劳动争议仲裁委员会申请仲裁；对仲裁裁决不服的，除本法另有规定的外，可以向人民法院提起诉讼。

第六条　发生劳动争议，当事人对自己提出的主张，有责任提供证据。与争议事项有关的证据属于用人单位掌握管理的，用人单位应当提供；用人单位不提供的，应当承担不利后果。

第七条　发生劳动争议的劳动者一方在十人以上，并有共同请求的，可以推举代表参加调解、仲裁或者诉讼活动。

第八条　县级以上人民政府劳动行政部门会同工会和企业方面代表建立协调劳动关系三方机制，共同研究解决劳动争议的重大问题。

第九条　用人单位违反国家规定，拖欠或者未足额支付劳动报酬，或者拖欠工伤医疗费、经济补偿或者赔偿金的，劳动者可以向劳动行政部门投诉，劳动行政部门应当依法处理。

第二章　调解

第十条　发生劳动争议，当事人可以到下列调解组织申请调解：

（一）企业劳动争议调解委员会；

（二）依法设立的基层人民调解组织；

（三）在乡镇、街道设立的具有劳动争议调解职能的组织。

企业劳动争议调解委员会由职工代表和企业代表组成。职工代表由工会成员担任或者由全体职工推举产生，企业代表由企业负责人指定。企业劳动争议调解委员会主任由工会成员或者双方推举的人员担任。

第十一条　劳动争议调解组织的调解员应当由公道正派、联系群众、热心调解工作，并具有一定法律知识、政策水平和文化水平的成年公民担任。

第十二条　当事人申请劳动争议调解可以书面申请，也可以口头申请。口头申请的，调解组织应当当场记录申请人基本情况、申请调解的争议事项、理由和时间。

第十三条　调解劳动争议，应当充分听取双方当事人对事实和理由的陈述，耐心疏导，帮助其达成协议。

第十四条　经调解达成协议的，应当制作调解协议书。

调解协议书由双方当事人签名或者盖章，经调解员签名并加盖调解组织印章后生效，对双方当事人具有约束力，当事人应当履行。

自劳动争议调解组织收到调解申请之日起十五日内未达成调解协议的，当事人可以依法申请仲裁。

第十五条　达成调解协议后，一方当事人在协议约定期限内不履行调解协议的，另一方当事人可以依法申请仲裁。

第十六条　因支付拖欠劳动报酬、工伤医疗费、经济补偿或者赔偿金事项达成调解协议，用人单位在协议约定期限内不履行的，劳动者可以持调解协议书依法向人民法院申请支付令。人民法院应当依法发出支付令。

第三章　仲裁

第一节　一般规定

第十七条　劳动争议仲裁委员会按照统筹规划、合理布局和适应实际需要的原则设立。省、自治区人民政府可以决定在市、县设立；直辖市人民政府可以决定在区、县设立。直辖市、设区的市也可以设立一个或者若干个劳动争议仲裁委员会。劳动争议仲裁委员会不按行政区划层层设立。

第十八条　国务院劳动行政部门依照本法有关规定制定仲裁规则。省、自治区、直辖市人民政府劳动行政部门对本行政区域的劳动争议仲裁工作进行指导。

第十九条　劳动争议仲裁委员会由劳动行政部门代表、工会代表和企业方面代表组成。劳动争议仲裁委员会组成人员应当是单数。

劳动争议仲裁委员会依法履行下列职责：

（一）聘任、解聘专职或者兼职仲裁员；

（二）受理劳动争议案件；

（三）讨论重大或者疑难的劳动争议案件；

（四）对仲裁活动进行监督。

劳动争议仲裁委员会下设办事机构，负责办理劳动争议仲裁委员会的日常工作。

第二十条　劳动争议仲裁委员会应当设仲裁员名册。

仲裁员应当公道正派并符合下列条件之一：

（一）曾任审判员的；

（二）从事法律研究、教学工作并具有中级以上职称的；

（三）具有法律知识、从事人力资源管理或者工会等专业工作满五年的；

（四）律师执业满三年的。

第二十一条　劳动争议仲裁委员会负责管辖本区域内发生的劳动争议。

劳动争议由劳动合同履行地或者用人单位所在地的劳动争议仲裁委员会管辖。双方当事人分别向劳动合同履行地和用人单位所在地的劳动争议仲裁委员会申请仲裁的，由劳动合同履行地的劳动争议仲裁委员会管辖。

第二十二条　发生劳动争议的劳动者和用人单位为劳动争议仲裁案件的双方当事人。

劳务派遣单位或者用工单位与劳动者发生劳动争议的，劳务派遣单位和用工单位为共同当事人。

第二十三条　与劳动争议案件的处理结果有利害关系的第三人，可以申请参加仲裁活动或者由劳动争议仲裁委员会通知其参加仲裁活动。

第二十四条　当事人可以委托代理人参加仲裁活动。委托他人参加仲裁活动，应当向劳动争议仲裁委员会提交有委托人签名或者盖章的委托书，委托书应当载明委托事项和权限。

第二十五条　丧失或者部分丧失民事行为能力的劳动者，由其法定代理人代为参加仲裁活动；无法定代理人的，由劳动争议仲裁委员会为其指定代理人。劳动者死亡的，由其近亲属或者代理人参加仲裁活动。

第二十六条 劳动争议仲裁公开进行，但当事人协议不公开进行或者涉及国家秘密、商业秘密和个人隐私的除外。

第二节 申请和受理

第二十七条 劳动争议申请仲裁的时效期间为一年。仲裁时效期间从当事人知道或者应当知道其权利被侵害之日起计算。

前款规定的仲裁时效，因当事人一方向对方当事人主张权利，或者向有关部门请求权利救济，或者对方当事人同意履行义务而中断。从中断时起，仲裁时效期间重新计算。

因不可抗力或者有其他正当理由，当事人不能在本条第一款规定的仲裁时效期间申请仲裁的，仲裁时效中止。从中止时效的原因消除之日起，仲裁时效期间继续计算。

劳动关系存续期间因拖欠劳动报酬发生争议的，劳动者申请仲裁不受本条第一款规定的仲裁时效期间的限制；但是，劳动关系终止的，应当自劳动关系终止之日起一年内提出。

第二十八条 申请人申请仲裁应当提交书面仲裁申请，并按照被申请人人数提交副本。

仲裁申请书应当载明下列事项：

（一）劳动者的姓名、性别、年龄、职业、工作单位和住所，用人单位的名称、住所和法定代表人或者主要负责人的姓名、职务；

（二）仲裁请求和所根据的事实、理由；

（三）证据和证据来源、证人姓名和住所。

书写仲裁申请确有困难的，可以口头申请，由劳动争议仲裁委员会记入笔录，并告知对方当事人。

第二十九条 劳动争议仲裁委员会收到仲裁申请之日起五日内，认为符合受理条件的，应当受理，并通知申请人；认为不符合受理条件的，应当书面通知申请人不予受理，并说明理由。对劳动争议仲裁委员会不予受理或者逾期未作出决定的，申请人可以就该劳动争议事项向人民法院提起诉讼。

第三十条 劳动争议仲裁委员会受理仲裁申请后，应当在五日内将仲裁申请书副本送达被申请人。

被申请人收到仲裁申请书副本后，应当在十日内向劳动争议仲裁委员会提交答辩书。劳动争议仲裁委员会收到答辩书后，应当在五日内将答辩书副本送达申请人。被申请人未提交答辩书的，不影响仲裁程序的进行。

第三节 开庭和裁决

第三十一条 劳动争议仲裁委员会裁决劳动争议案件实行仲裁庭制。仲裁庭由三名仲裁员组成，设首席仲裁员。简单劳动争议案件可以由一名仲裁员独任仲裁。

第三十二条 劳动争议仲裁委员会应当在受理仲裁申请之日起五日内将仲裁庭的组成

情况书面通知当事人。

第三十三条　仲裁员有下列情形之一，应当回避，当事人也有权以口头或者书面方式提出回避申请：

（一）是本案当事人或者当事人、代理人的近亲属的；

（二）与本案有利害关系的；

（三）与本案当事人、代理人有其他关系，可能影响公正裁决的；

（四）私自会见当事人、代理人，或者接受当事人、代理人的请客送礼的。

劳动争议仲裁委员会对回避申请应当及时作出决定，并以口头或者书面方式通知当事人。

第三十四条　仲裁员有本法第三十三条第四项规定情形，或者有索贿受贿、徇私舞弊、枉法裁决行为的，应当依法承担法律责任。劳动争议仲裁委员会应当将其解聘。

第三十五条　仲裁庭应当在开庭五日前，将开庭日期、地点书面通知双方当事人。当事人有正当理由的，可以在开庭三日前请求延期开庭。是否延期，由劳动争议仲裁委员会决定。

第三十六条　申请人收到书面通知，无正当理由拒不到庭或者未经仲裁庭同意中途退庭的，可以视为撤回仲裁申请。

被申请人收到书面通知，无正当理由拒不到庭或者未经仲裁庭同意中途退庭的，可以缺席裁决。

第三十七条　仲裁庭对专门性问题认为需要鉴定的，可以交由当事人约定的鉴定机构鉴定；当事人没有约定或者无法达成约定的，由仲裁庭指定的鉴定机构鉴定。

根据当事人的请求或者仲裁庭的要求，鉴定机构应当派鉴定人参加开庭。当事人经仲裁庭许可，可以向鉴定人提问。

第三十八条　当事人在仲裁过程中有权进行质证和辩论。质证和辩论终结时，首席仲裁员或者独任仲裁员应当征询当事人的最后意见。

第三十九条　当事人提供的证据经查证属实的，仲裁庭应当将其作为认定事实的根据。

劳动者无法提供由用人单位掌握管理的与仲裁请求有关的证据，仲裁庭可以要求用人单位在指定期限内提供。用人单位在指定期限内不提供的，应当承担不利后果。

第四十条　仲裁庭应当将开庭情况记入笔录。当事人和其他仲裁参加人认为对自己陈述的记录有遗漏或者差错的，有权申请补正。如果不予补正，应当记录该申请。

笔录由仲裁员、记录人员、当事人和其他仲裁参加人签名或者盖章。

第四十一条　当事人申请劳动争议仲裁后，可以自行和解。达成和解协议的，可以撤回仲裁申请。

第四十二条　仲裁庭在作出裁决前，应当先行调解。

调解达成协议的，仲裁庭应当制作调解书。

调解书应当写明仲裁请求和当事人协议的结果。调解书由仲裁员签名，加盖劳动争议仲裁委员会印章，送达双方当事人。调解书经双方当事人签收后，发生法律效力。

调解不成或者调解书送达前，一方当事人反悔的，仲裁庭应当及时作出裁决。

第四十三条　仲裁庭裁决劳动争议案件，应当自劳动争议仲裁委员会受理仲裁申请之日起四十五日内结束。案情复杂需要延期的，经劳动争议仲裁委员会主任批准，可以延期并书面通知当事人，但是延长期限不得超过十五日。逾期未作出仲裁裁决的，当事人可以就该劳动争议事项向人民法院提起诉讼。

仲裁庭裁决劳动争议案件时，其中一部分事实已经清楚，可以就该部分先行裁决。

第四十四条　仲裁庭对追索劳动报酬、工伤医疗费、经济补偿或者赔偿金的案件，根据当事人的申请，可以裁决先予执行，移送人民法院执行。

仲裁庭裁决先予执行的，应当符合下列条件：

（一）当事人之间权利义务关系明确；

（二）不先予执行将严重影响申请人的生活。

劳动者申请先予执行的，可以不提供担保。

第四十五条　裁决应当按照多数仲裁员的意见作出，少数仲裁员的不同意见应当记入笔录。仲裁庭不能形成多数意见时，裁决应当按照首席仲裁员的意见作出。

第四十六条　裁决书应当载明仲裁请求、争议事实、裁决理由、裁决结果和裁决日期。裁决书由仲裁员签名，加盖劳动争议仲裁委员会印章。对裁决持不同意见的仲裁员，可以签名，也可以不签名。

第四十七条　下列劳动争议，除本法另有规定的外，仲裁裁决为终局裁决，裁决书自作出之日起发生法律效力：

（一）追索劳动报酬、工伤医疗费、经济补偿或者赔偿金，不超过当地月最低工资标准十二个月金额的争议；

（二）因执行国家的劳动标准在工作时间、休息休假、社会保险等方面发生的争议。

第四十八条　劳动者对本法第四十七条规定的仲裁裁决不服的，可以自收到仲裁裁决书之日起十五日内向人民法院提起诉讼。

第四十九条　用人单位有证据证明本法第四十七条规定的仲裁裁决有下列情形之一，可以自收到仲裁裁决书之日起三十日内向劳动争议仲裁委员会所在地的中级人民法院申请撤销裁决：

（一）适用法律、法规确有错误的；

（二）劳动争议仲裁委员会无管辖权的；

（三）违反法定程序的；

（四）裁决所根据的证据是伪造的；

（五）对方当事人隐瞒了足以影响公正裁决的证据的；

（六）仲裁员在仲裁该案时有索贿受贿、徇私舞弊、枉法裁决行为的。

人民法院经组成合议庭审查核实裁决有前款规定情形之一的，应当裁定撤销。

仲裁裁决被人民法院裁定撤销的，当事人可以自收到裁定书之日起十五日内就该劳动争议事项向人民法院提起诉讼。

第五十条　当事人对本法第四十七条规定以外的其他劳动争议案件的仲裁裁决不服的，可以自收到仲裁裁决书之日起十五日内向人民法院提起诉讼；期满不起诉的，裁决书发生法律效力。

第五十一条　当事人对发生法律效力的调解书、裁决书，应当依照规定的期限履行。一方当事人逾期不履行的，另一方当事人可以依照民事诉讼法的有关规定向人民法院申请执行。受理申请的人民法院应当依法执行。

第四章　附则

第五十二条　事业单位实行聘用制的工作人员与本单位发生劳动争议的，依照本法执行；法律、行政法规或者国务院另有规定的，依照其规定。

第五十三条　劳动争议仲裁不收费。劳动争议仲裁委员会的经费由财政予以保障。

第五十四条　本法自2008年5月1日起施行。

第三部分

地方法规集锦

第一章　北京市人力资源和劳动保障法规

北京市劳动合同规定

北京市劳动合同规定

（2001年12月24日）

目录

第一章　总　则

第一条　为了规范劳动合同制度，保护劳动者及用人单位的合法权益，根据《中华人民共和国劳动法》及有关规定，结合本市实际，制定本规定。

第二条　本市行政区域内的企业、个体工商户及民办非企业单位（以下统称为用人单位）与劳动者建立劳动关系，应当依据本规定订立劳动合同。

国家机关、事业单位、社会团体与劳动者建立劳动合同关系，依照本规定执行。

第三条　劳动合同是劳动者与用人单位确立劳动关系，明确双方权利和义务的协议。

第四条　订立和变更劳动合同，应当遵循平等自愿、协商一致的原则；劳动合同的订立、变更、解除、终止和续订，不得违反法律、法规、规章的规定。

劳动合同依法订立即具有法律约束力，当事人必须履行劳动合同规定的义务。

第五条　市和区、县劳动和社会保障行政部门负责劳动合同制度实施的监督管理。

第六条　用人单位应当依法建立和完善有关工作时间、劳动报酬、休息休假、职业培训、安全卫生、保险和福利、劳动纪律等方面的劳动规章制度，保护劳动者的合法权益。

第七条　工会依法帮助、指导劳动者订立和履行劳动合同，并对用人单位订立和履行劳动合同的情况进行监督。用人单位违反劳动法律、法规、规章和劳动合同的，工会有权提出意见或者要求重新处理；劳动者申请仲裁或者提起诉讼的，工会依法给予支持和帮助。

第二章　劳动合同的订立

第八条　用人单位自用工之日起即与劳动者建立劳动关系。建立劳动关系应当订立劳动合同。

第九条　用人单位应当依法成立，能够依法支付工资、缴纳社会保险费、提供劳动保护条件，并能够承担相应的民事责任。

劳动者应当达到法定就业年龄，具有与履行劳动合同义务相适应的能力。

用人单位招用未成年人或者外地来京务工人员，应当符合国家和本市有关规定。

第十条　用人单位应当如实向劳动者说明岗位用人要求、工作内容、工作时间、劳动报酬、劳动条件、社会保险等情况；劳动者有权了解用人单位的有关情况，并应当如实向用人单位提供本人的身份证和学历、就业状况、工作经历、职业技能等证明。

第十一条　劳动合同应当以书面形式订立。劳动合同一式两份，双方当事人各执一份。

第十二条　劳动合同应当载明用人单位的名称、地址和劳动者的姓名、性别、年龄等基本情况，并具备以下条款：

（一）劳动合同期限；

（二）工作内容；

（三）劳动保护和劳动条件；

（四）劳动报酬；

（五）社会保险；

（六）劳动纪律；

（七）劳动合同的终止条件；

（八）违反劳动合同的责任。

第十三条　除本规定第十二条规定的条款外，经当事人协商一致，还可以在劳动合同中约定下列内容：

（一）试用期；

（二）培训；

（三）保守商业秘密；

（四）补充保险和福利待遇；

（五）其他事项。

第十四条　劳动合同的期限分为有固定期限、无固定期限和以完成一定的工作为期限。

第十五条　有下列情形之一，劳动者要求订立无固定期限劳动合同的，用人单位应当订立无固定期限劳动合同：

（一）全国劳动模范、先进工作者或者“五一”劳动奖章获得者；

（二）复员、转业退伍军人初次分配工作的；

（三）建设征地农转工人员初次分配工作的；

（四）尚未实行劳动合同制度的用人单位初次实行劳动合同制度时，劳动者连续工龄满10年，且距法定退休年龄10年以内的；

（五）国家和本市规定的其他情形。

第十六条　劳动合同可以约定试用期。劳动合同期限在6个月以内的，试用期不得超过15日；劳动合同期限在6个月以上1年以内的，试用期不得超过30日；劳动合同期限在1年以上2年以内的，试用期不得超过60日；劳动合同期限在2年以上的，试用期不得超过6个月。

试用期包括在劳动合同期限内。

第十七条　劳动合同的试用期超过本规定第十六条规定期限的，劳动者可以要求变更相应的劳动合同期限，或者要求用人单位对超过的期限，按照非试用期工资标准支付工资。用人单位应当及时变更劳动合同期限，或者按照非试用期的工资标准支付工资。

劳动合同只约定试用期，未约定劳动合同期限，劳动者要求约定期限的，用人单位应当与劳动者协商确定劳动合同期限。双方当事人就劳动合同期限协商不一致的，按本规定第十六条的规定确定劳动合同期限。

第十八条　用人单位在与按照岗位要求需要保守用人单位商业秘密的劳动者订立劳动合同时，可以协商约定解除劳动合同的提前通知期。提前通知期最长不得超过6个月，在此期间，用人单位可以采取相应的脱密措施。

第十九条　订立劳动合同可以约定劳动者提前解除劳动合同的违约责任，劳动者向用人单位支付的违约金最多不得超过本人解除劳动合同前12个月的工资总额。但劳动者与用人单位协商一致解除劳动合同的除外。

第二十条　订立劳动合同可以约定生效时间。没有约定的，以当事人签字或者盖章的时间为生效时间。当事人签字或者盖章时间不一致的，以最后一方签字或者盖章的时间为准。

第二十一条　用人单位的法定代表人（负责人）或者其书面委托的代理人代表用人单位与劳动者签订劳动合同。劳动合同由双方分别签字或者盖章，并加盖用人单位印章。

第二十二条　下列劳动合同无效：

（一）违反劳动法律、法规的；

（二）采取欺诈、胁迫等手段订立的；

（三）内容显失公平的；

（四）有关劳动报酬和劳动条件等标准低于集体合同规定的。

劳动合同的无效，由劳动争议仲裁委员会或者人民法院确认。无效的劳动合同，从订立之时起，就没有法律约束力。确认部分无效的劳动合同，如果不影响其余部分的效力，其余部分仍然有效。

劳动合同被确认为无效，劳动者已履行劳动合同的，用人单位应当支付相应的劳动报酬，提供相应的待遇。

第二十三条　用人单位与劳动者存在劳动关系未订立劳动合同，劳动者要求签订劳动合同的，用人单位不得解除劳动关系，并应当与劳动者签订劳动合同。双方当事人就劳动合同期限协商不一致的，劳动合同期限从签字之日起不得少于1年。

第二十四条　订立劳动合同，用人单位不得以任何形式收取抵押金、抵押物、保证金、定金及其他费用，也不得扣押劳动者身份证及其他证明。

第三章　劳动合同的变更

第二十五条　劳动合同当事人协商一致，可以变更劳动合同。

第二十六条　订立劳动合同时所依据的法律、法规、规章发生变化的，应当依法变更劳动合同的相关内容。

第二十七条　用人单位发生合并或者分立等情况，原劳动合同继续有效，劳动合同由继承权利义务的用人单位继续履行。用人单位变更名称的，应当变更劳动合同的用人单位名称。

第二十八条　订立劳动合同时所依据的客观情况发生重大变化，致使劳动合同无法履行，当事人一方要求变更其相关内容的，应当将变更要求以书面形式送交另一方，另一方应当在15日内答复，逾期不答复的，视为不同意变更劳动合同。

第四章　劳动合同的解除

第二十九条　劳动合同当事人协商一致，可以解除劳动合同。

第三十条　劳动者有下列情形之一的，用人单位可以解除劳动合同：

（一）在试用期内被证明不符合录用条件的；

（二）严重违反劳动纪律或者用人单位规章制度，按照用人单位规定或者劳动合同约定可以解除劳动合同的，但用人单位的规章制度与法律、法规、规章相抵触的除外；

（三）严重失职、营私舞弊，对用人单位利益造成重大损害的；

（四）被依法追究刑事责任的。

第三十一条　有下列情形之一的，用人单位可以解除劳动合同，但应当提前30日以书面形式通知劳动者本人：

（一）劳动者患病或者非因工负伤，医疗期满后不能从事原工作，也不能从事由用人单位另行安排的工作或者不符合国家和本市从事有关行业、工种岗位规定，用人单位无法另行安排工作的；

（二）劳动者不能胜任工作，经过培训或者调整工作岗位，仍不能胜任工作的；

（三）劳动合同订立时所依据的客观情况发生重大变化，致使原劳动合同无法履行，经当事人协商不能就变更劳动合同达成协议的。

第三十二条　用人单位有下列情形之一，确需裁减人员的，应当提前30日向工会或者全体职工说明情况，听取工会或者职工的意见，经向劳动和社会保障行政部门报告后，可以裁减人员：

（一）濒临破产进行法定整顿期间的；

（二）因防治工业污染源搬迁的；

（三）生产经营发生严重困难的。

用人单位依据前款规定裁减人员，在6个月内录用人员的，应当优先录用被裁减人员。

第三十三条　劳动者有下列情形之一的，用人单位不得依据本规定第三十一条、第三十二条的规定解除劳动合同：

（一）患职业病或者因工负伤并被确认达到伤残等级的；

（二）患病或者负伤，在规定的医疗期内的；

（三）女职工在孕期、产期、哺乳期内的；

（四）应征入伍，在义务服兵役期间的；

（五）复员、转业退伍军人退伍后初次参加工作未满3年的；

（六）建设征地农转工人员初次参加工作未满3年的；

（七）在同一单位连续工作满10年以上，且距法定退休年龄5年以内的；

（八）实行集体合同制度的企业，职工一方协商代表在劳动合同期限内自担任代表之日起5年以内的；

（九）国家和本市规定的其他情形。

第三十四条　劳动者解除劳动合同，应当提前30日或者按照劳动合同约定的提前通知期，以书面形式通知用人单位。

劳动者给用人单位造成经济损失尚未处理完毕或者未按照劳动合同约定承担违约责任的，不得依据前款规定解除劳动合同。

第三十五条　有下列情形之一的，劳动者可以随时通知用人单位解除劳动合同，用人单位应当支付劳动者相应的劳动报酬并依法缴纳社会保险费：

（一）在试用期内的；

（二）用人单位以暴力、威胁或者非法限制人身自由的手段强迫劳动的；

（三）用人单位未按照劳动合同约定支付劳动报酬或者提供劳动条件的；

（四）用人单位未依法为劳动者缴纳社会保险费的。

第三十六条　当事人依据本规定解除劳动合同的，用人单位应当向劳动者出具解除劳动合同的书面证明，并办理有关手续。

第三十七条　劳动者违反提前30日或者约定的提前通知期要求与用人单位解除劳动合同的，用人单位可以不予办理解除劳动合同手续。

第三十八条　用人单位依据本规定第二十九条、第三十一条、第三十二条规定解除劳动合同的，应当依照国家及本市有关规定给予劳动者经济补偿；依据本规定第三十一条第（一）项规定解除劳动合同的，还应当依照国家及本市有关规定支付医疗补助费。

劳动者依据本规定第三十五条第（二）项的规定解除劳动合同的，用人单位应当按照劳动者在本单位连续工作年限，每满1年发给劳动者1个月工资的经济补偿金，工作年限不满1年的按照1年计算。经济补偿金按照本市上一年企业平均工资计算。

第五章　劳动合同的终止与续订

第三十九条　符合下列条件之一的，劳动合同即行终止：

（一）劳动合同期限届满的；

（二）劳动合同约定的终止条件出现的；

（三）劳动者达到法定退休条件的；

（四）劳动者死亡或者被人民法院宣告失踪、死亡的；

（五）用人单位依法破产、解散的。

第四十条　劳动合同期限届满前，用人单位应当提前30日将终止或者续订劳动合同意向以书面形式通知劳动者，经协商办理终止或者续订劳动合同手续。

第四十一条　用人单位依据本规定第三十九条第（一）项、第（二）项、第（五）项规定终止劳动合同的，用人单位应当向劳动者出具终止劳动合同的书面证明，并办理有关手续。

第四十二条　劳动合同当事人协商一致，可以续订劳动合同。

续订劳动合同不得约定试用期。

劳动者在同一用人单位连续工作满10年以上，当事人双方同意续延劳动合同的，如果劳动者提出订立无固定期限劳动合同，用人单位应当与劳动者订立无固定期限劳动合同。

第四十三条　劳动者患职业病或者因工负伤并被确认达到伤残等级，要求续订劳动合同的，用人单位应当续订劳动合同。

第四十四条　劳动者在规定的医疗期内或者女职工在孕期、产期、哺乳期内，劳动合同期限届满时，用人单位应当将劳动合同的期限顺延至医疗期、孕期、产期、哺乳期期满为止。

第四十五条　劳动合同期限届满，因用人单位的原因未办理终止劳动合同手续，劳动者与用人单位仍存在劳动关系的，视为续延劳动合同，用人单位应当与劳动者续订劳动合同。当事人就劳动合同期限协商不一致的，其续订的劳动合同期限从签字之日起不得少于1年；劳动者在用人单位连续工作满10年以上，劳动者要求续订无固定期限劳动合同的，用人单位应当与其续订无固定期限劳动合同。

用人单位经与劳动者协商一致，可以解除劳动关系，并向劳动者支付经济补偿金；劳动者要求解除劳动关系的，劳动关系即行解除，用人单位可以不支付经济补偿金。

第六章　法律责任

第四十六条　用人单位有下列情形之一，给劳动者造成损害的，应当支付赔偿金：

（一）招用劳动者未订立劳动合同，或者劳动合同期限届满后存在劳动关系而未续订劳动合同的；

（二）由于用人单位的原因订立的劳动合同无效或者部分无效的；

（三）违反本规定或者劳动合同约定解除劳动合同的；

（四）解除劳动合同未按照规定支付劳动者经济补偿金的；

（五）用人单位违反有关规定或者劳动合同约定侵害女职工或者未成年工合法权益的；

（六）用人单位以暴力、威胁或者非法限制人身自由的手段强迫劳动的；

（七）法律、法规规定的其他情形。

赔偿金标准按照国家和本市有关规定执行。

第四十七条　用人单位违反本规定第四十条规定，终止劳动合同未提前30日通知劳动者的，以劳动者上月日平均工资为标准，每延迟1日支付劳动者1日工资的赔偿金。

第四十八条　用人单位招用尚未解除劳动合同的劳动者，对原用人单位造成经济损失的，除劳动者承担直接赔偿责任外，该用人单位应当依法承担连带赔偿责任。

第四十九条　劳动者违反本规定或者劳动合同约定解除劳动合同，对用人单位造成损失的，应当赔偿下列损失：

（一）用人单位为录用劳动者直接支付的费用；

（二）用人单位为劳动者支付的培训费用；

（三）对生产、经营和工作造成的直接经济损失。

第五十条　因劳动者存在本规定第三十条第（二）项、第（三）项规定的情形，被用人单位解除合同，且给用人单位造成损失的，应当承担赔偿责任。

第五十一条　用人单位违反本规定第八条规定，未与劳动者订立劳动合同的，由劳动和社会保障行政部门责令限期改正，逾期不改的，按照未签订劳动合同的人数，对用人单位处以每人500元罚款。

第五十二条　用人单位违反本规定第二十四条规定的，由劳动和社会保障行政部门责令改正，并可以对用人单位处以1000元以上3万元以下罚款。

第七章　附则

第五十三条　本规定自2002年2月1日起施行。1995年2月5日市人民政府第1号令发布的《北京市实施劳动合同制度的若干规定》同时废止。

北京市基本医疗保险规定

北京市基本医疗保险规定

（2001年2月20日北京市人民政府第68号令公布　根据2003年12月1日北京市人民政府第141号令第一次修改　根据2005年6月6日北京市人民政府第158号令第二次修改）

目录

第五章　补充医疗保险

第六章　医疗管理

第七章··组织管理和监督

第八章　法律责任

第一章　总　则

第一条　为了保障职工和退休人员患病时得到基本医疗，享受医疗保险待遇，根据国家有关规定，结合本市实际情况，制定本规定。

第二条　本市行政区域内的城镇所有用人单位，包括企业、机关、事业单位、社会团体、民办非企业单位（以下简称用人单位）及其职工和退休人员适用本规定。

用人单位及其职工和退休人员参加基本医疗保险的具体时间由市劳动和社会保障行政部门（以下简称市劳动保障行政部门）规定。

第三条　市劳动保障行政部门主管全市医疗保险工作，组织实施医疗保险制度，负责医疗保险工作的管理和监督检查。

区、县劳动保障行政部门负责本行政区域内医疗保险工作的管理和监督检查。

市和区、县劳动保障行政部门设立的社会保险经办机构，具体经办医疗保险工作。

第四条　基本医疗保险费实行用人单位和职工个人双方负担、共同缴纳、全市统筹的原则。基本医疗保险基金实行社会统筹和个人账户相结合的原则。基本医疗保险的保障水平应当与本市社会生产力发展水平以及财政、用人单位和个人的承受能力相适应。

第五条　本市在实行基本医疗保险的基础上，建立大额医疗费用互助制度，实行国家公务员医疗补助办法，企业和事业单位可以建立补充医疗保险，鼓励用人单位和个人参加商业医疗保险。

第六条　结合基本医疗保险制度的建立，积极推进城镇医药卫生体制改革，用比较低廉的费用，为职工和退休人员提供比较优质的医疗服务，满足广大人民群众基本医疗服务的需要。

第二章　基本医疗保险基金

第七条　基本医疗保险基金应当以收定支，收支平衡。

第八条　基本医疗保险基金由下列各项构成：

（一）用人单位缴纳的基本医疗保险费；

（二）职工个人缴纳的基本医疗保险费；

（三）基本医疗保险费的利息；

（四）基本医疗保险费的滞纳金；

（五）依法纳人基本医疗保险基金的其它资金。

第九条　基本医疗保险费由用人单位和职工个人共同缴纳。用人单位和职工应当按时足额缴纳基本医疗保险费。不按时足额缴纳的，不计个人账户，基本医疗保险统筹基金不予支付其医疗费用。

第十条　职工按本人上一年月平均工资的2％缴纳基本医疗保险费。

职工本人上一年月平均工资低于上一年本市职工月平均工资60%的，以上一年本市职工月平均工资的60%为缴费工资基数，缴纳基本医疗保险费。

职工本人上一年月平均工资高于上一年本市职工月平均工资300%以上的部分，不作为缴费工资基数，不缴纳基本医疗保险费。

无法确定职工本人上一年月平均工资的，以上一年本市职工月平均工资为缴费工资基数，缴纳基本医疗保险费。

第十一条　本规定施行前已退休的人员不缴纳基本医疗保险费。

本规定施行后参加工作，累计缴纳基本医疗保险费男满25年、女满20年的，按照国家规定办理了退休手续，按月领取基本养老金或者退休费的人员，享受退休人员的基本医疗保险待遇，不再缴纳基本医疗保险费。

本规定施行前参加工作施行后退休，缴纳基本医疗保险费不满前款规定年限的，由本人一次性补足应当由用人单位和个人缴纳的基本医疗保险费后，享受退休人员的基本医疗保险待遇，不再缴纳基本医疗保险费。经劳动保障行政部门认定，职工的连续工龄或者工作年限符合国家规定的，视同基本医疗保险缴费年限。

第十二条　用人单位按全部职工缴费工资基数之和的9%缴纳基本医疗保险费。

第十三条　基本医疗保险费缴费比例需要调整时，由市劳动保障行政部门会同市财政部门提出，报市人民政府批准。

第十四条　用人单位应当按时向社会保险经办机构如实申报职工上一年月平均工资，社会保险经办机构按照规定核定基本医疗保险缴费工资基数。

第十五条　用人单位应缴纳的基本医疗保险费，由社会保险经办机构委托用人单位的开户银行以“委托银行收款（无付款期）”的结算方式按月扣缴。

职工个人应缴纳的基本医疗保险费，由用人单位按月从本人工资中代扣代缴。

第十六条　基本医疗保险基金实行全市统筹，分级管理，全部纳入社会保障基金财政专户，实行收支两条　线管理。

基本医疗保险基金要专款专用，不得挤占或者挪用，不得用于平衡财政收支。

第十七条　基本医疗保险基金当年筹集的部分，按银行活期存款利率计息；上年结转的基金本息，按3个月期整存整取银行存款利率计息；存入社会保障基金财政专户的沉淀基金，比照3年期零存整取储蓄存款利率计息，并不低于该档次利率水平。

第十八条　基本医疗保险基金执行统一的社会保险预决算制度、财务会计制度和内部审计制度。

第三章　　基本医疗保险个人账户

第十九条　社会保险经办机构应当为职工和退休人员建立基本医疗保险个人账户（以下简称个人账户）。

第二十条　个人账户由下列各项构成：

（一）职工个人缴纳的基本医疗保险费；

（二）按照规定划入个人账户的用人单位缴纳的基本医疗保险费；

（三）个人账户存储额的利息；

（四）依法纳入个人账户的其它资金。

第二十一条　用人单位缴纳的基本医疗保险费的一部分按照下列标准划入个人账户：

（一）不满35周岁的职工按本人月缴费工资基数的0.8%划入个人账户；

（二）35周岁以上不满45周岁的职工按本人月缴费工资基数的1%划入个人账户；

（三）45周岁以上的职工按本人月缴费工资基数的2%划入个人账户；

（四）不满70周岁的退休人员按上一年本市职工月平均工资的4.3%划入个人账户；

（五）70周岁以上的退休人员按上一年本市职工月平均工资的4.8%划入个人账户。

前款所列标准根据社会经济发展和基金收支情况需要调整时，由市劳动保障行政部门会同市财政部门提出调整方案，报市人民政府批准后公布施行。

第二十二条　个人账户存储额每年参照银行同期居民活期存款利率计息。

第二十三条　个人账户的本金和利息为个人所有，只能用于基本医疗保险，但可以结转使用和继承。

职工和退休人员死亡时，其个人账户存储额划入其继承人的个人账户；继承人未参加基本医疗保险的，个人账户存储额可一次性支付给继承人；没有继承人的，个人账户存储额纳入基本医疗保险统筹基金。

第二十四条　失业人员不缴纳基本医疗保险费，个人账户停止计入，余额可继续使用。失业人员在领取失业保险金期间，按照失业保险规定享受医疗补助待遇。

第二十五条　参加基本医疗保险的人员在参保的区、县内流动时，只转移基本医疗保险关系，不转移个人账户存储额；跨区、县或者跨统筹地区流动时，转移基本医疗保险关系，同时转移个人账户存储额。

第四章　基本医疗保险待遇

第二十六条　基本医疗保险统筹基金和个人账户划定各自支付范围，分别核算，不得互相挤占。符合基本医疗保险基金支付范围的医疗费用，由基本医疗保险统筹基金和个人账户分别支付。

第二十七条　基本医疗保险基金支付职工和退休人员的医疗费用，应当符合本市规定的基本医疗保险药品目录、诊疗项目目录以及服务设施范围和支付标准。

基本医疗保险药品目录、诊疗项目目录以及医疗服务设施范围和支付标准的具体办法，由市劳动保障行政部门会同有关部门另行制定。

第二十八条　个人账户支付下列医疗费用：

（一）门诊、急诊的医疗费用；

（二）到定点零售药店购药的费用；

（三）基本医疗保险统筹基金起付标准以下的医疗费用；

（四）超过基本医疗保险统筹基金起付标准，按照比例应当由个人负担的医疗费用。

个人账户不足支付部分由本人自付。

第二十九条　基本医疗保险统筹基金支付下列医疗费用：

（一）住院治疗的医疗费用；

（二）急诊抢救留观并收入住院治疗的，其住院前留观7日内的医疗费用；

（三）恶性肿瘤放射治疗和化学治疗、肾透析、肾移植后服抗排异药的门诊医疗费用。

第三十条　基本医疗保险基金不予支付下列医疗费用：

（一）在非本人定点医疗机构就诊的，但急诊除外；

（二）在非定点零售药店购药的；

（三）因交通事故、医疗事故或者其它责任事故造成伤害的；

（四）因本人吸毒、打架斗殴或者因其它违法行为造成伤害的；

（五）因自杀、自残、酗酒等原因进行治疗的；

（六）在国外或者香港、澳门特别行政区以及台湾地区治疗的；

（七）按照国家和本市规定应当由个人自付的。

第三十一条　企业职工因工负伤、患职业病的医疗费用，按照工伤保险的有关规定执行。女职工生育的医疗费用，按照国家和本市的有关规定执行。

第三十二条　基本医疗保险统筹基金支付的起付标准按上一年本市职工平均工资的10%左右确

定。个人在一个年度内第二次以及以后住院发生的医疗费用，基本医疗保险统筹基金支付的起付标准按上一年本市职工平均工资的5%左右确定。

第三十三条　基本医疗保险统筹基金在一个年度内支付职工和退休人员的医疗费用累计最高支付限额按上一年本市职工平均工资的4倍左右确定。

第三十四条　基本医疗保险统筹基金支付的起付标准和最高支付限额需要调整时，由市劳动保障行政部门会同市财政部门提出，报市人民政府批准后，由市劳动保障行政部门发布。

第三十五条　基本医疗保险统筹基金支付医疗费用设定结算期。

结算期按职工和退休人员住院治疗的时间，恶性肿瘤放射治疗和化学治疗、肾透析、肾移植后服抗排异药门诊治疗的时间设定。

第三十六条　在一个结算期内职工和退休人员发生的医疗费用，按医院等级和费用数额采取分段计算、累加支付的办法，由基本医疗保险统筹基金和个人按照以下比例分担：

（一）在三级医院发生的医疗费用：

1．起付标准至3万元的部分，统筹基金支付85%，职工支付15%；

2．超过3万元至4万元的部分，统筹基金支付90%，职工支付10%；

3．超过4万元的部分，统筹基金支付95%，职工支付5%。

（二）在二级医院发生的医疗费用：

1．起付标准至3万元的部分，统筹基金支付87%，职工支付13%；

2．超过3万元至4万元的部分，统筹基金支付92%，职工支付8%；

3．超过4万元的部分，统筹基金支付97%，职工支付3%。

（三）在一级医院以及家庭病床发生的医疗费用：

1．起付标准至3万元的部分，统筹基金支付90%，职工支付10%；

2．超过3万元至4万元的部分，统筹基金支付95%，职工支付5%；

3．超过4万元的部分，统筹基金支付97%，职工支付3%。

（四）退休人员个人支付比例为职工支付比例的60%。

但基本医疗保险统筹基金按照比例支付的最高数额不得超过本规定第三十三条规定的最高支付限额。

本条第一款所列基本医疗保险统筹基金支付比例需要调整时，由市劳动保障行政部门会同市财政部门提出调整方案，报市人民政府批准后公布施行。

第五章　补充医疗保险

第三十七条　建立大额医疗费用互助制度。大额医疗费用互助资金按比例支付职工和退休人员在一个年度内累计超过一定数额的门诊、急诊医疗费用和超过基本医疗保险统筹基金最高支付限额（不含起付标准以下以及个人负担部分）的医疗费用。参加基本医疗保险的用人单位及其职工和退休人员应当参加大额医疗费用互助，但实行国家公务员医疗补助办法的用人单位及其职工和退休人员除外。

大额医疗费用互助办法由市劳动保障行政部门会同市财政部门制定。

第三十八条　大额医疗费用互助资金由用人单位和个人共同缴纳。用人单位按全部职工缴费工资基数之和的1%缴纳，职工和退休人员个人按每月3元缴纳。大额医疗费用互助资金在每月缴纳基本医疗保险费时一并缴纳。

大额医疗费用互助资金不足支付时，财政给予适当补贴。

大额医疗费用互助资金缴费比例、缴费金额需要调整时，由市劳动保障行政部门会同市财政部门提出，报市人民政府批准。

第三十九条　大额医疗费用互助资金实行全市统筹，单独列账，纳入社会保障基金财政专户，按照基本医疗保险基金计息办法计息。

大额医疗费用互助资金由社会保险经办机构负责统一筹集、管理和使用。

第四十条　大额医疗费用互助资金对符合基本医疗保险规定的大额医疗费用按照下列办法支付：

（一）职工在一个年度内门诊、急诊医疗费用累计超过2000元的部分，大额医疗费用互助资金支付50%，个人支付50%。

（二）退休人员在一个年度内门诊、急诊医疗费用累计超过1300元的部分，不满70周岁的退休人员，大额医疗费用互助资金支付70%，个人支付30%；70周岁以上的退休人员，大额医疗费用互助资金支付80%，个人支付20%。

（三）大额医疗费用互助资金在一个年度内累计支付职工和退休人员门诊、急诊医疗费用的最高数额为2万元。

（四）职工和退休人员在一个年度内超过基本医疗保险统筹基金最高支付限额（不含起付标准以下以及个人负担部分）的住院医疗费用，恶性肿瘤放射治疗和化学治疗、肾透析、肾移植后服抗排异药的门诊医疗费用，大额医疗费用互助资金支付70%，个人支付30%。但大额医疗费用互助资金在一个年度内累计支付最高数额为10万元。

大额医疗费用互助资金起付标准、支付比例、最高支付限额需要调整时，由市劳动保障行政部门会同市财政部门提出，报市人民政府批准。

第四十一条　参加基本医疗保险的企业和事业单位可以建立补充医疗保险。企业补充医疗保险费在本企业职工工资总额4%以内的部分，列入成本。

补充医疗保险办法由市劳动保障行政部门会同市财政部门制定。

第四十二条　国家公务员在参加基本医疗保险的基础上，享受医疗补助待遇，具体办法由市劳动保障行政部门会同市财政部门提出，报市人民政府批准后施行。

第四十三条　对于享受本市城镇居民家庭最低生活保障的职工和退休人员，在个人负担的医疗费用上给予照顾。

本市设立特困人员医疗救助资金，有关部门应当采取措施，多方筹集资金，解决特困人员因医疗费支出过大造成的困难。

第六章　医疗管理

第四十四条　本市医疗保险实行定点医疗制度。按照"就近就医、方便管理"的原则，职工和退休人员可选择3至5家定点医疗机构，由所在单位汇总后，报单位所在地区、县社会保险经办机构，由社会保险经办机构统筹确定。定点专科医疗机构和定点中医医疗机构为全体参保职工和退休人员共同的定点医疗机构。

职工和退休人员患病时，按照规定持医疗保险凭证到本人定点医疗机构就诊，也可凭定点医疗机构经治医师开具的处方到定点零售药店购药。

第四十五条　愿意承担基本医疗保险定点服务的医疗机构和零售药店，可以向劳动保障行政部门提出申请，对符合条　件的，由市劳动保障行政部门认定为定点医疗机构和定点零售药店，核发资格证书，并向社会公布。取得定点资格并被确定为定点医疗机构、定点零售药店的，与社会保险经办机构签定协议。

定点医疗机构、定点零售药店的管理办法，由市劳动保障行政部门会同市财政、卫生、中医管理和药品监督等部门制定。

第四十六条　有关部门对定点医疗机构和定点零售药店要实行动态管理。定点医疗机构、定点零售药店要严格执行国家和本市规定的价格政策和标准，执行基本医疗保险制度的有关规定，建立与基本医疗保险管理相适应的内部管理制度。

第四十七条　定点医疗机构应当设立专门机构或者设置专职人员负责基本医疗保险的具体工作，严格执行国家和本市有关医疗服务的管理规定和标准，制定并执行常见病诊疗常规，建立医疗质量效益综合评估标准，准确提供参加基本医疗保险人员门诊、急诊、住院和单病种等有关资料。

第四十八条　定点零售药店应当配备人员负责基本医疗保险的具体工作，遵守国家和本市有关药品管理的规定，建立药品质量保证制度，做到供药安全、有效。

第四十九条　门诊、急诊医疗费用和住院医疗费用中由个人支付的部分，以及在定点零售药店购药的费用，由个人与定点医疗机构、定点零售药店直接结算；基本医疗保险统筹基金支付的医疗费用，由社会保险经办机构审核后与定点医疗机构进行结算。具体办法由市劳动保障行政部门会同市财政、卫生部门另行制定。

第五十条　改革城镇医疗卫生服务体系，大力发展社区卫生服务，方便人民群众就医。通过引入竞争机制，抑制医疗费用的过快增长，减轻人民群众和社会的负担。建立新的医疗机构分类管理制度，实行医药分开核算、分别管理和药品集中招标采购制度，加强对医疗服务和药品价格的监管。

第七章　组织管理和监督

第五十一条　本市医疗保险实行行政管理、基金管理与事务经办分开管理的体制。

第五十二条　劳动保障行政部门的职责是：

（一）贯彻执行医疗保险的法律、法规和有关规定；

（二）组织实施医疗保险制度；

（三）研究制定医疗保险的政策和发展规划；

（四）指导社会保险经办机构的工作；

（五）监督检查医疗保险费的征缴和医疗保险基金的支付；

（六）监督检查定点医疗机构、定点零售药店执行基本医疗保险规定的情况。

第五十三条　社会保险经办机构的职责是：

（一）按照规定负责医疗保险费的收缴和医疗保险基金的支付和管理；

（二）编制医疗保险基金预算、决算；

（三）按照规定建立和管理基本医疗保险个人账户；

（四）按照规定与定点医疗机构、定点零售药店签订协议，审核支付医疗保险费用，对定点医疗机构、定点零售药店的医疗保险工作进行指导；

（五）提供医疗保险查询、咨询服务；

（六）国家和本市规定的其它职责。

第五十四条　社会保险经办机构所需经费，列入财政预算，由财政拨付。

第五十五条　劳动保障、卫生、中医管理、药品监督、物价等部门应当加强对用人单位和参加医疗保险的个人、定点医疗机构、定点零售药店的管理和监督检查。

用人单位和参加医疗保险的个人、定点医疗机构、定点零售药店发生违反本规定、骗取医疗保险基金行为的，由劳动保障行政部门将其记人医疗保险信用信息系统，实施重点监督检查。在重点监督检查期间可以采取必要的限制措施。

第五十六条　财政、审计部门依法负责对社会保险经办机构的医疗保险基金收支情况和管理情况进行监督。

第五十七条 社会保险监督委员会按照有关规定负责监督有关法律、法规和政策的执行情况以及医疗保险基金的管理情况。

第八章 法律责任

第五十八条 用人单位不按照规定缴纳基本医疗保险费或者大额医疗费用互助资金，致使基本医疗保险基金未能按照规定划入个人账户，职工和退休人员不能享受相关医疗保险待遇的，用人单位应当赔偿职工和退休人员由此造成的损失。

第五十九条 用人单位不按照规定缴纳基本医疗保险费或者不按照规定申报基本医疗保险缴费工资基数，致使基本医疗保险费漏缴、少缴，或者不按照规定代扣代缴基本医疗保险费的，由劳动保障行政部门责令限期缴纳；逾期仍不缴纳的，除补缴欠缴数额外，从欠缴之日起，按日加收千分之二的滞纳金。

第六十条 用人单位不按照规定参加基本医疗保险和缴纳基本医疗保险费的，由劳动保障行政部门按照国务院《社会保险费征缴暂行条 例》的规定进行处罚。

第六十一条 用人单位骗取医疗保险基金支出的，由社会保险经办机构追回被骗取的基金，并由劳动保障行政部门对该用人单位处骗取金额1倍以上3倍以下罚款；情节严重构成犯罪的，依法追究刑事责任。

第六十二条 参加医疗保险的个人弄虚作假骗取医疗保险待遇，或者转卖医疗保险基金报销的药品谋取不当利益，造成医疗保险基金损失的，由劳动保障行政部门责令退还，并对该个人处骗取医疗保险基金额1倍以上3倍以下罚款；情节严重构成犯罪的，依法追究刑事责任。

前款行为未造成医疗保险基金损失的，劳动保障行政部门可以对该个人处1000元以下罚款。

第六十三条 定点医疗机构有下列行为之一，造成基本医疗保险基金损失的，应当赔偿损失，由劳动保障行政部门责令改正，可以并处5000元以上2万元以下的罚款；情节严重的，取消基本医疗保险定点医疗机构资格：

（一）将未参加医疗保险人员的医疗费用由基本医疗保险统筹基金或者大额医疗费用互助资金支付的；

（二）将应由个人负担的医疗费用由基本医疗保险统筹基金或者大额医疗费用互助资金支付的；

（三）将非急诊、抢救病人的费用列入急诊、抢救项目支付的；

（四）将不符合住院标准的病人进行住院治疗，或者故意延长病人住院时间，或者挂名住院、作假病历的；

（五）挪用他人个人账户的；

（六）弄虚作假、调换药品的；

（七）采取其它手段骗取医疗保险金的。

有前款行为之一，但未造成医疗保险基金损失的，劳动保障行政部门可以对该定点医疗机构处5000元以下罚款。

第六十四条 定点零售药店有下列行为之一的，由劳动保障行政部门处以1000元以上2万元以下的罚款；情节严重的，取消其定点零售药店资格：

（一）不按照外配处方出售药品的；

（二）不按照外配处方剂量配药的；

（三）将外配处方用药换成其它物品的。

第六十五条 定点医疗机构、定点零售药店违反医疗、药品、物价等管理规定的，劳动保障行政部门应当提请有关部门处理；情节严重的，取消其定点资格。

第六十六条 社会保险经办机构的工作人员违反医疗保险规定，致使医疗保险基金损失的，由劳动保障行政部门责令其追回；情节严重的，依法给予行政处分。

第六十七条 社会保险经办机构的工作人员不履行职责、不按照规定支付医疗保险待遇的，由劳动保障行政部门对其进行批评，并责令其改正；造成严重后果的，依法给予行政处分。

第六十八条 劳动保障行政部门、社会保险经办机构的工作人员滥用职权、徇私舞弊、玩忽职守，造成医疗保险基金损失的，由劳动保障行政部门追回损失的医疗保险基金；构成犯罪的，依法追究刑事责任；尚未构成犯罪的，依法给予行政处分。

第六十九条 单位或者个人挪用医疗保险基金的，按照国务院《社会保险费征缴暂行条 例》第二十八条 的规定处理。

第七十条 离休人员、老红军、二等乙级以上革命伤残军人医疗待遇不变，医疗费用按原资金渠道解决。具体办法由市劳动保障行政部门会同有关部门制定，报市人民政府批准。

第七十一条 城镇个体工商户及其雇工参照本规定执行。

第七十二条 本规定自2001年4月1日起施行。

第二章 上海市人力资源和劳动保障法规

上海市集体合同条例

上海市集体合同条例

（2007年8月16日上海市第十二届人民代表大会常务委员会第三十八次会议通过根据2015年6月18日上海市第十四届人民代表大会常务委员会第二十一次会议《关于修改〈上海市集体合同条例〉的决定》修正）

上海市人民代表大会常务委员会公告

第二十二号

《上海市人民代表大会常务委员会关于修改〈上海市集体合同条例〉的决定》已由上海市第十四届人民代表大会常务委员会第二十一次会议于2015年6月18日通过，现予公布，自2015年10月1日起施行。

上海市人民代表大会常务委员会

2015年6月18日

第一章 总则

第一条 为了规范集体协商和签订、履行集体合同的行为，保护劳动者的合法权益，构建和发展和谐稳定的劳动关系，根据《中华人民共和国劳动法》、《中华人民共和国劳动合同法》和《中华人民共和国工会法》等法律、行政法规的有关规定，结合本市实际，制定本条例。

第二条　本市行政区域内的企业与职工一方就劳动关系有关事项进行集体协商和签订、履行集体合同，适用本条例。

第三条　本条例所称的集体协商，是指企业职工一方与企业就劳动关系有关事项进行平等协商的活动。

本条例所称的集体合同，是指企业职工一方与企业就劳动关系有关事项，通过集体协商签订的书面协议。

第四条　企业与职工一方应当建立集体协商机制，就劳动关系有关事项进行集体协商。

企业职工一方与企业就劳动关系有关事项进行集体协商和签订、履行集体合同应当遵循合法、公正、平等、相互尊重、诚实守信、兼顾双方合法利益的原则。

第五条　市和区、县人力资源社会保障行政管理部门（以下简称人力资源社会保障部门）对本行政区域内的企业职工一方与企业就劳动关系有关事项进行集体协商和签订、履行集体合同进行监督。

第二章　集体协商

第六条　企业职工一方与企业就劳动关系有关事项进行集体协商，应当按照本条例规定的程序产生各自的协商代表和首席代表。协商代表具体人数由双方协商确定，但每方协商代表人数不得少于三人，企业一方的协商代表不得多于职工一方的协商代表。

第七条　已经建立工会的企业，职工一方的协商代表由本企业工会选派，建立女职工委员会的，应当有女性协商代表。首席代表由工会主要负责人担任。

尚未建立工会的企业，职工一方的协商代表由上级工会指导职工民主推荐，并经本企业半数以上职工同意，首席代表由协商代表民主推荐产生。

企业一方的协商代表由企业法定代表人指派，首席代表由法定代表人或者其书面委托的人担任。

集体协商双方根据实际需要可以聘请本企业以外的专业人员担任本方协商代表，但其人数不得超过本方协商代表人数的三分之一。

集体协商双方可以更换本方的协商代表。更换协商代表，应当遵守本条例规定的代表产生程序。

第八条　协商代表履行代表职责的期限，由被代表方确定，但最长至集体合同期满时为止；因集体协商达不成一致或者未能签订集体合同的，协商代表履行代表职责的期限为自担任协商代表起六个月。

第九条　协商代表应当履行下列职责：

（一）参加集体协商；

（二）搜集与集体协商有关的情况和资料；

（三）听取本方人员的意见，回答本方人员的询问；

（四）参加集体协商争议的处理；

（五）其他需要履行的集体协商职责。

第十条　本企业产生的协商代表在工作时间内参加集体协商，以及在履职期限内利用不超过三个工作日的工作时间，从事搜集与集体协商有关资料等活动，视为提供了正常劳动，工资及各项福利不受影响。

职工一方的协商代表在履行代表职责期间，企业无正当理由不得变更其工作岗位。

第十一条　协商代表应当履行下列义务：

（一）维护企业正常的生产、工作秩序；

（二）保守在集体协商过程中知悉的企业的商业秘密；

（三）遵守集体协商双方约定的纪律，不散布协商过程中不宜外传的信息。

第十二条 企业在制定、修改或者决定下列直接涉及职工切身利益的规章制度或者重大事项时，应当与本企业职工一方进行集体协商后确定：

（一）劳动报酬；

（二）工作时间；

（三）休息休假；

（四）劳动安全卫生；

（五）保险福利；

（六）职工培训；

（七）劳动纪律；

（八）劳动定额；

（九）法律法规规定的其他内容。

企业应当就职工工资水平、工资调整机制与本企业职工一方进行集体协商。

企业职工一方可以就涉及职工利益的事项要求企业与其进行集体协商。

第十三条 工资集体协商一般包括下列内容：

（一）工资分配制度、工资标准、工资分配形式和工资支付办法；

（二）职工年度平均工资水平的调整幅度；

（三）奖金、津贴、补贴等分配办法；

（四）加班工资以及试用期、病假、事假等期间的工资待遇；

（五）双方认为应当协商的其他工资事项。

第十四条 工资集体协商可以参考下列因素：

（一）企业劳动生产率和经济效益；

（二）企业上年度职工工资总额和平均工资水平；

（三）企业及行业的人工成本水平；

（四）全市及行业的职工平均工资水平；

（五）企业工资增长指导线和劳动力市场工资指导价位；

（六）最低工资标准；

（七）城镇居民消费价格指数；

（八）与工资集体协商有关的其他因素。

第十五条 集体协商双方的任何一方均可以向对方以书面形式提出进行集体协商的建议。另一方在收到集体协商建议书之日起十五日内应当给予书面答复，拒绝集体协商的，应当有正当的理由。

集体协商的任何一方因下列事项向对方提出集体协商建议的，另一方不得拒绝或者拖延：

（一）需要裁减人员二十人以上或者裁减不足二十人但占企业职工总数百分之十以上的；

（二）劳动纠纷导致群体性停工、上访的；

（三）生产过程中发现存在重大事故隐患或者职业危害的。

第十六条 已经建立工会的企业，由工会代表职工向企业一方提出集体协商；企业一方建议开展集体协商的，应当向本企业工会提出。

尚未建立工会的企业，由上级工会指导职工推举的代表向企业一方提出集体协商；企业一方建议开展集体协商的，可以向本企业职工直接提出，也可以向上级工会提出。

第十七条 集体协商双方在正式协商前应当进行下列准备工作：

（一）自双方同意集体协商之日起十五日内产生协商代表，并书面告知对方；

（二）协商确定集体协商的时间、地点；

（三）搜集与本次集体协商议题有关的情况和资料；

（四）听取各有关方面对本次集体协商的意见和建议；

（五）了解与集体协商议题有关的法律、法规和其他有关规定；

（六）草拟集体协商议题的解决方案；

（七）其他需要准备的工作。

第十八条 集体协商会议由协商双方首席代表共同主持。提出协商议题的一方应当就议题的具体内容以及解决方案作出说明。

集体协商会议应当做好会议记录，协商双方首席代表应当在会议记录上签字。

协商双方可以就与协商议题相关的事项，要求对方提供相应的资料和说明。涉及企业商业秘密的，双方可以签订专门的保密协议。

第十九条 上级工会应当指导职工一方与企业进行集体协商，可以派员观察职工一方与企业的集体协商活动，或者按照本条例第七条的规定受聘担任职工一方的协商代表。

第二十条 企业合并、分立、重组的，合并、分立、重组后的企业应当就集体合同继续履行事宜，与职工一方进行集体协商。协商一致的，原集体合同可以继续履行；协商不一致的，企业与职工一方应当就与劳动关系有关的事项重新进行集体协商。

第二十一条 在进行集体协商期间，企业及其职工应当维护本企业正常的生产、工作秩序，不得采取任何影响生产、工作秩序或者社会稳定的行为。

企业不得采取下列行为：

（一）限制职工一方协商代表的人身自由，或者对其进行侮辱、威胁、恐吓、暴力伤害；

（二）拒绝或者阻碍职工进入劳动场所、拒绝提供生产工具或者其他劳动条件；

（三）拒绝提供与集体协商议题相关的资料或者提供虚假资料；

（四）其他干扰、阻碍集体协商的行为。

职工不得采取下列行为：

（一）限制企业一方人员的人身自由，或者对其进行侮辱、威胁、恐吓、暴力伤害；

（二）违反劳动合同约定，不完成劳动任务，或者以各种方式迫使企业其他员工离开工作岗位；

（三）破坏企业设备、工具等扰乱企业正常生产、工作秩序和社会公共秩序的行为；

（四）其他干扰、阻碍集体协商的行为。

第三章 集体合同

第二十二条 以签订集体合同为目的的集体协商，协商一致的，应当形成集体合同草案，经协商双方首席代表签字后，作为草案的正式文本提交职工代表大会或者全体职工讨论。职工一方的协商代表就集体协商的情况和集体合同草案的内容应当向职工代表大会或者全体职工作出说明。

集体合同草案经全体职工代表半数以上或者全体职工半数以上同意，方获通过。

第二十三条 集体合同草案经职工代表大会或者全体职工讨论通过后，由职工一方的首席代表将讨论通过的情况书面告知企业一方。企业自收到书面告知之日起十日内，负责将集体合同报送市或者区、县人力资源社会保障部门。

企业报送集体合同时，应当提交下列材料：

（一）由协商双方首席代表签署的集体合同文本；

（二）协商双方及其代表的基本情况；

（三）集体协商过程的情况说明；

（四）职工代表大会或者全体职工讨论通过集体合同草案情况的报告。

人力资源社会保障部门自收到集体合同文本之日起十五日内未提出异议的，集体合同即行生效。

第二十四条 企业与职工一方经集体协商，可以就工资调整机制、劳动安全或者女职工权益保护等专项内容签订专项集体合同。

第二十五条 集体合同期限一般为一至三年，工资专项集体合同期限一般为一年。

集体合同约定的劳动条件、劳动报酬等标准不得低于国家和市人民政府规定的最低标准。

企业与职工个人签订的劳动合同约定的劳动条件和劳动报酬等标准，或者企业规章制度规定的劳动条件和劳动报酬等标准，不得低于集体合同的规定。

第四章 行业性和区域性集体合同

第二十六条 区、县区域内的建筑、餐饮服务等行业，以及其他有条件开展集体协商的行业的工会，可以选派代表与行业协会或者企业推选的代表进行集体协商，签订行业性集体合同。

小微企业较为集中的街道（乡镇）、经济开发区、工业（科技）园区、商业区、商务楼宇等区域内的工会，可以选派代表与区域内不具备独立开展集体协商条件的企业推选的代表进行集体协商，签订区域性集体合同。

第二十七条 下列涉及本行业职工切身利益的事项可以进行行业性集体协商：（一）本行业的最低工资标准；（二）本行业工资调整的最低幅度；（三）本行业同类工种的定额标准；（四）本行业各工种、岗位的劳动安全和卫生标准；

（五）本行业各工种、岗位的职工培训制度；

（六）其他需要进行行业性集体协商的事项。

第二十八条 行业性集体合同草案应当取得本行业企业法定代表人的认可。

行业性集体合同草案应当经认可该草案的企业全体职工代表半数以上或者全体职工半数以上同意，方获通过。

第二十九条 下列涉及本区域职工切身利益的事项可以进行区域性集体协商：（一）本区域的最低工资标准；（二）本区域工资调整的最低幅度；（三）其他需要进行区域性集体协商的事项。
第三十条区域性集体合同草案应当取得本区域企业法定代表人的认可。

区域性集体合同草案应当经本区域职工代表大会，或者认可该草案的企业全体职工代表半数以上或者全体职工半数以上同意，方获通过。

第三十一条 行业性、区域性集体合同由企业方面代表或者工会负责将集体合同以及相关材料报送区、县人力资源社会保障部门。

人力资源社会保障部门自收到报送的集体合同之日起十五日内未提出异议的，集体合同即行生效。

第三十二条 依法订立的行业性、区域性集体合同对认可该集体合同的企业及其职工具有约束力，企业与其职工签订的集体合同及劳动合同中约定的劳动条件、劳动报酬等标准不得低于行业性、区域性集体合同约定的标准。

第五章 争议的处理

第三十三条 本市建立由政府有关部门、工会和企业方面代表组成的劳动关系三方协调机制。

第三十四条 职工一方或者企业一方无正当理由拒绝或者拖延另一方的集体协商要求，或者双方在集体协商过程中不能达成一致或者签订集体合同的，职工一方可以提请上级工会、企业一方可以提请企业方面代表进行指导。经指导仍未能达成一致的，集体协商的任何一方可以提请人力资源社会保障部门协调处理。集体协商双方未提请协调处理的，人力资源社会保障部门认为必要时，也可以进行协调处理。

职工一方提请指导、协调处理，已建立工会的，由工会提出；尚未建立工会的，由职工一方协商代表提出。

人力资源社会保障部门协调处理集体协商争议时，可以会同同级工会或者企业方面代表共同处理。

第三十五条　人力资源社会保障部门协调处理时，应当听取协商双方陈述各自意见，根据协商双方提供的证据材料对协商意见进行分析，并按照有关规定提出协调处理意见。

第三十六条　企业违反集体合同，侵犯职工劳动权益的，工会可以依法要求企业承担责任；因履行集体合同发生争议，经协商解决不成的，工会可以依法申请仲裁、提起诉讼。

第六章　法律责任

第三十七条　违反本条例规定，法律、行政法规有处理规定的，适用有关法律、行政法规的规定。

第三十八条　违反本条例第十条第二款规定，无正当理由调整职工一方协商代表工作岗位的，经协商代表本人提出，企业应当恢复其原工作岗位。

第三十九条　企业无正当理由拒绝或者拖延集体协商的，市和区、县总工会可以作出整改意见书，要求企业予以改正。

违反本条例第十五条第二款规定，拒绝或者拖延集体协商的，人力资源社会保障部门应当责令其改正。

企业拒不改正的，按照本市公共信用信息管理的相关规定将该信息纳入市公共信用信息服务平台。

第四十条　企业、职工违反本条例第二十一条规定，构成违反治安管理行为的，由公安机关依法处理；构成犯罪的，依法追究刑事责任。

符合《中华人民共和国劳动合同法》第三十八条、第三十九条规定情形的，企业、职工均可以依法解除劳动合同。

第七章　附则

第四十一条　企业分支机构经企业法定代表人同意，与本分支机构的职工就劳动关系有关事项进行集体协商和签订、履行集体合同的，依照本条例执行。

个体经济组织、民办非企业单位等组织和与其建立劳动关系的本单位职工就劳动关系有关事项进行集体协商和签订、履行集体合同的，依照本条例执行。

第四十二条　本条例自2008年1月1日起实施。

上海市城镇职工基本医疗保险办法

上海市城镇职工基本医疗保险办法

（2000年10月20日上海市人民政府令第92号发布，根据2008年3月28日《上海市人民政府关于修改〈上海市城镇职工基本医疗保险办法〉的决定》修正，根据2010年12月20日上海市人民政府令第52号公布的《上海市人民政府关于修改〈上海市农机事故处理暂行规定〉等148件市政府规章的决定》修正并重新发布）

第一章 总则

第一条 （目的和依据）

为了保障职工基本医疗需求，根据《上海市贯彻 国务院关于建立城镇职工基本医疗保险制度的决定 的实施方案》，制定本办法。

第二条 （适用范围）

本办法适用于本市范围内的城镇企业、机关、事业单位、社会团体和民办非企业单位（以下统称用人单位）及其职工的基本医疗保险与相关管理活动。

本办法所称的职工，包括在职职工、退休人员和其他参保人员。

第三条 （管理部门）

市人力资源社会保障局是本市基本医疗保险的行政主管部门，负责本市基本医疗保险的统一管理。各区、县医疗保险办公室（以下简称区、县医保办）负责本辖区内的基本医疗保险管理工作。

市卫生、财政、审计、药品监督、民政等部门按照各自职责，协同做好基本医疗保险管理工作。

本市社会保险经办机构负责医疗保险费的征缴工作。

上海市医疗保险事务管理中心（以下简称市医保中心）是本市医疗保险经办机构，负责医疗费用的结算、拨付以及基本医疗保险个人帐户（以下简称个人医疗帐户）的管理工作。

第二章 登记和缴费

第四条 （登记手续）

用人单位按照市人力资源社会保障局的规定，向指定的社会保险经办机构办理基本医疗保险登记手续；其中新设立的用人单位，应当在设立之日起30日内办理基本医疗保险登记手续。

用人单位依法终止或者基本医疗保险登记事项发生变更的，应当自有关情形发生之日起30日内，向原办理登记机构办理注销或者变更登记手续。

社会保险经办机构在办理本条 前两款规定的手续时，应当根据市人力资源社会保障局的要求进行审核，并按照规定及时将用人单位的登记、变更登记或者注销登记情况告知市人力资源和社会保障局。

第五条 （职工缴费基数的计算方式及缴费比例）

在职职工的缴费基数为本人上一年度月平均工资。本人上一年度月平均工资超过上一年度本市在职职工月平均工资300%的，超过部分不计入缴费基数；低于上一年度本市在职职工月平均工资60%的，以上一年度本市在职职工月平均工资的60%为缴费基数。

在职职工个人应当按其缴费基数2%的比例缴纳基本医疗保险费。退休人员个人不缴纳基本医疗保险费。

第六条 （用人单位缴费基数的计算方式及缴费比例）

用人单位的缴费基数为本单位职工缴费基数之和。

用人单位应当按其缴费基数10%的比例缴纳基本医疗保险费，并按其缴费基数2%的比例缴纳地方附加医疗保险费。

第七条 （医疗保险费的列支渠道）

用人单位缴纳的医疗保险费按照财政部门规定的渠道列支。

第八条　（征缴管理）

用人单位和在职职工缴费数额的计算、缴纳的程序以及征缴争议的处理，按照社会保险费征缴管理的有关规定执行。

第三章　个人医疗帐户、统筹基金和附加基金

第九条　（基本医疗保险基金）

基本医疗保险基金由统筹基金和个人医疗帐户构成。

用人单位缴纳的基本医疗保险费，除按本办法第十一条规定计入个人医疗帐户外，其余部分纳入统筹基金。

第十条　（个人医疗帐户的建立）

市医保中心在用人单位办理基本医疗保险登记手续并按规定缴纳医疗保险费后，应当为职工建立个人医疗帐户。

第十一条　（个人医疗帐户的资金计入）

在职职工缴纳的基本医疗保险费全部计入本人的个人医疗帐户。

用人单位缴纳的基本医疗保险费的30%左右计入个人医疗帐户。

用人单位缴纳的基本医疗保险费计入个人医疗帐户的标准，按照不同年龄段有所区别。

在职职工的年龄段划分为：

（一）34岁以下的；

（二）35岁至44岁的；

（三）45岁以上的。

退休人员的年龄段划分为：

（一）退休至74岁以下的；

（二）75岁以上的。

用人单位缴纳的基本医疗保险费计入个人医疗帐户的具体标准及其调整，由市人力资源社会保障局会同有关部门研究、论证后报市人民政府，经市人民政府同意后公布执行。

第十二条　（个人医疗帐户资金的停止计入）

职工应当缴纳而未缴纳基本医疗保险费或者中断享受基本养老保险待遇的，停止按本办法第十一条规定计入资金。

第十三条　（个人医疗帐户资金的使用和计息）

个人医疗帐户资金归个人所有，可跨年度结转使用和依法继承。

个人医疗帐户资金分为当年计入资金和历年结余资金。

个人医疗帐户年末资金，按照有关规定计息，并计入个人医疗帐户。

第十四条　（个人医疗帐户资金的查询）

职工可以查询本人个人医疗帐户中资金的计入和支出情况，市人力资源社会保障局、区县医保办和市医保中心应当为职工查询提供便利。

第十五条　（附加基金）

用人单位缴纳的地方附加医疗保险费，全部纳入地方附加医疗保险基金（以下简称附加基金）。

第四章　职工就医和医疗服务的提供

第十六条　（定点医疗机构和定点零售药店的定义）

本办法所称的定点医疗机构，是指经卫生行政部门批准取得执业许可并经市人力资源社会保障局审核后，准予建立基本医疗保险结算关系的医疗机构。

本办法所称的定点零售药店，是指经药品监督管理部门批准取得经营资格并经市人力资源社会保障局审核后，准予建立基本医疗保险结算关系的药品零售企业。

第十七条 （定点医疗机构和定点零售药店的服务要求）

定点医疗机构、定点零售药店应当为职工提供服务，并根据基本医疗保险诊疗项目、医疗服务设施和用药范围以及支付标准申请医疗费用结算。

第十八条 （诊疗项目、医疗服务设施、用药范围和支付标准）

本市基本医疗保险诊疗项目、医疗服务设施和用药范围以及支付标准的规定，由市人力资源社会保障局会同有关部门根据国家规定制定。

第十九条 （职工的就医和配药）

职工可以到本市范围内的定点医疗机构就医。

职工可以在定点医疗机构配药，也可以按照规定到定点零售药店配药。

职工的就业地或者居住地在外省市的，以及在外省市急诊的，可以到当地医疗机构就医。

第二十条 （医疗保险凭证）

职工在本市定点医疗机构就医、到定点零售药店配药时，应当出示其医疗保险凭证。

定点医疗机构或者定点零售药店应当对职工的医疗保险凭证进行核验。

任何个人不得冒用、伪造、变造、出借医疗保险凭证。

第五章 医疗费用的支付

第二十一条 （职工享受基本医疗保险待遇的条件）

用人单位及其职工按照规定缴纳医疗保险费的，自缴纳医疗保险费的次月起，职工可以享受基本医疗保险待遇；未缴纳医疗保险费的，职工不能享受基本医疗保险待遇。

用人单位按照有关规定申请缓缴医疗保险费的，在批准的缓缴期内，职工不停止享受基本医疗保险待遇。

应当缴纳而未缴纳医疗保险费的用人单位及其职工，在足额补缴医疗保险费后，职工方可继续享受基本医疗保险待遇。

用人单位及其职工缴纳医疗保险费的年限（含视作缴费年限）累计超过15年的，职工退休后可以享受基本医疗保险待遇。视作缴费年限的计算，由市人力资源社会保障局另行规定。

职工到达法定退休年龄、办理退休手续后，可领取养老金的当月，用人单位缴纳的基本医疗保险费计入其个人医疗帐户的部分，按照其在职最后一个月的计入标准计入；其医疗费用的支付，按照退休人员的基本医疗保险规定执行。

本办法施行前已按有关规定享受基本医疗保险待遇的退休人员，不受本条 规定的限制。

第二十二条 （在职职工门诊急诊医疗费用）

在职职工一年内门诊急诊就医或者到定点零售药店配药所发生的除本办法第二十四条、第二十五条规定以外的费用，由其个人医疗帐户资金支付。不足部分先由个人支付至门急诊自负段标准，超过部分按下列规定支付（不含到定点零售药店配药所发生的费用）：

（一）1955年12月31日前出生、在2000年12月31日前参加工作的，门急诊自负段标准为1500元，超过部分的医疗费用由附加基金支付70%，其余部分由在职职工自负。

（二）1956年1月1日至1965年12月31日出生、在2000年12月31日前参加工作的，门急诊自负段标准为1500元，超过部分的医疗费用由附加基金支付60%，其余部分由在职职工自负。

（三）1966年1月1日后出生、在2000年12月31日前参加工作的，门急诊自负段标准为1500元，超过部分的医疗费用由附加基金支付50%，其余部分由在职职工自负。

（四）2001年1月1日后新参加工作的，门急诊自负段标准为1500元，超过部分的医疗费用由附加基金支付50%，其余部分由在职职工自负。

第二十三条 （退休人员门诊急诊医疗费用）

退休人员一年内门诊急诊就医或者到定点零售药店配药所发生的除本办法第二十四条、第二十六条规定以外的费用，由其个人医疗帐户资金支付。不足部分先由个人支付至门急诊自负段标准，超过部分按下列规定支付（不含到定点零售药店配药所发生的费用）：

（一）2000年12月31日前已办理退休手续的，门急诊自负段标准为300元，在一级医疗机构门诊急诊的，超过部分的医疗费用由附加基金支付90%；在二级医疗机构门诊急诊的，超过部分的医疗费用由附加基金支付85%；在三级医疗机构门诊急诊的，超过部分的医疗费用由附加基金支付80%；其余部分由退休人员自负。

（二）1955年12月31日前出生、在2000年12月31日前参加工作并在2001年1月1日后办理退休手续的，门急诊自负段标准为700元，在一级医疗机构门诊急诊的，超过部分的医疗费用由附加基金支付85%；在二级医疗机构门诊急诊的，超过部分的医疗费用由附加基金支付80%；在三级医疗机构门诊急诊的，超过部分的医疗费用由附加基金支付75%；其余部分由退休人员自负。

（三）1956年1月1日至1965年12月31日出生、在2000年12月31日前参加工作并在2001年1月1日后办理退休手续的，门急诊自负段标准为700元，在一级医疗机构门诊急诊的，超过部分的医疗费用由附加基金支付70%；在二级医疗机构门诊急诊的，超过部分的医疗费用由附加基金支付65%；在三级医疗机构门诊急诊的，超过部分的医疗费用由附加基金支付60%；其余部分由退休人员自负。

（四）1966年1月1日后出生、在2000年12月31日前参加工作并在2001年1月1日后办理退休手续的，门急诊自负段标准为700元，在一级医疗机构门诊急诊的，超过部分的医疗费用由附加基金支付55%；在二级医疗机构门诊急诊的，超过部分的医疗费用由附加基金支付50%；在三级医疗机构门诊急诊的，超过部分的医疗费用由附加基金支付45%；其余部分由退休人员自负。

（五）2001年1月1日后参加工作并在之后办理退休手续的，门急诊自负段标准为700元，在一级医疗机构门诊急诊的，超过部分的医疗费用由附加基金支付55%；在二级医疗机构门诊急诊的，超过部分的医疗费用由附加基金支付50%；在三级医疗机构门诊急诊的，超过部分的医疗费用由附加基金支付45%；其余部分由退休人员自负。

第二十四条 （门诊大病和家庭病床医疗费用）

职工在门诊进行重症尿毒症透析、恶性肿瘤化学治疗和放射治疗（以下统称门诊大病医疗）所发生的医疗费用，在职职工的，由统筹基金支付85%；退休人员的，由统筹基金支付92%。其余部分由其个人医疗帐户历年结余资金支付，不足部分由职工自负。

职工家庭病床所发生的医疗费用，由统筹基金支付80%，其余部分由个人医疗帐户历年结余资金支付，不足部分由职工自负。

第二十五条 （在职职工的住院、急诊观察室医疗费用）

在职职工住院或者急诊观察室留院观察所发生的由统筹基金支付的医疗费用，设起付标准。起付标准为1500元。

在职职工一年内住院或者急诊观察室留院观察所发生的医疗费用，累计超过起付标准的部分，由统筹基金支付85%。

在职职工发生的起付标准以下的医疗费用以及由统筹基金支付后其余部分的医疗费用，由个人医疗帐户历年结余资金支付，不足部分由在职职工自负。

第二十六条　（退休人员的住院、急诊观察室医疗费用）

退休人员住院或者急诊观察室留院观察所发生的由统筹基金支付的医疗费用，设起付标准。2000年12月31日前退休的，起付标准为700元；2001年1月1日后退休的，起付标准为1200元。

退休人员一年内住院或者急诊观察室留院观察所发生的医疗费用，累计超过起付标准的部分，由统筹基金支付92%。

退休人员发生的起付标准以下的医疗费用以及由统筹基金支付后其余部分的医疗费用，由个人医疗帐户历年结余资金支付，不足部分由退休人员自负。

第二十七条　（统筹基金的最高支付限额及以上费用）

统筹基金的最高支付限额为70000元。职工在一年内住院、急诊观察室留院观察所发生的起付标准以上的医疗费用，以及门诊大病或者家庭病床医疗费用，在最高支付限额以下的，由统筹基金根据本办法第二十四条、第二十五条、第二十六条规定的支付比例支付。

统筹基金最高支付限额以上的医疗费用，由附加基金支付80%，其余部分由职工自负。

第二十八条　（部分特殊病种的医疗费用支付）

职工因甲类传染病、计划生育手术及其后遗症所发生的符合基本医疗保险规定的门诊急诊和住院、急诊观察室留院观察所发生的医疗费用，全部由统筹基金支付。

职工因工伤、职业病住院或者急诊观察室留院观察所发生的医疗费用，超过统筹基金起付标准的，超过部分的费用由统筹基金支付50%，其余部分以及有关的门诊急诊医疗费用根据国家和本市的有关规定由用人单位负担。

第二十九条　（不予支付的情形）

有下列情形之一的，统筹基金、附加基金和个人医疗帐户资金不予支付：

（一）职工在非定点医疗机构就医、配药或者在非定点零售药店配药所发生的医疗费用；

（二）职工就医或者配药时所发生的不符合基本医疗保险诊疗项目、医疗服务设施、用药范围和支付标准的医疗费用；

（三）职工因自杀、自残、斗殴、吸毒、医疗事故或者交通事故等所发生的医疗费用；

（四）国家和本市规定的其他情形。

第六章　医疗费用的结算

第三十条　（医疗费用的记帐和帐户划扣）

职工就医或者配药时所发生的符合基本医疗保险规定的医疗费用，凭职工的医疗保险凭证按照下列规定办理：

（一）属于统筹基金和附加基金支付的，定点医疗机构应当如实记帐；

（二）属于个人医疗帐户资金支付的，定点医疗机构或者定点零售药店应当从职工的个人医疗帐户中划扣，个人医疗帐户资金不足支付的，应当向职工收取。

定点医疗机构、定点零售药店对职工就医或者配药所发生的不符合基本医疗保险规定的医疗费用，应当向职工收取。

第三十一条　（医疗费用的申报结算）

定点医疗机构、定点零售药店对从职工个人医疗帐户中划扣的医疗费用，每月向指定的区、县医保办结算。

定点医疗机构对属于统筹基金和附加基金支付的记帐医疗费用，每月向指定的区、县医保办结算。

职工对根据本办法第十九条第三款规定所发生的可由统筹基金、附加基金或者个人医疗帐户资金支付的医疗费用，凭其医疗保险凭证向指定的区、县医保办结算。

第三十二条 （医疗费用的核准与拨付）

区、县医保办对申请结算的医疗费用，应当在收到申请结算之日起10个工作日内进行初审，并将初审意见报送市人力资源社会保障局。

市人力资源社会保障局应当在接到区、县医保办的初审意见之日起10个工作日内，作出准予支付、暂缓支付或者不予支付的审核决定。市人力资源社会保障局在作出暂缓支付决定后，应当在90日内作出准予支付或者不予支付的决定并告知相关单位。

经市人力资源社会保障局核准的医疗费用，市医保中心应当在核准之日起7个工作日内从医疗保险基金支出户中予以拨付；经市人力资源社会保障局核准不予支付的医疗费用，由定点医疗机构、定点零售药店或者职工自行负担。

第三十三条 （医疗费用的结算方式）

市人力资源社会保障局可以采取总额预付结算、服务项目结算、服务单元结算等方式，与定点医疗机构结算医疗费用；超出结算标准的医疗费用，由医疗保险基金与定点医疗机构按照规定分担。

第三十四条 （申请费用结算中的禁止行为）

定点医疗机构、定点零售药店或者个人，不得以伪造或者变造帐目、资料、门诊急诊处方、医疗费用单据等不正当手段，结算医疗费用。

第三十五条 （监督检查）

市人力资源社会保障局和区、县医保办应当对定点医疗机构、定点零售药店、个人的有关医疗费用结算情况进行监督检查，被检查单位和个人应当如实提供与结算有关的记录、处方和病史等资料。

个人门诊急诊就医的次数或者发生的费用明显超出正常情况的，市人力资源社会保障局可以对其采取改变费用结算方式的措施。

第七章 法律责任

第三十六条 （定点医疗机构、定点零售药店违法行为的法律责任）

定点医疗机构、定点零售药店违反本办法第十七条、第二十条第二款、第三十条、第三十四条规定，或者违反其他医疗保险规定，造成医疗保险基金损失的，市人力资源社会保障局应当责令其限期改正，追回已经支付的有关医疗费用，并可处以警告、3000元以上10万元以下罚款；情节严重的，可以中止其基本医疗保险结算关系或者取消其定点资格。

定点医疗机构和定点零售药店的相关科室和工作人员严重违反医疗保险规定的，市人力资源社会保障局可以采取暂停其医疗保险费用结算支付的措施。

第三十七条 （个人违法行为的法律责任）

个人违反本办法第二十条第三款、第三十四条规定，或者违反其他医疗保险规定，造成医疗保险基金损失的，市人力资源社会保障局应当责令其限期改正，追回已经支付的有关医疗费用，并可处以警告、100元以上1万元以下罚款。

第三十八条 （医保管理部门违法行为的法律责任）

人力资源社会保障行政部门和市医保中心工作人员滥用职权、徇私舞弊、玩忽职守，造成医疗保险基金流失的，由市人力资源社会保障局追回流失的医疗保险基金；构成犯罪的，依法追究刑事责任；尚不构成犯罪的，依法给予行政处分。

第八章 附则

第三十九条 （医疗保险基金的管理和监督）

统筹基金和附加基金的管理和监督活动，依照国家和本市社会保险基金的有关规定执行。统筹基金和附加基金纳入社会保障基金财政专户，实行统一管理，单独列帐，专款专用，并应当接受市人民政府建立的社会保险基金监督组织以及财政、审计部门的监督。

统筹基金和附加基金的年度预算和决算，由市人力资源社会保障局会同市财政局按规定编制，报市人民政府批准后执行。

第四十条 （其他人员的基本医疗保险）

本市城镇个体经济组织业主及其从业人员、从事自由职业人员基本医疗保险的具体办法另行规定。

失业人员在领取失业保险金期间的基本医疗保险，按照国家和本市的有关规定执行。

第四十一条 （延长工作年限人员的特别规定）

到达法定退休年龄，根据国家规定暂不办理退休手续、延长工作年限的人员，按照在职职工的基本医疗保险规定执行；办理退休手续后，按照同年龄段已退休人员的基本医疗保险规定执行。

第四十二条 （社会化管理过渡期）

本办法实施之日起的一年内，为本市实行基本医疗保险社会化管理的过渡期，过渡期的具体操作办法另行规定。

第四十三条 （门急诊自负段标准、统筹基金起付标准、统筹基金最高支付限额的调整）

门急诊自负段标准、统筹基金起付标准、统筹基金最高支付限额，应当结合实际情况适时调整。具体调整方案由市人力资源社会保障局会同有关部门研究、论证后报市人民政府，经市人民政府同意后公布执行。

第四十四条 （施行日期）

本办法自2000年12月1日起施行。市人民政府以前发布的有关规定与本办法不一致的，以本办法为准。

上海市工伤保险实施办法

上海市工伤保险实施办法

（2012年11月27日上海市人民政府令第93号公布）

《上海市工伤保险实施办法》已经2012年11月21日市政府第156次常务会议通过，现予公布，自2013年1月1日起施行。

市长 韩正

2012年11月27日

第一章 总则

第一条 （依据）

根据《中华人民共和国社会保险法》和《工伤保险条例》，结合本市实际，制定本办法。

第二条 （适用范围）

本办法适用于本市行政区域内的企业、事业单位、国家机关、社会团体、民办非企业单位、基金会、律师事务所、会计师事务所等组织和有雇工的个体工商户（以下统称“用人单位”）及其从业人员。

第三条 （征缴管理）

工伤保险费的征缴，按照《中华人民共和国社会保险法》和《社会保险费征缴暂行条例》的有关规定执行。

第四条 （公示与救治）

用人单位应当将参加工伤保险的有关情况在本单位内公示。

从业人员发生工伤时，用人单位应当采取措施使工伤人员得到及时救治。

第五条 （管理部门）

市人力资源社会保障局是本市工伤保险工作的行政主管部门，负责本市工伤保险工作的统一管理。

区、县人力资源社会保障局负责本行政区域内工伤保险的具体管理工作。

市社会保险事业基金结算管理中心（以下简称“社保经办机构”）具体负责工伤保险经办事务。市医疗保险事务管理中心和区、县医疗保险事务中心（以下统称“医保经办机构”）在职责范围内，配合做好工伤保险经办事务。

第六条 （监督）

市人力资源社会保障局等部门制定工伤保险的政策、标准，应当征求工会组织、用人单位代表的意见。

工会组织依法维护工伤人员的合法权益，对用人单位的工伤保险工作实行监督。

第二章 工伤保险基金

第七条 （基金来源和储备金）

工伤保险基金由用人单位缴纳的工伤保险费、工伤保险基金的利息和依法纳入工伤保险基金的其他资金构成。

工伤保险基金按照国家有关规定留有一定比例的储备金，用于本市重大事故的工伤保险待遇支付；储备金不足支付的，由市财政垫付。储备金的提取比例和使用，按照本市有关规定执行。

第八条 （缴费原则）

用人单位应当按时缴纳工伤保险费。从业人员个人不缴纳工伤保险费。

工伤保险费根据以支定收、收支平衡的原则，确定费率。

第九条 （缴费基数）

用人单位缴纳工伤保险费的基数，按照本单位缴纳城镇基本养老保险费的基数确定。

第十条 （费率）

用人单位缴纳工伤保险费实行基础费率，基础费率统一为缴费基数的0.5%。

对发生工伤事故的用人单位，在基础费率的基础上，按照规定实行浮动费率。

浮动费率根据用人单位工伤保险费使用、工伤事故发生率等情况确定。浮动费率分为五档，每档幅度为缴费基数的0.5%，向上浮动后的最高费率（基础费率加浮动费率）不超过缴费基数的3%，向下逐档浮动后的最低费率不低于基础费率。浮动费率每年核定一次。

工伤保险费率浮动的具体办法，由市人力资源社会保障局会同市财政、卫生、安全生产监督管理等部门拟订，报市人民政府批准后执行。

第十一条 （支付范围）

工伤保险基金用于本办法规定的工伤保险待遇，劳动能力鉴定，工伤预防的宣传、培训等费用，以及法律、法规规定的用于工伤保险的其他费用的支付。

工伤预防费用的提取比例、使用和管理，按照国家有关规定执行。

第十二条 （基金管理和监督）

工伤保险基金实行全市统筹，存入本市市级社会保障基金财政专户，专款专用，任何单位和个人不得擅自动用。

市人力资源社会保障局依法对工伤保险费的征缴和工伤保险基金的支付情况进行监督检查。

市财政、审计部门依法对工伤保险基金的收支、管理情况进行监督。

第十三条 （经办机构经费）

社保经办机构、医保经办机构开展工伤保险所需经费，由财政部门按照规定核定，纳入预算管理。

第三章 工伤认定

第十四条 （认定工伤范围）

从业人员有下列情形之一的，应当认定为工伤：

（一）在工作时间和工作场所内，因工作原因受到事故伤害的；

（二）工作时间前后在工作场所内，从事与工作有关的预备性或者收尾性工作受到事故伤害的；

（三）在工作时间和工作场所内，因履行工作职责受到暴力等意外伤害的；

（四）患职业病的；

（五）因工外出期间，由于工作原因受到伤害或者发生事故下落不明的；

（六）在上下班途中，受到非本人主要责任的交通事故或者城市轨道交通、客运轮渡、火车事故伤害的；

（七）法律、行政法规规定应当认定为工伤的其他情形。

第十五条 （视同工伤范围）

从业人员有下列情形之一的，视同工伤：

（一）在工作时间和工作岗位，突发疾病死亡或者在48小时之内经抢救无效死亡的；

（二）在抢险救灾等维护国家利益、公共利益活动中受到伤害的；

（三）从业人员原在军队服役，因战、因公负伤致残，已取得革命伤残军人证，到用人单位后旧伤复发的。

从业人员有前款第一项、第二项情形的，按照本办法的有关规定享受工伤保险待遇；从业人员有前款第三项情形的，按照本办法的有关规定享受除一次性伤残补助金以外的工伤保险待遇。

第十六条 （工伤排除）

从业人员符合本办法第十四条、第十五条的规定，但是有下列情形之一的，不得认定为工伤或者视同工伤：

（一）故意犯罪的；

（二）醉酒或者吸毒的；

（三）自残或者自杀的。

第十七条 （认定申请）

从业人员发生事故伤害或者按照职业病防治法规定被诊断、鉴定为职业病，所在单位应当自事故伤害发生之日或者被诊断、鉴定为职业病之日起30日内，向用人单位所在地的区、县人力资源社会保障局提出工伤认定申请。遇有特殊情况，经报区、县人力资源社会保障局同意，申请时限可以适当延长。

用人单位未按照前款规定提出工伤认定申请的，从业人员或者其近亲属、工会组织在事故伤害发生之日或者被诊断、鉴定为职业病之日起1年内，可以直接向用人单位所在地的区、县人力资源社会保障局提出工伤认定申请。

用人单位未在本条第一款规定的时限内提出工伤认定申请的，在此期间发生符合本办法规定的工伤待遇等有关费用，由该用人单位负担。

第十八条 （工伤认定申请材料）

提出工伤认定申请，应当提交下列材料：

（一）工伤认定申请表；

（二）与用人单位存在劳动关系（包括事实劳动关系）的证明材料；

（三）医疗诊断证明或者职业病诊断证明书（或者职业病诊断鉴定书）。

工伤认定申请表应当包括事故发生的时间、地点、原因以及从业人员伤害程度等基本情况。

工伤认定申请人在本办法规定时限内提出工伤认定申请时所提供材料不完整的，区、县人力资源社会保障局应当自收到工伤认定申请之日起10个工作日内，一次性书面告知工伤认定申请人需要补正的全部材料。工伤认定申请人应当在30日内，按照要求补正材料，逾期不补正但未超过法定申请期限的，可以重新提出工伤认定申请。

第十九条 （受理）

工伤认定申请人依法提出工伤认定申请，且提供的申请材料完整的，区、县人力资源社会保障局应当自收到工伤认定申请之日起10个工作日内发出受理通知书。不符合受理条件的，区、县人力资源社会保障局不予受理，并书面告知工伤认定申请人。

第二十条 （调查核实和举证责任）

区、县人力资源社会保障局受理工伤认定申请后，根据审核需要可以对事故伤害进行调查核实，用人单位、从业人员、工会组织、医疗机构以及有关部门应当予以协助。职业病诊断和诊断争议的鉴定，依照职业病防治法的有关规定执行。对依法取得职业病诊断证明书或者职业病诊断鉴定书的，区、县人力资源社会保障局不再进行调查核实。

用人单位、从业人员或者其近亲属可以根据认定工伤或者视同工伤的不同情形，提交相关行政机关或者司法机关出具的有关证明材料或者法律文书。

从业人员或者其近亲属认为是工伤，用人单位不认为是工伤的，由用人单位承担举证责任。

第二十一条 （认定程序）

区、县人力资源社会保障局应当自受理工伤认定申请之日起60日内作出工伤认定决定，并在作出工伤认定决定之日起10个工作日内将工伤认定决定送达申请工伤认定的从业人员或者其近亲属和该从业人员所在单位。

作出工伤认定决定需要以司法机关或者有关行政主管部门的结论为依据的，在司法机关或者有关行政主管部门尚未作出结论期间，作出工伤认定决定的时限中止，工伤认定时限中止的原因消除后，应当及时恢复。工伤认定时限中止、恢复的，区、县人力资源社会保障局应当告知有关当事人。

区、县人力资源社会保障局工作人员与工伤认定申请人有利害关系的，应当回避。

第二十二条 （工伤认定决定载明事项）

工伤认定决定应当载明下列事项：

（一）用人单位和工伤人员的基本情况；

（二）受伤部位、事故时间和诊治时间或者职业病名称、伤害经过和核实情况，以及医疗救治基本情况和诊断结论；

（三）认定为工伤、视同工伤或者认定为不属于工伤、不视同工伤的依据；

（四）认定结论；

（五）申请行政复议或者提起行政诉讼的期限；

（六）作出认定决定的时间。

工伤认定决定应当加盖区、县人力资源社会保障局工伤认定专用印章。

第二十三条 （告知义务）

区、县人力资源社会保障局向申请工伤认定的从业人员或者其近亲属和该从业人员所在单位送达工伤认定决定时，应当书面告知劳动能力鉴定的申请程序。

第四章劳动能力鉴定

第二十四条 （劳动能力鉴定）

从业人员发生工伤，经治疗伤情相对稳定后存在残疾、影响劳动能力的，应当进行劳动功能障碍程度和生活自理障碍程度的劳动能力鉴定。

劳动功能障碍分为十个伤残等级，生活自理障碍分为三个等级。

劳动能力鉴定标准，按照国家有关规定执行。

第二十五条 （鉴定机构）

市和区、县劳动能力鉴定委员会（以下简称“鉴定委员会”）由同级人力资源社会保障、卫生等部门以及工会组织、社保经办机构代表、用人单位代表组成。市和区、县鉴定委员会办公室设在同级人力资源社会保障局，负责鉴定委员会的日常工作。

市劳动能力鉴定中心受市鉴定委员会的委托，负责职业病人员的劳动能力鉴定及工伤人员的再次鉴定等具体事务。

区、县鉴定委员会负责本行政区域内的工伤人员劳动能力鉴定。

鉴定委员会依法建立医疗卫生专家库，进行劳动能力鉴定。

第二十六条 （劳动能力鉴定申请材料）

工伤人员的劳动能力鉴定，可以由用人单位、工伤人员或者其近亲属向区、县鉴定委员会提出申请。职业病人员的劳动能力鉴定，向市鉴定委员会提出申请。

提出劳动能力鉴定申请的，应当提交下列材料：

（一）填写完整的劳动能力鉴定申请表；

（二）工伤认定决定；

（三）定点医疗机构诊治工伤的有关资料。

第二十七条 （鉴定程序）

鉴定委员会收到劳动能力鉴定申请后，应当从其建立的医疗卫生专家库中随机抽取3名或者5名相关专家组成专家组，并由专家组提出鉴定意见；必要时，可以委托具备资格的医疗机构协助进行有关的诊断。鉴定委员会根据专家组的鉴定意见，在收到劳动能力鉴定申请之日起60日内作出工伤人员劳动能力鉴定结论。必要时，作出劳动能力鉴定结论的时限可以延长30日。鉴定委员会应当自作出劳动能力鉴定结论之日起15日内，向申请劳动能力鉴定的用人单位、工伤人员或者其近亲属送达劳动能力鉴定结论，并书面告知办理享受工伤保险待遇的手续，提供工伤保险待遇申请表。

鉴定委员会组成人员或者参加鉴定的专家与当事人有利害关系的，应当回避。

第二十八条 （再次鉴定）

申请劳动能力鉴定的用人单位、工伤人员或者其近亲属对劳动能力鉴定结论不服的，可以在收到该鉴定结论之日起15日内向市鉴定委员会提出再次鉴定申请。

市鉴定委员会对职业病人员申请再次鉴定的，应当另行组织专家组，进行再次鉴定。

市鉴定委员会作出的再次鉴定结论为最终结论。

第二十九条 （复查鉴定）

自劳动能力鉴定结论作出之日起1年后，工伤人员或者其近亲属、用人单位或者社保经办机构认为伤残情况发生变化的，可以提出劳动能力复查鉴定申请。

第三十条 （再次鉴定和复查鉴定的期限）

鉴定委员会进行再次鉴定和复查鉴定的期限，依照本办法第二十七条的规定执行。

第三十一条 （鉴定费用）

工伤人员的初次劳动能力鉴定费用，由工伤保险基金支付。

用人单位、工伤人员或者其近亲属提出再次鉴定或者复查鉴定申请的，再次鉴定结论维持原鉴定结论，或者复查鉴定结论没有变化的，鉴定费用由提出再次鉴定或者复查鉴定申请的用人单位、工伤人员或者其近亲属承担；再次鉴定结论或者复查鉴定结论有变化，以及按照国家规定需要定期复查鉴定的，鉴定费用由工伤保险基金承担。

第五章　工伤保险待遇

第三十二条 （就医原则）

从业人员因工作遭受事故伤害或者患职业病进行治疗，享受工伤医疗待遇。

工伤人员治疗工伤应当在本市定点医疗机构或者职业病定点医疗机构就医。情况紧急时，可以先到就近的医疗机构急救，伤情稳定后，应当及时转往定点医疗机构治疗。确需转往外省市治疗的，由本市定点医疗机构出具证明，报社保经办机构同意。

工伤人员需要进行工伤康复的，应当选择与市医保经办机构签订服务协议的工伤康复机构。

第三十三条 （工伤医疗和康复费用的支付）

治疗工伤所需医疗费用符合国家和本市的工伤保险诊疗项目目录、工伤保险药品目录、工伤保险住院服务标准的，从工伤保险基金支付。

本市的工伤保险诊疗项目目录、工伤保险药品目录、工伤保险住院服务标准，按照本市有关基本医疗保险诊疗项目范围、用药范围以及医疗服务设施范围等规定执行。

工伤人员到工伤康复机构进行工伤康复的费用，符合国家和本市工伤康复服务项目、工伤康复诊疗规范的，从工伤保险基金支付。

区、县人力资源社会保障局作出认定为工伤的决定后发生行政复议、行政诉讼的，行政复议和行政诉讼期间不停止支付工伤人员治疗工伤的医疗费用。

工伤人员治疗非工伤引发的疾病，所需医疗费用不列入工伤保险基金支付范围。

第三十四条 （工伤医疗和康复费用的结算）

工伤人员发生的工伤医疗和康复费用，经市或者区、县医保经办机构审核，由社保经办机构与本市定点医疗机构或者工伤康复机构结算。

工伤人员在非定点医疗机构进行急救或者按照本办法规定到外省市治疗发生的工伤医疗费用，由其个人先行支付后，按照规定向社保经办机构申请报销，经市或者区、县医保经办机构审核后，由工伤保险基金支付。

第三十五条 （住院伙食费补助、交通食宿费标准）

工伤人员住院治疗工伤的，由工伤保险基金按照规定的标准，支付住院伙食补助费；经本市定点医疗机构出具证明，报社保经办机构同意，工伤人员到外省市就医的，由工伤保险基金按照规定的标准支付食宿费，交通费按照社保经办机构核定的交通工具乘坐费用实报实销。

住院伙食补助费、食宿费标准的确定及其适时调整办法，由市人力资源社会保障局拟订，报市人民政府批准后执行。

第三十六条　（辅助器具配置）

工伤人员因日常生活或者就业需要，经鉴定委员会确认，应当选择到与社保经办机构签订服务协议的辅助器具配置机构安装假肢、矫形器、假眼、假牙和配置轮椅等辅助器具，所需费用符合国家和本市辅助器具安装配置项目和标准的，从工伤保险基金支付，并由社保经办机构与辅助器具配置机构结算。

第三十七条　（停工留薪期待遇）

从业人员因工作遭受事故伤害或者患职业病需要暂停工作接受工伤治疗的，在停工留薪期内，原工资福利待遇不变，由所在单位按月支付。

停工留薪期一般不超过12个月，具体期限根据定点医疗机构出具的伤病情诊断意见确定。伤情严重或者情况特殊，经鉴定委员会确认，可以适当延长，但延长不得超过12个月。工伤人员评定伤残等级后，停发原待遇，按照本办法的有关规定享受伤残待遇。工伤人员停工留薪期满后仍需治疗的，继续享受工伤医疗待遇。

生活不能自理的工伤人员在停工留薪期需要护理的，由所在单位负责。

第三十八条　（生活护理待遇）

工伤人员已经评定伤残等级并经鉴定委员会确认需要生活护理的，从工伤保险基金按月支付生活护理费。

生活护理费按照生活完全不能自理、生活大部分不能自理或者生活部分不能自理3个不同等级支付，其标准分别为上年度全市职工月平均工资的50%、40%或者30%。

第三十九条　（致残一至四级待遇）

工伤人员因工致残被鉴定为一级至四级伤残的，保留劳动关系，退出工作岗位，享受以下待遇：

（一）从工伤保险基金支付一次性伤残补助金。一级伤残的，为27个月的工伤人员本人工资；二级伤残的，为25个月；三级伤残的，为23个月；四级伤残的，为21个月。

（二）从工伤保险基金按月支付伤残津贴。一级伤残的，为工伤人员本人工资的90%；二级伤残的，为85%；三级伤残的，为80%；四级伤残的，为75%。

（三）工伤人员到达法定退休年龄并办理按月领取养老金手续后，停发伤残津贴，享受基本养老保险待遇。基本养老保险待遇低于伤残津贴的，由工伤保险基金补足差额。工伤人员到达法定退休年龄又不符合按月领取养老金条件的，由工伤保险基金继续支付伤残津贴。

（四）参加本市基本医疗保险的用人单位和工伤人员以伤残津贴为基数，按月缴纳基本医疗保险费，享受基本医疗保险待遇。工伤人员到达法定退休年龄后，继续享受基本医疗保险待遇。工伤人员到达法定退休年龄，但不符合继续享受基本医疗保险待遇条件的，用人单位和工伤人员以伤残津贴为基数，按照基本医疗保险规定一次性缴纳基本医疗保险费至符合条件后，继续享受基本医疗保险待遇。

第四十条　（致残五至六级待遇）

工伤人员因工致残被鉴定为五级、六级伤残的，享受以下待遇：

（一）从工伤保险基金支付一次性伤残补助金。五级伤残的，为18个月的工伤人员本人工资；六级伤残的，为16个月。

（二）保留与用人单位劳动关系，由用人单位安排适当工作。难以安排工作的，由用人单位按月发给伤残津贴。五级伤残的，为工伤人员本人工资的70%；六级伤残的，为60%。并由用人单位和工伤人员继续按照规定缴纳各项社会保险费。伤残津贴实际金额低于本市职工最低月工资标准的，由用人单位补足差额。

经工伤人员本人提出，该工伤人员可以与用人单位解除或者终止劳动关系，由工伤保险基金支付一次性工伤医疗补助金，由用人单位支付一次性伤残就业补助金。五级伤残的，分别为18个月的上年度全市职工月平均工资；六级伤残的，分别为15个月。

经工伤人员本人提出与用人单位解除劳动关系，且解除劳动关系时距法定退休年龄不足5年的，不足年限每减少1年，一次性工伤医疗补助金和一次性伤残就业补助金递减20%，但属于《中华人民共和国劳动合同法》第三十八条规定的情形除外。

因工伤人员退休或者死亡使劳动关系终止的，不享受本条第二款规定的待遇。

第四十一条 （致残七至十级待遇）

工伤人员因工致残被鉴定为七级至十级伤残的，享受以下待遇：

（一）从工伤保险基金支付一次性伤残补助金。七级伤残的，为13个月的工伤人员本人工资；八级伤残的，为11个月；九级伤残的，为9个月；十级伤残的，为7个月。

（二）劳动合同期满终止，或者工伤人员本人提出解除劳动合同的，由工伤保险基金支付一次性工伤医疗补助金，由用人单位支付一次性伤残就业补助金。七级伤残的，分别为12个月的上年度全市职工月平均工资；八级伤残的，分别为9个月；九级伤残的，分别为6个月；十级伤残的，分别为3个月。

经工伤人员本人提出与用人单位解除劳动关系，且解除劳动关系时距法定退休年龄不足5年的，不足年限每减少1年，一次性工伤医疗补助金和一次性伤残就业补助金递减20%，但属于《中华人民共和国劳动合同法》第三十八条规定的情形除外。

因工伤人员退休或者死亡使劳动关系终止的，不享受本条第一款第二项规定的待遇。

第四十二条 （工伤复发）

工伤人员工伤复发，经鉴定委员会确认需要治疗的，享受本办法第三十二条、第三十三条、第三十五条至第三十八条规定的工伤保险待遇。

工伤人员与用人单位解除或者终止劳动关系，并按照本办法规定享受一次性工伤医疗补助金和一次性伤残就业补助金的，不再享受本办法第三十二条、第三十三条、第三十五条至第三十八条规定的待遇。

第四十三条 （因工死亡待遇）

从业人员因工死亡，其近亲属按照下列规定从工伤保险基金领取丧葬补助金、供养亲属抚恤金和一次性工亡补助金：

（一）丧葬补助金为从业人员因工死亡时6个月的上年度全市职工月平均工资。

（二）供养亲属抚恤金按照从业人员生前本人工资的一定比例发给其生前提供主要生活来源、无劳动能力的亲属。其中，配偶每月40%，其他亲属每人每月30%；孤寡老人或者孤儿每人每月在上述标准的基础上增加10%。核定的各供养亲属的抚恤金之和不应高于因工死亡人员生前本人工资。

（三）一次性工亡补助金标准为从业人员因工死亡时上一年度全国城镇居民人均可支配收入的20倍。

工伤人员在停工留薪期内因工伤导致死亡的，其近亲属享受本条第一款规定的待遇。

致残一级至四级的工伤人员在停工留薪期满后死亡的，其近亲属可以享受本条第一款第一项、第二项规定的待遇。

供养亲属的具体范围，按照国家有关规定执行。

第四十四条 （待遇调整）

伤残津贴、供养亲属抚恤金、生活护理费的标准，由市人力资源社会保障局根据全市职工平均工资和生活费用变化等情况适时调整。调整办法由市人力资源社会保障局拟订，报市人民政府批准后执行。

第四十五条 （与其他赔偿关系）

由于第三人的原因造成工伤的，由第三人支付工伤医疗费用。第三人不支付工伤医疗费用或者无法确定第三人的，由工伤保险基金先行支付。工伤保险基金先行支付后，社保经办机构有权按照规定向第三人追偿。

由用人单位或者工伤保险基金先行支付的停工留薪期工资福利待遇、一次性伤残补助金、一次性工亡补助金等其他工伤保险待遇的费用，工伤人员或者其近亲属在获得第三人赔偿后，应当予以相应偿还。

第四十六条 （因工外出发生事故或在抢险救灾中下落不明人员的待遇）

从业人员因工外出期间发生事故或者在抢险救灾中下落不明的，从事故发生当月起3个月内照发工资，从第4个月起停发工资，由工伤保险基金按照本办法第四十三条第一款第二项所规定的标准，向其供养亲属按月支付供养亲属抚恤金。生活有困难的，可以预支一次性工亡补助金的50%。从业人员被人民法院宣告死亡的，按照本办法第四十三条规定处理。

第四十七条 （待遇停止）

工伤人员有下列情形之一的，停止享受工伤保险待遇：

（一）丧失享受待遇条件的；

（二）拒不接受劳动能力鉴定的；

（三）拒绝治疗的。

第四十八条 （保险责任确定）

用人单位分立、合并、转让的，承继单位应当承担原用人单位的工伤保险责任。

用人单位实行承包经营的，工伤保险责任由从业人员劳动关系所在单位承担。

从业人员被借调期间受到工伤事故伤害的，由原用人单位承担工伤保险责任，但原用人单位与借调单位可以约定补偿办法。

劳务派遣单位的从业人员在劳务派遣期间受到工伤事故伤害的，工伤保险责任由劳务派遣单位或者用工单位承担，具体认定办法由市人力资源社会保障局制定。工伤保险浮动费率责任由用工单位承担。

企业破产的，在破产清算时依法拨付应当由单位支付的工伤保险待遇费用。

第四十九条 （境外赔偿）

从业人员被派遣出境工作，依据前往国家或者地区的法律应当参加当地工伤保险的，参加当地工伤保险，其国内工伤保险关系中止；不能参加当地工伤保险的，其国内工伤保险关系不中止，按照本办法规定享受工伤保险待遇。

第五十条 （办理享受待遇的手续）

从业人员因工伤亡的，由用人单位、工伤人员或者其近亲属到社保经办机构办理工伤保险待遇手续，并提供下列相应材料：

（一）填写完整的工伤保险待遇申请表；

（二）工伤医疗费用支付凭证；

（三）工伤人员与承担工伤保险责任用人单位存在劳动关系的证明材料；

（四）待遇享受人的身份证明及与因工死亡人员的供养关系证明；

（五）下落不明或者宣告死亡的证明材料；

（六）其他相关材料。

社保经办机构应当自接到享受工伤保险待遇申请之日起30日内，对工伤人员或者其近亲属享受工伤保险待遇的条件进行审核。符合条件的，核定其待遇标准并按时足额支付；不符合条件的，应当书面告知。

第六章　特别规定

第五十一条　（非全日制从业人员的规定）

招用非全日制从业人员的用人单位应当按照本办法规定的缴费基数和费率，为其缴纳工伤保险费。

非全日制从业人员因工作遭受事故伤害或者患职业病后，与用人单位的劳动关系按照《中华人民共和国劳动合同法》、《上海市劳动合同条例》的规定执行，享受下列工伤保险待遇：

（一）按照本办法规定由工伤保险基金支付的工伤保险待遇；

（二）由承担工伤保险责任的用人单位参照本办法规定支付停工留薪期待遇，且不得低于全市职工月最低工资标准；

（三）致残一级至四级的，由承担工伤保险责任的用人单位和工伤人员以享受的伤残津贴为基数，一次性缴纳基本医疗保险费至工伤人员到达法定退休年龄，享受基本医疗保险待遇；

（四）致残五级至十级的，由承担工伤保险责任的用人单位按照本办法规定的标准支付一次性伤残就业补助金。

第五十二条　（协保人员的工伤待遇）

用人单位使用经就业登记的协保人员的，协保人员的工资收入不计入用人单位工伤保险缴费基数。

协保人员发生工伤的，可以按照本办法规定享受工伤保险待遇，社保经办机构按照规定核定用人单位下一年度的浮动费率。

第五十三条　（非正规就业劳动组织从业人员的规定）

非正规就业劳动组织参照本办法规定的缴费基数和费率缴纳工伤保险费后，其按照规定在市或者区、县人力资源社会保障局进行登记的从业人员发生工伤的，可以享受本办法规定由工伤保险基金支付的工伤保险待遇。

第五十四条　（非城镇户籍外来从业人员的特别规定）

因工致残一级至四级的非城镇户籍外来从业人员，可以按照本办法规定的待遇项目标准和支付方式，享受工伤保险待遇，也可以选择按一次性领取的方式享受。选择一次性领取工伤保险待遇的，由工伤人员在首次申领待遇时向社保经办机构提出，并以协议方式确认。一经确认，不再变更，其工伤保险关系终止，并与用人单位的劳动关系解除或者终止。

因工致残一级至四级的非城镇户籍外来从业人员选择按一次性领取的方式享受工伤保险待遇的，其工伤复发医疗费以及经鉴定委员会鉴定可以享受的一次性伤残补助金、伤残津贴、生活护理费和经确认配置辅助器具费等，由工伤保险基金一次性支付，支付标准由市人力资源社会保障局另行拟订，报市人民政府批准后执行。

第五十五条　（有关待遇计发的特别规定）

按照本办法规定计发的一级至十级工伤人员一次性伤残补助金，低于3896元乘以与伤残等级相应的下列月份数之积的，差额部分由工伤保险基金予以补足：一级伤残的，为24个月；二级伤残的，为22个月；三级伤残的，为20个月；四级伤残的，为18个月；五级伤残的，为16个月；六级伤残的，为14个月；七级伤残的，为12个月；八级伤残的，为10个月；九级伤残的，为8个月；十级伤残的，为6个月。

按照本办法规定计发的一级至四级工伤人员当年度伤残津贴和因工死亡人员供养亲属抚恤金，低于市人力资源社会保障局公布的上述两项工伤保险待遇最低标准的，按最低标准计发。

第七章　法律责任

第五十六条　（法律责任）

违反本办法规定的行为，《中华人民共和国社会保险法》、《工伤保险条例》等法律法规有处理规定的，从其规定。

第五十七条　（相关机构的法律责任）

工伤康复机构、辅助器具配置机构不按服务协议提供服务的，市医保经办机构、社保经办机构可以解除服务协议。

市医保经办机构、社保经办机构不按时足额结算费用的，由市人力资源社会保障局责令改正，工伤康复机构、辅助器具配置机构可以解除服务协议。

第五十八条　（应参保未参保或者未按规定缴费的规定）

用人单位未依法缴纳工伤保险费的，按照《中华人民共和国社会保险法》和《社会保险费征缴暂行条例》的有关规定处理。

应当参加工伤保险而未参加或者未按规定缴纳工伤保险费的用人单位，未参加工伤保险或者未按规定缴纳工伤保险费期间，从业人员发生工伤的，由用人单位按照本办法规定的工伤保险待遇项目和标准支付费用。用人单位不支付的，从工伤保险基金中先行支付。从工伤保险基金中先行支付的费用，应当由用人单位偿还。用人单位不偿还的，社保经办机构依法追偿。

用人单位参加工伤保险并补缴应当缴纳的工伤保险费、滞纳金后，由工伤保险基金和用人单位依照本办法的规定支付新发生的费用。

第五十九条　（争议处理）

工伤人员与用人单位发生工伤保险待遇方面争议，适用劳动人事争议处理的有关规定。

第六十条　（行政复议和行政诉讼）

单位和个人对市或者区、县人力资源社会保障局，或者社保经办机构、医保经办机构依照本办法规定作出的具体行政行为不服的，可以依法申请行政复议或者提起行政诉讼。

第八章　附则

第六十一条　（本人工资的定义）

本办法所称本人工资，是指工伤人员因工作遭受事故伤害或者患职业病前12个月平均月缴费工资。本人工资高于本市职工平均工资300%的，按照本市职工平均工资的300%计算；本人工资低于本市职工平均工资60%的，按照本市职工平均工资的60%计算。

第六十二条　（关于适用范围的特别规定）

国家对国家机关和参照公务员法管理的事业单位、社会团体的工伤保险另行作出规定的，按照国家规定进行调整。

第六十三条　（施行日期和废止事项）

本办法自2013年1月1日起施行。2004年6月27日上海市人民政府令第29号发布、并根据2010年12月20日上海市人民政府令第52号《上海市人民政府关于修改〈上海市农机事故处理暂行规定〉等148件市政府规章的决定》修正的《上海市工伤保险实施办法》同时废止。

上海市企业欠薪保障金筹集和垫付的若干规定

上海市企业欠薪保障金筹集和垫付的若干规定

（2007年6月21日上海市人民政府令第72号公布　根据2009年9月25日上海市人民政府令第19号公布的《上海市人民政府关于修改〈上海市企业欠薪保障金筹集和垫付的若干规定〉的决定》进行修正）

第一章　总则

第一条　（目的和依据）

为了帮助劳动者解决因企业欠薪引起的临时性生活困难，维护社会稳定，根据国务院有关文件精神和《上海市促进就业若干规定》，制定本规定。

第二条　（定义）

本规定所称的欠薪，是指企业应当支付而未支付给劳动者的工资，以及解除、终止劳动合同时应当支付而未支付给劳动者的经济补偿金。

第三条　（适用范围）

本市范围内企业缴纳欠薪保障费，以及劳动者因企业欠薪而申请先行垫付的，适用本规定。

建筑施工企业实行工资保证金制度的，不适用本规定。

第四条　（欠薪保障的原则）

欠薪保障实行社会共济、应急帮助和有限垫付的原则，鼓励劳动者通过法律途径追讨欠薪，维护自身合法权益。

第五条　（资金来源）

本市设立欠薪保障金。欠薪保障金的来源包括：

（一）企业缴纳的欠薪保障费及其利息收入；

（二）垫付欠薪款项的追偿所得；

（三）财政补贴；

（四）其他收入。

第二章　管理机构

第六条　（管理部门）

上海市人力资源和社会保障局（以下简称市人力资源社会保障局）是本市欠薪保障工作的主管部门，履行下列职责：

（一）制定欠薪保障金的有关管理制度；

（二）审核、决定超过规定数额的垫付欠薪事项；

（三）向欠薪企业追偿由其决定垫付的欠薪款项；

（四）指导、监督区县人力资源和社会保障局（以下简称区县人力资源社会保障局）的欠薪保障工作；

（五）按照本规定应当履行的其他职责。

区县人力资源社会保障局负责本行政区域内的欠薪保障工作，履行下列职责：

（一）受理本行政区域内以及市人力资源社会保障局指定的垫付欠薪申请；

（二）审核、决定规定数额以内的垫付欠薪事项；

（三）向欠薪企业追偿由其垫付的欠薪款项；

（四）按照本规定应当履行的其他职责。

第一款、第二款所称的规定数额，由市人力资源社会保障局确定。

第七条　（财务管理）

欠薪保障金实行收支两条线管理，设立财政专户，专款专用。

市人力资源社会保障局向区县人力资源社会保障局下拨的欠薪保障金，存入区县人力资源社会保障局开设的专户，实行分账核算管理。具体管理办法由市人力资源社会保障局与市财政局另行制定。

欠薪保障工作所需经费按规定列入同级财政预算。

第八条　（监督）

上海市社会保障监督委员会对欠薪保障费的征缴、欠薪保障金的使用情况进行监督。

第三章　征缴

第九条　（征缴机构）

市人力资源社会保障局所属的社会保险经办机构具体负责欠薪保障费的征缴工作。

第十条　（缴费主体）

本市范围内的企业应当依照本规定，在市人力资源社会保障局规定的缴费期限内缴纳欠薪保障费。

领取营业执照的企业分支机构，应当单独缴纳欠薪保障费。

企业缴纳的欠薪保障费在成本中列支。

第十一条　（缴费的标准和数额）

企业、企业分支机构每年缴纳一次欠薪保障费。缴费的具体数额，为本市公布的月最低工资标准的数额。

第十二条（缴费的调整与公布）

根据欠薪保障金的收支情况，市人力资源社会保障局可适时提出调整缴费标准或者暂停征缴欠薪保障费的建议，经市人民政府批准后实施，并向社会公布。

第四章　申请与垫付

第十三条　（申请条件）

有下列情形之一的，企业无力或暂时无力支付欠薪，被欠薪的劳动者本人可以申请垫付欠薪：

（一）企业因宣告破产、解散或者被撤销进入清算程序，且欠薪事实已由企业、企业清算组织确认，或者已由人力资源和社会保障行政部门或者劳动争议处理机构查实的；

（二）企业因经营者隐匿、出走等原因已停止经营，且欠薪事实已由人力资源和社会保障行政部门或者劳动争议处理机构查实的。

除上述情形外，因企业欠薪可能引发重大冲突，负责处理纠纷的行政机关已将纠纷情况和欠薪事实查清的，被欠薪的劳动者也可以申请垫付欠薪。

第十四条　（申请人资格的限制）

在本规定第十三条所规定的情形中，属于下列人员的，不予垫付欠薪：

（一）欠薪企业的法定代表人或者经营者；

（二）欠薪企业中与前项人员共同生活的近亲属；

（三）拥有欠薪企业10%以上股份的人员；

（四）月工资超过本市职工月平均工资水平三倍的人员；

（五）累计欠薪数额不到200元的人员。

第十五条 （申请人应提供的材料）

申请人应当提供本人身份证明、劳动关系证明，填写垫付欠薪申请书，并提供能够证明欠薪事实的相关材料。

属于本规定第十三条第二款规定情形的，申请人还需提供处理纠纷的行政机关出具的证明需要垫付欠薪的相关材料。

第十六条 （申请期限）

劳动者申请垫付欠薪的，应当自取得证明欠薪事实的材料之日起30日内，向区县人力资源社会保障局提出申请。

劳动者因非自身原因超出规定期限提出申请的，区县人力资源社会保障局可以适当延长其申请期限。

第十七条 （审核与垫付）

区县人力资源社会保障局收到申请后，应当及时进行审核，并在10个工作日内作出准予或者不予垫付的决定；对于超过规定数额的垫付事项，应当报市人力资源社会保障局审核决定。

人力资源和社会保障行政部门决定不予垫付的，不影响申请人根据劳动监察、劳动争议处理以及其他有关法律法规的规定要求企业支付欠薪的权利。

第十八条 （协助义务）

人力资源和社会保障行政部门对申请材料进行审核，需要了解有关欠薪情况时，申请人、欠薪企业以及有关的机构和组织应当予以配合。

第十九条 （垫付标准）

欠薪月数不超过6个月的，垫付欠薪按照实际欠薪月数计算；超过6个月的，按照6个月计算。

拖欠的月工资或者月经济补偿金高于本市当年职工月最低工资标准的，垫付欠薪的款项按照月最低工资标准计算；低于月最低工资标准的，按照实际欠薪数额计算。

第五章 追偿

第二十条 （欠薪追偿权的转移）

劳动者获得欠薪垫付的，作出垫付的人力资源和社会保障行政部门就垫付部分取得对企业的欠薪追偿权。

劳动者获得欠薪垫付的，不影响其依法要求企业支付其他欠薪部分的权利。

第二十一条 （偿还义务）

企业应当及时偿还欠薪保障金垫付的欠薪款项。

第二十二条 （不履行偿还义务的救济途径）

企业拖延或者拒不偿还被垫付的欠薪款项的，人力资源和社会保障行政部门可以依法申请人民法院强制执行或者向人民法院提起诉讼。

第二十三条 （清算程序中的追偿）

因本规定第十三条第一款第（一）项情形垫付欠薪款项的，人力资源和社会保障行政部门可以通过参加债权人会议等形式参与财产分配，并依法优先受偿。

第六章 法律责任

第二十四条 （对欠薪企业的查处）

企业无故拖欠劳动者的工资报酬，或者未依法支付经济补偿金的，由人力资源和社会保障行政部门根据《劳动保障监察条例》以及本市有关规定予以查处。

第二十五条 （不缴纳欠薪保障费的法律责任）

企业未按规定缴纳欠薪保障费的，由市人力资源社会保障局责令限期缴纳；逾期仍不缴纳的，从欠缴之日起，按日加收2‰滞纳金，并处以1000元以上3000元以下的罚款。滞纳金并入欠薪保障金。

第二十六条 （提供虚假资料的法律责任）

以提供虚假资料或者虚构事实骗取欠薪垫付款项的，由人力资源和社会保障行政部门责令其退还；构成犯罪的，依法追究刑事责任。

第二十七条 （工作人员的违法责任）

与实施欠薪保障有关的工作人员滥用职权、徇私舞弊、玩忽职守的，由有关部门给予行政处分；构成犯罪的，依法追究刑事责任。

第七章 附则

第二十八条 （年度报告与审计）

市人力资源社会保障局每年应当向市人民政府报告上一年度欠薪保障费的征缴和欠薪保障金的使用情况。

审计部门依法对欠薪保障金的收支情况进行审计监督。

第二十九条 （协调机制）

上海市劳动关系协调联席会议可以定期对本市欠薪保障工作中的有关问题进行研究和协调。

第三十条 （表彰）

企业在保障劳动者权益、推进和谐劳动关系方面有突出成绩的，人力资源和社会保障行政部门可予以表彰。

第三十一条 （实施日期）

本规定自2007年10月1日起施行。上海市人民政府1999年11月25日印发的《上海市小企业欠薪基金试行办法》（沪府发〔1999〕043号）和2000年8月8日批转的《关于本市小企业欠薪保障金收缴的实施意见》（沪府发〔2000〕038号）同时废止。

第三章 重庆市人力资源和劳动保障法规

重庆市劳动争议调解仲裁办法

重庆市劳动争议调解仲裁办法

（2010年7月19日市人民政府第76次常务会议通过，自2010年9月1日起施行）

目 录

第一章　总则

第一条　为了合法、公正、及时解决劳动争议，保护当事人的合法权益，促进劳动关系和谐稳定，根据《中华人民共和国劳动争议调解仲裁法》，结合本市实际，制定本办法。

第二条　本市行政区域内的用人单位与劳动者发生的下列劳动争议，适用本办法：

（一）因确认劳动关系发生的争议；

（二）因订立、履行、变更、解除和终止劳动合同发生的争议；

（三）因除名、辞退和辞职、离职发生的争议；

（四）因工作时间、休息休假、社会保险、福利、培训以及劳动保护发生的争议；

（五）因劳动报酬、工伤医疗费、经济补偿或者赔偿金等发生的争议；

（六）法律、法规规定的其他劳动争议。

第三条　解决下列争议，不适用本办法：

（一）劳动者请求社会保险经办机构发放社会保险金的争议；

（二）劳动者与用人单位因住房制度改革产生的公有住房转让以及住房公积金缴纳的争议；

（三）劳动者对劳动能力鉴定委员会的伤残等级鉴定结论或者对职业病诊断鉴定委员会的职业病诊断鉴定结论的争议；

（四）家庭或者个人与家政服务人员之间的争议；

（五）用人单位与招用的达到法定退休年龄的人员发生的争议；

（六）在校学生与用人单位发生的争议；

（七）个体工匠与帮工、学徒之间的争议；

（八）农村土地家庭承包方与受雇人之间的争议；

（九）劳动者因对原国有、集体企业在改制过程中按安置方案支付的安置补偿费用发生的争议；

（十）城镇退伍军人安置争议。

第四条　解决劳动争议，应当根据事实，遵循合法、公正、及时、着重调解的原则，依法保护当事人的合法权益。

第五条　发生劳动争议，劳动者可以与用人单位协商，也可以请工会或者第三方共同与用人单位协商，达成和解协议。

当事人不愿协商、协商不成或者达成和解协议后不履行的，可以向调解组织申请调解；不愿调解、调解不成或者达成调解协议后不履行的，可以向劳动争议仲裁委员会申请仲裁；对仲裁裁决不服的，除法律另有规定的外，可以向人民法院提起诉讼。

第二章　调解

第一节　劳动争议调解组织调解

第六条　发生劳动争议，当事人可以到下列调解组织申请调解：

（一）企业劳动争议调解委员会；

（二）依法设立的基层人民调解组织；

（三）在乡镇、街道设立的具有劳动争议调解职能的组织。

第七条　劳动争议调解组织履行下列职责：

（一）建立和完善劳动争议调解工作制度；

（二）受理劳动争议当事人的调解申请，及时组织调解工作；

（三）引导双方当事人自觉履行调解协议；

（四）配合相关部门对劳动者和用人单位进行劳动保障法律、法规、规章和政策的宣传。

劳动争议调解组织对调解不成的劳动争议，根据不同情况应当告知申请人有权向人力资源和社会保障行政部门投诉或者直接申请劳动争议仲裁。对因支付拖欠劳动报酬、工伤医疗费、经济补偿或者赔偿金事项达成调解协议的，应当告知劳动者有权向人民法院申请支付令。

第八条　企业劳动争议调解委员会由职工代表和企业代表组成。职工代表由工会成员担任或者由全体职工推举产生，企业代表由企业负责人指定。企业劳动争议调解委员会主任由工会成员或者双方推举的人员担任。

设有分支机构的用人单位，可以同时在其分支机构设立调解委员会派出机构。

企业劳动争议调解委员会接受用人单位所在区县（自治县）总工会（或者行业工会）和劳动争议仲裁委员会的指导。

第九条　区县（自治县）人民政府可以根据实际情况在企业比较集中的乡镇、街道设立具有劳动争议调解职能的组织。

劳动争议调解组织的工作经费和调解员的工作补贴，由区县（自治县）人民政府参照人民调解组织的工作经费和调解员的工作补贴给予适当安排。

第十条　调解组织的调解员应当由公道正派、联系群众、热心调解工作，并具有一定法律知识、政策水平和文化水平的成年公民担任。

调解员在调解劳动争议时应当充分听取当事人对事实的陈述，依法、客观、公正地主持调解工作，通过规劝、疏导等方式，促使劳动争议当事人平等协商、互谅互让、消除纷争，自愿达成协议。

调解员实行选用聘任制度，调解组织应当设立调解员名册并公布。

第十一条　调解组织根据当事人的申请，受理调解劳动争议。当事人向调解组织申请劳动争议调解可以书面申请，也可以口头申请。口头申请的，调解组织应当当场记录申请人基本情况、申请调解的争议事项、理由和时间。

当事人没有申请的，也可以主动调解，但当事人表示异议的除外。

第十二条　当事人可以协商从调解组织调解员名册中选择1名调解员主持调解工作；协商不成的，由调解组织负责人指派1名或者1名以上单数调解员主持调解工作。

第二节　劳动争议仲裁委员会调解

第十三条　对尚未立案受理的事实清楚、权利义务关系明确的简单劳动争议案件，劳动争议仲裁委员会可以在征得当事人同意后先行调解。

经调解达成协议的，由当事人签定和解协议并履行协议内容；在5个工作日内未能达成协议的，劳动争议仲裁委员会终结调解，受理仲裁申请。

第十四条　对已经立案受理的事实清楚、权利义务关系明确的劳动争议案件，有下列情形之一的，劳动争议仲裁委员会应当进行庭前调解：

（一）申请人和被申请人同时到庭请求解决纠纷的；

（二）一方当事人到庭请求解决纠纷，另一方当事人在本地，可以用电话等简便方式通知其在答辩期内到庭调解的。

第十五条　劳动争议仲裁委员会进行庭前调解的，应当在被申请人答辩期限内调解结案。

劳动争议仲裁委员会进行庭前调解的，应当将仲裁申请书内容和适用庭前调解的决定、期限告知被申请人，并通知当事人调解的时间、地点。

当事人达成调解协议的，劳动争议仲裁委员会应当将调解情况记录在案，由当事人签字确认，并在5日内制作仲裁调解书送达当事人；逾期未能调解结案的，被申请人应当及时提交答辩书进行审理，审理期限自案件立案受理之日起计算，不再重新计算答辩期。

第十六条　劳动争议仲裁委员会进行庭前调解的，应当将调解情况记录在案，由当事人签字确认。

第十七条　仲裁庭调查结束后，在作出裁决前，应当组织调解。调解达成协议的，仲裁庭应当制作调解书，并由仲裁员签名，加盖劳动争议仲裁委员会印章，送达双方当事人。调解书经双方当事人签收后，发生法律效力。

调解不成或者调解书送达前，一方当事人反悔的，仲裁庭应当及时作出裁决。

第三章　仲裁

第一节　仲裁组织和仲裁参加人

第十八条 劳动争议仲裁委员会是依法处理劳动争议的专门机构。

市、区县（自治县）应当设立劳动争议仲裁委员会。

市、区县（自治县）劳动争议仲裁委员会由下列人员组成：

（一）人力资源和社会保障行政部门的代表；

（二）工会的代表；

（三）企业方面的代表。

劳动争议仲裁委员会组成人员应当是单数。劳动争议仲裁委员会委员的确认和更换，须报同级人民政府批准。

第十九条　劳动争议仲裁委员会研究决定重大事项，应当召开劳动争议仲裁委员会会议。劳动争议仲裁委员会决定事项应当有2/3以上委员参加，并经参加委员半数以上表决同意。

第二十条　劳动争议仲裁委员会下设办事机构，依法履行以下职责：

（一）组建仲裁庭；

（二）根据仲裁委员会授权对仲裁庭和仲裁员进行管理；

（三）管理仲裁委员会的印鉴、文件、档案、经费；

（四）办理仲裁委员会的日常工作；

（五）办理仲裁委员会交办的其他事项。

第二十一条　劳动争议仲裁委员会应当设仲裁员名册，仲裁员分为专职仲裁员和兼职仲裁员。

专职仲裁员由劳动争议仲裁委员会在人力资源和社会保障行政部门、仲裁委员会办事机构从事劳动争议处理工作的人员中聘任；兼职仲裁员由劳动争议仲裁委员会在人力资源和社会保障、经济综合管理、法制等部门，地方总工会、行业工会、企业联合会/企业家协会中符合条件的工作人员，以及专家、学者、律师中聘任。

兼职仲裁员和专职仲裁员在执行仲裁事务时享有同等权利。兼职仲裁员办理案件应当给予适当补助。兼职仲裁员进行仲裁活动，所在单位应当给予支持，视同其提供了正常劳动。

第二十二条　因履行集体合同发生的劳动争议，职工方可以由工会组织代表依法参加调解仲裁活动，或者由职工方通过推选等民主方式产生的代表参加调解仲裁活动。

第二十三条　代表人参加仲裁的行为对其所代表的当事人发生效力，但代表人变更、放弃仲裁请求或者承认对方当事人的仲裁请求，进行和解，应当经被代表的当事人同意。

第二十四条　当事人可以委托代理人参加仲裁活动。委托他人参加仲裁活动，应当向劳动争议仲裁委员会提交有委托人签名或者盖章的委托书，委托书应当载明委托事项和权限。委托人解除委托，或者委托事项、权限变更的，应当书面告知劳动争议仲裁委员会。

第二十五条　劳动争议发生在人民法院受理破产申请前的，人民法院指定的破产企业管理人在接管债务人财产后，代表破产企业参加仲裁活动。

第二十六条　劳动者和不具备合法主体资格的用工方因事故伤害或者职业病产生争议的，其出资人、开办单位作为共同当事人。

第二十七条　个体工商户以营业执照上登记的业主为当事人。有字号的，应当在法律文书中注明登记字号。

营业执照上登记的业主与实际经营者不一致的，以业主和实际经营者为共同当事人。

第二节　申请和受理

第二十八条　市劳动争议仲裁委员会管辖下列劳动争议案件：

（一）在市工商行政管理局登记，注册资本1000万美元及以上（或者相当于1000万美元及以上）的外商和港澳台商投资的用人单位与劳动者发生的劳动争议案件；

（二）用人单位与取得合法就业资格的外籍及港澳台劳动者发生的劳动争议案件；

（三）市劳动争议仲裁委员会认为有重大影响的劳动争议案件。

区县（自治县）劳动争议仲裁委员会管辖本行政区域内除前款规定以外的劳动争议案件。

市劳动争议仲裁委员会可以受理区县（自治县）劳动争议仲裁委员会管辖的案件，也可以将其管辖的劳动争议案件指定由区县（自治县）劳动争议仲裁委员会受理。

区县（自治县）劳动争议仲裁委员会对其有权管辖的劳动争议案件，认为重大、疑难或者涉及面广需要由市劳动争议仲裁委员会处理的，可以报请市劳动争议仲裁委员会处理。

第二十九条　劳动争议由劳动合同履行地或者用人单位所在地的劳动争议仲裁委员会管辖。

劳动合同履行地为劳动者实际工作场所地；用人单位所在地为用人单位注册、登记地。用人单位未经注册、登记的，其出资人、开办单位所在地为用人单位所在地。

第三十条　劳动者提出的劳动争议有两个或者两个以上的用人单位为被申请人的，由劳动合同履行地或者第一被申请人所在地的劳动争议仲裁委员会管辖。劳务派遣单位和实际用工单位为共同被申请人的，以劳务派遣单位为第一被申请人。

在工程项目建设过程中，劳动者因工作遭受事故伤害要求支付工伤待遇与用人单位发生劳动争议的，由劳动者受伤时工程项目所在地的劳动争议仲裁委员会管辖。

第三十一条　劳动争议仲裁委员会发现已经受理的案件不属于其管辖范围的，应当移送至有管辖权的劳动争议仲裁委员会，并书面通知当事人。受移送的劳动争议仲裁委员会认为移送的案件不属于自己管辖范围的，应当报请共同的上一级仲裁委员会主管部门指定管辖，不得再行移送。

劳动争议仲裁委员会之间因管辖权发生争议，由双方协商解决。协商不成的应当报请共同的上一级仲裁委员会主管部门指定管辖。

第三十二条　劳动争议仲裁委员会受理案件后，当事人对管辖权有异议的，应当在答辩期内书面提出。劳动争议仲裁委员会经审查认为异议成立的，决定将案件移送有管辖权的劳动争议仲裁委员会；异议不成立的，决定驳回。

第三十三条　申请仲裁的时效期间为1年。仲裁时效期间从当事人知道或者应当知道其权利被侵害之日起计算。

劳动关系解除或者终止后产生的支付工资、经济补偿金、赔偿金、福利待遇以及返还定金、保证金或者抵押钱物等争议，以用人单位承诺支付或者返还期限届满之日为当事人知道或者应当知道其权利被侵害之日；用人单位未承诺的，以劳动关系解除或者终止之日为当事人知道或者应当知道其权利被侵害之日。

因劳动关系解除或者终止产生的争议，用人单位不能证明劳动者收到劳动关系解除或者终止通知时间的，劳动者主张权利之日为当事人知道或者应当知道其权利被侵害之日。

劳动者请求用人单位支付工伤待遇的，用人单位拒绝支付工伤待遇之日为当事人知道或者应当知道其权利被侵害之日。劳动能力鉴定结论生效后，劳动者与用人单位仍未就工伤待遇支付达成协议的，鉴定结论生效之日视为当事人知道或者应当知道其权利被侵害之日。

第三十四条　申请人申请仲裁应当符合下列条件：

（一）申请人是与本争议有直接利害关系的用人单位或者劳动者；

（二）有明确的被申请人；

（三）有具体的仲裁请求、事实和理由；

（四）在申请仲裁的法定时效期间内；

（五）符合本办法规定的受理范围和管辖范围。

申请人是自然人的，应当提供身份证明复印件，并在仲裁申请书中载明其姓名、性别、年龄、职业、工作单位、住所、通讯地址和联系电话等内容；申请人是用人单位的，应当提供营业执照、登记证或者注册、登记机关出具的证明文件复印件，并在仲裁申请书中载明其名称、住所、通讯地址、联系电话和法定代表人或者主要负责人的姓名、职务等内容。

申请人申请仲裁应当提交书面仲裁申请，书写仲裁申请确有困难，可以口头申请。口头申请的，劳动争议仲裁委员会应当如实记入笔录，由申请人签名或者盖章确认。

第三十五条　劳动争议仲裁委员会收到仲裁申请后，对仲裁申请书不符合法定要求的，应当当场或者5日内退回申请人重写或者补正，同时告知申请人应当重写或者补正的内容；对仲裁申请书符合法定要求的，应当出具收件回执，注明收件日期、当事人基本情况及仲裁请求。

劳动争议仲裁委员会收到仲裁申请后超过5个工作日未作出是否受理决定的，申请人可以就该劳动争议事项向人民法院提起诉讼，劳动争议仲裁委员会应当根据当事人的书面要求出具尚未立案的证明，并说明理由。

第三十六条　申请人可以在案件审理过程中放弃仲裁请求，也可以在举证期限届满前变更或者增加仲裁请求。被申请人可以承认或者反驳仲裁请求，也可以在答辩期内提起反申请。

申请人变更或增加仲裁请求，被申请人提出反申请的，对方当事人享有答辩期。

第三节　审理和裁决

第三十七条　仲裁庭开庭审理劳动争议案件，按照下列顺序进行：

（一）书记员核实当事人及其代理人身份和代理权限，宣布仲裁庭纪律；

（二）首席仲裁员或者仲裁员宣布开庭，宣布仲裁员、书记员名单，告知当事人在庭审中的权利和义务，询问当事人有无回避请求；

（三）听取申请人对请求事项、事实及理由的陈述和被申请人的答辩，主持庭审调查、质证和辩论、征询当事人意见；

（四）调解；

（五）当事人最后陈述意见；

（六）告知仲裁裁决的期限，宣布闭庭。

第三十八条 仲裁员有下列情形之一的，应当回避，当事人申请回避的应当说明理由：

（一）是本案当事人或者当事人、代理人的近亲属的；

（二）与本案有利害关系的；

（三）与本案当事人、代理人有其他关系，可能影响公正裁决的；

（四）私自会见当事人、代理人，或者接受当事人、代理人请客送礼的。

前款规定，适用于书记员及鉴定人员。

第三十九条 当事人对自己提出的主张，有责任提供证据。与争议事项有关的证据属于用人单位掌握管理的，用人单位应当提供；用人单位在规定期限内不提供的，应当承担不利后果。

在法律没有具体规定，依前款规定无法确定举证责任承担时，仲裁庭可以根据公平原则和诚实信用原则，综合当事人举证能力等因素确定举证责任的承担。

第四十条 承担举证责任的当事人应当在劳动争议仲裁委员会指定的期限内提供有关证据。当事人在规定期限内提交证据材料确有困难的，应当在期限届满前向劳动争议仲裁委员会申请延期举证，经劳动争议仲裁委员会准许，可以适当延长期限。当事人在延长的期限内提交证据材料仍有困难的，可以再次提出延期申请，是否准许由劳动争议仲裁委员会决定。

第四十一条 当事人应当对其提交的证据材料逐一分类编号，记入证据清单，对证据材料的来源、证明对象和内容作简要说明，有证人的标明证人姓名和住所，并在证据清单上签名或者盖章，注明提交日期。

第四十二条 当事人应当在开庭3日前提交证据进行证据交换。当事人逾期提交的证据材料，劳动争议仲裁委员会审理时不组织质证。但对方当事人同意质证的除外。

开庭前没有组织交换证据的，当事人应当在庭审结束前完成举证。

第四十三条 仲裁员对其审理的劳动争议案件进行调查时，应当有2名以上工作人员，有关单位和个人应当配合。调查时应当先向被调查人出示证件，形成调查笔录。调查笔录经被调查人校阅后，由被调查人和调查人员签名或盖章，被调查人拒绝签名或者盖章的，调查人员应当记录在案。

劳动争议仲裁委员会依法对国家有关部门或单位保存的档案资料进行复制、查阅、拍照、录像的，有关部门或单位应当协助配合，并不得收取费用。

第四十四条 劳动争议仲裁委员会之间可以委托调查。劳动争议仲裁委员会可以委托社会保险经办机构就案件事实部分涉及的专业性问题进行审核。受委托的单位应当自收到委托书之日起15日内完成委托事项；因故不能完成的，应当在上述期限内函告委托方。

第四十五条 劳动争议仲裁委员会对专门性问题认为需要鉴定的，可以交由当事人约定的鉴定机构鉴定；当事人没有约定或者无法达成约定的，由劳动争议仲裁委员会指定的鉴定机构鉴定。

当事人就专门性问题申请鉴定的，劳动争议仲裁委员会应当予以支持。鉴定费用由提出鉴定申请的一方当事人向鉴定机构预缴，由对鉴定结论承担不利后果的一方当事人承担；提出鉴定申请的一方当事人未向鉴定机构预缴鉴定费的，视为放弃鉴定申请。

当事人申请劳动能力鉴定的，劳动争议仲裁委员会可以委托劳动能力鉴定机构进行鉴定。

第四十六条　仲裁庭开庭审理劳动争议案件，双方出庭人员应当提供有效身份证明和有关材料，出庭人员未提供有效身份证明或者委托书等有关材料的，仲裁庭可以拒绝其出庭。

申请人收到书面通知，无正当理由拒不到庭或者未经仲裁庭同意中途退庭的，可以视为撤回仲裁申请，申请人重新申请仲裁的，仲裁委员会不予受理。被申请人收到书面通知，无正当理由拒不到庭或者未经仲裁庭同意中途退庭的，可以缺席裁决。

当事人到庭而代理人未能到庭的，仲裁庭继续审理。

当事人有正当理由未能到庭的，由劳动争议仲裁委员会决定是否延期。

第四十七条　有下列情形之一的，仲裁庭应当中止审理：

（一）据以认定案件事实的工伤认定结论被提起行政复议、行政诉讼或者劳动能力再次鉴定申请已被受理的；

（二）劳动者死亡，需要等待继承人表明是否参加仲裁的；

（三）丧失或者部分丧失民事行为能力的劳动者，尚未确定法定代理人的；

（四）作为一方当事人的法人或者其他组织终止，尚未确定权利义务承受人的；

（五）一方当事人因不可抗拒的事由，不能参加仲裁的；

（六）本案必须以另一案的审理结果为依据，而另一案尚未审结的；

（七）其他应当中止审理的情形。

中止审理的原因消除后，仲裁庭应当恢复审理。

第四十八条　有下列情形之一的，仲裁庭应当终止审理：

（一）劳动者死亡后无继承人或者利害关系人的；

（二）用人单位注销后无权利义务承受人的；

（三）劳动争议仲裁委员会逾期未裁决，当事人已就该争议事项向人民法院提起诉讼的；

（四）法律、法规规定的其他情形。

第四十九条　仲裁庭

裁决劳动争议案件，应当自劳动争议仲裁委员会受理仲裁申请之日起45日内结束。案情复杂需要延期的，经劳动争议仲裁委员会主任批准，可以延期并书面通知当事人，但是延长期限不得超过15日。

逾期未作出仲裁裁决的，当事人可以就该劳动争议事项向人民法院提起诉讼，劳动争议仲裁委员会应当根据当事人书面要求出具尚未审结的证明，并说明理由。

第五十条　有下列情形之一的，仲裁期限按照下列规定计算：

（一）申请人需要补正材料的，劳动争议仲裁委员会收到仲裁申请的时间从材料补正之日起计算；

（二）增加、变更仲裁申请的，仲裁期限从受理增加、变更仲裁申请之日起重新计算；

（三）仲裁申请和反申请合并处理的，仲裁期限从受理反申请之日起重新计算；

（四）案件移送管辖的，仲裁期限从接受移送之日起计算；

（五）中止审理期间不计入仲裁期限内；

（六）根据本办法第四十六条第四款延期的，延期期间不计入仲裁期限内；

（七）有法律、法规规定应当另行计算的其他情形的。

第五十一条　对案件中涉及国家秘密和个人隐私、商业秘密的证据，劳动争议仲裁委员会及其工作人员应当保密。

第五十二条　劳动争议仲裁委员会将先予执行的裁决移送被执行人住所地或者财产所在地的人民法院执行时，应当向人民法院提供以下材料：

（一）注明案件当事人联系电话及住所的移送执行函；

（二）先予执行的仲裁裁决书；

（三）仲裁裁决书的送达证明；

（四）当事人申请先予执行的申请书。

第五十三条　劳动争议仲裁委员审理劳动争议案件，应当出具相关仲裁文书。仲裁文书格式由市劳动争议仲裁委员会统一制定。

仲裁文书采用公告送达的，可以在市政府部门的公众信息网发布公告，但应当在案卷中记明原因和经过，并同时保留相应的网页记录。

第四节　监督与重审

第五十四条　劳动争议仲裁委员会在1年内发现其作出的生效裁决有下列情形之一的，应当撤销裁决重新审理：

（一）有新的证据，足以推翻原裁决的；

（二）裁决所根据的证据是伪造的；

（三）裁决适用法律确有错误的；

（四）认定事实确有错误，导致处理结果错误的；

（五）仲裁庭违反法定程序，可能影响案件公正裁决的；

（六）仲裁员在审理该案件时有索贿受贿、徇私舞弊或者枉法裁决的。

第五十五条　当事人自劳动争议仲裁委员会调解生效之日起1年内，提出证据证明调解违反自愿原则或者调解协议内容不合法的，可以申请重新审理。劳动争议仲裁委员会审查属实的，应当撤销调解书重新审理。

第五十六条　仲裁裁决书或者调解书被撤销后，劳动争议仲裁委员会应当自撤销之日起10日内另行组成仲裁庭对案件重新审理，重新审理期限应当从撤销之日起计算。

劳动争议仲裁委员会对案件重新审理应当按照相关规定审理结案。

第四章　法律责任

第五十七条　当事人及有关人员在劳动争议处理过程中有下列行为之一的，劳动争议仲裁委员会可以批评教育、责令改正；批评教育无效的，劳动争议仲裁委员会可以向其所在单位或者主管部门提出仲裁建议书，收到仲裁建议书的单位或者部门应当处理；涉嫌违反治安管理的，移送公安机关依法处理；涉嫌犯罪的，移送司法机关依法处理：

（一）干扰调解和仲裁活动，阻碍仲裁工作人员执行公务的；

（二）提供虚假情况的；

（三）有义务提供有关文件、资料和其他证明材料而拒不提供的；

（四）利用调解、仲裁活动损害国家利益、社会公共利益或者他人合法权益的；

（五）对调解、仲裁工作人员、调解或者仲裁参加人、证人、协助执行人打击报复的。

第五十八条　仲裁员有下列情形之一的，劳动争议仲裁委员会应当将其解聘：

（一）违反保密义务，向当事人或外界透露案件中涉及国家秘密和个人隐私、商业秘密的证据或者仲裁庭合议情况或者裁决结果的；

（二）仲裁期间私自会见一方当事人、代理人的；

（三）代人向仲裁庭成员实施请客送礼或提供利益行为的；

（四）接受当事人、代理人请客送礼或其他利益的；

（五）在仲裁案件时有索贿受贿、徇私舞弊，枉法裁决行为的；

（六）受到刑事处罚或严重行政处罚的；

（七）本劳动争议仲裁委员会认为不适宜继续担任仲裁员的。

企业劳动争议调解委员会以及在乡镇、街道设立的具有劳动争议调解职能的组织的调解员在调解劳动争议过程中违反相关规定的，参照《重庆市人民调解条例》第十六条的规定处理。

第五章　附则

第五十九条　本办法自2010年9月1日起施行。1999年4月8日市人民政府公布的《重庆市劳动争议处理实施办法》（重庆市人民政府令第56号）同时废止。

重庆市医疗保险就医管理暂行办法

重庆市医疗保险就医管理暂行办法

（2012年5月25日）

第一条　为规范和加强全市城镇职工医疗保险和城乡居民合作医疗保险参保人员就医管理，根据《重庆市人民政府办公厅关于印发重庆市城镇职工医疗保险市级统筹办法和重庆市城乡居民合作医疗保险市级统筹办法的通知》（渝办发〔2011〕293号），及市人力资源和社会保障局等七部门印发的《重庆市医疗保险服务就医监督管理暂行办法》（渝人社发〔2012〕23号），制定本暂行办法。

第二条　本市城镇职工医疗保险参保人员和城乡居民合作医疗保险参保人员（以下简称参保人员）就医购药，适用本办法。

第三条　参保人员到本市医疗保险定点医疗机构（以下简称定点医疗机构）或医疗保险定点零售药店（以下简称定点药店）就医、购药，应持本人社会保障卡。

第四条　参保人员持《社会保障卡》在定点医疗机构门诊就医后，可在就医的定点医疗机构购药，也可凭处方到定点药店购药；也可持社会保障卡在定点药店购非处方药。

第五条　定点医疗机构应对持卡人身份进行核验，对享受特殊疾病门诊待遇的参保人员还应核验其《重庆市医疗保险特殊疾资格证》；对使用他人医疗保险个人账户资金的，还应审核并登记本人和被使用人的居民身份证原件，同时收存双方的居民身份证复印件备查，发现无效证件或证件不齐的，不得为其提供医保就医购药服务。

第六条　定点服务机构应严格执行医疗原则，坚持因病施治、合理检查、合理用药、合理治疗，按规定收费。对违背医疗原则及有关规定而产生的医疗费用，医疗保险基金不予支付。

第七条　定点医疗机构对参保人员诊治时，应执行以下规定：

（一）《重庆市基本医疗保险、工伤保险和生育保险药品目录》、《重庆市基本医疗保险医疗服务项目目录》；

（二）基层医疗卫生机构执行国家和我市基本药物制度的有关规定，按国家和我市医改工作要求执行。

（三）进行或使用医疗保险基金支付范围外的检查、治疗及药品，应经参保人员或其家属同意，所发生的费用由参保人员支付。

（四）使用《重庆市基本医疗保险、工伤保险和生育保险药品目录》中的乙类药品和民族药药品，其费用由参保人员按规定先支付自付10%（渝人社发〔2011〕43号文件第二条规定的除外），其余由医疗保险基金和参保人员按规定比例分担。

（五）使用《重庆市基本医疗保险医疗服务项目目录》内部分自付费用的诊疗设备、医用材料、治疗项目，其费用由参保人员按规定先支付自付部分和限额外的费用后，其余由医疗保险基金和参保人员按规定比例分担。需使用价值在600元以上的医用材料，应经参保人员或其家属签字同意后使用。

第八条　门诊特殊疾病的治疗实行定病种、定治疗项目、定药品范围、定医疗机构的“四定”管理原则。参保人员因特殊疾病凭《社会保障卡》和《重庆市医疗保险特殊疾资格证》到定点医疗机构就诊，其就诊后取药，可在就医的定点医疗机构、也可持加盖定点医疗机构专用章的处方到医疗保险特殊疾病定点零售药店购药。有关定点药店要对其特殊疾病治疗用药等情况作好详细记录、特殊疾病处方单独留存3年备查。

特殊疾病实行门诊定点就医。原则上由患者在居住所在地就近分别选择1所二级医院和1所一级医院作为本人特殊疾病门诊定点医疗机构，其中重大疾病患者可换1所市内三级医院；对患有三种以上特殊疾病的，还可增选1所医院为本人特殊疾病门诊定点医疗机构。

第九条　定点医疗机构应严格按照卫生部《处方管理办法》规范用药，不得超剂量和开大处方。

第十条　对医疗保险门诊特殊疾病，门诊开药可按以下规定执行：

（一）单张处方给药剂量不超过31天的实际用量。

（二）对到市内非居住地或到市外出差、临时居住、出国（出境）超过以上期限的，由主治医生根据其病情和用药情况提出适当延长处方给药剂量天数意见，经所在医疗机构医保办同意后，处方生效，并报协议方的医疗保险经办机构或人力社保局指定的机构备案。

（三）参保人员特殊疾病门诊或住院，对每一最小分类下的同类药品不叠加使用，肌注和静脉用药按卫生部门有关规定执行。

（四）全年累计不得超过366天的量。

第十一条　参保人员住院出院带药（以出院第一诊断疾病所需药物为限，不得带与参保人员本次住院所患疾病无关的药品）不超过5个药物（出院不准带肌注和静脉药品）且不超过7天剂量（出院第一诊断疾病是特殊疾病的，特殊疾病用药不超过14天剂量）。

第十二条　定点医疗机构医疗保险部门对单项检查（治疗）费用在1000元以上的，要进行审核盖章，并报协议方的医疗保险经办机构备案。

第十三条　定点医疗机构应严格执行出入院制度，对符合首诊医院住院条件的病人，首诊医院应按规定收治住院，不得推诿；对不符合住院指征的病人，不得收治住院。参保人员可出院治疗的，应及时通知出院，严禁挂床住院和故意滞留病人。

第十四条　定点医疗机构对住院的参保病人可适当收取住院预付金，最高不超过按照医疗保险规定结算后个人应自付的部分。对危急抢救或家庭特别困难的，应本着治病救人的原则，先进行治疗。

第十五条　严格执行首诊负责制和转诊、转院制度。定点医疗机构因技术设备等条件限制或病情需要，需对病人转诊、转院的，由诊治的定点医疗机构按其规定程序批准，可转往上级医疗机构；因病情稳定后可转往下级医疗机构继续康复治疗，其本次住院过程中在365天内按医疗机构最高等级标准只计算1次起付线。

第十六条　参保人员转往市外就医的，应按以下规定办理：

（一）由其诊治的市内三级定点医疗机构填写《重庆市医疗保险转外就医审批表》（一式三份），报参保所在区医疗保险经办机构审批（门〔急〕诊危重病 5 日内补办手续）；

（二）其用药范围、诊疗项目、医疗服务设施范围等按我市医疗保险的有关规定执行；

（三）本市已经具有成熟医疗技术的，符合医疗保险支付规定的手术或诊疗项目，以及目前尚无特效手段可医治的疾病一律不得转往我市外治疗。

第十七条　参保人员在市外突发疾病临时异地就诊的，应在当地医疗保险定点医疗机构治疗（门〔急〕诊危重病抢救除外），针对不同险种的参保人员，分别按以下规定办理：

（一）对参保职工应在入院后3个工作日内向所在单位报告，有关单位在职工住院之日起5个工作日内向参保地区县医疗保险经办机构办理外诊登记手续；

（二）对城镇职工医疗保险个人参保人员或城乡居民合作医疗保险的参保人员在其住院之日起5个工作日内，由参保人或委托人向参保地区县医疗保险经办机构或区县指定的机构办理登记手续。

（三）对确需转院治疗的，应有本人原定点医疗机构的转院证明；

（四）其用药范围、诊疗项目、医疗服务设施范围等，按本市的有关规定执行。

第十八条　参保人员在市外异地工作或居住，应按以下规定办理：

（一）参加城镇职工医疗保险的退休人员市外异地安置或单位长期派驻市外工作的职工，应由本人申请，经参保所在区县医疗保险经办机构批准后，在当地确定3所定点医疗机构就诊，其中一、二、三级医疗机构各1所（门〔急〕诊危重病抢救除外）。

（二）城乡居民合作医疗保险参保人员在市外长期居住的，可在居住地定点医疗机构就医住院。住院者应在住院之日起5个工作日内，由本人或委托人向参保地所在地医疗保险经办机构办理外诊登记手续。

（三）其用药范围、诊疗项目、医疗服务设施范围等，按我市有关规定执行。

第十九条　参保人员发生本办法第十六条、第十七条、第十八条情形，其发生的医保费用，在就医地未与我市建立实时结算平台前，先由个人垫付，再凭当地财政或地税部门监制的原件的发票（收据）和出院证，加盖鲜章的住院病历复印件、费用明细清单和医院级别证明，以及社会保障卡和居民身份证复印件等，到参保地区县医疗保险经办机构或区县指定机构按本市有关规定审核支付。

第二十条　参保人员突发疾病临时在市内非参保地三级医疗机构住院的，参照本办法第十七条规定办理外诊登记手续后，其发生的医保费用由就医地医疗保险机构按规定与定点医疗机构实时结算。

第二十一条　参保人员在参保所在区县定点医疗机构和市内二级及以下定点医疗机构住院，由本人自主选择，不受转诊转院限制。

对在市内非参保地居住或单位长期派驻市内非参保地工作的，应由本人申请，经参保所在区县医疗保险经办机构或区县指定机构批准后，可在居住地或工作地选择1所三级医疗机构就诊，其发生的医保费用由就医地的医疗保险机构按规定与定点医疗机构实时结算。

第二十二条　未按以上规定办理转诊、转院，或未办理突发疾病临时异地就诊，或未办理长期异地就诊，或直接在市内非参保地三级医疗机构或市外医疗机构住院的，其起付线提高5%，同时，政策报销比例下降5个百分点。

第二十三条　在我市高校参加城乡居民合作医疗保险的外地户籍的大学生发生以下情况时，可在居住地定点医疗机构住院就医：

（一）放假期间因病住院，住院后3个工作日内报告本校医院，校医院5个工作日内向参保地医疗保险经办机构办理外诊登记手续，或直接向学校所在地的医疗保险经办机构备案。

（二）学习期间住院需人护理，经校医院同意，并向参保地医疗保险经办机构办理外诊登记手续。

其住院费用按本办法第十九条规定执行。

第二十四条 城镇职工医疗保险参保人员在住院治疗后病情已趋稳定但确需继续治疗者（如骨折牵引固定、恶性肿瘤晚期行动困难等），或80岁以上的高龄老人患慢性疾病，到医院治疗确有困难但确需连续治疗者，可在定点医疗机构设置的治疗型家庭病床进行治疗。设置家庭病床必须由定点医疗机构医师提出建议，科主任签署意见，医疗机构医疗保险部门审核登记，报协议方的医疗保险经办机构审批同意后建床。80岁以上的高龄老人患慢性疾病需连续治疗者的家庭病床时限不超过180天，其它疾病建床时限不超过90天，其费用按住院处理。

第二十五条 主城9区的城镇职工医疗保险参保人员在主城9区的定点医疗机构住院，仍由本人自主选择。

第二十六条 参加城乡居民合作医疗保险的儿童，使用符合《重庆市基本医疗保险、工伤保险和生育保险药品目录》规定的儿童用药，按照城乡居民合作医疗保险有关规定支付费用。

第二十七条 村卫生室（社区卫生服务站）应在卫生行政部门许可范围内为参保人员提供门诊医疗服务，并严格执行本市医疗保险政策和基本药物制度，自觉接受上级卫生管理机构和医疗保险经办机构的监督检查。

第二十八条 医疗机构发生医疗事故争议时，医疗机构应主动向协议方的医疗保险经办机构申请暂停有关费用结算，患者也可向医疗保险经办机构提出暂停结算申请，待处理后再凭有关决定另行结算。

第二十九条 本办法由市人力资源和社会保障局负责解释。

第三十条 本办法涉及的职工医疗保险，从2012年1月1日起执行；居民医疗保险从区县加入市级统筹之日起施行。原渝劳社发〔2001〕58号文件同时废止。

第四章 天津市人力资源和劳动保障法规

天津市实施劳动合同制度规定

天津市实施劳动合同制度规定

（1995年1月25日市人民政府发布 根据2002年1月18日市人民政府《关于修改〈天津市实施劳动合同制度规定〉的决定》修订）

第一章 总则

第一条 为了保护劳动者和用人单位的合法权益，维护和发展用人单位与劳动者之间稳定和谐的劳动关系，规范和完善劳动力市场运行秩序，促进我市经济发展，根据《中华人民共和国劳动法》及国家有关规定，结合本市实际情况，制定本规定。

第二条 本规定适用于本市行政区域内的各类企业、个体经济组织（以下统称用人单位）和与之形成劳动关系的劳动者。

国家机关、事业单位、社会团体与之建立劳动合同关系的劳动者，适用本规定。

第三条 用人单位和与之建立劳动关系的劳动者应当订立劳动合同。

第四条　订立和变更劳动合同，应当遵循平等自愿、协调一致的原则，不得违反法律、法规和本规定。

劳动合同依法订立即具有法律约束力，当事人必须履行劳动合同规定的各项义务。

第五条　市、区（县）劳动行政部门主管本行政区域内的劳动合同管理工作，对实行劳动合同制度工作进行指导、服务和监督检查。

第二章　劳动合同的订立和履行

第六条　劳动合同应当以书面形式订立，并具备以下条款：

（一）劳动合同期限；

（二）工作内容；

（三）劳动报酬；

（四）工作时间和休息休假；

（五）社会保险与福利；

（六）劳动保护和劳动条件；

（七）劳动纪律；

（八）劳动合同终止、解除的条件；

（九）违反劳动合同的责任。

当事人可以协商约定其他内容。

劳动合同一式两份，当事人双方各持一份。

第七条　用人单位与其新招收的劳动者，应当于录用之日起10日内订立劳动合同。

第八条　劳动合同的期限，由用人单位与劳动者根据有利于发展生产和兼顾当事人双方利益的原则协商确定。

第九条　符合下列情形之一，当事人双方同意签订或者续延劳动合同，劳动者提出订立无固定期限的劳动合同的，应当订立无固定期限劳动合同：

（一）劳动者与本单位建立劳动合同关系连续工作满十年以上的；

（二）签订劳动合同或者劳动合同因期限届满而终止时，劳动者男性四十五周岁以上，女性四十周岁以上，且连续工龄满十五年以上的；

（三）法律、法规有特殊规定的。

第十条　劳动合同中可以约定试用期，试用期最长不得超过6个月。

第十一条　劳动合同可以约定开始工作日期；如未约定，则以签订合同的日期为开展工作日期。有固定期限的劳动合同应当规定合同终止日期。

第十二条　劳动合同当事人可以在劳动合同中约定有关保守用人单位商业秘密的期限、范围等事项。

本规定所称商业秘密是指不为公众所知悉，能为用人单位带来经济利益，具有实用性并经用人单位采取保密措施的技术信息和经营信息。

第十三条　劳动者在劳动合同期限内的医疗期待遇按国家和本市有关规定执行。

第十四条　劳动合同不得由他人代表劳动者与用人单位签订。

用人单位应当由法定代表人代表本单位与劳动者签订劳动合同。法定代表人也可委托他人与劳动者签订劳动合同，但受委托人必须有委托人的授权委托书。劳动合同中应当加盖被委托人的印章。

用人单位的厂长（经理）及相关职务者，应当与聘用部门签订劳动合同。实行公司制的用人单位的经理和有关经营管理人员，应当根据《中华人民共和国公司法》有关规定与董事会签订劳动合同。

第十五条 用人单位可以自劳动合同订立之日起30日内到劳动合同鉴证机构办理劳动合同鉴证。

第十六条 劳动合同应当用中文书写，也可以同时用外文书写，双方当事人另有约定的，从其约定。同时用中、外文书写的劳动合同文本，内容不一致的，以中文劳动合同文本为准。

第十七条 下列劳动合同无效：

（一）违反法律、法规和本规定的劳动合同；

（二）采用欺诈、威胁等手段订立的劳动合同；

（三）违反集体合同规定的劳动合同；

（四）显失公平的劳动合同。

无效的劳动合同，从订立之时起，就没有法律约束力。确认劳动合同部分无效的，如果不影响其余部分效力，其余部分仍然有效。

劳动合同的无效，由劳动争议仲裁委员会或者人民法院确认。

第三章 劳动合同的变更、解除、终止与续延

第十八条 经劳动合同当事人协商一致，劳动合同可以解除。

第十九条 劳动者有下列情形之一的，用人单位可以解除劳动合同：

（一）在试用期间被证明不符合录用条件的。

（二）严重违反劳动纪律或用人单位规章制度的；

（三）严重失职、营私舞弊和泄露用人单位商业秘密，给用人单位利益造成重大损害的；

（四）被劳动教养的；

（五）被依法追究刑事责任的。

第二十条 有下列情形之一的，用人单位可以解除劳动合同，但是应当提前30日以书面形式通知劳动者本人：

（一）劳动者患病或非因工负伤，在规定的医疗期满后，经所在区（县）劳动鉴定委员会鉴定不能从事原工作也不能从事由用人单位另行安排的工作的；

（二）劳动者不能按要求完成劳动合同中约定的任务或者同工种、同岗位人员的工作量，经过培训或者调整工作岗位仍不能胜任工作的；

（三）劳动合同订立时所依据的客观情况发生重大变化，致使劳动合同无法履行，经当事人协商不能就变更劳动合同达成协议的。

第二十一条 用人单位濒临破产进入法定整顿期间或者经有关部门确认生产经营状况发生严重困难，确需裁减人员的，应提前30日向工会或者全体职工说明情况，听取工会或者职工的意见，经向所在区（县）劳动行政部门报告后，可以与被裁减人员解除劳动合同。

用人单位按照本条规定裁减人员，在六个月内又录用人员的，在同等条件下应当优先录用被裁减的人员。

第二十二条 用人单位依据本规定第十八条、第二十条、第二十一条的规定解除劳动合同的，应当依照国家和本市有关规定经予经济补偿。

第二十三条 劳动者有下列情形之一的，用人单位不得依据本规定第二十条、第二十一条的规定解除劳动合同：

（一）患职业病或者因工负伤，经所在区县劳动鉴定委员会确认丧失或者部分丧失劳动能力的；

（二）患病或者负伤，在规定的医疗期内的；

（三）女职工在符合国家和本市有关计划生育规定的孕期、产期、哺乳期内的；

（四）法律、行政法规规定的其他情形。

第二十四条　用人单位解除劳动合同，应当征求本单位工会意见。

第二十五条　劳动者解除劳动合同，应当提前30日以书面形式通知用人单位。

第二十六条　有下列情形之一的，劳动者可以随时通知用人单位解除劳动合同：

（一）在试用期内；

（二）用人单位以暴力、威胁或者非法限制人身自由的手段强迫劳动；

（三）用人单位违反国家和本市有关规定，劳动安全卫生条件恶劣、危害劳动者身体健康；

（四）用人单位未按照合同规定支付劳动报酬。

第二十七条　符合下列情形之一的，劳动合同终止：

（一）劳动合同期满，当事人双方不再续订；

（二）用人单位被依法宣告破产、解散、撤销；

（三）劳动者死亡；

（四）有不可抗力出现；

（五）当事人双方约定的终止劳动合同的条件出现。

第二十八条　劳动合同期满，经当事人双方协商同意延续劳动合同的，应当在合同期满前15日内办理续延手续。

第二十九条　劳动合同终止、解除后，用人单位应将劳动者的档案等材料，交劳动者本人户籍所在区、县劳动行政部门。

第四章　集体合同

第三十条　集体合同是集体协商双方代表根据法律、法规的规定就劳动报酬、工作时间、休息休假、劳动安全卫生、保险福利等事项，在平等协商一致基础上签订的书面协议。集体合同草案应提交职工代表大会或全体职工讨论通过。

集体合同由工会代表职工与用人单位签订；没有建立工会的用人单位由职工民主推举的代表与用人单位签订。

第三十一条　集体合同应当包括以下内容：

（一）劳动报酬；

（二）工作时间；

（三）休息休假；

（四）保险福利；

（五）劳动安全与卫生；

（六）合同期限；

（七）变更、解除、终止集体合同的协商程序；

（八）双方履行集体合同的权利和义务；

（九）履行集体合同发行争议时协商处理的约定；

（十）违反集体合同的责任；

（十一）双方认为应当协商约定的其他内容。

第三十二条　集体合同期限为1至3年。

第三十三条　用人单位应当自集体合同签订之日起7日内，将集体合同一式3份及说明报送劳动行政部门。市、属、中央及部队驻津用人单位，以及座落在市内六区的投资额在500万美元以上的外商投资企业的集体合同报送市劳动行政部门；在天津经济技术开发区、天津港保税区注册登记处用人单位的集体合同分别报送两区劳动行政部门；其他用人单位的集体合同报送所在区、县劳动行政部门。劳动行政部门如发现报送的集体合同有违反国家法律、法规的内容，有权责令当事人予以修改。劳动行政部门自收到集体合同文本之日起15日内未提出异议的，集体合同即行生效。

第三十四条　签订集体合同的任何一方可随时就集体合同的执行情况提出集体协商或者商谈的要求，另一方应当积极配合。经双方协商一致合同可以变更或者解除，但用人单位应自集体合同变更或者解除之日起7日内，按本规定第三十三条规定向劳动行政部门备案；双方不能协商一致的，任何一方皆可以书面形式向备案的劳动行政部门提出协调处理申请。劳动行政部门根据实际情况组织有关方面进行协商处理，达成协议的双方应当执行。

第三十五条　集体协商代表每方为3至10名，双方人数对等，并各确定一名首席代表。工会一方首席代表不是工会主席的，应由工会主席书面委托。用人单位代表由其法定代表人担任或指派。

第三十六条　在集体合同履行期间，以方代表发生变更，不影响集体合同的履行。

第三十七条　依法签订的集体合同对签字双方及所代表的人员都具有约束力。劳动者与用人单位订立的劳动合同中劳动条件和劳动报酬等标准，不得低于集体合同的约定。

第五章法律责任

第三十八条　用人单位未按照本规定第七条、第二十八条订立或续订劳动合同的，由劳动行政部门责令改正，并可按照每人每月50元的标准处以罚款。违反本规定，对劳动者造成损害的，还应当承担赔偿责任。

第三十九条　由于用人单位的原因订立的劳动合同被确认无效，给劳动者造成经济损失的，应当依法承担赔偿责任。

第四十条　劳动者按本规定第二十六条第（二）项、第（三）项、第（四）项解除劳动合同的由劳动行政部门责令用人单位根据劳动者在本单位工作的年限，每满一年向劳动者支付相当于一个月工资（按劳动者被解除劳动合同前二十个月的月平均工资计算）的赔偿金。

第四十一条　劳动者违反本规定解除劳动合同或者违反劳动合同中约定的保密事项，使用人单位造成经济损失的，应当依法承担赔偿责任。

第四十二条　用人单位招用尚未解除劳动合同的劳动者，对原用人单位造成经济损失的，该用人单位应当依照《民法通则》等有关规定和劳动者一起承担连带赔偿责任。

第六章　附则

第四十三条　与本规定有关的实施办法和劳动合同范本由市劳动行政部门制定和提供。

第四十四条　用人单位应当根据本规定和本单位实际情况确定实施劳动合同制度的方案，提交工会或者职工代表大会讨论通过后，报劳动行政部门备案。

市属、中央及部队驻津用人单位实施劳动合同制度的方案，向市劳动行政部门备案；在天津经济技术开发区、天津港保税区注册登记的用人单位实施劳动合同制度的方案，分别向两区劳动行政部门备案；其他用人单位向所在区、县劳动行政部门备案。

第四十五条　本规定自公布之日起施行。1986年12月11日市人民政府发布的《天津市贯彻〈国营企业实行劳动合同制暂行规定〉的实施细则》同时废止。

天津市城镇职工基本医疗保险规定

天津市城镇职工基本医疗保险规定

（2001年11月1日）

第一章　总则

第一条　为保障城镇职工和退休人员的基本医疗，根据国家有关规定，结合本市实际情况，制定本规定。

第二条　本规定适用于本市行政区域内的国家机关、事业单位、社会团体、民办非企业单位、城镇企业（以下统称用人单位）及其职工和退休人员。

乡镇企业及其职工、城镇个体工商户及其雇工的基本医疗保险办法另行制定。

第三条　市劳动保障行政部门主管本市医疗保险工作。

财政、卫生、价格、审计、药品监督等部门按照各自职责，协同做好医疗保险工作。

社会保险经办机构具体经办医疗保险业务。

第四条　基本医疗保险实行属地管理；基本医疗保险的保障水平应当与本市经济发展水平相适应；基本医疗保险费由用人单位和职工共同负担；基本医疗保险基金实行社会统筹和个人帐户相结合，以收定支，收支平衡。

第五条　在建立基本医疗保险制度的同时，实行门（急）诊大额医疗费补助、大额医疗费救助、补充医疗保险和国家公务员医疗补助等办法。

第二章　基本医疗保险基金的筹集

第六条　基本医疗保险费由用人单位和职工共同缴纳。

基本医疗保险基金由统筹基金和个人帐户构成，实行全市统筹。

第七条　基本医疗保险基金由下列各项构成：

（一）用人单位和职工本人缴纳的基本医疗保险费；

（二）基本医疗保险基金的利息；

（三）滞纳金；

（四）社会捐赠；

（五）其他资金。

第八条　职工按照本人上年度月平均工资的2%缴纳基本医疗保险费；用人单位按照职工个人缴费基数之和的9%缴纳基本医疗保险费。

第九条　职工本人上年度月平均工资低于上年度本市职工月平均工资60%的，以上年度本市职工月平均工资的60%为基数缴纳基本医疗保险费。

职工本人上年度月平均工资高于上年度本市职工月平均工资300%的部分，不作为缴纳基本医疗保险费的基数。

职工本人上年度月平均工资无法确定的，以上年度本市职工月平均工资为缴纳基本医疗保险费的基数。

第十条　基本医疗保险费的费基和费率的调整，由市劳动保障行政部门会同市财政部门提出，报市人民政府批准。

第十一条　本规定实施前已退休的人员不缴纳基本医疗保险费。

本规定实施前参加工作实施后退休的人员，缴纳基本医疗保险费年限男不满25年，女不满20年的，应当一次性补足由用人单位和个人应缴纳的基本医疗保险费。本规定实施前职工参加工作的年限，经劳动保障行政部门认定，可视同基本医疗保险缴费年限。

本规定实施后参加工作，累计缴纳基本医疗保险费年限男满25年、女满20年的，按照国家规定办理了退休手续的人员，不再缴纳基本医疗保险费。

第十二条　用人单位自本规定实施后30日内按照有关规定，到所在地的社会保险经办机构办理医疗保险登记；本规定实施后成立的用人单位应当自依法成立之日起30日内，到所在地社会保险经办机构办理医疗保险登记。

社会保险经办机构应当自受理之日起10个工作日内审核完毕。符合规定的予以登记，发放社会保险登记证；不符合登记条件的不予登记，并通知用人单位。

用人单位医疗保险登记事项发生变更或者依法终止的，应当自变更或者终止之日起30日内，到原办证机构办理医疗保险变更或者注销手续。

第十三条　用人单位应当按月向社会保险经办机构申报应缴纳的基本医疗保险费数额，经社会保险经办机构核定后，在10日内缴纳基本医疗保险费。

第十四条　基本医疗保险费不得减免。

用人单位缴纳医疗保险费暂时有困难的，经市劳动保障行政部门审查批准可以缓缴。缓缴期限不得超过6个月，缓缴期内免交滞纳金。

第十五条　用人单位和职工应当以货币形式全额缴纳医疗保险费。

职工个人应当缴纳的基本医疗保险费，由用人单位按月从本人工资中代扣代缴。职工缴纳的基本医疗保险费不计入个人当期应税工资收入，免征个人所得税。

第十六条　基本医疗保险统筹基金当年筹集的部分，按银行活期存款利率计息；上年结转的基金本息，按3个月期整存整取银行存款利率计息；存入社会保障财政专户的沉淀资金，比照3年期零存整取储蓄存款利率计息。

第三章　基本医疗保险个人帐户

第十七条　社会保险经办机构应当为职工和退休人员建立基本医疗保险个人帐户（以下简称个人帐户）。

第十八条　个人帐户由下列各项构成：

（一）职工个人缴纳的基本医疗保险费；

（二）按照规定比例划入的由用人单位缴纳的基本医疗保险费；

（三）其他资金；

（四）利息。

第十九条　用人单位缴纳的基本医疗保险费按照下列标准划入个人帐户：

（一）不满45周岁的职工按照用人单位月人均缴费工资的0.8%划入；

（二）年满45周岁的职工按照用人单位月人均缴费工资的1.2%划入；

（三）不满70周岁的退休人员按照本市职工月人均缴费工资的3.8%划入；

（四）年满70周岁的退休人员按照本市职工月人均缴费工资的4.4%划入。

第二十条　用人单位和职工应当缴纳而未缴纳基本医疗保险费，中断缴费期间停止划入个人帐户资金。

第二十一条　个人帐户的利息参照银行同期居民活期存款利率计息。

第二十二条　个人帐户的本金和利息归个人所有，可以结转使用和依法继承。

第二十三条　职工失业后不再缴纳基本医疗保险费，个人帐户资金停止划入，余额可以继续使用，个人帐户予以保留。

第二十四条　职工在本市范围内流动的，不转移个人帐户；跨省市流动时，个人帐户随同转移。

第四章　基本医疗保险待遇

第二十五条　用人单位及其职工按照规定缴纳基本医疗保险费的，职工和退休人员可以享受基本医疗保险待遇；未缴纳基本医疗保险费的，职工和退休人员不能享受基本医疗保险待遇。

应当缴纳而未缴纳基本医疗保险费的用人单位及其职工，在足额补缴医疗保险费并交纳滞纳金后，职工和退休人员可继续享受基本医疗保险待遇。

用人单位及其职工按照本规定第十四条缓缴医疗保险费的，在缓缴期内，职工和退休人员可以享受基本医疗保险待遇。

第二十六条　符合基本医疗保险基金支付范围的医疗费，由基本医疗保险统筹基金和个人帐户分别支付。

第二十七条　基本医疗保险统筹基金的起付标准（以下简称起付标准），按照上年度本市职工年平均工资的10%确定。职工和退休人员在一个年度内住院两次以上的，从第二次住院起，起付标准按照上年度本市职工年平均工资的3%确定。

不同级别的医疗机构实行不同的起付标准。

第二十八条　基本医疗保险统筹基金在一个年度内的最高支付限额按照本市上年度职工年平均工资的4倍确定。

第二十九条　个人帐户支付范围包括下列项目：

（一）在定点医疗机构门（急）诊的医疗费用；

（二）在定点零售药店购药的费用；

（三）起付标准以下的医疗费用；

（四）起付标准以上、最高支付限额以下应当由个人负担的医疗费用；

（五）最高支付限额以上应当由个人负担的医疗费用。

第三十条　基本医疗保险统筹基金支付范围包括下列项目：

（一）住院治疗的医疗费用；

（二）急诊抢救留观并转入住院治疗前7日内的医疗费用；

（三）肾透析、肾移植后抗排异治疗和恶性肿瘤放射治疗、化学治疗、镇痛治疗（包括中医治疗手段）以及糖尿病、肺心病、红斑狼疮、偏瘫、精神病的门诊医疗费用；

（四）按照规定应当由统筹基金支付的其他医疗费用。

本条第（三）项门诊治疗的病种实行不同的起付标准。

第三十一条　基本医疗保险统筹基金支付医疗费用设定结算期。结算期按照住院治疗时间和本规定第三十条第（三）项门诊治疗的病种分别确定。

第三十二条　职工和退休人员的医疗费用在起付标准以上、最高支付限额以下的部分，统筹基金支付标准为职工85%，退休人员90%。

第三十三条　在本市生育保险制度建立之前，职工实施计划生育手术及其并发症的医疗费用，由基本医疗保险统筹基金全额支付。

第三十四条　职工和退休人员患甲类传染病的医疗费用，由基本医疗保险统筹基金全额支付。对其他部分传染病患者给予适当照顾。

第三十五条　有下列情形之一，基本医疗保险基金不予支付医疗费用：

（一）在非定点医疗机构就诊和在非定点零售药店购药的；

（二）就诊和购药不符合规定的基本医疗保险诊疗项目、医疗服务设施标准和药品目录的；

（三）因为交通事故、医疗事故和其他责任事故造成伤害及后遗症的；

（四）因为本人违法行为造成自身伤害或者因为自杀、自残、酗酒等致使自身伤病而进行治疗的；

（五）国家和本市规定的不予支付的其他情形。

第三十六条　职工因工负伤、患职业病以及女职工生育的医疗费用，按照国家和本市的有关规定处理。

第五章　医疗服务管理

第三十七条　基本医疗保险实行定点医疗机构和定点零售药店管理。

市劳动保障行政部门审定定点医疗机构和定点零售药店资格，核发资格证书。

社会保险经办机构在取得资格证书的医疗机构和零售药店中，确定定点医疗机构和定点零售药店，与其签订协议，并向社会公布名单。

第三十八条　职工和退休人员患病时，持劳动保障行政部门统一发放的医疗保险凭证，到定点医疗机构就医。

职工和退休人员可以在定点医疗机构购药，也可凭定点医疗机构医生开具的处方到定点零售药店购药。

第三十九条　职工和退休人员门（急）诊医疗费、住院医疗费中应由个人负担的部分和在零售药店购药的费用，由个人直接与定点医疗机构、零售药店结算，基本医疗保险统筹基金支付的住院医疗费用，由社会保险经办机构审核后与定点医疗机构结算。

第四十条　职工和退休人员的医疗费用，应当符合规定的基本医疗保险诊疗项目、医疗服务设施标准和药品目录。

定点医疗机构应当按照基本医疗保险的有关规定提供医疗服务。对于不符合规定的医疗费用，社会保险经办机构不予支付。

第四十一条　社会保险经办机构与定点医疗机构发生医疗保险结算纠纷的，由市劳动保障行政部门会同卫生等行政部门组织有关专家负责调解和处理。

第六章　医疗保险补充

第四十二条　实行门（急）诊大额医疗费补助办法。

门（急）诊大额医疗费补助资金由用人单位缴费和市财政补贴构成。用人单位（不含享受国家公务员医疗补助的用人单位）按照职工个人缴费基数之和的 1 %缴纳门（急）诊大额医疗保险费，市财政按照不低于职工个人缴费基数之和的 1 %给予补贴。

门（急）诊大额医疗费补助资金用于补助职工和退休人员年度内门（急）诊医疗费累计超过800元至5000元的部分，职工补助50%，不满70周岁和年满70周岁的退休人员分别补助60%和70%。

第四十三条　实行大额医疗费救助办法。职工和退休人员（不含享受国家公务员医疗补助的人员）按照每人每月 3 元标准向社会保险经办机构缴纳大额医疗救助金，用于职工和退休人员由统筹基金支付的医疗费超过基本医疗保险最高支付限额以上至15万元部分的救助，救助比例为80%。

第四十四条　国家公务员在参加基本医疗保险的基础上，享受医疗补助待遇，具体办法由市劳动保障行政部门会同财政部门提出，报市人民政府批准后施行。

第四十五条　用人单位（不含享受国家公务员医疗补助的用人单位）在参加基本医疗保险的基础上，可以建立补充医疗保险，用于职工和退休人员医疗费个人负担部分的补助。补充医疗保险资金在职工工资总额4%以内的部分，从职工福利费中列支，职工福利费不足列支的部分，经同级财政部门核准后列入成本。

第七章　管理和监督

第四十六条　基本医疗保险基金全部纳入社会保障基金财政专户管理，专款专用，不得挤占挪用。

统筹基金和个人帐户应当分别核算，不得互相挤占。

第四十七条　社会保险经办机构的事业经费，列入财政预算。

第四十八条　基本医疗保险基金收支预算、决算，由市社会保险经办机构编制，经市劳动保障行政部门同意、市财政部门审核后，报市人民政府审批。

第四十九条　社会保险经办机构应当定期公布基本医疗保险基金征收和支出情况，并且应当接受用人单位、职工和退休人员对基本医疗保险费缴纳记录情况的查询。

用人单位应当每年至少一次向本单位职工和退休人员公布医疗保险费缴纳情况，职工和退休人员也可以向用人单位查询。

第五十条　劳动保障行政部门、财政部门，应当加强对医疗保险基金的监督管理。审计部门应当定期对社会保险经办机构的基金的收支情况和管理情况进行审计。

第五十一条　劳动保障、卫生、药品监督、价格行政部门应当加强对定点医疗机构和定点零售药店的管理和监督。

第五十二条　设立由市有关行政部门代表、用人单位代表、医疗机构代表、工会代表和有关专家参加的医疗保险基金监督组织，对医疗保险基金进行社会监督。

第五十三条　任何组织和个人对有关基本医疗保险基金管理的违法行为，有权举报。劳动保障行政部门对举报应当及时调查，按照规定处理，并为举报人保密。

第八章　法律责任

第五十四条　用人单位未按照规定缴纳和代扣代缴医疗保险费的，由劳动保障行政部门责令限期缴纳；逾期不缴纳的，除补缴欠缴的保险费外，从欠缴之日起，按日加收2‰的滞纳金。

第五十五条　用人单位有下列行为之一的，由劳动保障行政部门责令限期改正，并按照国家有关规定予以处理：

（一）未按照规定办理医疗保险登记、变更登记或者注销登记的；

（二）未按照规定申报应当缴纳的社会保险费数额的；

（三）不按照规定代扣、代缴基本医疗保险费的；

（四）不按照规定公布基本医疗保险费缴纳情况或者拒不接受职工和退休人员查询的。

第五十六条　用人单位逾期拒不缴纳基本医疗保险费和交纳滞纳金的，由劳动保障行政部门申请人民法院依法强制执行。

第五十七条　基本医疗保险定点医疗机构及其工作人员有下列行为之一，造成基本医疗保险基金损失的，由社会保险经办机构按照劳动保障行政部门的处理决定追回，情节严重的，解除定点医疗机构协议；对直接负责的主管人员和其他直接责任人给予通报批评。

（一）将未参加基本医疗保险人员的医疗费用纳入基本医疗保险基金支付的；

（二）将应由个人负担的医疗费用纳入基本医疗保险统筹基金支付的；

（三）将不符合住院条件的职工和退休人员收入住院治疗，或者故意延长住院期限、办理虚假住院和冒名住院以及伪造、变造病历的；

（四）出具虚假处方的；

（五）将不属于基本医疗开支范围的费用列入支付项目的；

（六）其他造成基本医疗保险基金损失应予处罚的行为。

第五十八条　基本医疗保险定点零售药店及其工作人员有下列行为之一的，由社会保险经办机构按照劳动保障行政部门的处理决定追回损失，情节严重的，解除定点零售药店协议；对直接负责的主管人员和其他直接责任人给予通报批评处理：

（一）不按照外配处方出售药品的；

（二）不按照处方剂量配药的；

（三）将处方用药换成其他物品的。

第五十九条　定点医疗机构、定点零售药店违反医疗、药品、价格等管理规定的，由卫生、药品监督、价格管理部门依法处理，情节严重的，由社会保险经办机构解除定点医疗机构、定点零售药店协议。

第六十条　用人单位、定点医疗机构、定点零售药店有下列行为之一的，对直接负责的主管人员和其他直接责任人员，由劳动保障行政部门按照有关规定予以处理：

（一）阻挠、拒绝劳动保障行政部门监督检查的；

（二）拒绝执行劳动保障行政部门下达的监督检查询问书和限期改正指令书的；

（三）打击报复举报人的。

第六十一条　用人单位、职工和退休人员骗取基本医疗保险待遇的，由社会保险经办机构按照劳动保障行政部门的处理决定追回。

第六十二条　劳动保障行政部门、社会保险经办机构的工作人员滥用职权、徇私舞弊、玩忽职守，造成基本医疗保险基金损失的，分别由劳动保障行政部门和社会保险经办机构责令追回损失的基本医疗保险基金；不构成犯罪的，依法给予行政处分；构成犯罪的，依法追究刑事责任。

第九章　附则

第六十三条　离休人员、老红军的医疗待遇不变，按有关规定执行。

二等乙级以上革命伤残军人的医疗待遇不变，医疗费用按原资金渠道解决。

第六十四条　天津经济技术开发区、天津港保税区、塘沽区的基本医疗保险制度按本规定逐步过渡。

外商和港、澳、台商投资企业按照《天津市城镇企业职工养老保险条例实施细则》（津政发[1997] 91号）规定缴纳的用于中方退休人员医疗保险待遇的费用，自本规定实施之日起不再缴纳。

第六十五条　市劳动保障行政部门会同有关部门根据本规定制定相关实施办法。

第六十六条　本规定自2001年11月1日起施行。

天津市农民工参加工伤保险规定

天津市农民工参加工伤保险规定

（2004年10月29日）

第一条　为了维护农民工的工伤保险权益，根据国务院《工伤保险条例》、劳动和社会保障部

《关于农民工参加工伤保险有关问题的通知》和《天津市工伤保险若干规定》，结合本市实际，制定本规定。

第二条　招用农民工并在本市行政区域内从事生产经营活动的各类企业和个体工商户（统称用人单位），应当按照本规定参加工伤保险，缴纳工伤保险费。

本规定所称农民工是指有农业户口，在规定的劳动年龄内与用人单位建立劳动合同关系或者形成事实劳动关系的人员。

第三条　用人单位可以为农民工先行办理参加工伤保险的手续，社会保险经办机构（以下简称经办机构）实行单独管理。

第四条　用人单位应当按照规定及时到施工地的区县社会保险基金经办机构为招录的农民工办理社会保险登记、核定以及变更手续，并按照本市确定的行业基准费率的具体标准缴纳工伤保险费。农民工参加工伤保险的缴费基数，按照用人单位支付农民工的全部工资报酬确定，其中个人工资报酬低于本市上年度职工月平均工资60%的，以本市上年度职工月平均工资60%为基数；超过本市规定的缴费工资上限的，按照缴费工资上限执行。

第五条　对新录用的农民工，用人单位当月未缴纳工伤保险费的，应当在签订劳动合同、发生事实劳动关系之日起5日内，书面向经办机构备案，于次月补缴，招录当月发生的工伤费用予以支付。在本市实施工伤保险制度的第一年，用人单位在补足缴纳农民工工伤保险费的基础上，其间发生的工伤费用予以支付。

第六条　外埠注册的或者成建制在津承揽施工的用人单位有证据证明已在注册地参加工伤保险、为农民工缴纳工伤保险费的，在本市从事生产经营期间不再重复缴纳工伤保险费。因工作原因受到事故伤害或者患职业病的农民工，在注册地进行工伤认定、劳动能力鉴定，并按照注册地的规定依法享受工伤保险待遇。

第七条　外埠注册的或者成建制在津承揽施工的用人单位在本市参保的，其农民工因工作原因受到事故伤害或者患职业病后，应当按照管辖规定向本市劳动保障行政部门提出工伤认定、劳动能力鉴定申请，按照本市规定的标准依法享受工伤保险待遇，并由工伤保险基金支付相关的费用。

第八条　外埠注册的或者成建制在津承揽施工的用人单位既未在注册地参加工伤保险又未在本市参保的，农民工因为工作原因受到事故伤害或者患职业病后，由本市劳动保障行政部门负责工伤认定、劳动能力鉴定。认定为工伤的，由用人单位按照《天津市工伤保险若干规定》规定的标准支付工伤保险待遇。

第九条　经本市劳动保障行政部门认定为工伤的农民工，享受以下工伤保险待遇：

（一）工伤医疗待遇。包括治疗工伤费、康复性治疗费、辅助器具配置费、住院伙食补助费、外地就医所需交通食宿费。

（二）伤残待遇。包括一次性伤残补助金、伤残津贴、生活护理费、一次性工伤医疗补助金和伤残就业补助金。

（三）工伤停工留薪期内，原工资福利待遇不变。

（四）工亡待遇。包括丧葬补助金、供养亲属抚恤金和一次性工亡补助金。

第十条　外埠注册或者成建制的用人单位在津分承包建筑施工的，建筑施工总承包的用人单位应当及时将施工和用工情况向劳动保障行政部门备案，并督促分承包单位为农民工缴纳工伤保险费；农民工发生工伤事故后，督促其按照规定报告并提出工伤认定、劳动能力鉴定申请。

在津分承包建筑施工的用人单位如违反有关规定将工程再次分包，造成农民工因工伤亡的，应当承担工伤保险责任。

第十一条　被评定为一级至四级伤残、按照规定享受伤残津贴和生活护理费的的农民工，以及享受抚恤金的工亡农民工亲属，可以一次性领取工伤保险待遇。

第十二条 参加工伤保险的农民工一次性领取伤残津贴和生活护理费的，以农民工个人缴费工资为计发基数；未参加工伤保险的，以本市上年度职工月平均工资的60%为计发基数，最高不超过15年。其中，年龄在45周岁以下的，领取待遇的年限为15年；年龄在45周岁至55周岁之间的，领取待遇的年限为10年；年龄在55周岁以上的领取待遇的年限为5年。

一次性领取供养亲属抚恤金的，最高不超过15年。其中，年龄在65周岁以下的，领取待遇的年限为15年；年龄在65周岁至70周岁之间的，领取待遇的年限为10年；年龄在70周岁以上的领取待遇的年限为5年。

农民工一次性领取伤残津贴或者工亡职工亲属一次性领取抚恤金后，其工伤保险关系同时终止。

第十三条 用人单位未按照规定报告和提出工伤认定申请的，农民工或者其亲属可以在受到事故伤害或确诊患职业病一年内直接向劳动保障行政部门提出工伤认定申请。

第十四条 用人单位未缴纳农民工工伤保险费或者未按照规定的标准支付工伤保险待遇的，农民工可以向用人单位在本市生产经营施工地的劳动保障监察机构举报。

第十五条 经劳动保障行政部门认定为工伤，用人单位未按照本市规定支付其应当支付的工伤保险待遇而发生的争议的，农民工可以向有管辖权的劳动争议仲裁委员会申请仲裁。

第十六条 本规定自2004年11 月1 日起施行。本规定施行前已受到事故伤害或者患职业病的农民工，未超过《工伤保险条例》所规定的工伤认定申请时限，且用人单位仍在本市生产经营施工的，可以按照本规定执行。

第五章 广东省人力资源和劳动保障法规

广东省工资支付条例

广东省工资支付条例

（2005年1月19日广东省第十届人民代表大会常务委员会第十六次会议通过，2005年1月19日公布，自2005年5月1日起施行）

第一章 总 则

第一条 为规范工资支付，保障劳动者取得劳动报酬的权利，建立和谐的劳动关系，促进社会稳定和经济发展，根据《中华人民共和国劳动法》和有关法律、行政法规，结合本省实际，制定本条例。

第二条 本条例适用于本省行政区域内的企业、民办非企业单位、个体经济组织（以下统称用人单位）和与之形成劳动关系的劳动者。

国家机关、事业单位、社会团体和与之建立劳动合同关系的劳动者，依照本条例执行。

第三条 省人民政府按照规定制定最低工资标准，地级以上市人民政府应当在省人民政府公布的最低工资标准中确定本市的最低工资标准。

县级以上人民政府应当定期公布劳动力市场工资指导价位和工资指导线，并为用人单位和劳动者提供指导和服务。

第四条 工资支付实行按时足额、优先支付原则。

劳动者在法定工作时间或者劳动合同约定的工作时间内提供正常劳动的，用人单位确定其工资标准不得低于当地最低工资标准。

第五条 各级人民政府应当建立健全工资支付预警机制、信用监督机制和应急处置机制。

第六条 县级以上人民政府劳动和社会保障行政部门（以下简称劳动保障部门）负责对本行政区域内用人单位的工资支付行为进行指导和监督检查。

工商、建设、海关、税务等有关部门和银行，应当在各自职责范围内协助劳动保障部门对工资支付行为实施监督。

工会、妇联等组织依法维护劳动者获得劳动报酬的权利。

任何单位和个人有权检举工资支付的违法行为。

第二章 工资支付

第七条 用人单位应当依法制定本单位的工资支付制度，并书面告知本单位全体劳动者。

工资支付制度包括如下事项：

（一）工资的分配形式、项目、标准及其确定、调整办法；

（二）工资支付的周期和日期；

（三）加班、延长工作时间和特殊情况下的工资及支付办法；

（四）工资的代扣、代缴及扣除事项；

（五）其他有关事项。

劳动者有权向用人单位查询有关工资支付制度的内容。

第八条 用人单位与劳动者应当在劳动合同中依法约定正常工作时间工资，约定的工资不得低于所在地政府公布的本年度最低工资标准。

未约定的或者约定不明确的，以用人单位所在地县级人民政府公布的上年度职工月平均工资作为正常工作时间工资；实际支付的工资高于当地政府公布的上年度职工月平均工资的，实际支付的工资视为与劳动者约定的正常工作时间工资。

第九条 用人单位可以依法与本单位工会或者职工代表就工资支付有关事项进行集体协商，签订集体协议。

第十条 用人单位应当以货币形式按照确定的工资支付周期足额支付工资，不得拖欠或者克扣。

实行月、周、日、小时工资制的，工资支付周期可以按月、周、日、小时确定。

实行计件工资制或者以完成一定任务计发工资的，工资支付周期可以按计件或者完成工作任务情况约定，但支付周期超过一个月的，用人单位应当按照约定每月支付工资。

实行年薪制或者按考核周期支付工资的，用人单位应当按照约定每月支付工资，年终或者考核周期届满时应当结算并付清工资。

第十一条 用人单位应当将工资直接支付给劳动者本人。劳动者本人因故不能领取工资时，可以委托他人代领，但应当出具委托书。

用人单位委托银行代发工资的，应当在约定的工资支付日将劳动者的工资足额存入其本人账户。

第十二条 用人单位应当按照约定的日期支付劳动者工资；遇法定休假日或者休息日，应当提前在最近的工作日支付。

第十三条 用人单位与劳动者依法终止或者解除劳动关系的，应当在终止或者解除劳动关系当日结清并一次性支付劳动者工资。

第十四条 用人单位按照有关规定从劳动者工资中代扣下列款项：

（一）劳动者应当缴纳的个人所得税；

（二）劳动者个人应当缴纳的各项社会保险费和住房公积金；

（三）人民法院判决、裁定代扣的抚养费、赡养费、扶养费；

（四）法律、法规规定或者双方约定应当代扣的其他款项。

第十五条 因劳动者过错造成用人单位直接经济损失，依法应当承担赔偿责任的，用人单位可以从其工资中扣除赔偿费，但应当提前书面告知扣除原因及数额；未书面告知的不得扣除。扣除赔偿费后的月工资余额不得低于当地最低工资标准。

第十六条 用人单位应当按照工资支付周期如实编制工资支付台账。工资支付台账应当至少保存二年。

工资支付台账应当包括支付日期、支付周期、支付对象姓名、工作时间、应发工资项目及数额，代扣、代缴、扣除项目和数额，实发工资数额，银行代发工资凭证或者劳动者签名等内容。

第十七条 用人单位支付工资时，应当向劳动者提供其本人的工资清单。

用人单位延长劳动者工作时间或者在休息日、法定休假日安排劳动者工作的，应当在工资清单中列明相应的工资报酬；未列明且无法举证已支付的，视为未支付相应的工资报酬。

工资清单项目及数额应当与工资支付台账相一致。

劳动者有权查询和核对本人工资清单。

第十八条 日工资按照劳动者月工资额除以国家规定的月平均工作天数确定；小时工资以日工资除以日工作时间确定，日工作时间不得超过八小时。

第十九条 劳动者依法享受法定休假日、年休假、探亲假、婚假、丧假、产假、看护假、计划生育假等假期期间，用人单位应当视同其正常劳动并支付正常工作时间的工资。

第二十条 用人单位安排劳动者加班或者延长工作时间，应当按照下列标准支付劳动者加班或者延长工作时间的工资报酬：

（一）工作日安排劳动者延长工作时间的，支付不低于劳动者本人日或者小时正常工作时间工资的百分之一百五十的工资报酬；

（二）休息日安排劳动者工作又不能安排补休的，支付不低于劳动者本人日或者小时正常工作时间工资的百分之二百的工资报酬；

（三）法定休假日安排劳动者工作的，支付不低于劳动者本人日或者小时正常工作时间工资的百分之三百的工资报酬。

第二十一条 实行计件工资的，用人单位应当科学合理确定劳动定额和计件单价，并予以公布。

确定的劳动定额原则上应当使本单位同岗位百分之七十以上的劳动者在法定劳动时间内能够完成。

用人单位在劳动者完成劳动定额后，安排劳动者在正常工作时间以外工作的，应当依照本条例第二十条规定支付加班或者延长工作时间的工资。

第二十二条 经劳动保障部门批准实行综合计算工时工作制的，劳动者在综合计算周期内实际工作时间超过该周期内累计法定工作时间的部分，视为延长工作时间，用人单位应当依照本条例第二十条第（一）项的规定支付工资。在法定休假日安排劳动者工作的，用人单位应当依照本条例第二十条第（三）项的规定支付工资。

第二十三条　经劳动保障部门批准实行不定时工作制的，不适用本条例第二十条的规定。

第二十四条　劳动者因病或者非因工负伤停止工作进行治疗，在国家规定医疗期内，用人单位应当依照劳动合同、集体合同的约定或者国家有关规定支付病伤假期工资。

用人单位支付的病伤假期工资不得低于当地最低工资标准的百分之八十。

法律、法规另有规定的，从其规定。

第二十五条　劳动者因事假未提供劳动期间，用人单位可以不支付工资。

第二十六条　劳动者在正常工作时间内依法参加下列社会活动的，用人单位应当支付正常工作时间工资：

（一）依法行使选举权或者被选举权；

（二）人大代表、政协委员依法履行职责；

（三）当选代表出席乡（镇）以上政府、党派以及工会、共青团、妇联等组织召开的会议；

（四）人民陪审员参加审判活动；

（五）不脱产工会基层委员会委员依法参加工会活动；

（六）职工代表参加集体合同协商活动；

（七）法律、法规规定的其他情形。

第二十七条　劳动者被人民法院判处管制、拘役适用缓刑或者有期徒刑适用缓刑，被假释、取保候审、监外执行期间，为用人单位提供正常劳动的，用人单位应当支付工资。

第二十八条　劳动者因涉嫌违法犯罪被采取司法强制措施或者被行政拘留期间，未提供劳动的，用人单位可以不支付工资。

第二十九条　用人单位解除劳动关系的决定被裁决撤销或者判决无效的，应当支付劳动者在被违法解除劳动关系期间的工资，其工资标准为劳动者本人前十二个月的平均正常工作时间工资；劳动者已领取失业保险金的，应当全部退回社会保险经办机构。

对前款规定的期间有争议的，可以由劳动争议仲裁委员会或者人民法院予以裁决。

第三十条　合伙企业拖欠劳动者工资的，应当先以其全部财产进行清偿；合伙企业财产不足清偿的，各合伙人应当承担无限连带清偿责任。

第三十一条　租用场地、厂房的用人单位的经营者拖欠工资逃匿的，当地政府和有关部门应当采取有效措施，及时组织相关单位和人员处理垫付临时生活费及追偿等事宜。

第三十二条　不具备本条例第二条规定的用人单位资格的承包人拖欠或者克扣劳动者工资，作为发包方的用人单位应当先支付工资，再依法向承包人追偿。

第三十三条　建设单位（业主）未按照合同约定拨付或者结清工程款，致使施工单位拖欠劳动者工资的，劳动保障部门可以责令建设单位（业主）先行垫付劳动者工资，先行垫付的工资数额以未结清的工程款为限。

分包建设工程的承包人拖欠或者克扣劳动者工资的，分包建设工程的发包人在未结清的工程款额度内先行垫付劳动者工资，垫付部分抵扣工程款。

分包建设工程的发包人违法分包、转包或者违法允许他人以本企业名义承揽工程发生拖欠工资的，由分包建设工程的发包人垫付劳动者工资。

第三十四条　用人单位合并或者分立前拖欠劳动者工资的，应当在合并或者分立时清偿拖欠的工资；不能清偿的，由合并或者分立后的用人单位清偿拖欠工资。

第三十五条　非因劳动者原因造成用人单位停工、停产，未超过一个工资支付周期（最长三十日）的，用人单位应当按照正常工作时间支付工资。超过一个工资支付周期的，可以根据劳动者提供的劳动，按照双方新约定的标准支付工资；用人单位没有安排劳动者工作的，应当按照不低于当地最低工资标准的百分之八十支付劳动者生活费，生活费发放至企业复工、复产或者解除劳动关系。

第三十六条　用人单位破产、解散或者撤销的，经依法清算后的财产应当用于优先支付劳动者工资、社会保险费。

第三章　监督检查

第三十七条　县级以上人民政府根据本行政区域内工资支付的实际情况，建立工资支付预警制度。

劳动保障部门可以对连续拖欠劳动者工资二个月以上或者累计拖欠达三个月以上的用人单位实施工资支付重点监察；情节严重的，可以向社会公布。

纳入工资支付重点监察的用人单位，付清原拖欠的劳动者工资，且在六个月期限内未再发生新的拖欠的，劳动保障部门应当解除其重点监察；已向社会公布的，应当在原公布范围内公示解除重点监察。

第三十八条　县级以上人民政府应当制定工资支付应急预案。因拖欠、克扣劳动者工资引发群体性事件的，劳动保障部门应当根据应急预案，迅速会同有关部门处理，有关部门应当配合。

第三十九条　劳动保障部门应当建立健全对用人单位工资支付行为的监督检查制度，规范监督检查程序，依法对用人单位工资支付情况进行监察，对违法行为进行处理。

劳动保障部门依法对用人单位工资支付情况进行执法检查时，用人单位应当如实报告情况，提供相关资料和证明，不得弄虚作假、阻碍、拒绝。

第四十条　劳动保障部门应当建立健全对工资支付违法行为的举报投诉制度，设立举报投诉信箱，公布举报投诉电话，为劳动者举报投诉提供便利条件，并为举报人保密。

劳动保障部门接到举报投诉后，应当在七个工作日内决定是否立案并告知举报投诉人；立案后对违法行为的查处，应当自立案之日起六十日内办结；情况复杂确需延长时间的，应当经劳动保障部门负责人批准，但延长时间最长不得超过三十日。

第四十一条　劳动保障部门应当建立健全包括工资支付情况在内的用人单位劳动守法诚信档案，推行劳动守法诚信评价制度；对拖欠、克扣劳动者工资情况严重的用人单位，可以通过传播媒体或者在职业介绍场所、用人单位工作场所等地点予以公布，并将有关情况告知工商、银行等有关部门和单位。

第四十二条　县级以上人民政府应当加强对劳动保障部门工资支付执法情况的监督检查。上级劳动保障部门应当加强对下级劳动保障部门工资支付执法情况的监督检查，发现下级劳动保障部门对用人单位工资支付的违法行为不作为或者作出的行政处理决定违法、不当的，应当责令其限期改正。

第四十三条　用人单位有下列情形之一的，劳动者有权向劳动保障部门举报投诉：

（一）拖欠或者克扣劳动者工资的；

（二）支付劳动者工资低于当地最低工资标准的；

（三）拒不支付或者不按规定支付劳动者加班或者延长工作时间工资的；

（四）其他侵害劳动者合法工资报酬权益的行为。

第四十四条　因工资支付发生争议，用人单位负有举证责任。用人单位拒绝提供或者在规定时间内不能提供有关工资支付凭证等证据材料的，劳动保障部门、劳动争议仲裁委员会或者人民法院可以按照劳动者提供的工资数额及其他有关证据作出认定。

用人单位和劳动者都不能对工资数额举证的，由劳动争议仲裁委员会或者人民法院参照本单位同岗位的平均工资或者当地在岗职工平均工资水平，按照有利于劳动者的原则计算确定。

第四十五条　工会组织对用人单位遵守工资支付法律、法规的情况依法进行监督，发现违法行为的，有权要求用人单位改正，并及时向劳动保障部门通报。用人单位拒不改正或者经营者逃匿的，工会组织可以代表职工请求当地劳动保障部门依法处理，劳动者申请劳动仲裁或者提起诉讼的，工会组织应当依法予以支持和帮助。

第四十六条　用人单位拖欠或者克扣工资，劳动者要求工会组织协助解决的，工会组织应当代表职工与用人单位进行协商，并协助用人单位维护正常的生产、工作秩序。

第四章　法律责任

第四十七条　用人单位连续拖欠或者克扣劳动者工资二个月以上或者情节特别严重的，劳动保障部门应当责令其改正并作出行政处理决定。用人单位在规定的期限内拒不执行行政处理决定的，劳动保障部门可以依法申请人民法院强制执行。

第四十八条　用人单位有下列情形之一的，由县级以上劳动保障部门责令限期改正；逾期未改正的，可以对用人单位处以五千元以上一万元以下的罚款，并可以对其法定代表人处以一千元以上五千元以下的罚款：

（一）未依法制定工资支付制度并告知本单位全体劳动者的；

（二）未以货币形式支付劳动者工资的；

（三）未在终止或者解除劳动关系当日结清并一次性支付劳动者工资的；

（四）未如实编制工资支付台账的；

（五）未向劳动者本人提供其工资清单的。

第四十九条　用人单位有下列情形之一的，由劳动保障部门分别责令限期支付劳动者的工资报酬、劳动者工资低于当地最低工资标准的差额、加班或者延长工作时间的工资。逾期不支付的，责令用人单位按照应付金额百分之五十以上一倍以下的标准计算，向劳动者加付赔偿金：

（一）拖欠或者克扣劳动者工资的；

（二）支付劳动者工资低于当地最低工资标准的；

（三）拒不支付或者不按照规定支付劳动者加班或者延长工作时间工资的。

第五十条　用人单位有下列行为之一的，由劳动保障部门视情节轻重，处以一万元以上二万元以下的罚款：

（一）拒绝、阻碍劳动保障行政执法人员依法执行公务的；

（二）不按照劳动保障部门的要求报送书面材料、隐瞒事实真相、出具伪证或者隐匿、毁灭证据的；

（三）经劳动保障部门责令改正拒不改正，或者拒不履行劳动保障部门的行政处理决定的。

第五十一条　对采取逃匿等方式拖欠工资，致使劳动者难以追偿其工资而引发严重影响公共秩序事件的用人单位的法定代表人或者经营者，由公安机关依法处理；构成犯罪的，依法追究刑事责任。

因用人单位拖欠、克扣工资而引发严重影响公共秩序事件的，用人单位法定代表人或者主要经营者应当在二十四小时内到现场协助劳动保障部门处理事件；未到现场的，由劳动保障部门处以一万元以上五万元以下罚款。

第五十二条　劳动保障部门及其工作人员违反本条例规定，有下列行为之一的，由其上级行政机关或者监察机关责令改正；情节严重的，对直接负责的主管人员和其他直接责任人员依法给予行政处分：

（一）未建立用人单位工资支付违法行为举报制度的；

（二）未为举报人保密的；

（三）未依法及时处理劳动者举报或者工会组织按照本条例第四十五条规定提出的处理建议的；

（四）发生群体性事件，未启动应急预案的。

第五十三条　劳动保障部门及其工作人员有下列行为之一的，可以根据情节轻重，给予主要负责人及直接责任人员行政处分；构成犯罪的，由司法机关依法追究刑事责任：

（一）玩忽职守、滥用职权的；

（二）利用职权谋取私利的；

（三）泄露用人单位的商业秘密的。

第五章　附则

第五十四条　本条例中下列用语的含义是：

（一）工资，是指用人单位基于劳动关系，按照劳动者提供劳动的数量和质量，以货币形式支付给劳动者本人的全部劳动报酬。一般包括：各种形式的工资（计时工资、计件工资、岗位工资、职务工资、技能工资等）、奖金、津贴、补贴、延长工作时间及特殊情况下支付的属于劳动报酬性的工资收入等；但不包括用人单位按照规定负担的各项社会保险费、住房公积金，劳动保障和安全生产监察行政部门规定的劳动保护费用，按照规定标准支付的独生子女补贴、计划生育奖，丧葬费、抚恤金等国家规定的福利费用和属于非劳动报酬性的收入。

（二）正常工作时间工资，是指劳动者在法定工作时间内提供了正常劳动，用人单位依法应当支付的劳动报酬。正常工作时间工资不包括下列各项：

1．延长工作时间工资；

2．中班、夜班、高温、低温、井下、有毒有害等特殊工作环境、条件下的津贴；

3．法律、法规和国家规定的劳动者福利待遇等。

（三）最低工资，是指按照前项规定劳动者在法定工作时间内提供了正常劳动，用人单位依法应当支付的最低劳动报酬。

（四）拖欠工资，是指用人单位无法定理由逾期未支付或者未足额支付劳动者应得工资的行为。

（五）克扣工资，是指用人单位无法定理由扣减劳动者应得工资的行为。

（六）民办非企业单位，是指企业事业单位、社会团体和其他社会力量以及公民个人利用非国有资产举办的，从事非营利性社会服务活动的社会组织。

第五十五条　劳动者与用人单位因工资支付数额发生争议的，应当按照劳动争议处理规定处理。

第五十六条　本条例自2005年5月1日起施行。

广东省实施《中华人民共和国就业促进法》办法

广东省实施《中华人民共和国就业促进法》办法

（2009年11月26日广东省第十一届人民代表大会常务委员会第十四次会议通过）

第一章　总则

第一条　为实施《中华人民共和国就业促进法》，结合本省实际，制定本办法。

第二条　各级人民政府应当将扩大就业作为经济和社会发展的重要目标，纳入国民经济和社会发展规划和年度计划，并制定促进就业中长期规划和年度工作计划。

第三条　省人民政府建立促进就业工作协调机制，研究解决全省就业工作中的重大问题，协调推动全省促进就业工作。

市、县（区）人民政府根据促进就业工作的需要，建立相应协调机制，研究解决本行政区域就业工作中的重大问题。

第四条　县级以上人民政府可以根据需要，成立由专家、企业和劳动者代表组成的就业政策咨询委员会，为政府制定就业政策和促进就业具体措施提供咨询。

第五条　各级人民政府应当采取各种措施创造就业条件，促进充分就业。

县级以上人民政府人力资源和社会保障主管部门具体负责本行政区域内促进就业工作。

发展改革、教育、公安、民政、财政、税务、工商管理等部门，按照各自职责，共同做好促进就业工作。

工会、共产主义青年团、妇女联合会、残疾人联合会、工商业联合会以及其他社会组织，协助人民政府开展促进就业工作，依法维护劳动者的劳动权利。

第二章　政策支持

第六条　县级以上人民政府应当加强财政政策、产业政策与就业政策的协调配合，在实施宏观经济调控、经济结构调整以及安排主要产业布局和重大项目时，综合考虑对就业的影响。

第七条　县级以上人民政府应当发挥政府投资和重大建设项目对就业的带动作用，积极增加就业岗位。政府投资可行性报告和重大建设项目申请报告应当包含就业岗位变动、人力资源配置等内容。负责项目审批的部门应当审核项目对就业的影响。

第八条　各级人民政府应当根据就业状况和就业工作目标，在财政预算中安排就业专项资金用于促进就业工作。

就业专项资金按规定用于职业介绍、职业培训、公益性岗位、职业技能鉴定、创业培训、特定就业政策和社会保险等的补贴，创业资助，小额贷款担保基金和微利项目的小额担保贷款贴息，以及扶持公共就业服务等。

第九条　在确保各项失业保险待遇按时足额支付的基础上，县级以上人民政府可以按照国家和省的规定提取一定比例的失业保险基金，用于促进就业和稳定就业。

第十条　省人民政府应当制定并实施区域就业协调发展战略，促进不同地区就业水平、公共就业服务能力、就业扶持政策等方面均衡发展。

省人民政府对就业压力大、财力较弱地区的促进就业工作给予必要的扶持和帮助。

第十一条　县级以上人民政府应当完善创业扶持政策，建立小额贷款担保基金持续补充机制，鼓励和扶持劳动者自主创业和自谋职业，为创业人员提供政策咨询、创业培训、项目开发、开业指导、小额贷款等服务和扶持。

本省户籍劳动者自主创业自筹资金不足的，可以按照规定向金融机构申请小额担保贷款；从事微利项目的，县级以上人民政府给予一定期限的小额担保贷款贴息。

对本省就业困难人员自主创业的，按规定给予创业资助。

第十二条　鼓励金融机构改进金融服务，加大对中小企业的信贷支持，保护和提高中小企业吸纳就业的能力。

第十三条　享受政府优惠政策的各类经营性市场、商铺，应当预留一定比例的摊位优先租赁给就业困难人员和其他登记失业人员经营，按照规定免收行政事业性收费，并按照不低于百分之五十的标准减收租赁费、管理费。

第十四条　对用人单位招用本省就业困难人员，与其签订一年以上劳动合同并按照规定缴纳社会保险费的，按照国家和省的规定给予社会保险补贴，并按照实际招用人数给予岗位补贴。

本省就业困难人员从事个体经营或者灵活就业，向当地人力资源和社会保障主管部门办理就业登记并缴纳社会保险费的，按照规定给予社会保险补贴。

第十五条　对社会职业中介机构为就业困难人员、其他登记失业人员和在法定劳动年龄内的本省户籍农村劳动者提供免费职业介绍服务的，按照规定给予职业介绍补贴。

第十六条　对就业困难人员、其他登记失业人员和在法定劳动年龄内的本省户籍农村劳动者，按照规定给予职业培训或者创业培训补贴，其中就业困难人员、农村劳动者通过职业技能鉴定取得职业资格证书的，按照规定给予职业技能鉴定补贴。

人力资源和社会保障主管部门应当采用《中华人民共和国政府采购法》第二十六条规定的方式，确定为前款规定劳动者提供培训服务的职业技能培训机构。

第十七条　县级以上人民政府及其有关部门应当根据国家和本省的规定，明确补贴、资助、小额担保贷款和贷款贴息等就业扶持政策的对象、条件、标准、期限等内容，并向社会公开。

各级人民政府及其有关部门应当执行国家、省及本地区的规定，确保有关就业扶持政策的落实。

第十八条　申领社会保险补贴、岗位补贴的，应当向参保地人力资源和社会保障主管部门提出申请。

申领职业介绍补贴的，应当向职业中介机构所在地人力资源和社会保障主管部门提出申请。

申领职业培训和创业培训补贴的，应当向培训机构所在地人力资源和社会保障主管部门提出申请。

申请创业资助的，应当向创业地人力资源和社会保障主管部门提出申请。

第十九条　有关单位和个人向人力资源和社会保障主管部门申请领取本办法规定的补贴、资助时，应当如实填写申请表，并按照人力资源和社会保障主管部门公布的要求提供相关证明材料。

申请人提交材料齐全的，人力资源和社会保障主管部门应当自收到相关材料之日起十个工作日内提出审核意见。符合条件的，应当自提出审核意见之日起五个工作日内移交同级财政部门复核；不符合条件的，应当书面告知申请人并说明理由。

财政部门应当在十个工作日内复核完毕并拨付资金。各级人力资源和社会保障主管部门应当在人力资源和社会保障门户网站、有关村（居）民委员会、公共就业服务机构或者社会保险经办机构公示补贴、资助的情况，接受社会监督以及监察、审计等部门的监督检查。

第三章　公平就业

第二十条　用人单位招用人员，除国家规定的不适合妇女的工种或者岗位外，不得以性别为由拒绝录用妇女或者提高对妇女的录用标准。

用人单位录用女职工，不得在劳动合同中约定限制女职工结婚、生育等含有性别歧视内容的条款。

第二十一条　残疾人享有与其他劳动者平等的劳动权利。用人单位招用人员，不得歧视残疾人。

第二十二条　用人单位招用人员，除国家法律、行政法规和国务院卫生行政部门规定禁止传染病病原携带者从事的工作外，不得以是传染病病原携带者为由拒绝录用。

第二十三条　任何单位和个人发布招聘信息，不得包含歧视性内容。

第二十四条　用人单位招用人员，不得因性别、身体、户籍等原因设置歧视性的薪酬标准。

第四章　就业服务和管理

第二十五条　县级以上人民政府应当逐步完善覆盖城乡的就业服务体系和就业服务制度，发展就业服务事业。

第二十六条　省人力资源和社会保障主管部门应当组织建立全省统一、共享的人力资源和市场供求信息库，免费供求职者和用人单位查询。

县级以上人民政府应当加强人力资源市场信息网络和设施建设；完善人力资源市场信息发布制度，及时发布人力资源市场薪酬调查和人力资源市场供求信息。

第二十七条　县级以上人民政府应当建立健全城乡公共就业服务体系，设立公共就业服务机构，完善街道（乡镇）、社区公共就业服务，为劳动者免费提供下列服务：

（一）就业政策法规咨询；

（二）职业供求信息、市场工资指导价位信息和职业培训信息发布；

（三）职业指导和职业介绍；

（四）公益性岗位信息发布；

（五）就业困难人员就业援助；

（六）办理就业登记、失业登记等事务；

（七）其他公共就业服务。

公共就业服务机构应当按照全省统一要求采集、分析、上传、更新人力资源市场供求信息，开展失业动态监测等公共就业服务工作。

公共就业服务经费纳入同级财政预算。

第二十八条　公共就业服务机构应当按照规定的公共就业服务标准和程序开展服务，公开服务流程、服务内容和服务效果，接受社会监督。

公共就业服务机构应当根据服务对象的特点，提供专业化的就业服务。

公共就业服务机构不得从事经营性活动。

第二十九条　就业失业登记实行全省统一凭证。就业失业登记凭证用于记载劳动者就业、失业、参加社会保险等人力资源和社会保障信息。劳动者凭就业失业登记凭证享受公共就业服务及促进就业相关扶持政策，依法申领失业保险待遇。就业失业登记凭证分为纸质凭证和电子凭证，鼓励实行电子凭证。

建立全省统一的就业失业登记信息系统。公共就业服务机构应当通过该系统进行就业失业登记，系统信息资源省内共享，劳动者可以免费查询本人就业失业登记相关信息。

就业失业登记凭证由公共就业服务机构为劳动者办理首次就业、失业登记时发放，由劳动者自行保管，用人单位不得扣押。

第三十条　劳动者首次领取就业失业登记凭证不需缴纳工本费。补领、换领或者被注销后再次申领的，应当缴纳工本费，收费标准由省价格主管部门会同省财政部门制定。第三十一条 用人单位招用劳动者，应当于用工之日起三十日内到就业地公共就业服务机构为劳动者办理就业登记手续；用人单位与劳动者终止或者解除劳动关系，应当于十五日内办理备案手续。

劳动者从事个体经营或者灵活就业的，由本人到就业地公共就业服务机构办理就业登记。

第三十二条　在法定劳动年龄内、有劳动能力、有就业意愿、处于无业状态的本省城镇户籍人员，向户籍所在地公共就业服务机构申请办理失业登记。农村劳动者和其他非本县（市、区）城镇户籍人员稳定就业满六个月并办理就业登记的，失业后可以在就业地办理失业登记。

劳动者申请办理失业登记时，应当如实填写失业登记申请表，并提供本人身份证件和证明原身份的有关证明；有就业经历的，应当提供与原单位解除或者终止劳动关系的证明。

第三十三条　驻粤外国企业常驻代表机构招用中国雇员，应当按照国家规定，委托省人民政府或者国务院批准指定的机构办理有关手续，不得擅自招用或者委托其他单位、个人招用。

第三十四条　省人民政府根据人力资源供求状况和宏观调控需要，制定并发布外国人入粤就业职业管理目录。外国人入粤就业职业管理目录分为鼓励引进类和限制引进类。用人单位聘用外国人，应当符合该目录要求。

用人单位聘用外国人，应当按照国家有关规定办理就业许可和外国人就业证，并在办理外国人就业证时按照规定缴纳就业调配费。用人单位聘用的外国人属于前款规定的就业职业管理目录中鼓励引进类的，免交就业调配费。

第三十五条　县级以上人民政府应当开展劳动力调查统计工作，建立健全人力资源信息库，定期发布城镇登记失业率、调查失业率、新增就业人数等就业失业指标。

第五章　职业教育和培训

第三十六条　县级以上人民政府应当建立以促进就业为导向的职业技能教育培训机制，推动产教结合、校企合作制度的建立，制定并实施有利于促进就业的职业技能教育培训政策。第三十七条　县级以上人民政府应当建立健全面向全体劳动者的职业技能教育培训制度，研究开发职业技能培训项目，发布职业技能培训和配置信息，开展职业技能培训指导和政策咨询等服务。

县级以上人民政府应当鼓励和支持各类职业院校、技工学校、职业技能培训机构和用人单位依法开展就业前培训、在职培训、再就业培训和创业培训。

第三十八条　各级人力资源和社会保障主管部门应当加强对各类职业技能鉴定的指导和服务，为劳动者和用人单位提供职业发展信息和政策咨询、技能考核鉴定、职业资格证书查询等公共服务。

第三十九条　各类企业应当按照上年度职工工资总额的百分之一点五至百分之二点五足额提取职工教育经费，用于在职职工的职业技能培训和继续教育培训。职工教育经费应当专款专用，其使用情况应当定期公开。

第四十条　县级以上人民政府应当支持和鼓励中等职业学校、技工学校、职业技能培训机构开展劳动预备制培训，为不能继续升学的初中、高中毕业（肄业）生开展为期三个月至三年的职业技能教育培训，使其取得相应的职业资格或者掌握一定的职业技能。

第四十一条　县级以上人民政府应当逐步建立青年职业见习制度，引导和鼓励各类用人单位接收无就业经历的青年劳动者见习。

第四十二条　人力资源和社会保障主管部门、共产主义青年团等单位应当指导和协调青年职业见习工作，及时发布见习岗位信息，协助有意向参加见习的人员到相关工作岗位训练。

第四十三条　县级以上人民政府应当加强技能人才队伍建设，保障技能人才应有待遇，对在经济社会建设中作出突出贡献的高技能人才实行政府津贴制度。

高技能人才在就业地连续就业满一定年限的，可以申请在就业地入户，其配偶、子女、父母的户口可以按照有关规定随迁，具体办法由地级以上市人民政府制定。

前款所称高技能人才是指取得高级工、技师和高级技师国家职业资格的人员。

第六章　就业援助

第四十四条　在法定劳动年龄内、有劳动能力和就业意愿、处于无业状态的本省户籍人员有下列情形之一的，各级人民政府应当作为就业困难人员对其实行优先扶持和重点帮助：

（一）具有城镇户籍，女四十周岁以上、男五十周岁以上的；

（二）经残疾等级评定机构评定为残疾的；

（三）享受最低生活保障待遇的；

（四）属于城镇零就业家庭成员的；

（五）属于农村零转移就业贫困家庭成员的；

（六）因被征地而失去全部土地的农民；

（七）连续失业一年以上的；

（八）省、地级以上市人民政府规定的其他情形。

第四十五条　符合就业困难人员条件的劳动者，可以持本人身份证件、就业失业登记凭证、如实填写的核定申请表和其他相关材料，向其户籍所在地街道（乡镇）人力资源和社会保障工作机构提出就业困难人员核定申请。

申请材料完备的，街道（乡镇）人力资源和社会保障工作机构应当于五个工作日内完成初审。符合条件的，应当将申请人情况在其居住地村（居）民委员会公示三个工作日以上。公示无异议的，应当于三个工作日内将申请材料上报县（市、区）公共就业服务机构审核。符合条件的，应当予以核定，并在申请人的就业失业登记凭证中标注；不符合条件的，应当书面告知申请人并说明理由。

申请人对核定结果有异议的，可以向做出核定的公共就业服务机构同级人民政府人力资源和社会保障主管部门提出复核申请。

第四十六条　县级以上人民政府投资或者扶持开发的下列公益性岗位，用人单位应当通过公共就业服务机构向社会公开发布招聘信息，并按照不低于本单位公益性岗位百分之四十的比例招用本省就业困难人员：

（一）财政核拨事业单位编制外的后勤保障岗位；

（二）政府投资建设项目的服务性岗位；

（三）政府及其部门组织社会公益活动产生的临时性岗位；

（四）政府及其部门行使公共管理职能设置的协管岗位；

（五）其他公益性岗位。

招聘信息发布的应聘时间截止后，用人单位未能招聘到符合岗位要求的就业困难人员的，经公共就业服务机构确认，方可招聘其他人员。

各级人民政府应当鼓励并扶持在公益性岗位安置的就业困难人员提高就业技能，尽快实现常规就业，提高公益性岗位的使用效率。

第四十七条　鼓励各类就业服务机构为就业困难人员提供免费就业服务。

各级残疾人联合会设立的残疾人就业服务机构，应当为残疾人提供免费公共就业服务。

第四十八条　各级人民政府应当建立健全被征地农民就业保障制度，被征地农民按照规定享受相关就业扶持政策。

用地单位应当优先安排适合本单位岗位要求的被征地农民就业。

第七章　监督检查

第四十九条　县级以上人民政府应当定期开展就业工作目标责任制考核，将新增就业人数、城镇登记失业率、就业困难人员就业率、农业富余劳动力转移就业人数、落实就业扶持政策和就业专项资金等指标作为对下一级人民政府、有关行政部门政绩考核的重要内容。

第五十条　县级以上人民政府及财政、审计、人力资源和社会保障等部门，应当依法规范就业专项资金的使用，加强对资金使用情况的监督，保障资金安全，提高资金使用效益。

县级以上人民政府应当建立健全就业专项资金使用效果评价制度，将就业专项资金划拨与资金使用效果相挂钩。

第五十一条　县级以上人民政府人力资源和社会保障主管部门应当对用人单位、有关机构和劳动者执行本办法的情况进行监督检查，加强对下级人力资源和社会保障主管部门及所属公共就业服务机构开展就业促进工作的监督指导。

学校、培训机构的主管部门应当对其负责管理的学校、培训机构执行本办法的情况进行监督检查。

第五十二条　县级以上人民政府人力资源和社会保障主管部门以及其他有关行政部门应当建立举报制度，受理公民、法人或者其他组织对违反本办法行为的举报，并及时予以核实处理。

第五十三条　公民、法人或者其他组织对人力资源和社会保障、财政等部门作出的具体行政行为不服的，可以依法申请行政复议或者提起行政诉讼。

第八章　法律责任

第五十四条　用人单位未按照本办法第三十一条第一款规定为劳动者办理登记或者备案手续的，由人力资源和社会保障主管部门责令改正，并可按未办理登记或者备案人数处以每人一百元以上三百元以下的罚款；对劳动者造成损害的，应当承担赔偿责任。

第五十五条　企业未按照本办法第三十九条规定足额提取或者使用职工教育经费的，由人力资源和社会保障主管部门责令改正，并可处以两万元以上五万元以下的罚款。

第五十六条　用人单位未按照本办法第四十六条规定发布公益性岗位信息或者录用就业困难人员，属于国家机关、事业单位的，由具有管理权限的部门对有关责任人员依法给予处分；属于其他单位的，由人力资源和社会保障主管部门责令改正，并可处以一万元以上两万元以下的罚款。

第五十七条　各级人民政府以及人力资源和社会保障主管部门、其他有关部门或者机构的工作人员有下列行为之一的，对直接负责的主管人员和其他直接责任人员依法给予处分；构成犯罪的，依法追究刑事责任：

（一）管理、使用就业专项资金混乱造成损失的；

（二）挪用就业专项资金的；

（三）伪造或者协助他人伪造材料骗取就业专项资金的；

（四）未按照本办法第十七条规定公开相关内容的；

（五）对符合享受补贴、资助、贴息等条件的单位或者个人，拖延或者拒不发放补贴、资助、贴息的；

（六）未按照本办法第二十八条规定开展公共就业服务工作的；

（七）未按照本办法第三十一条和第三十二条规定办理登记或者备案手续的；

（八）虚报就业促进考核指标的；

（九）其他弄虚作假、滥用职权、玩忽职守或者徇私舞弊的行为。

第五十八条　不符合规定条件被认定为就业困难人员或者享受有关补贴、资助、贴息等待遇的，人力资源和社会保障主管部门应当取消认定，追回相应款项。

单位或者个人提供虚假资料，获取有关补贴、资助、贴息的，由人力资源和社会保障主管部门责令退还相应款项，并处以两千元以上两万元以下的罚款；构成犯罪的，依法追究刑事责任。

第九章　附则

第五十九条　本办法自2010年1月1日起施行。

广东省企业工资集体协商指引

广东省企业工资集体协商指引

粤人社发〔2010〕223号

为规范企业工资集体协商行为，引导企业与职工依法签订工资集体合同，切实维护企业和职工的合法权益，建立与社会主义市场经济相适应的企业工资分配制度和工资共决机制，依据《中华人民共和国劳动法》、《中华人民共和国劳动合同法》、《中华人民共和国工会法》、《广东省工资支付条例》、原劳动保障部《集体合同规定》、《工资集体协商试行办法》等法律、法规和规章，制定本指引，供各地人力资源和社会保障部门指导企业与工会（职工）规范工资集体协商时使用。

一、协商代表的推选

根据《集体合同规定》第十九条的规定，工资集体协商代表是指按照法定程序产生并有权代表本方利益进行集体协商的人员。工资集体协商双方代表人数应当对等，每方3至10人，并各确定1名首席代表。

（一）已建立工会的企业，职工方协商代表由企业工会选派。未建立工会的企业，职工方协商代表由企业职工民主推荐，并经半数以上职工同意。工会或职工代表应在本企业连续工作满1年以上。职工方首席代表由本企业工会主席担任。工会主席可以书面委托本方其他协商代表代理首席代表。工会主席缺席的，首席代表可由工会主要负责人担任。未建立工会的企业，职工方首席代表从协商代表中民主推举产生。

（二）企业方协商代表，由企业法定代表人指派。企业方首席代表由企业法定代表人担任或由其书面委托的本方其他管理人员担任。

（三）协商代表履行职责的期限由被代表方确定。

（四）首席代表可以书面委托本企业以外的专业人员作为本方协商代表。委托人数不得超过本方代表的三分之一。首席代表不得由非本企业人员代理。

（五）更换协商代表，按照《集体合同规定》第三十条的规定执行。

（六）协商代表因更换、辞任或遇有不可抗力等情况造成空缺的，应在空缺之日起15日内按规定程序产生新的代表。

二、协商代表的权利和义务

根据《劳动合同法》第三十九条、《广东省工资支付条例》第二十六条、《集体合同规定》第二十五至二十八条的规定，工资集体协商代表享有如下权利，并履行如下义务：

（一）权利

1．协商代表享有平等的建议权、否决权和陈述权；

2．协商代表参加工资集体协商活动，应当视其提供了正常劳动，企业应当依法支付其工资及相关的福利待遇；

3．协商代表在其履行协商代表职责期间劳动合同期满的，劳动合同期限自动延长至完成履行协商代表职责之时，除出现《劳动合同法》第三十九条规定情形之一的，企业不得与其解除劳动合同；

4．职工一方协商代表履行协商代表职责期间，用人单位无正当理由不得调整其工作岗位。

（二）义务

1．参加工资集体协商；

2．接受本方人员质询，及时向本方人员告知协商情况并征求意见；

3．提供本方与工资集体协商有关的情况和资料；

4．代表本方参与工资集体争议的处理及监督工资集体合同的履行；

5．维护企业正常的生产、工作秩序，不得采取威胁、收买、欺骗等行为；

6．保守在工资集体协商过程中知悉的企业的商业秘密。

三、协商要约的发出与回应

（一）根据《集体合同规定》第三十二条和《工资集体协商试行办法》第十七条的规定，工资集体协商任何一方均可就签订工资集体合同以及相关事宜，以书面形式向对方发出协商要约，明确协商的时间、地点和主要事项等（要约书参考文本见附件2）；

（二）一方发出协商要约的，另一方应在收到协商要约之日起15日内以书面形式给予回应（要约回应书参考文本见附件3），无正当理由不得拒绝进行工资集体协商；

（三）在不违反法律、法规和规章，不涉及企业商业秘密的前提下，协商双方有义务在要约书作出回应后15日内向对方提供本方与工资集体协商有关的情况和资料。

四、协商前的准备工作

协商代表应按照《集体合同规定》第三十三条做好协商前的准备工作。

（一）熟悉与集体协商内容有关的法律、法规、规章和制度；

（二）了解与集体协商内容有关的情况和资料，收集用人单位和职工对协商意向所持的意见；

（三）拟定集体协商议题，集体协商议题可由提出协商一方起草，也可由双方指派代表共同起草；

（四）确定集体协商的时间、地点等事项；

（五）共同确定一名非协商代表担任集体协商记录员。记录员应保持中立、公正，并为集体协商双方保密；

（六）企业方还应当为集体协商提供必要的条件和所需的信息资料。必要条件是指安排集体协商的场所、不占用参加集体协商劳动者的休息时间、保障参加集体协商劳动者的工资待遇不受影响等；信息资料包括工资总额、经营状况、技术改造和设备更新计划、社会保险费用缴纳情况、职工教育经费使用情况等，涉及商业秘密的，参加集体协商的代表应承担保密义务。

五、协商会议的召开

根据《集体合同规定》第三十四条的规定，工资集体协商会议由双方首席代表轮流主持，并按下列程序进行：

（一）宣布协商议程和会议纪律；

（二）一方首席协商代表提出协商的具体内容和要求，另一方首席代表就对方的要求作出回应；

（三）协商双方就协商初步方案发表各自意见，开展充分讨论；

（四）协商双方首席代表归纳协商意见，达成一致的，由双方共同或委托一方起草工资集体合同草案，并由双方首席代表签字。

六、协商的中止

工资集体协商未达成一致意见或出现事先未预料的问题时，经双方协商，可以中止协商。中止期限及下次协商时间、地点、内容由双方商定。

七、工资集体合同草案的提交

根据《劳动合同法》第五十一条、《集体合同规定》第三十六条的规定，经双方协商代表协商一致的工资集体合同草案应提交企业职工代表大会或职工大会讨论，职工代表大会或职工大会应当有三分之二以上职工代表或者职工出席，工资集体合同草案经全体职工代表半数以上或者全体职工半数以上同意的，方获通过。

八、工资集体合同的签订

根据《集体合同规定》第三十七条的规定，工资集体合同草案经职工代表大会或者职工大会通过后，由协商双方首席代表签字。

九、工资集体合同的审查

（一）报送材料

工资集体合同签订后，应当自双方首席代表签字之日起10日内，由企业方将工资集体合同文本一式三份及相关材料，报送人力资源和社会保障行政部门审查，报送的相关材料包括：

1．双方签名和盖章的工资集体合同书一式三份；

2．用人单位盖章的《工资集体合同送审表》（送审表参考文本见附件4）一式二份；

3．集体合同的说明及附件：

（1）集体合同的产生过程材料、盖章确认的职工代表大会或职工大会讨论表决记录材料，包括职工代表大会或职工大会代表的签到表、讨论记录、表决记录（写明应到代表、实到代表人数，表决时赞成、反对、弃权的票数）；

（2）企业资格证明材料（企业法人营业执照副本、工会社团法人执照副本）原件及复印件；

（3）如首席代表人不是企业、工会的法定代表人，需提供法定代表人签署的委托首席代表的授权委托材料（委托人和被委托人任命文件、身份证件、授权委托书原件及复印件）等有关材料。

4、工资集体协商情况说明。

（二）管辖范围

根据《集体合同规定》第六章的规定，工资集体合同审查，实行属地管辖。企业应按规定将工资集体合同及相关材料，报企业法人营业执照登记注册地县级以上人力资源社会保障行政部门审查。省属驻穗企业、部队驻穗用人单位经主管部门审核后报省人力资源和社会保障厅审查。

中央驻粤企业按国家及省有关规定执行，已经人力资源和社会保障部审查通过的，应将审查文件报送企业所在地县级以上人力资源社会保障行政部门备案。

（三）审查程序

人力资源和社会保障行政部门收到企业工资集体合同后，应按如下程序进行审查：

1．收到企业工资集体合同及相关材料后，应当办理登记手续，并向企业出具收件回执（收件回执参考文本见附件5）；

2．按照分工，对工资集体合同进行审查；

3．在工资集体合同审查过程中遇到较大分歧或其它重大问题时，相关负责人应主持召开工作会议，有关部门参加，对工资集体合同进行研究，共同提出审查意见；

4．作出工资集体合同审查意见书经主管领导审批通过后，制作《工资集体合同审查意见书》（审查意见书参考文本见附件6）。

（四）合法性审查

人力资源和社会保障行政部门收到工资集体合同后，应按照《集体合同规定》第四十四条的规定对合同进行合法性审查。

1．集体协商双方的主体资格是否符合法律、法规和规章规定；

2．集体协商程序是否违反法律、法规、规章规定；

3．集体合同或专项集体合同内容是否与国家规定相抵触。

（五）发出《工资集体合同审查意见书》

人力资源和社会保障行政部门应当自收到工资集体合同之日起15日内完成合同审查，并将《工资集体合同审查意见书》送达双方协商代表。意见书应当载明以下内容并加盖人力资源和社会保障行政部门印章：

1．工资集体合同当事人双方的名称、地址；

2．人力资源和社会保障行政部门收到工资集体合同的时间；

3．审查意见；

4．作出审查意见的时间。

（六）审查未通过的处理

企业工资集体合同经审查未通过的，协商双方应就人力资源和社会保障行政部门提出异议的事项经集体协商重新签订工资集体合同，并由企业根据本指引规定的程序再次将合同报送人力资源和社会保障行政部门审查。

十、工资集体合同审查的管理

各级人力资源和社会保障行政部门应认真做好工资集体合同的审查工作，建立审查工作责任制，规范工资集体合同审查档案管理制度，按季度做好工资集体合同的统计报送工作。

十一、工资集体合同的生效和公布

（一）工资集体合同自审查通过之日起生效；人力资源和社会保障行政部门自收到工资集体合同之日起15日内未提出异议的，工资集体合同即行生效。

（二）依法订立的工资集体合同，对企业和职工双方具有同等约束力，双方应当全面履行集体合同规定的义务，任何一方不得擅自变更或解除集体合同；工资集体合同有效期内企业变更名称、法定代表人等的，不影响工资集体合同的履行。

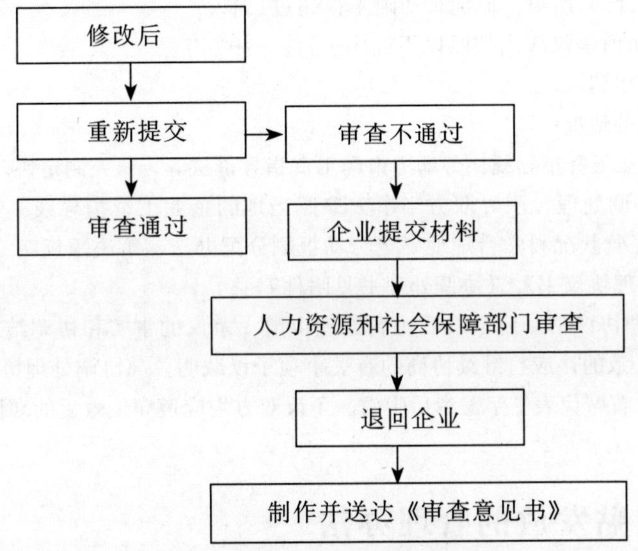

企业工资集体合同审查流程图

（三）企业已订立集体合同的，工资集体合同可作为集体合同的附件，与集体合同具有同等效力；企业与职工个人订立的劳动合同中有关工资报酬等的标准，不得低于工资集体合同的相关标准。

（四）生效的工资集体合同，应当由企业方于5日内以厂务公开形式，向全体职工公布。

十二、工资集体合同的有效期

工资集体合同的有效期一般为1至3年。企业和工会或职工代表均可在工资集体合同期满前3个月内，向对方书面提出重新签订或续签的要求。工资集体合同期满或双方约定的合同终止条件出现，工资集体合同即行终止。

十三、工资集体合同的变更和解除

（一）有下列情形之一的，可以变更或解除工资集体合同：

1．协商代表双方协商一致；

2．企业因被兼并、解散、破产等原因致使集体合同无法履行的；

3．因不可抗力等原因致使集体合同无法履行或部分无法履行的；

4．集体合同约定的变更或解除条件出现的；

5．法律、法规、规章规定的其他情形。

（二）变更或解除工资集体合同应按集体协商程序执行。

十四、行业（区域）性工资集体协商

开展行业（区域）性工资集体协商的程序，与企业工资集体协商程序基本一致。

十五、协商的争议处理

（一）集体协商过程中发生争议，双方当事人不能协商解决的，当事人一方或双方可以书面向人力资源社会保障行政部门提出协调处理申请；未提出申请的，人力资源和社会保障行政部门认为必要时也可以进行协调处理。

（二）人力资源和社会保障行政部门应当组织同级工会和企业组织等三方面的人员，共同协调处理协商争议。

（三）协调处理协商争议，应当自受理协调处理申请之日起30日内结束协调处理工作。期满未结束的，可以适当延长协调期限，但延长期限不得超过15日。

（四）协调处理协商争议应当按照以下程序进行：

1．受理协调处理申请；

2．调查了解争议的情况；

3．根据当地的企业工资指导线、劳动力市场工资指导价位等，研究制定协调处理争议的方案；

4．对争议进行协调处理，引导双方当事人参照当地的企业工资指导线、劳动力市场工资指导价位等，根据企业的经营状况科学合理地确定劳动报酬分配办法，解决争议；

5．制作《协调处理协议书》（协调处理书见附件7）。

（五）《协调处理协议书》应当载明协调处理申请、争议的事实和协调结果，双方当事人就某些协商事项不能达成一致的，应将继续协商的有关事项予以载明。《协调处理协议书》由协商争议协调处理人员和争议双方首席代表签字盖章后生效。争议双方均应遵守生效后的《协调处理协议书》。

关于高温津贴发放的管理办法

关于高温津贴发放的管理办法

（2012年6月1日）

第一条　为了规范高温津贴发放工作，保障劳动者身体健康和生命安全，根据《中华人民共和国劳动法》、《中华人民共和国职业病防治法》、《广东省高温天气劳动保护办法》等法律、法规、规章，结合本省实际，制定本办法。

第二条　本省行政区域内的企业、个体经济组织以及民办非企业单位等组织（以下称用人单位）在每年6月至10月期间安排劳动者工作有关高温津贴的发放，适用本办法。

国家机关、事业单位、社会团体在每年6月至10月期间安排与之建立劳动关系的劳动者工作高温津贴的发放，参照本办法执行。

第三条　劳动者从事露天岗位工作以及用人单位不能采取有效措施将作业场所温度降低到33℃以下（不含33℃）的（以下统称高温作业），用人单位应当按月向劳动者发放高温津贴，并在工资清单中列明具体项目及数额。

第四条　从事高温作业的劳动者因下列情形之一未能正常出勤的，用人单位可按劳动者当月实际出勤且从事高温作业的天数折算高温津贴：

（一）因事假、旷工未提供劳动的；

（二）在医疗期、因工伤需要暂停工作接受工伤医疗期间、年休假、探亲假、婚假、丧假、产假、看护假、计划生育假等未提供劳动的；

（三）劳动者其他个人原因未出勤从事高温作业的情形。

第五条　用人单位当月临时安排劳动者在33℃以上的作业场所或者露天工作的，应当按其当月从事高温作业的天数以及政府有关部门规定的标准折算发放高温津贴。

用人单位安排非全日制劳动者从事高温作业的，按从事高温作业的天数折算高温津贴。

第六条　用人单位按照本办法第四、第五条的规定折算高温津贴，如当月折算后的高温津贴高于政府有关部门规定的月高温津贴标准的，可按政府有关部门规定的标准发放当月的高温津贴。

第七条　用人单位应当按月向实行不定时工作制或者综合计算工时工作制的高温作业人员发放全额高温津贴。

第八条　高温津贴的标准根据经济发展水平、职工平均工资、消费物价指数等因素确定并可年度调整。

第九条　正常工作时间工资及最低工资标准不包含高温津贴。用人单位不得因发放高温津贴而降低劳动者工资。

第十条　发放高温津贴所需费用在企业成本费用中列支，税前扣除按现行企业所得税法有关规定执行。

第十一条　用人单位应当如实记录劳动者从事高温作业情况及高温津贴发放情况，并至少保存二年。

劳动者从事高温作业情况以及高温津贴发放情况，由用人单位承担举证责任。

第十二条　本办法自2012年6月1日起施行。

第六章 浙江省人力资源和劳动保障法规

浙江省劳动保护条例

浙江省劳动保护条例

（1989年1月26日浙江省第七届人大常委会第七次会议通过 1997年6月28日浙江省第三届人大常委会第十七次会议修改）

目 录

第一章 总则

第一条 为了保障劳动者在劳动过程中的安全和健康，防止职业危害，促进社会主义建设事业的发展，根据宪法和有关劳动保护的法律、法规，结合本省实际情况，制定本条例。

第二条 本条例适用于本省境内的一切企事业单位。

本省境内的中外合资经营企业、中外合作经营企业和外资企业，除国家法律另有规定外，也适用本条例。

第三条 各级人民政府、企事业单位主管部门和企事业单位，必须贯彻“安全第一，预防为主”的方针，坚持“管生产必须管安全”的原则，做好本地区、本部门和本单位的劳动保护工作。

第四条 各级人民政府劳动行政管理部门对辖区内的劳动保护工作依法实行国家监察；各级人民政府卫生行政管理部门对辖区内的劳动卫生（预防医学）依法实行国家卫生监督。

第五条 各级计划经济管理部门和企事业单位主管部门应加强对企事业单位干部和职工的安全生产教育和技术培训，督促与帮助企事业单位制定安全生产管理制度，审查企业安全技术规程，依法对企事业单位的劳动保护工作实行管理。

第六条 企事业单位必须严格遵守劳动保护法规，建立健全安全规章制度，为职工（包括固定工、合同制工、临时工，下同）提供安全卫生的劳动条件。

第七条 企事业单位的职工必须遵守安全生产规章，爱护并正确使用劳动防护用品和安全卫生设施。职工对于违反安全生产规章而可能造成事故的指挥，有权拒绝执行，有权向劳动保护监察机构、有关部门和工会组织检举控告。

第八条　企业的劳动保护措施应经职工代表大会审查，职工代表大会有权作出同意或否决的决定。

第九条　各级工会组织依法对劳动保护工作实行群众监督，建立群众劳动保护监督检查员制度，督促、协助企事业单位执行国家劳动保护法规和本条例。

对于违反国家劳动保护法规和本条例，致使职工安全健康受到侵害的行为，工会组织应向企事业单位和有关部门提出意见，予以制止。

第二章　劳动安全与劳动卫生

第十条　企事业单位在制订生产、科研等计划时应提出劳动安全和劳动卫生的要求。实行租赁或承包经营责任制的企事业单位，应将劳动保护列入租赁或承包合同。

企事业单位主要负责人对本单位的劳动保护工作负全面责任。

第十一条　企事业单位应经常对职工进行安全教育，定期进行安全生产检查。

企事业单位应依照国家有关规定，设专职或兼职的安全生产检查人员，并支持其开展工作。

第十二条　企事业单位新录用的职工和从事新工种、新设备操作的职工，必须经专业培训、考试合格后，方可上岗独立操作。

特种作业人员必须按《特种作业人员安全技术考核管理规则》及有关规定、标准进行培训，经考核合格取得操作证后，方可独立操作。

第十三条　新建、改建、扩建、技术改造和引进的工程项目，其安全卫生工程设施必须与主体工程同时设计、同时施工、同时投产使用。其安全卫生工程设施的设计审查和竣工验收，必须有劳动、卫生、消防、环保等有关部门和工会组织参加，符合安全卫生要求，方可施工和投产。

第十四条　企事业单位的生产、试验场所及设施，应符合《工厂安全卫生规程》、《工业企业设计卫生标准》、《建筑设计防火规范》及其它有关规定。

第十五条　各种易燃、易爆、剧毒、强腐蚀、放射性等危险物品的试验、生产、使用、运输和贮存，必须有严格的安全管理制度、可靠的安全防护措施、醒目的安全标志以及在紧急情况下的安全处置措施。

易燃、易爆区域严禁动火。必须动火的，要执行动火审批制度。

第十六条　生产、使用和贮存危险物品的工厂、车间、仓库与周围居民区及其它建筑物之间应保持规定的安全距离。对不符合安全要求必须搬迁的，由公安部门和劳动行政管理部门提出，按管理权限，分别报经省、市、县人民政府批准后限期搬迁。

第十七条　产生粉尘、毒物、噪声、振动、高温、放射性等有毒有害物质的生产场所，应采取通风、吸尘、净化、隔离操作等必要的防护措施，并按规定定期进行检测。其有毒有害物质的浓度、强度，不符合国家标准的，必须采取治理措施。严重危及职工健康又难以治理的，由劳动行政管理部门会同卫生行政管理部门、工会组织提出意见，按管理权限，经省、市、县人民政府批准后，停产或关闭。

第十八条　严禁向不具备必要防护设施的企业及个体生产者扩散产生有毒有害物质的生产；已经扩散的，由扩散单位负责与生产单位共同采取防护措施。

第十九条　企事业单位对新职工应进行从业前的健康检查；对从事或接触有毒有害物质的作业人员应实行定期健康检查制度，建立健康档案。

第二十条　职工被确诊为职业病后，其所在单位应根据职业病诊断机构的意见，安排治疗。确认不宜继续从事原工作的，应及时调离，妥善安置。

第二十一条　各种机具设备的设计、制造、安装、使用，必须符合安全标准和有关技术规范，其防护装置必须齐全有效。

第二十二条　危险性较大的生产设备的设计、制造、安装、使用应严格按照国家有关规定执行。

危险性较大的生产设备必须定期进行检验，不符合安全要求的，应停止使用，限期改进，难以改进或超过使用期限的，应报废更新。报废的设备任何单位和个人不得转让、启用。

第二十三条　电气线路和设备必须安全可靠，并定期进行检查、维修、更换。设备的控制调节系统应有保护装置。

第二十四条　安全卫生防护仪器设备和劳动防护用品的设计、制造必须符合国家标准。

第二十五条　企事业单位必须根据工作性质和劳动条件，按照有关劳动防护用品发放标准，为职工配备必要的劳动防护用品。对特种防护用品应定期进行检查，防护性能已失效的，不得使用。

第二十六条　建设行政管理部门，应加强建筑市场管理，严禁违章施工。建设单位和建筑、安装企业，应遵守施工程序和工期定额，执行《建筑安装工程安全技术规程》和有关专业规定。建筑安装施工前，必须制定安全技术措施，并严格执行。劳动保护监察机构有权对建筑、安装企业进行安全施工条件监察。对不具备必要安全施工条件的建筑安装工程，有关主管部门应拒发或吊销施工许可证。

第二十七条　企事业单位对发现的事故隐患应逐项登记、限期消除。本单位确无能力消除的，应上报主管部门申请帮助解决。在事故隐患消除前，企事业单位应采取可靠的临时性安全措施。

第二十八条　企事业单位应按国家规定每年从固定资产更新改造资金和生产发展基金中提取一定比例的经费，用于改善劳动条件。

第二十九条　企事业单位发生伤亡事故的，必须及时组织抢救，防止事故扩大，减少人员伤亡，并按照《工人职员伤亡事故报告规程》、《职业病报告办法》和其他有关规定上报，不得隐瞒不报、虚报或者故意拖延上报时间。

企事业单位发生重大伤亡事故的，其主管部门应会同有关部门和工会组织组成事故调查组进行调查。查明情况后，有关部门应提出事故处理报告，依法处理。

第三十条　锅炉、压力容器和矿山的劳动安全和劳动卫生工作，按国家有关规定执行。

第三章　女职工和未成年职工保护

第三十一条　企事业单位应严格执行国家关于女职工劳动保护的有关规定，改善女职工的劳动保护设施。女职工在经期、孕期、产期、哺乳期应给予特殊保护。

第三十二条　任何企事业单位和个体生产者都不得录用未满十六周岁的未成年人从事生产劳动。

第三十三条　任何企事业单位和个体生产者不得安排年满十六周岁不满十八周岁的未成年职工从事繁重体力劳动及接触有毒物质的作业。

禁止安排未成年职工加班加点。

第四章　工时制度

第三十四条　企事业单位实行每日八小时工作制，每周不超过四十八小时。

季节性生产企业和需要实行其它工时制度的企事业单位，应经主管部门同意，报劳动行政管理部门备案。

第三十五条　企事业单位对于特别繁重体力劳动的工种和有毒有害作业，应按照国家有关规定，适当缩短工作时间。

第三十六条　私营企业参照第三十四、三十五条规定的原则确定工时制度。生产（工作）时间过长的，有关主管部门应予以制止。

第三十七条 企业组织生产一般不得加班加点。确需加班加点的，应控制时间和人数。连续加班加点影响职工健康的，工会应提出意见，当地劳动保护监察机构应予以制止。

第五章 监察机构与监察员

第三十八条 各级人民政府劳动行政管理部门设劳动保护监察机构。其职责是：

（一）对国家劳动保护法规和本条例执行情况进行监察；

（二）参加劳动保护工程技术措施的审查和验收；

（三）参加职工伤亡事故的调查处理；

（四）对存在重大事故隐患或职业性危害严重的企事业单位发出《劳动保护监察意见通知书》；

（五）对企事业单位的劳动条件和劳动环境进行监测和评价；

（六）对劳动保护监察人员、企事业单位的安全技术人员进行业务培训。

第三十九条 各级劳动保护监察机构设劳动保护监察员。监察员应从熟悉劳动保护技术，并具有相当于助理工程师以上职称或从事五年以上劳动保护工作的国家工作人员中选任。劳动保护监察机构可根据需要，选任具有一定任期的兼职监察员。

第四十条 省劳动保护监察机构的监察员，由省劳动行政管理部门任命；市（地）、县（市、区）劳动保护监察机构的监察员，由市（地）、县（市、区）劳动行政管理部门提名，省劳动行政管理部门任命。对监察员的调动、免职或处分，应事先征求省劳动行政管理部门的意见。

第四十一条 监察员持《浙江省劳动保护监察员证》，可以进入生产、施工现场进行检查，并参加有关会议，调阅有关资料，向有关人员了解情况。

第四十二条 监察员在检查时，发现有危及职工安全、健康的紧急情况，有权要求企事业单位立即采取改进措施或停止作业，并及时向劳动保护监察机构和其它有关部门报告。

第六章 奖励与处罚

第四十三条 对有下列情况之一的企业、个人，予以表扬、记功、晋级、通令嘉奖和物质奖励：

（一）认真执行国家劳动保护法规和本条例，在劳动安全、劳动卫生工作中成绩显著的；

（二）在劳动保护方面提出合理化建议或取得重大科研成果的；

（三）在排除事故隐患或事故抢险中有功的。

第四十四条 违反国家劳动保护法规和本条例，具有下列情形之一的，由劳动保护监察机构责令有关单位限期改进，直至停止生产，并对有关单位和主管人员、直接责任人员处以罚款：

（一）违反本条例第十二、十八、二十一、二十二、三十二、三十三条规定的；

（二）对劳动保护监察机构发出的《劳动保护监察意见通知书》逾期不执行的；

（三）其他违反劳动保护法规和本条例，造成严重后果的。

对以上各种行为罚款的标准和权限，由省劳动行政管理部门规定，报省人民政府批准后执行。

第四十五条 对违反国家劳动保护法规和本条例，造成重大责任事故的主管人员、直接责任人员，除按第四十四条罚款外，并可给予行政处分；构成犯罪的，依法追究刑事责任。

第四十六条 企事业单位或个人对处罚不服的，可在接到处罚通知书之日起十五天内，向作出处罚决定的机构的上级机关申请复议，上级机关应在接到申请之日起三十天内作出复议决定。对复议决定不服的，可在接到决定之日起十五天内向当地人民法院起诉；逾期不起诉又不履行的，作出处罚决定的机构可以申请人民法院强制执行。

第四十七条　劳动保护监察人员玩忽职守的，给予行政处分，情节严重，构成犯罪的，依法追究刑事责任。

第四十八条　各项罚款上交财政，由财政部门会同劳动行政管理部门按照国家有关规定安排用于企业的安全生产和改善劳动条件。

第七章　附则

第四十九条　各级卫生行政管理部门对劳动卫生（预防医学）实行国家卫生监督，具体办法由省人民政府制定。

第五十条　私营企业和个体生产者的劳动安全和劳动卫生工作由当地乡（镇）人民政府和街道办事处实施监督管理。

第五十一条　本条例授权省劳动行政管理部门解释。

第五十二条　本条例自1989年3月1日起施行。

浙江省女职工劳动保护办法

浙江省女职工劳动保护办法

（2004年4月22日浙江省人民政府令第174号发布，根据2010年12月21日浙江省人民政府令第284号公布的《浙江省人民政府关于修改〈浙江省企业工资支付管理办法〉等18件规章的决定》修正）

第一条　为维护女职工的合法权益，根据《中华人民共和国劳动法》、《中华人民共和国妇女权益保障法》和其他有关法律、法规的规定，结合本省实际，制定本办法。

第二条　本省行政区域内有女职工的企业、个体经济组织以及国家机关、事业单位、社会团体、民办非企业单位（以下统称用人单位），应当遵守本办法。

第三条　用人单位应当根据女职工的生理特点和所从事工作的职业特点，建立健全女职工劳动保护和安全生产制度，改善劳动条件，保证安全生产，防止职业危害，并确定专人负责女职工劳动保护工作。

第四条　县级以上人民政府人力资源和社会保障行政主管部门负责本办法的组织实施。

卫生、经济和信息化、安全生产监督管理、人口与计划生育等部门应当按照各自职责，配合做好本办法的实施工作。

工会、妇联等有关团体和单位有权对本办法的执行情况进行监督。

第五条　县级以上人民政府应当建立女职工生育保险制度，实行生育保险费用社会统筹。

用人单位应当按照社会保险有关规定参加生育保险，履行缴费义务。

第六条　妇女与男子享有平等的劳动就业权利，实行男女同工同酬。

用人单位在录用职工时，除法律、法规和规章规定不适合妇女的工种或者岗位外，不得因性别原因拒绝招用妇女或者任意提高对妇女的录用标准。

第七条　用人单位招用女职工，应当签订劳动合同或者聘用合同。其中劳动报酬、劳动保护条件等标准，不得低于集体合同的规定。

女职工在符合计划生育规定的孕期、产期、哺乳期内，用人单位不得降低其工资，不得随意解除、终止劳动合同或者聘用合同。劳动合同或者聘用合同期满而孕期、产期、哺乳期未满的，劳动合同或者聘用合同应当顺延至孕期、产期、哺乳期满。

第八条　用人单位不得随意延长女职工的工作时间。确因生产、经营需要加班加点的，经与工会及女职工协商后可以延长工作时间，但不得超过国家规定的标准，并应当按照规定支付加班加点工资。

第九条　禁止安排女职工从事矿山井下的劳动、国家规定的第四级体力劳动强度的劳动和女职工禁忌从事的其他工作。

第十条　用人单位对从事国家规定的高处、低温和第三级体力劳动强度作业的女职工，在月经期间，应当暂时调整、安排合适工作或者给予1至2天的带薪休息。

经医疗单位证明患有重度痛经及月经过多的女职工，在月经期间，用人单位应当给予1至2天的带薪休息。

第十一条　用人单位不得安排未育及已婚待孕女职工在铅、汞、苯、镉等属于国家《有毒作业分级标准》第三、四级作业场所从事作业。

第十二条　用人单位不得安排妊娠期间的女职工从事国家规定的第三级体力劳动强度的劳动和孕期禁忌从事的劳动，不得延长劳动时间；经医疗保险定点医院证明从事原工作有困难的，应当减轻其工作量或者安排适当的工作。

妊娠7个月以上（含7个月）的女职工，一般不得安排其从事夜班工作。经本人申请，用人单位应当在工作时间内安排一定的休息时间，并扣减相应的工作量。

第十三条　妊娠期间的女职工，在工作时间内做产前检查，应当计算在工作时间之内；有额定工作量的，应当扣减相应的工作量。

妊娠期间的女职工在定点医疗保健机构进行产前检查，用人单位参加生育保险的，其产前检查费用按照规定从生育保险基金中开支；用人单位未参加生育保险的，其产前检查费用由用人单位负担。

第十四条　女职工分娩后，其产假及有关待遇按照下列规定执行：

（一）正常分娩的，产后假不少于90天（含产前假15天）；

（二）7个月以上早产或者超期分娩的，按照正常分娩对待；

（三）分娩时遇有难产实施剖宫产手术的，产后假增加15天；

（四）分娩时遇有难产实施助产手术的，产后假增加7天；

（五）生育多胞胎的，每多生育一个婴儿产后假增加15天；

（六）妊娠期不满3个月流产（含自然流产、人工流产）的，产后假20天至30天；

（七）妊娠3个月以上、7个月以下流产、引产的，产后假50天；

（八）女职工在指定医疗保健机构分娩以及因急产或者其他特殊原因未能在指定医疗保健机构分娩的，其检查费、药费、手术费、住院费、治疗费等费用，按照规定从生育保险基金中开支或者由用人单位承担；

（九）女职工产假期间工资照发，不影响其享有的福利待遇。

女职工产假期满仍需治疗的，按照国家规定的疾病医疗待遇规定办理。

第十五条　女职工实施放置（取出）宫内节育器、皮下埋植术、流产术（含药物流产）、引产术、绝育及复通手术的，按照规定给予一定的假期，所发生的医疗费用从生育保险基金中开支或者由用人单位承担。

第十六条　在领取失业保险金期间，符合计划生育规定分娩的女性失业人员，可以向设区的市、县（市、区）劳动就业服务机构申请领取相当于本人3个月失业保险金的生育补助。

第十七条　领取《独生子女父母光荣证》的女职工产假期满后，抚育婴儿确有困难的，经本人申请，用人单位可以给予6个月的哺乳假；有条件的用人单位，可以给予1年假期（含法定产假）。女职工休假期间的待遇按照《浙江省人口与计划生育条例》的有关规定执行。

第十八条　女职工产假期满上班的，用人单位应当给予1至2周的适应时间，使其逐渐恢复工作量。因身体原因不能正常上班的，经医疗机构证明，其超过产假后的休息时间，按照国家规定的疾病医疗待遇规定办理。

第十九条　哺乳（含人工喂养）不满1周岁婴儿的女职工，用人单位应当在工作日内安排不少于1小时的哺乳时间；多胞胎生育的，每多一个婴儿，哺乳时间增加1小时。女职工哺乳时间和在本单位内哺乳往返时间，算作劳动时间，并扣减相应的工作量。

女职工在哺乳期间，用人单位不得安排其从事国家规定的第三级体力劳动强度的劳动和哺乳期禁忌从事的工作，不得延长其工作时间，不得安排夜班工作。

第二十条　经二级以上综合医疗机构确诊患更年期综合症，不适应原工作的女职工，用人单位应当适当减轻其工作量或者暂时安排其他合适的工作。

第二十一条实行计件工资的女职工，按照本办法规定享受带薪休息待遇的，其工资计发基数，按照企业正常生产期间本人休息前12个月的平均实得工资的70%确定。该工资计发基数低于当地最低工资标准的，按照最低工资标准确定。

第二十二条　有100人以上（含100人）女职工的用人单位，应当设置女职工卫生室；有100人以下女职工的用人单位，可以设置简易的温水箱及冲洗用具；有5名以上妊娠女职工的用人单位应当设置临时孕妇休息室。对从事流动性或者分散性工作的女职工，用人单位应当发给单人自用冲洗用具。

用人单位新建、扩建、改建生产工作用房时，应当按照《工业企业设计卫生标准》的要求，设计、安装女职工劳动保护设施。

第二十三条　用人单位应当建立女职工卫生保健档案，每1至2年对女职工进行一次生殖健康检查；对从事有毒工作的女职工，还应当定期进行职业健康检查。检查所需时间视为工作时间。

第二十四条　用人单位应当有计划地对本单位的女职工实施职业教育及技术培训。

第二十五条　用人单位违反本办法第六条第二款规定，由县级以上人民政府人力资源和社会保障行政主管部门责令改正；拒不改正的，可以处500元以上5000元以下的罚款。

第二十六条　用人单位违反本办法规定侵害女职工合法权益，有关法律、法规、规章已有处罚规定的，按照有关法律、法规、规章的规定执行；有关法律、法规、规章没有处罚规定的，由县级以上人民政府人力资源和社会保障行政主管部门责令改正，并可以处500元以上2000元以下的罚款；对女职工造成损害的，应当承担赔偿责任。

国家机关、事业单位违反本办法规定的，由县级以上人民政府人力资源和社会保障行政主管部门依照本办法有关规定查处。

对歧视、虐待、侮辱女职工的行为，有关部门应当依法处理；构成犯罪的，依法追究刑事责任。

第二十七条　女职工劳动保护权益受到侵害时，有权向有关主管部门及人力资源和社会保障行政主管部门申诉。受理申诉的部门应当自收到申诉书之日起30日内作出处理决定。

女职工劳动保护权益受到侵害时，可以依法申请仲裁或者提起诉讼。

第二十八条　女职工违反计划生育规定而妊娠、分娩的，按照计划生育的有关规定处理，不适用本办法。

第二十九条　本办法自2004年7月1日起施行。《浙江省女职工劳动保护暂行规定》同时废止。

浙江省职工基本养老保险条例

浙江省职工基本养老保险条例

（1999年7月25日浙江省第九届人民代表大会常务委员会第十四次会议通过　根据2002年10月31日浙江省第九届人民代表大会常务委员会第三十九次会议《关于修改〈浙江省职工基本养老保险条例〉的决定》第一次修正　根据2008年5月30日浙江省第十一届人民代表大会常务委员会第四次会议《关于修改〈浙江省职工基本养老保险条例〉的决定》第二次修正，2008年5月30日浙江省人民代表大会常务委员会公告第1号公布　自2008年10月1日起施行）

第一章　总则

第一条　为建立和完善社会保障制度，保障职工退休后的基本生活，维护社会稳定，根据《中华人民共和国劳动法》和有关法律、法规的规定，结合本省实际，制定本条例。

第二条　本省行政区域内的下列用人单位、职工应当依法参加职工基本养老保险：

（一）企业、民办非企业单位等和与其形成劳动关系的职工；

（二）国家机关、事业单位、社会团体和与其形成劳动关系的未纳入行政或者事业养老保险范围的职工。

有雇工的城镇个体工商户和与其形成劳动关系的雇员应当依法参加职工基本养老保险。

无雇工的城镇个体工商户、城镇灵活就业人员可以依照本条例规定参加职工基本养老保险。

本条第一款规定的参加职工基本养老保险的对象，法律、法规另有规定的，从其规定。

第三条　职工基本养老保险实行社会统筹和个人账户相结合，养老保险费用由国家、单位和个人合理负担。

职工基本养老保险保障水平应当与本省社会经济发展水平和各方面的承受能力相适应，职工基本养老保险待遇不因用人单位破产、兼并、改制等原因而受损害。

第四条　职工基本养老保险应当统一制度、统一标准、统一管理，实行设区的市本级、县（市）级统筹和省级调剂制度。原实行基本养老保险行业统筹的企业，按照国家规定参加基本养老保险。

国家对职工基本养老保险的统筹层次另有规定的，按照国家规定执行。

第五条　县级以上人民政府应当加强对职工基本养老保险工作的领导，把职工基本养老保险事业纳入本地区国民经济与社会发展规划，并负责本行政区域内的职工基本养老保险组织实施工作，多渠道筹集职工基本养老保险资金，确保职工基本养老金按时足额发放。

第六条　县级以上劳动保障行政部门主管本行政区域内职工基本养老保险工作。

县级以上劳动保障行政部门所属的社会保险经办机构负责办理职工基本养老保险具体事务。

地方税务机关负责职工基本养老保险费的征收工作。

县级以上财政部门负责职工基本养老保险基金的专户管理、财政投入预算安排和财会管理工作。

县级以上审计、监察、工商等部门应当按照各自职责，共同做好职工基本养老保险工作。

第七条　鼓励用人单位根据本单位实际情况为职工建立企业年金。

提倡职工个人进行储蓄性养老保险。

第二章　基本养老保险基金的筹集和管理

第八条　基本养老保险基金由以下部分组成：

（一）用人单位和职工、城镇个体劳动者缴纳的基本养老保险费；

（二）财政投入；

（三）基本养老保险基金的利息等增值收益；

（四）基本养老保险费滞纳金；

（五）社会捐赠；

（六）依法应当纳入基本养老保险基金的其他资金。

县级以上人民政府每年应当安排一定比例的财政性资金投入基本养老保险基金，并列入财政预算。

第九条　职工个人每月按照本人上一年度月平均工资（以下称缴费工资）的百分之八缴纳基本养老保险费。

新参加工作、重新就业和新建用人单位的职工，从进入用人单位之月起，当年缴费工资按用人单位确定的月工资收入计算。

职工缴费工资低于上一年度全省在岗职工月平均工资百分之六十的，按照百分之六十确定；高于上一年度全省在岗职工月平均工资百分之三百的，按照百分之三百确定。全省上一年度在岗职工月平均工资，由省统计部门核定，省劳动保障行政部门公布。

职工个人缴纳的基本养老保险费，由用人单位每月从职工工资中代扣代缴。

职工个人按规定比例缴纳的基本养老保险费不计入个人所得税的应纳税所得额。

第十条　企业、民办非企业单位等每月按照全部职工工资总额的一定比例缴纳基本养老保险费。国家机关、事业单位和社会团体每月按照参保人员工资总额的一定比例缴纳基本养老保险费。

用人单位的缴费比例一般不得超过百分之二十。具体比例按照国家和省人民政府规定的权限确定。

用人单位缴纳的基本养老保险费按照规定列支。

第十一条　城镇个体工商户、城镇灵活就业人员（以下统称城镇个体劳动者）每月按照上一年度月平均实际收入的百分之二十缴纳基本养老保险费。其中有雇工的城镇个体工商户，雇主的养老保险费全部由其本人缴纳；雇工的养老保险费，由雇工缴纳百分之八，雇主缴纳百分之十二。

城镇个体劳动者上一年度月平均实际收入低于上一年度当地在岗职工月平均工资百分之八十的，按照百分之八十确定缴费基数；高于上一年度当地在岗职工月平均工资百分之三百的，按照百分之三百确定缴费基数。

省人民政府可以根据本省实际，对城镇个体劳动者的缴费标准进行调整。

城镇个体劳动者按规定比例缴纳的基本养老保险费依法不计入个人所得税的应纳税所得额。

第十二条　用人单位应当自依法成立之日起三十日内，向社会保险经办机构办理职工基本养老保险登记手续。城镇个体劳动者应当按规定向社会保险经办机构办理职工基本养老保险登记手续。用人单位、城镇个体劳动者在办理税务登记的同时，向地方税务机关办理职工基本养老保险缴费登记手续。

用人单位在办理职工基本养老保险注册登记后增员或者减员的，应当自增员或者减员之日起三十日内，向社会保险经办机构办理职工增减登记手续。社会保险经办机构应当将用人单位基本养老保险登记情况及时告知地方税务机关。

第十三条　用人单位应当在每月十日前按照规定自行计算应缴费额，向地方税务机关申报缴纳上月的基本养老保险费，并对申报事项的真实性负责。

职工个人应缴的基本养老保险费报经社会保险经办机构核定后，由用人单位代扣并向地方税务机关申报缴纳。

城镇个体劳动者凭社会保险经办机构核定的应缴费额向地方税务机关申报并缴费。

经地方税务机关和劳动保障行政部门确认后，用人单位、城镇个体劳动者可以直接向地方税务机关申报缴纳职工个人、城镇个体劳动者应缴纳的基本养老保险费。地方税务机关应当及时将职工个人和城镇个体劳动者的缴费基数、缴费金额等情况反馈社会保险经办机构。

第十四条　用人单位伪造、变造、故意毁灭有关账册、材料，或者不设账册，致使基本养老保险费无法确定的，地方税务机关按该单位上月缴费数额的百分之一百一十确定应缴数额。没有上月缴费数额的，地方税务机关根据该单位的经营状况、职工人数等有关情况，按规定确定应缴数额。

第十五条　基本养老保险费应当以货币形式全额征缴，不得减免，不得以实物或者其他形式抵缴。

第十六条　用人单位分立、合并的，由分立、合并后的单位继续缴纳基本养老保险费。

第十七条　用人单位改变名称、住所、所有制性质、法定代表人或者负责人、开户银行账号等基本养老保险登记事项的，应当自变更之日起三十日内向社会保险经办机构办理职工基本养老保险变更登记手续。

用人单位歇业、被撤销、宣告破产或者因其他原因终止的，应当依法清偿欠缴的基本养老保险费，并在终止之日起三十日内向社会保险经办机构办理基本养老保险注销登记手续。

用人单位在办理税务变更登记、注销登记的同时，向地方税务机关办理职工基本养老保险缴费变更登记、注销登记手续。

第十八条　国有企业或者城镇集体所有制企业职工的缴费年限，如有部分为视同缴费年限的，在国有企业或者城镇集体所有制企业破产清算时，应当依法从其破产财产中提取尚未缴纳的视同缴费年限部分的基本养老保险费。视同缴费年限基本养老保险费的具体标准由省人民政府规定。

前款所称缴费年限，是指职工个人和其所在用人单位、城镇个体劳动者分别按规定足额缴纳基本养老保险费的年限。国有企业或者城镇集体所有制企业参加职工基本养老保险社会统筹之前，职工参加工作的年限，经劳动保障行政部门审核，符合国家和本省有关规定的，为视同缴费年限。

第十九条　基本养老保险基金实行收支两条线和财政专户管理，任何单位和个人不得挪用、截留。

第二十条　基本养老保险基金按照国家规定的方式保值增值，其各项增值收益全部计入基本养老保险基金。

基本养老保险基金存入银行或者购买国债的，在确保职工基本养老金等发放的同时，应当选择合理的存款期限或者国债期限，提高基金的利息收益。

第二十一条　按国家规定建立省级基本养老保险调剂基金。各市、县应当按时足额缴纳省级调剂基金。省级调剂基金用于调剂基本养老保险基金支付困难的市、县。省级调剂基金建立和调剂使用的具体办法，由省人民政府规定。

第二十二条　基本养老保险基金免征税、费。

第三章　基本养老保险个人账户

第二十三条　社会保险经办机构按照公民身份号码，为参加基本养老保险的职工、城镇个体劳动者（以下简称参保人员）建立基本养老保险个人账户，发给参保人员手册，记载缴费情况。

第二十四条　参保人员的基本养老保险个人账户按本人缴费工资的百分之八建立，由个人缴费形成。

第二十五条　基本养老保险个人账户储存额，每年按记账利率计息一次，记账利率由省人民政府参考城乡居民银行存款同期利率和职工平均工资增长率确定并予公布。

参保人员符合按月领取基本养老金条件的，自领取基本养老金之月开始，其个人账户储存额按银行存款同期利率计息。

第二十六条　职工所在用人单位、城镇个体劳动者未按规定足额缴纳基本养老保险费期间，不计算个人缴费年限，欠缴部分不记个人账户，按规定补缴基本养老保险费及滞纳金后，应当补记个人账户，并计算个人缴费年限。

第二十七条　参保人员因失业等原因中断缴纳基本养老保险费期间，不记个人账户，不计算个人缴费年限，其个人账户储存额由社会保险经办机构予以保留，并继续计息。参保人员再就业后应继续缴纳基本养老保险费。重新缴费前后的个人账户储存额和缴费年限累积计算。

第二十八条　参保人员在同一统筹范围内流动的，只转移基本养老保险关系和个人账户档案，不转移个人账户储存额。

参保人员在本省跨统筹范围流动的，应当转移基本养老保险关系、个人账户档案和储存额，各地对省内养老保险关系转移不得设置限制条件。省人民政府应当制定保障养老保险关系转移续接的具体办法。

参保人员跨省流动的，其基本养老保险关系、个人账户档案和储存额的转移，按照国家有关规定执行。

第二十九条　参保人员死亡后，其个人账户中个人缴费部分的余额及其利息可以依法继承，由社会保险经办机构一次性支付给继承人。

第四章　基本养老保险待遇

第三十条　1997年12月31日前已退休的职工，按国家和省规定发给基本养老金。用人单位离休人员的离休待遇仍按国家和省有关规定执行。

第三十一条　下列参保人员达到法定退休年龄后，从其办理退休手续的次月起，按月领取基本养老金，直至死亡：

（一）1997年12月31日以前参加工作，1998年1月1日以后至2010年12月31日以前退休且缴费年限（包括视同缴费年限）满十年的；

（二）1997年12月31日以前参加工作，2011年1月1日以后退休且缴费年限满十五年的；

（三）1998年1月1日以后参加工作，缴费年限满十五年的。

第三十二条　本条例第三十一条第（一）、（二）项规定的参保人员退休后，其月基本养老金由基础养老金、个人账户养老金和过渡性养老金组成，按以下标准计发：

（一）基础养老金月标准以退休时上一年度全省在岗职工月平均工资和本人指数化月平均缴费工资的平均值为基数，缴费每满一年发给百分之一；

（二）个人账户养老金月标准为个人账户储存额除以计发月数。计发月数根据退休时城镇人口平均预期寿命、本人退休年龄、利息等因素确定，具体按照国务院规定执行；

（三）过渡性养老金月标准按照职工本人1997年12月31日以前的指数化月平均缴费工资，乘以1997年12月31日以前的缴费年限，再乘以一定比例计发。计发比例按照省人民政府规定执行。

第三十三条　本条例第三十一条第（三）项规定的参保人员退休后，其月基本养老金由基础养老金和个人账户养老金组成。基础养老金和个人账户养老金的计发办法按照本条例第三十二条规定执行。

第三十四条　参保人员达到法定退休年龄时，缴费年限不符合按月领取基本养老金规定的，参保人员个人可以按照当地城镇个体劳动者的缴费标准延缴。延缴后符合本条例第三十一条规定条件的，按月领取基本养老金。

参保人员个人不延缴养老保险费的，其个人账户储存额一次性支付给本人，并按缴费年限（包括视同缴费年限）每满一年发给一个月的本人指数化月平均缴费工资，同时终止基本养老保险关系。

第三十五条　下列未达到法定退休年龄的参保人员，申请办理退职的，从其办理退职手续的次月起，按月领取基本养老金，直至死亡：

（一）1997年12月31日以前参加工作，1998年1月1日以后至2010年12月31日以前因病或者非因工完全丧失劳动能力且缴费年限满十年和2011年1月1日以后因病或者非因工完全丧失劳动能力且缴费年限满十五年的参保人员；

（二）1998年1月1日以后参加工作，因病或者非因工完全丧失劳动能力，缴费年限满十五年的参保人员。

退职人员基本养老金按照退休人员基本养老金的计发办法执行。

第三十六条　基本养老金应当根据本省社会经济发展水平和基本养老保险基金的承受能力，按照职工平均工资增长率的一定比例和物价增长幅度定期进行调整。具体调整办法，由省劳动保障行政部门会同省财政部门制定，报省人民政府批准后执行。

第三十七条　参保人员就业期间按时足额缴纳基本养老保险费，并符合本条例第三十一条规定条件，其退休当年计发的月基本养老金低于当地上一年度月平均基本养老金百分之六十的，由社会保险经办机构按照当地上一年度月平均基本养老金的百分之六十予以补足。

第三十八条　参保人员退休后死亡的丧葬费、一次性抚恤费由社会保险经办机构按国家和省有关规定支付。

第五章　基本养老保险工作的管理和监督

第三十九条　县级以上劳动保障行政部门履行下列职责：

（一）贯彻实施有关基本养老保险的法律、法规和政策；

（二）拟定基本养老保险事业发展规划；

（三）拟订基本养老保险基金预算、决算草案；

（四）指导社会保险经办机构开展基本养老保险业务；

（五）对基本养老保险基金的使用依法进行监督检查；

（六）对基本养老保险基金承受能力进行风险预测；

（七）法律、法规和省人民政府规定的其他职责。

第四十条　社会保险经办机构具体办理职工基本养老保险事务，履行下列职责：

（一）负责办理基本养老保险登记；

（二）核定参保人员应缴纳的基本养老保险费；

（三）负责基本养老保险个人账户和档案的建立、记录和管理工作；

（四）审核参保人员享受基本养老保险待遇的资格，审定并支付基本养老保险待遇；

（五）开展基本养老保险调查、宣传和咨询服务工作；

（六）开展对退休人员的社会化服务工作；

（七）法律、法规和省人民政府规定的其他职责。

第四十一条　县级以上财政部门履行下列职责：

（一）负责基本养老保险基金财政投入的预算安排；

（二）负责基本养老保险基金预算、决算草案审核；

（三）负责基本养老保险基金的专户管理和保值增值；

（四）负责制定基本养老保险基金财务会计制度实施细则；

（五）法律、法规和省人民政府规定的其他职责。

第四十二条　地方税务机关应当按规定职责及时、足额征收基本养老保险费，并为用人单位和城镇个体劳动者缴纳基本养老保险费提供便利条件。

地方税务机关在征收基本养老保险费时，必须提供缴款凭证。

第四十三条　劳动保障行政部门、财政部门、地方税务机关应当加强协作，建立信息共享和工作配合机制。

第四十四条　基本养老金实行由社会保险经办机构直接发放或者委托银行等部门代为发放。

第四十五条　社会保险经办机构和地方税务机关不得从基本养老保险基金中提取任何费用，其开展业务所需经费，由同级财政预算安排。

第四十六条　社会保险经办机构、地方税务机关有权核查用人单位的职工名册、工资发放表、财务会计账册等有关资料。用人单位应当如实提供资料，不得拒绝、隐瞒。

社会保险经办机构每年应当向用人单位和参保人员分别发送一次基本养老保险费缴纳记录和个人账户对账单。

用人单位、参保人员有权向社会保险经办机构查询其基本养老保险费缴纳记录或者个人账户缴费记录情况。

第四十七条　省、市、县应当建立基本养老保险基金监督委员会。基本养老保险基金监督委员会由县级以上人民政府组织劳动保障、财政、审计、地方税务、监察等部门代表，用人单位代表，工会代表，职工和退休人员代表组成，其办事机构设在劳动保障行政部门。

基本养老保险基金监督委员会有权听取劳动保障、财政、审计、地方税务、监察等部门对基本养老保险基金的筹集、使用、管理情况和预算、决算编制情况以及审计情况的汇报，对基本养老保险基金的筹集、使用、保值增值和管理进行监督。

基本养老保险基金监督委员会每年至少召开一次会议。

第四十八条　审计部门应当定期对基本养老保险基金的筹集、使用、保值增值和管理情况进行审计。

第六章　法律责任

第四十九条　劳动保障行政部门、财政部门、地方税务机关或者社会保险经办机构违反本条例规定，有下列行为之一的，由同级人民政府或者有关部门责令改正；情节严重的，对直接负责的主管人员和其他直接责任人员给予行政处分；构成犯罪的，依法追究刑事责任：

（一）未按规定筹集、使用和管理基本养老保险基金；

（二）挪用、截留、侵占基本养老保险基金；

（三）违法减免或者增加用人单位及其职工、城镇个体劳动者缴纳的基本养老保险费；

（四）拖欠支付或者擅自减发、增发基本养老金以及其他有关待遇；

（五）其他违反有关法律、法规规定的行为。

第五十条　用人单位违反本条例规定，未在规定期限内办理基本养老保险登记、变更登记或者注销登记手续，或者未按规定申报应缴纳的基本养老保险费数额、代扣代缴职工应缴纳的基本养老保险费的，由劳动保障行政部门或者地方税务机关责令限期改正；情节严重的，对直接负责的主管人员和其他直接责任人员可以处一千元以上五千元以下的罚款；情节特别严重的，对直接负责的主管人员和其他直接责任人员可以处五千元以上一万元以下的罚款。

城镇个体劳动者违反本条例规定，未按规定办理基本养老保险登记手续的，由劳动保障行政部门或者地方税务机关责令限期改正；逾期不改正的，予以警告，可以处二百元以上五百元以下的罚款。

第五十一条　违反本条例规定，用人单位伪造、变造、故意毁灭有关账册、材料，或者不设账册，致使基本养老保险费数额无法确定的，依照有关法律、行政法规的规定给予处罚，并依照本条例第十四条规定征缴。

第五十二条　违反本条例规定，不缴或者欠缴基本养老保险费的，由地方税务机关依法责令限期缴纳，并自欠缴之日起按日加收欠缴费额千分之二的滞纳金。逾期拒不缴纳的，对用人单位处以不缴或者欠缴费额百分之五十以上二倍以下的罚款；对用人单位直接负责的主管人员和其他直接责任人员处以五千元以上二万元以下罚款。

滞纳金并入基本养老保险基金。

第五十三条　以弄虚作假或者其他非法手段获得基本养老金和其他待遇的，由劳动保障行政部门追缴有关当事人的非法所得，可以处非法所得三倍以下的罚款；构成犯罪的，依法追究刑事责任。

第五十四条　阻挠、妨碍劳动保障行政部门、地方税务机关或者社会保险经办机构及其工作人员对养老保险工作进行监督检查，或者打击报复举报人员的，由有关部门依法处理；构成犯罪的，依法追究刑事责任。

第五十五条　职工因缴纳基本养老保险费与单位发生争议的，可以向当地劳动争议仲裁委员会申请仲裁，对仲裁裁决不服的，可以在收到仲裁裁决之日起十五日内向人民法院提起诉讼。

第五十六条　用人单位、城镇个体劳动者逾期拒不缴纳基本养老保险费的，地方税务机关可以依法采取保全措施或者强制征收措施。

第七章　附则

第五十七条　省人民政府可以根据社会经济发展水平，对规模较小且盈利水平低的用人单位及其职工，规定其在一定时期内养老保险费的征缴比例、个人账户记账比例和基本养老金的计发标准。

第五十八条　国家对职工基本养老保险的征缴比例、个人账户记账比例和基本养老金计发标准等有新规定的，按照国家规定执行。

第五十九条　省人民政府根据本条例制定实施办法。

第六十条　本条例自1999年10月1日起施行。

浙江省失业保险条例

浙江省失业保险条例

（2003年9月4日经浙江省第十届人民代表大会常务委员会第五次会议通过，自2004年1月1日起施行）

第一章　总则

第一条　为了保障失业人员失业期间的基本生活，促进其再就业，根据《中华人民共和国劳动法》、《失业保险条例》、《社会保险费征缴暂行条例》等有关法律、法规的规定，结合本省实际，制定本条例。

第二条　在本省行政区域内的所有企业、事业单位、社会团体、民办非企业单位、有雇工的城镇个体工商户及与其形成劳动关系的职工、雇工，应当依照本条例规定参加失业保险。

国家机关及与其形成劳动关系的合同制职工依照本条例规定参加失业保险。

第三条　县级以上地方各级人民政府应当加强对失业保险工作的领导，保证失业保险基金的征集和失业保险待遇的给付，把失业保险事业纳入本地区国民经济与社会发展计划。

第四条　县级以上人民政府劳动和社会保障行政部门（以下称劳动保障行政部门）主管本行政区域内的失业保险工作。劳动保障行政部门按照国家规定设立的失业保险经办机构（以下称经办机构）具体承办失业保险工作。

政府其他有关职能部门和工会等组织应当按照各自职责，共同做好失业保险工作。

第五条　失业保险费由地方税务部门依法征缴。

第二章　失业保险基金

第六条　失业保险基金由下列各项组成：

（一）企业、国家机关、事业单位、社会团体、民办非企业单位、有雇工的城镇个体工商户（以下统称用人单位）和职工、雇工（以下统称职工）缴纳的失业保险费；

（二）失业保险基金的利息等增值收入；

（三）财政补贴；

（四）失业保险费的滞纳金；

（五）社会捐赠；

（六）依法纳入失业保险基金的其他资金。

第七条　失业保险基金由设区的市本级、县（市）分别统筹。

设区的市人民政府可以决定实行全市一级统筹。

第八条　建立省级失业保险调剂金制度。省级失业保险调剂金按照统筹地区依法应当征收的失业保险费为基数，按照规定比例筹集，由各级国库划解省级失业保险调剂金财政专户。

统筹地区的失业保险基金收不抵支时，收不抵支的差额部分由省级失业保险调剂金和统筹地区财政按照规定比例予以调剂和补贴。

省级失业保险调剂金筹集、管理和使用的具体办法，由省人民政府规定。

第九条　失业保险基金用于下列支出：

（一）失业保险金；

（二）领取失业保险金期间的医疗补助金；

（三）领取失业保险金期间死亡的失业人员的丧葬补助金和由其供养的配偶、直系亲属的抚恤金；

（四）职业培训、职业介绍等促进再就业的补贴；

（五）国家规定可以开支的其他费用。

用于前款第（四）项促进再就业补贴的经费不超过当年筹集的失业保险基金总额的百分之二十，具体使用办法由省人民政府规定。

第十条　失业保险基金必须存入财政部门开设的社会保障基金财政专户，实行收支两条线管理，由财政部门依法进行监督。

存入银行和按国家规定购买国债的失业保险基金，分别按照不低于城乡居民同期存款利率和国债利息计息，利息并入失业保险基金。

失业保险基金专款专用，任何单位和个人不得挪作他用，不得用于平衡财政收支。

第十一条 失业保险基金免征税、费。

第三章 失业保险费征缴

第十二条 用人单位应当按照《社会保险费征缴暂行条例》的规定，向经办机构办理失业保险登记。

用人单位在办理税务登记的同时，向地方税务部门办理失业保险缴费登记手续。

用人单位的失业保险登记事项发生变更或者用人单位依法终止的，应当按照规定到经办机构办理变更或者注销登记。

经办机构应当将登记、变更、注销登记的情况及时告知地方税务部门。

第十三条 企业、事业单位、社会团体、民办非企业单位、城镇个体工商户，按照本单位全部职工工资总额的百分之二缴纳失业保险费；国家机关按照本单位劳动合同制职工工资总额的百分之二缴纳失业保险费。

职工个人按照本人工资的百分之一缴纳失业保险费，其中农民合同制职工本人不缴纳失业保险费。

省人民政府根据本省失业保险基金收支情况及社会基本生活费用水平等因素，经国务院批准，可以适当调整失业保险费的费率。

第十四条 用人单位必须按月向经办机构和地方税务部门申报应缴纳的失业保险费数额，经经办机构会同地方税务部门核定后，在规定的期限内向地方税务部门缴纳失业保险费。

职工个人缴纳的失业保险费，由用人单位从职工工资中代为扣缴。

第十五条 用人单位缴纳的失业保险费，列入管理费用。

职工个人缴纳的失业保险费不计入个人所得税的应纳税所得额。

第十六条 用人单位伪造、变造、故意毁灭账册、材料，或者不设账册，致使应当缴纳的失业保险费无法确定的，地方税务部门按照该单位上月缴费数额的百分之一百一十确定。没有上月缴费数额的，根据该单位的相应行业、职工人数等有关情况，按照规定确定应缴数额。

第十七条 失业保险费应当以货币形式全额缴纳，不得减免，不得以实物或者其他形式抵缴。

第十八条 用人单位分立、合并的，由分立、合并后的用人单位继续缴纳失业保险费。

第十九条 用人单位依法破产、解散或者被撤销的，清算组织或者主管机关应当通知用人单位所在地经办机构和地方税务部门。用人单位欠缴的失业保险费及其利息、滞纳金，按照第一顺序清偿。

第二十条 用人单位应当每年向职工公布本单位及职工个人失业保险费缴纳情况，并向职工本人出具缴费证明，接受职工查询和监督。

职工与用人单位解除或者终止劳动关系的，用人单位应当同时向职工出具单位及本人缴费证明。

职工有权到经办机构查询用人单位及本人失业保险费缴纳情况，经办机构应当及时提供。

第四章 失业保险待遇

第二十一条 同时具备下列条件的失业人员，按照本条例规定领取失业保险金，并享受其他失业保险待遇：

（一）用人单位和本人已按照规定履行缴费义务满一年的；

（二）非因本人意愿中断就业的；

（三）已依法定程序办理失业登记的；

（四）有求职要求，愿意接受职业培训、职业介绍的。

第二十二条　失业人员每月领取失业保险金的标准，由设区的市根据省人民政府确定的企业最低工资的百分之七十至百分之八十确定。

第二十三条　失业人员享受失业保险待遇的期限（以下称享受待遇期限），根据本人及其失业前所在单位累计缴纳失业保险费的时间（以下称缴费时间）确定：

（一）缴费时间不满一年的，不领取失业保险金；

（二）缴费时间满一年的，领取二个月失业保险金；

（三）缴费时间一年以上的，一年以上的部分，每满八个月增发一个月失业保险金，余数超过四个月不满八个月的，按照八个月计算，但享受待遇期限最长不超过二十四个月。

第二十四条　失业人员在享受待遇期限内，参加基本医疗保险或者大病医疗保险的，可以向经办机构提出补助申请，经核实，按照其每个月失业保险金的百分之十享受失业人员医疗补助金，补助金随失业保险金按月发放。

失业人员在享受待遇期限内，未参加基本医疗保险或者大病医疗保险的，按照本人每个月失业保险金的百分之五享受失业人员医疗补助金，补助金随失业保险金按月发放。失业人员因患病住院，负担医疗费确有困难的，本人或者其亲属可以向经办机构提出补助申请，经核实，给予一次性的医疗费补助，补助的最高限额不超过其医疗费的百分之五十，具体标准由当地人民政府规定。

符合计划生育规定，在享受待遇期限内或者享受待遇期满后的失业期间生育子女的，可以一次性领取相当于本人三个月失业保险金的补助，在医疗补助金中列支。

第二十五条　失业人员在享受待遇期限内死亡的，参照当地在职职工丧葬补助抚恤标准，对其家属一次性发给丧葬补助金和抚恤金，其当月未领取的失业保险金由其家属领取。

第二十六条　失业人员在享受待遇期限内，免费享受公益性职业介绍机构、人才交流服务机构提供的求职登记、职业咨询、职业介绍、档案保管等服务，并可以按规定参加减免费的职业培训。

职业介绍或者培训机构、人才市场中介组织为失业人员免费提供服务的，经办机构给予适当补贴。具体补贴办法由统筹地区人民政府规定。

第二十七条　农民合同制职工连续工作满一年，其用人单位已按照规定缴纳失业保险费，劳动合同期满未续订或者提前解除劳动合同的，由经办机构对其支付一次性生活补助。一次性生活补助按照不低于相同缴费时间的城镇职工可以享受失业保险金总额的百分之四十确定。补助的具体办法和标准，由统筹地区人民政府规定。

第二十八条　失业保险金计入失业人员的家庭收入。失业人员的家庭人均收入低于当地最低生活保障标准的，可以申请享受最低生活保障待遇。

第五章　申领和发放

第二十九条　用人单位应当及时为失业人员出具终止或者解除劳动关系的证明，告知其按照规定享受失业保险待遇的权利，并将失业人员的名单、档案等资料自终止或者解除劳动关系之日起七日内报送当地经办机构。

失业人员档案由公益性职业介绍机构、人才交流服务机构代管的，代管机构应当自收到用人单位出具的终止或者解除劳动关系证明之日起七日内，将失业人员的有关证明材料报送当地经办机构。

第三十条　失业人员应当自终止或者解除劳动关系之日起六十日内，持用人单位出具的终止或者解除劳动关系的证明，到当地经办机构办理失业登记，经办机构应当在七日内予以审核，并从核准的次月起开始发放失业保险金。

失业人员办理失业登记后，应当参加职业培训，开展求职活动，并按月到经办机构接受失业状态确认和就业指导。

第三十一条　失业人员领取失业保险金，须凭经办机构开具的单证，到指定银行按月领取，但其享受待遇期限不超过二个月的，可以一次性领取。

第三十二条　失业人员原用人单位与户籍不在同一统筹地区的，可以选择在原用人单位所在地或者户籍所在地享受失业保险待遇。选择在户籍所在地享受失业保险待遇的，经办机构应当按照规定办理失业保险关系转移手续。失业保险待遇按照户籍所在地的标准执行，由户籍所在地经办机构按照规定发放。

第三十三条　失业人员再次就业后，缴费时间重新计算。失业人员前次失业的享受待遇期限有剩余的，应当与重新就业、缴费后的享受待遇期限合并计算。合并后的享受待遇期限不得超过二十四个月。

失业人员在享受待遇期限内重新就业的，应当在就业之日起十五日内，到原经办机构办理停止享受失业保险待遇手续。

第三十四条　失业人员失业前三年内，在同一统筹地区有二次以上短期就业，每次就业缴费时间不满一年，但累计后满一年的，应当予以累计，并根据累计后的缴费时间按照本条例第二十三条规定其享受待遇期限。

第三十五条　失业人员在享受待遇期限内，有下列情形之一的，停止享受失业保险待遇：

（一）享受基本养老保险待遇的；

（二）重新就业的；

（三）应征服兵役的；

（四）移居境外的；

（五）被判刑收监执行或者被劳动教养的；

（六）有法律、行政法规规定的其他情形的。

前款规定的有关情形消除后，本人处于失业状态，且符合本条例规定条件，可以申请享受失业保险待遇，但法律、法规另有规定的除外。

第三十六条　失业人员在享受待遇期限内，无正当理由，累计三次拒不接受经办机构或者公益性职业介绍机构介绍工作的，停止享受失业保险待遇。其剩余的享受待遇期限应当按照本条例第三十三条规定与重新就业、缴费后的享受待遇期限合并计算。

第六章　管理和监督

第三十七条　劳动保障行政部门履行下列职责：

（一）贯彻实施有关失业保险的法律、法规和政策；

（二）拟定失业保险事业发展规划；

（三）拟定失业保险基金预算、决算草案；

（四）指导经办机构开展失业保险业务；

（五）对失业保险基金的筹集、使用和管理依法进行监督检查；

（六）对失业保险基金承受能力进行风险预测；

（七）法律、法规和省人民政府规定的其他职责。

第三十八条　经办机构具体办理失业保险事务，履行下列职责：

（一）负责办理失业保险登记；

（二）会同地方税务部门核定用人单位和职工应缴纳的失业保险费；

（三）负责用人单位和职工个人缴费档案的建立、管理和缴费记录工作；

（四）审核参保人员享受失业保险待遇的资格，审定并支付失业保险待遇；

（五）开展对失业人员的求职指导、职业技能培训、职业介绍等促进再就业工作；

（六）开展失业保险调查、宣传和咨询服务工作；

（七）法律、法规和省人民政府规定的其他职责。

第三十九条　地方税务部门依法对用人单位缴费情况进行检查。被检查单位应当如实提供职工名册、工资发放表、财务会计账册等有关资料，不得拒绝、隐瞒。

第四十条　县级以上审计部门依法对失业保险基金的筹集、管理和使用情况进行审计监督。

第四十一条　各级工会组织有权监督用人单位按照规定缴纳失业保险费，对失业保险基金的收支、管理、使用情况提出意见和建议。

第四十二条　区、镇、乡人民政府、街道办事处，受经办机构委托，可以按照本条例的规定办理有关失业保险事务。

第四十三条　经办机构开展失业保险和促进就业工作所需经费及地方税务部门征收失业保险费所需经费列入预算，由同级财政拨付。

第七章　法律责任

第四十四条　违反本条例规定，用人单位有下列行为之一的，由劳动保障行政部门责令限期改正；逾期未改正的，处一千元以下的罚款：

（一）未按照规定向职工出具单位及本人缴费证明的；

（二）未按照规定出具解除、终止劳动关系证明的；

（三）拒绝职工查询失业保险费缴纳情况的。

用人单位因前款规定情形，造成失业人员失业保险待遇损失的，应当承担赔偿责任。

第四十五条　违反本条例规定，用人单位未依法办理失业保险登记、变更登记或者注销登记的，或者未按照规定期限申报应缴纳的失业保险费的，由地方税务部门或者劳动保障行政部门责令限期改正；情节严重的，对直接负责的主管人员和其他直接责任人员可以处一千元以上五千元以下的罚款；情节特别严重的，对直接负责的主管人员和其他直接责任人员可以处五千元以上一万元以下的罚款。

第四十六条　用人单位迟延缴纳失业保险费的，由地方税务部门或者劳动保障行政部门责令限期缴纳，按日加收欠缴费额千分之二的滞纳金，并对直接负责的主管人员和其他直接责任人员处五千元以上二万元以下的罚款；逾期拒不缴纳的，地方税务部门可以依法采取保全措施或者强制征收措施，对用人单位处不缴或者欠缴费额百分之五十以上二倍以下的罚款。

第四十七条　因用人单位不按照规定参加失业保险、不按照规定缴纳失业保险费等原因，造成失业人员不能按照规定享受失业保险待遇、农民合同制职工不能按照规定享受一次性生活补助的，用人单位应当按照其失业保险待遇损失或者一次性生活补助损失总额的二倍给予赔偿。

第四十八条　不符合享受条件而享受失业保险待遇、一次性生活补助的，由经办机构责令退还；以欺骗手段获取失业保险待遇、一次性生活补助的，由劳动保障行政部门责令限期退还，并处骗取金额一倍以上三倍以下的罚款。

第四十九条　劳动保障、财政、地方税务部门、经办机构或者其他依法办理失业保险事务机构及其工作人员，有下列行为之一的，由同级人民政府或者有关部门责令改正；造成失业保险基金损失的，责令追回；构成犯罪的，依法追究刑事责任；尚不构成犯罪的，对直接负责的主管人员和其他直接责任人员给予行政处分：

（一）未按照规定筹集、使用和管理失业保险基金的；

（二）挪用、截留、侵占失业保险基金的；

（三）擅自减免或者增加用人单位及职工的失业保险费征缴数额的；

（四）擅自拖欠、减发或者增发失业保险金及其他失业保险待遇的；

（五）其他违反本条例规定的行为。

第五十条 职工与用人单位或者失业人员与原用人单位因失业保险事项发生争议的，按劳动争议处理。

第八章 附则

第五十一条 本条例自2004年1月1日起施行。1995年8月19日浙江省第八届人民代表大会常务委员会第二十一次会议通过的《浙江省职工失业保险条例》同时废止。

浙江省企业职工工伤保险实施办法

浙江省企业职工工伤保险实施办法

（2000年1月1日）

第一章 总则

第一条 为了保障劳动者在工作中遭受事故伤害和患职业病后获得医疗救治、经济补偿和职业康复的权利，分散工伤风险，促进工伤预防，根据《劳动法》和《企业职工工伤保险试行办法》（劳部发[1996]266号），结合我省实际，制定本办法。

第二条 我省境内的所有企业及其职工必须遵照本办法的规定执行。

第三条 工伤保险实行社会统筹，设立工伤保险基金，对工伤职工提供经济补偿和实行社会化管理服务。

第四条 工伤保险是强制性的社会保险。企业必须按照本办法参加工伤保险，按时足额缴纳工伤保险费，按照本办法规定的标准保障职工的工伤保险待遇。

第五条 工伤保险要与事故预防、职业病防治相结合。企业和职工必须贯彻“安全第一，预防为主”的方针，遵守劳动安全卫生法规制度，严格执行国家劳动安全卫生规程和标准，防止劳动过程中的事故，减少职业危害。

第六条 职工发生工伤或者患职业病后，应当得到及时救治。各地应当依据本地区社会经济条件，逐步发展职业康复事业，帮助因工致残职工从事适合其身体状况的劳动。

第七条 各级劳动保障行政部门统一管理企业职工工伤保险工作，检查监督本办法的贯彻执行。

各级财政部门负责工伤保险基金财政专户的管理，监督工伤保险基金的使用。

各级社会保险经办机构经办工伤保险业务，负责工伤保险基金的筹集、管理和待遇支付，以及工伤职工的管理服务等工作。

各级工会组织代表职工监督本办法的实施。

第二章 工伤范围及其认定

第八条 职工由于下列情形之一负伤、致残、死亡的，应当认定为工伤：

（一）从事本单位日常生产、工作或者本单位负责人临时指定的工作的，在紧急情况下，虽未经本单位负责人指定但从事直接关系本单位重大利益的工作的；

（二）经本单位负责人安排或者同意，从事与本单位有关的科学试验，发明创造和技术改进工作的；

（三）在生产工作环境中接触职工性有害因素造成职业病的；

（四）在生产工作的时间和工作区域内，由于不安全因素造成意外伤害的，或者由于工作紧张突发疾病造成死亡或经第一次抢救治疗后全部丧失劳动能力的；

（五）因履行职责遭致人身伤害的；

（六）从事抢险、救灾、救人等维护国家、社会和公众利益的活动的；

（七）因工致残的职工或因公、因战致残的军人复员转业到企业，经劳动鉴定委员会鉴定认定为因工致残旧伤复发的。

（八）因公外出期间，由于工作原因，遭受交通事故或其他不可抗力的意外事故造成伤害或者失踪的，或因突发疾病造成死亡或经第一次抢救治疗后全部丧失劳动能力的；

（九）在上下班的规定时间和必经路线上，发生无本人责任或者非本人主要责任的道路交通机动车事故的；

（十）法律、法规及规章规定的其他情形。

第九条　职工由于下列情形之一造成负伤、致残、死亡的，不应认定为工伤：

（一）犯罪或违法；

（二）自杀或自残；

（三）斗殴；

（四）酗酒；

（五）蓄意违章；

（六）法律、法规规定的其他情形。

第十条　企业应当自工伤事故发生之日或者职业病确诊之日起，十五日内向当地劳动保障行政部门提出工伤报告。

工伤职工或其亲属应当自工伤事故发生之日或者职业病确诊之日起，十五日内提出工伤保险待遇申请，经企业签字盖章后报送当地劳动保障行政部门。遇有特殊情况，申请期限可以延长至三十日。

工伤职工本人或其亲属没有可能申请的，可以由本企业工会组织代表工伤职工提出待遇申请。

职工工伤保险待遇申请应当经企业签字盖章后报送。企业不签字盖章的，工伤职工或其亲属可以直接报送申请。

第十一条　劳动保障行政部门接到企业的工伤报告或工伤保险待遇申请后，应当组织社会保险经办机构进行调查取证，在七日内作出是否认定为工伤的决定。特殊情况可以延长，但不得超过三十日。

认定工伤应当根据以下资料：

（一）企业的工伤报告；

（二）职工的工伤保险待遇申请；

（三）指定医院或医疗机构初次治疗工伤的诊断书和有职业病诊断权的医疗卫生机构出具的职业病诊断书，属于轻伤无需到医院治疗的，由企业职工医院（医务室）开具工伤诊断书；

（四）劳动保障行政部门进行调查取证的工伤报告；

（五）属道路交通事故的，应出具公安交警部门做出的交通事故裁决书或有关证明；

（六）属履行职业遭致人身伤害的，应提供公安或司法部门的有关证明。

工伤认定的决定应当以书面形式通知企业。

第十二条　职工因公外出期间或者在抢险救灾中失踪的，企业应当向企业所在地公安部门、劳动保障行政部门报告。

劳动保障行政部门应当根据人民法院宣告死亡的结论认定因工死亡。

第三章　工伤评残和劳动鉴定

第十三条　职工在工伤医疗期内治愈或者伤情处于相对稳定状态，或者医疗期满仍不能工作的，应当进行劳动能力的鉴定，评定伤残等级并定期复查伤残状况。

第十四条　各级劳动鉴定委员会应当按国家制定的《职工工伤与职工病残程度鉴定》（GB/T16180-1996）标准（以下简称评残标准），对因工负伤或者患职业病的职工伤残后丧失劳动能力的程度和护理依赖程度进行等级鉴定。

符合评残标准一级至四级为全部丧失劳动能力；五级至六级为大部分丧失劳动能力；七级至十级为部分丧失劳动能力。

伤残待遇的确定和工伤职工的安置以评定的伤残等级为主要依据。

第十五条　省、市（地）、县（市）级劳动鉴定委员会由当地劳动保障、卫生等行政部门和工会组织的主管人员组成。劳动鉴定委员会设在同级劳动保障行政部门，负责劳动鉴定的日常工作。

省劳动鉴定委员会为全省最高劳动鉴定机构，负责指导全省劳动鉴定工作；处理各市（地）呈报的疑难、争议案例的重新鉴定问题，并负责省、部属单位职工劳动鉴定工作。

各市（地）、县（市）劳动鉴定委员会负责本市（地）、县（市）范围内职工劳动鉴定工作；市（地）劳动鉴定委员会负责处理所属县（市）呈报的疑难、争议案例的重新鉴定问题。

劳动鉴定委员会应当委托有条件的医疗卫生机构或者聘请具有鉴定资格的医生组成专家组，进行伤残等级和护理等级的鉴定工作。

第十六条　劳动鉴定委员会办公室工作人员必须具有工伤评残的专业知识，熟练掌握工伤保险政策法规。

劳动鉴定委员会聘请参加鉴定的医生应具有中级以上的医学技术职称，并由该委员会发给聘书。

劳动鉴定人员在进行劳动鉴定时，应当全面了解被鉴定人的情况，严格执行工伤保险政策法规和评残标准，客观公正地作出鉴定结论。

劳动鉴定人员实行回避制度。

第四章　工伤保险待遇

第十七条　职工因工负伤治疗，享受工伤医疗待遇。工伤职工治疗工伤或职业病所需的医疗费用（含挂号费、住院费、医疗费、药费），就医路费全额报销。

工伤职工需要住院治疗的，按照当地因公出差伙食补助标准的三分之二发给住院伙食补助费；经批准转外地治疗的，所需交通、食宿费按照本企业职工因公差标准报销。

国内职工在境外发生工伤事故，工伤人员原则上应回国内指定医院治疗。紧急情况下必须在境外医院抢救治疗的，医疗费用由企业和社会保险经办机构共同负担，社会保险经办机构负担的部分参照本地同类型伤情的医疗费水平予以确定。企业因支付工伤人员在境外抢救治疗的费用负担过重的，社会保险经办机构可以酌情给予适当补助。

工伤职工治疗非工伤范围的疾病，其医疗费用按照基本医疗保险的规定执行。

工伤职工用药范围，原则上参照我省职工基本医疗保险用药目录执行。

第十八条　职工因工负伤或者患职业病需要停止工作接受治疗的，实行工伤医疗期。

工伤医疗期是指职工因工负伤或者患职业病停止工作接受治疗和领取工伤津贴的期限。工伤医疗期应当按照轻伤和重伤的不同情况确定为一个月至二十四个月，严重工伤或者职业病需要延长医疗期的，由医院证明，单位申报，经社会保险经办机构批准后可适当延长，但最长不超过三十六个月。

工伤医疗期间，企业不得解除或终止其劳动合同以及作开除、解雇、辞退处理。

工伤医疗期满后仍需治疗，继续享受工伤医疗待遇。

第十九条　工伤职工在工伤医疗期内停发工资，改为按月发给工伤津贴。工伤津贴标准相当于工伤职工本人受伤前十二个月内的月平均工资收入。工伤医疗期满或者评定伤残等级后，应当停发工伤津贴，改为享受伤残待遇。

第二十条　工伤职工经评残后确认需要护理的，应当按月发给护理费。

护理等级根据进食、翻身、大小便、穿衣及洗漱、自我移动五项条件，区分为全部护理依赖、大部分护理依赖和部分护理依赖三个等级。护理等级由劳动鉴定委员会评定。

工伤护理费依照上述护理等级分别按当地上年度职工月平均工资的50%、40%、30%发给。

第二十一条　工伤职工因日常生活或辅助生产劳动需要，必须安置假肢、仪眼、镶牙和配置代步车等辅助器具的，经医疗提出意见，企业和社会保险经办机构同意，按国内普及型标准报销。

第二十二条　职工因工致残被鉴定为一级至四级的，应当退出生产、工作岗位，发给工伤残抚恤证件，并享受以下待遇：

（一）按月发给定期伤残抚恤金，标准分别为本人工资的90%至75%。其中：一级90%、二级85%，三级80%，四级75%。

（二）发给一次性伤残补助金，标准分别为伤残职工本人工资的十八至二十四个月。其中：一级二十四个月，二级二十二个月，三级二十个月，四级十八个月。

（三）患其他疾病的按医疗保险有关规定执行，对其中由个人负担部分确有困难的，由企业酌情予以补助。

（四）易地安家的，发给当地上年度职工平均工资六个月的安家补助费。旅途所需车船费、旅馆费、行李搬运费和伙食补助费，按照本单位职工因公出差标准报销。

第二十三条　职工因工致残被鉴定为五级至十级的，原则上由企业安排适当工作，并可以享受以下待遇：

（一）发给一次性伤残补助金，标准相当于伤残职工本人工资的六至十六个月。其中：五级十六个月，六级十四个月，七级十二个月，八级十个月，九级八个月，十级六个月。

（二）因伤残造成本人工资降低时，由所在单位发给在职伤残补助金，标准为工资降低部分的90%，本人技能提高而晋升工资时，在职伤残补助金予以保留。

（三）伤残程度被评为五级和六级的职工且企业难以安排适当工作的，由企业按月发给本人工资70%的伤残抚恤金。

（四）伤残程度被评为七级至十级的，职工本人愿意自谋职业并经企业同意的，或者劳动合同期满终止合同后本人另行择业的，由企业发给一次性就业补助金。其标准分别为本人工资的六个月、五个月、四个月、三个月。

第二十四条　因工致残被鉴定为一级至四级并按本办法规定领取定期伤残抚恤金的，定期伤残抚恤金低于按养老保险规定计发的养老金标准的，按养老保险的办法计发待遇。

定期伤残抚恤金按养老保险的有关办法进行调整。

领取定期伤残抚恤金的职工，在到达法定正常退休年龄之前，定期伤残抚恤金（包括正常调整金额）由工伤保险基金支付。在到达法定正常退休年龄之后，定期伤残抚恤金（包括正常调整金额）分别由社会养老统筹基金和个人帐户支付，个人帐户支付完后，由社会养老统筹基金支付。

第二十五条 职工因工死亡，应按照以下规定发给丧葬补助金、供养直系亲属抚恤金、一次性工亡补助金。

（一）丧葬补助金按当地上年度职工平均工资六个月的标准发给。

（二）供养直系亲属抚恤金按月发给由死者生前提供主要生活来源的死者的亲属，直至失去供养条件时止。其标准为：配偶每月按当地上年度职工月平均工资的40%发给，其他供养直系亲属每人每月按30%发给，孤寡老人或者孤儿每人每月在上述标准的基础上加发10%。抚恤金总额不得超过死者本人工资。

供养直系亲属的范围和条件按照我省现行的有关规定执行。

（三）一次性工亡补助金，按当地上年度职工平均工资六十个月的标准发给。符合第二十二条规定享受定期伤残抚恤金期间死亡的，一次性工亡补助金按全额标准的50%发给。领取一次性工亡补助金的顺序为：第一顺序：配偶、子女、父母、第二顺序：兄弟姐妹和其他直系亲属。一次性工亡补助金根据同一顺序均等享受，对生活有特殊困难的缺乏劳动能力者，按予以照顾和协商一致的原则处理。如死者生前留有遗嘱的按遗嘱办理。

第二十六条 因工致残职工旧伤复发经确认需要治疗和休息的，按照本办法第十七条、第十九条规定享受工伤医疗待遇和工伤津贴。一次性伤残补助金不再享受。

第二十七条 由于交通事故引起的工伤，应当首先按照《道路交通事故处理办法》及有关规定处理。工伤保险待遇按照以下规定执行：

（一）交通事故赔偿已给付了医疗费、丧葬费、护理费、残疾用具费、误工工资的，企业或者社会保险经办机构不再支付相应待遇（交通事故赔偿的误工工资相当于工伤津贴）。企业先期垫付有关费用的，职工或其亲属获得交通事故赔偿后应当予以偿还。

（二）交通事故赔偿给付的死亡补偿费或者残疾生活补助费，已由伤亡职工或亲属领取的，工伤保险的一次性工亡补助金或者一次性伤残补助金不再发给。但交通事故赔偿给付的死亡补偿费或残疾生活补助费低于工伤保险的一次性工亡补助金或者一次性伤残补助金的，由企业或者社会保险经办机构按照本办法有关条款的规定补足差额部分。

（三）职工因交通事故死亡或者致残的，除按照本条（一）、（二）项处理有关待遇外，其他工伤保险待遇按照本办法的规定执行。

（四）由于交通事故肇事者逃逸或其他原因，受伤害职工不能获得交通事故赔偿的，企业或社会保险经办机构按照本办法规定给予工伤保险待遇。

（五）企业或社会保险经办机构应当帮助职工向肇事者索赔，获得赔偿前可垫付有关医疗、津贴等费用。

第二十八条 领取定期伤残抚恤金或供养直系亲属抚恤金的外省市人员，按月领取待遇有困难，本人自愿一次性领取待遇的，经与企业协商同意，社会保险经办机构批准，签订有关协议，可以按下列标准一次性计发有关待遇，并终止工伤保险关系。

（一）领取定期伤残抚恤金的职工，根据其伤残等级，按本办法第二十二条第（一）项规定的标准，一次性计发二十周年。但五十周岁以上的，年龄每增加一岁减少一年，最低不少于十年；七十周岁以上的按五年计算。

（二）领取因工死亡职工供养直系亲属抚恤金的人员，按本办法第二十五条第（二）项规定的标准，对不满十八周岁的，一次性计算到十八周岁。对供养的其他直系亲属，一次性计发二十周年，但五十周岁以上的，年龄每增加一岁减少一年，最低不少于十年；七十周岁以上的按五年计算。

第二十九条　职工因公外出期间因意外事故失踪的，从事故发生的下个月起三个月内，本人工资照发，从第四个月起停发工资，对失踪职工的供养直系亲属按月发给供养直系亲属抚恤金。人民法院宣告死亡的，发给丧葬补助金和其余待遇。

当失踪人员重新出现并经法院撤销死亡结论的，已领取的工伤待遇应当退回。

第三十条　出国、出境人员的劳动关系在国内并参加工伤保险的，在境外负伤、致残或者死亡时，应当由境外有关方面承担伤害赔偿责任的，有关单位应当向外方索取伤害赔偿。外方给付的赔偿金应归当事人或者其亲属所有，但需偿还有关单位垫付的费用。

对于获得境外伤害赔偿的，国内工伤保险的一次性工亡补助金或者一次性伤残补助金不再发给。境外伤害赔偿金低于国内工伤保险一次性工亡补助金或一次性伤残补助金的，补足差额部分。

出国、出境人员应当由我方承担伤害赔偿责任的按照本办法执行。

第三十一条　享受定期伤残抚恤金或者供养直系亲属抚恤金的人员到境外定居后，可以凭生存证明继续领取抚恤金，也可以按照第二十八条的规定一次性领取有关待遇，并同时终止工伤保险关系。生存证明应每年向支付抚恤金的社会保险经办机构提供一次。

第三十二条　享受定期伤残抚恤金的人员，被依法判刑或劳动教养，刑满释放或劳动教养期满后，可以继续享受原待遇。

第五章　工伤保险基金

第三十三条　本办法规定的工伤医疗费、护理费、定期伤残抚恤金、一次性伤残补助金、残疾辅助器具费、丧葬补助金、供养直系亲属抚恤金，一次性工亡补助金、易地安家补助费等费用，先实行社会统筹，由工伤保险基金支付，其他费用暂按原渠道支付。

各地应当积极创造条件逐步扩大工伤保险统筹项目，提高工伤保险管理社会化程度。

第三十四条　工伤保险基金按以支定收、收支基本平衡的原则筹集，在省政府贯彻国务院《社会保险费征缴暂行条例》以前，由社会保险经办机构统一征收。社会保险经办机构与财政部门要分别在同级劳动保障行政部门和财政部门共同认定的同一国有商业银行开设收入户、支出户和财政专户。收入户除向财政专户划转资金外，不得发生其他支付业务，收入户月末无余额；支出户除接收财政专户拨付的基金及该帐户的利息收入外，不得发生其他收入业务，该帐户可暂存一定数额的工伤保险支付费用。

第三十五条　工伤保险基金纳入单独的社会保险基金财政专户，实行收支两条线，专项管理、专款专用，任何单位和个人均不得挤占、挪用，也不得用于平衡财政预算。

第三十六条　企业未经社会保险经办机构同意逾期不缴纳工伤保险费的，应按日加收2‰的滞纳金。滞纳金并入工伤保险基金。

第三十七条　工伤保险基金由下列项目构成：

（一）企业缴纳的工伤保险费；

（二）工伤保险费滞纳金；

（三）工伤保险基金的利息；

（四）法律、法规规定的其他资金。

第三十八条　工伤保险费由企业按照职工工资总额的一定比例缴纳，职工个人不缴纳工伤保险费。企业缴纳的工伤保险费从企业管理费中列支。

第三十九条　工伤保险费根据各行业的伤亡事故风险和职业危害程度的类别实行差别费率。行业工伤风险分类和差别费率标准，由当地劳动保障行政部门根据伤亡事故和职业病的统计及统筹费用进行测算，按企业工资总额的0.2%至1%范围内划分若干缴费档次。具体比例由当地劳动保障行政部门、财政部门予以确定。

工伤保险行业差别费率根据当地情况酌情调整。

第四十条　劳动保障行政部门对企业上一年度职业安全卫生状况和工伤保险费用支出情况进行评估，并经同级财政部门审核同意后，适当调整企业下一年度工伤保险费率，实行浮动费率。

企业发生工伤和职业病及使用工伤保险基金超过控制指标的，应当在企业标准费率的基础上提高费率；低于控制指标的应当降低费率。控制指标由各级劳动保障行政部门、财政部门提出意见经当地人民政府批准后执行。

企业工伤保险费率的调整幅度为企业标准费率的5%至40%。

第四十一条　工伤保险基金按下列项目支出使用：

（一）统筹项目支付的待遇；

（二）事故预防和安全奖励金；

（三）职业康复费用；

（四）宣传和科研费。

上述费用不计征税费，各项费用的支出标准由各级劳动保障行政部门、财政部门报请当地人民政府批准后执行。

第四十二条　社会保险经办机构必须严格执行《社会保险基金财务制度》、《社会保险基金会计制度》及我省实施细则。同时每年编制工伤保险基金年度收支预、决算报同级财政部门。

工伤保险基金的管理、使用接受地方财政、审计、银行和工会的监督。

各级社会保险经办机构不得从基金中提取任何费用，机构人员经费及开展工伤保险所必需的业务经费列入当地财政预算，由同级财政拨付。

第六章　工伤预防和职业康复

第四十三条　社会保险经办机构应当配合劳动保障行政部门督促企业贯彻落实国家的职业安全卫生法律法规和标准，采取宣传、教育、检查和奖惩等措施，并支持工伤和职业病预防的科学研究工作，促进企业改善劳动条件，加强安全生产管理，教育职工严格遵守劳动安全卫生操作规程，减少伤亡事故和职业病的发生。

对于当年未发生工伤事故的职业病，或者其发生率低于本行业平均水平的企业，社会保险经办机构报当地劳动保障行政部门、财政部门同意后，可以从该企业当年缴纳的工伤保险费用中返还5-10%给企业，用于安全生产宣传和职工安全生产教育培训工作，奖励对安全生产工作做出贡献的单位和个人，适当补偿企业为降低事故和职业病先期投入安全生产设施、设备建设中的部分资金不足，具体办法由各地规定。

第四十四条　有条件的地区应当通过工伤保险基金提留、民间赞助等方式筹集资金，逐步兴办工伤职业康复事业，帮助工伤残疾人员恢复或者补偿功能。发展职业康复事业应当利用现有条件，可以与有关医院、疗养院联合举办，也可以建立工伤康复中心。

第四十五条　对具有一定劳动能力并需要通过专门培训恢复或者提高劳动能力的工伤残疾人，劳动保障行政部门及企业应当积极组织专门培训，所需费用可以在工伤保险基金的职业康复费用中支付。

第七章　管理与监督检查

第四十六条　工伤保险费用以市、县为单位实行社会统筹，逐步创造条件实行市（地）级统筹。在杭省、部属企业和原养行业统筹企业职工的工伤保险由省社会保险基金管理中心组织实施。

社会保险经办机构应当建立、健全各项工作制度，并履行以下主要职责：

（一）收缴和管理工伤保险基金，支付工伤保险待遇；

（二）协助劳动保障行政部门对工伤保险申请进行调查取证，确定工伤待遇补偿；

（三）与有关医院和医疗机构建立医疗合同，管理工伤医疗和职业康复事业；

（四）进行工伤保险统计；

（五）支持和配合劳动保障行政部门进行劳动安全卫生法规的监督检查；

（六）开展工伤保险和工伤预防的宣传、教育和咨询；

（七）承担劳动保障行政部门委托的其他事项。

第四十七条　工伤职工应当到工伤医疗合同医院进行治疗，紧急时可以到就近医院或者医疗机构救治。

工伤职工需要转院治疗或者到外地就医的，由工伤合同医院提出意见，企业同意，并经社会保险经办机构批准。

第四十八条　职工因工死亡，其丧葬事宜的办理应当执行国家有关规定。

第八章　企业和职工责任

第四十九条　企业实行租赁、兼并、转让、分立时，继续经营者必须承担原企业职工的工伤保险责任。

建设工程由若干企业承包或者企业实行内、外部经营承包时，工伤保险责任由职工的劳动关系所在企业负责。

职工被借调或者聘用期间发生工伤事故的，由借调或者聘用单位承担工伤保险责任。

第五十条　企业破产时，应当按照法律、法规的有关规定清偿应负担的工伤保险费用。

第五十一条　企业必须落实工伤医疗抢救措施，确保工伤职工得到及时救治，并做好工伤预防、病伤职工管理和伤残鉴定申报工作。

第五十二条　企业必须如实申报工资总额和职工人数，及时报告工伤和职业病情况，不得瞒报、虚报。劳动保障行政部门和社会保险经办机构调查了解工伤情况时，企业和职工应积极配合和协助。

第五十三条　对从事有职业危害作业的职工，劳动关系终止、解除时或转换工作单位时，应当进行职业性健康检查。发现患有职业病的，由原单位负责工伤保险的处理工作；在新单位发现患有职业病的，由新单位负责工伤保险的处理工作。

第五十四条　职工应当接受劳动安全卫生教育和培训，服从企业生产管理人员的指导，严格遵守安全操作规程。

第五十五条　工伤职工或者其亲属申请工伤待遇时，应当如实反映事故发生的时间、地点、主要经过、现场证人和本人工资收入、家庭成员等情况。

劳动保障行政部门及社会保险经办机构调查了解工伤情况时，有关职工、当事人或者亲属应当予以配合，如实提供情况。

第五十六条　工伤职工无法拒绝治疗、检查、夸大或隐瞒重要情节影响劳动鉴定结论或多领工伤保险待遇的，企业和社会保险经办机构可停发或减发有关待遇。对虚报冒领的，除追回冒领金额外，还应视情节予以处罚。

第五十七条　工伤职工经过劳动鉴定确认完全恢复或者部分恢复劳动能力可以工作者，应当服从企业的工作安排。

第九章　争议处理

第五十八条　在申报工伤和处理工伤保险待遇时，工伤职工及其亲属与用人单位发生争议的，按照劳动争议处理的有关规定办理。

第五十九条　工伤职工及其亲属或者企业，对劳动保障行政部门作出的工伤认定及社会保险经办机构的待遇支付决定不服的，可依法申请行政复议或提起行政诉讼。

第六十条　职工对劳动鉴定委员会作出伤残等级和护理等级鉴定结论不服的，可以向当地劳动鉴定委员会申请复查，对复查鉴定结论不服的，可以向上一级劳动鉴定委员会申请重新鉴定。

复查鉴定最终结论由省劳动鉴定委员会作出，复查鉴定程序按省劳动鉴定委员会的规定办理。

第十章　附则

第六十一条　本办法所称职工，是指在企业工作，由其支付工资的各类人员，但不包括外商投资企业的外方人员。

第六十二条　本办法所称的工资总额，按国家统计局关于工资总额组成的规定执行。

职工本人工资，是指职工因工负伤或者死亡前12个月的月平均工资收入。计发工伤保险待遇时，本人工资收入低于当地上一年职工月平均工资的，按当地上一年职工月平均工资计发。

第六十三条　本办法所称职业病，其范围、名称按照《职业病范围和职业病患者处理办法的规定》和所附的“职业病名单”执行，职业病的诊断按照《职业病诊断管理办法》及《浙江省职业病诊断管理办法实施细则》的有关规定执行。

第六十四条　到参加工伤保险的企业实习的大中专院校、技工学校、职业高中学生在企业实习工作中发生伤亡事故的，可以参照本办法的有关待遇标准，由当地社会保险经办机构作一次性处理。社会保险经办机构不向有关学校和企业收取保险费用。

第六十五条　本办法所称因工死亡，是指因工伤事故或者职业中毒直接导致死亡、工伤或者职业病医疗期间死亡、工伤旧伤复发或者职业病旧病复发死亡，以及按照本办法第二十二条规定享受定期伤残抚恤金期间死亡。

第六十六条　本办法实施前发生的工伤，其工伤保险待遇按原规定处理。对因工致残旧伤复发的或旧伤复发死亡的，其工伤保险待遇按本办法第二十六条执行。

第六十七条　本办法实施前已确认需要护理的工伤职工，本办法实施后需经劳动鉴定委员会重新评定护理等级，其护理待遇按本办法第二十条执行。

第六十八条　本办法实施后调整、提高护理费和供养直系亲属抚恤金的费用，仍按原渠道解决。

第六十九条　本办法施行前尚未参加工伤保险的单位应当自本办法施行之日起30日内，本办法施行后成立的单位应当自成立之日起30日内，持营业执照或者社会保险登记证书等有关证件，到当地社会保险经办机构申请办理工伤保险事宜。

第七十条　对目前暂未参加工伤保险的企业，其职工的工伤保险待遇可以参照本办法规定的标准执行；对因工致残的职工和因工死亡的遗属，本人自愿一次性领取待遇的，也可以参照本办法规定的标准一次性计发有关待遇并终止与企业的工伤保险关系。

第七十一条　各市（地）、县（市）可以根据本办法并结合本地实际制定实施办法，报省劳动保障行政部门、财政部门备案。

第七十二条　本办法自2000年1月1日起施行。过去有关规定与本办法不一致，按本办法执行。

第七十三条　本办法由省劳动保障行政部门、财政部门负责解释。

浙江省企业工资支付管理办法

浙江省企业工资支付管理办法

（2002年7月30日浙江省人民政府令第148号发布　根据2010年12月21日浙江省人民政府令第284号公布的《浙江省人民政府关于修改〈浙江省企业工资支付管理办法〉等18件规章的决定》修正）

第一章　总则

第一条　为加强对企业工资支付行为的监督管理，保护劳动者取得劳动报酬的权利，根据《中华人民共和国劳动法》和其他有关法律、法规，结合本省实际，制定本办法。

第二条　本办法所称工资，是指企业按照国家规定和劳动合同约定，以货币形式支付给劳动者的劳动报酬，包括计时工资、计件工资、奖金、津贴、加班加点工资以及特殊情况下支付的工资等。

第三条　本省行政区域内企业的工资支付及监督管理适用本办法。

个体工商户及其他经济组织的工资支付及监督管理依照本办法执行。

第四条　各级人民政府应当加强对企业工资支付监督管理工作的领导，采取有效措施，解决企业工资支付管理工作中的突出问题，维护正常劳动秩序和社会稳定。

第五条　省人民政府根据本省实际情况，制定企业最低工资标准，并每年公布一次。

设区的市人民政府应当根据省人民政府公布的最低工资标准，选择确定本辖区内企业适用的最低工资标准。

第六条　企业应当按照国家工资分配的宏观调控政策，结合劳动力市场价格、企业经营特点和经济效益，合理确定劳动者的工资标准，按时足额支付劳动者工资。

企业确定的工资标准，不得低于当地人民政府确定的最低工资标准。

第七条　县级以上人民政府人力资源和社会保障行政主管部门负责本行政区域内企业工资支付的监督管理工作。

经济和信息化、工商行政管理、税务、住房和城乡建设、公安等有关部门应当按照各自职责协助人力资源和社会保障行政主管部门做好企业工资支付的管理工作。

第八条　各级工会依法对企业工资支付行为实施监督，有权制止企业的违法行为。

第二章　工资支付

第九条　企业通过职工大会、职工代表大会或者其他民主协商形式，依法制定内部工资支付制度，并在本企业公布，同时报所在地县级以上人民政府人力资源和社会保障行政主管部门备案。

第十条　企业与劳动者签订的劳动合同，应当明确工资支付内容。工资支付内容主要包括：工资支付标准、支付项目、支付形式和支付时间及双方约定的其他工资支付事项。

第十一条　工资应当以法定货币形式支付，不得以实物或者有价证券支付。

第十二条　劳动者在法定工作时间内提供正常劳动的，企业应当按照国家规定和劳动合同约定的工资标准支付给劳动者工资。

第十三条　企业应当将工资支付给劳动者本人。劳动者委托他人领取工资的，受委托人在代领工资时，应当向企业提供委托人签名盖章的委托书。劳动者本人或者受委托人在领取工资时，应当签名盖章。企业支付工资（含委托代发工资）应当向劳动者提供个人的工资清单。

企业委托银行代发工资的，应当将工资存入劳动者本人的账户。

企业支付工资应当制发工资支付表。工资支付表应当载明发放单位、发放时间、发放对象的姓名、工作天数、加班加点时间、应发和减发的项目、金额等事项，并依法保存。

第十四条 工资至少每月支付一次。实行月工资制的，企业应当每月按照依法制定的内部工资支付制度规定或者劳动合同约定的时间支付工资。工资发放日如遇节假日或者休息日的，应当提前支付。

实行年薪制的，应当按照规定或者约定比例定期支付工资。实行周、日、小时工资制的，可以按周、日、小时支付工资。

第十五条 企业与劳动者依法解除、终止劳动合同的，企业应当自解除或者终止劳动合同之日起5日内一次性结清劳动者工资。

劳动合同有关工资支付的条款被依法确认无效后，企业对劳动者提供的劳动参照本企业或者同类企业同期、同工种、同岗位的工资标准一次性结清工资。

第十六条 劳动者在法定工作时间内依法参加社会活动的，视同提供正常劳动。企业应当按照国家规定和劳动合同约定的工资标准支付工资。

劳动者享受法定休假、婚丧假期间，企业应当按照国家规定和劳动合同约定的工资标准支付工资；劳动者依法享受产假、哺乳假期间，企业应当按照国家和省的有关规定支付工资。

劳动者请事假的，企业可以不支付事假期间工资，但不得扣减事假以外的工资。

第十七条 劳动者患病或者非因工负伤停止劳动期间，且在规定的医疗期内的，企业应当按照国家、省规定或者劳动合同约定或者依法制定的内部工资支付制度的规定，支付病伤假工资。企业支付的病伤假工资，不得低于当地人民政府确定的最低工资标准的80%。

第十八条 非因劳动者原因造成停工、停产、歇业，时间在一个工资支付周期内的，企业应当按照国家规定或者劳动合同约定的工资标准支付工资；停工、停产、歇业时间超过一个工资支付周期，劳动者提供了正常劳动的，企业应当按照不低于当地人民政府确定的最低工资标准支付工资。

第十九条 因生产、经营需要安排劳动者在法定工作时间以外提供劳动的，应当按照《中华人民共和国劳动法》及有关规定支付劳动工资。

第二十条 部队复员、退伍到企业的人员，其工资待遇由企业与其协商确定。

企业的工伤人员、退役到企业的体育运动员，其工资待遇按照国家、省有关规定执行。

第二十一条 劳动者涉嫌违法犯罪被司法机关依法限制人身自由期间，企业可以中止履行劳动合同，不支付工资。

劳动者被依法判处管制或者拘役适用缓刑、有期徒刑适用缓刑期间，企业未与其解除劳动合同，且劳动者提供了正常劳动的，企业应当按照国家规定或者劳动合同约定的工资标准支付工资。

第二十二条 除下列情形外，企业不得以任何理由克扣劳动者工资：

（一）法律、法规、规章规定应当由企业代扣代缴的；

（二）企业与劳动者书面约定从工资中扣减的；

（三）其他依法可以扣减的情形。

第二十三条 除自然灾害等不可抗力原因导致企业无法按时足额支付劳动者工资外，企业必须按照依法制定的内部工资支付制度规定或者劳动合同约定的时间，支付劳动者工资。因不可抗力原因延期支付劳动者工资的，在不可抗力原因消除后应当立即支付。

企业确因生产经营困难，经职工大会或者职工代表大会同意，或者经劳动者本人同意，可以延期支付劳动者工资，但延期时间最长不得超过15日。

第三章　监督管理

第二十四条　县级以上人民政府人力资源和社会保障行政主管部门应当建立健全对企业工资支付行为的监督检查制度，规范监督检查程序，依法查处企业工资支付的违法行为。

第二十五条　县级以上人民政府人力资源和社会保障行政主管部门应当建立和完善企业工资支付信息网络和企业工资支付信用制度，对企业工资支付情况实施有效监控。

县级以上人民政府人力资源和社会保障行政主管部门对克扣、无故拖欠工资等违法行为严重的企业，应当在传播媒体上予以公布，并将有关情况抄告工商行政管理部门。工商行政管理部门应当加强对企业工资支付信用情况的考核和监督。

第二十六条　县级以上人民政府人力资源和社会保障行政主管部门应当建立健全对企业工资支付违法行为举报的制度，设立专门举报信箱，公布举报电话，为劳动者举报提供便利条件。

劳动者发现企业克扣或者无故拖欠劳动者工资等违法行为及因故拖欠工资而转移财物、关闭生产场所或者企业法定代表人、生产经营负责人逃匿的，有权向县级以上人民政府人力资源和社会保障行政主管部门举报；县级以上人民政府人力资源和社会保障行政主管部门接到举报后，应当及时采取措施，依法作出处理。

第二十七条　企业根据生产经营情况，无法按照内部工资支付制度规定或者劳动合同约定的时间足额支付劳动者工资的，应当事先或者在逾期之日起3日内，主动向所在地县级以上人民政府人力资源和社会保障行政主管部门报告情况和提出处理方案；县级以上人民政府人力资源和社会保障行政主管部门应当对企业的报告和方案予以审查和监督。

第二十八条　县级以上人民政府人力资源和社会保障行政主管部门对企业未按国家规定和劳动合同约定按时足额支付劳动者工资，且有可能转移、隐匿设备、产品及其他物品的，可以依法先行登记保存。

第二十九条　工商行政管理部门在企业年检时，应当将企业工资支付信用情况作为考核企业诚信的重要内容，记录在企业信用档案；对克扣、无故拖欠工资等违法行为严重的企业，暂缓通过年检。

第三十条　各级工会在依法对企业工资支付情况实施监督活动时，发现企业有克扣、无故拖欠工资等违法行为的，有权要求其改正；企业拒不改正的，工会有权向县级以上人民政府人力资源和社会保障行政主管部门提出处理意见或者处罚建议；县级以上人民政府人力资源和社会保障行政主管部门在接到工会的意见或者建议后，应当依法作出处理或者处罚，并将处理或者处罚结果书面反馈工会。

第三十一条　总承包方或者发包方与承包方未按合同规定与建设工程承包单位结清工程款，致使建设工程承包单位拖欠劳动者工资的，县级以上人民政府人力资源和社会保障行政主管部门应当责成总承包方或者发包方先行垫付劳动者工资。总承包方或者发包方应当按照县级以上人民政府人力资源和社会保障行政主管部门的责成意见，先行垫付劳动者工资。

先行垫付的工资数额以未结清的工程款为限。

第三十二条　合伙企业无故拖欠劳动者工资的，县级以上人民政府人力资源和社会保障行政主管部门应当责成合伙企业的合伙人先行支付劳动者工资；合伙人先行支付后，可以依法向其他合伙人追偿。

第三十三条　劳动者与企业发生工资支付争议的，可以向企业劳动争议调解委员会申请调解，调解不成的，可以向劳动争议仲裁委员会申请仲裁；劳动者也可以直接向劳动争议仲裁委员会申请仲裁。当事人不服劳动争议仲裁裁决的，可以向人民法院起诉。

劳动争议仲裁委员会审理工资支付争议案件时，对事实清楚、不及时支付会导致劳动者生活困难的，经当事人申请，可以作出先予执行的裁决，依法移送人民法院执行。

第四章　法律责任

第三十四条　企业制定的工资支付制度违反法律、法规、规章规定的，由县级以上人民政府人力资源和社会保障行政主管部门给予警告，并责令限期改正；给劳动者造成损害的，应当承担赔偿责任。

第三十五条　企业伪造、变造、隐匿、销毁工资支付记录的，由县级以上人民政府人力资源和社会保障行政主管部门责令限期改正，给予警告，并处5000元以上2万元以下的罚款；对其法定代表人或者直接负责的主管人员处1000元以上1万元以下的罚款。

第三十六条　企业有下列情形之一的，由县级以上人民政府人力资源和社会保障行政主管部门责令限期支付劳动者的工资；工资低于当地最低工资标准的，应当支付其差额部分；逾期不支付的，责令企业按照应付金额50%以上100%以下的标准向劳动者加付赔偿金：

（一）克扣或者无故拖欠劳动者工资的；

（二）未按照国家规定和劳动合同约定支付劳动者延长工作时间的工资的；

（三）低于当地最低工资标准支付劳动者工资的。

第三十七条　企业违反本办法其他有关工资支付规定的，由县级以上人民政府人力资源和社会保障行政主管部门责令限期改正，给予警告或者通报批评；情节严重的，可以并处2000元以上2万元以下的罚款。

第三十八条　企业及其相关人员对要求企业依法支付工资的劳动者实施体罚、殴打、拘禁或者拒绝、阻挠行政执法人员和工会工作人员依法履行职务，违反治安管理处罚规定的，由公安机关依法予以处罚；构成犯罪的，依法追究刑事责任。

第三十九条　当事人对行政机关作出的行政处罚或者处理决定不服的，可以依法申请行政复议或者提起行政诉讼。当事人在法定期限内对行政处罚或者处理决定既不履行，又不申请行政复议、提起行政诉讼的，作出行政处罚或者处理的行政机关可以依法申请人民法院强制执行。

第四十条　县级以上人民政府人力资源和社会保障行政主管部门及其他有关部门的工作人员有下列行为之一的，由有权机关按照管理权限依法给予处分；构成犯罪的，依法追究刑事责任：

（一）对劳动者的投诉、报告不依法受理或者故意拖延的；

（二）违法采取行政强制措施或者使用、损毁先行登记保存的财物的；

（三）违法实施行政处罚的；

（四）滥用职权、徇私舞弊的；

（五）其他应当依法给予行政或者纪律处分的行为。

第五章　附则

第四十一条　企业化管理的自收自支事业单位、民办非企业单位等的工资支付及监督管理参照本办法执行。

第四十二条　本办法自2002年10月1日起施行。

关于2015年调整企业退休人员基本养老金的通知

关于2013年调整企业退休人员基本养老金的通知

浙人社发〔2015〕13号

各市、县(市、区)人力资源和社会保障局、财政局，嘉兴市社会保障事务局，省级各单位：

为保障企业退休人员基本生活，共享社会发展成果，根据《人力资源和社会保障部财政部关于2015年调整企业退休人员基本养老金的通知》（人社部发〔2015〕6号）精神，经省政府同意，决定适当调整企业退休人员基本养老金。现将有关事项通知如下，请遵照执行。

一、调整范围和对象

全省企业（包括行业单位）中，凡于2014年12月31日前已按规定办理退休的人员和按国发〔1978〕104号、浙劳险〔1993〕185号、浙政〔1997〕15号、浙政发〔2006〕48号等文件规定办理退职的人员，可按本通知规定调整基本养老金。

二、调整水平和调整办法

2015年企业退休（退职）人员基本养老金调整采取定额调整、挂钩调整和适当倾斜相结合的办法，具体调整办法如下：

（一）定额调整退休（退职）人员基本养老金退休人员按月人均130元的额度，根据2013年各市在岗职工平均工资水平、经济社会发展水平和平均养老金水平确定调整标准。具体调整标准如下：杭州市133元，宁波市133元，温州市129元，湖州市129元，嘉兴市129元，绍兴市129元，金华市129元，衢州市125元，舟山市129元，台州市129元，丽水市125元。

在省社会保险事业管理中心参保的企业退休人员按133元标准执行。

退职人员全省统一按每人每月110元标准调整。

（二）挂钩调整退休（退职）人员基本养老金退休（退职）人员按本人缴费年限（含视同缴费年限，下同）长短确定调整标准。具体标准为：缴费年限每满1年（不满1年按1年计算），月基本养老金增加5元。

（三）适当提高部分退休（退职）人员基本养老金在定额调整和挂钩调整的基础上，对下列退休（退职）人员再适当增发基本养老金：

1．1953年12月31日前参加工作的退休（退职）人员，缴费年限满30年及以上的，每人每月增发70元；缴费年限满20年不满30年的，每人每月增发60元；缴费年限不满20年的，每人每月增发50元。

1953年12月31日前参加工作的退休（退职）人员，是指1953年12月31日前参加革命工作或按国家和省规定计算连续工龄的起点时间在1953年12月31日前的退休（退职）人员。

2．2014年12月31日前，男年满70周岁、女年满65周岁及以上的退休（退职）人员，每人每月增发30元。

同时符合上述增发基本养老金条件的，可以重复享受。

三、有关人员的待遇处理

（一）企业退休军转干部调整基本养老金后，其基本养老金水平低于当地此次调整后的基本养老金平均水平的，按照浙委办〔2004〕30号文件规定，予以补足。

（二）企业退休的劳动模范和省先进生产（工作）者调整基本养老金后，其基本养老金水平低于当地此次调整后的企业退休人员基本养老金平均水平的，按照浙政办发〔2007〕88号文件规定，予以补足。

劳动模范是指获得省及省以上劳动模范称号和按规定享受省及省以上劳动模范和先进工作者待遇的个人；省先进生产（工作）者是指1956年至1964年获得省先进生产（工作）者称号的个人。

（三）退休的原工商业者（含从原工商业者中区分出来的小商小贩、小手工业者、小业主）调整基本养老金后，其基本养老金水平低于当地此次调整后的企业退休人员基本养老金平均水平的，按浙劳社老〔2002〕150号文件规定，予以补足。

上述（一）、（二）、（三）类人员调整基本养老金时，如当地此次调整后的基本养老金平均水平低于2014年的，按2014年水平确定。

（四）执行“低门槛准入、低标准享受”养老保险办法的退休（退职）人员，按本人退休（退职）时计发基本养老金所确定的缴费系数，乘以调整额（含倾斜部分）确定基本养老金调整水平。

（五）2014年12月31日前因工致残，完全丧失劳动能力，退出生产岗位按月享受定期伤残津贴的职工，按本通知办法增加伤残津贴。如增加金额低于当地此次企业退休人员基本养老金调整平均额度的，可按平均额度予以补足。工伤退休人员基本养老金增加金额低于当地此次企业退休人员基本养老金调整平均额度的，也可按平均额度予以补足。

（六）企业离休人员、符合原劳动人事部劳人险〔1983〕3号文件规定退休的建国前参加革命工作的老工人以及企业退休的“两航起义”人员，不列入本次调整范围。

四、资金来源

企业退休（退职）人员调整基本养老金所需资金，参加基本养老保险社会统筹的，从统筹基金中列支；未参加社会统筹的，从原渠道列支。工伤职工调整伤残津贴所需资金，按原渠道列支。

五、执行时间

本次调整基本养老金从2015年1月1日起执行，执行中的具体问题，由省人力资源和社会保障厅负责解释。

调整企业退休人员基本养老金水平，体现了党中央、国务院和省委、省政府对广大退休人员的关怀。各地各部门应高度重视，加强领导，精心组织实施，确保在2015年3月底前将增加的基本养老金发放到位。

浙江省人力资源和社会保障厅

浙江省财政厅

2015年2月6日

关于调整我省退休归侨职工生活补贴标准的通知

关于调整我省退休归侨职工生活补贴标准的通知

（浙人社发〔2013〕66号）

各市、县（市、区）人力资源和社会保障局、财政局、侨办，省级各单位：

为认真贯彻落实“适当照顾”的侨务政策，充分体现党和政府对归侨职工的关爱，我省于1994年和2002年相继出台了《关于给工龄在三十年以上的退休归侨职工加发退休补贴费的通知》（浙人退〔1994〕139号、〔1994〕财行213号）、《关于归侨职工退休后待遇问题的通知》（浙人薪

〔2002〕156号）等文件，规定对我省早期回国参加工作的退休归侨职工发放生活补贴。多年来，这一政策受到了我省海内外侨胞侨眷的拥护和赞扬。

但是近几年来，受国际金融危机影响，物价上涨较快，退休归侨职工的生活受到了一定影响。为进一步保障和改善侨界民生，根据国务院侨务办公室、人力资源和社会保障部、财政部等九部委联合下发的《关于做好散居困难归侨侨眷扶贫救助工作的意见》（国侨发〔2010〕10号）精神，经研究，决定调整我省早期回国定居在企业工作的退休归侨职工生活补贴标准。现将有关事项通知如下：

一、补贴发放对象为退休时在国有及国有控股企业（含原国有及国有控股企业）工作已满30年的归侨男职工和工作已满25年的归侨女职工。

二、补贴标准由原来每人每月60元调整为每人每月120元。

三、调整后的补贴标准自2012年7月1日起执行。

四、所需经费，参加养老保险社会统筹的企业，在统筹基金中列支；未参加养老保险统筹的企业在原渠道列支。

五、其他事项仍按浙人薪〔2002〕156号文件规定办理。

浙江省人力资源和社会保障厅　浙江省财政厅
浙江省人民政府侨务办公室
2013年2月19日

浙江省就业和失业登记管理办法

浙江省就业和失业登记管理办法

第一章　总则

第一条　为加强就业和失业登记管理，保障劳动者依法享受就业失业有关政策，根据《就业促进法》、《就业服务与就业管理规定》（原劳动和社会保障部第28号令）、《就业失业登记证管理暂行办法》（人社部发〔2010〕75号）有关规定，制定本办法。

第二条　县以上人力资源社会保障行政部门主管本行政区域内的就业和失业登记工作。县以上公共就业服务机构负责组织实施就业和失业登记工作。受县以上人力资源社会保障行政部门委托，街道、乡镇以及有条件的社区（村）人力资源社会保障平台可以具体经办就业和失业登记工作。

经办就业失业登记工作的县级以上公共就业服务机构和受委托的街道、乡镇、社区（村）人力资源社会保障平台，统称“经办机构”。

各级经办机构应建立专门台账，利用公共就业服务信息系统，及时、准确记录《就业失业登记证》发放管理信息，并做好相关统计工作。

第三条　用人单位招用劳动者、与劳动者终止或解除劳动关系，进行就业登记，适用本办法。

在法定劳动年龄内、有劳动能力且有就业要求的本地常住户籍劳动者，以及进入本地就业的非本地户籍人员，进行就业和失业登记，适用本办法。

本办法所称用人单位，是指在本省行政区域内的企业、个体经济组织、民办非企业单位等组织，以及招用与之建立劳动关系的劳动者的国家机关、事业单位、社会团体。

第二章　就业登记

第四条　用人单位招用劳动者、与劳动者终止或解除劳动关系的，劳动者从事个体经营、自主创业或者灵活就业的，应当到当地经办机构办理就业登记或注销手续。

第五条　就业登记主要内容：

（一）用人单位信息；

（二）劳动者个人信息；

（三）就业类型和就业时间；

（四）《就业失业登记证》设置的其他内容。

第六条　用人单位新招用人员应当于录用之日起30日内，到所在地经办机构办理就业登记手续。

初次就业人员，已办理《就业失业登记证》的，用人单位持《就业失业登记证》为其办理就业登记手续；未办理《就业失业登记证》的，由用人单位代为申请办理《就业失业登记证》，并提交以下材料：

（一）本人身份证复印件；

（二）劳动合同原件、复印件；

（三）劳动者从事国家就业准入的职业（工种）的职业资格证书原件、复印件；

（四）人力资源社会保障行政部门要求提交的其他证件和材料。

第七条　劳动者从事个体经营、自主创业或者灵活就业的，应当在实现就业后30日内，到户籍所在地经办机构办理就业登记手续。

从事个体经营或自主创业的，持工商营业执照副本和本人有效身份证件办理；灵活就业的，持本人有效身份证件和有关证明材料办理。

第八条　用人单位与劳动者终止或者解除劳动关系，应当于终止或解除劳动关系之日起15日内到经办机构办理就业登记注销手续，并提供终止或解除劳动关系的证明书、劳动者的《就业失业登记证》。

第三章　失业登记

第九条　在法定劳动年龄内，有劳动能力、有就业要求并处于无业状态的以下人员，应当进行失业登记：

（一）年满16周岁，未继续升学的各类学校毕（肄）业生；

（二）因各种原因与用人单位解除或终止劳动（聘用）关系的；

（三）个体工商户业主或私营企业业主停止经营的；

（四）有在二、三产业就业愿望的农村劳动力；

（五）承包土地被征用，符合当地规定条件的；

（六）军人退出现役、且未纳入国家统一安置的；

（七）刑满释放、假释、监外执行或解除劳动教养的；

（八）农村进城务工人员和其他非本地户籍人员在常住地稳定就业满6个月以上的；

（九）法律、法规规定的其他符合失业登记的情况。

失业登记由本人到经办机构申请办理。其中，没有就业经历的非农户籍人员，在户籍所在地登记；农村进城务工人员和其他非本地户籍人员在常住地稳定就业满6个月的，失业后可以在常住地登记。

本地农业户籍人员失业登记由各地自行规定。

第十条　本地城镇户籍人员进行失业登记的，应由本人如实填写本人相关信息，并提供户口簿、居民身份证、《就业失业登记证》（初次登记不提供）及以下相关材料：

（一）年满16周岁，从各类学校毕（肄）业的，提供毕业或肄业证书；

（二）与用人单位终止或者解除劳动关系的，提供终止或者解除劳动关系证明书；

（三）从事个体经营、开办私营企业或民办非企业的停业人员，提供工商行政部门或民政部门出具的停业证明；

（四）军人退出现役且未纳入国家统一安置的，提供有关部门出具的相关证明或证件；

（五）刑满释放、假释、监外执行或解除劳教的，提供司法（公安）部门证明或户籍所在地街道办事处（乡镇政府）证明；

（六）城市规划区内的失地农民，提供乡镇政府（街道办事处）出具的相关证明。

第十一条　在常住地稳定就业满6个月以上的农村进城务工人员和其他非本地户籍人员，失业后在常住地办理失业登记的，应提供本人有效身份证件、《就业失业登记证》、用人单位（或有关部门）出具的终止或解除劳动关系证明、公安部门出具的居住证及复印件等有关资料。

登记失业人员应当定期向经办机构报告就业失业状况，积极求职，参加经办机构安排的就业培训。

第十二条　各级经办机构应当加强对登记失业人员的管理和服务，掌握登记失业人员的就业状况，及时办理失业注销手续。

登记失业人员有下列情形之一，由经办机构注销其失业登记：

（一）被用人单位录用的；

（二）从事个体经营或创办企业，并领取工商营业执照的；

（三）已从事有稳定收入的劳动，并且月收入不低于当地最低工资标准的；

（四）到达国家法定退休年龄或已享受基本养老保险待遇的；

（五）完全丧失劳动能力的；

（六）入学、服兵役、户籍迁移省外的；

（七）被判处收监执行或被劳动教养的；

（八）经经办机构连续三次职业介绍，本人不愿意就业的以及终止就业要求或拒绝接受公共就业服务的；

（九）连续6个月未与经办机构联系的；

（十）已进行就业登记的其他人员或省人力资源和社会保障厅规定的其他情形。

第十三条　因本办法第十二条　第八项而注销失业登记的人员，一定时间内视作无就业愿望。具体时间由各市人力资源和社会保障局确定。

第四章　失业人员档案管理

第十四条　失业人员档案由失业登记所在地县以上公共就业服务机构按规定保管。

第十五条　登记失业的人员，应当在进行失业登记的同时，将个人档案从原档案托管单位转移至失业登记所在地县以上公共就业服务机构进行保管。

用人单位与劳动者终止或者解除劳动关系的，应将人员的名单、档案等资料自终止或者解除劳动关系之日起15日内报送当地县以上公共就业服务机构。

劳动者档案由其他机构代管的，代管机构应当自收到用人单位出具的终止或者解除劳动关系证明之日起15日内，将失业人员的有关证明材料报送当地县以上公共就业服务机构。

高校毕业生登记失业的，经本人同意，其档案可由原保管单位保管，也可以转至失业登记所在地县以上公共就业服务机构保管。

第十六条　劳动者从事个体经营或者灵活就业，或者到其他不具备档案保管条件的用人单位就业的，其个人档案可委托就业登记所在地县以上公共就业服务机构保管。

第五章　《就业失业登记证》的发放与管理

第十七条　本地城镇户籍人员未办理《就业失业登记证》的，在其到经办机构办理求职登记或初次申领《就业失业登记证》时，经办机构应同时为其办理失业登记并发放《就业失业登记证》。

非本地户籍人员初次申领《就业失业登记证》，属于用人单位招聘录用的，由用人单位办理就业登记手续时，向经办机构申领。经办机构在受理申请后，应在10个工作日内核发《就业失业登记证》。

第十八条　不符合就业登记和失业登记的劳动者，如符合本地就业援助条件的，可凭有关证明材料向户籍所在地的经办机构提出就业援助对象认定申请，经办机构审核后，在《就业失业登记证》中注明认定日期、援助对象类别和可享受的相关就业援助政策。

第十九条　《就业失业登记证》实行实名登记制，仅限劳动者本人使用。

劳动者在失业、从事个体经营或灵活就业期间，《就业失业登记证》由其本人保管；劳动者被用人单位录用，《就业失业登记证》由用人单位保管；用人单位与劳动者终止或者解除劳动关系的，应当将《就业失业登记证》交还劳动者本人保管。

第二十条　经办机构应当将《就业失业登记证》发放信息、劳动者的个人基本信息、就业登记和失业登记信息、就业援助对象认定等信息，以及核发、注销《就业失业登记证》等有关情况，录入公共就业服务信息系统。

第二十一条　劳动者发生下列情形之一的，其持有的《就业失业登记证》自动失效并由经办机构进行注销：

（一）达到法定退休年龄的；

（二）享受基本养老保险待遇的；

（三）移居境外的；

（四）完全丧失劳动能力的；

（五）死亡的；

（六）依据法律法规应当失效的其他情形。

第六章　附则

第二十二条　《就业失业登记证》由浙江省人力资源和社会保障厅根据人力资源和社会保障部有关规定印制，实行全国统一样式、统一编号管理。

第二十三条　本办法所称稳定就业满6个月的非本地户籍人员，是指在本地居住，失业前在本地被用人单位招用满6个月且参加社会保险，或以从事个体经营、灵活就业形式在本地连续就业满6个月，并进行了就业登记的非本地户籍人员。

第二十四条　外国人来华就业，台湾、香港和澳门居民在内地就业，其他法律法规有相关规定的从其规定。

第二十五条　各设区市可根据本办法制定具体实施细则。

第二十六条　本办法自2013年6月1日起施行。

浙江省鼓励省级重点企业研究院引进“海外工程师”暂行办法

浙江省鼓励省级重点企业研究院引进“海外工程师”暂行办法

浙江省人力资源和社会保障厅等3部门关于印发《浙江省鼓励省级重点企业研究院引进“海外工程师”暂行办法》的通知

各市、县（市、区）人力资源和社会保障局、科技局（委）、财政局：

经省政府同意，现将《浙江省鼓励省级重点企业研究院引进“海外工程师”暂行办法》印发给你们，请遵照执行。

浙江省人力资源和社会保障厅　浙江省科技厅
浙江省财政厅

2013年6月9日

浙江省鼓励省级重点企业研究院引进“海外工程师”暂行办法

为推动引智工作服务产业发展，鼓励省级重点企业研究院引进“海外工程师”，提升企业创新能力，促进经济转型升级，根据《浙江省人民政府关于进一步支持企业技术创新加快科技成果产业化的若干意见》（浙政发〔2012〕45号）精神，特设立“海外工程师”资助项目，对省级重点企业研究院引进的“海外工程师”实行资助。具体办法如下：

第一条　适用范围

本办法适用于列入省技术创新综合试点的省级企业研究院（简称“省级重点企业研究院”）引进“海外工程师”。引进的“海外工程师”应具备下列条件：

（一）在国外企业和机构从事工程、技术、管理工作，掌握核心技术、关键工艺的外籍高层次人才；

（二）在省级重点企业研究院承担技术攻关项目和关键工艺研发，聘用时间原则上不少于1年，每年在企业工作时间不少于2个月，年薪达到50万元人民币及以上；

（三）对已入选国家和省“千人计划”的专家，原则上不再列入“海外工程师”资助项目。

第二条　扶持政策

鼓励引进“海外工程师”，坚持“企业主体、政府引导”的原则，在充分尊重企业自主权，薪酬大部分由企业支付的前提下，由省和当地财政分别对省级重点企业研究院给予一定的扶持和奖励。

（一）省财政给予聘请“海外工程师”的省级重点企业研究院每人10万元年薪资助，每人次在企业研究院工作3年以上的可以有两次资助，资助经费纳入省科技部门预算。宁波市范围内的企业聘请“海外工程师”的资助经费由宁波市财政承担。省级重点企业研究院所在地财政按不低于省级财政资助标准，给予相应的配套资助。

（二）省级重点企业研究院引进的“海外工程师”，符合“千人计划”条件的，积极支持申报国家、省“千人计划”。

第三条　申报和资助程序

（一）申报。每年3月底前，聘请“海外工程师”的省级重点企业研究院填写上一年度《引进

“海外工程师”项目申请表》（见附件，表格可在www.zjitm.com下载），并提供申报人选的护照、学历、学位证书复印件、与企业签订的工作（聘用）合同和海外任职证明材料等，经市人力社保部门初审汇总后，报送省人力社保厅。省属企业的研究院直接将材料报送省人力社保厅。

（二）审核与拨付。每年4月底前，省人力社保厅、省科技厅会同省委组织部、省经信委、省财政厅等部门对申报人选进行审核。经审定后，省财政厅会同省科技厅、省人力社保厅下达资金核拨文件。

（三）总结反馈。在申报下一年度资金补助前，接受“海外工程师”项目资助县（市、区）应将本期资金的补贴使用及引进的“海外工程师”作用发挥等情况进行总结，并将情况同时报送省科技厅、省人力社保厅和省财政厅。

第四条　服务保障

（一）建立浙江省引进“海外工程师”信息服务平台，及时发布省级重点企业研究院招聘“海外工程师”的需求信息，增强宣传、申报、审批和管理等服务功能。

（二）建立海外引才引智和人才培养基地。加强海外基地建设，及时发布省级重点企业研究院招聘需求，协助物色和联络国外有关机构和组织，不断拓宽引进“海外工程师”的渠道。

（三）加大引智力度。组织省级重点企业研究院赴海外招聘急需紧缺的“海外工程师”，建立研究院与“海外工程师”对接交流机制；探索“以人引人”的引智模式，提高引进“海外工程师”的成效。

（四）加强舆论宣传。积极宣传引进“海外工程师”成效显著的典型，推广好的经验和做法，营造引进“海外工程师”的良好氛围；“西湖友谊奖”的评选向优秀“海外工程师”倾斜。

第五条　组织管理

（一）建立由省委组织部、省人力社保厅、省科技厅、省经信委、省财政厅等部门参加的联席会议制度，定期召开联席会议，共同研究协调解决引进“海外工程师”工作中的重大事项。

（二）省人力社保厅负责协调、指导全省省级重点企业研究院“海外工程师”引进工作。省外专局具体承办全省“海外工程师”引进计划的实施、日常管理等工作。

（三）建立省级重点企业研究院引进“海外工程师”评估制度，对实施情况进行监督、检查和评估。

（四）建立财务监督检查制度，定期对经费的使用进行检查，切实提高资金使用的安全性、规范性和有效性。对弄虚作假的企业研究院，将收回资助经费，且5年内不得申报引进“海外工程师”项目；对审核不严的管理部门，将予以通报批评。

（五）各市人力社保部门要加强省级重点企业研究院引进“海外工程师”工作的管理和指导，并以此为契机加大工作力度，推动当地引智工作的开展。

第六条　附则

（一）各市在执行本办法的基础上，可结合当地经济社会发展实际需要，进一步制定相关鼓励引进“海外工程师”的政策。

（二）本办法由省人力社保厅、省财政厅和省科技厅负责解释。

（三）本办法自发布之日起30日后实施。

关于调整企业职工死亡后遗属生活困难补助费等标准的通知

浙江省人力资源和社会保障厅、浙江省财政厅
关于调整企业职工死亡后遗属生活困难补助费等标准的通知

各市、县(市、区)人力资源和社会保障局、财政局，嘉兴市社会保障事务局，省级各单位：

为保障国有企业职工死亡后其供养遗属、因工死亡职工供养亲属和计划外长期临时工的基本生活，使他们的生活水平随着经济发展有所提高，经省政府同意，决定适当调整国有企业职工（含离退休人员）死亡后其供养的直系亲属生活困难补助费等标准。现将有关事项通知如下：

一、调整国有企业死亡职工遗属生活困难补助费标准

（一）国有企业离休人员死亡后，凡1937年7月6日前参加革命工作的，其生前供养的配偶的生活困难补助费由每人每月1610元调整为每人每月1860元；抗战时期参加革命工作的，其生前供养的配偶的生活困难补助费由每人每月1360元调整为每人每月1570元；解放战争时期参加革命工作的，其生前供养的父母、配偶的生活困难补助费由每人每月1230元调整为每人每月1420元。

（二）国有企业职工（含退休人员）因病或非因工死亡后，其符合供养条件的直系亲属生活困难补助费标准为：系非农业人口的，由每人每月770元调整为每人每月870元；系农业人口的，由每人每月640元调整为每人每月720元。

城镇集体所有制企业职工死亡后其供养的直系亲属生活困难补助费标准是否调整，由各市、县（市、区）根据实际情况研究确定。

二、调整因工死亡职工供养亲属抚恤金标准

全省企业、机关事业单位、社会团体、民办非企业单位、基金会、律师事务所、会计师事务所等组织和有雇工的个体工商户中，在2014年12月31日前已按规定享受因工死亡职工供养亲属抚恤金的人员，因工死亡职工供养亲属抚恤金每人每月增加130元。调整后，每名因工死亡职工的月供养亲属抚恤金总额不得超过统筹地2014年度在岗职工月平均工资。

三、调整计划外长期临时工晚年生活补助费标准

凡根据浙劳人险〔84〕218号、〔84〕财企879号、省总工字〔1984〕50号文件规定，领取晚年生活补助费的计划外长期临时工，其生活补助费标准由每人每月790元提高到870元。

四、资金来源

本次调整生活困难补助费等标准所需经费，按原渠道列支。

五、执行时间

本次调整生活困难补助费等标准自2015年1月1日起执行。

浙江省人力资源和社会保障厅
浙江省财政厅
2015年2月6日

关于做好夏季防暑降温工作的通知

关于做好夏季防暑降温工作的通知

浙人社明电〔2015〕8号

各市、县（市、区）人力资源和社会保障局，各有关单位：

为加强高温天气作业劳动保护，切实保障劳动者生命安全和健康等各项权益，现就做好夏季防暑降温工作通知如下：

一、切实保障职工高温劳动保护权益。各级人力社保部门要把防暑降温工作作为推进“双爱”活动的重要举措，积极开展“送清凉送关爱”等慰问活动。企业要进一步增进对职工的关爱，建立健全防暑降温工作制度，切实减轻高温工作环境下职工的劳动强度并适当增加休息时间，为职工提供足够的、符合卫生标准的防暑降温饮料及必需的药品，切实改善职工生产生活条件。要严格执行高温津贴发放有关规定，企业安排劳动者在35℃以上高温天气从事室外露天作业以及不能采取有效措施将工作场所温度降低到33℃以下的，应当向劳动者发放高温津贴，具体标准按浙人社发〔2014〕94号文件执行。

二、严格执行高温条件下的劳动禁忌标准。日最高气温达到40℃以上，应停止当日室外露天作业；日最高气温达到37℃以上、40℃以下时，用人单位全天安排劳动者室外露天作业时间累计不得超过6小时，连续作业时间不得超过国家规定，且在气温最高时段3小时内不得安排室外露天作业；日最高气温达到35℃以上、37℃以下时，用人单位应当采取换班轮休等方式，缩短劳动者连续作业时间，并且不得安排室外露天作业劳动者加班。用人单位不得安排怀孕女职工和未成年工在35℃以上的高温天气期间从事室外露天作业及温度在33℃以上的工作场所作业。

三、加强对防暑降温工作的监督检查。各级人力社保部门要会同安监、卫计、工会等部门加强对企业的指导服务，帮助落实职工工作时间、休息时间、高温津贴以及高温劳动保护等规定。各级劳动保障监察机构要加大执法力度，加强对用工场所的检查，严格执行高温津贴发放等规定，对于存在的问题要督促企业及时整改，依法处置，切实保障劳动者的合法权益和身心健康。

浙江省人力资源和社会保障厅

2015年6月30日

中共浙江省委组织部等5部门关于做好台生和其他台湾居民来浙江就业创业工作的意见

中共浙江省委组织部等5部门关于做好台生和其他台湾居民来浙江就业创业工作的意见

各市党委组织部，政府人力资源和社会保障局、台湾事务办公室、教育局、公安局，省直各单位：

为进一步促进浙江与台湾人才交流合作，营造台湾居民来浙江就业创业的良好环境，服务浙江经济转型和“四大国家战略”，根据国家有关法律法规和政策规定，现就做好取得祖国大陆全日制普通高校学历的台湾学生（以下简称“台生”）和取得祖国大陆认可学历的其他台湾居民（以下简称“其他台湾居民”）来浙就业创业工作提出如下意见，请遵照执行。

一、台生和其他台湾居民符合大陆相关政策规定的，可自主应聘或受雇到浙江省内国有企业和各类非公有制经济组织就业；符合招聘条件的，通过公开招聘可应聘到省内事业单位（不含参照公务员管理事业单位）就业。

二、台生和其他台湾居民在浙江落实就业单位后，由用人单位按照《台湾香港澳门居民在内地就业管理规定》（原劳动和社会保障部令第26号），为其向单位所在设区市的人力社保部门申请办理就业证。

三、台生和其他台湾居民到浙江省就业的，应依照《中国公民往来台湾地区管理办法》等相关规定，办理《台湾居民来往大陆通行证》，并由其本人或所在单位（首次申请必须由其本人）向公安机关出入境管理部门申请办理多次有效来往大陆签注或相应期限居留签注。签注有效期与任职、就业部门签订的聘用合同或者就业管理部门签发的就业证上载明的期限相应，但最长不超过5年或《台湾居民来往大陆通行证》有效期限。

四、台生在浙江落实就业单位后，由用人单位携带其普通高等学校学历证书、毕业院校介绍信、台湾居民往来大陆通行证、就业证、人事部门同意聘用文件或企业劳动合同，到省教育厅办理全国普通高等学校就业报到证核发手续。台生的学籍档案转至各级政府所属的公共人才服务机构。

五、台生和其他台湾居民在浙江省内就业在用工管理、工资福利、社会保险、子女教育和职业资格证申请（国家规定可以申请的种类和专业）考试等方面与大陆同类人员享有同等待遇。

六、积极引导台湾地区电子信息、海洋工程、生物医药、新能源、新材料、现代农业、文化创意、教育、医疗、金融等领域的高层次技术和管理人才到浙江创新创业。符合省“千人计划”引进人才条件并经过统一评审的，可参照“千人计划”给予一次性科学技术奖励，并参照省“千人计划”特聘专家享受相关工作条件和生活待遇。

七、在杭州未来科技城设立台湾高层次人才创业孵化中心，为台湾科研机构、高科技企业人才落户科技城创造条件；鼓励台湾高科技人才与浙江民营资本合作创业。

八、对来浙江求职就业的台生和其他台湾居民，各级公共就业和人才服务机构免费为其提供求职政策咨询、就业信息、就业指导和职业介绍等服务。

九、加强浙江与台湾人力资源服务业合作，办好浙台人力资源服务市场。逐步引进台湾有实力的人力资源服务企业到我省设立分支机构，为台生和其他台湾居民提供有利于就业和创业的服务。

十、来浙江就业的台生和其他台湾居民要自觉遵守祖国大陆的法律法规，用人单位及其主管部门要加强教育引导和管理。

十一、各地各部门要高度重视台生和其他台湾居民来浙江就业工作，切实采取有效措施，保障在浙就业台生和其他台湾居民合法权益。各级组织、台湾事务、人力社保、教育、公安等部门要加强协调配合，共同做好台生和其他台湾居民来浙就业服务管理工作。

十二、本意见自发布之日起施行。

中共浙江省委组织部　浙江省人力资源和社会保障厅
浙江省人民政府　台湾事务办公室浙江省教育厅
浙江省公安厅

2013年4月12日

关于贯彻落实国务院修改后《工伤保险条例》若干问题的通知

关于贯彻落实国务院修改后《工伤保险条例》若干问题的通知

浙人社发〔2011〕253号

各市、县（市、区）人力资源和社会保障局（人事局、劳动保障局）、财政局：

国务院修改后的《工伤保险条例》（以下简称《条例》）已于2011年1月1日起施行。为进一步做好《条例》的贯彻实施工作，妥善衔接《条例》修改前后的相关政策规定，切实维护广大职工和用人单位的合法权益，结合本省实际，经省政府同意，现就有关问题通知如下，请遵照执行。

一、适用范围。我省境内的企业、事业单位、社会团体、民办非企业单位、基金会、律师事务所、会计师事务所等组织和有雇工的个体工商户（以下称用人单位）应当依照《条例》规定参加工伤保险，为本单位全部职工或者雇工（以下简称职工）缴纳工伤保险费。公务员和参照公务员法管理的工作人员因工作遭受事故伤害或者患职业病已经参加工伤保险的，其工伤认定、劳动能力鉴定、工伤待遇等具体事项按《条例》及相关配套法规政策规定执行。

二、统筹层次。各地要积极推进工伤保险市级统筹工作，统一参保对象和范围、统一费率政策、统一基金管理、统一工伤认定和劳动能力鉴定办法、统一待遇政策、统一经办流程和信息系统，建立工伤保险调剂金制度，必须在2011年年底前实行工伤保险市级统筹。

电力、铁路、电信、邮政、金融、石油、交通、民航等行业的用人单位参加省本级工伤保险。在杭中央部属、省属事业单位、社会团体参加省本级工伤保险；其他中央部属、省属事业单位、社会团体以及民办非企业单位、基金会、律师事务所、会计师事务所，按照属地管理原则，参加用人单位所在地的工伤保险。

三、储备金制度。各统筹地要建立工伤保险储备金制度，提高工伤保险基金抗风险能力。各统筹地从每月工伤保险基金收入中按5%的比例提取作为储备金，储备金历年滚存总额达到当年工伤保险基金应征总额的30%时不再提取储备金。各统筹地发生重大、特大事故，当年工伤保险基金入不敷出，累计结余不足支付时，应当动用储备金。工伤保险储备金应纳入社会保障基金财政专户，实行收支两条线管理。

四、一级至四级工伤职工工伤待遇处理办法。一级至四级工伤职工已经参加工伤保险或者一级至四级工伤职工工伤发生时尚未参加工伤保险但已纳入工伤保险统筹管理的，应当按月享受工伤待遇；未参加工伤保险且未纳入工伤保险统筹管理的，可以按月享受工伤待遇，也可以要求一次性领取工伤待遇。

五、五级至十级工伤职工工伤待遇处理办法。五级、六级工伤职工，经本人书面要求，可以与用人单位解除或者终止劳动关系，由工伤保险基金支付一次性工伤医疗补助金（含辅助器具费，下同），由用人单位支付一次性伤残就业补助金。

七级至十级工伤职工，劳动、聘用合同期满终止，或者职工本人书面要求解除劳动、聘用合同的，由工伤保险基金支付一次性工伤医疗补助金，由用人单位支付一次性伤残就业补助金。

一次性工伤医疗补助金标准为：五级30个月，六级25个月，七级10个月，八级7个月，九级4个月，十级2个月。一次性伤残就业补助金标准为：五级30个月，六级25个月，七级10个月，八级7个月，九级4个月，十级2个月。

一次性工伤医疗补助金和一次性伤残就业补助金按劳动关系（劳动、聘用合同）解除或者终止时上年度全省在岗职工月平均工资计发。2011年1月1日前按工伤保险法规政策规定完成工伤认定、2011年1月1日后解除或者终止劳动关系的，一次性工伤医疗补助金由工伤保险基金支付。

已经依法参加基本养老保险的工伤职工距按月享受基本养老金年龄不足5年的，一次性工伤医疗补助金全额支付，一次性伤残就业补助金每满一周年递减20%；工伤职工办理退休手续且按月享受基本养老金的，不享受一次性工伤医疗补助金和一次性伤残就业补助金。

六、因工死亡职工供养亲属待遇处理办法。职工因工死亡时已经参加工伤保险或者职工因工死亡时尚未参加工伤保险但其供养亲属已纳入工伤保险统筹管理的，其供养亲属应当按月领取供养亲属抚恤金；职工因工死亡时未参加工伤保险且其供养亲属未纳入工伤保险统筹管理的，其供养亲属可以按月领取供养亲属抚恤金，也可以要求一次性领取供养亲属抚恤金。

一次性领取供养亲属抚恤金的计算办法：因工死亡职工供养亲属不满18周岁的，计算到18周岁；其他供养亲属计算20周年，但55周岁以上的，年龄每增加1岁减少1年，70周岁以上的按5年计算。一次性领取供养亲属抚恤金的计算基数为职工因工死亡时初次确定的供养亲属抚恤金标准。

职工因工死亡时未参加工伤保险且其供养亲属未纳入工伤保险统筹管理的，其供养亲属可以在原来按月领取供养亲属抚恤金的情况下，要求一次性领取供养亲属抚恤金。其一次性领取供养亲属抚恤金的额度为一次性领取供养亲属抚恤金的总额扣除已经领取的供养亲属抚恤金的余额。

七、因第三人侵权认定为工伤的待遇处理办法。在遭遇交通事故或其他事故伤害的情形下，职工因劳动关系以外的第三人侵权造成人身损害，同时构成工伤的，依法享受工伤保险待遇。如职工获得侵权赔偿，其享受待遇的相对应项目中应当扣除第三人支付的下列五项费用：医疗费，残疾辅助器具费，工伤职工在停工留薪期间发生的护理费、交通费、住院伙食补助费。

八、伙食补助费和交通、食宿费标准。职工住院治疗工伤期间的伙食补助费标准原则上按当地最低工资标准的35%确定。经医疗机构出具证明，报工伤保险经办机构同意，工伤职工到统筹地以外就医所需的交通、食宿费原则上参照用人单位工伤保险统筹地机关事业单位工作人员差旅费开支规定执行。上述待遇的具体标准由统筹地区人民政府规定。

九、相关待遇调整。一级至四级工伤职工享受的伤残津贴的调整办法，参照职工基本养老金调整办法执行。五级、六级工伤职工不能被安排工作由用人单位按月发给伤残津贴的，其伤残津贴由用人单位按照不低于本单位职工平均工资增幅的水平同步进行调整；用人单位职工平均工资水平下降的不作调整。

生活护理费自统筹地区上年度在岗职工月平均工资发布次月起调整。

供养亲属抚恤金由省人力社保部门会同财政部门根据职工平均工资和生活费用变化等情况，适时提出调整方案，报省政府批准后执行。

各地要按照国家和省统一部署，加强领导和组织协调，完善工伤保险制度，推进我省工伤保险事业的全面协调和持续发展。要加强宣传工作，营造良好氛围，确保《条例》的顺利实施。各级人力社保、财政、卫生、民政、安全生产主管部门和工会组织，要密切配合，相互协作，增强服务意识，提升业务水平，妥善处理工伤事故，及时化解劳资矛盾，构建和谐劳动关系，促进社会经济发展。

本通知中的各项规定自下发之日起施行。原有规定与本通知不一致的，按本通知规定执行。2011年1月1日以后至本通知下发前发生的与本通知内容有关的事项，参照本通知规定执行。

二〇一一年八月十七日

第七章 江苏省人力资源和劳动保障法规

江苏省劳动合同条例

江苏省劳动合同条例

（2003年10月25日江苏省第十届人民代表大会常务委员会第六次会议通过 2013年1月15日江苏省第十一届人民代表大会常务委员会第三十二次会议修订）

第一章 总 则

第一条 为了完善劳动合同制度，明确劳动合同双方当事人的权利和义务，维护劳动者的合法权益，规范劳动用工管理，构建和发展和谐稳定的劳动关系，根据《中华人民共和国劳动法》、《中华人民共和国劳动合同法》、《中华人民共和国劳动合同法实施条例》等法律、行政法规，结合本省实际，制定本条例。

第二条 本省行政区域内的企业、个体经济组织、民办非企业单位等组织（以下称用人单位）与劳动者建立劳动关系，订立、履行、变更、解除或者终止劳动合同，适用本条例。

依法成立的基金会和会计师事务所、律师事务所等组织，属于前款所称的用人单位。

国家机关、事业单位、社会团体和与其建立劳动关系的劳动者，订立、履行、变更、解除或者终止劳动合同，依照本条例执行。

第三条 劳动合同是劳动者与用人单位明确劳动关系双方权利和义务的协议。

用人单位与劳动者建立劳动关系，应当订立书面劳动合同。

第四条 用人单位应当保障劳动者的人格尊严、安全健康和获取劳动报酬、参与民主管理等权利，不得通过制定规章制度免除用人单位责任、加重劳动者责任、排除劳动者合法权利。

劳动者应当遵守用人单位依法制定的规章制度，按照劳动法律、法规的规定和集体合同、劳动合同的约定行使权利、履行义务，不得损害用人单位的合法权益。

用人单位依法制定、修改或者决定的直接涉及劳动者切身利益的规章制度和重大事项，应当主动、如实告知劳动者，或者采取公告栏、书面文本、电子邮件、本单位网站等便于劳动者知晓的方式公示。

第五条 县级以上地方人民政府应当将维护和促进劳动关系和谐稳定作为重要职责，广泛听取用人单位、劳动者、工会组织和用人单位代表组织等相关方面的意见，研究制定涉及劳动关系的政策、措施。

第六条 县级以上地方人民政府劳动行政部门负责对本行政区域内劳动合同制度的实施进行指导、协调、管理和监督检查，依法协调劳动关系，妥善处理劳动争议。

基层劳动就业社会保障公共服务组织协助做好本辖区劳动合同制度实施的有关工作。

第七条 县级以上地方人民政府劳动行政部门会同工会和用人单位代表组织组成协调劳动关系委员会，协调处理劳动关系的重大问题。

第八条　工会依法维护劳动者的合法权益，对用人单位遵守劳动法律、法规，制定劳动规章制度，履行劳动合同和集体合同等情况进行监督。

第九条　共产主义青年团、妇女联合会、残疾人联合会以及其他社会组织应当促进平等就业工作，消除就业歧视，维护劳动者合法权益。

第十条　县级以上地方人民政府应当对模范遵守劳动法律、法规，构建和谐劳动关系的用人单位和个人予以表彰。

第二章　劳动合同的订立

第十一条　用人单位招用劳动者，应当如实向劳动者告知与劳动合同有关的工作内容、岗位要求、工作地点、工作时间、劳动报酬、职业危害和劳动条件等。对可能产生职业病危害的岗位，还应当告知职业病防护措施和待遇等内容，并在劳动合同中载明。

劳动者应当按照用人单位的要求，如实说明与劳动合同直接相关的就业现状、健康状况、竞业限制等情况，如实提供自己的居民身份、学历、工作经历、职业技能等证明。

第十二条　劳动合同由用人单位与劳动者协商一致，并经用人单位与劳动者在劳动合同文本上签字或者盖章生效。

劳动合同同时使用中文和外文文本的，合同内容应当一致，不一致的以中文文本为准。

劳动合同文本由用人单位和劳动者各执一份。用人单位应当自劳动合同订立之日起五个工作日内将文本交付劳动者本人，不得扣押。

第十三条　用人单位自用工之日起即与劳动者建立劳动关系。

用人单位安排劳动者参加上岗前培训、学习的，劳动关系自劳动者参加之日起建立。

第十四条　企业停产放长假人员、未达到法定退休年龄的离岗休养人员以及其他协商保留劳动关系的不在岗人员，同时与新的用人单位建立劳动关系从事全日制劳动的，应当将其与原用人单位保留劳动关系的情况告知新的用人单位。双方应当订立书面劳动合同，但可以对订立无固定期限劳动合同、支付经济补偿作出例外约定。

第十五条　试用期包含在劳动合同期限内。

劳动者在试用期内患病或者非因工负伤须停工治疗的，在规定的医疗期内，试用期中止。

第十六条　劳动合同期满，用人单位未与劳动者续订劳动合同，但劳动者继续在用人单位工作的，用人单位应当在一个月内与劳动者续订书面劳动合同。劳动者经用人单位书面通知后，不与用人单位续订劳动合同的，用人单位应当书面通知劳动者终止劳动关系。

用人单位自劳动合同期满次日起满一年不与劳动者续订书面劳动合同，但劳动者继续在用人单位工作的，视为用人单位与劳动者已订立无固定期限劳动合同。

第十七条　按照用人单位与劳动者的约定，劳动合同期满后自动续延的，视为双方连续订立劳动合同。

用人单位与劳动者协商延长劳动合同期限，累计超过六个月的，视为双方连续订立劳动合同。

第十八条　在《中华人民共和国劳动合同法》实施后，用人单位与劳动者连续订立了二次固定期限劳动合同，且劳动者没有《中华人民共和国劳动合同法》第三十九条和第四十条第一项、第二项规定情形的，用人单位应当在第二次劳动合同期满三十日前，书面告知劳动者可以订立无固定期限劳动合同。

劳动者在用人单位连续工作满十年的，用人单位应当在劳动合同期满三十日前，书面告知劳动者可以订立无固定期限劳动合同。

第十九条　劳动合同期满前，符合订立无固定期限劳动合同条件的劳动者未书面提出订立固定期限劳动合同，也未书面提出终止劳动合同，劳动合同期满后继续在用人单位工作的，视为劳动者同意与用人单位订立无固定期限劳动合同。

第三章　劳动合同的履行和变更

第二十条　用人单位与劳动者应当按照劳动合同的约定，全面履行各自的义务。

第二十一条　用人单位应当按照劳动合同约定和国家规定，按时足额支付劳动报酬。

用人单位应当实行同工同酬，对相同或者相近岗位上的劳动者，执行相同的劳动报酬分配制度。

第二十二条　用人单位和劳动者对劳动报酬、劳动条件等没有约定或者约定不明确的，双方可以协商；协商不成的，按照下列规定确定：

（一）实际劳动报酬和劳动条件高于用人单位规章制度及集体合同规定标准的，按照实际履行的内容确定；

（二）实际履行的内容低于用人单位规章制度或者集体合同规定标准的，按照其中有利于劳动者的最高标准确定；

（三）没有规章制度和集体合同，或者规章制度和集体合同未规定劳动报酬的，实行同工同酬；未规定劳动条件等标准的，适用国家有关规定。

用人单位规章制度和集体合同规定的劳动报酬、劳动条件等不得低于国家规定的标准。

第二十三条　用人单位安排劳动者从事高温天气作业和高温作业的，应当采取防暑降温措施，并按照国家和省的规定向劳动者支付高温津贴、岗位津贴。

用人单位支付的高温津贴不得低于国家和省规定的标准。

第二十四条　用人单位安排劳动者从事经劳动行政部门批准的特殊工时工作制岗位劳动的，应当在劳动合同中约定或者事先征得劳动者的书面同意。

用工单位安排被派遣劳动者从事特殊工时工作制岗位劳动的，应当在劳动合同、劳务派遣协议中约定或者事先征得被派遣劳动者和劳务派遣单位的书面同意。

第二十五条　有下列情形之一，劳动者非因本人原因从原用人单位被安排到新用人单位工作的，劳动者在原用人单位的工作年限合并计算为新用人单位的工作年限；原用人单位已经向劳动者依法支付经济补偿的，新用人单位在依法解除、终止劳动合同计算支付经济补偿的工作年限时，不再计算劳动者在原用人单位的工作年限：

（一）用人单位以委派形式对劳动者进行岗位变动的；

（二）用人单位因资产业务划转、资产购并、重组等原因导致劳动者岗位变动的；

（三）用人单位安排劳动者在其下属分支机构或者关联企业间流动的；

（四）用人单位及其关联企业与劳动者轮流订立劳动合同的；

（五）法律、法规规定的其他情形。

第二十六条　依法约定的服务期长于劳动合同期限的，劳动合同续延至服务期满；双方另有约定的，从其约定。

第二十七条　用人单位与劳动者可以在劳动合同中约定保守用人单位的商业秘密和与知识产权相关的保密事项。

对负有保密义务的劳动者，用人单位可以与其在劳动合同或者保密协议中，就劳动者要求解除劳动合同的提前通知期以及提前通知期内的岗位调整、劳动报酬作出约定。提前通知期不得超过六个月。

第二十八条　用人单位对处于竞业限制期限内的离职劳动者应当按月给予经济补偿，月经济补偿额不得低于该劳动者离开用人单位前十二个月的月平均工资的三分之一。

用人单位未按照约定给予劳动者经济补偿的，劳动者可以不履行竞业限制义务，但劳动者已经履行的，有权要求用人单位给予经济补偿。

竞业限制约定中的同类产品、同类业务仅限于劳动者离职前用人单位实际生产或者经营的相关产品和业务。竞业限制的期限由当事人约定，最长不得超过二年。

第二十九条　变更劳动合同应当经当事人双方协商一致。变更劳动合同应当采用书面形式，注明变更日期，但提高劳动报酬等有利于劳动者的情形除外。

当事人一方要求变更劳动合同的，应当将变更要求书面送交另一方，另一方在收到之日起十五日内未作出书面答复的，视为不同意变更劳动合同。

第三十条　有下列情形之一的，劳动合同可以中止：

（一）经双方当事人协商一致的；

（二）劳动者因涉嫌违法犯罪被限制人身自由的；

（三）劳动合同因不可抗力暂时不能履行的；

（四）法律、法规规定的其他情形。

劳动合同中止期间，劳动关系保留，劳动合同暂停履行，用人单位可以不支付劳动报酬并停止缴纳社会保险费。劳动合同中止期间不计算为劳动者在用人单位的工作年限。

劳动合同中止情形消失，除已经无法履行的外，应当恢复履行。

第四章　劳动合同的解除和终止

第三十一条　用人单位解除或者终止劳动合同，应当符合法定的条件和程序。

用人单位单方解除劳动合同，应当事先将理由通知工会；用人单位尚未建立工会的，通知用人单位所在地工会。

第三十二条　用人单位依法选择额外支付劳动者一个月工资解除劳动合同的，其额外支付的工资应当按照该劳动者上一个月的工资标准确定。上一个月工资不能反映正常工资水平的，按照劳动者在劳动合同解除前十二个月的月平均工资确定；不满十二个月的，按照实际月平均工资确定。月平均工资低于当地最低工资标准的，按照最低工资标准确定。

第三十三条　根据《中华人民共和国劳动合同法》的规定和该法施行前的有关规定，终止劳动合同或者用人单位解除劳动合同应当支付经济补偿的，按照《中华人民共和国劳动合同法》施行前后的适用条件分段计算支付经济补偿的年限。计发经济补偿的月工资标准为劳动者在劳动合同解除或者终止前十二个月的月平均工资，月平均工资低于当地最低工资标准的，按照最低工资标准确定。

第三十四条　劳动者患病或者非因工负伤，医疗期满后不能从事原工作，也不能从事由用人单位另行安排的适当工作的，用人单位可以依法解除、终止劳动合同，并给予经济补偿。劳动者经劳动能力鉴定委员会确认丧失或者部分丧失劳动能力的，用人单位还应当给予劳动者不低于本人六个月工资的医疗补助费。患重病或者绝症的还应当增加医疗补助费。患重病的增加部分不低于医疗补助费的百分之五十，患绝症的增加部分不低于医疗补助费的百分之百。

第三十五条　解除或者终止劳动合同时，劳动者应当归还用人单位的财物、技术资料等，并根据用人单位规章制度、双方约定办理工作交接手续。

劳动合同因劳动者退休而终止的，保密协议、竞业限制约定仍具有约束力。

第五章　特别规定

第三十六条　劳务派遣只能在临时性、辅助性或者替代性的工作岗位上实施。

用工单位使用劳务派遣劳动者的人数占本单位用工总数的比例，不得超过国家规定的比例。

企业将其业务发包给其他单位，但承包单位的劳动者在企业的生产经营场所使用企业的设施设备、按照企业的安排提供劳动，或者以企业的名义提供劳动，以及其他名为劳务外包实为劳务派遣的，其劳动者的人数纳入前款规定的比例计算。

第三十七条　劳务派遣单位应当与被派遣劳动者订立二年以上的固定期限劳动合同。双方约定订立无固定期限劳动合同的，从其约定。

第三十八条　劳务派遣单位跨地区派遣劳动者的，应当为被派遣劳动者在用工单位所在地办理社会保险。

第三十九条　劳务派遣单位应当按照法律、法规规定以及劳务派遣协议，向劳动者支付劳动报酬和应得的经济补偿，及时足额缴纳社会保险费。劳务派遣单位不得克扣劳动者的劳动报酬、经济补偿，不得不缴或者少缴社会保险费。

用工单位应当按照法律、法规规定以及劳务派遣协议，向劳务派遣单位按时足额支付被派遣劳动者劳动报酬和社会保险费等费用。

第四十条　被派遣劳动者一方与劳务派遣单位通过集体协商，可以就劳动报酬、工作时间、技能培训、安全卫生、保险福利、女职工权益保护等事项订立集体合同。

用工单位在开展集体协商时，应当听取被派遣劳动者的意见。被派遣劳动者可以推选协商代表，与用工单位就同工同酬、劳动标准、加班费、绩效奖金和与工作岗位有关的福利待遇、岗位培训、工资调整机制等开展集体协商。

第四十一条　非全日制用工，是指以小时计酬为主，劳动者在同一用人单位一般平均每日工作时间不超过四小时，每周工作时间累计不超过二十四小时的用工形式。

非全日制用工不适用带薪年休假、加班加点、医疗期等规定。用人单位和劳动者另有约定的除外。

第四十二条　用人单位接纳全日制在校学生进行实习的，应当遵守法律、法规和国家有关规定，提供必要的劳动条件和安全健康的劳动环境，不得安排学生从事与所学专业无关的高空、井下作业和接触放射性、高毒、易燃易爆物品的劳动，以及国家规定的第四级体力劳动强度的劳动。

学校不得通过中介机构或者劳务派遣单位组织、安排和管理实习工作。企业不得安排总时间超过十二个月的顶岗实习，不得安排学生顶岗实习每日超过八小时、每周超过四十小时。国家另有规定的，从其规定。

用人单位应当对实习学生进行劳动安全卫生教育，预防劳动过程中发生事故。企业应当按照实习协议为顶岗实习学生办理意外伤害保险。

企业应当按照约定的标准直接向顶岗实习学生支付实习报酬，且不得低于当地最低工资标准。企业、学校不得克扣或者拖欠顶岗实习学生的实习报酬。

第六章　劳动合同监督管理

第四十三条　县级以上地方人民政府劳动行政部门应当指导用人单位建立健全与劳动合同制度相配套的规章制度，完善劳动合同文本，建立职工名册，规范劳动合同的订立、履行、变更、解除和终止行为。

第四十四条　县级以上地方人民政府劳动行政部门应当建立健全企业薪酬调查和发布制度，指导用人单位开展工资集体协商，建立健全职工工资正常增长机制。

第四十五条　县级以上地方人民政府劳动行政部门应当建立用人单位书面材料审查制度，对用人单位实施劳动合同制度情况进行监测。

用人单位应当根据县级以上地方人民政府劳动行政部门的要求，报送反映用人单位依法成立情况、招用职工、遵守劳动合同和集体合同规定、支付劳动报酬、提供劳动条件、参加社会保险等情况的材料。

第四十六条　县级以上地方人民政府劳动行政部门应当建立劳动关系矛盾纠纷排查机制，依法开展行政调解工作，促成当事人达成调解协议。对重大劳动关系矛盾纠纷应当及时报告同级人民政府，并通报有关部门。

第四十七条　县级以上地方人民政府劳动行政部门应当建立用人单位劳动关系守法诚信档案。

县级以上地方人民政府劳动行政部门对存在严重违反劳动法律、法规行为的用人单位可以向社会公布，并将有关情况通报有关部门。

第四十八条　县级以上地方人民政府劳动行政部门应当建立行政执法责任制，加强对工作人员的培训、考核和监督管理。

县级以上地方人民政府劳动行政部门的工作人员应当依法行政，秉公执法，按照法定权限、程序履行职责。

第四十九条　县级以上地方人民政府经济和信息化、教育、公安、住房城乡建设、卫生、工商行政管理、安全生产监督管理等有关部门在各自职责范围内，对用人单位执行劳动合同制度的情况进行监督管理。

第五十条　工会应当帮助、指导劳动者与用人单位依法订立和履行劳动合同，与用人单位就直接涉及劳动者切身利益的重要制度和重大事项的制定、修改或者决定等问题进行协商，向用人单位反映劳动者的意见和要求。

用人单位侵犯劳动者合法权益的，工会有权督促用人单位及时改正；用人单位拒不改正的，工会可以提请劳动行政等有关部门依法作出处理。

第五十一条　协调劳动关系委员会应当定期召开协调会议，就劳动政策的制定、劳动标准的确定以及集体协商争议和劳动纠纷的处理等涉及劳动关系的重大问题进行协商；引导用人单位遵守劳动法律、法规，履行社会责任，维护劳动者的合法权益；引导劳动者履行劳动义务，遵守职业道德，提高职业技能。

第七章　法律责任

第五十二条　用人单位违反本条例规定，有下列情形之一的，应当立即与劳动者补订书面劳动合同，并向劳动者每月支付二倍的工资：

（一）招用企业停产放长假人员、未达到法定退休年龄的离岗休养人员以及其他协商保留劳动关系的不在岗人员，自用工之日起超过一个月不满一年未订立书面劳动合同的；

（二）劳动合同期满继续留用劳动者工作，但自期满之日起超过一个月不满一年未与劳动者续订书面劳动合同的。

前款规定的用人单位向劳动者每月支付二倍工资的起算时间为劳动合同期满之日起满一个月的次日，截止时间为补订书面劳动合同的前一日。

用人单位拒绝与劳动者补订书面劳动合同并解除劳动关系的，还应当按照经济补偿标准的二倍向劳动者支付赔偿金。

第五十三条　用人单位违反本条例规定，不按时足额支付劳动者劳动报酬的，县级以上地方人民政府劳动行政部门应当责令用人单位限期支付；构成犯罪的，依法追究刑事责任。

第五十四条　用人单位选择额外支付劳动者一个月工资解除劳动合同，但未支付或者未足额支付的，县级以上地方人民政府劳动行政部门应当责令用人单位限期支付；逾期不支付的，按照应付金额百分之五十以上百分之一百以下的标准向劳动者加付赔偿金。

第五十五条　劳动者违反本条例规定，解除或者终止劳动合同时，未归还用人单位的财物、技术资料等，或者未根据用人单位规章制度、双方约定办理工作交接手续的，应当依法承担赔偿责任。

第五十六条　违反本条例规定，用工单位未向劳务派遣单位按时足额支付被派遣劳动者劳动报酬、社会保险费等费用，致使劳务派遣单位无法向被派遣劳动者足额支付劳动报酬、缴纳社会保险费的，县级以上地方人民政府劳动行政部门应当责令用工单位在其未足额支付费用的范围内向被派遣劳动者支付劳动报酬、向劳务派遣单位支付社会保险费。

第五十七条　企业违反本条例规定，安排学生顶岗实习总时间超过十二个月、每日超过八小时或者每周超过四十小时的，由县级以上地方人民政府劳动行政部门责令改正，并可以按照受侵害学生每人一百元以上五百元以下的标准处以罚款。

企业违反本条例规定，克扣、拖欠顶岗实习学生实习报酬的，由县级以上地方人民政府劳动行政部门责令限期支付实习报酬；实习报酬低于当地最低工资标准的，应当支付其差额部分；逾期不支付的，责令企业足额支付实习报酬，并按照应付金额百分之五十以上百分之一百以下的标准向顶岗实习学生加付赔偿金。

第五十八条　顶岗实习学生在劳动过程中发生意外伤害，因没有按照规定办理意外伤害保险或者意外伤害保险金不足以赔偿的，由企业承担赔偿责任；组织实习的学校未尽到管理职责的，应当承担补充赔偿责任。

第五十九条　县级以上地方人民政府劳动行政部门和其他有关主管部门及其工作人员不履行法定职责，或者违法行使职权，给劳动者或者用人单位造成损害的，应当承担赔偿责任；对直接负责的主管人员和其他直接责任人员，依法给予行政处分；构成犯罪的，依法追究刑事责任。

第八章　附则

第六十条　本条例自2013年5月1日起施行。

江苏省实施《工伤保险条例》办法

江苏省实施《工伤保险条例》办法

江苏省人民政府令第103号

江苏省实施〈工伤保险条例〉办法》已于2015年4月1日经省人民政府第54次常务会议讨论通过，现予发布，自2015年6月1日起施行。

省长　李学勇

2015年4月2日

江苏省实施《工伤保险条例》办法

第一条　为了保障因工作遭受事故伤害或者患职业病的职工获得医疗救治和经济补偿，促进工伤预防和工伤康复，分散用人单位的工伤风险，根据《中华人民共和国社会保险法》、国务院《工伤保险条例》（以下称《条例》），结合本省实际，制定本办法。

第二条 本省行政区域内的国家机关、企业、事业单位、社会团体、民办非企业单位、基金会、律师事务所、会计师事务所等组织和有雇工的个体工商户（以下称用人单位）及其职工或者雇工（以下称职工），适用本办法。

第三条 县级以上地方人民政府社会保险行政部门负责本行政区域内的工伤保险工作。

社会保险经办机构（以下称经办机构）具体承办工伤保险事务。

第四条 用人单位应当为本单位全部职工缴纳工伤保险费。用人单位缴纳工伤保险费的基数，按照本单位缴纳基本医疗保险费的基数确定。

第五条 工伤保险费根据以支定收、收支平衡的原则，确定费率。统筹地区社会保险行政部门根据国家工伤保险费率管理有关规定制定费率浮动办法。统筹地区经办机构根据用人单位工伤保险费使用、工伤发生率等情况，适用所属行业内相应的费率档次确定单位缴费费率。

第六条 工伤保险费的征缴，按照《中华人民共和国社会保险法》《社会保险费征缴暂行条例》和《江苏省社会保险费征缴条例》有关规定执行。

用人单位办理缴纳工伤保险费申报手续时，应当提交参保职工名单，由经办机构核实后留存。

第七条 社会保险行政部门、经办机构、劳动能力鉴定委员会以及安全生产监督管理部门应当加强信息网络建设，实现资源共享，信息互通，建立全省统一规范的工伤保险信息管理系统。

第八条 工伤保险经办经费和工伤认定所需的业务经费列入同级财政年度部门预算。

第九条 工伤保险基金逐步实行省级统筹。

第十条 工伤保险基金存入社会保障基金财政专户，实行收支两条线管理，用于《条例》及本办法规定的工伤保险待遇、劳动能力鉴定、工伤预防、工伤康复费用，以及法律、法规规定的用于工伤保险的其他费用的支付。

工伤预防费用的提取比例、使用和管理，按照国家有关规定执行。

第十一条 工伤保险基金实行储备金制度。统筹地区应当按月将已征收的工伤保险费总额的20%转为储备金。储备金达到上一年度各项工伤保险费用的支付总额时不再提取。工伤保险基金有结余的，储备金先从结余中提取，不足部分按照规定从当年征收的工伤保险费中转入。

储备金用于支付重大伤亡事故的工伤保险待遇，以及工伤保险基金当年收不抵支的部分。储备金不足支付的，由统筹地区人民政府垫付。动用储备金应当经统筹地区人民政府同意，报上一级社会保险行政部门备案。

第十二条 用人单位应当在法律、法规规定的时限内向所在地设区的市人民政府确定的社会保险行政部门提出工伤认定申请。用人单位未按照规定提出工伤认定申请的，受伤害或者患职业病的职工或者其近亲属、工会组织可以自事故伤害发生之日或者被诊断、鉴定为职业病之日起1年内，直接向用人单位所在地设区的市人民政府确定的社会保险行政部门提出工伤认定申请。

第十三条 有下列情形之一的，社会保险行政部门应当不予受理工伤认定申请：

（一）申请人不具备申请资格的；

（二）工伤认定申请超过规定时限且无法定理由的；

（三）没有工伤认定管辖权的；

（四）法律、法规、规章规定的不予受理的其他情形。

第十四条 社会保险行政部门收到工伤认定申请后，应当在15日内对申请人提交的材料进行审核，材料完整的，作出受理或者不予受理的决定；材料不完整的，应当以书面形式一次性告知申请人需要补正的全部材料。

社会保险行政部门决定受理的，应当出具《工伤认定申请受理决定书》；决定不予受理的，应当出具《工伤认定申请不予受理决定书》。

第十五条　社会保险行政部门受理工伤认定申请后，可以要求用人单位、职工或者其近亲属提交有关证据材料。用人单位、职工或者其近亲属应当配合社会保险行政部门调查核实取证，并提供有关证据材料。

职工或者其近亲属、工会组织认为是工伤，用人单位不认为是工伤的，社会保险行政部门应当书面通知用人单位举证。用人单位无正当理由在规定时限内不提供证据的，社会保险行政部门可以根据职工或者其近亲属、工会组织以及相关部门提供的证据，或者调查核实取得的证据，依法作出工伤认定决定。

第十六条　社会保险行政部门受理工伤认定申请后，有下列情形之一的，可以中止工伤认定：

（一）需要以司法机关、劳动人事争议仲裁委员会、有关行政主管部门或者相关机构的结论为依据，而司法机关、劳动人事争议仲裁委员会、有关行政主管部门或者相关机构尚未作出结论的；

（二）由于不可抗力导致工伤认定难以进行的；

（三）法律、法规、规章规定需要中止的其他情形。

中止工伤认定，应当向申请工伤认定的职工或者其近亲属、工会组织和该职工所在单位送达《工伤认定中止通知书》。中止情形消失的，应当恢复工伤认定程序。中止工伤认定的时间不计入工伤认定期限。

第十七条　社会保险行政部门受理工伤认定申请后，有下列情形之一的，应当终止工伤认定：

（一）不符合受理条件的；

（二）申请人撤回工伤认定申请的；

（三）法律、法规、规章规定的可以终止的其他情形。

终止工伤认定，应当向申请工伤认定的职工或者其近亲属、工会组织和该职工所在单位送达《工伤认定终止通知书》。

因申请人撤回工伤认定申请终止工伤认定的，在法定时限内，申请人可以再次申请工伤认定。

第十八条　社会保险行政部门作出工伤认定申请不予受理决定、终止工伤认定决定的，应当书面告知申请人享有依法申请行政复议或者提起行政诉讼的权利。

第十九条　省劳动能力鉴定委员会和设区的市劳动能力鉴定委员会分别由省和设区的市社会保险行政部门、卫生计生行政部门、工会组织、经办机构代表以及用人单位代表组成。

劳动能力鉴定委员会应当建立医疗卫生专家库，专家选任办法由省劳动能力鉴定委员会制定。

第二十条　工伤职工经治疗或者康复，伤情相对稳定后存在残疾、影响劳动能力，或者停工留薪期满的，用人单位、工伤职工或者其近亲属应当及时向设区的市劳动能力鉴定委员会提出劳动能力鉴定申请，并按照规定提交有关资料。

第二十一条　劳动能力鉴定费以及鉴定过程中符合工伤保险有关规定的医疗检查费，工伤职工参加工伤保险的，由工伤保险基金支付；工伤职工未参加工伤保险的，由用人单位支付。

第二十二条　职工因工作遭受事故伤害或者患职业病时，用人单位应当采取措施使受伤害或者患职业病的职工得到及时救治。

第二十三条　达到国家工伤康复定点机构标准的医疗或者康复机构，可以与统筹地区经办机构签订工伤康复服务协议，提供工伤康复服务。

第二十四条　工伤职工经社会保险行政部门组织劳动能力鉴定专家或者工伤康复专家确认具有康复价值的，应当由签订服务协议的工伤康复机构提出康复治疗方案，报经办机构批准后到签订服务协议的工伤康复机构进行工伤康复。

第二十五条　工伤职工的停工留薪期应当凭职工就诊的签订服务协议的医疗机构，或者签订服务协议的工伤康复机构出具的休假证明确定。停工留薪期超过12个月的，需经设区的市劳动能力鉴定委员会确认。设区的市劳动能力鉴定委员会确认的停工留薪期结论为最终结论。

在停工留薪期间，用人单位不得与工伤职工解除或者终止劳动关系。法律、法规另有规定的除外。

第二十六条　因工致残被鉴定为五级、六级伤残的工伤职工恢复工作后，又发生难以安排工作的情形的，以难以安排工作时本人工资为基数由用人单位计发伤残津贴；难以安排工作时本人工资低于发生工伤时本人工资的，以发生工伤时本人工资为基数计发。

第二十七条　职工因工致残被鉴定为五至十级伤残，按照《条例》规定与用人单位解除或者终止劳动关系时，由工伤保险基金支付一次性工伤医疗补助金，由用人单位支付一次性伤残就业补助金。一次性工伤医疗补助金的基准标准为：五级20万元，六级16万元，七级12万元，八级8万元，九级5万元，十级3万元。一次性伤残就业补助金的基准标准为：五级9.5万元，六级8.5万元，七级4.5万元，八级3.5万元，九级2.5万元，十级1.5万元。

设区的市人民政府可以根据当地经济发展水平、居民生活水平等情况，在基准标准基础上上下浮动不超过20%确定一次性工伤医疗补助金和一次性伤残就业补助金标准，并报省社会保险行政部门备案。

患职业病的工伤职工，一次性工伤医疗补助金在上述标准的基础上增发40%。

一次性工伤医疗补助金和一次性伤残就业补助金基准标准的调整，由省社会保险行政部门会同省财政部门报省人民政府批准确定。

第二十八条　工伤职工本人提出与用人单位解除劳动关系，且解除劳动关系时距法定退休年龄不足5年的，一次性工伤医疗补助金和一次性伤残就业补助金按照下列标准执行：不足5年的，按照全额的80%支付；不足4年的，按照全额的60%支付；不足3年的，按照全额的40%支付；不足2年的，按照全额的20%支付；不足1年的，按照全额的10%支付，但属于《中华人民共和国劳动合同法》第三十八条规定的情形除外。达到法定退休年龄或者按照规定办理退休手续的，不支付一次性工伤医疗补助金和一次性伤残就业补助金。

五至十级工伤职工领取一次性工伤医疗补助金的具体办法由统筹地区经办机构制定。

第二十九条　工伤职工领取一次性工伤医疗补助金和一次性伤残就业补助金后，工伤保险关系终止，劳动能力鉴定委员会不再受理其本次伤残的劳动能力复查鉴定申请。

第三十条　因工致残一次性伤残补助金、工伤职工的伤残津贴、生活护理费自作出劳动能力鉴定结论的次月起计发。

因工死亡丧葬补助金、一次性工亡补助金自职工死亡当月起计发，其供养亲属抚恤金自职工死亡的次月起计发。

第三十一条　伤残津贴、供养亲属抚恤金、生活护理费由设区的市社会保险行政部门会同财政部门根据职工平均工资和生活费用变化等情况适时调整。

伤残津贴、供养亲属抚恤金以及生活护理费调整方案，经设区的市人民政府同意报省社会保险行政部门和省财政部门批准后执行。

第三十二条　职工在同一用人单位连续工作期间多次发生工伤，符合《条例》第三十六条、第三十七条规定享受相关待遇的，按照其在同一用人单位发生工伤的最高伤残级别，计发一次性伤残就业补助金和一次性工伤医疗补助金。

第三十三条　工伤复发因伤情变化复查鉴定伤残等级改变的，不再重新计发一次性伤残补助金，其他工伤保险待遇按照新的伤残等级享受。达到领取伤残津贴条件的，以旧伤复发时本人工资为基数计发伤残津贴；旧伤复发时本人工资低于发生工伤时本人工资的，以发生工伤时本人工资为基数计发。

第三十四条　用人单位破产、撤销、解散、关闭进行资产变现、土地处置和净资产分配时，应当优先安排解决工伤职工的有关费用。有关工伤保险费用以及工伤待遇支付按照下列规定处理：

（一）一至四级工伤职工至法定退休年龄前，以伤残津贴为基数缴费参加基本医疗保险，由本人缴纳个人缴费部分，由用人单位将应当由单位缴纳的基本医疗保险费一次性划拨给医疗保险经办机构并入医疗保险基金财政专户；

（二）五至十级工伤职工，分别由工伤保险基金和用人单位按照本办法第二十七条规定发给其一次性工伤医疗补助金和一次性伤残就业补助金，工伤保险关系终止。

第三十五条　用人单位分立、合并、转让，工伤职工转入承继单位的，承继单位应当承担原用人单位的工伤保险责任，并到当地经办机构办理参加工伤保险或者变更工伤保险关系的手续。

用人单位分立、合并、转让，工伤职工不转入承继单位的，按照工伤职工与用人单位解除或者终止劳动关系时享受的有关待遇执行。

第三十六条　具备用工主体资格的用人单位将工程或者经营权发包给不具备用工主体资格的组织或者自然人，该组织或者自然人招用的劳动者发生事故伤害，劳动者提出工伤认定申请的，由具备用工主体资格的发包方承担用人单位依法应当承担的工伤保险责任，社会保险行政部门可以将具备用工主体资格的发包方作为用人单位按照规定作出工伤认定决定。

第三十七条　用人单位按照劳动合同约定或者经与职工协商一致指派职工到其他单位工作，职工发生工伤的，由用人单位承担工伤保险责任。

用人单位职工非由单位指派到其他用人单位工作发生工伤的，由实际用人单位按照《条例》和本办法规定的项目和标准支付工伤保险待遇。

职工在两个或者两个以上用人单位同时就业的，其就业的每一个用人单位都应当为其缴纳工伤保险费。职工发生工伤的，应当由其受伤时为之工作的用人单位承担工伤保险责任。

第三十八条　用人单位依照《条例》和本办法规定应当参加工伤保险而未参加或者参加工伤保险后中断缴费期间，职工发生工伤的，该工伤职工的各项工伤保险待遇，均由用人单位按照《条例》和本办法规定的项目和标准支付。用人单位按照规定足额补缴工伤保险费、滞纳金后，职工新发生的工伤保险待遇由工伤保险基金和用人单位按照《条例》和本办法规定的项目和标准支付。

第三十九条　社会保险行政部门重新作出不认定为工伤或者不视同工伤决定，工伤保险基金和用人单位已经支付工伤待遇的，职工应当向工伤保险基金和用人单位退回已经领取的工伤保险待遇。职工不退回已经领取的工伤保险待遇的，经办机构和用人单位应当依法追偿。

第四十条　本办法下列用语的含义：

（一）发生工伤时本人工资，是指工伤职工因工作遭受事故伤害或者被诊断、鉴定为职业病前12个月平均月缴费工资。

（二）难以安排工作时本人工资，是指工伤职工难以安排工作前12个月平均月缴费工资。

（三）工伤复发时本人工资，是指工伤职工工伤复发前12个月平均月缴费工资。

不足12个月的，按照实际发生的月平均缴费工资计算；不足1个月的以用人单位职工平均月缴费工资计算。本人工资高于统筹地区职工平均工资300%的，按照统筹地区职工平均工资的300%计算；本人工资低于统筹地区职工平均工资60%的，按照统筹地区职工平均工资的60%计算。

第四十一条　本办法自2015年6月1日起施行。2005年2月3日江苏省人民政府令第29号发布的《江苏省实施〈工伤保险条例〉办法》同时废止。本办法实施前职工按月享受工伤保险待遇标准低于本办法规定标准的，自本办法施行之日起，按照本办法规定标准执行，以前已发放的低于本办法规定标准部分不再追补。

江苏省失业保险规定

江苏省失业保险规定

（2011年4月28日）

第一章　总则

第一条　为了保障失业人员的基本生活，预防失业，促进就业，根据《中华人民共和国社会保险法》、《中华人民共和国就业促进法》等法律、法规，结合本省实际，制定本规定。

第二条　本规定适用于本省行政区域内的下列单位和人员（以下统称用人单位和参保人员）：

（一）各类企业、民办非企业单位和与之形成劳动关系的人员；

（二）个体经济组织及其雇工；

（三）国家机关、事业单位、社会团体和与之建立劳动合同关系的人员；

（四）法律、法规规定应当参加失业保险的其他单位和人员。

前款所列的用人单位和人员应当依法参加失业保险，按时足额缴纳失业保险费。参保人员失业后，依法享受失业保险待遇。

法律、法规对失业保险另有规定的，从其规定。

第三条　县级以上地方人民政府应当加强对失业保险工作的领导，将失业保险事业纳入国民经济和社会发展规划，保证失业保险基金的征集和失业保险待遇的给付。

第四条　县级以上地方人民政府人力资源和社会保障行政部门（以下简称人力资源社会保障部门）主管本行政区域内的失业保险工作，其设立的经办失业保险业务的社会保险经办机构（以下简称失业保险经办机构）具体承办失业保险工作，公共就业服务机构负责办理失业登记工作。

县级以上地方人民政府财政、地税、审计等有关部门和工会等组织按照各自职责做好失业保险相关工作。

第二章　失业保险基金

第五条　失业保险基金由下列各项构成：

（一）用人单位和参保人员缴纳的失业保险费；

（二）失业保险基金的利息等增值收入；

（三）欠缴失业保险金加收的滞纳金；

（四）财政补贴；

（五）按照规定应当纳入失业保险基金的其他资金。

第六条　用人单位应当自成立之日起30日内凭营业执照、登记证书或者单位印章，到当地失业保险经办机构办理失业保险登记。

用人单位分立、合并、破产、歇业或者被撤销的，应当自分立、合并、破产、歇业或者被撤销之日起30日内，到原受理登记的失业保险经办机构办理失业保险变更、注销登记手续。失业保险经办机构应当及时将应当调整的失业保险费数额告知地税部门。

第七条　用人单位和参保人员按照国家规定的缴费基数和缴费比例共同缴纳失业保险费。用人单位失业保险缴费比例为本单位参保人员工资总额的2%，参保人员缴费比例为本人工资的1%。用人单位和参保人员失业保险缴费基数参照本省企业职工基本养老保险缴费基数确定。

第八条　用人单位应当按月向失业保险经办机构申报应当缴纳的失业保险费数额，经失业保险经办机构核定后，由地税部门按月征收失业保险费。参保人员个人缴纳的失业保险费，由其所在单位按月代为扣缴。

地税部门在失业保险费征缴过程中发现用人单位申报不实的，应当及时将有关情况提供给失业保险经办机构，失业保险经办机构应当重新核定。

第九条　用人单位应当自行申报、按时足额缴纳失业保险费，非因不可抗力等法定事由不得缓缴、减免。

用人单位确因特殊困难暂时无能力缴纳失业保险费的，可以按照规定缓缴，缓缴期不得超过6个月。缓缴期满后，用人单位应当足额补缴缓缴的失业保险费及其银行活期存款利息。缓缴期内不加收滞纳金。

企业关闭、破产或者处于其他非正常状态，按照规定进行资产变现时，应当在变现收入中清偿欠缴的失业保险费，无法清偿部分，按照规定予以核销。

第十条　失业保险费列支渠道为：

（一）企业、民办非企业单位、有雇工的个体经济组织在税前列支；

（二）国家机关、事业单位、社会团体从单位经费或者事业费中列支。

参保人员个人缴纳的失业保险费从其应纳税所得额中扣除。

第十一条　失业保险基金以县级为单位统筹管理，设区的市对市辖区实行市级统筹，逐步提高统筹层次，实行全省统筹。统筹地区应当统一失业保险政策制度、支付待遇和经办流程。

第十二条　建立失业保险省级调剂金。统筹地区应当于每年6月30日前，按照本地区上一年度失业保险基金实际征收总额的5%向省社会保障基金财政专户解缴失业保险省级调剂金；未按规定解缴的，由省财政部门核定后划款缴纳。

省人民政府可以根据实际情况调整失业保险省级调剂金缴纳比例。

第十三条　统筹地区失业保险基金应收应支后不敷使用时，由失业保险省级调剂金给予调剂，调剂的最高数额不超过统筹地区当年解缴数额的3倍；调剂后仍不敷使用的，由统筹地区人民政府按照规定给予补贴。

统筹地区按时足额解缴失业保险省级调剂金，并且本地区失业保险基金实现当期和累计双结余的，由省财政部门按照统筹地区解缴数额的一定比例予以奖励返还。奖励返还资金用于增加统筹地区失业保险基金积累。

失业保险省级调剂金具体管理办法由省财政、人力资源社会保障部门制定。

第十四条　失业保险基金用于下列支出：

（一）失业保险金；

（二）领取失业保险金期间缴纳的基本医疗保险费；

（三）领取失业保险金期间死亡的失业人员的丧葬补助金和其供养的配偶、直系亲属的抚恤金；

（四）领取失业保险金期间接受职业培训、职业介绍的补贴，具体项目和标准按照省有关规定执行；

（五）按照国家有关规定，经省人民政府批准同意列入扩大失业保险基金支出范围试点的统筹地区，失业保险基金可用于国家和省有关文件规定的职业培训补贴、职业介绍补贴、社会保险补贴、岗位补贴、小额担保贷款贴息、职业技能鉴定补贴、创业投资引导基金、创业见习（实训）生活补助、公共就业服务基层平台信息网络建设、公共实训基地能力建设支出。

第十五条　在失业保险基金结余规模较大或者国家启动失业预警应急响应机制时，经省人民政府批准，统筹地区可以根据国家和省有关规定以及本地区实际情况，采取下浮失业保险基金费率、缓收失业保险费和拨付经批准的其他支出等措施，给予用人单位特别援助。具体条件和程序由省人力资源社会保障部门会同财政等有关部门制定，报省人民政府批准后执行。

第十六条　失业保险基金必须存入财政部门开设的社会保障基金财政专户，实行收支两条线管理，专款专用，不得用于平衡其他政府预算，不得违反法律、行政法规规定挪作其他用途。

存入银行和按照国家规定购买国债的失业保险基金，分别按照城乡居民同期存款利率和国债利息计息。失业保险基金的利息并入失业保险基金。

第十七条　失业保险基金收支的预算、决算草案，由统筹地区失业保险经办机构负责编制，经同级人力资源社会保障部门复核、财政部门审核，报同级人民政府批准。

失业保险经办机构应当定期向社会公布参加失业保险情况以及失业保险基金的收入、支出、结余和收益情况。

第三章　失业保险待遇

第十八条　失业人员符合下列条件的，可以领取失业保险金：

（一）失业前用人单位和本人已经按照规定缴纳失业保险费满一年；

（二）在法定劳动年龄内非因本人意愿中断就业；

（三）已经进行失业登记，并且有求职要求。

失业人员在领取失业保险金期间，按照规定同时享受其他失业保险待遇。

第十九条　用人单位与参保人员解除、终止劳动关系后，应当及时为其出具证明，书面告知其按照规定享受失业保险待遇的权利，并且自解除、终止劳动关系之日起15日内将失业人员的名单、档案、解除或者终止劳动关系证明、参加失业保险以及缴费情况等有关材料报失业保险经办机构备案。

第二十条　失业人员应当持原单位为其出具的解除或者终止劳动关系证明，在解除或者终止劳动关系之日起60日内到受理登记的失业保险经办机构办理失业保险金申领手续。

第二十一条　失业保险经办机构应当自受理失业人员失业保险金申领请求之日起10日内对申领者的资格进行审核确认，并且将结果以及有关事项告知本人。符合享受失业保险待遇条件的，自办理失业登记之日起计发失业保险金，并且将有关情况记入《就业失业登记证》。

失业保险金由失业保险经办机构委托银行按月发放。

第二十二条　失业人员失业前用人单位和本人累计缴费满1年不足5年的，领取失业保险金的期限最长为12个月；累计缴费满5年不足10年的，领取失业保险金的期限最长为18个月；累计缴费10年以上的，领取失业保险金的期限最长为24个月。重新就业后，再次失业的，缴费时间重新计算，领取失业保险金的期限与前次失业应当领取而尚未领取失业保险金的期限合并计算，最长不超过24个月。确定失业保险金领取期限的具体办法，由统筹地区人民政府规定。

第二十三条　失业保险金的标准，缴费不满10年的，按照失业人员失业前12个月月平均缴费基数的40%确定；缴费满10年不满20年的，按照失业人员失业前12个月月平均缴费基数的45%确定；缴费20年以上的，按照失业人员失业前12个月月平均缴费基数的50%确定。

失业保险金最高不得超过当地最低工资标准，最低不得低于当地城市居民最低生活保障标准的1.3倍。

统筹地区消费物价指数持续上升时，应当按照国家和省有关规定发放动态物价补贴，保障失业人员的基本生活。

第二十四条　有条件的地区可以在保障失业人员基本生活和失业保险基金运行安全的情况下，探索对部分失业人群给予特别扶助以及促进失业人员尽快就业的具体方法。

第二十五条　失业人员在领取失业保险金期间，参加职工基本医疗保险，享受基本医疗保险待遇。

失业人员应当缴纳的基本医疗保险费从失业保险基金中支付，个人不缴纳基本医疗保险费。

第二十六条　失业人员在领取失业保险金期间死亡的，由失业保险基金参照当地对在职职工死亡的规定，向其遗属发给一次性丧葬补助金和抚恤金。

个人死亡同时符合领取基本养老保险丧葬补助金、工伤保险丧葬补助金和失业保险丧葬补助金条件的，其遗属只能选择领取其中的一项。

第二十七条　符合享受失业保险待遇条件的失业人员从事个体经营并且领取工商营业执照的，可以按照规定一次性领取失业保险金，不再享受其他失业保险待遇。

第二十八条　失业人员在领取失业保险金期间有下列情形之一的，停止领取失业保险金，并且同时停止享受其他失业保险待遇：

（一）重新就业的；

（二）应征服兵役的；

（三）移居境外的；

（四）享受基本养老保险待遇的；

（五）无正当理由，累计3次拒绝接受当地公共就业服务机构介绍的适当工作或者提供的培训的。

除前款规定情形外，失业人员在领取失业保险金期间因不可抗力等原因中断领取失业保险金、暂停享受其他失业保险待遇的，中断原因消失后，可以恢复领取应当领取而尚未领取的失业保险金并且享受其他失业保险待遇。具体办法由统筹地区人民政府根据本地区实际情况规定。

第二十九条　符合享受失业保险待遇条件的失业人员，失业前所在单位与本人户籍不在同一统筹地区的，由参保地失业保险经办机构支付失业保险待遇；回户籍所在地的，由参保地失业保险经办机构将其失业保险关系转至本人户籍所在地，享受失业保险待遇所需资金一并划转，具体金额按照失业人员应当享受失业保险金总额的1.5倍计算。

失业人员在领取失业保险金期间跨统筹地区迁移户籍的，迁出地失业保险经办机构应当继续支付其应当享受的失业保险待遇；本人要求到迁入地享受的，由迁出地失业保险经办机构将其失业保险关系转至迁入地，享受失业保险待遇所需资金一并划转，具体金额按照失业人员应当享受而未享受的失业保险金总额的1.5倍计算。

参保人员在参加失业保险期间跨统筹地区就业的，以及尚不符合享受失业保险待遇条件的失业人员跨统筹地区迁移户籍的，失业保险关系随本人转移，失业保险基金划转按照国家和省有关规定执行。

参保人员跨本省行政区域迁移户籍或者就业的，失业保险关系和失业保险基金划转按照国家有关规定和相关地区之间有关协议办理。

第四章　管理和监督

第三十条　人力资源社会保障部门依法管理失业保险工作，履行下列职责：

（一）贯彻实施失业保险法律、法规等规定，拟定失业保险事业发展规划，对用人单位和参保人员遵守失业保险法律、法规等情况进行监督检查；

（二）指导失业保险经办机构开展失业保险业务；

（三）对失业保险基金的筹集、使用和管理进行监督检查，复核基金收支预算、决算草案，对基金承受能力进行风险预测；

（四）依法应当履行的其他职责。

第三十一条　失业保险经办机构具体承办失业保险工作，履行下列职责：

（一）负责办理失业保险登记、失业人员调查和统计；

（二）核定用人单位和参保人员应当缴纳的失业保险费以及失业人员失业保险待遇，开具失业人员在指定银行领取失业保险金和其他失业保险待遇的单证，拨付相关补贴；

（三）负责用人单位和参保人员缴费情况记录，以及缴费档案的建立和管理工作；

（四）依法应当履行的其他职责。

第三十二条　失业保险经办机构根据工作需要，可以委托市辖区、乡镇人民政府、街道办事处按照本规定办理有关失业保险事务。

失业保险经办机构所需经费列入预算，由同级财政拨付。

第三十三条　地税部门负责失业保险费征收工作，及时向失业保险经办机构通报用人单位和参保人员缴费等相关情况。

第三十四条　财政部门负责失业保险基金管理工作，对失业保险基金收支情况和财政专户基金管理情况进行监督检查。

第三十五条　审计部门依法对失业保险基金的收支、管理和运营等情况进行审计监督。

第三十六条　工会组织依法对用人单位按照规定缴纳失业保险费情况进行监督，对失业保险基金的收支、管理、使用情况提出意见和建议。

第三十七条　统筹地区人民政府依法成立的由用人单位代表、参保人员代表以及工会代表、专家等组成的社会保险监督委员会，应当掌握、分析失业保险基金的收支、管理和运营情况，对失业保险工作提出意见和建议。

失业保险经办机构应当定期向社会保险监督委员会报告失业保险基金的收支、管理和运营等情况，接受社会监督。

第三十八条　失业保险经办机构应当按时足额支付失业保险待遇，定期将参保人员个人权益记录单免费寄送本人。

用人单位和参保人员可以免费向失业保险经办机构查询、核对其缴费和享受失业保险待遇记录，要求失业保险经办机构提供失业保险咨询等相关服务。

第三十九条　失业保险经办机构应当建立健全失业保险业务、财务、安全、风险管理和信用信息征集制度，按照国家和省统一规划完善失业保险信息系统，定期依法公布失业保险相关信息。

第五章　法律责任

第四十条　用人单位违反本规定，有下列行为之一的，按照社会保险法律、法规的规定处理：

（一）不办理失业保险登记的；

（二）未按时足额缴纳失业保险费的。

用人单位拒不出具解除或者终止劳动关系证明的，按照劳动合同法律、法规的规定处理。

第四十一条　不符合享受失业保险待遇条件，以欺诈、伪造证明材料或者其他手段骗取失业保险待遇的，由人力资源社会保障部门责令退回骗取的失业保险金，处骗取金额2倍以上5倍以下的罚款。

第四十二条　失业保险经办机构及其工作人员违反本规定，有下列行为之一的，按照社会保险法律、法规的规定处理：

（一）以欺诈、伪造证明材料或者其他手段骗取失业保险基金支出的；

（二）未履行失业保险职责的；

（三）未将失业保险基金存入财政专户的；

（四）克扣或者拒不按时支付失业保险待遇的；

（五）丢失或者篡改缴费记录、享受失业保险待遇记录等失业保险数据、个人权益记录的；

（六）有违反社会保险法律、法规的其他行为的。

第四十三条　人力资源社会保障、财政、地税等部门以及失业保险经办机构的工作人员滥用职权、玩忽职守、徇私舞弊的，依法给予处分。

第四十四条　有关单位和个人违反本规定构成犯罪的，依法追究刑事责任。

第六章　附　则

第四十五条　统筹地区人民政府根据本地区实际情况，可以决定本规定适用于本行政区域内的灵活就业人员。

第四十六条　本规定自2011年7月1日起施行。1995年8月12日省人民政府发布的《江苏省职工失业保险规定》同时废止。

江苏省关于发布2015年度社会保险有关基数的通知

江苏省关于发布2015年度社会保险有关基数的通知

根据《江苏省企业职工基本养老保险规定》（省政府令第36号）有关规定，现就2015年度社会保险基数有关问题通知如下：

一、2015年7月1日至2016年6月30日期间达到法定退休年龄或领取企业职工基本养老保险待遇年龄的参保人员，基础养老金计发基数为5149元。

二、自2015年7月1日起，全省企业职工基本养老保险缴费工资上限按15446元执行，缴费工资下限按3089元执行。

考虑到部分地区私营企业占比较大，低收入人群数量较大，允许执行上述下限标准有困难的地区作适当调整。其中2014年在岗职工平均工资高于全省平均工资的地区，缴费工资下限可按不低于2900元确定；2014年在岗职工平均工资低于全省平均工资的地区，缴费工资下限可按不低于2550元确定。

省农垦企业参保职工的缴费工资下限标准按规范管理后的有关规定执行，其他省直管单位参保职工的缴费工资下限按3089元执行。

三、各地2015年度企业职工基本养老保险缴费工资的上下限，由省辖市人力资源社会保障局统一确定后报省厅备案。

四、失业、医疗、工伤和生育保险的缴费工资基数和待遇标准是否参照上述规定办理，由省辖市人力资源社会保障局确定。

五、各地要严格执行社会保险基数确定有关政策，对突破省规定的缴费工资上下限的将扣减省级调剂金。

江苏省人力资源和社会保障厅关于调整全省最低工资标准的通知

江苏省人力资源和社会保障厅关于调整全省最低工资标准的通知

各市、县（市）人民政府，省各有关单位：

根据《最低工资规定》（原劳动保障部令第21号）和《江苏省企业最低工资暂行规定》（省政府令第56号），经省人民政府同意，从2014年11月1日起调整全省最低工资标准，现通知如下：

一、月最低工资标准：一类地区1630元；二类地区1460元；三类地区1270元。非全日制用工小时最低工资标准：一类地区14.5元；二类地区12.5元；三类地区11元。

企业支付给顶岗实习学生的实习报酬和勤工助学学生的劳动报酬按照小时计酬，并不得低于当地非全日制用工小时最低工资标准。

二、最低工资标准不包括下列内容：（一）加班加点的工资；（二）中班、夜班、高温、低温、井下、有毒有害等特殊工作环境、条件下的津贴；（三）法律、法规和国家规定的劳动者福利待遇等。

在剔除不包括内容和个人按下限缴存住房公积金后，用人单位支付劳动者的月工资不得低于最低工资标准。

三、请各市、县（市）人民政府在规定期限内向社会公布调整后的最低工资标准。

江苏省人力资源和社会保障厅

2014年10月23日

第四部分

工伤认定与赔偿标准参考

第一章　职工工伤与职业病致残等级划分标准

伤残等级划分的依据标准

伤残的等级分为一级到十级伤残，各等级的依据标准如下表所示：

伤残等级划分的依据标准

序号	伤残等级	划分的依据标准
1	一级伤残	（1）日常生活完全不能自理，全靠别人帮助或采用专门设施，否则生命无法维持。 （2）意识消失。 （3）各种活动均受到限制而卧床。 （4）社会交往完全丧失。
2	二级伤残	（1）日常生活需要随时有人帮助。 （2）各种活动受限，仅限于床上或椅上的活动。 （3）不能工作。 （4）社会交往极度困难。
3	三级伤残	（1）不能完全独立生活，需经常有人监护。 （2）各种活动受限，仅限于室内的活动。 （3）明显职业受限。 （4）社会交往困难。
4	四级伤残	（1）日常生活能力严重受限，间或需要帮助。 （2）各种活动受限，仅限于居住范围内的活动。 （3）职业种类受限。 （4）社会交往严重受限。
5	五级伤残	（1）日常生活能力部分受限，偶尔需要监护。 （2）各种活动受限，仅限于就近的活动。 （3）需要明显减轻工作。 （4）社会交往贫乏。
6	六级伤残	（1）日常生活能力部分受限，但能部分代偿，条件性需要帮助。 （2）各种活动降低。 （3）不能胜任原工作。 （4）社会交往狭窄。

续表

序号	伤残等级	划分的依据标准
7	七级伤残	（1）日常生活有关的活动能力严重受限。 （2）短暂活动不受限，长时间活动受限。 （3）工作时间需要明显缩短。 （4）社会交往降低。
8	八级伤残	（1）日常生活有关的活动能力部分受限。 （2）远距离流动受限。 （3）断续工作。 （4）社会交往受约束。
9	九级伤残	（1）日常活动能力大部分受限。 （2）工作和学习能力下降。 （3）社会交往能力大部分受限。
10	十级伤残	（1）日常活动能力部分受限。 （2）工作和学习能力有所下降。 （3）社会交往能力部分受限。

一级工伤或职业病鉴定标准

以下情况之一者可认定为一级工伤或职业病：

（1）极重度智能损伤。

（2）四肢瘫肌力≤3级或三肢瘫肌力≤2级。

（3）颈4以上截瘫，肌力≤2级。

（4）重度运动障碍（非肢体瘫）。

（5）面部重度毁容，同时伴有《劳动能力鉴定　职工工伤与职业病致残等级》之表B2中二级伤残之一者。

（6）全身重度瘢痕形成，占体表面积≥90%，伴有脊柱及四肢大关节活动功能基本丧失。

（7）双肘关节以上缺失或功能完全丧失。

（8）双下肢高位缺失及一上肢高位缺失。

（9）双下肢及一上肢严重瘢痕畸形，活动功能丧失。

（10）双眼无光感或仅有光感但光定位不准者。

（11）肺功能重度损伤和呼吸困难Ⅳ级，需终生依赖机械通气。

（12）双肺或心肺联合移植术。

（13）小肠切除≥90%。

（14）肝切除后原位肝移植。

（15）胆道损伤原位肝移植。

（16）全胰切除。

（17）双侧肾切除或孤肾切除术后，用透析维持或同种肾移植术后肾功能不全尿毒症期。

（18）尘肺Ⅲ期伴肺功能重度损伤及/或重度低氧血症[PaO_2<5.3kPa（<40mmHg）]。

（19）其他职业性肺部疾患，伴肺功能重度损伤及/或重度低氧血症[PaO_2<5.3kPa（<40mmHg）]。

（20）放射性肺炎后，两叶以上肺纤维化伴重度低氧血症[PaO_2<5.3kPa（<40mmHg）]。

（21）职业性肺癌伴肺功能重度损伤。

（22）职业性肝血管肉瘤，重度肝功能损害。

（23）肝硬化伴食道静脉破裂出血，肝功能重度损害。

（24）肾功能不全尿毒症期，内生肌酐清除率持续<10ml/min，或血浆肌酐水平持续>707μmol/L（>8mg/dL）。

二级工伤或职业病鉴定标准

以下情况之一者可认定为二级工伤或职业病：

（1）重度智能损伤。

（2）三肢瘫肌力3级。

（3）偏瘫肌力≤2级。

（4）截瘫肌力≤2级。

（5）双手全肌瘫肌力≤3级。

（6）完全感觉性或混合性失语。

（7）全身重度瘢痕形成，占体表面积≥80%，伴有四肢大关节中3个以上活动功能受限。

（8）全面部瘢痕或植皮伴有重度毁容。

（9）双侧前臂缺失或双手功能完全丧失。

（10）双下肢高位缺失。

（11）双下肢瘢痕畸形，功能完全丧失。

（12）双膝双踝僵直于非功能位。

（13）双膝以上缺失。

（14）双膝、踝关节功能完全丧失。

（15）同侧上、下肢瘢痕畸形，功能完全丧失。

（16）四肢大关节（肩、髋、膝、肘）中四个以上关节功能完全丧失者。

（17）一眼有或无光感，另眼矫正视力≤0.02，或视野≤8%（或半径≤5°）。
（18）无吞咽功能，完全依赖胃管进食。
（19）双侧上颌骨完全缺损。
（20）双侧下颌骨完全缺损。
（21）一侧上颌骨及对侧下颌骨完全缺损，并伴有颜面软组织缺损＞$30cm^2$。
（22）一侧全肺切除并胸廓成形术，呼吸困难Ⅲ级。
（23）心功能不全三级。
（24）食管闭锁或损伤后无法行食管重建术，依赖胃造瘘或空肠造瘘进食。
（25）小肠切除3/4，合并短肠综合症。
（26）肝切除3/4，并肝功能重度损害。
（27）肝外伤后发生门脉高压三联症或发生Budd−chiari综合征。
（28）胆道损伤致肝功能重度损害。
（29）胰次全切除，胰腺移植术后。
（30）孤肾部分切除后，肾功能不全失代偿期。
（31）肺功能重度损伤及/或重度低氧血症。
（32）尘肺Ⅲ期伴肺功能中度损伤及/或中度低氧血症。
（33）尘肺Ⅱ期伴肺功能重度损伤及/或重度低氧血症[PaO_2＜5.3kPa（＜40mmHg）]。
（34）尘肺Ⅲ期伴活动性肺结核。
（35）职业性肺癌或胸膜间皮瘤。
（36）职业性急性白血病。
（37）急性重型再生障碍性贫血。
（38）慢性重度中毒性肝病。
（39）肝血管肉瘤。
（40）肾功能不全尿毒症期，内生肌酐清除率＜25ml/min或血浆肌酐水平持续＞450μmol/L（＞5mg/dL）。
（41）职业性膀胱癌；
（42）放射性肿瘤。

三级工伤或职业病鉴定标准

以下情况之一者可认定为三级工伤或职业病：
（1）精神病性症状表现为危险或冲动行为者。
（2）精神病性症状致使缺乏生活自理能力者。
（3）重度癫痫。

（4）偏瘫肌力3级。

（5）截瘫肌力3级。

（6）双足全肌瘫肌力≤2级。

（7）中度运动障碍（非肢体瘫）。

（8）完全性失用、失写、失读、失认等具有两项及两项以上者。

（9）全身重度瘢痕形成，占体表面积≥70%，伴有四肢大关节中2个以上活动功能受限。

（10）面部瘢痕或植皮≥2/3并有中度毁容。

（11）一手缺失，另一手拇指缺失。

（12）双手拇、食指缺失或功能完全丧失。

（13）一侧肘上缺失。

（14）一手功能完全丧失，另一手拇指对掌功能丧失。

（15）双髋、双膝关节中，有一个关节缺失或无功能及另一关节伸屈活动达不到0°～90°者。

（16）一侧髋、膝关节畸形，功能完全丧失。

（17）非同侧腕上、踝上缺失。

（18）非同侧上、下肢瘢痕畸形，功能完全丧失。

（19）一眼有或无光感，另眼矫正视力≤0.05或视野≤16%（半径≤10°）。

（20）双眼矫正视力＜0.05或视野≤16%（半径≤10°）。

（21）一侧眼球摘除或眶内容剜出，另眼矫正视力＜0.1或视野≤24%（或半径≤15°）。

（22）呼吸完全依赖气管套管或造口。

（23）静止状态下或仅轻微活动即有呼吸困难（喉源性）。

（24）同侧上、下颌骨完全缺损。

（25）一侧上颌骨完全缺损，伴颜面部软组织缺损＞30cm^2。

（26）一侧下颌骨完全缺损，伴颜面部软组织缺损＞30cm^2。

（27）舌缺损＞全舌的2/3。

（28）一侧全肺切除并胸廓成形术。

（29）一侧胸廓成形术，肋骨切除6根以上。

（30）一侧全肺切除并隆凸切除成形术。

（31）一侧全肺切除并血管代用品重建大血管术。

（32）Ⅲ度房室传导阻滞。

（33）肝切除2/3，并肝功能中度损害。

（34）胰次全切除，胰岛素依赖。

（35）一侧肾切除，对侧肾功能不全失代偿期。

（36）双侧输尿管狭窄，肾功能不全失代偿期。
（37）永久性输尿管腹壁造瘘。
（38）膀胱全切除。
（39）尘肺Ⅲ期。
（40）尘肺Ⅱ期伴肺功能中度损伤及/或中度低氧血症。
（41）尘肺Ⅱ期合并活动性肺结核。
（42）放射性肺炎后两叶肺纤维化，伴肺功能中度损伤及/或中度低氧血症。
（43）粒细胞缺乏症。
（44）再生障碍性贫血。
（45）职业性慢性白血病。
（46）中毒性血液病，骨髓增生异常综合征。
（47）中毒性血液病，严重出血或血小板减少$\leqslant 2\times 10^{10}$/L。
（48）砷性皮肤癌。
（49）放射性皮肤癌。

四级工伤或职业病鉴定标准

以下情况之一者可认定为四级工伤或职业病：
（1）中度智能损伤。
（2）精神病性症状致使缺乏社交能力者。
（3）单肢瘫肌力≤2级。
（4）双手部分肌瘫肌力≤2级。
（5）一手全肌瘫肌力≤2级。
（6）脑脊液漏伴有颅底骨缺损不能修复或反复手术失败。
（7）面部中度毁容。
（8）全身瘢痕面积≥60%，四肢大关节中1个关节活动功能受限。
（9）面部瘢痕或植皮≥1/2并有轻度毁容。
（10）双拇指完全缺失或无功能。
（11）一侧手功能完全丧失，另一手部分功能丧失。
（12）一侧膝以下缺失，另一侧前足缺失。
（13）一侧膝以上缺失。
（14）一侧踝以下缺失，另一足畸形行走困难。
（15）双膝以下缺失或无功能。
（16）一眼有或无光感，另眼矫正视力＜0.2或视野≤32%（或半径≤20°）。

(17)) 一眼矫正视力＜0.05，另眼矫正视力≤0.1。

(18) 双眼矫正视力＜0.1或视野≤32%（或半径≤20°）。

(19) 双耳听力损失≥91dBHL。

(20) 牙关紧闭或因食管狭窄只能进流食。

(21) 一侧上颌骨缺损1/2，伴颜面部软组织缺损＞$20cm^2$。

(22) 下颌骨缺损长6cm以上的区段，伴口腔、颜面软组织缺损＞$20cm^2$。

(23) 双侧颞下颌关节骨性强直，完全不能张口。

(24) 面颊部洞穿性缺损＞$20cm^2$。

(25) 双侧完全性面瘫。

(26) 一侧全肺切除术。

(27) 双侧肺叶切除术。

(28) 肺叶切除后并胸廓成形术后。

(29) 肺叶切除并隆凸切除成形术后。

(30) 一侧肺移植术。

(31) 心瓣膜置换术后。

(32) 心功能不全二级。

(33) 食管重建术后吻合口狭窄，仅能进流食者。

(34) 全胃切除。

(35) 胰头、十二指肠切除。

(36) 小肠切除3/4。

(37) 小肠切除2/3，包括回盲部切除。

(38) 全结肠、直肠、肛门切除，回肠造瘘。

(39) 外伤后肛门排便重度障碍或失禁。

(40) 肝切除2/3。

(41) 肝切除1/2，肝功能轻度损害。

(42) 胆道损伤致肝功能中度损害。

(43) 甲状旁腺功能重度损害。

(44) 肾修补术后，肾功能不全失代偿期。

(45) 输尿管修补术后，肾功能不全失代偿期。

(46) 永久性膀胱造瘘。

(47) 重度排尿障碍。

(48) 神经原性膀胱，残余尿≥50mL。

(49) 尿道狭窄，需定期行扩张术。

(50) 双侧肾上腺缺损。

（51）未育妇女双侧卵巢切除。

（52）尘肺Ⅱ期。

（53）尘肺Ⅰ期伴肺功能中度损伤或中度低氧血症。

（54）尘肺Ⅰ期伴活动性肺结核。

（55）病态窦房结综合征（需安装起搏器者）。

（56）肾上腺皮质功能明显减退。

（57）免疫功能明显减退。

五级工伤或职业病鉴定标准

以下情况之一者可认定为五级工伤或职业病：

（1）癫痫中度。

（2）四肢瘫肌力4级。

（3）单肢瘫肌力3级。

（4）双手部分肌瘫肌力3级。

（5）一手全肌瘫肌力3级。

（6）双足全肌瘫肌力3级。

（7）完全运动性失语。

（8）完全性失用、失写、失读、失认等具有一项者。

（9）不完性失用、失写、失读、失认等具有多项者。

（10）全身瘢痕占体表面积≥50%，并有关节活动功能受限。

（11）面部瘢痕或植皮≥1/3并有毁容标准之一项。

（12）脊柱骨折后遗30°以上侧弯或后凸畸形，伴严重根性神经痛（以电生理检查为依据）。

（13）一侧前臂缺失。

（14）一手功能完全丧失。

（15）肩、肘、腕关节之一功能完全丧失。

（16）一手拇指缺失，另一手除拇指外三指缺失。

（17）一手拇指无功能，另一手除拇指外三指功能缺失。

（18）双前足缺失或双前足瘢痕畸形，功能完全丧失。

（19）双跟骨足底软组织缺损瘢痕形成，反复破溃。

（20）一髋（或一膝）功能完全丧失。

（21）一侧膝以下缺失。

（22）第Ⅲ对脑神经麻痹。

（23）双眼外伤性青光眼术后，需用药物维持眼压者。

（24）一眼有或无光感，另眼矫正视力≤0.3或视野≤40%（或半径≤25°）。

（25）一眼矫正视力＜0.05，另眼矫正视力≤0.2～0.25。

（26）一眼矫正视力＜0.1，另眼矫正视力等于0.1。

（27）双眼视野≤40%（或半径≤25°）。

（28）一侧眼球摘除者。

（29）双耳听力损失≥81dBHL。

（30）一般活动及轻工作时有呼吸困难。

（31）吞咽困难，仅能进半流食。

（32）双侧喉返神经损伤，喉保护功能丧失致饮食呛咳、误吸。

（33）一侧上颌骨缺损＜1/2＞1/4，伴软组织缺损＜$20cm^2$＞$10cm^2$。

（34）下颌骨缺损长4cm以上的区段，伴口腔、颜面软组织缺损＞$10cm^2$。

（35）舌缺损＜2/3、＞1/3。

（36）一侧完全面瘫，另一侧不完全面瘫。

（37）双肺叶切除术。

（38）肺叶切除术并血管代用品重建大血管术。

（39）隆凸切除成形术。

（40）食管重建术后吻合口狭窄，仅能进半流食者。

（41）食管气管（或支气管）瘘。

（42）食管胸膜瘘。

（43）胃切除3/4。

（44）十二指肠憩室化。

（45）小肠切除2/3，包括回肠大部。

（46）直肠、肛门切除，结肠部分切除，结肠造瘘。

（47）肝切除1/2。

（48）胰切除2/3。

（49）甲状腺功能重度损害。

（50）一侧肾切除，对侧肾功能不全代偿期。

（51）一侧输尿管狭窄，肾功能不全代偿期。

（52）尿道瘘不能修复者。

（53）两侧睾丸、副睾丸缺损。

（54）生殖功能重度损伤。

（55）双侧输精管缺损，不能修复。

（56）阴茎全缺损。

（57）未育妇女子宫切除或部分切除。

（58）已育妇女双侧卵巢切除。

（59）未育妇女双侧输卵管切除。

（60）阴道闭锁。

（61）会阴部瘢痕挛缩伴有阴道或尿道或肛门狭窄。

（62）未育妇女双侧乳腺切除。

（63）肺功能中度损伤。

（64）中度低氧血症。

（65）莫氏Ⅱ型Ⅱ度房室传导阻滞。

（66）病态窦房结综合征（不需安起博器者）。

（67）中毒性血液病，血小板减少并有出血倾向（$\leqslant 4\times10^{10}$/L）。

（68）中毒性血液病，白细胞持续＜3×10^{9}（＜3000/mm^3）或粒细胞1.5×10^{9}（＜1500/mm^3）。

（69）慢性中度中毒性肝病。

（70）肾功能不全失代偿期，内生肌酐清除率持续＜50ml/min或血浆肌酐水平持续＞177μmol/L（＞2mg/dL）。

（71）放射性损伤致睾丸萎缩。

（72）慢性重度磷中毒。

（73）重度手臂振动病。

六级工伤或职业病鉴定标准

以下情况之一者可认定为六级工伤或职业病：

（1）轻度智能损伤。

（2）精神病性症状影响职业劳动能力者。

（3）三肢瘫肌力4级。

（4）截瘫双下肢肌力4级伴轻度排尿障碍。

（5）双手全肌瘫肌力4级。

（6）双足部分肌瘫肌力≤2级。

（7）单足全肌瘫肌力≤2级。

（8）轻度运动障碍（非肢体瘫）。

（9）不完全性失语。

（10）面部重度异物色素沉着或脱失。

（11）面部瘢痕或植皮≥1/3。

（12）全身瘢痕面积≥40%。

（13）撕脱伤后头皮缺失1/5以上。

（14）脊柱骨折后遗小于30°畸形伴根性神经痛（神经电生理检查不正常）。

（15）单纯一拇指完全缺失，或连同另一手非拇指二指缺失。

（16）一拇指功能完全丧失，另一手除拇指外有二指功能完全丧失。

（17）一手三指（含拇指）缺失。

（18）除拇指外其余四指缺失或功能完全丧失。

（19）一侧踝以下缺失。

（20）一侧踝关节畸形，功能完全丧失。

（21）下肢骨折成角畸形＞15°，并有肢体短缩4cm以上。

（22）一前足缺失，另一足仅残留拇趾。

（23）一前足缺失，另一足除拇趾外，2～5趾畸形，功能丧失。

（24）一足功能丧失，另一足部分功能丧失。

（25）一髋或一膝关节伸屈活动达不到0°～90°者。

（26）膝关节韧带损伤术后关节不稳定，伸屈功能正常者，。

（27）单侧跟骨足底软组织缺损瘢痕形成，反复破溃。

（28）一眼有或无光感，另一眼矫正视力≥0.4

（29）一眼矫正视力≤0.05，另一眼矫正视力≥0.3。

（30）一眼矫正视力≤0.1，另一眼矫正视力≥0.2。

（31）双眼矫正视力≤0.2或视野≤48%（或半径≤30°）。

（32）第Ⅳ或Ⅵ对脑神经麻痹，或眼外肌损伤致复视的。

（33）双耳听力损失≥71dBHL。

（34）双侧前庭功能丧失，睁眼行走困难，不能并足站立。

（35）单侧或双侧颞下颌关节强直，张口困难Ⅲ度。

（36）一侧上颌骨缺损1/4，伴口腔、颜面软组织缺损＞$10cm^2$。

（37）面部软组织缺损＞$20cm^2$，伴发涎瘘。

（38）舌缺损＜1/2，＞1/3。

（39）双侧颧骨并颧弓骨折，伴有开口困难Ⅱ°以上及颜面部畸形经手术复位者。

（40）双侧下颌骨髁状突颈部骨折，伴有开口困难Ⅱ°以上及咬合关系改变，经手术治疗者。

（41）一侧完全性面瘫。

（42）肺叶切除并肺段或楔形切除术。

（43）肺叶切除并支气管成形术后。

（44）支气管（或气管）胸膜瘘。

（45）冠状动脉旁路移植术。

（46）血管代用品重建大血管。

（47）胃切除2/3。

（48）小肠切除1/2，包括回盲部。

（49）肛门外伤后排便轻度障碍或失禁。

（50）肝切除1/3。

（51）胆道损伤致肝功能轻度损伤。

（52）腹壁缺损≥腹壁的1/4。

（53）胰切除1/2。

（54）青年脾切除。

（55）甲状腺功能中度损害。

（56）甲状旁腺功能中度损害。

（57）肾损伤性高血压。

（58）膀胱部分切除合并轻度排尿障碍。

（59）两侧睾丸创伤后萎缩，血睾酮低于正常值。

（60）生殖功能轻度损伤。

（61）阴茎部分缺损。

（62）已育妇女双侧乳腺切除。

（63）女性双侧乳房完全缺损或严重瘢痕畸形。

（64）尘肺Ⅰ期伴肺功能轻度损伤及/或轻度低氧血症。

（65）放射性肺炎后肺纤维化（＜两叶），伴肺功能轻度损伤及/或轻度低氧血症。

（66）其他职业性肺部疾患，伴肺功能轻度损伤。

（67）白血病完全缓解。

（68）中毒性肾病，持续性低分子蛋白尿伴白蛋白尿。

（69）中毒性肾病，肾小管浓缩功能减退

（70）肾上腺皮质功能轻度减退。

（71）放射性损伤致甲状腺功能低下。

（72）减压性骨坏死Ⅲ期。

（73）中度手臂振动病。

（74）工业性氟病Ⅲ期。

七级工伤或职业病鉴定标准

以下情况之一者可认定为七级工伤或职业病：

(1) 偏瘫肌力4级。

(2) 截瘫肌力4级。

(3) 单手部分肌瘫肌力3级。

(4) 双足部分肌瘫肌力3级。

(5) 单足全肌瘫肌力3级。

(6) 中毒性周围神经病重度感觉障碍。

(7) 不完全性失用、失写、失读和失认等具有一项者。

(8) 符合重度毁容标准之二项者。

(9) 烧伤后颅骨全层缺损≥30cm^2，或在硬脑膜上植皮面积≥10cm^2。

(10) 颈部瘢痕挛缩，影响颈部活动。

(11) 全身瘢痕面积≥30%。

(12) 面部瘢痕、异物或植皮伴色素改变占面部的10%以上。

(13) 女性两侧乳房部分缺损。

(14) 骨盆骨折后遗产道狭窄（未育者）。

(15) 骨盆骨折严重移位，症状明显者。

(16) 一拇指指间关节离断。

(17) 一拇指指间关节畸形，功能完全丧失。

(18) 一手除拇指外，其他2～3指（含食指）近侧指间关节离断。

(19) 一手除拇指外，其他2～3指（含食指）近侧指间关节功能丧失。

(20) 肩、肘、腕关节之一损伤后活动度未达功能位者。

(21) 一足1～5趾缺失。

(22) 一足拇趾外，其他四趾瘢痕畸形，功能完全丧失。

(23) 一前足缺失。

(24) 四肢大关节人工关节术后，基本能生活自理。

(25) 四肢大关节创伤性关节炎，长期反复积液。

(26) 下肢伤后短缩＜3cm、＞2cm者。

(27) 膝关节韧带损伤术后关节不稳定，伸屈功能正常者。

(28) 一眼有或无光感，另眼矫正视力≥0.8。

(29) 一眼有或无光感，另一眼各种客观检查正常。

(30) 一眼矫正视力≤0.05，另眼矫正视力≥0.6。

(31) 一眼矫正视力≤0.1，另眼矫正视力≥0.4。

(32) 双眼矫正视力≤0.3或视野≤64%（或半径≤40°）。

(33) 单眼外伤性青光眼术后，需用药物维持眼压者。

(34) 双耳听力损失≥56dBHL。

（35）咽成形术后，咽下运动不正常。

（36）牙槽骨损伤长≥8cm，牙齿脱落10个及以上。

（37）一侧颧骨并颧弓骨折。

（38）一侧下颌骨髁状突颈部骨折。

（39）双侧颧骨并颧弓骨折，无功能障碍者。

（40）单侧颧骨并颧弓骨折，伴有开口困难Ⅱ°以上及颜面部畸形经手术复位者。

（41）双侧不完全性面瘫。

（42）肺叶切除术。

（43）限局性脓胸行部分胸廓成形术。

（44）气管部分切除术。

（45）肺功能轻度损伤。

（46）食管重建术后伴返流性食管炎。

（47）食管外伤或成形术后咽下运动不正常。

（48）胃切除1/2。

（49）小肠切除1/2。

（50）结肠大部分切除。

（51）肝切除1/4。

（52）胆道损伤，胆肠吻合术后。

（53）成人脾切除。

（54）胰切除1/3。

（55）一侧肾切除。

（56）膀胱部分切除。

（57）轻度排尿障碍。

（58）已育妇女子宫切除或部分切除。

（59）未育妇女单侧卵巢切除。

（60）已育妇女双侧输卵管切除。

（61）阴道狭窄。

（62）未育妇女单侧乳腺切除。

（63）尘肺Ⅰ期，肺功能正常。

（64）放射性肺炎后肺纤维化（＜两叶），肺功能正常。

（65）轻度低氧血症。

（66）心功能不全一级。

（67）再生障碍性贫血完全缓解。

（68）白细胞减少症，[持续$<4\times10^9$（$<4000/mm^3$）]。

（69）中性粒细胞减少症，[持续$<2\times10^9$（$<2000/mm^3$]

（70）慢性轻度中毒性肝病。

（71）肾功能不全代偿期，内生肌酐清除率<70ml/min。

（72）三度牙酸蚀病。

八级工伤或职业病鉴定标准

以下情况之一者可认定为八级工伤或职业病：

（1）人格改变。

（2）单肢体瘫肌力4级。

（3）单手全肌瘫肌力4级。

（4）双手部分肌瘫肌力4级。

（5）双足部分肌瘫肌力4级。

（6）单足部分肌瘫肌力≤3级。

（7）脑叶切除术后无功能障碍。

（8）符合重度毁容标准之一项者。

（9）面部烧伤植皮≥1/5。

（10）面部轻度异物沉着或色素脱失。

（11）双侧耳廓部分或一侧耳廓大部分缺损。

（12）全身瘢痕面积≥20%。

（13）女性一侧乳房缺损或严重瘢痕畸形。

（14）一侧或双侧眼睑明显缺损。

（15）脊椎压缩骨折，椎体前缘总体高度减少1/2以上者。

（16）一手除拇、食指外，有两指近侧指间关节离断。

（17）一手除拇、食指外，有两指近侧指间关节无功能。

（18）一足拇趾缺失，另一足非拇趾一趾缺失。

（19）一足拇趾畸形，功能完全丧失，另一足非拇趾一趾畸形。

（20）一足除拇趾外，其他三趾缺失。

（21）因开放骨折感染形成慢性骨髓炎，反复发作者。

（22）四肢大关节创伤性关节炎，无积液。

（23）急性放射皮肤损伤Ⅳ度及慢性放射性皮肤损伤手术治疗后影响肢体功能。

（24）放射性皮肤溃疡经久不愈者。

（25）一眼矫正视力≤0.2，另眼矫正视力≥0.5。

（26）双眼矫正视力等于0.4。

（27）双眼视野≤80%（或半径≤50°）。

（28）一侧或双侧睑外翻或睑闭合不全者。

（29）上睑下垂盖及瞳孔1/3者。

（30）睑球粘连影响眼球转动者。

（31）外伤性青光眼行抗青光眼手术后眼压控制正常者。

（32）双耳听力损失≥41dBHL或一耳≥91dBHL。

（33）体力劳动时有呼吸困难。

（34）发声及言语困难。

（35）牙槽骨损伤长≥6cm，牙齿脱落8个及以上。

（36）舌缺损＜舌的1/3。

（37）双侧鼻腔或鼻咽部闭锁。

（38）双侧颞下颌关节强直，张口困难Ⅱ度。

（39）上、下颌骨骨折，经牵引、固定治疗后有功能障碍者。

（40）双侧颧骨并颧弓骨折，无开口困难，颜面部凹陷畸形不明显，不需手术复位。

（41）肺段切除术。

（42）支气管成形术。

（43）双侧多根多处肋骨骨折致胸廓畸形。

（44）膈肌破裂修补术后，伴膈神经麻痹。

（45）心脏、大血管修补术。

（46）心脏异物滞留或异物摘除术。

（47）食管重建术后，进食正常者。

（48）胃部分切除。

（49）十二指肠带蒂肠片修补术。

（50）小肠部分切除。

（51）结肠部分切除。

（52）肝部分切除。

（53）胆道修补术。

（54）腹壁缺损＜腹壁的1/4。

（55）脾部分切除。

（56）胰部分切除。

（57）甲状腺功能轻度损害。

（58）甲状旁腺功能轻度损害。

（59）输尿管修补术。

（60）尿道修补术。

(61) 一侧睾丸、副睾丸切除。
(62) 一侧输精管缺损，不能修复。
(63) 性功能障碍。
(64) 一侧肾上腺缺损。
(65) 已育妇女单侧卵巢切除。
(66) 已育妇女单侧输卵管切除。
(67) 已育妇女单侧乳腺切除。
(68) 其他职业性肺疾患，肺功能正常。
(69) 中毒性肾病，持续低分子蛋白尿。
(70) 慢性中度磷中毒。
(71) 工业性氟病Ⅱ期。
(72) 减压性骨坏死Ⅱ期。
(73) 轻度手臂振动病。
(74) 二度牙酸蚀。

九级工伤或职业病鉴定标准

以下情况之一者可认定为九级工伤或职业病：
(1) 癫痫轻度。
(2) 中毒性周围神经病轻度感觉障碍。
(3) 脑挫裂伤无功能障碍。
(4) 开颅手术后无功能障碍者。
(5) 颅内异物无功能障碍。
(6) 颈部外伤致颈总、颈内动脉狭窄，支架置入或血管搭桥手术后无功能障碍。
(7) 符合中度毁容标准之二项或轻度毁容者。
(8) 发际边缘瘢痕性秃发或其他部位秃发，需戴假发者。
(9) 颈部瘢痕畸形，不影响活动。
(10) 全身瘢痕占体表面积≥5%。
(11) 面部有≥8cm²或三处以上≥1cm²的瘢痕。
(12) 两个以上横突骨折后遗腰痛。
(13) 三个节段脊柱内固定术。
(14) 脊椎压缩前缘高度<1/2者。
(15) 椎间盘切除术后无功能障碍。
(16) 一拇指末节部分1/2缺失。

（17）一手食指2～3节缺失。

（18）一拇指指间关节功能丧失。

（19）一足拇趾末节缺失。

（20）除拇趾外其他二趾缺失或瘢痕畸形，功能不全。

（21）跖骨或跗骨骨折影响足弓者。

（22）患肢外伤后一年仍持续存在下肢中度以上凹陷性水肿者。

（23）骨折内固定术后，无功能障碍者。

（24）外伤后膝关节半月板切除、髌骨切除、膝关节交叉韧带修补术后无功能障碍。

（25）第Ⅴ对脑神经眼支麻痹。

（26）眶壁骨折致眼球内陷、两眼球突出度相差＞2mm或错位变形影响外观者。

（27）一眼矫正视力≤0.3，另眼矫正视力＞0.6。

（28）双眼矫正视力等于0.5。

（29）泪器损伤，手术无法改进溢泪者。

（30）双耳听力损失≥31dBHL或一耳损失≥71dBHL。

（31）发声及言语不畅。

（32）铬鼻病有医疗依赖。

（33）牙槽骨损伤长＞4cm，牙脱落4个及以上。

（34）上、下颌骨骨折，经牵引、固定治疗后无功能障碍者。

（35）肺修补术。

（36）肺内异物滞留或异物摘除术。

（37）膈肌修补术。

（38）限局性脓胸行胸膜剥脱术。

（39）食管修补术。

（40）胃修补术后。

（41）十二指肠修补术。

（42）小肠修补术后。

（43）结肠修补术后。

（44）肝修补术后。

（45）胆囊切除。

（46）开腹探查术后。

（47）脾修补术后。

（48）胰修补术后。

（49）肾修补术后。

（50）膀胱修补术后。

(51) 子宫修补术后。

(52) 一侧卵巢部分切除。

(53) 阴道修补或成形术后。

(54) 乳腺成形术后。

十级工伤或职业病鉴定标准

以下情况之一者可认定为十级工伤或职业病：

(1) 符合中度毁容标准之一项者。

(2) 面部有瘢痕，植皮，异物色素沉着或脱失＞$2cm^2$。

(3) 全身瘢痕面积＜5%，≥1%。

(4) 外伤后受伤节段脊柱骨性关节炎伴腰痛，年龄在50岁以下者。

(5) 椎间盘突出症未做手术者。

(6) 一手指除拇指外，任何一指远侧指间关节离断或功能丧失。

(7) 指端植皮术后（增生性瘢痕$1cm^2$以上）。

(8) 手背植皮面积＞$50cm^2$，并有明显瘢痕。

(9) 手掌、足掌植皮面积＞30%者。

(10) 除拇指外，余3～4指末节缺失。

(11) 除拇趾外，任何一趾末节缺失。

(12) 足背植皮，面积＞$100cm^2$。

(13) 膝关节半月板损伤、膝关节交叉韧带损伤未做手术者。

(14) 身体各部位骨折愈合后无功能障碍。

(15) 一手或两手慢性放射性皮肤损伤Ⅱ度及Ⅱ度以上者。

(16) 一眼矫正视力≤0.5，另一眼矫正视力≥0.8。

(17) 双眼矫正视力≤0.8。

(18) 一侧或双侧睑外翻或睑闭合不全行成形手术后矫正者。

(19) 上睑下垂盖及瞳孔1/3行成形手术后矫正者。

(20) 睑球粘连影响眼球转动行成形手术后矫正者。

(21) 职业性及外伤性白内障术后人工晶状体眼，矫正视力正常者。

(22) 职业性及外伤性白内障Ⅰ～Ⅱ（或'轻度、中度），矫正视力正常者。

(23) 晶状体部分脱位。

(24) 眶内异物未取出者。

(25) 球内异物未取出者。

(26) 外伤性瞳孔放大。

（27）角巩膜穿通伤治愈者。

（28）双耳听力损失≥26dBHL，或一耳≥56dBHL。

（29）双侧前庭功能丧失，闭眼不能并足站立。

（30）铬鼻病（无症状者）。

（31）嗅觉丧失。

（32）牙齿除智齿以外，切牙脱落1个以上或其他牙脱落2个以上。

（33）一侧颞下颌关节强直，张口困难Ⅰ度。

（34）鼻窦或面颊部有异物未取出。

（35）单侧鼻腔或鼻孔闭锁。

（36）鼻中隔穿孔。

（37）一侧不完全性面瘫。

（38）血、气胸行单纯闭式引流术后，胸膜粘连增厚。

（39）开胸探查术后。

（40）肝外伤保守治疗后。

（41）胰损伤保守治疗后。

（42）脾损伤保守治疗后。

（43）肾损伤保守治疗后。

（44）膀胱外伤保守治疗后。

（45）卵巢修补术后。

（46）输卵管修补术后。

（47）乳腺修补术后。

（48）免疫功能轻度减退。

（49）慢性轻度磷中毒。

（50）工业性氟病Ⅰ期。

（51）煤矿井下工人滑囊炎。

（52）减压性骨坏死Ⅰ期。

（53）一度牙酸蚀病。

（54）职业性皮肤病久治不愈。

第二章　国家明确规定的工伤赔偿标准

一级工伤赔偿标准

保留劳动关系，退出工作岗位。注：假如未退出工作岗位，应继续享受原工资待遇。

从工伤保险基金中支付一次性伤残补助金，标准为24个月的本人工资。

从工伤保险基金中按月支付伤残津贴，标准为工资的90%。伤残津贴实际金额低于当地最低工资标准的，由工伤保险基金补足差额。

工伤职工达到退休年龄并办理退休手续后，停发伤残津贴，享受基本养老保险待遇。基本养老保险待遇低于工资标准的，由工伤保险基金补足差额。

二级工伤赔偿标准

保留劳动关系，退出工作岗位。注：假如未退出工作岗位，应继续享受原工资待遇。

从工伤保险基金中支付一次性伤残补助金，标准为22个月的本人工资。

从工伤保险基金中按月支付伤残津贴，标准为工资的85%。伤残津贴实际金额低于当地最低工资标准的，由工伤保险基金补足差额。

工伤职工达到退休年龄并办理退休手续后，停发伤残津贴，享受基本养老保险待遇。基本养老保险待遇低于工资标准的，由工伤保险基金补足差额。

三级工伤赔偿标准

保留劳动关系，退出工作岗位。注：假如未退出工作岗位，应继续享受原工资待遇。

从工伤保险基金中支付一次性伤残补助金，标准为20个月的本人工资。

从工伤保险基金中按月支付伤残津贴，标准为工资的80%。伤残津贴实际金额低于当地最低工资标准的，由工伤保险基金补足差额。

工伤职工达到退休年龄并办理退休手续后，停发伤残津贴，享受基本养老保险待遇。基本养老保险待遇低于工资标准的，由工伤保险基金补足差额。

四级工伤赔偿标准

保留劳动关系，退出工作岗位。注：假如未退出工作岗位，应继续享受原工资待遇。

从工伤保险基金中支付一次性伤残补助金，标准为18个月的本人工资。

从工伤保险基金中按月支付伤残津贴，标准为工资的75%。伤残津贴实际金额低于当地最低工资标准的，由工伤保险基金补足差额。

工伤职工达到退休年龄并办理退休手续后，停发伤残津贴，享受基本养老保险待遇。基本养老保险待遇低于工资标准的，由工伤保险基金补足差额。

五级工伤赔偿标准

从工伤保险基金中按伤残等级支付一次性伤残补助金，标准为16个月的本人工资。

保留与用人单位的劳动关系，由用人单位安排适当工作。

难以安排工作的，由用人单位按月发给伤残津贴，标准为本人工资的70%，并由用人单位按照规定为其缴纳应缴纳的各项社会保险费。伤残津贴实际金额低于当地最低工资标准的，由用人单位补足差额。经工伤职工本人提出，该职工可以与用人单位解除或终止劳动关系，由用人单位支付一次性工伤医疗补助金和伤残就业补助金。具体标准由省、自治区、直辖市人民政府规定。

六级工伤赔偿标准

从工伤保险基金中按伤残等级支付一次性伤残补助金，标准为14个月的本人工资。

保留与用人单位的劳动关系，由用人单位安排适当工作。难以安排工作的，由用人单位按月发给伤残津贴，标准为本人工资的60%，并由用人单位按照规定为其缴纳应缴纳的各项社会保险费。伤残津贴实际金额低于当地最低工资标准的，由用人单位补足差额。

经工伤职工本人提出，该职工可以与用人单位解除或终止劳动关系，由用人单位支付一次性工伤医疗补助金和伤残就业补助金。具体标准由省、自治区、直辖市人民政府规定。

七级工伤赔偿标准

从工伤保险基金中，按伤残等级支付一次性伤残补助金，标准为12个月的本人工资。劳动合同期满终止，或者职工本人提出解除劳动合同的，由用人单位支付一次性工伤医疗补助金和伤残就业补助金。具体标准由省、自治区、直辖市人民政府规定。

八级工伤赔偿标准

从工伤保险基金中，按伤残等级支付一次性伤残补助金，标准为10个月的本人工资。劳动合同期满终止，或者职工本人提出解除劳动合同的，由用人单位支付一次性工伤医疗补助金和伤残就业补助金。具体标准由省、自治区、直辖市人民政府规定。

九级工伤赔偿标准

从工伤保险基金中，按伤残等级支付一次性伤残补助金，标准为8个月的本人工资。劳动合同期满终止，或者职工本人提出解除劳动合同的，由用人单位支付一次性工伤医疗补助金和伤残就业补助金。具体标准由省、自治区、直辖市人民政府规定。

十级工伤赔偿标准

从工伤保险基金中，按伤残等级支付一次性伤残补助金，标准为6个月的本人工资。

劳动合同期满终止，或者职工本人提出解除劳动合同的，由用人单位支付一次性工伤医疗补助金和伤残就业补助金。具体标准由省、自治区、直辖市人民政府规定。

工伤赔偿项目一览表

工伤赔偿项目一览表

项目		待遇			备注
		计算基数	月份/比例	支付渠道	
医疗期间	停工留薪	原工资福利待遇	12个月	用人单位	最长24个月，原工资福利待遇不变，期满仍需治疗，继续享受工伤医疗待遇。
	医疗费用	实际发生	100%	基金	单位和职工个人垫付，工伤认定后按范围报销。
	伙食补助	本单位因工出差住院伙食补助标准	70%	用人单位	
	转院费用	按本单位因公出差标准	100%	用人单位	交通、食宿费用。
	辅助器具	按国家规定标准（鉴定委员会确认）	100%	基金	假肢、假眼、假牙、矫正器、轮椅。

续表

<table>
<tr><th colspan="4" rowspan="2">项　目</th><th colspan="3">待　　遇</th><th rowspan="2">备　　注</th></tr>
<tr><th>计 算 基 数</th><th>月份/比例</th><th>支付渠道</th></tr>
<tr><td rowspan="19">医疗终结</td><td rowspan="3">护理费</td><td colspan="2">完全护理</td><td>统筹地区上年度职工月平均工资</td><td>50%</td><td>基金</td><td>按月计发。</td></tr>
<tr><td colspan="2">大部分护理</td><td>统筹地区上年度职工月平均工资</td><td>40%</td><td>基金</td><td>按月计发。</td></tr>
<tr><td colspan="2">部分护理</td><td>统筹地区上年度职工月平均工资</td><td>30%</td><td>基金</td><td>按月计发。</td></tr>
<tr><td rowspan="8">一至四级</td><td rowspan="4">一次性伤残补助金</td><td>一级</td><td>本人工资</td><td>27个月</td><td>基金</td><td rowspan="4">本人工资：指工伤职工因工受伤或患职业病前12个月平均月缴费工资。本人工资高于统筹地区职工平均工资300%或低于统筹地区平均工资60%分别按比例计算。</td></tr>
<tr><td>二级</td><td>本人工资</td><td>25个月</td><td>基金</td></tr>
<tr><td>三级</td><td>本人工资</td><td>23个月</td><td>基金</td></tr>
<tr><td>四级</td><td>本人工资</td><td>21个月</td><td>基金</td></tr>
<tr><td rowspan="4">每月伤残津贴</td><td>一级</td><td>本人工资</td><td>90%</td><td>基金</td><td rowspan="4">伤残津贴低于最低工资标准的，由工伤基金补差。</td></tr>
<tr><td>二级</td><td>本人工资</td><td>85%</td><td>基金</td></tr>
<tr><td>三级</td><td>本人工资</td><td>80%</td><td>基金</td></tr>
<tr><td>四级</td><td>本人工资</td><td>75%</td><td>基金</td></tr>
<tr><td rowspan="8">五至六级</td><td rowspan="2">一次性伤残补助金</td><td>五级</td><td>本人工资</td><td>18个月</td><td>基金</td><td rowspan="2">本人工资(同一至四级)。</td></tr>
<tr><td>六级</td><td>本人工资</td><td>16个月</td><td>基金</td></tr>
<tr><td rowspan="2">每月伤残津贴</td><td>五级</td><td>本人工资</td><td>70%</td><td>用人单位</td><td rowspan="2">企业难以安排工作的，按月享受。</td></tr>
<tr><td>六级</td><td>本人工资</td><td>60%</td><td>用人单位</td></tr>
<tr><td rowspan="2">一次性工伤医疗补助金</td><td>五级</td><td>统筹地区上年度职工月平均工资</td><td>12个月</td><td>用人单位</td><td rowspan="4">职工本人提出终止或解除劳动关系时给付。</td></tr>
<tr><td>六级</td><td>统筹地区上年度职工月平均工资</td><td>10个月</td><td>用人单位</td></tr>
<tr><td rowspan="2">一次性伤残就业补助金</td><td>五级</td><td>每月伤残津贴</td><td>56个月</td><td>用人单位</td></tr>
<tr><td>六级</td><td>每月伤残津贴</td><td>46个月</td><td>用人单位</td></tr>
</table>

续表

<table>
<tr><th colspan="4" rowspan="2">项　目</th><th colspan="3">待　遇</th><th rowspan="2">备　注</th></tr>
<tr><th>计算基数</th><th>月份/比例</th><th>支付渠道</th></tr>
<tr><td rowspan="12">医疗终结</td><td rowspan="7">七至十级</td><td rowspan="4">一次性伤残补助金</td><td>七级</td><td>本人工资</td><td>13个月</td><td>基金</td><td rowspan="4"></td></tr>
<tr><td>八级</td><td>本人工资</td><td>11个月</td><td>基金</td></tr>
<tr><td>九级</td><td>本人工资</td><td>9个月</td><td>基金</td></tr>
<tr><td>十级</td><td>本人工资</td><td>7个月</td><td>基金</td></tr>
<tr><td rowspan="3">一次性工伤医疗补助金</td><td>七级</td><td>统筹地区上年度职工月平均工资</td><td>12个月</td><td>用人单位</td><td rowspan="3">合同期满终止或职工本人提出解除劳动合同时支付。距法定退休年龄5年以上：100%；不满5年按90%支付，每减少一年递减20%；距法定退休年龄不足1年的，按10%支付。</td></tr>
<tr><td>八级</td><td>统筹地区上年度职工月平均工资</td><td>10个月</td><td>用人单位</td></tr>
<tr><td>九级</td><td>统筹地区上年度职工月平均工资</td><td>8个月</td><td>用人单位</td></tr>
<tr><td rowspan="5">七至十级</td><td>一次性工伤医疗补助金</td><td>十级</td><td>统筹地区上年度职工月平均工资</td><td>6个月</td><td>用人单位</td><td rowspan="5">合同期满终止或职工本人提出解除劳动合同时支付。距法定退休年龄5年以上：100%；不满5年按90%支付，每减少一年递减20%；距法定退休年龄不足1年的，按10%支付。</td></tr>
<tr><td rowspan="4">一次性伤残就业补助金</td><td>七级</td><td>统筹地区上年度职工月平均工资</td><td>36个月</td><td>用人单位</td></tr>
<tr><td>八级</td><td>统筹地区上年度职工月平均工资</td><td>26个月</td><td>用人单位</td></tr>
<tr><td>九级</td><td>统筹地区上年度职工月平均工资</td><td>16个月</td><td>用人单位</td></tr>
<tr><td>十级</td><td>统筹地区上年度职工月平均工资</td><td>6个月</td><td>用人单位</td></tr>
<tr><td rowspan="5">因工死亡</td><td colspan="3">丧葬费</td><td>统筹地区上年度职工月平均工资</td><td>6个月</td><td>基金</td><td>停工留薪期内死亡或一至四级伤残职工留薪期满后死亡的享受。</td></tr>
<tr><td colspan="3">一次性工亡补助金</td><td>上一年度全国城镇居民人均可支配收入</td><td>20年</td><td>基金</td><td>停工留薪期内死亡的享受。</td></tr>
<tr><td rowspan="3">供养亲属抚恤金</td><td colspan="2">配偶</td><td>本人工资</td><td>40%</td><td>基金</td><td rowspan="3">1. 停工留薪期内死亡或一至四级伤残职工留薪期满后死亡的享受。
2. 总额不超过死者本人工资。
3. 按月支付。</td></tr>
<tr><td colspan="2">其他亲属</td><td>本人工资</td><td>30%</td><td>基金</td></tr>
<tr><td colspan="2">孤寡老人、孤儿</td><td>上述标准基础上加发</td><td>10%</td><td>基金</td></tr>
</table>

一般伤情的赔偿计算标准

标准 项目	支付数目与计算方式	支付人	法律依据
医药费	凭单据	基金	2011年《工伤保险条例》第三十条第三款。
住院期间伙食补助费	本单位因公出差伙食补助额×70%	基金	2011年《工伤保险条例》第三十条第四款。
交通费	条件： A.医疗机构证明 B.经办机构同意 C.统筹地区外就医 按因公出差标准计算	基金	2011年《工伤保险条例》第三十条第四款。
食宿费	同交通费标准计算	基金	2011年《工伤保险条例》第三十条四款。
康复性治疗费	凭单据	基金	2011年《工伤保险条例》第三十条第六款。
假肢、矫形器、假眼、假牙、轮椅费用	国家规定标准	基金	2011年《工伤保险条例》第三十二条。
工资、福利	停工接受医疗期间，原待遇不变，不超过12个月	单位	2011年《工伤保险条例》第三十三条第一款。
护理费	条件：A.生活不能自理；B.停工留薪期间（12个月内）	单位	2011年《工伤保险条例》第三十三条第三款。

注；本人工资：工伤职工受伤害或患职业病前12个月平均月缴费工资；

工伤造成伤残的医疗费计算标准

医疗费是指职工因工负伤或者患职业病而进行治疗、工伤职工在停工留薪期满后仍需进行后续治疗以及工伤职工工伤复发而需要进行治疗的，在指定的医疗机构就医，所花费的医药费、手术费等治疗费用。

医疗费赔偿金额=诊疗金额＋药品金额+住院服务金额

【注】上述诊疗金额、药品金额、住院服务金额的计算依据是工伤保险诊疗项目目录、工伤保险药品目录、工伤保险住院服务标准。

伤者住院期间伙食补助费计算标准

伤者住院期间伙食补助费由所在单位按照本单位因公出差伙食补助标准的70%支付。

计算公式为：

住院伙食补助费赔偿金额=因公出差伙食补助标准元/人/天×70%×天数

工伤造成伤残的生活护理费计算标准

生活护理费是指工伤职工在停工留薪期间或已经评定伤残等级，经劳动能力鉴定委员会确认，需要生活护理的，而由其所在单位支付的，或者从工伤保险基金中获得的必要费用。生活护理费按完全不生自理、大部分不能自理和生活部分不能自理三个不同等级支付，其标准如下表所示：

护理费赔偿金额标准

序号	生活自理障碍程度	护理费赔偿金额
1	完全不能自理	统筹地区上年度职工月平均工资（元/月）×50%
2	大部不能自理	统筹地区上年度职工月平均工资（元/月）×40%
3	部分不能自理	统筹地区上年度职工月平均工资（元/月）×30%
备注： （1）以统筹地区上年度职工月平均工资为基数 （2）从工伤保险基金支付 （3）期限至其生活能自理为止，最多不超过20年		

工伤造成伤残的辅助器具费计算标准

辅助器具费是指工伤职工为了生活方便和重新就业的需要，经劳动能力鉴定委员会确认，安装假肢、矫形器、假眼、假牙和配置轮椅等辅助器具，所需费用按照国家规定的标准从工伤保险基金支付。

辅助器具费赔偿金额=普通适用器具的合理费用×器具数量

【注】最高人民法院关于审理人身损害赔偿案件适用法律若干问题的解释第二十六条规定，残疾辅助器具费按照普通适用器具的合理费用标准计算。伤情有特殊需要的，可以参照辅助器具配制机构的意见确定相应的合理费用标准。辅助器具的更换周期和赔偿期限参照配制机构的意见确定。由于《工伤保险条例》对此没有单独规定，可参照上述司法解释。

工伤造成伤残的工伤期间工资计算标准

工伤期间工资（从受伤之日到伤残鉴定日止）是指在停工留薪期间，原工资福利待遇不变，由所在单位按月支付。停工留薪期一般不超过12个月。生活不能自理的工伤职工在停工留薪期间需要护理的，由所在单位负责。工伤期间工资即自受伤之日起至残疾鉴定之日止的工资福利收入。

工伤造成伤残的交通食宿费计算标准

交通食宿费是指工伤职工经医疗机构出具证明，报经办机构同意后，到统筹地区以外的医院就医所支出的交通、食宿费用。

交通食宿费赔偿金额=交通费+住宿费+伙食费=职工因公出差交通费标准×往返次数+职工因公出差住宿费标准×天数+职工因公出差伙食费标准×天数

【注】可比照最高人民法院关于审理人身损害赔偿案件适用法律若干问题的解释中对于所必需的陪护人员所支出的必要的交通食宿费用予以赔偿。

工伤造成伤残的一次性伤残补助金计算标准

一次性伤残补助金是指按照劳动能力鉴定委员会评定的伤残等级，应当按照规定一次性支付给工伤职工的伤残补助费用。

一次性伤残补助金计算标准

序号	伤残级别	一次性伤残补助金标准
1	一级伤残	24个月的本人工资
2	二级伤残	22个月的本人工资
3	三级伤残	20个月的本人工资
4	四级伤残	18个月的本人工资
5	五级伤残	16个月的本人工资
6	六级伤残	14个月的本人工资
7	七级伤残	12个月的本人工资
8	八级伤残	10个月的本人工资
9	九级伤残	8个月的本人工资
10	十级伤残	6个月的本人工资
备注	本人工资，是指工伤职工因工作遭受事故伤害或者患职业病前12个月平均月缴费工资。本人工资高于统筹地区职工平均工资300%的，按照统筹地区职工平均工资的300%计算；本人工资低于统筹地区职工平均工资60%的，按照统筹地区职工平均工资的60%计算。	

工伤造成伤残的伤残津贴计算标准

伤残津贴是指工伤职工因工致残，并评定为一至四级伤残，与单位保持劳动关系，退出工作岗位的；被评定为五、六级伤残，保持与用人单位劳动关系，本来应当由用人单位安排适当工作，但出于某种原因难以安排的，而按月支付给工伤职工的津贴。

一至六级伤残的伤残津贴标准

序号	伤残级别	伤残津贴金额
1	一级伤残	本人工资×90%
2	二级伤残	本人工资×85%
3	三级伤残	本人工资×80%
4	四级伤残	本人工资×75%
5	五级伤残	本人工资×70%
6	六级伤残	本人工资×60%
备注	1．以本人工资为基数，1—4级由保险基金支付；5—6级由单位支付（安排工作后没有津贴）。低于最低工资标准的按最低工资标准支付。 2．按月支付。	

注：在计算要一至六级伤残的伤残津贴标准时要注意以下两点：

（1）被鉴定为五、六级伤残的工伤职工并不当然获得伤残津贴，只有在其保留与用人单位的劳动关系，用人单位应予安排适当工作但难以安排的时候，才由用人单位按月对其支付伤残津贴。而一至四级伤残的伤残津贴是当然获得并且是由工伤保险基金发放的。

（2）依照法定标准计算的伤残津贴低于当地最低工资标准的，属于工伤保险基金发放的范围的，由工伤保险基金补足差额，主要是一至四级伤残；属于用人单位发放范围的，由用人单位补足差额，主要是五、六级伤残。

工伤造成伤残的一次性工伤医疗补助金计算标准

一次性工伤医疗补助金是指工伤职工因工致残被鉴定为五、六级伤残，经职工本人提出，与用人单位解除或者终止劳动关系的；工伤职工被鉴定为七至十级伤残，经职工本人提出解除劳动合同或者合同期满终止劳动合同，一次性支付给职工的工伤医疗费用。一次性伤残医疗补助金的标准如下表所示：

一次性伤残医疗补助金

序号	伤残级别	一次性伤残补助金标准
1	一级伤残	无
2	二级伤残	无

续表

序号	伤残级别	一次性伤残补助金标准
3	三级伤残	无
4	四级伤残	无
5	五级伤残	全市当年平均工资×20月
6	六级伤残	全市当年平均工资×18月
7	七级伤残	全市当年平均工资×16月
8	八级伤残	全市当年平均工资×14月
9	九级伤残	全市当年平均工资×12月
10	十级伤残	全市当年平均工资×12月
备注： 由保险基金支付的具体标准由省、自治区、直辖市人民政府规定。		

工伤造成伤残的一次性伤残就业补助金计算标准

一次性伤残就业补助金是指对于因工致残被鉴定为伤残程度五、六级的工伤职工与用人单位解除劳动合同的，以及因工致残被鉴定为七至十级的工伤职工在劳动合同期满或者本人提出解除劳动合同的，用人单位为帮助工伤职工再次就业一次性发给的补助金，以弥补工伤职工在今后的求职就业中与非工伤人员相比存在一定困难而给本人造成的一定损失。具体标准由省、自治区、直辖市人民政府规定。

一次性就业补助金的计算标准

序号	伤残级别	一次性伤残补助金标准
1	一级伤残	无
2	二级伤残	无
3	三级伤残	无
4	四级伤残	无
5	五级伤残	全市当年平均工资×35月
6	六级伤残	全市当年平均工资×30月
7	七级伤残	全市当年平均工资×25月
8	八级伤残	全市当年平均工资×20月
9	九级伤残	全市当年平均工资×15月
10	十级伤残	全市当年平均工资×15月
备注： 由用人单位支付的具体标准由省、自治区、直辖市人民政府规定。		

工伤造成死亡的赔偿计算标准

工伤造成死亡

项目		赔偿标准
工亡待遇	丧葬补助金	（1）6个月的统筹地区上年度职工月工资，由保险基金支付 （2）伤残职工停工留薪期内因工伤导致死亡，其近亲属享受本条款 （3）1—4级伤残职工停工留薪期满后死亡的，其近亲属享受本条款
	一次性工亡补助金	（1）无供养亲属的：48个月 （2）供养一人者：52个月 （3）供养两人者：56个月 （4）供养三人以上者：60个月 （统筹地区上年度职工月平均工资）
	供养亲属抚恤金	1．以职工本人工资为基数：配偶每月为40%，其他亲属每人每月为30%；孤寡老人或孤儿每人每月在此标准上增加10%。 2．1–4级伤残职工停工留薪期满后死亡的，其近亲属享受本条款； 3．因公外出发生事故火救灾抢险中下落不明的，事故当月起3个月内工资照发，第四个月起停发工资，由保险基金支付向其供养亲属按月支付抚恤金。生活有困难的，可预支一次性工亡补助金的50%，被宣告死亡的，按因公死亡规定处理。 注：工亡职工供养亲属范围： 配偶、子女、父母、祖父母、外祖父母、孙子女、外孙子女、兄弟姐妹 需供养亲属条件： 1．完全丧失劳动能力的。 2．配偶男年满60周岁、女年满55周岁的。 3．父母男年满60周岁、女年满55周岁的。 4．子女未满18岁的。 5．父母均已死亡，祖父、外祖父年满60周岁，祖母、外祖母年满55周岁的。 6．子女已死亡或完全丧失劳动能力，其孙子女、外孙子女未满18周岁的。 7．父母均死亡或完全丧失劳动能力，其兄弟姐妹未满18周岁的。
劳动能力鉴定费		由用人单位支付。（自劳动能力鉴定结论作出之日起1年内，工伤职工或其近亲属、单位、经办机构可申请劳动能力复查鉴定）

注；本人工资：工伤职工受伤害或患职业病前12个月平均月缴费工资。

第五部分

劳动合同与法律文书范本

第一章 各地劳动合同范本集锦

北京市劳动合同范本

北京市劳动合同范本

甲方	乙方
	文化程度
	性别
法定代表人	出生日期________年________月________日
或委托代理人	居民身份证号码　　　邮政编码
甲方地址	家庭住址
	所属街道办事处

根据《中华人民共和国劳动法》，甲乙双方经平等协商同意，自愿签订本合同，共同遵守本合同所列条款。

一、劳动合同期限

第一条　本合同期限类型为________期限合同。

本合同生效日期________年________月________日，其中试用期________个月。

本合同________终止。

二、工作内容

第二条　乙方同意根据甲方工作需要，担任________岗位（工种）工作。

第三条　乙方应按照甲方的合法要求，按时完成规定的工作数量，达到规定的质量标准。

三、劳动保护和劳动条件

第四条　甲方安排乙方执行________工作制。

执行定时工作制的，甲方安排乙方每日工作时间不超过 八小时，平均每周不超过四十四小时。甲方保证乙方每周至少休息一日，甲方由于工作需要，经与工会和乙方协商后可以延长工作时间，一般每日不得超过一小时，因特殊原因需要延长工作时间的，在保障乙方身体健康的条件下延长工作时间每日不得超过三小时，每月不得超过三十六小时。

执行综合计算工时工作制的，平均日和平均周工作时间不超过法定标准工作时间。

执行不定时工作制的，在保证完成甲方工作任务的情况下，工作和休息休假乙方自行安排。

第五条　甲方安排乙方加班的，应安排乙方同等时间补休或依法支付加班工资；加点的，甲方应支付加点工资。

第六条　甲方为乙方提供必要的劳动条件和劳动工具，建立建全生产工艺流程，制定操作规程、工作规范和劳动安全卫生制度及其标准。

甲方应按照国家或北京市有关规定组织安排乙方进行健康检查。

第七条　甲方负责对乙方进行政治思想、职业道德、业务技术、劳动安全卫生及有关规章制度的教育和培训。

四、劳动报酬

第八条　甲方的工资应遵循按劳分配原则。

第九条　执行定时工作制或综合计算工时工作的的乙方为甲方工作，甲方每月___日以货币形式支付乙方工资，工资不低于______元，其中试用期间工资为______元。

执行不定时工作制的工资支付按________执行。

第十条　由于甲方生产任务不足，使乙方下岗待工的，甲方保证乙方的月生活费不低于________元。

五、保险福利待遇

第十一条　甲乙双方应按国家和北京市社会保险的有关规定缴纳职工养老、失业和大病医疗统筹及其他社会保险费用。

甲方应为乙方填写《职工养老保险手册》。双方解除、终止劳动合同后，《职工养老保险手册》按有关规定转移。

第十二条　乙方患病或非因工负伤，其病假工资、疾病救济费和医疗待遇按照______
_________________________________执行。

第十三条　乙方患职业病或因工负伤的工资和医疗保险待遇按国家和北京市有关规定执行。

第十四条　甲方为乙方提供以下福利待遇________________________。

六、劳动纪律

第十五条　乙方应遵守甲方依法制定的规章制度　：严格遵守劳动安全卫生、生产工艺、操作规程和工作规范；爱护甲方的财产，遵守职业道德；积极参加甲方组织的培训，提高思想觉悟和职业技能。

第十六条　乙方违反劳动纪律，甲方可依据本单位规章制度，给予纪律处分，直至解除本合同。

七、劳动合同的变更、解除、终止、续订

第十七条　订立本合同所依据的法律、行政法规、规章发生变化，本合同应变更相关内容。

第十八条　订立本合同所依据的客观情况发生重大变化，致使本合同无法履行的，经甲乙双方协商同意，可以变更本合同相关内容。

第十九条　经甲乙双方协商一致，本合同可以解除。

第二十条　乙方有下列情形之一，甲方可以解除本合同：

1．在试用期间，被证明不符合录用条件的。

2．严重违反劳动纪律或甲方规章制度的。

3．严重失职、营私舞弊，对甲方利益造成重大损害的；

4．被依法追究刑事责任的。

第二十一条　下列情形之一，甲方可以解除本合同，但应提前三十日以书面形式通知乙方：

1．乙方患病或非因工负伤，医疗期满后，不能从事原工作也不能从事由甲方另行安排的工作的；

2．乙方不能胜任工作，经过培训或者调整工作岗位，仍不能胜任工作的；

3．双方不能依据本合同第十八条规定就变更合同达成协议的。

第二十二条　甲方濒临破产进行法定整顿期间或者生产经营发生严重困难，经向工会或者全体职工说明情况，听取工会或者职工的意见，并向劳动行政部门报告后，可以解除本合同。

第二十三条　乙方有下列情形之一，甲方不得依据本合同第二十一条、第二十二条终止、解除本合同：

1．患病或非因工负伤、在规定的医疗期内的。

2．女职工在孕期、产期、哺乳期内的。

3．义务兵复员退伍和建设征地农转工人员初次参加工作未满三年的。

4．义务服兵役期间的。

第二十四条　乙方患职业病或因工负伤，医疗终结，经市、区、县劳动鉴定委员会确认完全或部分丧失劳动能力的，按________办理，不得依据本合同第二十一条、第二十二条解除劳动合同。

第二十五条　乙方解除本合同，应当提前三十日以书面形式通知甲方。

第二十六条　有下列情形之一，乙方可以随时通知甲方解除本合同：

1．在试用期内的；

2．甲方以暴力、威胁或者非法限制人身自由的手段强迫劳动的；

3．甲方不能按照本合同规定支付劳动报酬或者提供劳动条件的。

第二十七条　本合同期限届满，甲乙双方经协商同意，可以续订劳动合同。

第二十八条　订立无固定期限劳动合同的，乙方离休、退休、退职及死亡或本合同约定的解除条件出现，本合同终止。

八、经济补偿与赔偿

第二十九条　下列情形之一，甲方违反和解除乙方劳动合同的，应按下列标准支付乙方经济补偿金：

1．甲方克扣或者无故拖欠乙方工资的，以及拒不支付乙方延长工作时间工资报酬的，除在规定的时间内全额支付乙方工资报酬外，还需加发相当于工资报酬百分之二十五的经济补偿金。

2．甲方支付乙方的工资报酬低于本市最低工资标准的，要在补足低于标准部分的同时，另外支付相当于低于部分百分之二十五的经济补偿金。

第三十条　下列情形之一，甲方应根据乙方在甲方工作年限，每满一年发给相当于乙方解除本合同前十二个月平均工资一个月的经济补偿金，最多不超过十二个月：

1．经与乙方协商一致，甲方解除本合同的。

2．乙方不能胜任工作，经过培训或者调整工作岗位，仍不能胜任工作，由甲方解除本合同的。

第三十一条　下列情形之一，甲方应根据乙方在甲方工作年限，每满一年发给相当于本单位上年月平均工资一个月的经济补偿金：

1．乙方患病或者非因工负伤，经劳动鉴定委员会确认不能从事原工作，也不能从事由甲方另行安排的工作而解除本合同的。

2．劳动合同订立时所依据的客观情况发生重大变化，致使本合同无法履行，经当事人协商不能就变更劳动合同达成协议，由甲方解除劳动合同的。

3．甲方濒临破产进行法定整顿期间或者生产经营状况发生严重困难，必须裁减人员的。

以上三种情况，如果乙方被解除本合同前十二个月的月平均工资高于本单位上年月平均工资的，按本人月平均工资计发。

第三十二条　甲方解除本合同后，未按规定给予乙方经济补偿的，除全额发给经济补偿金外，还须按该经济补偿金数额的百分之五十支付额外经济补偿金。

第三十三条　支付乙方经济补偿时，乙方在甲方工作时间不满一年的按一年的标准发给经济补偿金。

第三十四条　乙方患病或者非因工负伤，经劳动鉴定委员会确认不能从事原工作，也不能从事由甲方另行安排的工作而解除本合同的，甲方还应发给乙方不低于企业上年月人均工资六个月的医疗补助费，患重病和绝症的还应增加医疗补助费，患重病的增加部分不低于医疗补助费的百分之五十，患绝症的增加部分不低于医疗补助费的百分之一百。

第三十五条　甲方违反本合同约定的条件解除劳动合同或由于甲方原因订立的无效劳

动合同，给乙方造成损害的，应按损失程度承担赔偿责任。

第三十六条　乙方违反本合同约定的条件解除劳动合同或违反本合同约定的保守商业秘密事项，对甲方造成经济损失的，应按损失的程度依法承担赔偿责任。

第三十七条　乙方解除本合同的，凡由甲方出资培训和招接收的人员，应向甲方偿付培训费和招接收费。其标准为：________________________。

九、劳动争议处理

第三十八条　因履行本合同发生的劳动争议，当事人可以向本单位劳动争议调解委员会申请调解；调解不成，当事人一方要求仲裁的，应当自劳动争议发生之日起六十日内向________劳动争议仲裁委员会申请仲裁。当事人一方也可以直接向劳动争议仲裁委员会申请仲裁。对裁决不服的，可以向人民法院提起诉讼。

十、其他

第三十九条　甲方以下规章制度________________作为本合同的附件。

第四十条　本合同未尽事宜或与今后国家、北京市有关规定相悖的，按有关规定执行。

第四十一条　本合同一式两份，甲乙双方各执一份。

甲方（盖章）　　　　　　　　　　　　乙方（签章）

法定代表人或委托代理人（签章）

签订日期：　　年　　月　　日

鉴证机关（盖章）　　　　　　　　　　鉴证员（签章）

鉴证日期：　　年　　月　　日

重庆市劳动合同范本

劳动合同书

甲方（用人单位）　　　　　　　　　　乙方（劳动者）

单位名称________________　　　　　姓名________________

经济性质________________　　　　　性别________________

法定代表人________________　　　　身份证号码________________

（委托的代理人）____________　　　家庭住址________________

地址________________

邮政编码________________　　　　　邮政编码________________

甲方（盖章）____________　　　　　乙方（签字）____________

____年____月____日　　　　　　　　____年____月____日

鉴证机关　　　　　　　　　　　　　　　鉴证人

（盖章）　　　　　　　　　　　　　　　（签章）

_____年_____月_____日　　　　　　　　_____年_____月_____日

根据《中华人民共和国劳动法》等法律、行政法规、行政规章的规定，_________（以下简称甲方）与______（以下简称乙方）按照平等自愿、协商一致的原则，订立本劳动合同，共同遵守。

一、劳动合同期限

（一）有固定期限：自___年___月___日起至年___年___月___日。

（二）无固定期限：自____年____月____日起至甲乙双方约定的劳动合同终止条件出现止。

（三）以完成一定的工作为期限：自___年___月___日起至_______完成之日止。

其中试用期：自____年____月____日起至____年____月____日止。

二、工作内容

乙方同意按甲方需要工作在岗位（工种）工作，具体工作内容和要求是：_________

三、工作时间和休息休假

（一）甲方执行法律、法规规定的工时制度和休息休假办法。

（二）甲方由于生产经营需要并与工会和乙方协商后．或出现法律、行政法规规定的其他情形的，可以依法延长工作时间。

（三）甲方安排乙方延长工作时间的，在休息日安排乙方工作又不能安排补休的，在法定休假日安排乙方工作的，应当依法分别支付不低于乙方正常工作时间工资的150%、200%、300%的工资报酬。

四、劳动报酬

（一）甲方根据法律、法规的规定，结合单位实际，自主确定工资分配形式和工资水平。

（二）甲方根据其生产经营特点和乙方的岗位，确定对乙方实行_____工资制。乙方度用期月工资标准为______元；试用期满为______元。以后，按企业工资制度工资。

（三）甲方应以货币形式每月至少支付乙方工资一次，不得克扣和无故拖欠乙方工资。

（四）乙方在探亲似、病假、婚丧假依法参加社会活动期间，甲方应支付工资。

五、劳动保护和劳动条件

（一）甲乙双方执行国家劳动安全卫生法律、法规、规程和标准。甲方对乙方进行劳动安全卫生教育，防止事故，减少职业危害。

（二）甲方为乙方提供符合国家规定的劳动安全卫生条件和必要的劳动安全防护用

品，努力改善劳动条件。

（三）乙方在劳动过程中应严格遵守安全操作规程：对甲方违章指挥、强令冒险作业，有权拒绝执行；对危害生命安全和身体健康的行为，有权提出批评、检举和控告。

六、社会保险和福利

（一）甲乙双方必须执行国家和地方政府有关社会保险和福利的规定。

（二）甲方努力创造条件，改善集体福利，提高乙方的福利待遇。

七、劳动纪律

（一）甲方依法建立和完善规章制度。

（二）甲乙双方必须遵守法律、法规和甲方依法制定的规章制度。

（三）甲方有权根据法律、法规和规章制度对乙方进行奖惩。

八、甲乙双方约定劳动合同终止的条件

____

____

九、劳动合同的变更、解除、终止

（一）甲乙双方在本劳动合同的有效期内，可以遵循平等自愿、协商一致的原则，依法变更劳动合同部分条款。

（二）经甲乙双方协商一致，劳动合同可以解除。其中由甲方提出解除劳动合同的，应按规定支付乙方经济补偿金。

（三）乙方有下列情形之一的，甲方可以解除劳动合同；

1．在试用期内被证明不符合录用条件的。

2．严重违反劳动纪律或者甲方依法建立的规章制度的。

3．严重失职、营私抑弊，对甲方利益造成重大损害的。

4．被劳动教养或依法追究刑事责任的。

（四）乙方有下列情形之一的，甲方可以解除劳动合同，但是应当提前三十日以书面形式通知乙方本人，并按规定支付乙方经济补偿金：

1．患病或者非因工负伤，医疗期满后，不能从事原工作也不经能从事由甲方另行安排的工作的。

2．不能胜任工作．经过培训或者调整工作岗位，仍不能胜任工作的。

3．本劳动合同订立时所依据的客观情况发生重大变化，致使本劳动合同无法履行，经甲乙双方协商不能就变更劳动合同内容达成协议的。

4．法律、行政法规规定可以解除劳动合同的。

（五）乙方解除劳动合同。应当提前三十日或按本合同约定的提前通知期，以书面形式通知甲方。但有下列情形之一的，可以随时通知甲方解除劳动合同：

1．在试用期内的。

2．甲方以暴力、威胁或者非法限制人身自由的手段强迫劳动的。

3．甲方未按劳动合同的约定支付劳动报酬或者提供劳动条件的。

4．用人单位支付的工资低于当地最低工资标准或者集体合同约定的工资标准的。

5．用人单位克扣、无故拖欠职工工资或者拒不支付、不足额支付职工加班加点工资的。

（六）乙方有下列情形之一，且未有本合同第九条（三）项规定情形的，甲方不得解除劳动合同；劳动合同期限届满时，应当将期限顺延至下列情形规定的到期时间：

1．患职业病或者因工负伤并被确认丧失或者部分丧失劳动能力的。

2．患病或者负伤，在规定的医疗期内的。

3．女职工在孕期、产期和哺乳期内的。

4．法律、行政法规规定的其他情形。

（七）本劳动合同期满、或甲乙双方约定的劳动合同终止条件出现、或甲乙双方约定的一定的工作达到完成标准，劳动合同即行终止。

十、甲乙双方协商约定的其他事项

____

____

十一、甲乙双方协商约定的违反劳动合同的责任

甲乙双方或一方违反本劳动合同的规定，除依法承担法律责任外，还应分别承担如下违约责任：

甲方的违约责任：

____

____

乙方的违约责任：

甲乙双方因履行劳动合同发生争议，可向本单位劳动争议调解委员会申请调解，也可直接向劳动争议仲裁委员会申请仲裁。

本合同一式三份，甲乙双方各持一份，存乙方档案一份，具有同等法律效力。

天津市企业（事业）单位劳动合同书

天津市企业（事业）单位劳动合同书

甲方（用人单位）名称：________________________

企业类别：______________________________

法定代表人：____________________ 职务____________________

地 址：____________________________________

乙方（劳动者）姓名：____________ 年龄：____________

性别：____________民族：____________

户籍所在地：__________省__________市__________区（县）__________街

__________乡（镇）__________村

户口种类：非农业户口（ ），农业户口（ ）

居民身份证号码：__________

国籍及护照号码：__________

现 住 址：____

根据《中华人民共和国劳动法》和《天津市实施劳动合同制度规定》等规定，甲乙双方在平等自愿、协商一致的基础上签订本合同。

第一条 合同期限

本合同期限执行下列_____款。

一、本合同期限为____年（月），自起____年___月___日至____年___月___日止。其中试用期为______月（日）。

二、本合同为无固定期限，自___年___月___日始，其中试用期为___月（日）。

终止劳动合同条件约定如下：

（一）____

（二）____

（三）____

三、以完成一定的工作为期限____。

第二条 工作内容

甲方根据生产工作需要，安排乙方在____________________岗位工作。乙方应服从甲方安排，完成本岗位所要求的工作。

第三条 劳动报酬

一、甲方按照国家和本市有关规定，按月支付乙方的工资报酬，工资报酬不低于本市规定的最低工资标准。

二、甲方每月________日以货币形式支付工资。无故拖欠或不支付工资的，除全额支付工资报酬外，还需加发相当于工资报酬百分之二十五的经济补偿。

三、工资具体支付办法、标准及有关内容约定如下：

（一）____

（二）____

（三）____

第四条　工作时间和休息休假

甲方执行国家规定的工时制度，实行每日工作时间不超过八小时，平均每周工作时间不超过四十小时的工时制度。甲方因生产经营需要，经与工会和乙方协商后可以延长工作时间，一般每日不超过一小时；因特殊原因需要延长工作时间的，每日不超过三小时，每月不超过三十六小时。

一、甲方在乙方岗位实行____________________工时制度。

二、甲方延长乙方工作时间，按照《劳动法》和本市有关规定支付乙方延长工作时间的工资报酬。

三、甲方保证乙方按照国家和本市有关规定，享受各种休息休假。

第五条　社会保险和福利待遇

一、甲乙双方按照国家和本市的规定参加养老、失业、医疗、工伤、生育等社会保险，履行缴费义务，确保乙方享有各种社会保险的权利。

二、乙方患病或非因工负伤实行医疗期制度。医疗期期限及医疗期内的病假工资、疾病救济费和医疗待遇按有关规定执行。

三、保险和福利待遇事项约定如下：

（一）____

（二）____

（三）____

（四）____

（五）____

第六条　劳动保护和劳动条件

一、甲方严格执行国家和本市有关劳动保护方面的规定，对乙方进行安全生产和操作规程教育培训，努力改善劳动条件，保证乙方在生产过程中的安全与健康；

二、甲方按照国家和本市的规定及时向乙方发放防护用品，并按规定对乙方进行健康检查。

三、乙方在劳动过程中必须严格遵守劳动安全卫生和操作规程。

四、乙方患职业病、因工负伤或死亡，甲方按国家和本市有关规定给予各项待遇。

第七条　劳动纪律

一、甲方有权依据国家和本市有关规定制定本单位的规章制度，并按规章制度对乙方实行管理和奖惩。

二、乙方应遵守甲方制定的各项规章制度和劳动纪律，服从管理，按本合同的约定保守甲方的商业秘密（保守商业秘密具体事项在本合同第十四条中约定）。

第八条　本合同的变更

有下列情形之一的，甲乙双方可变更本合同的相关内容：

（一）甲乙双方协商同意对部分条款进行变更的。

（二）由于客观情况发生重大变化，致使本合同不能完全履行的。

（三）本合同订立时所依据的有关规定已修改或废止的。

第九条　本合同的终止

有下列情况之一的本合同终止：

（一）合同期满，不再续订的。

（二）甲方被依法宣告破产、解散、撤销的。

（三）乙方死亡的。

（四）甲乙双方约定的终止合同条件出现的。

（五）有不可抗力出现致使本合同不能履行的。

第十条　本合同的续订

本合同期满，经甲乙双方协商同意可以续订本合同，续订合同手续应在合同期满前15日内办理。

第十一条　本合同的解除

一、经甲乙双方协商一致，本合同可以解除。

二、有下列情形之一的，甲方可以解除本合同：

（一）乙方在试用期间被证明不符合录用条件的。

（二）乙方严重违反劳动纪律或甲方规章制度的。

（三）乙方严重失职营私舞弊或泄露甲方商业秘密，给甲方利益造成重大损害的。

（四）乙方被依法追究刑事责任或被劳动教养的。

（五）乙方患病或者非因工负伤，医疗期满后不能从事原工作，也不能从事由甲方另行安排的工作的。

（六）乙方不能按要求完成本合同约定的任务或者同工种同岗位人员的工作量，经过培训或者调整工作岗位仍不能胜任工作的。

（七）本合同订立时所依据的客观情况发生重大变化，致使本合同无法履行，经甲乙双方协商不能就变更合同达成协议的；

（八）甲方濒临破产进行法定整顿期间或者经有关部门确认生产经营状况发生严重困难，确需裁减人员的。

甲方依据（五）至（八）项解除劳动合同的，应当提前三十日以书面形式通知乙方本人。

三、甲方解除本合同，符合本条一款、二款（五）至（八）项规定的甲方应按国家和本市有关规定给予乙方经济补偿；符合本条第二款（五）项规定的还应按规定支付医疗补助费。

四、有下列情形之一的，甲方不得解除本合同：

（一）合同期未满，又不符合本条一、二款规定的。

（二）乙方患职业病或者因工负伤并经劳动行政部门劳动鉴定委员会确认丧失或者部分丧失劳动能力的。

（三）乙方患病或负伤，在规定的医疗期内的。

（四）女职工在符合国家和本市有关计划生育规定的孕期、产期、哺乳期内的。

（五）法律和行政法规规定的其他情形。

五、乙方解除合同：

（一）应提前三十日以书面形式通知甲方。违反本合同约定的要依法承担责任。

（二）有下列情形之一的，乙方可以随时通知甲方解除本合同：

1．乙方在试用期内。

2．甲方以暴力、威胁或者非法限制乙方人身自由的手段强迫劳动的。

3．甲方劳动安全卫生条件恶劣、危害乙方身体健康的。

4．甲方未按本合同约定支付劳动报酬的。

第十二条　终止、解除本合同证明

终止、解除本劳动合同后，甲方应按规定开具终止、解除劳动合同证明书。

第十三条　违反本合同的责任

一、由于甲乙双方任何一方的过错行为造成本合同不能履行或者不能完全履行，应承担违约责任；如属双方违约，根据实际情况，由双方分别各自承担各自应负的违约责任。违约金的约定如下：____

二、甲乙双方任何一方违反本合同，给对方造成损害的，按照国家和本市有关规定给予赔偿。

三、因不可抗力原因致使本合同不能履行，任何一方受到损害，对方不承担违约责任。

第十四条　双方约定的其他事项

一、____

二、____

三、____

四、____

第十五条　劳动争议处理

甲乙双方因执行本合同发生争议的，应协商解决；协商无效可进行调解；调解无效的任何一方均可向有管辖权的劳动争议仲裁委员会申请仲裁；对仲裁裁决不服的，可以向有管辖权的人民法院提起诉讼。

第十六条　其他事项

一、本合同未尽事宜或条款与法律、法规有抵触的，按国家和天津市的有关规定执行。

二、本合同甲乙双方签字盖章后，甲方应在一个月内到劳动行政部门办理鉴证，双方必须严格遵照执行。本合同一式两份，甲乙双方各执一份。

甲方（盖章）　　　　　　　　　　　　　　　乙方（签字）

法定代表人或委托代理人

（签字或盖章）

____年____月____日　　　　　　　　　　　____年____月____日

经审查，本合同符合国家和本市有关法律、法规、规章规定，予以鉴证。

鉴证机关（盖章）　　　　　　　　　　　　鉴证人员（盖章）

鉴证日期：____年____月____日

附1：

续订劳动合同书

经双方协商同意，续订本合同。

（一）续订期限执行下列第__________款：

1.期限从_____年_____月____日起，至____年____月____日止。

2.无固定期限自____年____月____日始，终止合同条件约定如下：__________

（二）补充约定事项：

____

甲方（盖章）：　　　　　　　　　　　　　乙方（签字）：

法定代表人或委托代理人：

（签字或盖章）

____年____月____日　　　　　　　　　　　____年____月____日

经审查，本合同符合国家和本市有关法律、法规、规章规定，予以鉴证。

鉴证机关（盖章）　　　　　　　　　　　　鉴证人员（盖章）

鉴证日期：____年____月____日

附2：

变更劳动合同

经甲乙双方协商同意，对本合同作出如下变更：

（一）____

（二）____________________

（三）____________________

（四）____________________

（五）____________________

甲方（盖章）： 乙方（签字）：

法定代表人或委托代理人：

（签字或盖章）

____年____月____日 ____年____月____日

经审查，本合同符合国家和本市有关法律、法规、规章规定，予以鉴证。

鉴证机关（盖章） 鉴证人员（盖章）

鉴证日期：____年____月____日

上海市劳动合同

上海市劳动合同

用人单位（甲方）：____________________

地 址（甲方）：____________________

职 工（甲方）：____________________

使 用 说 明：____________________

一、用人单位与职工签订劳动合同时，双方应认真阅读劳动合同。劳动合同一经依法签订即具有法律效力，双方必须严格履行。

二、劳动合同必须由用人单位（甲方）的法定代表人（或者委托代理人）和职工（乙方）亲自签章，并加盖用人单位公章（或者劳动合同专用章）方为有效。

三、合同参考文本中的空栏，由双方协商确定后填写清楚；不需填写的空栏，请打上“/”。

四、乙方的工作内容及其类别（管理或专业技术类/工人类）应参照国家规定的职业分类和技能标准明确约定。变更的范围及条件可在合同参考文本第十二条中约定。

五、工时制度分为标准、不定时、综合计算工时三种。如经劳动行政部门批准实行不定时、综合计算工时工作制的，应在本参考文本第十二条中注明并约定其具体内容。

六、约定职工正常工作时间的工资要具体明确，并不得低于本市当年最低工资标准；

实行计件工资的，可以在本参考文本第十二条中列明，或另签订补充协议。

七、本单位工会或职工推举的代表与用人单位可依法就工资、工作时间、休息休假、劳动安全卫生、保险福利等事项集体协商，签订集体合同。职工个人与用人单位订立劳动合同的各项劳动标准，不得低于集体合同的约定。

八、双方经协商一致后，对劳动合同参考文本条款的修改或未尽事宜的约定，可在参考文本第十二条中明确，或经协商一致另行签订补充协议；另行签订的补充协议，作为劳动合同的附件，与劳动合同一并履行。

九、签订劳动合同时请使用钢笔或签字笔填写，字迹必须清楚，并不得单方涂改。

十、本文本不适用非全日制用工使用。

甲方（用人单位）：　　　　　　　　乙方（职工）：

名称：　　　　　　　　　　　　　　姓名：

法定代表人（主要负责人）：　　　　身份证号码：

户籍地址：

经济类型：

通信地址：　　　　　　　　　　　　通讯地址：

联系人：　　　　电话：　　　　　　联系电话：

甲乙双方根据《中华人民共和国劳动合同法》（以下简称《劳动合同法》）和国家、省市的有关规定，遵循合法、公平、平等自愿，协商一致、诚实信用原则，订立本合同。

一、合同的类型和期限

第一条　本合同的类型为：＿＿＿＿＿＿。期限为：＿＿＿＿＿＿。

（一）有固定期限合同。期限＿＿年，自＿＿年＿＿月＿＿日至＿＿年＿＿月＿＿日。

（二）无固定期限合同。自＿＿年＿＿月＿＿日起。

（三）以完成一定工作任务为期限的合同。具体为：＿＿＿＿＿＿＿＿＿＿＿＿。

二、试用期

第二条　本合同的试用期自＿＿年＿＿月＿＿日至＿＿年＿＿月＿＿日。

第三条　录用条件为：＿＿＿＿＿＿＿＿＿＿＿＿＿＿＿＿＿＿＿＿＿＿＿＿。

三、工作内容和工作地点

第四条　乙方的工作内容为：＿＿＿＿＿＿＿＿＿＿＿＿＿＿＿＿＿＿＿＿。

第五条　乙方的工作地点为：＿＿＿＿＿＿＿＿＿＿＿＿＿＿＿＿＿＿＿＿。

四、工作时间和休息休假

第六条　乙方所在岗位执行＿＿＿工时制，具体为：＿＿＿＿＿＿＿＿＿＿＿＿。

第七条　甲方严格执行国家有关休息休假的规定，具体安排为：＿＿＿＿＿＿＿。

甲方应严格遵守国家有关加班的规定，确实由于生产经营需要，应当与乙方协商确定加班事宜。

五、劳动报酬

第八条　本合同的工资计发形式为：______________________________。

（一）计时形式。乙方的月工资为：_____元（其中试用期间工资为：____元）。

（二）计件形式。乙方的劳动定额为：___________，计件单价为：____________。

第九条　甲方每月____日以货币形式足额支付乙方的工资。

第十条　本合同履行期间，乙方的工资调整按照甲方的工资分配制度确定。

第十一条　甲方安排乙方延长工作时间或者在休息日、法定休假日工作的，应依法安排乙方补休或支付相应工资报酬。

六、社会保险

第十二条　甲方应按国家和本市社会保险的有关规定为乙方参加社会保险。

第十三条　乙方患病或非因工负伤，其病假工资、疾病救济费和医疗待遇等按照国家和本市有关规定执行。

第十四条　乙方患职业病或因工负伤的工资和工伤保险待遇按国家和本市有关规定执行。

七、劳动保护、劳动条件和职业危害防护

第十五条　甲方建立健全生产工艺流程，制定操作规程、工作规范和劳动安全卫生制度及其标准。甲方对可能产生职业病危害的岗位，应当向乙方履行告知义务，并做好劳动过程中职业危害的预防工作。

第十六条　甲方为乙方提供必要的劳动条件以及安全卫生的工作环境，并依照企业生产经营特点及有关规定向乙方发放劳防用品和防暑降温用品。

第十七条　甲方应根据自身特点有计划地对乙方进行政治思想、职业道德、业务技术、劳动安全卫生及有关规章制度的教育和培训，提高乙方思想觉悟、职业道德水准和职业技能。

乙方应认真参加甲方组织的各项必要的教育培训。

八、劳动合同的履行和变更

第十八条　甲方应当按照约定向乙方提供适当的工作场所、劳动条件和工作岗位，并按时向乙方支付劳动报酬。乙方应当认真履行自己的劳动职责，并亲自完成本合同约定的工作任务。

第十九条 甲、乙双方经协商一致，可以变更本合同的内容，并以书面形式确定。

九、劳动合同的解除

第二十条 经甲、乙双方当事人协商一致，本合同可以解除。

第二十一条　乙方提前三十日以书面形式通知甲方，可以解除本合同。乙方在试用期内提前三日通知甲方，可以解除本合同。

第二十二条　甲方有下列情形之一的，乙方可以解除本合同：

（一）未按照本合同约定提供劳动保护或者劳动条件的。

（二）未及时足额支付劳动报酬的。

（三）未依法为乙方缴纳社会保险费的。

（四）甲方的规章制度违反法律、法规的规定，损害乙方权益的。

（五）因《劳动合同法》第二十六条第一款规定的情形致使本合同无效的。

（六）法律、行政法规规定乙方可以解除本合同的其他情形。

甲方以暴力、威胁或者非法限制人身自由的手段强迫乙方劳动的，或者甲方违章指挥、强令冒险作业危及乙方人身安全的，乙方可以立即解除本合同，不需事先告知甲方。

第二十三条　乙方有下列情形之一的，甲方可以解除本合同：

（一）在试用期间被证明不符合录用条件的。

（二）严重违反甲方的规章制度的。

（三）严重失职，营私舞弊，给甲方造成重大损害的。

（四）乙方同时与其他用人单位建立劳动关系，对完成甲方的工作任务造成严重影响，或者经甲方提出，拒不改正的。

（五）因《劳动合同法》第二十六条第一款第一项规定的情形致使本合同无效的。

（六）被依法追究刑事责任的。

第二十四条　有下列情形之一的，甲方提前三十日以书面形式通知乙方或者额外支付乙方一个月工资后，可以解除本合同：

（一）乙方患病或者非因工负伤，在规定的医疗期满后不能从事原工作，也不能从事由甲方另行安排的工作的。

（二）乙方不能胜任工作，经过培训或者调整工作岗位，仍不能胜任工作的。

（三）本合同订立时所依据的客观情况发生重大变化，致使本合同无法履行，经甲、乙双方方协商，未能就变更本合同内容达成协议的。

第二十五条　乙方有下列情形之一的，甲方不得依据第二十四条的约定解除本合同：

（一）乙方如从事接触职业病危害作业但未进行离岗前职业健康检查，或者乙方为疑似职业病病人在诊断或者医学观察期间的。

（二）在甲方工作期间患职业病或者因工负伤并被确认丧失或者部分丧失劳动能力的。

（三）患病或者非因工负伤，在规定的医疗期内的；

（四）女职工在孕期、产期、哺乳期的；

（五）在甲方连续工作满十五年，且距法定退休年龄不足五年的；

（六）法律、行政法规规定的其他情形。

十、劳动合同的终止

第二十六条　有下列情形之一的，本合同终止：

（一）本合同期满的。

（二）乙方开始依法享受基本养老保险待遇的。

（三）乙方死亡，或者被人民法院宣告死亡或者宣告失踪的。

（四）甲方被依法宣告破产的。

（五）甲方被吊销营业执照、责令关闭、撤销或者甲方决定提前解散的。

（六）法律、行政法规规定的其他情形。

第二十七条　本合同期满，有第二十五条约定情形之一的，本合同应当续延至相应的情形消失时终止。但是，第二十五条第二项约定乙方丧失或者部分丧失劳动能力后终止本合同的情形，按照国家有关工伤保险的规定执行。

十一、经济补偿

第二十八条　有下列情形之一的，甲方应当向乙方支付经济补偿：

（一）乙方依照第二十二条约定解除本合同的。

（二）甲方依照第二十条约定向乙方提出解除本合同并与乙方协商一致解除本合同的。

（三）甲方依照第二十四条约定解除本合同的。

（四）除甲方维持或者提高本合同约定条件续订合同，乙方不同意续订的情形外，依照第二十六条第一项约定终止本合同的。

（五）依照第二十六条第四项、第五项约定终止本合同的。

（六）法律、行政法规规定的其他情形。

第二十九条　经济补偿按乙方在甲方工作的年限，每满一年支付一个月工资的标准向乙方支付。六个月以上不满一年的，按一年计算；不满六个月的，向乙方支付半个月工资的经济补偿。

如乙方月工资高于本市上年度职工月平均工资三倍的，向其支付经济补偿的标准按本市上年度职工月平均工资三倍的数额支付，向其支付经济补偿的年限最高不超过十二年。

本条所称月工资是指乙方在本合同解除或者终止前十二个月的平均工资。

十二、补充条款和特别约定

第三十条　乙方为甲方的服务期自____年____月____日至____年____月____日。

第三十一条　乙方的竞业限制期限自____年____月____日至____年____月____日。竞业限制的范围为：__________。在竞业限制期间甲方给予乙方一定经济补偿，具体标准为：________，支付方式为：________。

十三、违反合同的责任

第三十二条　甲方违反本合同约定的条件解除、终止本合同或由于甲方原因订立的无效合同，给乙方造成损害的，应按损失程度承担赔偿责任。

第三十三条　乙方违反本合同约定的条件解除本合同或由于乙方原因订立的无效合同，给甲方造成经济损失的，应按损失的程度承担赔偿责任。

第三十四条　乙方违反服务期约定的，应承担违约金为：________________。

第三十五条　乙方违反竞业限制约定的，应承担违约金为：________________。

十四、其他

第三十六条　本合同未尽事宜，或者有关劳动标准的内容与今后国家、本市有关规定相悖的，按有关规定执行。

第三十七条　本合同一式两份，甲乙双方各执一份。经双方签字盖章后生效。

甲方（盖章）：________________　　　　乙方（签字）：________________

委托代理人（签字）

____年____月____日　　　　____年____月____日

广东省劳动合同

编　号：

广东省职工劳动合同

使用说明

一、双方在签订本合同前，应认真阅读本合同书。本合同一经签订，即具有法律效力，双方必须严格履行。

二、本合同必须由用人单位（甲方）的法定代表人（或者委托代理人）和职工（乙方）亲自签章，并加盖用人单位公章（或者劳动合同专用章）方为有效。

三、本合同中的空栏，由双方协商确定后填写，并不得违反法律、法规和相关规定；不需填写的空栏，划上“／”。

四、工时制度分为标准工时、不定时、综合计算工时三种。

实行不定时、综合计算工时工作制的，应经劳动保障部门批准。

五、本合同的未尽事宜，可另行签订补充协议，作为本合同的附件，与本合同一并履行。

六、本合同必须认真填写，字迹清楚、文字简练、准确，并不得擅自涂改。

七、本合同（含附件）签订后，甲乙双方各保管一份备查。

甲方（用人单位）：　　　　乙方（职工）：

名称：　　　　姓名：

法定代表人：　　　　身份证号码：

地址：　　　　　　　　　　　　　　　现住址：

经济类型：

联系电话：　　　　　　　　　　　　　联系电话：

根据《中华人民共和国劳动法》和国家及省的有关规定，甲乙双方按照平等自愿、协商一致的原则订立本合同。

一、合同期限

（一）合同期限

双方同意按以下第________种方式确定本合同期限：

1．有固定期限：从_____年____月____日起至_____年____月____日止。

2．无固定期限：从_____年_____月____日起至本合同约定的终止条件出现时止（不得将法定解除条件约定为终止条件）。

3．以完成一定的工作为期限：从_____年____月____日起至________________工作任务完成时止。

（二）试用期限

双方同意按以下第________种方式确定试用期期限（试用期包括在合同期内）：

1．无试用期。

2．试用期从_____年_____月____日起至_____年_____月____日止。

（试用期最长不超过六个月。其中合同期限在六个月以下的，试用期不得超过十五日；合同期限在六个月以上一年以下的。试用期不得超过三十日；合同期限在一年以上两年以下的，试用期不得超过六十日。）

二、工作内容

（一）乙方的工作岗位（工作地点、部门、工种或职务）为__________________

（二）乙方的工作任务或职责是

（三）甲方因生产经营需要调整乙方的工作岗位，按变更本合同办理，双方签章确认的协议或通知书作为本合同的附件。

（四）如甲方派乙方到外单位工作，应签订补充协议。

三、工作时间

（一）甲乙双方同意按以下第________种方式确定乙方的工作时间：

1．标准工时制，即每日工作______小时，每周工作______天，每周至少休息一天。

2．不定时工作制，即经劳动保障部门审批，乙方所在岗位实行不定时工作制。

3．综合计算工时工作制，即经劳动保障部门审批，乙方所在岗位实行以________为周期，总工时_______小时的综合计算工时工作制。

（二）甲方因生产（工作）需要，经与工会和乙方协商后可以延长工作时间。除（劳动法）第四十二条规定的情形外，一般每日不得超过一小时，因特殊原因最长每日不得超过三小时，每月不得超过三十六小时。

四，工资待遇

（一）乙方正常工作时间的工资按下列第（　　）种形式执行，不得低于当地最低工资标准。

1．乙方试用期工资________元／月；试用期满工资________元／月（______元／日）。

2．其他形式：____。

（二）工资必须以法定货币支付，不得以实物及有价证券替代货币支付。

（三）甲方根据企业的经营状况和依法制定的工资分配办法调整乙方工资，乙方在六十日内未提出异议的视为同意。

（四）甲方每月___日发放工资。如遇节假日或休息日，则提前到最近的工作日支付。

（五）甲方依法安排乙方延长工作时间的，应按（劳动法）第四十四条的规定支付延长工作时间的工资报酬。

五、劳动保护和劳动条件

（一）甲方按国家和省有关劳动保护规定提供符合国家劳动卫生标准的劳动作业场所，切实保护乙方在生产工作中的安全和健康。如乙方工作过程中可能产生职业病危害，甲方应按《职业病防治法》的规定保护乙方的健康及其相关权益。

（二）甲方根据乙方从事的工作岗位，按国家有关规定，发给乙方必要的劳动保护用品，并按劳动保护规定每__________（年／季／月）免费安排乙方进行体检。

（三）乙方有权拒绝甲方的违章指挥、强令冒险作业，对甲方及其管理人员漠视乙方安全和健康的行为，有权要求改正并向有关部门检举、控告。

六、社会保险和福利待遇

（一）合同期内，甲方应依法为乙方办理参加养老、医疗、失业、工伤、生育等社会保险的手续，社会保险费按规定的比例，由甲乙双方负责。

（二）乙方患病或非因工负伤，甲方应按国家和地方的规定给予医疗期和医疗待遇，按医疗保险及其他相关规定报销医疗费用，并在规定的医疗期内支付病假工资或疾病救济费。

（三）乙方患职业病、因工负伤或者因工死亡的，甲方应按《工伤保险条例》的规定办理。

（四）甲方按规定给予乙方享受节日假、年休假、婚假、丧假、探亲假、产假、看护假等带薪假期，并按本合同约定的工资标准支付工资。

七、劳动纪律

（一）甲方根据国家和省的有关法律、法规通过民主程序制定的各项规章制度，应向乙方公示；乙方应自觉遵守国家和省规定的有关劳动纪律、法规和企业依法制定的各项规章制度，严格遵守安全操作规程，服从管理，按时完成工作任务。

（二）甲方有权对乙方履行制度的情况进行检查、督促、考核和奖惩。

（三）如乙方掌握甲方的商业秘密，乙方有义务为甲方保守商业秘密，并作如下约定

____

八、本合同的变更

（一）任何一方要求变更本合同的有关内容，都应以书面形式通知对方。

（二）甲乙双方经协商一致，可以变更本合同，并办理变更本合同的手续。

九、本合同的解除

（一）经甲乙双方协商一致，本合同可以解除。由甲方解除本合同的，应按规定支付经济补偿金。

（二）属下列情形之一的，甲方可以单方解除本合同：

1．试用期内证明乙方不符合录用条件的。

2．乙方严重违反劳动纪律或甲方规章制度的。

3．严重失职、营私舞弊，对甲方利益造成重大损害的。

4．乙方被依法追究刑事责任的。

5．甲方歇业、停业、濒临破产处于法定整顿期间或者生产经营状况发生严重困难的。

6．乙方患病或非因工负伤，医疗期满后不能从事本合同约定的工作，也不能从事由甲方另行安排的工作的。

7．乙方不能胜任工作，经过培训或者调整工作岗位，仍不能胜任工作的。

8．本合同订立时所依据的客观情况发生重大变化，致使本合同无法履行，经当事人协商不能就变更本合同达成协议的。

9．本合同约定的解除条件出现的。

甲方按照第5、6、7、8、9项规定解除本合同的，需提前三十日书面通知乙方，并按规定向乙方支付经济补偿金，其中按第6项解除本合同并符合有关规定的还需支付乙方医疗补助费。

（三）乙方解除本合同，应当提前三十日以书面形式通知甲方。但属下列情形之一的，乙方可以随时解除本合同：

1．在试用期内的。

2．甲方以暴力、威胁或者非法限制人身自由的手段强迫劳动的。

3．甲方不按本合同规定支付劳动报酬，克扣或无故拖欠工资的。

4．经国家有关部门确认，甲方劳动安全卫生条件恶劣，严重危害乙方身体健康的。

（四）有下列情形之一的，甲方不得解除本合同：

1．乙方患病或非因工负伤，在规定的医疗期内的。

2．乙方患有职业病或因工负伤，并经劳动能力鉴定委员会确认，丧失或部分丧失劳

动能力的。

3．女职工在孕期、产期、哺乳期内的。

4．法律、法规规定的其他情形。

（五）解除本合同后，甲乙双方在七日内办理解除劳动合同有关手续。

十、本合同的终止

本合同期满或甲乙双方约定的本合同终止条件出现，本合同即行终止。

本合同期满前一个月，甲方应向乙方提出终止或续订劳动合同的书面意向，并及时办理有关手续。

十一、违约情形及责任

（一）甲方的违约情形及违约责任：

（二）乙方的违约情形及违约责任：

十二、调解及仲裁

双方履行本合同如发生争议，可先协商解决；不愿协商或协商不成的，可以向本单位劳动争议调解委员会申请调解；调解无效，可在争论发生之日起六十日内向当地劳动争议仲裁委员会申请仲裁；也可以直接向劳动争议仲裁委员会申请仲裁。对仲裁决不服的，可在十一日内向人民法院提起诉讼。

十三、其他

（一）本合同未尽事宜，按国家和地方有关政策规定办理。在合同期内，如本合同条款与国家、省有关劳动管理新规定相抵触的，按新规定执行。

（二）下列文件规定为本合同附件，与本合同具有同等效力：

1．____

2．____

3．____

（三）双方约定（内容不得违反法律及相关规定，可另加双方签名或盖章的附页）：

甲方：（盖章）________________　　乙方：（签名或盖章）

法定代表人：

（或委托代理人）

____年____月____日　　____年____月____日

鉴证机构（盖章）：

鉴证人：

鉴证日期：____年____月____日

浙江省劳动合同

劳动合同

甲方（用人单位）名称：

法定代表人：

所有制性质：

地址：

乙方：（劳动者）姓名：

性别： 出生年月：

民族：

文化程度：

居民身份证号码：

住址：

根据《中华人民共和国劳动法》以及有关法律、法规、规章和政策的规定，经双方平等协商，乙方为甲方城镇（农民）合同制职工，并订立本合同。

一、劳动合同期限

按下列第________款确定：

（一）本合同为有固定期限的劳动合同。合同期从_____年____月____日起至_____年_____月____日止。其中熟练期（培训期、见习期）从_____年____月____日起至_____年____月____日止；试用期从_____年____月____日起至_____年____月____日止。

（二）本合同为无固定期限的劳动合同。合同期从年月日起至法定或约定的解除（终止）合同的条件出现时止。其中熟练期（培训期、见习期）从_____年____月____日起至_____年____月____日止；试用期从_____年____月____日起至_____年____月____日止。

（三）本合同为以完成一定工作为期限的劳动合同。合同期从之日起至之日止（起讫时间必须明确具体）。其中熟练期（培训期、见习期）______年_____月_____日起至_____年____月____日止；试用期从_____年____月____日起至_____年____月____日止。

二、工作内容

乙方同意按甲方生产（工作）需要，在________岗位（工种）工作，完成该岗位（工种）所承担的各项工作内容。

三，劳动保护和劳动条件

甲乙双方都必须严格执行国家有关工作时间、生产安全、劳动保护、卫生健康等规定。甲方应为乙方提供符合规定的劳动保护设施、劳动防护用品及其他劳动保护条件。乙方应严格遵守各项安全操作规程。

四、劳动报酬

乙方熟练期（培训期、见习期、试用期）间的月工资为_______元，熟练期（培训期、见习期、试用期）满的定级工资为________元。

乙方月工资为________元。

工资发放日为每月________日，甲方不得无故拖欠。

乙方工资的增减，奖金、津贴、补贴、加班加点工资的发放，以及特殊情况下的工资支付等，均按相关法律、法规、规章、政策以及甲方依法制定的规章制度执行。

五、劳动纪律

甲乙双方应严格遵守法律、法规、规章和政策。甲方应依法制定各项具体的内部管理制度。乙方应服从甲方的管理。

六、劳动合同变更、解除、终止的条件

（一）具有下列情形之一，经甲乙双方协商同意，可以变更本合同的相关内容：

1．本合同订立时所依据的客观情况发生重大变化，致使本合同无法履行的。

2．乙方不能从事或者不能胜任原岗位（工种）工作的。

（二）乙方具有下列情形之一的，甲方可以解除劳动合同：

1．在试用期间被证明不符合录用条件的。

2．严重违反劳动纪律或者甲方规章制度的。

3．严重失职，营私舞弊，对甲方利益造成重大损害的。

4．被依法追究刑事责任的。

（三）具有下列情形之一的，甲方可以解除劳动合同，但是应当提前三十日以书面形式通知乙方本人：

1．乙方患病或非因工负伤，医疗期满后，不能从事原工作也不能从事由甲方另行安排的工作的。

2．乙方不能胜任工作，经过培训或者调整工作岗位，仍不能胜任工作的。

3．乙方不能从事或者不能胜任原岗位（工种）工作，经甲乙双方协商又不能就变更本合同达成协议的。

4．本合同订立时所依据的客观情况发生重大变化，致使本合同无法履行，经甲乙双方协商不能就变更本合同达成协议的。

（四）甲方濒临破产进行法定整顿期间或者生产经营状况发生严重困难，达到政府规定的严重困难企业标准，确需裁减人员的，应当提前三十日向工会或者全体职工说明情况；听取工会或者职工的意见，并以书面形式向劳动行政部门报告后，可以解除劳动合同。

（五）乙方具有下列情形之一的，甲方不得依据本条第（三）、（四）款的规定解除劳动合同：

1．患职业病或者因工负伤并被劳动鉴定委员会确认丧失或者部分丧失劳动能力的。

2．患病或者负伤，在规定的医疗期内的。

3．女职工在孕期、产期、哺乳期内的。

（六）有下列情形之一的，乙方可以随时通知甲方解除本合同：

1．在试用期内的。

2．甲方以暴力、威胁或者非法限制人身自由的手段强迫劳动的。

3．甲方未按照本合同约定支付劳动报酬的。

4．经国家有关部门确认，甲方劳动安全卫生条件恶劣、严重危害乙方人身安全和身体健康的。

（七）经甲乙双方协商一致，本合同可以解除。

（八）本合同期满或者甲乙双方约定的本合同终止条件出现，应当即行终止。由于生产（工作）需要，经双方协商一致，可以续订劳动合同。

七、社会保险和福利

（一）甲乙双方依法参加社会保险，按期足额缴纳养老保险基金、失业保险基金、工伤保险基金、医疗保险基金和生育保险基金。乙方个人缴纳部分，由甲方在其工资中代为扣缴。

（二）乙方的公休假、午休假、探亲假、婚丧假、女工孕期、产期．哺乳期待遇以及解除和终止劳动合同时乙方生活补助费（经济补偿金）、医疗补助费的发放等，均按有关法律、法规、规章、政策以及甲方依法制定的规定执行。

（三）乙方患职业病或因工负伤的待遇．因工或因病死亡的丧葬费、一次性抚恤费、供养直系亲属生活困难补助费等均按有关法律、法规、规章、政策执行。

（四）乙方患病或负伤的医疗期及其待遇、乙方供养直系亲属的医疗待遇等按法律、法规、规章、政策和甲方依法制定的规定执行。

八、违反劳动合同的责任

（一）由于甲乙任何一方的过错造成本合同不能履行或者不能完全履行的，由有过错的一方承担法律责任；如属双方过错，根据实际情况，由双方分别承担各自的法律责任；

（二）因不可抗力造成本合同不能履行的，可以不承担法律责任。

（三）甲乙任何一方违反本合同，给对方造成经济损失的，应当根据后果和责任大小，向对方支付赔偿金。

九、乙方在职期间（含转岗），由甲方出资进行职业技术培训，当乙方在甲方未满约定服务年限解除本合同时，甲方可以按照实际支付的培训费（包括培训期间的工资）计收赔偿金，其标准为每服务一年递减实际支付的培训费总额的______%。

十、双方需要约定的其他事项

____

____

____

____

十一、本合同条款与法律、法规、规章、政策和甲方依法制定的规章制度相抵触的，以及本合同未尽事宜，均按法律、法规、规章、政策和甲方依法制定的规章制度执行。

十二、本合同依法订立后，双方必须严格履行。

十三、本合同履行中发生劳动争议，甲乙双方应当协商解决，协商不成或不愿协商的，可以向本单位劳动争议调解委员会申请调解，调解不成的，可以向劳动争议仲裁委员会申请仲裁。甲乙任何一方也可以直接向劳动争议仲裁委员会申请仲裁。对仲裁裁决不服的，可以向人民法院起诉。

十四、本合同一式三份，甲乙双方各执一份，鉴证机关存档一份。

甲方（盖章）：　　　　　　　　　　鉴证机关（盖章）：

鉴证编码：

乙方（签名）：

鉴证人员（盖章）：

合同订立日期：____年____月____日　　　　鉴证日期：____年____月____日

江苏省劳动合同

江苏省劳动合同

编号：

全日制劳动合同书

甲方（用人单位）：________________　　乙方（劳动者）：________________

用人单位名称：________________　　姓名：________________

用人单位住所：________________　　性别：________________

工商登记：________________　　出生年月：________________

注册类型：________________　　文化程度：________________

劳动合同：________________　　户籍所在地址：________________

履行地：________________　　现居住地址：________________

法定代表人或负责人：________________　　居民身份证号码：________________

社会（养老）保险号码：________________

就业登记证号码：________________

联系方式：________________

甲、乙双方根据《中华人民共和国劳动法》、《江苏省劳动合同条例》及有关法律、法规规定，在平等自愿、公平公正、协商一致、诚实信用的基础上，签订本合同。

一、劳动合同期限

甲乙双方约定按下列____种方式确定“劳动合同期限”：

A．有固定期限的劳动合同自____年____月____日起至____年____月____日止，其中试用期自____年____月____日起至____年____月____日止。

B．无固定期限的劳动合同自_____年_____月_____日起，其中______试用期自_____年____月____日起至____年____月____日止。

C．以完成__________工作任务为劳动合同期限，自____年____月____日起至完成本项工作任务之日即为劳动合同终止日。

二、工作内容及要求

（一）乙方根据甲方要求，经过协商，从事_______工作。甲方可根据工作需要和对乙方业绩的考核结果，按照合理诚信原则，变动乙方的工作岗位，乙方服从甲方的安排。

（二）甲方安排乙方所从事的工作内容及要求，应当符合甲方依法制订的并已公示的规章制度。乙方应当按照甲方安排的工作内容及要求履行劳动义务，按时完成规定的工作数量，达到规定的质量要求。

（三）____。

三、工作时间和休息休假

（一）甲乙双方在工作时间和休息方面协商一致选择确定 条款，平均每周工作四十小时：

A．甲方实行每天_____小时工作制。

具体作息时间，甲方安排如下：

每周周_____至周_____工作，上午_____，下午_____。

每周周_____为休息日。

B．甲方实行三班制，安排乙方实行_____班_____运转工作制。

C．甲方安排乙方的___________工作岗位，属于不定时工作制，双方依法执行不定时工作制规定。

D．甲方安排乙方的___________工作岗位，属于综合计算工时制，双方依法执行综合计算工时工作制规定。

（二）甲方严格遵守法定的工作时间，控制加班加点，保证乙方的休息与身心健康，甲方因工作需要必须安排乙方加班加点的，应与工会和乙方协商同意，依法给予乙方补休或支付加班加点工资。

（三）甲方为乙方安排带薪年休假 。

四、劳动保护和劳动条件

（一）甲方对可能产生职业病危害的岗位，应当向乙方履行如实告知的义务，并对乙方进行劳动安全卫生教育，防止劳动过程中的事故，减少职业危害。

（二）甲方必须为乙方提供符合国家规定的劳动安全卫生条件和必要的劳动防护用品，安排乙方从事有职业危害作业的，应定期为乙方进行健康检查。

（三）乙方在劳动过程中必须严格遵守安全操作规程。乙方对甲方管理人员违章指挥、强令冒险作业，有权拒绝执行。

（四）甲方按照国家关于女职工、未成年工的特殊保护规定，对乙方提供保护。

（五）乙方患病或非因工负伤的，甲方应当执行国家关于医疗期的规定。

五、劳动报酬

甲方应当每月至少一次以货币形式支付乙方工资，不得克扣或者无故拖欠乙方的工资。乙方在法定工作时间内提供了正常劳动，甲方向乙方支付的工资不得低于当地最低工资标准。

（一）甲方承诺每月______日为发薪日。

（二）乙方在试用期内的工资为每月______元。

（三）经甲乙双方协商一致，对乙方的工资报酬选择确定条款：

A．乙方的工资报酬按照甲方依法制定的规章制度中的内部工资分配办法确定，根据乙方的工作岗位确定其每月工资为______元。

B．甲方对乙方实行基本工资和绩效工资相结合的内部工资分配办法，乙方的基本工资确定为每月_______元，以后根据内部工资分配办法调整其工资；绩效工资根据乙方的工作业绩、劳动成果和实际贡献按照内部分配办法考核确定。

C．甲方实行计件工资制，确定乙方的劳动定额应当是本单位同岗位百分之九十以上劳动者在法定工作时间内能够完成的，乙方在法定工作时间内按质完成甲方定额，甲方应当按时足额支付乙方的工资报酬。

D．……

（四）甲方根据企业经营效益、当地政府公布的工资指导线、工资指导价位等，合理提高乙方工资。乙方的工资增长办法按照（工资集体协商协议、内部工资正常增长办法）确定。

（五）乙方加班加点的工资，以双方经过协商确定的 工资为基数计算。

（六）乙方事假期间，甲方扣除工资的标准为________________。

（七）乙方依法享有带薪假期（婚假、丧假、年休假、探亲假）期间的工资，按乙方的工资支付。

六、社会保险和福利

（一）双方依法参加社会保险，按时缴纳各项社会保险费，其中依法应由乙方缴纳的部分，由甲方从乙方工资报酬中代扣代缴。

（二）　甲方应当将为乙方缴纳各项社会保险费的情况公示，　乙方有权向甲方查询其各项社会保险的缴费情况，甲方应当提供帮助。

（三）如乙方发生工伤事故，甲方应负责及时救治，并在规定时间内，向劳动保障行政部门提出工伤认定申请，为乙方依法办理劳动能力鉴定，并为享受工伤医疗待遇履行必要的义务。

（四）乙方依法享有国家规定的福利待遇，甲方应当执行。

七、劳动纪律

甲方制定的劳动纪律应当符合法律、法规、政策的规定，履行民主程序，并向乙方公示。乙方遵照执行。

八、协商条款

经甲乙双方协商一致，同意选择 条约定条款。

A．乙方工作涉及甲方商业秘密的，甲方应当事前与乙方依法协商约定保守商业秘密或竞业限制的事项，并签订保守商业秘密协议或竞业限制协议。

B．由甲方出资招用或培训乙方，并要求乙方履行服务期的，应当事前征得乙方同意，并签订协议，明确双方权利义务。

C．甲方出资为乙方提供其他特殊待遇，如 （住房、汽车等），并要求乙方履行服务期的，应当事前征得乙方同意，并签订协议，明确双方权利义务。

D．甲方同意为乙方办理补充养老保险（年金）和补充医疗保险情况，具体标准为：

____。

F．甲方同意为乙方提供如下福利待遇：______________________。

G．甲乙双方需要约定的其他事项：______________________。

九、劳动合同终止的条件

经甲乙双方协商约定，出现下列情形之一的，可以终止劳动合同：

1．劳动合同期满的；

2．____；

3．____。

十、违反劳动合同的责任

（一）　劳动合同一经订立，即具有法律约束力，双方应当依法执行劳动合同的履行、变更、中止、解除、终止、续订以及解除劳动合同经济补偿金的规定。

（二）当事人一方故意或者过失违反劳动合同，致使劳动合同不能履行或者不能完全履行，并给另一方造成经济损失的，应当依规定或者约定承担赔偿责任。

十一、劳动争议处理

（一）甲乙双方因履行本合同发生劳动争议，可以协商解决。不愿协商或者协商不成的，可以向本单位劳动争议调解委员会申请调解；调解不成的，可以向劳动争议仲裁委员会申请仲裁。甲乙双方也可以直接向劳动争议仲裁委员会申请仲裁。提出仲裁要求的一方应当自劳动争议发生之日起六十日内向劳动争议仲裁委员会提出书面申请。对仲裁裁决不服的，可以自收到仲裁裁决书之日起十五日内向人民法院提起诉讼。

（二）甲方违反劳动法律、法规和规章，损害乙方合法权益的，乙方有权向劳动保障行政部门和有关部门举报。

十二、其他

（一）劳动合同期内，乙方户籍所在地址、现居住地址、联系方式等发生变化，应当及时告知甲方，以便联系。

（二）　本合同未尽事宜，均按国家有关规定执行，国家没有规定的，通过双方平等协商解决。

（三）本合同不得涂改。

（四）本合同如需同时用中文、外文书写，内容不一致的，以中文文本为准。

（五）本合同一式两份，甲乙双方各执一份。

（六）本合同于____年___月___日生效。

法定代表人签名：　　　　　　　　乙方签名：

或委托代理人签名：

甲方盖章：

签章日期：　　　　　　　　　　　签名日期：

甲乙双方自愿申请劳动合同鉴证的，应当在劳动合同签订之日起三十日内向劳动保障行政部门提出。

鉴证机构盖章：　　　　　　　　　鉴证人签名：

鉴证日期：

湖南省劳动合同

编号

劳动合同书

甲方（用人单位）名称____________

地址：________________________

性质：________________________

法定代表人（委托代理人）：__________________

乙方（劳动者）姓名：________________________________

性别：________________________

出生年月：________________

家庭住址：________________

居民身份证号码：________________

甲乙双方根据《中华人民共和国劳动法》等法律、法规、规章的规定，在平等自愿、协商一致的基础上，同意订立本劳动合同，共同遵守本合同所列条款。

一、合同类型和期限

第一条　甲、乙双方选择以下第________种形式确定本合同期限：

（一）有固定期限：自____年____月____日起至____年____月____日止。

（二）无固定期限：自____年____月____日起至法定的或本合同所约定的终止条件出现时止。

（三）以完成一定的工作（任务）为期限。自____年____月____日至__________工作（任务）完成时即行终止。

其中试用期自____年____月____日至____年____月____日止，期限为____天。

二、工作内容

第二条　根据甲方工作需要，乙方同意从事_________岗位（工种）工作。经甲、乙双方协商同意，可以变更工作岗位（工种）。

第三条　乙方应按照甲方的要求，按时完成规定的工作数量，达到规定的质量标准。

三、工作时间和休息休假

第四条　乙方实行________工时制。

（一）实行标准工时工作制的，甲方安排乙方每日工作时间不超过八小时，每周不超过四十小时。甲方由于工作需要，经与工会和乙方协商后可以延长工作时间，一般每日不得超过一小时，因特殊原因需要延长工作时间的，在保障乙方身体健康的条件下延长工作时间每日不得超过三小时，每月不得超过三十六小时。

（二）实行综合计算工时工作制的，平均每日工作时间不得超过8小时，平均每周工作时间不得超过40小时。

（三）实行不定时工作制的，工作时间和休息休假乙方自行安排。

第五条　甲方延长乙方工作时间的，应依法安排乙方同等时间补休或支付加班加点工资。

第六条　乙方在合同期内享受国家规定的各项休息、休假的权利，甲方应保证乙方每周至少休息一天。

四、劳动保护和劳动条件

第七条　甲方应严格执行国家和地方有关劳动保护的法律、法规和规章，为乙方提供必要的劳动条件和劳动工具，建立健全生产工艺流程，制定操作规程、工作规范和劳动安全卫生制度及其标准。

第八条　对乙方从事接触职业病危害的作业的，甲方应按国家有关规定组织上岗前和离岗时的职业健康检查，在合同期内应定期对乙方进行职业健康检查。

第九条　甲方有义务负责对乙方进行政治思想、职业道德、业务技术、劳动安全卫生及有关规章制度的教育和培训。

第十条　乙方有权拒绝甲方的违章指挥，对甲方及其管理人员漠视乙方安全健康的行为，有权提出批评并向有关部门检举控告。

五、劳动报酬

第十一条　乙方试用期的工资标准为________元/月。（试用期间工资不得低于本单位同工种、同岗位职工工资的80%）。

第十二条　乙方试用期满后，甲方应根据本单位的工资制度，确定乙方实行以下第种工资形式：

（一）计时工资。乙方的工资由以下几部分组成：________、________、________、________；其标准分别为________元/月、________元/月、________元/月、________元/月。如甲方的工资制度发生变化或乙方的工作岗位变动，按新的工资标准确定。

（二）计件工资。甲方应制定科学合理的劳动定额标准，计件单价约定为______元。

（三）其他工资形式。具体约定可在本合同第四十五条中明确。

第十三条　甲方应以法定货币形式按月支付乙方工资，发薪日为每月________日，不得克扣或无故拖欠。甲方支付乙方的工资，应不违反国家有关最低工资的规定。

第十四条　甲方安排乙方延长日工作时间，应支付不低于乙方工资150%的工资报酬；安排乙方在休息日工作又不能安排补休的，应支付不低于乙方工资200%的工资报酬；安排乙方在法定休假日工作的，应支付不低于乙方工资300%的工资报酬。

第十五条　非因乙方原因造成甲方停工、停产、歇业，未超过一个月的，甲方应按本合同约定的工资标准支付乙方工资；超过一个月，未安排乙方工作的，甲方应按不低于当地失业保险标准支付乙方停工生活费。

第十六条　甲方安排乙方每日22时到次日6时期间工作的，每个工作日夜班补贴为___元。

第十七条　乙方依法享受年休假、探亲假、丧假等假期期间，甲方应按国家和地方有关规定的标准，或劳动合同约定的标准，支付乙方工资。

六、社会保险和福利待遇

第十八条　甲方应按国家和地方有关社会保险的法律、法规和政策规定为乙方缴纳基本养老、基本医疗、失业、工伤、生育保险费用；社会保险费个人缴纳部分，甲方可从乙方工资中代扣代缴。

甲乙双方解除、终止劳动合同时，甲方应按有关规定为乙方办理社会保险相关手续。

第十九条　乙方患病或非因工负伤的医疗待遇按照国家和地方有关政策规定执行。

第二十条　乙方工伤待遇按国家和地方有关政策法规执行。

第二十一条　乙方在孕期、产期、哺乳期等各项待遇，按国家和地方有关生育保险政策规定执行。

第二十二条　甲方为乙方提供以下福利待遇：

1. ____________________

2. ____________________

3. ____________________

七、劳动纪律和规章制度

第二十三条　甲方依法制定的各项规章制度应向乙方公示。

第二十四条　乙方应严格遵守甲方制定的规章制度、完成劳动任务，提高职业技能，执行劳动安全卫生规程，遵守劳动纪律和职业道德。

第二十五条　乙方违反劳动纪律，甲方可依据本单位规章制度，给予相应的行政处理、行政处分、经济处罚等，直至解除本合同。

八、劳动合同的变更、解除、终止、续订

第二十六条　订立本合同所依据的客观情况发生重大变化，致使本合同无法履行的，经甲乙双方协商同意，可以变更本合同相关内容。

第二十七条　经甲乙双方协商一致，本合同可以解除。

第二十八条　乙方有下列情形之一，甲方可以解除本合同。

1.在试用期间，被证明不符合录用条件的。

录用条件为：

（1）____________________

（2）____________________

（3）____________________

2.严重违反劳动纪律或甲方规章制度的。

3.严重失职、营私舞弊，对甲方利益造成重大损害的。

4.被依法追究刑事责任或劳动教养的。

第二十九条　下列情形之一，甲方可以解除本合同，但应提前三十日以书面形式通知乙方：

1.乙方患病或非因工负伤，医疗期满后，不能从事原工作也不能从事甲方另行安排的工作的。

2.乙方不能胜任工作，经过培训或者调整工作岗位，仍不能胜任工作的。

3.双方不能依据本合同第二十六条规定就变更合同达成协议的。

第三十条　甲方濒临破产进行法定整顿期间或者生产经营发生严重困难（地方政府规定的困难企业标准），经向工会或者全体职工说明情况，听取工会或者职工的意见，并向劳动保障行政部门报告后，可以解除本合同。

第三十一条　乙方有下列情形之一，甲方不得依据本合同第二十九条、第三十条终止、解除本合同：

1．患职业病或因工负伤达到国家规定不得终止、解除劳动合同等级的。

2．患病或非因工负伤，在规定的医疗期内的。

3．女职工在孕期、产期、哺乳期内的。

4．复员退伍义务兵和建设征地农转工人员初次参加工作未满三年的。

5．义务服兵役期间的。

6．担任集体协商代表在履行代表职责的。

7．符合法律法规、规定其他情况的。

第三十二条　有下列情形之一，乙方可以随时通知甲方解除本合同，甲方应当支付乙方相应的劳动报酬并依法缴纳社会保险。

1．在试用期内的；

2．甲方以暴力、威胁或者非法限制人身自由的手段强迫劳动的。

3．甲方不能按照本合同规定支付劳动报酬或者提供劳动条件的。

第三十三条　乙方解除劳动合同，应当提前三十日以书面形式通知甲方。

第三十四条　本合同到期，劳动合同即行终止。甲乙双方经协商同意，可以续订劳动合同。

第三十五条　本合同期满后，双方仍存在劳动关系的，甲方应与乙方及时补签或续订劳动合同，双方就合同期限协商不一致时，补签或续订的合同期限应从签字之日起不得少于________月。乙方符合续订无固定期限劳动合同条件的，甲方应与其签订无固定期限劳动合同。

第三十六条　订立无固定期限劳动合同的，出现法定终止条件或甲乙双方约定的下列终止条件出现，本合同终止。

九、经济补偿与赔偿

第三十七条　甲方违反劳动合同的，应按下列标准支付乙方经济补偿金：

1．甲方克扣或者无故拖欠乙方工资的，以及拒不支付乙方延长工作时间工资报酬的，除在规定的时间内全额支付乙方工资报酬外，还需加发相当于工资报酬百分之二十五的经济补偿金。

2．甲方支付乙方的工资报酬低于当地最低工资标准的，要在补足低于标准部分的同时，另外支付相当于低于部分百分之二十五的经济补偿金。

第三十八条　甲方解除乙方劳动合同，除本合同第二十八条规定情形外，甲方应按国家和地方有关规定支付乙方经济补偿金。

第三十九条 甲方解除乙方劳动合同后，未按规定给予乙方经济补偿的，除全额发给经济补偿金外，还须按该经济补偿金数额的百分之五十支付额外经济补偿金。

第四十条 乙方患病或者非因工负伤，经劳动能力鉴定委员会确认不能从事原工作，也不能从事甲方另行安排的工作而解除本合同的，甲方除按第三十八条执行外，还应发给乙方不低于六个月工资的医疗补助费（月工资标准按甲方正常生产情况下乙方解除合同前十二个月月平均工资计算，若乙方月平均工资低于企业月平均工资的，则按企业月平均工资标准执行）。患重病和绝症的还应增加医疗补助费，患重病的增加部分不低于医疗补助费的百分之五十，患绝症的增加部分不低于医疗补助费的百分之百。

第四十一条 甲方发生故意拖延不与乙方续订劳动合同、与乙方订立无效劳动合同、违反规定或本合同约定侵害乙方合法权益以及解除劳动合同等情形之一的，给乙方造成损害，甲方应按下列规定赔偿乙方损失：

1．造成乙方工资收入损失的，按乙方应得工资收入支付给乙方，并加付应得工资收入25%的赔偿费用。

2．成乙方劳动保护待遇损失的，应按国家规定补足乙方的劳动保护津贴和用品。

3．造成乙方工伤、医疗待遇损失的，除按国家规定为乙方提供工伤、医疗待遇外，还应支付乙方相当于医疗费用25%的赔偿费用。

4．乙方为女职工或未成年工，造成其身体健康损害的，除按国家规定提供治疗期间的医疗待遇外，还应支付相当于其医疗费用25%的赔偿费用。

第四十二条 乙方违反规定或本合同的约定解除劳动合同，对甲方造成损失的，乙方应赔偿甲方下列损失：

1．甲方为其支付的培训费和招收录用费。

2．对生产、经营和工作造成的直接经济损失。

3．本合同约定的其他赔偿费用。

十、违反劳动合同的责任

第四十三条 当事人一方违反本合同时，应承担违约责任，向对方支付违约金 ______ 元。

第四十四条 其他违约责任________________________

十一、双方约定的其他事项

第四十五条________________________________

十二、劳动争议处理

第四十六条 因履行本合同发生的劳动争议，当事人可以向本单位劳动争议调解委员会申请调解；不愿调解或调解不成，当事人一方要求仲裁的，应当自劳动争议发生之日起六十日内向________劳动争议仲裁委员会申请仲裁。当事人一方也可以直接向劳动争议仲裁委员会申请仲裁，对仲裁裁决不服的，可以向人民法院提起诉讼。

十三、其他

第四十七条　以下专项协议和规章制度作为本合同的附件，与本合同具有同等法律效力。

（一）____________________

（二）____________________

（三）____________________

第四十八条　本合同未尽事宜，双方可另协商解决；与今后国家法律、行政法规等有关规定相悖的，按有关规定执行。

第四十九条　本合同一式两份，甲乙双方各执一份。

第五十条　乙方确定下列地址为劳动关系管理相关文件、文书的送达地址。如以下地址发生变化，乙方应书面告知甲方。

（特别提示：以上条款内容甲乙双方在签署本合同前，均应事先仔细阅读，并详细了解本合同以及附件内容，双方签字后即行生效。）

甲方：（盖章） 法定代表人或 （委托代理人）：（　） 年　月　日	乙方：（盖章） 年　月　日
签证机关：（盖章）	签证人：（签章） 年　月　日

河北省劳动合同

河北省劳动合同

甲方：

乙方：

《劳动合同书》说明

1.甲方，指用人主体。填写用人单位全称。

2.乙方，指劳动者。填写劳动者姓名。

3.委托代理人，指受法定代表人委托（授予委托书）并代理其签约的人。

4.甲乙双方除签订本合同书外，可以签订其他专项协议书，作为本《劳动合同书》的附件。

甲方：　　　　　　　　　　　　　　　乙方：

　　　　　　　　　　　　　　　　　　姓名：

　　　　　　　　　　　　　　　　　　性别：

　　　　　　　　　　　　　　　　　　身份证号码：

法定代表人：　　　　　　　　　　　　出生日期：____年____月____日

委托代理人：____________________　所属街道办事处：________________

地址：____________________　本人现住址：________________

邮政编码：____________________　邮政编码：________________

联系电话：____________________　联系电话：________________

根据国家有关法律、法规、政策规定，甲乙双方经平等自愿、协商一致签订本合同，并共同遵守本合同所列条款。

一、劳动合同期限

第一条　甲乙双方同意按以下第--种方式确定本合同期限：

1．有固定期限：从_____年_____月_____日起至_____年_____月_____日止，合同期限为_____年_____个月。

2．无固定期限：从_____年_____月_____日起到法定的或约定的终止条件出现时止。

3．以完成一定的工作为期限：从_____年_____月_____日起至________工作任务完成时止，并以_______工作任务完成为终止合同的标志。

试用期_______个月，自____年____月____日二日始，至_____年____月____日终止。

二、工作岗位和内容

第二条　根据甲方工作需要，安排乙方担任__________岗位工作。

第三条　乙方应按照甲方的要求，按时完成甲方规定的工作数量，达到规定的质量标准。

第四条　工作岗位职责要求，按有关规定执行。

第五条　因生产经营发生变化，甲方有权调整乙方的工作岗位。乙方不适应本岗位工作或对本岗位工作不能胜任时，甲方有权决定对其培训或调整工作岗位。

三、劳动保护和劳动条件

第六条　甲方实行国家规定的工作时间制度。甲方安排乙方执行________________。（标准时工作制、综合计算工时工作制、不定时工作制）。甲方应按照国家规定保证乙方的休息、休假权利。

第七条　甲方按国家规定为乙方提供必要的劳动条件，制定操作规程、工作规范和劳动安全卫生制度，劳动安全、卫生条件达到国家或地方政府规定的标准。

第八条　甲方应按照国家有关部门的规定组织安排乙方进行健康检查和专项职业健康

监护体检。

四、劳动报酬

第九条　工资支付按照国家和我省的有关规定，实行________工资制度。（计件工资制、岗位工资制、岗位技能等级工资制）。甲方支付乙方工资报酬__________其中工资标准为______元，试用期工资每月______元。甲方每月____日前以货币形式支付乙方上月工资，工资标准不低于当地政府规定的最低工资标准。

第十条　甲方因生产（工作）需要，安排乙方在休息日加班的，应安排乙方同等时间补休或依法支付本人日工资标准的200%加班工资；加点的，甲方应依法安本人小时工资标准150%支付加点工资。法定节日安排加班的，依法支付300%加班工资。

五、保险福利

第十一条　甲乙双方必须依照国家和我省的有关社会保险的规定，按时足额缴纳社会保险费。双方解除、终止本合同后，甲方必须按照国家及我省规定为乙方办理有关社会保险转移手续。

第十二条　其他的保险福利待遇按照国家和地方及企业的有关规定执行。

六、劳动纪律

第十三条　甲方应当根据维护正常生产（工作）秩序的需要，依法建立和完善规章制度和劳动纪律，内部规章制度和劳动纪律不得违背国家有关法律、法规、规章。乙方应严格遵守和执行。对违反者，甲方有权进行纪律处分和经济处罚。

第十四条：乙方应服从甲方在生产、技术和经营管理方面的指挥和管理，爱护甲方财产，保守甲方的商业秘密。

七、教育、培训、考核和民主管理

第十五条　甲方应对乙方进行政治思想、职业道德、企业管理、安全生产、遵纪守法等方面的教育和培训，乙方应当参与和接受。

第十六条　乙方应当按甲方的要求参加技术业务培训，接受考核，达到标准。

第十七条　甲方应建立企业民主管理制度，为乙方提供参加企业民主管理的条件和机会，乙方享有参与企业民主管理的权利。

第十八条　乙方根据制度和规定以及本人表现，有获得政治荣誉和物质奖励的权利。甲方应依法建立和实行这方面的制度。

八、劳动合同的变更、终止和解除

第十九条　除国家劳动法律、法规规定可以变更的情形出现时，可以变更劳动合同外，遇有下列情形之一的，也可以变更劳动合同：

1．甲方经批准转产、整顿和调整生产任务以及分立、合并、改制，致使劳动合同无法履行时，经双方协商一致，可以变更劳动合同中的有关条款。

2．乙方患职业病或因工负伤，并被劳动鉴定委员会确认为部分丧失劳动能力，需要重新安排适当工作的。

3．乙方患病或非因工负伤，医疗期满后，不能从事原工作，但能够从事用人单位另行安排的工作。

4．乙方专业技能达不到规定标准和经常完不成生产（工作）任务，不能胜任劳动合同所规定工作，甲方安排乙方改变工作岗位（工种）的。

5．甲方根据生产（工作）需要，需改变乙方岗位（工种）时，经双方协商一致，可以变更本劳动合同的相关内容。

第二十条　除劳动合同期限届满，可即行终止劳动合同外，遇有下列情形之一的，也可以终止劳动合同：

1．甲方依法破产或经上级主管部门批准解散、撤销时，本劳动合同终止。

2．乙方死亡劳动合同自然终止。

3．乙方经批准退休、退职时，本劳动合同终止。

4．由于自然因素或者社会因素而发生了双方当事人无法预料或者虽可预料但无法防止的不可抗拒的情况，致使劳动合同无法履行时，劳动合同可以终止。

第二十一条　乙方解除劳动合同，应提前30日以书面形式通知用人单位。

第二十二条　乙方调出用人单位，自人事、工资关系开出之日起本劳动合同自行解除。

第二十三条　下列情形之一的，乙方可以随时通知用人单位解除本劳动合同：

1．试用期内乙方要求解除劳动合同的。

2．甲方未按劳动合同约定支付劳动报酬或者提供劳动条件的。

3．甲方以暴力、威胁或者非法限制人身自由的手段强迫劳动的。

第二十四条　乙方有下列情形之一的，甲方可以解除本劳动合同：

1．在试用期间被证明不符合录用条件的。

2．严重违反劳动纪律或者用人单位规章制度的，其中包括被开除、除名或因违纪依法应予辞退的；违反操作规程和安全规程，造成重大经济损失或他人致残、死亡的；不服从甲方的指挥和管理，后果严重的。

3．乙方被劳动教养的。

4．严重失职、营私舞弊，对甲方利益造成重大损害的，其中包括：违反本合同规定，泄漏甲方商业秘密，并造成重大损失的。

5.被依法追究刑事责任的。

第二十五条　有下列情形之一的，甲方可以解除本劳动合同，当应当提前30日以书面形式通知乙方：

1．乙方患病或非因工负伤，医疗期满不能从事原工作也不能从事甲方另行安排的工作的。

2．乙方不能胜任工作，经过培训或者调整工作岗位，仍不能胜任工作的。

3．劳动合同订立时所依据的客观情况发生重大变化，致使劳动合同无法履行，经甲乙双方协商不能就变更劳动合同达成协议的。

九、违约责任

第二十六条　本劳动合同期限届满即行终止。甲乙双方经协商达成一致时，可以重新签订劳动合同。协商不一致时，终止劳动合同，并办理有关手续。劳动合同期满，用人单位未办理终止劳动合同手续形成事实劳动关系的，视为劳动合同的继续。

第二十七条　在劳动合同期内，甲方提出解除本劳动合同时，按国家规定给予乙方经济补偿。

第二十八条　乙方提前解除劳动合同的，凡有甲方出资培训和招录的人员，应向甲方偿付培训费和招录费用。凡出资培训的，甲乙双方应签订（培训协议），（培训协议）作为本合同的附件。

第二十九条　乙方违反甲方的规定，泄漏甲方的商业秘密，乙方须按劳动合同的约定赔偿甲方的经济损失。对于造成经济损失特别重大的，影响特别严重的，乙方应承担法律责任。甲方保留追究第三人的权利。

十、劳动争议处理

第三十条　双方在履行劳动合同中发生争议，按<中华人民共和国企业劳动争议处理条例）和当地政府的规定，申请调解或仲裁。对仲裁裁决不服的，十五日内向人民法院起诉。

十一、其他

第三十一条　本合同中乙方的各项待遇如低于本单位集体合同规定的标准，按集体合同执行。

第三十二条　本劳动合同附件与本合同具有同等法律效力。

第三十三条　本劳动合同未尽事宜，均按法律、法规的有关规定执行。在合同期内，如本合同条款与国家有关劳动管理的新规定相悖，双方均应按新规定执行。

第三十四条　本劳动合同正式文本一式两份，甲乙双方各执一份。（涂改或未经授权代签无效）。

十二、双方约定的其他事项

（双方约定的其他事项不得违反有关法律、法规）

甲方（盖章）：　　　　　　　　　　　　乙方（签字）：

甲方法定代表人或委托代理人（签名）：

____年____月____日　　　　　　　　　　____年____月____日

鉴证机关（盖章）：

鉴证日期____年____月____日

第二章　劳动争议防范必备法律文件

用人单位职工名册

用人单位职工名册

填报单位：　　　　　单位注册类型：　　　　　劳动保障证（卡）：　　　　填报时间：　　　年　　　月

序号	姓名	性别	年龄	文化程度	职业等级资格	身份证号码	社会保险卡号	用工类型	人员类别	用工之日	订立合同时间	劳动合同起止时间	订立合同情况	合同类型	离职时间	离职类型	工资	参加社会保险				
																		养老保险	医疗保险	失业保险	工伤保险	生育保险

劳动合同签收单

劳动合同签收单

致×××××××××××公司：

本人__________身份证号（______________）谨此确认本人已完整阅读，并充分理解和认可劳动合同的内容。现收到公司交付给本人的已完整填写并盖章的《劳动合同》壹份。

员工签字：

日期：　　　年　　　月　　　日

员工劳动合同签收备案表

员工劳动合同签收备案表

序号	姓名	性别	户籍所在地	劳动合同期限		员工签名	签收日期	备注

职工告知书

职工告知书

<table>
<tr><td>员工姓名</td><td></td><td>所属部门</td><td></td><td>所在岗位</td><td></td></tr>
<tr><td colspan="6">工作内容：</td></tr>
<tr><td>工作条件</td><td colspan="5"></td></tr>
<tr><td>工作地点</td><td colspan="5"></td></tr>
<tr><td>职业危害</td><td colspan="5"></td></tr>
<tr><td>安全工作状况</td><td colspan="5"></td></tr>
<tr><td>劳动报酬</td><td colspan="5">按照面试约定和公司工资体系确定合同工资为　元，试用期为　元（工资的80%）</td></tr>
<tr><td colspan="6">备注：</td></tr>
</table>

签订劳动合同通知书

签订劳动合同通知书

尊敬的 ________________先生/小姐：

感谢您加入本公司，根据《劳动合同法》和《劳动合同法实施条例》规定，现请您于_____年_____月___日携带以下的材料至本公司人力资源部办理录用手续，并协商一致签订劳动合同。如逾期不签劳动合同，公司将依据劳动合同法实施条例规定终止劳动关系。

1．与原单位解除劳动合同关系的证明文件正本。

2．入职体检报告。

3．身份证原件及复印件一份。

4．学历证明文件原件及复印件一份。

5．职称证明文件原件及复印件一份（如有）。

6．实名制银行账户复印件。

7．二寸证件照2张。

8．其他。

通知方（签名或盖章）

年　　月　　日

签收回执

本人已收到单位于________年________月________日发出的《签订劳动合同通知书》。

被通知方（签名或盖章）

年　　月　　日

续订劳动合同通知书

续订劳动合同通知书

员　工：________________

身份证：________________

双方于______年_____月_____日签订的劳动合同将于______年_____月______日期限届满。经部门与公司考核，现通知您续签劳动合同，详细条款请阅劳动合同（一式两份）。收到此通知后7天内填写《续签劳动合同意向书》回复人力资源部，连同签定好的劳动合同交还人力资源部（员工自己留一份）。过期此通知书失效，视为员工自动放弃续签劳动合同。

特此通知。

人力资源部

_____年____月____日

…………………………………………………………………………………………

签 收 回 执

本人已收到由广东雄辉汽车贸易有限公司人力 资源部于_____年_____月_____日发出的《续订劳动合同通知书》。本人会于收到通知后7天内以《续签劳动合同意向书》回复公司，过期将视为本人自动放弃与公司续签劳动合同。

被通知方（签名）：

收通知日期：

不签订无固定期限劳动合同确认书

不签订无固定期限劳动合同确认书

本人已在公司工作了_____年，签订了两次（或两次以上）固定期限劳动合同。合同到期，公司通知本人签订无固定期限劳动合同，考虑到本人实际情况，本人决定自动放弃签订无固定期限的权利。并要求与公司签订固定期限劳动合同。

特此确认！

确认人：

日期：

解除劳动合同证明书

解除劳动合同证明书　　　　编号:

我单位于____年____月____日与 ______（身份证号：__________________）在本单位工作岗位为_________，订立的合同编号为_________，合同期限为________的劳动合同，兹根据《中华人民共和国劳动法》及《中华人民共和国劳动合同法》等相关法律法规的规定，按下列第___项规定予以______（解除/终止）。

一、符合《中华人民共和国劳动合同法》第三十六条：经双方当事人协商一致，解除劳动合同（关系）。

二、符合《中华人民共和国劳动合同法》第三十八条款规定，解除劳动合同（关系）。

三、符合《中华人民共和国劳动合同法》第三十九条款规定，解除劳动合同（关系）。

四、符合《中华人民共和国劳动合同法》第四十条　款规定，解除劳动合同（关系）。

五、符合《中华人民共和国劳动合同法》第四十一条款规定，解除劳动合同（关系）。

六、符合《中华人民共和国劳动合同法》第四十四条款规定，终止劳动合同（关系）。

七、因其它原因解除/终止劳动合同（关系）：

解除或（终止）劳动合同日期：____年____月____日

用人单位(章):　　　　员工（签名）：

签收时间：____年____月____日　　　　签收时间：____年____月____日

注：1.此证明书壹式贰份，单位留存备档壹份、员工个人留取壹份。

2.附《劳动合同法》相关法律条款。

保密和竞业禁止协议

保密和竞业禁止协议

本保密和竞业禁止合同（下简称“合同”）由下列双方于_____年_____月_____日签订：

____________________公司（下简称“公司”）

注册地址：____________________

法定代表人：____________________

续表

和______________（下简称“雇员”）

身份证号：______________住址______________

联系电话：______________邮编：______________

鉴于：

1．雇员承认，由于受聘于公司（包括但不限于接受公司可能不时向其提供的培训）其可能充分接触公司的保密信息（定义见下文）、并且熟悉公司的经营、业务和前景及与公司的客户、供应商和其他与公司有业务关系的人有广泛的往来。

2．雇员承认，在其受聘于公司期间或之后的任何对保密信息的未经授权的披露、使用或处置或与公司竞争将给公司的业务带来不利的影响，并给公司造成不可弥补的损害和损失。

3．雇员愿意根据本合同规定的条款和条件对保密信息保密并不与公司及其关联公司相竞争。

因此，双方经平等协商，达成合同内容如下：

第一条　定义

为本合同之目的，下列术语应具有下文规定的含义：

“保密信息”：指不论以何种形式传播或保存的与公司或其关联公司的产品、服务、经营、保密方法和知识、系统、工艺、程序、现有及潜在客户名单和信息、手册、培训资料、计划或预测、财务信息、专有知识、设计权、商业秘密、商机和业务事宜有关的所有信息。

“竞争业务”：指（1）公司或其关联公司从事或计划从事的业务；和（2）与公司或其关联公司所经营的业务相同、相近或相竞争的其他业务。

“竞争对手”：指除公司或其关联公司外从事竞争业务的任何个人、公司、合伙、合资企业、独资企业或其他实体。

“区域”：指公司或其关联公司从事或计划从事其各自业务的地理范围。

“期限”：指雇员受聘于公司的期限和该期限终止后____年的时间。

“关联公司”：指控制公司的、由公司控制的或与公司受到共同控制的任何其他法人。

第二条　保密

1．雇员承诺对保密信息严格保密，并在其与公司的聘用关系终止时向公司返还所有保密信息及其载体和复印件。

2．雇员承诺，在期限内不以任何方式：（1）向公司或其关联公司的任何其他与使用保密信息的工作无关的雇员；（2）向任何竞争对手；（3）为公司利益之外的任

续表

何目的向任何其他个人或实体披露任何保密信息的全部或部分，除非该等披露是法律所要求的；在这种情况下，披露应在该等法律所明确要求的范围内进行。

第三条 竞业禁止

1．雇员承诺，在期限和区域内不直接或间接地以个人名义或以一个企业的所有者、许可人、被许可人、本人、代理人、雇员、独立承包商、业主、合伙人、出租人、股东或董事或管理人员的身份或以其他任何名义：（1）投资或从事公司业务之外的竞争业务或成立从事竞争业务的组织；（2）向竞争对手提供任何服务或披露任何保密信息。

2．雇员承诺，在期限内不直接或间接地劝说、引诱、鼓励或以其他方式促使公司或其关联公司的：（1）任何管理人员或雇员终止该等管理人员或雇员与公司或其关联公司的聘用关系；（2）任何客户、供应商、被许可人、许可人或与公司或其关联公司有实际或潜在业务关系的其他人或实体（包括任何潜在的客户、供应商或被许可人等）终止或以其他方式改变与公司或其关联公司的业务关系。

3．雇员承诺，其未签订过且不会签订任何与本合同条款相冲突的书面或口头合同。

第四条 对价

雇员在此确认，其将从公司不时取得的薪金和其他补偿或利益构成其在本合同第二、三条中所作承诺的全部对价。

第五条 执行

双方同意在法律允许的范围内最大限度地执行本合同，本合同任何部分的无效、非法或不可执行均不影响或削弱本合同其余部分的有效、合法与可执行性。

第六条 公平承诺

双方同意，本合同第二、三条中所作约定的范围和性质是公平合理的，在此约定的时间、地理区域和范围是为保护公司和其关联公司充分使用其商誉开展经营所必需的。

第七条 违约救济

雇员承认，其违反本合同将给公司和/或其关联公司造成无法弥补的损害，并且通过任何诉讼获得的金钱赔偿都不足以充分补偿该等损害。雇员同意，公司和/或其关联公司有权通过临时限制令、禁止令、对本合同条款的实际履行或其他救济措施来防止对本合同的违反。但本条的规定不应被解释为公司和/或其关联公司放弃任何获得损害赔偿或其他救济的权利。

续表

第八条　合同的修改与转让

1.本合同构成双方就本合同题述事项所达成的完整的合同和共识。非经双方书面同意，本合同不得被修改、补充或变更。

2.雇员不得转让本合同或由本合同产生的任何义务或权益。

第九条　法律适用与争议解决

1.本合同受中华人民共和国法律管辖，并应根据其进行解释。

2.双方应努力通过友好协商解决由本合同产生的或与本合同有关的所有争议。如协商未果，该等争议应被提交中国国际经济贸易仲裁委员会根据其规则和程序在［×××/上海］仲裁解决。仲裁过程中，双方应尽可能得继续履行本合同除争议事项外的其余部分。

第十条　文本

本合同一式两份，合同双方各执一份，具有同等效力。

双方在此于文首载明之日郑重签署本合同，以昭信守。

________________________有限公司（公章）

授权代表：________________________

雇员：____________________________

身份证号码：________________________

住所：______________________________

动合同变更协议书

劳动合同变更协议书

甲方：___________公司

乙方：___________（员工工号：________）

经甲、乙双方协商一致，对双方在_____年_____月_____日签订/续订的劳动合同第___条第___款作如下变更：

一、变更后的内容

____

____

____

续表

<table>
<tr><td>
二、本协议书经甲、乙双方签字（盖章）后生效。

三、本协议书一式二份，甲、乙双方各执一份。

甲方：AA公司　　　　　　　　　　　　　乙方（签字）：
法定代表人或委托代理人：
______年____月____日　　　　　　　　　________年____月____日
</td></tr>
</table>

关于解除劳动合同的通知（适用于在试用期间被证明不符合录用条件的情况）

<table>
<tr><td>
关于解除劳动合同的通知
（适用于在试用期间被证明不符合录用条件的情况）

××有限公司于______年____月____日与________先生/女士签订了劳动合同，原劳动合同的有效期为____年，至______年____月____日止。双方约定的试用期为____月，从______年____月____日起，至______年____月____日止。现因您在试用期间被证明不符合录用条件，（以法定的最低就业年龄等基本录用条件以及招用时规定的文化、技术、身体、品质等条件为标准。）根据《中华人民共和国劳动合同法》第三十九条和第四十六条规定，《××市劳动合同条例（规定）》第××条和第××条规定，以及原劳动合同的相关约定条款。经公司管理层批准，依法与您解除原劳动合同。
按国家和××市政府的劳动管理规定公司将支付您本月应得的工资。现特此通知________先生/女士，原劳动合同将于______年____月____日正式解除，请即日起与公司办理相关离职手续并领取本月应得的工资，并于______年____月____日起，______先生/女士与××有限公司完全脱离劳动关系。
特此通知。

××有限公司
人力资源部
______年____月____日
……………………………………………………………………………

员工确认书

本人已知晓《解除劳动合同通知书》，并将在规定的时间内办理离职手续。
员工签名：

______年____月____日
</td></tr>
</table>

关于解除劳动合同的通知（适用于严重违反劳动纪律或者企业规章制度的情况）

关于解除劳动合同的通知

（适用于严重违反劳动纪律或者企业规章制度的情况）

××有限公司于______年____月____日与________先生/女士签订了劳动合同，原劳动合同的有效期为____年，至______年____月____日止。现因您于______年____月____日，严重违反了公司规定的劳动纪律。（或者公司的规章制度）根据《中华人民共和国劳动合同法》第三十九条和第四十六条规定，《××市劳动合同条例（规定）》第××条和第××条规定，以及原劳动合同的相关约定条款。经公司管理层批准，依法与您解除原劳动合同。（企业对违纪职工作出开除、除名、辞退等导致双方劳动关系消灭的处理，都属于员工违纪解除劳动合同。）

按国家和××市政府的劳动管理规定公司将支付您本月应得的工资。现特此通知________先生/女士，原劳动合同将于______年____月____日正式解除，请即日起与公司办理相关离职手续并领取本月应得的工资，并于______年____月____日起，________先生/女士与××有限公司完全脱离劳动关系。

特此通知。

××有限公司

人力资源部

______年____月____日

附：关于　　　　先生/女士严重违反劳动纪律的事实。

……………………………………………………………………………………

员工确认书

本人已知晓《解除劳动合同通知书》，并将在规定的时间内办理离职手续。

员工签名：

______年____月____日

关于解除劳动合同的通知（适用于严重失职，营私舞弊，对企业利益造成重大损害的情况）

关于解除劳动合同的通知

（适用于严重失职，营私舞弊，对企业利益造成重大损害的情况）

××有限公司于______年____月____日与________先生/女士签订了劳动合同，原劳动合同的有效期为____年，至______年_____月_____日止。现因您于______年____月____日，在____________方面由于严重失职（或营私舞弊）并对本公司的利益已经造成了重大损害。根据《中华人民共和国劳动合同法》第三十九条和第四十六条规定，《××市劳动合同条例（规定）》第××条和第××条规定，以及原劳动合同的相关约定条款。经公司管理层批准，依法与你解除原劳动合同。

按国家和××市政府的劳动管理规定公司将支付你本月应得的工资。现特此通知________先生/女士，原劳动合同将于______年____月____日正式解除，请即日起与公司办理相关离职手续并领取本月应得的工资，并于______年____月____日起，________先生/女士与××有限公司完全脱离劳动关系。

由于你的严重失职（或营私舞弊）使本公司的利益受到了重大损害，并在经济上造成了一定的损失。因此，本公司将保留要求你向公司赔偿经济损失的权利，以及保留依法对你起诉追究法律责任的权利。

特此通知。

××有限公司

人力资源部

______年____月____日

……………………………………………………………………………………

员工确认书

本人已知晓《解除劳动合同通知书》，并将在规定的时间内办理离职手续。

员工签名：

______年____月____日

关于解除劳动合同的通知（适用于被依法追究刑事责任的情况）

关于解除劳动合同的通知

（适用于被依法追究刑事责任的情况）

××有限公司于______年____月____日与________先生/女士签订了劳动合同，原劳动合同的有效期为____年，至______年____月____日止。现因您于______年____月____日，被政府有关部门依法追究刑事责任，（“被依法追究刑事责任”是指：被人民检察院免予起诉的；被人民法院判处刑罚的；被人民法院依据刑法第三十二条免予刑事处分的；员工被人民法院判处拘役；三年以下有期徒刑缓刑的。以及员工被劳动教养的情况出现。）根据《中华人民共和国劳动合同法》第三十九条和第四十六条规定，《××市劳动合同条例（规定）》第 ××条和第××条规定，以及原劳动合同的相关约定条款。经公司管理层批准，依法与你解除原劳动合同。

按国家和××市政府的劳动管理规定公司将支付你应得的工资。现特此通知________先生/女士，原劳动合同将于______年____月____日正式解除，请即日起与公司办理相关离职手续并领取本月应得的工资，并于______年____月____日起，________先生/女士与××有限公司完全脱离劳动关系。

如果经证明你是被错误追究刑事责任的，本劳动合同将不再恢复，你可依据《国家赔偿法》要求有关部门赔偿。

特此通知。

××有限公司

人力资源部

______年____月____日

附：关于________先生/女士被依法追究刑事责任的副本。

……………………………………………………………………………………………………

员工确认书

本人已知晓《解除劳动合同通知书》，并将在规定的时间内办理离职手续。

员工签名：

______年____月____日

关于暂时停止劳动合同的履行的通知（适用于涉嫌违法犯罪被有关机关收容审查、拘留或逮捕的情况）

关于暂时停止劳动合同的履行的通知

（适用于涉嫌违法犯罪被有关机关收容审查、拘留或逮捕的情况）

××有限公司于______年____月____日与________先生/女士签订了劳动合同，原劳动合同的有效期为____年，至______年____月____日止。现因您于______年_____月____日，被政府有关部门因涉嫌违法犯罪被有关机关收容审查，（或是被拘留、逮捕的）根据《中华人民共和国劳动法》的规定，经公司管理层批准，在你被限制人身自由期间，依法与你暂时停止劳动合同的履行。

暂时停止履行劳动合同期间，本公司不承担劳动合同规定的相应义务。如果你经证明被错误限制人身自由的，暂时停止履行劳动合同期间你的损失，可由其依据《国家赔偿法》要求有关部门赔偿。

特此通知。

××有限公司

人力资源部

______年____月____日

附：关于　　　　先生/女士被收容审查的证明文件。

………………………………………………………………………………………………

员工确认书

本人已知晓《解除劳动合同通知书》，并将在规定的时间内办理离职手续。

员工签名：

______年____月____日

关于解除劳动合同的通知（适用于医疗期满后，不能从事原工作的情况）

关于解除劳动合同的通知

（适用于医疗期满后，不能从事原工作的情况）

××有限公司于______年____月____日与________先生/女士签订了劳动合同，原劳动合同的有效期为____年，至______年____月____日止。现因您患病（或或者非因工负伤）并于______年____月____日您可享受的法定医疗期已满，但您仍然不能从事原工作也不能从事由企业另行安排的工作。根据《中华人民共和国劳动合同法》第四十条和第四十六条规定，《××市劳动合同条例（规定）》第××条和第××条的规定，以及原劳动合同的相关约定条款。经公司管理层批准，依法与您解除原劳动合同。

按国家和××市政府的劳动管理规定本公司除支付您本月应得的工资外，还将向您支付一次性的解除劳动合同的经济补偿金和医疗补助费。一次性支付经济补偿金、医疗补助费及其他费用共计人民币__________元整。包括：

1．提前一个月通知发给相当于员工本人一个月工资的经济补偿金，　计人民币________元整。

2．按在本公司的服务年限，每满一年发给相当于员工本人一个月工资的经济补偿金（满六个月的按一年计算，不满六个月的支付半个月工资），计人民币________元整。

3．相当于员工本人______个月工资的医疗补助费，计人民币________元整。

4．其他应付款项：计人民币________元整。

5．按政府规定扣缴的个人所得税，计人民币________元整。

现特此通知________先生/女士，原劳动合同将于______年____月____日正式解除，请即日起与公司办理相关离职手续并领取本月应得的工资，经济补偿金和医疗补助费。并于______年____月____日起，________先生/女士与××有限公司完全脱离劳动关系。

特此通知。

××有限公司

人力资源部

______年____月____日

……………………………………………………………………………………

员工确认书

本人已知晓《解除劳动合同通知书》，并将在规定的时间内办理离职手续。

员工签名：

______年____月____日

关于解除劳动合同的通知（适用于不能胜任工作，经过培训或者调整工作岗位，仍不能胜任工作的情况）

关于解除劳动合同的通知

（适用于不能胜任工作，经过培训或者调整工作岗位，仍不能胜任工作的情况）

××有限公司于______年____月____日与________先生/女士签订了劳动合同，原劳动合同的有效期为____年，至______年____月____日止。现因您不能胜任工作，并于______年____月____日，经过培训（或者调整工作岗位）您仍然不能胜任工作。根据《中华人民共和国劳动合同法》第四十条和第四十六条规定，《××市劳动合同条例（规定）》第××条和第××条的规定，以及原劳动合同的相关约定条款。经公司管理层批准，依法与您解除原劳动合同。

按国家和××市政府的劳动管理规定本公司除支付您本月应得的工资外，还将向您支付一次性的解除劳动合同的经济补偿金。一次性支付经济补偿金及其他费用共计人民币________元整。包括：

1．提前一个月通知发给相当于员工本人一个月工资的经济补偿金，计人民币________元整。

2．按在本公司的服务年限，每满一年发给相当于员工本人一个月工资的经济补偿金（满六个月的按一年计算，不满六个月的支付半个月工资），计人民币________元整。

3．其他应付款项：计人民币________元整。

4．按政府规定扣缴的个人所得税，计人民币________元整。

现特此通知________先生/女士，原劳动合同将于______年____月____日正式解除，请即日起与公司办理相关离职手续并领取本月应得的工资，经济补偿金。并于______年____月____日起，________先生/女士与××有限公司完全脱离劳动关系。

特此通知。

××有限公司

人力资源部

______年____月____日

……………………………………………………………………………………

员工确认书

本人已知晓《解除劳动合同通知书》，并将在规定的时间内办理离职手续。

员工签名：

______年____月____日

关于解除劳动合同的通知（适用于客观情况发生重大变化，致使原劳动合同无法履行，经当事人协商不能就变更劳动合同达成协议的情况）

关于解除劳动合同的通知

（适用于客观情况发生重大变化，致使原劳动合同无法履行，经当事人协商不能就变更劳动合同达成协议的情况）

××有限公司于______年____月____日与________先生/女士签订了劳动合同，原劳动合同的有效期为____年，至______年____月____日止。现因劳动合同订立时所依据的客观情况发生重大变化，致使原劳动合同无法继续全部履行。

根据《中华人民共和国劳动合同法》第三十六条和第四十条和第四十六条规定，《××市劳动合同条例（规定）》第××条和第××条的规定，以及原劳动合同的相关约定条款。向您本人进行说明，并就关于变更劳动合同的内容以及安排待岗等情况与当事人多次协商，但仍然不能就变更劳动合同达成协议。现经公司管理层批准，依法与您解除原劳动合同。

按国家和××市政府的劳动管理规定本公司除支付您本月应得的工资外，还将向您支付一次性的解除劳动合同的经济补偿金。一次性支付经济补偿金及其他费用共计人民币________元整。包括：

1．提前一个月通知发给相当于员工本人一个月工资的经济补偿金，计人民币______元整。

1．在本公司的服务年限，每满一年发给相当于员工本人一个月工资的经济补偿金（满六个月的按一年计算，不满六个月的支付半个月工资），计人民币________元整。

3．其他应付款项：计人民币________元整。

1．按政府规定扣缴的个人所得税，计人民币________元整。

现特此通知________先生/女士，原劳动合同将于______年____月____日正式解除，请即日起与公司办理相关离职手续并领取本月应得的工资，经济补偿金。并于______年____月____日起，________先生/女士与××有限公司完全脱离劳动关系。

特此通知。

××有限公司

人力资源部

______年____月____日

……………………………………………………………………………………………………

员工确认书

本人已知晓《解除劳动合同通知书》，并将在规定的时间内办理离职手续。

员工签名：

______年____月____日

关于解除劳动合同的通知（适用于企业濒临破产进行法定整顿期间或者生产经营状况发生严重困难，确需裁减人员的情况）

关于解除劳动合同的通知

（适用于企业濒临破产进行法定整顿期间或者生产经营状况发生严重困难，确需裁减人员的情况）

××有限公司于______年____月____日与________先生/女士签订了劳动合同，原劳动合同的有效期为____年，至______年____月____日止。现因本公司生产经营状况发生严重困难，（或濒临破产进行法定整顿期间）确需裁减人员。

本公司于______年____月____日向工会（或者全体职工）说明了情况，听取工会的意见，并于______年____月____日向当地劳动行政管理部门报告后，现经公司管理层批准，依法与您解除原劳动合同。

按国家和××市政府的劳动管理规定本公司除支付您本月应得的工资外，还将向您支付一次性的解除劳动合同的经济补偿金（和医疗补助费如有）。一次性支付经济补偿金及其他费用共计人民币________元整。包括：

1. 按在本公司的服务年限，每满一年发给相当于员工本人一个月工资的经济补偿金（满六个月的按一年计算，不满六个月的支付半个月工资），计人民币________元整。

2. 其他应付款项：计人民币________元整。

3. （相当于员工本人______个月工资的医疗补助费，计人民币________元整。如有）

4. 按政府规定扣缴的个人所得税，计人民币________元整。

现特此通知________先生/女士，原劳动合同将于______年____月____日正式解除，请即日起与公司办理相关离职手续并领取本月应得的工资，经济补偿金。并于______年____月____日起，________先生/女士与××有限公司完全脱离劳动关系。

特此通知。

××有限公司
人力资源部
______年____月____日

………………………………………………………………………………

员工确认书

本人已知晓《解除劳动合同通知书》，并将在规定的时间内办理离职手续。

员工签名：

______年____月____日

关于终止劳动合同的通知（适用于劳动合同期满，公司不续签或因公司降低劳动合同约定条件，员工拒绝续签劳动合同而终止的情况）

关于终止劳动合同的通知

（适用于劳动合同期满，公司不续签或因公司降低劳动合同约定条件，员工拒绝续签劳动合同而终止的情况）

××有限公司于______年____月____日与________先生/女士签订了劳动合同，原劳动合同的有效期为____年，至______年____月____日止。现因双方签订的原劳动合同期满，根据《中华人民共和国劳动合同法》第四十四条和第四十六条规定，以及原劳动合同的相关约定条款。经公司管理层批准，依法与您终止原劳动合同。

按国家劳动合同法的相关规定，公司将支付您本月应得的工资及相应的经济补偿金。一次性支付经济补偿金及其他费用共计人民币________元整。包括：

1.按在本公司的服务年限，每满一年发给相当于员工本人一个月工资的经济补偿金（满六个月的按一年计算，不满六个月的支付半个月工资），计人民币________元整。

1.其他应付款项：计人民币________元整。

现特此通知________先生/女士，原劳动合同将于_______年_____月____日正式终止，请即日起与公司办理相关离职手续并领取本月应得的工资及相应的经济补偿金。并于______年____月____日起，________先生/女士与××有限公司完全脱离劳动关系。

特此通知。

××有限公司

人力资源部

______年____月____日

……………………………………………………………………………………………

员工确认书

本人已知晓《解除劳动合同通知书》，并将在规定的时间内办理离职手续。

员工签名：

______年____月____日

关于终止劳动合同的通知（适用于劳动合同期满，因公司维持或提高劳动合同约定条件，员工拒绝续签劳动合同而终止的情况）

关于终止劳动合同的通知

（适用于劳动合同期满，因公司维持或提高劳动合同约定条件，员工拒绝续签劳动合同而终止的情况）

××有限公司于______年____月____日与________先生/女士签订了劳动合同，原劳动合同的有效期为____年，至______年____月____日止。现因双方签订的原劳动合同期满，因您本人原因拒绝与公司续签劳动合同。根据《中华人民共和国劳动合同法》第四十四条和第四十六条规定，以及原劳动合同的相关约定条款。经公司管理层批准，依法与您终止原劳动合同。

按国家劳动合同法的相关规定，公司将支付您本月应得的工资。现特此通知________先生/女士，原劳动合同将于______年____月____日正式终止，请即日起与公司办理相关离职手续并领取本月应得的工资。并于______年____月____日起，________先生/女士与××有限公司完全脱离劳动关系。

特此通知。

××有限公司

人力资源部

______年____月____日

……………………………………………………………………………………

员工确认书

本人已知晓《解除劳动合同通知书》，并将在规定的时间内办理离职手续。

员工签名：

______年____月____日

关于终止劳动合同的通知（适用于员工退休、退职的情况）

关于终止劳动合同的通知

（适用于员工退休、退职的情况）

××有限公司于______年____月____日与________先生/女士签订了劳动合同，原劳动合同的有效期为____年，至______年____月____日止。现因您已达到法定退休年龄并办理了享受基本养老保险待遇手续，根据《中华人民共和国劳动合同法》第四十四条和第四十六条规定，以及原劳动合同的相关约定条款。

经公司管理层决定，依法与您终止原劳动合同。

按国家劳动合同法的相关规定，公司将支付您本月应得的工资。现特此通知________先生/女士，原劳动合同将于______年____月____日正式终止，请即日起与公司办理相关离职退休（或退职）手续并领取本月应得的工资。并于______年____月____日起，________先生/女士与××有限公司完全脱离劳动关系。

特此通知。

××有限公司

人力资源部

______年____月____日

……………………………………………………………………………………

员工确认书

本人已知晓《解除劳动合同通知书》，并将在规定的时间内办理离职手续。

员工签名：

______年____月____日

关于终止劳动合同的通知（适用于企业依法宣告破产的情况）

关于终止劳动合同的通知

（适用于企业依法宣告破产的情况）

××有限公司于______年____月____日与________先生/女士签订了劳动合同，原劳动合同的有效期为____年，至______年____月____日止。现因本公司依法宣告破产，原双方订立的劳动合同时所依据的客观情况发生不可抗力的重大变化，致使原劳动合同全部无法履行。根据《中华人民共和国劳动合同法》第四十四条和第四十六条规定，以及原劳动合同的相关约定条款。经公司管理层决定，依法与您终止原劳动合同。

按劳动合同法的相关规定本公司除支付您本月应得的工资外，还将向您支付一次性的终止劳动合同的经济补偿金（和医疗补助费如有）。一次性支付经济补偿金及其他费用共计人民币________元整。包括：

1. 按在本公司的服务年限，每满一年发给相当于员工本人一个月工资的经济补偿金（满六个月的按一年计算，不满六个月的支付半个月工资），计人民币________元整。

2. 其他应付款项：计人民币________元整。

3. （相当于员工本人六个月工资的医疗补助费，计人民币________元整。如（有）

现特此通知________先生/女士，原劳动合同将于______年____月____日正式终止，请即日起与公司办理相关离职手续并领取本月应得的工资，经济补偿金（和医疗补助费如有）。并于______年____月____日起，__________先生/女士与××有限公司完全脱离劳动关系。

特此通知。

××有限公司

人力资源部

______年____月____日

……………………………………………………………………………………

员工确认书

本人已知晓《解除劳动合同通知书》，并将在规定的时间内办理离职手续。

员工签名：

______年____月____日

关于终止劳动合同的通知（适用于企业被吊销营业执照、责令关闭、解散或者被撤销的情况）

关于终止劳动合同的通知

（适用于企业被吊销营业执照、责令关闭、解散或者被撤销的情况）

××有限公司于______年____月____日与________先生/女士签订了劳动合同，原劳动合同的有效期为____年，至______年____月____日止。现因本公司被吊销营业执照（或责令关闭、解散或者被撤销的情况），原双方订立的劳动合同时所依据的客观情况发生不可抗力的重大变化，致使原劳动合同全部无法履行。根据《中华人民共和国劳动合同法》第四十四条和第四十六条规定，以及原劳动合同的相关约定条款。经公司管理层决定，依法与您终止原劳动合同。

按劳动合同法的相关规定本公司除支付您本月应得的工资外，还将向您支付一次性的终止劳动合同的经济补偿金（和医疗补助费如有）。一次性支付经济补偿金及其他费用共计人民币________元整。包括：

1.按在本公司的服务年限，每满一年发给相当于员工本人一个月工资的经济补偿金（满六个月的按一年计算，不满六个月的支付半个月工资），计人民币________元整。

1.其他应付款项：计人民币________元整。

3.相当于员工本人六个月工资的医疗补助费，计人民币________元整。（如有）

现特此通知________先生/女士，原劳动合同将于______年____月____日正式终止，请即日起与公司办理相关离职手续并领取本月应得的工资，经济补偿金（和医疗补助费如有）。并于______年____月____日起，__________先生/女士与××有限公司完全脱离劳动关系。

特此通知。

××有限公司

人力资源部

______年____月____日

………………………………………………………………………………………………

员工确认书

本人已知晓《解除劳动合同通知书》，并将在规定的时间内办理离职手续。

员工签名：

______年____月____日

关于终止劳动合同的通知（适用于员工患职业病、因工负伤，被确认为部分丧失劳动能力的情况）

关于终止劳动合同的通知

（适用于员工患职业病、因工负伤，被确认为部分丧失劳动能力的情况）

××有限公司于______年____月____日与________先生/女士签订了劳动合同，原劳动合同的有效期为____年，至______年____月____日止。现因双方签订的原劳动合同期满，由于您患职业病（或因工负伤），且被政府劳动能力鉴定机构确认为部分丧失劳动能力，现经公司管理层批准，同意按照政府的相关规定向您支付一次性伤残就业补助金。并根据《中华人民共和国劳动合同法》第四十五条规定，以及原劳动合同的相关约定条款，依法与您终止原劳动合同。

按劳动合同法相关规定本公司除支付您本月应得的工资、经济补偿金、一次性工伤医疗补助金和伤残就业补助金及其他费用共计人民币________元整。包括：

1．按在本公司的服务年限，每满一年发给相当于员工本人一个月工资的经济补偿金（满六个月的按一年计算，不满六个月的支付半个月工资），计人民币________元整。

1．相当于本市上年度职工月平均工资标准的______个月的一次性工伤医疗补助金和伤残就业补助金，计人民币________元整。

3．其他应付款项：计人民币________元整。

现特此通知________先生/女士，原劳动合同将于______年____月____日正式解除，请即日起与公司办理相关离职手续并领取本月应得的工资、经济补偿金、一次性工伤医疗补助金和伤残就业补助金等其他费用。并于______年____月____日起，________先生/女士与××有限公司完全脱离劳动关系。

特此通知。

××有限公司

人力资源部

______年____月____日

……………………………………………………………………………………

员工确认书

本人已知晓《解除劳动合同通知书》，并将在规定的时间内办理离职手续。

员工签名：

______年____月____日

关于终止劳动合同的通知（适用于员工患职业病或者因工负伤，被确认为大部分丧失劳动能力的，经劳动合同当事人协商一致的情况）

关于终止劳动合同的通知

（适用于员工患职业病或者因工负伤，被确认为大部分丧失劳动能力的，经劳动合同当事人协商一致的情况）

××有限公司于______年____月____日与________先生/女士签订了劳动合同，原劳动合同的有效期为____年，至______年____月____日止。现因双方签订的原劳动合同期满，但鉴于您患职业病（或因工负伤），且被政府劳动能力鉴定机构确认为大部分丧失劳动能力，本公司不得与您终止劳动合同。现经双方协商一致，并经公司管理层批准，同意按照政府的相关规定向您支付一次性工伤医疗补助金和伤残就业补助金后，根据《中华人民共和国劳动合同法》第四十五条规定，以及原劳动合同的相关约定条款，依法与您终止原劳动合同。

按劳动合同法相关规定本公司除支付您本月应得的工资、经济补偿金、一次性工伤医疗补助金和伤残就业补助金及其他费用共计人民币________元整。包括：

1.按在本公司的服务年限，每满一年发给相当于员工本人一个月工资的经济补偿金（满六个月的按一年计算，不满六个月的支付半个月工资），计人民币________元整。

2.相当于本市上年度职工月平均工资标准的______个月的一次性工伤医疗补助金和伤残就业补助金，计人民币________元整。

3.其他应付款项：计人民币________元整。

现特此通知________先生/女士，原劳动合同将于______年____月____日正式解除，请即日起与公司办理相关离职手续并领取本月应得的工资、经济补偿金、一次性伤残补助金及一次性伤残就业补助金等其他费用。并于______年____月____日起，________先生/女士与××有限公司完全脱离劳动关系。

特此通知。

××有限公司

人力资源部

______年____月____日

…………………………………………………………………………………………

员工确认书

本人已知晓《解除劳动合同通知书》，并将在规定的时间内办理离职手续。

员工签名：

______年____月____日

第三章 企业年金管理文书

（××单位）企业年金方案范本

（××单位）企业年金方案

（××单位并盖章）

企业首席代表　　　　　　　　　　职工首席代表
签章：　　　　　　　　　　　　　签章：
日期：　　　　　　　　　　　　　日期：

目录

释义

企业年金：指已参加企业职工基本养老保险的单位及其职工，为更好保障职工退休后的生活而建立的补充养老保险制度。

委托人：指建立企业年金计划的单位及其职工。

受益人：参加企业年金计划的职工及其他享有企业年金计划受益权的自然人。

受托人：指受托管理本单位企业年金基金的符合国家规定的法人受托机构或企业年金

理事会。

账户管理人：指接受受托人委托管理企业年金基金账户的专业机构。

托管人：指接受受托人委托保管企业年金基金财产的商业银行。

投资管理人：指接受受托人委托投资管理企业年金基金财产的专业机构。

个人账户：指以职工个人名义开立的账户，用于记录分配给职工个人的单位缴费、职工个人缴费及其投资收益。

企业账户：指以单位名义开立的账户，用于记录暂时未分配至职工个人账户的单位缴费及其投资收益。

第一章　总则

第一条　为保障和提高职工退休后的待遇水平，调动职工的劳动积极性，建立人才长效激励机制，增强单位的凝聚力，促进单位健康持续发展，根据《中华人民共和国劳动法》（中华人民共和国主席令第28号）、《集体合同规定》（劳动和社会保障部令第22号）、《企业年金试行办法》（劳动和社会保障部令第20号）、《企业年金基金管理办法》（人力资源和社会保障部令第11号）等法律、法规及政策，××单位决定建立企业年金计划（以下简称本计划），并结合实际情况，制定企业年金方案（以下简称本方案）。

第二条　建立企业年金遵循的原则：

（一）有利于单位发展。通过建立企业年金增强单位的凝聚力和吸引力，激励职工长期稳定地工作，促进单位与职工共同发展；

（二）公平与效率相结合。企业年金应覆盖大多数职工，对不同类别的职工可以在单位缴费分配上区别对待，但差距不宜过大，在体现公平、普惠的同时兼顾效率；

（三）自愿平等协商。单位及其职工通过集体协商确定建立企业年金并制定企业年金方案，职工自愿选择是否参加；

（四）保障安全、适度收益。企业年金基金的管理严格按照国家有关规定执行，按照规定的投资范围进行投资运作，在保障安全的前提下获取适度收益；

（五）适时调整原则。企业年金发展水平应与单位的经营状况相适应，在符合国家相关规定的前提下，根据单位经营状况的变化适时调整企业年金方案。

第三条　单位建立企业年金的基本条件

（一）依法参加企业职工基本养老保险并履行缴费义务；

（二）单位与工会或者职工代表通过集体协商确定建立企业年金；

（三）其他条件：________________________________。

第四条　实施范围

本方案适用于××单位所属____________________单位（以下统称本单位）。

第二章　参加人员

第五条　职工参加本方案的条件。

（一）依法参加企业职工基本养老保险并履行缴费义务；

（二）其他条件：____。

第六条　职工参加本方案的程序

符合上述参加条件的职工填写《职工参加企业年金申请表》（附件①），经本单位审核通过后参加本方案。在本方案实施后加入本单位的新职工，可在满足上述参加条件的（□本月、□次月）起参加本方案。

第七条　职工退出本方案的条件

（一）职工与本单位终止或解除劳动合同；

（二）职工达到本方案规定的企业年金待遇领取条件；

（三）其他：____。

第八条　职工退出本方案的程序

职工达到上述退出条件后自动退出本方案，单位停止其企业年金缴费，按照本方案第十八条处理其个人账户或按照本方案第二十九条支付企业年金待遇。

第九条　职工的权利和义务

（一）职工的权利

1. 职工对个人账户信息拥有知情权；

2. 在满足本方案规定的权益归属条件后，职工对个人账户中已经归属的权益拥有所有权；

3. 在满足本方案规定的领取条件后，职工享有领取企业年金待遇的权利；

4. 由于个人原因，职工可以申请暂停缴费；暂停缴费后，职工可根据个人情况申请恢复缴费。

（二）职工的义务

1. 授权本单位根据本方案规定从职工工资中代扣代缴个人缴费；

2. 授权本单位和本计划管理机构按国家有关规定代扣代缴个人所得税；

3. 授权××单位选择受托人并签订受托管理合同；

4. 授权本单位代表职工对企业年金计划进行管理监督；

5. 当个人基本信息发生变动时，须在七个工作日之内向本单位提供变动情况。

第三章　资金筹集与分配

第十条　企业年金所需费用由单位和职工共同承担。单位缴费的列支渠道按照国家有关规定执行；职工个人缴费由单位从职工工资中代扣代缴。

第十一条　单位缴费及分配

单位缴费按方式缴纳：

方式1：单位缴费为职工个人缴费基数的____%，职工个人（□月、□季度、□年度）缴费基数为______。单位缴费总额为单位为参加计划职工缴费的合计金额；

方式2：单位年缴费总额为上年度工资总额的____%，按照职工个人缴费基数全额、等比例分配至职工个人账户，职工个人（□月、□季度、□年度）缴费基数为________；

方式3：单位年缴费总额为上年度工资总额的____%，按照职工个人缴费基数的____%分配至职工个人账户，职工个人（□月、□季度、□年度）缴费基数为______，剩余部分记入企业账户，用于对本计划建立时临近退休职工的补偿性缴费。补偿范围为：______________，补偿缴费分配办法为：____________，补偿缴费划入职工个人账户的方式为：____________。补偿结束后，单位应根据实际情况调整单位缴费分配办法，履行本方案第三十三条规定程序后实施；

方式4：单位年缴费总额为上年度工资总额的____%，按照职工个人缴费基数的____%分配至职工个人账户，职工个人（□月、□季度、□年度）缴费基数为__________，剩余部分记入企业账户；

方式5：单位年缴费总额不超过上年度工资总额的____%。下属单位可根据实际情况，在实施细则中明确具体缴费比例及分配办法；

方式6：（其他方式）____。

第十二条　企业账户余额的分配办法可通过集体协商另行制定，并经民主程序审议通过后实施，但不得用于抵缴未来年度单位缴费。

第十三条　个人缴费

个人缴费按方式缴纳：

方式1：职工个人缴费为职工个人缴费基数的______%；

方式2：职工个人缴费为单位为其缴费的________%；

方式3：（其他方式）____。

第十四条　单位按（□月、□季度、□年度）将全部缴费款项按时、足额汇至托管人开立的企业年金基金受托财产托管专户。

第十五条　企业年金缴费的暂停、恢复和补缴

（一）单位出现亏损、停业等特殊情况无法履行缴费义务时，可暂停缴费，职工同时暂停缴费；单位情况好转后恢复缴费，职工同时恢复缴费。因单位原因暂停缴费的，恢复缴费后单位可以视经济情况予以补缴，职工个人（□补缴　□不补缴）暂停缴费期间个人缴费。补缴年限不得超过实际暂停缴费年限；

（二）职工个人可以申请暂停或恢复缴费。申请暂停缴费的条件是________，恢复缴费的条件是______________，同时填写《职工暂停（恢复）缴费企业年金申请表》（附件②），并经本单位确认后执行。个人暂停缴费期间，单位缴费也相应暂停，个人账户继续

在本计划中管理；个人恢复缴费时单位缴费也同时恢复；不弥补暂停缴费期间的单位和个人缴费。

第四章　账户管理

第十六条　本计划实行完全积累制度，采用个人账户方式进行管理，为参加职工开立个人账户，同时建立企业账户用于记录暂未分配至个人账户的单位缴费及其投资收益。

第十七条　个人账户下设单位缴费子账户和个人缴费子账户，分别记录单位缴费分配给职工个人的部分及其投资收益、职工个人缴费及其投资收益。

第十八条　个人账户的转移和保留

职工与本单位终止、解除劳动合同的，其个人账户转移或保留。

（一）职工与本单位终止、解除劳动合同，新就业单位已建立企业年金或职业年金的，其个人账户应当转入新就业单位的企业年金计划或职业年金计划管理；

（二）职工与本单位终止、解除劳动合同，未就业、新就业单位没有建立企业年金或职业年金的，其个人账户按方式______________处理：

方式1：转入本计划法人受托机构发起的集合计划设置的保留账户统一管理。保留账户的账户管理费从职工个人账户中扣除；

方式2：作为保留账户在本计划中继续管理。保留账户的账户管理费（□由本单位负担、□从职工个人账户中扣除）；

方式3：（理事会受托管理的企业年金计划）转入由本单位与职工协商选定的法人受托机构发起的集合计划设置的保留账户统一管理。保留账户的账户管理费从职工个人账户中扣除；

方式4：（其他方式）____。

（三）在集团公司内部调动新单位未实行企业年金制度的，其个人账户作为保留账户由原单位继续管理。保留账户的账户管理费（□由原单位负担、□从职工个人账户中扣除）。

第十九条　满足下列条件之一时，个人账户注销：

（一）职工领取完其个人账户资金；

（二）职工身故，其个人账户余额由指定受益人或法定继承人全部领取完毕；

（三）个人账户转移至新单位的企业年金计划或职业年金计划。

第五章　权益归属

第二十条　职工个人缴费部分及其投资运营收益全部归属职工个人。

第二十一条　单位缴费部分权益归属规则

单位缴费划入个人账户部分形成的权益，按以下规则归属于职工个人，未归属于职工个人的部分，划入企业账户。

<table>
<tr><td>权益归属核算时点</td><td>N</td><td>归属比例</td></tr>
<tr><td rowspan="4">职工与本单位终止、解除劳动合同</td><td>N<____年</td><td>××%</td></tr>
<tr><td>____年≤N<____年</td><td>××%</td></tr>
<tr><td>……</td><td>……</td></tr>
<tr><td>N≥____年</td><td>××%</td></tr>
<tr><td>退休或在职身故</td><td>——</td><td>××%</td></tr>
<tr><td>（其他特殊情况）[1]</td><td>——</td><td>××%</td></tr>
<tr><td colspan="3">备注：
1．N是指在____（本单位的工作年限、参加本方案的年限）[2]。
2．（其他需要说明的事项）____。</td></tr>
</table>

第二十二条　补偿缴费归属规则

补偿缴费按照方式____________归属。

方式1：职工退休前归属比例为0%，退休后100%归属；

方式2：与单位正常缴费归属规则一致；

方式3：（其他方式）____________。

第六章　基金管理

第二十三条　企业年金基金由单位缴费、职工个人缴费和投资收益组成。

第二十四条　本计划采取（□理事会受托、□法人受托）管理模式。本方案所归集的企业年金基金由××单位委托受托人进行受托管理并签署企业年金基金受托管理合同。由企业年金基金受托人委托具备企业年金管理资格的托管人、账户管理人、投资管理人提供统一的相关服务。

第二十五条　企业年金基金的投资收益，根据企业年金基金单位净值，按周或者日足额分别记入个人账户和企业账户。

第二十六条　企业年金基金管理运营的所需费用，按照国家有关法律法规及企业年金基金管理合同中的相关条款确定。其中正常账户的账户管理费由本单位缴纳，保留账户管理费按本细则第十八条规定执行，退休职工个人账户的账户管理费由（□个人、□单位）负担，其他费用由本单位和个人共同承担，从企业年金基金中扣除。

第二十七条　企业年金基金实行专户管理，与委托人、受托人、账户管理人、投资管理人和托管人的自有资产或其他资产分开管理，分别记账，不得挪作它用。

---

[1] 用人单位可列明其他特殊情况的归属比例，例如由于用人单位原因解除劳动合同或劳动合同不续签造成职工离职时，归属比例为100%；集团公司内部调动时，归属比例为100%。

[2] 用人单位可以自行确定个人账户中单位缴费累计权益的归属条件，例如在本单位的工作年限、参加本方案的年限或其他条件。

第七章　待遇计发和支付方式

第二十八条　本方案参加职工符合下列条件之一时，可以享受本方案规定的企业年金待遇：

（一）达到国家规定的退休年龄；

（二）未达到国家规定退休年龄时，经劳动能力鉴定委员会鉴定，因病（残）完全丧失劳动能力办理病退；

（三）退休前身故；

（四）出国（境）定居。

第二十九条　企业年金的支付方式

职工达到本方案第二十八条规定的企业年金待遇领取条件后，可根据个人账户余额、个人所得税税负等情况选择一次性或分期领取企业年金待遇。

第三十条　受益人的指定和修改

职工参加本方案时，应在申请表中以书面形式指定受益人作为本人身故后企业年金个人账户已归属权益的继承人。本方案参加人可以提出书面申请修改指定受益人。

第八章　方案的调整和终止

第三十一条　本单位有权根据国家政策法规和实际情况的变化，经集体协商对本方案进行调整。

第三十二条　出现下列情况之一，可对本方案进行调整：

（一）国家相关政策法规发生重大变化；

（二）单位的经营状况出现重大变化；

（三）其他：____。

第三十三条　调整本方案的程序

（一）本单位企业年金经办部门提出企业年金方案调整方案；

（二）调整方案经集体协商讨论通过；

（三）报送人力资源和社会保障部门备案；

（四）通知方案参加职工及受托人。

第三十四条　出现下列情况之一时，本方案可以终止：

（一）本单位发生依法解散、被依法撤销或者被依法宣告破产等情况；

（二）国家有关政策法规发生重大变化，导致本方案无法继续实施；

（三）其他：____。

第三十五条　终止本方案的程序

（一）制定终止企业年金计划方案。方案内容应包括终止原因、企业账户和个人账户处理办法等；

（二）经集体协商讨论通过；

（三）报送人力资源和社会保障部门备案；

（四）由受托人组织清算组对企业年金基金财产进行清算，对所有个人账户权益进行全部归属，并按照集体协商讨论通过的处理办法进行企业账户未归属权益分配；

（五）对所有个人账户进行保留或者转移。如果方案参加职工未能提出转移书面申请，作保留处理。保留后的账户管理费从个人账户中扣除；

（六）通知本方案参加职工及受托人。

第九章 组织管理和监督

第三十六条 本单位的企业年金基金管理接受人力资源社会保障部门等国家相关部门的监督检查。本单位依照国家相关法律、法规对受托人进行监督。

第三十七条 在接受国家相关部门监督的基础上，由本单位的纪检、工会和审计部门对本企业年金计划的运作管理进行内部监督。

第十章 附则

第三十八条 本方案自××年×月×日起开始实施。

第三十九条 因订立或者履行企业年金方案发生争议的，根据《集体合同规定》处理。

第四十条 因履行企业年金基金管理合同发生争议的，可以通过调解和民事诉讼处理。

第四十一条 本方案涉及的相关财税问题，按照国家相关规定执行。

第四十二条 本单位拥有对本方案的最终解释权。

职工参加企业年金申请表

职工参加企业年金申请表

申请人姓名	
申请人身份证号码	
受益人姓名	
受益人身份证号码	

参加企业年金的申请

本人已参加基本养老保险并履行缴费义务；

本人已认真阅读并同意接受《××单位企业年金方案实施细则》；

本人经慎重考虑，自愿申请（□加入、□不加入）××集团公司企业年金计划，并愿意承担由此带来的一切投资风险；

本人承诺遵守××单位企业年金方案实施细则的有关规定，并授权××单位：

1．从本人工资中代扣代缴职工个人缴费；

续表

<table>
<tr><td colspan="2">2．按照国家有关税收政策代扣代缴个人所得税。

申请人：
年　月　日</td></tr>
<tr><td>单位意见</td><td>经审核，该职工符合参加企业年金的条件，同意其参加企业年金计划。

签字（盖章）：
年　月　日</td></tr>
</table>

职工暂停（恢复）企业年金缴费申请表

职工暂停（恢复）企业年金缴费申请表

<table>
<tr><td>申请人姓名</td><td></td></tr>
<tr><td>身份证号码</td><td></td></tr>
<tr><td colspan="2">暂停企业年金缴费的申请
本人经慎重考虑，自愿申请暂停企业年金缴费，并愿意承担由此带来的损失。暂停缴费期间为：
□ ______年____月____日至______年____月____日；
□ 至本人申请恢复缴费为止；
□ 至退出本企业年金计划为止。

申请人：
年　月　日</td></tr>
<tr><td colspan="2">恢复企业年金缴费的申请
本人申请自______年____月____日起恢复企业年金缴费。

申请人：
年　月　日</td></tr>
<tr><td rowspan="2">单位意见</td><td>经审核，同意该职工暂停企业年金缴费。

签字（盖章）：
年　月　日</td></tr>
<tr><td>经审核，同意该职工恢复企业年金缴费。

签字（盖章）：
年　月　日</td></tr>
</table>

（××单位）企业年金方案基本情况简表（样式）

（××单位）企业年金方案基本情况简表（样式）

单位联系人：　　　　　　　　　办公电话：　　　　　　　　　手机：
受托人联系人：　　　　　　　　办公电话：　　　　　　　　　手机：

集团单位名称（盖章）、性质、从事行业	集团所有下属单位个数	集团总人数	在职、离退休人数	参加计划人数，覆盖率	集团方案批复时间	方案复函函号	已领待遇人数

序号	已报备下属单位名称	有无方案调整事项（列出）	是否报备	复函时间	复函函号

序号	本次报备下属单位名称	所属地	集体协商形式	参加人数、覆盖率	决议时间	拟实施方案日期

序号	未建立年金下属单位名称	未建立原因

第六部分

用人单位维权知识解读

第一章　劳动关系

哪些企业属于劳动合同法的适用范围

《中华人民共和国劳动合同法》第二条规定，中华人民共和国境内的企业、个体经济组织、民办非企业单位等组织（以下称用人单位）与劳动者建立劳动关系，订立、履行、变更、解除或者终止劳动合同，适用本法。

国家机关、事业单位、社会团体和与其建立劳动关系的劳动者，订立、履行、变更、解除或者终止劳动合同，依照本法执行。

《中华人民共和国劳动合同法实施条例》第三条规定，依法成立的会计师事务所、律师事务所等合伙组织和基金会，属于劳动合同法规定的用人单位。

用人单位订立哪些规章制度必须要与职工协商

根据劳动合同法第四条规定，用人单位在制定、修改或者决定有关劳动报酬、工作时间、休息休假、劳动安全卫生、保险福利、职工培训、劳动纪律以及劳动定额管理等直接涉及劳动者切身利益的规章制度或者重大事项时，应当经职工代表大会或者全体职工讨论，提出方案和意见，与工会或者职工代表平等协商确定。

在规章制度和重大事项决定实施过程中，工会或者职工认为不适当的，有权向用人单位提出，通过协商予以修改完善。

通过以上条款可以看出，劳动合同法特别规定了职工或者工会对用人单位规章制度提出异议的权利。较之劳动法的规定相比，不仅进一步明确和扩大了规章制度的范围，而且对规章制度的制定、修改、实施都作出了明确的规定。

用人单位建立和完善劳动规章制度应遵循什么程序

根据劳动合同法第四条的规定，用人单位应当依法建立和完善劳动规章制度，保障劳动者享有劳动权利、履行劳动义务。

用人单位在制定、修改或者决定有关劳动报酬、工作时间、休息休假、劳动安全卫生、保险福利、职工培训、劳动纪律以及劳动定额管理等直接涉及劳动者切身利益的规章制度或者重大事项时，应当经职工代表大会或者全体职工讨论，提出方案和意见，与工会或者职工代表平等协商确定。

在规章制度和重大事项决定实施过程中，工会或者职工认为不适当的，有权向用人单位提出，通过协商予以修改完善。

用人单位应当将直接涉及劳动者切身利益的规章制度和重大事项决定公示，或者告知劳动者，并向劳动者提供书面文本。

单位的规章制度必须公示才有效吗

劳动合同法第四条规定："用人单位应当将直接涉及劳动者切身利益的规章制度和重大事项决定公示，或者告知劳动者。"因此，今后凡是没有经过公示或告知劳动者的规章制度，就不具有规章制度应有的法律效力。

用人单位不得招聘哪些人员

原人事部、国家工商行政管理总局公布的《人才市场管理规定》第二十九条规定，用人单位不得招聘下列人员：正在承担国家、省重点工程、科研项目的技术和管理的主要人员，未经单位或主管部门同意的；由国家统一派出而又未满轮换年限的赴新疆、西藏工作的人员；正在从事涉及国家安全或重要机密工作的人员；有违法违纪嫌疑正在依法接受审查尚未结案的人员；法律、法规规定暂时不能流动的其他特殊岗位的人员。

单位在新职工到岗后一个月内签订劳动合同可以吗

劳动合同法第十条规定："已建立劳动关系，未同时订立书面劳动合同的，应当自用工之日起一个月内订立书面劳动合同。

上述条款强制性地规定：单位在建立劳动关系之日起最迟应在一个月内订立书面劳动合同。因此，这实际上是有限度地放宽了订立劳动合同的时间要求，规定已建立劳动关系，未同时订立书面劳动合同的，如果在自用工之日起一个月内订立了书面劳动合同，其行为即不违法。但如果用人单位自用工之日起超过一个月不满一年未与劳动者订立书面劳动合同的，则应当向劳动者每月支付两倍的工资（劳动合同法第八十二条），这是对用人单位在自用工之日一个月内未订立书面劳动合同的处罚措施。

用人单位自用工之日起超过一年仍未与劳动者签劳动合同怎么办

针对不少用工单位不与劳动者订立劳动合同的问题，劳动合同法第十四条规定，用人单位自用工之日起超过一个月不满一年未与劳动者订立书面劳动合同的，视为用人单位已与劳动者订立无固定期限劳动合同，并应在此前的11个月中向劳动者每月支付二倍的工资，这是对未在“一年”内与职工订立书面劳动合同的用人单位的严厉处罚措施。所以，用人单位在与劳动者建立劳动关系后，要按法律规定的要求来签订劳动合同。

大学应届毕业生提前签订劳动合同，劳动关系从何时起算

根据劳动合同法第十条规定：用人单位与劳动者在用工前订立劳动合同的，劳动关系自用工之日起建立。这种规定在一定程度上减少了在现实生活中争议和纠纷的发生。比如，即将毕业的在校大学生毕业前与用人单位提前签订了劳动合同，其劳动关系也只能从其正式上班之日起计算。

用人单位在劳动关系建立后是否需建立职工名册

用人单位在劳动关系建立后有必要建立职工名册。建立职工名册，对于用工管理、解决劳动争议、统计就业率和失业率等都有着很大帮助，同时也便于劳动行政部门行使劳动监察职责。

（1）法律依据。

《中华人民共和国劳动合同法》第七条规定：“用人单位自用工之日起即与劳动者建立劳动关系。用人单位应当建立职工名册备查。”

（2）职工名册的内容。

《中华人民共和国劳动合同法实施条例》第八条规定：“劳动合同法第七条规定的职工名册，应当包括劳动者姓名、性别、公民身份号码、户籍地址及现住址、联系方式、用工形式、用工起始时间、劳动合同期限等内容。”

（3）不建立职工名同的后果。

《中华人民共和国劳动合同法实施条例》第三十三条规定：“用人单位违反劳动合同法有关建立职工名册规定的，由劳动行政部门责令限期改正；逾期不改正的，由劳动行政部门处2000元以上2万元以下的罚款。”

用人单位招工时有权要求劳动者告知哪些内容

用人单位有权在招聘时询问和了解应聘者的知识技能、工作经历、受教育情况、健康状况等，应聘者也应当如实告知。如果员工以欺诈的方式与用人单位订立了劳动合同，这份劳动合同仍有被宣告无效的可能。并且，如果因为员工的欺诈而给用人单位造成了损失，员工还应承担赔偿责任。

用人单位在招工时应向劳动者告知哪些情况

《中华人民共和国劳动合同法》第八条规定，用人单位招用劳动者时，应当如实告知劳动者工作内容、工作条件、工作地点、职业危害、安全生产状况、劳动报酬，以及劳动者要求了解的其他情况；用人单位有权了解劳动者与劳动合同直接相关的基本情况，劳动者应当如实说明。

用人单位在招聘新员工时，应当保留哪些记录，以证明用人单位履行了告知义务

用人单位的规章制度中没有关于招工录用程序的规定，或者只有一些象征性的原则性规定，很难在实际管理中发生有意的作用，尤其是劳动合同法实施后，用人单位更应当认真考虑和制订本单位的员工录用程序，设计好录用过程中的相关表格和文书，并且严格执行。按照时间的顺序，至少可以从以下方面考虑：

（1）由于劳动合同法没有规定劳动者应当告知用人单位的具体内容，这就要求用人单位根据自己的需要，认真设计应聘者的求职简历要求和《入职登记表》，将用人单位认为有必要了解的情况明示出来。求职简历和《入职登记表》应当归入员工个人档案，妥善保管。

（2）在职位说明书、拟聘任通知书中，载明以下内容：工作内容；工作条件；工作地点；职业危害；安全生产状况；劳动报酬；劳动者要求了解的其他情况。当然，职业危害、安全生产状况等内容，也可以制作统一的安全生产方面的《说明书》，发放给拟聘用的劳动者，不过要做好签收记录。如果劳动合同中可以完全载明上述问题，也可以通知将上述内容约定在劳动合同中达到如实告知的目的。

其实，上述内容加上组织结构关系图、工作标准（目标）、绩效考核方法等相关内容，就可以构成一个完整的职位说明书，在劳动者入职前发放给劳动者，不但可以起到如实告知相关情况的作用，还是将来确认劳动者是否胜任工作、是否有失职行为、是否符合录用条件的重要依据，也是人力资源管理的一项基本工作。

（3）在如实告知上述内容后，实际用工前，与劳动者协商签订劳动合同，而不要实际用工后再订立劳动合同。

（4）要求劳动者在订立劳动合同前，或用工后一段时间内（一般为试用期内），提供能够证明简历或《入职登记表》内容属实的证书或文件，如身份证明、解除劳动合同证明、社会保险和人事档案关系、学历证书、体检证明等。

（5）一旦发现有与事实不符的情况，用人单位可以考虑按照试用期不符合录用条件解除劳动者，因弄虚作假而严重违纪解除劳动者，或者按照欺诈导致合同无效解除劳动者。

用人单位招用劳动者能否要求劳动者提供担保或收取财物、扣押证件

在实践中，有些用人单位为防止劳动者在工作中给用人单位造成损失，不赔偿就不辞而别的情况，利用自己的强势地位，在招用劳动者时要求劳动者提供担保或者向劳动者收取风险抵押金的行为，是一种不合法的行为。

1．法律依据

劳动合同法第九条规定，用人单位招用劳动者，不得扣押劳动者的居民身份证和其他证件，不得要求劳动者提供担保或者以其他名义向劳动者收取财物。

2．违反规定的处罚

劳动合同法第八十四条规定，用人单位违反本法规定，扣押劳动者居民身份证等证件的，由劳动行政部门责令限期退还劳动者本人，并依照有关法律规定给予处罚。

用人单位违反本法规定，以担保或者其他名义向劳动者收取财物的，由劳动行政部门责令限期退还劳动者本人，并以每人500元以上2000元以下的标准处以罚款；给劳动者造成损害的，应当承担赔偿责任。

劳动者依法解除或者终止劳动合同，用人单位扣押劳动者档案或者其他物品的，依照前款规定处罚。

劳动合同不规范有什么后果

用人单位与劳动者签订书面劳动合同，是劳动合同法规定的强制性义务，违反该义务，要承担否定性评价，承担不利法律后果。用人单位与劳动者签订劳动合同不规范，在发生劳动争议时，不足以维护单位的合法权益，将陷入单位用工成本增加的风险中。

（1）用人单位虽然制定了劳动规章，但是在发生劳动争议时，单位劳动规章要作为审判依据，根据最高人民法院的司法解释，需具备完善的程序，如：订立程序合法，公示公告合法，内容合法，不得与法律法规违背。

（2）根据最高人民法院的司法解释，在劳动规章与劳动合同相冲突，劳动者请求适用劳动合同的，法院应当适用劳动合同，因此，用人单位建立健全劳动规章固然重要，但用人单位规范劳动合同，确实是用人单位避免用工风险的重中之重。

规范的劳动合同应具备哪些条款

企业应根据劳动合同法劳动法及相关法律法规来制定本单位的劳动合同文本，确保具备合法的要件，同时用人单位应尽量将单位的劳动合同的漏洞控制在最小的范围内，以此降低劳动争议的风险。通常规范的劳动合同应具备以下的一些条款：

(1) 合同类型与期限条款——劳务合同、完成一定成果的劳动合同等等。
(2) 工作岗位（工种）条款——可以约定适用用人单位择优竞岗的劳动规章。
(3) 工作数量与质量条款——数量和质量条款，应注意不得加重劳动者的负担。
(4) 工作时间条款。
(5) 延长工作时间补偿条款。
(6) 休息和休假条款。
(7) 劳动安全卫生条款。
(8) 职业病防治条款。
(9) 教育和培训条款。
(10) 拒绝权与批评、检举和控告条款。
(11) 试用期工资条款。
(12) 工资分配条款。
(13) 工资支付保障条款。
(14) 延长工时工资补偿条款。
(15) 特殊情况下工资支付条款。
(16) 休假期间的工资支付条款。
(17) 社会保险条款。
(18) 劳动者患病或非因工负伤的医疗待遇条款。
(19) 劳动者工伤待遇条款。
(20) 女劳动者特殊保护条款。
(21) 社会福利条款。
(22) 用人单位劳动规章制度条款。
(23) 劳动者义务条款。
(24) 违反劳动纪律条款。
(25) 劳动合同的变更条款。
(26) 劳动合同的约定解除条款。
(27) 用人单位过失性解除劳动合同条款。
(28) 用人单位非过失性解除劳动合同条款。
(29) 经济性裁员条款。
(30) 非过失性解除劳动合同与经济性裁员的限制条款。
(31) 劳动者单方解除劳动合同条款。
(32) 预告解除条款。
(33) 劳动合同的终止与续订条款。
(34) 用人单位解除劳动合同支付经济补偿金条款。

（35）劳动者违法解除劳动合同赔偿损失条款。

（36）竞业限制条款。

（37）违反劳动合同的责任。

（38）劳动合同争议的解决。

（39）其他。

用人单位提供的劳动合同文本未载明劳动合同法规定的劳动合同必备条款有什么法律后果

《中华人民共和国劳动合同法》第十七条第一款规定：劳动合同应当具备以下条款：

（1）用人单位的名称、住所和法定代表人或者主要负责人。

（2）劳动者的姓名、住址和居民身份证或者其他有效身份证件号码。

（3）劳动合同期限。

（4）工作内容和工作地点。

（5）工作时间和休息休假。

（6）劳动报酬。

（7）社会保险。

（8）劳动保护、劳动条件和职业危害防护。

（9）法律、法规规定应当纳入劳动合同的其他事项。

如果用人单位提供的劳动合同文本没有规定劳动合同法第十七条第一款规定的一项或者几项必备内容，或者用人单位未将劳动合同文本交付劳动者的，要依法承担相应的法律责任，包括：

（1）由劳动行政部门责令改正。

（2）对劳动者造成损害的，用人单位应当承担赔偿责任。

劳动合同中有关劳动报酬的规定有哪些

劳动报酬是劳动者付出劳动后应该得到的回报。因此，劳动报酬是劳动合同中必不可少的内容。劳动报酬主要包括以下几个方面：

（1）用人单位工资水平、工资分配制度、工资标准和工资分配形式。

（2）工资支付办法。

（3）加班、加点工资及津贴、补贴标准和奖金分配办法。

（4）工资调整办法。

（5）试用期及病、事假等期间的工资待遇。

（6）特殊情况下职工工资（生活费）支付办法。

（7）其他劳动报酬分配办法。劳动合同中有关劳动报酬条款的约定，要符合我国有关最低工资标准的规定。

用人单位可以与劳动者协商约定哪些条款

根据劳动法第十九条第二款规定，劳动合同除必备条款外，用人单位与劳动者可以协商约定以下条款：

（1）试用期。

（2）培训。

（3）保守商业秘密。

（4）补充保险。

（5）福利待遇等其他事项。

用人单位可否与劳动者约定服务期及违约金

劳动合同法第二十二条第一款规定，用人单位为劳动者提供专项培训费用，对其进行专业技术培训的，可以与该劳动者订立协议，约定服务期。

第二十二条第二款规定，劳动者违反服务期约定的，应当按照约定向用人单位支付违约金。违约金的数额不得超过用人单位提供的培训费用。用人单位要求劳动者支付的违约金不得超过服务期尚未履行部分所应分摊的培训费用。

《劳动合同法实施条例》第十六条规定，劳动合同法第二十二条第二款规定的培训费用，包括用人单位为了对劳动者进行专业技术培训而支付的有凭证的培训费用、培训期间的差旅费用以及因培训产生的用于该劳动者的其他直接费用。

劳动法律法规对于竞业限制有何规定

劳动合同法第二十三条第二款规定，对负有保密义务的劳动者，用人单位可以在劳动合同或者保密协议中与劳动者约定竞业限制条款，并约定在解除或者终止劳动合同后，在竞业限制期限内按月给予劳动者经济补偿。劳动者违反竞业限制约定的，应当按照约定向用人单位支付违约金。

第二十四条规定，竞业限制的人员限于用人单位的高级管理人员、高级技术人员和其他负有保密义务的人员。竞业限制的范围、地域、期限由用人单位与劳动者约定，竞业限制的约定不得违反法律、法规的规定。

在解除或者终止劳动合同后，前款规定的人员到与本单位生产或者经营同类产品、从事同类业务的有竞争关系的其他用人单位，或者自己开业生产或者经营同类产品、从事同类业务的竞业限制期限，不得超过二年。

本法第九十条规定，劳动者违反本法规定解除劳动合同，或者违反劳动合同中约定的保密义务或者竞业限制，给用人单位造成损失的，应当承担赔偿责任。

如何在劳动合同中约定违约责任

在劳动合同中约定违约责任时要注意：

（1）符合有关规定，不能违反公平原则。

（2）国家没有对哪些方面可以约定违约责任作出规定，根据双方的需要进行协商。

（3）一般情况下，单位要求在劳动合同中约定责任比劳动者多，主要涉及培训费、商业秘密、竞业限制、岗位变化、工资、福利分房等。

劳动合同中哪些事项可以约定违约金

只有专项培训和竞业限制两个事项可以约定违约金，保密事项不能约定违约责任。

约定专项培训违约金应当注意哪些问题

企业在约定专项培训违约金时要分清一般职业培训和专项培训的区别，不要混淆，一般职业培训是企业的义务。服务期和违约金要约定明确具体。企业专项培训出资要有支付凭证，以便企业举证，没有支付凭证仲裁是不认可的。专项培训费用的内容包括直接和间接费用，直接费用是学费和资料费，间接费用是因培训支出的差旅费，培训期间的工资奖金津贴及培训用器材场地设备等固定资产折旧分摊费用。

劳动者违反服务期约定的，应当按照约定向用人单位支付违约金。违约金的数额不得超过用人单位提供的培训费用。用人单位要求劳动者支付的违约金不得超过服务期尚未履行部分所应分摊的培训费用。

如何约定培训费赔偿办法和规避风险

（1）如果在试用期内，用人单位不得要求劳动者支付该项培训费用。

（2）如果试用期满在合同期内，则用人单位可以要求劳动者支付该项培训费用。

（3）约定服务期的，按服务期等分出资金额，以职工已履行的服务期限递减支付。

（4）没约定服务期的：一是按劳动合同期等分出资金额，以职工已履行的合同期限递减支付；二是没有约定合同期的，按5年服务期等分出资金额，以职工已履行的服务期限递减支付。

（5）双方对递减计算方式已有约定的，从其约定。如果合同期满，职工要求终止合同，则用人单位不得要求劳动者支付该项活动费用。

（6）如果是由用人单位出资（单位付清培训费）招用的职工，职工在合同期内（包括试用期）解除与用人单位的劳动合同，则该用人单位可向职工索赔。

（7）委托培训问题如何处理：培训费、工资、交通费、赔偿金等问题。

竞业限制适用于哪些人

根据劳动合同法第二十四条第一款的规定，竞业限制仅限于以下三种人员：

（1）高级管理人员。

（2）高级技术人员。

（3）其他负有保密义务的人员。

竞业限制的期限有限制吗

根据劳动合同法第二十四条第二款的规定，竞业限制的期限不得超过二年。

竞业限制的补偿有什么限制

用人单位需要向劳动者支付经济补偿，因此，竞业限制对于用人单位来说，不啻为一种昂贵的工具。根据劳动合同法第二十三条第二款之规定，用人单位应当按月向劳动者支付经济补偿，具体补偿数额可以由双方协议约定。值得注意的是，关于具体数额我国目前尚无统一规定，只是部分省市对补偿标准做了规定。

保密费等同于竞业限制的经济补偿吗

劳动者的保密义务和竞业限制义务有着很大的不同，主要体现在以下三个方面：

1．产生方式不同

保密是一种法定义务，不管当事人之间是否有明示的约定，劳动者在职期间和离职以后均承担保守商业秘密的义务；而劳动者的竞业限制义务则是一种约定义务，则是基于双方当事人之间的约定，无约定则无义务。

2．期限不同

保密义务的存在没有期限，只要商业秘密存在，义务人的保密义务就永远存在；而竞业限制则存在着一个期限。

3．费用的支付不同

保密可以支付保密费也可以不支付，竞业限制约定是对劳动者自由择业权的限制，用人单位应当就此给予劳动者相应的经济补偿。此外，保密费是劳动者在职期间发放，而竞业限制的经济补偿，则是在劳动者离职后发放。

竞业限制协议是否等同于保密协议

保密协议和竞业限制协议是两个不同的法律概念。

1．保密协议

保密协议是指用人单位针对知悉企业商业秘密的劳动者签订的要求劳动者保守用人单位商业秘密的协议。保密协议应当以书面形式签订，一般应具备以下主要条款：

（1）保密的内容和范围。

（2）保密协议双方的权利和义务。

（3）保密协议的期限。

（4）违约责任。

在保密协议有效期限内，劳动者应严格遵守本企业保密制度，防止泄露企业技术秘密，不得向他人泄露企业技术秘密，非经用人单位书面同意，不得使用该商业秘密进行生产与经营活动，不得利用商业秘密进行新的研究和开发。

2．竞业限制协议

竞业限制协议是指用人单位与劳动者约定在解除或者终止后一定期限内，劳动者不得到与本单位生产或者经营同类产品、从事同类业务的有竞争关系的其他用人单位任职，或者自己开业生产或者经营同类产品的书面协议。竞业限制是保密的手段，通过订立竞业限制协议，可以减少和限制商业秘密被泄露的概率。保密是竞业限制的目的，订立竞业限制协议最终的目的是保护用人单位的合法权益。

3．保密协议和竞业限制协议的区别

保密协议和竞业限制协议有如下区别：

（1）保密义务一般是法律的直接规定或劳动合同的随附义务，不管用人单位与劳动者是否签订保密协议，劳动者均有义务保守商业秘密。而竞业限制是基于用人单位与劳动者的约定产生，没有约定的，无须承担竞业限制义务。

（2）保密义务要求保密者不得泄露商业秘密，侧重的不能“说”，竞业限制义务要求劳动者不能到竞争单位任职或自营竞争业务，侧重的是不能“做”。

（3）保密义务劳动者承担的义务仅限于保密，并不限制劳动者的就业权，而竞业限制义务不仅仅限制劳动者泄密，还限制劳动者的就业，劳动者的负担重很多。

（4）保密义务一般期限较长，只要商业秘密存在，劳动者的保密义务就存在，而竞业限制期限较短，最长不超过二年。

竞业禁止协议的竞业限制范围如何确定

我国劳动合同法第二十四条规定，竞业限制的范围、地域、期限，由用人单位与劳动者约定，但约定不得违反法律、法规的规定。

在我国，法定竞业禁止的业务是劳动者不得自营与所任职相同企业或类似的营业，也不得为他人经营与所任职企业相同或类似的营业。

作为约定竞业禁止，其限制范围也不能任意地扩大，一般应限制在该用人单位业务影响的区域或行业，且不能超出合理的范围，否则，必将会使劳动者的合法权益受到损害。

我国劳动合同法也规定了竞业限制的范围，应当以能够与用人单位形成实际竞争关系的地域为限。

约定竞业限制违约金应注意哪些问题

对负有保密义务的劳动者，用人单位可以在劳动合同或者保密协议中与劳动者约定竞业限制条款，并约定在解除或者终止劳动合同后，在竞业限制期限内按月给予劳动者经济补偿。劳动者违反竞业限制约定的，应当按照约定向用人单位支付违约金。对于违约金的金额上限，企业可以根据情况与员工商定。

另外要注意，只有掌握了商业秘密的高管和关键员工才签订竞业限制协议，因为竞业限制是柄双刃剑。企业在签订劳动合同中常见的问题是一般人员在劳动合同中也约定了竞业限制条款，只是没有约定经济补偿金。这种做法是非常危险的，没有约定补偿金的员工如果提起仲裁，则劳动仲裁委员会肯定会裁定企业按员工本人月平均工资的20%～50%的标准在离职后二年内逐月支付经济补偿金，这对企业来说是花了冤枉钱。

劳动者拒不签收竞业限制补偿金怎么办

对于用人单位来说，如果放弃要求劳动者履行竞业限制义务，应当向劳动者明示，明示后劳动者无需履行竞业限制义务，用人单位可以不再支付经济补偿金；如果继续要求劳动者履行竞业限制义务，应当主动向劳动者支付合理的竞业限制补偿金，劳动者拒不签收的，用人单位可以向有关机关提存。

如何规避招用尚未解除劳动合同职工的风险

用人单位招用尚未解除劳动合同的劳动者对原用人单位造成经济损失的，除该劳动者承担直接赔偿责任外，该用人单位应当依法承担连带赔偿责任。其连带赔偿的数额不应低于对原用人单位造成经济损失的总额的70%，向原用人单位赔偿下列损失：①对生产、经营和工作造成的直接损失；②因获取商业秘密给对原用人单位造成的经济损失。

用人单位规避这一类风险的办法有：①要转职工档案看内容纪录；要转社保关系；②与职工签订合同注意细节和诚实守信原则。

什么样的劳动合同属于无效合同

《中华人民共和国劳动法》第十八条规定："下列劳动合同无效：（一）违反法律、行政法规的劳动合同；（二）采取欺诈、威胁等手段订立的劳动合同。"

因此，在以下两种情况下劳动合同可以被宣布为无效：

一是违反法律或行政法规。在大多数情况下，一份合同中可能只有一条是违反法律或行政法规的，即使这一条被确认为无效，也不影响整个劳动合同的继续履行，在这种情况下，一般会认定这份合同部分无效。例如，有这样一份劳动合同，它规定企业可以在职工的医疗期内解除合同。这显然违反了劳动法和《条例》的规定，应当被认定无效，但是劳动合同仍然可以继续履行，因此这份合同的其他部分还是有效的。

二是采用欺诈或威胁手段。劳动合同是劳动者和用人单位之间完全自愿的约定，任何一方在订立过程中欺诈或威胁对方都会导致劳动合同的无效。其中"欺诈"是指：一方当事人故意告知对方当事人虚假的情况，或者故意隐瞒真实的情况，诱使对方当事人作出错误意思表示的行为；"威胁"是指以给公民及其亲友的生命健康、荣誉、名誉、财产等造成损害为要挟，迫使对方作出违背真实意思表示的行为。例如，一个只有小学文化而且没有任何管理经验的人，声称他是工商管理硕士，有五年管理经验，还出示了假证明。如果企业因此和他签了劳动合同，那么企业可以主张劳动合同因欺诈而无效。当然如果劳动者或用人单位想要引用这一条款主张劳动合同无效，必须能够举出充足的证据证明自己受到了欺诈或威胁。

如果没有依法及时与劳动者订立书面合同，用人单位需承担哪些法律后果

劳动合同法第八十二条；《劳动合同法实施条例》第六条、第七条规定，用人单位自用工之日起超过一个月不满一年未与劳动者订立书面劳动合同的，应当向劳动者每月支付二倍的工资。用人单位违反规定不与劳动者订立无固定期限劳动合同的，自应当订立无固定期限劳动合同之日起向劳动者每月支付二倍的工资。

1．可能产生的法律后果

当明确了劳动关系已经建立的情况下，最迟一个月起必须签订书面的劳动合同，如果不依法订立劳动合同，可能会产生以下法律后果：

第一，用人单位支付双倍工资，并补签劳动合同。

这种后果在劳动法中通常表现为两种情形。第一种情形是：用人单位自用工之日起超

过1个月不满1年未订立劳动合同的，自用工之日起满1个月的次日至补订立劳动合同的前一日，应向劳动者支付双倍工资。满1年仍未签订劳动合同的，至满1年的前一日，向劳动者支付双倍工资，即存在最长可能支付11个月的双倍工资的法律风险。自用工之日起满1年的当日，视为已经与劳动者订立无固定期限的劳动合同，应立即与劳动者补订书面劳动合同。第二种情形是：应自当订立无固定期限劳动合同而未订立之日起，向劳动者每月支付双倍工资，法律没有规定终止之日，但基于劳动仲裁时效一年的约束，实际上最长可能存在支付12个月的双倍工资的法律风险。

第二，用人单位承担行政责任。

用人单位故意拖延不订立劳动合同的，由劳动行政部门责令改正。《劳动合同条例》规定，可以按每人500～1000元对用人单位处以罚款。

第三，给劳动者造成损害的，用人单位还应当承担赔偿责任。

如果劳动合同未依法订立，是由劳动者借故不签导致的，用人单位应通知劳动者终止劳动关系。同时，应特别注意以下情形导致的法律后果：

第一，自用工之日起超过1个月不满一年，书面通知劳动者终止劳动关系的，用人单位应当根据劳动者的工作年限支付经济补偿金。

第二，如果自用工之日起满或者超过一年，无论双方谁的原因导致劳动合同未签订的，都视为已经订立了无固定期限的劳动合同，用人单位也无权再以劳动者不签订劳动合同为由终止劳动关系，而且，还将面临被追索11个月双倍工资的法律风险。

第三，劳动者以本人不愿意签订劳动合同的声明形式拒绝签订劳动合同的，用人单位仍然承担不依法签订劳动合同的法定责任。

2．操作的注意事项

用人单位在与员工确立用工关系以后应注意：

（1）用人单位与劳动者建立劳动关系时，一定要与之签订书面劳动合同。

（2）用人单位应及时行使终止劳动关系的权利，不然自用工之日起超过1个月不满1年未与劳动者订立书面劳动合同的，要向劳动者支付2倍的工资的赔偿责任。

（3）企业须注意《劳动合同法实施条例》中规定的用人单位补订劳动合同的条款，包括用工不满1年书面劳动合同的补订与用工满1年书面劳动合同的补订两种情况。

（4）在用工不满1年书面劳动合同的补订时，如果劳动者不与用人单位订立书面劳动合同，用人单位应当书面通知劳动者终止劳动关系，并依照劳动合同法第四十七条的规定支付经济补偿。

参加岗前培训能否认定是建立劳动关系

根据劳动法的规定，岗位培训既是劳动者的权利，也是用人单位的义务。岗前培训是用人单位指派劳动者参加的，即使劳动者没有提供正式的劳动，也视为劳动者提供了“用工”，培训第一天即是用工之日，即劳动关系建立之日。

什么情况下，用人单位应当与劳动者订立无固定期限劳动合同

劳动合同法第十四条第二款规定，用人单位与劳动者协商一致，可以订立无固定期限劳动合同。有下列情形之一，劳动者提出或者同意续订、订立劳动合同的，除劳动者提出订立固定期限劳动合同外，应当订立无固定期限的劳动合同：

（1）劳动者在该用人单位连续工作满10年的。

（2）用人单位初次实行劳动合同制度或者国有企业改制重新订立劳动合同时，劳动者在该用人单位连续工作满10年且距法定退休年龄不足十年的。

（3）连续订立二次固定期限劳动合同，且劳动者没有本法第三十九条和第四十条第一项、第二项规定的情形，续订劳动合同的。

《劳动合同法实施条例》第七条规定，用人单位自用工之日起满1年未与劳动者订立书面劳动合同的，自用工之日起满1个月的次日至满1年的前1日应当依照劳动合同法第八十二条的规定向劳动者每月支付两倍的工资，并视为自用工之日起满1年的当日已经与劳动者订立无固定期限劳动合同，应当立即与劳动者补订书面劳动合同。

“第三次签合同即可签无固定期合同”的规定是否限制用人单位的自主权

根据劳动合同法第十八条规定，用人单位在与劳动者签订一次固定期限劳动合同后，再次签订固定期限的劳动合同时，就意味着下一次只要劳动者提出或者同意续订劳动合同，就必须签订无固定期限的劳动合同。

企业为了避免签订无固定期限的劳动合同，但又能同时保持用工的稳定性，防止因频繁更换劳动力而加大用工成本，就会延长每一次固定期限劳动合同的期限，从而解决了合同短期化的问题。

有人认为，这一项规定限制了用人单位的用工自主权。这种认识是错误的。因为劳动合同是由双方当事人协商一致订立的，劳动合同的期限长短、订立次数都由双方协商一致确定，选择什么样的劳动者的决定权仍掌握在企业手中。

无固定期劳动合同也不是“终身制”的，在法律规定的条件或是双方协商约定的条件出现时，用人单位可以解除劳动合同。

用人单位不给员工劳动合同文本，有何责任和后果

用人单位为了管理的便利以及其他各种原因，往往不同意让员工持有一份劳动合同。

有的担心员工丢失；有的担心员工拿合同找单位的麻烦；有的为了便于单位需要时修改合同内容；等等。但是无论哪一种原因，都是与现行法律规定相冲突的。劳动合同法第十六条规定，劳动合同文本由用人单位和劳动者各执一份。

没有将合同交给劳动者的后果有：

（1）劳动部门指令下给劳动者一份。用人单位不给劳动合同的，劳动者可以向当地劳动保障部门举报，劳动保障部门了解情况后有权要求用人单位提供给员工一份。

（2）给劳动者造成损害的，企业要承担赔偿责任。

试用期的期限有什么限定

试用期是指用人单位与劳动者相互了解、选择而约定的考察期。劳动合同当事人约定试用期的，试用期的期限应该符合下面的要求：

（1）签订6个月以下的劳动合同，试用期不得超过15日。

（2）签订6个月以上1年以下的劳动合同，试用期不得超过30日。

（3）签订1年以上2年以下的劳动合同，试用期不得超过60日。

（4）试用期最长不得超过六个月。

（5）试用期包括在劳动合同期限中。

应该注意的问题有：

（1）同一劳动者只能约定一次试用期。

（2）劳动者在试用期间的工资不得低于本单位同工种同岗位职工工作的80%，并不得低于当地最低工资标准。

（3）试用期内职工患病或非因工负伤，可以享受3个月的医疗期。

如何约定试用期

（1）完善规章制度、加强管理、减少随意和违反法规解除试用期劳动关系的行为。

（2）规范劳动合同制度，做好劳动合同制度实施的管理工作。（工资待遇、工作岗位等）

（3）不是每一位职工都要约定试用期，如原固定工企业转制时；工作岗位没有变化，续订劳动合同者。

试用期怎样合法地解聘员工

与解除正式劳动关系相比，试用期内的解除条件要稍低，但也并非随便就可让员工走人。

一般来说，企业在试用期通过考核不合格的方式解除劳动合同，需满足四个法律要件：一是相关劳动合同等书面规则中须对录用条件进行约定或规定；二是有证据证明员工在试用期不符合录用条件；三是在员工试用期届满之前进行考核并作出解除通知；四是解除劳动合同通知书要在试用期届满之前交由员工签收或是公告。

因此，员工入职前，企业就应明确录用条件和岗位职责并进行公示。设定有效的录用条件，才能避免发生争议时既缺乏理由又缺乏证据。录用条件最好有书面文件，可以是招聘广告、岗位说明书，并最好在劳动合同中进行细化。

同时，要建立一套试用期的绩效评估制度，明确考核标准、考核方式及考核方法。制定的考核内容、评分原则及决定劳动者是否最终被录用的客观依据，应事先告知劳动者并让其签字认同。企业对试用期不符合录用条件的劳动者也要行使告知义务，绝不能暗箱操作。

试用期能无理由辞掉员工吗

按照劳动法第三十二条的规定，在试用期内劳动者可以随时无条件解除合同，而对于用人单位来说，在试用期内单方解除劳动合同的前提是该劳动者不符合录用条件，否则该解约行为是不合法的。一旦劳动者提起申诉，用人单位须对解约理由承担举证责任。也就是说，在试用期内，劳动者可以随时解除劳动合同，但用人单位要解除劳动合同就得要依据法定条件，比如劳动者不符合录用条件，违法犯罪，不遵守用人单位的规章制度。否则，用人单位无故解除劳动合同的，应当依法向劳动者支付经济补偿金，经济补偿金的标准为劳动者工作每满一年，支付相当于一个月工资。

如何证明劳动者在试用期内不符合录用条件

劳动者试用不合格，包括完全不具备录用条件和标准，部分不具备录用条件和标准两种。无论属于那种情况，用人单位都必须提出合法有效的证明，否则就会因举证不能而无法与劳动者解除劳动关系。至于如何证明劳动者在试用期内不符合录用条件，用人单位应当注意做好以下几点：

（1）在发布的招聘简章、招聘信息中明确录用条件和标准。用人单位在广告上发布招聘信息时，除了注明对职位的一些基本要求（如年龄、职业技术、学历等）外，还应对所聘职位的具体录用条件、岗位职责进行详细描述，并在与劳动者订立劳动合同时再次以书面形式明确告知。

（2）对劳动者进行一定的背景调查。核查劳动者是否提供了虚假个人信息，是否违背诚实信用原则，是否隐瞒应当告知用人单位的重要信息，如被证实劳动者有此类不正当行为，用人单位可视其不符合录用条件。

（3）建立试用期的绩效评估制度，明确考核标准、考核方式及考核方法。用人单位制定的考核内容、评分原则及决定劳动者是否最终被录用的客观依据应当事先告知劳动者，并让其签字认同。

试用期内可否辞退生病员工

劳动法第二十九条规定“劳动者有下列情形之一的，用人单位不得依据本法第二十六条、第二十七条的规定解除劳动合同：（一）患职业病或者因工负伤并被确认丧失或者部分丧失劳动能力的；（二）患病或者负伤，在规定的医疗期内的；（三）女职工在孕期、产假、哺乳期内的；（四）法律、行政法规规定的其他情形。”

但是，如果员工具有劳动法第二十五条所规定的情形，则是可以辞退的。劳动法第二十五条规定“劳动者有下列情形之一的，用人单位可以解除劳动合同：（一）在试用期间被证明不符合录用条件的；（二）严重违反劳动纪律或者用人单位规章制度的；（三）严重失职，营私舞弊，对用人单位利益造成重大损害的；（四）被依法追究刑事责任的。”

可不可以试用合格再签劳动合同

企业在员工试用合格后才与之签订劳动合同，这种行为是违法的。

依据我国现行的劳动法及相关法规、规章、政策性文件的有关规定，劳动合同是劳动者与用人单位确定劳动关系，明确双方权利和义务的协议；双方自建立劳动关系之日起，就应当订立劳动合同，“应当”在这里是“必须”的含义；同时又规定，用人单位与劳动者约定的试用期包括在劳动合同期限内。

目前，许多用人单位都有既然双方约定了试用期，就应在试用期满后再签订劳动合同的观点；这种观点是对劳动法的曲解。这种人为地将试用期与劳动合同割裂开来的做法，是不受法律保护的。用人单位故意拖延不订立劳动合同，给劳动者造成损害的，用人单位应当承担相应的法律责任。由此可见，订立劳动合同不是想订就订，想不订就不订，想什么时候订就什么时候订，而是只要与劳动者建立了劳动关系就应当依法订立劳动合同，否则将承担相应的法律责任。

职工在原单位转岗或续约时，单位可以再次约定试用期吗？试用期是独立于劳动合同期限之外的吗

这种情况下单位不得再次约定试用期。试用期针对的对象是新录用的职工，对于非新录用的职工不得在劳动合同中约定试用期。试用期仅是劳动合同的任意性条款，双方当事

人可以约定也可以不约定。

限制约定试用期的是：同一用人单位与同一劳动者只能约定一次试用期。如果用人单位与劳动者经协商变更工作岗位的，不可以再次约定试用期。因为用人单位对同一劳动者只能试用一次，而不论工作岗位是否变化。

试用期包含在劳动合同期限内。劳动合同仅约定试用期的，试用期不成立，该期限为劳动合同期限。

对试用期内不符合录用条件的，试用期满后能否辞退

根据《对〈关于如何确定内不符合录用条件可以解除的请示〉的复函》劳部发[1995]16号，对试用期内不符合录用条件的劳动者，企业可以解除劳动合同；若超过试用期，则企业不能以试用期内不符合录用条件为由解除劳动合同。

劳动者试用期内患病，医疗期超过试用期，能否解除劳动合同

劳动者在试用期内患病，享受的医疗期也是试用期内的，所以医疗期满时，时间虽然已超过试用期，若本人身体仍不符合录用条件，须解除，应按试用期内企业可以随时解除劳动合同，不需提前一个月通知对方等规定办理。

用工不签订劳动合同违不违法

《中华人民共和国劳动合同法》规定，用人单位必须与劳动者签订劳动合同，并购买社保，否则是违法的。劳动者可以到当地劳动纠察大队投诉，违反劳动合同法的规定，用人单位应向劳动者支付双倍工资的。所以，企业在用工时，一定要按法律法规的规定与员工签订劳动合同。

劳动者拒签劳动合同怎么办

《中华人民共和国劳动合同法实施条例》第二章第五条规定："自用工之日起一个月内，经用人单位书面通知后，劳动者不与用人单位订立书面劳动合同的，用人单位应当书面通知劳动者终止劳动关系，无需向劳动者支付经济补偿，但是应当依法向劳动者支付其实际工作时间的劳动报酬。"

对于用人单位来说，考虑到劳动争议案件中的举证责任分配，为了减少风险及增加工作量，用人单位在与劳动者建立劳动关系之日起一个月内应尽快安排与其签订劳动合同，发现有可能拒签合同情形的劳动者，在满一个月前应立即书面通知终止与其之间的劳动关系。如果已经满一个月的，也要立即书面通知终止劳动关系，但此时需要支付经济补偿金

和双倍工资，对于这些没有诚信的劳动者来说他们在今后的工作中一般也会存在这样那样的问题，所以作为用人单位来说立即终止与他们之间的劳动关系虽然会损失一些招聘成本，但是可以避免支付双倍工资及经济补偿金以及减少以后可能出现的更多损失。

用人单位在按这一规定具体操作时需要注意一个细节，就是对于书面终止通知应注意通知送达证据的保存。用人单位在录用员工的时候便让员工在入职声明或员工简历中书面确认接收公司书面文件的送达地址，那么用人单位在终止劳动关系时可以通过快递方式（最好是EMS）邮寄通知并保存邮寄单，证明公司依法终止与拒签劳动合同劳动者之间的劳动关系，可以避免陷入违法解除合同的情形。

另外，企业最好向单位所在劳动部门咨询如何处理，如果有企业咨询过的记录，将来该劳动者向劳动部门投诉时，这会减少一些后续麻烦。

学历造假所签劳动合同有效吗

劳动合同法规定，下列劳动合同无效或者部分无效：

（1）以欺诈、胁迫的手段或者乘人之危，使对方在违背真实意思的情况下订立或者变更劳动合同的。

（2）用人单位免除自己的法定责任、排除劳动者权利的。

（3）违反法律、行政法规强制性规定的。

因此，伪造学历证书，证明自己符合用人单位的本科以上的学历要求而签订的劳动合同因欺诈而无效，用人单位可以以合同无效为由要求该员工离开。

集体合同和劳动合同，哪个效力更高

集体合同的法律效力高于劳动合同的法律效力，它是企业订立劳动合同的重要依据，劳动者个人与企业订立的劳动合同的条款的标准不得低于集体合同的规定，两者出现不一致时，应以集体合同规定的条款为准。如果劳动合同中没有规定，则用人单位与职工应当适用集体合同。

集体合同必须经过集体协商才能签订吗

劳动合同法规定，集体合同草案应当提交职工代表大会或者全体职工讨论通过。

《工会法》第十九条也规定，法律、法规规定应当提交职工大会或者职工代表大会审议、通过、决定的事项，企业、事业单位应当依法办理。

因此，集体合同是通过集体协商的方式签订的。从职工一方来看，集体协商代表是通过民主程序产生，能够代表本单位全体职工就集体合同的内容做出意思表示。

基于上述特点和签订方式，集体合同的目的是为全体职工在劳动报酬、劳动条件和福利待遇等方面设置一道保障底线。

集体合同中的劳动报酬和劳动条件有最低标准吗

按照劳动合同法规定，集体合同中劳动报酬和劳动条件等标准不得低于当地人民政府规定的最低标准；用人单位与劳动者订立的劳动合同中劳动报酬和劳动条件等标准不得低于集体合同规定的标准。

因此，在劳动者与用人单位之间的劳动关系存续期间，以上述两个“不得低于”的标准为原则，让用人单位和劳动者之间除了劳动合同的约束之外，通过法律强制性的规定，更进一步保障了劳动者在劳动报酬和劳动条件方面的基本权利。

工会可以代表职工签订集体合同吗

集体合同与劳动合同的重要区别之一即为双方的签约主体不同：劳动合同是由劳动者本人与用工单位签订，而集体合同则是由职工代表与用人单位签订的。因此，集体合同是由工会或者职工代表与用人单位通过平等协商订立的，内容主要集中在劳动报酬、工作时间、休息休假、劳动安全卫生、保险福利等事项上。由此可知，工会可以代表职工签订集体合同。

对此，我国《工会法》也有类似规定：工会代表职工与企业以及实行企业化管理的事业单位进行平等协商，签订集体合同。工会签订集体合同，上级工会应当给予支持和帮助。

企业如何签订集体合同

（1）企业职工一方与用人单位通过平等协商，拟定集体合同草案。

（2）集体合同草案提交职工代表大会或者全体职工讨论通过。

（3）将讨论通过的集体合同报送当地劳动行政部门。

（4）劳动行政部门自收到集体合同文本之日起15日内未提出异议的，集体合同即行生效。

由此可见，履行报批程序是集体合同生效的前提条件，生效后的集体合同具有普遍的约束力，即使新入职的员工也同样适用。

集体合同出现争议如何解决

和劳动合同争议类似，在用人单位与劳动者之间如果因集体合同发生争议，除了双方可以协商解决以外，也同样可以通过劳动仲裁、诉讼等方式解决集体合同争议。

根据劳动合同法规定，用人单位如违反集体合同，侵犯职工劳动权益，工会可以依法代表劳动者要求用人单位承担责任；集体合同争议经协商解决不成的，工会可以依法申请仲裁、提起诉讼。

关于这一点，在劳动法中有更详细的规定："因履行集体合同发生争议，当事人协商解决不成的，可以向劳动争议仲裁委员会申请仲裁；对仲裁裁决不服的，可以自收到仲裁裁决书之日起15日内向人民法院提起诉讼。"

劳动报酬、劳动条件等合同条款约定不明确引起争议时如何采取补救措施

劳动合同法第十八条规定，劳动合同对劳动报酬和劳动条件等标准约定不明确，引发争议的，用人单位与劳动者可以重新协商；协商不成的，适用集体合同规定；没有集体合同或者集体合同未规定劳动报酬的，实行同工同酬；没有集体合同或者集体合同未规定劳动条件等标准的，适用国家有关规定。

哪些情况下可以订立无固定期限合同？哪些情况下应当订立无固定期限合同

劳动合同法第十四条规定，用人单位与劳动者协商一致，可以订立无固定期限劳动合同。有下列情形之一，劳动者提出或者同意续订、订立劳动合同的，除劳动者提出订立固定期限劳动合同外，应当订立无固定期限劳动合同：

（1）劳动者在该用人单位连续工作满10年的。

（2）用人单位初次实行劳动合同制度或者国有企业改制重新订立劳动合同时，劳动者在该用人单位连续工作满10年且距法定退休年龄不足10年的。

（3）连续订立二次固定期限劳动合同，且劳动者没有本法第三十九条和第四十条第一项、第二项规定的情形，续订劳动合同的。

用人单位自用工之日起满1年不与劳动者订立书面劳动合同的，视为用人单位与劳动者已订立无固定期限劳动合同。

当用人单位规章制度规定与劳动合同约定出现冲突时，规定与约定哪个更具法律效力呢

规章制度是用人单位对员工管理的依据，管理范围为多数员工的一般行为，是管理劳动权利义务的一般标准；劳动合同形成于劳动者与用人单位双方，是双方协商一致的结果，也是规范双方权利义务的特殊约定。按照"特殊优于一般"的法律效力原则，用人单

位与劳动者在劳动合同中的特殊约定，其法律效力高于规章制度的一般规定。因此，在劳动合同约定与规章制度规定出现冲突时，应当以劳动合同的特殊约定作为劳资双方履行劳动权利义务的依据。

所以，用人单位在制定规章制度的过程中，应当了解劳动合同和规章制度的区别。规章制度记载的应当是法律允许用人单位单方面决定的事项，只有在不违反法律法规规定的前提下，才能真正发挥规章制度的作用，才能更好地在法律的保护下管理企业。

连续两次订立固定期限劳动合同，劳动者不符合被辞退的条件，合同期满时，劳动者提出续签合同的要求，用人单位就必须与之订立无固定期限的合同吗

劳动合同法第十四条第二款规定："有下列情形之一，劳动者提出或者同意续订，订立劳动合同的，除劳动者提出订立固定期限劳动合同外，应当订立无固定期限劳动合同：（一）劳动者在该用人单位连续工作满10年的；（二）用人单位初次实行劳动合同制度或者国有企业改制重新订立劳动合同时，劳动者在该用人单位连续工作满十年且距法定退休年龄不足10年的；（三）连续订立二次固定期限劳动合同，且劳动者没有本法第三十九条和第四十条第一项，第二项规定的情形续订劳动合同的。"

这就是说，当用人单位与劳动者连续两次订立固定期限合同，劳动者又不符合被辞退的法定条件，合同期满时，面临第二次续签或者终止合同的时刻，此时只要劳动者提出续订劳动合同的要求，用人单位就应自觉地与之订立无固定期限劳动合同。换句话说，在第二次订立的固定期限合同届满时，法律将选择终止还是续签，续签固定期限合同还是无固定期限合同的权利都交给了劳动者，此时用人单位没有任何选择的权利，只能听从劳动者的安排。由此可知，只有在第一次订立的固定期限劳动合同期满时，用人单位还有选择终止还是续签，续签固定期限合同还是无固定期限合同的权利。这就提醒用人单位，第一次与劳动者订立固定期限合同时，可将合同期限约得相对短一些，合同期满时，对不满意的劳动者可与之终止合同，对满意的劳动者可续签相对长期的固定期限合同。这样一来，对用人单位和劳动者都是有益的。

单位合并或者分立，能否继续履行劳动合同

劳动合同法第三十四条规定，如果用人单位发生合并或者分立等情况，原劳动合同继续有效，劳动合同由承继其权利和义务的用人单位继续履行。

劳动合同签订后，用人单位的基本情况有可能发生变化，比如用人单位的名称、法定代表人、投资人发生变化或者单位发生合并、分立等都不影响劳动合同的履行。因为用人单位的这些情况发生变化后，能够与劳动者建立劳动关系、签订劳动合同的用工实体仍然

存在，因此，变更后的用工单位仍应继续与劳动者履行此前签订的劳动合同。

用人单位规定“末位淘汰”合法吗

“末位淘汰”作为一项企事业单位内部的考核办法，作为一种激励机制，并不与法相悖。但如果把“末位淘汰”制度用到聘用关系上，凡是“末位”，不分青红皂白就予以淘汰的做法是值得质疑的。

这里通常有两种情况：

一是双方在劳动合同中约定，单位可以以“末位淘汰”来解聘职工，当出现“末位”情形时，按约解除合同关系，不存在什么问题。

二是双方并没有在劳动合同中约定这一条，单位单方面以“末位淘汰”为由解除合同关系，就于法不符。因为根据劳动合同法规定，劳动者不能胜任工作，单位首先要给予培训或者调整工作岗位，劳动者仍不能胜任工作的，单位才可以解除劳动合同，还要给予经济补偿。这一规定就给予了职工一个培训和调整工作岗位的过程。

用人单位与劳动者协商一致，可否解除劳动合同

劳动合同法第三十六条规定，用人单位与劳动者协商一致，可以解除劳动合同。

劳动者提前通知用人单位是否可以解除劳动合同

劳动合同法第三十七条规定，劳动者提前三十日以书面形式通知用人单位，可以解除劳动合同。劳动者在试用期内提前三日通知用人单位，可以解除劳动合同。

哪些情形下，劳动者可以随时解除劳动合同

劳动合同法第三十八条规定，用人单位有下列情形之一的，劳动者可以解除劳动合同：

（1）未按照劳动合同约定提供劳动保护或者劳动条件的。

（2）未及时足额支付劳动报酬的。

（3）未依法为劳动者缴纳社会保险费的。

（4）用人单位的规章制度违反法律、法规的规定，损害劳动者权益的。

（5）因本法第二十六条第一款规定的情形致使劳动合同无效的。

（6）法律、行政法规规定劳动者可以解除劳动合同的其他情形。

用人单位以暴力、威胁或者非法限制人身自由的手段强迫劳动者劳动的，或者用人单位违章指挥、强令冒险作业危及劳动者人身安全的，劳动者可以立即解除劳动合同，不需事先告知用人单位。

哪些情形下，用人单位可以随时解除劳动合同

劳动合同法第三十九条规定，劳动者有下列情形之一的，用人单位可以解除劳动合同：

（1）在试用期间被证明不符合录用条件的。

（2）严重违反用人单位的规章制度的。

（3）严重失职，营私舞弊，给用人单位造成重大损害的。

（4）劳动者同时与其他用人单位建立劳动关系，对完成本单位的工作任务造成严重影响，或者经用人单位提出，拒不改正的。

（5）因本法第二十六条第一款第一项规定的情形致使劳动合同无效的。

（6）被依法追究刑事责任的。

用人单位在何种情况下不得解除劳动合同

用人单位不得解除劳动合同，是指根据法律的规定，在特定的情况下，用人单位不再享有解除劳动合同的权利。根据我国劳动法的规定，劳动者有下列情形之一的，用人单位不得依据劳动法第二十六条、第二十七条的规定解除劳动合同：

（1）患职业病或者因工负伤并被确认丧失或者部分丧失劳动能力的。职业病是劳动者在生产劳动及其职业活动中，接触职业性有害因素引起的疾病。职工患了职业病，说明企业的生产或工作条件、安全制度或者医疗条件不够完善；职工因工负伤，说明企业的劳动保护制度不完善或劳动保护措施不健全。职工患职业病或因工负伤，都有可能造成职工丧失或者部分丧失劳动能力。因此，为了保障职工的合法权益，职工患职业病或者因工负伤并被确认丧失或者部分丧失劳动能力的，不管是试用期内，还是整个劳动合同期内，企业等用人单位不得解除劳动合同。

（2）患病或者负伤，在规定的医疗期内的。根据《国有企业实行劳动合同制暂行规定》的规定，劳动合同制工人患病或者非因工负伤，按其在本单位工作时间的长短，给予3个月至1年的医疗期，在本单位工作20年以上的，医疗期可以适当延长。在规定的医疗期，为了保障职工有稳定的收入，安心养病，企业不得解除劳动合同，即使劳动合同期限届满，企业也不得解除劳动关系，必须延续到医疗期满。

（3）女职工在孕期、产期、哺乳期内。孕期是指怀孕期间的；产期是指生育期间；哺乳期是指女职工哺乳其婴儿的时间。根据宪法保护妇女儿童的原则，为了保护女职工的合法权益，保护妇女、儿童的身心健康，劳动法规定，在女职工孕期、产期、哺乳期间，即使具备了解除劳动合同的条件，企业也不得解除劳动合同，包括劳动合同期限届满，企业也不得解除劳动合同，必须延续到女职工孕期、产期、哺乳期届满。

（4）法律、法规规定的其他情形。如劳动合同期限未届满，又不具备企业可以解除劳动合同的条件，企业不得解除劳动合同。

用人单位在何种情况下可以解除劳动合同

劳动法赋予企业对劳动合同的单方解除权，比赋予劳动者的单方解除权要小得多。立法上严格限定企业与劳动者解除劳动合同的条件，保护劳动者的劳动权。以下是劳动法的规定：

（1）合同终止的解除：劳动法第二十三条规定，劳动合同期满或者当事人约定的劳动合同终止条件出现，劳动合同即行终止。合同的终止可以看作是特殊的解除情形。

（2）双方协商一致的解除：劳动法第二十四条规定，经劳动合同当事人协商一致，劳动合同可以解除。

（3）法定解除条件成就的解除：劳动法第二十五条规定，劳动者有下列情形之一的，用人单位可以解除劳动合同：

①在试用期间被证明不符合录用条件的。

②严重违反劳动纪律或者用人单位规章制度的。

④严重失职，营私舞弊，对用人单位利益造成重大损害的。

⑤被依法追究刑事责任的。

（4）1995年8月4日原劳动部颁布的《关于贯彻执行〈中华人民共和国劳动法〉若干问题的意见》中规定的情形：

①该文第二十九条规定：劳动者被依法追究刑事责任的，“被依法追究刑事责任”是指：被人民检察院免予起诉的和被人民法院判处处罚的（包括缓刑以及免予刑事处分）。

②该文第三十一条规定：劳动者被劳动教养的。

这种情况解释了劳动法第二十五条规定“被依法追究刑事责任的”情况，包括劳动教养、拘役、缓刑、免予刑事处分、免予起诉、有期徒刑和无期徒刑、死刑。另外，该文第二十八条规定了一种中止劳动合同的情形：劳动者涉嫌违法犯罪被有关机关收容审查、拘留或逮捕的。

哪些情形下，用人单位提前三十日以书面形式通知劳动者本人或者额外支付劳动者一个月工资后，可以解除劳动合同

按照《中华人民共和国劳动法》第二十六条的规定，劳动者有下列情形之一的，用人单位可以解除劳动合同，但应提前三十日以书面形式通知劳动者本人：

（1）劳动者患病或者非因工负伤，医疗期满后，不能从事原工作也不能从事由用人单位另行安排的工作的。按照《国有企业实行劳动合同制暂行规定》的规定，劳动合同制工人患病或非因工负伤，一般给予3个月到1年的医疗期限。在本单位工作满20年以上的，医疗期可以根据不同病情适当延长，对于医疗期满以后，仍然不能从事原工作也不能从事由用人单位另行安排的工作的，企业有权解除劳动合同。

（2）劳动者经过培训或者调整工作岗位，仍不能胜任工作的。

（3）劳动合同订立时所依据的客观情况发生重大变化，致使原劳动合同无法履行，经当事人协商不能就变更劳动合同达成协议的。根据劳动法的规定，在劳动合同订立时所依据的客观情况发生重大变化，致使原劳动合同无法履行时，当事人双方可以变更劳动合同的某些内容。变更劳动合同，需要双方当事人协商一至才可，如果双方当事人就变更劳动合同不能达成协议，企业有权解除劳动合同。

上述三种解除劳动合同的情形属劳动者无过错。劳动者无过错，企业要求解除劳动合同的，应当提前30日以书面形式通知劳动者本人，并根据劳动者在该用人单位的工龄给予劳动者经济补偿。

职工在劳动合同期内失踪了，企业可以与之解除劳动合同吗

劳动者在劳动合同期内突然失踪超过60天仍然杳无音讯，用人单位可及时通过新闻媒介（报纸、广播、电视）刊发声明启事，要求当事人限期返归用人单位，否则按自行解除劳动合同处理，并通知其家属。逾期还无下落，用人单位可解除与该当事人的劳动合同，并向其家属送达解除劳动合同通知书，同时办理解除劳动合同的手续。

劳动法第二十六条第三款规定：双方“订立劳动合同时所依据的客观情况已发生重大变化，致使原劳动合同无法履行，用人单位可以解除劳动合同”。由于客观条件，用人单位无法和当事人协商，而且用人单位已为此作出了努力，所以解除原劳动合同是合法的。如果事后该当事人有确凿的证据，证实其无法履行劳动合同的原因，是因非主观意志所致（例如遭他人非法威逼、胁迫、绑架、监禁，遇意外事故伤害，突发精神病等），用人单位可视情况与当事人协商重新签订劳动合同。

员工受公安机关拘留处罚，用人单位是否可以解除劳动合同

不可以解除劳动合同，只能“在劳动者被限制人身自由期间，可与其暂时停止劳动合同的履行。”

劳动部关于印发《关于贯彻执行〈中华人民共和国劳动法〉若干问题的意见的通知》第二十八条规定：劳动者涉嫌违法犯罪被公安机关收容审查、拘留或逮捕的，用人单位在劳动者被限制人身自由期间，可与其暂时停止劳动合同的履行。

暂时停止履行劳动合同期间，用人单位不承担劳动合同规定的相应义务。劳动者经证明被错误限制人身自由的，暂时停止履行劳动合同期间劳动者的损失，可由其依据《国家赔偿法》要求有关部门赔偿。

在拘留处罚结束后，要继续履行劳动合同。

劳动者被判刑，单位可以解除劳动合同吗

根据劳动合同法规定，劳动者被依法追究刑事责任后，用人单位可以解除劳动合同。

根据《刑事诉讼法》规定，任何人非经法院判决，不被认定为有罪。因此，用人单位欲以上述理由解除与职工的劳动合同时，需要有劳动者被追究刑事责任的事实存在，即劳动者已被法院做出生效判决有罪。

需要注意的是，当职工被依法追究刑事责任后，用人单位可以解除劳动合同，但并不等于是自动解除或必须解除劳动合同。是否要解除劳动合同，决定权在于用人单位。

员工不能完成工作定额，单位炒人要给经济补偿吗

如果员工不能完成月定额任务量，那企业要给他换岗、培训，换岗后仍然不能完成规定工作量的，才能解除劳动合同，而且要支付经济补偿金。

根据劳动合同法规定，用人单位应当严格执行劳动定额标准，不得强迫或者变相强迫劳动者加班；此外，企业制定劳动定额的有关规章制度必须经过职工代表大会或者全体职工讨论，提出方案和意见，与工会或者职工代表平等协商确定，通过以上法定程序制定的涉及劳动定额标准的规章制度，才是具有法律效力的规章制度。

劳动者“兼职”，单位可以解除劳动合同吗

劳动者同时与其他用人单位建立劳动关系，对完成本单位的工作任务造成严重影响，或者经用人单位提出，拒不改正的，用人单位可以解除劳动合同。劳动者与其他单位建立劳动关系（以下简称“兼职”），用人单位解除劳动合同的，需要具备以下条件之一：

（1）兼职对完成本单位工作任务造成严重影响。

（2）用人单位对兼职提出反对意见，劳动者拒不改正。

这两个条件都需要用人单位提供相应的证据予以证明。

需要注意的是，单位以职工兼职提出解除劳动合同的情形，仅限于劳动者与用人单位之间属于全日制的劳动合同关系，而且无论其所“兼职”的是全日制劳动关系还是非全日制劳动关系，用人单位均可适用上述规定。

劳动者提供虚假资料，用人单位可以解除劳动合同吗

根据劳动合同法规定，以欺诈、胁迫的手段或者乘人之危，使对方在违背真实意思的情况下订立或者变更劳动合同，致使劳动合同无效的，用人单位可以解除劳动合同。

劳动者如通过提供虚假资料（例如假文凭、假证件、假就业经历等）骗取用人单位信任，与用人单位签订劳动合同，一经用人单位发现，单位则完全可以依据上述规定与之解

除劳动合同而不视为违约。当然，需要注意的是，当用人单位欲以上述理由解除与职工的劳动合同时，需要提供相应的证据。

女职工在孕期严重违纪，单位可以解除劳动合同吗

如果劳动者具有劳动合同法第四十二条规定的用人单位不能解除劳动合同的情形，但同时也符合劳动合同法第三十九条规定的用人单位可以即时解除劳动合同的情形，那么，用人单位是否可以解除劳动合同呢?

答案是可以的。因为，劳动合同法第四十二条所规定的不能解除劳动合同的情形，仅限于不得按照本法第四十条、四十一条的规定解除劳动合同，而如果用人单位按照本法第三十九条的规定解除劳动合同，并没有违反劳动合同法的规定。

女职工在孕期严重违反用人单位的规章制度的，用人单位可以解除劳动合同。

哪些情况下，用人单位可以裁减人员

根据劳动合同法第四十一条的规定，有下列情形之一，需要裁减人员20人以上或者裁减不足20人但占企业职工总数10%以上的，用人单位提前30日向工会或者全体职工说明情况，听取工会或者职工的意见后，裁减人员方案经向劳动行政部门报告，可以裁减人员情况：

（1）依照企业破产法规定进行重整的。

（2）生产经营发生严重困难的。

（3）企业转产、重大技术革新或者经营方式调整，经变更劳动合同后，仍需裁减人员的。

（4）其他因劳动合同订立时所依据的客观经济情况发生重大变化，致使劳动合同无法履行的

用人单位通过怎样的程序才能实施经济性裁员

（1）用人单位提前30日向工会或者全体职工说明情况。

（2）听取工会或者职工的意见。

（3）裁减人员方案经向劳动行政部门报告。

裁减人员时，应当优先留用哪些人员

根据劳动合同法第四十一条的规定，裁减人员时，应当优先留用下列人员：

（1）与本单位订立较长期限的固定期限劳动合同的。

（2）与本单位订立无固定期限劳动合同的。

（3）家庭无其他就业人员，有需要扶养的老人或者未成年人的。

用人单位依照本条第一款规定裁减人员，在6个月内重新招用人员的，应当通知被裁减的人员，并在同等条件下优先招用被裁减的人员。

企业重整裁员，单位需支付经济补偿吗

企业依照《企业破产法》规定进行重整，需要裁减人员20人以上或者裁减不足20人但占企业职工总数10%以上的，用人单位应提前30日向工会或者全体职工说明情况，听取工会或者职工的意见后，裁减人员方案经向劳动行政部门报告，可以裁减人员。

在这种情况下裁减人员，用人单位应当向劳动者支付经济补偿。

用人单位对富余人员、放长假的职工、长期被借用的人员、请长病假的职工，非在岗期间是否应与其签订劳动合同

根据原劳动部《关于贯彻执行〈中华人民共和国劳动法〉若干问题的意见》规定，用人单位应与其富余人员、放长假的职工，签订劳动合同，但其劳动合同与在岗职工的劳动合同在内容上可以有所区别。用人单位与劳动者经协商一致可以在劳动合同中就不在岗期间的有关事项做出规定。

用人单位应与其长期被外单位借用的人员、带薪上学人员、以及其他非在岗但仍保持劳动关系的人员签订劳动合同，但在外借和上学期间，劳动合同中的某些相关条款经双方协商可以变更。

请长病假的职工，在病假期间与原单位保持着劳动关系，用人单位应与其签订劳动合同。

处分一个职工是否有法定程序和时间限制？不按法定程序处分职工和超过法定时间处分职工是否有效

对职工的行政处分有：警告、记过、记大过、降级、撤职、留用察看、开除。除名处理不是行政处分。

企业给职工行政处分和经济处罚的基本程序是：弄清事实，取得证据，经过一定会议（包括职代会）讨论，征求工会意见，允许受处分者本人进行申辩，慎重决定。开除处分必须经过职代会讨论决定。处分职工的时间，从证实职工犯错误之日起，开除处分不得超过5个月，其他处分不得超过3个月。如因案情复杂不能及时审批处分的，可以报请上级主管部门适当延长审批处分时间。不按法定程序处分职工和超过法定时间处分职工是无效的。

劳动者不能胜任工作被辞退，单位给补偿吗

根据劳动合同法规定，劳动者不能胜任工作，经过培训或者调整工作岗位，仍不能胜任工作的；用人单位提前30日以书面形式通知劳动者本人或者额外支付劳动者1个月工资后，可以解除劳动合同。

单位以不能胜任为由解除劳动合同需要满足3个条件：

（1）劳动者被证明不能胜任工作。

（2）在劳动者不能胜任工作后，单位要为其进行培训或者调整工作岗位。

（3）之后仍然不能胜任工作。

医疗期期满被辞退，单位除给经济补偿外，还给医疗补助费吗

劳动者患病或者非因工负伤，经劳动鉴定委员会确认不能从事原工作，也不能从事用人单位另行安排的工作而解除劳动合同的，用人单位解除劳动合同时，除应按其在本单位的工作年限，每满1年发给相当于1个月工资的经济补偿金外，同时还应发给不低于6个月工资的医疗补助费。

患重病和绝症的还应增加医疗补助费，患重病的增加部分不低于医疗补助费的50%，患绝症的增加部分不低于医疗补助费的100%。

客观情况发生重大变化双方不能协商变更，单位解除合同给补偿吗

劳动合同订立时所依据的客观情况发生重大变化，致使劳动合同无法履行，经用人单位与劳动者协商，未能就变更劳动合同内容达成协议的，用人单位提前30日以书面形式通知劳动者本人或者额外支付劳动者1个月工资后，可以解除劳动合同。在这种情况下，单位解除劳动合同的，应向劳动者支付经济补偿金。

哪些情形下，用人单位应向劳动者加付赔偿金

劳动合同法第八十五条规定，用人单位有下列情形之一的，由劳动行政部门责令限期支付劳动报酬、加班费或者经济补偿；劳动报酬低于当地最低工资标准的，应当支付其差额部分；逾期不支付的，责令用人单位按应付金额50%以上200%百以下的标准向劳动者加付赔偿金：

（1）未按照劳动合同的约定或者国家规定及时足额支付劳动者劳动报酬的。

（2）低于当地最低工资标准支付劳动者工资的。

（3）安排加班不支付加班费的。

（4）解除或者终止劳动合同，未依照本法规定向劳动者支付经济补偿的。

用人单位招用与其他用人单位尚未解除或者终止劳动合同的劳动者，应承担什么法律责任

劳动合同法第九十一条规定，用人单位招用与其他用人单位尚未解除或者终止劳动合同的劳动者，给其他用人单位造成损失的，应当承担连带赔偿责任。

什么时候用人单位需要向劳动者支付两倍赔偿金

劳动合同法第八十七条规定，用人单位违反本法规定解除或终止劳动合同，应当依照本法第四十七条规定的经济补偿标准的二倍向劳动者支付赔偿金。

本法第四十七条规定，经济补偿按劳动者在本单位工作的年限，每满1年支付1个月工资的标准向劳动者支付。6个月以上不满1年的，按1年计算；不满6个月的，向劳动者支付半个月工资的经济补偿。

劳动者月工资高于用人单位所在直辖市、设区的市级人民政府公布的本地区上年度职工月平均工资三倍的，向其支付经济补偿的标准按职工月平均工资三倍的数额支付，向其支付经济补偿的年限最高不超过12年。

本条所称月工资是指劳动者在劳动合同解除或终止前12个月的平均工资。

什么时候用人单位需要向劳动者支付50%～100%赔偿金

劳动合同法第八十五条规定，用人单位有下列情形之一的，由劳动行政部门责令限期支付劳动报酬、加班费或者经济补偿；劳动报酬低于当地最低工资标准的，应当支付其差额部分；逾期不支付的，责令用人单位按应付金额50%以上100%以下的标准向劳动者加付赔偿金：

（1）未按照劳动合同的约定或者国家规定及时足额支付劳动者劳动报酬。

（2）低于当地最低工资标准支付劳动者工资的。

（3）安排加班不支付加班费的。

（4）解除或者终止劳动合同，未依照本法规定向劳动者支付经济补偿的。

什么时候用人单位需要向劳动者每月支付两倍工资

劳动合同法第八十二条规定，用人单位自用工之日起超过1个月不满1年未与劳动者订立书面劳动合同的，应当向劳动者每月支付两倍的工资。

用人单位违反本法规定不与劳动者订立无固定期限劳动合同的，自应当订立无固定期

限劳动合同之日起向劳动者每月支付两倍的工资。

哪些情形下，劳动者解除劳动合同，用人单位应当支付经济补偿

根据劳动合同法第四十六条第一项的规定，有下列情形之一的，用人单位应当向劳动者支付经济补偿：

（1）未按照劳动合同约定提供劳动保护或者劳动条件的。

（2）未及时足额支付劳动报酬的。

（3）未依法为劳动者缴纳社会保险费的。

（4）用人单位的规章制度违反法律、法规的规定，损害劳动者权益的。

（5）用人单位以欺诈、胁迫的手段或者乘人之危，使劳动者在违背真实意思的情况下订立或者变更劳动合同致使劳动合同无效的。

（6）用人单位在劳动合同中免除自己的法定责任、排除劳动者权利，致使劳动合同无效的。

（7）用人单位违反法律、行政法规强制性规定，致使劳动合同无效的。

（8）用人单位以暴力、威胁或者非法限制人身自由的手段强迫劳动者劳动的。

（9）用人单位违章指挥、强令冒险作业危及劳动者人身安全的。

（10）法律、行政法规规定的其他情形。

用人单位违法解除或终止劳动合同的，应当承担什么法律责任

劳动合同法第四十八条规定，用人单位违反本法规定解除或者终止劳动合同，劳动者要求继续履行劳动合同的，用人单位应当继续履行；劳动者不要求继续履行劳动合同或者劳动合同已经不能继续履行的，用人单位应当依照本法第八十七条规定支付赔偿金。

本法第八十七条规定，用人单位违反本法规定解除或者终止劳动合同的，应当依照本法第四十七条规定的经济补偿标准的二倍向劳动者支付赔偿金。

《劳动合同法实施条例》第二十五条规定，用人单位违反劳动合同法的规定解除或者终止劳动合同，依照劳动合同法第八十七条的规定支付了赔偿金的，不再支付经济补偿。赔偿金的计算年限自用工之日起计算。

劳动合同终止，用人单位是否需要支付经济补偿

根据劳动合同法第四十六条第五项、第六项和《劳动合同法实施条例》第二十二条的规定，因下列情形终止劳动合同的，用人单位应当向劳动者支付经济补偿：

（1）劳动合同期满，除用人单位维持或者提高劳动合同约定条件续订劳动合同，劳动者不同意续订的情形外，终止固定期限劳动合同的。

（2）用人单位被依法宣告破产的。

（3）用人单位被吊销营业执照、责令关闭、撤销或者用人单位决定提前解散的。

（4）以完成一定工作任务为期限的劳动合同因任务完成而终止的。

劳动合同法第七十一条规定，非全日制用工双方当事人任何一方都可以随时通知对方终止用工。终止用工，用人单位不向劳动者支付经济补偿。

哪些情形下，用人单位解除劳动合同应当向劳动者支付经济补偿

根据劳动合同法第四十六条第二项、第三项、第四项的规定，用人单位因下列情形解除劳动合同的，应当向劳动者支付经济补偿：

（1）用人单位与劳动者协商一致的。

（2）劳动者患病或者非因工负伤，在规定的医疗期满后不能从事原工作，也不能从事由用人单位另行安排的工作的。

（3）劳动者不能胜任工作，经过培训或者调整工作岗位，仍不能胜任工作的。

（4）劳动合同订立时所依据的客观情况发生重大变化，致使劳动合同无法履行，经用人单位与劳动者协商，未能就变更劳动合同内容达成协议的。

（5）依照企业破产法规定进行重整而裁减人员的。

（6）因生产经营发生严重困难而裁减人员的。

（7）企业转产、重大技术革新或者经营方式调整，经变更劳动合同后，仍需裁减人员的。

（8）其他因劳动合同订立时所依据的客观经济情况发生重大变化，致使劳动合同无法履行而裁减人员的。

（9）法律、行政法规规定的其他情形。

解除或终止劳动合同的经济补偿按什么标准支付

劳动合同法第四十七条规定，经济补偿按劳动者在本单位工作的年限，每满1年支付1个月工资的标准向劳动者支付。6个月以上不满1年的，按1年计算；不满6个月的，向劳动者支付半个月工资的经济补偿。

劳动者月工资高于用人单位所在直辖市、设区的市级人民政府公布的本地区上年度职工月平均工资三倍的，向其支付经济补偿的标准按职工月平均工资三倍的数额支付，向其支付经济补偿的年限最高不超过12年。

本条所称月工资是指劳动者在劳动合同解除或者终止前12个月的平均工资。

《劳动合同法实施条例》第二十七条规定，劳动合同法第四十七条规定的经济补偿的月工资按照劳动者应得工资计算，包括计时工资或者计件工资以及奖金、津贴和补贴等货币性收入。劳动者在劳动合同解除或者终止前12个月的平均工资低于当地最低工资标准的，按照当地最低工资标准计算。劳动者工作不满12个月的，按照实际工作的月数计算平均工资。

劳动合同法第九十七条第三款规定，本法施行之日存续的劳动合同在本法施行后解除或者终止，依照本法第四十六条规定应当支付经济补偿的，经济补偿年限自本法施行之日起计算；本法施行前按照当时有关规定，用人单位应当向劳动者支付经济补偿的，按照当时有关规定执行。

劳动者病愈后不能工作，单位解除劳动合同给补偿吗

劳动者患病或者非因工负伤，在规定的医疗期满后不能从事原工作，也不能从事由用人单位另行安排的工作，用人单位在提前30日以书面形式通知劳动者本人或者额外支付劳动者一个月工资后，可以解除劳动合同。

用人单位需充分掌握医疗期的有关规定，否则，少算一天都会被认定为违法解除，就得支付经济补偿金了。

单位解除劳动合同应当事先通知工会吗

劳动合同法第四十三条规定：用人单位单方解除劳动合同，应当事先将理由通知工会。用人单位违反法律、行政法规规定或者劳动合同约定的，工会有权要求用人单位纠正。用人单位应当研究工会的意见，并将处理结果书面通知工会。

这一点与劳动法第三十条所规定的“用人单位解除劳动合同，工会认为不适当的，有权提出意见。如果用人单位违反法律、法规或者劳动合同，工会有权要求重新处理；劳动者申请仲裁或者提起诉讼的，工会应当依法给予支持和帮助”类似，而且对于用人单位的要求更为具体，具有更强的操作性。

劳动合同解除或者终止后，用人单位应当履行什么义务

根据劳动合同法第五十条的规定，用人单位应当在解除或者终止劳动合同时出具解除或者终止劳动合同的证明，并在15日内为劳动者办理档案和社会保险关系转移手续。用人单位依照本法有关规定应当向劳动者支付经济补偿的，在办结工作交接时支付。用人单位对已经解除或者终止的劳动合同的文本，至少保存2年备查。

《劳动合同法实施条例》第二十四条规定，用人单位出具的解除、终止劳动合同的证明，应当写明劳动合同期限、解除或者终止劳动合同的日期、工作岗位、在本单位的工作年限。

劳动合同法第八十九条规定，用人单位违反本法规定未向劳动者出具解除或者终止劳动合同的书面证明，由劳动行政部门责令改正；给劳动者造成损害的，应当承担赔偿责任。

什么情况下，劳动合同终止

劳动合同终止，也就是双方当事人之间劳动关系的终结，意味着劳动合同当事人协商确定的劳动权利和义务关系已经结束，彼此之间原有的权利和义务关系不复存在，此时，用人单位应当依法办理终止劳动合同的有关手续。

《中华人民共和国劳动合同法》第四十四条规定了劳动合同终止的几种情况：

（1）劳动合同期满的。

（2）劳动者开始依法享受基本养老保险待遇的。

（3）劳动者死亡，或者被人民法院宣告死亡或者宣告失踪的。

（4）用人单位被依法宣告破产的。

（5）用人单位被吊销营业执照、责令关闭、撤销或者用人单位决定提前解散的。

（6）法律、行政法规规定的其他情形。

劳动者患职业病、因工负伤可不可以终止劳动合同

（1）劳动者患职业病、因工负伤，被确认为部分丧失劳动能力，劳动合同期满，用人单位按规定支付伤残就业补助金的，劳动合同可以终止。

（2）劳动者患职业病或者因工负伤，被确认为完全或者大部分丧失劳动能力的，用人单位不得终止劳动合同，但经劳动合同当事人协商一致，并且用人单位按照规定支付伤残就业补助金的，劳动合同也可以终止。

但如果劳动者患病或者负伤，在规定的医疗期内，或者女职工在孕期、产期、哺乳期内的，同时又未严重违反劳动纪律或者用人单位规章制度，也无严重失职，营私舞弊，对用人单位利益造成重大损害，也未被依法追究刑事责任的，即使劳动合同期满或者当事人约定的劳动合同终止条件出现，用人单位也不能终止其劳动合同，劳动合同期限应顺延至医疗期、孕期、产期和哺乳期满为止。

用人单位单方终止劳动合同有何限制性规定

劳动合同法第四十二条规定，劳动者有下列情形之一的，用人单位不得依照本法第

四十条、第四十一条的规定解除劳动合同：

（1）从事接触职业病危害作业的劳动者未进行离岗前职业健康检查，或者疑似职业病病人在诊断或者医学观察期间的。

（2）在本单位患职业病或者因工负伤并被确认丧失或者部分丧失劳动能力的。

（3）患病或者非因工负伤，在规定的医疗期内的。

（4）女职工在孕期、产期、哺乳期的。

（5）在本单位连续工作满15年，且距法定退休年龄不足5年的。

（6）法律、行政法规规定的其他情形。

用人单位可以随意变更工作岗位和地点吗

工作岗位和劳动报酬是劳动合同必备条款，任何一方不得随意改变。用人单位变更工作岗位和地点，应具备合理性和必要性，否则为违法行为。

由于用人单位经营规模的不断扩张，用人单位单方面调整工作岗位和劳动报酬时要注意：

（1）用人单位应在法律允许范围内行使权利。调整劳动者工作岗位，用人单位和劳动者可以在劳动合同中约定，用人单位有权根据生产经营的需要变更劳动者工作岗位。用人单位既可通过制定合法有效的劳动规章制度，对劳动合同变更的情形作出明确的约定或规定，也可以制定科学合理的工作考核量化办法，对不胜任工作岗位要求的劳动者，依法变更工作岗位。

（2）对变更劳动合同采取书面方式的理解。劳动合同法第三十五条关于书面变更劳动合同的规定，应当理解为变更劳动合同的必备条件，但书面形式的具体内容应区别不同情况理解。其中协商一致变更劳动合同的，书面形式应当指双方签署的变更协议。其他情况下变更劳动合同的，不一定均形成变更协议。用人单位可以单方变更的情况下，强制要求全部形成协议是不可行的，但应当向劳动者出具书面变更决定，否则不应确定变更行为的效力。

补签劳动合同也得支付双倍工资吗

根据我国劳动合同法第十条规定：已建立劳动关系，未同时订立书面劳动合同的，应当自用工之日起一个月内订立书面劳动合同。用人单位与劳动者在用工前订立劳动合同的，劳动关系自用工之日起建立。同时，《劳动合同法实施条例》第六条、第七条又作了进一步的明确：用人单位自用工之日起超过一个月不满一年未与劳动者订立书面劳动合同的，用人单位向劳动者每月支付两倍工资的起算时间为用工之日起满一个月的次日，截止时间为补订书面劳动合同的前一日；用人单位同时必须与劳动者补订书面劳动合同，即

“两倍工资”和“补签合同”是用人单位应并列承担的责任。也就是说，只要用人单位没有按期与劳动者签订书面劳动合同，就必须向劳动者支付双倍工资，而不管是否补签劳动合同，均没有任何免责事由。

员工学历造假被辞，用人单位是否需要支付经济补偿

不需要。

根据劳动合同法第八条的规定，用人单位招用劳动者时，应当如实告知劳动者工作内容、工作条件、工作地点、职业危害、安全生产状况、劳动报酬，以及劳动者要求了解的其他情况；用人单位有权了解劳动者与劳动合同直接相关的基本情况，劳动者应当如实说明。如果违反了缔约告知义务，则可能构成欺诈，“欺诈”是指一方当事人故意告知对方虚假情况，或故意隐瞒实情，诱使对方当事人做出错误意思表示的行为。

如果员工应聘时向用人单位提供伪造的虚假学历，致使公司与其签订待遇优厚的劳动合同，可以认定员工的行为构成了欺诈。而这样的劳动合同是无效的。

根据劳动合同法第三十八条第一款第五项、第三十九条第五项以及第四十六条第一项之规定，如果是用人单位的原因导致劳动合同无效的，劳动者可以随时解除劳动合同，而且此时用人单位需要按照法定标准向其支付经济补偿；如果是劳动者的原因导致劳动合同无效的，用人单位也可以随时解除劳动合同而不需支付任何经济补偿。

同时，根据劳动合同法第八十六条之规定，劳动合同依法被确认无效而给对方造成损害的，有过错的一方应当承担赔偿责任。也就是说，如果劳动者因学历造假而给用人单位带来损害的话，且用人单位能够证明其所造成的损害，可要求其承担赔偿责任。

单位对已经解除或者终止的劳动合同文本应至少保存几年

劳动合同法第五十条规定，用人单位对已经解除或者终止的劳动合同的文本，至少要保存两年备查。

为什么是两年？从某种程度上来讲，这是与《劳动保障监察条例》衔接的体现，根据《劳动保障监察条例》之规定：违反劳动保障法律、法规或者规章的行为在两年内未被劳动保障行政部门发现，也未被举报、投诉的，劳动保障行政部门不再查处。

劳务派遣合同最低签多少年

劳务派遣单位应当与被派遣劳动者订立两年以上的固定期限劳动合同，按月支付劳动报酬。被派遣劳动者在无工作期间，劳务派遣单位应当按照所在地人民政府规定的最低工资标准，向其按月支付报酬。

劳务派遣单位不得克扣用工单位按照劳务派遣协议支付给被派遣劳动者的劳动报酬。这是对用人单位影响较大的变化之一。

此外，劳务派遣单位和用工单位不得向被派遣劳动者收取费用。

劳务派遣协议应当约定什么内容

劳务派遣单位派遣劳动者应当与接受以劳务派遣形式用工的单位（以下称用工单位）订立劳务派遣协议。劳务派遣协议应当约定派遣岗位和人员数量、派遣期限、劳动报酬和社会保险费的数额与支付方式以及违反协议的责任。

用工单位应当根据工作岗位的实际需要与劳务派遣单位确定派遣期限，不得将连续用工期限分割订立数个短期劳务派遣协议。

采用劳务派遣形式用工的行业主要是建筑业、制造业和电信、银行、饭店、医院、邮政、家政、电力、铁路运输等服务性行业。

用工单位应当对派遣员工履行什么义务

根据劳动合同法第六十二条规定：用工单位应当履行下列义务：

（1）执行国家劳动标准，提供相应的劳动条件和劳动保护。

（2）告知被派遣劳动者的工作要求和劳动报酬。

（3）支付加班费、绩效奖金，提供与工作岗位相关的福利待遇。

（4）对在岗被派遣劳动者进行工作岗位所必需的培训。

（5）连续用工的，实行正常的工资调整机制。

（6）用工单位不得将被派遣劳动者再派遣到其他用人单位。

谁该为劳务派遣人员缴纳各项社会保险

劳动合同法第五十九条规定：劳务派遣协议应当约定派遣岗位和人员数量、派遣期限、劳动报酬和社会保险费的数额与支付方式以及违反协议的责任。

可见，由哪一方为劳务派遣人员缴纳各项社会保险是由劳务派遣公司和实际用工单位协商确定的。但不管如何约定，劳务派遣单位或用工单位都必须为劳务派遣人员缴纳各项社会保险费，不能互相推脱，侵犯劳务派遣人员的权益。

劳务派遣公司克扣用工单位付给被派遣人员的工资合法吗

张先生被一家劳务派遣公司派到国外从事技术工作。在劳务派遣公司与国外用人单位签订的派遣协议中，国外用人单位付给他的工资是16000元/月，但劳务派遣公司却在隐瞒的情况下只付给他4000元/月，劳务派遣公司的做法合法吗？

不合法。劳动合同法对此有明确的规定："劳务派遣单位不得克扣用工单位按照劳务派遣协议支付给被派遣劳动者的劳动报酬。"因此，张先生可以到劳务派遣单位所在地的劳动监察部门举报。

劳务派遣公司转包劳务人员合法吗

劳务转包是一些自身规模小、地方分支机构不健全的劳务派遣公司，通过跟所谓"合作伙伴"、"外包联盟"等相互合作互为代理，从而层层转包劳动者的现象，劳务转包带来了大量潜在的劳动纠纷。

劳动合同法第六十二条明确规定：用工单位不得将被派遣劳动者再派遣到其他用人单位。这条规定即表明，坚决禁止转包劳动者。该法实施后，可能将迫使一大批不正规的劳务派遣机构退出市场。

何种情形下用工单位可以将劳动者退回劳务派遣单位

根据劳动合同法第六十五条规定，被派遣劳动者有本法第三十九条和第四十条第一项、第二项规定情形的，用工单位可以将劳动者退回劳务派遣单位，劳务派遣单位依照本法有关规定，可以与劳动者解除劳动合同。

本法第三十九条规定：劳动者有下列情形之一的，用人单位可以解除劳动合同：

（1）在试用期间被证明不符合录用条件的。

（2）严重违反用人单位的规章制度的。

（3）严重失职，营私舞弊，给用人单位造成重大损害的。

（4）劳动者同时与其他用人单位建立劳动关系，对完成本单位的工作任务造成严重影响，或者经用人单位提出，拒不改正的。

（5）因以欺诈、胁迫的手段或者乘人之危，使对方在违背真实意思的情况下订立或者变更劳动合同情形致使劳动合同无效的。

（6）被依法追究刑事责任的。

第四十条第一项、第二项规定：有下列情形之一的，用人单位提前30日以书面形式通知劳动者本人或者额外支付劳动者一个月工资后，可以解除劳动合同：

（1）劳动者患病或者非因工负伤，在规定的医疗期满后不能从事原工作，也不能从事由用人单位另行安排的工作的。

（2）劳动者不能胜任工作，经过培训或者调整工作岗位，仍不能胜任工作的。

用工单位能开除所接收的派遣员工吗

在劳务派遣中，实际用工单位不能直接开除和辞退被派遣员工，而是要明确将被派遣员工退回劳务派遣公司。同时，用工单位也不能接受被派遣员工辞职，即使该员工在退回派遣公司的同时与劳务派遣公司解除劳动合同，也应注意是从劳务派遣公司辞职，而不是从实际用人单位辞职。

此外，劳务派遣员工与派遣公司的劳动合同必须交一份至实际用工单位存档备查。用工单位在使用派遣员工前，必须先确认派遣员工与派遣公司是否签订有劳动合同，避免用工单位自身与劳动者形成事实劳动关系。

单位招用了有工作的劳动者，给其他单位造成损害怎么办

劳动合同法规定，用人单位招用与其他用人单位尚未解除或者终止劳动合同的劳动者，给其他用人单位造成损失的，应当承担连带赔偿责任。

这个条款说明，单位挖人是有风险的，“招兵”要谨慎。

第二章　工资报酬

用人单位应该如何支付劳动者工资

根据劳动法的相关规定：企业应当按照以下要求支付劳动者的工资报酬：

（1）企业支付给劳动者的工资不得低于当地人民政府规定的最低工资标准。

（2）企业支付给劳动者的工资应当以法定货币支付，不得以实物及有价证券替代货币支付。

（3）企业应将工资支付给劳动者本人。劳动者本人因故不能领取工资时，可由其亲属或委托他人代领。企业也可以委托银行代发工资。企业支付劳动者工资时，必须书面记录所支付工资的数额、时间、领取者的姓名及签字，并保存两年以上备查。企业在支付工资时应向劳动者提供一份其个人工资的清单。

（4）企业支付劳动者工资必须按照与劳动者约定的日期支付，至少应每月支付一次。如遇节假日或休息日，则应提前在最近的工作日支付，实行周、日、小时工资制的，可按周、日、小时支付工资。

（5）对于完成一次性临时劳动或某项具体工作的劳动者，企业应按有关协议或合同

规定在其完成任务后即支付工资。

（6）劳动关系双方依法解除或终止劳动合同时，企业应在解除或终止劳动合同时一次付清劳动者工资。

（7）劳动者依法享受年休假、探亲假、婚假、丧假期间，企业应按照法律、法规或劳动合同的规定支付劳动者工资。

（8）劳动者在法定工作时间内依法参加社会活动期间，企业应视同其提供了正常劳动而支付工资。社会活动包括：依法行使选举权或被选举权；当选代表出席乡（镇）、区以上政府、党派、工会、青年团、妇女联合会等组织召开的会议；出任人民法庭证明人；出席劳动模范、先进工作者大会；《工会法》规定的不脱产工会基层委员会委员因工会活动占用的生产或工作时间；其他依法参加的社会活动。

（9）非因劳动者原因造成企业停工停产在一个工资支付周期内的，企业应按劳动合同规定的标准支付给劳动者工资。超过了一个工资支付周期的，若劳动者提供了正常劳动，则支付给劳动者的工资不得低于当地最低工资标准。若劳动者没有提供正常劳动，可按照国家有关规定支付工资。

（10）企业在劳动者完成劳动定额或规定的工作任务后，根据实际需要安排劳动者在法定标准工作时间以外工作的，即加班加点时，应按法定标准时间以外、休息日工作又不能补休、法定休假日工作三种情况，分别按不低于劳动合同规定的（原工资）150%、200%、300%的标准支付劳动者工资。

用人单位制定工资支付制度有什么规定

用人单位应当通过集体协商或者其他民主方式依法制定工资支付制度，并向本单位全体员工公布。

工资至少多长时间支付一次

用人单位应当至少每月向员工支付一次工资。对于实行年薪制或者按考核周期（指超过一个月）支付工资的员工，用人单位也应当每月按不低于最低工资的标准预付部分工资。

加班工资的支付周期有什么规定

加班工资的支付周期不得超过一个月，即加班工资至少应当按月支付。

工资支付日有何规定

工资支付日（工资支付时间或者日期）由用人单位与员工约定。用人单位与员工约定工资支付日时应遵守以下规定：工资支付周期不超过1个月的，约定的工资支付日不得超过支付周期期满后第7日。工资支付周期超过1个月不满1年的，约定的工资支付日不得超过支付周期期满后的1个月。工资支付周期在1年或者1年以上的，约定的工资支付日不得超过支付周期期满后的6个月。

用人单位因故不能在约定的工资支付日支付工资的可以延期多久

用人单位因故不能在约定的工资支付日支付工资的，可以延长5日；因生产经营困难，需延长5日以上的，应当征得本单位工会或者员工本人书面同意，但最长不得超过15日。

例如：用人单位与员工约定在4月7日支付员工3月份的工资，但用人单位因故无法在4月7日支付，可以延期到4月12日前（含当日）支付，或者在征得本单位工会或者员工本人书面同意后，可以延期到4月22日前（含当日）支付。用人单位超过上述时间支付工资的，即为拖欠工资。

员工离职后，其工资应当在何时结清

用人单位与员工的劳动关系依法解除或者终止的，支付周期不超过1个月的工资，用人单位应当自劳动关系解除或者终止之日起3个工作日内一次付清；支付周期超过1个月的工资，可在约定的支付日期支付。

例如：用人单位与员工约定4月7日支付员工3月份的工资，4月30日支付员工一季度季度奖，有员工在3月20日离职，则其3月1～20日的工资应当在3月22日前（含当日，假定3月20～22日为工作日，如遇休息日则顺延）支付，其一季度的季度奖可以在4月30日支付。

如劳动者与用人单位约定业务提成在货款收回后才支付的，业务提成支付周期在一个月内的，用人单位应立即支付；业务提成约定在货款收回后才支付的，则用人单位可在条件成熟后支付。

新入职员工的工资从哪天开始算起？员工离职时工资应计算到哪天

员工工资应当从用人单位与员工建立劳动关系之日起计发至劳动关系解除或者终止之日。

如何确定单位职工的工资性收入

根据《关于工资总额组成的规定》（1989年9月30日国务院批准1990年1月1日国家统

计局令第1号发布）的规定，工资总额由下列六个部分组成：

（1）计时工资。计时工资是指按计时工资标准（包括地区生活费补贴）和工作时间支付给个人的劳动报酬。包括：对已做工作按计时工资标准支付的工资；实行结构工资制的单位支付给职工的基础工资和职务（岗位）工资；新参加工作职工的见习工资（学徒的生活费）；运动员体育津贴。

（2）计件工资。计件工资是指对已做工作按计件单价支付的劳动报酬。包括：实行超额累进计件、直接无限计件、限额计件、超定额计件等工资制，按劳动部门或主管部门批准的定额和计件单价支付给个人的工资；按工会任务包干方法支付给个人的工资；按营业额提成或利润提成办法支付给个人的工资。

（3）奖金。奖金是指支付给职工的超额劳动报酬和增收节支的劳动报酬。包括：生产奖；节约奖；劳动竞赛奖；机关、事业单位的奖励工资；其他奖金。

（4）津贴和补贴。津贴和补贴是指为了补偿职工特殊或额外的劳动消耗和因其他特殊原因支付给职工的津贴，以及为了保证职工工资水平不受物价影响支付给职工的物价补贴。津贴包括：补偿职工特殊或额外劳动消耗的津贴，保健性津贴，技术性津贴，及其他津贴。物价补贴包括：为保证职工工资水平不受物价上涨或变动影响而支付的各种补贴。

（5）加班加点工资。加班加点工资是指按规定支付的加班工资和加点工资。

（6）特殊情况下支付的工资。特殊情况下支付的工资包括：根据国家法律、法规和政策规定，因病、工伤、产假、计划生育假、婚丧假、事假、探亲假、定期休假、停工学习、执行国家或社会义务等原因按计时工资标准或计时工资标准的一定比例支付的工资；附加工资、保留工资。

凡不属于上述范围内的，如国务院发布的创造发明奖，国家星火奖、自然科学奖等；有关劳动保险和职工福利方面的费用；有关离休、退休、退职人员的各项支出；劳动保护的各种支出；计划生育独生子女补贴等，按现行统计制度未明确规定不统计为工资的都应作为工资统计。

单位支付的哪些费用不属于工资范畴

依据法律、法规、规章的规定由用人单位承担或者支付给员工的下列费用不属于工资：

（1）社会保险费。

（2）劳动保护费。

（3）福利费。

（4）用人单位与员工解除劳动关系时支付的一次性补偿费。

（5）计划生育费用。

（6）其他不属于工资的费用。

哪些职工可以实行不定时工作制

企业对符合下列条件之一的职工，可以实行不定时工作制：

（1）企业中的高级管理人员、外勤人员、推销人员、部分值班人员和其他因工作无法按标准工作时间衡量的职工。

（2）企业中的长途运输人员、出租汽车司机和铁路、港口、仓库的部分装卸人员以及因工作性质特殊，需机动作业的职工。

（3）其他因生产特点、工作特点需要或职责范围的关系，适合实行不定时工作制的职工。

哪些职工可以实行综合计算工时工作制

企业对符合下列条件之一的职工，可实行综合计算工时工作制：

（1）交通、铁路、邮电、水运、航空、渔业等行业中因工作性质特殊，需连续作业的职工。

（2）地质及资源勘探、建筑、制盐、旅游等受季节和自然条件限制的行业部分职工。

（3）其他适合实行综合计算工时工作制的职工。

用人单位在确定试用期工资时有何限制性规定

《劳动合同法实施条例》第十五条规定，劳动者在试用期的工资不得低于本单位相同岗位最低档工资的80%或者不得低于劳动合同约定工资的80%，并不得低于用人单位所在地的最低工资标准。

劳动合同履行地与用人单位注册地不一致，工资怎么定

《劳动合同法实施条例》第十四条规定，“劳动合同履行地与用人单位注册地不一致的，有关劳动者的最低工资标准、劳动保护、劳动条件、职业危害防护和本地区上年度职工月平均工资标准等事项，按照劳动合同履行地的有关规定执行；用人单位注册地的有关标准高于劳动合同履行地的有关标准，且用人单位与劳动者约定按照用人单位注册地的有关规定执行的，从其约定。”

用人单位无故克扣和拖欠工资有什么后果

1. 用人单位依法要承担民事责任

用人单位克扣或者无故拖欠劳动者工资的，以及拒不支付劳动者延长工作时间工资报

酬的，劳动者可以随时通知用人单位解除劳动合同并要求用人单位赔偿。用人单位除在规定的时间内全额支付劳动者工资报酬外，还需加发相当于工资报酬25%的经济补偿金。

2．承担行政责任

用人单位无故拖欠职工工资，劳动者可以举报到劳动行政部门，用人单位将要承担行政责任：劳动行政部门应责令用人单位支付劳动者的工资报酬、经济补偿，并可责令按相当于支付劳动者工资报酬、经济补偿总和的一至五倍支付劳动者赔偿金。

经济补偿金的月平均工资包含哪些范围

劳动合同法第四十七条规定的经济补偿的月工资按照劳动者应得工资计算，包括计时工资或者计件工资以及奖金、津贴和补贴等货币性收入。劳动者在劳动合同解除或者终止前12个月的平均工资低于当地最低工资标准的，按照当地最低工资标准计算。劳动者工作不满12个月的，按照实际工作的月数计算平均工资。这可以理解为：月平均工资是将劳动者在解除合同前12个月所有的应得货币性收入累加再除以12计算得出。

按照条例的规定，是应得工资而不是实得工资，因此应为税前工资，也就是说，补偿金的月平均工资指的是在扣除劳动者个人承担的所得税和“五险一金”之前的那个应付工资数额。

简单来讲，计算经济补偿金的月平均工资包括“五险一金”，但是“五险一金”指的是个人承担的部分，公司承担的那部分金额是不算在内的。

特殊情况下如何向员工支付工资

（1）工伤假工资：职工因工伤，在医疗期间，工资照发。

（2）产假工资：女职工产假（包括流产假）期间工资照发，并且不得在女性怀孕期、产期、哺乳期降低其工资。

（3）事假工资：劳动部规定：职工本人结婚或职工的直系亲属死亡，由本单位行政领导批准酌情给予1～3天的婚丧假。如结婚双方不在同一地工作，直系亲属死亡在外需要本人前去料理的，可根据路程远近，另给予路程假。在批准的婚丧假和路程假期间，职工的工资照发。对企业职工的一般事假，由于职工在进行加班加点工作时，可以享受加班加点工资待遇，所以，可不发给其工资。对于企业的行政管理人员、工程技术人员、由于他们不享受加班加点工资待遇，所以，这些人员请事假每一季度在两个工作日以内的，工资照发，超过天数的不计发工资。

（4）探亲假工资：根据国务院的有关规定，职工有规定的探亲假期间，按照本人的标准工资照发工资。

哪些情况下，用人单位可以合法扣减职工工资

四种情况下，用人单位可以合法扣减职工工资，同时，劳动合同法明确了扣减的额度限制。

（1）职工因个人主观原因没有完成生产任务，并非身体问题等所致，单位可扣减其工资。扣后工资不能低于本市最低工资标准。

（2）职工违反劳动纪律，并造成单位损失时。单位因此扣减工资，每月扣减比例必须小于该职工月工资的20%。

（3）职工请事假，按照缺勤一天扣一天的工资计算。

（4）职工请病假，按照病假工资发放，可以扣减其绩效或生产性奖励等。

怎么确定职工事假、探亲假、婚丧假期间的工资待遇

职工请事假（含病假）期间的工资待遇，国家机关和事业单位实行照发工资的制度。企业根据职工的不同性质而实行不同的制度，企业中的工人由于享受加班加点工资待遇，所以一般在事假期间不发工资；企业中的行政人员和工程技术人员不享受加班加点工资待遇，请事假每个季度在两个工作日以内的，照发工资，超过两个工作日以上的，其超过天数不发工资。

职工休探亲假期间的工资待遇，在规定的探亲假期间和路程期间内，照发本人的标准工资。

职工本人结婚或职工的直系亲属（父母、配偶、子女）死亡时，经过单位领导批准，给予1—3天的婚丧期。职工结婚时双方不在一地工作的，职工在外地的直系亲属死亡时需要职工本人前去料理丧事的，可以根据路程远近，给予路程假。在批准的婚丧假和路程假期间，工资照发。

职工可以享受本单位的带薪年休假。年休假一般为7～14天。

劳动者被刑事拘留期间要不要支付工资、福利待遇

劳动者涉嫌违法犯罪被有关机关收容审查、拘留或逮捕的，用人单位在劳动者被限制人身自由期间，可与其暂时停止劳动合同的履行。

暂时停止履行劳动合同期间，用人单位不承担劳动合同规定的相应义务。劳动者经证明被错误限制人身自由的，暂时停止履行劳动合同期间劳动者的损失，可由其依据《国家赔偿法》要求有关部门赔偿。

单位可否延时支付工资

因故不能在约定时间支付工资的，可以延长5日；因生产经营困难需延长5日以上的，应征得本单位工会或者员工本人书面同意，但最长不得超过15日。

停工期间，员工工资应如何支付

非因员工本人过错，用人单位部分或整体停产、停业的，用人单位应当按照下列标准支付停工员工在停工期间的工资：

（1）停工一个月以内的，按照员工本人正常工作时间工资的80%支付。

（2）停工超过一个月的，按照不低于最低工资的80%支付。

（3）因员工本人过错造成停工的，用人单位可以不支付该员工停工期间的工资，但经认定属于工伤的除外。

员工法定休假节日的工资如何支付

员工在法定休假节日期间休假的，用人单位应当支付工资。实行小时、日工资制和计件工资制的员工在法定休假节日期间休假的，用人单位应当按照不低于员工本人正常工作时间工资的标准，支付其法定休假节日期间的工资。

法定节假日加班工资怎么算

劳动法第四十四条规定，有下列情形之一的，用人单位应当按照下列标准支付高于劳动者正常工作时间工资的工资报酬：

（1）安排劳动者延长工作时间的，支付不低于工资的150%的工资报酬。

（2）休息日安排劳动者工作又不能安排补休的，支付不低于工资的200%的工资报酬。

（3）法定休假日安排劳动者工作的，支付不低于工资的300%的工资报酬。

因此，对于实行标准工时制的劳动者，如果在“五一”等法定节假日加班，加班费应当以不低于日工资基数的3倍支付加班工资，而在5月2日、3日加班应当以公休日加班的标准给予双倍支付工资。

日工资基数的计算方法为：月工资除以一个月计薪的天数，目前在中国节假日调整后的月计薪天数为21.75天。

以一个约定月薪为1500元的职工为例，他的日加班基数就是1500元除以21.75天即69元；如果企业安排他在5月1日加班，则应支付其不低于69元的3倍即207元的加班工资。

5月2日加班，单位首先应安排补休，否则须支付两倍的日工资基数。

此外，对于经过劳动保障部门批准，可以在明确工作量的前提下自主安排工作、休息时间的“不定时工作制”岗位，用人单位可以不支付加班工资。

如何确定加班费的计算基数

（1）如果劳动合同有明确约定工资数额的，应当以劳动合同约定的工资作为加班费计算基准。应当注意的是，如果劳动合同的工资项目分为“基本工资”、“岗位工资”、“职务工资”等，应当以各项工资的总和作为基数计发加班费，不能以“基本工资”、“岗位工资”或“职务工资”单独一项作为计算基数。

（2）如果劳动合同没有明确约定工资数额，或者合同约定不明确时，应当以实际工资作为计算基数。凡是用人单位直接支付给职工的工资、奖金、津贴、补贴等都属于实际工资，具体包括国家统计局《关于工资总额组成的规定若干具体范围的解释》中规定“工资总额”的几个组成部分。但是应当注意一点，在以实际工资都可作为加班费计算基数时，加班费、伙食补助和劳动保护补贴等应当扣除，不能列入计算范围。

（3）在确定职工日平均工资和小时平均工资时，应当按照原劳动和社会保障部《关于职工全年月平均工作时间和工资折算问题的通知》规定，进行折算。

（4）实行计件工资的，应当以法定时间内的计件单价为加班费的计算基数。

（5）加班费的计算基数低于当地当年的最低工资标准的，应当以日、时最低工资标准为基数。

可不可以用补休代替加班费

职工正常工作时间为每日工作8小时，每周工作40小时。

劳动法第四十四条规定，休息日安排劳动者工作又不能安排补休的，支付不低于工资200%的工资报酬。

由此可见，休息日安排劳动者工作，用人单位可以首先安排补休。在无法安排补休时，才支付不低于工资200%的加班费。休息日一般是指双休日。

当企业能够安排职工补休时，职工应当服从。这既保护了劳动者的休息权，又利于职工的身体健康，也使职工及时恢复体力投入新的工作，有利于安全生产。

法定节假日加班，不能以安排补休为由拒付加班工资，单位必须按照日工资基数的300%支付加班工资。

未经批准自愿加班能索要加班费吗

根据劳动法规定，企业可以制订与国家法律不相抵触的加班制度，对符合加班制度的加班情况支付不低于法定标准的加班工资。

可见，用人单位支付加班工资的前提是“用人单位根据实际需要安排劳动者在法定标准工作时间以外工作”，劳动者自愿加班的，用人单位依据以上规定可以不支付加班工资。

职工最低工资标准内能包含加班费吗

职工的最低工资标准不应包含加班费。

原劳动和社会保障部颁布的《最低工资规定》规定：“在劳动者提供正常劳动的情况下，用人单位应支付给劳动者的工资在剔除延长工作时间的工资（即加班费）以后，不得低于当地最低工资标准。

非全日制用工如何支付劳动报酬

劳动合同法第七十二条规定，非全日制用工小时计酬标准不得低于用人单位所在地人民政府规定的最低小时工资标准。

非全日制用工劳动报酬结算支付周期最长不得超过15日。

员工依法享受年休假期间，其工资如何支付

《企业职工带薪年休假实施办法》第十一条第三款规定，职工在年休假期间享受与正常工作期间相同的工资收入。实行计件工资、提成工资或者其他绩效工资制的职工，日工资收入的计发办法按照本条第一款、第二款的规定执行。

本办法第十一条第一款规定，计算未休年休假工资报酬的日工资收入按照职工本人的月工资除以月计薪天数（21.75天）进行折算。

本办法第十一条第二款规定，前款所称月工资是指职工在用人单位支付其未休年休假工资报酬前12个月剔除加班工资后的月平均工资。在本用人单位工作时间不满12个月的，按实际月份计算月平均工资。

用人单位如何支付在职员工应休未休年休假天数的工资报酬

《企业职工带薪年休假实施办法》第十条规定，用人单位经职工同意不安排年休假或者安排职工年休假天数少于应休年休假天数，应当在本年度内对职工应休未休年休假天数，按照其日工资收入的300%支付未休年休假工资报酬，其中包含用人单位支付职工正常工作期间的工资收入。

用人单位安排职工休年休假，但是职工因本人原因且书面提出不休年休假的，用人单位可以只支付其正常工作期间的工资收入。

用人单位与职工解除或终止劳动合同的，应休未休年休假天数和工资报酬应如何计算

《企业职工带薪年休假实施办法》第十二条规定，用人单位与职工解除或者终止劳动合同时，当年度未安排职工休满应休年休假的，应当按照职工当年已工作时间折算应休未休年休假天数并支付未休年休假工资报酬，但折算后不足1整天的部分不支付未休年休假工资报酬。

前款规定的折算方法为：（当年度在本单位已过日历天数÷365天）×职工本人全年应当享受的年休假天数 当年度已安排年休假天数。

用人单位当年已安排职工年休假的，多于折算应休年休假的天数不再扣回。

员工请事假期间，用人单位是否要支付其工资

员工请事假单位是否需要支付其工资，对此我国劳动法、劳动合同法及《劳动合同法实施条例》等现行法律、法规都没有明确的规定。对于单位员工在工作期间请事假的待遇问题，用人单位在不违反我国法律、法规的前提下可以根据本单位的实际情况通过制定单位内部的规章制度或员工手册予以明确。因此，员工请事假单位是否需要支付其工资还要看用人单位内部的规章制度的规定。

用人单位可以通过劳动合同、内部规章制度及员工手册来具体约定员工请事假是否支付其工资的事宜，以避免产生劳资纠纷。

怎样计算员工的病假工资

劳动法对于病假工资有以下规定：

（1）职工患病或非因工负伤治疗期间，在规定的医疗期间内由企业按有关规定支付其病假工资或疾病救济费，病假工资或疾病救济费可以低于当地最低工资标准支付，但不能低于最低工资标准的80%。

（2）除劳动法第二十五条规定的情形外，劳动者在医疗期、孕期、产期和哺乳期内，劳动，劳动合同期限届满时，用人单位不得终止劳动合同。劳动合同的期限应自动延续至医疗期、孕期、产期和哺乳期期满为止。

（3）请长病假的职工在医疗期满后，能从事原工作的，可以继续履行劳动合同；医疗期满后仍不能从事原工作也不能从事由单位另行安排的工作的，由劳动鉴定委员会参照工伤与职业病致残程度鉴定标准进行劳动能力鉴定。被鉴定为一至四级的，应当退出劳动岗位，解除劳动关系，办理因病或非因工负伤退休退职手续，享受相应的退休退职待遇；被鉴定为五至十级的，用人单位可以解除劳动合同，并按规定支付经济补偿金和医疗补

助费。

（4）劳动法第四十八条中的“最低工资”是指劳动者在法定工作时间内履行了正常劳动义务的前提下，由其所在单位支付的最低劳动报酬。最低工资不包括延长工作时间的工资报酬，以货币形式支付的住房和用人单位支付的伙食补贴，中班、夜班、高温、低温、井下、有毒、有害等特殊工作环境和劳动条件下的津贴，国家法律、法规、规章规定的社会保险福利。

（5）劳动者患病或者非因工负伤，经劳动鉴定委员会确认不能从事原工作、也不能从事用人单位另行安排的工作而解除劳动合同的，用人单位应按其在本单位的工作年限，每满1年发给相当于1个月工资的经济补偿金，同时还应发给不低于6个月工资的医疗补助费。患重病和绝症的还应增加医疗补助费，患重病的增加部分不低于医疗补助费的50%，患绝症的增加部分不低于医疗补助费的100%。

怎样确定病假工资的基数

病假工资的基数按照以下三个原则确定：

（1）劳动合同有约定的，按不低于劳动合同约定的劳动者本人所在岗位（职位）相对应的工资标准确定。集体合同（工资集体协议）确定的标准高于劳动合同约定标准的，按集体合同（工资集体协议）标准确定。

（2）劳动合同、集体合同均未约定的，可由用人单位与职工代表通过工资集体协商确定，协商结果应签订工资集体协议。

（3）用人单位与劳动者无任何约定的，假期工资的计算基数统一按劳动者本人所在岗位（职位）正常出勤的月工资的70%确定。此外，按以上三个原则计算的假期工资基数均不得低于本市规定的最低工资标准。

怎样确定病假工资的计算系数

病假工资的计算系数可以按照以下方式来确定：

（1）职工疾病或非因工负伤连续休假在6个月以内的，企业应按下列标准支付疾病休假工资：

①连续工龄不满2年的，按本人工资的60%计发。

②连续工龄满2年不满4年的，按本人工资70%计发。

③连续工龄满4年不满6年的，按本人工资的80%计发。

④连续工龄满6年不满8年的，按本人工资的90%计发。

⑤连续工龄满8年及以上的，按本人工资的100%计发。

（2）职工疾病或非因工负伤连续休假超过6个月的，由企业支付疾病救济费：

①连续工龄不满1年的，按本人工资的40%计发。

②连续工龄满1年不满3年的，按本人工资的50%计发。

③连续工龄满3年及以上的，按本人工资的60%计发。

病假工资的计算公式是怎样的

病假工资的计算基数和计算系数确定后，便可计算出病假工资的数额。

月病假工资=病假工资的计算基数×相应的病假工资的计算系数

日病假工资=病假工资的计算基数÷当月计薪日×相应的病假工资的计算系数

如何确定病假天数

疾病或非因工负伤休假日数应按实际休假日数计算，连续休假期内含有休息日、节假日的应予剔除。而以上公式中提到的计薪日概念，是指国家规定的制度工作日加法定休假日，例如，某单位的制度工作日是每周工作5天休息2天，6月份单位制度工作日是20天，如果是10月份就得加上“国家”3天法定休假日，而不是统一的国家规定的20.92天月平均工作天数。

员工病假和事假期间的工资支付有何不同

员工患病或非因工负伤，停止工作进行治疗，在国家规定的医疗期内，用人单位应当按照不低于本人标准工资的60%支付员工在伤病假期间的工资，就是说，用人单位可以在标准工资的60%～100%之间确定病假工资标准，但不能低于最低工资标准的80%。若员工请事假的，则单位可以不支付其事假期间的工资。

用人单位依法破产、解散或者被撤销进行清算时，拖欠员工的工资应如何支付

用人单位依法破产、解散或者被撤销进行清算时，清算组织应当依照有关法律规定的清偿顺序，首先支付欠付的员工工资。

用人单位可以依法从员工工资中代扣代缴哪些费用

用人单位依法从员工工资中代扣或者代缴下列费用：

（1）员工本人工资的个人所得税。

（2）员工个人负担的社会保险费。

（3）协助执行法院判决、裁定由员工负担的抚养费、扶养费、赡养费。

（4）法律、法规规定应当由用人单位从员工工资中代扣或者代缴的其他费用。

用人单位可以从员工工资中扣减哪些费用

用人单位可以从员工工资中扣减下列费用：

（1）员工赔偿因本人原因造成用人单位经济损失的费用。

（2）用人单位按照依法制定的规章制度对员工进行的违纪经济处罚。

（3）经员工本人同意的其他费用。

用人单位每月扣减前款第（1）、（2）项费用后的员工工资余额不得低于最低工资。

用人单位从员工工资中扣减赔偿费用和经济处罚有什么限制

《工资支付暂行规定》第十六条规定，因劳动者本人原因给用人单位造成经济损失的，用人单位可按照劳动合同的约定要求其赔偿经济损失。经济损失的赔偿，可从劳动者本人的工资中扣除。但每月扣除的部分不得超过劳动者当月工资的20%。若扣除后的剩余工资部分低于当地月最低工资标准，则按最低工资标准支付。

用人单位为合伙形式的，合伙人拖欠员工工资有责任吗

用人单位为合伙形式的，合伙人对拖欠的员工工资承担连带责任，先行支付拖欠工资的合伙人可以依法向其他合伙人追偿。

承包方拖欠员工工资，发包方有责任吗

在建筑活动中，建设单位、施工总承包企业等单位违法将工程发包、分包或者转包给未经工商登记不具备用工主体资格或者不具备相应资质条件的组织或者个人，该组织或者个人拖欠员工工资的，发包单位应当向员工垫付拖欠的工资。

实行标准工时制的员工，其加班工资应如何计算

（1）安排员工在正常工作时间外工作的，按照不低于员工本人正常工作时间工资的150%支付。

（2）安排员工在休息日工作，又不能安排补休的，按照不低于员工本人正常工作时间工资的200%支付。

（3）安排员工在法定休假节日工作的，按照不低于员工本人正常工作时间工资的

300%支付（注：补休也需发放300%的工资）。

实行综合计算工时工作制的员工，其加班工资应该如何计算

员工实际工作时间达到正常工作时间后，用人单位安排员工工作的，视为延长工作时间，按照不低于员工本人正常工作时间工资的150%支付员工加班工资。

用人单位安排实行综合计算工时工作制的员工在法定休假节日工作的，按照不低于员工本人正常工作时间工资的300%支付员工加班工资。

怎样将月工资折算为日、小时工资

《关于职工全年月平均工作时间和工资折算问题的通知》第二条规定，按照劳动法第五十一条的规定，法定节假日用人单位应当依法支付工资，即折算日工资、小时工资时不剔除国家规定的11天法定节假日。据此，日工资、小时工资的折算为：

日工资：月工资收入÷月计薪天数

小时工资：月工资收入÷（月计薪天数×8小时）

月计薪天数=（365天−104天）÷12月=21.75天

注：104天为全年休息日之和

实行计件工资制的员工如何计算加班工资

实行计件工资制的员工直接以计件单价作为基数计算加班工资。例如8小时内的计件单价是1元/件，那平时加班的计件单价就是不低于1.5元/件，休息日加班就是不低于2元/件，节日加班就是不低于3元/件。但要注意，按计件工资计算的加班工资折算为小时工资后，不能低于按最低小时工资计算的加班工资。

企业可以以补休代替法定休假日加班工资吗

企业不可以以补休代替法定休假日加班工资。

劳动法第四十四条对安排劳动者加班后的工资报酬问题作了三种规定：

（1）安排劳动者延长工作时间的，支付不低于工资的150%的工资报酬。

（2）休息日安排劳动者工作又不能安排补休的，支付不低于工资的200%的工资报酬。

（3）法定休假日安排劳动者工作的，支付不低于工资的300%的工资报酬。

以上第二种情形，即在休息日安排劳动者工作的，其待遇有两种选择，一是安排补休，二是支付不低于工资200%的加班工资。而第一种和第三种情形下只能支付法律规定

的加班工资报酬，不能以安排补休而不支付高于正常工作时间的加班工资。

企业若在法定节假日安排职工加班，属于上述第三种情形，以在事后安排职工补休为借口拒绝支付法定休假日加班工资的做法是不正确的，是违反劳动法的行为。

劳动者生病休假工资可以克扣吗

劳动者生病休假工资不得克扣，如果用人单位在员工看病期间克扣其病假工资，属于违法行为。

根据《企业职工患病或非因工负伤医疗期规定》第三条规定，企业职工因患病或非因工负伤，需要停止工作医疗时，根据本人实际参加工作年限和在本单位工作年限，给予3个月到24个月的医疗期。专家指出，这个医疗期，将作为确定待遇的依据，同时，企业不能在医疗期内辞退员工。

关于具体数额，根据我国《劳动保险条例》规定，医疗期在6个月以内者，按其在本企业工龄的长短，病伤假期工资数额为本人工资60%～100%；连续医疗期在6个月以上者，数额为本人工资40%～60%。

需要劳动者注意的是，各地的具体计算方式可能不都相同，但无论何种计法，根据劳动部《关于贯彻执行〈中华人民共和国劳动法〉若干问题的意见》规定，每月病假工资都不能低于当地最低工资标准的80%。

用人单位向试用期劳动者支付工资的下限是多少

劳动者在试用期内的工资不得低于本单位相同岗位最低档工资或者劳动合同约定工资的80%，并不得低于所在地的标准。

用人单位克扣或无故拖欠劳动者工资会受到什么处罚

企业克扣或无故拖欠劳动者工资的，劳动监察部门应根据劳动法第九十一条、《违反和解除劳动合同的经济补偿办法》第三条（用人单位克扣或无故拖欠劳动者工资的……除全部支付劳动者工资报酬外，还需加发相当于工资报酬25%的经济补偿金）、《违反〈劳动法〉行政处罚办法》第六条（按相当于支付劳动者工资报酬的一至五倍支付劳动者赔偿金）予以处理。

由此，可以看出，无故拖欠职工工资，资方要支付拖欠工资、补偿金（25%拖欠工资额），必要时还要支付赔偿金（但要以造成实际损害为前提）。

企业在哪些情况下拖欠工资不属“无故拖欠”

根据劳动法的相关规定，下列情况拖欠工资不属无故拖欠：

（1）用人单位遇到非人力所能抗拒的自然灾害、战争等原因，无法按时支付工资。

（2）用人单位确因生产经营困难、资金周转受到影响，在征得本单位工会同意后，可暂时延期支付劳动者工资，延期时间的最长限制可由各省、自治区、直辖市劳动行政部门根据各地情况确定。

第三章 工作时间、休息、休假

我国现行的基本工时制度有哪几种

我国现行的基本工时制度有三种，即标准工时制、不定时工作制和综合计算工时工作制。

哪些工种和岗位可以实行不定时工作制

根据原劳动部《关于企业实行不定时工作制和综合计算工时工作制的审批办法》（劳部发[1994]503号）第四条的规定，对符合下列条件之一的职工，企业可以实行不定时工作制。

（1）企业中的高级管理人员、外勤人员、推销人员、部分值班人员和其他因工作无法按标准工作时间衡量的职工。

（2）企业中的长途运输人员、出租汽车司机和铁路、港口、仓库的部分装卸人员以及因工作性质特殊，需机动作业的职工。

（3）其他因生产特点、工作特殊需要或职责范围的关系，适合实行不定时工作制的职工。

是否可以约定仅在出差时实行不定时工作制

不可约定出差时实行不定时工作制，非出差上班期间实行标准工作制。因为相关法规仅允许对不同员工实行不同的工时制，不允许针对一个职工实行两个以上的工时制。

不定时工作制员工是否可以不来公司上班

不定时工作制并不意味着实行该工时制的员工可以随意安排自己的时间。实行不定时工作制员工的工作时间仍由公司进行安排。公司在进行安排时，一周最好不要超过40小时。

不定时工作制员工怎么考勤

实行不定时工作制的员工应以完成工作任务为考核的主要标准，在此基础上考勤为次要的。因为实行不定时工作制除法定节假日外，员工在其它时间工作都不算加班，特别强调的是双休日并非法定节假日。如果用人单位实行不定时工作制的员工日常工作都需要去公司的办公室，那么最好采用打卡系统，可粗略计算工作的时间，目的是控制员工的在一定周期内（如一个月）的工作时间不超过标准的工时。另外，应注意制定恰当的集中工作、集中休息、轮休调休机制，保证员工一周至少休息一天。

实行不定时工作制必须申报审批吗

不定时工作制必须经过人力资源和社会保障部门审批，而且应将审批文件进行公示，在我方提请审批的文件中应有具体的轮休作息计划，并应按此计划执行。

哪些工种岗位可以实行综合计算工时工作制

根据原劳动部《关于企业实行不定时工作制和综合计算工时工作制的审批办法》（劳部发[1994]503号）第五条的规定，企业对符合下列条件之一的职工，可实行综合计算工时工作制，即分别以周、月、季、年等为周期，综合计算工作时间，但其平均日工作时间和平均周工作时间应与法定标准工作时间基本相同。

（1）交通、铁路、邮电、水运、航空、渔业等行业中因工作性质特殊，需连续作业的职工。

（2）地质及资源勘探、建筑、制盐、制糖、旅游等受季节和自然条件限制的行业的部分职工。

（3）其他适合实行综合计算工时工作制的职工。

用人单位延长工作时间有哪些限制性规定

为保障劳动者的身体健康，防止用人单位随意加班加点，劳动法对用人单位延长工作时间作了限制性规定。

劳动法第四十一条规定，“用人单位由于生产经营需要，经与工会和劳动者协商后可以延长工作时间，一般每日不得超过1小时；因特殊原因需要延长工作时间的，在保障劳动者身体健康的条件下延长工作时间每日不得超过3小时，但是每月不得超过36小时。”

劳动法第四十四条的规定是运用经济手段限制用人单位加班加点，即：“有下列情形之一的，用人单位应当按照下列标准支付高于劳动者正常工作时间工资的工资报酬：（一）安排劳动者延长工作时间的，支付不低于工资150%的工资报酬；（二）休息日安排劳动者工作又不能安排补休的，支付不低于工资的200%的工资报酬；（三）法定休假日安排劳动者工作的，支付不低于工资的300%的工资报酬。”

劳动法第九十九条还规定：“用人单位违反本法规定，延长劳动者工作时间的，由劳动行政部门给予警告，责令改正，并可以处以罚款。”通过这些限制性规定来约束用人单位，使其依法进行加班加点。

在哪些情况下可以任意延长工时而不受限制

劳动法第四十二条规定，有下列情形之一的延长工作时间不受本法第四十一条规定的限制：

（1）发生自然灾害、事故或者因其他原因，威胁劳动者生命健康和财产安全，需要紧急处理的。

（2）生产设备、交通运输线路、公众设施发生故障，影响公众利益，必须及时抢修的。

（3）法律、行政法规规定的其他情形。

有上述情况之一的，可以延长工作时间而不受限制，但是，应按规定付加班费。在这些规定之外，不经过员工同意任意延长工作，是违反劳动法规定的行为，要承担相应的责任。

我国法定放假的节日、纪念日有哪些

《国务院关于修改〈全国年节及纪念日放假办法〉的决定》第二条规定，全体公民放假的节日：

（1）新年，放假1天（1月1日）。

（2）春节，放假3天（农历正月初一、初二、初三）。

（3）清明节，放假1天（农历清明当日）。

（4）劳动节，放假1天（5月1日）。

（5）端午节，放假1天（农历端午当日）。

（6）中秋节，放假1天（农历中秋当日）。

（7）国庆节，放假3天（10月1日、2日、3日）。

第三条规定，部分公民放假的节日及纪念日：

（1）妇女节（3月8日），妇女放假半天。

（2）青年节（5月4日），14周岁以上的青年放假半天。

（3）儿童节（6月1日），不满14周岁的少年儿童放假1天。

（4）中国人民解放军建军纪念日（8月1日），现役军人放假半天。

第四条规定，少数民族习惯的节日，由各少数民族聚居地区的地方人民政府，按照各该民族习惯，规定放假日期。

法定休假节日如适逢公休日的，如何安排

《国务院关于修改〈全国年节及纪念日放假办法〉的决定》第六条规定，全体公民放假的假日，如果适逢星期六、星期日，应当在工作日补假。部分公民放假的假日，如果适逢星期六、星期日，则不补假。

职工享受带薪年休假，应符合哪些条件

《职工带薪年休假条例》第二条规定，机关、团体、企业、事业单位、民办非企业单位、有雇工的个体工商户等单位的职工连续工作1年以上的，享受带薪年休假（以下简称年休假）。单位应当保证职工享受年休假。

《企业职工带薪年休假实施办法》第三条规定，职工连续工作满12个月以上的，享受带薪年休假。

怎么核算员工的带薪年休假天数

《职工带薪年休假条例》第三条规定，职工累计工作已满1年不满10年的，年休假5天；已满10年不满20年的，年休假10天；已满20年的，年休假15天。

国家法定休假日、休息日不计入年休假的假期。

《企业职工带薪年休假实施办法》第四条规定，年休假天数根据职工累计工作时间确定。职工在同一或者不同用人单位工作期间，以及依照法律、行政法规或者国务院规定视同工作期间，应当计为累计工作时间。

如何安排员工休年休假

用人单位在具体安排上要根据生产任务、员工的实际情况制定方案，既可以集中安排休假，也可以分段安排休假。在一般情况下不允许跨年度安排年休假。如因生产、工作的

特殊原因，需要跨年度安排员工年休假的，必须在征得员工同意的情况下才能进行，而不应到年底才突击安排员工休年休假。这种做法既破坏生产计划，同时也损害了员工选择享受年休假具体时间的权利。

如果用人单位跨年度仍然无法安排员工休年休假的，不能将年休假时间再安排在后年度进行，而应当对不能安排的年休假，按应休未休年休假工资标准支付年休假工资报酬。

年休假是否只能安排在正常工作日

由于《职工带薪年休假条例》已明确禁止将国家法定休假日（元旦1天，春节3天，端午1天、清明1天、劳动节1天、中秋1天、国庆节3天）、休息日（周六、周日）、职工依法享受的探亲假、婚丧假、产假、陪护假等国家规定的假期以及因工伤停工留薪期间计入年休假假期。用人单位能够安排员工享受年休假的时间只能在正常工作日内进行。

用人单位在本年度已安排员工休完全部或者部分年休假，之后基于种种原因解除（终止）劳动合同，如按员工的工作时间进行折算，折算的时间多于应休年休假的天数，用人单位无权就员工多享受的年休假天数扣减工资。反之如按员工的工作时间进行折算，折算的时间少于应休年休假的天数，用人单位应在解除（终止）劳动合同前安排休年休假，不能安排的，按应休未休年休假工资标准支付年休假工资报酬。

试用期内是否享受年休假

职工在试用期内能否享用年休假主要考虑两个因素：

（1）试用期的长短，如果试用期期限较长（3个月以上），且试用期在年末或者跨年度，用人单位要安排职工享受年休假。

（2）用人单位对试用期内享受年休假的规定，且规定是否合法则要考虑两个条件：

①职工是否在试用期内工龄满1年，如果遇到职工在试用期内工作年限正好满1年，职工有权享受年休假。

②用人单位这一规定是否有完善的补救措施，试用期的结局有两种，一种合格留用，一种解除劳动合同。如果试用期在年末或者跨年度，要么用人单位认可职工可以跨年度享受年休假，要么根据职工在本年度工作时间享受年休假或者按规定给予年休假工资。

非全日制员工是否享受年休假

原则上享受年休假的对象是与用人单位发生劳动关系全日制员工，非全日制员工在用人单位工作时间较长是否按实际工作时间折算成全日制员工的工作年限享受年休假，到目前为止相关部门没有出台相关的解释，因而在现阶段非全日制员工尚不能享受年休假。

职工新进用人单位，当年度应休年休假天数如何计算

《企业职工带薪年休假实施办法》第五条规定，职工新进用人单位且符合本办法第三条规定的，当年度年休假天数，按照在本单位剩余日历天数折算确定，折算后不足1整天的部分不享受年休假。

前款规定的折算方法为：（当年度在本单位剩余日历天数÷365天）×职工本人全年应当享受的年休假天数。

当年度在不同用人单位工作是否可以重复享受年休假

由于享受年休假的时间与正在发生劳动关系的用人单位的实际工作天数相联系，因而在当年度计算享受年休假时间上，在不同用人单位均要按员工的实际工作天数计算年休假，因而不存在重复享受年休假的问题。

员工严重违反单位规章制度，被用人单位解除劳动合同是否享受年休假

员工享受年休假是以员工的工作年限为依据，双方的劳动合同无论基于什么原因解除或者终止都不影响该权利的行使，用人单位也不得以任何理由剥夺员工享受年休假的权利。如果员工严重违反单位规章制度被用人单位解除劳动合同，在劳动关系存续期间员工没有享受的年休假按员工日工资标准的三倍（包括员工在职期间用人单位支付的工资）在办理解除劳动关系手续后支付。

如何认定“职工因本人原因且书面提出不休年假”

《企业职工带薪年休假实施办法》对这一问题规定本身存在一定的问题，在实际操作中用人单位安排职工休年休假，职工基于种种原因不休年休假的情况客观存在，但要求职工书面提出这一条件有些不合常理。如果职工不书面提出不享受年休假，那么用人单位是否按职工日工资收入300%支付年休假工资呢？很显然这一理由是不能成立的。因而有必要在用人单位的规章制度对此加以明确规定。如：用人单位安排职工休年休假，职工基于种种原因不享受而继续工作的，视为用人单位对此期间按日常工资标准支付应休未休年休假期间工资。

如果职工休完了所有年假后辞职，公司是否有权扣除其多休的年假工资

如果员工离职时已把全年年假休完了，用人单位不可以扣除其多休的年假工资，因为

《企业职工带薪年休假实施办法》第十二条第三款规定，“用人单位当年已安排职工年休假的，多于折算应休年休假的天数不再扣回。”

未满整年辞职需要向员工补偿休假工资吗

根据《企业职工带薪年休假实施办法》规定，年休假天数根据职工累计工作时间确定。用人单位与职工解除或者终止劳动合同时，当年度未安排职工休满应休年休假的，应按职工当年已工作时间折算应休未休年休假天数，并支付相应报酬。所以，如果用人单位不能提供证据证明已安排过员工休年休假，则应支付王某未休年休假的工资报酬。

如果用人单位辞退职工时，该职工一天年假还没有休，用人单位应如何折算工资

《企业职工带薪年休假实施办法》第十二条规定：“用人单位与职工解除或者终止劳动合同时，当年度未安排职工休满应休年休假的，应当按照职工当年已工作时间折算应休未休年休假天数并支付未休年休假工资报酬，但折算后不足1整天的部分不支付未休年休假工资报酬。”可见，员工离职时只有权利得到自己已工作月份对应的年休假。

具体的折算方法是：（当年度在本单位已过日历天数÷365天）×职工本人全年应当享受的年休假天数−当年度已安排年休假天数。

举例来说，2015年6月30日离职的员工，只做了半年，原本年休假有12天的，计算时只能用6天来计算。

职工结婚可以享受哪些待遇

劳动法没有对职工结婚的假期作出具体的规定，但根据《婚姻法》以及《计划生育条例》的规定，职工结婚可享受的假期为：

（1）按法定结婚年龄（女20周岁，男22周岁）结婚的，可享受3天婚假。

（2）符合晚婚年龄（女23周岁，男25周岁）的，可享受晚婚假15天（含3天法定婚假）。

（3）结婚时男女双方不在一地工作的，可视路程远近，另给予路程假。

（4）在探亲假（探父母）期间结婚的，不另给假期。

（5）婚假包括公休假和法定假。

（6）再婚的可享受法定婚假，不能享受晚婚假。

另外，一些地方性的法规对婚假作出规定，如《广东省企业职工假期待遇死亡抚恤待遇暂行规定》第三条规定，职工本人结婚，可享受婚假3天，晚婚者（男年满25周岁、女

年满23周岁）增加10天。职工结婚双方不在一地工作的，可根据路程远近给予路程假。途中交通费由职工自理。

劳动法律法规对丧假有何规定

劳动法律法规未对丧假作出具体的规定。根据国家劳动总局、财政部《关于请婚丧假和路程假问题的通知》（[80]劳总薪字29号）规定，职工的直系亲属（父母、配偶、子女）以及岳父母或公婆死亡后，职工可请丧假料理丧事。

（1）假期：根据具体情况，由本单位行政领导批准，酌情给予1—3天的丧假。

（2）路程假：去外地料理丧事的，可根据路程远近，另给予路程假。

（3）工资待遇：工资照发，车船费自理。

员工医疗期有何规定

《企业职工患病或非因工负伤医疗期规定》第三条规定，企业职工因患病或非因工负伤，需要停止工作医疗时，根据本人实际参加工作年限和在本单位工作年限，给予3个月到24个月的医疗期：

（1）实际工作年限10年以下的，在本单位工作年限5年以下的为3个月；5年以上的为6个月。

（2）实际工作年限10年以上的，在本单位工作年限5年以下的为6个月；5年以上10以下的为9个月；10年以上15年以下的为12个月；15年以上20年以下的为18个月；20年以上的为24个月。

医疗期3个月的按6个月内累计病休时间计算；6个月的按12个月内累计病休时间计算；9个月的按15个月内累计病休时间计算；12个月的按18个月内累计病休时间计算；18个月的按24个月内累计病休时间计算；24个月的按30个月内累计病休时间计算。

员工医疗期有哪些特殊规定

《企业职工患病或非因工负伤医疗期规定》第六条规定，企业职工非因工致残和经医生或医疗机构认定患有难以治疗的疾病，在医疗期内医疗终结，不能从事原工作，也不能从事用人单位另行安排的工作的，应当由劳动鉴定委员会参照工伤与职业病致残程度鉴定标准进行劳动能力的鉴定。被鉴定为一至四级的，应当退出劳动岗位，终止劳动关系，办理退休、退职手续，享受退休、退职待遇，被鉴定为五至十级的，医疗期内不得解除劳动合同。

《企业职工患病或非因工负伤医疗期规定》第七条规定，企业职工非因工致残和经医生或医疗机构认定患有难以治疗的疾病，医疗期满，应当由劳动鉴定委员会参照工伤与职业病致残程度鉴定标准进行劳动能力的鉴定。被鉴定为一至四级的，应当退出劳动岗位，解除劳动关系，并办理退休、退职手续，享受退休、退职待遇。

第四章　女职工和未成年工特殊劳动保护

哪些企业的女职工适用于《女职工劳动保护特别规定》

《女职工劳动保护特别规定》第二条明确了“中华人民共和国境内的国家机关、企业、事业单位、社会团体、个体经济组织以及其他社会组织等用人单位及其女职工，适用本规定。”

哪些劳动不能安排给女职工

劳动法第五十九条规定，“禁止安排女职工从事矿山井下、国家规定的第四级体力劳动强度的劳动和其他禁忌从事的劳动。”2012年4月18日修改通过的《女职工劳动保护特别规定》规定，女职工禁忌从事的劳动范围：

（1）矿山井下作业。

（2）体力劳动强度分级标准中规定的第四级体力劳动强度的作业。

（3）每小时负重6次以上、每次负重超过20公斤的作业，或者间断负重、每次负重超过25公斤的作业。

哪些劳动不能安排给怀孕女职工去做

根据劳动法第六十一条、《女职工劳动保护特别规定》第四条以及《女职工禁忌从事的劳动范围的规定》第六条，女工孕期禁忌从事劳动的范围是：

1．有毒作业

作业场所空气中铅及其化合物、汞及其化合物、苯、镉、铍、砷、氰化物、氮氧化物、一氧化碳、二硫化碳、氯、已内酰胺、氯丁二烯、氯乙烯、环氧乙烷、苯胺、甲醛等有毒物质浓度超过国家卫生标准的作业。

2．制药作业

制药行业中从事抗癌药物及乙烯雌酚生产的作业。

3．放射性作业

作业场所放射性物质超过《放射防护规定》中规定剂量的作业。

4．土石方作业

人力进行的土方和石方作业。

5．强体力劳动

《体力劳动强度分级》标准中第三级体力劳动强度的作业。

6．振动作业

伴有全身强烈振动的作业，如风钻、捣固机、锻造等作业，以及拖拉机驾驶等。

7．弯腰、下蹲作业

工作中需要频繁弯腰、攀高、下蹲的作业，如焊接作业。

8．高处作业

《高处作业分级》标准所规定的高处作业。

9．其他

（1）对怀孕7个月以上的女职工，不得安排其延长工作时间和夜班劳动。对怀孕7个月以上的女职工，每天给予工间休息1小时，算作劳动时间，有定额考核的应扣除相应的劳动定额。

（2）女职工在哺乳期（婴儿不满一周岁）禁忌从事的劳动范围。

女职工进行产前检查的时间是否算作工作时间

根据《女职工劳动保护特别规定》第六条第三款的规定，女职工在怀孕期间，准予定期做产前检查。在劳动时间内进行产前检查的，应当算作劳动时间。

女职工怀孕期间是否享有工间休息时间

《女职工劳动保护特别规定》对此没有明确的规定，但一些地方性法规有规定，如《广东省女职工劳动保护实施办法》第五条第二项规定，女职工怀孕7个月以上（含7个月），每天享受工间休息1小时，算作劳动时间。

产假天数有何规定

根据劳动法第六十二条规定，女职工生育享受98天产假，其中产前可以休假15天；难产的，增加产假15天；生育多胞胎的，每多生育1个婴儿，增加产假15天。

女职工怀孕未满4个月流产的，享受15天产假；怀孕满4个月流产的，享受42天产假。

女职工哺乳时间有何规定

《女职工劳动保护特别规定》第九条规定，有不满1周岁婴儿的女职工，其所在单位应当在每天的劳动时间内安排1小时的哺乳时间。多胞胎生育的，每多哺乳1个婴儿，每天哺乳时间增加1小时。

女职工怀孕流产假期有何规定

根据《关于女职工生育待遇若干问题的通知》第一条的规定，女职工怀孕不满4个月流产的，应根据医务部门的意见，给予15～30天产假；怀孕4个月以上（含4个月）流产的，给予42天产假。

单位能否安排孕期、哺乳期的女职工加班加点

根据劳动法第六十一条、《女职工劳动保护特别规定》第七条的规定，女职工在怀孕期间不能适应原劳动的，所在单位应根据医疗机构的证明，予以减轻劳动量或安排其他能够适应的劳动；怀孕7个月以上（含7个月）的女职工，不得安排其从事夜班劳动和加班加点，并应当在劳动时间内安排一定的休息时间。

根据劳动法第六十三条的规定，有未满1周岁婴儿的女职工，在哺乳期间，所在单位不得安排其从事夜班劳动和加班加点。

侵害妇女劳动保护的权益的单位和人会受到什么处罚

对侵害妇女劳动保护权益的单位负责人及其直接责任人员，其所在单位的主管部门，应当根据情节轻重，给予行政处分，并责令该单位给予被侵害妇女合理的经济补偿；构成犯罪的，由司法机关依法追究刑事责任。

女职工违反计划生育政策是否享有“三期”待遇

实行计划生育是我国的基本国策，也是每个公民应尽的义务。实行计划生育的合法权益受法律保护，不实行计划生育是违法行为。

据此，用人单位不需要支付违反计划生育政策的女职工孕期、产期和哺乳期间的工资；同样，违反计划生育政策的女职工也不能享受生育保险待遇。

女职工违反计划生育规定，用人单位能否据此解除劳动合同

根据劳动法第二十九条的规定，劳动者有下列情形之一的，用人单位不得依据本法第二十六条、第二十七条的规定解除劳动合同：……（三）女职工在孕期、产期、哺乳期内的；……

我国《妇女权益保障法》第二十七条规定，任何单位不得因结婚、怀孕、产假、哺乳等情形，降低女职工的工资，辞退女职工。

《女职工劳动保护特别规定》第五条规定，不得在女职工怀孕期、产期、哺乳期降低其基本工资，或者解除劳动合同。

首先，法律对于处于“三期”内的女职工给予了特殊保护，在此期间用人单位不得要求解除劳动合同，该保护不区分女职工是否违反计划生育规定。

但这种保护并不是绝对的。实践中更是出现过不少女职工在与用人单位关系紧张时以“三期”为保护伞，损害用人单位合法权益的情形。对此，用人单位完全可以防范于未然：

根据我国劳动合同法第三十九条规定，劳动者有严重违反用人单位的规章制度情形的，用人单位可以解除劳动合同：……（二）严重违反用人单位的规章制度的。

根据《劳动部办公厅关于受理职工违反计划生育政策规定引起的劳动争议问题的复函》（劳办力字[1992]15号）的规定：“职工因违反计划生育政策被企业开除引起的争议，劳动仲裁委员会应当受理。在处理这类劳动争议时，除依据劳动法律、法规外，还应以国家和地方政府有关计划生育政策的法规、规章，以及企业内部符合国家规定的有关规章制度为依据。”

因此，如果用人单位事先明确在本单位规章制度中做出规定，并将此列为“严重违反”的情形，则可以依法解除劳动合同。

如何确定女职工有计划外生育事实

可以向女职工户籍所在地或经常居住地的村委会或居委会或有关计划生育管理部门发函，要求出具相关的证明文件，作为判定女职工是否有计划外生育事实的证据材料。

女职工违反计划生育规定，用人单位应如何处理

如果用人单位在规章制度和劳动合同中没有对女职工违反计划生育作出相关规定，则用人单位不能要求解除劳动合同，对与违反计划生育规定的女职工，用人单位可以给其以下待遇：

（1）不享受生育保险待遇，相关费用自行承担。

如果劳动者违反计划生育规定，即使双方继续履行劳动合同，劳动者亦无法享受生育

保险待遇，由此产生的费用将自行承担；同样，如果用人单位未依法为劳动者办理生育保险的，用人单位也无须承担由此产生的费用。

（2）单位内部可以给予一定的处分。

《人口与计划生育法》第四十二条规定，按照本法第四十一条规定缴纳社会抚养费的人员，是国家工作人员的，还应当依法给予行政处分；其他人员应当由其所在单位或者组织给予纪律处分。

因此，用人单位可以依法给予劳动者一定的纪律处分。相关办法亦应在单位规章制度内明确。

（3）酌情给予一定的休息时间，并提供必要的劳动保护；休息时间参照单位内部关于病假或事假的规章制度处理。

员工非婚生育，用人单位该怎么办

我国原《劳动部工资局复女职工非婚生育时是否享受劳保待遇问题》按照“女职工非婚生育时，不能按照劳动保险条例的规定享受生育待遇，其需要休养的时间不应发给工资。对于生活有困难的，可以由企业行政方面酌情给予补助”的处理原则，为保障妇女儿童合法权益，基于女职工怀孕生产后的生理变化，用人单位对于怀孕的女职工可酌情给予一定的休息时间，并提供必要的劳动保护；同时，提供与产假待遇相同的休息时间是女职工复原身体、照顾婴儿之必须，不可剥夺；但如果完全与遵守国家计划生育规定的女职工享受的产假待遇无异，则不免不公，更有可能产生部分女职工恣意违反计划生育规定，长期不能在岗提供正常劳动，造成用人单位经营负担的情形，对此，用人单位可以分情况处理：

如果女职工能够提供医院证明文件的，可以参照单位内部关于病假的规章制度办理请假手续；期限和待遇参照《企业职工患病或非因工负伤医疗期规定》有关规定。

如果女职工无法提供医院有关证明，而身体情况又无法正常从事原岗位劳动的，可以参照单位内部关于事假的规章制度办理请假手续。事假期间可暂停发放劳动报酬。

但上述两种情形下，社会保险仍应按期缴纳。暂停发放劳动报酬的，社会保险个人账户应承担的部分可在女职工返回原岗位工作后从其劳动报酬中扣除。

用人单位违反女职工劳动保护规定的行为会受到哪些行政处罚

在劳动安全卫生方面，国家对女职工有特殊的保护规定，对违反有关规定的，劳动行政部门有监察、处罚的权利。

用人单位有下列侵害女职工合法权益行为之一的，应责令改正，并按每侵害一名女职工罚款3000元以下的标准处罚：

第一，违反就业保护的规定，安排女职工从事矿山井下，国家规定的第四级体力劳动强度的劳动和其他禁忌从事的劳动。

第二，违反经期保护的规定，安排女职工在经期从事高处、低温、冷水作业和国家规定的第三级以上劳动强度的劳动。

第三，违反孕期保护的规定，安排女职工在哺乳未满一周岁的婴儿期间从事国家规定的第三级以上体力劳动强度的劳动和哺乳期禁忌从事的其他劳动及安排其延长工作时间和夜班劳动的；安排怀孕七个月以上的女职工延长工作时间和从事夜班劳动的。

第四，违反哺乳期保护的规定，用人单位安排女职工在怀孕期间从事国家规定的第三级以上体力劳动强度的劳动和孕期禁忌从事的劳动的。

对违反产期保护的规定，处罚措施稍有差别，用人单位给予女职工产假低于90天的，应责令限期改正，逾期不改的，按每侵害一名女职工罚款3000元以下的标准进行处罚。

用人单位在女职工受到“性骚扰”未及时处理有什么责任

《女职工劳动保护特别规定》第十一条规定“在劳动场所，用人单位应当预防和制止对女职工的性骚扰。”条款中明确了用人单位不仅应该预防，还应该制止此类现象，这是一种强制性规范。

《妇女权益保障法》规定：禁止以语言、文字、图片、电子信息、肢体动作等形式对妇女实施性骚扰。利用从属关系或者职业便利实施性骚扰的，依法从重处罚。用人单位在性骚扰情形发生时未及时处理，致使女职工遭受人身损害的，应当承担相应责任。

什么叫未成年工

根据劳动法第五十八条第二款和《未成年工特殊保护规定》第二条第一款的规定，未成年工是指年满十六周岁，未满十八周岁的劳动者。

未成年工禁忌从事的劳动范围有哪些

根据劳动法第六十四条、《未成年工特殊保护规定》第三条和《关于印发〈中华人民共和国劳动法〉若干条文说明的通知》第六十四条的规定，不得安排未成年工从事矿山井下、有毒有害、国家规定的第四级体力劳动强度的劳动和其他禁忌从事的劳动。“其他禁忌从事的劳动”是指：

（1）森林伐木、归楞及流放作业。

（2）凡在坠落高度基准面5米以上（含5米）有可能坠落的高处进行的作业。即二级高处作业。

（3）作业场所放射性物质超过《放射防护规定》中规定剂量的作业。

（4）其他对未成年工的发育成长有影响的作业。

哪些工作，企业不能安排未成年工去做

未成年工年龄低，尚处于生长发育阶段，劳动法规定：任何单位和个人不得安排未成年工从事矿山井下、有毒有害、国家规定的第四级体力劳动强度的劳动和其他禁忌从事的劳动。“其他禁忌从事的劳动”是指：森林业伐木、归楞及流放作业；凡在坠落高度基准面5米以上（含5米）有可能坠落的高处进行的作业。即二级高处作业；作业场所放射性物质超过《放射防护规定》中规定剂量的作业；其他对未成年工的发育成长有影响的作业。《未成年工特殊保护规定》对此作出了更为详细的规定。用人单位不得安排未成年工从事以下范围的劳动：

（1）《生产性粉尘作业危害程度分级》国家标准中第一级以上的接尘作业。

（2）《有毒作业分级》国家标准中第一级以上的有毒作业。

（3）《高处作业分级》国家标准中第二级以上的高处作业。

（4）《冷水作业分级》国家标准中第二级以上的冷水作业。

（5）《高温作业分级》国家标准中第三级以上的高温作业。

（6）《低温作业分级》国家标准中第三级以上的低温作业。

（7）《体力劳动强度分级》国家标准中第四级以上的体力劳动强度的作业。

（8）矿山井下及山地面采石作业。

（9）森林业中的伐木、流放及守林作业。

（10）工作场所接触放射性物质的作业。

（11）有易燃晚爆、化学性烧伤和热烧伤等危险性大的作业。

（12）地质勘察的资源勘探的野外作业。

（13）潜水、涵道作业和海拔3000米以上的高原作业（不包括世居高原者）。

（14）连续负重每小时在6次以上并每次超过20千克，间断负重每次超过25千克的作业。

（15）使用凿岩机、捣固机、气铲、铆钉机、电锤的作业。

（16）工作中需要长时间保持低头、弯腰、上举、下蹲等强迫体位和动作频率每分钟大于50次的流水线作业。

（17）锅炉司炉。

对于以上所列工作，企业在进行工作安排时，不得安排未成年工去从事。

在什么时候应安排未成年工进行健康检查

根据劳动法六十五条和《未成年工特殊保护规定》第六条的规定，用人单位应按下列要求对未成年工定期进行健康检查：

（1）安排工作岗位之前。

（2）工作满1年。

（3）年满18周岁，距前一次的体检时间已超过半年。

用人单位是否可以使用童工

根据劳动法第十五条第一款和《禁止使用童工规定》第二条规定，国家机关、社会团体、企业事业单位、民办非企业单位或者个体工商户均不得招用不满16周岁的未成年人（招用不满16周岁的未成年人，以下统称使用童工）。

禁止任何单位或者个人为不满16周岁的未成年人介绍就业。

禁止不满16周岁的未成年人开业从事个体经营活动。

用人单位非法招用童工的，应承担什么法律责任

根据劳动法第九十四条和《禁止使用童工规定》第六条规定，用人单位使用童工的，由劳动行政部门按照每使用一名童工每月处5000元罚款的标准给予处罚；在使用有毒物品的作业场所使用童工的，按照《使用有毒物品作业场所劳动保护条例》规定的罚款幅度，或按照每使用一名童工每月处5000元罚款的标准，从重处罚。劳动保障行政部门并应当责令用人单位限期将童工送回原居住地交其父母或者其他监护人，所需交通和食宿费用全部由用人单位承担。

用人单位经劳动保障行政部门依照前款规定责令限期改正，逾期仍不将童工送交其父母或者其他监护人的，从责令限期改正之日起，由劳动保障行政部门按照每使用一名童工每月处1万元罚款的标准处罚，并由工商行政管理部门吊销其营业执照或者由民政部门撤销民办非企业单位登记；用人单位是国家机关、事业单位的，由有关单位依法对直接负责的主管人员和其他直接责任人员给予降级或者撤职的行政处分或者纪律处分。

企业如何为未成年工在劳动安全卫生方面予以特殊保护

未成年工是指年满16周岁、未满18周岁的劳动者。国家根据未成年工的身体状况和生理特点，对未成年工在劳动中的安全和卫生衽特殊保护制度。主要从以下三个方面进行：

（1）根据未成年工的生理特点安排工作。未成年工年龄低，尚处于生长发育阶段，因此，一些严重影响未成年人生长发育的工作禁止安排款成年工从事。

（2）对未成年工定期进行健康检查。用人单位应按下列要求对未成年工定期进行健康检查：安排工作岗位之前；工作满1年；年满18周岁，距前一次的体检时间已超过半年。用人单位应根据未成年工的健康检查结果安排其从事适合的劳动，对不能胜任原劳动岗位的，应根据医务部门的证明，予以减轻劳动量或安排其他劳动。

用人单位招收使用未成年工要登记吗

用人单位招收使用未成年工，除符合一般用工要求外，还须向所在地的县级以上劳动行政部门办理登记。劳动行政部门根据《未成年工健康检查表》、《未成年工登记表》，核发《未成年工登记证》，未成年工须持《未成年工登记证》上岗。

第五章　劳资纠纷防范与处理

企业与劳动者之间有哪些劳资纠纷

按照《中华人民共和国企业劳动争议处理条例》第二条的规定：企业与劳动者之间的纠纷主要有以下几类：

（1）因企业开除、除名、辞退职工和职工辞职、自动离职发生的争议。

（2）因执行国家有关工资、保险、福利、培训、劳动保护的规定发生的争议。

（3）因履行劳动合同发生的争议。

（4）法律、法规规定应当依照本条例处理的其它劳动争议。

目前，企业特别是外商投资企业常遇到的劳资纠纷主要有：解雇、开除、降职、辞工、加班、工伤待遇、患病医疗等几个方面引起的争议。

劳资纠纷对企业有何影响

劳资双方之间发生纠纷是非常正常的事，任何企业，只要从事生产经营，就不可避免地遇到劳资纠纷方面的问题。一个企业，如果劳资纠纷过多，企业与员工之间的矛盾过于突出，势必直接影响到企业的正常生产经营，当然也就影响了企业的经济效益，甚至会导致企业的亏损或者停产。

怎样运用劳动合同防范劳资纠纷

劳动合同在现代企业管理中所起的重要作用已不言而喻，没有与劳动者签订合同，那么企业将每月支付员工二倍工资。

企业至少应准备三份合同，包括：固定期限劳动合同、无固定期限劳动合同和以完成一定工作任务为期限的劳动合同，有需要的企业还应备一份非全日制用工劳动合同。劳动合同法第十七条规定，合同主要内容应包括：

（1）用人单位的名称、住所和法定代表人或主要负责人。

（2）劳动者姓名、住址、居民身份证或其他有效身份证件号码。

（3）劳动合同期限。

（4）工作内容和工作地点。

（5）工作时间和休息休假。

（6）劳动报酬。

（7）社会保险。

（8）劳动保护、劳动条件和职业危害防护。

（9）法律、法规规定应当纳入劳动合同的其他事项。

劳动合同除前款规定的必备条款外，用人单位与劳动者可以约定试用期、培训、保守秘密、补充保险和福利待遇等其他事项。

怎样用集体合同来防范劳资纠纷

劳动合同法第十一条规定：用人单位未在用工的同时订立书面劳动合同，与劳动者约定的劳动报酬不明确的，新招用的劳动者的劳动报酬按照集体合同规定的标准执行；没有集体合同或者集体合同未规定的，实行同工同酬。

本法第十八条规定：劳动合同对劳动报酬和劳动条件等标准约定不明确，引发争议的，用人单位与劳动者可以重新协商；协商不成的，适用集体合同规定；没有集体合同或者集体合同未规定劳动报酬的，实行同工同酬；没有集体合同或者集体合同未规定劳动条件等标准的，适用国家有关规定。

由此可见，集体合同可以在企业与劳动者因劳动报酬、劳动条件等标准约定不明确产生争议的时候起到重要的标准作用，一份完备的集体合同可以避免很多不必要的劳动纠纷。

劳动者的劳动报酬、工作时间、休息休假、劳动安全卫生、保险福利、职工培训、劳动纪律、劳动定额、法律法规规定的其他内容等。

怎样运用职工名册来防范劳资纠纷

劳动合同法第七条规定：用人单位应建立职工名册备查。《劳动合同法劳动合同法实施条例》第三十三条补充：用人单位违反劳动合同法有关建立职工名册规定的，由劳动行政部门责令限期改正；逾期不改的，由劳动行政部门处2000元以上2万元以下罚款。

企业必备职工名册，既可以在产生劳动争议时作为有力的证据，也可以避免不必要的行政罚款。职业名册的内容包括：劳动者姓名、性别、公民身份号码、户籍地址及现住址、联系方式、用工形式、用工起始时间、劳动合同期限等内容。

怎样用劳动合同签收单来防范劳资纠纷

劳动合同法第八十一条规定：用人单位提供的劳动合同文本未载明本法规定的劳动合同必备条款或者用人单位未将劳动合同文本交付劳动者的，由劳动行政部门责令改正；给劳动者造成损害的，应当承担赔偿责任。

企业仅仅签订劳动合同而没有送达劳动者，同样会面临着不必要的赔偿风险。

签收单内容的内容包括：劳动合同文本编号、劳动者姓名、身份证号码、所属部门、具体岗位、入职时间、合同期限、签约时间、劳动合同签收时间、劳动者签收、备注等内容。

怎样用职位告知书来防范劳资纠纷

劳动合同法第八条规定：用人单位招用劳动者时，应当如实告知劳动者工作内容、工作条件、工作地点、职业危害、安全生产状况、劳动报酬，以及劳动者要求了解的其他情况。

用人单位如实告知劳动者职位情况是主动义务，即使劳动者不提出要求也得主动告知。实践中用人单位往往会忽视这个主动告知义务，导致发生因“欺诈”而导致劳动合同无效并赔偿劳动者损失的法律风险。

告知书的内容需包括：工作内容、工作条件、工作地点、职业危害、安全生产状况、劳动报酬等。

入职登记表可以防范劳资纠纷吗

劳动合同法第八条规定：用人单位有权了解劳动者与劳动合同直接相关的基本情况，劳动者应当如实说明。

如果劳动者在入职时存在不实或欺诈，将成为日后用人单位解除劳动合同的重要证据。

入职登记表需登记的内容包括：劳动者与前用人单位劳动合同解除情况、竞业限制、健康状况、学历、职业资格、知识技能、工作经历、家庭住址、主要家庭成员构成等。

签订劳动合同通知书可以防范劳资纠纷吗

《中华人民共和国劳动合同法实施条例》第五条规定：自用工之日起一个月内，经用人单位书面通知后，劳动者不与用人单位订立书面劳动合同的，用人单位应当书面通知劳动者终止劳动关系，无需向劳动者支付经济补偿，但是应当依法向劳动者支付其实际工作时间的劳动报酬。此时一份书面的签订劳动合同通知书就显得尤为重要。

签订劳动合同通知书的主要内容应包括：劳动者姓名、入职日期、通知日期、签订劳动方式等。

劳动合同变更协议书可以防范劳资纠纷吗

（1）法律依据。劳动合同法第三十五条规定：用人单位与劳动者协商一致，可以用书面形式变更劳动合同约定的内容。

（2）主要内容。用人单位基本情况、劳动者基本情况、原劳动合同基本情况、具体变更内容、变更日期、双方签字盖章等。

解除、终止劳动合同通知书可以防范劳资纠纷吗

（1）法律依据。解除、终止劳动合同是结束劳动者与用人单位之间关系的唯一途径，解除、终止劳动合同的具体时间是计算工资、加班费、经济补偿金数额的重要依据。

（2）主要内容。劳动者名称、解除或终止劳动合同的原因、解除或终止劳动合同的日期、交接手续办理的流程和时限、用人单位盖章、劳动者签收等。

解除、终止劳动合同的证明可以防范劳资纠纷吗

（1）法律依据。劳动合同法第五十条规定：用人单位应当在解除或者终止劳动合同时出具解除或者终止劳动合同的证明，并在15日内为劳动者办理档案和社会保险关系转移手续。

第八十九条规定：用人单位违反本法规定未向劳动者出具解除或者终止劳动合同的书面证明，由劳动行政部门责令改正；给劳动者造成损害的，应承担赔偿责任。

（2）证明内容。用人单位出具的解除、终止劳动合同的证明，应当写明劳动合同期限、解除或者终止劳动合同的日期、工作岗位、在本单位的工作年限等。

加班申请书可以防范劳资纠纷吗

（1）法律依据。劳动合同法第三十一条规定：用人单位应当严格执行劳动定额标

准，不得强迫或者变相强迫劳动者加班。用人单位安排加班的，应当按照国家有关规定向劳动者支付加班费。

第八十五条规定：用人单位安排加班不支付加班费的，由劳动行政部门责令限期支付劳动报酬、加班费或者经济补偿。

劳动合同法第八十五条规定：用人单位有下列情形之一的，由劳动行政部门责令限期支付劳动报酬、加班费或者经济补偿：（一）劳动报酬低于当地最低工资标准的，应当支付其差额部分；（二）逾期不支付的，责令用人单位按应付金额50%以上100%以下的标准向劳动者加付赔偿金；（三）安排加班不支付加班费的。

加班费的支付一直是个敏感问题，加班时间多少是计算加班费的重要根据，一份书面记录加班情况的文件尤为重要。

（2）申请书内容。劳动者名称、申请加班日期、加班原因、加班预计的时间、部门主管确认、人事主管确认等。

劳动合同续签意向书可以防范劳资纠纷吗

（1）法律依据。劳动合同法第四十六条规定：除用人单位维持或者提高劳动合同约定条件续订劳动合同，劳动者不同意续订的情形外，依照本法第四十四条第一项规定终止固定期限劳动合同的，用人单位应当向劳动者支付经济补偿。

劳动合同期满后的企业的续订条件以及劳动者的续订意向是判断用人单位是否要支付经济补偿的重要标准，一份书面的文件能真实的反映双方的意向，避免日后不必要的劳动纠纷。

（2）主要内容。劳动者名称、原劳动合同到期时间、续签劳动合同与原劳动合同区别、答复期限等。

保密协议可以防范劳资纠纷吗

商业秘密是我国近年来比较热的一个词，商业秘密、保密协议和劳动争议这几个术语经常联系在一起，相关的案例也常见诸报端。用人单位通过与相关人员和员工签订保密协议是保护商业秘密一个重要方式，是提高犯罪成本，使相关人员或员工“不敢为”的重要法宝之一。只要正确使用签订保密协议这一环节，就能收到“事半功倍”效果。

可以从以下几个方面入手起草保密协议：

（1）对哪些属于商业秘密，涉密的范围与具体的种类性质内容应作详尽的规定，这是侦办或诉讼时有力的证据。

（2）关于保密期限的约定，鉴于商业秘密的性质，只要不公开就会永远保持其秘密性，因此对于权利人以外知悉商业秘密的人，权利人有权要求其无限期的负有保密义务。

故不但在工作关系和劳动合同存续期间，而且在工作关系或劳动合同解除以后直至商业秘密公开为止，相关人员或员工都不得披露使用或许可他人使用单位的商业秘密。

（3）关于违约责任，这是协议中很重要的一点。由于侵犯商业秘密罪是结果犯罪，目前商业秘密损失赔偿额的确定有相当的难度，被侵害单位举证也很困难，因此有必要在协议中事先约定相关人员或员工违约造成泄密时，应付的违约金和赔偿金的计算方法或具体数目。这一方面便于诉讼，另一方面昂贵的预期违约成本也有助于抑制违约泄密行为的发生。

竞业禁止合同可以防范劳资纠纷吗

竞业禁止是指单位通过劳动合同和保密协议禁止职工或雇员在本单位任职期间同时兼职于业务竞争单位，或禁止他们在本单位离职后从业于与原单位有业务竞争的单位，包括创建与本单位业务范围相同的企业。

企业采取竞业禁止措施的基本方法是在劳动合同中规定竞业禁止条款，或者在保密合同中订立竞业禁止条款，或者单方制定保护商业秘密的规章制度，从而约束劳动者，以保护单位的商业秘密不受侵犯。

竞业禁止合同

竞业禁止合同的内容主要包括：

（1）限制范围条款。包括时间、地域、限制领域等。限制领域是指从事某种技术、产品、经营、服务等的企业或工作岗位。地域是指在约定的地域内不得从事限制领域的工作。时间是指离职后多少年内，不得从事限制领域的工作。关于限制领域的具体内容可以结合本行业或本企业的特点，另外制定内容详尽的附件。

（2）禁止劝诱离职。离职后不得诱使其他知悉企业商业秘密的员工离职。此条款意在防范近年频繁出现的员工集体叛离给企业带来严重损失的行为。

（3）补偿费。作为对员工牺牲一定程度择业自由的补偿，企业应支付一定数额的竞业禁止补偿金。具体标准可由双方约定或执行相关行业或地方的规定。由于被企业“竞业禁止”的员工承担了“竞业禁止”的义务，选择工作受到影响，这必然会给其带来经济损失，如果不给予合理补偿，既不符合权利义务相统一的原则，使劳动者单方面蒙受损失，同时也会使企业滥用“竞业禁止”条款而毫无相应经济支出。如果合同中没有经济补偿金的规定，劳动者则不受“竞业禁止”条款的限制。

竞业禁止协议限制了宪法赋予劳动者的劳动权和择业自主权。因此，对于竞业禁止协议的生效条件必须加以严格的限制，原则上必须具有合法性和合理性。所谓合法性是指竞业禁止协议不得违反法律的有关规定；所谓合理性是指协议约定的内容对受限制的义务人和施加限制的权利人应平等互利、公平合理。

为什么会产生解雇纠纷

解雇即解除雇用，是指用人单位解除与员工的劳动关系，不再雇用该员工。这在企业用工中是一种十分常见企业行为，也是企业更换员工、寻求最为合适的员工的手段之一，由此引起的争议在劳资纠纷中比较普遍和突出。这类纠纷的发生除了员工的无理取闹之外，也确实存在企业解雇理由不充足的问题。

劳动法对解雇（辞退）不当有何规定

按照劳动法及相关规定，企业无理解雇员工的，应当支付相当于其本人平均工资的经济补偿金，以其在企业工作时间而定，每年补一个月。如果企业解雇员工没有充足的理由，势必要支付这一笔费用。

企业怎样防范解雇（辞退）纠纷

企业要防范解雇纠纷，应当做好以下工作：

（1）签订《劳动合同》时，规定员工的工作岗位及其职责。

（2）在《劳动合同》中约定解雇条款，即规定企业在那种情况下可以解除劳动合同而不承担支付经济补偿金的义务。

（3）在管理上，严格各种管理制度，对每个员工都应建立档案并跟踪管理，凡员工违反厂规厂纪或者工作不认真负责、完不成工作任务的，均应记录在案。

（4）当员工存在劳动合同约定的解雇事项时再解雇，当然如果属于大规模的裁员，则又另当别论。

（5）企业在解雇员工时，按照规定应当提前一个月通知其本人。只要做好了以上工作，相信解雇纠纷会减少，即使个别员工申诉，也会因其无理而不会得到有关部门的支持。

什么情况下可以开除员工

开除是指企业按照《中华人民共和国劳动法》第二十五条的规定解除劳动合同的行为。按照该法条的规定，劳动者有下列情形之一的，用人单位可以解除劳动合同：

（1）在试用期间被证明不符合录用条件的。

（2）严重违反劳动纪律或者用人单位规章制度的。

（3）严重失职，营私舞弊，对用人单位利益造成重大损害的。

（4）被依法追究刑事责任的。

哪些开除容易引发争议

通常容易发生争议的开除有两种：严重违反劳动纪律或者规章制度的开除和严重失职、营私舞弊造成重大损害的开除。其原因是企业不按规定开除员工或者开除员工时没有掌握足够的证据材料。

劳动法对开除不当有什么规定

根据劳动法的相关规定，开除员工不当的，或者收回其继续工作，或者支付其经济补偿金，支付标准为每年一个月的其本人平均工资。

企业如何防范开除争议

针对这种情况，企业应当从以下几方面来应对：

（1）企业制定的劳动纪律和规章制度应明确具体，同时要拿到劳动管理部门备案确认，只有劳动管理部门备案确认的劳动纪律和规章制度，才能作为企业执行的依据，在开除违纪员工时才能适用。

（2）凡员工违反劳动纪律和规章制度的行为均应有相关纪录、证人证明材料，如能取得其本人对违纪行为事实确认的书面材料则最佳。

（3）员工严重失职、营私舞弊造成重大损害的，要收集相关证据，计算损失数额，并确认损失为该员工的失职或者营私舞弊行为造成。

（4）决定开除员工时，开除决定书或者公告必须明确列举出员工所犯之错误。

（5）如果该员工所犯错误不严重或者虽属严重错误但却缺乏足够的证据证明时，企业可先对该员工降职、降级、降薪处理，通常员工被降职处理后觉得没有面子再在企业呆下去，往往会自行辞工，这样企业就省去了开除带来的麻烦。

辞工和自动离职争议的主要表现是什么

辞工和自动离职都属于员工单方面解除劳动合同，按照规定企业是不用承担相关经济补偿等方面的义务，但是如果企业在员工辞工或者自动离职时没有处理好相关手续方面的问题，很可能就会被员工钻空子而陷于被动。主要表现在：

（1）员工辞工时，企业没有让员工填写辞工申请书（辞工单），或者将辞工单交给其本人拿去办理离厂手续没有追回。

（2）辞工时没有将其工资结清。

（3）自动离职的员工自行离厂不到规定的自动离职处理的时间就作自动离职处理。

怎样预防辞工和自动离职争议

企业预防辞工和自动离职争议的措施有：

（1）员工辞工单（申请书）及企业的批示一式二份，企业保留一份，交员工一份。

（2）员工辞工的在其离厂时，支付其应得的工资报酬。

（3）员工旷工或者不假外出必须达到厂规规定的天数，才能对其作自动离职处理。

为什么产生加班争议

按照劳动法第四十一条规定“用人单位由于生产经营需要，经与工会和劳动者协商后可以延长工作时间，一般每日不得超过1小时；因特殊原因需要延长工作时间的，在保障劳动者身体健康的条件下延长工作时间每日不得超过3小时，每月不得超过36小时。”在实际执行过程中，不少企业都超出上述规定加班时间，究其原因有二：

（1）企业由于自身生产经营的需要而安排员工加班。

（2）员工为了多拿工资而主动要求加班。

然而，由此而引发的纠纷却越来越多，有员工以加班时间过长而向劳动部门投诉的，有企业没有按规定支付加班费而遭到投诉的，搞得企业十分被动。

企业如何防范加班争议

（1）要了解加班工资的计算方法。

劳动法第四十四条规定有下列情形之一的，用人单位应当按照下列标准支付高于劳动者正常工作时间工资的工资报酬：

①安排劳动者延长工作时间的，支付不低于工资的150%的工资报酬。

②休息日安排劳动者工作又不能安排补休的，支付不低于工资的200%的工资报酬。

③法定休假日安排劳动者工作的，支付不低于工资的300%的工资报酬。

因此，企业在制定员工工资时，基本月薪（包括津贴在内）不要定得过高，特别是非生产岗位的员工如文员等，其它需给付部分可列在不计入工资总额的困难补助等项目，这样就不会导致加班工资过高的问题。

（2）合理安排加班时间。

如果不是特别需要，一般不要安排加班，即使安排，也不要超过法律规定的时间；如确有超过的，最好让加班的员工填写加班申请书，这样超过法定加班时间的责任就可以转移到员工身上。这样就会减少员工在这方面的投诉。

（3）利用劳动合同合理确定工资结构。

劳动合同中都有工资一项，企业和员工选择哪种工资方式与加班费的管理很有关系。通常，非生产线的员工适合采用包干式工资加奖金的方式，在劳动合同中约定包干式工资数额，不管是否加班都不增减，奖金的多少则视其工作情况每月确定支付数额。这样就不会存在加班费的纠纷了。对于生产线上的员工，则可采用计件工资的方式，在计算成本利润的基础上，合理确定计件工资额，计件工资一般不受工作时间的限制，也免除了加班费计算的麻烦。

劳动争议的仲裁时效延长，用人单位应该怎么办

仲裁时效的延长是把双刃剑，对于企业维权而言，延长了仲裁时效，企业可以有更多的时间去追究违约劳动者的法律责任；但同时也使企业在劳动者离职之后的1年内都处于可能被劳动者追究法律责任的不确定状态，这显然对企业是不利的。

对此，企业应该事先做好预备工作。首先，用人单位对离职员工的所有档案必须保留至少1年，考虑到时效中断或中止的因素，我们建议企业对离职员工的所有档案应至少保留2年。其次，用人单位在提出与员工解除劳动合同时，最好采用书面协议的方式，约定双方离职后不存在任何争议，以防范员工在离职后1年内对用人单位提起劳动仲裁。

用人单位如何规避劳动争议中不能提供证据的责任

《中华人民共和国劳动争议调解仲裁法》第六条规定，与争议事项有关的证据属于用人单位掌握的，用人单位应当提供。若用人单位不提供，应当承担其后果。对于这一点企业应该具体采取什么样的措施？

（1）用人单位必须重视并完善员工档案管理工作，比如用人单位制定的规章制度、职工的档案材料、考勤记录、工资发放记录、交纳社会保险记录、绩效考核记录、奖惩记录等等。尤其是当这些档案记录对用人单位有利时，更要注意搜集、保管。比如，用人单位不能证明劳动者的确切入职日期时，将推定劳动者主张的入职日期成立。

（2）建立健全档案借阅制度也很重要，防范借后不还或遗失。

（3）要注意一些细节问题，比如档案室要能与其他部门尽量分开，最好是独立分室，避免人员随意进出；防止公章私盖；档案保管人员本人的档案比如劳动合同等不能由其本人保管，等等。

如何打破“一裁终局”对用人单位的不公平规定

一裁终局制仅限用人单位，用人单位在部分案件中一旦在仲裁阶段败诉将可能失去通

过法院再审的可能性。这就要求用人单位首先必须重视劳动仲裁，并做好充分准备。以前那种认为劳动仲裁只是走个形式，等到法院阶段才是真正开始审理的想法必须改变。其次，对于一裁终局的案件，在仲裁阶段即应聘请专业律师把关、设计应对思路将显得尤为重要。当然，最根本的还在于企业要规范管理，人性化管理，尽量避免劳动争议案件的发生。

用人单位如何预防和面对潜在或已经出现的劳资纠纷

1．预防劳资纠纷方面

用人单位的人事管理需要建立在合法的基础上，并应尽力在法律允许的框架内采取合理的、创造性的制度设计，预防和应对劳动争议，努力构建和谐稳定的劳资关系，从而为企业的长远发展和永续经营提供有效的人力资源保障。

2．已经出现的劳资纠纷方面

就已经出现的劳资纠纷而言，用人单位必须首先要做好事前谨慎评估，即在正式采取仲裁或诉讼手段之前或在正式应诉之前谨慎细致地做好案件的评估论证工作。事前评估的价值在于减少盲目性，明晰“能否为？如何为？”的问题，打有准备之仗。其次，要积极收集证据，“打官司就是打证据”，证据的收集是一项基础性且意义重大的准备工作。

因此，评估预测可以把问题想得坏点，但该有的证据也要做好防范、准备工作。最后要借助专家之力，聘请的专家应当是那些熟悉相关劳动法律法规、具备丰富的企业人事管理经验、讲究诚信、保守当事人秘密、一心为客户着想、认真负责的好专家。合作的方式可以包括：咨询、论证、评估、方案设计、代理仲裁、代理诉讼等等。

什么情况下，用人单位可以对追索劳动报酬等裁决申请撤销

《劳动争议调解仲裁法》第四十九条规定：用人单位有证据证明本法第四十七条规定的仲裁裁决有下列情形之一的，可以自收到仲裁裁决书之日起30日内向劳动争议仲裁委员会所在地的中级人民法院申请撤销裁决：（一）适用法律、法规确有错误的；（二）劳动争议仲裁委员会无管辖权的；（三）违反法定程序的；（四）裁决所根据的证据是伪造的；（五）对方当事人隐瞒了足以影响公正裁决的证据的；（六）仲裁员在仲裁该案时有索贿受贿、徇私舞弊、枉法裁决行为的。

人民法院经组成合议庭审查核实裁决有前款规定情形之一的，应当裁定撤销。

仲裁裁决被人民法院裁定撤销的，当事人可以自收到裁定书之日起15日内就该劳动争议事项向人民法院提起诉讼。劳动争议调解仲裁法第四十七条下列劳动争议，除本法另有规定的外，仲裁裁决为终局裁决，裁决书自作出之日起发生法律效力：（一）追索劳动报

酬、工伤医疗费、经济补偿或者赔偿金，不超过当地月最低工资标准12个月金额的争议；（二）因执行国家的劳动标准在工作时间、休息休假、社会保险等方面发生的争议。

在哪些情形下仲裁员应当回避

根据劳动争议调解仲裁法第三十三条规定，仲裁员有下列情形之一的，应当回避，当事人也有权以口头或者书面方式申请其回避：

（1）是劳动争议当事人或者当事人近亲属的。

（2）与劳动争议有利害关系的。

（3）与劳动争议当事人有其他关系，可能影响公正仲裁的。仲裁委员会对回避申请应当及时做出决定，并以口头或者书面方式通知当事人。

《劳动争议调解仲裁法》在保留以上规定的同时，增加了仲裁员应当回避的情形：

（1）仲裁员是本案代理人的近亲属的。

（2）与本案代理人有其他关系，可能影响公正裁决的。

（3）私自会见当事人、代理人，或者接受当事人、代理人的请客送礼的。

第七部分

劳动者维权知识解读

第一章　劳动就业（合同）

保障劳动合同的法律法规有哪些

《中华人民共和国劳动法》、《中华人民共和国劳动合同法》、《中华人民共和国劳动合同法实施条例》。

根据《中华人民共和国劳动法》，劳动合同是用人单位与劳动者建立劳动关系的法律依据，用以明确双方的权利义务。双方一旦建立了劳动关系，就要签订书面劳动合同，试用期也不例外。劳动合同必须是合法的，否则从签订之日起无效，必须重签。按规定，签合同以后，用人单位就应为劳动者购买社会保险，包括养老保险、工伤保险、医疗保险、生育保险、失业保险。

对于不签合同的单位或个人，劳动部门有权责令其补签或施以处罚。对于不签合同的一方，另一方有权要求其赔偿损失。因履行劳动合同发生的争议，当事人可自行和解，也可向单位的调解委员会申请调解，或向劳动争议仲裁委员会申请仲裁，或向人民法院起诉。用人单位不签合同，造成劳动者权益受到损害时，劳动者可依法向劳动保障监察机构举报。

劳动合同是劳动者权益的有力保障，劳动者应充分重视合同的作用。在自己的正当权益受到损害时，更要勇于向法律寻求帮助和保护。

给私人干活受劳动法保护吗

给私人干活受法律保护，但是不受劳动法保护。根据劳动法的规定，劳动关系是指劳动者依据法律运用劳动能力，在实现社会劳动过程中与用人单位形成的权利义务关系。劳动关系的主体是劳动者和用人单位，劳动者是指依据劳动法律和劳动合同，在用人单位从事体力或脑力劳动并获得报酬的自然人，用人单位是指通过国家有关机构认可的单位，主要包括：（1）在中国境内依法核准登记的各种所有制性质、组织形式的企业；（2）依法核准登记的个体经济组织；（3）依法成立的事业单位；（4）依法成立的国家机关；（5）依法成立的社会团体等。给私人干活而不是给组织、单位干活，因私人不是劳动法所认可的用工主体，所以不受劳动法的保护。

用人单位不与劳动者签订劳动合同有什么赔偿

用人单位未与劳动者签订劳动合同，最长应支付11个月双倍工资，用工之日起满1年还未签订劳动合同，视为双方已订立无固定期限劳动合同。

劳动合同可以采取口头形式吗

劳动合同法第三条第一款规定，订立劳动合同，应当遵循合法、公平、平等自愿、协商一致、诚实信用的原则。第十条第一款规定，建立劳动关系，应当订立书面劳动合同。第三十五条第一款规定，用人单位与劳动者协商一致，可以变更劳动合同约定的内容。变更劳动合同，应当采用书面形式。第六十九条第一款规定，非全日制用工双方当事人可以订立口头协议。

劳动者在签合同前可否要求单位告知其工作内容等情况

劳动合同法第八条规定：用人单位招用劳动者时，应当如实告知劳动者工作内容、工作条件、工作地点、职业危害、安全生产状况、劳动报酬以及劳动者要求了解的其他情况。所以，劳动者在与用人单位签合同前，有权利问清楚这些内容。

签订劳动合同前，劳动者需要了解哪些规章制度

除要求用人单位告知你工作内容等以外，劳动者还有权利要求了解用人单位相关的规章制度，包括用人单位内部的各种劳动纪律、规定、考勤制度、休假制度、请假制度、处罚制度以及企业内已经签订的集体合同等，用人单位都应当进行详细的说明。当发现劳动规章制度违反法律法规规定的，可以通过工作或直接向用人单位提出，通过协商予以解决也可直接依法向劳动行政部门举报。

劳动者是否有义务如实告知用人单位有关自己的情况

劳动合同法第八条规定：用人单位有权了解劳动者与劳动合同直接相关的基本情况，劳动者应当如实说明。所以，当用人单位要求劳动者告知自己的情况时，应如实告知，不能有任何虚假信息，若提供虚假信息，将有可能导致劳动合同的无效，将来一旦有问题出现，维权也非常艰难。

劳动者与劳动合同直接相关的基本情况包括健康状况、知识技能、学历、职业资格、工作经历以及部分与工作有关的劳动者个人情况，如家庭住址、主要家庭成员构成等。

签订劳动合同要遵循什么原则

签订劳动合同要遵循平等自愿、协商一致的原则，不得违反法律、行政法规的规定。平等自愿是指劳动合同双方地位平等，应以平等身份签订劳动合同。自愿是指签订劳动合同完全是出于本人的意愿，不得采取强加于人和欺诈、威胁等手段签订劳动合同。协商一致是指劳动合同的条款必须由双方协商达成一致意见后才能签订劳动合同。

什么样的劳动合同不可以签

不符合法律、行政法规的规定的合同不可以签。有些合同规定女职工不得结婚、生育子女；因工负伤协议“工伤自理”，甚至签订了生死合同等显失公平的内容，违反了国家有关法律、行政法规的规定，使这类合同自签订之日起就成为无效或部分无效合同。因此，在签订合同前，劳动者一定要认真审视每一项条款，就权利、义务及有关内容，与用人单位达成一致意见，并且严格按照法律、法规的规定，签订有效合法的劳动合同。

可以签订口头劳动合同吗

劳动合同应当以书面形式签订，因为口说无凭。

劳动合同应有哪些内容呢

劳动者在签订劳动合同前要注意劳动合同的内容，因为这是履行劳动合同和劳动争议处理的重要依据。

我国劳动法第十九条第一款规定，劳动合同应当以书面形式订立，且必须具备以下条款：

（1）劳动合同的期限。

（2）工作内容。

（3）劳动保护和劳动条件。

（4）劳动报酬。

（5）劳动纪律。

（6）劳动合同终止的条件。

（7）违反劳动合同的责任等。

如果劳动合同缺少此类条款，劳动合同就不能成立，劳动者就不要与之签订合同。

劳动者与用人单位可协商约定哪些条款

根据劳动法第十九条第二款规定：劳动合同除必备条款外，当事人可以协商约定其他内容。本条第二款规定，劳动合同除必备条款外，用人单位与劳动者可以协商约定以下条款：

（1）试用期。

（2）培训。

（3）保守商业秘密。

（4）补充保险。

（5）福利待遇等其他事项。

“工伤自理”条款是否有效

在劳动合同中有“工伤自理”、“工伤概不负责”、“伤残由个人负责”等所谓生死合同条款，不符有关法律的规定。《中华人民共和国安全生产法》明确规定，如果单位在签订的协议中“免除或者减轻其对从业人员因生产安全事故伤亡依法应承担责任的，该协议无效”。劳动者应拒签订有这类条款的合同。如果已签，可以向当地劳动仲裁委提出仲裁，确认这种条款无效。

劳动合同期限是怎么规定的

劳动合同期限有三种形式：有固定期限、无固定期限和以完成一定的工作为期限的三种形式。

（1）有固定期限的劳动合同有明确的终止日期。

（2）以完成一定工作为期限的劳动合同，是以一项工作任务的完成时间为合同期限，也是有固定期限的一种特殊形式。

（3）无固定期限的劳动合同没有明确的终止时间，但必须在劳动合同中规定终止或者变更合同的条件。

什么情况下劳动者可以随时解除合同，无须提前通知用人单位

符合劳动合同法第八条第二款的规定的，劳动者可以随时解除合同，无须提前通知用人单位。

什么情况下可以要求签订无固定期限劳动合同

根据《中国人民共和国劳动合同法》的规定：劳动者在同一单位连续工作满十年，用

人单位应当与劳动者签订无固定期限劳动合同。无固定期限劳动合同，是指用人单位与劳动者约定无确定合同终止时间的劳动合同。

劳动合同法在劳动法的基础上，完善了无固定期限劳动合同的规定，规定了特殊情形下订立无固定期限劳动合同的情形：用人单位初次实行劳动合同制度或者国有企业改制重新签订劳动合同时，劳动者在该用人单位连续工作满10年或者距法定退休年龄在十年以内的；2008年1月1日起，连续订立二次固定期限劳动合同的；用人单位自用工之日起满一年不与劳动者订立书面劳动合同的。

但是，无固定期限劳动合同并不是终身制合同，如果劳动者违反相关规定，用人单位也可以按照劳动法的规定解除无固定期限劳动合同。

什么情况下劳动者可以与用人单位解除劳动合同

根据新颁布实施的劳动合同法实施条例，有下列情形之一的，依照劳动合同法规定的条件、程序，劳动者可以与用人单位解除固定期限劳动合同、无固定期限劳动合同或者以完成一定工作任务为期限的劳动合同：

（1）劳动者与用人单位协商一致的。

（2）劳动者提前30日以书面形式通知用人单位的。

（3）劳动者在试用期内提前 3 日通知用人单位的。

（4）用人单位未按照劳动合同约定提供劳动保护或者劳动条件的。

（5）用人单位未及时足额支付劳动报酬的。

（6）用人单位未依法为劳动者缴纳社会保险费的。

（7）用人单位的规章制度违反法律、法规的规定，损害劳动者权益的。

（8）用人单位以欺诈、胁迫的手段或者乘人之危，使劳动者在违背真实意思的情况下订立或者变更劳动合同的。

（9）用人单位在劳动合同中免除自己的法定责任、排除劳动者权利的。

（10）用人单位违反法律、行政法规强制性规定的。

（11）用人单位以暴力、威胁或者非法限制人身自由的手段强迫劳动者劳动的。

（12）用人单位违章指挥、强令冒险作业危及劳动者人身安全的。

（13）法律、行政法规规定劳动者可以解除劳动合同的其他情形。

用工单位跟劳动者不签订劳动合同怎么办

《中华人民共和国劳动合同法》规定，用人单位必须与劳动者签订劳动合同，并购买社保，否则是违法的。

（1）如果没签订劳动合同，可要求单位给予入职第二个月至第十二个月的双倍工资，相比看续签劳动合同通知书，并要求给予经济补偿。经济补偿是工作不满半年半个月的工资补偿，超过半年或满一年的给予一个月的工资补偿。

（2）没购社保可于离职时到劳动局申请仲裁让单位给予补缴。对于这样的情况，建议你写辞职通知书如下：

兹有××部门××，与用人单位签订的劳动合同自××年××月至××年××月，因用人单位违反了劳动合同法的有关规定（比如：不签劳动合同、不按国家规定安排劳动时间、不按时足额支付劳动报酬、加班不给加班工资、收取押金、不按时为劳动者建立国家法定的社会保险等都是合法的辞职理由，列举任意一条或两条都行）。依据劳动合同法第三十八条的有关规定，本人提出解除劳动关系，请用人单位依据劳动部颁布的《工资支付暂行规定》第九条的规定，劳动关系双方依法解除或终止劳动合同时，一次付清劳动者工资；并按照劳动合同法第四十六条和第四十七条的规定，支付每工作一年一个月工资的经济补偿金；按照劳动合同法第五十条的规定及时办理离职手续，出具解除劳动合同证明。如果单位不予支付，本人将保留申请劳动争议仲裁的权利。特此通知。

注意，如不想把辞职事件闹大的话，也可把涉及要求赔偿部分删掉。另外，切记通知要让单位签收，最好以挂号信或快递方式发出，以保留辞职提交日期证据。

工作超过一年，用人单位不与劳动者签劳动合同怎么办

根据劳动合同法、《劳动合同法实施条例》的规定，用人单位自用工之日起满一年未与劳动者订立书面劳动合同的，自用工之日起满一个月的次日至满一年的前一日应当向劳动者每月支付两倍的工资，并视为自用工之日起满一年的当日已经与劳动者订立无固定期限劳动合同，应当立即与劳动者补订书面劳动合同。

由此可知，劳动者有权向单位提出订立无固定期限劳动合同。

公司一年多未与劳动者签订合同，劳动者是否可以要求公司赔偿

劳动合同法第八十七条规定的：“用人单位违反本法规定解除或者终止劳动合同的，应当依照本法第四十七条规定的经济补偿标准的三倍向劳动者支付赔偿金。”所以，劳动者可以直接向用人单位提出要求，用人单位不给予赔偿可以申请劳动仲裁。

如何查询自己所在公司是否签订集体合同

集体合同的查询有两种方法：

（1）直接询问公司工会，因为是由工会代表职工与用人单位签订集体合同。

（2）向当地主管劳动行政部门了解，集体合同是需要备案的。

公司以临时工为由让劳动者走人怎么办

临时工不是法定的用工形式，只是计划经济下相对于固定工的一种称谓，早已被明文取消。目前我国的劳动法、劳动合同法等法律都取消了“临时工”的提法。原劳动部办公厅对《关于临时工等问题的请示》的复函中规定：关于是否还保留“临时工”的提法问题，劳动法施行后，所有用人单位与职工全面实行劳动合同制度，各类职工在用人单位享有的权利是平等的。因此，过去意义上相对于正式工而言的临时工名称已经不复存在。用人单位如在临时性岗位上用工，应当与劳动者签订劳动合同并依法为其建立各种社会保险，使其享有有关的福利待遇。原劳动部办公厅对《关于临时工的用工形式是否存在等问题的请示》的复函还规定，劳动法实施后，所有用人单位与职工全面实行劳动合同制度，在用人单位各类职工享有的权利是一样的，因此，过去意义上相对于正式工而言的临时工已经不复存在，只是用人单位在临时性岗位上用工，可以在劳动合同期限上有所区别。

因此，如果有用人单位以临时工为借口侵害劳动者权益，劳动者应及时向劳动部门举报，要求用人单位与劳动者签订劳动合同，享受劳动者的法定权利。

就业协业等同于劳动合同吗

就业协议并不等同劳动合同，也不能替代劳动合同，作为与用人单位确定劳动关系的凭证。因此，双方若因就业协议的内容发生纠纷，双方只能依据《民法通则》来解决问题，但若存在事实劳动关系，也可视为未按法律规定签订劳动合同。

实习生没有劳动报酬，有依据吗

根据法律规定，实习是学校教育的延伸，实习者的身份还是学生，而不是劳动者，因此劳动报酬可有可无，主要由学校、实习者、实习单位三者进行约定。

也就是说，若实习单位提供一定的工作环境或指派专人传授技能，指导实习生深化巩固所学理论知识，提升实践能力。那么，此类实习是作为学校教育的延伸，也并未产生劳动价值。但如果实习生的确在实习单位产生了一定的劳动成果，而此类工作岗位也是该单位必须聘请其他工作人员才能完成的，那么用人单位应当按照该岗位的同等标准支付劳动报酬。

应聘递交的作品被采用，有报酬吗

许多大学毕业生在求职过程中，将自己的设计作品随同个人简历，递交给应聘单位。

如果作品被应聘单位采用的话，单位该不该支付报酬？

其实，这个问题可分为两种情况：

第一种，如果求职者在未被用人单位聘用的情况下，单位采用求职者递交的作品，则侵犯了该生求职的权益，学生可通过司法诉讼途径，向单位寻求赔偿或要求其支付相应的劳动报酬。

第二种，如果求职者已被该单位录用，作为用人单位的员工，若作品被采用无报酬，则可根据劳动法或是申请仲裁的途径维护自己的合法权益。

关于试用期的期限有哪些规定

根据劳动法第二十一条的规定，试用期包括在劳动合同期限内，一般不超过3个月，对技术和业务有特别要求的，试用期可以延长，但最长不超过6个月。劳动合同法规定，劳动合同期限三个月以上不满一年的，试用期不得超过一个月；劳动合同期限一年以上三年以下的，试用期不得超过二个月；三年以上固定期限和无固定期限的劳动合同试用期不得超过六个月。同一用人单位与同一劳动者只能约定一次试用期。以完成一定工作任务为期限的劳动合同或者劳动合同期限不满三个月的，不得约定试用期。劳动合同仅约定试用期或者劳动合同期限与试用期相同的，试用期不成立，该期限为劳动合同期限。

试用期的长短是不可以任意长

劳动合同法对试用期的长短作出限制性规定。根据劳动合同的期限规定了不同时间长短的试用期。劳动合同期限3个月以上不满1年的，试用期不得超过1个月；劳动合同期限1年以上不满3年的，试用期不得超过2个月；3年以上固定期限和无固定期限的劳动合同，试用期不得超过6个月。

试用期可以约定多少次

劳动合同法明确规定：同一用人单位与同一劳动者只能约定一次试用期。

哪些情况不得约定试用期

劳动合同法明确规定：

（1）以完成一定工作任务为期限的劳动合同或者劳动合同期限不满3个月的，不得约定试用期。

（2）非全日制用工也不得约定试用期。

劳动合同法对试用期劳动者工资有何规定

劳动合同法第二十条规定，劳动者在试用期的工资不得低于本单位相同岗位最低档工资或者劳动合同约定工资的百分之八十，并不得低于用人单位所在地的最低工资标准。

劳动合同法第二十二条第三款规定：用人单位与劳动者约定服务期的，不影响按照正常的工资调整机制提高劳动者在服务期期间的劳动报酬。

单位只签一年劳动合同，试用期三个月可以吗

这是不对的，如果单位只签1年劳动合同，试用期不能超过2个月。

根据劳动合同法第十九条规定，劳动合同期限不同，试用期的长短也不同：劳动合同期限3个月以上不满1年的，试用期不得超过1个月；劳动合同期限1年以上不满3年的，试用期不得超过2个月；3年以上固定期限和无固定期限的劳动合同，试用期不得超过6个月。

劳动合同法同时规定，同一用人单位与同一劳动者只能约定一次试用期。而且在以完成一定工作任务为期限的劳动合同中或者劳动合同期限不满3个月的，不得约定试用期。

试用期是否包含在劳动合同期限内

试用期包含在劳动合同期限内。劳动合同仅约定试用期的，试用期不成立，该期限为劳动合同期限。

现实生活中，有些用人单位往往对于试用期内的劳动者不签订正式的劳动合同，而经常会等到劳动者“转正”以后，再签订劳动合同。首先，用人单位的这种做法是错误的；其次，即使在试用期内不签订劳动合同，试用期的期限仍然是计人劳动合同期限内的。

劳动者试用期的工资有最低标准吗

劳动合同法首次对试用期的工资进行了规范：劳动者在试用期的工资不得低于本单位相同岗位最低档工资或者劳动合同约定工资的80%，并不得低于用人单位所在地的最低工资标准。

用人单位违反试用期规定要负哪些法律责任

劳动合同法第八十三条规定：用人单位违反本法规定与劳动者约定试用期的，由劳动行政部门责令改正；违法约定试用期已经履行的，由用人单位以劳动者试用期满月工资为标准，按已经履行的超过法定试用期的期间向劳动者支付赔偿金。

试用期间用人单位可以随意解除劳动合同吗

劳动合同法第二十一条规定，在试用期中，除劳动者有该法第三十九条和第四十条第一项、第二项规定的情形，即在试用期被证明不符合录用条件、严重违反用人单位规章制度、严重失职给用人单位造成严重影响等情况外，用人单位不得随意解除劳动合同。用人单位在试用期解除劳动合同的，应当向劳动者说明情况。

试用期内劳动者可以随时辞职吗

根据《中华人民共和国劳动法》第三十二条规定，有下列情形之一的，劳动者可以随时通知用人单位解除劳动合同：

（1）在试用期内的。

（2）用人单位以暴力、威胁或者非法限制人身自由的手段强迫劳动的。

（3）用人单位未按照劳动合同约定支付劳动报酬或者提供劳动条件的。

根据这一规定，劳动者在试用期内可以随时解除劳动合同。

试用期超出规定，如何处理

约定的试用期的长短如果超过了试用期规定，劳动者要求变更相应期限的，应变更期限；劳动者不要求变更劳动合同期限的，可以要求用人单位对超过规定的试用期限，按非试用期标准支付工资，用人单位应当按非试用期工资标准支付劳动者工资。

公司说试用期内有权随时辞退员工，有法律依据吗

用人单位可以在试用期内解除劳动合同，但必须遵守劳动合同法规定的条件和方式。

用人单位毫无理由辞退员工是违法的，应承担不利后果：如果员工要求继续履行劳动合同，用人单位应当继续履行；如果员工不要求继续履行劳动合同，用人单位应向他支付1个月的工资作为赔偿金。

我国劳动合同法第二十一条明确规定：在试用期中，除劳动者有本法第三十九条和第四十条第一项、第二项规定的情形外，用人单位不得解除劳动合同。用人单位在试用期解除劳动合同的，应当向劳动者说明理由。

劳动合同法第三十九条规定，劳动者有下列情形之一的，用人单位可以解除劳动合同：

（1）在试用期间被证明不符合录用条件的。

（2）严重违反用人单位的规章制度的。

（3）严重失职，营私舞弊，给用人单位造成重大损害的。

（4）劳动者同时与其他用人单位建立，对完成本单位的工作任务造成严重影响，或

者经用人单位提出，拒不改正的。

（5）因本法第二十六条第一款第一项规定的情形致使劳动合同无效的。

（6）被依法追究刑事责任的。

劳动合同法第四十条规定，有下列情形之一的，用人单位提前30日以书面形式通知劳动者本人或者额外支付劳动者1个月工资后，可以解除劳动合同：

（1）劳动者患病或者非因工负伤，在规定的医疗期满后不能从事原工作，也不能从事由用人单位另行安排的工作的。

（2）劳动者不能胜任工作，经过培训或者调整工作岗位，仍不能胜任工作的。

（3）劳动合同订立时所依据的客观情况发生重大变化，致使劳动合同无法履行，经用人单位与劳动者协商，未能就变更劳动合同内容达成协议的。

根据以上法律规定，如果公司要在试用期间解除劳动合同的话，可以要求公司说明解除理由。如果劳动者认为理由不成立的话，可以先与公司进行协商，若协商不成，可以向相关劳动部门反映，利用法律武器维护自己的合法权益。

生病期间用人单位可以解除劳动合同

劳动法第二十九条“劳动者有下列情形之一的，用人单位不得依据本法第二十六条、第二十七条的规定解除劳动合同：（一）患职业病或者因工负伤并被确认丧失或者部分丧失劳动能力的；（二）患病或者负伤，在规定的医疗期内的；（三）女职工在孕期、产假、哺乳期内的；（四）法律、行政法规规定的其他情形。”

所以，劳动者如果没有违反单位规章制度、严重失职、被追究刑事责任等情形，在医疗期内单位是不能解除劳动合同的。如单位违法解除劳动合同，劳动者可主张继续履行劳动合同或按双倍补偿标准支付赔偿金。

一般情况下劳动者解除劳动合同的程序是什么

按照劳动合同法第三十七条规定：劳动者提前30日以书面形式通知用人单位，可以解除劳动合同。劳动者在试用期内提前3日通知用人单位，可以解除劳动合同。劳动法第三十一条规定：劳动者解除劳动合同，应当提前30日以书面形式通知用人单位。

对于劳动者享有解除权的情况可以作如下分类：

（1）在试用期内的。

试用期既是用人单位考察劳动者是否具备录用条件的考察期限，也是劳动者选择用人单位的选择期限。为此，劳动者在试用期内，认为无需继续履行合同的，提前3日通知用人单位，可以解除劳动合同。

（2）无需履行提前30日的告知义务的情形。

依照劳动合同法第三十八条的规定：用人单位有以下情形之一的，劳动者可以解除劳动合同：

①未按照劳动合同约定提供劳动保护或者劳动条件的：这主要是指劳动环境差、没有必要的劳动保护措施，甚至有危及职工生命、健康等因素的存在等。

②未及时足额支付劳动报酬的：主要指用人单位不按劳动合同约定支付劳动报酬：包括延期支付、少付、不付劳动报酬等。

③未依法为劳动者缴纳社会保险费的。

④用人单位的规章制度违反法律、法规的规定，损害劳动者权益的。

⑤因本法第二十六条第一款规定的情形导致劳动合同无效的。

劳动合同法第二十六条第一款规定的情形有：A：以欺诈、胁迫的手段或者乘人之危，使对方在违背真实意思的情况下订立或者变更劳动合同的；B：用人单位免除自己的法定责任、排除劳动者权利的；C：违反法律、行政法规强制性规定的。用人单位因存在上述情形导致劳动合同无效的，劳动者有权解除劳动合同。

⑥法律、行政法规规定劳动者可以解除劳动合同的其他情形。

⑦用人单位以暴力、威胁或者非法限制人身自由的手段强迫劳动者劳动的，或者用人单位违章指挥、强令冒险作业危及劳动者人身安全的，劳动者可以立即解除劳动合同，不需事先告知用人单位。

以上七种情形，劳动者无需履行提前30日的告知义务即可解除劳动合同。

（3）30日前用书面形式通知用人单位。

劳动者如果需要解除劳动合同应该于30日前通知用人单位，该通知应该采用书面形式，30日满之后，劳动者行使劳动合同的解除权，从而解除劳动合同。如果期满后劳动者不解除劳动合同的，该通知行为自动失效，从而不产生解除劳动合同的效果。

劳动者在劳动合同期内不辞而别应承担什么责任

劳动者违反规定或劳动合同的约定解除劳动合同，对用人单位造成损失的，劳动者应赔偿用人单位的损失、括用人单位招收录用其所支付的费用；用人单位为其支付的培训费用；对生产、经营和工作造成的直接经济损失，以及其他赔偿费用。

作为劳动者，不宜作不辞而别的举动，而要按照国家的政策法规及企业的规章制度所规定的程序来辞职。

劳动者行使辞职自由权时，如何保留证据

按照劳动合同法规定，劳动者可以根据自身情况或者个人发展需要等提出辞职，只要提前30日以书面形式通知用人单位，即可解除劳动合同。因此，劳动者在履行提前通知义

务（书面形式）时，一定要保留用人单位签收的证据，以证明确在30日前曾向用人单位提交过书面辞职的通知。

如果用人单位拒绝签收，最好可以提供其他证据证明已经书面通知了用人单位（如快递详情单等），否则，发生纠纷时，用人单位反过来说职工未履行提前通知义务擅自离职，那就被动了。

原单位扣留员工的档案是否合法，怎样才能要回档案

现实生活中，用人单位在解除或终止与职工的关系后，以种种理由扣留职工档案的现象较普遍，似乎都有其“苦衷”，如有的职工辞职后，不支付违约金、赔偿金及培训费等，用人单位往往通过扣留档案的手段来制裁职工。根据《企业职工档案管理工作的规定》（劳力字[1992]33号）第十八条关于“企业职工调动、辞职、解除劳动合同或被开除、辞退等，应由职工所在单位在一个月内将其档案转交其新的工作单位或其户口所在地的街道劳动组织人事部门”的规定，用人单位扣留职工档案的行为是违法的。至于职工因辞退或辞职等原因给用人单位造成经济损失小的，用人单位可以依法申请劳动争议仲裁或通过民事诉讼方式维护自身合法权益。

因用人单位移交档案不及时给劳动者造成经济损失的，如果劳动者无法找到新的工作或社会保险关系无法接续等，劳动者可以追索生活费或保险福利为由，到劳动争议仲裁委员会申请仲裁。实践中，劳动争议仲裁委员会在受理上述案件后，有的裁决限期由用人单位为劳动者办理转档手续，并负责劳动者自应办转档手续之日至办完转档手续期间的生活费，也有的裁决由用人单位为劳动者缴纳其档案被扣留期间的社会保险费用等。

劳动者与单位签订劳动合同时，应注意哪些问题

与用人单位签订劳动合同时，应注意下列事项：

（1）劳动合同必须在平等自愿、协商一致和不违反法律、法规的前提下签订。

（2）合同内容应当完整清楚、包括合同期限、工作内容、劳动保护和劳动条件、工资标准、劳动纪律、劳动合同终止条件、违反劳动合同的责任等必须约定的条款。

（3）双方协商约定的条款，如试用期、违约金、培训费用的支付与赔偿、保守商业秘密、竞业限制、更换工作岗位、调整工资待遇等内容，员工应考虑成熟，在自己能接受的情况下再签订。

（4）不要签订空白劳动合同，避免自己的权益受到侵害。

劳动合同中的生死条款有法律效力吗

劳动法第七十三条规定：劳动者在下列情形下，依法享受社会保险待遇：

（1）退休。

（2）患病、负伤。

（3）因工伤残或者患职业病。

（4）失业。

（5）生育。

劳动者死亡后，其遗属依法享受遗属津贴。另外，劳动部发布的《企业职工工伤保险试行办法》也对职工因工死亡、因工伤残所应享受的待遇作了具体规定。

根据劳动法第十八条的规定，下列合同无效：

（1）违反法律、行政法规的劳动合同。

（2）采取欺诈、威胁等手段订立的劳动合同。

无效的劳动合同，从订立的时候开始，就没有法律约束力。确认劳动合同部分无效的，如果不影响其余部分的效力、其余部分仍然有效。

有些单位借劳动者对有关法律法规不甚清楚的情况，与劳动者签订有生死条款的劳动合同，发生事故后以劳动合同为根据不予赔偿，严重侵害了劳动者的合法权益，也严重违反了我国劳动法律法规的规定，是法所不容的。所以，特别提醒广大劳动者，在签订劳动合同时，一定要慎重起见，对劳动合同的各项条款要逐一审查，一旦发现有生死条款或类似条款，应及时提出，越早解决问题，便越能维护自己的合法权益。

劳动合同订立和变更后，劳动者有权获得一份吗

《中华人民共和国劳动合同法》第十六条第二款规定，劳动合同文本由用人单位和劳动者各执一份。

第三十五条第二款规定，变更后的劳动合同文本由用人单位和劳动者各执一份。

所以，劳动者在与用人单位签订劳动合同后，有权利要求一份合同由自己保管。

用人单位不给劳动者《劳动合同书》怎么办

按照新的劳动合同法规定，劳动合同必须由用人单位与劳动者协商一致订立，并经用人单位与劳动者在劳动合同文本上签字或者盖章后才能生效。劳动合同文本为一式两份，由用人单位和劳动者各执一份。

如果用人单位没有将劳动合同文本交付劳动者，劳动者可以向劳动行政部门投诉，由劳动行政部门责令其改正。如果因此给劳动者造成损失的，用人单位要承担赔偿责任。

单位没有与劳动者签订劳动合同，双方是否存在事实劳动关系？事实劳动关系是否适用劳动法

用人单位招用劳动者未订立书面劳动合同，但同时具备下列情形的，劳动关系成立：

（1）用人单位和劳动者符合法律、法规规定的主体资格。

（2）用人单位依法制定的各项劳动规章制度适用于劳动者，劳动者接受用人单位的劳动管理，从事用人单位安排的有偿劳动。

（3）劳动者提供的劳动是用人单位业务的组成部分。

只要符合上述规定，劳动者与单位就存在事实劳动关系。作为劳动者，应注意保存出勤记录、工作证、服务证、工资单、招聘登记表、报名表等资料，作为确认劳动关系的证明并及时要求单位签订劳动合同，如单位拒不签订，可以到劳动部门投诉。

依据法律、法规的规定，事实劳动关系亦适用劳动法。

与单位签订劳动合同是否一定要约定试用期？口头约定的试用期是否有效

试用期是用人单位和劳动者为相互了解选择而约定的不超过6个月的考察期，一般对初次就业或再次就业的员工可以约定。劳动法第二十一条规定，劳动合同可以约定试用期。因此，试用期不是劳动合同中必须约定的条款，员工和用人单位可以在劳动合同中约定试用期，也可以不约定试用期。

由于试用期不是必须约定的条款，劳动者在与单位签订劳动合同时，是否约定试用期应与单位进行协商，如约定试用期，应以书面形式在合同中约定，口头约定的试用期无效。

用人单位违法解除劳动合同的主要表现有哪些

用人单位违法解除劳动合同的表现有许多，以下简要介绍几种：

（1）滥用关于试用期的单方解除权。在没有约定试用期，或者试用期的约定违法，或者已过了试用期的情况下，仍以试用期内不符合录用条件为由，解除与劳动者的劳动合同。

（2）滥用关于违反劳动纪律或用人单位规章制度的单方解除权。在没有企业规章制度，或者规章制度违法；或者规章制度没有公示；或者违纪行为轻微的情况下，以劳动者严重违反劳动纪律或用人单位规章制度为由，解除与劳动者的劳动合同。

（3）滥用经济性裁员的单方解除权。在不符合经济性裁员条件和程序的情况下，解除与劳动者的劳动合同。

（4）滥用工资奖金分配权和劳动用工管理权。随意对劳动者调岗、降职、减薪，如

果劳动者不服从安排或一两天不上班，用人单位就以劳动者不服从安排或旷工为由予以辞退；或者逼迫劳动者自动离职。

（5）滥用关于劳动者不能胜任工作的单方解除权。随意调动劳动者工作岗位或提高定额标准，借口劳动者不能胜任工作而解除与劳动者的劳动合同。

（6）随意辞退“三期”女职工和在医疗期内的劳动者。许多用人单位觉得处于孕期、产期、哺乳期的女职工和处于医疗期内的劳动者对单位是一种负累，总是千方百计找借口辞退或者强行辞退。

（7）辞退劳动者不出具任何书面通知或决定。当争议发生后，这些用人单位往往不承认是单位辞退劳动者，而称是劳动者自动离职。

用人单位违法解除劳动合同的表现形式还有许多，如滥用关于严重失职，对单位利益造成重大损害的单方解除权；滥用关于“客观情况”发生重大变化的单方解除权等等。甚至不以任何理由，只根据老板及个别领导的好恶，或打击报复，或因人际关系，强行辞退老板或个别领导“不顺眼”的劳动者。

对于用人单位以上的做法，劳动者平时要注意搜集、保留证据，以便在产生纠纷时可以举证。

用人单位变更名称、法定代表人是否影响劳动合同的履行

劳动合同法第三十三条规定，用人单位变更名称、法定代表人、主要负责人或者投资人等事项，不影响劳动合同的履行，劳动者的工作年限应当连续计算。

用人单位发生合并或者分立等情况，原劳动合同是否继续有效

劳动合同法第三十四条规定，用人单位发生合并或者分立等情况，原劳动合同继续有效，劳动合同由承继其权利和义务的用人单位继续履行。

单位变更换了法定代表人，原法定代表人签字的劳动合同还有效吗

根据《民法通则》的有关规定，代表法人行使职权的负责人是法定代表人。法定代表人只是代表用人单位与劳动者订立劳动合同，真正的用人单位是企业、国家机关、事业单位等法人组织，而不是作为法人组织代表的法定代表人，因此，只要用人单位作为劳动合同一方当事人没有变化，该单位更换法定代表人不影响原法定代表人代表用人单位与劳动者签订的劳动合同的效力，该合同仍然有效。

根据《关于实行劳动合同制度若干问题的通知》的规定，企业法定代表人的变更，不

影响劳动合同的履行，用人单位和劳动者不需重新签订劳动合同。因此，单位变更法定代表人，不需要重新签订劳动合同。

公司改了名字，所签劳动合同有效吗

因为违背劳动合同签订“诚实信用”的原则，所以，所签的合同属于无效或部分无效劳动合同。

按照劳动合同法第二十六条规定，下列劳动合同无效或者部分无效：

（1）以欺诈、胁迫的手段或者乘人之危，使对方在违背真实意思的情况下订立或者变更劳动合同的。

（2）用人单位免除自己的法定责任、排除劳动者权利的。

（3）违反法律、行政法规强制性规定的。

对劳动合同的无效或者部分无效有争议的，由劳动争议仲裁机构或者人民法院确认。

劳动者如果想辞职，可以书面通知用人单位，并要求支付赔偿金。如果用人单位不同意，劳动者可以向劳动仲裁机构提出中止劳动合同，并要求赔偿。

如果劳动者不想辞职，所规定的时间并重新签订新的劳动合同。如果用人单位不同意，劳动者可以向劳动仲裁机构要求公司履行合同并支付赔偿金。

公司改了名字后要与劳动者解除合同怎么办

根据《中华人民共和国劳动合同法》第三十三条规定，用人单位变更名称、法定代表人、主要负责人或者投资人等事项，不影响劳动合同的履行。因此，公司不能单方面与劳动者解除劳动合同。

如果劳动者同意与公司解除劳动合同，公司还需用支付一定的经济补偿金。即每满一年支付一个月工资的经济补偿金；6个月以上不满一年的，按一年计算；不满6个月的，支付半个月工资的经济补偿金。

公司改名字，劳动合同是否要重签

如果公司只是变更名称，员工重不重新签劳动合同都不影响员工的劳动权益；但员工要防止一些公司用企业变更名称为由，骗取员工与另一家企业签订劳动合同，而不愿承担自己之前应尽的法定责任。

竞业限制条款在什么情况下对劳动者没有约束力

竞业限制条款的作用主要是为了限制劳动者参与或者从事用人单位同业竞争，以保守用人单位商业秘密，而且其是属于约定条款，但是从另外一个角度来说，保守用人单位的商业秘密是劳动者的义务。既然是合同义务，而且是约定条款，在以下情况下对劳动者没有约束力：

（1）用人单位不依法履行其应尽的支付经济补偿费用的义务。

（2）用人单位没有正当理由解除劳动合同或者迫使劳动者解除劳动合同。

（3）用人单位没有可保密的利益，纯粹以限制劳动者的劳动权力为目的而规定竞业限制条款的。

劳动合同法第二十六条第一款第二项规定：用人单位免除自己的法定责任、排除劳动者权利的，劳动合同无效或者部分无效。因此，该情况下的约定没有法律效力。

“竞业限制”的期限最长几年

按照劳动合同法规定，在解除或者终止劳动合同后，符合签订竞业限制条件的人员到与本单位生产或者经营同类产品、从事同类业务的有竞争关系的其他用人单位，或者自己开业生产或者经营同类产品、从事同类业务的竞业限制期限，最长不得超过两年。而且该期限应是连续计算的。

是不是所有的劳动者都要签订“竞业限制”协议

根据劳动合同法规定，竞业限制的义务主体只能是用人单位的高级管理人员、高级技术人员和其他负有保密义务的人员，用人单位不得与上述人员以外的其他劳动者约定竞业限制，否则该约定就是无效的。

在“竞业限制”协议中，竞业限制的范围、地域、期限由用人单位与劳动者约定，竞业限制的约定不得违反法律、法规的规定。

劳动者有权主张竞业限制的经济补偿吗

对于劳动者而言，应当履行竞业限制的义务，并有权按月向用人单位主张竞业限制的经济补偿，用人单位拒不支付的，劳动者可以不再履行竞业限制义务。对劳动者已履行的竞业限制期限，用人单位应当支付经济补偿金，双方对经济补偿标准发生争议的，可以通过仲裁或司法机关裁判确定。

用人单位未支付经济补偿金，竞业限制协议对劳动者有约束力吗

竞业限制约定的有效前提是用人单位根据公平原则支付了竞业限制补偿金，用人单位

未支付的，竞业限制协议对劳动者无约束力，劳动者可自由选择自己的职业。

另外，《国家科委关于加强科技人员流动中技术秘密管理的若干意见》（国科发政字[1997]317号）规定，本单位违反竞业限制条款，不支付或者无正当理由拖欠补偿费的，竞业限制条款自行终止。

用人单位违法解除劳动合同，竞业限制协议对劳动者有约束力吗

在用人单位违法解除劳动合同，或者用人单位因上述违法行为迫使劳动者提出解除合同的，合同解除后，竞业限制条款对劳动者不具有法律约束力。

因为，竞业限制协议是对劳动者劳动权和自由择业权的限制，其对劳动者的约束力始于劳动合同正常解除或终止后。如果由于用人单位的违法行为导致劳动合同被提前解除，其过错责任不在劳动者，劳动者无须承担竞业限制义务。

劳动者违反竞业限制义务，要承担哪些不利后果

如果劳动者违反了竞业限制义务，则将要承担不利的法律后果，具体体现为以下两种方式：

（1）支付违约金。

根据劳动合同法第二十三条第二款规定，劳动者违反竞业限制约定的，应当按照约定向用人单位支付违约金。这里的违约金数额由双方协商确定。

（2）赔偿损失。

根据劳动合同法第九十条规定，劳动者违反竞业限制义务，给用人单位造成损失的，应当承担赔偿责任。

客观情况发生重大变化双方不能协商变更，单位解除合同给补偿吗

劳动合同订立时所依据的客观情况发生重大变化，致使劳动合同无法履行，经用人单位与劳动者协商，未能就变更劳动合同内容达成协议的，用人单位提前30日以书面形式通知劳动者本人或者额外支付劳动者一个月工资后，可以解除劳动合同。在这种情况下，单位解除劳动合同的，应向劳动者支付经济补偿金。

如果客观情况发生重大变化，导致劳动合同无法履行，劳动者也可以提出解除劳动合同。但劳动合同法并没有规定，就此情况下劳动者解除劳动合同，用人单位必须支付经济补偿金。因此，如果发生这种情况，劳动者应慎重，要考虑清楚是否主动提出解除劳动合同。

用人单位放假或停工，劳动者能否解除劳动合同

实践中，有些用人单位给劳动者“放假”，或“停工反省”，期间只给基本生活费或不发工资。该行为构成劳动合同法第三十八条第一项“用人单位未按照劳动合同约定提供劳动条件”，劳动者可以解除劳动合同，并可以要求用人单位支付经济补偿。

用人单位违反劳动合同规定如何赔偿

据原劳动部1995年5月颁布的《违反〈劳动法〉有关劳动合同规定的赔偿办法》第三条的规定：（一）用人单位违反劳动合同规定，造成劳动者收入损失的，按劳动者本人应得工资收入支付给劳动者，并加付应得工资收入25%的赔偿费用；（二）造成劳动者劳动保护待遇损失的，应按国家规定补足劳动者的劳动保护津贴和用品；（三）造成劳动者工伤、医疗待遇损失的，除按国家规定为劳动者提供工伤、医疗待遇外，还应支付劳动者相当于医疗费用25%的赔偿费用；（四）造成女职工和未成年工身体健康损害的，除按国家规定提供治疗期间的医疗待遇外，还应支付相当于其医疗费用25%的赔偿费用；（五）劳动合同约定的其他赔偿费用。

劳动者在解除劳动合同的时候，如果给用人单位造成了损失，是否应当承担赔偿责任？如果要承担，如何承担

根据劳动法的规定，劳动者可以解除劳动合同，但是应当提前30天通知用人单位。如果劳动者违反了劳动法规定的条件解除合同，给用人单位造成了损失，就应当承担赔偿责任。

根据《违反〈劳动法〉有关劳动合同规定的赔偿办法》（1995年5月10日劳动部发布）的第四条规定，劳动者违反规定或劳动合同的约定解除合同，对用人单位造成损失，应当赔偿用人单位的下列损失：

（1）用人单位招收录用其所支付的费用。

（2）用人单位为其支付的培训费用，双方另有约定的按约定办理。

（3）对生产、经营和工作造成的直接经济损失。

（4）劳动合同约定的其他赔偿费用。

劳动者在什么情况下要向用人单位支付违约金

劳动合同法第九十条规定，劳动者违反本法规定解除劳动合同，或者违反劳动合同中约定的保密义务或者竞业限制，给用人单位造成损失的，应当承担赔偿责任。

此外，第二十二条规定，用人单位为劳动者提供专项培训费用，对其进行专业技术培训的，可以与该劳动者订立协议，约定服务期。

劳动者违反服务期约定的，应当按照约定向用人单位支付违约金。违约金的数额不得超过用人单位提供的培训费用。

用人单位要求劳动者支付的违约金不得超过服务期尚未履行部分所应分摊的培训费用。

劳动者违反服务期约定要支付违约金吗

劳动合同法第二十二条规定，劳动者违反服务期约定的，应当按照约定向用人单位支付违约金。违约金的数额不得超过用人单位提供的培训费用。用人单位要求劳动者支付的违约金不得超过服务期尚未履行部分所应分摊的培训费用。

用人单位与劳动者约定违约金主要包含两层意思：第一，劳动者违反服务期约定应当向用人单位支付违约金，体现了合同中的权利义务对等原则；第二，用人单位与劳动者约定违约金时不得违法，即约定违反服务期违约金的数额不得超过用人单位提供的培训费用。劳动者违约所支付的违约金不得超过服务期尚未履行部分所应分摊的培训费用，这体现了该法对劳动者的保护。

劳动合同解除或终止后，劳动者应当履行什么义务

根据劳动合同法第五十条第二款规定，劳动者应当按照双方约定，办理工作交接。

用人单位不签收辞职申请书怎么办

很多用人单位确实利用劳动者举证困难的弱点，在收到劳动者递交的辞职申请书后不签收，或者根本不接受劳动者的辞职申请，到头来反而说劳动者违法解除劳动合同，严重损害了劳动者的合法利益。在这种情况下，劳动者可采用邮政特快专递EMS辞职申请书，并且在快递详情单上注明所寄的文件名称为“辞职申请书”，同时保留盖有邮戳的快递单据。书面通知后超过30日，即使用人单位不批准，劳动者仍可离职。

劳动合同的无效由谁来确认

根据劳动合同法第二十六条规定，对劳动合同的无效或者部分无效有争议的，由劳动争议仲裁机构或者人民法院确认。

劳动合同确认无效，劳动报酬如何确定

根据劳动合同法第二十八条之规定，劳动合同被确认无效，劳动者已付出劳动的，用人单位应当向劳动者支付劳动报酬。劳动报酬的数额，参照本单位相同或者相近岗位劳动者的劳动报酬确定。

劳动合同认定无效后有何法律后果

劳动合同被认定无效的，可能产生两大法律效果：

（1）劳动合同的解除。

根据劳动合同法第三十八条第一款第五项、第三十九条第五项以及第四十六条第一项之规定，如果是用人单位的原因导致劳动合同无效的，劳动者可以随时解除劳动合同，而且此时用人单位需要按照法定标准向其支付经济补偿金；如果是劳动者的原因导致劳动合同无效的，用人单位也可以随时解除劳动合同而不需支付任何经济补偿。

（2）赔偿责任的承担。

根据劳动合同法第八十六条之规定，劳动合同依法被确认无效而给对方造成损害的，有过错的一方应当承担赔偿责任。

劳动报酬约定不明怎么办

有些用人单位，为了招到自己需要的劳动者，在劳动合同中将工资定得很高，等劳动者进入工作岗位后才发现，劳动合同中约定的工资不是标准工资，而是总的收入，包含了加班费、奖金等。劳动合同中约定的应该是标准工资，指正常工作时间内的正常劳动应得的报酬，是个定数，而不包括加班工资、效益工资和奖金等内容。为了保护自己的权益，劳动者在订立劳动合同时，约定的劳动报酬一定要明确、详细。明确约定劳动报酬要求双方应当在劳动合同中明确劳动报酬的种类、金额、支付方式、支付时间以及拖欠劳动报酬的法律后果等相关内容。

支付令申请书向谁提交

支付令申请书应向有管辖权的基层人民法院提交。

具体而言，关于劳动报酬的支付令申请书，应向用人单位所在地的基层人民法院提交（这里“用人单位所在地”应为用人单位注册登记所在地，而非与注册登记地不一致的实际经营、办公所在地）。

支付令多长时间能“送达”欠薪单位

根据修正的民事诉讼法第一百九十二条规定：债权人提出申请后，人民法院应当在5日内通知债权人是否受理。

人民法院受理申请后，经审查债权人提供的事实、证据，对债权债务关系明确、合法的，应当在受理之日起15日内向债务人发出支付令；申请不成立的，裁定予以驳回。

劳动者因薪水被拖欠申请支付令，也适用上述期限的规定。

欠薪单位收到支付令后提出异议怎么办

民事诉讼法规定：债务人应当自收到支付令之日起15日内清偿债务，或者向人民法院提出书面异议。

人民法院收到债务人提出的书面异议后，应当裁定终结督促程序，支付令自行失效。至此，关于通过支付令偿还债务的督促程序全部结束，债权人只能通过另行向法院起诉，来维护自己的权益。

“书面异议”是否合理法院并没有审查义务，只要债务人从“形式”上提出了书面异议，法院就必须裁定终结督促程序，此前签发的支付令也就自行失效。

如果欠薪单位收到支付令既不提出异议又不履行怎么办

如债务人收到支付令超过15日，既不提出异议也不履行支付令的，债权人则可以向人民法院申请强制执行（关于申请强制执行的规定，参照我国《民事诉讼法》关于执行程序的规定）。

同样，如果欠薪单位收到支付令既不提出异议又不履行，劳动者就可以向法院申请执行。

支付令失效后劳动者可以直接起诉到法院吗

根据最高人民法院于 2006 年 10 月 1 日施行的《关于审理劳动争议案件适用法律若干问题的解释（二)》(法释 [2006]6 号）第三条规定：“劳动者以用人单位的工资欠条为证据直接向人民法院起诉，诉讼请求不涉及劳动关系其他争议的，视为拖欠劳动报酬争议，按照普通民事纠纷受理。”

由此可见，如果申请的支付令一旦因用人单位提出书面异议而失效，只要劳动者手里有欠条，就可以直接向人民法院起诉，而不用在此前先去申请劳动仲裁。

劳动者行使辞职自由权时，如何保留证据

按照劳动合同法规定，劳动者可以根据自身情况或者个人发展需要等提出辞职，只要提前30日以书面形式通知用人单位，即可解除劳动合同。

因此，劳动者在履行提前通知义务（书面形式）时，一定要保留用人单位签收的证据，以证明确在30日前曾向用人单位提交过书面辞职的通知。

如果用人单位拒绝签收，最好可以提供其他证据证明已经书面通知了用人单位（如快递详情单等）。

否则，发生纠纷时，用人单位反过来说职工未履行提前通知义务擅自离职，那就被动了。

被强迫劳动，劳动者可以立即解除劳动合同吗

劳动合同法第三十八条规定，用人单位以暴力、威胁或者非法限制人身自由的手段强迫劳动者劳动的，或者用人单位违章指挥、强令冒险作业危及劳动者人身安全的，劳动者可以立即解除劳动合同，不需事先告知用人单位。

这一条不仅肯定了劳动者有拒绝强迫劳动的权利，而且明确了劳动者在遇到强迫劳动、违章指挥、强令冒险作业情况并危及自身人身安全时，可以行使立即解除劳动合同的权利。

在实践中，一些由于被强迫劳动而受到人身损害的劳动者因为害怕拒绝劳动后单位就不发工资或者因此失去工作，往往不敢理直气壮地提出合法、合理的要求。

而上述规定就会打消这些劳动者的顾虑，劳动者解除劳动合同的不利后果由用人单位承担。

单位拖欠工资，劳动者可以辞职吗

劳动合同法规定，未及时足额支付劳动报酬的，劳动者可以解除劳动合同。单位拖欠劳动者的劳动报酬，有两种表现形式：

（1）未及时发放工资。所谓“及时”，根据我国《工资支付暂行规定》，工资必须在用人单位与劳动者约定的日期支付。

（2）未足额发放工资。所谓“足额”，是指严格按照双方在劳动合同中约定的工资报酬总额发放。

单位不缴社保，劳动者可以辞职吗

用人单位和劳动者必须依法参加社会保险。如果单位不为劳动者缴纳社会保险费，办

理应有的社会保险，即侵害了劳动者的利益。

而一旦发生这种情况，劳动者是可以主动提出解除劳动合同的。

此外，劳动合同法还将社会保险规定为劳动合同的必备条款，明确规定参加社会保险、缴纳社会保险费是用人单位与劳动者的法定义务，双方都必须履行。

单位规章制度损害劳动者权益，劳动者可以辞职吗

根据劳动合同法规定，用人单位在制定、修改或者决定有关劳动报酬、工作时间、休息休假、劳动安全卫生、保险福利、职工培训、劳动纪律以及劳动定额管理等直接涉及劳动者切身利益的规章制度或者重大事项时，应当与工会或者职工代表平等协商确定。

此外，单位规章制度和重大事项要经过公示并告知劳动者。

因此，当用人单位的规章制度违反法律、法规的规定，损害劳动者权益时，劳动者可以解除劳动合同。

单位欺诈导致合同无效，劳动者可以辞职吗

如果单位违反诚信原则，用欺诈、胁迫的手段或者乘人之危，使劳动者在违背真实意思的情况下订立或者变更劳动合同，致使劳动合同无效时，劳动者是可以解除劳动合同的。

所谓“欺诈”是指一方当事人故意告知对方当事人虚假的情况，或者故意隐瞒真实的情况，诱使对方当事人作出错误意思表示的行为。

所谓“胁迫”是指以给公民及其亲友的生命健康、荣誉等造成损害为要挟、迫使对方作出违背真实意思的行为。

合同到期单位不续签，需支付经济补偿吗

劳动合同法规定，固定期限劳动合同期满后，用人单位不再与职工续签而导致劳动合同终止时，用人单位应当向劳动者支付经济补偿。当然，如果用人单位维持或者提高劳动合同约定条件续订劳动合同，劳动者仍然不同意除外。

上述规定说明，劳动合同到期后，只要单位不再续签，就要向职工支付经济补偿。这是劳动合同法的一个新突破，该规定可以使用人单位慎重考虑终止劳动合同，以经济手段引导用人单位与劳动者订立长期或者无固定期限劳动合同，鼓励长期、稳定的劳动关系。

企业破产或倒闭，单位需支付经济补偿吗

用人单位被依法宣告破产的；用人单位被吊销营业执照、责令关闭、撤销或者用人单

位决定提前解散的，用人单位应当向劳动者支付经济补偿。

在上述情况下，劳动合同无法履行而不得不终止，是基于用人单位方面的原因而非劳动者过错造成的，因此用人单位向劳动者支付经济补偿是天经地义的事情。

单位向劳动者支付经济补偿的标准是什么

单位因劳动合同的解除或终止需要向劳动者给予经济补偿时，其标准为：按劳动者在本单位工作的年限，每满1年支付1个月工资；6个月以上不满1年的，按1年计算；不满6个月的，支付半个月工资。

如果劳动者工资高于用人单位所在直辖市、设区的市级政府公布的本地区上年度职工月平均工资三倍的，则按当地职工月平均工资三倍的数额支付。向劳动者支付经济补偿的年限最高不超过12年。

“月工资”是指劳动者在劳动合同解除或者终止前12个月的平均工资。

劳动者在何种情形下不能被列为裁员对象

劳动者有下列情形之一，单位不得裁员：

（1）从事接触职业病危害作业的劳动者未进行离岗前职业健康检查，或者疑似职业病病人在诊断或者医学观察期间的。

（2）在本单位患职业病或者因工负伤并被确认丧失或者部分丧失劳动能力的。

（3）患病或者非因工负伤，在规定的医疗期内的。

（4）女职工在孕期、产期、哺乳期的。

（5）在本单位连续工作满十五年，且距法定退休年龄不足五年的。

（6）法律、行政法规规定的其他情形。

被裁减人员有哪些权利

根据劳动合同法规定，用人单位依法进行经济性裁减人员后，在6个月内重新招用人员的，应当首先通知此前被裁减的人员，并在同等条件下优先招用被裁减的人员。因此，对于被裁减人员来说，在用人单位裁员后6个月内重新对外招聘时，有权首先获得单位通知，并在同等条件下优先被录用。

职工申请仲裁或打官司，工会能帮忙吗

根据劳动合同法规定，工会依法维护劳动者的合法权益，对用人单位履行劳动合同、集体合同的情况进行监督。因此，工会对用人单位依法履行劳动合同、集体合同具有监督

作用。

如果用人单位违反劳动法律、法规和劳动合同、集体合同，工会有权提出意见或者要求纠正；如果劳动者因劳动合同申请仲裁、提起诉讼的，工会还会依法给予支持和帮助。

企业有违法行为，工会可以干预吗

我国《工会法》第二十二条规定：企业、事业单位违反劳动法律、法规规定，有下列侵犯职工权益的情形，工会应当代表职工与企业、事业单位交涉，要求改正；企业、事业单位应当予以研究处理，并向工会作出答复；企业、事业单位拒不改正的，工会可以请求当地人民政府依法作出处理：

（1）克扣职工工资的。

（2）不提供劳动安全卫生条件的。

（3）随意延长劳动时间的。

（4）侵犯女职工和未成年工特殊权益的。

（5）其他严重侵犯职工劳动权益的。

被派遣劳动者权益受损时由谁承担责任

在劳务派遣用工形式的发展中，用工单位处于主导地位，为了防止劳务派遣单位或用工单位违反法律规定给被派遣劳动者造成损害，同时也为了促使用工单位与规范的劳务派遣单位合作、督促劳务派遣单位依法履行义务，劳动合同法规定，在被派遣劳动者合法权益受到侵害时，用工单位与劳务派遣单位承担连带赔偿责任。这样能最大限度地保护劳动者权益。

关于这一点最高人民法院《关于审理劳动争议案件适用法律若干问题的解释（二）》中已有规定：劳动者因履行劳动力派遣合同起诉，争议内容涉及接受单位的，以派遣单位和接受单位为共同被告。

可见，从程序到实体上都已完成了因用人单位的行为使履行劳务派遣合同的劳动者权益受损的责任追究机制。

何种情形下被派遣劳动者可以解除劳动合同

被派遣劳动者可以依照劳动合同法第三十六条、第三十八条的规定与劳务派遣单位解除劳动合同。

劳动合同法第三十六条规定：用人单位与劳动者协商一致，可以解除劳动合同。

劳动合同法第三十八条规定：用人单位有下列情形之一的，劳动者可以解除劳动合同：

（1）未按照劳动合同约定提供劳动保护或者劳动条件的。

（2）未及时足额支付劳动报酬的。

（3）未依法为劳动者缴纳社会保险费的。

（4）用人单位的规章制度违反法律、法规的规定，损害劳动者权益的。

（5）因用人单位用欺诈、胁迫的手段或者乘人之危，使劳动者在违背真实意思的情况下订立或者变更劳动合同，致使劳动合同无效的。

（6）法律、行政法规规定劳动者可以解除劳动合同的其他情形。

用人单位以暴力、威胁或者非法限制人身自由的手段强迫劳动者劳动的，或者用人单位违章指挥、强令冒险作业危及劳动者人身安全的，劳动者可以立即解除劳动合同，不需事先告知用人单位。

注：劳务派遣单位是劳动合同法所称用人单位。

被派遣员工与用工单位的劳动者同工同酬吗

劳务派遣单位跨地区派遣劳动者的，被派遣劳动者享有的劳动报酬和劳动条件，按照用工单位所在地的标准执行。

被派遣劳动者享有与用工单位的劳动者同工同酬的权利。用工单位无同类岗位劳动者的，参照用工单位所在地相同或者相近岗位劳动者的劳动报酬确定。

被派遣员工有权参加工会吗

劳动合同法第六十四条规定：被派遣劳动者有权在劳务派遣单位或者用工单位依法参加或者组织工会，维护自身的合法权益。

参加工会是每一个劳动者的合法权益，任何人不能剥夺，劳务派遣员工也一样。

针对假派遣现象，劳动者如何保护自己

有的企业本来已雇用了员工并与员工形成了劳动关系，但为了逃避给员工上保险等责任，就让员工与从未接触过的某中介公司或某劳务派遣公司签合同，这就是假派遣现象。

针对假派遣的现象，劳动者应学会利用劳动合同法保护自己的权益。如果用人单位在工作了一段时间后让劳动者再签订合同，劳动者一定要弄清楚是否是劳务派遣合同，如果不愿意被转成派遣工，可以拒绝单位并解除劳动关系，单位应依法支付经济补偿金；如果愿意被转成派遣工，则一定要弄清楚今后的工资、社保、福利如何发放，劳务派遣公司有无担责能力。

“小时工”可以兼职吗

从事非全日制用工的劳动者可以与一个或者一个以上用人单位订立劳动合同；但是，后订立的劳动合同不得影响先订立劳动合同的履行。劳动合同法从法律上确认了劳动者可以同时与一个以上的用人单位建立劳动关系的合法性。

而全日制用工的劳动者只能与一个用人单位订立劳动合同。

“小时工”订立口头协议行吗

劳动合同法第六十九条规定，非全日制用工双方当事人可以订立口头协议。因此，作为“小时工”可以与用人单位通过口头约定的方式，建立和确定双方之间的劳动关系。而与此不同的是，全日制用工下的用人单位则应与劳动者订立书面的劳动合同。

“小时工”有试用期吗

劳动合同法第七十条规定，非全日制用工双方当事人不得约定试用期。因此，作为“小时工”，即使同时与多个单位建立非全日制用工的劳动关系，各单位均不得与劳动者约定试用期。而全日制用工的，除以完成一定工作任务为期限的劳动合同和3个月以下固定期限劳动合同外，其他劳动合同可以依法约定试用期。

“小时工”的工伤保险由谁缴费

需要明确的是，“小时工”的工伤保险费要由用人单位支付。

劳动和社会保障部《关于非全日制用工若干问题的意见》第十二条中规定：“用人单位应当按照国家有关规定为建立劳动关系的非全日制劳动者缴纳工伤保险费。从事非全日制工作的劳动者发生工伤，依法享受工伤保险待遇。”

“小时工”加班有加班费吗

根据《北京市工资支付规定》，在全日制用工情况下，用人单位依法安排劳动者在标准工作时间以外工作的，应当按照下列标准支付劳动者加班工资：

（1）在日标准工作时间以外延长工作时间的，按照不低于小时工资基数的150%支付加班工资。

（2）在休息日工作的，应当安排其同等时间的补休，不能安排补休的，按照不低于日或者小时工资基数的200%支付加班工资。

（3）在法定休假日工作的，应当按照不低于日或者小时工资基数的300%支付加班工资。

而对于从事非全日制工作的劳动者来说，由于其实行的是小时工资制，可以不执行上述规定，但用人单位安排其在法定休假日工作的，其小时工资不得低于本市规定的非全日制从业人员法定节假日小时最低工资标准。

“小时工”工作期间，出了意外事故怎么办

“小时工”在工作期间一旦因工作原因发生意外事故，受到人身伤害，如果确定为工伤，劳动者就可依法享受用人单位此前为其办理的工伤保险待遇。如果有明确的侵权人，同时可以向侵权人索赔。

那么，假如用人单位未为“小时工”办理工伤保险，“小时工”受的伤被确定为“工伤”怎么办呢？在这种情况下，用人单位仍然要承担相应的法律责任，为“小时工”负担相应费用。

“小时工”劳动报酬结算，支付周期最长是多少天

劳动合同法第七十二条规定，非全日制用工劳动报酬结算支付周期最长不超过15日。而全日制用工的，工资应当至少每月支付一次。

单位侵害劳动者人身权益应承担什么责任

用人单位有下列情形之一的，依法给予行政处罚；构成犯罪的，依法追究刑事责任；给劳动者造成损害的，应当承担赔偿责任：

（1）以暴力、威胁或者非法限制人身自由的手段强迫劳动的。

（2）违章指挥或者强令冒险作业危及劳动者人身安全的。

（3）侮辱、体罚、殴打、非法搜查或者拘禁劳动者的。

（4）劳动条件恶劣、环境污染严重，给劳动者身心健康造成严重损害的。

单位解除劳动合同不出具书面证明行吗

劳动者被解除劳动合同后失业，如果要享受失业保险待遇，需要提供单位解除或者终止劳动合同的书面证明，否则劳动保障部门是不予办理的。

因此，劳动者离职时要索要解除或者终止劳动合同的书面证明。

劳动合同法第八十九条规定：用人单位违反本法规定未向劳动者出具解除或者终止劳动合同的书面证明，由劳动行政部门责令改正；给劳动者造成损害的，应当承担赔偿责任。

劳动者在没有经营资格的单位付出劳动怎么办

劳动合同法第九十三条规定：对不具备合法经营资格的用人单位的违法犯罪行为，依法追究法律责任；劳动者已经付出劳动的，该单位或者其出资人应当依照本法有关规定向劳动者支付劳动报酬、经济补偿、赔偿金；给劳动者造成损害的，应当承担赔偿责任。

上述条款表明，即使单位不具备合法经营资格，属非法用工，劳动者也有权获得经济补偿。劳动者在找不到单位的情况下可以找出资人索赔，“跑得了和尚跑不了庙”，这是劳动法的一个突破。

劳动者违反保密条款或者竞业限制条款给单位造成损失的，承担赔偿责任吗

劳动合同法第九十条规定：劳动者违反本法规定解除劳动合同，或者违反劳动合同中约定的保密义务或者竞业限制，给用人单位造成损失的，应当承担赔偿责任。

劳动者违反本法规定解除劳动合同主要指，未提前30日书面通知用人单位解除劳动合同。赔偿责任指的是赔偿下列费用：

（1）招录费用。

（2）培训费用。

（3）合同约定的其他赔偿。

第二章　工资报酬

劳动者的哪些收入不属于工资范围

原劳动部《关于贯彻执行〈中华人民共和国劳动法〉若干问题的意见》中指出：“劳动法中的‘工资’是指用人单位依据国家有关规定或劳动合同的约定，以货币形式直接支付给本单位劳动者的劳动报酬，一般包括计时工资、计件工资、资金、津贴和补贴、延长工作时间的工资报酬以及特殊情况下支付的工资等。‘工资’是劳动者劳动收入的主要组成部分。劳动者的以下劳动收入不属于工资范围：

（1）单位支付给劳动者个人的社会保险福利费用，如丧葬抚恤救济费、生活困难补助费、计划生育补贴等。

（2）劳动保护方面的费用，如用人单位支付给劳动者的工作服、解毒剂、清凉饮料

费用等。

（3）按规定未列入工资总额的各种劳动报酬及其他劳动收入，如根据国家规定发放的创造发明奖、国家星火奖、自然科学奖、科学技术进步奖、合理化建议和技术改进奖、中华技能大奖等，以及稿费、讲课费、翻译费等。

劳动合同中劳动报酬和劳动条件等标准可否低于集体合同的标准

劳动合同法延续了劳动法、《中华人民共和国工会法》的规定，再次明确，企业职工一方与用人单位通过平等协商，可以就劳动报酬、工作时间、休息休假、劳动安全卫生、保险福利等事项订立集体合同。集体合同草案应当提交职工代表大会或者全体职工讨论通过。集体合同由工会代表企业职工一方与用人单位订立；尚未建立工会的用人单位，由上级工会指导劳动者推举的代表与用人单位订立。集体合同订立后应当报送劳动行政部门；劳动行政部门自收到集体合同文本之日起15日内未提出异议的，集体合同即行生效。依法订立的集体合同对用人单位和劳动者具有约束力。集体合同中劳动报酬和劳动条件等标准不得低于当地人民政府规定的最低标准；用人单位与劳动者订立的劳动合同中劳动报酬和劳动条件等标准不得低于集体合同规定的标准。

工资支付有什么时间要求

劳动法规定工资应当按月支付。所谓按月是指按照用人单位与劳动者约定的日期支付。如遇节假日或休息日，则应提前在最近的工作日支付。工资至少每月支付一次。

工资应以什么形式支付

工资支付应当以货币形式、按月、按照用人单位与劳动者约定的数额，支付给劳动者本人，由本人签收。

从用人单位取得工资条合法吗

用人单位发放工资应该给付工资凭证，严格防止用人单位做假工资单，存折上一部分，现金一部分，以此少缴纳社会保险和住房公积金，少支付经济补偿金，同时也可以显示劳动报酬的透明度。过去习惯用工资条的形式，职工凭借工资条，可以掌握自己的收入状况，如果出现问题，也可以作为凭证，同时在诉讼时可以作为证据使用。

用人单位可否克扣或者无故拖欠劳动者工资

用人单位不得克扣或者无故拖欠劳动者工资。推迟30天以上就构成拖欠。

工资至少每月支付一次，对于实行小时工资制和周工资制的人员，工资也可以按日或周发放。对完成一次性临时劳动或某项具体工作的劳动者，用人单位应按有关协议或合同规定在其完成劳动任务后即支付工资。

“无故拖欠”不包括：（1）用人单位遇到非人力所能抗拒的自然灾害、战争等原因，无法按时支付工资；（2）用人单位确因生产经营困难、资金周转受到影响，在征得本单位工会同意后，可暂时延期支付劳动者工资，延期时间的最长限制可由各省、自治区、直辖市劳动行政部门根据各地情况确定。除上述情况外，拖欠工资均属无故拖欠。

员工是否有权要求用人单位提供工资清单

用人单位支付员工工资时应向员工提供一份本人的工资清单，并由员工签收。工资清单的内容应当与工资支付表一致，员工对工资清单表示异议时，用人单位应当予以回复。

员工离职后，能否享受支付周期未满的工资

劳动关系解除或者终止时，员工月度奖、季度奖、年终奖等支付周期未满的工资，按照员工实际工作时间折算计发。

员工离职后，工资应在何时结清

支付周期不超过1个月的工资，用人单位应自劳动关系解除或终止之日起3个工作日内一次付清；支付周期超过1个月的工资，可以在约定的支付日期支付。

哪些休假日，用人单位应当支付劳动者工资

按照劳动法规定，员工依法享受产假、看护假、节育手术假等假期的，用人单位应当视为提供正常劳动并支付工资；员工依法享受年休假、探亲假、婚假、丧假等假期的，用人单位应当按照不低于员工本人标准工资的标准支付其假期的工资。

另外，员工在正常工作时间内，有下列情形之一的，用人单位应当视为提供正常劳动并支付工资：依法行使选举权或者被选举权；当选代表或者委员出席区以上人民代表大会及其常务委员会、政府、党派、工会、共青团、妇女联合会等组织召开的会议；作为人民陪审员参加审判活动或者作为证人参加诉讼、仲裁活动；《中华人民共和国工会法》规定的不脱产工会基层委员会委员参加工会活动。

员工请事假期间，是否可要求用人单位支付工资

员工请事假单位是否需要支付其工资，对此我国劳动法、劳动合同法及《劳动合同法实施条例》等现行法律、法规都没有明确的规定。对于单位员工在工作期间请事假的待遇问题，用人单位在不违反我国法律、法规的前提下可以根据本单位的实际情况通过制定单位内部的规章制度或员工手册予以明确。因此，员工请事假单位是否需要支付其工资还要看用人单位内部的规章制度的规定。

劳动者在签订劳动合同时，一定要注意看劳动合同约定的具体条款、用人单位的规章制度及用人单位的员工手册。

不是员工的过错造成停工，单位应付停工期间工资吗

非因员工本人过错，用人单位部分或者整体停产、停业的，用人单位应当按照下列标准支付停工员工在停工期间的工资：停工1个月以内的，按照员工本人标准工资的80%支付；停工超过1个月的，按照不低于最低工资的80%支付。因员工本人过错造成停工的，用人单位可以不支付该员工停工期间的工资，但经认定属于工伤的除外。

劳动者在派出期间，劳务派遣单位是否还需要向劳动者支付劳动报酬

劳务派遣机构和被派遣的劳动者是劳动合同关系，因此，劳务派遣机构应该向劳动者支付劳动报酬。劳务派遣机构支付的劳动报酬的方式按照是否被派遣而采取不同的方式：

（1）对于劳动者没有被派遣出去时，劳务派遣单位也应该支付劳动者的工资。只不过在无工作期间，劳动者的工资水平比较低，但是最低不得低于最低工资标准。

（2）在劳动者被派出期间，用工单位向劳务派遣机构支付用工费用，劳务派遣机构再向劳动者支付工资。劳动合同法第五十八条第二款有明文规定，劳务派遣单位应当与被派遣劳动者订立2年以上的固定期限劳动合同，按月支付劳动报酬；被派遣劳动者在无工作期间，劳务派遣单位应当按照所在地人民政府规定的最低工资标准，向其按月支付报酬。所以，即使处于派出期间：劳务派遣单位也应该向劳动者支付劳动报酬。

用人单位不支付劳动者的劳动报酬怎么办

不支付劳动者的劳动报酬属于用人单位不履行劳动合同的典型表现，构成违反劳动合同的违约行为。劳动合同法第八十五条对其进行了专门的规定，主要包括以下几种情形：

（1）未依照劳动合同的约定或者国家规定及时足额支付劳动者劳动报酬的。

（2）低于当地最低工资标准支付劳动者工资的。

（3）安排加班不支付加班费的。

（4）解除或者终止劳动合同，未依照本法规定向劳动者支付经济补偿的。

如果出现以上情况，作为劳动者，可以向劳动行政部门申请援助。劳动行政部门可以责令用人单位限期支付劳动报酬、加班费或者经济补偿给劳动者，劳动报酬低于当地最低工资标准的，应当支付其差额部分；如果用人单位逾期不支付的，责令用人单位按应付金额50%以上100%以下的标准向劳动者加付赔偿金。

用人单位拖欠工资，劳动者应如何处理

劳动法第五十条规定："工资应当以货币形式按月支付给劳动者本人"。劳部发[1994]489号文《工资支付暂行规定》第七条规定："工资必须在用人单位与劳动者约定的日期支付。如遇节假日或休息日，则应当提前在最近的工作日支付。工资至少每月支付一次；实行周、日、小时工资制的，可按周、日、小时支付工资。"单位如不按时发放工资，员工应尽快向当地劳动部门举报以便及时处理。

当用人单位出现工资拖欠的情况时，劳动者可以及时到劳动监察备案。在劳动监察部门举报还可以是匿名的，这样可以减少打击报复的风险。

什么情况下，员工可以向劳动行政部门提出欠薪垫付申请

用人单位发生欠薪，且有下列情形之一时，员工可以向区劳动行政部门提出欠薪垫付的申请：

（1）人民法院依法受理破产申请。

（2）法定代表人或者主要负责人隐匿或者逃逸。

员工应如何申请欠薪垫付

应当在知道或应当知道上述情形之日起30日内，向区劳动行政部门提交书面申请，出示劳动合同或者与用人单位存在劳动关系的其他证明、身份证明资料，并提交复印件。

用人单位拖欠或者未足额支付劳动报酬的，劳动者可否向人民法院申请支付令

劳动合同法第三十条规定，用人单位应当按照劳动合同约定和国家规定，向劳动者及时足额支付劳动报酬。

用人单位拖欠或者未足额支付劳动报酬的，劳动者可以依法向当地人民法院申请支付令，人民法院应当依法发出支付令。

年休假工资如何计算

（1）年休假工资的基本规定。

一般情况下职工享受年休假期间可以获得与日常工作期间相同的工资，其具体计算公式为：职工本人月工资÷月计薪天数（21.75天）。

年休假所依据的月工资标准与《劳动合同法实施条例》第二十七条规定的经济补偿月工资标准基本一致，即月平均工资，月平均工资的计算公式为：（前12个月应得工资总额−前12个月加班工资总额后的的工资）÷12个月。如职工在本单位工作时间不满12个月的，按实际月份计算月平均工资。

月应得工资总额包括计时工资、计件工资、奖金、津贴和补贴、加班工资以及特殊情况下支付的工资等。应得工资为用人单位代扣个人所得税、社会保险个人缴纳部分以及其他扣款前的工资。

（2）应休未休年休假工资如何计算及支付。

用人单位经职工同意不安排年休假或者安排的年休假少于应休天数，应当对职工应休未休年休假天数，按照其日平均工资标准的300%支付未休年休假工资。

用人单位在与职工解除（终止）劳动合同时，当年度未安排职工休年休假或者安排的年休假少于应休天数，应按职工当年已工作时间折算应休未休年休假天数并支付年休假工资，折算后不足一整天的部分，不支付年休假工资。

双方的劳动合同、用人单位的集体合同或者用人单位相关制度规定的未休年休假工资报酬高于上述标准的，应当按照约定或者规定的标准执行。如双方的约定或者规定的未休年休假工资报酬低于上述标准，由于约定或者规定本身违规不具有法律效力，应当按照《职工带薪年休假条例》的规定给予职工未休年休假工资。

应休未休年休假工资报酬主要分为两大部分：一部分为日常工作期间的日工资（即日平均工资的100%），该部分收入随日常工资支付；另一部分为日平均工资的200%未休年休假实际工资，该部分报酬用人单位应在解除（终止）劳动合同时或者在职职工最迟在当年度12月31日前支付。

举例：某职工2011年1月1日参加工作，2015年10月8日与公司终止劳动合同，终止劳动合同前享受年休假1天。其前十二个月平均应得工资为2000元，其中加班工资为200元。该职工在终止劳动合同时可领取的未休年休假工资是多少？

答案：该职工未享受年休假天数计算公式为：（281天÷365天）×5天−1天，具体计算下来，其享受年休假的时间为2.85天。由于年休假时间是按整数计算，不足1天部分不享受年休假，其实际未休年休假的时间为2天。

该职工未休年休假工资计算公式为：（2000元−200元）/21.75天×2天×300%具体计算下来，其享受年休假工资为496.6元，其中165.5元（2天工资）已在日常工资中支付，该职工在终止劳动合同时可领取的未休年休假工资实际为331元。

职工书面要求不享受年休假的工资标准是多少

用人单位安排职工休年休假的，职工基于种种原因书面提出不休年休假的，在职工正常上班的情况下，用人单位只需支付正常工作期间的工资，而不额外支付未休年休假工资。

领不到工资业余时间打工被开除合法吗

《中华人民共和国劳动法》第五十条规定：工资应当以货币形式按月支付给劳动者本人，不得克扣或无故拖欠劳动者的工资。同时，劳动法也规定了劳动者享有领取报酬的权利，这种权利是不能被剥夺的。企业效益不好而无钱发工资，是用人单位管理不善、经营无方所致，劳动者并无过错。企业不得以此为由扣发劳动者的工资，劳动者仍依劳动法享有领取工资的权利，但这并不是说劳动者可以以不发工资为由违反劳动纪律、破坏规章制度。

在业余时间决定做什么是劳动者的自由，但是根据原劳动部办公厅《关于劳动争议受理问题的复函》（劳办发[1994]96号）第二条规定的精神，劳动者在业余时间里受聘于其他企业、提供劳务并获得报酬，应当事先征得本单位的同意，否则，本单位有权对其进行处分。但是，开除因其涉及职工最大的劳动权利，只有在劳动者具有严重违反劳动纪律、破坏规章制度、造成重大经济损失和其他违法乱纪行为而又屡教不改的情形时，单位才有开除劳动者的权利。因此，领不到工资业余时间打工的职工，单位是不能开除的。

职工事假、探亲假、婚丧假期间工资待遇如何

职工请事假（含病假）期间的工资待遇，国家机关和事业单位实行照发工资的制度。企业根据职工的不同性质而实行不同的制度，企业中的工人由于享受加班加点工资待遇，所以一般在事假期间不发工资；企业中的行政人员和工程技术人员不享受加班加点工资待遇，请事假每个季度在2个工作日以内的，照发工资，超过2个工作日以上的，其超过天数不发工资。

职工休探亲假期间的工资待遇，在规定的探亲假期间和路程期间内，照发本人的标准工资。

职工本人结婚或职工的直系亲属（父母、配偶、子女）死亡时，经过单位领导批准，给予1—2天的婚丧期。职工结婚时双方不在一地工作的，职工在外地的直系亲属死亡时需要职工本人前去料理丧事的，可以根据路程远近，给予路程假。在批准的婚丧假和路程假

期间，工资照发。

职工可以享受本单位的带薪年休假。年休假一般为7—14天。

延长劳动时间的工资报酬如何支付

劳动法和《工资支付暂行规定》都规定了用人单位延长工作时间必须支付高于劳动者正常工作时间工资的报酬。劳动部《关于职工工作时间有关问题的复函》又进一步做了说明。具体的支付标准分为三个档次：

（1）平时安排劳动者延长工作时间的，应支付不低于平日正常工作工资150%的工资报酬。

（2）休息日安排劳动者工作，应首先安排补休，不能安排补休的，应支付不低于平日正常工作工资的200%的工资报酬。补休时间等同于加班时间。

（3）法定休假日安排劳动者工作的，应当另外支付不低于平日正常工作工资的300%的工资报酬。一般不安排补休。

领取了失业救济金还能够再获得经济补偿金吗

根据《贯彻执行〈中华人民共和国劳动法〉若干问题的意见》，劳动合同解除以后，对于符合劳动法规定的劳动者应当支付经济补偿金。同时，劳动者也可以获得失业救济金。用人单位不能因为劳动者领取了失业救济金就拒付或者克扣经济补偿金，失业保险机构也不得以劳动者领取了经济补偿金为由，停发或者减发失业救济金。劳动者应该依据法律规定积极保护自己的合法权益。

劳资纠纷中加班工资到底由谁举证

根据劳动法和劳动合同法的规定，劳动者有加班事实存在的，用人单位应当支付加班工资，不得拖欠加班工资。但是在现实劳动争议中，加班事实存在的证据到底应该由哪一方承担举证责任呢？

根据最高人民法院《关于审理劳动争议案件适用法律若干问题的解释（三）》第九条的规定，劳动者主张加班费的，应当就加班事实的存在承担举证责任。但劳动者有证据证明用人单位掌握加班事实存在的证据，用人单位不提供的，由用人单位承担不利后果。也就是说，加班事实以及加班工资计算标准的证明责任在劳动者，如果劳动者没有相关证据，要求用人单位支付加班工资是很难得到法院支持的。

用人单位违反最低工资标准如何补偿

《违反〈劳动法〉行政处罚办法》（劳部发[1994]532号）第六条第三项规定，低于当地最低工资标准支付劳动者工资的，除责令补齐差额外，并可责令按所欠发部分一至五倍支付劳动者赔偿金。

用人单位拖欠工资，员工去哪里维权

正常情况下，最直接、最迅捷的途径是向用人单位所在县、市、区的劳动和社会保障局举报，劳保局一般会在20个工作日内解决问题。如果被拖欠工资的员工已经离职，可以在申请劳动争议仲裁的同时，一并要其支付拖欠工资及补偿。

补发数额与补偿标准如何确定

一般地，用人单位应当按照其拖欠员工工资前一个月的税前工资作为依据，补发拖欠的工资。另外，根据法律规定，用人单位须向被拖欠工资的员工支付25%的补偿金。注意，作为计算依据的工资不仅仅是“基础工资”，“浮动工资”也要计算在内。

基础工资和浮动工资的薪酬体制并不能降低用人单位的责任。现实中，很多企业采取基础工资加浮动工资的薪酬体系，期望以此来减轻企业在劳动关系中的补偿责任，这是一种误解。法律所支持的员工工资是指员工在用人单位劳动期间的实际收入。

哪种情况不属于无故拖欠工资

用人单位遇到非人力所能抗拒的自然灾害、战争等原因，无法按时支付工资；

用人单位确因生产经营困难、资金周转受到影响，在征得本单位工会同意后，可暂时延期支付劳动者工资，延期时间的最长限制可由各省、自治区、直辖市劳动行政部门根据各地情况确定。其他情况下拖欠工资均属无故拖欠工。

公司拖欠产假工资怎么办

各地情况均不同，有的地方规定，产假期间产妇领取生育保险，公司不再发放工资，有的地方不能领取生育保险，公司应该提供工资。但是绝对不能补发，必须按时和公司员工一起发放。如果你还打算在这里工作，就好好协商，尽量不要通过法律途径。如果打算辞职，就去劳动保障局申请仲裁，肯定胜诉。但同时你也是很长一段时间之后才能拿到，还失去了工作。

对于拖欠工资如何举证

在劳资关系中，劳方一般处于弱势，资方不发工资时，一般也不发工资条或者欠条。这样对于没有发工资的举证，由劳方承担无疑是不公平的。因此，在劳动争议中一般由劳方证明（书证或证人证言）自己的劳动合同关系、事实劳动关系成立即可。如果资方不能举证证明已经发放工资，应按未发放工资认定事实。

解决单位拖欠工资的方法有哪些

（1）可以去你的单位当地的劳动争议仲裁委员会要求仲裁。仲裁会裁决你的公司支付你的工资，你还可以要求一定的经济补偿。

（2）根据我国劳动合同法规定，用人单位须在一个月内与劳动者签订劳动合同。超过一个月没有签订的，要从一个月开始支付直至一年的每个月双倍工资。超过一年未予签订的，视为已经签订无固定期限劳动合同。

（3）要仲裁的话，你必须证明你们之间的劳动关系。你可以要求你的单位出示你们的工资条或者花名册等等（法律规定，单位有义务出示，否则要承担不利责任），也可以请你的工友们做你的证人来提高证人证言力。也可以出示你在工作时的文书、文件、工牌、工装等等来证明。

第三章　工作时间、休息、休假

我国法律法规规定职工享有哪些带薪假期

《劳动法》第45条，《职工带薪年休假条例》第1条、第2条、第3条、第4条、第5条，《企业职工带薪年休假实施办法》，《国务院关于职工探亲待遇的规定》，《女职工劳动保护规定》，《全国年节及纪念日放假办法》对带薪休假有规定：

（1）国家法定节假日。即春节、元旦、端午节等法定节假日。我国法定节假日分为三种。第一类是全体公民放假的节日，包括：新年、春节、劳动节、国庆节等。上述节日适逢公休假日时，顺延补假。第二类是部分公民放假的节日及纪念日：妇女节、青年节、儿童节、中国人民解放军建军纪念日，现役军人放假半天。部分公民放假的假日，适逢公休假日时，不补假。第三类是少数民族节日。少数民族习惯的节日，由各少数民族聚居地区的地方人民政府，按照各该民族习惯，规定放假日期。根据《劳动法》规定，这些假日统统都是带薪假日。

（2）年休假。带薪年休假是指职工每年享有的保留工作及工资的连续休假，一般而言属于企业对员工的一种福利。职工连续工作年限满一年以上，可以享受年休假。

（3）产假。女职工产假为90天，其中产前休假15天，难产的，增加产假15天。多胞胎生育的，每多生育一个婴儿，增加产假15天。女职工怀孕流产的，根据医务部门的证明，妊娠不足4个月的，产假为15天至30天；妊娠4个月以上的，产假为42天。晚育的女职工(24岁)，除享受国家规定的产假外，增加奖励假30天，不休奖励假的，给予女职工一个月工资的奖励。

（4）婚假。职工达到法定结婚年龄，可持结婚证申请3天有薪婚假，晚婚的(男满25岁周岁，女满23周岁)增加奖励假7天。应一次性使用。

（5）丧假。职工的直系亲属(父母、子女、配偶)以及岳父母去逝，给予3天有薪丧假。

（6）探亲假。职工工作满一年以上，与配偶不住在一起，又不能在公休假日团聚的，可以享受探望配偶假一次，假期为30天。职工与父母都不住在一起的，又不能在公休假日团聚的，可以享受探望父母的待遇，未婚职工探望父母，每年给假期一次20天；已婚职工探望父母，每四年给假一次20天，探亲假不含路程时间。按照目前规定，探亲假仅仅由符合条件的国家机关、人民团体和全民所有制企业、事业单位工作满一年的固定职工享有。

劳动者可以享受的法定放假的节日、纪念日有哪些

《国务院关于修改〈全国年节及纪念日放假办法〉的决定》第二条规定，全体公民放假的节日：

（1）新年，放假1天（1月1日）。

（2）春节，放假3天（农历正月初一、初二、初三）。

（3）清明节，放假1天（农历清明当日）。

（4）劳动节，放假1天（5月1日）。

（5）端午节，放假1天（农历端午当日）。

（6）中秋节，放假1天（农历中秋当日）。

（7）国庆节，放假3天（10月1日、2日、3日）。

第三条规定，部分公民放假的节日及纪念日：

（1）妇女节（3月8日），妇女放假半天。

（2）青年节（5月4日），14周岁以上的青年放假半天。

（3）儿童节（6月1日），不满14周岁的少年儿童放假1天。

（4）中国人民解放军建军纪念日（8月1日），现役军人放假半天。

第四条规定，少数民族习惯的节日，由各少数民族聚居地区的地方人民政府，按照各该民族习惯，规定放假日期。

在这些法定节假日时，员工有权休息，并有权获得工资收入。

劳动者的法定工作时间是多少个小时

按照劳动法规规定，职工每日工作8小时、每周工作40小时。

企业通常有哪些借口来延长劳动者的工作时间

根据法律的规定，实行标准工时制度的用人单位，劳动者每天的工作时间应不超过8小时，加班不超过3小时；每月的加班时间不超过36小时；每周至少保证劳动者有一个完整的休息日。实行非标准工时制度的用人单位，则需经劳动保障行政部门批准，并严格按照批复执行，违反上述规定的，就属违法延长劳动者工作时间。

但是一些用人单位往往以以下三种借口，作为安排劳动者超时加班的“挡箭牌”。

借口1：“生产任务过重”

根据法律规定，如果企业现有的劳动者无法满足企业的生产经营需要，那就应当招用更多的劳动者或者减少部分生产任务，而不应该以牺牲劳动者的休息权和身体健康为代价。

借口2：“计件工资制”

计件工资制只是一种工资计算方式，但在工作时间上仍须遵守法律规定。

借口3：“综合计时制”

实行“综合计算工时工作制”的企业，可以采取集中工作、集中休息、轮休调休等方式，但在综合计算工时周期内，劳动者的平均日工作时间和平均周工作时间，应与法定标准工作时间大致相同，企业不能为了自身利益只安排职工加班，而不安排职工休息。

根据法律的规定有些加班是违法的，劳动者需要拿起法律武器来维护自己的劳动权利。

劳动者可以享受多少天带薪年休假

《职工带薪年休假条例》第三条规定，职工累计工作已满1年不满10年的，年休假5天；已满10年不满20年的，年休假10天；已满20年的，年休假15天。

国家法定休假日、休息日不计入年休假的假期。

年休假的工作年限如何确认、计算

根据《职工带薪年休假条例》规定：“员工如果连续工作满十二个月以上的，享受年休假。”即工作年限满1年以上是员工享受年休假的一个重大标志。

年休假工作年限的计算，以员工累计的工作年限为基础。即在同一或者不同用人单位的工作年限合计计算，而不是仅计算本单位的工作年限。

对于工作年限的确认，员工的档案是确定工作年限最好的依据。同时确认员工的工作年限还有以下几种方式予以确定：

（1）员工缴纳社会保险记录社保机构记录员工缴纳社会保险的资料是全面确定员工工作年限的一个重要依据。从记录中可以明确确认员工参加工作的起始时间，以及各阶段在同一或者不同用人单位的工作经历。

（2）员工与用人单位签订的劳动合同由于劳动合同期限是劳动合同基本内容之一，在用人单位没有依法为员工缴纳社会保险的情况下，劳动合同确定的合同期限实质上也是员工的工作年限。

（3）用人单位制作的《职工名册》。中包含劳动者用工起始时间、劳动合同期限等内容。它是确定员工工作年限的依据之一。

（4）用人单位下达的解除（终止）劳动合同证明书根据《劳动合同法实施条例》第二十四条规定，用人单位与员工解除（终止）劳动合同时，本单位的工作年限是解除（终止）劳动合同证明书的必备条款之一。该内容也是确定员工工作年限的依据之一。

（5）员工的退保记录由于社会保险现阶段尚不能在全国范围内进行转移，导致不少外来员工对于自己缴纳的社会保险，在解除（终止）劳动合同时采取退保的方式领取个人缴纳部分。由于社保机构给付的退保记录等相关材料也能证明工作年限，因而也是确定员工工作年限的依据之一。

（6）双方达成的调解协议、仲裁裁决书（调解书）、民事判决书（调解书）：

发生劳动争议后，在用人单位劳动争议调解委员会或者有关部门主持下，双方达成的调解协议所确认的给付经济补偿年限、劳动争议仲裁委员会下达的仲裁裁决书（调解书）、人民法院下达的民事判决书（调解书）所载明的员工工作时间，均可作为确定员工工作年限的依据。如果没有上述文件证明员工的工作年限或者员工与用人单位在确认工作年限上产生分歧，双方协商又达不成一致的情况下，可依法向劳动行政部门申请工龄鉴定，确认员工的工作年限。

享受年休假的时间如何确定

根据《职工带薪年休假条例》规定：“职工累计工作年限已满1年不满10年的，年休假5天；已满10年不满20年的，年休假10天；已满20年的，年休假15天。”其中“工龄不满10年”不包括工龄已满10年的情况，是指工龄已满1年以上，9年以下（包括9年）的，享受2天的年休假。其中“工龄已满10年不满20年的”，同样不包括工龄已满20年的情况，是指工龄已满10年（包括10年）以上，19年以下（包括19年）的，享受10天的年休假。

如果双方的劳动合同、用人单位集体合同或者用人单位相关制度规定的年休假天数高于上述标准的，应当按照约定或者规定给予员工年休假。如果双方的约定或者规定的年休假天数低于上述标准，由于约定或者规定本身与条例相冲突不具有法律效力，应当按照《职工带薪年休假条例》的规定给予员工年休假。

员工享受年休假的条件是累计工龄一年以上，如果员工的累计工龄只有十二个月是否享受年休假

虽然《职工带薪年休假条例》对此没有具体的规定，但根据《中华人民共和国民法通则》第一百五十五条规定：民法所称的“以上”、“以下”、“以内”、“届满”，包括本数；所称的“不满”、“以外”，不包括本数。很明显员工享受年休假的条件是工作满12个月，即达到365天就可享受年休假待遇。也就是说即使双方的劳动合同仅为1年，在双方劳动合同终止之前用人单位应安排员工五天的年休假，对不能安排或者不能按规定安排员工年休假的，按应休未休年休假工资标准支付年休假工资报酬。

怎样计算自己的年休假天数

（1）员工在计算年休假天数时，首先要确定自己的工作年限，工作年限的多少决定了自己享受年休假的时间（工作年限低于12个月的不享受年休假）。

（2）当年度在本单位工作的时间，年休假的计算是以当年度的工作时间（包括工作日、休息日、法定节假日）为准，如果是中途进入新公司上班，当年享受年休假的时间将按实际工作天数计算年休假的时间。

（3）享受年休假的时间按整数计算，特别是对中途到新公司工作或者与原单位解除或者终止劳动合同的员工来说，在计算年休假时间时都可能遇到最后计算年休假的天数不是整数的问题，在这种情况下享受年休假的时间均按整数计算。

在什么情况下，员工不能享受当年的年休假

《职工带薪年休假条例》第四条规定，职工有下列情形之一的，不享受当年的年休假：

（1）职工依法享受寒暑假，其休假天数多于年休假天数的。

（2）职工请事假累计20天以上且单位按照规定不扣工资的。

（3）累计工作满1年不满10年的职工，请病假累计2个月以上的。

（4）累计工作满10年不满20年的职工，请病假累计3个月以上的。

（5）累计工作满20年以上的职工，请病假累计4个月以上的。

职工已休完当年的年休假，年度内又出现上述情况（2）、（3）、（4）、（5）项规定情形之一的，不享受下一年度的年休假。

劳务派遣员工在待岗期间，如用人单位依法支付劳动报酬的天数多于其全年应当享受的年休假天数的，不享受当年的年休假；少于其全年应当享受的年休假天数的，用人、用工单位应当协商安排补足其年休假天数。这一情况同样适用于不是劳务派遣的员工。

用人单位不给年休假，劳动者可否解除劳动合同并获经济补偿

用人单位不安排员工享受年休假或者不按规定给予年休假工资的行为与国家确定的劳动保护、工资制度相冲突，同时也违反了《职工带薪年休假条例》强制性规定。职工有权根据《劳动合同法实施条例》第十八条第四、五、十项的规定与用人单位解除劳动合同，并获得经济补偿。

员工有哪些途径去解决年休假纠纷

用人单位不安排员工年休假又不按规定支付未休年休假工资报酬而发生纠纷的，员工可以采取两种途径保护自己的合法权益：

（1）向所在地的劳动监察大队举报，要求用人单位支付未休年休假工资报酬，如劳动部门要求用人单位限期支付而不支付的，劳动监察部门有权要求用人单位除支付未休年休假工资报酬外，还应当按照未休年休假工资报酬的标准向员工加付赔偿金。即在这种情况下，员工有权获得日平均工资的600%年休假工资报酬及赔偿金（其中包含用人单位支付职工正常工作期间的工资收入）。

（2）员工有权向劳动合同履行地或者用人单位所在地劳动争议仲裁委员会申请仲裁，要求用人单位支付未休年休假工资报酬。

非因本人原因被安排至新单位，应如何计算劳动者工作年限

《中华人民共和国劳动合同法实施条例》第十条规定：劳动者非因本人原因从原用人单位被安排到新用人单位工作的，劳动者在原用人单位的工作年限合并计算为新用人单位的工作年限。原用人单位已经向劳动者支付经济补偿的，新用人单位在依法解除、终止劳动合同计算支付经济补偿的工作年限时，不再计算劳动者在原用人单位的工作年限。

是否要在一个单位工作一年以上才能享受年休假

享受年休假的工作年限既包括在同一用人单位连续工作满12个月以上的情形，也包括

在不同用人单位累计综合计算连续工作满12个月以上的情形。只要员工在用人单位工作期间，工作年限达到1年以上，即可享受年休假，而不是要在一单位工作满1年以后才能享受年休假。

年度结束时有未休年假怎么处理

《企业职工带薪年休假实施办法》第十条规定："用人单位经职工同意不安排年休假或者安排职工年休假天数少于应休年休假天数，应当在本年度内对职工应休未休年休假天数，按照其日工资收入的300%支付未休年休假工资报酬，其中包含用人单位支付职工正常工作期间的工资收入。"因此，单位安排休的年休假比法定标准低的，应该要支付3倍工资。

不过《企业职工带薪年休假实施办法》第十条第二款规定："用人单位安排职工休年休假，但是职工因本人原因且书面提出不休年休假的，用人单位可以只支付其正常工作期间的工资收入。"所以有些单位也希望和员工达成谅解，由员工出具自愿不休年休假的证明，给予1倍的工资。

请过病假能否再休年假

《职工带薪年休假条例》第三条规定："职工累计工作已满1年不满10年的，年休假5天；已满10年不满20年的，年休假10天；已满20年的，年休假15天。"第四条规定："职工有下列情形之一的，不享受当年的年休假：（一）职工依法享受寒暑假，其休假天数多于年休假天数的；（二）职工请事假累计20天以上且单位按照规定不扣的；（三）累计工作满1年不满10年的职工，请病假累计2个月以上的；（四）累计工作满10年不满20年的职工，请病假累计3个月以上的；（五）累计工作满20年以上的职工，请病假累计4个月以上的。"

所以，在确定自己是否还有年休假时，要确认自己所休的病假天数，然后再计算年休假的天数。

离职时有未休年假怎么处理

员工容易产生的一个观念，以为离职时可以把全年的年假作为计算基础，来判断未休年假，其实这样是错误的。《企业职工带薪年休假实施办法》第十二条规定："用人单位与职工解除或者终止劳动合同时，当年度未安排职工休满应休年休假的，应当按照职工当年已工作时间折算应休未休年休假天数并支付未休年休假工资报酬，但折算后不足1整天的部分不支付未休年休假工资报酬。"可见，员工离职时只有权利得到自己已工作月份对应的年休假。

具体的折算方法是：（当年度在本单位已过日历天数÷365天）×职工本人全年应当享受的年休假天数-当年度已安排年休假天数。

举例来说，2015年6月30日离职的员工，只做了半年，原本年休假有10天的，计算时只能拿5天来计算。

如果离职时已把全年年假休完了，根据《企业职工带薪年休假实施办法》第十二条第三款规定，“多于折算应休年休假的天数不再扣回。”

职工主动辞职，是否享受未休年休假工资

根据《企业职工带薪年休假实施办法》第十二条规定：用人单位与职工解除或者终止劳动合同时，当年度未安排职工休满应休年休假的，应当按照职工当年已工作时间折算应休未休年休假天数并支付未休年休假工资报酬。此条款并未区分用人单位要求解除劳动合同还是劳动者要求解除劳动合同。也就是说，无论解除或终止劳动合同的原因在于谁，只要出现劳动合同解除或者终止的情形，用人单位就应当向劳动者折算并支付当年度应休未休年休假的工资报酬。

另外，法律并没有规定职工享受年休假必须先向用人单位提出申请，相反却为用人单位设定了根据本企业生产工作的具体情况，统筹安排职工年休假的义务。所以，即使员工没有主动申请休年假并不等于他放弃了休年休假的权利。因此，公司应当按照员工应休年休假天数支付相应的年假工资。

员工可以享受多长的病假

根据《企业职工患病或非因工负伤医疗期规定》（劳部发[1994]479号）等有关规定，患病或非因工负伤职工的病假假期根据本人实际参加工作年限和在本单位工作年限，给予三个月到二十四个月的医疗期：

（一）实际工作年限十年以下的，在本单位工作年限五年以下的为三个月；五年以上的为六个月。

（二）实际工作年限十年以上的，在本单位工作年限五年以下的为六个月；五年以上十年以下的为九个月；十年以上十五年以下的为十二个月；十五年以上二十年以下的为十八个月；二十年以上的为二十四个月。

职工患病或非因工负伤可享受多长时间的医疗期

《企业职工患病或非因工负伤医疗期规定》第四条规定，医疗期三个月的按六个月内

累计病休时间计算；六个月的按十二个月内累计病休时间计算；九个月的按十五个月内累计病休时间计算；十二个月的按十八个月内累计病休时间计算；十八个月的按二十四个月内累计病休时间计算；二十四个月的按三十个月内累计病休时间计算。

《劳动部关于贯彻〈企业职工患病或非因工负伤医疗期规定〉的通知》第二条规定。关于特殊疾病的医疗期问题：根据目前的实际情况，对某些患特殊疾病（如癌症、精神病、瘫痪等）的职工，在24个月内尚不能痊愈的，经企业和劳动主管部门批准，可以适当延长医疗期。

试用期内患病能否享受医疗期

试用期是指用人单位和劳动者相互考察、用以确定对方是否符合录用条件或求职要求的最长不超过6个月的考察期。用人单位不能仅签订试用期合同，试用期应包含在劳动合同期限内。而医疗期是指劳动者在劳动合同期内患病或非因工负伤，依法享有停止工作进行治疗和休息的时间。

所以，试用期内的员工享有和正式员工一样的医疗期等待遇。

我国《劳动法》第21条、劳动部关于印发《关于贯彻执行＜劳动法＞若干问题的意见》的通知第18项规定，劳动者的试用期包含在劳动合同期限内，也即试用期应当被计算在劳动合同的履行期内。《劳动法》第72、73条规定，与劳动者建立劳动关系的用人单位应当在建立劳动关系之日起为劳动者缴纳社会保险费，社保费当然包括了法定强制缴纳的医疗保险。

女职工可以享受多长时间的产假

根据劳动法及国务院发布的《女职工劳动保护特别规定》，任何用人单位的女职工均享有产假，假期为98天，其中产前可以休假15天；难产的，增加产假15天；生育多胞胎的，每多生育1个婴儿，增加产假15天。

女职工怀孕未满4个月流产的，享受15天产假；怀孕满4个月流产的，享受42天产假。

除了国家统一规定的产假外，各地一般都规定了奖励产假，各地奖励产假的期限有所不同。如《广东省企业职工假期待遇死亡抚恤待遇暂行规定》第六条规定“女职工生育，产假90天，其中产前休假15天。难产的增加产假30天。多胞胎生育的，每多生育一个婴儿增加产假15天。实行晚育者（24周岁后生育第一胎）增加产假15天。领取《独生子女优待证》者增加产35天，产假期间给予男方看护假10天”。

员工有权拒绝加班享受休假吗

企业的员工享有法律规定的休假的权利，任何企业都不应该强制剥夺员工的休假时间，更不能因为员工拒绝加班就公然开除他们。如果在工作中有企业的员工受到这样的不公平待遇在利用法律武器维护自身权利的同时应该积极的为自己争取正当的休假权利。

休息日被培训，算不算加班

加班是单位“根据实际需要安排劳动者在法定标准工作时间以外工作”。休息日培训算不算加班，要视培训的具体内容而定。如果培训是由用人单位安排、与劳动者工作内容关联度较高，或带有一定“软强制”意味，如单位规定“不得无故缺席”，或对缺席者进行罚款、扣奖金等处罚，则这类培训在实际中被认定是加班的概率较高。如果培训是自主报名参加、或与劳动者本职工作关联度不大，如有的企业会在休息日向员工提供语言培训、计算机技能培训，则实际中不被认定为加班的可能性更大。

轮班工作制：休假日轮班单位应支付三倍工资吗

根据国家的相关规定，轮班工作制是综合计算工时工作制的一种，实行轮班工作制的劳动者，工作日正好是周休息日的，属于正常工作；工作日正好是法定休假节日的，视为加班，用工方应按照规定支付职工的加班工资。

休了探亲假还能再休年假吗

探亲假和年休假是两种假期。《企业职工带薪年休假实施办法》第六条规定，职工依法享受的探亲假、婚丧假、产假等国家规定的假期以及因工伤停工留薪期间，不计入年休假假期。所以，劳动者休完探亲假，仍然可以休当年的年休假，但是，在休年假时，最好提前安排好单位的工作。

领养子女可以休产假吗

产假是国家根据妇女的生理特点，对女职工在劳动过程中的安全和卫生所采取的特殊保护措施之一。领养子女并不是妇女的生理行为，因此无法享受产假。

如果劳动者领养的子女年龄尚小，可以与单位协商以事假的方式来照顾子女。此外，申请产假需提供准生证、出生证等证明材料。从申请材料方面来看，孩子若是领养的，不可能具备上述证明材料，同样无法享受产假待遇。

第四章　工伤与工伤认定

劳动者在什么情况下才能被认定为工伤

劳动者有下列情形之一的，应当认定为工伤：

（1）在工作时间和工作场所内，因工作原因受到事故伤害的。

（2）工作时间前后在工作场所内，从事与工作有关的预备性或者收尾性工作受到事故伤害的。

（3）在工作时间和工作场所内，因履行工作职责受到暴力等意外伤害的。

（4）患职业病的。

（5）因工外出期间，由于工作原因受到伤害或者发生事故下落不明的。

（6）在上下班途中，受到机动车事故伤害的。

（7）法律、行政法规规定应当认定为工伤的其他情形。

可见，因工作引起的受伤、疾病，包括上下班途中受伤，都应该被认定为工伤。

哪些情况会被视为工伤

除上述情形外，还有一些例外，虽然不是因工作引起，也可认定为工伤。如：《工伤保险条例》第十五条规定：职工有下列情形之一的，视同工伤：

（1）在工作时间和工作岗位，突发疾病死亡或者在48小时之内经抢救无效死亡的。

（2）在抢险救灾等维护国家利益、公共利益活动中受到伤害的。

（3）职工原在军队服役，因战、因公负伤致残，已取得革命伤残军人证，到用人单位后旧伤复发的。

职工有前款第（1）项、第（2）项情形的，按照本条例的有关规定享受工伤保险待遇；职工有前款第（3）项情形的，按照本条例的有关规定享受除一次性伤残补助金以外的工伤保险待遇。

什么情况下，劳动者不会被认定为工伤

《工伤保险条例》第十六条规定：职工有下列情况之一的，不得认定为工伤或者视同工伤：

（1）故意犯罪的。

（2）醉酒或者吸毒的。

（3）自残或者自杀的。

劳动者因工受伤后该怎么做

目前，有这样的情况：劳动者在受到工伤后，一些用工单位故意拖延时间，企图逃避工伤保险责任。受伤职工向劳动和社会保障部门申请工伤认定，用工单位不服行政机关工伤认定决定，又启动了复议和行政诉讼程序，然后又是劳动能力鉴定及工伤待遇索赔，导致时间跨度比较长，待最后的法律文书生效，某些早有准备的用工单位已不见踪影，劳动者实现合法权益成为泡影。所以，劳动者在受伤后，要牢记以下几点，为维权做好充足准备：

（1）签订合同保留证据。

劳动合同法对签订合同有了更加明确的规定，并且规定了相应的惩罚措施，更加有利于劳动者权益的维护。劳动者应要求与用人单位签订合同，并保留相关用工证据，出现工伤纠纷时，有关的用工合同、上岗证都可以证明劳动者与用人单位之间的劳动关系。劳动者在平时的工作中应注意保留有关证据。

（2）及时进行工伤认定。

职工发生事故伤害或者按照职业病防治法规定被诊断、鉴定为职业病，所在单位应当在24小时内通知统筹地区劳动保障行政部门及其参保的社会保险经办机构，并自事故伤害发生之日或者被诊断、鉴定为职业病之日起30日内，向统筹地区劳动保障行政部门提出书面工伤认定申请。

用人单位未按前款规定提出工伤认定申请的，该职工或者其直系亲属、工会组织在事故伤害发生之日或者被诊断、鉴定为职业病之日起1年内，可以直接向用人单位所在地劳动保障行政部门提出工伤认定申请。

（3）提出赔偿有理有据。

劳动者应当依据法律规定提出索赔要求。根据相关规定，当劳动者被确定为工伤后，企业应支付工伤者医疗费、伙食费等费用。如治疗终结期满（伤情相对稳定）后存在残疾、影响劳动能力的，应当接受劳动能力鉴定。

（4）首先申请劳动仲裁。

工伤后如因赔偿等问题发生纠纷，劳动者应首先向劳动争议仲裁委员会申请仲裁，申请仲裁的期限为劳动争议发生之日起60日内，不服仲裁裁决的，再向人民法院起诉。

什么时候要去进行工伤认定

职工发生事故伤害或者按被诊断、鉴定为职业病，所在单位应当自事故伤害发生之日或者被诊断、鉴定为职业病之日起30日内，向统筹地区劳动保障行政部门提出工伤认定申请。遇有特殊情况，经报劳动保障行政部门同意，申请时限可以适当延长。

用人单位未按前款规定提出工伤认定申请的，工伤职工或者其直系亲属、工会组织在事故伤害发生之日或者被诊断、鉴定为职业病之日起 1 年内，可以直接向用人单位所在地统筹地区劳动保障行政部门提出工伤认定申请。

用人单位未在规定的时限内提交工伤认定申请，在此期间发生符合《工伤保险条件》规定的工伤待遇等有关费用由该用人单位负担。

可以到哪里去办理工伤认定

应当由省级劳动保障行政部门进行工伤认定的事项，根据属地原则，由用人单位所在地的设区的市级劳动保障行政部门办理。

工伤鉴定费用由谁出

只要劳动者的受伤符合工伤保险条例的条件，鉴定费用由用人单位支付。先去劳动和社会保障局申请工伤认定（不需费用），认定工伤后，劳动和社会保障局会发给你到有资格的医院做伤残鉴定的通知，鉴定费用通常由劳动者先垫付，然后可以向单位索要。

劳动者怎样去申请工伤鉴定

申请工伤鉴定的程序一般为：先到（市）县、区劳动和社会保障局社会保障科领取工伤申请认定表，并详细填写表格，其中包括要求所在企业盖章同意伤者进行工伤鉴定。在受伤之日起一年之内，只要携带填写完整的申请表，以及本人身份证、治疗时的病历卡原件和复印件，就可以向该部门提出工伤鉴定申请，该部门工作人员会对伤者受伤过程及有关事宜进行调查核实，在伤者完成全部治疗之后给出工伤鉴定结果，并由医院出示医疗诊断证明书。受伤严重的，还可以由社会保障科介绍，到劳动能力鉴定委员会进行伤残鉴定。根据工伤鉴定结果，伤者可以得到因工伤引起的有关损失补偿。

如果所在单位不同意伤者进行工伤鉴定怎么办

在申请过程中，如果遇到所在企业不同意伤者进行工伤鉴定的，那么伤者必须凭与企业签订的劳动合同，证明自己与企业的劳动关系，才可以办理工伤鉴定。因此，劳动者在与企业签订劳动合同的时候，应该一式两份，自己手中留一份。这样在出现以外纠纷时，才可以有所依据，通过正当途径切实保障自身的权益。

申请工伤认定应准备什么材料

劳动者在申请工伤认定时应准备以下材料：

（1）工伤认定申请表。

（2）与用人单位存在劳动关系（包括事实劳动关系）的证明材料。

（3）医疗诊断证明或者职业病诊断证明书（或者职业病诊断鉴定书）。

工伤认定申请表应当包括事故发生的时间、地点、原因以及职工伤害程度等基本情况。

如果工伤认定资料准备不齐怎么办

工伤认定申请人提供材料不完整的，劳动保障行政部门应当一次性书面告知工伤认定申请人需要补正的全部材料。申请人按照书面告知要求补正材料后，劳动保障行政部门应当受理。

谁可以申请劳动能力鉴定

劳动能力鉴定由用人单位、工伤职工或者其近亲属向设区的市级劳动能力鉴定委员会提出申请，并提供工伤认定决定和职工工伤医疗的有关资料。

劳动能力鉴定是按照怎样的程序展开的

根据工伤保险条例的规定，劳动能力鉴定需按照以下程序进行：

（1）提出申请。由符合劳动能力鉴定条件的工伤职工本人（或其直系亲属）或者该职工的用人单位向当地劳动能力鉴定委员会提出劳动能力鉴定申请，同时提交工伤认定决定和职工工伤医疗的有关资料。

（2）审查。当地劳动能力鉴定委员会在收到申请人申报劳动能力鉴定的资料后，首先要进行初审，看有关材料是否齐备、有效。如果申请人提交的资料欠缺，劳动能力鉴定委员则应一次性书面要求申请人补充材料，材料齐全后应当受理。

（3）组织鉴定。劳动能力鉴定委员会受理劳动能力鉴定申请后，在30日内从医疗专家库内随机抽取3名或者5名专家组成专家组进行鉴定。专家组鉴定后出具的鉴定意见由参与鉴定的专家签署。必要时，可以委托具备资格的医疗机构进行有关的诊断。劳动能力鉴定委员会根据专家组的鉴定意见，确定伤残职工的劳动功能障碍程度和生活自理障碍程度，作出劳动能力鉴定结论。

劳动功能障碍程度分为几级，都包括哪些内容

劳动功能障碍程度共分为十级，各级的内容如下表所示：

劳动功能障碍程度分级及内容

序号	级别	内容
1	一级	器官缺失或功能完全丧失，其他器官不能代偿，存在特殊医疗依赖，生活完全或大部分不能自理。
2	二级	器官严重缺损或畸形，有严重功能障碍或并发症，存在特殊医疗依赖，或生活大部分不能自理。
3	三级	器官严重缺损或畸形，有严重功能障碍或并发症，存在特殊医疗依赖，或生活部分不能自理。
4	四级	器官严重缺损或畸形，有严重功能障碍或并发症，存在特殊医疗依赖，生活可以自理。
5	五级	器官大部分缺损或明显畸形，有较重功能障碍或并发症，存在一般医疗依赖，生活能自理。
6	六级	器官大部分缺损或明显畸形，有中等功能障碍或并发症，存在一般医疗依赖，生活能自理。
7	七级	器官大部分缺损或明显畸形，有轻度功能障碍或并发症，存在一般医疗依赖，生活能自理。
8	八级	器官部分缺损，形态异常，轻度功能障碍，有医疗依赖，生活能自理。
9	九级	器官部分缺损，形态异常，轻度功能障碍，无医疗依赖，生活能自理。
10	十级	器官部分缺损，形态异常，无功能障碍，无医疗依赖，生活能自理。

生活自理障碍分为几个等级，都包括哪些内容

生活自理障碍程度，根据进食、翻身、大小便、穿衣洗漱、自我移动等五项内容分为生活完全不能自理、生活大部分不能自理和生活部分不能自理3个等级。

劳动功能障碍程度分级及内容

序号	级别	判断标准
1	生活完全不能自理	进食、翻身、大小便、穿衣洗漱、自我移动等五项均不能自理。
2	生活大部分不能自理	指进食、翻身、大小便、穿衣洗漱、自我移动等五项中有三项不能自理。
3	生活部分不能自理	是进食、翻身、大小便、穿衣洗漱、自我移动等五项中有一项不能自理。

职工对劳动能力鉴定委员会作出的鉴定结论不服的，应该怎么办

职工对工伤职工及其亲属或者用人单位对劳动能力鉴定委员会作出伤残等级和劳动能力鉴定结论不服的，可以自收到鉴定结论之日起15日内申请复查，对复查鉴定不服的，可以自收到复查鉴定结论之日起15日内向上一级劳动能力鉴定委员会申请重新鉴定。

如何进行劳动能力首次鉴定（伤残等级、医疗终结期、辅助器具安装、生活自理障碍程度）

以下以深圳市劳动能力首次鉴定程序为例来予以说明：

1．申请条件

因工作遭受事故伤害或者患职业病的本市务工人员，根据《广东省职工外伤、职业中中毒医疗终结鉴定标准》（2006）的规定，伤情相对稳定，已满最短医疗期伤情相对稳定。

2．申报材料

（1）工伤认定书原件及复印件、申请人和被鉴定人身份证原件及复印件、工伤医疗有关资料（原始病历、X光片、CT片、MRT片及检查报告单等）、3张一寸近期免冠照片、劳动能力鉴定申请书。

（2）未参保无工伤认定书的应提供所在单位证明；非法用工的应提交属地工伤管理部门的非法用工证明。

3．办理程序

（1）申请人填写《劳动能力鉴定申请书》，经审核符合申请条件者领取《深圳市劳动能力鉴定通知书》。

（2）按《鉴定通知书》，上指定的时间和地点，带齐相关资料进行鉴定并领取回执。

（3）申请人凭回执和身份证原件及复印件在规定的时间、地点领取鉴定结论。

（经市社保机构工伤处认定为工伤和其他机关事业单位、司法或仲裁委托的，到市劳动能力鉴定委员会办公室业务窗口办理；经所属地社保机构工伤部门认定为工伤的，在所属地社保机构工伤保险部门申请办理）。

如何进行工伤劳动能力复查鉴定

1．申请条件

（1）按《工伤保险条例》鉴定的，自鉴定结论作出之日起一年后，认为伤残情况发生变化的。

（2）申请人：工伤职工或其直系亲属、用人单位或者经办机构。

2．申报材料

首次鉴定申请的全部材料、首次鉴定结论书原件（全部）、3张一寸近期免冠照片。

3．办理程序

（1）申请人填写《劳动能力鉴定申请书》，经审核符合申请条件者领取《劳动能力鉴定通知书》。

（2）按《鉴定通知书》上指定的时间和地点，带齐相关资料进行鉴定并领取回执。

（3）申请人凭回执和身份证原件及复印件在规定的时间、地点领取鉴定结论。

如何进行伤病因果关系确定

1．申请条件

（1）本次外伤与疾病有关联关系。

（2）由社保机构工伤保险部门委托。

2．申报资料

社保管理处工伤保险科或管理站的介绍信、原始病历资料、X光片、CT片及报告单、鉴定申请书、申请人和被鉴定人身份证原件及复印件、被鉴定人4张一寸近期免冠照片。

3．办理程序

（1）申请人填写《劳动能力鉴定申请书》经审核符合申请条件者领取《劳动能力鉴定通知书》。

（2）按《鉴定通知书》上指定的时间和地点，带齐相关资料进行鉴定并领取回执。

（3）申请人凭回执和身份证原件及复印件在规定的时间、地点领取鉴定结论。

如何进行医疗终结期延长鉴定

1．申请条件

（1）已满最长医疗期，而伤情或病情尚未稳定需进一步治疗。

（2）申请人：工伤职工或其直系亲属、用人单位或者经办机构。

2．申报材料

工伤认定书、原始病历资料、各社保管理站的介绍信、鉴定申请书、申请人和被鉴定人身份证原件及复印件、被鉴定人3张一寸近期免冠照片。

3．办理程序

（1）申请人填写《劳动能力鉴定申请书》，经审核符合申请条件者领取《劳动能力鉴定通知书》。

（2）按《鉴定通知书》上指定的时间和地点，带齐相关资料进行鉴定并领取回执。

（3）申请人凭回执和身份证原件及复印件在规定的时间、地点领取鉴定结论。

旧伤复发需要就医的鉴定程序

1．旧伤复发需要就医的鉴定程序

（1）提供当时工伤的相关材料。劳动部门发放的工伤证、工伤鉴定表、批准工伤退休的登记表等。

（2）未曾经过劳动鉴定委员会鉴定的工伤退休人员，填写《职工因工致残旧伤复发程度鉴定审批表》，由职工本人填写受伤时间、受伤经过及治疗情况，一式两份。

（3）企业保险科组织医院专家认定，依据历史上受伤的部位，认定旧伤是否治愈、是否复发。

2．就医程序

（1）对经医院专家鉴定为旧伤复发并需要治疗的，由本人申请填写《职工旧伤复发治疗审批表》。

（2）企业保险科批准就诊医院及所需金额。

（3）退休人员每个季度末凭《职工旧伤复发治疗审批表》、《诊历》、有效票据、复式处方到企业保险科审核结报。

（4）社保处依据局企业保险科审核的意见，从工伤保险基金中列支老工伤人员旧伤复发的治疗费用。

未定残的工伤劳动者可以享受哪些待遇

未定残的工伤劳动者可以享受以下待遇如下表所示：

未定残的工伤劳动者

序号	享受待遇	说明
1	医疗费	治疗工伤所需费用符合工伤保险诊疗项目目录、工伤保险药品目录、工伤保险住院服务标准的，从工伤保险基金中支付。
2	住院伙食补助费	职工住院治疗工伤的，由所在单位按照本单位因公出差伙食补助标准的70%发给住院伙食补助费。
3	交通、食宿费用	经医疗机构出具证明，报经办机构同意，工伤职工到统筹地区以外就医的，所需交通、食宿费用由所在单位按照本单位职工因公出差标准报销。

续表

序号	享受待遇	说明
4	康复性治疗的费用	工伤职工到签订服务协议的医疗机构进行康复性治疗的费用从工伤保险基金支付。
5	辅助器具费用	工伤职工因日常生活或者就业需要，经劳动能力鉴定委员会确认，可以安装假肢、矫形器、假眼、假牙和配置轮椅等辅助器具。
6	护理费	生活不能自理的工伤职工在停工留薪期需要护理的，由所在单位负责。工伤职工已经评定伤残等级并经劳动能力鉴定委员会确认需要生活护理的，从工伤保险基金按月支付生活护理费。
7	工资福利	停工留薪期内，原工资福利待遇不变，由所在单位按月支付。停工留薪期一般不超过12个月。伤情严重或者情况特殊，经设区的市级劳动能力鉴定委员会确认，可以适当延长，但延长不得超过12个月。工伤职工评定伤残等级后，停发原待遇，按照规定享受伤残待遇。工伤职工在停工留薪期满后仍需治疗的，继续享受工伤医疗待遇。

工伤员工被鉴定为一至四级伤残的，可以享受何种工伤保险待遇

工伤员工被鉴定为1至4级伤残的，可以享受的待遇如下表所示。

可享受的工伤保险待遇

序号	享受待遇	说明
1	一次性伤残补助金	以工伤职工本人工资为基数计发：一级伤残为24个月的本人工资，二级伤残为22个月的本人工资，三级伤残为20个月的本人工资，四级伤残为18个月的本人工资。
2	伤残津贴	职工因工致残被鉴定为一级至四级的，应当退出生产、工作岗位，终止劳动关系、办理残疾退休手续，由工伤保险基金以下列标准按月计发至本人死亡。伤残津贴标准为：一级伤残为本人工资的90%，二级伤残为本人工资的85%，三级伤残为本人工资的80%，四级伤残为本人工资的75%。
3	护理费	工伤职工已经评定为一至四级伤残等级并经劳动能力鉴定委员会确认需要生活护理的，由工伤保险基金按如下标准支付护理费：护理费以统筹地区上年度职工月平均工资为基数的一定比例按月计发，一级为60%，二级为50%，三级为40%，四级为30%（护理费按照上年度职工平均工资增长同步调整，负增长时不调整）。

工伤员工被鉴定为五至六级伤残的，可以享受何种工伤保险待遇

工伤员工被鉴定为五至六级伤残的，可以享受的待遇如下表所示。

可享受的工伤保险待遇

序号	享受待遇	说明
1	一次性伤残补助金	以工伤职工本人工资为基数计发：五级伤残为16个月的本人工资，六级伤残为14个月的本人工资。
2	保留与用人单位的劳动关系，由用人单位安排适当工作	难以安排工作的，由用人单位按月发给伤残津贴，标准为：五级伤残为本人工资的70%，六级伤残为本人工资的60%，并由用人单位按照规定为其缴纳应缴纳的各项社会保险费。伤残津贴实际金额低于当地最低工资标准的，由用人单位补足差额。
3	一次性伤残就业补助金	按本人工资为基数计发：五级计发50个月，六级计发40个月。
4	一次性工伤医疗补助金	按本人工资为基数计发：五级计发10个月，六级计发8个月。

工伤员工被鉴定为七至十级伤残的，可以享受哪些一次性的赔偿

工伤员工被鉴定为七至十级伤残的，可以享受的待遇如下表所示。

可享受的工伤保险待遇

序号	享受待遇	说明
1	一次性伤残补助金	以工伤职工本人工资为基数计发：七级伤残为12个月的本人工资，八级伤残为10个月的本人工资，九级伤残为8个月的本人工资，十级伤残为6个月的本人工资。
2	一次性伤残就业补助金	按本人工资为基数计发：七级计发25个月，八级计发15个月，九级计发8个月，十级计发4个月。
4	一次性工伤医疗补助金	按本人工资为基数计发：七级计发6个月，八级计发4个月，九级计发2个月，十级计发1个月。

工伤定残等级不同待遇有何区别

概括而言，工伤定残等级不同一些区别，如下表所示：

工伤定残等级不同待遇的区别

序号	等级	区别
1	一级至四级	工伤保险基金“养”到退休，单位不得解除劳动关系。
2	五级至十级	工伤保险基金只支付一次性伤残补助金。
3	五级至六级	单位要先考虑安排适当工作，否则要支付伤残津贴。除本人提出外，单位不得解除劳动关系。解除时要支付一次性工伤医疗补助金和伤残就业补助金。
4	七级至十级	劳动合同期满终止，或者职工本人提出解除劳动合同的，单位可以解除劳动关系，但要支付一次性工伤医疗补助金和伤残就业补助金。

劳动者因工伤死亡了怎么办

（1）劳动者因工死亡，其直系亲属从工伤保险基金领取丧葬补助金、供养亲属抚恤金和一次性工亡补助金。

（2）伤残职工在停工留薪期内因工伤导致死亡的，其直系亲属享受上述待遇。

（3）一级至四级伤残职工在停工留薪期满后死亡的，其直系亲属可以享受丧葬补助金、供养亲属抚恤金。

劳动者因工死亡领取的补偿金是怎么计算的

劳动者因工死亡，其近亲属按照下列规定从工伤保险基金领取丧葬补助金、供养亲属抚恤金和一次性工亡补助金：

（1）丧葬补助金为6个月的统筹地区上年度职工月平均工资。

（2）供养亲属抚恤金按照职工本人工资的一定比例发给由因工死亡职工生前提供主要生活来源、无劳动能力的亲属。标准为：配偶每月40%，其他亲属每人每月30%，孤寡老人或者孤儿每人每月在上述标准的基础上增加10%。核定的各供养亲属的抚恤金之和不应高于因工死亡职工生前的工资。供养亲属的具体范围由国务院社会保险行政部门规定。

（3）一次性工亡补助金标准为上一年度全国城镇居民人均可支配收入的20倍。

员工因工外出期间发生事故或者在抢险救灾中下落不明怎么领取抚恤

根据《工伤保险条例》第四十一条规定：职工因工外出期间发生事故或者在抢险救灾中下落不明的，从事故发生当月起3个月内照发工资，从第4个月起停发工资，由工伤保险基金向其供养亲属按月支付供养亲属抚恤金。生活有困难的，可以预支一次性工亡补助金的50%。职工被人民法院宣告死亡的，按照本条例第三十条职工因工死亡的规定处理。

工伤职工在什么情况下停止享受工伤保险待遇

根据《工伤保险条例》第四十二条规定，工伤职工有以列情况之一的，停止享受工伤保险待遇：

（1）丧失享受待遇条件的。

（2）拒不接受劳动能力鉴定的。

（3）拒绝治疗的。

职工工伤医疗终结被鉴定工伤残疾等级后，须安装假肢、矫形器等康复器具应由谁承担该项费用

职工工伤医疗终结被鉴定工伤残疾等级后，必须安装假肢、矫形器、假眼、假牙和配置轮椅、拐杖等康复器具的，或者康复器具需要维修或者更换的，由医院提出意见，经劳动能力鉴定委员会确认，所需费用按照国家规定的标准从工伤保险基金支付。

康复器具应当限于辅助日常生活及生产劳动之必需，并采用国内市场的普及型产品。工伤职工选择其他型号产品，费用高出普及型部分，由个人自付。

工伤职工可配置的辅助器具主要有哪些种类

工伤职工因日常生活或者就业需要，经劳动能力鉴定委员会确认，可以配置辅助器具。辅助器具包括：

（1）假肢，包括上肢假肢和下肢假肢。

（2）矫形器，如脊柱过伸矫形器、肩外宽矫形器、膝部矫形器、膝踝足矫形器、脊柱侧凸矫形器、矫形鞋、矫形鞋垫等。

（3）假牙、假眼。

（4）轮椅、步行器等。

工伤职工怎样获得假肢、矫形器等辅助器具

根据《工伤保险条例》第三十条规定，工伤职工配置辅助器具应当经劳动能力鉴定委员会确认。

第四十七条规定，社会保险经办机构对辅助器具配置机构以签订服务协议的方式进行管理，引入竞争机制，促使辅助器具配置机构提高服务质量。工伤职工如需配置辅助器具，应到与社会保险经办机构签订服务协议的机构、按照国家规定的有关标准配置辅助器具，对于辅助器具配置机构提供的一些不合理的配置应当拒绝，对违反有关标准配置辅助器具的费用，工伤保险基金不予支付。

员工非因工死亡后，多长时间内应到社保机构办理待遇补偿手续

员工离退休人员死亡的，其亲属应在其死亡后30日内向市社保机构申报，并办理社保结算手续。

职工因工死亡，其直系亲属和供养亲属可以享受哪些待遇

根据《工伤保险条例》第三十九条的规定，职工因工死亡，其直系亲属按照下列标准从工伤保险基金领取丧葬补助金、供养亲属抚恤金和一次性工亡补助金：

（1）丧葬补助金为6个月的本地区上年度职工月平均工资。

（2）供养亲属抚恤金按照职工本人工资的一定比例发给由因工死亡职工生前提供主要生活来源、无劳动能力的亲属。标准为：配偶每月40%，其他亲属每人每月30%，孤寡老人或者孤儿每人每月在上述标准的基础上增加10%。各供养亲属的抚恤金之和不应当高于因工死亡职工生前的工资。

（3）一次性工亡补助金标准为60个月的深圳市上年度职工月平均工资。

伤残职工在停工留薪期内因工伤导致死亡的可以享受哪些待遇

根据《工伤保险条例》第三十九条的规定，伤残职工在停工留薪期内因工伤导致死亡的，其直系亲属按照下列规定从工伤保险基金领取丧葬补助金、供养亲属抚恤金和一次性工亡补助金：

（1）丧葬补助金为6个月的本地区上年度职工月平均工资。

（2）供养亲属抚恤金按照职工本人工资的一定比例发给由因工死亡职工生前提供主要生活来源、无劳动能力的亲属。标准为：配偶每月40%，其他亲属每人每月30%，孤寡老人或者孤儿每人每月在上述标准的基础上增加10%。各供养亲属的抚恤金之和不应当高

于因工死亡职工生前的工资。

（3）一次性工亡补助金标准为60个月的本地区上年度职工月平均工资。

职工的供养亲属包括哪些人

供养亲属，是指因工死亡职工生前提供主要生活来源、无劳动能力的亲属。指该职工的配偶、子女、父母、祖父母、外祖父母、孙子女、外孙子女、兄弟姐妹。子女，包括婚生子女、非婚生子女、养子女和有抚养关系的继子女，其中，婚生子女、非婚生子女包括遗腹子女；父母，包括生父母、养父母和有抚养关系的继父母；兄弟姐妹，包括同父母的兄弟姐妹、同父异母或者同母异父的兄弟姐妹、养兄弟姐妹、有抚养关系的继兄弟姐妹。

因工死亡职工供养亲属申请领取抚恤金的条件有哪些

依靠因工死亡职工生前提供主要生活来源，并有下列情形之一的，可按规定申请供养亲属抚恤金：

（1）完全丧失劳动能力的。

（2）工亡职工配偶男年满60周岁、女年满55周岁的。

（3）工亡职工父母男年满60周岁、女年满55周岁的。

（4）工亡职工子女未满18周岁的。

（5）工亡职工父母均已死亡，其祖父、外祖父年满60周岁，祖母、外祖母年满55周岁的。

（6）工亡职工子女已经死亡或完全丧失劳动能力，其孙子女、外孙子女未满18周岁的。

（7）工亡职工父母均已死亡或完全丧失劳动能力，其兄弟姐妹未满18周岁的。

领取抚恤金人员有下列情形之一的，停止享受抚恤金待遇：

（1）年满18周岁且未完全丧失劳动能力的。

（2）就业或参军的。

（3）工亡职工配偶再婚的。

（4）被他人或组织收养的。

（5）死亡的。

（6）领取抚恤金的人员，在被判刑收监执行期间，停止享受抚恤金待遇（刑满释放仍符合领取抚恤金资格的，按规定的标准享受抚恤金）。

工伤员工在医疗期可以到市外医院进行治疗吗

员工因工负伤（患职业病）后，用人单位应将伤者立即送往就近的医疗机构抢救并到约定医院医治。因伤情需要转往市外医院医治的，必须事先向市工伤保险业务经办部门申请，经核准后才能办理转院手续。

在见义勇为、抢险救灾等维护国家利益、公共利益活动中受到伤害的，能否视同为工伤

因见义勇为受伤的，属于法律、行政法规规定应当认定为工伤的情形，应认定为工伤。在抢险救灾等维护国家利益、公共利益活动中受到伤害的，应视同为工伤。

职工因工负伤或者患职业病进行治疗如何就医

《工伤保险条例》第三十条规定，工伤职工因工负伤或者患职业病进行治疗（包括康复性治疗），可以享受工伤医疗待遇，但应当前往签订服务协议的医疗机构就医，情况紧急时可以先到就近的医疗机构急救；工伤职工确需跨统筹地区就医的，须由医疗机构出具证明，并经经办机构同意。据此，工伤职工就医应当注意：

（1）了解本统筹区域内哪些医疗机构是与社会保险经办机构签订服务协议的医疗机构。所谓服务协议，是社会保险经办机构与本统筹区域内的有关医疗机构就工伤患者就诊、诊疗项目、药品、费用给付、争议处理办法等事项进行协商所达成的权利义务协议。由社会保险经办机构与工伤医疗机构签订服务协议，是为加强工伤保险管理、加大医疗费用控制、提高医疗服务质量而确定的一项新的制度。它是社会保险经办机构经办工伤保险事务的一个重要手段，也是有关医疗机构是否具备提供工伤医疗服务资格的重要标志。

（2）到与社会保险经办机构签订服务协议的医疗机构就医。除急诊和急救可以先到就近的医疗机构外，职工在未签订服务协议的医疗机构就医发生的费用不列入工伤保险给付范围。

（3）考虑到工伤保险各统筹地区经济发展和医疗消费水平差异，以及工伤保险管理方面的现实状况，为避免引发矛盾，工伤职工需要跨统筹地区就医的，须由签订服务协议的医疗机构出具证明，并经经办机构同意。工伤职工跨统筹地区就医所发生的费用，可先由工伤职工或所在单位垫付，经社会保险经办机构复核后，按本统筹地区有关规定结算。

工伤职工的医疗待遇是怎样规定的

《工伤保险条例》第三十条规定，工伤职工可以享受以下医疗待遇：

（1）工伤职工到规定的医疗机构治疗工伤（包括康复性治疗）享受工伤医疗待遇。

①治疗工伤所需的挂号费、医疗费、药费、住院费等费用符合工伤保险诊疗项目目录、工伤保险药品目录、工伤保险住院服务标准的，从工伤保险基金中支付。

②工伤职工治疗工伤需要住院的，由所在单位按照因公出差伙食补助标准的70%发给住院伙食补助费；经批准转统筹地区以外就医治疗的，所需交通、食宿费用由所在单位按照本单位职工因公出差标准报销。

③工伤职工需要停止工作接受治疗的，享受停工留薪期待遇，停工留薪期满后，需要继续治疗的，继续享受①、②项工伤医疗待遇。

（2）工伤职工治疗非工伤引发的疾病，不享受工伤医疗待遇，按照基本医疗保险办法处理。

工伤停工留薪期的期限有多长

《工伤保险条例》第三十三条规定，职工因遭受事故伤害或者患职业病需要暂停工作接受治疗的，实行工伤停工留薪期。停工留薪期的时间，由已签订服务协议的治疗工伤的医疗机构提出意见，经劳动能力鉴定委员会确认并通知有关单位和工伤职工。工伤停工留薪期一般不超过12个月。

伤情严重或者情况特殊需要延长期限治疗的，经设区的市级劳动能力鉴定委员会确认，工伤停工留薪期的时间可以适当延长，但最多可再延长12个月。

工伤停工留薪期内，劳动者可以享受哪些待遇

职工在停工留薪期内，除享受工伤医疗待遇外，原工资福利待遇不变，由所在单位发给，生活不能自理需要护理的，由所在单位负责护理。工伤职工评定伤残等级后，停发原待遇，按照《工伤保险条例》第三十五条至第三十八条的规定，享受伤残待遇。也就是说，停工留薪期满时应由劳动鉴定委员会评定伤残等级，按照伤残等级发给伤残待遇。如该职工停工留薪期满后仍需治疗，可以继续享受条例第三十条所规定的工伤医疗待遇。

此外，《工伤保险条例》第三十四条规定，工伤职工已评定伤残等级并经劳动能力鉴定委员会确定需要生活护理的，从工伤保险基金中按月支付生活护理费。

工伤停工留薪期内，劳动者可以享受哪些生活护理费

生活护理费按照生活不能自理、生活大部分不能自理和生活部分不能自理3个不同等级支付，其标准分别为统筹地区上年度职工月平均工资的50%、40%或者30%。

职工因工伤或者职业病致残后，通常是在被劳动能力鉴定委员会鉴定为三级以上伤残，同时具备护理依赖条件的，才能享受护理费，被鉴定为四级以下伤残即四级、五级、六级、七级、八级、九级、十级伤残的，生活通常能自理，就不享受护理费。但是如果伤残程度发生变化，劳动能力鉴定委员会重新作出了伤残评定，例如原来被评为五级伤残，

现在伤残程度加重了被重新评定为伤残二级，那么劳动能力鉴定委员会就应当及时调整伤残等级，并确定是否存在生活护理障碍以及障碍的等级。

职工工伤死亡，其直系亲属可以享受丧葬补助金吗

《工伤保险条例》第三十九条规定，职工因工死亡，其直系亲属可以从工伤保险基金中领取丧葬补助金，标准为6个月的统筹地区上年度职工月平均工资。

直系亲属，包括直系血亲和直系姻亲。直系血亲是指有直接血缘联系的亲属，是指己身所出或从己身所出的上下各代亲属，包括父母、祖父母、外祖父母、曾祖父母、曾外祖父母等长辈和子女、孙子女、外孙子女等晚辈。直系姻亲是指与自己的直系血亲有婚姻关系的亲属，包括直系血亲的配偶和配偶的直系血亲，如公婆、岳父母、儿媳、女婿等。

职工工伤死亡，其供养亲属可以领取抚恤金吗

《工伤保险条例》第三十九条规定，职工因工死亡，其供养亲属可以从工伤保险基金中领取抚恤金。供养亲属抚恤金按照职工本人工资的一定比例发给由因工死亡职工生前提供主要生活来源、无劳动能力的亲属。标准为：配偶每月40%，其他亲属每人每月30%，孤寡老人或者孤儿每人每月在上述标准的基础上增加10%。核定的各供养亲属的抚恤金之和不应高于因工死亡职工生前的工资。

所谓供养亲属，是指因工死亡职工生前提供主要生活来源、无劳动能力的亲属。亲属是比直系亲属范围更大的概念，包括血亲也包括姻亲，既包括直系亲属也包括旁系亲属，既包括生理血亲也包括拟制血亲（如继父母与继子女、养父母与养子女）。这些亲属中谁有资格享受抚恤金，通过是否有无劳动能力且主要依靠工伤职工生前抚养来确定。供养亲属的具体范围由国务院劳动保障行政部门规定。

供养亲属抚恤金按照抚养亲属的人数和一定比例发放。该项待遇为长期待遇，供养亲属具备或恢复劳动能力、完全无劳动能力的抚养亲属死亡时，供养亲属抚恤金停止发放。供养亲属抚恤金标准由统筹地区劳动保障行政部门根据本地区职工平均工资和生活费用变化等情况适时调整。

关于一次性工亡补助金是法律怎么规定的

《工伤保险条例》规定，职工因工死亡，其直系亲属可以从工伤保险基金中领取一次性工亡补助金。一次性工亡补助金的标准为48—60个月的统筹地区上年度职工月平均工资。具体标准由统筹地区根据当地经济、社会发展状况规定，报省、自治区、直辖市人民政府备案。

当因工死亡的工伤职工有数个直系亲属时，由该数个直系亲属共同领取一次性工亡补助金。数个直系亲属可以协议分割一次性工亡补助金，达不成协议的，应当按照权利义务相对应的原则进行分配。工伤职工生前，对其尽了较多照顾义务的直系亲属，如长期与其共同生活的人，以及缺乏劳动能力又没有生活来源的直系亲属，如孤寡老人和孤儿等，应当予以照顾。

如何申请是否旧伤复发的鉴定

1．申请条件

原伤口或原工伤部位的伤势再度出现或出现新的炎症或其它病变。

2．申报材料

原鉴定结论书原件及复印件、申请人和被鉴定人身份证原件及复印件、原始病历资料复印件（由社保管理站盖章确认）、鉴定申请书、社保管理站介绍信、被鉴定人3张一寸近期免冠照片。

3．办理程序

（1）申请人填写《劳动能力鉴定申请书》，经审核符合申请条件者领取《劳动能力鉴定通知书》。

（2）按《鉴定通知书》上指定的时间和地点，带齐相关资料进行鉴定并领取回执。

（3）申请人凭回执和身份证原件及复印件在规定的时间、地点领取鉴定结论。

工作中因个人身体原因突发疾病是否属于工伤

员工突发疾病经医院鉴定为其个人身体原则造成，并不属于职业病的范围，也不符合《工伤保险条例》中认定工伤的情形，因此，不能认定为工伤。单位可以不给予其工伤待遇。

未签订劳动合同的员工因工死亡能否要求经济补偿

虽劳动者未与用人单位签订劳动合同，但已形成事实上的劳动关系，劳动者的家属可向用人单位要求经济补偿。

在工作期间因工受伤，受害人能否同时主张工伤赔偿和人身损害赔偿

工伤赔偿和人身伤害赔偿是两种不同性质的赔偿，可以同时获得。根据有关规定，因

用人单位以外的第三人侵权造成劳动者人身损害的，构成工伤的，劳动者享有工伤保险赔偿请求权。因第三人侵权享有人身损害赔偿请求权。

二者虽然基于同一损害事实，但存在于两个不同的法律关系中，互不排斥。因此，获得人身赔偿后，还能主张工伤赔偿。

在工伤期间又遇医疗事故，员工可否同时请求工伤、医疗事故赔偿

员工因工作遭受事故伤害患职业病进行治疗，享受工伤医疗待遇。发生医疗事故时，医疗机构应当依法作出赔偿。员工在工伤期间又遇医疗事故，而工伤赔偿与医疗事故赔偿是两种不同性质的法律责任。因此可同时请求工伤、医疗事故赔偿。

职工在工作中因违章作业所受的伤是否属于工伤

根据《工伤保险条例》的规定，只要该职工是在工作时间和工作场所内，因工作原因受到的损伤，则属于工伤。只要其没有因犯罪或者违反治安管理伤亡的、醉酒导致伤亡的、自残或者自杀的情形的，工伤保险机构就应给以全额保险待遇。虽属违章，自己有过错，但这并不影响对工伤的认定，因此依法享有工伤保险待遇。

工伤职工因单位拖延时间治疗而导致死亡，死者家属应如何维权

首先，死者家属应先去诊疗的医院里调取病历，搞清楚造成死亡的主要原因是什么，如查清死者的死亡确实是由于不可救治而导致的，就赔偿问题可以按照《工伤保险条例》追诉下去；如查清死者是因为单位有关人员刻意拖延、中断治疗而导致的，则可要求公安按刑事程序介入，也可要求相应的民事赔偿。另一方面，如果由于单位有关人员的拖延、阻挠，使得医院在没有经过其家属的同意之下，就让其离开医院，医院也应承担相应的责任。

原劳动合同到期，工伤者能否要求续签劳动合同

依据《中华人民共和国劳动法》、《中华人民共和国劳动合同法》的有关规定，是否续签劳动合同，须由劳动者与用人单位协商确定。法律、法规并没有规定因工负伤就必须继续和劳动者签订合同。因此，劳动者因公负伤的，用人单位没有续签劳动合同的义务，但在劳动关系存续期间，用人单位一般不能解除劳动合同。

因公司拖欠行为，员工上班期间受到公司债权人的殴打致伤，是否属于工伤

根据《工伤保险条例》、《最高人民法院关于审理人身损害赔偿案件适用法律若干问题的解释》的有关规定，员工在工作时间和工作场合接待公司客户而受到人身损害依法属于工伤。员工可以要求公司承担民事责任；在其要求公司承担民事责任后，可以请求该客户承担赔偿责任。

公司被兼并后，新公司不承认原公司员工的工伤待遇，员工如何维权

工伤员工可以按照企业兼并时所签订的合同办理。根据《公司法》的有关规定，公司合并时，合并各方的债权、债务，应当由合并后存续的公司或者新设的公司承继。一般情况下，兼并时两家企业签订的《企业注销保结书》上面应明确写有被兼并企业应纳税金、银行信贷资金、有关债权债务、企业剩余财产、其他事项，注销后如有未了结事宜由新单位负责处理合同事项。工伤劳动者可以按照《企业注销保结书》有关内容起诉新公司。

因工伤不能工作期间，工资及福利待遇应如何计算

根据《工伤保险条例》的规定，职工因工作遭受事故伤害或患职业病需要暂停工作接受工伤医疗的，在停工留薪期内，原工资福利待遇不变，由所在单位按月支付。

农民工受雇在建筑工地上施工，受伤出院后发现后遗症能否要求赔偿

《最高人民法院关于贯彻执行〈中华人民共和国民法通则〉若干问题的意见（试行）》，人身损害赔偿的诉讼时效期间，伤害明显的，从受害之日起算；伤害当时未曾发现的，后经检查确诊并能证明是由侵害引起的，从伤势确诊之日起算。因此，出院发现后遗症依法可以提起诉讼要求赔偿。

雇工在工作中受到人身伤害可以要求雇主承担哪些赔偿责任

根据《工伤保险条例》、《最高人民法院关于审理人身损害赔偿案件适用法律若干问题的解释》等的规定，雇工在工作中受到人身伤害可以要求雇主承担医疗费、误工费、护理费、交通费、住宿费、住院伙食补助费、营养费。如果构成残疾，还可以获得残疾赔偿金。

转包人所雇工人因工致伤，总承包人是否应承担责任

依据《工伤保险条例》、《最高人民法院关于审理人身损害赔偿案件适用法律若干问题的解释》的有关规定，转包人与雇工之间形成的是雇佣劳动关系，雇工在施工中所受的损害应由转包人负责。但如果总承包人知道或者应当知道转包人没有相应资质或者安全生产条件的，应与转包人承担连带赔偿责任。如出于照顾和保护雇工合法权益的角度出发，总承包人应对事故现场及出事原因进行调查，收集保存相关证据，以便在诉讼中或其他裁决中支持雇工的主张。

因工外出期间突发疾病，丧失劳动能力是否属于工伤

根据《工伤保险条例》的规定，在工作时间和工作岗位，突发疾病死亡或者在48小时内抢救无效死亡的，视同工伤。因工外出期间应看作是工作期间，此期间突发疾病应属于工伤。

工伤事故损害赔偿包括哪些项目？计算标准和方法如何确定

这里所谓工伤事故损害赔偿，是指《工伤保险条例》第六十二条规定的用人单位不参加工伤保险，在职工发生工伤事故时应当向工伤职工承担的损害赔偿责任。工伤保险待遇项目包括工资福利待遇、治疗工伤的医疗费、治疗工伤期间的伙食补助费、交通费、住宿费、护理费、安装假肢、矫形器、假眼、假牙和配置轮椅等辅助器具的费用、构成伤残的一次性伤残补助金、伤残津贴、一次性工伤医疗补助金、伤残就业补助金、因工死亡的丧葬补助金、供养亲属抚恤金和一次性工亡补助金。

计算标准和方法依照《工伤保险条例》第三十条至第三十九条的规定处理。

雇主未领取营业执照而雇用工人，发生伤亡事故，是属于工伤还是属于一般的人身损害，是适用劳动法、社保条例确定赔偿标准还是适用其他损害赔偿方面的法律法规处理

《工伤保险条例》第六十五条规定："公务员和参照公务员法管理的事业单位、社会团体的工作人员因工作遭受事故伤害或者患职业病的，由所在单位支付费用"。第六十六条规定："无营业执照或者未经依法登记、备案的单位以及被依法吊销营业执照或者撤销登记、备案的单位的职工受到事故伤害或者患职业病的，由该单位向伤残职工或者死亡职工的直系亲属给予一次性赔偿，赔偿标准不得低于本条例规定的工伤保险待遇；用人单位不得使用童工，用人单位使用童工造成童工伤残、死亡的，由该单位向童工或者童工的直系亲属给予一次性赔偿，赔偿标准不得低于本条例规定的工伤保险待遇。具体办法由国务

院劳动保障行政部门规定。前款规定的伤残职工或者死亡职工的直系亲属就赔偿数额与单位发生争议的，以及前款规定的童工或者童工的直系亲属就赔偿数额与单位发生争议的，按照处理劳动争议的有关规定处理。”因此，雇主未领取营业执照而雇用工人，发生伤亡事故的，属于工伤，适用劳动法、《工伤保险条例》和国务院劳动保障行政部门的相关规定处理。

工伤职工可否对工伤赔偿协议反悔

依照《中华人民共和国民事诉讼法》第一百零八条的规定：“起诉必须符合下列条件：（一）原告是与本案有直接利害关系的公民、法人和其他组织；（二）有明确的被告；（三）有具体的诉讼请求和事实、理由；（四）属于人民法院受理民事诉讼的范围和受诉人民法院管辖”。工伤者在与用人单位签订工伤赔偿协议并经用人单位履行完毕后，又以赔偿低于法定标准为由反悔的，应当先提起劳动争议仲裁，对仲裁裁决不服的，可以向人民法院提起民事诉讼。伤者的起诉符合《中华人民共和国民事诉讼法》上述规定的，人民法院应予受理。人民法院在审理这类争议时不能以赔偿标准低于法定标准为由认定协议无效。如果当事人以重大误解或显失公平为诉讼理由，请求变更或撤销协议的，可视情况作出处理。如果赔偿金额相差不大，或者在协商时明知赔偿标准仍接受的，一般不予支持。如确对工伤赔偿标准不了解，实际所获赔偿又明显低于法定标准的，可以变更或撤销赔偿协议。

在什么情况下，工伤职工不能继续享受工伤保险待遇

《工伤保险条例》第四十二条规定，工伤职工有下列情形之一的，停止享受工伤保险待遇：

1．丧失享受待遇条件

工伤保险制度保护的对象是特定人群—工伤职工，旨在保障工伤职工遭受意外伤害或者职业病丧失或者部分丧失劳动能力时的医疗救治和经济补偿。如果工伤职工在享受工伤保险待遇期间情况发生了变化，不再具备享受工伤保险待遇的条件，如劳动能力得以完全恢复而无需工伤保险制度提供保障时，就应当停发工伤保险待遇。

2．拒不接受劳动能力鉴定

劳动能力不同程度的丧失，使劳动者可能因此不能从事原本适合的正常职业，甚至造成不能再从事任何工作的结果，但也有可能恢复劳动能力继续从事适合他的职业或工作。而这一切都必须通过劳动能力鉴定活动来确定。劳动能力鉴定结论是确定不同程度的补偿、合理调换工作岗位和恢复工作等的科学依据。如果工伤职工没有正当理由，拒不接受

劳动能力鉴定，一方面工伤保险待遇无法确定，另一方面也表明这些工伤职工并不愿意接受工伤保险制度提供的帮助，鉴于此，就不应再享受工伤保险待遇。

3．拒绝治疗

提供医疗救治，帮助工伤职工恢复劳动能力、重返社会，是工伤保险制度的重要目的之一。因而，职工遭受工伤事故或患职业病后，有享受工伤医疗待遇的权利，也有积极配合医疗救治的义务。如果无正当理由拒绝治疗，有悖于《工伤保险条例》关于促进职业康复的宗旨。规定拒绝治疗的不得再继续享受工伤保险待遇，就是为了促使工伤职工积极医治，尽可能地恢复劳动能力，提高自己的生活质量，而不是一味地消极依靠社会救助。

对劳动部门不作出工伤认定或者认定不是工伤的，人民法院能否直接作出工伤事故的认定

《工伤保险条例》就工伤的认定条件、认定部门和认定程序等做了明确规定。该条例第十七条规定："职工发生事故伤害或者按照职业病防治法规定被诊断、鉴定为职业病，所在单位应当自事故伤害发生之日或者被诊断、鉴定为职业病之日起30日内，向统筹地区社会保险行政部门提出工伤认定申请。遇有特殊情况，经报社会保险行政部门同意，申请时限可以适当延长。用人单位未按前款规定提出工伤认定申请的，工伤职工或者其直系亲属、工会组织在事故伤害发生之日或者被诊断、鉴定为职业病之日起1年内，可以直接向用人单位所在地统筹地区社会保险行政部门提出工伤认定申请。按照本条第一款规定应当由省级社会保险行政部门进行工伤认定的事项，根据属地原则由用人单位所在地的设区的市级社会保险行政部门办理。用人单位未在本条第一款规定的时限内提交工伤认定申请，在此期间发生符合本条例规定的工伤待遇等有关费用由该用人单位负担"。根据该条规定，社会保险行政部门是法定的工伤认定部门，不作出是否属于工伤的认定，或者作出不是工伤的认定的，人民法院在审理劳动者或用人单位提起的工伤损害赔偿纠纷案件时，可以根据查明的事实直接作出工伤事故的认定。

工伤认定中用人单位不认为是工伤，职工认为是工伤，由谁承担举证责任

职工或者其直系亲属认为是工伤，用人单位不认为是工伤的，由用人单位承担举证责任。

出差被车撞算工伤吗

出差被车撞算工伤，因为事故是因工作的原因引起的。

工伤职工已经确定伤残等级后，与用人单位之间的劳动关系如何处理

职工遭受工伤伤残后，肯定会对其劳动能力构成障碍，其重新寻找工作会遇到麻烦。因而，如何处理用人单位与工伤伤残职工之间的劳动关系，成为维护工伤职工合法权益、保持社会稳定的一个重要问题。为最大限度地保护工伤职工的权益，《工伤保险条例》区分伤残对工伤职工就业、生活造成的不同程度的影响，分别作出以下规定：

（1）对于被鉴定为一级至四级伤残的工伤职工，用人单位应当与其保留劳动关系。也就是讲，用人单位不得与这些职工终止劳动关系，除非这些职工死亡或者已经办理退休手续，或者存在劳动法第二十五条规定的情形，即：在试用期间被证明不符合录用条件；严重违反劳动纪律或者用人单位规章制度；严重失职，营私舞弊，对用人单位利益造成重大损害；被依法追究刑事责任。在保留劳动关系期间，由于工伤职工已完全丧失劳动能力，双方签订的劳动合同应当中止，但用人单位应当履行法定义务，如以工伤职工享受的伤残津贴为基数为工伤职工缴纳基本医疗保险等社会保险费用。

（2）对于被鉴定为五级、六级伤残的工伤职工，用人单位应当与其保留劳动关系，而不能终止或者解除劳动关系。在保留劳动关系期间，由于这些工伤职工并未完全丧失劳动能力，用人单位可为其安排适当工作并发给相应的工资报酬。难以安排工作的，用人单位应按规定按月发给伤残津贴、并为其缴纳基本养老保险、基本医疗保险等各项社会保险费用。

工伤职工本人终止或者解除劳动关系的权利不受限制。经工伤职工本人提出，可以与用人单位解除或者终止劳动关系，但是用人单位应当向其支付一次性工伤医疗补助金和伤残就业补助金。实行这些补助，是为了使工伤职仁在找到新的工作以前，基本生活开支有必要的保障，并有经济能力医治疾病。工伤医疗补助金和伤残就业补助金的具体标准由省、自治区、直辖市人民政府规定。

（3）对于被鉴定为七级至十级的工伤职工，在劳动合同期满前，除非工伤职工具有劳动法第二十五条规定的情形，用人单位不得单方与其解除劳动关系。鉴于七级至一十级伤残的工伤职工仍具有大部分劳动能力，可以通过劳动自食其力，用人单位应当与其继续履行原劳动合同或者视客观情况依法与其变更劳动合同的部分内容，并按照劳动合同的规定支付相应的工资报酬。劳动合同期满或者工伤职工本人提出解除劳动合同的，用人单位应当向其支付一次性医疗补助金和伤残补助金，这些待遇是正常职工享受不到的

工伤职工工伤复发确需治疗的，享受哪些工伤保险待遇

工伤职工工伤复发，是指职工因工伤事故或患职业病，经过医疗机构采取必要的诊断治疗，包括病情检查、确诊、药物治疗、手术治疗等医疗措施，病情痊愈，终结医疗后，

终止停工留薪期，在劳动能力鉴定过程中或者鉴定结论作出以后，原有病情不同程度地重新复发。《工伤保险条例》第三十八条规定，工伤职工工伤复发，确认需要治疗的，可以享受第三十条、第三十二条和第三十三条规定的工伤待遇。即需要诊断治疗的，按照第三十条的规定享受工伤医疗待遇；需要暂停工作接受工伤医疗的，享受停工留薪期待遇；需要配置辅助器具的，按照规定配置，所需费用按照国家规定标准从工伤保险基金中支付。

职工被借调期间受到工伤事故伤害的，工伤保险责任由谁承担

《工伤保险条例》第四十三条第三款规定：职工被借调期间受到工伤事故伤害的，由原用人单位承担工伤保险责任，但原用人单位与借调单位可以约定补偿办法。

1996年原劳动部发布的《企业职工工伤保险试行办法》（劳部发[1996]266号）曾对这个问题作出规定，职工被借调期间发生工伤事故的，由借调单位承担工伤保险责任。《工伤保险条例之所以作出修改，是基于以下考虑：一、被借调职工的劳动关系在原用人单位，原用人单位自然应当承担缴纳工伤保险费等工伤保险责任；二、被借调职工的工资、履历等与工伤保险有关的档案资料，一般由原用人单位保管，并不在借调单位之间转移，借调单位对被借调职工的有关情况并不清楚，现实中，就曾发生借调单位以被借调职工不是本单位职工为由拒绝承担工伤保险责任。双方发生争议时，不利于当事人提供证据，不利于对纠纷的调查取证和及时处理。为了更好地保障劳动者的工伤保险权益，在总结实践经验的基础上，条例规定由原用人单位对被借调职工承担工伤保险责任。同时，为公平起见，原用人单位可以在借调前或事后与借人单位就被借调职工的工伤保险问题约定达成协议，当原用人单位承担被借调职工的工伤保险责任后，可以按照协议要求借调单位给予补偿。

劳务派遣工伤由谁承担责任

《中华人民共和国劳动合同法》第五十八条规定：“劳务派遣单位是本法所称用人单位，应当履行用人单位对劳动者的义务。劳务派遣单位与被派遣劳动者订立的劳动合同，除应当载明本法第十七条规定的事项外，还应当载明被派遣劳动者的用工单位以及派遣期限、工作岗位等情况。”

根据这一规定可以知道，劳务派遣单位是被派遣劳动者的用人单位，应当履行用人单位对劳动者的义务。劳务派遣公司作为被派遣劳动者的用人单位，是按照劳动合同约定或者经与劳动者协商一致派遣到其他企业工作的，在被派遣劳动者产生工伤时，劳务派遣公司应该承担工伤保险责任，同时实际用人单位也应承担连带责任。

2008年1月1日起施行的《中华人民共和国劳动合同法》（2012年12月28日修订）在

第五章第二节专门用了十一个条文对劳务派遣的性质、劳务派遣单位及用工单位的义务等作了明确的规定，此外，该法在第九十二条还规定，劳务派遣单位违反本法规定的，给被派遣劳动者造成损害的，劳务派遣单位与用工单位承担连带赔偿责任。根据对即将实施的劳动合同法相关条文的理解，用工单位（实际用人单位）虽然与受派遣的劳动者没有建立劳动关系，但该劳动者在用工单位从事劳动，受用工单位的指挥和管理，用工单位对该劳动者负有安全生产保障义务，涉及劳动者工伤赔偿待遇的诉讼，应当追加用工单位作为共同被告，与劳务派遣单位承担连带赔偿责任。

工伤纠纷的解决途径有哪些

工伤纠纷的解决途径主要有和解、调解、仲裁和诉讼。不管采用哪种方式解决，都不应盲目去做，如果自己不明白，可以咨询或聘请专业律师，以便更好地保护自己的合法权益。

对工伤认定不服如何寻求救济

我国现行法律、行政法规有如下规定：申请工伤认定的职工或者直系亲属、该职工所在单位对工伤认定结论不服的，应该首先申请行政复议，对行政复议决定不服的，再依法提起行政诉讼；当事人对不予受理决定不服的，要依法申请行政复议或者提起行政诉讼。也就是说，对当事人对工伤认定结论不服的情况，行政复议是必经的前置程序，而当事人对不予受理决定不服的，行政复议不是必经的前置程序，当事人可以在行政复议和行政诉讼中加以选择。

提前上班出事故属工伤吗

按照工伤保险条例规定，在上下班途中，受到非本人主要责任的交通事故或者城市轨道交通、客运轮渡、火车事故伤害的，应当认定为工伤。所以，员工虽然是提前上班，但仍是在上下班途中，因此而受到的伤害应当认定为工伤，其所在单位应通过工伤保险予以处理。

岗前培训受伤害可以认定为工伤吗

根据劳动法相关规定，劳动者享有接受职业技能培训的权利。用人单位应当依法保障劳动者的该项权利得以实现。劳动合同法也规定，用人单位自用工之日起即与劳动者建立了劳动关系。岗前培训是劳动者的权利，也是用人单位的义务。岗前培训属于实际用工，劳动关系同时建立。因此，在岗前培训中如果受伤的话，用人单位应为员工的受伤承担工伤赔偿责任。

没有签订劳动合同，怎么申请工伤认定

如果劳动者与用人单位没有签订劳动合同，则首先需要确认劳动关系。一般来说，以下资料都有利于确认劳动关系：工资单、工作服、工作证、餐牌、出入证、员工手册、培训资料、工友证明（除书面以外，还需要当庭证明）等其他与公司相关的资料。所以，劳动者最好先把这些资料都保存好。然后，再确定由哪级劳动争议仲裁部门进行受理。你可以先去工商局查询所在单位的工商注册资料，确定其在哪级工商部门进行的登记，再去相应的市、区（县）的劳动争议仲裁部门进行咨询、申请。

《工伤保险条例》什么时间开始施行

《工伤保险条例》于2003年4月16日经国务院第五次常务会议讨论通过，2010年12月20日作了最新修订，自2011年1月1日执行。

《工伤保险条例》的覆盖范围是什么

《工伤保险条例》的覆盖范围是中华人民共和国境内的各类企业、有雇工的个体工商户，应当为本单位职工或者雇工缴纳工伤保险费。

职工个人缴纳不缴纳工伤保险费

职工个人不缴纳工伤保险费。

用人单位缴纳工伤保险费的标准是什么

用人单位缴纳工伤保险费的数额为本单位职工工资总额乘以单位缴费费率之积。

用人单位职工发生伤害事故，何时提出工伤认定申请？向何部门提出

用人单位的职工发生伤害事故或者患职业病，单位应当在30日之内向统筹地区的劳动保障行政部门提出认定申请。

个人或者其亲属是否可以提出工伤认定申请

职工个人发生伤害事故或者患职业病，个人或者其直系亲属可以向劳动保障行政部门提出工伤认定申请。

个人或者其亲属提出工伤认定申请是否有时间要求

个人或者其直系亲属提出工伤认定申请，应在事故发生之日或者被诊断鉴定为职业病之日起1年内提出。超过1年的时限，劳动保障行政部门就可以不予受理其提出的工伤认定申请。

职工受到事故伤害，谁承担举证责任

职工或者其直系亲属认为是工伤，而用人单位不认为是工伤的，由用人单位承担举证责任。

劳动保障行政部门受理职工工伤认定申请后，什么时间作出认定的决定

劳动保障行政部门应当自受理工伤认定申请之日起60日内作出工伤认定的决定。

工伤职工何时进行劳动能力鉴定

工伤职工发生工伤后，经治疗伤情相对稳定后进行劳动能力鉴定，评定伤残等级。

工伤职工应在哪里就医

工伤职工应当在签订服务协议的医疗机构就医，情况紧急可以先到就近的医疗机构急救。

工伤职工治疗非工伤引发的疾病，应享受什么待遇

工伤职工治疗非工伤引发的疾病，不享受工伤医疗待遇，应享受基本医疗保险待遇。

工伤职工因生活、工作需要可以配置辅助康复器具吗

工伤职工因生活工作需要，经劳动能力鉴定委员会确认，可以安装假肢、矫形器、假眼、假牙和配置轮椅等辅助器具。

工伤职工与用人单位发生工伤待遇方面的争议如何处理

工伤职工与用人单位发生工伤待遇方面的争议，可以按照劳动争议的有关规定处理。

工伤职工如对劳动保障行政部门作出工伤认定结论不服的应如何对待

工伤职工或者其直系亲属对劳动保障行政部门作出的工伤认定结论不服的，可以依法申请行政复议；对行政复议决定不服的，可以依法提起行政诉讼。

用人单位瞒报工资总额或者职工人数的如何处罚

用人单位瞒报工资总额或者职工人数的，由劳动保障行政部门责令改正，并处瞒报工资总额1倍以上3倍以下的罚款。

用人单位未按《工伤保险条例》规定参加工伤保险，如何处理

应由劳动保障行政部门责令改正，未参加工伤保险期间用人单位职工发生工伤的，由该用人单位按照《工伤保险条例》规定的工伤保险待遇项目和标准支付费用。

无营业执照或者未经依法登记、备案的单位以及被依法吊销营业执照或者撤销登记、备案的单位的职工受到事故伤害或者患职业病的，如何处理

对此，劳动保障行政部门不予受理工伤认定的申请，应由用人单位向伤残职工或者死亡职工的直系亲属给予一次性赔偿，赔偿的标准不得低于《工伤保险条例》规定的工伤保险待遇。

用人单位使用童工造成伤害的如何处理

用人单位不得使用童工。如造成伤害，应由用人单位向童工或者童工的直系亲属给予一次性赔偿，赔偿标准不得低于《工伤保险条例》规定的工伤保险待遇。

《工伤保险条例》规定工伤职工与用人单位解除或者终止劳动合同时，可以享受哪些工伤保险待遇

职工因工致残被鉴定为七级至十级伤残的，劳动合同期满终止，或者职工本人提出解除劳动合同的，由用人单位支付一次性工伤医疗补助金和伤残就业补助金。

供养亲属是多人的如何领取供养亲属抚恤金

供养亲属抚恤金按照职工本人工资的一定比例发给由因工死亡职工生前提供主要生活来源、无劳动能力的亲属。标准：配偶每月40%，其他亲属每人每月30%，孤寡老人或者孤儿每人每月在上述标准的基础上增加10%。核定的各供养亲属的抚恤金之和不应高于因工死亡职工生前的工资。职工本人工资低于本市职工社会平均工资60%的，以本市职工社会平均工资的60%作为计算供养亲属抚恤金的基数。

供养亲属享受的条件是什么

工伤职工因工死亡时其供养亲属应符合《因工死亡职工供养亲属范围规定》（劳动和社会保障部[2003]18号令）规定的条件。

工伤职工已经过劳动能力鉴定，评定过伤残等级，个人认为伤情发展如何处理

工伤职工认为伤残情况发生变化的，可以从上一次劳动能力鉴定结论作出之日1年后，向区、县劳动能力鉴定机构申请劳动能力复查鉴定。单位不为职工办理申请的，工伤职工可以个人提出申请。

职工因工伤残被鉴定为七至十级的，企业是否能终止劳动合同

职工因工伤残被鉴定为七至十级的，工伤职工劳动合同期满，企业可以与职工终止劳动关系，并支付一次性工伤医疗和伤残就业补助金。

企业破产职工工伤待遇如何处理

按照《北京市实施〈工伤保险条例〉办法》（市政府令140号）第三十六条规定，用人单位依法破产、解散的，伤残达到五级至十级的工伤职工，由用人单位向职工支付一次性工伤医疗补助金和伤残就业补助金，收回《工伤证》，到社保经办机构办理工伤职工的工伤保险关系终止手续。

企业破产，工伤职工留守结束的，核发一次性工伤医疗补助金和伤残就业补助金，计发基数应该是以结束留守工作时的本市上一年度职工月平均工资。

职工个人申请认定时，劳动关系未确定如何办理

职工个人申请认定工伤，单位应承担举证责任。如果劳动关系未确定的，应先到劳动

仲裁部门进行仲裁确定劳动关系后再进行工伤认定。

交通事故逃逸的如何办理工伤认定手续

交通事故逃逸的，企业或个人可以先向区、县劳动保障行政部门申请认定工伤。

已领取了一次性工伤医疗补助金和伤残就业补助金的人员，旧伤复发能否申请劳动能力复查鉴定

已领取了一次性工伤医疗补助金和伤残就业补助金的人员，已经终止了工伤保险关系。旧伤复发不能向劳动能力鉴定机构申请劳动能力复查鉴定。

复转军人因战、因工负伤致残，在用人单位旧伤复发怎么办

各用人单位的复转军人何时旧伤复发，何时持革命伤残军人证和医院的诊断证明，到区县劳动保障行政部门办理工伤认定手续，按照《工伤保险条例》的相关规定享受工伤保险待遇。

第五章　女职工权益保护

保护女工权益的法律法规有哪些

目前我国有关女性劳动保障维权的法律法规有很多，主要有以下几种：

对妇女权益进行保障的法律法规有《中华人民共和国妇女权益保护法》、《女职工劳动保护规定》、《女职工保健工作规定》、《婚姻保健工作常规》《妇幼卫生工作条例》、《关于印发中国妇女发展纲要目标职责分解书实施计划的通知》、《劳动部关于女职工禁忌劳动范围的规定》等法规及相关规定对妇女权益保护的一些具体问题作了规定。

另外，《中华人民共和国劳动法》《中华人民共和国劳动保险条例》《中华人民共和国劳动改造条例》《国务院关于女工作人员生产假期的通知》等中的部分内容也明确规定了对妇女的具体权益进行保护。

劳动法规对妇女在就业方面有哪些保护措施

凡适合妇女从事劳动的单位，不得拒绝招收女职工，各单位在安排女职工工作岗位时，不得以任何方式加以歧视和限制。在女职工妊娠期、产期和哺乳期间，用人单位不得降低其基本工资；不得以女职工妊娠、生育和哺乳为由，解除其劳动合同。

劳动法规对女职工在工种和工作岗位方面有哪些保护措施

我国法律明确规定禁止安排女职工从事以下四类工作：

（1）矿山井下、人工锻打、人工装卸、冷藏、强烈振动的工作。

（2）《体力劳动强度分级》（GB68386983）中规定的第四级体力劳动强度的劳动。

（3）建筑业脚手架的组装和拆除作业，以及电力、电信行业的高处架线作业。

（4）连续负重（每小时负重6次以上）每次超过20千克，间断负重超过25千克的工作。对处于经期、孕期、哺乳期、更年期的女职工给予照顾。例如：对行经期间的女职工不得安排从事高处、低温、冷水作业和第三级体力劳动强度的劳动，还可给予公假1天；不得安排怀孕女职工和哺乳期女职工从事第三级体力劳动强度的劳动。

劳动法规对女职工在怀孕期间有哪些保护措施

怀孕女职工按医疗保健机构约定的时间进行产前检查，如果恰逢工作时间，则该时间应算女职工正常出勤。对怀孕7个月以上的女职工不得安排其延长工作时间或夜班劳动，并应给予每天工间休息一小时。如工作许可，经本人申请，单位批准，可请产前假两个半月。

劳动法规对女职工在哺乳期间有哪些保护措施

哺乳期指女职工生产后，对未满1周岁的婴儿进行哺乳的期间。这期间是法定给予女职工进行哺乳的时间，不以女职工是否以母乳给婴儿哺乳而有所异同。国家对女职工在哺乳期的特殊劳动保护做了明确规定：

劳动法规定：不得安排女职工在哺乳未满1周岁的婴儿期间从事国家规定的第三级体力劳动强度的劳动和哺乳期禁忌从事的其他劳动，不得安排其延长工作时间和夜班劳动。

劳动法规对女职工在生育期间有哪些保护措施

女职工生育可享受不少于90天的产假。难产者，增加产假15天；多胞胎生育者，每多生育一个婴儿，增加产假15天。符合晚育年龄的夫妻（女满24周岁的初育为晚育），女方增加产假15天，男方给假期3天。妊娠3个月以内自然流产，产假30天；妊娠3个月以上，7个月以内自然流产，产假45天。女职工生育还可享受生育医疗费补贴和生育生活津贴。

女职工月经期间禁止从事哪些劳动

月经期是女性的一种周期性生理现象，处于经期的妇女，正常的生理机能和肌体活动能力出现变化，自身正常的免疫力下降，容易受到外界的不良影响，而且这种影响有终身性，可能对以后的健康造成极大的伤害。因此，劳动法明确规定，不得安排女职工在经期从事高处、低温、冷水作业和国家规定的第三级体力劳动强度的劳动。“高处作业”是指二级高处作业，即凡在坠落的高度基准面5米以上（含5米）有可能坠落的高处进行的作业。“低温作业”是指在劳动生产过程中，其工作地点平均气温等于或低于5℃的作业，“冷水作业”是指在劳动生产过程中，操作人员接触冷水温度等于或小于12℃的作业。

另外，《女职工禁忌劳动范围的规定》对女职工在月经期间禁忌从事的劳动范围作出了更加细化的规定：食品冻库内及冷水等低温作业；《体力劳动强度分级》标准中第三级体力劳动强度的作业；《高处作业分级》标准中第二级（含二级）以上的作业。

怀孕女职工禁止从事哪些范围的工作

在职业危害方面，对女工的保护比男职工有更严格的规定。因为女职工受到伤害更大，而且女职工承担着产育下一代的任务。劳动法对孕期的女职工给予了较为周到的保护：不得安排女职工在怀孕期间从事国家规定的第三级体力劳动强度的劳动和孕期禁忌从事的劳动。对怀孕七个月以上的女职工，不得安排其延长工作时间和夜班劳动。不得在正常劳动日以外延长劳动时间；不能胜任原劳动的，应当根据医务部门的证明，予以减轻劳动量或者安排其他劳动。在劳动时间内应当安排一定的休息时间。怀孕的女职工，在劳动时间内进行产前检查，应当算作劳动时间。

在《女职工禁忌劳动范围的规定》中对此作了更为详细的规定。

已婚待孕的女职工不宜从事的劳动有哪些

已婚待孕的女职工禁忌从事的劳动范围有：铅、汞、苯、镉等作业场所属于《有毒作业分级》标准中第三级、第四级的作业。

怀孕女职工可以拒绝从事的劳动有哪些

怀孕女职工禁忌从事的劳动范围有：

（1）作业场所空气中铅及其化合、汞及其化合物、苯、镉、铍、砷、氰化物、氮氧化物、一氧化碳、二硫化碳、氯、己内酰胺、氯丁二烯、氯乙烯、环氧乙烷、苯胺、甲醛等有毒物质浓度超过国家卫生标准的作业。

（2）制药行业中从事抗癌药物及乙烯雌酚生产的作业。

（3）作业场所放射性物质超过《放射防护规定》中规定剂量的作业。

（4）人力进行的土方和石方作业。

（5）《体力劳动强度分级》标准中第三级体力劳动强度的作业。

（6）伴有全身强烈振动的作业，如风钻、捣固机、锻造等作业，如焊接作业。

（7）《高处作业分级》标准所规定的高处作业。

当女职工怀孕后，如果从事的是以上工作，可以向用人单位提出申请，调整工作岗位。

怀孕女职工有权拒绝从事含有毒有害的工作吗

《女职工禁忌劳动范围的规定》的规定，怀孕女职工禁忌从事的劳动范围包括作业场所空气中所含铅及其化合物、汞及其化合物、苯、镉、铍、砷、氮氧化物、一氧化碳、二硫化碳、氯、己内酰胺、氯丁二烯、氯乙烯、环氧乙烷、苯胺、甲醛等有毒物质浓度超过国家卫生标准的作业。实践中，女职工在怀孕期间，用人单位应当改善其工作环境或调换工作岗位，远离有毒有害物质，维护自身及胎儿的身体健康。依据《违反（劳动法）有关〈劳动合同规定〉的赔偿办法》的规定，造成女职工和未成年工身体健康损害的，除按国家规定提供治疗期间的医疗待遇外，还应支付相当于其医疗费用25%的赔偿费用。

怀孕的女职工有权拒绝夜班劳动吗

怀孕的女职工有权拒绝夜班劳动。

劳动法第六十一条规定："对怀孕7个月以上的女职工，不得安排其延长工作时间和夜班劳动"；《女职工劳动保护规定》（国务院令第619号）第七条规定："怀孕7个月以上（含7个月）的职工，……在劳动时间内应当安排一定的休息时间。怀孕女职工，在劳动时间内进行产前检查，应当算作劳动时间。"同时劳动法第九十五条规定："用人单位违反本法对女职工和未成年工的保护规定，侵害其合法权益的，由劳动行政部门责令改正，处以罚款；对女职工或者未成年工造成损害的，应当承担赔偿责任。"

合同到期，用人单位赶走孕妇合法吗

合同到期，用人单位赶走孕妇是不合法的。

劳动法在关于解除劳动合同的规定中，对"三期"（孕期、产期、哺乳期）内的女职工给予了特殊保护，即：对“三期”内的女工，企业不得在女工无主观过错的情况下，与其解除劳动合同。

另外，劳动部在关于贯彻劳动法若干问题的意见中，从女职工的生育及哺乳等实际情况出发，又作了补充性规定：“劳动者在孕期、产期、哺乳期内，劳动合同期限届满时，用人单位不得终止劳动合同。合同期限应自动延续至相应的期限届满为止。”因而，用人单位不能因为合同到期就与孕妇终止劳动合同，劳动合同只有延续到孕期、产期、哺乳期满时，方可终止。

女职工怀孕后遭遇流产可休多少天假

《女职工劳动保护特别规定》第七条规定，明确了流产产假：怀孕未满4个月流产的，享受15天产假；怀孕满4个月流产的，享受42天（6周）产假。

女职工违反计划生育政策的，能享受什么生育待遇

女职工违法计划生育，应该享有相应的休假，但是休假期间不享受产假待遇。

也就是说，不管是未婚先孕还是未婚先育，女职工都有权利休假，但是不能享受产假期间国家、地区或者用人单位给予的津贴、保险，换句话说，用人单位应该准予他们的假期，但是假期的性质应该为事假。

上班时间进行产前检查应算事假吗

根据法律法规规定，女职工怀孕期间，准予做产前检查，在劳动时间内进行产前检查应算作劳动时间，不能按病假、事假或旷工处理。女职工在上班时间进行产前检查，应视为正常工作，单位应按正常出勤的标准支付工资，不能按事假处理。

单位可否安排处于怀孕期、哺乳期内的女员工加班或加点

不可以。

根据《女职工劳动保护特别规定》和《广东省女职工保护实施办法》的规定，女职工怀孕期间，用人单位不得安排其从事国家规定的第三级体力劳动强度的劳动和孕期禁忌从事的劳动，不得在正常工作日以外延长劳动时间。

对怀孕7个月以上（含7个月）或处于哺乳期（即产假结束后至婴儿满一周岁）内的女职工，用人单位不得安排其从事夜班劳动（当日22:00至次日6:00之内从事的劳动和工作）或加班加点。

女职工在“三期”内，用人单位能否单方面解除劳动合同

根据劳动合同法第四十二条第四项的规定，女职工在孕期、产期、哺乳期的，用人单位不得依照本法第四十条、第四十一条的规定解除劳动合同。

妇女劳动保护的权益受到侵犯时怎么办

妇女劳动保护的权益受到侵犯时，有权向所在单位的主管部门或者当地劳动监察部门提出申诉。受理部门应当自收到申诉之日起30日内作出决定；妇女对处理决定不服的，可以在收到处理决定书之日起15日内向人民法院起诉。

降低女职工生育期间工资违法吗

根据劳动部《关于贯彻执行〈劳动法〉若干问题的意见》第五十八条规定，女职工因生育、哺乳请长假而下岗的，在其享受法定产假期间，依法领取生育津贴。

没有参加生育保险的企业，由企业照发原工资。《女职工劳动保护特别规定》第四条规定，不得在女职工怀孕期、产期、哺乳期降低其基本工资，或者解除劳动合同。

女职工在单位受到“性骚扰”怎么办

《女职工劳动保护特别规定》第第十一条规定“在劳动场所，用人单位应当预防和制止对女职工的性骚扰”，条款中明确了用人单位不仅应该预防，还应该制止此类现象，这是一种强制性规范。

《妇女权益保障法》规定：禁止以语言、文字、图片、电子信息、肢体动作等形式对妇女实施性骚扰。利用从属关系或者职业便利实施性骚扰的，依法从重处罚。用人单位在性骚扰情形发生时未及时处理，致使女职工遭受人身损害的，应当承担相应责任。

女职工的合法权益一旦遭到侵害，可以依法投诉、举报、申诉，依法向劳动人事争议调解仲裁机构申请调解仲裁，对仲裁裁决不服的，依法向人民法院提出诉讼。

女职工上班遭遇“性骚扰”单位有错要赔偿吗

《〈中华人民共和国妇女权益保障法〉实施办法》增加了禁止性骚扰的规定：“性骚扰是指以语言、文字、图像、电子信息、肢体行为等方式骚扰女性的行为，用人单位和雇主应当采取措施制止工作场所的性骚扰。在工作场所发生对妇女实施的性骚扰，造成妇女身体、精神、名誉损害，单位或雇主有过错的，应当承担相应的民事赔偿责任。”

所以，女职工上班遭遇“性骚扰”，单位若有错的话，可以要求其进行民事赔偿。

未参加生育险女职工流产或生育费用由谁支付

《女职工劳动保护特别规定》第八条规定，女职工产假期间的生育津贴，对已经参加生育保险的，按照用人单位上年度职工月平均工资的标准由生育保险基金支付；对未参加生育保险的，按照女职工产假前工资的标准由用人单位支付。

女职工生育或者流产的医疗费用，按照生育保险规定的项目和标准，对已经参加生育保险的，由生育保险基金支付；对未参加生育保险的，由用人单位支付。

所以，如果用人单位未给女职工投保生育险，所产生的职工流产或生育费用由用人单位支付。

第八部分

维权案例分析

第一章　劳动关系案例分析

工厂搬迁无法履约应支付经济补偿

【事件描述】

刘女士所在的工厂为了节约原材料运输成本，决定将生产地点从大城市搬到原料产地的山区。上有老母，下有上小学女儿的刘女士表示跟随工厂迁移有困难，只得向工厂提出辞职，但就补偿金的问题，双方没有达成一致的意见，所以刘女士将工厂告上法庭，要求工厂支付经济补偿等。

庭审中，工厂负责人表示，工厂之所以搬迁到山区，就是因为金融危机，工厂要节约成本，如果要给付工厂的补偿金，那么工厂搬迁就没有达到节约成本的目的，从而搬迁就没有必要，并且，工厂有规定，如果员工不愿意跟工厂去山区工作，可以选择辞职，不同意原告的诉讼请求。

当地人民法院审理后认为，用人单位与劳动者所订立的劳动合同依据客观情况发生重大变化，致使劳动合同无法履行而解除劳动合同的，用人单位应当向劳动者支付经济补偿。所以法庭最终判决支持了刘女士的各项诉讼费用近15000元。

【律师点评】

单位迁址是否需变更劳动合同，要看迁址本身给劳动合同履行带来的影响。如果搬迁使劳动合同从正常的角度看无法履行，就属于法定的客观情况发生重大变化，需经用人单位与劳动者协商，就变更劳动合同内容达成协议；如果虽有搬迁行为，但综合各种因素，劳动合同仍可正常履行，此搬迁就不属于法定的客观情况发生重大变化，无需变更劳动合同。此外，判断过程中，还需结合劳动合同中是否已对履行地进行明确约定。

案例中的刘女士所在的工厂将生产地点从大城市搬到原料产地的山区，基本可认定此种搬迁属于法定的客观情况发生重大变化。根据《劳动合同法》第四十条第三项，公司应先与刘女士协商变更劳动合同，如未达成协议，提前30日以书面形式通知劳动者本人或额外支付劳动者一个月工资后，可解除劳动合同，但应按规定支付经济补偿。同时，对符合《劳动合同法》第四十二条规定的特殊限制人员和试用期员工等不得解除。需注意的是，如果劳动者主动提出辞职，不能享受经济补偿。

另外，《劳动合同法》规定，用人单位在决定直接涉及劳动者切身利益的规章制度或重大事项时，须经职工代表大会或全体职工讨论，提出方案和意见，与工会或职工代表平等协商确定。当企业因厂址搬迁等原因劝退员工时，员工不能仅寄希望于个体维权，而应组织起来向公司提出集体协商要约。只有集体维权才能避免被各个击破，从而最大限度地维护自身权益。

员工未婚先孕单位除名被裁无效

【事件描述】

黄某是本市某信息技术公司的职工，因为未婚先孕，遭公司解雇。公司认为，黄某的行为违反了《员工手册》规定，严重违反了公司制度，在单位内外造成了恶劣的影响，所以决定将她开除。黄某不服，告到劳动争议仲裁委员会，劳动仲裁裁定公司的决定不合法。

劳动仲裁机构表示，黄某未婚先孕，对其公司内部舆论会带来不良影响，但这属于黄某的个人行为。公司与职工间形成的是劳动用工关系，根据法规，女职工在孕育哺乳期享受特殊保护，除自行提出解约或者严重违纪外，公司不能解除劳动合同。

【律师点评】

根据我国《劳动法》、《劳动合同法》规定，孕期妇女，公司不得与其解除或终止劳动关系，但如果怀孕职工有严重违纪等行为，可以解除劳动合同。有些单位在依法制订的规章制度中，将员工未婚先育或婚外生育等严重违反计划生育规定的行为，列为严重违纪行为，并以此解除劳动合同，单位的这种规定并无不妥。

但是需注意的是，未婚先孕并不等于未婚先育，如员工在生育前及时补办了结婚证书，并不违反计划生育规定。另外，单位以严重违纪为由解除未婚先育员工的劳动合同，一定要有依法制订的规章制度作为依据，在解除劳动合同的程序上也应合法。

在职期间违反竞业限制协议也要赔

【事件描述】

红岩公司与陈明凯于2014年4月签下了一年的劳动合同，并签订了员工保密合同，约定聘用陈担任中级客服工作，其在任职期间，不得参与或协助公司的供应商、客户或竞争者的业务，不得接受其他任何形式的聘用。陈明凯若违反，应当一次性向红岩公司支付违约金2万元，不论违约金是否给付，红岩公司均有权立即解除劳动合同。

2015年2月，红岩公司发现陈明凯印制并使用别家公司的名片，并参与其业务，即解除了双方的劳动合同，并要求陈明凯支付违约金。法院认为，双方签订员工保密合同，陈明凯即属于负有保密义务的人员，受双方签订的竞业限制条款的约束。而陈明凯的行为违反了竞业限制条款，理应承担违约责任。鉴于尚未造成严重后果，违约金数额应适当予以降低。据此，判决陈明凯支付红岩公司违约金12000元。

【律师点评】

《劳动合同法》规定：用人单位与劳动者可以在劳动合同中约定保守用人单位的商业秘密和与知识产权相关的保密事项。对负有保密义务的劳动者，用人单位可以在劳动合同或者保密协议中与劳动者约定竞业限制条款，并约定在解除或者终止劳动合同后，在竞业限制期限内按月给予劳动者经济补偿。劳动者违反竞业限制约定的，应当按照约定向用人单位支付违约金。

但是此案的情况有所不同，单位与员工订立的是在职而非离职期间的竞业限制协议。按照《公司法》第149条的规定：公司董事、高级管理人员不得有下列行为：未经股东会或者股东大会同意，利用职务便利为自己或者他人谋取属于公司的商业机会，自营或者为他人经营与所任职公司同类的业务。此规定是对在职期间竞业限制的规定。高级职工在职期间，自应履行对公司的忠诚义务，在职期间非法竞业对公司势必造成更大的利益损失。在职期间的竞业限制约定不为法律所禁止，因而是合法有效的。

怀孕女工悔约解除劳动关系未获支持

【事件描述】

未婚先孕的女青年丽丽，因反悔与公司解除劳动关系，申请劳动仲裁获得裁决恢复劳动关系，由上海某医药设备检测公司支付她各类经济损失万余元。不服该仲裁的医药检测公司则向法院起诉，要求不恢复与丽丽得劳动关系及不支付工资及社保费用。上海静安法院判决对丽丽要求与医药检测公司恢复劳动关系请求、支付拖欠工资及同期社保费均不予支持。

经审理法院查明，丽丽是在2014年8月16日经诊断确诊为怀孕，又在同年10月18日登记结婚。但在2014年8月27日，医药检测公司与丽丽办理了工作移交，丽丽填写的移交单清楚反映双方劳动关系解除情况和方式。公司还在非发薪日支付丽丽当月工资，丽丽亦领取了补偿金并工作至该日，次日公司又开具了退工证明，上述事实证明双方劳动关系属协商解除

【律师点评】

根据《劳动合同法》规定，女职工在孕期、产期、哺乳期的，用人单位不得依照本法

第四十条、第四十一条的规定解除劳动合同，但并不禁止其他的解除条款，如第三十六条规定：用人单位与劳动者协商一致，可以解除劳动合同。丽丽与医药检测公司劳动关系解除即属于协商解除。尽管丽丽在劳动关系解除之前已经确诊怀孕，但丽丽在明知自己怀孕情况下，仍与医药检测公司协商解除劳动关系，可视为丽丽对行使权利作出的放弃处分，该处分是丽丽真实意思表示，具有约束力。现丽丽没有证据证明签字解约是出于重大误解，或是医药检测公司有欺诈、胁迫的行为，遂法院最终判令丽丽败诉。所以劳动者在签署合同解约时下笔要慎之又慎，否则事后反悔往往无法得到法律认可。

如果劳动者在终止劳动合同时不知道自己怀孕，办理了退工手续后才发现怀孕了，能否要求恢复劳动关系？对此没有明文规定，在实践中也有不同意见，但确有支持职工请求的司法判例。一种意见认为，当时劳动者同意终止合同是一项有重大误解的民事行为，终止劳动合同的决定应被撤销，劳动合同至少应顺延至孕期、产期、哺乳期期满。

杭州汽车公司清洁工阿姨要求补偿案

【事件描述】

2015年3月，杭州某汽车公司决定清理一批没有签订书面劳动合同的员工。其中赵阿姨是其中的一名临时工，从2009年1月开始就一直在公司从事保洁工作。此次公司人力资源部通知赵阿姨其工资结算至2015年3月底，并从4月起其也不需要再到公司来上班了，双方解除此种非正式的劳动关系。公司还告知，如果赵阿姨希望继续在公司工作，则需要通过公司指定的劳务派遣公司来订立劳动合同，并以派遣工的形式进入公司。赵阿姨认为不能这样简单地就了结劳动关系，让6年多来的工作贡献化为乌有。经咨询相关法律人士后，赵阿姨向汽车公司提出了四项主张：一是要求公司终止实施劳动关系支付代通知金1个月的工资，二是要求公司支付6年多来的经济补偿金共计6个半月的工资，三是要求公司为其补缴6年来的全部社会保险，四是要求公司支付2015年2月、3月两个月间没有订立书面劳动而导致的双倍工资支付，即再支付2个月工资。

【律师点评】

依据劳动合同法等相关法律法规的规定，赵阿姨的以上几项请求都对应有法律上的依据。比如第一项请求，用人单位终止事实劳动关系需要提前30天通知，不提前30天通知的则需要另行支付1个月工资的代通知金；再如第二项请求，用人单位终止事实劳动关系，需要支付相应工龄的经济补偿金；至于第三项请求，本身就是企业的法定义务，自无问题；关于第四项请求，则是依据劳动合同法的规定，建立劳动关系但未订立书面劳动合同的，应当承担支付劳动者双倍工资的惩罚。

员工本人不愿意订立书面合同

【事件描述】

2015年5月，浙江温州某鞋厂招用一批外地员工。在入职后一周内，公司人力资源部安排这些新员工与公司签订3年期书面劳动合同。大部分员工按照公司要求签订了3年期书面劳动合同，但仍有部分员工不愿意与公司签订3年期的书面劳动合同，他们的理由是，签订了3年期劳动合同限制了他们以后找工作，所以他们希望不签订书面劳动合同，以后想离职的时候可以随时离职。人力资源部经理告知这些员工，他们在签订了3年期的劳动合同后，依然可以提前30天行使单方解除权，对他们影响不大。倒是如果书面劳动合同不能续签，公司却要承担向劳动者支付双倍工资的惩罚。但是这些不签劳动合同的员工并不听取其意见，坚持不签书面劳动合同。

【律师点评】

在实际生活中，有的劳动者由于个人原因不愿意签订劳动合同，不愿意参加社保的情况确实存在，法律、法规也赋予了用人单位因此而单方解除劳动合同的权利，但是用人单位依然要尽到及时催告的义务，否则将承担不利的后果，如《劳动合同法实施条例》第六条的规定。但是无论哪一种情况，劳动者已经付出的劳动，用人单位都应当及时支付相应的劳动报酬。同时，用人单位为职工缴纳社会保险是法定的，劳动者不愿意参加是违法的。如果迁就了这种违法行为，要承担违法责任，不仅要如数补缴，还要缴纳滞纳金等。

在劳动合同法背景下，不签订书面劳动合同对企业成本的影响较大。劳动合同法明确规定，用人单位自用工之日起超过一个月不满一年未与劳动者订立书面劳动合同的，应当向劳动者每月支付二倍的工资。而这里并没有特别说明是企业原因还是员工原因而不能签订书面劳动合同，所以即便是员工主动表示不签订书面劳动合同的，企业也不一定要免除双倍工资赔偿的责任。而在人力资源管理实践中，因员工原因不愿意签订书面劳动合同的情形也不在少数，所以企业应当采取各种应对措施，务必要防患于未然。

事实劳动关系受法律保护

【事件描述】

邓某在杭州某网络公司工作。两个月前，他发现自己的劳动合同即将到期，于是，要求公司人办资源部与自己续签新劳动合同。“公司正准备换CEO，等新的CEO来了再说吧。”人力资源部经理给了他这样一个答复。半个月过去了，邓某的合同已经过期，公司还没有跟他续订合同。又过了一个多月，新CEO终于上任了。新官上任三把火，这位新官的第一把火就烧在了人的身上——决定大幅裁员。邓某跟其他一些员工一样，收到了公司发出的终止劳动合同通知书。邓某办完离职手续后，找到人事部，要求公司向自己支付经济补偿金，没想到却遭到了人力资源部经理的拒绝。“你的劳动合同是到期终止，不是中途解除，所以，没有经济补偿金。”人力资源部经理这样解释道。“可是，我的合同是一个月前到期的，你们当时没有终止呀。”邓某觉得有点儿委屈。“不管怎么说，合同到期后，公司没再跟你续，就可以随时跟你终止劳动关系。”人力资源部经理态度很强硬。邓某走在回家的路上，脑子还是转不过弯来：难道劳动合同过期后，公司不立即终止也不续订，以后就可以想让我什么时候走，就让我什么时候走了？甚至连补偿金也可以不给？

【律师点评】

最高人民法院《关于审理劳动争议案件适用法律若干问题的解释》第十六条规定：“劳动合同期满后，劳动者仍在原用人单位工作，原用人单位未表示异议的，视为双方同意以原条件继续履行劳动合同。

本案中，邓某在与网络公司的原劳动合同到期后，主动联系人力资源部要求续签劳动合同，但因公司内部人事变动搁置，因此，自原劳动合同到期之日起，邓某与公司之间已形成了事实劳动关系。根据我国劳动法律法规，事实劳动关系受法律保护，产生纠纷时适用我国劳动法的相关规定。因此，网络公司不能因为与邓某的原劳动合同已到期就任意结束双方之间的劳动关系。对于本案中的情况，邓某可以依据劳动法的相关规定寻求法律救济，并有权要求经济补偿。

单位不可将在医疗期内的职工解约

【事件描述】

谭某2008年参加工作，2014年跳槽进现单位工作。最近谭某因患病需住院治疗，连续3个月不能来上班，该单位以其影响单位工作进程为由宣布解除双方的劳动合同。

【律师点评】

这个用人单位的做法是不合法的。

医疗期是指企业职工因患病或非因工负伤停止工作治病休息，用人单位不得解除劳动合同的时限。因此，医疗期是对患病或非因工负伤职工而言的。对患职业病或因工负伤的职工而言是没有医疗期的，但可享受职业病或工伤待遇。

职工在医疗期内，用人单位不得解除其劳动合同。根据劳动部有关医疗期的规定，医疗期为3～24个月，对于患某些特殊疾病（如癌症、精神病、瘫痪等）的职工，在24个月内尚不能痊愈的，经企业和当地劳动部门批准，可适当延长医疗期。

因此，谭某连续三个月休假治疗，医疗期并没有结束，该单位不可与其解除劳动合同。

终止与解除，经济补偿有别

【事件描述】

杨女士在温岭市某商场当营业员6年多，合同是一年一年签的，12月底合同又到期了，前几天商场经理通知，合同不再续签。杨女士认为自己在商场做了这么多年，经理说不聘就不聘了，至少应该给一些经济补偿吧。但商场经理拒绝补偿。

【律师点评】

劳动合同的终止与解除是两个不同的概念，产生的法律结果也不同。员工与用人单位的劳动合同到期终止，不再续签，用人单位可以不支付经济补偿金。杨女士经济有困难，只能要求单位给予照顾性的一次性经济补助。

劳动合同的解除往往是当事人双方在签订劳动合同时无法预料的，是劳动合同效力的提前终结，可能会给当事人造成损失，因此劳动合同在依法解除时，员工可依法获得经济补偿金。但是劳动合同的终止就不同了，员工一般对合同的终止是可以预见的，即使劳动合同中约定的终止条件到来的具体日期不确定，但是毕竟条件一旦满足，就会立即发生终止效力。因此，《劳动法》没有将劳动合同的终止作为支付经济补偿金的一种情况。

合同期满不续签 能否免补偿义务

【事件描述】

周女士于2006年11月进入宁波市某物业管理有限公司工作，双方共签订过四份劳动合同，最后一份劳动合同期限为2011年1月1日至2013年12月31日。合同约定，周女士担任经理助理一职，基本工资4000元/月，职务津贴800元/月，工作地点为A处。2013年7月1日，公司安排周女士至B处工作。

2013年12月21日，公司出具一份《关于对周女士旷工的处理决定》：自2013年7月至12月期间，周女士在B处工作经常无故旷工、擅离职守、无所作为，根据《员工手册》第五十三条规定，本应对其作出开除处分，经公司管理层决定对周女士的违纪行为作出通报批评且不再与其续签劳动合同。2013年12月31日，公司出具了退工证明，双方劳动关系于2013年12月31日终止。

2014年9月，周女士申请了仲裁，要求公司支付不续签劳动合同经济补偿金28800元、支付2013年度年终奖15000元。在仲裁庭审期间，公司提供了考勤记录来证明周女士旷工的事实，并称周女士年度考核不合格没有年终奖；周女士则提供了2013年7月至12月公司正常发放工资的记录，以及合同到期终止的退工证明和《劳动手册》作为证据。劳动争议仲裁委员会裁决后，双方均不服，向法院提起诉讼。

【律师点评】

本案主要涉及两个争议焦点：一是劳动合同未续签，用人单位是否需要向劳动者支付经济补偿金；二是用人单位是否需要向劳动者支付年终奖。

（1）劳动合同期满用人单位不续签合同的，应当向劳动者支付经济补偿金。

根据劳动合同法第四十六条第五款规定，除用人单位维持或提高劳动者约定条件续订劳动合同，劳动者不同意续订的情形外，劳动合同期满终止的，用人单位应当向劳动者支付经济补偿金。在本案中，周女士提供的退工证明和《劳动手册》可以证明，双方的劳动关系于2013年12月31日到期终止；而公司又没有提供其同意维持或提高劳动者约定条件续订劳动合同而周女士不同意续订合同的证据，完全符合用人单位应当向劳动者支付经济补偿金的全部要件。

另外，公司虽然提供了相应的考勤记录来证明周女士于2013年7月至12月期间存有无故旷工的情形，但是周女士却提供了该期间公司正常发放工资的记录相对抗。可见，仅有考勤记录并不足以证明周女士存在旷工的事实。况且，即使周女士有旷工的事实，从公司出具的《关于对周女士旷工的处理决定》也可以看出，公司作出的决定是合同到期不续签，并不是提前解除其合同。据此，该合同期满不续签，公司应当向周女士支付经济补偿金。

（2）年终奖属于劳动报酬的一部分，用人单位应对不予发放承担举证责任。

年终奖是用人单位为了激励劳动者努力工作而设定的物质奖励，通常对奖金的发放标准、发放形式、考核方式等用人单位都有明确的约定，用人单位应当依照约定向劳动者发放年终奖。年终奖属于劳动报酬的一部分，根据《最高人民法院关于审理劳动争议案件适用法律若干问题的解释》之规定，因用人单位减少劳动报酬而发生的劳动争议，由用人单位负举证责任。用人单位应当对不发放年终奖或减少发放年终奖承担相应的举证责任。

因此，公司认为周女士没有年终奖是因为其年度考核不合格，但是却没有提供任何证据加以证明，应承担举证不利的后果。基于周女士2013年整个自然年度在该公司工作的事实，遵循该公司之前发放年终奖的惯例及公正平等、同工同酬的原则，公司应当向周女士发放年度奖金。

不给补偿金　用人单位无权对职工竞业限制

【事件描述】

王先生原是北京某医疗保健科技公司的职工。2012年6月，与公司签订了为期两年的劳动合同。同时，双方还签订了《保密与同业禁止协议》，该协议系劳动合同的附件，约定在劳动关系存续期间，王先生不得在其他同类或者竞争性企业兼职，不得自行成立或者参与其他企业与该公司的竞争；在双方劳动关系存续期间或者终止后，不得抢夺该公司的客户等等。

但是，该协议并没有约定王先生在遵守上述约定义务的情况下可以享受的权利，即该公司在王先生在职期间，向其支付的工资中并没有包含竞业禁止补偿金。

2014年2月，王先生因自身原因离职，该公司没有向其支付竞业禁止补偿金。同年9月，该公司声称，王先生作为股东成立了与其原公司有竞争关系的北京某食品开发生产公司，严重违反了同业禁止的约定，给该公司造成了难以估量的损失。

经查明，北京某食品开发生产公司于2013年9月成立，王先生系该公司股东。根据营业执照所反映的内容，北京某医疗保健科技公司的经营范围为研究、开发新保健品、原料；技术转让、技术服务等。而北京某食品开发生产公司的经营范围是货物进出口、代理进出口，以及法律法规规定许可的、自主选择经营项目而展开的经营活动。

为此，北京某医疗保健科技公司以王先生违反《保密与同业禁止协议》约定为由，要求其支付竞业禁止违约金40万元。

庭审中，北京某医疗保健科技公司认为，用人单位与劳动者王先生双方签订的《保密与同业禁止协议》合法有效，只有在解除和终止劳动合同后，在竞业限制期内才需要给予劳动者经济补偿，在劳动合同期内的竞业禁止不需要支付经济补偿。因此，请求法院判决王先生支付给该公司40万元竞业禁止违约金。

法院经审理认为，北京某医疗保健科技公司与王先生签订的《保密与同业禁止协议》系劳动合同的附件，该协议中双方当事人的权利与义务应当平等。而本案中，北京某医疗保健科技公司与王先生签订的《保密与同业禁止协议》仅约定了王先生的义务，并没有约定王先生在遵守上述约定义务的情况下可以享受的相关权利，北京某医疗保健科技公司也没有举证证明，该公司在王先生在职期间向其支付的工资中包含有竞业禁止补偿金，且该公司在王先生离职后也没有向其支付竞业禁止补偿金。

因此，法院认为，该协议的内容有失公平，对王先生不具有约束力。因此，北京某医疗保健科技公司根据该协议的约定要求王先生支付竞业禁止违约金40万元的诉讼请求没有法律依据，法院不予支持。

【律师点评】

对于此案，律师评析认为，竞业限制条款本身是劳动者和用人单位之间利益相互协调的产物，但限制了劳动者的劳动权和择业自由等重要权利，条款生效应该符合合法性与合理性两个方面。本案中争议的焦点主要是：合同中仅约定了劳动者义务而没有约定权利的竞业限制条款，是否对劳动者有约束力？

一方面，本案中，某医疗保健科技公司与王先生签订的《保密与同业禁止协议》是劳动合同的附件，应为双务协议，具有一般双务合同的性质，合同双方当事人的权利与义务应当平等。但该协议只约定了义务，并没有约定王先生在遵守义务的情况下可以享受的相关权利，因此，该协议内容有失公平，对王先生不具有约束力。

其次，劳动合同法第二十三条规定，用人单位与劳动者可以在劳动合同中约定保守用人单位的商业秘密与知识产权相关的保密事项。对负有保密义务的劳动者，用人单位可以在劳动合同或者保密协议中与劳动者约定竞业限制条款，并约定在解除或者终止劳动合同后，在竞业限制期限内按月给予劳动者经济补偿，劳动者违反竞业限制约定的，应当按照约定向用人单位支付违约金。本案中，用人单位与王先生签订的《保密与同业禁止协议》中只约定了王先生要遵守的相关义务，且没有约定任何劳动者的守约权利，而该公司在王先生离职后也没有向其支付竞业禁止补偿金，也无法证明王先生在职期间其工资中包含该款项，所以，王先生也不该支付这笔违约金。

另外，需要提醒的是，按照劳动合同法相关规定，竞业限制经济补偿金不能包含在工资中，只能在劳动关系结束后，在竞业限制期限内按月给予劳动者经济补偿。补偿金的数额由双方约定。用人单位没有按照约定在劳动合同终止或者解除时向劳动者支付竞业限制经济补偿的，竞业限制条款失效。这也是竞业限制条款生效的条件和劳动者遵守竞业限制义务的前提。

劳动者不遵守“竞业禁止”规定必须赔偿

【事件描述】

2014年5月10日，王某与浙江某公司签订了一年的劳动合同。合同中特别约定，王某必须保守该公司的商业秘密，否则承担违约损害赔偿责任。王某也书面承诺：在其受雇佣期间得到的相关情报，诸如顾客资料、支付体系、合约事项等，全部作为保密事项以及专用情况来保存。如有故意或在未得到许可而给第三者看到的情况，王某将被受到革职处分，同时赔偿公司的经济损失。就在同一天，王某用他弟弟的名义出具了一份保证书，担保王某不会做损害公司利益的事。

但是，公司怎么也不会想到，此前王某已经同自己的竞争对手签订了一份兼职协议书。巧合的是，合同是同一天开始生效的，有效期也是一年。合同中明确约定，王某是竞争公司的“兼职业务员”，王某为竞争公司联系所签的合约按合约金额的20%提成取得报酬。王某没有向公司提起这件事。

2014年9月，王某负责为公司联系两家客户的业务，却擅自将信息披露给竞争公司，导致这两家客户最终与竞争对手签订了合同书。10月15日，得知内情的公司负责人找王某谈话，王某作出了书面承诺：“今天总经理和律师跟我谈了有关‘兼职协议书’事宜。经过这次谈话，我觉得很对不起公司。为了弥补公司因此造成的损失，决定补偿公司所发的全部工资费用和两家客户的业务提成费用。”同一天，公司书面通知王某，解除双方的劳动合同。

此后双方为赔偿事宜发生纠纷，分别向当地劳动人事争议仲裁委员会提起劳动争议仲裁。仲裁委员会以王某应聘动机不纯、违反竞业禁止义务等作出裁决，判令王某退还已领取的工资，并赔偿公司经济损失。王某不服，向当地法院提起诉讼。

法院审理后认为，王某的行为已经违背了“竞业禁止”原则，对原告的诉讼请求不予支持。

【律师点评】

王某作为该公司的职工，不仅恶意向被告隐瞒其同时服务于竞争公司的事实，而且冒用其弟的签名向被告出具保证书。这些都表明，王某在与用人单位建立劳动关系之初，就已经存在可能侵害其利益的故意。这些行为严重违背了劳动合同中保密事项的约定。

劳动关系兼具财产性、人身性、平等性与隶属性，劳动者对用人单位负有全心全意维护其利益的忠诚义务。在职期间对单位忠诚、遵守“竞业禁止”义务、保守单位的商业秘密等，就是每个劳动者必须遵守的义务，也是对每一个讲诚实、守信用的经济人的基本要求。违反这些义务，不仅可能失去工作，而且会因此付出巨额的经济赔偿。

公司状告员工跳槽却输了竞业禁止官司

【事件描述】

慈溪市某公司用两年时间精心培养了一名员工周某，花去培训费用近5万元，并与周某签订了“竞业禁止”协议，但羽翼丰满的周某却忽然不辞而别，跳槽到竞争对手旗下任职。该公司蒙受了巨大损失后连忙向法院起诉，却因自己首先没有履行“竞业禁止”协议而输了官司。

2013年8月，慈溪市某公司与周某签订了一份为期1年的劳动合同，并随后将其安排在质量保障部门从事管理工作。合同期满后，双方又续签了1年的劳动合同，合同约定周某享有接受培训、分房等特殊福利待遇，若在服务期限内解除合同则应支付相应违约金。合同签订后，该公司立即派周某参加了全国行业质检人员培训，并在第二年又参加了一次培训，共花费3.5万元。为了留住人才，公司还特别支出1.5万元为他买了商业保险，并在其参加完第一次培训后将其任命为质管部副经理。

为了确保自己的人才投入能够得到回报，公司在第二份合同即将到期时又和周某签订了《商业秘密、竞业禁止及必须服务期协议》，约定公司应向周某支付工资总额3倍的经济补偿金，如周某“跳槽”，不能到类似行业就业并保守商业秘密。

但是，就在上述协议签订后不久，周某忽然不辞而别。公司董事会大惊失色，因为两年的工资、培训费、各种福利无论如何也有 8 万多元。他们经过两个月的仔细调查发现，周某已经到自己的竞争对手公司任职去了。

事情经过劳动仲裁后很快起诉到了法院，法院在庭审中查明，双方虽然签订了“竞业禁止”协议，但双方在协议中未对周某之前享受的出资培训等待遇作为必须服务期的条件，而只是约定单位给予周某经济补偿金，并在工资中每月予以支付。然而在实际履行中，单位也并没有支付经济补偿金，也就是没有履行约定。因而，该协议的内容自行失效。

【律师点评】

用人单位可以对由它出资招用、培训或者提供其他特殊待遇的劳动者的服务期作出约定，而“竞业禁止”是对与特定的经营内容有关的特定人的某些行为予以禁止的一种制度。对负有保守商业秘密义务的劳动者，用人单位可以在劳动合同中约定保密条款或者单独签订保密协议，商业秘密进入众所周知的状态后，保密条款、保密协议约定的内容自行失效。

用人单位可以与劳动者签订商业秘密、竞业禁止及必须服务期等专项协议，但用人单位必须自觉按照协议履行自己的义务，只有这样，当劳动者擅自离开单位侵害到公司的合法权益时，单位才可以运用法律武器保护好自己的合法权益。

竞业限制协议不等同于保密协议

【事件描述】

李某于2012年10月入职某公司任技术部经理，公司与李某签订了一份《保密和竞业限制协议》，协议约定李某应当保守公司商业秘密，且劳动合同解除后的2年内不得到有竞争关系的单位任职，否则承担违约金50000元。公司员工手册对工资构成做了如下规定：工资包括基本工资、保密工资、加班工资、绩效工资、各项津贴和补贴。根据李某的工资表，李某的月工资为：基本工资6000元、保密工资2000元、加班工资600元和绩效工资2500元。2014年10月，李某与公司解除合约，同月李某入职一家与原公司经营同类业务的公司，原公司申请劳动仲裁，认为公司每月支付了保密费2000元，李某应当承担竞业限制义务，要求李某支付违约金50000元，两年内不得到有竞争关系的单位任职。

仲裁庭认为：该公司与李某在《保密和竞业限制协议》中没有原公司需支付竞业限制补偿金的约定，公司虽每月支付李某保密费2000元，但该费用是保密费而非竞业限制补偿金，某公司未支付李某竞业限制期间的补偿金，双方的竞业限制协议不具有法律效力，裁决驳回申诉人的仲裁请求。

【律师点评】

保密协议并不等同于竞业限制协议。支付了保密工资并不等同于支付了竞业限制补偿金。

保密协议和竞业限制协议有如下区别：

（1）保密义务一般是法律的直接规定或劳动合同的随附义务，不管用人单位与劳动者是否签订保密协议，劳动者均有义务保守商业秘密。而竞业限制是基于用人单位与劳动者的约定产生，没有约定的，无须承担竞业限制义务。

（2）保密义务要求保密者不得泄露商业秘密，侧重是不能“说”，竞业限制义务要求劳动者不能到竞争单位任职或自营竞争业务，侧重的是不能“做”。

（3）保密义务劳动者承担的义务仅限于保密，并不限制劳动者的就业权，而竞业限制义务不仅仅限制劳动者泄密，还限制劳动者的就业，劳动者的负担重很多。

（4）保密义务一般期限较长，只要商业秘密存在，劳动者的保密义务就存在，而竞业限制期限较短，最长不超过二年。

显然，保密协议和竞业限制协议为两个不同的法律概念，该公司错误地把二者等同起来，从而导致其利益得不到法律保护。

实践中用人单位在与劳动者签订保密及竞业限制协议时，需明确保密协议与竞业限制协议之间的联系和区别，用人单位应当严格按照法律的规定，在协议中约定具体的竞业限制补偿金，千万不要把保密费错误地当成竞业限制补偿金。

非企业高管不负有法定竞业禁止业务

【事件描述】

2012年8月，绍兴市某公司与唐某某签订劳动合同，约定公司聘任唐某某担任部门副总经理，试用期3个月。唐某某的工作职责为公司的进出口业务。唐某某在该公司的所属部门是贸易部，职务为副总经理。唐某某在2012年8月至2014年6月，为另一公司作进出口代理，获得佣金20万余元。该公司认为唐某某系公司高管，在任职期间未经股东会的同意，利用职务之便，从事与公司同类的业务，其行为明显违反了《中华人民共和国公司法》的规定，因此而获得的收入应归公司所有，于是诉请法院判令唐某某向公司返还经营同类业务而获得的收入20万余元。法院最终没有支持该公司的请求。

【律师点评】

根据《中华人民共和国公司法》的规定，公司高级管理人员是指公司的经理、副经理、财务负责人，上市公司董事会秘书和公司章程规定的其他人员。经理系指公司董事会

（股东会）聘任和解聘的经理，不应包括公司内部的部门经理。但实践中，公司对所聘人员职务名称不规范，“经理”职务滥用情形普遍。因此，判定任职者是否属于公司高管，还应从其在公司中享有的职权范围和实际担当工作的重要性和影响力来考量其是否实际掌控着公司经营管理权或重大事项的执行决定权，是否掌握着公司重要的信息，从而界定其是否应当承担义务。

本案例中，从外贸公司工商登记材料来看，唐某某并不是由公司股东会（或董事会）聘任的经理，虽试用期劳动合同显示唐某某的职务为副总经理，但工资条和任职介绍均显示其为贸易部副总经理和部门经理；另外，唐某某与其他公司签订合同过程中，均由唐某某的上司，即部门总经理负责签字，唐某某未掌握公司的经营管理权和重大事项的执行决定权。综上所述，唐某某并非该外贸公司的高级管理人员，所以，他不是负有法定竞业禁止义务的主体，因而不负有法定竞业禁止业务。

单方行为不能改变双方行为的约定

【事件描述】

李女士在一家食品公司工作，在劳动合同到期的前2天，李女士病倒了，然后一直在家休假，2015年春节过后，李女士医疗期满回单位，发现单位没有足额发放自己2015年1、2月份的病假工资,于是要求公司补发。公司将新的《员工手册》向李女士公布并送达。原来，在年初时，公司就修改并在公告栏发布了新的《员工手册》，新《员工手册》规定，当年病假累计超过十天的，病假工资待遇按政府规定的标准执行，该《员工手册》生效日期为2015年1月1日，以前的公司政策、规章制度等与新《员工手册》内容不一致的，按新《员工手册》内容执行。而李女士在进公司时，因为当时公司效益比较好，所以和公司签订的劳动合同中，作为合同附加条款的《员工手册》规定的员工病假工资是其病假前月工资的75%（高于新《员工手册》中执行的政府标准），对此，李女士和公司都签字确认。因此，李女士认为：旧的《员工手册》中的所有条款都是双方劳动合同的一部分，公司实行新的《员工手册》并没有向自己履行告知义务，加之自己在家病休，也没有对新的《员工手册》签字确认。所以，即使现在公司实行了新的病假工资制度，并且经过了公示，也不能更改自己和公司的劳动合同的约定。公司应该按照合同约定补发自己的病假工资。而公司认为，李女士没有对新的《员工手册》进行签字确认，是因为她当时病休在家。但是，单位已经在公司公告栏公布了新的《员工手册》。根据《最高人民法院关于审理劳动争议案件适用法律若干问题的解释》第十九条规定，用人单位根据《劳动法》第四条之规定，通过民主程序制定的规章制度，不违反国家法律、行政法规及政策规定，并已向劳动者公示的，可以作为人民法院审理劳动争议案件的依据。因此，李女士要求补发病假工资没有法律依据。仲裁部门经审理后认为，旧《员工手册》规定的事项经过员工签字确认后，就成为了劳动合同的一部分，双方必须要按约定履行。本案中，虽然用人单位新的《员工手册》已经公示生效，并且对该公司其他员工都有效，但是由于该《员工手册》并没有经过李女士签字确认，因此关于病假工资的规定，双方仍然应该按照旧的《员工手册》执行，最终支持了李女士的仲裁请求。

【律师点评】

本案的焦点是没有员工签字的规章制度能不能约束员工的问题。这需要更深入地从劳动合同和规章制度的相互关系来讨论。本案其实是一个效力比较问题，前面的规章制度是劳动合同的内容，后面的规章制度是经过民主程序加以公示的。一个是双方行为，另一个是单方行为。而单方行为是不能改变双方行为的约定的。

非因工负伤医疗期内的待遇

【事件描述】

朱某某2012年9月毕业后进入嘉兴市某公司工作，于同年9月1日与该公司签订了为期两年的劳动合同。2014年7月3日，朱某某周末外出旅游时，不慎摔伤，造成右腿股骨骨折。朱某某立即被送至该公司特约合同医院进行手术，并在该院住院治疗。该公司自朱某某受伤后，每月按其原工资额的50%发给其工资。2014年9月1日，企业人力资源部以公司与朱某某签订的合同已到期为由，书面通知朱某某终止双方的劳动关系。朱某某不服，诉至当地劳动争议仲裁委员会，要求：

（1）撤消企业终止双方劳动关系的决定。

（2）企业应按其原工资额的60%发放病假工资。

（3）企业负担本案的仲裁费用。

劳资争议仲裁委员会作出仲裁决定如下：

（1）在医疗期届满即2014年10月3日前，企业不得终止与朱某某的劳动关系。

（2）企业按朱某某原工资额的60%补发朱某某的病假工资。

（3）本案仲裁费由企业负担。

【律师点评】

本案中，要确定朱某某的病伤假工资，首先要确定其医疗期。医疗期是指企业职工因患病或非因工负伤停止工作治病休息不得解除劳动合同的时限。

朱某某的实际工龄从其进入该企业时开始计算，与其在本厂工作年限相同，都为2年，根据以上规定，朱某某的医疗期为3个月。所以，朱某某应领取病假期工资，数额为其本人工资的60%。

根据法律规定，劳动者在医疗期内，劳动合同期限届满的，不能终止劳动合同。朱某某的医疗期自其病休之日，即7月3日至10月3日，虽然朱某某的劳动合同期限已于9月1日届满，但因其法定医疗期未满，企业不得以合同期满为由终止劳动关系，劳动合同期限依法将自动延续至10月3日。

一旦医疗期满，企业即可终止与朱某某的合同，但必须按上述标准给付其经济补偿金和医疗补助费。

解除非全日制合同，不用支付经济补偿

【事件描述】

邓某于2013年10月进入义乌市某服装公司员工食堂从事清洁工作，双方口头约定每天工作不超过4小时。自2014年3月12日后，双方每年都签订为期1年的非全日制劳动合同，该合同约定每天工作不超过4小时，上午10点半到12点半，下午4点半到6点，1天40元，每周工作6天。2015年3月12日，双方签订的合同到期后，该公司通知邓某因其年龄已大不再与其续签合同。邓某要求公司支付经济补偿被拒绝。于是，邓某到当地劳动争议仲裁委员会提出仲裁申请，要求该公司支付解除其劳动合同的经济补偿。但根据法律规定仲裁委确定用人单位不需要向其支付经济补偿，因而积极地进行调解，最后邓某撤回了其仲裁请求。

【律师点评】

根据劳动合同法第六十八条、第七十一条规定，非全日制用工，是指以小时计酬为主，劳动者在同一用人单位一般平均每日工作时间不超过4小时，每周工作时间累计不超过24小时的用工形式。非全日制用工双方当事人任何一方都可以随时通知对方终止用工。终止用工，用人单位不向劳动者支付经济补偿。本案中，服装公司与邓某签订的是非全日制用工劳动合同，况且支付给邓某的小时工资也未低于当地规定的最低小时工资标准。因此，虽然是公司提出的不愿与邓某续签合同，也无需向其支付经济补偿。

用工单位裁员，派遣单位不得解约

【事件描述】

孙某于2012年10月与苍山县某劳务派遣公司签订了3年的劳动合同。2014年10月，孙某被派去的用人单位因经营不善裁员，将其退回派遣公司。派遣公司因一时没有用工单位，故将孙某辞退，孙某不服，遂到当地劳动人事争议仲裁委员会提起申诉，要求派遣公司撤销辞退决定。

仲裁委经审理后，依法裁决支持了孙某的请求。

【律师点评】

《劳动合同法》第五十八条第二款规定：劳务派遣单位应当与被派遣劳动者订立2年以上的固定期限劳动合同，按月支付劳动报酬；被派遣劳动者在无工作期间，劳务派遣单位应当按照所在地人民政府规定的最低工资标准，向其按月支付报酬。第六十五条规定："派遣单位解聘员工应符合下列情形：（1）在试用期间被证明不符合录用条件的；（2）严重违反用人单位的规章制度的；（3）严重失职，营私舞弊，给用人单位造成重大损害的；（4）劳动者同时与其他用人单位建立劳动关系，对完成本单位的工作任务造成严重影响，或者经用人单位提出，拒不改正的；（5）以欺诈、胁迫的手段或者乘人之危，使对方在违背真实意思的情况下订立或者变更劳动合同致使劳动合同无效的；（6）用人单位免除自己的法定责任、排除劳动者权利致使合同无效的；（7）违反法律、行政法规强制性规定致使劳动合同无效的；（8）被依法追究刑事责任的；（9）劳动者患病或者非因工负伤，在规定的医疗期满后不能从事原工作，也不能从事由用人单位另行安排的工作的；（10）劳动者不能胜任工作，经过培训或者调整工作岗位，仍不能胜任工作的。"本案中，孙某的情况并不符合上述规定，所以，仲裁委依法裁决支持了孙某的请求。

孕妇解约后反悔，要求恢复难支持

【事件描述】

2014年8月16日，宁波市某公司文员杜某经诊断已怀孕。8月27日，公司与杜某协商解除劳动关系，杜某转交工作并领取了相应补偿金后，公司开具了退工证明，后杜某越想越觉得自己受了亏待，决定起诉公司要求恢复劳动关系、支付拖欠工资及同期社保。但法院判决对杜某的要求不予支持。

【律师点评】

劳动合同法规定，女职工在孕期、产期、哺乳期的，用人单位不得依照本法第四十条、第四十一条的规定解除劳动合同，但并不禁止双方协商一致解除劳动关系。尽管杜某在劳动关系解除之前已确诊怀孕，但杜某在明知自己怀孕的情况下，仍与公司协商解除劳动关系，可视为她放弃自己的权利，该行为是杜某真实意思的表示，具有约束力，除非当事人有证据证明签字解约是出于重大误解，或公司有欺诈、胁迫的行为。所以劳动者在签署解除协议时下笔要慎之又慎，否则事后反悔可能无法得到法律支持。

女职工未婚先孕遭解聘不合法

【事件描述】

2014年9月12日，某外贸公司与外贸跟单员林某某签订了为期限1年的劳动合同。10月18日，她收到了公司的辞退信，理由是没有结婚就怀孕。但林某某认为自己虽然未办理结婚宴席，但已经办理了结婚登记，于是，林某向劳务争议仲裁委员会申请仲裁。后劳动争议仲裁委员会裁决双方恢复劳动关系。

【律师点评】

未婚先孕分两种情况，一种是怀孕至产前一直未婚，这是违反我国计划生育的行为，如果单位在依法制定的规章制度中将其列入严重违纪行为，一般也是具有法律效力的。而有的女工尽管怀孕时未婚，但是在产前已经补办了结婚和生育手续，这种情况下单位以未婚先孕为理由解除劳动合同关系，没有法律依据。

孕期请假遭解职，法院判决须恢复

【事件描述】

田某某是某电子机械公司职工，2015年1月26日，任某某因孕期不适，以微信形式告知经理："我身体不舒服，明天想请假去医院检查一下。"经理未回复。次日上午田某某又打电话向经理请假，并说明医院建议休息一月，才能正常工作。1月29日，公司以田某某"擅自连续旷工三天、严重违反公司管理制度"为由，决定自1月31日起解除双方劳动关系。后经法院判决，公司须在10日内恢复与田某某的劳动关系。

【律师点评】

现代社会通信手段多样，员工特别是"三期"员工因身体不适等原因以短信、MSN、微信等方式请假屡见不鲜。只要法律法规和用人单位规章制度未明文禁止，这些请假方式就不能被认为无效。员工在紧急情况下即使未严格履行规定的请假手续，也可事后补交病假证明，单位动辄以严重违纪为由解除劳动关系缺乏依据。但如果员工存在假造病假证明等情形，则可能构成严重违纪。"三期"女工确实构成严重违纪的，单位也可解除劳动关系。

单位调岗应保证职工同工同酬

【事件描述】

侯某某于2014年8月与上虞市一家公司签订了一份为期两年的劳动合同，由他担任公司保安员，月工资1800元。三个月后，公司以生产人员紧缺为由，不经协商即调任他到必须上夜班、噪音高、粉尘多的车间工作，而工资却未按同层次的车间员工计算。他要求公司增加工资但被单位以其用工自主权为由拒绝。由此，侯某某向律师咨询。

【律师点评】

公司拒绝的理由不能成立，侯某某有权要求公司增加工资。

第一，《中华人民共和国劳动法》第四十六条规定：工资分配应当遵循按劳分配原则，实行"同工同酬"。同工同酬是指用人单位对于技术和劳动熟练程度相同的劳动者在从事同种工作时，不分性别、年龄、民族、区域等差别，只要提供相同的劳动量，就应获得相同的劳动报酬。

第二，公司调岗超出了用工自主权范畴。虽然在劳动关系存续期间，用人单位可以对劳动者行使用工管理自主权，可以根据实际情况适当调整内设岗位和人员，但前提要看用人单位调岗后，职工的劳动强度或者劳动条件，包括薪资报酬、工作职责、工作时间、劳动强度、工作地点、工作环境以及安全卫生条件等是否与原劳动合同中约定的相当。如果不相当，就应依法调薪。

第三，公司调岗构成违约。劳动合同法规定，用人单位与劳动者应当按照劳动合同的约定，全面履行各自的义务；用人单位与劳动者协商一致，可变更劳动合同约定的内容。变更劳动合同，应当采用书面形式。本案中，公司单方改变劳动合同且调岗已导致劳动合同发生较大变化，却没有与侯某协商、也未采用书面形式变更，明显与之相违。

辞职不愿做交接造成损失应担责

【事件描述】

王某某在温岭市某公司从事资料、档案管理工作。后因与经理发生矛盾，遂辞职。在与公司解除劳动合同后，她却不愿交出由自己保管的公司资料，影响了公司的正常运行并造成了3000余元的损失。公司要求王某某承担赔偿责任。王某某咨询律师，公司是否有权索赔。

【律师点评】

公司有权索赔。根据劳动合同法的相关规定，解除劳动关系之后，劳动者和用人单位应按照双方约定办理工作交接手续。拒不交接相关手续，造成损失的，过错方应当承担赔偿责任。在本案中，公司如果能证明其损失由王某某所为造成，就有权索赔。

违反交通规章不能成解除劳动关系理由

【事件描述】

洪某某于2012年12月1日，进入某公司行政部任司机工作，双方签订了为期3年的劳动合同，合同约定洪某某的月薪为3800元，岗位职责为：听从内勤每日的用车安排，保证行车安全；严格遵守国家有关的交通管理法律法规。

2014年10月20日晚，洪某某驾车送公司的一名外籍客户至机场，后该客户向公司诉称：洪某某在驾车的过程中多次违章变道，几次险些和其他车辆发生碰撞，致使自己一路上非常紧张。后公司和洪某某沟通，洪某某也承认了自己确实有过违章变道的做法，但是主要是为了赶时间，以免客户误了飞机。

公司认为洪某某的做法已经严重影响公司在客户心中的形象，并造成了极坏的影响。2014年10月30日，公司以洪某某多次违章驾车，造成坐车人不安全，已经构成严重违纪行为为由解除了洪某某的劳动合同。

洪某某认为虽然自己有过一次超速和两次交通碰擦事故，但事出有因，超速是为了急着赶回公司接送客户，两次交通碰擦则是因为当时雨天路滑，更何况没有造成人员伤亡，只是花了几百元的汽车修理费，并且由保险公司赔偿了。公司对自己的解除理由不充分，属于违法解除，因此洪某某向仲裁委申请了仲裁，要求公司支付违法解除劳动合同的赔偿金。

仲裁庭经过审理后认为，虽然洪某某的交通违章行为确实也属于公司规章制度中规定的严重违纪行为，但是作为司机这个职业，交通违章在所难免。公司仅仅以洪某某有几次普通的交通违章为由就解除洪某某的劳动关系有点太严厉了。后经仲裁庭的多次调解，双方达成了调解协议，由公司一次性支付洪某某8000元的经济补偿，洪某某放弃其他请求。

【律师点评】

根据公司的规章制度的规定，洪某某的行为确实属于严重违纪的范畴，公司以此为由解除其劳动关系似乎是“有法可依”，但是公司在没有对洪某某事先做过任何书面警告或记过的情况下就直接解除其劳动合同的做法有些不合理，更何况洪某某的违纪行为并没有给公司的财产或者信誉造成重大损失，公司的做法不合理，同时法律依据也不是很充分。

在离职后一年内索要未休年假的工资报酬

【事件描述】

季某某2012年来到奉化市一家电子企业担任质检员。三年来一直都没有享受过带薪年休假。迫于在职时的工作压力，季某某一直也没有提出异议。2015年的7月，季某某决定辞职，并向公司索要从2012年至今的未休年假工资报酬。多次交涉无果，季某某向法院提起了诉讼。在庭审中，公司以时效抗辩，主张已经支付季某某未休年假工资报酬，但该公司却不能提供证据证明自己的主张。最后，法院支持了季某某提出的2013年至今未休年假工资报酬的请求，没有支持季某某2012年未休年假工资报酬的请求。

【律师点评】

《劳动争议调解仲裁法》第二十七条规定，劳动争议申请仲裁的时效期间为一年。仲裁时效期间从当事人知道或者应当知道其权利被侵害之日起计算。前款规定的仲裁时效，因当事人一方向对方当事人主张权利，或者向有关部门请求权利救济，或者对方当事人同意履行义务而中断。从中断时起，仲裁时效期间重新计算。因不可抗力或者有其他正当理由，当事人不能在本条第一款规定的仲裁时效期间申请仲裁的，仲裁时效中止。从中止时效的原因消除之日起，仲裁时效期间继续计算。劳动关系存续期间因拖欠劳动报酬发生争议的，劳动者申请仲裁不受本条第一款规定的仲裁时效期间的限制；但是，劳动关系终止的，应当自劳动关系终止之日起一年内提出。上述规定也就是目前劳动争议案件中特殊时效和一般时效两种时效的法律渊源。由于目前仍然将“未休年假工资报酬”归属为劳动报酬的范畴，因此关于追索未休年假工资报酬的劳动争议案件在目前适用特殊时效制度，也就是在职期间的未休年假工资报酬可以在离职后一年内主张。

认定劳动者严重违纪需先定违纪标准

【事件描述】

金某某于2014年8月5日到舟山市某箱包制造厂工作，双方订立了为期1年的书面劳动合同，约定金某某任保安一职。2015年4月10日，金某某在当班期间，有职工从公司车间里向外拿，被公司有关人员发现。公司认为金某某不履行职责，没有制止职工外拿箱包。2015年4月13日，公司以金某某“不履行职责，严重违反公司规章制度”为由，将金某某予以辞退。金某某认为，公司属于违法解除劳动合同，并向当地劳动争议仲裁委员会提出仲裁请求，要求支付赔偿金6000元。

仲裁委经审理认为，金某某与该公司订立的书面劳动合同主体明确，内容合法有效，双方均应严格履行。2015年4月13日，公司以金某某“不履行职责，严重违反公司规章制度”为由，与其解除劳动合同。但公司提交的规章制度严重违纪条款中，没有具体规定。该公司称曾口头向金某某传达过，金某某对此否认。在这一情况下，该公司应负举证责任。因此，该公司与金某某解除劳动合同所依据的规章制度无法律效力，也不符合劳动合同法第三十九条规定的情形，仲裁委裁决支持了金某某的仲裁请求。

【律师点评】

金某某确实存在违反单位规章制度行为，至于是否属于严重违纪行为，单位没有做出明确规定。

规章制度作为用人单位内部规范员工行为的一种准则，具有为员工在工作过程中指引方向的作用。规章制度公布后，员工就清楚知道自己享有哪些权利，怎样获得这些权利，应当履行哪些义务，如何履行义务。虽然，劳动合同法对于劳动报酬、工作时间、劳动保护等直接关系劳动者权益的内容作出了强制性规定。但同时又把制定规章制度，并以此对员工进行实际管理的权利留给了用人单位。如劳动合同法第三十九条明确规定，劳动者严重违反用人单位的规章制度，用人单位可以随时解除劳动合同。什么是严重违反用人单位的规章制度，就需要用人单位事先作出规定。

劳动者参加人大代表选举，不应被扣工资

【事件描述】

李某某从2011年开始在某公司工作，双方签订了为期5年的劳动合同，工作岗位为行政主管。在工作期间，李某某的工作业绩一直得到公司的肯定。2015年3月，李某某需要去参加所在社区的人大代表换届选举，于是李某某向单位请假，单位领导认为李某某请假会影响公司正常运转，但最终还是批准了李某某的请假申请。不料月底支付工资时，公司却扣发了李某某请假那天的工资。李某某不明白：扣发职工参加社会活动期间的工资合法吗?

【律师点评】

当前我国工资分配实行按劳分配原则。一般情况下，劳动者只有在提供了一定数量社会劳动的前提下，才有权获取相应的劳动报酬。如果劳动者没有提供劳动，则不能要求获取劳动报酬。但同时，按照我国法律的规定，在几种特殊情况下，即使劳动者未提供社会劳动，用人单位也应当向其支付工资。根据劳动法第五十一条规定，劳动者依法参加社会活动期间，用人单位应当依法支付工资。这几种特殊情况是指：

（1）劳动者在法定工作时间内依法参加社会活动期间，用人单位应视同其提供了正常劳动而支付工资。

（2）劳动者依法享受年休假、探亲假、婚假、丧假期间，用人单位应按劳动合同规定的标准支付劳动者工资。

（3）非因劳动者原因造成单位停工、停产在1个工资支付周期内的，用人单位应按劳动合同规定的标准支付劳动者工资。

特殊情况所说的“社会活动”是指原劳动部印发的《工资支付暂行规定》第十条规定

的活动，劳动者在法定工作时间内依法参加社会活动期间，用人单位应视同其提供了正常劳动而支付工资。社会活动包括：依法行使选举权或被选举权；当选代表出席乡（镇）、区以上政府、党派、工会、青年团、妇女联合会等组织召开的会议；出任人民法院证明人；出席劳动模范、先进工作者大会；《工会法》规定的不脱产工会基层委员会委员因工会活动占用的生产或工作时间；其他依法参加的社会活动。

根据法律的规定，李某某的工作单位在李某某所在的社区举行人大代表换届选举耽误请假，单位扣发其工资的行为是不合法的。虽然李某某在请假时未付出正常劳动，但是根据上述的法律法规，李某某参加社会活动是法律赋予的基本权利，在参加社会活动期间其工资报酬的权利不得被剥夺。

只签试用期合同不符合法律规定

【事件描述】

梁女士经过面试、口试、笔试后，终于被某皮具生产公司聘用，然而，公司人力资源部负责人对梁女士说："按照公司的规定，凡是新招用的职工要先签订三个月的试用合同，试用合同中约定每月工资1500元，待试用合格以后再按规定与员工签订正式的劳动合同，每月工资3000元。"梁女士认为该公司的做法违反了劳动法的规定，于是到监察大队举报。

监察大队根据调查的事实，依据劳动法第十六条第二款的规定，责令该公司立即纠正签订试用合同的违法行为。该公司三日内纠正了违法行为，与新招用的职工签订了劳动合同。

【律师点评】

签订试用合同是违反劳动法的行为。

依据劳动法第十六条第二款规定："建立劳动关系应当订立劳动合同。"劳动法第二十一条规定："劳动合同可以约定。试用期最长不得超过六个月。"根据上述规定，劳动者和用人单位建立劳动关系，就应当签订劳动合同。试用期是劳动者和用人单位劳动关系的一种表现形式，所以也应当签订劳动合同。劳动者和用人单位双方同意建立劳动关系，用人单位应当在劳动者开始工作之时就与其签订劳动合同。对于新上岗的劳动者，用人单位与劳动者可以约定试用期也可以不约定试用期。如果用人单位与劳动者约定试用期，试用期应在劳动合同中约定。劳动合同是劳动者与用人单位确立劳动关系，明确双方的权利和义务的协议，具有法律约束力。签订劳动合同对用人单位和劳动者都很重要，如果发生劳资纠纷，在申请劳动争议仲裁时，有利于维护劳动者和用人单位双方的合法权益。

劳动合同中的不平等条款不具法律效力

【事件描述】

2013年，刘某某与某市一建筑施工队签订了一份劳动承包合同，合同中规定有“发生死伤事故建筑施工队概不负责”的条款。但为了养家糊口，刘某某还是抱着侥幸心理在合同上签了字。2014年冬，刘某某在一次施工中不慎从脚手架上摔落造成腰椎粉碎性骨折，下身瘫痪生活不能自理。事故发生后，刘某某一家无力承担巨额费用，几乎陷入绝望的境地，刘某某家属找到建筑施工队寻求支付医疗费用。建筑施工队以劳动合同中规定有“死伤概不负责”的条款为由拒绝支付，并蛮横地对其家属说，以后刘某某与建筑队毫无关系，不能再找施工队索要任何费用。无奈刘某某家属在别人的帮助下决定申请劳动争议仲裁，仲裁机构认为，按照劳动法有关规定，刘某某在因工伤残的情况下全部医疗费、药费以及就医路费都应由建筑施工队负担，同时还应支付医疗期内的工资和护理费。

【律师点评】

建筑施工队与刘某某签订的劳动合同表面上看是双方自愿达成的协议，施工队不管不问做法似乎有依据。但事实并非如此，这份劳动合同中虽然有刘某某本人的签字，但《中华人民共和国劳动法》第十八条规定：违反法律、行政法规的劳动合同；采取欺诈、威胁等手段订立的劳动合同是无效合同，无效的劳动合同自订立时候起，就没有法律约束力。因此，建筑施工队与刘某某约定“死伤概不负责”的条款不具法律效力。

合同期满女职工怀孕，不能解除劳动合同

【事件描述】

某女职工孙某2013年2月与某公司签订了为期两年的劳动合同进该公司上班。2014年10月孙某发现自己怀孕，4个月后，该公司以劳动合同到期为由提出与孙某终止劳动关系。孙某不服，认为自己是按照国家计划生育政策生育，应当受到法律保护，而且，如果解除劳动合同，没有经济收入会给家庭生活带来困难。因此，孙某决定向当地劳动仲裁委员会提出申诉。

【律师点评】

《中华人民共和国劳动法》第二十九条规定，用人单位不得在女职工孕期、产期、哺乳期解除劳动合同。此案例用人单位虽然与孙某签订的劳动合同已到期，但是孙某怀孕、生育符合国家计划生育政策，根据国家法律规定，合同期应该延长至哺乳期满。公司应该

撤销与孙某终止劳动合同的决定，双方履行劳动合同至孙某哺乳期满。

女职工按国家规定休产假，不得视为旷工

【事件描述】

2011年3月女职工宋某某被一家公司录用。双方签订为期4年的劳动合同。2014年宋某某开始休产假。但公司合同规定："女职工符合计划生育规定生育的，产假为56天"。宋某某没有按照公司的规定休产假，而是按照国家现行《女职工劳动特别保护规定》的规定休息了98天。当宋某某上班时，公司根据合同规定，认定宋某某超出56天的假期为旷工，并给予除名处分。宋某某认为自己按照法令标准休假，不存在旷工事实，于是，向有关部门提出申诉。

【律师点评】

劳动法第六十二条和《女职工劳动特别保护规定》第七条规定："女职工生育享受98天产假，其中产前可以休假15天；难产的，增加产假15天；生育多胞胎的，每多生育1个婴儿，增加产假15天。"该公司与宋某某签订的劳动合同中关于女职工产假为56天的规定，违反了劳动法和《女职工劳动特别保护规定》，属于无效合同，宋某某有权利享受98天的产假，不应视为旷工。所以，公司应撤销对宋某某的除名处分决定，另外，要补发按照旷工处理期间的有关待遇。

女职工哺乳期合同可延长至哺乳期满

【事件描述】

某公司2012年12月招收了一批合同制工人，张某某是其中之一，并签订为期3年的劳动合同。2014年10月20日张某某休产假3个月，该公司以劳动合同期满为由于2015年1月与张某某终止劳动合同。张某某不服，于2月15日向当地劳动争议仲裁委员会提出申诉。张某某认为：自己尚在哺乳期，公司终止合同后本人不好找工作，会给生活带来困难。要求延长合同期限。

【律师点评】

虽然公司与张某某签订的劳动合同期限已到，但是《中华人民共和国劳动法》第二十九规定，用人单位不得在女职工孕期、产期、哺乳期解除劳动合同。所以，公司应撤销与张某某终止劳动合同的决定，合同延长至哺乳期满。

辞退简历造假员工，不需支付经济补偿

【事件描述】

2012年本科学历的胡某某在向某公司提交履历时在学历一栏填写了研究生，因而成功应聘入该公司担任销售部主管，月薪人民币9000元。2014年9月，公司发现胡某某的学历系属造假后，以胡某某提交的履历中所提供的研究生学历是伪造的为由解除了与胡某某的劳动合同。2014年9月，胡某某向所在区的劳动争议仲裁委员会申请仲裁，要求公司支付1.6万元作为经济补偿。2015年1月，劳动争议仲裁委员会作出裁决，由公司支付胡某某解除劳动合同的经济补偿金1.6万元。公司不服诉至法院，称胡某某2012年应聘时向公司提供虚假学历，致使公司与其签订待遇优厚的劳动合同，公司依法解除劳动合同，无需支付经济补偿金。

一审法院经审理，判决对胡某某要求公司支付1.6万元解除劳动合同的经济补偿金的请求不予支持。胡某某不服，向二审法院提起上诉。二审法院认为，用人单位与劳动者订立劳动合同，应当遵循合法、公平、平等自愿、协商一致、诚实信用的原则，用人单位有权了解劳动者与劳动合同直接相关的基本情况，劳动者应当如实说明。经查证，胡某某向公司提供的确为假文凭。因此，公司以胡某某隐瞒真实学历，双方签订的劳动合同无效为由，在此情况下无须向胡某某支付任何经济补偿。

【律师点评】

求职过程中，简历作假主要体现在两个方面，一是伪造学历，二是虚构经历。所谓学历作假，一般是指低端劳动者没有学历而伪造学历、低学历而伪造高学历、此学历而伪造彼学历等；所谓虚构经历，一般是指中高端劳动者没有某种经历或经验而进行虚构。本案是一起典型的由于劳动者的简历作假而导致劳动合同无效的案例。

1．哪些情形会导致劳动合同无效。

劳动合同无效是指用人单位和劳动者所订立的劳动合同不符合法定条件，不能发生当事人预期的法律后果。根据劳动合同法第二十六条第一款的规定，有下列三种情形之一的，劳动合同无效或者部分无效：

（1）以欺诈、胁迫的手段或者乘人之危，使对方在违背真实意思的情况下订立或者的；

（2）用人单位免除自己的法定责任、排除劳动者权利的；

（3）违反法律、行政法规强制性规定的。

用人单位和劳动者在签订劳动合同过程中，均负有缔约告知义务。缔约告知义务，是指劳动合同订立过程中，用人单位和劳动者依法承担相互如实告知必要信息以满足需求的义务。根据劳动合同法第八条的规定，用人单位招用劳动者时，应当如实告知劳动者工作内容、工作条件、工作地点、职业危害、安全生产状况、劳动报酬，以及劳动者要求了解

的其他情况；用人单位有权了解劳动者与劳动合同直接相关的基本情况，劳动者应当如实说明。如果违反了缔约告知义务，则可能构成欺诈，“欺诈”是指一方当事人故意告知对方虚假情况，或故意隐瞒实情，诱使对方当事人做出错误意思表示的行为。

在本案当中，胡某某应聘时向公司提供伪造的本科学历，致使公司与其签订待遇优厚的劳动合同，可以认定胡某某的行为构成了欺诈。因此，在本案中，胡某某与公司签订的劳动合同无效。

2．劳动合同被认定无效的可能的法律后果。

劳动合同被认定无效的，可能产生两大法律效果：

（1）劳动合同的解除。

根据劳动合同法第三十八条第一款第五项、第三十九条第五项以及第四十六条第一项的规定，如果是用人单位的原因导致劳动合同无效的，劳动者可以随时解除劳动合同，而且此时用人单位需要按照法定标准向其支付经济补偿；如果是劳动者的原因导致劳动合同无效的，用人单位也可以随时解除劳动合同而不需支付任何经济补偿。

在本案中，公司可以与胡某某解除劳动合同，而不需支付经济补偿。

（2）赔偿责任的承担。

根据劳动合同法第八十六条的规定，劳动合同依法被确认无效而给对方造成损害的，有过错的一方应当承担赔偿责任。因此，在本案中，假设公司因胡某某而造成损失的话，公司可以向其索赔。

劳动者未尽如实告知义务可以解除合同而不需赔偿

【事件描述】

宋某某到某公司应聘，填写录用人员情况登记表时，隐瞒了自己曾先后2次受行政、刑事处分的事实，与公司签订了为期3年的劳动合同。事隔3日，该公司收到当地检察院对宋某某的不起诉决定书。经公司进一步调查得知，宋某某曾因在原单位盗窃电缆受到严重警告处分，又盗窃原单位黄铜被发现，因宋某某认罪态度较好，原单位决定不起诉。该公司调查之后，以宋某某隐瞒受过处分，不符合本单位录用条件为由，在试用期内解除了与宋某某的劳动关系。

【律师点评】

根据劳动合同法的规定，订立劳动合同，应当遵循合法、公平、平等自愿、协商一致、诚实信用的原则。同时，用人单位有权了解劳动者与劳动合同直接相关的基本情况，劳动者应当如实说明。劳动者和用人单位在法律上处于平等的地位，且劳动合同订立的过程是完全出于当事人自己的意愿，而且是出于内心的真实意思表示。劳动合同订立的过程中，劳动者和用人单位必须诚实、善意地行使权利，不诈不欺，诚实守信。同时，根据劳动合同法第三十九条的规定，在试用期期间，劳动者不符合录用条件的，用人单位可以与劳动者解除劳动合同，而且用人单位并不需要支付经济补偿金。

本案中，宋某某在填写录用人员情况登记表时，隐瞒了自己曾先后2次受行政、刑事处分的事实，是一种不诚实，不善意的行为，违背了诚实信用原则。虽然签订合同是双方自愿的，但这种自愿是建立在虚假材料的基础上的，本质上违背了平等自愿的原则。

单方变更职工工作岗位不合法

【事件描述】

职工肖某某于2013年9月与某公司签订了为期五年的劳动合同，合同约定肖某某负责仓库监管工作，月工资2000元，半年试用期过后，公司满意，合同正式履行。2014年11月，公司以食堂缺少管理人员为由，调肖某某到食堂工作。肖某某不同意，认为签订合同时已约定自己的工作是担任仓库监管员，一年多来工作一贯兢兢业业，多次受到表扬，要求公司履行合同双方的约定，拒绝前往食堂上班。而公司则认为，变动职工工作岗位是企业行使用人自主权的正当行为，公司决定以肖某某不服从分配为由，停发工资，并限期一个月调离公司。

【律师点评】

劳动法第十七条规定，订立和变更劳动合同，应遵循自愿、协商一致的原则，不得违反法律、行政法规的规定。劳动合同依法订立即具有法律约束力，当事人必须履行劳动合同规定的义务。

按照上述规定，合法的变更劳动合同必须同时具备三个条件：

（1）劳动合同双方当事人在平等自愿的基础上提出或接受变更合同的条件。

（2）必须遵守协商一致的原则，在变更合同过程中，双方当事人必须对变更的内容进行协商，在取得一致意见的情况下进行变更；

（3）不得违反法律、行政法规的规定。也就是说变更合同的程序和内容都要符合法律和有关规定，不得违法。

因此，在劳动合同履行过程中，一方当事人单方面变更劳动合同是不合法的。企业因生产工作需要，有时确需变动职工工作岗位时，要先同职工协商，取得一致意见后再变动。如果职工不同意变动，要做好思想工作，不能以行使企业自主权为由，强行在合同履行期间变动职工的工作岗位，甚至在职工一方不同意的情况下，作出停发工资、限期调离等决定，这样做显然是侵犯职工合法权益的行为，也是一种违约行为，其结果也必然会影响到企业自身的利益，因此用人单位在变更劳动合同时一定要采取慎之又慎的态度。

单方变更劳动合同中的报酬内容不合法

【事件描述】

2013年5月5日，某公司与工会经过协商签订了集体合同，规定职工的月工资不低于2200元。2013年5月15日，该公司将集体合同文本送劳动行政部门审查，但劳动行政部门一直未予答复。2014年1月，该公司招聘侯某为销售经理，双方签订了为期2年的合同，月工资6000元。几个月过去了，侯某业绩不佳，公司渐渐地对他失去信心。2014年6月，公司只发给侯某2000元工资。侯某就此事与公司协商未果，2014年7月，侯某解除了与公司的合同。

【律师点评】

根据劳动合同法第五十四条规定，集体合同签订后应当报送劳动行政部门；劳动行政部门自收到集体合同文本之日起十五日内未提出异议的，集体合同即行生效。依法订立的集体合同对用人单位和劳动者具有约束力。因此，可以认定为依公司与工会签订的集体合同有效。根据劳动合同法第五十五条的规定，用人单位与劳动者订立的劳动合同中劳动报酬和劳动条件等标准不得低于集体合同规定的标准。在案例中，公司因侯某的业绩不佳，而把工资降低，并低于集体合同的最低工资约定。同时，按照劳动合同法第三十五条的规定，用人单位与劳动者协商一致，可以变更劳动合同约定的内容。因此，公司降低侯某的工资，实属单方变更劳动合同中劳动报酬的行为，且其支付的劳动报酬低于集体合同规定，故有违法律规定。

未公示规章制度而解除违纪员工不获法律支持

【事件描述】

汪某某2013年3月入职某一机械公司，双方签订了一份为期3年的劳动合同，合同中特别约定：职工若违反公司规章制度，情节严重的，公司有权提前解除劳动合同，且无需支付经济补偿金。2015年6月9日，汪某某接到公司的一份解雇通知，理由是汪某某经常在上班时间上网聊天，根据公司规章制度，在上班时间上网聊天三次以上的视为严重违纪，公司可解除劳动合同。汪某某辩解，公司从未将规章制度的内容向其公示，公司称规章制度已向其公示，但无法举证规章制度公示的事实。

【律师点评】

规章制度制定后，在劳动争议处理过程中并不会理所当然地作为处理依据，还必须经过公示程序。《最高人民法院关于审理劳动争议案件适用法律若干问题的解释》第十九条规定，用人单位根据劳动法第四条的规定，通过民主程序制定的规章制度，不违反国家法律、行政法规及政策规定，并已向劳动者公示的，可以作为人民法院审理劳动争议案件的依据。劳动合同法第四条第四款规定，用人单位应当将直接涉及劳动者切身利益的规章制度和重大事项决定公示，或者告知劳动者。

在本案中，根据《最高人民法院关于审理劳动争议案件适用法律若干问题的解释》第十九条规定，规章制度未公示的，不能作为人民法院审理劳动争议案件的依据，本案中公司不能举证证明规章制度已公示的，其依据规章制度的有关规定解除劳动合同将不能得到支持。

劳动者主动协商解除劳动合同后不能要求经济补偿

【事件描述】

佟某某是某公司宣传部门的一名员工，与公司签订了无固定期限的劳动合同。近年来，佟某某所在的公司因市场竞争激烈逐渐陷入经营困难的状况。为摆脱困境，经董事会决议，公司定采取减人增效的办法。经与企业工会协商，公司职代会通过了一项协商解除劳动合同的方案，其中规定：公司与员工协商解除劳动合同，员工在方案公布后一周内书面同意与公司协商解除劳动合同的，公司在法定经济补偿金之外再给予额外奖励金。

方案公布一周后，佟某某才向公司递交了协商解除劳动合同的意见书，并要求公司按规定支付法定经济补偿金和额外奖励金。公司表示佟某某提交协商解除劳动合同意见时超过了公司规定的期限，公司可以同意与佟某某协商解除劳动合同，但不同意支付经济补偿金和额外奖励金，双方于是发生争议。

【律师点评】

根据劳动合同法第三十六条的规定，用人单位与劳动者协商一致，可以解除劳动合同。劳动合同当事人经协商一致解除了劳动合同后是否有经济补偿金的关键是看是劳动者还是用人单位提出解除劳动合同的。劳动合同法第四十六条规定，用人单位向劳动者提出并与劳动者协商解除劳动合同的，用人单位应当向劳动者支付经济补偿。假若由劳动者提出，劳动者与用人单位协商一致解除劳动合同的，用人单位无需支付经济补偿金。

本案中，公司提出与员工协商解除劳动合同时，设定了一周的期限和书面同意的条件，佟某某未在公司设定的期限内以书面形式表示同意，表明佟某某未能在公司提出协商解除劳动合同时达成解除合同的协议。此后，佟某某在公司设定的期限和条件之外提出协商解除劳动合同，应是佟某某另行向公司提出协商解除合同要求。双方尽管最后还是协商一致依法解除了劳动合同，但由于是佟某某提出协商解除要求的，根据以上规定，公司没有支付额外奖励金和经济补偿金的法定义务，因此佟某某要求公司支付额外奖励金和经济补偿金均无法律依据。

用人单位提出协议解除劳动合同应负经济责任

【事件描述】

封某某在某工厂工作已经六年多了，目前的月工资为3000元。因为公司改变了经营范围，有几个岗位均不适合封某某工作，封某某在公司没有具体事情干，就打杂，哪里需要人手就去帮忙。公司拿出经费送封某某到外部机构接受业务培训，可是封某某仍然不能适应工作的需要。人力资源部杨经理找到封某某谈心，希望与封某某协商解除劳动合同，封某某认为公司的提议有道理，所以，同意与公司协议解除劳动合同。杨经理认为封某某是个好人，对公司有过贡献，觉得解除合同后有些过意不去，决定给封某某2000元作为慰问金，封某某表示感谢公司的厚爱，非常满意地离开了公司。后来，封某某听朋友说根据国家的有关规定，可以得到公司补助三个月的工资9000元，封某某就去找杨经理协商，协商不成，便一纸诉状将公司告上了劳动争议仲裁委员会。

【律师点评】

根据劳动合同法的规定，劳动者不能胜任工作，经过培训或者调整工作岗位，仍不能胜任工作的，用人单位与劳动者协商一致，可以解除劳动合同。同时，用人单位需要按照劳动合同法第四十七条的标准向劳动者支付经济补偿金。以每满一年支付一个月工资的标准向劳动者支付。六个月以上不满一年的，按一年计算；不满六个月的，向劳动者支付半个月工资的经济补偿。封某某在该公司工作六年多了，用人单位并不能以慰问金简单了事，而应当按照法律规定，至少给予封某某相当于六个月工资的经济补偿金15000元。

经济性裁员必须依法进行

【事件描述】

张某某等15名职工与某工厂签订了劳动合同，在劳动合同履行中，该工厂以订单减少为由，于2014年8月辞退张某某等15名职工。张某某等人递向当地劳动保障监察机构举报，要求纠正该工厂的错误行为，维护自己的权益。劳动保障监察机构在接到张某某等人的举报后，经多次深入调查取证，查明该工厂不具备企业经济性裁减人员法定条件，又违反了企业经济性裁减人员法定程序，在此前提下，单方解除张某某等15名职工的劳动合同，属违法行为，并责令该工厂限期改正。该工厂在劳动保障监察机构规定的期限内撤销了辞退张某某等15名职工的决定，恢复了张某某等人的劳动关系，补发张某某等人的工资并为其补缴了社会保险费。

【律师点评】

这是一起因用人单位违反经济性减员法律规定，擅自解除劳动合同的案件。《劳动合同法》对于经济性裁员的法定条件包括人数要求、程序、法定情形、优先留用的人员的强制性规定，都作了明确的规定。关于人数要求和程序，有以下规定：需要裁减人员二十人以上或者裁减不足二十人但占企业职工总数百分之十以上的，用人单位提前三十日向工会或者全体职工说明情况，听取工会或者职工的意见后，裁减人员方案经向劳动行政部门报告，可以裁减人员。关于经济性裁员的法定情形，只适用于以下四种情况：（一）依照企业破产法规定进行重整的；（二）生产经营发生严重困难的；（三）企业转产、重大技术革新或者经营方式调整，经变更劳动合同后，仍需裁减人员的；（四）其他因劳动合同订立时所依据的客观经济情况发生重大变化，致使劳动合同无法履行的。关于强制性规定，裁减人员时，应当优先留用下列人员：（一）与本单位订立较长期限的固定期限劳动合同的；（二）与本单位订立无固定期限劳动合同的；（三）家庭无其他就业人员，有需要扶养的老人或者未成年人的。用人单位依照本条第一款规定裁减人员，在六个月内重新招用人员的，应当通知被裁减的人员，并在同等条件下优先招用被裁减的人员。

该工厂解除张某某等15名职工劳动合同时不具备上述法定条件，也未履行法定程序，严重违反经济性裁员有关法律规定，侵害了张某某等15名职工的合法权益。劳动保障监察机构依法对该工厂作出责令限期改正的决定是完全正确的。

用人单位违反劳动合同约定的劳动条件职工可以解除劳动合同

【事件描述】

许某从某矿业学校毕业后，被某有色金属矿山企业录用，并签订了5年期劳动合同。劳动合同中约定，许某负责指导一线开采工作，企业提供必要的劳动保护条件，工资待遇与企业管理人员相同。许某工作后，企业为许某提供了半年的培训，然后按劳动合同约定安排到一线工作，但一直没有提供相应的劳动保护设备。许某多次找企业负责人，都没有结果，后来领导回复他说，他是公司的管理人员，不是真正的一线工人。许某认为自己从未享受过企业机关科室人员的工作环境，企业的这种做法违反了劳动合同中关于劳动条件的约定，提出解除劳动合同。企业则提出，如果许某擅自解除劳动合同，应按照原劳动部《违反劳动法有关劳动合同规定的赔偿办法》（劳部发〔1995〕223号）第四条规定，赔偿企业录用和培训费用。许某不服，到当地劳动争议仲裁委员会申诉，劳动争议仲裁委员会审理后裁定：企业违反了劳动合同中关于劳动条件的规定，许某可以解除劳动合同，不需支付赔偿费用。

【律师点评】

关于劳动者的劳动条件，劳动合同法第十七条明确将其规定为劳动合同的必备内容之一。劳动合同法第三十八条规定，用人单位未按照劳动合同约定提供劳动保护或者劳动条件的，劳动者可以随时通知用人单位解除劳动合同。本案当事人双方已经在劳动合同中约定了劳动条件，企业以许某的工作性质比较特殊为由，不予提供，违反了劳动合同约定，许某根据上述规定，可以提出解除劳动合同。在劳动合同的几项主要内容中，人们往往对合同期限、工作内容、劳动报酬等“硬件”要素比较注意，忽视劳动条件等“软件”要素。实际上，必要的劳动条件不但是劳动者身体健康的保障，也是劳动者顺利履行义务的保障。违反了劳动合同法关于劳动条件的规定和劳动合同的约定，劳动者身体健康和履行义务都失去了保障，劳动者依法提出解除劳动合同是合法的。

高额跳槽违约金无效

【事件描述】

小刘与瑞安市一建筑公司签订了为期10年的合同，合同虽然仅几十条，却规定了10多项条款，有一项是如果小刘跳槽，需一次性支付10万元违约金。工作半年后，小刘发现了另一家建筑公司招人，开出的条件和待遇都比现在的单位好很多。他想跳槽，但面对巨额违约金，又陷入了深深的苦恼之中。

【律师点评】

《中华人民共和国劳动法》对于违约金的问题基本上没有涉及，而是交给和劳动者协商解决。为防止劳动者跳槽，不少用人单位都规定了高额违约金。为此，《劳动合同法》对违约金进行了规范，规定只有在两种情况下，用人单位才可与劳动者约定由劳动者承担违约金：第一种情况是用人单位为劳动者提供专项培训费用，对其进行专业技术培训的，与该劳动者订立协议，约定服务期后，如果劳动者违反服务期约定的，应当按照约定向用人单位支付违约金。第二种情况是用人单位与负有保密义务的劳动者在劳动合同或者保密协议中约定了条款后，如果劳动者违反竞业限制约定的，应当按照约定向用人单位支付违约金。

由此可见，除上述两种情况外，其余一切情况包括劳动者跳槽都不再需要向用人单位支付高额违约金了。不过，劳动者跳槽仍需支付一定代价，因为《劳动合同法》第九十条规定，劳动者违反法律规定解除劳动合同，给用人单位造成损失的，应当承担赔偿责任。因此，依据《劳动合同法》的规定，该建筑公司约定的高额跳槽违约金是无效的，小刘只要在赔偿对该公司造成的损失后就可跳槽去另一家建筑公司。

公司规定不准辞职不合法

【事件描述】

我现在的公司有个不成文的规定：任何个人提出的辞职申请一概不准，并且在你提交辞职报告到人事部门后，公司即停发你的，并按照违约处理，不再给你机会。李先生不知道这样的处理是不是合法。

【律师点评】

你所在公司的做法是不对的，员工有自己的辞职权。《中华人民共和国》第三十一条规定："劳动者解除，应当提前三十日以书面形式通知。"如果有特殊情况，如在试用期内的，或者用人单位以暴力、威胁或者非法限制人身自由的手段强迫劳动的，劳动者还可以随时通知用人单位。

在法律条文中员工都只是通知即可辞职，根本就不需要公司同意，所以该公司"任何个人提出的辞职申请一概不准"的规定根本是与法律相违背的。退一万步说，这个规定也是不成文的规定，它不像企业规章制度等是通过企业职工大会或职工代表大会制订，并经过公示的成文，对员工具有约束力。不成文的规定，员工很难遵守，一旦出了问题，企业也很难举证去要求员工这样做。因此，不成文的规定不足为据。

关于违约，其做法也不合理。通常来说，员工单方面辞职确实属于违约，但是劳动法没有给予企业普遍的违约请求赔偿权。在不少省市，连违约金的设置都有很大的限制。除了违约金外，企业只有在一种情况下可以向员工请求赔偿，即员工没有提前三十天通知公司，而是立即离职，造成公司可以证明的损失，此时公司可以向员工要求赔偿公司的损失。

员工辞职后占用单位财物要及时诉讼

【事件描述】

临安市某公司与一名员工签订了为期3年的合同，合同约定该员工担任市场部客户经理。合同期满前一年，该员工通知公司提前解除劳动合同，公司同意与其解除劳动合同，并于2015年1月17日为其办妥离职手续。但很快公司就发现该员工仍占有代收的公司销售款18万元，2月25日、4月1日、4月28日公司三次致函该员工，要求其尽快返还代收的公司销售款，但未收到该员工的答复和还款，公司于2015年5月上旬提起仲裁申请。请求该员工返还占有的公司销售款项18万元，仲裁委员会以该案不属劳动纠纷为由不予受理。2015年5月中旬，公司又向法院提起诉讼，法院以劳动纠纷立案受理。2015年7月，该公司收到法院的判决，该判决以超过仲裁时效为由驳回了该公司的诉讼请求。

【律师点评】

首先，解除或终止后，员工有时拒绝返还其占有公司的财产，例如代收的销售款，工作用的手提电脑等等。因员工拒不还返用人单位或个人财物的争议现行法律法规规定比较模糊，也没有全国统一使用的标准。根据2002年2月6日上海市高级人民法院民一庭《关于审理案件若干问题的解答》，劳动者或用人单位占有对方财物的行为与劳动权利与义务相牵连的，应作为劳动争议案件；劳动者或用人单位占有对方财物的行为，与劳动权利义务没有关系或属非法占用或临时占用，因此发生争议的，不作为劳动争议案件。因此该案件属于劳动争议案件，仲裁委员会的裁决不予受理的理由是错误的。

其次，公司提起仲裁超过了仲裁时效。该公司在发现员工侵占公司销售款后，虽然一直同其交涉，敦促其还款，但公司并未在规定的仲裁时效中提起申请，在争议发生后六十日内提起仲裁申请，而是在双方争议发生后三个多月（即2015年5月上旬）后，才提起。

员工违纪，公司单方解除其劳动合同是否违法

【事件描述】

2014年11月3日，乐清市某公司李某在工作中与其它部门员工因工作原因发生矛盾，引起打架事件。事后公司以陈某打架严重违反公司规章制度为由与其解除劳动合同。李某称其在打架事件中系为保护机器而遭受人身伤害，实为此次打架事件的受害者，公司单方解除其劳动合同是属于违法，特向仲裁委提起劳动仲裁。

【律师点评】

本案是一起关于员工严重违反企业规章制度所引发的劳动争议案。根据《劳动合同法》第三十九条的规定，员工严重违反用人单位规章制度的，用人单位有权随时与其解除劳动合同且无须支付其任何经济补偿。企业根据本条与员工解除劳动合同时，应当具备以下几点：

（1）企业有充分证据证明，员工有严重违反公司劳动纪律的行为存在；

（2）企业制定有自己的规章制度，该规章制度应当根据法律规定，做到内容合法，通过民主程序制定，且已经向员工进行公开公示。

针对本案中同样是可以套用的，企业如果没有充分的证据证明李某存在打架斗殴行为或者企业的规章制度中没有相关条款，亦或企业的规章制度没有依法制定，向李某进行公开公示，都会存在违法解除的法律风险。

未经协商员工有权拒绝调岗

【事件描述】

小刘两年来一直在某连锁饭店担任门卫工作，饭店和小刘的住所都在城北，上班也比较方便。然而一年后，单位人事部门经理突然通知小刘，由于工作需要，准备把他抽调到城南的另一连锁店工作。小刘听了很是郁闷，他感觉自己已经在此地工作了两年，各方面都比较熟悉，交通也比较方便，所以不想轻易调动，之后他主动和人事部门沟通，却遭到了拒绝。然而，更让他意外的是，三天后，单位向他发出了辞退通知书。

为了维护自己的权益，小刘把单位告上了法庭，要求饭店撤销之前下发的辞退通知书，恢复双方的劳动关系，并支付自己自被辞退之日起至恢复劳动关系之日的全部工资。法庭上，小刘说，单位在没有提前和他协商的情况下，突然要求他到另一连锁店上班，他和单位协商后，也没有任何结果，最后小刘提出，就算是必须调动，单位也应给他一段考虑和准备的时间，可他很快却收到了单位的辞退通知书。

小刘认为，单位没有说明调岗的合理性，也没有尽到提前和员工协商的义务；而饭店代表则辩称，虽然合同中约定小刘的工作地点在此分店，但饭店的性质属连锁经营，当初小刘是与总店签订的劳动合同，而总店有调动员工岗位的权力，所以小刘不服从用人单位调动的行为，严重违反了饭店的规章制度，所以辞退小刘符合法律规定。

法院经过审理，最终判决饭店与小刘恢复劳动关系，并按原工资标准支付小刘至恢复劳动关系之日的3500元工资。

【律师点评】

根据《劳动合同法》第三十五条规定，用人单位与劳动者协商一致，可以变更劳动合同约定的内容。变更劳动合同，应当采用书面形式。变更后的劳动合同文本由用人单位和劳动者各执一份。这也意味着，在劳动合同没有特别规定的情况下，调整岗位作为合同变更的重要内容，须满足两个基本前提：第一，双方协商一致；第二，采取书面形式。二者缺一不可，用人单位若没有经过协商一致而单方调岗，员工有权拒绝。劳动合同应当按原约定继续履行。

没签合同难确认劳动关系幸有工作服来“作证”

【事件描述】

2014年3月，王某经人介绍到费县某公司工作，双方没有签订劳动合同。干了不到半个月，王某在工作中不幸摔伤，住院治疗花去5000多元。出院以后，王某找到公司要求认定工伤，并赔偿医疗费。但公司负责人却表示，他们查阅了公司人事登记和出勤记录，均没有王某的相关资料，王某和公司不存在劳动关系，因此拒绝赔偿。无奈之下，王某向当地劳动争议仲裁委员会提出仲裁申请，请求确认自己和公司之间的劳动关系。

仲裁委受理后，要求双方提供相关证据。王某向仲裁委提供了公司统一发放的工作服、水杯和台历。据此，仲裁委最终依法确认王某系该公司职工，双方已形成事实劳动关系。

【律师点评】

《关于确立劳动关系有关事项的通知》第2条规定："用人单位未与劳动者签订劳动合同，认定双方存在劳动关系时可参照下列凭证：(一)工资支付凭证或记录(职工工资发放花名册)、缴纳各项社会保险费的记录；(二)用人单位向劳动者发放的"工作证"、"服务证"等能够证明身份的证件；(三)劳动者填写的用人单位招工招聘"登记表"、"报名表"等招用记录；(四)考勤记录；(五)其他劳动者的证言等。"本案中，王某虽没有用人单位发放的工作证、服务证，但拿出了单位发的工作服、水杯、台历等这些可供参考的证据。这些证据最终被依法确认王某系该公司职工，双方已形成事实劳动关系。

工资多发以后应当如何处理

【事件描述】

海宁某工厂与原职工吴某发生劳资纠纷。厂方说给吴某的工资发多了，要求吴某返还，吴某拒绝返还，于是厂方将吴某告上法庭。

厂方诉称，2011年10月，吴某进入该厂担任销售员，2012年7月，双方又签订了《关于销售人员工资核算的补充办法》，明确吴某的劳动报酬与销售业绩挂钩。2012年12月底，吴某离职。之前，吴某共完成销售8.6万余元。按约定，吴某应得报酬为7185.4元。但期间厂方共发给吴某14222元，多发了7036.6元。因此，厂方认为吴某多领的工资属不当得利，应当返还。

2014年1月16日，厂方向海宁劳动仲裁委申请仲裁，但仲裁委以不属于受理范围为由未予支持。为此，厂方于3月13日将吴某告上了海宁法院。吴某辩称，厂方发给她的不仅仅是工资，还包括出差的报销费用，因此不应返还。

最终，法院经审理，一审判决驳回了厂方的诉讼请求。

【律师点评】

本案原、被告曾对按照销售业绩核算工资进行了约定，而吴某也在劳动争议仲裁阶段对工资的计算方式予以认可。因此，双方应该在劳动合同履行期限内按照该计算方式执行。值得注意的是，如果被告核算后的工资少于当地法定最低工资标准，应按法定最低工资标准补足。

然而，在实际操作中，原告并未按约定实际履行。本案证据显示，原告在2013年1月对被告的销售业绩应已掌握，被告却从原告处领取了2012年11月、12月两个月的足额工资14222元。因此，法院认定原告已默认被告不再按约定领取工资，并认可了被告的实得金额。

因此，原告在工资结算一年后，又以被告多得工资为由要求返还，没有法律和事实依据，法院不予支持。

第二章　工作时间、休假方面案例

防控甲流员工被缺勤要求算公假

【事件描述】

员工顾先生患感冒，自觉症状轻微，但单位却劝其回家，可在判定算病假还是公假时，顾先生与单位发生了争议。顾先生认为自己只是轻微症状，不影响工作，但单位却强制让他回家休息，这应该算公假。但单位人事部门认为，患普通流感和患甲流不一样，没有算公假的依据，只能按病假算。

【律师点评】

因为甲流而接受隔离或者治疗的，隔离期、治疗期的工资待遇参照非典时期的政策进行处理。按照《关于非典病例密切接触者隔离期间工资福利待遇的通知》23号）规定：凡在采取预防控制措施时，作为非典疑似病例及临床诊断病例的密切接触者实行隔离、医学观察，后经医学观察排除为病人的，其隔离和接受医学观察期间的工资福利待遇，由所属单位按出勤处理。也就是说，因为属于疑似甲流患者或与确诊病例有密切接触而被隔离，但最后被排除疫情的，隔离期工资按照出勤计算。如果被确诊为甲型H1N1流感的，隔离和治疗期按照病假计发工资。

但是有的员工暂时只是出现普通流感症状，正常情况下请假回家休息应按照病假处理，但是考虑到当前的特殊情况，单位应当进行人性化的操作，毕竟许多患流感员工本人也有坚持工作的愿望和能力，其暂时离开工作岗位也是出于公共安全的考虑，在情况允许的条件下，不妨不按病假计薪，给回家休息的感冒员工享受几天带薪病假。

在当前严峻的防疫形势下，对于患流感的员工看病检查，单位在执行考勤制度上给予适当照顾也在情理当中。另一方面，员工也应遵守单位的规章制度，经医疗单位检查后，如医生建议回家休息的，应服从医生的建议，不要带病工作，单位按照病假计发工资，也应予以理解和配合，不管怎么说，毕竟病假不同于公假。

国庆长假可以随意安排休假吗

【事件描述】

国庆长假，不少新婚白领向公司提出8+X的休假申请，即国庆8天长假后再加休婚假和年假，使整个10月都处于休假状态，在本市某小型民企做行政的苏小姐得知自己的休假要求被公司拒绝后，一气之下与人力资源经理吵了起来，我们10月2日办婚礼，定了10月5日欧洲15天深度游，回来还要到丈夫广西老家去办点事，索性三假连休总共23天，可公司偏说我这样等于整个10月都在休假状态，会影响工作，非要让我另行安排。而公司人力资源经理张小姐也一肚子苦水：公司小，人手本来就紧，她连休近1个月，公司业务肯定会受影响，员工也该为企业着想。

【律师点评】

《职工带薪年休假条例》规定：单位根据生产、工作的具体情况，并考虑职工本人意愿，统筹安排职工年休假。这就是说，安排年休假期固然要考虑职工本人意愿，但并不意味着劳动者可以随意安排休年假的时间，在这方面单位有统筹安排的自主权。

《上海市人口与计划生育条例》规定：晚婚的公民，除享受国家规定的婚假外，增加晚婚假七天。现在不少单位都有婚假、晚婚假必须在领结婚证之日起多少日内使用完毕，以及使用婚假必须提前多少天通知单位，并经过单位批准的规定。单位有权依法制订规章制度，只要规定合理、程序合法，职工就应当认真执行。

在法定节假日休假、休带薪年假和休婚假都是劳动者的法定权利，单位不能剥夺职工的休假权，但是能否三假连休并非可以由职工单方决定，单位安排休假，应在兼顾双方正当权益的前提下，尽量尊重员工的意愿，但是双方不能协商一致的，员工还是要服从单位的安排。

还需注意的是，《职工带薪年休假条例》规定：年休假在1个年度内可以集中安排，也可以分段安排。所以一般年休假可以不包括法定节假日和双休日。但是婚假、晚婚假如遇法定节假日和双休日能否顺延，要注意各地的不同规定。根据《上海市计划生育奖励与补助若干规定》，晚婚假一般应当与婚假合并连续使用，遇法定节假日顺延。但是上海没有婚假、晚婚假遇到双休日顺延的规定。

员工告不定时工作制被驳回

【事件描述】

2015年2月13日，上海市松江区人民法院对全市首例当事人对劳动部门《企业实行不定时工作制度的批复》提起异议的行政案件作出判决，驳回某钢板加工公司驾驶员老金的诉讼请求。

今年54岁的老金是某钢板加工公司的专职驾驶员。2013年9月28日，该公司向劳动保障局提出申请，要求对单位的6名驾驶员实行不定时工作制，申请期从同年10月1日至2014年9月30日。第二天，劳保局作出批复，同意该公司对老金在内的6名驾驶员实行不定时工作制，有效期为1年，同时要求该公司对于实行该制度的员工，应在保障其身体健康的基础上，采用适当的工作和休息方式，确保员工的休息休假的权利。

老金认为，公司采取的每天工作12小时不定时工作制违法。劳保局辩称，其所作出的批复具体行政行为合法，事实清楚，适用法律正确。第三人称对原告重来没有实行考勤制度，原告所称每天工作12小时没有事实根据。

【律师点评】

根据相关规定，企业对因生产特点、工作特殊需要或职责范围的关系，如企业中的高级管理人员、外勤人员、推销人员、部分值班人员、长途运输人员、出租汽车司机和铁路、港口、仓库的部分装卸人员以及其他因工作性质特殊，需机动作业的职工，经劳动部门批准可以实行不定时工作制。由于原告从事驾驶员岗位，工作性质具有一定的特殊性，被告审核后同意第三人单位对原告等6名驾驶员实行不定时工作制，该具体行政行为并无不当。

经批准实行不定时工时制的职工，不受劳动法第四十一条规定的日延长工作时间标准和月延长工作时间标准的限制。对实行不定时工时制的员工，只有在法定休假节日工作的，按照不低于劳动者本人日或小时工资标准的300%支付工资，其他时间均不视为加班，企业也不支付加班工资。但需注意的是，特殊工时制须经审批才予以确立；未经审核批准的，即便工作岗位特殊性符合特殊工时制度形态的或者用人单位自行规定的，或双方约定的均无效，仍然按标准工时制处理。

剥夺员工探亲假是违法行为

【事件描述】

姜某某和妻子均是研究生毕业，毕业后俩人被分回到原籍长沙，共同在当地的某科研机构从事科研工作。2014年，上海的某外商独资公司向姜某某发来邀请函，高薪聘请姜某某到该公司工作。姜某某征得妻子同意后，只身一人来到了北京，与外资公司签订了5年的劳动合同，担任了该公司的总工程师。工作了一年多，也没回家探望过妻子。

2015年春节前夕，姜某某找到公司总经理："我想回长沙和妻子一起过春节，顺便把今年的探亲假休完后，再回来上班。""探亲假?什么探亲假?咱们是外资公司，没有国有企业中那些乱七八糟的这假、那假。本公司只遵守劳动法的规定，因为劳动法中没有规定探亲假，所以本公司内没有探亲假。"姜某某看到总经理态度非常坚决，也没敢再继续要求。打算回长沙休完7天春节假，就回来上班。

回到长沙，姜某某把公司没有探亲假一事告诉了妻子，妻子感到很纳闷："我听说有些外资公司也是有探亲假的呀，为什么你们公司没有呢?"

第二天是大年初一，夫妻俩骑车一起去看望姜某某的父母。不料，在路上，妻子被一辆超速行驶的汽车撞倒，造成左腿骨折，住进了医院。

春节假期过后，姜某某跟公司总经理通了电话，先把妻子受伤之事说了，然后，他又一次提出，他应该享受探亲假，并告之总经理，他现在就要休30天的探亲假，为了在医院照顾妻子。总经理再一次重申，本公司没有探亲假。照顾妻子，只能按事假处理。

一个月后，姜某某回到了上海，发现公司果然对他按事假进行处理，停发了一个月工资。无奈，姜某某向劳动仲裁机构，提出了仲裁申请，主张自己有享受探亲假的权利，要求公司补发其一个月工资。

【律师点评】

从广义上讲，劳动法是各种劳动法律的总称，它既包括劳动法这一基本法，也包括各单项劳动法律、劳动行政法规、规章及地方性法规等。企业遵守劳动法的含义，不是指狭义地只遵守劳动法，而是指应广义地遵守各种劳动法律、法规及规章。公司总经理认为，既然劳动法中没有规定探亲假，企业就有权决定不给员工探亲假待遇。这种认识是不正确的。因为尽管劳动法中未对探亲假作出规定，但国务院在《关于职工探亲待遇的规定》这一劳动行政法规中规定，凡是在国家机关、人民团体和企事业单位工作满一年的职工，与配偶不在一起，又不能在公休日团聚的，可以享受探亲假。本案中的外资公司，属上述法规调整范围之列。另外，原劳动部在《外商投资企业劳动管理规定》中也明确规定，外资企业职工享受国家规定的节假日、公休假日、探亲假、婚丧假、女职工产假等假期。所以，该公司应让员工享受探亲假待遇。又因为姜某某完全符合法规中享受探亲待遇的条件，所以该公司剥夺他享受探亲假的权利，强行将其30天休假按事假处理的做法是非法的，也是一种侵权行为，仲裁机构应予纠正。并责令外资公司向姜某某补发探亲期间的工资。

根据国务院发布的《国务院关于职工探亲待遇的规定》和原劳动部发布的《工资支付暂行规定》，凡是国家机关、人民团体和全民所有制企业、事业单位工作满1年的职工，与配偶不住在一起，又不能在公休假日团聚的，可以享受探望配偶的待遇；职工探望配偶的，每年给予一方探亲假1次，假期为30天；劳动者依法享受年探亲假期间，用人单位应按劳动合同规定的标准支付劳动者工资。法律没有明确规定职工探望配偶休探亲假的具体时间，用人单位可以根据工作安排加以确定，但一定要保证职工的权利得到保护。

不定时工作制下解聘不打卡员工不合法

【事件描述】

徐先生在现在的公司工作已满两年，因工作努力被提升为公司的销售总监，公司对他实行灵活的不定时工作制。最近，公司分管生产和销售的副总经理对徐先生的工作方法有些不同看法，对他提出了多次批评意见。但是，徐先生认为自己工作一直兢兢业业，副总经理的批评意见分明是找茬，所以他仍然按照自己的习惯管理。结果，最近公司给他发出一份书面通知，要求他从下月起每天按时上下班，而且必须打卡，否则按旷工论处。徐先生觉得这完全是公司副总经理在整自己，便赌气不理会公司的通知，继续按照习惯上班。几天之后，公司对他作出了解聘决定，理由是他连续旷工，严重违反了《员工手册》的规定。徐先生不服，但是公司确实有他旷工的考勤记录，公司《员工手册》也明确规定了职员连续旷工3天者，公司可以解聘。

【律师点评】

这家公司的规章制度与公司实行的工时制度存在矛盾之处，公司以旷工为由解聘实行不定时制度岗位的员工，属于依据的规章制度违法，应予纠正。

公司根据自己不同岗位的情况，经过劳动保障部门审批后实行综合计算或不定时工作时间制度，均是劳动法授予企业的工作时间管理权限。尤其是公司的管理层，因为具有明显的工作机动性强、无法确切衡量工作时间等特点，根据实际需要，在履行向劳动保障部门审批的程序后（部分地方公司高级管理人员实行不定时工作制不需要审批），可以实行不定时工作制，即不需要进行正常工作时间的安排和考勤，而以其工作任务完成情况来考核工作量。不定时工作制的特点之一就是工作时间上不再存在休息日、节假日，一律由员工根据需要自行安排。因此，如果对某个岗位实行不定时工作制，不能再以标准工时的管理制度要求员工打卡、考勤，更不能以公司员工不记考勤、旷工而作出违纪处理。

未与工会协商强令加班不合法

【事件描述】

蒋某某于2011年9月被录用为浙江慈溪市某服装厂的工人，双方签订有为期6年的劳动合同。2015年4月，服装厂接到一份来料加工订单：加工各四万件丝绸和亚麻衬衣，货期是三个月，到期要按样验收出货。厂长宋某感到压力很大，在没有与厂工会协商的情况下，就在厂门口贴出通知：即日起全厂生产职工每天加班4小时，周日不休息，苦干60天，顺利完成上级交给的来样加工任务，每日每人定额补助加班费12元。蒋某某与其他生产职工一样在头一个月一直按要求每日加班加点，周日也没有休息，定额领取加班费。但每天连续数小时的加班，蒋某某甚感身体不适，要求隔日加班，以便身体能稍有恢复。厂方不同意，但蒋某某决定不再连续加班。数日后公司以蒋某某不服从用人单位安排，拒绝参加单位紧急生产劳动，对全厂正常生产秩序造成破坏影响为由，经厂务会议决定，对其依法作出除名处理。

【律师点评】

劳动法第四十一条规定，用人单位由于生产经营需要，经与工会和劳动者协商后可以延长工作时间，一般每日不得超过一小时；固特殊原因需要延长工作时间的，在保障劳动者身体健康的条件下延长工作时间不得超过三小时，《国务院关于职工工作时间的规定》第六条规定，任何单位和个人不得擅自延长职工工作时间。

本案中的服装厂不顾蒋某某等劳动者身体健康变化，强令每日必须加班四小时（周日亦应加班）的做法是与上述法律法规规定相违背的，应当立即纠正。劳动法第三十八条规定，用人单位应当保证劳动者每周至少休息一日，而服装厂却要求蒋某某等人在法定休息日也要加班四小时，明显违背上述规定，也应当立即制止。对服装厂不顾劳动者健康承受力的违法强迫劳动的做法，违反了劳动法第三十二条规定的用人单位不能强迫劳动者劳动的规定。

此外，根据《劳动法》第四十四条规定，安排劳动者延长工作时间，应支付不低于工资150%的工资报酬；休息日加班的，支付不低于工资200%的工资报酬；法定休假日加班的支付不低于工资300%的工资报酬，服装厂强令划定每日定额补助12元加班费，也不符合法律规定，应当依法核实重新计算。

综合计算工时工作制下，周日拒绝工作遭违纪处罚

【事件描述】

邮电局女工拒绝周日送报，遭到用人单位以旷工为由的违纪处罚。该女工认为职工有权拒绝未经协商的周日加班，自己并未违纪，于是向劳动仲裁委员会申诉。仲裁委员会去企业开展调查，调查情况如下：

（1）该企业经劳动部门批准已实行以月为单位的综合计算工时制。

（2）该企业实行轮休制。该女工周日本应轮到休息；故其已另有安排，但因其他职

工病休，企业要求其顶班，遭到拒绝。

（3）如果该女工上班，该周的工作时间是40小时，该周的工作天数是7天。

（4）按该企业的规章制度，旷工一天，除扣除当日工资外，还要扣除当月的部分奖金。企业按这一规定执行。

根据调查情况，仲裁机构确认企业的处理是正确的。

【律师点评】

邮政、电信、电力属特殊行业，其工作考核方式也是特殊的。因实行“综合计算工时工作制”，在计算工作量时不一定严格按照一日8小时、平均每周工作时间不超过44小时工时制度的标准计算。“综合计时制”允许轮休，只要工作量没有超过规定工时，则不违反劳动法的规定。

虽然该女工周日本应轮到休息，该企业在其他职工病休的情况下，要求该女工上班，没有违反任何规定；且如果该女工上班，该周的工作时间是40小时，该周的工作天数是7天，其工作量并未超过规定工时。但企业要求女工加班前该与女工协商，女工没有其他正当理由是不能拒绝的。

企业按该企业的规章制度，除扣除女工当日工资外，并扣除女工当月的部分奖金的处理并无不妥。

加班费不可以用来抵偿经济损失

【事件描述】

丽水市某公司因生产的一批货物不合格影响了生产，为赶时间完成订单，公司要求所有员工连日加班，每天加班3小时以上，并拒绝支付加班费。有员工不服，向劳动监察机构举报。经调查核实，劳动监察机构对公司作出了停止加班、支付职工加班工资和经济补偿、并处以罚款的决定。

公司认为，这批订单按正常的工作进度应该按时完成，是由于员工生产出了大量的不合格产品而耽误了完成订单的时间，并造成了经济损失，所以员工应该加班，且加班费是不应支付的。于是公司向当地人民政府申请行政复议，请求撤销劳动保障监察机构作出的行政处罚决定。复议机关经审理，依法维持了劳动保障监察机构作出的行政处罚决定等具体行政行为。

【律师点评】

在本案例中，该公司的说法是没有法律根据的。本案中，公司安排加班的行为未经与劳动者协商，员工加班是被迫的，且每日加班3个小时以上，违反了劳动法关于加班程序和加班时间标准的规定。

按照我国现行劳动法的规定，用人单位一般应实行每日工作8小时、每周工作40小时的标准工时制度。因工作性质或者生产特点的限制，不能实行以上工时制度的，按照国家有关规定，可以实行其他工作和休息办法。应注意的是，这种例外必须有其他的明文规定。同时，用人单位由于生产经营需要，可以延长工作时间，但必须经与工会和劳动者协商，并且一般每日不得超过1小时，因特殊原因需要延长工作时间的，在保障劳动者身体健康的条件下延长工作时间每日不得超过3小时，同时每月不得超过36小时。因此，公司的加班行为明显违法。

同时，根据劳动法第四十四条的规定，安排劳动者延长工作时间的，支付不低于工资的150%的工资报酬；休息日安排劳动者工作又不能安排补休的，支付不低于工资的200%的工资报酬；法定休假日安排劳动者工作的，支付不低于工资的300%的工资报酬。本案中公司加班时间工资报酬的支付应执行上述规定。

至于员工工作失误给公司造成的经济损失，是另一个法律关系，公司并不能单方面以抵偿经济损失为由，违背法律关于加班的上述强制性规定。

因此，劳动保障监察机构根据《违反〈中华人民共和国劳动法〉行政处罚办法》第四、五、六条的规定，作出的要求公司停止加班、支付职工加班工资和经济补偿、并处以罚款的决定，是合法有效的；当地人民政府复议机关作出的维持某劳动保障监察机构行政处罚等决定的复议决定也是正确的；而劳动保障监察机构没有责令公司按相当于延长工作时间工资报酬、经济补偿总和的一至五倍支付劳动者赔偿金，实际上已经是从宽处理。

法定节假日不能用补休来代替加班费

【事件描述】

自2012年7月至2014年6月，江某某在金华市某公司从事保安监控及夜间电话总机值班工作，月工资2250元。2014年6月，江某某以身体不适为由，向公司以书面形式提出解除劳动合同的请求，在公司表示同意后，双方办理了相应手续。可是，公司没有想到的是，江某某离开该公司以后不久便将该公司诉至当地的劳动争议仲裁委员会。江某某认为，自己上24小时班，之后再休息48小时（即当日晚上六点上班，一直到次日晚上六点下班，然后可以休息两整天，第五天再上班），每月实际工作240小时，超出国家规定的工作时间。该公司既未安排他休息，也未足额支付其加班费。因此，他要求该公司支付其法定休假日的工资以及周末休息日工资。该公司却认为，江某某在公司工作时，每天工作24小时就休息48小时，而且每个工作班组有两个人，可以倒班休息、吃饭，并且他们已经向当地劳动部门申报了综合计算工时的申请，并且得到了批准。还有，在法定节假日，该公司已经按照每天40元的标准支付了江某某的加班补助（如果倒休就不享受40元钱的补助）。

劳动争议仲裁委员会裁定双方签定的书面劳动合同合法有效的，用人单位与劳动者约定的工作岗位、工作时间和报酬，不违背有关规定。但是，在法定休假日工作的，加班费不能用补休来代替，所以判决该公司参照国家规定的加班费标准，以江某某个人工资为基数按照300%的标准补足支付加班费不足部分。

【律师点评】

劳动争议仲裁委员会的裁定是正确的。本案中，用人单位没有分清节假日的两种情况，一是休息日，二是法定休假日。休息日即为周六、日。根据规定，在休息日加班的。应当安排其同等时间的补休，不能安排补休的，按照不低于日或者小时工基数的200%支付加班工资；在法定休假日工作的，应当按照不低于日或者小时工基数的300%支付加班工资。也就是说在法定休假日工作的，不能用补休来代替加班费。

法定节假日休息应享受工资待遇

【事件描述】

赵某某是某玩具厂的工人，与单位签订的为期3年的合同中关于工资的约定为80元/天，玩具厂按照赵某某的支付工资，每出勤一天，赵某某可获得工资人民币80元，不出勤时，不享受工资。2014年10月份，因国庆节休假时间较长，实际的工作天数只有20天，赵某某出满勤后，领到了20天工资，比其它月份领的工资都少。财务部解释为他出勤天数没有其它月份多，所以工资少。

“别的单位按月计算工资，怎么10月份的工资就不少呢?”赵某某的脑子还是绕不过弯来。一位懂得劳动法规的同乡朋友，告诉赵某某：“国庆节休假的几天里，虽然不上班，但企业也应当支付工资。这样一来，你的工资就不会少了。”赵某某觉得朋友的话有道理，就到厂人事部交涉，希望为他补发国庆节期间的工资。可人事经理却以国庆节没上班就不发工资为理由，拒绝了赵某某的请求。

【律师点评】

很明显，家具厂的做法是错误的。劳动法中明文规定，法定节假日是带薪休假，应当按照劳动合同中约定的工资标准向职工发放工资，不能以劳动者没有提供正常劳动而拒绝发放。这种带薪休假是国家给予劳动者的福利之一，用人单位不得无故剥夺。

法定节假日，又称法定休假日，是指国家统一规定的用以开展纪念、庆祝活动的休息时间。各国法定节日一般从三个方面规定：政治性节日，如国庆节、解放日等；宗教性节日，如国外的圣诞节等；民族习惯性节日。劳动法第四十条对法定休假日作了规定，根据本条及2013年12月11日国务院第三次修订发布的《全国年节及纪念日放假办法》的规定，用人单位在下列节日期间应当依法安排劳动者休假：

（1）新年，放假1天（1月1日）。

（2）春节，放假3天（农历正月初一、初二、初三）。

（3）清明节，放假1天（农历清明当日）。

（4）劳动节，放假1天（5月1日）。

（5）端午节，放假1天（农历端午当日）。

（6）中秋节，放假1天（农历中秋当日）。

（7）国庆节，放假3天（10月1日、2日、3日）。

日薪制员工也可以享受年薪

【事件描述】

向某某在与余姚市某电器厂签订劳动合同时，厂方告诉他："我们实行的是日薪制，干一天活，给一天钱，一天工作8小时，90元钱，不工作就没工资。你如果同意，就在这签个字。"向某某并未觉得有何不妥，很爽快就签了字。

两年以后的一天，向某某忽然接到老家发来的母亲病危的电报，让向某某急归，向某某心急如焚，赶到厂里请休年假，厂里回的话很奇怪："你有事就快回去吧，不用这么费事，有什么好请假的，我们实行的本来就是日薪制。"向某某觉得摸不着头脑："那这年休假，你们到底批准不批准?""批准，当然批准，以后有事就可以不来上班，不用请假了。""那你给我一张休假条。""多久?""8天吧。"向某某从已经极不耐烦的办事员手中接过休假条，匆忙赶回家。

回家以后，母亲已经转危为安，医生检查后，说没有大碍，向某某终于松了口气。

8天时间很快过去，向某某又回到厂里。但当月月底在领工资时，向某某发现自己的钱明显比平时少了很多，于是去和厂方交涉。厂方解释说："上个月你8天没来工作，少的是这8天的薪水。"向某某不太明白这种解释："我休的明明是年假，也有休假条，怎么扣工资呢?"厂里也不甘示弱："劳动合同上明明白白写着工作一天，发一天工资，底下是你的签名，你这8天难道工作了吗?"向某某据理力争："这8天我确实没工作，但我不是不工作，是休假，这是两码事。"厂领导仍坚持自己的意见："向同志，那是别的工资制度，我们不一样，我们这是日薪制，这才是两码事，你怎么就不明白呢?"向某某想了良久，还是没有搞明白。

【律师点评】

该用人单位拒不支付职工带薪年休假期间工资的做法是错误的。

劳动法中有对带薪年休假的规定："国家实行带薪年休假制度。劳动者连续工作一年以上的，享受带薪年休假。”并且还规定：“劳动者在法定休假日和婚丧假期间以及依法参加社会活动期间，用人单位应当依法支付工资。”所谓带薪年休假制度，是指劳动者每年享有一次连续的带工资的休息时间。其法定条件是连续工作一年以上。这就是说，只要劳动者连续工作时间在一年以上，就有资格享受带薪年休假，不论用人单位实行什么样的工资制度，即不管是月薪制、日薪制，也不论是计时工资制还是计件工资制，都应当给予劳动者享有带薪年休假的权利。既然叫作带薪年休假，那就是休假期间用人单位要照发工资。

该工厂以劳动者不工作为由，年休假期间就不发给工资显然是违反劳动法的规定的。本案例中，该工厂以与向某某签订的劳动合同中约定实行日薪制，工作一日领一日工资，不工作便无工资为理由，不支付年休假工资也是不正确的。单从劳动合同的约定来说，工作一日领一日工资，不工作便无工资，这与劳动者享受带薪年休假并不矛盾。劳动合同中约定的工资支付办法是指在正常情况下，它不应当包括劳动法中对年休假工资规定的情形。即劳动者在年休假期间，用人单位应当依法支付工资。

如果该工厂认为劳动合同中约定的不工作便无工资包括法定休假日不工作在内，那么这样的条款违反了法律、法规，属无效条款，从订立时就不具有法律效力，劳动合同的这一约定不能成为不支付劳动者带薪年休假期间工资的依据和理由。

职工主动辞职，同样享受未休年休假工资

【事件描述】

2015年6月底，高某某因个人原因从单位辞职。办理离职手续时，高某某向单位索要2015年度应未休的年休假工资。高某某认为：带薪年休假是法律赋予劳动者的权利，自己因为工作而没有休假，公司理应支付年休假工资。公司认为，职工休年休假应当提前书面申请，公司进行安排，高某某没有提出休假申请，应视为其放弃休假，公司不需要向高某某支付休假工资。高某某遂到当地仲裁委员会进行咨询。

【律师点评】

在本案中，公司应当按照高某某应休年休假天数向高某某支付相应的年假工资，原因如下：

（1）根据《企业职工带薪年休假实施办法》第十二条规定：用人单位与职工解除或者终止劳动合同时，当年度未安排职工休满应休年休假的，应当按照职工当年已工作时间折算应休未休年休假天数并支付未休年休假工资报酬。此条款并未区分用人单位要求解除劳动合同还是劳动者要求解除劳动合同。也就是说，无论解除或终止劳动合同的原因在于谁，只要出现劳动合同解除或者终止的情形，用人单位就应当向劳动者折算并支付当年度应休未休年休假的工资报酬。

(2) 法律并未规定职工享受年休假必须先向用人单位提出申请，相反却为用人单位设定了根据本企业生产工作的具体情况，统筹安排职工年休假的义务。高某某未主动申请休年假并不等于他放弃了休年休假的权利。

综上所述，公司应当按照高某某应休年休假天数向高某某支付相应的年假工资。

请人代班算旷工

【事件描述】

赵某系某蜡染厂固定工，2008年5月蜡染厂实行全员劳动合同制，赵某与蜡染厂签订了无固定期限劳动合同。由于纺织行业不景气，企业效益欠佳，赵某便在小区开了一家小餐馆，从此，赵某的劳动纪律观念开始淡薄，经常是在厂里转一圈就走，有时甚至根本不来，厂领导考虑到工人的收入较低，厂里的事又不多，对此现象，未多加管理。2014年下半年，企业效益开始好转，生产逐步转入正常。2014年10月，企业发出通知，强调劳动纪律，要求所有职工必须克服以往懒散状态，按时回厂上班。通知发出后，大多数职工按时回厂上班，赵某因自己开的餐馆效益不错，一直未回厂上班，轮到自己当班即请人代替其上班，其间赵某的车间主任多次打电话通知赵某上班，并告知："如不上班，厂里将予以除名。"赵某每次都口头答复同意上班，但总不回厂，车间不少职工对此议论纷纷。2014年12月，企业以赵某长期旷工为由对赵某作出除名决定，并下发除名通知书。

收到处罚决定书后，赵某向当地劳动争议仲裁委员会申请仲裁。劳动争议仲裁委员会受理后，经调查，认为赵某在企业多次下达通知的情况下，无正当理由长期不上班达2个多月之久，赵某的行为属旷工，企业据此作出的除名决定，具有事实和法律依据，因而，仲裁委作出裁决维持染织厂对赵某除名的决定。

【律师点评】

本案中，赵某无视其应遵守的劳动纪律，在企业多次通知其上班的情况下，以过去很多人没去上班为借口，拒不到厂上班。每次上班均请人替代，赵某的行为只能认定为无故旷工，其理由如下：虽然赵某每次当班都因请人代班而未空岗，但是，劳动关系是一种特定主体之间的关系，在实现劳动的过程中，相关的权利与义务只能由特定主体--劳动关系当事人承担，因此赵某请人代班的行为是违法的，不能据此认为赵某无旷工行为。

按照我国相关劳动法规及企业职工奖惩条例规定，凡雇职工无正当理由旷工时间超过15日以上的，单位可给予除名。赵某连续旷工大大超过15日，蜡染厂在多次通知、劝告无效的情况下，按上述规定对赵某作出除名处理，并无不当之处，所以劳动争议仲裁委员会对企业裁决予以维持。

职工拒绝企业合法的加班行为不对

【事件描述】

某厂工人朱某某因不服厂方扣发奖金而向人民法院提起诉讼。朱某某诉称：2014年6月，因天气多雨，工厂决定在厂外建一座堤坝以防洪水，要求全厂职工加班加点。本人因父母回老家，家中有一弟弟要参加当年高考，必须有人照顾，所以不能加班。向厂方提出不加班的请求后，厂方便没有安排本人加班。但此后，厂方却以本人不服从生产纪律、影响生产秩序为由，扣发本人半年奖金。本人对此有疑议。

厂方辩称：2014年6月，本地区暴雨成灾。因本厂建在山谷中，为防止山洪袭击本厂，决定在厂区外修建一条防洪坝。而此时正值生产旺季，为不影响生产，厂里决定全厂职工都加班加点抢修堤坝。当时，厂里预计加班15天，每天加班约4小时。据此，厂里向市总工会作了请示，市总工会同意厂里的请求。但是，朱某某以必须回家照顾将参加高考的弟弟为借口，拒不加班，厂方于是没有强迫朱某某加班。而经厂方调查，朱某某并没有真正去照顾其将参加高考的弟弟，而是回去与男友约会、谈恋爱。为此，厂方曾找朱某某谈过话，但朱某某不承认自己是去约会了。厂方共计安排全厂职工加班23天，都按规定发给了加班费和夜餐补助费。由于朱某某一次也没加班，厂方鉴于她的工作表现，经研究并征求了工会意见，决定扣发朱某某半年奖金。经调查查明，案件事实与工厂所述一致。法院裁定驳回朱某某诉讼请求。

【律师点评】

这是一起因职工拒绝延长工作时间而引起的争议，仲裁委员会和法院的裁定非常正确。

（1）该工厂延长工作时间的行为符合有关法律规定，不构成侵害劳动者休息休假权行为。我国的法律法规对用人单位延长工作时间在多方面作了严格限制，目的在于保障劳动者的休息休假权真正落到实处，但同时也没有排斥用人单位在规定情况下延长工作时间的权利。从本案的情况看，工厂延长工作时间的行为符合有关规定。劳动法第四十二条规定，发生自然灾害、事故或者其他原因，威胁劳动者生命健康和财产安全，需要紧急处理的情形出现时，延长工作时间不受有关程序、长度的限制。《〈国务院关于职工工作时间的规定〉的实施办法》中也有类似的规定。本案中的工厂在暴雨成灾、地处山谷、面临洪水袭击的情况下，决定延长工作时间以修坝防洪，这种行为是正当、合理的。

（2）朱某某拒绝延长工作时间的理由不能成立。根据有关规定，劳动者拒绝延长工作时间应具备下列条件之一：一是用人单位延长工作时间不符合有关规定，是侵害劳动者休息休假权的行为；二是劳动者因自身或家庭有特殊情况不能加班加点，如劳动者患病、家庭成员确需劳动者照顾等。前面的分析已排除了第一种情况。从本案的事实看，朱某某也不属于第二种情况。如果朱某某确因照顾即将参加高考的弟弟而不能加班加点，可以认为其理由是成立的。但实际上，朱某某是借照顾之名行约会之实，这就使她的行为失去了正当理由。因此，该厂对她的违纪行为予以处理的决定是正确的。

第三章　社会保险案例分析

临时工能够享受社会保险待遇吗

【事件描述】

2014年12月，赵丽玲等被某商厦招聘为服务员。2015年3月，赵丽玲等发现，商厦没有为她们缴费社会保险费。她们要求商厦为其补缴各项社会保险费，商厦领导却以双方没有签订劳动合同、赵丽玲等人属于临时工为由，拒绝补缴各项社会保险费。赵丽玲等人不服，向当地劳动争议仲裁委员会提出申诉。“临时工”能够享受社会保险待遇吗?

【律师点评】

用人单位不为赵丽玲等职工缴纳各项社会保险费的做法，违反了国家法律、法规的有关规定，其强调赵丽玲等人属于“临时工”的理由是不成立的。

本案中，赵丽玲等人虽未同商厦签署书面的劳动合同，但是，却形成了事实劳动关系。只要存在事实劳动关系，劳动者的一切权益都应该得到保护，其损失也应由用人单位赔偿。商厦不为赵丽玲等职工缴纳社会保险费的理由是她们属于临时工。1989年10月5日国务院发布的第41号令明确规定，临时工是指使用期限不超过1年的临时性、季节性用工。赵丽玲等人长期在企业工作，虽然不属于临时工的范畴，应该属于劳动合同制职工。针对这一问题，劳动和社会保障部早在1996年就已经做出明确规定。《劳动部办公厅对〈关于临时工的用工形式是否存在等问题的请示〉的复函》规定，所有用人单位与职工全面实行劳动合同制度，在用人单位各类职工享有的权利是一群的。从上述法规可知，用人单位的所有职工都是劳动合同制职工，赵丽玲等人享有同其他职工一样的权利，显然，这也包括她们享受社会保险待遇的权利。商厦不为赵丽玲等职工补缴各项社会保险费是违反国家有关政策规定的，用人单位接受当地劳动争议仲裁委员会的调解意见，也是应该的。

钟点工可以参加社会保险吗

【事件描述】

张明，山东省威海市居民。2015年2月，张明经某公共职业介绍机构介绍，到某企业打扫卫生，每天工作3小时，干钟点工。2015年3月，张明听说钟点工也可以参加社会保险，就打电话询问社会保险经办机构。钟点工可以参加社会保险吗？

【律师点评】

钟点工可以参加社会保险。

根据《关于钟点工形式就业有关问题的通知》的规定，（1）钟点工是指在《劳动法》规定的全日制用工以外，劳动者与一个（或一个以上）用人方按小时工作时间建立劳动关系并享有和履行相应权利、义务的就业、用工形式。（2）用人单位阶段性、季节性和生产经营高峰期用工，招用劳动者每日、每周、每月工作时间分别在法定的日、周、月标准工作时间50%以下的，可以招用钟点工。超出上述限定的，应属于全日制用工。（3）非单位（如家庭等）和非正规就业组织使用钟点工不受上款范围限定。（4）由劳务派遣组织派出，并与其签订劳动合同的钟点工形式就业者，不适用本通知。劳动者以钟点工形式就业的，可以由公共职业介绍机构办理档案托管手续，建立和接续社会保险关系，参照自谋职业人员的规定缴纳社会保险费。在威海市职业介绍中心办理档案托管的人员，按文件的规定，直接向市社会保险费征缴中心缴费。钟点工参加社会保险后，社会保险待遇按本市城镇企业职工社会保险的有关规定执行。本案中，张明可以委托职业介绍机构办理档案托管手续，建立或者连接社会保险关系。这样，张明就可以获得社会保险制度的保障了。

员工自愿放弃社保不可行

【事件描述】

某单位新招了几个外地来的员工，其中一个员工说：我一个月就两千多块钱，我不愿意参加什么社保，到时得了病或者发生了事故责任自负，算我自己倒霉，我保证不找单位。要是你们还信不过的话，我写个“自愿放弃社保”的申请，保证将来不找单位麻烦，自动放弃诉讼权利。

【律师点评】

社保具有法定性、强制性等特点，依法缴纳社会保险既是员工的权利也是义务，自愿放弃社保申请是无效的。如《劳动法》第七十二条明确规定：“用人单位和劳动者必须依法参加社会保险，缴纳社会保险费。”对于单位来说，还存在另外一层风险：企业在招用劳动者时处于强势地位，实践中很有可能被员工反诉当初是因胁迫写下放弃社保申请；而《自愿放弃社保申请》本就违法无效，最后用人单位不得不承担相应责任。而且，《社会保险费征缴暂行条例》等法规明确，对员工个人应当缴纳的社会保险费，单位有权从工资中代扣代缴，用人单位应当依法参保。

社保现金折算发放有风险

【事件描述】

某单位新招一位员工，该员工说我不需要公司给交社保，请公司把社保缴费部分发给他，他可以多拿点工资。为了避免以后说不清，他可以和单位签一协议："单位已将社保费折算为现金200元发放到工资，由员工个人参加社保，有关责任单位概不负责。"

【律师点评】

社保中尤其是养老保险，是依靠延期支付将当期部分收入转化为未来的持续稳定待遇，以此来达到养老的目的。现金发放是根本违反社保原理的。折算现金的做法并不能免除单位缴费责任，如果员工获得现金补偿后反悔提起诉讼，那单位仍然应该承担补缴责任；而且由于社保缴费基数是依据员工工资收入来确定的，如果没有很充分的证据，当初折算的现金发放社保费很有可能被判定为工资收入，导致社保补缴基数更高。采取现金折算社保费的办法反而给单位带来更大损失。

试用期满后签合同补保险有风险

【事件描述】

某单位是精密仪器加工企业，最近来了一个大订单，需要招用大批技术工人，由于该工种对工人的技术以及其他能力有一定要求，领导对人事提出：对本批次工人招聘录用需要先设立试用期，等试用合格再签合同上保险。人事社保专员提出保险应该从参加工作时参保。领导说，没有关系，只要试用合格的，一律从来单位时间起补缴社保，这样就不欠了。人事社保专员觉得好像有些不对，但又说不出来具体原因。心里还是有些打鼓，不知道这样做会不会有什么风险？

【律师点评】

这个案例在现实中很普遍，这么做的心理主要是出于流动性大减轻麻烦以及节约成本的考虑。这种做法的风险有三：

第一，根据《劳动合同法》，不签劳动合同超过1月会面临双倍工资风险。

第二，未参保的事实劳动关系期间，如若发生工伤事故等需要社保支付待遇的情形，单位将承担相应责任的风险。

第三，面临劳动保障部门监管处罚风险以及员工以单位未依法参加社会保险提出解除劳动关系、补缴社会保险并主张赔偿金的风险。

上两天班要求缴全月社保

【事件描述】

罗某是9月29日报到，劳动专员办理了入职手续，并签订劳动合同，自本月29日起生效，罗某当天正式开始上班。等到工资发放后，罗某找到单位人事社保专员，说工资条上没有扣9月社保费。人事社保专员解释说，由于罗某是25日以后报到，已经超过了社保中心业务经办时限，9月无法再办理增员，所以其社保扣缴只能从10月开始。罗某说，这不对啊，9月29日报到，9月也正常上班了两天，应该补缴9月社保。人事社保专员说，您9月份就上了两天班，给的工资连个人部分都不够扣，而且单位缴费比例还高，这样单位就亏大了。双方争执不下。

【律师点评】

这个案例是经办实务中有时会遇到的特殊情况，也是实务中的关键细节之一。《劳动合同法》规定“已建立劳动关系，未同时订立书面劳动合同的，应当自用工之日起一个月内订立书面劳动合同。”但是社会保险并未有相应规定，这位月底入职的员工上两天班要求缴纳全月社保的要求很大程度上会得到支持。破解这个难题的关键在于“不让这类情形发生”！人力资源部可以结合实际情况制定入职报到程序，避开超过社保经办时限后的月底入职，或者采取约定劳动合同生效时间（下月1日起），且此期间不安排用工避免形成事实劳动关系的灵活方式来解决。

不按时提供相应资料导致延迟参保

【事件描述】

2014年8月初，人事专员通知新来的小彭签合同并提供相关资料。小彭当时没有提供相关资料，而是说要回去准备准备，下周一再交相关资料。但接下来的三个月，小彭因各种原因将资料提交时间拖延了三个月。2014年11月，小彭终于提供全了资料，但要求单位补缴8月至11月的各项社会保险，人事专员很郁闷：这明明是你自己的原因导致的不能缴纳，怎么让我们给补呢？而更让人事专员郁闷的是，小彭还要求单位报销其三个月内的医药费用。

【律师点评】

这个案例中因为员工的原因延迟参保，产生了几个棘手问题：一、未参保即用工，形成违规风险，如果此期间发生工伤事故等待遇支付情形，单位将承担相应责任；二、存在劳动关系下的补缴。如北京的相关规定（京劳社养发[2007]21号文）：在国家规定劳动年龄内的被保险人，由于用人单位原因应缴未缴基本养老保险费的，经确认后，可以补缴基本养老保险费。跨年补缴要加乘社平比值，而因此多产生的费用由单位承担。但经办实务中因“员工个人原因”无法通过补缴审批。为了防范逆向选择，一些险种设计为补缴不补支，如京人社办发[2009]55号文规定：“未按规定及时参保缴费的，应按照规定补缴基本医疗保险费，补缴以前参保人员发生的医疗费用由用人单位支付，基本医疗保险基金不予补支。”综合考虑以上种种，建议人力资源管理者在开始时就从严要求，一是严格程序、将入职材料作为报到必备条件；二是将超过一定时限无法提交相应材料，约定为劳动合同中止条件；三是书面通知入职报到要求并做好领取签字，在延迟情况发生后果断中止劳动合同，杜绝风险。从经验来看，参保材料往往也仅是照片、身份证复印件、户口本复印件等而已，在入职报到时严格要求，过程中重点跟催、视情况果断中止等，都是解决此问题的一些好办法。

用工资拆分来降低社保基数

【事件描述】

浙江嘉兴市某公司对员工的工资分配实行结构工资形式，即将工资拆分成基础工资、奖金、津贴、补贴等几部分，根据具体考核计算每月工资。由于奖金与绩效考核结果挂钩，员工每月工资收入变化较大。为了确定社会保险费的缴费基数，公司与员工约定：以基础工资的标准作为缴纳社会保险费的基数。员工老杨想到少扣点社保自己还能多些钱，而且不想因此放弃了到该公司工作的机会，因此同意了公司的做法。三年后，合同到期终止，不再续订，老杨心存失望。于是在办理离职手续时，老杨向公司提出了社会保险费缴费基数与自己工资收入不符的问题，希望公司予以补偿。公司表示双方对社会保险费缴费基数已有约定，公司按约定为杨先生缴费不存在问题，对杨先生的要求予以拒绝。双方于是发生争议。

【律师点评】

目前全国的社保基数确定主要有两种情形，一种是被保险人“上一年月平均工资”，一种是被保险人“当月工资”，然后根据上下限截取后核定（上下限一般根据社会平均工资水平的一定比例确定）。这里的工资统计口径，是按国家统计局规定列入统计范围内发放的工资总额。统计局[1990]1号令《关于工资总额组成的规定》规定，“工资总额是指各单位在一定时期内直接支付给本单位全部职工的劳动报酬总额。包含计时工资、计件工资、奖金、津贴和补贴、加班加点工资、特殊情况下支付的工资六项。”所以简单拆分工资结构，只按其中某部分工资来核定社保基数的做法是违反规定的，单位和个人任意约定基数的做法更是行不通。

个人缴还是单位缴

【事件描述】

张某以前一直以个人自由职业名义在人才中心参保缴费，现在被一家单位聘用了，签订了全日制用工的劳动合同。单位社保专员告诉他，不用将保险转到公司，他只需每季度拿自己在人才中心参保缴费的票据到单位报销即可。小王这种情况，到底是应该在人才中心继续个人缴费还是在单位代扣代缴？

【律师点评】

以个人名义在人才参保缴费和在单位代扣代缴有如下几点区别：

（1）参加险种：个人名义参保只包括养老保险、医疗保险和失业保险，无法参加工伤保险；

（2）缴费基数：个人名义参保基数是社平、下限及高限等几档灵活选择，而在单位缴费是依据工资收入来核定的；

（3）缴费水平：个人名义参保缴费比例会比在单位缴费的总和低一些，例如，养老保险在单位参保缴费比例是合计28%（其中单位负担20%，个人负担8%），但是如果个人名义参保全部由个人负担，比例为20%；

（4）享受待遇：个人名义参保的医疗保险待遇会有“等待期”等限制。

京劳险发[1999]8号文规定，以个人名义参保的范围限于“具有本市城镇户口，在国家规定的劳动年龄之内，有劳动能力的个体劳动者、自由职业人员。所称个体劳动者指个体工商户雇主及受雇人员；自由职业人员指在没有与单位建立劳动关系期间，依靠提供劳务，并获得合法劳动报酬的人员。”京劳社保发[2005]90号文规定，“与用人单位建立劳动关系的个人委托存档人员，由所在单位按规定为其办理参保缴费手续。个人委托存档人员本人提出要缴费凭证的，代理处根据社会保险经办机构提供的扣缴到位信息，可以为其开据‘北京市社会保险基金专用票据’须注明不予报销或加盖不做报销凭据章。”所以，单位已经聘用自由职业者的员工，让其继续以个人名义缴费，单位报销的做法是存在一定风险的：一是参保范围上违反8号文规定，二是报销上违反90号文规定，三是个人名义参保无法参加工伤保险，万一发生工伤事故单位应承担不利责任。所以，招用这样的员工应让其及时从人才停缴，转为在单位参保缴费。

缴费约定不得违反国家规定

【事件描述】

员工刘某与北京某企业于2012年5月签订了为期5年的劳动合同，月工资8500元。合同约定如果刘某某提前解除劳动合同，需要向企业支付违约金，标准为刘某每提前一年解除劳动合同，就要交违约金8500元。双方同时约定，刘某某的社会保险费缴费基数为3000元。

2014年5月，某猎头公司看中了刘某，称给予其月薪15000元的工资待遇。刘某为之心动，但按照合同约定主动辞职要承担违约责任。为了达到目标，猎头公司建议刘某以企业未按劳动合同约定支付报酬或未依法缴纳社会保险费为由提出辞职，这样就不需要承担违约责任了。经过考虑，刘某于2014年5月8日以企业未足额缴纳社会保险费为由提出辞职，随后便到新公司上班。

一个月后，刘某收到原企业起诉要求其承担违约责任的应诉通知书。庭审中，刘某原在企业诉称，以3000元为社会保险缴费基数是与刘某某协商一致的结果，是刘某某真实意思的表示，企业并无过错，刘某某以此为由解除劳动合同并不能免除其违约责任。因此，请求仲裁委员会裁决刘某某支付违约金25500元。

【律师点评】

在本案中有两个焦点要考虑：

（1）员工能否以企业未依法缴纳社会保险费为由解除劳动合同？

根据劳动法第三十二条规定：“有下列情形之一的，劳动者可以随时通知用人单位解除劳动合同：（一）在试用期内的；（二）用人单位以暴力、威胁或者非法限制人身自由的手段强迫劳动的；（三）用人单位未按照劳动合同约定支付劳动报酬或者提供劳动条件的。”可见，劳动法并没有把企业未依法缴纳社会保险费作为员工随时通知解除劳动合同的情形。但一些地方的劳动合同立法却对此作了不同规定。如《北京市劳动合同规定》第三十五条规定：“有下列情形之一的，劳动者可以随时通知用人单位解除劳动合同，用人单位应当支付劳动者相应的劳动报酬并依法缴纳社会保险费：……（四）用人单位未依法为劳动者缴纳社会保险费的。”可见，在北京市，员工可以以企业未依法缴纳社会保险费为由，随时通知企业解除劳动合同。

（2）企业与员工约定的社会保险缴费基数是否有效？

该公司与员工达成的3000元基数缴交社保的协议侵犯了国家的利益，损害了社会统筹制度的建设，而损害国家利益的行为是被法律禁止的，即使用人单位有证据证明员工是自愿放弃自己的权益也是无效的。因此，企业的诉请得不到法律的支持。

建立劳动关系就须缴社保

【事件描述】

2014年6月1日，王女士应聘于上虞某公司从事行政工作。双方签订了为期一年的书面劳动合同，约定月工资2850元，实行8小时标准工作时间，享受国家带薪年假待遇，公司不负责缴纳社会保险费。2015年1月10日，王女士发现该公司存在加班未支付加班费的情形，王女士就该问题与公司负责人进行协商，未果，于时王女士向劳动争议仲裁委员会提起劳动仲裁申请，要求该公司依法支付加班费并补缴社会保险费。后经劳动仲裁委员会裁决，公司支付了王女士的加班费，并补缴王女士在职期间的社会保险费。

【律师点评】

在本案中有三个问题值得探讨：第一、缴纳社会保险费是用人单位强制性的法定义务吗？第二、协议约定用人单位不为劳动者缴纳社会保险费的条款有效吗？第三、劳动者对用人单位不缴纳社会保险费有何维权途径？

（1）用人单位参加社会保险，为劳动者缴纳社会保险费是法定的强制性义务。

用人单位和劳动者必须依法参加社会保险，缴纳社会保险费，这是法律规定的劳动关系当事人必须履行的强制性义务。劳动法明确规定，建立社会保险制度，使劳动者在年老、患病、工伤、失业、生育等情况下获得帮助和补偿，用人单位和劳动者必须依法参加社会保险，缴纳社会保险费。社会保险法也明确规定，用人单位依法缴纳社会保险费。可见，劳动者的社会保险是由法律明确规定的，依法参加社会保险是劳动者和用人单位的法定义务，劳动者只要与用人单位存在劳动关系，就享有用人单位为其缴纳社会保险费的待遇和权利。

（2）不缴纳社会保险费的协议约定违反法律和行政法规的强制性规定，属无效条款。

虽然不参加社会保险，不缴纳社会保险费的约定是在自愿前提下形成的合同内容，但因该约定违反了国家法律和行政法规的强制性规定，即使自愿签订也不能改变其违法性质，对劳动合同的双方均没有法律约束力。因为劳动合同法明确规定，违反法律、行政法规强制性规定的劳动合同无效或者部分无效。无效条款当然不受法律保护。可见，用人单位为劳动者缴纳社会保险费是其应当承担的法定义务。只要劳动关系存续，用人单位就应依法为劳动者缴纳社会保险费。

（3）用人单位未缴纳社会保险的，劳动者可以通过社保经办机构或者劳动监察部门依法维护自己的权利。

劳动者遇有用人单位拒不缴纳社会保险费而发生社会保险争议的，可依据《社会保险法》和人保部令《实施〈中华人民共和国社会保险法〉若干规定》，可以选择申请调解、仲裁，提起诉讼等救济途径。

综上所述，只要建立了劳动关系，用人单位就必须为劳动者缴纳社会保险。据此，王女士依法向劳动争议仲裁委员会提出由用人单位支付加班费和缴纳社会保险费的请求，符合法律强制性规定，得到了仲裁机构的支持。

高薪不能取代保险待遇

【事件描述】

某一从事计算机软件开发的外商独资公司，高薪聘用了一位博士毕业生林某某，任命其为副总经理。当时，公司董事长在谈到工资待遇时，对林某某说："董事会给你定的工资为12000元。除此之外，再没有其他福利待遇了。医药费报销、养老等问题都得自己解决，公司概不负责。"听了董事长这番话，林某某心里盘算："这个公司给我的工资的确是够多的，可将来万一得了什么大病，或者老了怎么办呢？"但他转念又一想："我还不到30岁，也不会有什么大病，至于养老问题，现在考虑还为时过早。倒不如趁年轻多挣些钱，实惠。"

工作以后，林某某为了解除自己的后顾之忧，每月从工资中拿出一千元，向保险公司投了一份养老保险。这样一来，他在这家公司工作，倒也觉得很踏实了。

几个月后，由于林某某与董事长在公司的经营管理等重大问题上，产生了分歧，被公司解除劳动合同。林某某不服，申请了劳动争议仲裁。

在劳动争议仲裁委员会，林某某同时又提出了公司未给他缴纳养老保险的问题，他认为，这也是侵犯他合法权益的行为。但该公司的董事长抗辩道："不为你缴纳养老保险，是事先跟你讲好的。你现在无权反悔。再说，你不是自己已经向保险公司投了养老保险了吗？"

公司是否有权不为林某某缴纳养老保险？

【律师点评】

养老保险是国家为了保障职工退休后的基本生活，而建立的一种社会保障制度，也是社会保险的一种。劳动法中规定："国家发展社会保险事业，建立社会保险制度，设立社会保险基金，使劳动者在年老、……等情况下获得帮助和补偿。"劳动法规定的这种社会保险，不同于保险公司的金融保险，主要区别在于，（1）前者是在与用人单位发生劳动关系时，劳动者应享有的权利，但后者却不是；（2）前者是强制性的，即企业和劳动者必须依法参加，而后者是自愿性的，即是否参加，完全凭企业或劳动者自愿。所以，林某某自己向保险公司投保的养老保险，不能代替社会保险中的养老保险。

本事件中，并不能因为林某某当初默许同意公司不参加养老保险，就可以免除公司的责任。因为劳动法第七十二条中规定："用人单位和劳动者必须依法参加社会保险，缴纳社会保险费。"这说明，参加社会保险，缴纳社会保险费不光是用人单位的义务，也是劳动者的义务。它是用人单位和劳动者的共同义务。对于劳动者的权利，劳动者当然可以放弃，但是对于义务，就必须履行，他无权放弃。因此，即使劳动者不想参加社会保险也是不行的。

综上所述，可以看出，该外商公司以高薪来取代职工的养老保险，是违反法律规定的。它不仅应该依法为职工缴纳养老保险，还应该同时缴纳失业、大病医疗等政府规定的社会保险。只有这样，才能保障职工的合法权益，并免受违法制裁。

试用期也应当缴交社会保险

【事件描述】

2015年3月，张某被某传媒公司录取，通知他于3月15日报到上班，同时告知试用期三个月，试用合格后签订劳动合同，办理社会保险。工作两个月时，张某发现单位同期录取的另外14名员工皆未签订劳动合同，办理社会保险，于是向劳动保障监察机构举报了该单位违法行为。劳动保障监察机构受理该举报后，及时向该单位劳资负责人调查了解情况，调阅单位员工花名册、工资表、劳动合同和社会保险登记及缴纳材料，发现举报人反映情况属实。基于以上事实，劳动保障监察机构根据《中华人民共和国劳动合同法》、《中华人民共和国劳动法》的相关规定，责令该传媒公司在7天内与该15名员工补签劳动合同，并为他们补办社会保险，同时对公司关于劳动合同试用期约定条款进行特别政策指导。三天后该公司与15名新员工签订了劳动合同，并为他们补办了两个月的社会保险。

【律师点评】

本案涉及的焦点是用人单位在职工试用期内是否应当签订劳动合同，办理社会保险？

《中华人民共和国劳动合同法》第十条规定："建立劳动关系应当订立劳动合同"，第十九条规定："劳动合同当事人可以根据岗位技能的要求协商约定试用期。试用期的约定，适用下列规定：（一）劳动合同期限三个月以上不满一年的，试用期不得超过一个月；（二）劳动合同期限一年以上不满三年的，试用期不得超过二个月；（三）三年以上固定期限和无固定期限的劳动合同，试用期不得超过六个月。试用期自劳动合同实际履行之日起计算，包括在劳动合同期限之内。”因此公司于试用期结束后再签订劳动合同的做法违反了上述法律法规规定，并且在补签劳动合同时应当按照条例规定约定试用期。

互有约定，用人单位不为职工办理社会保险也是违法的

【事件描述】

2013年4月，刘某等5人应聘到某公司工作，公司在工资待遇方面提出如果职工坚持要求办理社会保险的话，将会从职工工资中每月扣除300元。刘某等觉得还是多拿点工资好，至于办不办社会保险，没什么关系。于是与该公司签订了为期三年的劳动合同，规定每月工资2500元，公司对社会保险事宜不予负责。

2014年12月，劳动保障部门在进行检查中发现该单位没有依法为签订劳动合同的职工办理社会保险，遂对其下达限期整改指令书，要求该公司为刘某等员工办理参加社会保险手续。该公司则认为，公司不负责社会保险是经双方协商同意，在劳动合同中已明确约定的。后经劳动保障部门工作人员对其宣讲国家有关社会保险的法律法规和政策规定，双方依法修改了合同内容并为刘某等员工办理了参加社会保险手续。

【律师点评】

该案中双方虽然在自愿、协商一致的基础上，签订了劳动合同，但是由于合同中有关社会保险约定的内容违反了国家现行法律、行政法规的规定，从而导致双方合同中约定的部分条款无效，应当依法予以纠正。

国家制定了一系列法律法规保障职工依法参加社会保险。劳动法明确规定，“用人单位和劳动者必须依法参加社会保险，缴纳社会保险费。”《社会保险费征缴暂行条例》第四条规定，“缴费单位、缴费个人应当按时足额缴纳社会保险费。”并且明确规定了缴费单位的义务：向当地社会保险经办机构办理社会保险登记，参加社会保险；按月向社会保险经办机构申报应缴纳的社会保险费数额并在规定的期限内缴纳，履行代扣代缴义务等。根据国家法律法规的规定，社会保险是国家强制保险，为职工办理社会保险是用人单位法定义务，因此，刘某所在单位有义务为其办理社会保险。而本案中，双方约定公司不负责为刘某等办理社会保险，虽然是双方在自愿基础上的约定，但是约定内容与法律、法规的规定相抵触，自愿签订并不能改变其违法性质，因此该条款是无效条款，对合同双方没有法律约束力，并且应当依法予以纠正。

个体户也要为雇员缴社保费

【事件描述】

湖州市某个体商场新开张，雇佣陈某等4人为营业员。工作了一个月后，商场老板称她们经试用合格可继续留任商场工作。但当陈某等问及签订劳动合同和缴纳社会保险一事时，老板却说，商场是在工商行政管理机关登记注册的个体工商户，职工才五六个人，都是临时雇请来的，是雇佣关系不存在劳动关系，无需同她们签订劳动合同和缴纳社会保险费，按规定支付劳动报酬就行。陈某等不解，带着疑问向当地劳动保障监察部门咨询。

【律师点评】

劳动法第二条第一款规定，在中华人民共和国境内的企业、个体经济组织和与之形成劳动关系的劳动者，适用本法。劳动部《关于贯彻执行〈劳动法〉若干问题的意见》第一条规定，劳动法第二条中的“个体经济组织”，是指一般雇工在7人以下的个体工商户。劳动合同法延续了劳动法中个体经济组织的用法。劳动合同法第二条规定，中华人民共和国境内的企业、个体经济组织、民办非企业单位等组织与劳动者建立劳动关系，订立、履行、变更、解除或者终止劳动合同，适用本法。

由此可见，工商行政管理机关登记注册成为个体工商户，属于个体经济组织的范畴。该商场雇佣陈某等4人与之形成是劳动关系，他们之间的劳动关系属于劳动法调整范围。商场规模虽小，但作为用人单位也应该与所招用的劳动者签订书面劳动合同，缴纳社会保险费。劳动保障监察部门在调查核实后依法向该商场下达了责令改正指令书。该商场在接到责令改正指令书后积极地为陈某等办理了社会保险登记手续。

未缴社会保险费用人单位须担责

【事件描述】

付某于2014年3月1日进入瑞安某工贸有限公司，任注塑班长一职，并签订为期2年的劳动合同（2014年3月1日至2015年2月28日）。2014年5月20日，付某以公司没为他办理社保及身体不舒服为理由，向公司提出辞职申请。但公司没有批准，只同意付某先回家看病，病好了再上班。当年6月4日，付某正式离职，6月21日，付某因头痛到某医院就医，经诊断为左侧颞叶多型性神经胶母细胞瘤，当日住院治疗，至7月2日出院，共花费住院医疗费28159元。

2014年6月，付某向当地劳动争议仲裁委员会申请仲裁：要求公司为其补缴2014年3月至6月社保费并办理社保卡；由于公司未为其办理社保，公司应按规定承担医疗费、住院费等。付某同时向法律援助中心申请法律援助，律师为付某提供了法律援助，经调查证实，公司于2014年7月2日在网上申报付某的失业登记备案，登记的解除关系原因为个人辞职，解除关系时间是2014年6月4日。2014年7月21日，在仲裁员调解下，双方最终达成调解协议：南京某工贸有限公司当场支付付某1万元，双方争议就此终结。

【律师点评】

劳动法第七十二条规定：用人单位和劳动者必须依法参加社会保险，缴纳社会保险费。劳动法第七十三条规定：劳动者退休、患病、负伤、因工伤残或者患职业病、失业、生育，依法享受社会保险待遇。由于付某在职期间，用人单位未依法为其办理医疗保险，致使其无法享受医疗保险待遇，用人单位应依法承担相应的法律责任。

根据有关规定，单位与参保人员解除劳动关系，或单位参保人员退休、死亡的，应及时到地税管征局办税服务厅办理参保人员减员手续。单位根据员工实际离职时间办理减员申报，当月减员，次月生效，当月的社保费仍需缴纳。也就是说如果厦门某工贸有限公司在2014年6月为付某成功办理减员申报，也要7月才生效，6月的社保费用仍需缴纳，付某仍可以享受医疗保险待遇。

用人单位未给职工缴纳社会保险 违法必究判决补偿

【事件描述】

2011年2月19日，康某进入某建筑材料有限公司工作，双方签订了书面劳动合同，期限至2014年2月18日。2013年2月5日，康某以家中有事为由提出辞职，双方正式解除劳动关系。但在劳动关系存续期间，公司未给康某缴纳社会养老保险金。劳动监察部门于2014年3月23日向公司发出限期改正指令书，要求公司为员工补缴社会养老保险金，后公司仍未予缴纳。无奈之下，康某向当地劳动仲裁部门申请仲裁。但仲裁部门以超过一年仲裁时效为由，驳回了康某的仲裁请求。随即康某向法院提起诉讼。法院认定，用人单位和劳动者向社会保险经办机构缴纳社会保险金属法律的强制性规定，被告作为用人单位依法为原告缴纳工作期间的社会养老保险金是法定义务。被告有关原告起诉时已超过仲裁时效的辩解，由于原告在辞职后一年内曾向有关部门提出过权利救济申请，因而引起时效中断。故被告的抗辩不符合法律规定。最后法院判决装饰材料有限公司给予补偿。

【律师点评】

在本案中有三个问题要考虑：一、用工单位是否应当为康某缴纳社会养老保险？二、劳动监察部门对用人单位的违法行为是否有强制力？三、康某向用工单位主张补缴社会养老保险金是否已过时效？

（1）在劳动关系存续期间，用工单位应为康某缴纳社会养老保险。依据劳动合同法第十七条第七款规定劳动合同应当具备社会保险条款和《社会保险费征缴暂行条例》第十二条："缴费单位和缴费个人应当以货币形式全额缴纳社会保险费"的规定，可以看出，劳动者与用工单位签订劳动合同时，社会保险属于合同的必备条款，也就是说这是法律强制性规定，用工单位有义务以货币的形式全额为劳动者缴纳社会保险。

（2）劳动监察部门对用人单位的违法行为具有监督、处罚的职能。用人单位在用工期间，为了减少成本、增加效益，减轻自身对所用人员承担的义务，会做出一些违法违规的行为，这些行为侵害了劳动者的权利。为此，国家设立了劳动监察部门，对用工单位进行监督和处罚，以维护劳动者的合法权益。《劳动保障监察条例》第十条规定，"劳动保障行政部门实施劳动保障监察，履行下列职责：（1）宣传劳动保障法律、法规和规章，督促用人单位贯彻执行：（2）检查用人单位遵守劳动保障法律、法规和规章的情况；（3）受理对违反劳动保障法律、法规或者规章的行为的举报、投诉；（4）依法纠正和查处违反劳动保障法律、法规或者规章的行为。其中第十一条第七款规定"劳动保障行政部门对用人单位参加各项社会保险和缴纳社会保险费的情况实施劳动保障监察。劳动合同法第七十四条第六款也规定"县级以上地方人民政府劳动行政部门依法对用人单位参加各项社会保险和缴纳社会保险费的情况监督检查。这些法律法规都为劳动监察部门行使监察监督提供了法律依据。从本案案情看，用工单位未给劳动者缴纳社会保险的行为构成违法违规，故劳动监察部门可依据《劳动保障监察条例》有权对用工单位进行监督检查。

《社会保险费征缴暂行条例》第十三条规定："缴费单位未按规定缴纳和代扣代缴社会保险费的，由劳动保障行政部门或者税务机关责令限期缴纳；逾期仍不缴纳的，除补缴欠缴数额外，从欠缴之日起，按日加收千分之二的滞纳金。滞纳金并入社会保险基金"，据此，劳动监察部门可对用人单位在用工中的违法违规行为进行处罚。实践中，有的用工单位虽被处罚，但仍坚持错误不予改正。一旦出现此种情况，劳动者应尽快采取仲裁、诉讼等救济措施，以保护自身的权利不受侵害。

最后，康某向用工单位主张补缴社会养老保险金未过时效。本案中，康某与用工单位于2013年2月5日正式解除劳动关系，2014年3月以后向仲裁部门申请劳动仲裁。其间，2014年2月4日康某曾对用工单位未缴纳社保金问题向劳动监察部门实名举报。依据《中华人民共和国劳动争议调解仲裁法》第二十七条规定："劳动争议申请仲裁的时效期间为一年。仲裁时效期间从当事人知道或者应当知道其权利被侵害之日起计算。前款规定的仲裁时效，因当事人一方向对方当事人主张权利，或者向有关部门请求权利救济，或者对方当事人同意履行义务而中断。从中断时起，仲裁时效期间重新计算"的规定，康某申请劳动仲裁看似已过一年的仲裁时效，但基于康某举报寻求救济的行为引起了仲裁时效的中断，故此案并未超过仲裁时效。

打工仔药店输液死亡，单位未买社保被判赔8万

【事件描述】

黄某某是广州某公司的员工，2012年，黄某某以梁某某的名义入职公司，公司用梁某某的身份证信息购买工伤保险时，发现梁某某在其他公司已经购买社会保险，因此不能再为黄某某购买工伤保险。公司查问之下得知黄某某的真实身份，要求他更正身份，并协助公司购买社保。黄某某称他的身份证丢失了，并表示不需要公司购买社保，如果发生事故也不需要公司负责。

2014年6月5日10时，黄某某在工作时突然晕倒，在到附近一家药店输液用药后呼吸心跳骤停，经抢救无效死亡。2014年9月13日，广州市社会保障局认定黄某某所发生的事故属工伤。该公司不服向当地法院起诉。

法院经审理认为，虽然黄某某自行到没有行医资格的药店就医，但该公司确实没有为黄某某购买工伤保险，因此法院判决其需支付黄某某赔偿金近8万元，并按法定标准继续支付黄某某年迈父亲和年幼儿子的抚恤金直至供养条件消失之日止。公司不服提出上诉，当地中级人民法院作出驳回上诉、维持原判的判决。

【律师点评】

劳动法第七十二条规定：用人单位和劳动者必须依法参加社会保险，缴纳社会保险费。劳动法第七十三条规定：劳动者退休、患病、负伤、因工伤残或者患职业病、失业、生育，依法享受社会保险待遇。尽管是因为黄某某的原因未能购买社保，但公司在与这样的员工建立劳动手续时就应该谨慎，因为他的身份证是不真实的，就不应该与其建立劳动关系，而现在建立了劳动关系，在其在职期间，用人单位未依法为其办理医疗保险，致使其无法享受医疗保险待遇，用人单位应依法承担相应的法律责任。

职工非因工死亡 单位仍应支付救济金及补助费

【事件描述】

员工因车祸不幸身亡，企业应给予相应的抚恤金补助费。然而日照一家公司却以其下设的宾馆已承包给他人，与死者并无劳动关系为由拒绝支付员工遗属相关补助费。近日，山东省日照市东港区人民法院审结一起劳动争议纠纷案，依法驳回了用人单位不支付补助费的诉讼请求。

李某生前系某公司下设宾馆的厨师。该公司于2012年8月将宾馆承包给孙某经营，并签订了期限5年的宾馆承包合同。2014年11月27日晚，李某下班后与朋友一起喝酒用餐，

回家途中因交通事故死亡。该事故经交警部门认定，李某负全部责任。2015年1月，经死者李某的妻子、母亲、儿子申请，劳动仲裁部门裁决由某公司支付给李某妻子、母亲救济费18645元，并按月支付给李某儿子、母亲生活困难补助费。但公司认为其下设宾馆已承包给孙某个人经营，死者李某系孙某雇佣，与其并无劳动关系，对仲裁裁决不服，故诉至法院，请求法院判令不支付李某一次性救济金及生活困难补助等费用。法院审结，依法驳回了用人单位不支付补助费的诉讼请求。

【律师点评】

原告通过签订承包合同将宾馆承包给孙某管理经营，仅仅是企业管理经营模式的变化，对外依然以企业名义经营，并不因此改变企业的性质。宾馆在经营管理期间招用李某为其厨师，双方虽未订立劳动合同，但已建立事实劳动关系，现李某非因工死亡，依照《中华人民共和国劳动法》等有关规定，日照某公司应支付给作为员工遗属相关非因工死亡待遇，日照某公司诉请无据，据此，法院依法驳回了原告的诉讼请求。

取得经济补偿金后仍能领取失业保险

【事件描述】

李某是某五金冶炼公司的职工。2014年8月，企业为减员增效，号令职工与企业解除劳动合同（有偿解除劳动合同），李某与企业的劳动合同即将到期，就响应公司号召，解除了劳动合同（还有一部分职工也与企业解除了劳动合同）。

依据国务院258号令失业保险条例规定，职工与企业解除劳动合同后，失业保险部分应给失业职工发放失业保险金（该五金冶炼公司按时向失业保险部门缴纳失业保险金）。但当地失业保险部门不予发放，理由是：企业有偿解除劳动合同，已经支付了生活费，失业保险部门不再发放失业保险金了。

那么企业有偿解除劳动合同后，保险部门是否发给失业保险金?该保险部门的这种做法合法吗?职工该如何保护自己的正当权利?

【律师点评】

劳动法第二十四条规定：“经劳动合同当事人协商一致，劳动合同可以解除。”用人单位依据该规定解除与劳动者之间劳动合同的，依据《违背和解除劳动合同的经济补偿办法》（劳部发[1994]481号）第五条规定，应当向劳动者支付经济补偿金。

另外，《关于贯彻执行〈中华人民共和国劳动法〉若干问题的意见》（劳部发[1995]309号）第四十三条做了明确规定。“劳动合同解除后，用人单位对契合规定的劳动者支付经济补偿金。不能因劳动者领取了失业救援金而拒绝或剥削经济补偿金，失业保险机构也不得以劳动者领取了经济补偿金为由，停发或减发失业接济金。”据此，李某与单位解除劳动关系后，虽已按规定享受了经济补偿金，保险部门也应当按规定支付失业保险金。

关于领取失业保险费的期限，《失业保险条例》（国务院令第258号）第十七条规定，失业人员失业前所在单位和本人按规定累计缴费时间满1年不足5年的，领取失业保险金的最长期限为12个月；累计缴费时间满5年不足10年的，领取失业保险金的最长期限为18个月，累计缴费时间10年以上的，领取失业保险金的最长期限为24个月。失业保险金的额度，由各省、市、自治区人民政府确定。

失业金、经济补偿金，两者都不可少

【事件描述】

贺某某2012年从学校毕业，应聘到一家公司从事行政助理工作。2015年3月，公司因经营效益不佳，需要裁减部分员工。公司将负责为这批被裁减的人员办理失业登记，享受失业保险待遇。裁减人员名单下发时，贺某某发现自己也成了其中一名。在董事会上，公司只表示将办理失业登记，并没有提到其他的补偿。据他对劳动法的了解，用人单位解除劳动关系是要给予员工经济补偿的。于是，贺某某来到公司人力资源部门询问，人力资源部门工作人员的回答是：“公司已经为你缴纳了失业保险费，既然当前可以领取失业金，就相当于已经给你补偿了，没有其他的经济补偿金。”“可是，我缴纳了失业保险费，合乎领取失业保险金的条件，可以领取失业保险金，但公司的经济补偿和失业保险金是完全不同的两回事，怎么能把两者相抵销呢?”贺某某辩护道。但是公司仍拒绝支付经济补偿金，于是，贺某某申请了劳动争议仲裁。

【律师点评】

这一事件涉及的问题是劳动者领取失业保险金后是否能获得经济补偿金的问题。根据《违反和解除劳动合同的经济补偿办法》（劳部发[1994]481号）第九条的规定：“用人单位濒临破产进行法定整理期间或者生产经营状态产生重大困难，必须裁减人员的，用人单位按被裁减人员在本单位工作的年限支付经济补偿金。在本单位工作的时间每满一年，发给相当于一个月工资的经济补偿金。”这里的经济补偿金和劳动者所享受的失业保险待遇是完全不同的，两者不能等同，也不能相互取代。原劳动部《关于贯彻执行〈中华人民共和国劳动法〉若干问题的意见》（劳部发[1995]309号）第四十三条明确规定：“劳动合同解除后，用人单位对符合规定的劳动者应支付经济补偿金。不能因劳动者领取了失业保险金而拒付或克扣经济补偿金，失业保险机构也不得以劳动者领取了经济补偿金为由，停发或减发失业保险金。”所以，本案中贺某某的观点是正确的，该工厂应该支付贺某某的经济补偿金。

劳动者在工作进程中碰到相似问题时，应该像贺某某一样拿起法律的兵器掩护自己的合法权益。当然，劳动者除了选择劳动仲裁外，还可以到劳动保障监察机构进行举报投诉。

失业职员到了退休年纪能办理退休

【事件描述】

47岁的杨某某马上就要达到退休年龄了。但是，最近却因公司效益不佳而与公司解除了劳动关系。她越想越惆怅，自己工作了二十多年，该缴纳的社会保险都缴了，却在退休之前成了失业人员，还要靠领失业金过日子，以前的社会保险费不就白缴了吗，她以后还能办理退休手续，领到退休金吗?

【律师点评】

实际上杨某某不要去担忧，因为养老保险是劳动者在年迈或者由于病残而丧失劳动能力的情况下，退出劳动岗位后获得辅助和补偿的一种社会保险。《国务院关于建立统一的企业职工基本养老保险制度的决定》（国发[1997]26号）第五点规定：“本决定实施后参加工作的职工，个人缴费年限累计满15年的，退休后按月发给基本养老金。”所以，只有杨某某所在的单位和其个人都依法缴纳了养老保险费，不论她是失业人员还是在岗人员，都应当为她办理养老保险待遇手续。

未婚先孕不能享受生育保险

【事件描述】

李小姐今年29岁，和男朋友感情稳定，准备后年结婚，但上个月她发现自己怀孕了，且想把孩子生下来，能享受到生育保险待遇吗?

【律师点评】

根据相关法律法规规定，参保人必须先领取结婚证，再按生育保险申报流程办理，才能享受生育保险相关待遇。计划外分娩或非婚生育的费用，生育保险基金不予支付。也就是说没有结婚证是无法享受生育保险待遇的。陈小姐必须先领取结婚证，再按生育保险申报流程办理，才能享受生育保险相关待遇。

因妊娠引起严重并发症、合并症转院生育的可以享受生育保险

【事件描述】

某公司一女职工在家待产的一天突然羊水破了，来不及到单位指定医院，只能到家附近医院急救，家属咨询是否能享受到生育保险待遇。

【律师点评】

从定点医院转到非定点医院，必须由定点医院开转院证明，或遇到临时大出血等紧急情况，到非定点医院就诊才可报销。在非定点医院发生的费用先由个人垫付，医疗终结后30日内，由用人单位到辖区社保经办机构办理费用结算。分娩医疗费用超额的部分，个人支付50%，另50%由生育保险基金支付。

生育津贴能不能代替工资

【事件描述】

滕女士是杭州某企业的翻译，经常陪同领导出国洽谈业务。为此，滕女士几次终止妊娠。后来医生告诉她，如果现在不及时怀孕生育的话，随着年龄的增长，可能将无法生育。在这种情况下，2013年8月，滕女士在31岁的时候怀孕，2014年4月孩子出生。由于滕女士属于晚育，按照规定，滕女士正常产假的基础上，还可以享受30天的晚育假期。当滕女士休完正常产假以后，由于企业工作繁忙，新招用的翻译不能满足工作需要，企业让滕女士停休上岗。考虑到将来还要在企业继续发展，滕女士答应了企业的要求。可是上班一个月后发工资时，双方产生了争议。企业认为，已经给滕女士缴纳了生育保险费，包括生育津贴在内的一切生育保险待遇应该由生育保险基金承担，而滕女士已经领取了4个月的生育津贴，因此，企业拒绝支付滕女士未休的晚育假期工资。而滕女士认为，自己在晚育假期内提供了正常劳动，企业不能因为自己享受了生育津贴而拒付工资。另外，生育保险基金支付的生育津贴低于自己的工资，要求企业予以补齐。双方协商未果。一怒之下，滕女士将企业诉至劳动争议仲裁委员会。

【律师点评】

员工在产假期间提供了正常劳动，生育津贴是不可以替代工资的。因为生育津贴是基于员工缴纳了生育保险费和员工合法生育的事实而应该享受的产假待遇，且员工享受生育津贴不需要提供正常劳动。工资是基于员工提供了正常劳动企业向其支付的报酬。另外一个方面，支付生育津贴的主体是生育保险经办机构，支付工资的主体是企业，二者不可以

相互代替。

职工被借用到其他单位后养老保险应由谁缴纳

【事件描述】

2014年8月，宁波市某服装公司与某服装加工厂协商订立一份加工承揽合同，由服装加工厂为服装公司加工制作一批服装。在商谈过程中，服装公司发现对方是一家乡镇服装加工厂，技术力量不足，因此对承接这笔加工业务心里没底。于是，服装公司便提出将本公司年轻的技术人员孙某某暂时借给服装加工厂使用，增强服装加工厂的技术力量。双方在签订加工承揽合同的同时，也签署了关于孙某某的借用协议，协议中约定：借用时间为半年，借用期间，孙某某的工资由服装加工厂负责支付。

孙某某借到服装加工厂工作后，为服装加工厂解决了一系列技术问题，服装加工厂也按月向他支付了工资。半年后，借用协议期满，孙某某回到了服装公司。

一天，孙某某突然发现，这半年来，公司未给自己缴纳养老保险，于是便找到了公司人事部，要求公司为他补缴养老保险。当时，人事部张经理这样解释到："你被借出后，咱们公司就没有你的工资了。这半年，你一直为服装加工厂干活儿，他们既然向你支付了工资，就应该也为你缴纳保险。"

听完张经理这番话，孙某某又找到了服装加工厂，服装加工厂给他的答复是："在与你们公司订立的借用协议中，只规定我们在借用期负责支付你的工资，并没有说还要负担你的养老保险，所以，我们根本没有为你缴纳保险的义务。"

孙某某见服装加工厂也不管自己的保险问题，没办法只好又返回公司，继续找人事部交涉此事。"不是跟你说过了嘛，你的工资由谁发，保险就该由谁缴纳，因为保险的缴费标准是以工资为基数来计算的。你在服装加工厂工作期间，咱们公司没向你发过工资，也不知道你在那儿挣了多少工资，因此，公司无法为你缴纳养老保险。"说到这儿，张经理用不耐烦的眼光看着孙某某，继续说到："所以说，你的保险问题完全应该由服装加工厂负责解决，咱们公司是不会给你解决的，以后，你就别再来找我了!"

孙某某走出人事部后，心中暗想：我现在简直就像是一只皮球，被两个企业踢来踢去。我算看透了，要想真正解决这个保险问题，只能去仲裁了，于是直奔仲裁委员会。

【律师点评】

当本单位的职工被外单位借用时，两个单位之间一般签有借用协议（合同），其中对于职工在借用期间的工资、及其他福利待遇等应进行明确约定。在履行借用协议（合同）时，双方应严格按协议（合同）办事，这样才能使职工的合法利益得到保障。本案中，服装公司在借出孙某某时，只与服装加工厂约定，工资由服装加工厂负责支付，而没有约定由谁来承担孙某某的社会保险和其他福利待遇。当孙某某提出补缴养老保险问题时，服装公司想当然地认为应由服装加工厂来承担，实际上，这种说法没有任何法律依据。相反，孙某某在借出期间，和原单位（即服装公司）仍然保持着劳动关系，所以该公司应负有为职工孙某某缴纳社会保险的义务。

原劳动部《关于贯彻执行〈中华人民共和国劳动法〉若干问题的意见》中明确规定：企业富余职工、请长假人员、请长病假人员、外借人员和带薪上学人员，其社会保险仍按规定由原单位和个人继续缴纳。因此，服装公司在孙某某借出后，停止为其缴纳养老保险的做法是错误的，仲裁委员会应裁决由服装公司为孙某某补缴养老保险。

将社保折算为现金发放

【事件描述】

宁波中小民营企业众多，为节省用工成本，一些小企业将社保金以现金的形式“折价”发给员工，甚至将社保金算作工资的一部分。

【律师点评】

这种做法是违法的。《社会保险法》第八十四条，若用人单位不办理社会保险登记且在社会保险行政部门责令改正期限内不改正的，处以应缴纳社会保险费1～3倍的罚款，并对相关责任人员处以500～3000元的罚款。骗取社会保险基金支出或者待遇的，应当退回骗取的金额，并处以骗取金额2～5倍的罚款。违反规定侵占、挪用社会保险基金或者违规投资运营的，由社会保险行政部门、财政部门、审计机关责令追回，并对相关人员依法给予处分。

妻子没工作，生育费能报吗

【事件描述】

小陈和小梁毕业后来到嘉兴市工作，小陈没工作，一直在家当全职太太。他们担心生育费用不能报销。

【律师点评】

生育保险，男女都参加，用人单位已经缴纳生育保险费的，其职工享受生育保险待遇；职工未就业配偶按照国家规定享受生育医疗费用待遇，所需资金从生育保险基金中支付，因而小陈夫妇俩不用担心生育费“报销无门”了。

第四章 工伤案例分析

人身意外伤害保险不能取代工伤保险

【事件描述】

肖某于2014年10月进入浙江省海宁市某建筑公司打工。该公司为了预防不测,为工地的建筑工人购买了人身意外伤害保险，但未参加工伤保险。2014年12月，肖某在下班途中遭遇车祸受伤，得到了保险公司的赔偿。后来肖某听说在上下班途中受到非本人主要责任的交通事故伤害，还可以认定工伤，于是向当地劳动保障部门提出工伤认定申请。劳动保障部门认定肖某为因工受伤，并鉴定其为伤残十级。肖某要求与公司解除劳动关系，并支付相关工伤保险待遇，遭公司拒绝。公司认为，他已经得到保险公司的赔偿，就不应再享受工伤保险待遇。肖某遂向当地劳动争议仲裁委员会提出劳动仲裁申请，要求公司支付各项工伤保险待遇。经劳动仲裁委调解无效，依据相关法律规定作出裁决：该公司支付肖某一次性伤残补助金、一次性工伤医疗补助金和一次性伤残就业补助金等费用。

【律师点评】

根据《工伤保险条例》第三十七条的规定，职工因工致残被鉴定为十级伤残的，应享受7个月本人工资的一次性伤残补助金。工伤保险是一种政府行为，是国家为了保障职工合法权益而实行的强制性保险，符合法律规定的用人单位必须为其职工参加工伤保险，并缴纳保险费。人身意外伤害险是一种商业行为，是非强制性保险，具有自愿性，劳动者为用人单位付出了劳动，单位为其购买意外伤害保险，这只能算是单位给予职工的福利。因此，人身意外伤害保险赔偿不能取代工伤保险待遇。应参加工伤保险而未参加工伤保险的用人单位职工发生工伤的，由该用人单位按照本条例规定的工伤保险待遇项目和标准支付费用。

未签劳动合同工作4天受伤算工伤，应获得工伤赔偿

【事件描述】

2014年2月24日，姚某和几个老乡一起到广西宜州市一木材加工厂做工，负责切割木材。工厂与陈某口头约定了劳动报酬的计算方式，但没有与其签订书面劳动合同，也没有为陈某办理工伤保险手续和缴纳工伤保险费。

同年3月3日，上班仅4天的陈某在工作中被机器割伤右手掌，住院治疗了半个月。陈某伤愈出院后在家休养没有上班，后来他向劳动人事仲裁委员会提出申请，请求确认与工厂存在劳动关系，其受伤属于工伤。经仲裁委员会组织调解，陈某与工厂达成协议，确认双方存在劳动关系，陈某属于工伤。

2015年2月29日，经陈某申请，劳动能力鉴定机构认定陈某的劳动能力为伤残十级。此后，陈某向劳动仲裁委员会申请解除与工厂的劳动关系，同时请求裁决由工厂支付其各项损失共计10.7万余元。

仲裁委员会经审理，裁决工厂向陈某支付一次性伤残补助金、工伤医疗补助金、伤残就业补助金5万余元，以及停工留薪期间工资9000余元。

【律师点评】

工伤保险待遇由国家立法规定，是职工因工作发生暂时或永久人身健康或生命损害获得经济补偿的社会保障制度，其作用是使伤残者的医疗、生活有保障。工伤保险费的缴纳义务由用人单位承担，职工因工受伤的待遇分别由保险基金和用人单位支付。由于工厂未给陈某办理工伤保险，致使陈某未能在工伤保险基金中享受工伤保险待遇，后果应由工厂承担。

试工发生意外，不能认定为工伤

【事件描述】

某工厂招聘一熟练技术工人，二十五岁的付某应聘，工厂要确认付某是否对技术熟练，于是，让其到车床试工，结果在试工的过程中发生事故，造成付某的一个手指断掉，该工厂咨询是否可以申请认定为工伤。

【律师点评】

以上情况不应该认定为工伤。

《工伤保险条例》第十四条规定："职工有下列情况之一的，应当认定为工伤：（一）在工作时间和工作场所内，因工作原因受到事故伤害的；（二）工作时间前后在工作场所内，从事与工作有关的预备性或者收尾性工作受到事故伤害的；（三）在工作时间和工作场所内，因履行工作职责受到暴力等意外伤害的；（四）患职业病的；（五）因工外出期间，由于工作原因受到伤害或者发生事故下落不明的；（六）在上下班途中，受到非本人主要责任的交通事故或者城市轨道交通、客运轮渡、火车事故伤害的；（七）法律、行政法规规定应当认定为工伤的其他情形。"

因此，要认定为工伤，首先要求该人员为用人单位的职工，即工伤的认定以具有劳动关系为前提。

在这个案例中，由于付某仅是试工，还没有与该工厂建立劳动关系，丧失认定为工伤的前提条件，因此，不能认定为工伤。

但是，不认定为工伤，并不意味该工厂不需要承担任何责任。在这里应该按照民事发法律关系来处理，按照过错原则来分配双方应当承担的责任。如果付某没有过错，发生事故是因为工厂操作流程的不合规范或者是车床存在的安全隐患，则工厂是需要承担赔偿责任的；但如果付某是自己有过错，比如其自身操作不规范，则工厂的赔偿责任应当相应减轻。这是不同于工伤认定的无过错责任原则。

职工从事临时指派工作受伤如何认定工伤

【事件描述】

2015年4月20日9时，某市某购物广场举行隆重的第一届购物节开幕仪式。市领导、嘉宾、新闻单位和群众聚集在购物广场门前广场，穿着节日服装的人群和五彩缤彩的气球在涌动，以喜悦的心情迎接这美好时刻的来临。然而意外事故发生了，礼仪小姐手中正待放飞的氢气球被一旁点燃的鞭炮燃着，上百个五颜六色的氢气球接连燃烧爆炸，造成杨某某等五名礼仪小姐烧伤。这五位受伤人员均是该购物广场的基层业务骨干，分别担任各柜台的业务组长，她们是购物广场领导为这次庆祝活动临时挑选出来担任礼仪小姐的，杨某某等五名职工并非站柜台负伤，而是从事领导临时指定的工作负伤，这种情形是否属于工伤？

【律师点评】

过去的《企业职工工伤保险试行办法》和现在的《工伤保险条例》都规定，职工从事本单位领导临时指定工作负伤应认定为工伤。此类案例认定工伤的条件：一是经本单位负责人或职工直接行政领导（班组、车间及以上负责人）指派；二是从事指派的临时工作有利于企业正常生产、经营或者有利于国家、社会利益。本案例中杨某某等五位职工工作岗位是各柜组组长，商场为举办购物节开幕仪式，负责人临时抽调她们担当礼仪小姐，是企业行政行为，她们所从事的礼仪工作也是属企业经营活动。因此，她们在开幕仪式上因气球爆炸负伤应认定为工伤。

员工提前回老家，发生交通事故工伤如何认定

【事件描述】

2014年5月的某个星期五下午，员工何某没有请假就从公司提前下班，搭车回城郊的

老家，中途发生交通事故致重伤，经交通部门事故责任认定，驾驶员负事故的全部责任。2014年9月，何某的妻子向当地劳动局申请对何某进行工伤认定。该劳动局经调查，得知：1. 何某在公司院内有私有住房；2. 何某未请假，提前离开的；3. 何某的妻子与父母都居住在远郊，周五下午回老家已成惯例。何某的工伤是否应当予以认定？

【律师点评】

《工伤保险条例》第十四条第六项规定："职工在上下班途中，受到机动车事故伤害的，应当认定为工伤。"要适用这一条，需要符合两个条件：第一，上下班途中。因何某虽然是回老家，但根据案例中提供的一个非常重要的信息，何某每周五下午有回老家的惯例，因此应该认定为工伤；第二，受到机动车事故伤害。

至于何某没有请假，那是公司内部应该解决的问题，不属于工伤认定的问题。按照公司规章制度，可以对失职人员以及何某的违纪行为进行处理。

"串岗"时受伤符合工伤认定条件

【事件描述】

杨某某原是××机械有限公司的工人，在该公司的某车间检油表岗位工作，实际拿的是计件工资。2015年2月28日，杨某某在上班时，见同车间班组的铆上盖岗位人手紧张，影响到自己岗位的流程操作，于是前去帮忙，在帮忙过程中因操作不当右手被机器压伤致残。当地劳动社会保障局认定其为工伤，但公司不服向法院提出诉讼。

公司认为，杨某某是公司聘用的工人，在某车间检油表岗位工作，事发当天，杨某某未经公司和车间管理人员的指派和许可，擅自到铆上盖岗位开机操作导致受伤。因其受伤并不是在本职岗位上，又未经公司临时指派，所以，不符合工伤认定条件，因此，劳动社会保障局的认定的工伤适用性规范性文件是错误的，要求依法撤销。

社保局认为，杨某某在上班时间、工伤场所，因工作原因受伤，且不属于蓄意违章等排除工伤认定的情形，符合工伤认定条件。

【律师点评】

以上案例中，杨某某虽然不是在本岗位工作时受伤，但协助其他岗位仍然属于工作原因，符合工伤认定的三个基本要素，即在工作时间、工作区域和因工作原因致伤，同时也不属于《企业职工工伤保险试行办法》第九条规定的排除工伤认定的情形，所以，劳动社会保障局的工伤认定符合工伤认定的无过错原则和保护劳动者合法权益原则以及规范性文件的具体规定。

精神病人上班服毒身亡被判定工伤

【事件描述】

精神分裂症患者王某某，是浙江龙泉市某公司仓库保管员。一天凌晨，王某某被发现死在工作现场。警方勘察后，排除他杀可能。据查，王某某是服用该公司保存在仓库中的剧毒杀虫剂死亡的。另据了解，王某某曾因发病有过多次自杀行为。

事发后，死者家属向市劳动保障部门申请工伤认定。劳动保障部门认为，该公司未妥善保管剧毒杀虫剂，致使王某某在精神病发作期间，误服毒剂死亡。这属于精神病患者的无意识行为，应认定为工伤。

【律师点评】

根据劳动法规定，王某某作为劳动者，享有“获得劳动安全卫生保护”的权利。公司明知王某某属于有自杀倾向的精神病职工，对其应负有更为严格的劳动安全卫生保护义务。但该公司却安排他保管存有危险化学品的仓库，显然未尽义务。

该公司违规储存剧毒杀虫剂，使得王某某的工作环境存在不安全因素，并直接导致其死亡。因此，王某某属因工作原因死亡。

此外，因该公司无法证明王某某服毒时精神正常，故结合王某某病史，推定他喝药剂时精神病发，而非主观上有结束生命的自杀故意。

据此，劳动保障部门认定王某某之死为工伤致死，是正确的。

员工违章操作受伤也算工伤

【事件描述】

2015年3月，苏某某在某木材加工厂裁锯竹片时，机器出现故障。原来，他在检修机器时严重违章，未切断电源，检修过程中被电击伤。

劳动部门认定苏某某为工伤，苏某某要求公司参照工伤保险等相关法规，给予工伤待遇，但该公司则认为苏某某属严重违章操作，拒绝给予苏某某工伤待遇。双方各执一词，官司从劳动争议仲裁委员会一直打到市中院。二审法院判决该公司给予苏某某工伤待遇，并支付相关补偿金。

【律师点评】

根据劳动法、《工伤保险条例》规定，职工有下列情形之一的，不得认定为工伤或者视同工伤：因犯罪或者违反治安管理伤亡的；醉酒导致伤亡的；自残或者自杀的。只要因工作原因受到伤害的均应认定为工伤。而苏某某的情形是因工作原因受到的伤害，因此，不管他是否是违章操作，均应认定为工伤。

工作时间内宿舍突发病亡，视同工伤

【事件描述】

赵某某是某市一钟表有限公司的员工。2014年6月30日16时10分左右，赵某某以身体不适为由以口头方式请假后离开公司。17时30分左右，赵某某在宿舍中晕倒，经送医院抢救无效，于次日17时30分左右死亡。医院死亡诊断：出血坏死性胰腺炎合并呼吸循环衰竭。

该市劳动和社会保障局于2014年9月作出的工伤认定书认定赵某某死亡不是在工作时间和工作岗位，突发疾病死亡或在48小时之内经抢救无效死亡，不认定为视同工伤。该工伤认定书被市中级人民法院撤销，并责令重作。该市劳动和社会保障局于2014年11月又重新作出工伤认定书，认定赵某某的死亡视同工伤。

公司不服，提起诉讼。该市中级人民法院认为赵某某在工作岗位上出现疾病现象而进一步发展至抢救无效死亡是一个完整的病发过程，应适用《工伤保险条例》第十五条第一款第一项的规定，应认定为视同工伤，维持了该工伤认定书。

【律师点评】

《工伤保险条例》第十五条第一款第一项规定，在工作时间和工作岗位，突发疾病死亡或者在48小时之内经抢救无效死亡的，视同工伤。

本案例中，赵某某在工作时间身体出现不适，在请假回到住处后的48小时内发病死亡。赵某某从出现疾病现象到抢救无效死亡是一个完整的病发过程，其突然发病是在工作岗位上，因此其随后的死亡与其是否请假回家无必然联系，不能简单地认为只有发生在工作时间和工作岗位上才视同工伤。

工地宿舍起床因病死亡，视为工伤

【事件描述】

高某某为一建筑工地看管建筑材料的工人（住在工地上），2013年5月22日早晨起床时突感身体不舒服，经医院抢救无效死亡，医院诊断为脑溢血。当年12月份，高某某的妻子向所在区劳动和社会保障局申请工伤认定。2014年1月，劳动部认定高某某为工伤，但高某某的单位认为高某某发病时并不在工作时间和工作岗位上，劳动部认定工伤没有法律依据，并向市劳动和社会保障部门提出行政复议。2014年5月，劳动部做出维持工伤认定的决定。2014年8月，高某某的单位以区劳动和社会保障部门为被告提起行政诉讼，要求撤销工伤认定，并作出不属于工伤的认定。法院审理认为，高某某的居住场所同时也是办公场所，且位于施工场地范围内，鉴于建筑行业及高某某工作的特殊性，高某某的工作时间不会完全按照既定的上下班时间进行，根据工伤认定的相关规定，应适用《工伤保险条例》第十五条第一款第一项的规定，应认定为视同工伤，遂维持了原工伤认定书。

【律师点评】

本案例所依据的法律法规是《工伤保险条例》第十五条第一款第一项的规定，在工作时间和工作岗位，突发疾病死亡或者在48小时之内经抢救无效死亡的，视同工伤。共同的争议点均是对适应该条的前提“工作时间和工作岗位”的认定上。

高某某作为一名建筑工地看管建筑材料的工人，决定了其工作岗位、工作时间的特殊性，所在工地既是其工作岗位亦是其住处，在其当班期间全时段都应视为工作时间，因此并不因为其早晨在起床时出现身体不适最终死亡而否认其是在工作时间和工作岗位上发生的，因此应视为工伤。

工作岗位上负伤，当时未察觉，事后发作能认定工伤

【事件描述】

张某是浙江省乐清市包装公司的职工，2014年11月2日下午，公司领导指派其帮助搬运机器设备，搬运中扭伤腰部，当时只觉腰部酸痛，同事帮其按摩几下，感觉无碍，没有向公司报告，就下班回家了。第二天早晨起床时感觉腰臂腿足痹痛，行动困难，到医院检查诊断为右梨状肌损伤，并进行住院治疗，11月7日张某向公司提出工伤待遇申请，经公司研究同意上报，乐清市劳动保障局社会保险处调查属实，认定彭腰部受伤为工伤。

【律师点评】

本案涉及的问题是职工负伤当时未报告、事后发作被确诊，能否认定为工伤。职工工伤有轻重之分，只要有可靠证据证明职工在工作时间、工作地点，由于工作原因负伤，并有医院诊断证明的，一般就应属工伤。本案中，张某受企业领导指派搬运机器设备，属于从事企业生产工作活动，期间扭伤腰部，当时感觉不重，未报告公司，但现场同事发现并能作证，情况属实，又根据医院诊断为腰部扭伤导致右梨状肌损伤，故此，应当认定为工伤。现行政策要求，工伤报告的治疗要及时。这样做才有利于工伤职工的治疗和康复，也有利于认定工伤的调查取证。特别是一些扭伤、拉伤等轻伤，如果不及时治疗会使伤情发展加重，或者变成陈旧性疼痛，很难确定是工伤或非因工负伤。

不在工作岗位病亡，不算工伤

【事件描述】

2014年7月3日上午，某家私服务部工人周某某在岗期间因身感不适到医院就诊，后又请假回宿舍休息。当日下午，周某某乘长途车回河北老家治疗。到老家后，周某某于当晚20时30分到家乡医院就诊，经CT检查未见异常，但初步诊断为短暂性脑缺血，建议住院治疗。后周某某并未住院而是返回家中，第二天上午，周某某因病情严重再次到家乡医院就诊，CT检查确诊为脑梗塞，并于当日19时30分转入一大医院治疗，经抢救无效于同年7月5日上午死亡。2014年8月8日，周某某之子向家私服务部所在区劳动保障局提出工伤认定申请，区劳动保障局于同年12月29日作出《非工伤认定结论通知书》，确定周某某于2014年7月3日发生的伤害不符合工伤（视同工伤）认定范围，不予认定为工伤（视同工伤）。周某某之子不服，向家私服务部所在市劳动和社会保障局申请行政复议，市劳动和社会保障局于2015年3月28日作出维持原《非工伤认定结论通知书》的决定办法。周某某之子不服起诉至一审法院，要求区劳动保障局认定父亲为工伤。经一审、二审法院审理，其家属诉求撤销非工伤认定终审败诉，即周某某之死亡不符合《工伤保险条例》第十五条第一款第一项规定，区劳动保障局作出《非工伤认定结论通知书》正确，应予维持。

【律师点评】

《工伤保险条例》第十五条第一款第一项明确了职工适用该项规定被确认为视同工伤应同时符合三个要件：一、在工作时间内；二、在工作岗位上；三、突发疾病死亡或者48小时内经抢救无效死亡。本案中周某被确诊突发脑梗塞的时间是在7月4日，该事实并未发生在其工作时间内和工作岗位上，不符合工伤认定（视同工伤）范围。故作出上述判决。即在工作时间和工作岗位上突然发病，且情况紧急，在工作岗位上死亡或者从工作岗位上直接送往医院抢救并在48小时之内死亡的，视同工伤。48小时应以医疗机构初次诊断的时间作为突发疾病的起算时间。因此，该案中，周某某离开北京工作岗位先回家后到医院，之后又回家再到医院的过程，导致其不符合在工作时间内、工作场所上突发疾病条件，不能被视同为工伤。

残情相同，工伤鉴定等级有别

【事件描述】

陈××是海宁市一建筑公司的工人，现年42周岁，2014年与公司许××一样先后均因工伤子宫切除，许××现年24周岁，单位发一次性伤残补助金时，陈××发现许××

比自己多发4个月的工资。于是去找人力资源部，人力资源部的答复是：一次性伤残补助金是按评定的等级发的，市劳动鉴定委员会评定你的伤残为7级，而许××为5级。按照现行工伤保险政策规定，5级的伤残补助金为16个月工资，7级为12个月工资，所以有4个月工资的差别。听到解释后，陈××仍然不明白，为什么都是子宫切除，残情相同，但等级不同呢？

【律师点评】

工伤鉴定标准是依据工伤职工医疗期满时的器官缺损、功能障碍、医疗依赖、护理依赖程度和心理障碍因素的影响，对伤残程度进行综合判定分级的。对育龄妇女子宫切除的评残，还要区别未育和已育两种情况，《职工工伤与职业病致残程度鉴定》附录B–表B4《普外、胸外、泌尿生殖科门》规定：已育妇女子宫切除或部分切除可定为伤残等级7级；未育妇女子宫切除或部分切除定为5级。许××是未生育职工，陈××是已生育的职工，两人残情相同，所定等级不同的差距就在这里。

员工参加拓展训练受伤算工伤

【事件描述】

2012年初，杨某某到某公司从事销售工作。2012年11月14日，杨某某参加了单位组织的内部员工素质拓展训练，在训练“信任背摔”时不慎将鼻子砸伤。经省人民医院诊断为：鼻骨骨折。杨某某受伤后离职，后经法院确认，杨某某与该公司存在劳动关系。2013年6月23日，杨某某提出工伤认定申请。2014年3月9日，区人力资源和社会保障局作出工伤认定决定，认定杨某某所受的左侧鼻骨骨折伤害为工伤。公司不服，向市人力资源和社会保障局申请复议。2014年6月22日，市人力资源和社会保障局对工伤认定决定予以维持。公司不服，诉至法院。

该公司辩称，杨某某不是在工作时间和工作场所受到事故伤害，杨某某的受伤时间是休息时间，地点也不在单位内，员工是基于自愿参加的素质拓展训练活动，因自己未注意而受伤，不属于工伤。《工伤保险条例》中明确规定只有在工作时间和工作场所内受到的事故伤害才可认定为工伤，杨某某属公休时间在业余活动中所致，因而不符合该条款的规定。

区人力资源和社会保障局认为，杨某某参加的是单位组织的素质拓展训练，拓展训练是为了给单位带来更好的效益，杨某某在此期间受伤，应认定为工伤。

法院认为，本案中，该公司组织单位内部员工素质拓展训练，该活动方式和内容并不违背法律禁止性的规定。杨某某作为公司员工，参加活动，可视为属于工作的内容。这种集体活动是单位加强职工之间团结和睦，增强员工凝聚力，调动员工积极性，提高工作效率的一种手段和方式，同时也是公司训练员工工作拓展能力的需要。杨某某在参加活动中受伤，没有主观上的过错。区人力资源和社会保障局作出的工伤认定决定，适用法规正确，并无不当。法院判决驳回该公司的诉讼请求。该公司不服，提出上诉。市法院驳回上诉，维持原判。

【律师点评】

《工伤保险条例》第十四条规定，“职工有下列情形之一的，应当认定为工伤：（一）在工作时间和工作场所内，因工作原因受到事故伤害的；（二）工作时间前后在工作场所内，从事与工作有关的预备性或者收尾性工作受到事故伤害的；（三）在工作时间和工作场所内，因履行工作职责受到暴力等意外伤害的；（四）患职业病的；（五）因工外出期间，由于工作原因受到伤害或者发生事故下落不明的；（六）在上下班途中，受到非本人主要责任的交通事故或者城市轨道交通、客运轮渡、火车事故伤害的；（七）法律、行政法规规定应当认定为工伤的其他情形。”上述条款对职工认定工伤的基本条件作了明确规定，但由于法律条文的有限、有条件和相对稳定的特性使得《工伤保险条例》未能穷尽所有工伤性质认定的情形，应结合具体受伤者的实际情况作出认定。本案杨某某的受伤就是属于第七种情况，理当认定为工伤。

工作休息时受伤也应认定为工伤

【事件描述】

王某某受聘于温州市一家私人物流公司，并与公司签订了劳动协议书，从事物流运输已经3年多了。2014年7月，他在卸完自己运载的货物后，为避让其他车辆进出仓库，便在车旁短暂休息，不料被该公司的一辆装卸货物的叉车撞伤，造成腰椎扭动及左臂骨折，伤势严重。王某某经入院治疗，出院后申请工伤认定，并要求工伤补偿。该公司认为，王某某不是在驾驶车辆中受伤，其停留位置不是专门的休息场所，故不属于工伤。王某某及家人到公益法律服务中心寻求帮助并咨询相关的法律法规问题，工作间歇意外受伤是否应认定为工伤。

【律师点评】

根据《工伤保险条例》第十四条“职工有下列情况之一的，应当认定为工伤：（一）在工作时间和工作场所内，因工作原因受到事故伤害的；（二）工作时间前后在工作场所内，从事与工作有关的预备性或者收尾性工作受到事故伤害的……”的规定认为，王某某与该公司存在劳动关系，在工作期间短暂休息时受伤应该属于工伤。因为工作期间短暂休息是职工劳动过程中的客观需要，应该属于工作的一部分，且王某某当时的休息本身也有为其他车辆避让的因素。王某某在工作时间和工作场所内，因工作原因受到事故伤害，符合工伤认定条件。

王某某可以运用上述条例的规定，与公司负责人继续协商，如协商不成，则可以先行申请劳动争议仲裁，如对仲裁裁决不服，可以向人民法院提起民事诉讼。

安全生产事故索赔超过时效索赔无果

【事件描述】

郭某是某电机厂高级电工。2014年6月因一起工伤事故由单位送往省第一医院进行治疗，住院期间单位多次派人看望，并支付了大部分医疗费用。7月郭某要求出院，此时还没有痊愈。回到单位后，郭某就医疗期的工伤待遇以及今后的伤残补助费问题不能达成一致，多次协商未果。郭某自持是高级电工认为单位最终会满足自己的请求，故与单位一直没有采取其他方式解决纠纷。2015年6月，郭某病情恶化，不得已又进入医院治疗。此时才决定就此前的工伤赔偿事项向当地劳动争议仲裁委员会申请仲裁，但是劳动争议仲裁委员会经审查认为郭某的申诉已经超过法定的仲裁时效，决定不予受理。

【律师点评】

本案劳动争议仲裁委员会的不予受理决定是正确的。

劳动法规定，提出仲裁要求的一方当事人应当自劳动争议发生之日起60日内向劳动争议仲裁委员会提出申请。郭某与单位的工伤赔偿纠纷发生在2014年7月，他到2015年6月才申请仲裁，早已超过仲裁时效的规定。郭某未及时申诉而使自己与用工单位的纠纷不能通过仲裁途径解决，这是非常可惜的。作为劳动者在发生工伤时，应当注意不要超过索赔时效。索赔时效具体说来有仲裁时效和诉讼时效。

第一，仲裁时效的法律规定。这是当事人在劳动争议发生后向劳动仲裁机构申请仲裁的时间限制。劳动法第八十二条规定：“提出仲裁的一方应当自劳动争议发生之日起60日内向劳动争议仲裁委员会提出书面申请。仲裁裁决应当在受到仲裁申请的60日内作出。”那么，什么叫做“劳动争议发生之日”呢？原劳动部《关于贯彻执行〈劳动法〉若干问题的意见》第八十五条规定“劳动争议发生之日是指当事人知道或者应当知道其权利被侵害之日”。

第二，诉讼时效的法律规定。劳动法第八十三条规定：“劳动当事人对仲裁裁决不服的，可以自收到仲裁决书之日起15日向人民法院提起诉讼。一方当事人在法定期限内不起诉又不履行仲裁裁决的，另一方当事人可以申请人民法院强制执行。

工程层层分包，雇员受伤，分包公司和雇主共担责

【事件描述】

2013年10月，A公司与B公司签订了一项系统工程合同书，约定由B公司对A公司的综合办公楼LED显示、楼控系统及视频监控安防、巡更系统工程负责系统建设。C公司向B公司承揽了部分工程后，于2013年11月与被告丁某签订了系统工程施工合同书，约定由被告丁某对A公司办公楼监控、楼控系统工程负责系统施工。2014年7月，被告丁某与被告戊某联系，要求他找2名工人安装摄像头。被告戊某遂与其弟联系，其弟带领己某等人为A公司综合办公楼安装监控器。另查明，B公司与C公司具有相应资质，丁某、戊某均无资质。2014年7月25日，己某在工作时从脚手架上摔下致伤。事故发生后，己某被送往医院住院治疗，2014年9月24日出院。后经司法鉴定中心鉴定其损伤构成8级伤残。己某共计支付医疗费59951.14元，其中被告戊某、被告丁某、被告C公司支付了15000元。己某诉至法院请求判决被告戊某、被告丁某、被告C公司、被告A公司连带赔偿其各项费用共计178532.24元。

法院审理后认为，雇员在从事雇佣活动中遭受人身损害，雇主应当承担赔偿责任。雇佣关系以外的第三人造成雇员人身损害的，赔偿权利人可以请求第三人承担赔偿责任，也可以请求雇主承担赔偿责任。雇主承担赔偿责任后，可以向第三人追偿。雇员在从事雇佣活动中因安全生产事故遭受人身损害，发包人、分包人知道或者应当知道接受发包或者分包业务的雇主没有相应资质或者安全生产条件的，应当与雇主承担连带赔偿责任。因此，B公司无过错不承担责任，被告C公司作为分包人具有过错，被告戊某、被告丁某作为雇主，应对原告己某遭受的人身损害承担连带赔偿责任。被告A公司既不是雇主，作为有资质的发包方在发包时也无过错，因此不应承担责任。法院判决被告戊某、被告丁某、被告C公司赔偿原告己某各项费用包括医疗费、误工费、护理费等合计154416.24元。

【律师点评】

我国《建筑法》第二十二条规定，建筑工程实行直接发包的，发包单位应当将建筑工程发包给具有相应资质条件的承包单位。

在本案中，依据2004年5月起施行的《最高人民法院关于审理人身损害赔偿案件适用法律若干问题的解释》第九条规定“雇员在从事雇佣活动中因安全生产事故遭受人身损害，发包人、分包人知道或者应当知道接受发包或者分包业务的雇主没有相应资质或者安全生产条件的，应当与雇主承担连带赔偿责任。”并结合本案，周某与叶某是雇佣关系，所以其应当承担赔偿责任。

下班途中出车祸死亡父母告单位索工伤赔偿

【事件描述】

8月3日，浙江省上虞市人民法院一起因下班途中遭遇车祸而引发的劳动争议纠纷案，被告上虞市某公司与二原告达成了一次性赔偿36000的协议，并当庭履行。

2012年7月份，22岁的刘伟被上虞市某公司招聘为工人，并签订了劳动合同，刘伟负责安装、调试、维修印刷机器。2008年3月8日下班回家途中，刘伟因交通事故受伤住院，肇事司机被判刑2年，民事赔偿部分无履行能力。2013年6月10日刘伟经医院多方治疗无效，其父母支出医疗费30000余元。2014年1月刘伟被劳动部门认定为工伤死亡。刘伟的父母认为，刘伟与汤阴某公司之间存在，在交通事故无法得到赔偿的情况下，刘伟应按工伤对待。在多次与上虞某公司协商无果及经劳动仲裁后，刘伟父母将上虞某公司告上法庭，要求其给付工伤赔偿金48210元。上虞某公司认为，二原告应在出现交通事故后起诉肇事方要求赔偿，不应按照工伤赔偿。法院经审理认为，二原告亲属刘伟在下班途中遭遇车祸，依照《条例》的相关规定应认定为工伤，被告上虞市某公司对刘伟下班死亡应承担工伤赔偿责任。遂着重在工伤赔偿数额方面做被告工作，同时要求二原告放弃不合理诉求。最终，双方在互谅互让、照顾弱者基础上达成调解协议，被告与给付二原告一次性工伤赔偿36000的协议并当庭履行，其它以后互不追究。

【律师点评】

根据《工伤保险条例》第十四条第（六）项规定：职工在上下班途中，受到机动车事故伤害的，应当认定为工伤。

另劳动部也曾明确过，加班的下班途中视同正常上下班的途中。

浙江法院关于工伤和交通事故双重赔偿的案例

【事件描述】

2013年9月26日，程某骑电动车在上班途中与赖某驾驶的货车发生碰撞，经抢救无效死亡。交警认定，双方均负同等责任。同年11月，程某母亲余某将赖某告上海宁法院。法院经审理判决，赖某赔偿医疗费、死亡赔偿金、丧葬费、误工费、精神损害抚慰金共计35.4万余元。

2014年3月8日，余某向当地劳动仲裁委提出仲裁申请，要求程某的单位杭州某公司支付一次性工亡补助金、丧葬费和一次性供养亲属抚恤金。同年12月，仲裁委裁决，杭州公司支付余某丧葬补助金1.6万余元、供养亲属抚恤金8.2万余元，一次性工亡补助金43.6万余元。

裁决后，杭州公司不服气，向海宁法院提起诉讼，认为仲裁委是双重赔补裁决，有违《工伤保险条例》的宗旨——保障救治和补偿，有可能造成赔偿加补偿的数额大于工伤职工的实际损失，且双重赔补不符合民事侵权责任“一事不两赔”原则。

最终，法院经审理后判决驳回了杭州公司的诉请。

【律师点评】

本案争议焦点是，职工因第三人侵权造成人身伤害，同时构成工伤，职工获得侵权赔偿后，还能不能另行主张工伤保险待遇。

首先，工伤保险赔偿依据的实体法是《劳动法》和《工伤保险条例》，而人身损害赔偿依据的是《民法通则》和《侵权责任法》，前者属于公法范畴，后者属于私法范畴，受害人获得赔偿的法律基础不同，因此不存在请求权竞合。

其次，省人社厅《关于贯彻落实国务院修改后〈工伤保险条例〉若干问题的通知》第7条规定，职工依法享受工伤保险待遇，职工获得第三人侵权赔偿后，其享受工伤待遇应当扣除第三人支付的医疗费、残疾辅助器具费、工伤职工在停工留薪期间发生的护理费、交通费、住院伙食补助费。因此，除了上述五项费用外，其他费用可以获得双重赔付。

第九部分

术语解析

第一章　有关劳动合同的术语

用人单位

用人单位是指依法招用和管理劳动者，形成劳动关系，支付劳动报酬的劳动组织。《中华人民共和国劳动法》的用人单位包括中华人民共和国境内的企业、个体经济组织、民办非企业单位等组织；国家机关、事业单位、社会团体以及劳务派遣单位。

劳动者

劳动者是指达到法定年龄，具有劳动能力，并实际参加社会劳动，以自己的劳动收入为生活资料主要来源的自然人。

劳动关系

劳动关系是指劳动者与用人单位在实现劳动过程中建立的社会经济关系。《中华人民共和国劳动法》所称的劳动关系，是指用人单位招用劳动者为其成员，劳动者在用人单位的管理下提供有报酬的劳动而产生的权利义务关系。劳动关系的基本内容包括劳动者与用人单位之间的工作时间和休息时间、劳动报酬、劳动安全卫生、规章制度、劳动保险、职业培训等。此外，与劳动关系密切联系的关系还包括劳动行政部门与用人单位、劳动者在劳动就业、劳动争议和社会保险等方面的关系，工会与用人单位、职工之间因履行工会的职责和职权，代表和维护职工合法权益而发生的关系等。

如实告知义务

如实告知义务，是指在用人单位招用劳动者时，用人单位与劳动者应将双方的基本情况，如实向对方说明的义务。告知应当以一种合理并且适当的方式进行，要求能够让对方及时了解。

担保

担保是指债权人为确保债务得到清偿，而在债务人或第三人的特定的物和权利上设定的，可以支配他人财产的一种权利的行为。《中华人民共和国劳动法》所称的担保并不是民法意义上的担保，而是用人单位以此为名义非法向劳动者收取风险抵押金、扣押劳动者身份证件的行为。

劳动合同

劳动合同是劳动者与用人单位确立劳动关系、明确双方权利和义务的协议。劳动合同作为劳动关系双方当事人权利义务的协议，有书面形式和口头形式之分。

集体合同

集体合同是指企业职工一方与用人单位就劳动报酬、工作时间、休息休假、劳动安全卫生、保险福利等事项，通过平等协商达成的书面协议。

专项集体合同

专项集体合同，是指用人单位与劳动者根据法律、法规、规章的规定，就集体协商的某项内容签订的专项书面协议。

女职工权益保护专项集体合同

女职工权益保护专项集体合同，是用人单位与本单位女职工根据法律、法规、规章的规定，就女职工合法权益和特殊利益方面的内容通过集体协商签订的专项协议，它对用人单位和本单位的全体女职工具有法律约束力。

行业性集体合同

行业性集体合同主要是指在一定行业内，由行业性工会联合会与相应行业内各企业，就劳动报酬、工作时间、休息休假、劳动安全卫生、保险福利等事项进行平等协商，所签订的集体合同。

区域性集体合同

区域性集体合同是指在一定区域内（指镇、区、街道、村、行业），由区域性工会联合会与相应经济组织或区域内企业，就劳动报酬、工作时间、休息休假、劳动安全卫生、保险福利等事项进行平等协商，所签订的集体合同。

同工同酬

同工同酬是指用人单位对于从事相同工作，付出等量劳动且取得相同劳动业绩的劳动者，支付同等的劳动报酬。由此可以看出，同工同酬必须具备三个条件：一是劳动者的工作岗位、工作内容相同；二是在相同的工作岗位上付出了与别人同样的劳动工作量；三是同样的工作量取得了相同的工作业绩。

劳动合同的期限

劳动合同期限是指合同的有效时间，它一般始于合同的生效之日，终于合同的终止之时。劳动合同期限分为固定期限、无固定期限和以完成一定工作任务为期限三种。

固定期限劳动合同

固定期限劳动合同，是指用人单位与劳动者约定合同终止时间的劳动合同。具体是指劳动合同双方当事人在劳动合同中明确规定了合同效力的起始和终止的时间，劳动合同期限届满，劳动关系即告终止。

无固定期限劳动合同

无固定期限劳动合同，是指用人单位与劳动者约定无确定终止时间的劳动合同里所说的无确定终止时间，是指劳动合同没有一个确切的终止时间，劳动合同的期限长短不能确定，但并不是没有终止时间。

以完成一定工作任务为期限的劳动合同

以完成一定工作任务为期限的劳动合同，是指用人单位与劳动者约定以某项工作的完成为合同期限的劳动合同。

劳动合同的生效

劳动合同的生效，是指具备有效要件的劳动合同按其意思表示的内容产生了法律效力，此时这份劳动合同的内容才对签约双方具有法律约束力。

无效的劳动合同

无效的劳动合同是指由当事人签订成立而国家不予承认其法律效力的劳动合同。一般合同一旦依法成立，就具有法律约束力，但对于无效合同却即使其成立，也不具有法律约束力，不发生履行效力。《中华人民共和国合同法》第五十二条规定，有下列情形之一的，合同无效：

（1）一方以欺诈、胁迫的手段订立劳动合同，损害国家利益的。

（2）恶意串通，损害国家、集体或者第三人利益的。

（3）以合法形式掩盖非法目的。

（4）损害社会公共利益的。

（5）违反法律、行政法规的强制性规定的。

部分无效合同

部分无效合同是指有些合同条款虽然违反法律规定，但并不影响其他条款效力的合同。有些劳动合同就内容看，不是全部无效，而是部分无效，即劳动合同中的某一部分条款不发生法律效力。在部分无效的劳动合同中，无效条款如不影响其余部分的效力，其余部分仍然有效，对双方当事人有约束力。

部分无效的劳动合同通常表现为：未经批准不得辞职；加班不给加班费；工作受伤自己负责等等。

劳动合同的必备条款

劳动合同的必备条款是指法律规定的劳动合同必须具备的内容。在法律规定了必备条款的情况下，如果劳动合同缺少此类条款，劳动合同就不能成立。我国劳动法第十九条第一款规定：“劳动合同应当以书面形式订立，并具备以下条款：（一）劳动合同期限；（二）工作内容；（三）劳动保护和劳动条件；（四）劳动报酬；（五）劳动纪律；（六）劳动合同终止的条件；（七）违反劳动合同的责任。”本条在劳动法的基础上，删去了劳动纪律、劳动合同终止条件、违反劳动合同的责任等内容，同时增加了工作时间、工作地点、职业病危害防护等内容。

工作内容

工作内容，是指劳动法律关系所指向的对象，即劳动者具体从事什么种类或者内容的劳动，这里的工作内容是指工作岗位和工作任务或职责。这一条款是劳动合同的核心条款之一，是建立劳动关系的极为重要的因素。

工作地点

工作地点是劳动合同的履行地，是劳动者从事劳动合同中所规定的工作内容的地点，它关系到劳动者的工作环境、生活环境，以及劳动者的就业选择，劳动者有权在与用人单位建立劳动关系时知悉自己的工作地点，所以这也是劳动合同中必不可少的内容。

社会保险

社会保险由政府通过立法强制实施，由劳动者所在的工作单位或社区以及国家三方面共同筹资，帮助劳动者及其亲属在遭遇年老、疾病、工伤、生育、失业等风险时，防止收入的中断、减少和丧失，以保障其基本生活需求的社会保障制度。社会保险由国家成立的专门性机构进行基金的筹集、管理及发放，不以赢利为目的。一般包括医疗保险、养老保险、失业保险、工伤保险和生育保险。

劳动保护

劳动保护是指用人单位为了防止劳动过程中的安全事故，采取各种措施来保障劳动者的生命安全和健康。

劳动条件

劳动条件，主要是指用人单位为使劳动者顺利完成劳动合同约定的工作任务，为劳动者提供必要的物质和技术条件，如必要的劳动工具、机械设备、工作场地、劳动经费、辅助人员、技术资料、工具书以及其他一些必不可少的物质、技术条件和其他工作条件。

试用期

试用期是指对新录用的劳动者进行试用的期限。用人单位与劳动者可以在劳动合同中就试用期的期限和试用期期间的工资等事项作出约定，但不得违反劳动合同法有关试用期的规定。劳动合同法第十九条对如何确定试用期作出了明确规定，劳动合同的长短、劳动合同的类型不同，试用期的长短也有所不同。劳动合同法第二十条对试用期的工资作出了明确规定，即：劳动者在试用期的工资不得低于本单位同岗位最低档工资或者劳动合同约定工资的百分之八十，并不得低于用人单位所在地的最低工资标准。在试用期内，用人单位与劳动者之间的劳动关系尚处于不完全确定的状态。

培训

培训是按照职业或者工作岗位对劳动者提出的要求，以开发和提高劳动者的职业技能为目的的教育和训练过程。

商业秘密

商业秘密，是指不为公众所知悉、能为权利人带来经济利益，具有实用性并经权利人采取保密措施的技术信息和经营信息。因此商业秘密包括两部分：非专利技术和经营信息。如管理方法，产销策略，客户名单、货源情报等经营信息；生产配方、工艺流程、技术诀窍、设计图纸等技术信息。

补充保险

补充保险是指除了国家基本保险以外，用人单位根据自己的实际情况为劳动者建立的一种保险，它用来满足劳动者姨高于基本保险和需求的愿望，包括补充医疗保险、补充养老保险等。

竞业禁止

竞业禁止又称竞业避止，是对与特定的经营内容有关的特定人的某些行为予以禁止的一种制度，即指根据法律规定或用人单位通过劳动合同和保密协议禁止劳动者在本单位任职期间同时兼职于与其所在单位有业务竞争的单位，或禁止他们在原单位离职后从业于与原单位有业务竞争的单位，包括创建与原单位业务范围相同的企业。

违约金

违约金，亦称违约罚款，是指合同当事人约定在一方不履行合同时向另一方支付一定数额的货币。违约金可分为赔偿性违约金和惩罚性违约金。

加班

加班，也称延长劳动时间，是指用人单位经过一定程序，要求劳动者超过法律、法规规定的最高限制的日工作时数和周工作天数而工作。

用人单位的合并

用人单位的合并一般指两种情况，一是指，用人单位与其他法人或者组织联合成立一个新的法人或者其他组织承担被合并的用人单位的权利和义务。另一种情况是指一个用人单位被撤销后，将其权利和义务一并转给另一个法人或者其他组织。

用人单位发生分立

用人单位发生分立是指在订立劳动合同后，用人单位由一个法人或者其他组织分裂为两个或者两个以上的法人或者其他组织，即由一个用人单位分裂为两个或者两个以上用人单位。用人单位的分立分为两种情况：一种情况是原用人单位只是分出一部分财产设立了新的用人单位，原用人单位不因分出财产而终止；另一种情况是，原用人单位分解为两个以上的用人单位，原用人单位随之解体终止。

劳动合同的变更

劳动合同的变更是指劳动合同依法订立后，在合同尚未履行或者尚未履行完毕之前，经用人单位和劳动者双方当事人协商同意，对劳动合同内容作部分修改、补充或者删减的法律行为。

劳动合同的解除

劳动合同的解除，是指劳动合同在订立以后，尚未履行完毕或者未全部履行以前，由于合同双方或者单方的法律行为导致双方当事人提前消灭劳动关系的法律行为。可分为协商解除、法定解除和约定解除三种情况。

不能胜任工作

“不能胜任工作”，是指不能按要求完成劳动合同中约定的任务或者同工种、同岗位人员的工作量。

经济性裁员

经济性裁员就是指企业由于经营不善等经济性原因，解雇多个劳动者的情形，这是用人单位行使解除劳动合同权的主要方式之一。

工会

工会是职工自愿结合的工人阶级的群众组织。劳动合同法第六条明确规定了工会在劳动合同的订立、履行过程中的功能，工会应当帮助、指导劳动者与用人单位依法订立和履行劳动合同，并与用人单位建立集体协商机制，维护劳动者的合法权益。

劳动合同终止

劳动合同终止是指劳动合同的法律效力依法被解除，即劳动关系由于一定法律事实的出现而终结，劳动者与用人单位之间原有的权利义务不再存在。

经济补偿

经济补偿是对劳动者以往为用人单位作出贡献的补偿，是对劳动者过去劳动内容和成果的肯定。经济补偿是一种企业承担社会责任的主要方式之一，在我国失业保险制度建立健全过程中，经济补偿可以有效缓减失业者的焦虑情绪和生活实际困难，维护社会稳定，形成社会互助的良好社会氛围。经济补偿不同于经济赔偿，不是一种惩罚手段。

劳务派遣

劳务派遣也称人力资源派遣，是近年我国劳务市场根据市场需求而开办的新的劳务中介服务项目，是一种新的用人方式。

非全日制用工

非全日制用工是相对于全日制用工的一类特殊的用工形式，其特殊性就在于“灵活性”，即与全日制用工相比，形成相对宽松的劳动关系，具体包括：劳动合同形式不拘书面性，允许达成口头劳动合同；劳动关系存续时间不确定性，合同双方均可随时解除劳动关系，不必提前通知，用人单位无须支付经济补偿；劳动关系双重性甚至多重性，允许同一劳动者同时存在两个或者两个以上的劳动关系。

劳动行政部门监督管理

劳动行政部门监督管理，是指国务院劳动行政部门和县级以上人民政府的劳动行政部门，以自己的名义，代表国家对劳动合同制度的实施进行监督管理的行政执法活动。劳动行政部门监督管理是一种专业性的行政执法，有着与其他部门和群众监督不同的作用，因此它是劳动合同法监督检查体系中最主要的一种。

举报

举报是指任何组织和个人向有关单位申诉、控告或者检举违法行为的行为。举报是我国宪法和法律赋予公民的一项民主权利。我国宪法第四十一条规定：中华人民共和国公民对于任何国家机关和国家工作人员，有提出批评和建议的权利；对于任何国家机关和国家工作人员的违法失职行为，有向有关国家机关提出申诉、控告或者检举的权利，但是不得捏造或者歪曲事实进行诬告陷害。对于公民的申诉、控告或者检举，有关国家机关必须查清事实，负责处理，任何人不得压制和打击报复。由于国家机关和国家工作人员侵犯公民权利而受到损失的人，有依照法律规定取得赔偿的权利。

责令改正

责令改正并不是一种行政处罚，而是实施每一种行政处罚的一个前置条件，一个必经过程，即实施每一种行政处罚之前，都应当首先责令当事人改正违法行为，消除违法行为后果，然后才是实施行政处罚，因为实施行政处罚的目的决不是为罚而罚，而是为了维护公共利益和社会秩序，保护公民、法人或者其他组织的合法权益，纠正违法行为，教育公民、法人自觉守法。

警告

警告在学理上称为申诫罚，有告诫的意思，就是当公民、法人或者其他组织有违反行政管理秩序的行为时，行政机关可以责令其立即改正违法行为，告诫其应当遵守法律、法规的有关规定，不能违法。

精神损害赔偿

精神损害赔偿，是指公民因其人身权利受到不法侵害而遭受精神痛苦或精神利益受到损害，要求侵权人进行金钱赔偿的一种法律制度。

当事人承担精神损害赔偿责任的方式有：致人精神损害，未造成严重后果的，可判令侵权人停止侵害、恢复名誉、消除影响、赔礼道歉；造成严重后果的，应根据受害人一方的请求同时判令侵权人赔偿相应的精神损害抚慰金。

民事责任

民事责任是根据民法的规定，公民或法人在违反自己的民事义务或侵犯他人的民事权利时所应承担的法律后果。

我国民法通则所规定承担民事责任的方式有：(1) 停止侵害；(2) 排除妨害；(3) 消除危害；(4) 返还财产；(5) 恢复原状；(6) 修理、重作、更换；(7) 赔偿损失；(8) 支付违约金；(9) 消除影响、恢复名誉；(10) 赔礼道歉。

惩罚性赔偿

惩罚性赔偿，又叫做惩戒性赔偿，它指的是对受害方的实际损失予以补偿性赔偿之外的赔偿，通常是由侵权方的一些特殊的不当行为所致。

向人民法院提起诉讼

向人民法院提起诉讼是劳动者依法享有的一项权利，是劳动者追究用人单位违反劳动合同法的赔偿责任、解决赔偿责任争议的一种重要方式，也是最后的方式。人民法院按照司法审判程序对案件进行审理、裁判和执行，保障劳动者的合法权益，包括获得法定赔偿的权利得以实现。

没收违法所得

没收违法所得，是指由行政机关实施的将违法当事人的违法收入收归国有的处罚方式，实施这一处罚的前提是当事人因为违法行为而获得了非法收入，即有了违法所得才给予没收；如果当事人没有违法所得，这一处罚种类也无从实施。

罚款

罚款是对违反法律、法规，不履行法定义务的当事人的一种经济上的处罚，是指行政机关强制违法者承担一定的金钱给付义务的处罚方式。

个人承包经营

个人承包经营是指企业与个人承包经营者通过订立承包经营合同，将企业的全部或者部分经营管理权在一定期限内交给个人承包者，由个人承包者对企业进行经营管理。

第二章　有关社会保险的术语

基本养老保险制度

基本养老保险制度，是指缴费达到法定期限且个人达到法定退休年龄后，国家和社会提供物质帮助以保证年老者稳定、可靠的生活来源的社会保险制度，其目标是实现“老有所养”。基本养老保险制度由三部分组成，即职工基本养老保险制度、新型农村社会养老保险制度、城镇居民社会养老保险制度。

基本医疗保险制度

基本医疗保险制度，是指按照国家规定缴纳一定比例的医疗保险费，在参保人因患病和意外伤害而发生医疗费用后，由医疗保险基金支付其医疗保险待遇的社会保险制度，其目标是实现“病有所医”。基本医疗保险制度由三部分组成，即职工基本医疗保险制度、新型农村合作医疗制度和城镇居民基本医疗保险制度。

工伤保险制度

工伤保险制度，是指由用人单位缴纳工伤保险费，当劳动者因工作原因遭受意外伤害或者职业病，从而造成死亡、暂时或者永久丧失劳动能力时，给予职工及其相关人员工伤保险待遇的一项社会保险制度。

失业保险制度

失业保险制度，是指国家为失业而暂时失去工资收入的社会成员提供物质帮助，以保障失业人员的基本生活，维持劳动力的再生产，为失业人员重新就业创造条件的一项社会保险制度。

生育保险制度

生育保险制度，是指由用人单位缴纳保险费，其职工或者职工未就业配偶按照国家规定享受生育保险待遇的一项社会保险制度。

社会保险稽核

社会保险稽核，是指社保经办机构依法对社会保险费缴纳情况和社会保险待遇领取情况进行的核查。

劳动报酬

劳动者报酬指劳动者为用人单位提供劳务而获得的各种报酬。用人单位在生产过程中支付给劳动者的全部报酬包括三部分：

（1）货币工资，用人单位以货币形式直接支付给劳动者的各种工资、奖金、津贴、补贴等。

（2）实物报酬，即用人单位以免费或低于成本价提供给劳动者的各种物品和服务等。

（3）社会保险，指用人单位为劳动者直接向政府和保险部门支付的失业、养老、人身、医疗、家庭财产等保险金。

计时工资

计时工资是指按计时工资标准（包括地区生活费补贴）和工作时间支付给个人的劳动报酬。

计件工资

计件工资是指对已做工作按计件单价支付的劳动报酬。奖金是指支付给劳动者的超额劳动报酬和增收节支的劳动报酬。

津贴和补贴

津贴和补贴是指为了补偿劳动者特殊或者额外的劳动消耗和因其他特殊原因支付给劳动者的津贴，以及为了保证劳动者工资水平不受物价变化影响支付给劳动者的各种补贴。

加班费

加班费是指劳动者按照用人单位生产和工作的需要在规定工作时间之外继续生产劳动或者工作所获得的劳动报酬。

个人账户养老金

个人账户养老金是个人工作期间为退休后养老积蓄的资金，是基本养老保险待遇的重要组成部分，是国家强制提取的，退休前个人不得提前支取。

社会统筹养老金

社会统筹养老金是由用人单位缴费和财政补贴等构成的社会统筹基金，根据个人缴费年限、缴费工资、当地职工平均工资等因素来确定。社会统筹养老金=（参保人员退休时当地上年度月平均工资+本人指数化月平均缴费工资）÷2×缴费年限×1%。

丧葬补助金

丧葬补助金，是职工死亡后安葬和处理后事的补助费用。

遗属抚恤金

遗属抚恤金，是职工死亡后给予其家属的经济补偿和精神安慰。

病残津贴

病残津贴是基本养老保险基金对前述特殊参保人员给予的经济补偿。

新型农村社会养老保险

新型农村社会养老保险是指在基本模式上实行社会统筹与个人账户相结合，在筹资方式上实行个人缴费、集体补助、政府补贴相结合的社会养老保险制度。2009年9月，国务院出台了《关于开展新型农村社会养老保险试点的指导意见》，引导农村居民普遍参保。

城镇居民社会养老保险

城镇居民社会养老保险是一些地方探索建立的由城镇非就业居民参加的一项社会养老保险制度。在制度模式上也是实行个人账户与基础养老金相结合，筹资方式上实行个人缴费、集体补助与政府补贴相结合。

新型农村合作医疗制度

新型农村合作医疗制度是由政府组织、引导、支持，农民自愿参加，个人、集体和政府多方筹资，以大病统筹为主的农民医疗互助共济制度。农民以家庭为单位自愿参加新型农村合作医疗，按时足额缴纳合作医疗经费。

直接结算制度

参保人员医疗费用中应当由基本医疗保险基金支付的部分，由社保经办机构与医疗机构、药品经营单位直接结算，此谓“直接结算”。

异地就医

异地就医，是指参加基本医疗保险的人员在自己所在的统筹地区以外的中国境内其他地区就医的情况。异地就医以职工退休后到异地居住的情况为主。

定点医疗机构

定点医疗机构是指经统筹地区社会保险行政部门审查，并经社保经办机构确定的，为基本医疗保险参保人员提供医疗服务的医疗机构。除急诊和急救外，参保人员在非选定的定点医疗机构就医发生的费用，基本医疗保险基金不予支付。

定点药店

定点零售药店是指经统筹地区社会保险行政部门审查，并经社保经办机构确定的，为基本医疗保险参保人员提供处方外配服务的零售药店。

工伤认定

工伤认定是指社会保险行政部门依据法律的授权，对职工因事故受到伤害或者患职业病的情形是否属于工伤或视同工伤给予定性的行政确认行为，是受到事故伤害或者患职业病的职工享受工伤保险待遇的前提。工伤认定的结果包括认定为工伤、视同工伤、非工伤和不视同工伤。工伤认定的程序包括申请、受理、审核、调查核实、作出认定等，并有严格的时限规定。

故意犯罪

故意犯罪是指明知自己的行为会发生危害社会的结果，并且希望或放任这种结果的发生，因而构成犯罪的情形。职工因故意犯罪遭受事故伤害，仅指因职工本人实施故意犯罪导致的伤害，不包括侵权第三人实施故意犯罪导致职工受到伤害的情形。

过失犯罪

过失犯罪，即当事人应当预见自己的行为可能发生危害社会的结果，因为疏忽大意而没有预见，或者已经预见但轻信能够避免，以致发生不利后果。职工因自己过失犯罪遭受事故伤害，不应剥夺其基本的社会保险权利，仍应认定为工伤。

醉酒

通过对行为人体内酒精含量的检测，如果发现行为人体内的酒精含量达到或超过一定标准，就应认定为醉酒，由于醉酒导致行为失去控制而引发的各种事故不能作为工伤处理。

吸毒

吸毒是通俗说法，在医学上多称药物依赖和药物滥用，是指不以医疗为目的，采取各种方式滥用麻醉药品与精神药品。相对于醉酒，吸毒在行为人的主观过错、社会危害性等方面，有过之而无不及，因此应将其排除在工伤保险制度之外。

自残或者自杀

自残是指通过各种手段和方法伤害自己的身体，并造成伤害结果的行为，自残的最极端情况就是自杀。自残和自杀均与工作没有必然的因果联系，职工本人对自己的伤亡存在着主观故意，应当对伤亡自行承担后果，不应认定为工伤。

工伤保险先行支付制度

工伤保险先行支付制度，是指在工伤事故发生后，用人单位拒不支付或者无力支付未参保职工的工伤保险待遇时，由工伤保险基金先行支付，再由社保经办机构向用人单位追偿的制度。

失业保险基金

失业保险基金是国家通过立法建立的支付失业保险待遇的资金，主要用于保障失业人员基本生活的支出，包括支付失业保险金，支付领取失业保险金期间的医疗补助金，支付领取失业保险金期间死亡的失业人员的丧葬补助金和其供养的配偶、直系亲属的抚恤金等。

失业保险丧葬补助金

失业保险丧葬补助金是指对失业人员在领取失业保险金期间死亡的，由失业保险基金支付给其遗属一定数额的，用以安排丧葬事宜的资金。

抚恤金

抚恤金是指失业人员在领取失业保险金期间死亡的，由失业保险基金发给其亲属的费用。

办理失业登记

办理失业登记是领取失业保险金的重要条件，失业登记的主要内容有失业人员的个人情况，原就业情况，失业时间、原因等失业情况。办理失业登记后，失业人员一般可以接受公共职业介绍机构提供的免费职业介绍、职业指导服务；参加适应市场需求的职业培训并按规定减免培训费用；按规定享受各项就业扶持政策；符合失业保险金申领条件的，按规定申领失业保险金和其他的失业保险待遇。

失业保险基金的统筹层次

失业保险基金的统筹层次是指失业保险基金在一定的行政区域内实行统一筹集、管理和使用的制度。目前，失业保险基金的统筹层次为直辖市和地市级。

生育医疗费用

生育医疗费用是指女职工在妊娠期、分娩期、产褥期内，因生育所发生的检查费、接生费、手术费、住院费、药费等医疗费用，以及生育出院后因生育引起疾病的医疗费。这些均由生育保险基金支付。在生育期间超出规定的医疗服务费和药费（含自费药品和营养药品的药费）由职工个人负担。

计划生育的医疗费用

计划生育的医疗费用，是指职工因实行计划生育需要，实施放置（取出）宫内节育器、流产术、引产术、绝育及复通手术所发生的医疗费用。

生育津贴

生育津贴，是指根据国家法律、法规规定对职业妇女因生育而离开工作岗位期间，给予的生活费用。在实行生育保险社会统筹的地区，由生育保险基金按本单位上年度职工月平均工资的标准支付，支付期限一般与产假期限相一致，不少于98天。

社会保障基金

社会保障基金是由国家设立的主要用于应对人口老龄化高峰时期社会保障需要的专项资金。

社保经办机构

社保经办机构是提供社会保险服务的机构，负责社会保险登记、参保人员权益记录、社会保险待遇支付、提供社会保险咨询服务等工作。

社保待遇支出

社保待遇支出是指按规定支付给社会保险对象的基本养老保险待遇支出（包括基本养老金、医疗补助、丧葬补助金、抚恤金）、基本医疗保险待遇支出（包括按规定分别形成社会统筹医疗保险待遇支出和个人账户医疗保险待遇支出）、失业保险待遇支出（包括失业保险金、医疗补助金、丧葬补助金、抚恤金、职业培训和职业介绍补贴、国有企业下岗职工基本生活保障补助和其他费用）、工伤保险待遇支出（包括治疗工伤的医疗费用和康复费用等九项费用）和生育保险待遇支出（包括生育医疗费用和生育津贴）。

个人权益记录

参保人员个人权益记录是参保人员缴费和享受社保待遇的证明，社保经办机构应当及时、完整、正确地记录参加社会保险的个人缴费和用人单位为其缴费，以及享受社保待遇等权益记录，并定期将个人权益记录单免费寄送本人。

社会保险工作数据

社会保险工作数据是经办社会保险业务必需的基础情况，包括社会保险登记情况、用人单位和参保人员缴费记录、参保人员享受待遇记录、社保基金的收支情况等。社保经办机构通过业务经办、统计、调查等手段，获取这些数据。当社保经办机构向有关单位和个人进行调查时，有关单位和个人应及时、如实提供。

社会保险业务档案

社保经办机构对社会保险业务的原始资料以及办理过程中涉及的相关资料，按照档案管理规定，及时留存、归档、立卷、保管，由此建立的档案称为“社会保险业务档案”。社保档案包括社保经办机构在办理社会保险业务过程中，直接形成的具有保存和利用价值的专业性文字材料、电子文档、图表、声像等不同载体的历史记录。

金保工程

金保工程是利用先进的信息技术，以中央——省——市三级网络为依托，支持劳动和社会保障业务经办、公共服务、基金监管和宏观决策等核心应用，覆盖全国的统一的劳动和社会保障电子政务工程。金保工程包括社会保险和劳动力市场两个子系统，由市、省、中央三层数据分布和管理结构组成，具备业务经办、公共服务、基金监管和宏观决策四大功能。

城市网建设

城市网建设，即地级市建成统一的社保数据中心，建立标准统一的覆盖全部参保人员和参保单位的资源数据库，网络终端延伸到各个经办窗口和定点医疗机构、定点药店等相关服务机构，实现养老、医疗等各项社会保险主要业务的全程信息化。

省级社保数据中心建设

省级社保数据中心建设，即建立覆盖全省的养老保险资源数据库、各类社会保险统计监测数据库和各项社保基金管理数据库，对跨统筹地区领取社保待遇的人员要建立社会保险省内异地交换数据库，省级数据中心要下联各城市数据中心。

全国社保数据中心建设

全国社保数据中心建设，即建立覆盖全国的统计监测数据库、社会保险跨省异地交换数据库，网络下联各省级数据中心，对各地社保基金进行监控，为宏观决策和异地信息交换提供支持。

行政监督

行政监督是指县级以上人民政府社会保险行政部门对用人单位和个人遵守社会保险法律、法规情况进行的监督检查。

财政监督

财政监督是指财政部门主要是指财政部门负责拟定社保基金的财务管理制度，组织实施对社保基金收支、管理和投资运营情况实施的监督。

审计监督

审计监督是指审计机关依法独立检查被审计单位的会计凭证、会计账簿、财务会计报告以及其他与财政收支、财务收支有关的资料和资产，监督财政收支、财务收支真实、合法和效益的行为，属于行政机关内部监督中的一种专门监督形式。

骗保

骗保主要是个人不符合享受社保待遇的条件，以欺诈、伪造证明材料或者其他手段骗取社保待遇的行为。实践中，以欺诈、伪造证明材料或者其他手段获取社保待遇有多种形式：

（1）在养老保险待遇的支付环节，有的伪造身份证明或冒用他人身份证明；有的伪造、变造档案年龄、特殊工种年限和病历等办理提前退休；有的伪造、变造人事档案，以增加视同缴费年限；有的伪造、变造用工关系、工资报表等证明材料补缴养老保险费；有的伪造、变造领取养老保险待遇证明文件等。

（2）在医疗保险的支付环节，有的将本人身份证明及社会保障卡转借他人就医；有的冒用他人身份证明或社会保障卡就医；有的伪造、变造病历、处方、疾病诊断证明和医疗费票据；有的伪造、变造劳动关系、工资报表等证明材料参加医疗保险或补缴医疗保险费。

吊销执业资格

吊销执业资格是一种资格惩罚，即剥夺行政相对人的行为能力，行政相对人被吊销执业资格后就不能从事某种特定行为。对于参与骗保的，直接负责的主管人员和其他直接责任人员是医师的，应当由卫生行政部门吊销其执业资格。

玩忽职守

玩忽职守是指国家工作人员不履行法律所赋予的职权，构成违法失职的行为，如经办机构工作人员缺乏责任心，对工作马马虎虎，漫不经心，疏于管理，造成保险基金被挪用或者流失。

徇私舞弊

徇私舞弊是指为了个人私利或亲友私情，不按照法律、法规规定办事，给社保基金造成损失。

进城务工的农村居民

进城务工的农村居民是指与用人单位建立劳动关系的农村居民，即农民工。这些农村居民与城镇职工没有身份差别，应当与城镇职工一样参加社会保险，纳入与职工相关联的职工基本养老保险、职工基本医疗保险、工伤保险等社会保险制度中。

被征地农民

被征地农民是指因征地影响当事人基本生活，大大降低当事人收入和生活来源的情形。国务院有关文件中曾规定是无地农民，即土地全部被征收的才是被征地农民。最近国务院文件中将被征地农民扩大为失去全部或者大部分土地的农业人口，具体对象由各地确定。

第三章 与工时、工资、休假有关的术语

工作时间

工作时间是指在企业、事业、机关、团体等单位中，必须用来完成其所担负的工作任务的时间。一般由法律规定劳动者在一定时间内（工作日、工作周）应该完成的工作任务，以保证最有效地利用工作时间，不断的提高工作效率。这里的工作时间包括工作时间的长短、工作时间方式的确定，如是8小时工作制还是6小时工作制，是日班还是夜班，是正常工时还是实行不定时工作制，或者是综合计算工时制。在工作时间上的不同，对劳动者的就业选择、劳动报酬等均有影响，因此成为劳动合同不可缺少的内容。

标准工作时间

标准工作时间，是法律规定的企事业单位、社会团体在正常情况下，普遍实行的工作时间，包括每日工作时间和每周工作时间，它是工作时间立法的基础，也是确定其他工作日长度的基础。

标准工时制度

标准工时制度，是指国家法律规定的，国家机关、社会团体、企事业单位以及其他组织在正常情况下普遍实行的工时制度。

这是我国运用最为广泛的一种工时制度，在标准工时制下，根据劳动法第三十六条、《国务院关于职工工作时间的规定》第三条的规定，工人每天工作的最长工时为8小时，

周最长工时为40小时。并且根据劳动法第三十八条、第四十一条规定，标准工时制还有以下几点要求：

（1）用人单位每周应保证劳动者每周至少休息1日。

（2）因生产经营需要，经与工会和劳动者协商，一般每天延长工作时间不得超过1小时。

（3）特殊原因每天延长工作时间不得超过3小时。

（4）每月延长工作时间不得超过36小时。

显然，根据标准工时制的规定，工作时间比较固定，且延长工作时间有明确严格的限制条件。

不定时工作制

不定时工作制是针对因生产特点、工作特殊需要或职责范围的关系，无法按标准工作时间衡量或需要机动作业的职工所采用的一种工时制度。

根据劳动部《关于企业实行不定时工作制和综合计算工时工作制的审批办法》（劳部发[1994]503号）第四条规定，企业对符合下列条件之一的职工，可以实行不定时工作制。

（1）企业中的高级管理人员、外勤人员、推销人员、部分值班人员和其他因工作无法按标准工作时间衡量的职工。

（2）企业中的长途运输人员、出租汽车司机和铁路、港口、仓库的部分装卸人员以及因工作性质特殊，需机动作业的职工。

（3）其他因生产特点、工作特殊需要或职责范围的关系，适合实行不定时工作制的职工。

综合计算工时工作制

综合计算工时工作制是指以标准工时制为基础，以一定的期限为周期，综合计算工作时间的工时制度。

根据《劳动部关于职工工作时间有关问题的复函》的第五条至第七条的规定，该类工时制度有以下的特点：

（1）一般以月、季、年为周期综合计算工作时间。

（2）其平均日工作时间和平均周工作时间应当与法定标准工作时间基本相同，也就是说，在综合计算周期内，某一具体日（或周）的实际工作时间可以超过8小时（或40小时），但综合计算周期内的总实际工作时间应当不能超过总法定标准工作时间。

（3）实行综合计算工时制的，无论劳动者平时工作时间数为多少，只要在一个综合工时计算周期内的总工作时间数不超过以标准工时制计算的应当工作的总时间数，即不视为加班。若超过，则超过部分视为延长工作时间，并按《劳动法》规定支付报酬，且延长时间的小时数，平均每月不得超过36小时。

延长工作时间（加班加点）

延长工作时间是指劳动者根据法律、法规和行政命令的要求，在法定节假日和公休假日进行额外工作（即加班），以及超过正常工作日进行工作（即加点）。

休息休假

休息休假是指企业、事业、机关、团体等单位的劳动者按规定不必进行工作，而自行支配的时间。休息休假的权利是每个国家的公民都应享受的权利。劳动法第三十八条规定："用人单位应当保证劳动者每周至少休息一日。"休息休假的具体时间根据劳动者的工作地点、工作种类、工作性质、工龄长短等各有不同，用人单位与劳动者在约定休息休假事项时应当遵守劳动法及相关法律法规的规定。

法定节假日

法定节假日，又称法定休假日，是指国家统一规定的用以开展纪念、庆祝活动的休息时间。

带薪年休假制度

带薪年休假制度，是指劳动者每年享有一次连续的带工资的休息时间。其法定条件是连续工作一年以上。这就是说，只要劳动者连续工作时间在一年以上，就有资格享受带薪年休假，不论用人单位实行什么样的工资制度，即不管是月薪制、日薪制，也不论是计时工资制还是计件工资制，都应当给予劳动者享有带薪年休假的权利。

病假

病假，是指劳动者因疾病或非因工受伤，企业批准停止工作进行治病休息的期间。不少企业错误地认为，劳动者生病没有为企业提供劳动，因此企业就可以不必支付任何报酬。其实，劳动者在治疗期间，不仅可以享受医疗保险待遇，而且用人单位需要按照法定标准向劳动者支付病假工资。

劳动报酬

劳动者报酬指劳动者为用人单位提供劳务而获得的各种报酬。用人单位在生产过程中支付给劳动者的全部报酬包括三部分：

（1）货币工资，用人单位以货币形式直接支付给劳动者的各种工资、奖金、津贴、补贴等。

（2）实物报酬，即用人单位以免费或低于成本价提供给劳动者的各种物品和服务等。

（3）社会保险，指用人单位为劳动者直接向政府和保险部门支付的失业、养老、人身、医疗、家庭财产等保险金。

工资

工资是指用人单位基于劳动关系，按照劳动者提供劳动的数量和质量，以货币形式支付给劳动者本人的全部劳动报酬。一般包括计时工资、计件工资、奖金、津贴和补贴延长工作时间的工资报酬以及特殊情况下支付的工资等。

计时工资

计时工资是指按计时工资标准（包括地区生活费补贴）和工作时间支付给个人的劳动报酬。

计件工资

计件工资是指对已做工作按计件单价支付的劳动报酬。奖金是指支付给劳动者的超额劳动报酬和增收节支的劳动报酬。

津贴和补贴

津贴和补贴是指为了补偿劳动者特殊或者额外的劳动消耗和因其他特殊原因支付给劳动者的津贴，以及为了保证劳动者工资水平不受物价变化影响支付给劳动者的各种补贴。

加班费

加班费是指劳动者按照用人单位生产和工作的需要在规定工作时间之外继续生产劳动或者工作所获得的劳动报酬。

福利待遇

福利待遇是用人单位给予劳动者住房补贴、通讯补贴、交通补贴、子女教育等，成为劳动者收入的重要指标之一。

工资支付周期

工资支付周期是指工资的计发时段。实行年、月、周薪制的劳动者，其工资支付周期分别为一年、一月、一周。一个人的工资可能有多个工资支付周期，如月工资的工资支付周期为一个月，季度奖、年终奖的工资支付周期则为一个季度和一年。

拖欠工资

拖欠工资， 是指用人单位无法定理由逾期未支付或者未足额支付劳动者应得工资的行为。

标准工资

标准工资也称“基本工资”，用人单位根据国家统一规定的工资标准支付给职工的工资。是工资总额或者职工工资收入的基本组成部分。支付给职工的这一部分工资，在一定时期内一般固定不变，是职工的基本收入。包括按计时工资标准支付的计时工资和按计件单价支付的计件工资。劳动合同制工人的标准工资是指双方在劳动合同中约定从事某一岗位相应的工资标准。

工资标准

工资标准也亦称“工资率”，是国家、部门或者行业、企业单位对职工规定的在一定时期内的工资数额。工资标准可以按月、按日或者按小时规定，分别叫月工资标准、日工资标准和小时工资标准。

最低工资标准

最低工资标准是指劳动者在法定工作时间或依法签订的劳动合同约定的工作时间内提供了正常劳动的前提下，用人单位依法应支付的最低劳动报酬。最低工资标准一般采取月最低工资标准和小时最低工资标准两种形式，月最低工资标准适用于全日制就业劳动者，小时最低工资标准适用于非全日制就业劳动者。

最低工资标准适用于在中华人民共和国境内的企业、民办非企业单位、有雇工的个体工商户和与之形成劳动关系的劳动者。

国家机关、事业单位、社会团体和与之建立劳动合同关系的劳动者也适用最低工资标准。具体来讲，最低工资标准只适用于在岗职工，不适用于退休人员、内退职工、待岗职工和下岗职工。

正常劳动

正常劳动，是指劳动者按依法签订的劳动合同约定，在法定工作时间或劳动合同约定的工作时间内从事的劳动。劳动者依法享受带薪年休假、探亲假、婚丧假、生育（产）假、节育手术假等国家规定的假期间，以及法定工作时间内依法参加社会活动期间，视为提供了正常劳动。

劳动定额

劳动定额是指在一定的生产和技术条件下，生产单位产品或完成一定工作量应该消耗的劳动量（一般用劳动或工作时间来表示）标准或在单位时间内生产产品或完成工作量的标准。

日工资制

日工资制就是根据劳动者的日工资标准和实际工作日数来计算工资。

加班加点工资

加班加点工资是指劳动者按照用人单位生产和工作的需要在规定工作时间之外继续生产劳动或者工作所获得的劳动报酬。

根据有关法律法规规定，加班加点工资的支付标准是：

（1）安排劳动者延长工作时间的（即正常工作日加点），支付不低于劳动合同规定的劳动者本人小时工资标准的150%的工资报酬。

（2）休息日（即星期六、星期日或其他休息日）安排劳动者工作又不能安排补休的，支付不低于劳动合同规定的劳动者本人日工资标准的200%的工资报酬。

（3）法定休假日（即元旦、春节、国际劳动节、国庆节以及其他法定节假日）安排劳动者工作的，支付不低于劳动合同规定的劳动者本人日工资标准的300%的工资报酬。职工全年月平均工作天数和工作时间分别为20.92天和167.4小时，职工的日工资和小时工资按此进行折算。

加班费的计算方法为：法定节假日加班工资=月工资基数÷21.75天×300%×加班天数，休息日加班工资=月工资基数÷21.75天×200%×加班天数。

奖金

奖金是指企业职工工资收入的组成部分，是贯彻按劳分配原则、支付劳动报酬的辅助形式，是对基本工资的补充。它实质上是对职工提供的有效超额劳动支付的报酬。其目的是为了更好地调动职工的积极性，鼓励职工提高技术和业务水平，提高劳动生产率，从而促进生产发展和企业经济效益的增长。

津贴

津贴是指补偿职工在特殊条件下的劳动消耗及生活费额外支出的工资补充形式。常见的包括矿山井下津贴、高温津贴、野外矿工津贴、林区津贴、山区津贴、驻岛津贴、艰苦气象台站津贴、保健津贴、医疗卫生津贴等，此外，生活费补贴、价格补贴也属于津贴。

生育津贴

生育津贴是指国家法律法规规定对职业妇女因生育而离开工作岗位期间，给予的生活费用，用以保障女职工产假期间的基本生活需要。

第四章 有关劳动争议的术语

劳动争议

劳动争议，也称“劳动纠纷”、“劳资争议”，是指用人单位和劳动者在执行劳动方面的法律、法规和劳动合同、集体合同的过程中，就劳动的权利义务发生分歧而引起的争议。劳动争议的特点是：

（1）劳动争议的主体是劳动关系双方，即发生在用人单位和劳动者之间，二者之间形成了劳动关系，因而所发生的争议称为劳动争议。

（2）劳动争议必须是因为执行劳动法律、法规或者订立、履行、变更、解除和终止劳动合同而引起的争议。

劳动关系

劳动关系是指用人单位招用劳动者为其成员，劳动者在用人单位的管理下提供有报酬的劳动而产生的权利义务关系。因确认劳动关系是否存在而产生的争议属于劳动争议，适用劳动争议调解仲裁法。

除名

除名是指用人单位专门对无正当理由经常旷工，经批评教育无效，且旷工时间超过法定期限的职工，依法采取的一种强行解除劳动关系的行政处理措施。

辞退

所谓辞退，是指用人单位依照法律规定的条件和程序，解除与其工作人员的工作关系。

辞职

所谓辞职，是指劳动者根据本人的意愿，辞去所担任的职务，解除与所在单位的工作关系的行为。

离职

离职是指劳动者根据本人意愿，自动解除与所在单位的劳动关系的行为。因除名、辞退和辞职、离职发生的争议涉及解除和终止劳动关系的，适用劳动争议调解仲裁法。

经济补偿

经济补偿是指根据劳动合同法的规定，用人单位解除和终止劳动合同时，应给予劳动者的补偿。根据劳动合同法的规定，劳动者因用人单位的过错而单方提出与用人单位解除劳动合同的；或者用人单位因劳动者存在过错之外的原因而单方决定与劳动者解除劳动合同的；或者用人单位提出动议，与劳动者协商一致解除劳动合同的，应当向劳动者支付经济补偿。同时，在用人单位与劳动者终止固定期限劳动合同或者企业破产、责令关闭、吊销执照、提前解散等情形时，也应当向劳动者支付经济补偿。

赔偿金

赔偿金是指根据劳动合同法的规定，用人单位应当向劳动者支付的赔偿金和劳动者应当向用人单位支付的赔偿金。用人单位应当向劳动者支付的赔偿金，包括：

（1）用人单位违反劳动合同法规定与劳动者约定试用期的，如违法约定的试用期已经履行的，由用人单位以劳动者试用期满月工资为标准，按已经履行的超过法定试用期的时间向劳动者支付赔偿金。

（2）用人单位未依照劳动合同的约定或者国家规定及时足额支付劳动者劳动报酬，或者低于当地最低工资标准支付劳动者工资的，或者安排加班不支付加班费，以及解除、终止劳动合同，未依照本法规定向劳动者支付经济补偿的，在劳动行政部门责令限期支付后，逾期仍不支付的，用人单位按应付金额150%以上100%以下的标准向劳动者加付赔偿金。

（3）用人单位违反劳动合同法规定解除或者终止劳动合同的，应当按照劳动合同法规定的解除终止劳动合同的经济补偿标准的二倍支付赔偿金。

（4）用人单位自用工之日起超过1个月不满1年未与劳动者订立书面劳动合同的，应当向劳动者每月支付二倍的工资，或者用人单位违反本法规定不与劳动者订立无固定期限劳动合同的，自应当订立无固定期限劳动合同之日起向劳动者每月支付二倍的工资，等等。

劳动者向用人单位支付的赔偿金，包括劳动者违反劳动合同法规定解除劳动合同，或者违反劳动合同约定的保密义务或者竞业限制给用人单位造成损失所应当承担的赔偿金。

劳动争议调解仲裁合法原则

合法，是指劳动争议处理机构在调解、仲裁过程中坚持以事实为根据，以法律为准绳，依法处理劳动争议案件。也就是说，调解、仲裁的程序、方法和内容都不得违反法律，不得损害国家、集体和他人的权益。

劳动争议调解仲裁公正原则

公正，是指在处理劳动争议的过程中，调解和仲裁机构能够公平正义、不偏不倚，保证争议当事人处于平等的法律地位，具有平等的权利和义务，并对人们之间权利或利益关系进行合理的分配。

劳动争议调解仲裁及时原则

及时，是指遵循劳动争议处理法律法规规定的期限，尽可能快速、高效率地处理和解决劳动争议。劳动争议与其他争议的一个重要区别就是，劳动争议与劳动者的生活、企业生产密切相关，一旦发生争议，不仅影响生产、工作的正常进行，而且直接影响劳动者及其家人的生活，甚至影响社会的稳定。因此对劳动争议必须及时处理，及时保护权利受侵害一方的合法权益，以协调劳动关系，维护社会和生产的正常秩序。劳动争议一旦发生，当事人应及时申请处理，调解委员会和仲裁委员会应及时处理，对于处理结果当事人应及时执行。对调解、仲裁不服的，也应及时提起诉讼，寻求救济。

劳动争议的协商

劳动争议的协商是指发生争议的劳动者与用人单位通过自行协商，或者劳动者请工会或者其他第三方共同与用人单位进行协商，从而使当事人的矛盾得以化解，自愿就争议事项达成协议，使劳动争议及时得到解决的一种活动。

劳动争议的调解

劳动争议的调解是指在劳动争议调解委员会的主持下，在双方当事人自愿的基础上，通过宣传法律、法规、规章和政策，劝导当事人化解矛盾，自愿就争议事项达成协议，使劳动争议及时得到解决的一种活动。

仲裁

仲裁，也称作“公断”，是指争议双方在同一问题上无法取得一致时，由无利害关系的第三者居中作出裁决的活动。仲裁主要分为对经济纠纷的经济仲裁和对劳动争议的劳动仲裁。

劳动争议仲裁

劳动争议仲裁是指劳动争议仲裁机构对劳动争议当事人争议的事项，根据劳动方面的法律、法规、规章和政策等的规定，依法作出裁决，从而解决劳动争议的一项劳动法律制度。

举证责任

举证责任，又称证明责任，是指当事人对自己提出的主张，有提出证据并加以证明的责任。如果当事人未能尽到上述责任，则有可能承担对其不利的法律后果。举证责任的基本含义包括以下三层：第一，当事人对自己提出的主张，应当提出证据；第二，当事人对自己提供的证据，应当予以证明，以表明自己所提供的证据能够证明其主张；第三，若当事人对自己的主张不能提供证据或提供证据后不能证明自己的主张，将可能导致对自己不利的法律后果。

举证责任的倒置

举证责任的倒置，是指在某些特殊情况下，由于案件事实的特殊性，法律在确定举证的顺序时，免除了由原告对其主张的事实首先进行举证的责任，而确定由被告人承担举证责任。

调解协议书

调解协议书是劳动争议双方达成调解的书面证明，是一项重要的法律文书。

支付令

支付令是人民法院根据债权人的申请，督促债务人履行债务的程序，是民事诉讼法规定的一种法律制度。

劳动争议仲裁委员会

劳动争议仲裁委员会是指依法设立，由法律授权依法独立对劳动争议案件进行仲裁的专门机构。劳动争议仲裁委员会是由省级人民政府依照本法的有关规定决定设立的，其设立和组成决定了其是由法律授权、代表国家行使仲裁权的国家仲裁机构的性质。

劳动争议仲裁的仲裁规则

劳动争议仲裁的仲裁规则，是指劳动争议仲裁进行的具体程序及此程序中相应的劳动争议仲裁法律关系的规则。劳动争议仲裁的仲裁规则的基本内容是规定当事人和劳动争议仲裁委员会在仲裁程序进行过程中的权利义务，以及行使和履行这些权利义务的方式。主要内容应包括：仲裁管辖、仲裁组织、仲裁申请和答辩、反请求程序、仲裁庭组成程序、审理程序、裁决程序，以及在相应程序中劳动争议仲裁委员会、仲裁员、当事人和其他劳动争议仲裁参加人的相关权利义务，等等。

劳动关系三方原则

劳动关系三方原则是指政府（通常以劳动行政部门为代表）、雇主组织和工会组织通过一定的协作机制共同处理涉及劳动关系的重要问题的原则。

劳动争议仲裁的仲裁员

劳动争议仲裁的仲裁员是指由劳动争议仲裁委员会依法聘任后，专门从事劳动争议裁决工作的人员，包括兼职仲裁员和专职仲裁员。

劳动争议仲裁管辖

劳动争议仲裁管辖，是指确定各个劳动争议仲裁委员会审理劳动争议案件的分工和权限，明确当事人应当到哪一个劳动争议仲裁委员会申请劳动争议仲裁，由哪一个劳动争议仲裁委员会受理的法律制度。

劳动争议仲裁当事人

劳动争议仲裁当事人是指因劳动权益纠纷，以自己的名义参加劳动争议仲裁活动，请求保护自己的合法权益，并受劳动争议仲裁委员会仲裁裁决约束的直接利害关系人。

劳动争议仲裁中的第三人

劳动争议仲裁中的第三人是指与劳动争议案件的处理结果有法律上的利害关系，仲裁程序开始后参加进来以维护自己的合法权益的人。

代理

代理是代理人在代理权的范围内，以被代理人的名义或者自己的名义独立与第三人实施民事行为，由此产生的法律效果直接或者间接归属于被代理人的民事法律制度。

代理人

在代理制度中，以他人名义或者自己名义为他人实施民事行为的人，称为代理人。

被代理人

由他人代为实施民事行为的人，称为被代理人。根据代理权产生的不同，又可以将代理分为委托代理、法定代理和指定代理。

委托代理

委托代理，是指基于被代理人的委托授权而发生的代理。委托代理权的产生通常以委托合同和委托授权行为两个法律行为同时有效存在为前提。

法定代理

法定代理是指代理基于法律的直接规定而发生的代理。法定代理主要适用于被代理人为无民事行为能力或限制行为能力人的情况。

指定代理

指定代理是指基于法院或有关机关的指定行为而发生的代理。这里有关机关指仲裁机关或依法对被代理人的合法权益负有保护义务的组织，如未成年人所在居民委员会、村民委员会等。

仲裁时效

仲裁时效具体来说就是指权利人于一定期间内不行使请求劳动争议仲裁机构保护其民事权利的请求权，就丧失该请求权的法律制度。

仲裁时效的中断

仲裁时效的中断，是指在仲裁时效进行期间，因发生法定事由致使已经经过的仲裁时效期间统归无效，待时效中断事由消除后，重新开始计算仲裁时效期间。

仲裁时效的中止

仲裁时效的中止，是指在仲裁时效进行中的某一阶段，因发生法定事由致使权利人不能行使请求权，暂停计算仲裁时效，待阻碍时效进行的事由消除后，继续进行仲裁时效期间的计算。

仲裁申请书

仲裁申请书是劳动争议的一方当事人向劳动争议仲裁委员会提出要求对争议事项进行仲裁审理的书面申请，是重要的仲裁文书，在劳动争议仲裁中具有重要作用，是申请人提起仲裁的根据。

仲裁的受理

仲裁的受理是指劳动争议仲裁委员会对当事人的申请，经审查后认为符合受理条件，决定立案受理，从而引起仲裁程序开始的行为。

仲裁答辩

仲裁答辩是仲裁案件的被申请人为维护自己的权益，就申请人在仲裁申请书中提出的仲裁请求及所依据的事实、理由所作出的答复与反驳。

延期开庭

延期开庭，是指当事人在仲裁庭通知其开庭审理日期后且开庭三日前，由于出现法定事由，导致仲裁审理程序无法按期进行的，提出延期审理的请求，经仲裁委员会同意，将仲裁审理推延到另一日期进行的行为。

视为撤回仲裁申请

视为撤回仲裁申请，是指劳动争议仲裁的申请人虽然未主动提出撤回仲裁的申请，但是，申请人出现法律规定的情形用行为已经表明其不愿意继续进行仲裁的，可以按照申请人撤回仲裁申请处理，从而终结对劳动争议案件仲裁。

缺席裁决

缺席裁决，是指只有一方当事人到庭参与仲裁审理时，仲裁庭仅就到庭的一方当事人进行调查、审查核实证据，听取意见，并对未到庭一方当事人提供的书面资料进行审查后，即作出仲裁裁决的仲裁活动。

鉴定

鉴定，就是指鉴定主体根据司法机关、仲裁机构或者当事人的申请，通过对鉴定材料的观察、比较、检验、鉴别等专业性、技术性活动，对案件涉及的专门性问题进行分析、判断，作出鉴定结论的活动。常见的鉴定包括医学鉴定、痕迹鉴定、文书鉴定、会计鉴定、产品质量鉴定、事故鉴定等。劳动争议仲裁案件经常涉及的鉴定包括劳动能力鉴定、职业病鉴定等。

质证

质证是指当事人在仲裁庭的主持下，对对方当事人提供的证据的真实性、关联性和合法性提出质疑，否定其证明力的活动。

辩论

辩论是指在仲裁庭的主持下，双方当事人就争议的事实认定问题和法律适用问题各自陈述己方的主张和根据，挑战对方的主张和根据，对对方的挑战进行反驳，以维护己方的合法权益的活动。

证据

证据是指证明主体提供的用来证明案件事实的材料。

查证属实

查证属实是指证据在仲裁庭的主持下，经当事人出示、对方质证和仲裁庭认证，认为证据具有真实性、关联性和合法性。

开庭笔录

开庭笔录是仲裁庭记录人员制作的，如实反映仲裁庭开庭审理劳动争议案件过程中仲裁员、当事人以及其他仲裁参加人陈述意见、互相质证、进行辩论、变更请求、庭前调解等活动的书面记录。

调解书

调解书是指仲裁庭制作的记载对当事人劳动争议进行调解的过程和结果的具有约束力的法律文书，是经双方当事人协商并经仲裁庭批准的协议。

裁决

裁决，是指仲裁庭依据案件事实和有关法律规定，对当事人申请仲裁有关实体权利的请求事项作出的确认当事人之间的权利义务关系的有法律约束力的书面结论性判定。

先行裁决

先行裁决是通过行使部分裁决权作出的裁决，从性质上来说与最终裁决的效力是一样的，具有同样的法律效力。

一裁终局制度

一裁终局制度是劳动争议经仲裁庭裁决后即行终结的制度。包括五层含义：一是本条中的“除本法另有规定的外”是指劳动争议调解仲裁法第四十八条的规定，劳动者对本条规定的仲裁裁决不服的，可以向法院提起诉讼；二是一裁终局有范围限制。一裁终局仅限于小额和标准明确的仲裁案件；三是裁决书自作出之日起发生法律效力；四是仲裁裁决发生法律效力后，当事人不得就同一争议事项再向仲裁委员会申请仲裁或向法院起诉；五是仲裁裁决发生法律效力后，当事人应当依照规定的期限履行。

小额仲裁案件

小额仲裁案件是指不超过当地月最低工资标准12个月金额的仲裁案件。

第五章　有关职业健康和工伤的术语

工伤

工伤，又称为产业伤害、职业伤害、工业伤害、工作伤害，是指劳动者在从事职业活动或者与职业活动有关的活动时所遭受的不良因素的伤害和职业病伤害。

根据《工伤保险条例》第十四条的规定，职工有下列情形之一的，应当认定为工伤：

（1）在工作时间和工作场所内，因工作原因受到事故伤害的。

（2）工作时间前后在工作场所内，从事与工作有关的预备性或者收尾性工作受到事故伤害的。

（3）在工作时间和工作场所内，因履行工作职责受到暴力等意外伤害的。

（4）患职业病的。

（5）因工外出期间，由于工作原因受到伤害或者发生事故下落不明的。

（6）在上下班途中，受到机动车事故伤害的。

（7）法律、行政法规规定应当认定为工伤的其他情形。

同时，根据本条例第十五条的规定，职工有下列情形之一的，视同工伤：

（1）在工作时间和工作岗位，突发疾病死亡或者在48小时之内经抢救无效死亡的。

（2）在抢险救灾等维护国家利益、公共利益活动中受到伤害的。

（3）职工原在军队服役，因战、因公负伤致残，已取得革命伤残军人证，到用人单位后旧伤复发的。

事故伤害

事故伤害是指职工在劳动过程中发生的人身伤害、急性中毒事故等类似伤害。

工伤认定

工伤认定是指社会保险行政部门依据法律的授权，对职工因事故受到伤害或者患职业病的情形是否属于工伤或视同工伤给予定性的行政确认行为，是受到事故伤害或者患职业病的职工享受工伤保险待遇的前提。工伤认定的结果包括认定为工伤、视同工伤、非工伤和不视同工伤。工伤认定的程序包括申请、受理、审核、调查核实、作出认定等，并有严格的时限规定。

工作时间前后

工作时间前后是指非工作时间内，具体讲是开工前和收工后的一段时间，比如上班时间为9:00～12:00然后又14:00～18:00结束一天的工作，但是职工提前在8:30到岗或者下班后做完收尾工作时间到18:30等，均可以认定为“工作时间前后”，但是有一点特别重要，其目的必须是从事预备性或收尾性工作，比如为启动机器做准备工作，或者关闭机器后收拾与工作有关的机器、工具等。

劳动能力鉴定

劳动能力鉴定，是指劳动者因工负伤或非因工负伤以及疾病等原因，导致本人劳动与生活能力产生不同程度的影响，由劳动能力鉴定机构根据用人单位、职工本人或者亲属的申请，组织劳动能力鉴定医学专家，根据国家制定的标准，运用劳动保障的有关政策，运用医学科学技术的方法和手段，确定劳动者劳动功能障碍程度和生活自理障碍程度的一种综合评定的制度。

劳动能力鉴定包括劳动功能障碍程度和生活自理障碍程度的等级鉴定：劳动功能障碍分为十个伤残等级；生活自理障碍分为三个等级，分别为生活完全不能自理、生活大部分不能自理和生活部分不能自理。

工伤保险

工伤保险，又称职业伤害保险。是指劳动者在工作中或在规定的特殊情况下，遭受意外伤害或患职业病导致暂时或永久丧失劳动能力以及死亡时，劳动者或其遗属从国家和社会获得物质帮助的一种社会保险制度。

工伤赔偿标准

工伤赔偿标准又称工伤保险待遇标准。是指工伤职工、工亡职工亲属依法应当享受的赔偿项目和标准。未参加工伤保险期间用人单位职工发生工伤的，由该用人单位按照《工伤保险条例》规定的工伤保险待遇项目和标准支付费用。

工伤停工留薪期

工伤停工留薪期是指职工因工负伤或者患职业病停止工作接受治疗并享受有关待遇的期限。

工伤保险先行支付制度

工伤保险先行支付制度，是指在工伤事故发生后，用人单位拒不支付或者无力支付未参保职工的工伤保险待遇时，由工伤保险基金先行支付，再由社保经办机构向用人单位追偿的制度。

职业病

职业病是指职工在职业活动中，因接触粉尘、放射性物质和其他有毒、有害物质等因素而引起的职业性疾病。职工经诊断或鉴定确患职业病，并经过工伤认定属于工伤或视同工伤的，可以享受工伤保险待遇。

职业危害

职业危害是指用人单位的劳动者在职业活动中，因接触职业性有害因素如粉尘、放射性物质和其他有毒、有害物质等而对生命健康所引起的危害。

特殊职业危害作业

特殊职业危害作业，是指从事存在放射性、高毒（包括致畸、致癌、致突变）等严重职业危害因素的作业。特殊职业危害作业涉及的放射性、高毒、致畸、致突变等职业病危害因素，对人的生命安全和健康均有极大的危害，放射危害的严重性已经众所周知，放射危害不仅会致人死亡，诱发肿瘤，还会影响作业人员下一代的健康。

职业病防护设施

职业病防护设施，是指用于职业病防护的设施、工程技术、个体防护用品，以及组织管理和卫生保健措施等。

职业卫生保护

职业卫生保护，是指在职业病防治工作中，为保护劳动者健康，治理职业病危害，预防职业病发生而采取的一切有效的措施和方法的总称。按照《中华人民共和国职业病防治法》的规定，劳动者依法享有职业卫生保护的权利。

违章指挥

违章指挥是指安排或指挥职工违反国家有关安全的法律、法规、规章制度、企业安全管理制度或操作规程进行作业的行为。

违章作业

违章作业是指劳动生产过程中违反国家颁发的各种法规性文件和企业、事业单位及其管理机关指定的反映安全生产客观规律的各种规章制度，包括工艺技术、生产操作、劳动保护、安全管理等方面的规程、规则、章程、条例、办法和制度，以及有关安全生产的通知、决定等。

职业病诊断

职业病诊断是由依法取得职业病诊断资质的医疗卫生机构依据职业病防治法、国家颁布的有关职业病诊断法规、规章、标准，对劳动者在职业活动中，因接触粉尘、放射性物质和其他有毒有害物质等因素而引起的疾病所进行的诊断活动。